Augusto Balestra
Marianna Molica Franco
Monica Scotti   Lucio Sisana

# 1 In partes tres

## Dalle origini all'età di Cesare

**CICERO LECTIO TUTOR**

Cicero Lectio è il tutor online che ti guida nell'analisi dei testi latini.

Cicero ti presenta i testi e ti segue passo passo nell'analisi e nella comprensione. Se sbagli, ti aiuta: così non resti bloccato. **Quando hai finito, puoi inviare il tuo elaborato all'insegnante.**

▸ Per fare l'analisi dei testi che sul libro hanno l'icona CICERO LECTIO vai su **online.zanichelli.it/balestra-letteraturalatina/tutor**

W0292007

DS 0030396276
COD 35288
IN PARTES TRE
S VOL 1
ZANICHELLI
ZANICHELLI ED
F598ABE81E

Copyright © 2016 Zanichelli editore S.p.A., Bologna [35288]
www.zanichelli.it

I diritti di elaborazione in qualsiasi forma o opera, di memorizzazione anche digitale su supporti di qualsiasi tipo (inclusi magnetici e ottici), di riproduzione e di adattamento totale o parziale con qualsiasi mezzo (compresi i microfilm e le copie fotostatiche), i diritti di noleggio, di prestito e di traduzione sono riservati per tutti i paesi. L'acquisto della presente copia dell'opera non implica il trasferimento dei suddetti diritti né li esaurisce.

Le fotocopie per uso personale (cioè privato e individuale, con esclusione quindi di strumenti di uso collettivo) possono essere effettuate, nei limiti del 15% di ciascun volume, dietro pagamento alla S.I.A.E. del compenso previsto dall'art. 68, commi 4 e 5, della legge 22 aprile 1941 n. 633. Tali fotocopie possono essere effettuate negli esercizi commerciali convenzionati S.I.A.E. o con altre modalità indicate da S.I.A.E.

Per le riproduzioni ad uso non personale (ad esempio: professionale, economico, commerciale, strumenti di studio collettivi, come dispense e simili) l'editore potrà concedere a pagamento l'autorizzazione a riprodurre un numero di pagine non superiore al 15% delle pagine del presente volume. Le richieste vanno inoltrate a

CLEARedi Centro Licenze e Autorizzazioni per le Riproduzioni Editoriali
Corso di Porta Romana, n. 108
20122 Milano
e-mail autorizzazioni@clearedi.org e sito web www.clearedi.org

L'editore, per quanto di propria spettanza, considera rare le opere fuori del proprio catalogo editoriale.
La loro fotocopia per i soli esemplari esistenti nelle biblioteche è consentita, oltre il limite del 15%, non essendo concorrenziale all'opera.
Non possono considerarsi rare le opere di cui esiste, nel catalogo dell'editore, una successiva edizione, né le opere presenti in cataloghi di altri editori o le opere antologiche. Nei contratti di cessione è esclusa, per biblioteche, istituti di istruzione, musei e archivi, la facoltà di cui all'art. 71 - ter legge diritto d'autore. Per permessi di riproduzione, anche digitali, diversi dalle fotocopie rivolgersi a ufficiocontratti@zanichelli.it

Realizzazione editoriale:
- Coordinamento redazionale: Giuliana Gambari
- Redazione: Delphina Fabbrini
- Correzione bozze: Fabio Nanni, Caterina Ragghianti
- Rilettura critica: Caterina Ragghianti
- Progetto grafico: Dario Zannier
- Impaginazione: Edistudio, Milano
- Ricerca iconografica: Chiara Presepi, con la collaborazione di Claudia Patella
- Cartine: Bernardo Mannucci
- Segreteria di redazione: Deborah Lorenzini e Rossella Frezzato

Contributi:
- Elaborazione delle *Prove di traduzione e commento*: Michela Mariotti e Marianna Molica Franco

Realizzazione delle risorse digitali:
- Redazione: Giuliana Gambari, Delphina Fabbrini
- Elaborazione dei testi *Cicero Lectio*: Marianna Molica Franco
- Elaborazione degli esercizi interattivi online su ZTE: Michela Curti
- Realizzazione delle risorse digitali: duDAT srl, Bologna

© Cicero Lectio. Tutor di Latino è un marchio Maieutical Labs

Copertina:
- Progetto grafico: Miguel Sal & C., Bologna
- Realizzazione: Roberto Marchetti e Francesca Ponti
- Immagine di copertina: **Lettura del rituale e fanciulla offerente**. Pompei, Villa dei Misteri.
  © Scala, Firenze 2004 - su concessione Ministero Beni e Attività Culturali

Prima edizione: gennaio 2016

Ristampa:
5 4 3 2018 2019 2020

Zanichelli garantisce che le risorse digitali di questo volume sotto il suo controllo saranno accessibili, a partire dall'acquisto dell'esemplare nuovo, per tutta la durata della normale utilizzazione didattica dell'opera. Passato questo periodo, alcune o tutte le risorse potrebbero non essere più accessibili o disponibili: per maggiori informazioni, leggi my.zanichelli.it/fuoricatalogo

**File per sintesi vocale**
L'editore mette a disposizione degli studenti non vedenti, ipovedenti, disabili motori o con disturbi specifici di apprendimento i file pdf in cui sono memorizzate le pagine di questo libro. Il formato del file permette l'ingrandimento dei caratteri del testo e la lettura mediante software screen reader.
Le informazioni su come ottenere i file sono sul sito http://www.zanichelli.it/scuola/bisogni-educativi-speciali

**Grazie a chi ci segnala gli errori**
Segnalate gli errori e le proposte di correzione su **www.zanichelli.it/correzioni**.
Controlleremo e inseriremo le eventuali correzioni nelle ristampe del libro.
Nello stesso sito troverete anche l'errata corrige, con l'elenco degli errori e delle correzioni.

Zanichelli editore S.p.A. opera con sistema qualità
certificato CertiCarGraf n. 477
secondo la norma UNI EN ISO 9001:2015

Questo libro è stampato su carta che rispetta le foreste.
www.zanichelli.it/chi-siamo/sostenibilita

Stampa: La Fotocromo Emiliana,
Via Sardegna 30, 40060 Osteria Grande (Bologna)
per conto di Zanichelli editore S.p.A.
Via Irnerio 34, 40126 Bologna

Augusto Balestra
Marianna Molica Franco
Monica Scotti Lucio Sisana

# 1 In partes tres

## Dalle origini all'età di Cesare

**PER IL COMPUTER E PER IL TABLET**

## L'eBook multimediale

### 1 REGÌSTRATI

Vai su **my.zanichelli.it** e regìstrati come studente

### 2 ATTIVA IL TUO LIBRO

Una volta entrato in **myZanichelli**, inserisci la **chiave di attivazione** che trovi sul bollino argentato in questa pagina

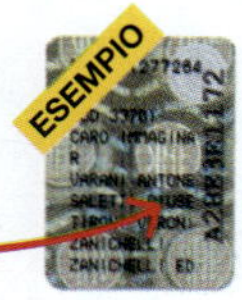


### 3 CLICCA SULLA COPERTINA

Puoi:

- **scaricare l'eBook offline** sul tuo computer o sul tuo tablet
- **sfogliare un'anteprima** dell'eBook online

ZANICHELLI

# COME È FATTO *IN PARTES TRES*

## I CONTESTI

Le ampie introduzioni di contesto ci restituiscono il **quadro storico-sociale** e il **quadro culturale** in cui collocare i testi e le opere della letteratura latina.

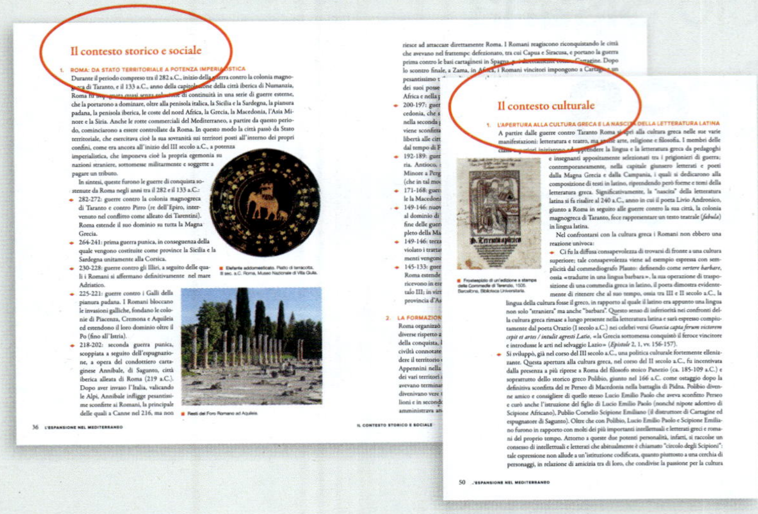


All'interno dei Contesti sono proposte **Schede di approfondimento** su questioni di speciale interesse a livello di lessico, di cultura, di civiltà.

Nelle Schede *Testi e temi* sono proposti testi particolarmente significativi in rapporto al periodo preso in esame o ancora testi di autori "minori", utili a completare il quadro storico-culturale fornito nel Contesto.

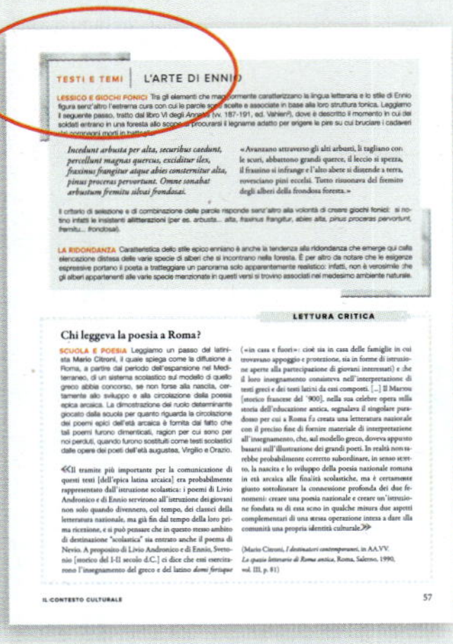


## L'ANTOLOGIA A TRE LIVELLI

L'antologia, dedicata a ogni singolo autore, si articola in **tre livelli** di progressivo approfondimento (*Per comprendere*, *Per analizzare*, *Per approfondire*).

Ogni testo ha la relativa analisi, la più adatta per lui: con diverse focalizzazioni, sul contesto, sulla lingua e lo stile, sulle dimensioni extratestuali.

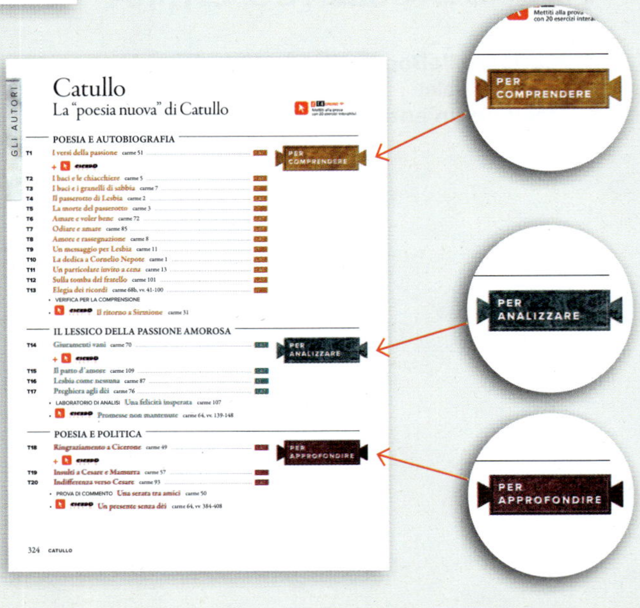

**1. PER COMPRENDERE** Analisi, didattica e schede sono focalizzate sulla **comprensione** del testo e la sua immediata **contestualizzazione**.

In questo livello trovano posto le Schede ***Il tempo dell'autore*** e ***L'opera***.

**2. PER ANALIZZARE** La focalizzazione è sulla **lingua** e sullo **stile**, con particolare attenzione anche al sistema dei generi letterari.

Nelle Schede ***Traduzioni a confronto*** le peculiarità dello stile di ciascun testo sono affrontate anche in relazione alle diverse scelte operate da diversi traduttori.

**3. PER APPROFONDIRE** Il focus è su esplorazioni più vaste e profonde, aperte alla società in cui l'opera è nata e l'autore è vissuto, anche attraverso **collegamenti e confronti con altri testi**.

Grande attenzione è dedicata in questo livello a tematiche su cui si è soffermata la **critica** più recente.

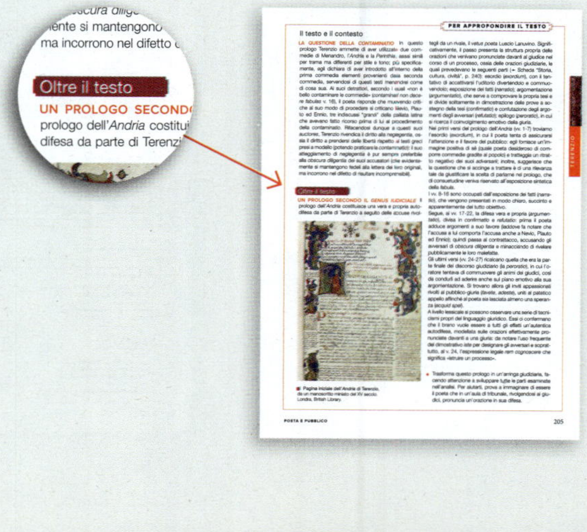

## LA DIDATTICA

Alla fine di ciascun Contesto il *Laboratorio delle competenze* propone un compito di realtà, per sviluppare ed esercitare **competenze essenziali** per i cittadini di una società complessa come la nostra: saper riconoscere le tracce della classicità nelle nostre città, saper apprezzare le differenze culturali, maturare la consapevolezza dei processi sociali e politici.

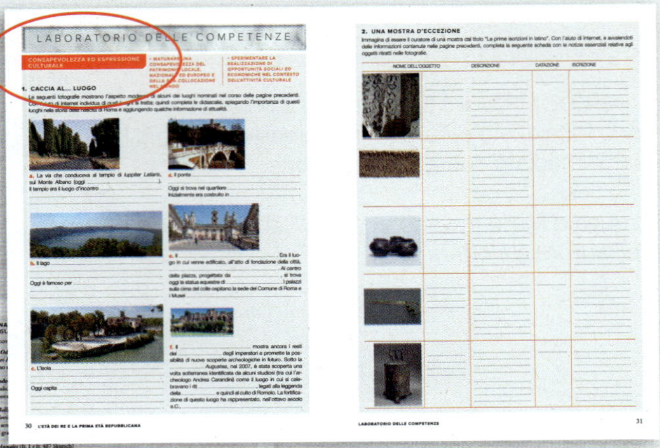

Alla fine di ciascun livello dell'antologia la ***Verifica per la comprensione***, il ***Laboratorio di analisi***, la ***Prova di traduzione e commento*** consentono di esercitarsi nelle competenze di comprensione, analisi, traduzione e commento di un testo.

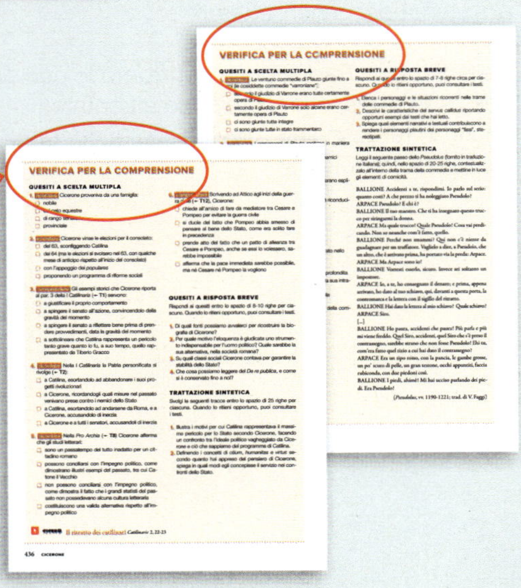

*Verifica per la comprensione*
Quesiti a scelta multipla, quesiti a risposta breve, trattazione sintetica, sul modello della terza prova d'esame.

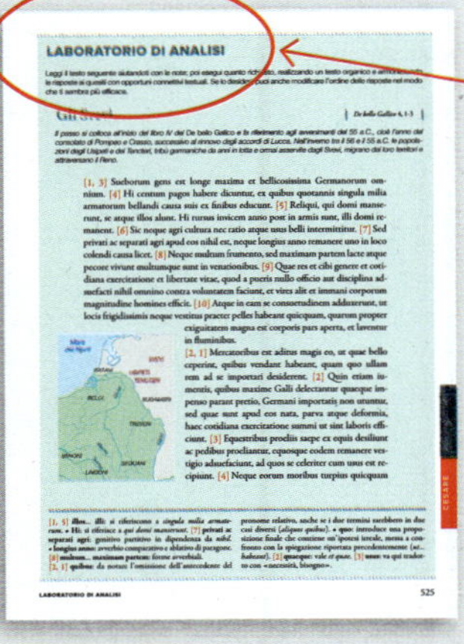

*Laboratorio di analisi*
Un'analisi guidata, articolata in tre momenti: comprensione del testo, analisi del testo, interpretazione complessiva e approfondimenti.

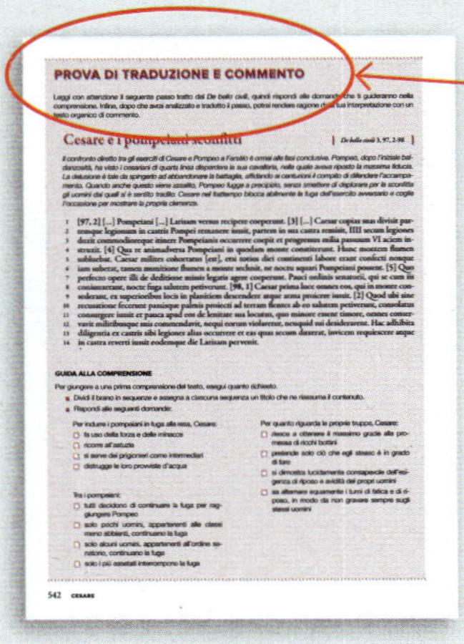

*Prova di traduzione e commento*
Dalla comprensione alla traduzione del testo, per approdare alla realizzazione di un saggio di commento, nel più ampio quadro della produzione dell'autore e del contesto storico-culturale in cui questi è vissuto.

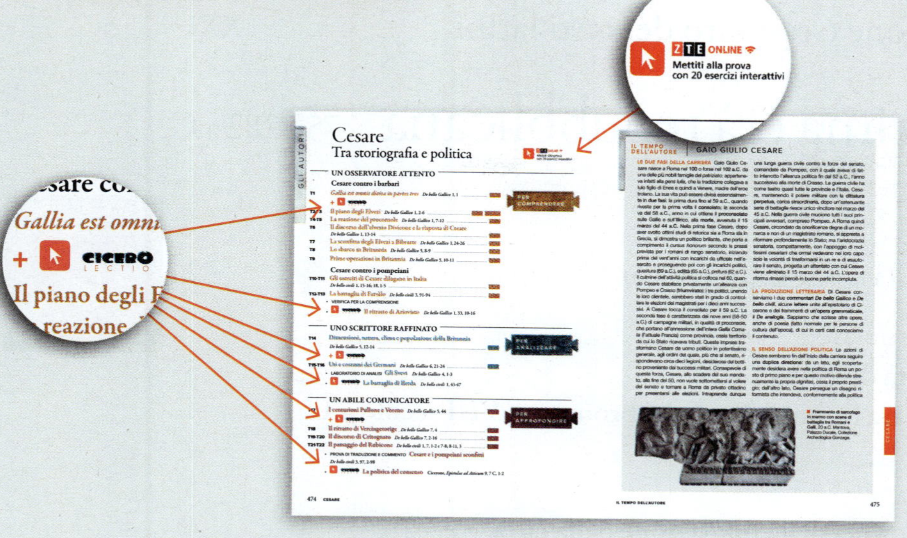


CICERO LECTIO

**Tutor online** per l'analisi dei testi latini.
**Cicero** ti presenta i testi e ti segue passo passo nell'analisi e nella comprensione.
Se sbagli ti aiuta: così non resti bloccato.

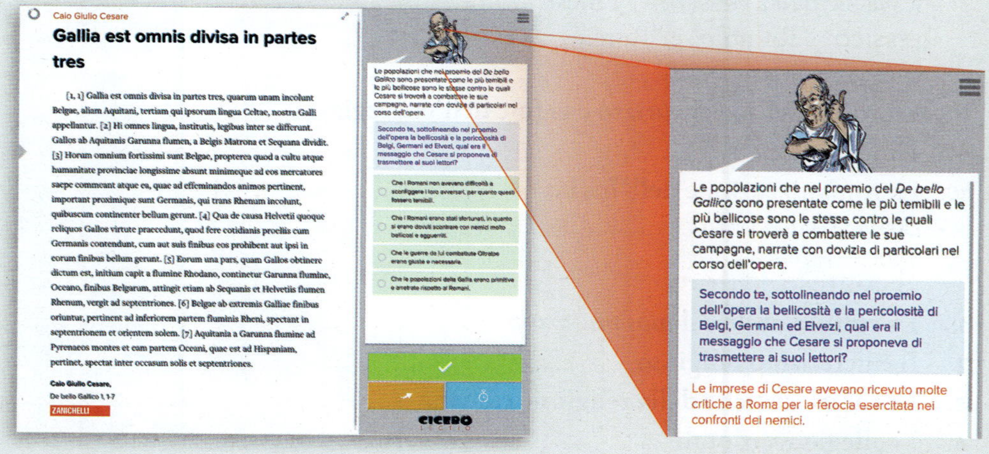


ZTE ONLINE

**Esercizi interattivi**, per il recupero e il ripasso degli autori "maggiori".

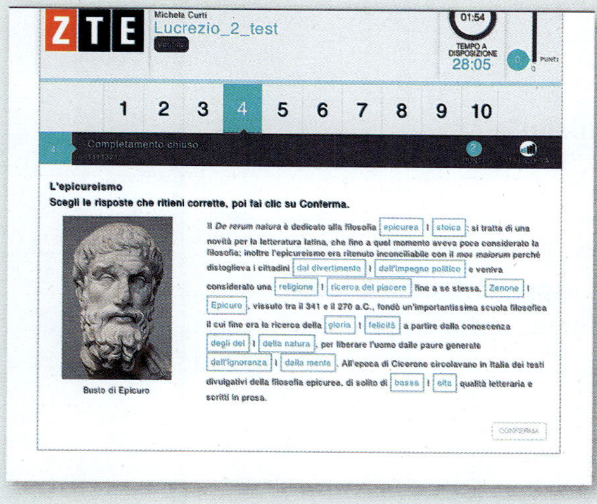

# L'età dei re e la prima età repubblicana 753-282 a.C.

## Il Contesto

# L'espansione nel Mediterraneo 282-133 a.C.

## Il Contesto

## Gli Autori

# Plauto

ZTE ONLINE ESERCIZI INTERATTIVI

# Terenzio

ZTE ONLINE
ESERCIZI INTERATTIVI

# L'ultima fase della repubblica 133-42 a.C.

## Il Contesto

## Gli Autori

# Lucrezio

# Catullo

ZTE ONLINE
ESERCIZI INTERATTIVI

# Cicerone

ZTE ONLINE ESERCIZI INTERATTIVI

# Cesare

ZTE ONLINE ESERCIZI INTERATTIVI

# Sallustio

# Trasmissione, conservazione e restauro dei testi latini

## La trasmissione dei testi

**QUANTO È RIMASTO E COME CI È GIUNTO** Secondo i calcoli degli studiosi, dei 772 autori latini (compresi tra il III secolo a.C. e il V secolo d.C.) di cui ci è giunto il nome noi possiamo leggere opere intere o parti significative di opere solo di 144 autori (meno del 20%); di altri 352 autori possediamo solo frammenti e di ben 276 esclusivamente il nome. Ci sono poi molte opere che ci sono giunte anonime, ossia di cui non conosciamo il nome dell'autore.

Quanto ai modi in cui un testo può essere giunto fino a noi, parliamo di trasmissione diretta quando possediamo uno o più manoscritti antichi o medievali espressamente destinati a tramandare un determinato testo; parliamo invece di trasmissione indiretta quando un testo, o parte di un testo, ci è giunto attraverso citazioni contenute in opere di altri scrittori.

■ Donna intenta a leggere un rotolo di papiro, affresco da Pompei, I sec. d.C. Napoli, Museo Archeologico Nazionale.

Gli autori della letteratura latina dei quali ci è pervenuta l'opera intera, o comunque la parte più significativa, sono pochissimi (i principali sono Terenzio, Cicerone, Virgilio e Orazio). L'origine di tanto naufragio è dovuta principalmente a due motivi: il deperimento dei materiali su cui si scriveva e le scelte compiute nelle varie epoche dai lettori, in base alle quali alcune opere, ritenute non più interessanti, non sono più state lette e copiate, mentre altre hanno continuato a esserlo. Per questo motivo gli studiosi ritengono di primaria importanza lo studio della ricezione delle opere letterarie, ossia di come ogni epoca, sulla base dei propri canoni estetici e ideologici, abbia apprezzato o rifiutato quanto presente nel patrimonio trādito, operando di conseguenza una selezione che ha influenzato la trasmissione.

**I MATERIALI SCRITTORI** Nell'antichità i materiali usati come supporto per la scrittura (i cosiddetti "supporti scrittori") potevano essere durevoli, come la pietra, le lamine di metallo, la terracotta, oppure deperibili, come il papiro e il lino, le pelli di animali, le tavolette di legno. Per quanto riguarda il papiro, esso veniva esportato dall'Egitto e fu utilizzato nel mondo romano a partire dal II secolo a.C. (per influsso del mondo greco, dove il papiro era in uso già da circa tre secoli). I fogli ricavati dal papiro venivano attaccati l'uno all'altro, così da formare un *volumen*, ossia un «rotolo» (dal verbo *volvo*, «arrotolo»). Quasi tutti i papiri dell'antichità sono andati perduti, a causa della deperibilità del materiale; ci sono giunti i papiri rinvenuti in Egitto, e conservatisi grazie al clima particolarmente asciutto della regione, e quelli di Ercolano (rinvenuti carbonizzati nella cosiddetta "Villa dei papiri" ➤ Scheda "Storia, cultura, civiltà", p. 286). Tali papiri, però, recano principalmente opere scritte in greco.

Oltre al papiro, come materiale scrittorio era diffusa anche la pelle di animale, conciata in modi diversi. Un particolare incremento nell'uso di tale materiale si registrò a partire dal II secolo a.C., quando nella città di Pergamo, in Asia Minore, venne messo a punto un metodo di concia che permetteva la realizzazione di fogli sottili, la cosiddetta "pergamena". I fogli di pergamena non venivano usati per formare rotoli, come avveniva con il papiro; piegati in quattro, essi venivano raccolti in fascicoli che, rilegati su un margine, assumevano la forma del libro come la conosciamo anche oggi. Tale oggetto prese il nome di *codex*, «codice», lett. «legno»: ricordava infatti il supporto scrittorio più ordinario (per testi d'uso, conti, lettere, appunti, ecc.), che era formato da due tavolette di legno (dette appunto *codices*) legate da un lato, in modo tale da poter essere chiuse facendo combaciare la facciata interna, spalmata di un sottile strato di cera, sul quale si poteva agevolmente scrivere (incidendo la cera) e cancellare (spianando di nuovo la cera). Il *codex* si rivelò più efficace del *volumen*: era meno deperibile e poteva contenere più testo, in quanto le pagine venivano scritte su entrambe le facciate; inoltre, era più facilmente trasportabile e maneggevole. Tra il II e il IV secolo d.C. tutta la letteratura latina venne gradualmente copiata su pergamena. Dei codici giunti fino a noi, gli esemplari più antichi risalgono al III-V secolo d.C., mentre la maggior parte sono copie di esemplari precedenti, realizzate tra il IX e il XV secolo d.C.

**Strumenti per scrivere,** affresco da Pompei, I sec. d.C. Napoli, Museo Archeologico Nazionale.

**LA DIFFUSIONE DEI LIBRI NELL'ANTICHITÀ** Le prime copie di un'opera letteraria venivano di solito realizzate a cura dell'autore e dei suoi amici; se poi l'opera piaceva, si diffondeva attraverso successive copiature, fatte realizzare o da persone interessate a possedere un esemplare di un determinato testo oppure da librai (*bibliopolae*), a scopo di lucro: le opere che avevano maggiore mercato, e che perciò venivano maggiormente copiate dai librai nelle loro botteghe, erano quelle destinate alla scuola.

La diffusione del patrimonio letterario fu però assicurata dalle biblioteche pubbliche, sorte a Roma a partire dall'età di Cesare, sull'esempio di quelle presenti nelle grandi città greche (come Atene, Alessandria e Pergamo). Annessi alle biblioteche c'erano laboratori destinati alla copiatura delle opere, così da garantirne la sopravvivenza nel tempo. Anche i lettori potevano copiare liberamente i testi, non soggetti ad alcun diritto d'autore.

**LA PERDITA DEI TESTI...** Secondo quanto appurato dagli studiosi moderni, si può affermare che la trasmissione del patrimonio letterario sia avvenuta senza sostanziali perdite almeno fino alla tarda antichità (IV-V secolo d.C.). La copiatura delle opere letterarie si interruppe invece tra il VI e il VII secolo d.C., a seguito del declino del mondo romanizzato occidentale, soprattutto a causa della chiusura delle biblioteche e delle scuole, con la conseguente perdita di interesse verso la cultura antica. In questo periodo si perse buona parte del patrimonio letterario, sia per il deperimento dei codici sia per il fatto che, data la difficoltà di reperire la pergamena, venne in uso l'abitudine di riutilizzare codici già scritti. In pratica i copisti, che erano soprattutto monaci, cancellavano, raschiandola via, la scrittura da codici contenenti alcune opere (soprattutto quelle di argomento inconciliabile con la dottrina cristiana, come per esempio la poesia d'amore e il teatro) e sovrascrivevano opere diverse, maggiormente apprezzate. Tali codici sovrascritti sono detti "palinsesti" (dal greco *pàlin*, «di nuovo» + *psào*, «raschio»). A partire dal XIX secolo sono state messe a punto tecniche sempre più raffinate per riuscire a leggere il testo eraso dei palinsesti: questo ha consentito di recuperare opere antiche altrimenti perdute.

tipo il "De Repubblica" di Cicerone è stato ritrovato sotto un commento di Sant' Agostino

**...E LA LORO RISCOPERTA** Quando, a partire dal IX secolo, con la rinascita carolingia, si ripresero a copiare le opere antiche, il patrimonio originario era ormai assai ristretto e venne comunque data la precedenza a un gruppo relativamente esiguo di autori, ritenuti fondamentali per l'insegnamento scolastico, come Cicerone e Virgilio.

Un rinnovato interesse per la riscoperta e lo studio delle opere della latinità classica si manifestò a partire dal XIV secolo; determinante fu il ruolo giocato da Franceso Petrarca, che si accostò ai classici latini con uno spirito completamente diverso rispetto ai copisti e agli intellettuali medievali (al paziente lavoro dei quali, in ogni caso, dobbiamo quasi tutto quanto è giunto fino a noi). Sull'esempio di Petrarca, numerosi umanisti si dedicarono con passione a ricercare, copiare, studiare e commentare testi che erano rimasti nascosti e trascurati per secoli.

Altra tappa fondamentale nello studio e nella diffusione in tutti i paesi europei della letteratura latina è quella legata all'invenzione della stampa: a partire dalla seconda metà del XV secolo, edizioni a stampa di opere latine furono vendute in tutti i paesi europei, guadagnandosi un mercato più vasto rispetto alle opere in volgare (che avevano una circolazione esclusivamente regionale).

Maestro che insegna a giovani e adulti, miniatura da un manoscritto della *Rhetorica ad Herennium*, XIII secolo. Chantilly, Musée Condé.

# La conservazione e il restauro dei testi

**LA FILOLOGIA ANTICA E UMANISTICA** Fin dal periodo ellenistico (IV-I secolo a.C.) i bibliotecari greci incaricati di raccogliere e catalogare le opere letterarie si resero conto che le ripetute copiature della stessa opera avevano determinato la presenza di errori nei testi; di conseguenza si sforzarono, mediante la loro conoscenza dello stile, della lingua e del contesto in cui ogni autore aveva operato, di ripristinare la versione attendibilmente più simile all'originale. Così essi diedero origine alla "filologia", la disciplina che si incarica di ricostruire il testo secondo la volontà dell'autore. Tale lavoro fu svolto soprattutto dai bibliotecari di Alessandria. Con estrema perizia e grazie a un codificato sistema di segni, i filologi antichi evidenziarono nei testi termini o frasi ritenuti spuri, ripetizioni erronee, ecc.; inoltre, corredarono le opere studiate di un attento apparato di commento. La filologia prese piede anche a Roma, a partire dal II secolo a.C., e revisioni dei testi letterari avvennero regolarmente fino alla tarda antichità (IV-V secolo d.C.).

Otto von Corvin, **La biblioteca di Alessandria**, 1886, incisione.

Nel periodo tra il VI e il VII secolo d.C. la decadenza delle scuole e delle biblioteche e la riduzione drastica dell'attività libraria, soprattutto nell'Europa occidentale, comportarono la fine dell'attività filologica antica. La necessità di sottoporre a un'attenta revisione i testi tramandati si ripresentò a partire dal XIV secolo: ciò fu dovuto soprattutto al fatto che i copisti medievali, che spesso avevano una conoscenza assai scarsa del latino, alteravano anche profondamente i testi che copiavano. Gli umanisti, a partire da Petrarca, si accostarono dunque ai testi tramandati con la volontà di ripristinare un testo il più possibile corretto e vicino all'originale. Essi emendavano, ossia correggevano il testo, innanzi tutto grazie al loro intuito e alla loro competenza (in alcuni casi veramente notevole); inoltre, se si presentava l'occasione, procedevano anche al confronto ("collazione") tra codici diversi recanti la medesima opera.

Francesco di Antonio del Chierico, **Petrarca che scrive**, miniatura da un codice del XV secolo. Milano, Biblioteca Trivulziana.

**LA FILOLOGIA MODERNA** A partire dalla fine del XVIII secolo, e soprattutto nei secoli XIX e XX, la filologia ebbe un notevolissimo sviluppo; divenne una scienza a tutti gli effetti, grazie all'adozione di un metodo, detto "critica del testo", fondato su princìpi dichiarati e verificabili. La codificazione della critica del testo si deve principalmente ai due filologi tedeschi Karl Lachmann (1803-1890) e Paul Maas (1880-1964); essa fu poi perfezionata grazie al contributo dell'italiano Giorgio Pasquali (1885-1952).

La filologia moderna ha come obiettivo la redazione di un "testo critico", ossia dotato di un apparato di note ("apparato critico") che renda conto delle scelte operate dall'editore nella fase di ricostruzione del testo. L'edizione di testi critici delle opere latine è tuttora in corso, dato il progredire degli studi sulle opere dell'antichità; secondo la consuetudine avviata dagli umanisti, l'apparato critico è sempre redatto in lingua latina.

**IL METODO DI LACHMANN** Karl Lachmann mise a punto un metodo che si impose per rigore e chiarezza e che prevede di giungere all'edizione critica dopo una serie di fasi successive. Nella prima fase, quella della *recensio*, si prendono in esame tutti i manoscritti e le edizioni antiche di un testo, i cosiddetti "testimoni", presenti nella tradizione sia diretta sia indiretta. La *recensio* permette di eliminare i *codices descripti*, ossia i codici che risultano essere chiaramente copie di altri più antichi, e conduce alla redazione di uno *stemma codicum*, ossia alla delineazione di una sorta di albero genealogico dei codici che tramandano un determinato testo, e che vengono riuniti in famiglie. Il vertice dello stemma è costituito dall'archetipo, il testimone perduto da cui derivano tutti gli altri e che per convenzione è sempre contrassegnato dalla lettera greca "omega" (ω). Per identificare una famiglia di codici, vengono presi in considerazione gli errori presenti nel testo: per esempio, se due codici, A e B, oltre ad avere ciascuno dei propri errori, contengono anche errori identici, mentre un terzo codice, C, presenta invece il testo corretto, ciò induce a concludere che A e B appartengono a una medesima famiglia e provengono da un "antenato" comune, diverso da C.

Una volta tracciato lo stemma, si procede con l'*examinatio*, ossia con l'esame del testo dell'archetipo, così come è stato ricostruito. Dal momento che ci saranno sempre dei punti in cui il testo ricostruito dell'archetipo risulterà inaccettabile, ossia chiaramente corrotto rispetto all'originale, il filologo dovrà procedere all'*emendatio* («correzione»): dovrà cioè correggere le corruttele, scegliendo tra le varianti attestate nei manoscritti quella più plausibile, oppure operando per congettura. Nella ricostruzione del testo il filologo può fare ricorso al criterio dell'*usus scribendi* (lett. «modo di scrivere»), ossia può basarsi sulla conoscenza delle caratteristiche linguistiche, retoriche e stilistiche di un determinato autore; altro criterio che può guidare il filologo è quello di privilegiare, tra due o più varianti, la forma più difficile, data la tendenza dei copisti a banalizzare, eliminando usi linguistici raffinati, spesso non compresi (il cosiddetto criterio della *lectio difficilior*, lett. «lezione più difficile»).

**I SEGNI CONVENZIONALI** Nel testo recensito possono comparire i seguenti segni convenzionali, che rendono conto del lavoro filologico compiuto:

- la *crux* †, che precede le parti di testo irrimediabilmente guaste (incomprensibili);
- gli asterischi ***, che indicano la presenza di una lacuna;
- le parentesi uncinate < >, all'interno delle quali è inserito il testo ricostruito per congettura;
- le parentesi quadre [ ], all'interno delle quali è inserito il testo ritenuto spurio.

# L'ETÀ DEI RE E LA PRIMA ETÀ REPUBBLICANA 753-282 A.C.

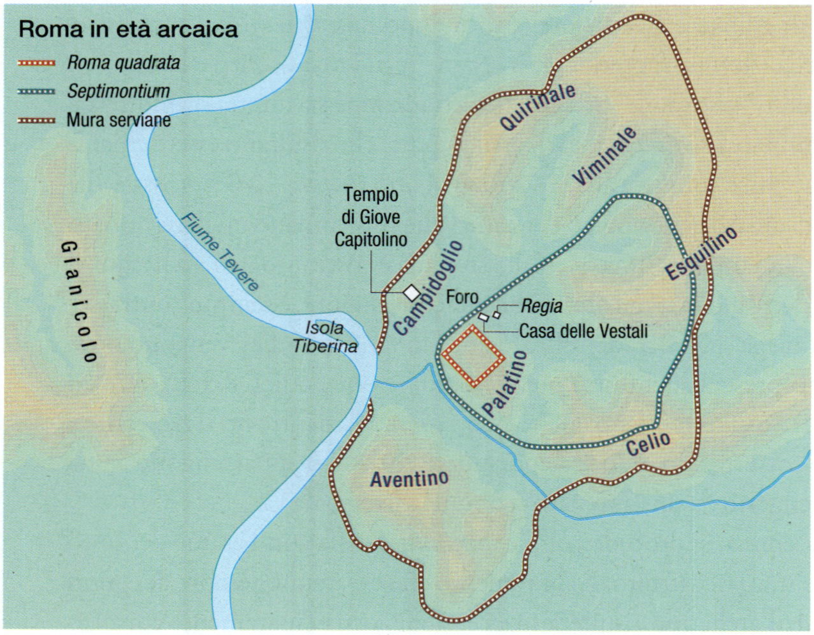


■ Mappa della Roma antica.

## STORIA

**X secolo a.C.** costituzione del *Septimontium*

**753 a.C.** fondazione di Roma

**509 a.C.** istituzione della repubblica

**496 a.C.** presa della città etrusca di Veio

**494 a.C.** prima secessione della plebe

X secolo a.C. | IX secolo a.C. | VIII secolo a.C. | VII secolo a.C. | VI secolo a.C. | V secolo a.C.

**VII-VI secolo a.C.** comparsa delle prime iscrizioni in latino

**VIII secolo a.C.** formazione del nucleo più antico della leggenda relativa alle origini di Roma

## CULTURA

« Tuttora è viva la tradizione secondo cui, quando l'acqua bassa lasciò in secco la cesta galleggiante nella quale erano stati abbandonati i neonati (Romolo e Remo), una lupa assetata proveniente dai monti dei dintorni deviò la sua corsa in direzione del loro vagito; e quella offrì ai neonati il proprio latte con una tale dolcezza che addirittura il pastore capo del gregge reale la trovò che li accudiva leccandoli. »

(Livio, *Ab Urbe condita* 1, 4, 6)

« È più nota la versione secondo la quale Remo, per prendere in giro il fratello, avrebbe scavalcato le mura appena erette e quindi sarebbe stato ucciso da Romolo al colmo dell'ira, il quale avrebbe aggiunto queste parole di sfida: "Così d'ora in poi possa morire chiunque osi scavalcare le mie mura". In questo modo Romolo si impossessò da solo del potere e la città appena fondata prese il nome del suo fondatore. »

(Livio, *Ab Urbe condita* 1, 7, 2-3)

■ *Lupa capitolina*, V sec. a.C., statua in bronzo. I gemelli sono un'aggiunta del XV secolo. Roma, Musei Capitolini, Palazzo dei Conservatori.

**390 a.C.**
sacco di Roma (a opera dei Galli di Brenno)

**367 a.C.**
promulgazione delle leggi Licinie Sestie

**354 a.C.**
definitivo consolidamento dell'egemonia di Roma sul Lazio

**343-295 a.C.**
guerre contro i Sanniti

**282 a.C.**
scoppio della guerra contro Taranto

IV secolo a.C.

III secolo a.C.

**451-450 a.C.**
redazione delle Leggi delle XII tavole

**V-III secolo a.C.**
rapida trasformazione della lingua latina

**304 a.C.**
redazione dello *Ius Flavianum* (per iniziativa di Appio Claudio Cieco)

# ROMA PRIMA DEI ROMANI

*Thybris ea fluvium, quam longa est, nocte tumentem*
*leniit, et tacita refluens ita substitit unda,*
*mitis ut in morem stagni placidaeque paludis*
*sterneret aequor aquis, remo ut luctamen abesset.*
*Ergo iter inceptum celerant rumore secundo:*
*labitur uncta vadis abies; mirantur et undae,*
*miratur nemus insuetum fulgentia longe*
*scuta virum fluvio pictasque innare carinas.*
*Olli remigio noctemque diemque fatigant*
*et longos superant flexus, variisque teguntur*
*arboribus, viridisque secant placido aequore silvas.*
*Sol medium caeli conscenderat igneus orbem*
*cum muros arcemque procul ac rara domorum*
*tecta vident, quae nunc Romana potentia caelo*
*aequavit, tum res inopes Evandrus habebat.*
*Ocius advertunt proras urbique propinquant.*

(Virgilio, *Eneide* 8, vv. 86-101)

«Il Tevere quella notte, per tutta la sua durata, calmò il flusso impetuoso e la corrente, rifluendo, si fermò silenziosa, cosicché si formò una tranquilla distesa d'acqua come uno stagno e una placida palude e i remi non ebbero a lottare. Dunque i Troiani affrettano il viaggio con piacevole sciabordio. Scivola tra i guadi la chiglia d'abete adeguatamente ricoperta di pece: le acque si stupiscono e il bosco, non avvezzo, osserva con stupore gli scudi degli eroi che brillano da lontano e le carene dipinte che risalgono la corrente. Quelli una notte e un giorno faticano al remo, oltrepassano ampi meandri e, protetti dalle verdi fronde di alberi lussureggianti, attraversano verdi foreste a galleria sul placido corso d'acqua. Il sole infuocato era giunto nel mezzo della volta celeste, quando di lontano vedono le mura e la rocca e pochi tetti sparsi di capanne: ora la potenza romana le ha rese alte come il cielo, allora, modesto patrimonio, le possedeva Evandro. Rapidamente virano e accostano all'abitato.»

Con questi versi densi di suggestione Virgilio immagina il momento magico e misterioso in cui Enea, dopo aver risalito il tratto terminale del Tevere, vede per la prima volta i colli e il povero villaggio del re Evandro, senza sapere che proprio lì sarebbe sorta Roma. Nelle parole di Virgilio cogliamo la coscienza di appartenere ad una civiltà nata da umilissime origini. I Troiani saranno accolti benevolmente da Evandro, ma i segni della civiltà tecnologicamente avanzata che essi recano, rappresentata dalle armi e dalle navi, introducono un elemento di turbamento in un ambiente dominato da una natura vigorosa e venerabile. C'è il presentimento che presto il lento ritmo di una vita scandita solo dall'alternarsi delle stagioni sarà sconvolto dalla presenza degli stranieri: si noti quanta inquietudine implichi il fatto che il poeta, con inarrivabile maestria, quasi a marcare l'estraneità dei Troiani rispetto all'ambiente circostante, abbia collocato il punto di vista narrativo nelle acque del Tevere e nei boschi sulle sponde che per la prima volta "vedono la civiltà". Con estrema delicatezza Virgilio coglie ed esprime una delle caratteristiche principali della cultura di Roma, ossia la profonda tensione tra gli inevitabili e perenni cambiamenti imposti dalla storia umana e la nostalgia per un mondo dominato dalle immutabili leggi della natura e proprio per questo capace di esprimere profondi valori morali.

# Il contesto storico e sociale

## 1. LA SPECIFICITÀ DELLA CIVILTÀ DI ROMA

La letteratura, intesa come produzione di testi scritti, consapevolmente composti da un autore per fini artistici, inizia a essere presente a Roma cinque secoli dopo la fondazione della città. Essa arriva dal mondo greco, come molte altre innovazioni culturali. Del resto, fin dalle sue origini Roma ha saputo fare proprie abitudini provenienti dalle civiltà con cui entrava via via in contatto (Sabini, Etruschi, Greci, Cartaginesi, ecc.). La stessa popolazione di Roma, per la maggior parte, non proveniva dalla città. Il nucleo dello Stato era però strutturalmente predisposto perché il corpo civico si ingrandisse e accogliesse al suo interno quegli elementi nuovi che desiderassero acquisire i vantaggi derivanti dall'appartenenza alla *civitas*; costoro finivano poi col mettere in comune la loro cultura originaria con quella della città che li aveva accolti.

La capacità di accogliere nella cittadinanza sempre nuovi membri è l'elemento che rese Roma diversa dalle altre città della penisola italica e dalle *poleis* greche – strutturalmente concepite per difendere i diritti dei cittadini dall'immissione di elementi stranieri – e che ne promosse la rapidissima espansione. Comprendere come sia avvenuta la fondazione di Roma è dunque una questione che non riguarda solo l'archeologia o l'erudizione e che risulta connessa alla nascita di una città che è stata giustamente definita un "laboratorio sociale".

L'apertura della *civitas* di Roma agli elementi provenienti dall'esterno e, tutto sommato, il desiderio di molte delle genti che entrarono in contatto con Roma di ottenere, anche dopo un iniziale scontro, uno spazio nella comunità cittadina sono elementi che continuarono a esercitare la propria azione sulla cultura della città per secoli.

■ Pietro da Cortona, **Enea con il re Evandro e Pallante**, particolare dalle "Storie di Enea", 1654, affresco. Roma, Palazzo Pamphili, Galleria.

■ **Coppia di coniugi romani**, altorilievo funebre, I sec. a.C. Roma, Musei Capitolini, Palazzo dei Conservatori.

## 2. LA SITUAZIONE DEL LAZIO TRA LA FINE DELL'ETÀ DEL BRONZO E L'VIII SECOLO A.C.

Nel periodo immediatamente precedente la fondazione di Roma – ossia tra l'ultimo periodo dell'età del bronzo e l'età del ferro, quindi tra il X secolo e l'inizio dell'VIII secolo a.C. – il Lazio, e in particolare la zona collinare che va dalla riva sinistra del Tevere fino al mare e che comprende i Colli di Roma e i Colli Albani, è caratterizzato da numerosi insediamenti umani. In particolare, è importante tenere presente che:

- Nella zona è attestata una cultura nuova e originale, definita da alcuni studiosi "cultura dei sepolcreti" (che pare essere l'evoluzione della cultura appenninica attestata durante la media età del bronzo). Il nome è dovuto alla presenza di numerose tombe che testimoniano soprattutto la pratica dell'incinerazione e l'uso di piccole urne di terracotta a forma di capanna per conservare le ceneri del defunto.
- Lo storico di età imperiale Plinio il Vecchio (*Naturalis Historia* 3, 5, 68-69), basandosi su una tradizione storiografica greca e latina precedente, ci ha tramandato i nomi di una trentina di popoli, detti *populi Albenses*, da cui verosimilmente si sono originati i Latini; questi popoli condividevano alcune istituzioni di carattere politico-sacrale e periodicamente si riunivano sul Monte Albano per celebrare in comune i riti dovuti al dio *Iuppiter Latiaris*.

■ Lazio e *populi Albenses*.

- Siamo in possesso di testimonianze archeologiche risalenti alla tarda età del bronzo che ci documentano contatti tra le popolazioni stanziate nell'area del Lazio e i Micenei. Allo stato attuale, però, tali reperti non sembrano sufficienti per confermare le tesi degli antichi, i quali sostenevano che i Latini si erano originati dalla fusione tra le popolazioni locali (gli Aborigeni, nome parlante che significa «presenti dall'inizio») e i Troiani di Enea (di provenienza orientale) e che sui Colli Romani era presente un insediamento di Greci prima della fondazione di Roma (gli Arcadi del re Evandro).

## 3. L'AMBIENTE E LE RISORSE

La zona dei colli su cui sarebbe sorta Roma presenta una serie di caratteristiche particolarmente favorevoli per un insediamento umano. In particolare, possiamo osservare che:

- I colli sono ubicati nei pressi di un guado naturale del Tevere (nell'ansa che lambisce le pendici dei colli, infatti, si forma un'isola, l'Isola Tiberina, che divide in due il corso delle acque).

- La zona costituiva il passaggio più comodo, per via di terra, tra i centri urbani dell'Etruria, a nord, e quelli della Campania, a sud; appunto per questo motivo il ponte Sublicio, edificato nella prima età regia, rivestì una notevolissima importanza nello sviluppo della città.
- Il Tevere, partendo dalla foce, era agevolmente navigabile fino alla zona dei Colli di Roma, dove erano presenti comodi attracchi naturali per le imbarcazioni che avessero caricato merci nel porto di Ostia (lett. «porta», «bocca»), situato alla foce del fiume.
- Dai Colli di Roma partiva l'antichissimo percorso che, risalendo la Valle Tiberina, penetra in Umbria: il nome di tale percorso, via Salaria, indica chiaramente che attraverso di esso si svolgeva il commercio del sale, dalle saline poste sulla costa tirrenica fino all'interno dell'Appennino (dove il minerale, preziosissimo per l'alimentazione umana, non era reperibile).

**Valtiberina**, provincia di Roma.

- La zona dei Colli di Roma, naturalmente acquitrinosa, forniva pascoli abbondanti per i bovini e terreni adatti a suini e ovini.
- La peculiare morfologia delle alture, che presentano pendici scoscese ma una sommità pianeggiante, favoriva l'insediamento di villaggi in luoghi facilmente difendibili.
- L'origine vulcanica della zona, infine, garantiva la presenza di materiali da costruzione di facile lavorazione, come il tufo e il travertino.

## 4. IL *SEPTIMONTIUM*

Tra la tarda età del bronzo e l'inizio dell'età del ferro – quando la campagna laziale era costellata di numerosi piccolissimi villaggi, il più importante dei quali era probabilmente Alba Longa – nella zona dei Colli di Roma confluirono gruppi umani attirati da interessi diversi (allevamento, agricoltura, scambi commerciali). I vari abitati presenti sulle alture costituivano un'alleanza, il *Septimontium* di cui parlano gli storici antichi, ed erano in contatto sia con popolazioni limitrofe, come i Sabini, gli Oschi, gli Umbri e gli Etruschi, sia con popolazioni lontane dal Lazio: Greci e Campani, Fenici e Cartaginesi (la cui presenza è archeologicamente testimoniata nel Foro Boario, lo spazio pianeggiante prospiciente il Tevere tra Palatino e Aventino).

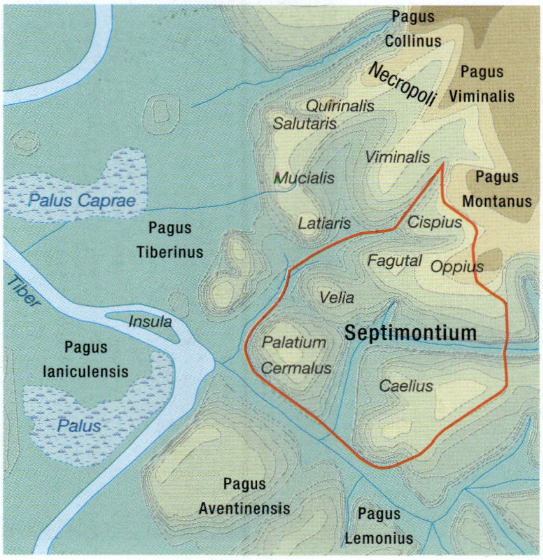


*Colles* e *montes* che formano il *Septimontium* di cui parlano gli storici antichi.

## 5. L'ARTICOLAZIONE SOCIALE PRIMA DELLA FONDAZIONE DELLA CITTÀ

Alla fase precivica del *Septimontium*, ossia dell'alleanza tra i vari abitati presenti nella zona dei Colli di Roma, risalgono probabilmente alcuni istituti che si manterranno poi anche nella città fondata, quali:

- L'inserimento degli uomini in «curie» (*curiae*, termine etimologicamente collegato a **co-viria*, da *cum* e *vir*), determinate sulla base di vincoli parentali e finalizzate a fornire unità di armati.
- La formazione di gruppi umani definiti *familiae*, i cui membri erano legati da vincoli di sangue; le singole *familiae* erano guidate da una figura autorevole, genericamente un maschio anziano, il *pater familias*, al quale spettava la *potestas* sul gruppo nonché il diritto di vita e di morte sui propri figli (che per altro, anche da adulti e sposati, continuavano a rimanere sottoposti all'autorità del padre finché questi era in vita).
- L'associazione delle *familiae* in gruppi detti *gentes,* all'interno dei quali non necessariamente erano presenti legami di sangue. L'importanza della *gens* risulta anche dal fatto che il *nomen* di ciascun individuo coincide con quello della *gens* di appartenenza (per esempio, *Iulius* è ciascun membro della *gens Iulia*). Al *nomen* è poi premesso un *praenomen* individuale (*Caius*, ecc.).
- La presenza di altri gruppi umani che intrattenevano con le *gentes* un rapporto di tipo subalterno, ovvero i *clientes*, lett. «coloro che ascoltano e obbediscono»; i *clientes*, forse addetti solo al lavoro agricolo, erano legati alle *gentes* e ai *patres* più autorevoli, ma non venivano riconosciuti come membri della *gens*.
- La formazione di *collegia*, collegi sacerdotali preposti ai vari culti cui era dedita la comunità; i membri dei vari *collegia* provenivano spesso da specifiche *gentes*, secondo una consuetudine che si manterrà poi anche in età storica.

Nella fase del *Septimontium* la società, quindi, presentava probabilmente un'articolazione in cui si potevano riconoscere governanti e governati, o almeno ipotizzare la presenza di *gentes* più influenti di altre in quanto detentrici di terre più estese. Fin da questa fase precivica è comunque presente un dualismo sociale tra i membri delle *gentes* più antiche e influenti, i *gentiles* o *patricii*, e tutti gli altri. *Gentes* e villaggi potevano stabilire rapporti di amicizia e alleanza e il governo effettivo era probabilmente affidato a una sorta di assemblea dei *patres*; tuttavia, è ipotizzabile che, in caso di guerra, il comando fosse affidato a un uomo solo, il guerriero più valido.

■ Togato Barberini, I sec. a.C. Roma, Musei Capitolini, Centrale Montemartini.

## 6. LA FONDAZIONE DI ROMA

L'archeologo Andrea Carandini, prendendo le distanze dalla teoria tradizionale che prolungava il periodo di formazione della città fino al VII-VI secolo a.C., ha dimostrato che per Roma è individuabile un preciso atto di fondazione, che ha posto fine alla comunità del *Septimontium* e che è da collocare alla metà dell'VIII secolo a.C., in accordo con la data ricavabile dalla tradizione, il 753 a.C. La fondazione si concretizza nelle seguenti azioni:

- La fortificazione del colle Palatino con un muro che ne circondasse le pendici.
- L'edificazione – in uno spazio aperto, fuori dalle mura, tra Palatino e Campidoglio – di un'abitazione per il re (la *Regia*) e di una per le sacerdotesse vestali (protettrici del fuoco sacro della città), nonché l'edificazione sulla cima del Campidoglio di un santuario dedicato a Giove come protettore della città.
- L'ordinamento del tempo, con l'istituzione di un calendario lunare, e l'ordinamento dello spazio, con l'istituzione di tre tribù territoriali in cui iscrivere la popolazione.

La fondazione di Roma segna quindi una profonda discontinuità rispetto al *Septimontium*. La comunità del Palatino ha la supremazia; tuttavia, il nuovo re risiede simbolicamente in uno spazio aperto, fuori dalle mura, accessibile a tutti gli abitanti dei colli, ed è garante di fronte agli dèi per tutta la comunità. Con il nuovo ordinamento che, seguendo la tradizione antica, si può definire *Constitutio Romuli*, l'*Urbs*, organismo coeso e non più formato da unità indipendenti, ha la possibilità di consolidare rapidamente il proprio potere rispetto alle altre città del Lazio.

### IL MURO DEL PALATINO

Grazie a tecniche di scavo particolarmente raffinate e all'analisi meticolosa di tutte le fonti scritte disponibili, Carandini ha potuto affermare che attorno al 750 a.C. il Palatino, colle dalla forma vagamente quadrangolare, da cui la definizione tradizionale di *Roma Quadrata*, fu fortificato con un muro, di cui è stato individuato il tracciato originario contenente i resti dei riti compiuti all'atto della fondazione. Questo atto, dal valore essenzialmente politico, inaugurava un nuovo modello di società e di comunità. Roma nacque nel momento in cui il Palatino assunse il ruolo di colle egemone rispetto agli altri presenti nel *Septimontium*, per opera di un re-sacerdote, che non c'è motivo di non identificare con il Romolo della tradizione (sulla leggenda della fondazione di Roma ➤ par. 6, p. 20).

### LESSICO | *ROMA CONDITA*

**"NASCONDERE" E "FONDARE"** Alla data del 21 aprile il calendario romano riportava *Roma condĭta*, ossia «Roma fondata». In latino, per indicare la fondazione di una città, si usa il verbo *condĕre*, che propriamente significa «nascondere». L'utilizzo di questo verbo è probabilmente dovuto al fatto che il rito (di origine etrusca) di fondazione di una città prevedeva che nel solco, tracciato con l'aratro, lungo il quale sarebbe stato poi edificato il muro di cinta dell'abitato, venissero interrate, e perciò "nascoste", pietre sacre, ossia statue aniconiche del dio *Terminus*, protettore dei confini. Inoltre, in prossimità delle porte, venivano interrati, sempre con funzione rituale, i resti di sacrifici propiziatori. La datazione del muro del Palatino è stata resa possibile proprio dalla scoperta dei resti di un corpo femminile, probabilmente di una bambina, sacrificata all'atto della fondazione e inumata con il suo corredo funerario nei pressi di una delle tre porte che si aprivano nelle mura romulee.

## LA *REGIA*, LA CASA DELLE VESTALI, IL FORO E IL CAMPIDOGLIO

Agli anni immediatamente successivi alla fortificazione del Palatino risale l'inizio della sistemazione del colle Campidoglio e dell'area del Foro, fuori dal tracciato delle mura. Qui trovò posto innanzi tutto la *Regia*, ossia l'abitazione del re della nuova comunità, il quale si era imposto prevalendo sui capi dei vari gruppi presenti sui colli o nei pressi della città (e che abitava prima in una capanna sul Palatino); vi era inoltre la casa delle sacerdotesse vestali, che avevano il compito di custodire il focolare della città. Di entrambi gli edifici sono state individuate le strutture originarie. Sul Campidoglio, invece, fu edificato il santuario dedicato a Giove, dove erano conservati i simboli del potere del nuovo re.

■ **Casa delle vestali**, II sec. a.C. Roma, Foro Romano.

### IL PASSATO NEL PRESENTE | *PALATIUM* E *CAPITOLIUM*

**IL COLLE PALATINO...** Nel mondo che ci circonda possiamo osservare elementi che conservano in sé le tracce, stratificatesi, di eventi passati non solamente nell'ambito propriamente archeologico, ma anche in un ambito più ampio, che potremmo definire genericamente culturale. Il colle Palatino, cuore della città romulea, rimase sempre la zona di residenza degli aristocratici, che lì continuarono a edificare le loro abitazioni. Tale abitudine venne mantenuta anche nei secoli dell'impero: significativamente, l'imperatore Augusto volle la sua dimora vicina all'angolo del colle dove la tradizione aveva sempre collocato la capanna di Romolo. L'importanza delle abitazioni sul Palatino rispetto a quelle sugli altri colli di Roma è entrata stabilmente nell'immaginario culturale occidentale e si riflette anche nel lessico di molte lingue moderne: il termine "palazzo", presente per esempio anche nel francese "palais" e nell'inglese "palace", deriva infatti da *Palatinus* e indica una casa di dimensioni notevoli o la residenza di una persona ragguardevole.

**...E IL CAMPIDOGLIO** Allo stesso modo, il Campidoglio, nell'immaginario della nostra cultura, rappresenta il cuore della città e della nazione. Col termine "Capitol", derivato direttamente dal latino ***Capitolium,*** gl Statunitensi indicano la sede del Congresso degli USA costruito a Washington DC nel XIX secolo, sede che nel suo aspetto richiama visibilmente i moduli dell'architettura romana; e l'altura su cui sorge l'edificio si chiama Capitol Hill.

■ Michelangelo, **Palazzo dei Conservatori**, 1562. Roma, Piazza del Campidoglio.

■ W. Thornton, E.-S. Hallet, G. Hadfield, B. Latrobe, C. Bulfinch, **Il Campidoglio a Washington**, 1827 (edificio originario) e 1855-1863 (rifacimento della cupola a opera di Th.-U. Walter).

### IL CALENDARIO E LE TRIBÙ

Le varie azioni in cui, come si è visto (➤ par. 6, p. 7), si concretizzò la fondazione di Roma possono essere ricondotte al personaggio di Romolo, affiancato, sempre secondo la tradizione, da altri personaggi quali il re sabino Tito Tazio. A queste prime imprese il fondatore unì una terza fondamentale innovazione: stabilì una partizione sia del tempo sia dello spazio della città. L'ordinamento del tempo della città si concretizzò con l'istituzione di un calendario lunare, in base al quale il re comunicava di mese in mese i giorni da dedicare al culto per mantenere la pace con le forze sovrannaturali. L'ordinamento dello spazio, invece, fu determinato dalla distribuzione delle *gentes* insediate sui colli in tre tribù (*Ramnes*, *Tities* e *Luceres*), le quali avevano l'obbligo di fornire uomini per l'esercito. Il potere era condiviso tra il re e le cento persone più autorevoli della comunità, i *patres*, che formarono il senato.

## 7. ROMA, UN "LABORATORIO SOCIALE"

Rispetto alle comunità dell'abitato precivico raccolte in *gentes*, la nuova città si presenta socialmente più attiva: infatti, se un villaggio abitato da una *gens* può accrescersi solo con la nascita di nuovi membri, che rimarranno sottoposti alla *potestas* del *pater*, ben diversa dinamica ha una società in cui il re-sacerdote può accogliere nella *civitas* sempre nuovi soggetti come membri di pieno diritto, ovvero *cives*. L'arrivo di nuovi cittadini caratterizza fin da subito la neonata città: ad esempio, il secondo re di Roma, Numa Pompilio, era cittadino della sabina *Cures*; inoltre, lo storico Tito Livio (*Ab urbe condita* 1, 34, 6) ci informa che l'etrusco Tarquinio, il futuro re Tarquinio Prisco, si trasferì nella città proprio perché sapeva che ci sarebbe stato posto per un uomo intraprendente.

---

**IL PASSATO NEL PRESENTE** | **I MESI**

**IL CALENDARIO ROMANO E LA SUA STRUTTURA** In tutto il mondo occidentale i nomi dei mesi derivano dalla **nomenclatura latina**. Questo significa che l'istituzione del **calendario** rappresentò un tratto caratteristico della civiltà di Roma e chi ne accolse la cultura ne accolse anche il calendario, sostituendolo al proprio. Secondo le ricerche più recenti, è stato possibile ricostruire il più antico calendario di Roma, formatosi verosimilmente (sulla base di conoscenze astronomiche precedenti) proprio in corrispondenza della fondazione della città. Al ***rex-augur*** spettava il compito di indicare i giorni ***fasti***, in cui era possibile compiere determinate azioni, e quelli ***nefasti***, in cui, invece, le medesime azioni erano vietate.

La **struttura originaria** del calendario prevedeva **dieci mesi lunari**, come si ricava dal fatto che il termine ***mensis***, «mese», è etimologicamente legato alla radice **men-*, da cui deriva in diverse lingue indoeuropee la parola "luna" (vedi ingl. "moon"), e che l'ultimo mese, ***december***, «dicembre», deriva il suo nome da ***decem***. Il primo mese dell'anno era marzo e gennaio e febbraio non esistevano. Carandini ha osservato che i giorni che vanno dal 1° marzo al 24 dicembre, festa dei ***Terminalia***, ossia di fine anno, sono 274, esattamente come la gestazione media della donna. I giorni rimanenti corrispondono al periodo infecondo della donna successivamente al parto. La divisione del tempo aveva perciò una forte valenza simbolica.

■ **Calendario di età imperiale.** Roma, Museo della Civiltà Romana.

## LESSICO | "ROMOLO" E "ROMA"

***ROMULUS...*** Allo stato attuale, secondo gli studi del linguista **Carlo De Simone**, esperto delle lingue dell'Italia antica, relativamente al nome *Romulus* possiamo affermare che si tratta della trascrizione latina di **Rumele*, nome maschile di origine etrusca, e non di un derivato a posteriori da *Roma* (in questo caso, infatti, il nome avrebbe assunto la forma *Romanus*).

***...E ROMA*** Assai complesso è invece spiegare il nome della città, *Roma*; secondo l'ipotesi più attendibile, il nome deriverebbe dal termine *ruma* che nel latino arcaico significa «mammella» (come attestato dall'antiquario Marco Terenzio Varrone, nel *De re rustica*): tale derivazione implicherebbe un riferimento o all'allattamento dei due gemelli Romolo e Remo da parte della lupa (➛ par. 6, p. 20) o alla forma dei Colli di Roma.

■ Peter Paul Rubens, **Romolo e Remo**, 1615-1616, olio su tela. Roma, Musei Capitolini.

Fin dalla originaria fusione degli abitanti del Palatino guidati da Romolo con i Sabini di Tito Tazio si osserva un continuo arrivo a Roma sia di soggetti singoli sia di intere *gentes* del circondario. Costoro, pur non rientrando nel nucleo dei discendenti degli originari *patricii*, acquisiscono i diritti connessi all'appartenenza alla *civitas* di Roma, diritti che consistono nella possibilità di far pascolare il bestiame sui territori comuni e di contrarre relazioni di parentela e di mutua protezione con altre *gentes*. Se si esamina il rapidissimo espandersi del territorio soggetto a Roma nei primi due secoli, si ha quasi l'impressione che l'Urbe fagociti i villaggi che ha intorno, dei quali, spesso, resta solo il nome. Questo fenomeno è probabilmente dovuto al fatto che, dopo un'iniziale opposizione, la maggior parte dei villaggi, e probabilmente anche singole *gentes* o individui, abbiano trovato conveniente essere assorbiti nella nuova comunità ed entrare a far parte del *populus Romanus* per condividere la *res Romana*.

## LESSICO | "MITISTORIA"

**UN GENERE PARTICOLARE DI STORIA** I lavori di **Andrea Carandini** e della sua *équipe* hanno permesso di chiarire il processo che ha portato alla fondazione di Roma. Questi lavori, che sono iniziati negli anni '80 del XX secolo e si possono considerare tuttora in corso, non hanno agito solo a livello archeologico: infatti, uno studio diligente è stato riservato anche alle numerosissime testimonianze attestate nelle fonti greche e latine sulle leggende relative alle origini di Roma. L'idea che ha guidato Carandini nelle sue ricerche è stata quella di verificare se tali leggende, stratificate nei secoli, conservassero effettivamente il ricordo di fatti accaduti, sebbene inseriti in una narrazione che presentava le caratteristiche del mito. Lo studio, condotto con l'ausilio degli strumenti comparativi dell'antropologia, ha effettivamente evidenziato che la leggenda non è solo un'invenzione *a posteriori*, ma è anche il ricordo di avvenimenti precisi, per quanto raccontati secondo coordinate lontane da quelle della storiografia classica. Relativamente a questi racconti, lo studioso usa il termine di **"mitistoria"**, designando in tal modo un genere particolare di storia, che è comunque in grado di cogliere alcuni aspetti del vero.

## 8. L'ORDINAMENTO CENTURIATO E LA FINE DELL'ETÀ REGIA

Date le premesse su cui era fondata, Roma si sviluppò assai rapidamente. I primi successori di Romolo – ossia, secondo la tradizione, i re Numa Pompilio, Tullio Ostilio e Anco Marzio – proseguirono l'opera del fondatore, rafforzando le istituzioni e allargando il territorio soggetto alla città. Successivamente, nel corso del VI secolo a.C. – con i due re Tarquini (Tarquinio Prisco e Tarquinio il Superbo) e Servio Tullio – la città entrò a far parte dell'orbita etrusca. Fu allora che si avvertì la necessità di edificare una cinta muraria ben più ampia rispetto a quella originaria e di riordinare l'assetto della popolazione. Durante il regno di Servio Tullio la cittadinanza venne suddivisa in cinque classi di censo e in centurie (provvedimento che, però, non comportò l'abolizione delle antiche curie). Di fatto, la nuova organizzazione rispondeva al bisogno di Roma di dotarsi di un efficiente esercito di tipo oplitico: ciascun gruppo di cittadini che fosse in grado di armare un'unità tattica di circa cento fanti prendeva il nome di "centuria". Il numero di cittadini che componevano una centuria era quindi variabile: dato che i cittadini più facoltosi potevano permettersi un'armatura completa a testa, mentre i meno abbienti dovevano unire le loro risorse per armare un fante, per formare una centuria di cittadini della classe più ricca erano sufficienti circa cento uomini, mentre per formare una centuria di cittadini delle altre classi erano necessarie diverse centinaia di uomini. Questo spiega perché Roma ebbe 193 centurie, delle quali ben 98 appartenevano alla prima classe di censo, quella più ricca.

■ **Bruto Capitolino**, inizio del III sec. a.C. Roma, Musei Capitolini, Palazzo dei Conservatori.

Alla fine del VI secolo, nel 510-509, la cacciata dei re Tarquini e l'istituzione delle forme di governo repubblicane, a opera soprattutto del patrizio Lucio Giunio Bruto, coincise probabilmente con la volontà dell'originario elemento latino della popolazione di riprendere il controllo della città, che divenne *res publica*, ossia «patrimonio comune».

## 9. LA *RES PUBLICA*

Per avere un sistema di magistrature codificato e stabile furono probabilmente necessari alcuni decenni; tuttavia, fin dall'inizio emersero chiaramente i seguenti elementi:

- Le magistrature erano collegiali e annuali, o comunque a tempo determinato, per evitare che qualcuno potesse arrogarsi il ruolo di monarca stravolgendo la *res publica*.
- Nelle assemblee il voto veniva espresso per centuria, non per persona; pertanto, l'elezione dei magistrati era nelle mani dei cittadini dei ceti abbienti. L'ordinamento di Roma è perciò fondamentalmente timocratico, ossia basato sul censo.
- Il senato, l'assemblea dei *patres* più autorevoli, che consigliava il re, continuò a mantenere la sua funzione di organo decisionale supremo. A esso accedevano per cooptazione esclusivamente i membri delle *gentes* più antiche, ossia i patrizi, ai quali era riservato il privilegio di rivestire le magistrature più importanti.

I privilegi dei patrizi determinarono l'acuirsi della tensione tra questi e il resto della popolazione di Roma, ossia i plebei. L'origine di tale polarità sociale è assai difficile da

■ **Rilievo raffigurante l'apertura di un testamento:** un magistrato è seduto su una sedia curule (*sella curulis*), mentre un personaggio togato gli porge alcune tavolette. Roma, Museo della Civiltà Romana.

identificare e molto discussa. Pare tuttavia condivisibile l'opinione di chi ritiene che i plebei fossero tutti coloro che non erano patrizi. In ogni modo è certo che, con il tempo, venne progressivamente meno la differenza di censo tra patrizi e plebei; dal momento che numerose famiglie plebee, appartenendo ormai alla classe più ricca, si sobbarcavano del peso della guerra, esse pretendevano di avere un ruolo anche politico. I plebei ottennero così istituzioni proprie – i comizi tributi e il tribunato della plebe – per difendere i propri interessi dalle prevaricazioni dell'aristocrazia. La tensione tra patrizi e plebei, tra i quali fino al 445 a.C. era vietato il matrimonio, terminò solo nel 367 a.C., quando, con le leggi Licinie Sestie, fu riconosciuto ai plebei il diritto di accedere al consolato, e quindi di entrare in senato come ex magistrati.

## 10. LA ROMANIZZAZIONE DELL'ITALIA

Grazie alla sua predisposizione ad acquisire al proprio interno sempre nuovi elementi e nuove *gentes*, Roma opera una particolare forma di conquista, che risulta molto profonda: le popolazioni che entrano nel suo dominio, infatti, non restano nella posizione di stranieri dominati, ma spesso si integrano completamente con i vincitori.

Nei primi cinque secoli dell'esistenza di Roma il senato appare impegnato nello stabilire relazioni con le popolazioni con le quali la città entra via via in contatto. La guerra viene fatta non soltanto per eliminare i nemici diretti, ma anche in aiuto di altri popoli, che rimarranno così legati a Roma per debito di riconoscenza. Il risultato della guerra è l'ampliamento dell'*ager publicus*, ossia del territorio dello Stato, ma spesso anche l'inserimento nel corpo civico delle famiglie più ricche della popolazione avversaria, le quali diventano così le principali sostenitrici dei nemici di un tempo.

Questi sono, in sintesi, i provvedimenti che il senato poteva prendere in seguito a una campagna militare:

- A una città che si arrendesse durante la guerra, riconoscendo la superiorità di Roma, il senato imponeva la confisca di metà del territorio, che entrava nell'*ager publicus*; agli abitanti, inoltre, venivano conferiti i doveri dei cittadini (il servizio militare), ma non il diritto di voto a Roma. La città diveniva così un *municipium* dotato di magistrati propri, che erano tenuti a rispettare i patti (*foedera*) con Roma. La condizione era vantaggiosa per entrambe le parti: i vinti evitavano di vedere la città distrutta e di essere venduti schiavi, mentre Roma non doveva impegnarsi in assedi lunghi e difficili.

- Su un territorio confiscato il senato poteva inviare un gruppo di cittadini romani di pieno diritto, ai quali veniva assegnato un lotto di terreno: la nuova città fondata era una *colonia*. La *colonia* poteva però essere affidata anche a cittadini non di pieno diritto, appartenenti a un'altra città conquistata, o a proletari senza terra: in questo caso, si trattava di una *colonia latina*. Le colonie contribuirono in misura determinante alla romanizzazione dell'Italia, diffondendo i costumi e la mentalità romana.
- A una città, non vinta in guerra, a cui veniva riconosciuto un merito particolare, il senato poteva offrire un trattato di alleanza, un *foedus*, in cui veniva specificata la natura del rapporto che sarebbe intercorso con Roma; in alcuni casi il senato poteva offrire a una città il titolo di *amica* e ai suoi cittadini più ricchi la cittadinanza romana.

In particolare, tra la metà del IV e l'inizio del III secolo a.C., Roma si scontra a più riprese con varie popolazioni italiche (Latini, Sanniti, Etruschi) ed estende il proprio dominio sulla penisola, fino a scontrarsi con la città magnogreca di Taranto.

**Rilievo con il tracciato del solco primigenio**, inizi del I sec. d.C. Aquileia, Museo Archeologico.

**GUIDA ALLO STUDIO**

**1.** Che cosa hanno in comune la nascita della letteratura latina e la nascita della comunità romana? Quale distanza cronologica le separa?

**2.** Perché è possibile affermare che Roma è stata fondata in una posizione strategica?

**3.** Quali scoperte archeologiche ci permettono di affermare che Roma è nata con un atto di fondazione? Come avveniva il rito di fondazione di una città?

**4.** Quali istituti della società romana risalgono probabilmente alla fase che precede la fondazione della città?

**5.** In che modo furono riorganizzati il calendario e la distribuzione della popolazione nella nuova città?

**6.** A quale epoca risale l'ordinamento centuriato e in che cosa consisteva originariamente?

# Il contesto culturale

## 1. LA CULTURA ORALE E IL *MOS MAIORUM*

Nei primi secoli dell'esistenza di Roma la cultura – intesa come l'insieme del patrimonio di conoscenze relative a ogni ambito della vita umana (la religione, il diritto, le pratiche agricole, il modo di comportarsi con le genti straniere e con i familiari, ecc.) – veniva trasmessa oralmente, di padre in figlio, all'interno della *gens*. Attraverso testimonianze posteriori possiamo intuire i contenuti di tale patrimonio, che i Romani definivano genericamente *mos maiorum* (ossia «modo di vita secondo il modello approvato dagli antenati») e che aveva uno dei suoi cardini nel ricordo dell'esempio di personaggi illustri per unanime consenso.

Il *mos maiorum*, con ogni probabilità, aveva come fondamento l'idea che la sopravvivenza dell'individuo fosse assai meno importante rispetto alla sopravvivenza della comunità (intesa principalmente come Roma, ma anche come la *gens*). Questo aspetto, assai distante dalla nostra sensibilità, che tende ad accentuare l'individualismo, è del resto ben comprensibile in una società relativamente primitiva, dove il tasso di mortalità rimase sempre molto alto, per cui risultava più facile percepire l'importanza della continuità della famiglia e della città rispetto all'importanza del singolo individuo (l'abitudine stessa di dare a ogni individuo in primo luogo il nome della *gens* di appartenenza costituisce un chiaro indizio del valore attribuito alla continuità nel tempo di una stirpe). Esempi di *mos maiorum* mai messi in discussione furono, significativamente, i casi di uomini che, per proteggere le istituzioni di Roma, non esitarono a mettere a morte i propri figli, quando questi con le loro azioni parvero voler danneggiare la città. Ciò accadde, per esempio, a Lucio Giunio Bruto, il fondatore della *res publica*, il quale non esitò appunto a far condannare a morte i propri figli, che avevano tentato di riportare al potere i Tarquini (Valerio Massimo, *Factorum et dictorum memorabilium libri* 5, 8, 1). Il *mos maiorum* tendeva a esaltare i seguenti valori, che si possono perciò considerare le virtù fondamentali dell'uomo romano:

- La *fides*, sostantivo astratto, il cui corrispettivo concreto è il *foedus*, «patto», è la qualità che impegna l'uomo romano a mantenere la parola data nei confronti sia dei superiori sia dei pari sia degli inferiori. Questo valore, per esempio, regola il rapporto che intercorre tra il *patronus* (termine che deriva da *pater* e significa «protettore») e il *cliens*, il «cliente»: il *patronus* è moralmente obbligato a dare aiuto al *cliens*, pena una forte perdita di prestigio di fronte alla comunità; a sua volta, il *cliens* è tenuto a dimostrare,

■ Lo scambio della mano destra.
Roma, Museo Nazionale Romano.

al momento opportuno, la propria riconoscenza per l'aiuto ricevuto (per esempio, con il voto alle elezioni). La *fides* è un valore profondamente radicato nella cultura romana cui, tutto sommato, si ispira anche la politica estera della città, la quale tende a stabilire *foedera*, «patti» con le città che ha ricevuto *in fidem* (ossia «sotto protezione»).

- La *pietas*, sostantivo astratto connesso con il verbo *piare*, «purificare con un sacrificio», indica la capacità dell'uomo di mantenere un rapporto di pace con gli altri membri della comunità e gli dèi che la proteggono.
- La *virtus*, termine astratto etimologicamente affine a *vir*, «uomo», indica le caratteristiche del maschio adulto sia in battaglia sia nel momento in cui deve prendere decisioni in ambito familiare. L'uomo dotato di *virtus* è *fortis*, cioè in grado di affrontare il pericolo senza scomporsi, e *constans*, e quindi capace di portare a termine un'impresa una volta iniziata. Cambiare frequentemente strategia non era considerato apprezzabile e nemmeno sfuggire al pericolo, anche se a moderare la propensione al rischio doveva sempre esserci la *prudentia* («saggezza»), ossia la capacità di non intraprendere azioni azzardate.

Esisteva, inoltre, una parte del *mos maiorum* specificamente dedicata alle donne, per le quali la dote somma era la *pudicitia*, ossia la capacità di mantenere una condotta irreprensibile prima come figlie e poi come mogli e madri, dedite alla cura del patrimonio domestico e all'educazione dei figli. Alla *matrona romana* il *mos maiorum* non chiedeva di essere bella.

## 2. IL SINCRETISMO RELIGIOSO

Nelle fasi più arcaiche della civiltà di Roma è quasi impossibile separare la sfera del sacro da quella del profano. Genericamente, si può dire che l'uomo romano si sente avvolto dalla presenza di *numina*, ossia di forze misteriose e superiori, con le quali bisogna cercare di mantenere un rapporto pacifico. La volontà e la capacità dell'uomo di mantenere un buon rapporto con i *numina* determinano poi quel complesso di virtù che si riassume nel termine *pietas*.

Calco con sacrificio a Vesta proveniente da Villa Albani, I sec. d.C. Roma, Museo della Civiltà Romana.

È comunque quasi impossibile individuare un autentico nucleo di religiosità romana: infatti, data la natura fortemente assimilatrice della civiltà di Roma, la religione dei Romani ebbe fin dall'origine un carattere profondamente sincretistico, ossia ebbe la tendenza a mescolare culti di diversa provenienza. Probabilmente il sostrato più antico si esprimeva in una religiosità animistica, cioè tendente a individuare in ogni realtà o oggetto che interagisce con l'uomo la presenza di un'entità spirituale. Tutto ciò che circonda l'uomo – che si tratti di elementi della natura (come fiumi, fonti, colli, cielo, alberi, fiori, ecc.) o di artefatti costruiti dall'uomo stesso (come mura, case, porte, ecc.) – è ritenuto abitato da spiriti con i quali va instaurato un rapporto pacifico. La religione romana, inoltre, è tendenzialmente idolatra, ovvero riconosce particolari poteri agli oggetti in sé (ragion per cui, per esempio, si può osservare la propensione a identificare le statue delle divinità con le divinità stesse). Va infine ricordato il particolare culto dedicato agli antenati, di cui si veneravano le immagini (spesso derivate dal calco di cera ricavato dal volto del defunto).

## 3. LE CARATTERISTICHE DELLA RELIGIONE ROMANA

Qui di seguito elenchiamo gli elementi distintivi e caratterizzanti della religione romana:

- Presenza di divinità personali, come il *genius* che abita in ogni uomo, e familiari, come i *Lares*, protettori della casa, e i *Penates*, protettori della famiglia, conservati come semplici statuette in una parte nascosta della casa.
- Presenza di divinità della città, come Marte, Giove e Quirino, che proteggono la comunità. Giove – *Iuppiter*, da **Dieus pater* (etimologicamente affine a *dies*, «giorno») – è propriamente la divinità del cielo luminoso e dei fulmini, presente anche in altri popoli parlanti una lingua indouropea (➤ Scheda "Storia, cultura, civiltà", p. 26).
- Presenza di divinità della fertilità dei campi, come *Saturnus* (etimologicamente affine alla radice **sa-* presente nel verbo *sero*, «seminare»).
- Possibilità di conoscere la volontà degli dèi per mezzo sia degli *augures*, ossia sacerdoti in grado di interpretare il comportamento degli uccelli (ritenuti il tramite tra cielo e terra), sia degli *haruspices*, ossia sacerdoti in grado di interpretare le viscere degli animali (pratica, quest'ultima, che certamente deriva dall'Etruria).
- Possibilità di instaurare un rapporto di scambio con le entità spirituali per mezzo del sacrificio, inteso come offerta finalizzata a ottenere un vantaggio.
- Tendenza ad accogliere i culti stranieri: durante l'età regia fu notevole l'influsso della religione etrusca; all'inizio dell'età repubblicana furono invece introdotti culti provenienti dalle città greche dell'Italia meridionale, come il culto di Hermes, di Demetra, di Dioniso e di Apollo.
- Presenza di testi di contenuto religioso, come i *Libri Sybillini*, che erano una raccolta di oracoli (secondo una tradizione risalente allo storico Valerio Massimo, anche il re Numa Pompilio avrebbe composto, in greco, alcuni libri sui princìpi della religione romana; libri che, ritrovati nel 181 a.C., vennero però bruciati).

## 4. I COLLEGI SACERDOTALI

Secondo la religione romana ciascun uomo, e in particolare il *pater familias*, aveva la facoltà di celebrare riti religiosi (per cui risulta evidente che la concezione del sacerdozio a Roma era assai diversa, per esempio, da quella giudaico-cristiana o egizia).

Esistevano numerosi collegi sacerdotali di cui, per diritto familiare, facevano parte i *patres* delle *gentes* patrizie. Ciascun collegio aveva i propri compiti, che tramandava oralmente ai nuovi membri. Appartenere a un collegio sacerdotale era fonte di prestigio sociale e, per un uomo, non comportava alcuna limitazione nella vita familiare o politica. Il più importante collegio era quello dei *Pontifices*, il cui nome è etimologicamente collegabile con i termini *pons* e *facere*, dato che compito di questi sacerdoti era innanzi tutto la cura del Ponte Sublicio (➤ par. 3, p. 5). Esisteva anche il collegio femminile delle vestali, alle quali, invece, era imposto l'obbligo della verginità e di

**Statua della vestale massima**, proveniente dalla Casa delle vestali al Foro Romano, II sec. d.C. Roma, Museo Nazionale Romano, Palazzo Massimo alle Terme.

risiedere nell'antichissima *domus Vestae* vicino alla *Regia*; venivano scelte per appartenere a tale collegio solo donne della più alta aristocrazia, le quali rimanevano vestali per circa una ventina d'anni a partire dalla pubertà. Le vestali erano oggetto di particolare venerazione e giocavano certamente un ruolo politico: erano le depositarie dei segreti e dei testamenti degli uomini più ragguardevoli; inoltre, godevano di più diritti rispetto alle altre donne, in quanto potevano disporre liberamente del loro patrimonio.

## 5. I *CARMINA*

Sulla scorta di autori latini di epoca posteriore, noi siamo informati della presenza a Roma di un vasto patrimonio di testi tramandati solo oralmente; le trascrizioni che abbiamo di questi testi sono avvenute quando ormai l'uso della scrittura aveva preso piede e probabilmente la loro veste linguistica, per certi tratti ormai incomprensibile, venne parzialmente aggiornata. Nonostante ciò, possiamo farci un'idea del vasto e variegato patrimonio di testi prodotti dalla civiltà arcaica di Roma. Per indicare tali testi i Romani usavano il termine *carmen*, derivato dal verbo *canere,* che significa «cantare», ma anche «incantare», nel senso che il canto ritmato, indipendentemente dall'argomento, veniva avvertito di per sé come una manifestazione della forza divina in grado di affascinare gli ascoltatori.

■ Affresco raffigurante Crono (Saturno), I sec. d.C. Napoli, Museo Archeologico Nazionale.

A Roma, in effetti, non si verificò niente di paragonabile a quanto avvenne in Grecia con i poemi omerici; anche qui, però, si formò quella che il latinista Carlo Santini ha definito una "lingua poetica", ossia una modalità espressiva che veniva immediatamente avvertita dall'ascoltatore come diversa rispetto alla lingua quotidiana. La "lingua poetica" dei *carmina* era contraddistinta da un andamento ritmico; non era però necessariamente legata al verso, ovvero all'unità ritmica, e poteva caratterizzare anche la prosa. Proprio per il fatto di essere un linguaggio artificiale, aveva la funzione di creare un effetto straniante nell'ascoltatore, abituato al lessico ordinario; allo stesso tempo, rendeva immediatamente evidente il carattere rituale della ricorrenza in cui veniva utilizzata.

La tecnica del *carmen* faceva ampio uso dei due più elementari princìpi che, secondo il linguista Roman Jakobson, concorrono a determinare il testo poetico: la ricorrenza di elementi simili (principio su cui si fondano, per esempio, il ritmo e le figure di suono come l'allitterazione e l'anafora) e il parallelismo, ossia la disposizione degli elementi sintattici secondo una simmetria riconoscibile. Entrambi questi elementi connotano la "lingua poetica" e la rendono diversa dal linguaggio quotidiano. Per quanto riguarda il ritmo dei *carmina* propriamente poetici, esso era probabilmente spesso determinato dal verso saturnio o faunio, il cui nome ricorda le divinità italiche di Saturno e Fauno e si collega al fatto che nella mentalità romana i *carmina* appartengono sempre alla sfera del sacro.

I Romani erano abituati fin da piccoli alle movenze espressive dei *carmina*, dal momento che questi testi accompagnavano numerosissime occasioni della vita pubblica e familiare, e perciò dovevano conservarne ben impresse nella memoria le movenze espressive. Questo spiega perché, per tutto il corso della letteratura latina, quando un autore desiderava conferire solennità alle proprie parole, faceva uso dell'andamento sintattico e fonico dei *carmina*.

Ara di Domizio Enobarbo, particolare con sacrificio al dio della guerra Marte, fine del II sec. a.C. Parigi, Museo del Louvre.

## TESTI E TEMI | LA *PRAECATIO* DEL *PATER FAMILIAS*

**UN ESEMPIO DI "LINGUA POETICA"** Il *carmen lustrale* era la preghiera che il *pater familias* pronunciava in onore di Marte durante la cerimonia di purificazione dei campi detta *lustratio*, cerimonia nel corso della quale un toro, una pecora e un maiale venivano portati lungo il confine dei campi, prima di essere sacrificati (il sacrificio prendeva il nome di *suovitaurilia*). Catone il Censore, vissuto tra III e II secolo a.C., in un trattato dedicato all'agricoltura, ci riporta questa antica preghiera, la quale costituisce un significativo esempio di "lingua poetica" (*De agri cultura* 141, 2-3):

*Mars pater te precor quaesoque uti sies volens propitius mihi domo familiaeque nostrae; quoius rei ergo agrum terram fundumque meum suovitaurilia circum agi iussi, uti tu morbos visos invisosque viduertatem vastitudinemque, calamitates intemperiasque prohibessis defendas averruncesque; uti tu fruges frumenta vineta virgultaque grandire dueneque evenire siris, pastores pecuaque salva servassis; duisque duonam salutem valetudinemque mihi domo familiaeque nostrae: harunce rerum ergo fundi terrae agrique mei lustrandi lustrique faciundi ergo, sic ut dixi, macte hisce suovitaurilibus lactentibus immolandis esto: Mars pater, eiusdem rei ergo macte hisce suovitaurilibus lactentibus immolandis esto.*

«Padre Marte, ti prego e ti chiedo che tu sia benevolo e propizio a me, alla casa e alla nostra famiglia; per questa ragione ho ordinato che un maiale, una pecora e un toro siano portati attorno al campo, alla terra e al fondo, perché tu impedisca, tenga lontano e rimuova le malattie visibili e invisibili, la povertà e la rovina, le calamità e le intemperie; perché tu permetta che le messi, il frumento, le vigne e i virgulti crescano e vengano bene, perché tu conservi in salute i pastori e il bestiame; perché tu dia buona salute e vigore a me e alla nostra famiglia: per queste cose, per purificare e rendere puro il fondo, la terra e il mio campo, così come ho detto, sii onorato con questo maiale, con questa pecora e con questo toro ancora lattanti da sacrificare: padre Marte, per la medesima cosa sii onorato con questo maiale, con questa pecora e con questo toro ancora lattanti da sacrificare.»

Dal punto di vista della **lingua** è da osservare la presenza di forme assenti o rare rispetto alla prosa classica, forme che vanno pertanto considerate **arcaismi** (tra i più evidenti segnaliamo *uti* per *ut*, *sies* per *sis*, *quoius* per *cuius*, *prohibessis* per *prohibeas*, la grafia *duonam* per *bonam*, l'uso di forme sincopate come *siris* per *siveris*).
Dal punto di vista della **forma** è invece da osservare il ricorso frequente a **figure di suono**, come allitterazioni (es. *viduertatem vastitudinemque*) e omoteleuti (es. *mei lustrandi lustrique faciundi*); l'ordinamento sintattico si avvale poi di segmenti di testo, detti ***cola***, caratterizzati da un andamento ritmico riconoscibile (es. *precor quaesoque... volens propitius*) e spesso disposti in parallelo (es. *uti tu morbos... uti tu fruges...*). Le immagini sono enfatizzate da antitesi (es. *visos invisosque*).

I *carmina* di cui abbiamo notizia sono:

- I *carmina convivalia,* componimenti che ricordavano le imprese di uomini illustri e che fin dai tempi più remoti venivano cantati con l'accompagnamento del flauto durante i banchetti degli aristocratici.
- I *carmina triumphalia,* canti anche di carattere licenzioso, rivolti ai comandanti dai soldati durante il trionfo.
- Le *laudationes*, orazioni funebri in cui si ricordavano le gesta del defunto e quelle dei suoi antenati; con la medesima funzione celebrativa, ma cantati e in versi, c'erano anche gli *elogia*. Facevano probabilmente parte della memoria comune della *gens.*
- Le *neniae*, filastrocche cantate ai bambini.
- Formule di scongiuro, preghiere, maledizioni, spesso di significato oscuro.

## TESTI E TEMI | IL *CARMEN FRATRUM ARVALIUM*

**UN ANTICO *CARMEN* IN RITMO SATURNIO** Un'iscrizione datata al 218 a.C. ci ha conservato il testo di un antico *carmen* che veniva recitato dai membri del collegio sacerdotale dei ***fratres Arvales*** durante la cerimonia degli ***Ambarvalia***, un rito propiziatorio per la fertilità dei campi. Ciascun verso veniva ripetuto tre volte. Il ritmo è quello del **saturnio**, il più antico metro italico.

*enos*[1] *Lases iuvate*
*neve lue rue Marmar*[2] *sins incurrere in pleoris*
*satur fu, fere Mars, limen sali, sta berber*[3]
*Semunis alterni advocapit conctos*
*enos Marmor iuvato*
*triumpe*[4] *triumpe triumpe triumpe triumpe*

**1.** La *e* che precede il pronome *nos* ha valore esclamativo.
**2.** *Marmar* (come il successivo *Marmor*) è termine formato dalla radice (raddoppiata) del nome "Marte".
**3.** Termine ignoto.
**4.** Si tratta del motto che dava inizio alla danza eseguita dai sacerdoti.

«O Lari aiutateci,
Marte, non permettere che la peste e la rovina cadano su molti.
Sii sazio, feroce Marte, salta oltre la soglia, resta lì.
A turno invocate i Semoni[1].
Marte aiutaci.
Trionfa, trionfa, trionfa, trionfa, trionfa.»

**1.** Divinità delle sementi.

Il testo, probabilmente tramandato per generazioni prima della redazione scritta, conserva tratti evidenti di **arcaismo**: qui ci limitiamo a segnalare la grafia *Lases* per *Lares*, ossia la conservazione della -s- intervocalica, che a partire dalla fine del IV secolo a.C. si iniziò a scrivere -r-, come si pronunciava ormai da tempo per effetto del fenomeno linguistico detto **rotacismo**.
Anche in questo testo, come nella *praecatio* del *pater familias* (→ Scheda "Testi e temi", p. 18), è da osservare la presenza di **figure di suono** – come allitterazioni (es. *fu, fere*) e omoteleuti (es. *neve lue rue*) – nonché di ***cola*** disposti in parallelo (es. *enos Lases iuvate... enos Marmor iuvato*); esso rappresenta pertanto un altro significativo esempio di "lingua poetica" che si diversifica dal linguaggio quotidiano e diventa immediatamente riconoscibile per l'ascoltatore come linguaggio sacrale.

## 6. LA LEGGENDA DELLE ORIGINI

Anche la leggenda relativa alla fondazione di Roma rientra nel vasto e variegato patrimonio di testi prodotti in età arcaica e trasmessi oralmente per secoli.

Il significato fondamentale di tale leggenda – che, nella forma più nota, ci è tramandata da tre storici di età imperiale (i greci Dionigi di Alicarnasso e Plutarco; il latino Tito Livio) – è quello di fare di Roma l'erede dei Latini di Alba Longa e di nobilitare l'origine del suo fondatore, individuandone l'ascendenza divina. Questo, in sintesi, il nucleo del racconto:

- Enea, in fuga da Troia, sbarca nel Lazio; qui, dopo aver sposato Lavinia, figlia di Latino (re dei Latini di Laurento), fonda la città di Lavinio.
- Ascanio, figlio di Enea, fonda Alba Longa sui Colli Albani e inizia la stirpe dei Silvi, i re di Alba Longa.
- Da Proca, uno dei re di Alba Longa, nascono i fratelli Numitore e Amulio. Al primo spetta il trono, ma Amulio lo caccia, usurpando il regno; quindi uccide la prole maschile del fratello e costringe la nipote Rea Silvia a farsi vestale perché non abbia figli.
- Rea Silvia, figlia di Numitore, subisce violenza a opera del dio Marte e partorisce due gemelli, Remo e Romolo (Remo è il primo a uscire dal ventre materno, tanto che Romolo è indicato anche con il vezzeggiativo di *Altellus*, da *alter*, «secondo»).
- I gemelli sono affidati alle acque del Tevere, ma si salvano e vengono allattati da una lupa. Trovati dal pastore Faustolo, vengono cresciuti da questi e dalla moglie Acca Larentia.
- Divenuti adulti, e venuti a conoscenza della loro identità dopo aver conosciuto per caso Numitore, Remo e Romolo uccidono Amulio, restituendo al nonno Numitore il trono di Alba.
- Remo e Romolo decidono di fondare una nuova città sui colli vicino al Tevere dove sono stati allevati; per sapere chi sarà il re, traggono gli auspici dall'osservazione degli uccelli. Il predestinato è Romolo, che fortifica il Palatino.
- Remo non accetta la supremazia di Romolo e viene ucciso.

### ANTICHITÀ DELLA LEGGENDA

La leggenda presenta una serie di mitemi (ossia di nuclei narrativi costitutivi di ogni racconto mitico) presenti in numerosi miti delle origini, come la discendenza divina del fondatore e la gemellarità (con il prevalere del più giovane, come per esempio accade anche nel racconto biblico dei patriarchi di Israele Esaù e Giacobbe).

L'analisi delle numerose varianti della leggenda giunte fino a noi ha permesso di ricostruire le varie fasi della formazione del racconto:

- Il nucleo più antico – probabilmente formatosi nell'immediatezza della fondazione e tramandato in occasione dei banchetti rituali nella *Regia* – sottolineava la derivazione della città da Alba, la presenza di animali magici (come la lupa) e la presenza di un eroe greco all'origine della stirpe. Contatti culturali con l'ambiente delle colonie greche della Campania sono ampiamente attestati dall'archeologia e il poeta greco Esiodo, vissuto alla metà dell'VIII secolo a.C., cita come regnanti del Lazio Latino e il fratello Agrio (da identificare con la figura mitologica latina di Fauno), figli di Ulisse e Circe.
- Durante la fase dei re etruschi (Tarquinio Prisco, Servio Tullio e Tarquinio il Superbo) prese piede la derivazione della stirpe dei re di Alba da Enea, eroe già ben conosciuto

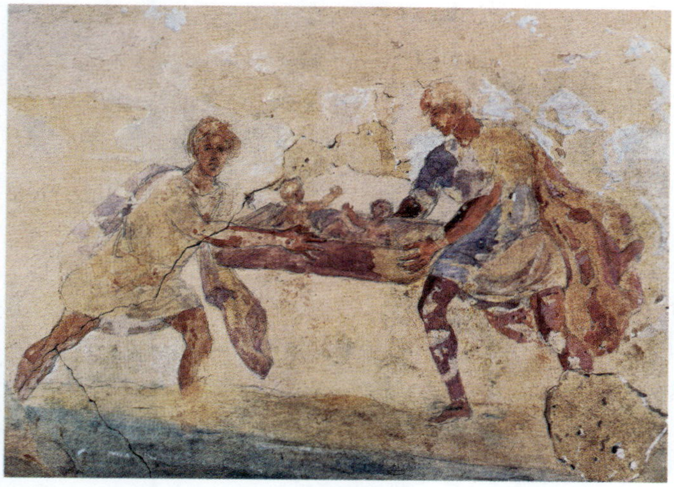

Romolo e Remo abbandonati sulle acque, affresco da un colombario dell'Esquilino, I sec. d.C. Roma, Museo della Civiltà Romana.

nel Lazio, sempre in ragione degli stretti contatti con il mondo greco. La revisione della leggenda – con la sostituzione di Ulisse con Enea e la conseguente importanza attribuita alla città di Lavinio, fondata da Enea, rispetto ad Alba – può essere collegata alla volontà dei re etruschi di presentarsi come nuovi fondatori di Roma: a essi risale infatti la costruzione di una nuova cinta muraria della città, la divisione dell'anno in dodici mesi (e non più in dieci) e la sostituzione della triade capitolina originaria (Marte, Giove, Quirino) con la nuova triade (Giove, Giunone, Minerva). La connessione tra Enea e la fondazione di Roma è comunque certamente antica, dato che uno storico greco del V secolo a.C., Ellanico di Mitilene, parla dell'arrivo dell'eroe troiano nel Lazio.

- In coincidenza con la cacciata dei Tarquini e con il prevalere dei patrizi latini al governo di Roma venne diffusa una versione della leggenda che tendeva a non dare importanza alla discendenza da eroi stranieri. Una straordinaria testimonianza di questa fase ci è offerta dallo specchio di Bolsena, dove i gemelli, raffigurati mentre vengono allattati dalla lupa, compaiono assieme ai loro antenati Fauno e Latino e agli animali magici che ne indicano la discendenza divina (il picchio di Marte e la civetta di Vesta).
- All'epoca in cui Roma entra in contatto con il mondo greco del Mediterraneo, a seguito delle guerre contro Taranto, risale la versione della leggenda che sarà recepita dalle età successive come la versione "ufficiale" delle origini di Roma. Nella sua opera sulla storia di Roma, scritta in greco perché primariamente destinata agli intellettuali del mondo greco, lo storico Fabio Pittore trae un insieme coerente dalle diverse varianti della leggenda, conferendo a Roma un passato "nobile", e perciò degno di stare alla pari con quello delle città greche. Secondo questa versione, il fondatore della stirpe romana è il troiano Enea.

Testa di Ulisse, copia romana di una scultura ellenistica, I sec. d.C. Sperlonga, Museo Archeologico Nazionale.

Vaso attico rinvenuto in Etruria con scena della partenza di Enea da Troia, VI-V sec. a.C. Monaco, Antikensammlung.

## 7. LA SCRITTURA A ROMA

Fin dal tempo della fondazione dovettero essere presenti a Roma sia Greci provenienti dalle città dell'Italia meridionale sia Etruschi. L'influenza culturale etrusca è ben visibile nella sfera della religione e in alcuni aspetti della vita pubblica (per esempio, nelle insegne dei magistrati, quali il manto di porpora e il sedile curule); l'apporto greco si nota invece nell'architettura (per esempio, nella forma dei templi e delle case ad atrio) e nella creazione di manufatti di terracotta (statuette e simili).

Tenendo conto del contesto di continui scambi culturali e commerciali con le civiltà vicine, non stupisce che le più antiche iscrizioni ritrovate a Roma, databili tra l'inizio dell'VIII e l'inizio del VII secolo a.C., siano greche ed etrusche. Quanto alle prime iscrizioni in latino in nostro possesso, esse risalgono al periodo tra VII e VI secolo a.C. La forma delle lettere è quella dell'alfabeto greco occidentale e l'andamento della scrittura può essere sia da destra a sinistra (sinistrorso) sia da sinistra a destra (destrorso, come oggi). La scrittura poteva anche essere bustrofedica, ossia seguire l'andamento del solco tracciato dai buoi nell'aratura, con una riga destrorsa e una sinistrorsa.

La scrittura risulta utilizzata a fini pratici, per dediche di oggetti oppure per leggi e regolamenti. Particolare importanza rivestivano gli *Annales Maximi*, ovvero la registrazione, scritta su una tavola imbiancata (*tabula dealbata*), degli avvenimenti degni di nota occorsi durante l'anno nella città (calamità, guerre, prodigi di natura divina); registrazione che era cura del pontefice tenere aggiornata ed esporre fuori dalla sua abitazione. Gli *Annales Maximi,* che erano conservati con somma attenzione, esercitarono una grande influenza sulla successiva storiografia latina, in cui si osserva la tendenza a una narrazione di tipo, appunto, annalistico (ossia, anno per anno). Qui di seguito elenchiamo alcune delle più antiche iscrizioni in latino:

- L'iscrizione incisa sulla *fibula Praenestina*, una spilla d'oro per fermare la veste datata al VII secolo a.C. (la cui autenticità, a lungo messa in dubbio, è stata dimostrata nel 2011 grazie a raffinate tecniche di indagine).
- L'iscrizione bustrofedica – dal significato assai controverso, probabilmente religioso – incisa su un cippo del VI secolo a.C. ritrovato sotto il foro di Roma.
- L'iscrizione di dedica di un dono votivo a Marte incisa su una pietra proveniente dalla città latina di Satrico e datata al VI secolo a.C.
- L'iscrizione su un vasetto per contenere profumi, detto "vaso di Dueno", risalente al VI secolo a.C.
- L'iscrizione su un cofanetto portagioielli in bronzo, detto "cista Ficoroni", risalente al IV secolo a.C.
- L'iscrizione funeraria sul sepolcro di Scipione Barbato, console nel 298 a.C.

## 8. IL LATINO ARCAICO

La lingua latina appartiene genericamente alla famiglia delle lingue indoeuropee occidentali (➤ Scheda "Storia, cultura, civiltà", p. 26).

A un livello geograficamente più ristretto, si può dire che il latino delle origini, tra il IX e il VII secolo a.C., appartiene all'italico, che non è da intendersi come una lingua comune a tutti i popoli della penisola, ma come un insieme di fatti linguistici comuni alle

**TESTI E TEMI** | GLI "OGGETTI PARLANTI"

**UNA TESTIMONIANZA MOLTO SUGGESTIVA** Tra le più antiche iscrizioni latine (➛ par. 7, p. 22) figurano tre casi di **"oggetti parlanti"**; con tale espressione si indicano oggetti di uso quotidiano, i quali recano un'iscrizione predisposta in modo tale che risulta essere l'oggetto stesso a "parlare", esprimendo il proprio punto di vista. Di solito, l'oggetto "dice" a chi è dedicato, quale è la sua funzione e chi l'ha costruito. Pare che l'uso di tali iscrizioni si sia diffuso a Roma dall'Etruria. Questi "oggetti parlanti" costituiscono per noi la testimonianza di legami affettivi tra persone vissute moltissimi anni fa (un elemento assai suggestivo che si aggiunge al valore intrinseco degli oggetti dal punto di vista archeologico).

- La più antica iscrizione latina relativa a un "oggetto parlante" è l'iscrizione sinistrorsa incisa sulla ***fibula Praenestina***, una spilla aurea, lunga circa 10 cm, di elegante fattura e destinata a fermare all'altezza della spalla una veste maschile. Ritrovata alla fine del XIX secolo, la *fibula Praenestina* è conservata a Roma al Museo Pigorini. L'iscrizione recita *MANIOS MED FHEFHAKED NUMASIOI*, che in latino classico corrisponde a *Manius me fecit Numerio*, «Manio mi fece per Numerio».
- Assai particolare è anche l'iscrizione che compare su tre graziosi vasetti per profumi, uniti in un gruppo unico e attualmente conservati al Museo di Stato di Berlino; l'iscrizione riporta una serie di scongiuri di difficile interpretazione: dal senso complessivo pare comunque di capire che tali scongiuri siano da attribuire a una donna respinta dal proprio amante, al quale ella augura di non trovare mai più una compagna. Il reperto è comunemente noto come **"vaso di Dueno"**: verso la fine dell'iscrizione si legge *DUENOS MED FEKED* che in latino classico diventa *Bonus me fecit*, «Un uomo buono mi fece».
- Infine, va ricordata l'iscrizione sulla **"cista Ficoroni"**, un portagioielli in bronzo di notevoli dimensioni (è alto più di 70 cm) con il coperchio ornato di tre statuette e attualmente conservato a Roma al Museo di Villa Giulia. L'iscrizione ricorda che l'oggetto è il prezioso dono di una madre alla propria figlia: *DINDIA MALCONIA FILEAI DEDIT / NOVIOS PLAUTIOS MED ROMAI FECID*, ossia *Dindia Malconia filiae dedit / Novius Plautius me Romae fecit*, «Dindia Malconia (mi) donò alla figlia / Novio Plauzio mi fece a Roma».

parlate dell'Italia centrale e meridionale. Un elemento comune alle parlate italiche – tra cui possiamo annoverare il sabino, il falisco e l'osco-umbro – è, per esempio, l'opposizione nella flessione verbale tra il tema del presente e quello del perfetto.

## 9. LA TRASFORMAZIONE DEL LATINO

Rispetto alle altre lingue dell'Italia centrale, nel periodo tra il V e il III secolo a.C. il latino subì una rapida trasformazione. Questo fenomeno non è altro che l'effetto sul piano linguistico dei mutamenti storici: il fatto che Roma espandesse il proprio dominio nel Lazio, in Etruria e in Campania fece sì che un numero sempre crescente di persone utilizzasse il latino, contribuendo ad apportarvi cambiamenti. Significativamente, quasi tutti i cambiamenti che in questo periodo avvengono nel latino sono fenomeni abituali per le lingue che assumono un ruolo internazionale e che rapidamente aumentano il numero di parlanti. Le mutazioni sono caratterizzate da ciò che i linguisti definiscono "diminuzione del costo fonico", ossia i parlanti, che spesso non conoscono alla perfezione la pronuncia e i modi espressivi di una lingua, tendono a semplificare i suoni e a eliminare i suffissi (l'eliminazione dei dittonghi e la semplificazione di alcune desinenze rientrano appunto in questi fenomeni).

L'espansione dell'influenza di Roma nell'Italia e i rapporti con le popolazioni vicine sono ampiamente testimoniati anche da un consistente inserimento nel latino di termini provenienti da altre lingue:

- Dall'etrusco provengono termini del linguaggio sacrale, come *haruspex* («aruspice») e *aruspicina* («aruspicina», «scienza degli aruspici»), ma anche della sfera civile e politica, come *populus, plebs* e *lanista* («allenatore di gladiatori»).
- Dall'italico vengono termini come *multa* («pena») e *hirpus* («lupo»).
- Dal greco vengono molti termini relativi alla tecnologia, come *machina, camera* («barca leggera»), *ancora, carbasus* («vela»), *lembus* («scialuppa»), e termini relativi alla coltivazione dell'olivo e della vite, introdotta dalla Magna Grecia, come *oleum*.

## 10. LE LEGGI DELLE XII TAVOLE

A Roma, alla metà del V secolo a.C., con le Leggi delle XII tavole, la scrittura venne usata anche per scrivere le leggi, secondo un'abitudine propria delle città greche. Questo fenomeno va evidentemente letto come una conquista della plebe, che in tal modo tolse ai patrizi il diritto di applicare il *mos maiorum* senza che il cittadino avesse la possibilità di esercitare il benché minimo controllo.

È importante chiarire che le Leggi delle XII tavole non costituivano un codice del diritto di Roma; esse presupponevano che i magistrati facessero comunque riferimento al *mos maiorum* e soprattutto restava necessaria l'interpretazione delle norme alla luce della tradizione da parte di esperti, che in origine erano soprattutto i sacerdoti pontefici.

Di tale testo, fondamentale per la storia del diritto romano, noi possiamo leggere solo alcune parti, riferite da scrittori di epoca posteriore. Accanto a norme decisamente arcaiche, come la sottomissione del debitore al potere del creditore, nella nuova legislazione si trovavano aspetti più innovativi come:

- L'introduzione, in caso di contenzioso tra privati, della possibilità di accordi che superino la logica della vendetta tra *gentes* (sebbene sia mantenuta la legge del taglione).

IL MONDO DEL LETTORE

### LEGGERE PRIMA DELLA LETTERATURA

**LE "SCRITTURE ESPOSTE"** Per molti secoli, come si è detto, la scrittura a Roma ebbe solo fini pratici e non letterari; quanto all'abitudine di scrivere testi destinati a essere esposti pubblicamente (leggi, epigrafi funerarie, ecc.), essa si mantenne ben viva per tutta l'età romana, con il risultato che a noi è giunto un enorme numero di iscrizioni. I testi realizzati per essere mostrati in pubblico sono generalmente definiti **"scritture esposte"** ed è ragionevole ritenere che in alcune zone di Roma, già in età arcaica, vi fosse un gran numero di iscrizioni di ogni tipo.

**LA SCRITTURA E LA LETTURA COME ATTIVITÀ SERVILI** Questo significa che tutti sapevano leggere e scrivere? Non è detto. Bisogna infatti considerare che nel mondo antico tutte le attività pratico-manuali – in cui rientrano anche la scrittura e la lettura ad alta voce (che era quella generalmente praticata nel mondo greco-romano) – furono sempre considerate attività servili, e dunque non adatte a uomini di condizione libera. Ciò non vuol dire che gli uomini liberi non imparassero a leggere e a scrivere, ma probabilmente rimanevano spesso a uno stadio di **semianalfabetismo**: chi poteva accedere alla cultura, infatti, di solito aveva abbastanza denaro per potersi permettere degli schiavi specializzati che leggessero ad alta voce e che scrivessero sotto dettatura.
Per quanto riguarda le "scritture esposte", dobbiamo considerare che chi concretamente le realizzava, ovvero i lapicidi (o scalpellini), erano lavoratori in stato di servitù che spesso non sapevano neanche leggere correttamente, pur sapendo incidere le lettere secondo le indicazioni del padrone capo-officina; mentre i passanti, soprattutto nei luoghi affollati, se non sapevano leggere, e non disponevano di un servo lettore (detto *litteratus*), potevano sempre approfittare della lettura ad alta voce effettuata da qualcun altro.

- La limitazione dei poteri del *pater familias* sui membri della famiglia (con la possibilità che, in certi casi, il figlio esca dalla patria potestà).
- La definizione del diritto ereditario, in tal modo sottratto alle consuetudini delle *gentes*.

Restava comunque fondamentale nella nuova legislazione il fatto che ogni cittadino era sottoposto alla legge, come esplicitamente recita la norma *Si in ius vocat, ito. Ni ito, antestamino, igitur em capito*, «Se [un cittadino] chiama in giudizio, [la persona chiamata] vada. Se non va, [l'accusatore] si procuri testimoni, quindi lo prenda».

## 11. LA LAICIZZAZIONE DEL DIRITTO E APPIO CLAUDIO CIECO

La prima figura di letterato di cui possiamo in parte ricostruire i contorni è quella di Appio Claudio Cieco, il quale fu anche un importante uomo politico del proprio tempo (fu censore nel 312 a.C. e due volte console, nel 307 e nel 296 a.C.). In particolare, è importante ricordare che:

- Fece trascrivere il testo di una sua orazione tenuta di fronte al senato (testo purtroppo andato per noi completamente perduto).
- A lui si fa risalire il *Carmen de sententiis*, una raccolta di massime in versi, di cui rimangono tre *sententiae* (la più nota delle quali è *fabrum esse suae quemque fortunae*, «ciascuno è artefice del proprio destino»).
- Emanò disposizioni precise sull'uso dell'alfabeto e sulla grafia corretta delle parole.
- Promosse con vigore l'espansione di Roma verso la Campania, anche attraverso la realizzazione della via Appia (che appunto da lui prese il nome).
- Promosse la trascrizione delle formule giuridiche che andavano necessariamente pronunciate perché un processo civile o penale avesse validità effettiva. Con quest'opera – che prese il nome di *Ius Flavianum*, in quanto redatta da Gneo Flavio (che era il segretario di Appio Claudio Cieco) – ebbe inizio la progressiva laicizzazione del diritto, la tendenza a separare la sfera dei diritti civili e politici del cittadino dall'ambito religioso (secondo una concezione giunta fino a noi). L'esistenza di una procedura scritta costituì infatti il presupposto per la formazione di uomini esperti di diritto, i giuristi, che non appartenevano obbligatoriamente ai collegi sacerdotali (nell'ambito dei quali i patrizi si tramandavano oralmente le formule processuali). Il giurista (*iureconsultus*) era un privato al quale veniva riconosciuta, per consenso unanime, una solida esperienza in campo giuridico, maturata assistendo ai processi, ascoltando le sentenze e imparando le norme; si trattava dunque di un esperto cui qualsiasi cittadino poteva rivolgersi per sapere quali erano i suoi diritti e che cosa fosse opportuno fare in caso di lite con un altro (un esperto che poteva poi assistere il cittadino di fronte al giudice in qualità di *patronus*, ossia di «difensore», «avvocato»).

■ Cesare Maccari, **Appio Claudio Cieco al senato**, 1881-1888. Roma, Palazzo Madama.

STORIA, CULTURA, CIVILTÀ

## LE LINGUE INDOEUROPEE

**IL METODO COMPARATIVO E LA GRAMMATICA DELL'INDOEUROPEO** Nel corso del XVIII secolo i linguisti, detti anche glottologi, prendendo in esame l'area che va dall'Europa alla regione indoiranica, notarono che numerose lingue – sia ancora parlate (inglese, francese, tedesco, ecc.) sia estinte (greco antico, latino, sanscrito, gotico, ecc.) – presentavano molti elementi lessicali e morfologici in comune (si veda, per esempio, la parola "padre": ingl. *father*, ted. *Vater*, lat. *pater*, gr. *patèr*, sanscrito *pitar*).

Soprattutto nel corso del XIX secolo gli studiosi – avvalendosi di un rigorosissimo **metodo comparativo** che consentì di evidenziare delle costanti nel cambiamento dei suoni e nell'evoluzione delle forme – ricostruirono le **radici comuni** che avevano portato ai diversi esiti nelle diverse lingue (le radici ricostruite vengono scritte, secondo una consuetudine universalmente accettata, precedute da un asterisco, appunto a indicare che non sono attestate in nessuna lingua: per esempio, *es- è la radice del verbo «essere», il cui esito è, in greco, il verbo *eimì* e, in latino, il verbo *sum*). Con questo metodo venne realizzata una vera e propria **grammatica dell'indoeuropeo**, pur sapendo che si trattava di una lingua che non era mai stata parlata così come era stata ricostruita. Per spiegare la parentela linguistica tra popoli tanto distanti, fu avanzata la seguente ipotesi: ci sarebbe stata un'epoca preistorica in cui alcune tribù, denominate appunto "indoeuropee", avrebbero abitato nella medesima regione; successivamente, sempre in epoca preistorica, tali tribù si sarebbero però separate, trasferendosi in varie regioni, dove le lingue avrebbero appunto seguito evoluzioni indipendenti. A sostegno di questa tesi andarono anche le teorie dell'archeologa lituana **Marija Gimbutas** che, alla metà del XX secolo, identificò la patria di origine degli Indoeuropei nella zona delle steppe della Russia meridionale e dell'Asia, da dove poi questi ultimi si sarebbero spostati, a partire dal 3000 a.C. circa, parte verso l'Europa, parte verso il continente indiano. Nella penisola italica i progenitori indoeuropei dei futuri parlanti latino sarebbero dunque scesi da nord e avrebbero assimilato la lingua dei predecessori, della quale resterebbero però alcuni elementi residui come sostrato (per esempio, in termini come *cupressus*, «cipresso», non derivato da alcuna radice indoeuropea).

**I DIFETTI DELLA TEORIA TRADIZIONALE** Il metodo comparativo per studiare le lingue, elaborato soprattutto nel corso del XIX secolo, ha fornito una serie di strumenti ancora validissimi; detto questo, la teoria relativa all'origine delle lingue indoeuropee negli ultimi vent'anni è decisamente entrata in crisi. Questi possono essere considerati i difetti della teoria tradizionale:

- I linguisti ottocenteschi partirono dal presupposto che il greco e il sanscrito, in quanto erano le lingue più antiche allora conosciute, fossero le più vicine all'indoeuropeo originario; tale presupposto è stato però rimesso in discussione dopo la decifrazione dell'ittito e la lettura del greco miceneo, lingue risalenti all'età del bronzo.
- L'identificazione di una famiglia linguistica indoeuropea, diversa da quella delle lingue semitiche, sembra viziata da concezioni ideologiche tipiche del periodo fra XIX e XX secolo, le quali opponevano una presunta razza ariana (indoeuropea) ad altre razze e propendevano, senza che ciò avesse alcuna base scientifica, per l'ipotesi di una conquista da nord a sud. In ragione di tali presupposti ideologici, nell'identificare la famiglia delle lingue indoeuropee, fu trascurato il dato della somiglianza con radici di altre lingue. Ma oggi noi sappiamo che molte radici sono presenti sia nelle lingue indoeuropee sia nelle lingue semitiche (si veda, per esempio, la parola «campo coltivato»: lat. *ager*, gr. *agròs*, sumero *a-gar*).
- La teoria sulle lingue indoeuropee parte dal presupposto, tipico della cultura ottocentesca, che a un popolo corrisponda una lingua, ragion per cui, se c'è una lingua in una determinata regione, deve esserci stato necessariamente un popolo che ce l'ha porta-

**GUIDA ALLO STUDIO**

**1.** Perché possiamo affermare che la religione romana rispecchia quella stessa tendenza inclusiva che riconosciamo anche nella concezione romana della cittadinanza?

**2.** Ricostruisci le fasi di formazione della leggenda relativa alle origini di Roma.

**3.** Quali lingue contribuirono alla rapida trasformazione del latino nel periodo tra V e III secolo a.C.?

**4.** Qual era, ragionevolmente, la diffusione dell'alfabetizzazione a Roma prima della nascita di una letteratura in latino?

**5.** Indica quali sono i punti deboli della teoria tradizionale relativa alle lingue indoeuropee; quindi riassumi la teoria di Mario Alinei.

ta; oggi, però, noi sappiamo che le lingue cambiano anche per altri motivi, per esempio per contatto con altre lingue (così i Franchi, di lingua germanica, hanno adottato la lingua romanza dei conquistati).

- Il metodo comparativo non dice nulla sulla datazione delle parole, che, invece, è estremamente interessante per ricostruire la storia di una lingua e degli eventuali contatti tra popoli diversi. Per esempio, le tre parole *chiesa* (it.), *church* (ingl.) e *Kirche* (ted.) derivano tutte dal greco *ekklesìa*, ma solo la storia ci dice che tali parole si sono differenziate e diffuse dopo il I secolo d.C., senza comportare spostamenti di popoli.
- Gli studi di genetica sugli abitanti dell'Europa non evidenziano in alcun modo l'arrivo di popolazioni nell'età del bronzo; piuttosto evidenziano, tra il Paleolitico Superiore e il Neolitico, una diffusione in diverse fasi dei gruppi umani da sud-ovest (area anatolica e caucasica) verso nord-est (Europa occidentale).
- L'archeologia preistorica, molto progredita rispetto al XIX secolo, non rileva in Europa delle discontinuità tali da portare a ipotizzare l'arrivo, nell'età del bronzo, di presunti popoli indoeuropei.

**LE IPOTESI PIÙ RECENTI** L'evidenziazione dei limiti che presentava la teoria tradizionale relativa all'origine delle lingue indoeuropee ha portato a elaborare in anni recenti nuove ipotesi, tra le quali due sono particolarmente degne di nota:

- L'ipotesi di **Colin Renfrew**, avanzata per la prima volta nel 1987 e detta **"ipotesi anatolica"**; secondo tale ipotesi, a partire dall'inizio del Neolitico, circa 10.000 anni fa, ci sarebbe stato un lento spostamento dall'Anatolia verso l'Asia e l'Europa di popoli che parlavano lingue indoeuropee (la cui famiglia risulta assai allargata rispetto a quella tradizionale) e conoscevano le pratiche agricole. Tale teoria spiegherebbe perché moltissimi toponimi europei, e in particolare quelli meno soggetti a cambiamenti, come i nomi dei fiumi, abbiano radici riconducibili a lingue come l'accadico e l'assiro (vedi lat. *Padus*, «Po»; accadico *pātu*, «fiume»; gr. *potamòs*, «fiume»). La stessa teoria consentirebbe anche di fare luce su toponimi sempre rimasti inspiegabili per i glottologi (come nel caso del greco *kassìteros*, «stagno», che si spiegherebbe con i due termini accadici *kasītu,* «lega» + *eru*, «rame»).
- L'ipotesi di **Mario Alinei**, o **"ipotesi della continuità"**, formulata alla metà degli anni '90 del secolo scorso; si tratta dell'ipotesi più rivoluzionaria, ma che pare la più convincente. Dopo aver raccolto una mole enorme di dati, lo studioso italiano ha proceduto alla datazione e alla stratificazione delle radici indoeuropee e ha quindi incrociato i dati linguistici con le scoperte in campo archeologico, giungendo alla conclusione che il nucleo più antico di radici indoeuropee è giunto con il primo popolamento dell'Europa a opera di gruppi umani provenienti dall'Africa attraverso l'Anatolia durante il Paleolitico. Successivamente, nel Neolitico e nell'età del bronzo, ci sarebbero stati continui apporti sia dall'Africa, sempre attraverso l'Anatolia, sia dall'Asia. Questa ipotesi spiega meglio di tutte le altre la diversificazione linguistica, soprattutto a livello sintattico, che è inverosimile pensare sia avvenuta in poche migliaia di anni. Molto semplicemente, Alinei ribalta il paradigma tradizionale: l'indoeuropeo rappresenterebbe la lingua di sostrato, vale a dire lo strato più antico, mentre i termini che prima si pensava appartenessero a popolazioni preesistenti all'arrivo degli indoeuropei, soprattutto termini dell'agricoltura e della metallurgia presenti nell'area del Mediterraneo, apparterrebbero a lingue di adstrato, ossia ad apporti più recenti, sempre provenienti dal Medio Oriente e dall'Anatolia.

## INDICAZIONI BIBLIOGRAFICHE

L'opera fondamentale di Andrea Carandini, più volte edita e aggiornata, è *La nascita di Roma*, Torino, Einaudi, 1997. L'opera, adatta a un pubblico specialistico, è di altissimo profilo scientifico; in essa trova anche ampio spazio la discussione delle tesi di valenti studiosi, come Carmine Ampolo, che esprimono posizioni differenti. Decisamente più divulgativa e quindi adatta anche a lettori non specialisti è invece, sempre di Carandini, *Roma, il primo giorno*, Roma-Bari, Laterza, 2007, opera corredata di immagini altamente suggestive. Relativamente alle testimonianze letterarie è di grande interesse l'opera di autori vari, curata da Carandini, in cui sono raccolte e commentate tutte le fonti in lingua originale con testo italiano a fronte: *La leggenda di Roma*, Milano, Mondadori, 2006 (in tre volumi). Relativamente alle istituzioni di Roma un'opera fondamentale e accessibile è il testo di Luigi Capogrossi Colognesi, *Storia di Roma tra diritto e potere*, Bologna, Il Mulino, 2009.
Per quanto riguarda le origini della cultura latina, un'opera di agile consultazione e di alto valore scientifico, completa di bibliografia aggiornata, è il testo di Innocenzo Mazzini, *Storia della lingua latina e del suo contesto*, vol. 1 *Linguistica e lingua letteraria*, Roma, Salerno, 2007, pp. 47-76. Il punto di partenza per capire i nuovi orientamenti relativi alle lingue indoeuropee è l'opera di autori vari, curata da Gianluca Bocchi e Mario Ceruti, *Le radici prime dell'Europa, gli intrecci genetici, linguistici, storici*, Milano, Mondadori, 2001.

# SINTESI L'età dei re e la prima età repubblicana (753-282 a.C.)

## Il contesto storico e sociale

- La capacità di **accogliere** nella cittadinanza sempre nuovi membri è l'elemento che rende Roma diversa dalle altre città della penisola italica e dalle *poleis* greche. L'apertura della *civitas* di Roma agli elementi provenienti dall'esterno e il desiderio di molte delle genti che entrano in contatto con Roma di ottenere, anche dopo un iniziale scontro, uno spazio nella comunità cittadina sono elementi che continuano a esercitare la propria azione sulla cultura della città per secoli.
- Tra la tarda età del bronzo e l'inizio dell'età del ferro – quindi tra il X secolo e l'inizio dell'VIII secolo a.C., quando la campagna laziale è costellata di numerosi piccolissimi villaggi – nella zona dei Colli di Roma, che presenta una serie di caratteristiche particolarmente favorevoli per un insediamento umano, confluiscono gruppi attirati da interessi diversi (allevamento, agricoltura, scambi commerciali). I vari abitati presenti sulle alture si costituiscono in un'alleanza, il ***Septimontium***.
- Per Roma è individuabile un preciso **atto di fondazione**, che pone fine alla comunità del *Septimontium* ed è da collocare alla metà dell'VIII secolo a.C., in accordo con la data ricavabile dalla tradizione, secondo cui la città sarebbe stata fondata a opera di **Romolo** nel **753 a.C.**
- Nella neonata città la **dimora del re** è simbolicamente ubicata in uno spazio aperto, fuori dalle mura, accessibile a tutti gli abitanti dei colli, e il re è garante di fronte agli dèi per tutta la comunità. La fondazione si completa con l'edificazione di una **cinta muraria** attorno al colle Palatino, con l'istituzione delle **tre tribù originarie** dei *Tities,* dei *Ramnes* e dei *Luceres* e con l'organizzazione del tempo per mezzo del **calendario**.
- Nel corso del VI secolo a.C., quando la città rientra nell'orbita di influenza etrusca, e più precisamente durante il regno di Servio Tullio, la cittadinanza viene suddivisa in **cinque classi di censo** (ordinamento timocratico) e in **centurie**, ossia in gruppi di cittadini in grado di armare un'unità di circa cento fanti. La nuova organizzazione risponde al bisogno di Roma di dotarsi di un efficiente esercito di tipo oplitico.
- Alla fine del VI secolo a.C., nel 510-509, a Roma viene abolita la monarchia e istituita la **repubblica.** Il **senato**, l'assemblea dei *patres* più autorevoli, che era nato per consigliare il re, continua a mantenere la sua funzione di organo decisionale supremo. A esso accedono per cooptazione solo i membri delle *gentes* più antiche, ossia i **patrizi**, ai quali erano riservate le magistrature più importanti.
- I privilegi dei patrizi determinano l'acuirsi della tensione tra questi e il resto della popolazione di Roma, ossia i **plebei.** La lotta tra le due componenti della città termina solo nel 367 a.C., quando, con le **leggi Licinie Sestie**, viene riconosciuto ai plebei il diritto di accedere al consolato, e quindi di entrare in senato come ex magistrati.

## Il contesto culturale

- Nei primi secoli dell'esistenza di Roma il patrimonio culturale viene trasmesso oralmente: si tratta del ***mos maiorum***, ossia il «modo di vita secondo il modello approvato dagli antenati». Il *mos maiorum*, che consisteva nel ricordare l'esempio di personaggi illustri per unanime consenso, tende a esaltare le virtù fondamentali dell'uomo romano: la *fides*, la *pietas* e la *virtus*.

- Il sostrato più antico della **religione romana** si esprime in una religiosità animistica, cioè tendente a individuare in ogni realtà o oggetto che interagisce con l'uomo la presenza di un'entità spirituale. Con il tempo si aggiungono le divinità maggiori (come Marte, Saturno, Giove e Quirino); va poi ricordato il particolare culto dedicato agli antenati, di cui si veneravano le immagini.

- A Roma esisteva un vasto patrimonio di testi tramandati solo oralmente; per indicare tali testi i Romani usavano il termine ***carmen***, derivato dal verbo *canere*, che significa «cantare», ma anche «incantare», nel senso che il canto ritmato, indipendentemente dall'argomento, veniva avvertito come una manifestazione della forza divina in grado di affascinare gli ascoltatori.

- Anche la **leggenda** relativa alla **fondazione di Roma** rientra nel vasto e variegato patrimonio di testi prodotti in età arcaica e trasmessi oralmente per secoli. Il significato fondamentale di tale leggenda è quello di fare di Roma l'erede dei Latini di Alba Longa e di nobilitare l'origine del suo fondatore, individuandone l'ascendenza divina.

- Le prime **iscrizioni in latino** in nostro possesso risalgono al periodo tra VII e VI secolo a.C. La scrittura risulta utilizzata a fini pratici, per dediche di oggetti oppure per leggi e regolamenti. Particolare importanza rivestono poi gli *Annales Maximi*, ovvero la registrazione degli avvenimenti degni di nota occorsi durante l'anno nella città.

- La **lingua latina** appartiene alla famiglia delle lingue indoeuropee occidentali. Rispetto alle altre lingue dell'Italia centrale, nel periodo tra V e III secolo a.C., il latino subisce una rapida trasformazione: l'espansione del dominio romano su Lazio, Etruria e Campania fa sì che un numero sempre crescente di persone utilizzi il latino, contribuendo ad apportarvi cambiamenti.

- A Roma, alla metà del V secolo a.C., con le **Leggi delle XII tavole** la scrittura viene usata anche per scrivere le leggi, secondo un'abitudine propria delle città greche. Questo fenomeno va letto come una conquista della plebe, che in tal modo toglie ai patrizi il diritto di applicare il *mos maiorum* senza che il cittadino avesse la possibilità di esercitare un qualche controllo.

- La prima figura di letterato di cui possiamo parzialmente ricostruire i contorni è quella di **Appio Claudio Cieco**, il quale fu anche un importante uomo politico del proprio tempo (fu censore nel 312 a.C. e console nel 307 e nel 296). Sappiamo che fece trascrivere il testo di una sua orazione e a lui si fa risalire il *Carmen de sententiis*, una raccolta di massime in versi (di cui rimangono tre *sententiae*). Promosse inoltre la trascrizione delle formule giuridiche che andavano pronunciate perché un processo avesse validità effettiva, dando così avvio alla progressiva laicizzazione del diritto.

# LABORATORIO DELLE COMPETENZE

**CONSAPEVOLEZZA ED ESPRESSIONE CULTURALE**

- MATURARE UNA CONSAPEVOLEZZA DEL PATRIMONIO LOCALE, NAZIONALE ED EUROPEO E DELLA SUA COLLOCAZIONE NEL MONDO
- SPERIMENTARE LA REALIZZAZIONE DI OPPORTUNITÀ SOCIALI ED ECONOMICHE NEL CONTESTO DELL'ATTIVITÀ CULTURALE

## 1. CACCIA AL... LUOGO

Le seguenti fotografie mostrano l'aspetto moderno di alcuni dei luoghi nominati nel corso delle pagine precedenti. Con l'aiuto di Internet individua di quali luoghi si tratta; quindi completa le didascalie, spiegando l'importanza di questi luoghi nella storia della nascita di Roma e aggiungendo qualche informazione di attualità.

**a.** La via che conduceva al tempio di *Iuppiter Latiaris*, sul Monte Albano (oggi ..........................................). Il tempio era il luogo d'incontro .......................................................................................................................... .

**b.** Il lago .......................................................................................................................... Oggi è famoso per .......................................................................................................................... .

**c.** L'isola .......................................................................................................................... . Oggi ospita .......................................................................................................................... .

**d.** Il ponte .......................................................................................................................... Oggi si trova nel quartiere .......................................... . Inizialmente era costruito in .......................................... .

**e.** Il .......................................................... . Era il luogo in cui venne edificato, all'atto di fondazione della città, ........................................................... . Al centro della piazza, progettata da ............................., si trova oggi la statua equestre di .............................. . I palazzi sulla cima del colle ospitano la sede del Comune di Roma e i Musei .......................................................... .

**f.** Il ........................................... mostra ancora i resti dei ............................ degli imperatori e promette la possibilità di nuove scoperte archeologiche in futuro. Sotto la ............................ *Augustea*, nel 2007, è stata scoperta una volta sotterranea identificata da alcuni studiosi (tra cui l'archeologo Andrea Carandini) come il luogo in cui si celebravano i riti ..............................., legati alla leggenda della ........................ e quindi al culto di Romolo. La fortificazione di questo luogo ha rappresentato, nell'ottavo secolo a.C., .......................................................... .

## 2. UNA MOSTRA D'ECCEZIONE

Immagina di essere il curatore di una mostra dal titolo "Le prime iscrizioni in latino". Con l'aiuto di Internet, e avvalendoti delle informazioni contenute nelle pagine precedenti, completa la seguente scheda con le notizie essenziali relative agli oggetti ritratti nelle fotografie.

| | NOME DELL'OGGETTO | DESCRIZIONE | DATAZIONE | ISCRIZIONE |
|---|---|---|---|---|
|  | | | | |
|  | | | | |
|  | | | | |
|  | | | | |
|  | | | | |

# L'ESPANSIONE NEL MEDITERRANEO 282-133 A.C.

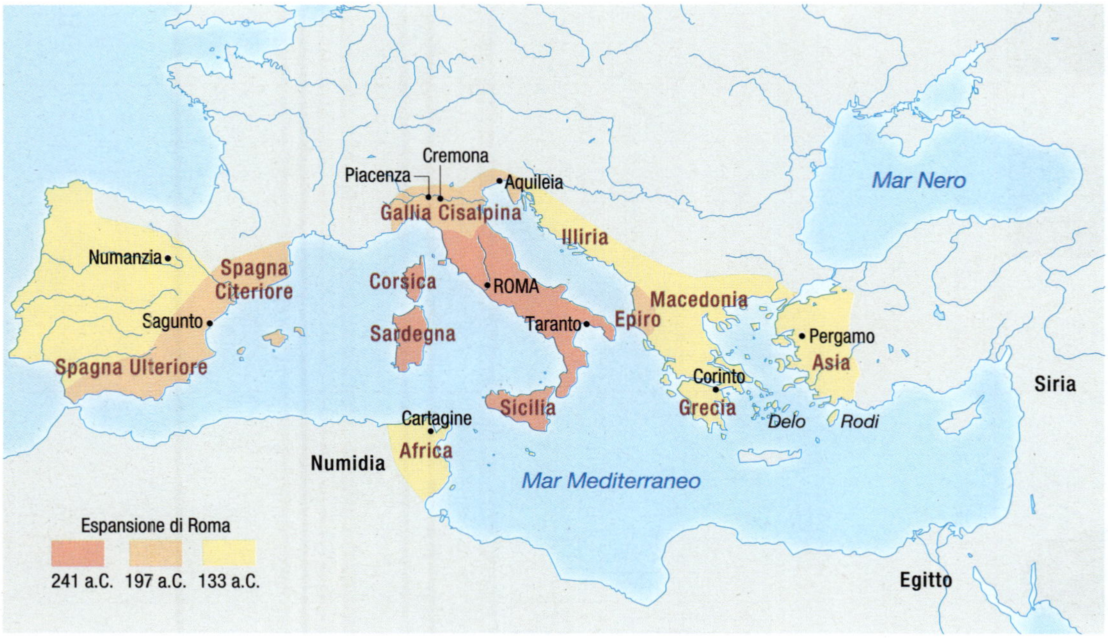


Espansione di Roma tra il 282 e il 133 a.C.

## STORIA

**282-272 a.C.** guerre contro Taranto e contro Pirro

**264-241 a.C.** prima guerra punica

**218-202 a.C.** seconda guerra punica

**200-197 a.C.** guerra contro Filippo V di Macedonia

**192-189 a.C** Guerra cont Antioco III di Siria

III secolo a.C.

II secolo a.C.

**272 a.C.** Livio Andronico giunge a Roma

**250-184 a.C.** Plauto

**240 a.C.** "nascita" della letteratura latina: Livio Andronico mette in scena una *fabula* in latino

**239-169 a.C.** Ennio

**235 a.C.** Nevio esordisce come autore di teatro

**234-149 a.C.** Catone il Censore

## CULTURA

«La Grecia ci era superiore in cultura e in ogni genere di studi; ma in quel campo era facile vincere, dal momento che non c'erano avversari. Infatti, mentre presso i Greci la poesia ha una tradizione antichissima, se è vero che Omero ed Esiodo vissero prima della fondazione di Roma, e Archiloco ai tempi di Romolo, noi abbiamo appreso l'arte poetica in epoca alquanto più tarda. Livio Andronico, che era nato prima di Plauto e di Nevio, diede la sua prima rappresentazione a circa cinquecentodieci anni dalla fondazione di Roma, l'anno del consolato di Gaio Claudio, il figlio di Claudio Cieco, e di Marco Tuditano: era quello l'anno prima della nascita di Ennio. Tardi dunque presso di noi i poeti sono stati conosciuti e accolti. [...] Ma con tutto ciò, quei pochi che si distinsero per il grande ingegno in questo genere letterario non fecero cattiva figura di fronte alla gloria dei Greci.»

(Cicerone, *Tusculanae Disputationes* 1, 3)

Teatro di *Leptis Magna*, Libia.

**186 a.C.** *Senatus consultum de Bacchanalibus*

**184 a.C.** Catone è eletto censore

**171-168 a.C.** guerra contro Perseo di Macedonia

**155 a.C.** espulsione da Roma del filosofo Carneade

**149-146 a.C.** terza guerra punica

**146 a.C.**
- distruzione di Corinto
- distruzione di Cartagine

**133 a.C.**
- presa di Numanzia
- Attalo III lascia a Roma il regno di Pergamo

**185-159 a.C.** Terenzio

**180-102 a.C.** Lucilio

# LA CASA NORMALE DI UN UOMO ECCEZIONALE

*Seneca Lucilio suo salutem.*
[1] *In ipsa Scipionis Africani villa iacens haec tibi scribo, adoratis manibus eius et ara, quam sepulchrum esse tanti viri suspicor.* [...] [4] *Vidi villam extructam lapide quadrato, murum circumdatum silvae, turres quoque in propugnaculum villae utrimque subrectas, cisternam aedificiis ac viridibus subditam quae sufficere in usum vel exercitus posset, balneolum angustum, tenebricosum ex consuetudine antiqua: non videbatur maioribus nostris caldum nisi obscurum.* [5] *Magna ergo me voluptas subiit contemplantem mores Scipionis ac nostros: in hoc angulo ille "Carthaginis horror", cui Roma debet quod tantum semel capta est, abluebat corpus laboribus rusticis fessum. Exercebat enim opere se terramque (ut mos fuit priscis) ipse subigebat. Sub hoc ille tecto tam sordido stetit, hoc illum pavimentum tam vile sustinuit: at nunc quis est qui sic lavari sustineat?*

(Seneca, *Lettere a Lucilio* 11, 86, 1; 4-5)

«Caro Lucilio, [1] ti scrivo queste parole mentre sono sdraiato nella villa rustica di Scipione Africano, dopo aver rivolto una preghiera ai suoi Mani sull'altare che credo sia la tomba di quel grande. [...] [4] Ho visto la villa costruita con blocchi di pietra squadrati, il muro che circonda il bosco, le torri erette a difesa da entrambi i lati della villa, la cisterna, che potrebbe bastare per le necessità anche di un esercito, posta ai piedi delle costruzioni e del verde giardino, la piccola e angusta stanza da bagno, piuttosto buia secondo l'abitudine degli antichi: ai nostri padri il bagno non sembrava caldo se non era buio. [5] Mi colse grande piacere nel considerare le abitudini di Scipione rispetto alle nostre: in questo angolino il famoso "terrore di Cartagine", al quale Roma deve il fatto di essere stata assalita e saccheggiata solo una volta, lavava il corpo stanco per i lavori della campagna. Lavorava infatti i campi da sé e (come fu abitudine per gli antichi) vangava di persona. Quell'uomo stette sotto questo tetto tanto modesto, quel pavimento tanto povero sostenne la sua persona: ma ora chi c'è che sopporterebbe di fare il bagno in queste condizioni?»

Con queste parole il filosofo Seneca esprime all'amico Lucilio, attorno al 60 d.C., l'emozione suscitata in lui dalla visita a Literno della dimora in cui si era ritirato Scipione Africano, il generale che seppe stornare da Roma la mortale minaccia di Annibale durante la seconda guerra punica (218-202 a.C.), evitando in tal modo che si ripetesse il saccheggio della città avvenuto nel 390 a.C. a opera dei Galli di Brenno. Si tratta di un'abitazione assai povera e modesta rispetto alle lussuose ville a cui erano abituati i potenti della prima età imperiale. Seneca non costituisce un caso isolato: la cultura romana guardò sempre con profonda nostalgia al periodo dell'espansione nel Mediterraneo, considerato quasi alla stregua di un passato mitico e irraggiungibile. Nel ricordo collettivo aveva largo spazio non solo l'orgoglio di aver saputo piegare militarmente avversari pericolosi, ma anche e soprattutto la consapevolezza che ciò era stato possibile grazie a una coesione profonda dei vari strati della società romana, che si sentiva protetta dalla guida autorevole del senato. Certamente quell'età, per certi versi aspra e drammatica, fu ampiamente idealizzata nel periodo successivo; tuttavia tale idealizzazione esprime la coscienza che un'esperienza simile non era più ripetibile, in quanto aveva portato con sé una irreversibile mutazione nella natura della civiltà romana. Alla fine di quel periodo Roma si trovò a essere la città più potente del Mediterraneo; nuovi stili di vita si erano diffusi, adatti a una società articolata e complessa, in cui l'attività politica era strettamente connessa con la gestione finanziaria degli ingenti flussi di ricchezze provenienti dalle aree assoggettate con la guerra. I Romani avevano abbandonato le abitudini frugali caratteristiche di quella civiltà contadina di cui erano espressione gli uomini che avevano reso possibile la trasformazione di Roma in una grande potenza.

Se il periodo dell'espansione nel Mediterraneo fu un'epoca contrassegnata da radicali cambiamenti, una linea di continuità con l'antico comunque rimase nella civiltà romana: la città, che fin dalle sue origini si era caratterizzata per la capacità di accogliere stimoli provenienti dall'esterno e per l'attenzione ai costumi dei popoli che la circondavano, ora apriva le porte alla raffinata complessità della cultura e della letteratura greca.

Teofilo Torri (1554-1623), Annibale e Scipione Africano. Arezzo, Palazzo dei Priori.

# Il contesto storico e sociale

## 1. ROMA: DA STATO TERRITORIALE A POTENZA IMPERIALISTICA

Durante il periodo compreso tra il 282 a.C., inizio della guerra contro la colonia magnogreca di Taranto, e il 133 a.C., anno della capitolazione della città iberica di Numanzia, Roma fu impegnata quasi senza soluzione di continuità in una serie di guerre esterne, che la portarono a dominare, oltre alla penisola italica, la Sicilia e la Sardegna, la pianura padana, la penisola iberica, le coste del nord Africa, la Grecia, la Macedonia, l'Asia Minore e la Siria. Anche le rotte commerciali del Mediterraneo, a partire da questo periodo, cominciarono a essere controllate da Roma. In questo modo la città passò da Stato territoriale, che esercitava cioè la sua sovranità sui territori posti all'interno dei propri confini, come era ancora all'inizio del III secolo a.C., a potenza imperialistica, che imponeva cioè la propria egemonia su nazioni straniere, sottomesse militarmente e soggette a pagare un tributo.

■ **Elefante addomesticato**. Piatto di terracotta, III sec. a.C. Roma, Museo Nazionale di Villa Giulia.

In sintesi, queste furono le guerre di conquista sostenute da Roma negli anni tra il 282 e il 133 a.C.:

- 282-272: guerre contro la colonia magnogreca di Taranto e contro Pirro (re dell'Epiro, intervenuto nel conflitto come alleato dei Tarentini). Roma estende il suo dominio su tutta la Magna Grecia.
- 264-241: prima guerra punica, in conseguenza della quale vengono costituite come province la Sicilia e la Sardegna unitamente alla Corsica.
- 230-228: guerre contro gli Illiri, a seguito delle quali i Romani si affermano definitivamente nel mare Adriatico.
- 225-221: guerre contro i Galli della pianura padana. I Romani bloccano le invasioni galliche, fondano le colonie di Piacenza, Cremona e Aquileia ed estendono il loro dominio oltre il Po (fino all'Istria).
- 218-202: seconda guerra punica, scoppiata a seguito dell'espugnazione, a opera del condottiero cartaginese Annibale, di Sagunto, città iberica alleata di Roma (219 a.C.). Dopo aver invaso l'Italia, valicando le Alpi, Annibale infligge pesantissime sconfitte ai Romani, la principale delle quali a Canne nel 216, ma non

■ **Resti del Foro Romano** ad Aquileia.

riesce ad attaccare direttamente Roma. I Romani reagiscono riconquistando le città che avevano nel frattempo defezionato, tra cui Capua e Siracusa, e portano la guerra prima contro le basi cartaginesi in Spagna, poi direttamente contro Cartagine. Dopo lo scontro finale, a Zama, in Africa, i Romani vincitori impongono a Cartagine un pesantissimo tributo di guerra e la privano dei suoi possedimenti territoriali nel nord Africa e nella penisola iberica.

■ Joerg Breu il Vecchio (1475-1537), **La battaglia di Zama**. Monaco, Alte Pinakothek.

- 200-197: guerra contro Filippo V di Macedonia, che si era schierato con Annibale nella seconda guerra punica. La Macedonia viene sconfitta e i Romani restituiscono la libertà alle città greche a lei sottoposte fino dal tempo di Filippo il Macedone.
- 192-189: guerra contro Antioco III di Siria. Antioco, sconfitto, deve cedere l'Asia Minore a Pergamo e Rodi, alleate di Roma (che in tal modo si assicura il controllo dell'Egeo e del Mediterraneo orientale).
- 171-168: guerra contro Perseo di Macedonia (figlio di Filippo V), a seguito della quale la Macedonia viene divisa in quattro distretti tributari di Roma.
- 149-146: nuove guerre contro la Macedonia, che opera un estremo tentativo di rivolta al dominio di Roma, e guerre contro la Lega Achea che riunisce le città greche. Alla fine delle guerre, terminate con la distruzione di Corinto, Roma ha il controllo completo della Macedonia e della penisola balcanica.
- 149-146: terza guerra punica. Roma assedia per tre anni Cartagine, incolpata di aver violato i trattati di pace. L'assedio termina con la distruzione della città, i cui possedimenti vengono acquisiti dai Romani.
- 145-133: guerre in Spagna contro i Celtiberi. Dopo la presa di Numanzia, nel 133, Roma estende il suo dominio sull'intera penisola iberica. Nello stesso anno i Romani ricevono in eredità il regno ellenistico di Pergamo, per lascito testamentario del re Attalo III; in virtù di tale lascito Roma amplia i suoi possedimenti in Asia, unendo nella provincia d'Asia il nuovo regno con i territori già sottratti ad Antioco III.

## 2. LA FORMAZIONE DELLE *PROVINCIAE*

Roma organizzò i territori conquistati al di fuori della penisola italica con modalità assai diverse rispetto a quelle adottate durante la lunga e lenta espansione in Italia. La rapidità della conquista, la vastità dei territori assoggettati, lontani da Roma e spesso abitati da civiltà connotate da culture più complesse ed avanzate, indussero il senato a non estendere il territorio dello Stato (*ager Romanus*), se non nel caso di poche zone al di là degli Appennini nella pianura padana; la soluzione adottata fu quella di affidare il governo dei vari territori assoggettati, suddivisi in regioni (*provinciae*), ai consoli e ai pretori che avevano terminato il proprio mandato. Il magistrato, dotato di almeno due legioni, che divenivano vere truppe di occupazione, curava in primo luogo che non ci fossero ribellioni e in secondo luogo che venissero regolarmente versati i tributi dovuti a Roma. Egli amministrava anche la giustizia per le questioni inerenti i cittadini romani che si trasferivano per affari e commerci, mentre i provinciali mantenevano lo *status* giuridico precedente la conquista e facevano riferimento alle istituzioni locali. L'istituzione delle *provinciae* avvenne in rapida successione:

- La Sicilia nel 241.
- La Sardegna e la Corsica nel 238.
- La Spagna (divisa nelle due province di Spagna Citeriore e Spagna Ulteriore) nel 197.
- La Macedonia (provincia della quale facevano parte anche le città greche del continente) nel 146.
- L'Africa (provincia che comprendeva i territori del nord-Africa appartenuti a Cartagine) nel 146.
- L'Asia nel 133.

## 3. GLI STATI SATELLITE

Roma estese la propria influenza anche al di fuori delle province, stabilendo trattati di alleanza con i sovrani degli Stati limitrofi, circostanza che si rivelò a volte determinante per la conquista di nuove province: è il caso, ad esempio, dell'alleanza con Massinissa, re della Numidia, in Africa, il quale si era schierato al fianco di Roma contro Cartagine du-

### STORIA, CULTURA, CIVILTÀ | LA SICILIA, BANCO DI PROVA DELL'AMMINISTRAZIONE PROVINCIALE

**ALLA RICERCA DI SOLUZIONI EMPIRICHE** Come giunsero i Romani a strutturare il governo delle province? Secondo la loro abitudine di risolvere i problemi nel momento in cui si presentavano, il sistema del governo provinciale si formò gradualmente a partire dalle necessità poste dalla conquista della Sicilia (successivamente alla prima guerra punica). Il modello della Sicilia fu poi applicato a situazioni simili, con gli opportuni aggiustamenti.

**L'ISTITUZIONE DELLA *PROVINCIA* DI SICILIA** Anziché estendere l'*ager publicus* (ossia il territorio dello Stato non appartenente a privati cittadini), come era avvenuto durante la conquista dell'Italia, ai Romani apparve molto più vantaggioso costringere gli abitanti della Sicilia a versare un cospicuo **tributo**. Perciò il senato decise di incaricare di questo compito un magistrato, il cui specifico mandato veniva espresso mediante il termine ***provincia***, etimologicamente affine al verbo *vincio*, «legare»: tale termine, che indicava propriamente la «sfera di attività che competono a un magistrato», passò poi a indicare la regione che veniva appunto assegnata al magistrato perché la amministrasse.

**LE PROMAGISTRATURE** Per imporre un effettivo controllo sul territorio e riscuotere il tributo era necessaria la presenza nell'isola di una o più legioni, perciò era necessario un magistrato dotato di *imperium*, ossia appunto del potere militare. Inizialmente furono eletti due nuovi pretori, ma poi si comprese che il numero di magistrati creati ogni anno rischiava di aumentare troppo. Quindi fu preferito il sistema della ***prorogatio imperii***, ossia del prolungamento dell'*imperium*, che era valido però solo nella zona che veniva assegnata al magistrato il quale avesse terminato il proprio incarico a Roma. La Sicilia, come poi accadde per tutte le altre province, fu dunque affidata a **promagistrati**, generalmente un *propraetor*. Questi rimaneva nella provincia fino a quando non fosse stato inviato un sostituto.

**LA *LEX DATA*** Per costituire la provincia di Sicilia il senato nominò un collegio di dieci incaricati che stabilissero uno statuto, definito ***lex data***, «legge assegnata», e largamente basato sulla situazione preesistente alla conquista romana. Secondo tale statuto – ispirato alle norme di una monarchia assoluta, concetto estraneo ai Romani, ma familiare ai Siciliani – gli abitanti delle campagne, considerati stranieri privi di ogni diritto di cittadinanza, furono trattati come affittuari tenuti al pagamento di un **canone annuale**, che nel caso della Sicilia consisteva in un decimo del raccolto, la *decima* («decima»).

**I *PUBLICANI*** Il problema che si presentò in Sicilia, e successivamente nelle altre province, fu l'assenza di un vero apparato burocratico di controllo. Il seguito del promagistrato, infatti, era formato solo da un questore, cui venivano affidati gli incarichi operativi di carattere militare e finanziario, e da un certo numero di *legati*, «luogotenenti» di rango senatorio, che avevano il compito di aiutare il promagistrato, ed eventualmente di controllarne l'operato. La riscossione del tributo era invece affidata a cittadini privati, i ***publicani***: costoro, una volta consegnato il dovuto a Roma, aggiungevano spesso una serie di altri balzelli per arricchirsi ulteriormente, spesso in combutta col promagistrato e il suo seguito. Per cercare di contrastare questo fenomeno, nel corso del II secolo a.C., venne istituito il reato ***de repetundis***, «concussione», ma applicare le norme tese a reprimerlo risultò sempre assai difficile.

**LE CITTÀ** Quanto alle città siciliane, anche per ovviare alla difficoltà di organizzare una burocrazia efficiente, i Romani lasciarono che esse si amministrassero autonomamente (sulla base degli statuti cittadini preesistenti); in tal modo venne però a crearsi una netta disparità di trattamento tra le città e la campagna, che risultava assai più svantaggiata. Roma elevò molte città al rango di ***civitates foederatae***, alle quali era imposto un modesto tributo detto ***stipendium*** e l'obbligo di vendere i loro prodotti a Roma a un prezzo stabilito. In alcuni casi le città potevano addirittura mantenere la completa autonomia come ***civitates liberae***. I centri a cui Roma non riconobbe privilegi furono invece assimilati alle campagne e soggetti alla decima.
Un procedimento simile a quello adottato per la Sicilia fu messo in atto anche per le successive province, che generalmente, pur sottomesse a pagamento di tributo, per mezzo di una *lex data* vedevano rispettati gli statuti cittadini preesistenti, le autorità locali e soprattutto le istituzioni religiose.

**La raccolta delle imposte.** Rilievo della fine del II sec. d.C. Treviri, Rheinisches Landesmuseum.

rante la seconda guerra punica. I re *amici* («alleati») garantivano ai mercanti di Roma libertà di traffici nei territori dei loro Stati; in cambio godevano dell'appoggio delle legioni romane per proteggere il proprio trono da eventuali contese dinastiche.

**Tombe puniche viste dal sito romano di Dougga,** Tunisia, II sec. a.C.

Le relazioni che Roma si trovò a intrattenere con le varie realtà politiche confinanti con le sue province, dagli Stati orientali e africani alle città greche alle tribù celtiche, richiedevano di portare avanti trattative lunghe e complesse. I senatori romani divennero politici di professione, dediti a curare la propria carriera oltre che gli interessi della città; non di rado capitava che un senatore intrattenesse con un sovrano di uno Stato alleato, con i membri delle aristocrazie provinciali e a volte anche con intere città un rapporto assimilabile a quello tra un *patronus* e i suoi *clientes*. In ragione di questi stretti rapporti diplomatici progressivamente i ceti abbienti delle province si saldarono alla classe dirigente romana; in tal modo essi divennero anche un fondamentale veicolo di romanizzazione delle province, soprattutto di quelle occidentali, che non avevano una storia culturale paragonabile ai territori delle province orientali.

## 4. LE POPOLAZIONI E GLI STATI CONQUISTATI

### I GALLI E I CELTIBERI

Nel nord Italia Roma si trovò a contatto con i Celti, dai Romani chiamati anche "Galli". I Celti erano stanziati anche nella penisola iberica, dove però si erano fusi con popolazioni preesistenti, come risulta per altro dal nome di "Celtiberi" con cui venivano chiamati. Nel III secolo a.C. i Celti erano nella fase di massima espansione della loro civiltà: i territori abitati dalle loro tribù si estendevano dalla penisola iberica attraverso l'Europa centrale fino ai Balcani, alla regione danubiana e alla penisola anatolica, in cui i Celti, detti "Galati" dai Greci, avevano fondato il regno di Galazia.

I Galli erano popolazioni ben note ai nuovi conquistatori: avevano compiuto varie incursioni nell'Italia peninsulare, arrivando addirittura, nel 390 a.C., a incediare Roma. Le tribù celtiche non conoscevano una vera civiltà urbana, ma vivevano in villaggi in uno stato di seminomadismo. Praticavano l'agricoltura e l'allevamento in forme più primitive rispetto a quelle dei Romani e di fatto non usavano la scrittura. Le strutture sociali erano basate su clan e tribù che avevano a capo un re ed erano regolate da consuetudini trasmesse oralmente. L'attività prevalente era certamente la guerra, praticata sistematicamente a scopo di bottino. Le loro tecniche di guerra, basate su rapide incursioni contro i nemici e imboscate nelle foreste che ricoprivano le zone in cui abitavano, mettevano in seria difficoltà le legioni romane, che spesso non avevano la possibilità di spiegare la formazione di battaglia e venivano annientate mentre si muovevano a fatica in territori poco conosciuti.

■ **Galli in fuga**, II sec. a.C. Ancona, Museo Nazionale delle Marche.

L'assenza di istituzioni cittadine comportò il fatto che Roma, in difficoltà a individuare soggetti cui riconoscere diritti mediante trattati, faticò non poco a organizzare i territori dei Celti in province; sia in pianura padana sia nel Veneto, territori detti *Gallia Cisalpina* («Gallia al di qua delle Alpi»), che divennero effettivamente provincia nel I secolo a.C., vennero dedotte colonie, la cui funzione era innanzi tutto quella di costituire degli avamposti che controllassero le instabili tribù celtiche e che sfruttassero le potenzialità agricole del territorio. Le colonie, abitate da cittadini italici e romani e unite tra loro da un efficiente sistema di strade, dettero l'avvio a un profondo processo di romanizzazione delle tribù celtiche, che si integrarono completamente con i conquistatori nell'arco di alcuni decenni. Significativo in proposito il fatto che due dei massimi poeti della letteratura latina, Catullo e Virgilio (vissuti entrambi nel I secolo a.C.), erano entrambi originari proprio della *Gallia Cisalpina*.

Per quanto riguarda la Spagna, essa venne divisa in due province, la *Hispania Citerior* («più vicina»), a nord, e la *Hispania Ulterior* («più lontana»), a sud. La distanza dall'Italia e la difficoltà di assoggettare zone assai vaste comportò una pesante occupazione militare, tesa soprattutto a controllare lo sfruttamento delle ingenti risorse minerarie della regione, note da molto tempo in tutto il Mediterraneo. I Celtiberi, ossia i Celti della penisola iberica, avevano nel complesso istituzioni simili agli altri Galli; elemento caratteristico della loro civiltà era il fatto che abitavano in villaggi circondati da imponenti fortificazioni di pietra: si trattava cioà di vere e proprie fortezze, assai difficili da espugnare per l'esercito romano.

### I CARTAGINESI E I GRECI D'OCCIDENTE

Assai differente, rispetto a quello con i Celti, fu il contatto, a partire dal III secolo a.C., con Cartagine, colonia fenicia fondata nel IX secolo a.C. dagli abitanti di Tiro sulle coste dell'attuale Tunisia, e con i Greci dell'Italia meridionale: le due civiltà, infatti, erano ben note ai Romani fin dall'età arcaica, data l'ubicazione di alcune colonie greche sulle coste della Campania e la presenza già in età regia della flotta mercantile cartaginese alla foce del Tevere.

Sia i Greci dell'Italia meridionale sia i Cartaginesi (chiamati *Poeni*, termine derivato dalla pronuncia latina del greco *Phoìnikes*, «Fenici») si erano inizialmente dotati delle strutture sociali e politiche tipiche delle città-stato; tra IV e III secolo a.C. avevano però dato vita ad ampi Stati territoriali. Cartagine, che in precedenza si era limitata a fondare sulle coste del nord Africa e della Spagna colonie che fungessero da scali e mercati per i traffici in cui era impegnata la sua flotta, in quel periodo acquisì importanti possedimenti nell'entroterra africano, nella Sicilia occidentale e in Sardegna.

Quanto ai Greci, essi popolavano almeno dall'VIII secolo a.C. vaste zone costiere dell'Italia meridionale (la cosiddetta "Magna Grecia") e della Sicilia orientale e meridionale. In queste zone avevano fondato importanti colonie che avevano raggiunto una notevole prosperità (grazie sia al commercio sia anche all'agricoltura). La città di Siracusa, in particolare, aveva dato vita a un potente stato territoriale, a opera principalmente dei tiranni Dionigi il Vecchio (che regnò dal 405 al 367 a.C.) e Agatocle (che regnò dal 316 al 289 a.C.), pur tra le continue lotte con gli altri Greci, i Cartaginesi e gli Italici.

Dopo la conquista Roma mantenne un atteggiamento assai diverso nei confronti delle due civiltà. Riconobbe immediatamente la netta superiorità della cultura greca, della quale assimilò profondamente sia le forme sia i temi (➤ par. 1, p. 50); operò invece una distruzione sistematica di quanto rimane-

Tempio di Hera, 450-440 a.C. Selinunte.

va della civiltà punica, verso la quale, soprattutto dopo l'invasione della penisola italica a opera di Annibale, aveva maturato un sentimento misto di odio e paura. Di Cartagine sopravvissero effettivamente poche tracce rispetto alla potenza che questa città aveva acquisito e all'importanza che per secoli aveva rivestito tra i popoli del Mediterraneo.

### LA GRECIA E I REGNI ELLENISTICI

La penisola balcanica e l'area dell'Egeo, tra la fine del III secolo e l'inizio del II secolo a.C., mantenevano l'assetto che si era formato successivamente alle conquiste di Alessandro Magno. Le città della Grecia continentale erano state annesse al regno ellenistico di Macedonia: avevano dunque perso la loro indipendenza politica e vivevano un periodo di profonda decadenza economica. Rispetto all'assetto geopolitico della Grecia classica, dominato dalle due potenze di Sparta e Atene, avevano assunto una certa importanza leghe di popoli periferici, come la Lega Etolica, nella zona nord occidentale della penisola, o la Lega Achea nel Peloponneso, dove la potenza di Sparta era ormai tramontata definitivamente. L'isola di Rodi e il regno ellenistico di Pergamo, che estendevano i loro possedimenti nella penisola anatolica, erano invece particolarmente prosperi, soprattutto grazie ai fiorenti commerci (dominavano infatti le rotte dell'Egeo e del Mediterraneo orientale). Sulla costa sud orientale del Mediterraneo si affacciavano i possedimenti del regno di Siria, che di fatto dominava anche la zona della Fenicia e della Palestina. Tutte queste zone, a seguito delle conquiste di Alessandro Magno e della formazione, successiva alla sua morte, dei regni ellenistici, erano profondamente ellenizzate: all'arrivo dei Romani la lingua ufficiale era il greco e i caratteri della cultura dominante erano appunto greci.

L'intervento romano nei Balcani fu di grande impatto sull'opinione pubblica greca: dopo la sconfitta di Filippo V di Macedonia nella battaglia di Cinoscefale (197 a.C.), Roma, per fiaccare definitivamente la potenza di quel regno, decretò la libertà per tutte le città greche, con un annuncio ufficiale del console Tito Quinzio Flaminino in occasione dei Giochi Istmici del 196 a.C. In realtà, all'epoca Roma non era ancora pronta per organizzare come province territori tanto lontani dall'Italia; tuttavia, negli anni successivi, unendo l'abilità diplomatica agli interventi militari e facendo leva sulle antiche contese che opponevano tra loro i regni ellenistici e le leghe delle città greche, riuscì a impossessarsi di tutta la zona balcanica e dell'Egeo. Dapprima, accogliendo le richieste di Rodi e di Pergamo, Stati che considerava alleati, venne a conflitto con il re di Siria Antioco III, sconfiggendolo a Magnesia (190 a.C.); questi, in base al trattato di pace successivo alla sconfitta, stipulato ad Apamea, in Frigia, nel 188 a.C., fu costretto a cedere i suoi possedimenti nella penisola anatolica a Pergamo, il cui re era Eumene II, e a Rodi. Nel corso della prima metà del II secolo

Sito archeologico di Delo, Grecia.

a.C., Roma intervenne poi a più riprese in Grecia e contro la Macedonia: la situazione fu definitivamente stabilizzata nel 146 a.C., anno in cui la Macedonia fu ridotta a provincia, alla quale venne annessa anche la rimanente parte della Grecia continentale.

Anche Rodi, che inizialmente aveva favorito l'intervento di Roma nel Mediterraneo orientale, si era poi rifiutata di fornire un effettivo aiuto militare, finendo così per perdere il predominio sulle rotte commerciali: i Romani, infatti, per danneggiarla, trasformarono l'isola di Delo in porto franco, nel quale cioè le navi potevano fare scalo senza che venisse loro imposto alcun dazio. Delo divenne dunque il maggior riferimento per la navigazione e i traffici della zona e Rodi si avviò appunto alla decadenza. I sovrani di Pergamo, invece, rimasero sempre fedelissimi alleati di Roma; al punto che il sovrano Attalo III, successore di Eumene II, alla sua morte (avvenuta nel 133 a.C.), lasciò il proprio regno in eredità a Roma.

STORIA, CULTURA, CIVILTÀ

## VISTI DAGLI ALTRI

**LA CIVILTÀ ROMANA VISTA DALL'ESTERNO** Non è facile capire come sia apparsa Roma a chi la osservava dall'esterno. Alcune civiltà con cui essa si confrontò, come Cartagine, furono brutalmente cancellate e non hanno praticamente lasciato testimonianze. Altre, come i Celti, non usavano la scrittura. Gli Italici si integrarono nella civiltà romana e i Greci, pur percependo l'alterità di Roma, diminuirono sensibilmente la distanza dai conquistatori, che adottarono la loro cultura. Un parere sui Romani dall'esterno, risalente all'espansione nel Mediterraneo, si può trovare nella Bibbia e, secondo alcune ipotesi, in un antico testo della Birmania.

**GLI EBREI** L'ostilità dei Romani contro i sovrani di Siria accese l'entusiasmo degli Ebrei di Israele, che da questi ultimi erano particolarmente vessati. Un giudizio estremamente positivo su Roma, liberatrice degli oppressi, si trova nel biblico *Libro dei Maccabei*, redatto nella prima metà del II secolo a.C. Il testo riporta le voci, in parte palesemente inesatte, che si erano diffuse in Israele riguardo a questa nuova potenza militare: dal punto di vista della cultura ebraica del tempo stupiscono l'assenza di un re e l'importanza del senato, dove i membri sono tutti di pari dignità; quanto ai consoli, si ignora che siano due (e non uno).
Con particolare enfasi vengono sottolineate l'assenza di lusso e la moralità della classe politica di Roma: questo pare per altro confermare l'opinione che anche i Romani delle epoche successive ebbero sui protagonisti di quel periodo, ritenuti uomini ancora immuni da interessi personali nello svolgere attività politica: «[1] Giuda [re di Israele] venne a conoscere la fama dei Romani: che essi erano molto potenti e favorivano tutti quelli che simpatizzavano per loro e accordavano amicizia a quanti si rivolgevano a loro e che erano forti e potenti. [...] [5] Avevano poi sconfitto in guerra e sottomesso Filippo e Perseo re dei Chittim [Cipro, in realtà si tratta della Macedonia] e quanti si erano sollevati contro di loro. [6] Venne a sapere che Antioco, il grande re dell'Asia, era sceso in guerra contro di loro con centoventi elefanti e cavalleria e carri e un esercito immenso e fu sconfitto da loro, [7] che lo presero vivo e gli imposero di pagare, lui e i suoi successori, un tributo ingente, di consegnare ostaggi e cedere territori. [...] [12] Avevano assoggettato i re vicini e quelli lontani e quanti sentivano il loro nome ne avevano timore. [13] Quelli che essi vogliono aiutare e far regnare, regnano; quelli che essi vogliono, li depongono, tanto si sono innalzati in potenza. [14] Con tutti questi successi nessuno di loro si è imposto il diadema [la corona di re] e non vestono la porpora per fregiarsene. [15] Essi hanno costituito un consiglio e ogni giorno trecentoventi consiglieri discutono pienamente riguardo al popolo perché tutto vada bene. [16] Affidano il comando e il governo di tutti i loro domìni a uno di loro per un anno e tutti obbediscono a quel solo e non c'è in loro invidia né gelosia» (traduzione C.E.I.).

**ROMA VISTA DALL'ORIENTE** Un inconsueto punto di vista sulla civiltà di Roma potrebbe poi essersi conservato nel *Lokkapaññati*, un trattato cosmologico birmano dell'XI secolo, fondato su testi molto più antichi in sanscrito, l'antica lingua dell'India. Si tratterebbe di una testimonianza preziosissima, in quanto non influenzata dalle simpatie o antipatie politiche che invariabilmente condizionavano quanti entravano in contatto con Roma. Secondo l'opinione dello storico **Andrea Giardina**, nel

■ Rilievo dalla tomba degli *Haterii*, particolare con macchina da costruzione, fine del I sec. d.C. Città del Vaticano, Museo Gregoriano.

testo del *Lokkapaññati* sarebbe infatti rimasta registrata l'impressione ricevuta da un viaggiatore orientale che, non si sa come né in quale epoca, avrebbe raggiunto i domini di Roma e ne avrebbe quindi riportato notizia nella sua terra, dando origine a una serie di narrazioni favolose.
Agli occhi dello straniero, che molto probabilmente non intendeva né il latino né il greco, Roma apparve come la terra dove si fabbricavano le «macchine veicoli di spiriti», veri e propri robot che «bloccano, arrestano, respingono, fermano un ostacolo», oltre a mantenere l'ordine pubblico con arresti ed esecuzioni e a preoccuparsi della coltivazione dei campi. Per costruire tali "robot" – stando al racconto del *Lokkapaññati* – c'erano ingegneri specializzati che ne custodivano gelosamente il segreto, pena l'essere eliminati immediatamente dagli automi che loro stessi avevano costruito. Per ricavare questa impressione dal mondo romano, si può ipotizzare che l'ignoto viaggiatore abbia visto le legioni romane o le immense masse di schiavi al lavoro nei campi, cogliendo l'aspetto disumanizzante delle loro azioni con lo stupore di chi era esterno a quel mondo e lasciandoci così un'istantanea che nessuna testimonianza proveniente dall'interno di quella civiltà, che considerava "normale" ciò che vedeva tutti i giorni, avrebbe potuto lasciarci.

## 5. LE CAUSE DELLA CONQUISTA

Da nessuna città nel mondo antico fu attuata una politica egemonica simile a quella che Roma inaugurò nel periodo medio-repubblicano, a partire dal III secolo a.C., e che portò avanti fino al II secolo d.C. A partire da questo periodo, infatti, l'impero romano si può paragonare, almeno per estensione, a quello persiano fondato da Ciro il Grande nel VI secolo a.C. e a quello di Alessandro Magno; questi due imperi, tuttavia, nacquero rapidamente dalla volontà di singoli regnanti, e non gradualmente dalla volontà di un'oligarchia cittadina (la classe senatoria). Le cause che hanno determinato tale espansione sono certamente numerose e complesse.

All'epoca delle guerre contro Taranto e contro Pirro (282-272 a.C.) l'obiettivo di Roma era ancora l'egemonia sull'Italia, senza ipotizzare un'espansione nel Mediterraneo. Una politica fondata sull'imperialismo (o sull'"espansionismo di rapina", come preferiscono dire alcuni storici), che vedeva cioè nella guerra la possibilità di acquisire ricchezze e risorse di altri popoli, fu avviata a partire dalla prima guerra punica (264-241 a.C.). Tre sono i fattori che possono aver contribuito a questo nuovo corso politico:

- L'effettiva esistenza del cosiddetto *metus hostilis* («paura del nemico»). Le invasioni della penisola italica da parte di Pirro, dei Galli e soprattutto di Annibale lasciarono nei Romani un profondo senso di timore e di precarietà, che venne in parte esorcizzato con la sistematica aggressione, in teatri di guerra anche molto lontani dall'Italia, di chi poteva rappresentare una possibile minaccia per la sopravvivenza di Roma.

- La consapevolezza da parte del senato di Roma che le legioni costituivano un formidabile strumento di conquista. Il sorprendente successo nella seconda guerra punica, tutto sommato inaspettato anche per gli stessi vincitori, fece prendere ai Romani piena coscienza della propria potenza sul piano militare. Questo permise all'aristocrazia senatoria, assai stimolata dai vantaggi politici ed economici derivanti dai successi militari, di progettare conquiste su ampio raggio.
- La convergenza di interessi tra il senato di Roma e le popolazioni italiche entrate nella romanità, alle quali in buona parte era stato esteso il diritto di cittadinanza, e dunque anche il diritto-dovere di far parte dell'esercito. Gli abitanti dei municipi italici, che per decenni avevano fornito legionari per le campagne di guerra, costosissime in termini di vite umane, aderirono pienamente alla politica espansionistica del senato, dalla quale derivavano per loro vantaggi in termini sia di spartizione del bottino di guerra, a volte veramente ingente, sia anche di nuove possibilità commerciali nelle neonate province. Una prova del profondo rapporto di integrazione degli Italici con Roma è data dal fatto che poche popolazioni italiche passarono dalla parte di Annibale nel corso della seconda guerra punica: anzi, proprio la fedeltà a Roma degli Italici fu la vera causa del fallimento della spedizione del condottiero cartaginese.

## 6. LO STRUMENTO DELLA CONQUISTA: L'ESERCITO

Durante il periodo dell'espansione nel Mediterraneo l'esercito di Roma dimostrò la propria netta superiorità rispetto agli eserciti degli avversari. I suoi punti di forza erano soprattutto due:

- Anche di fronte a pesanti sconfitte Roma era comunque in grado di mettere rapidamente in campo nuove legioni, in quanto poteva contare su un numero molto consistente di uomini da arruolare.
- I legionari erano in grado di sopportare una dura disciplina, in quanto molto motivati: erano infatti consapevoli sia del fatto che con i loro sforzi erano chiamati a difendere i loro beni e le loro famiglie sia anche del fatto che in caso di vittoria avrebbero partecipato alla spartizione del bottino di guerra.

L'ampio numero di coloro che entro i confini dello Stato, cioè all'incirca all'interno della penisola italica, avevano il diritto-dovere di entrare nell'esercito era assicurato dal fatto che il senato aveva esteso parte dei diritti di cittadinanza a numerose popolazioni italiche assoggettate nei secoli precedenti, come i Sabini,

**Ara di Domizio Enobarbo**, particolare con soldati, fine del II sec. a.C. Parigi, Museo del Louvre.

gli Equi, i Volsci, i Sanniti, e tutti i cittadini, a meno che non si trovassero in condizione di totale indigenza, avevano il dovere, fino all'età di 46 anni, di presentarsi alla leva se chiamati alle armi. Sebbene sia difficile avanzare ipotesi sui numeri complessivi, è credibile che anche nelle fasi più critiche della seconda guerra punica Roma potesse contare all'interno dello Stato su alcune centinaia di migliaia di uomini in grado di combattere. Questo garantì che, anche di fronte alla perdita in una sola battaglia, come avvenne a Canne, di decine di migliaia di fanti, Roma fosse in grado di riorganizzare rapidamente nuove legioni. Al contrario, Cartagine e i regni ellenistici utilizzavano eserciti mercenari: in caso di ingenti perdite era dunque molto difficile trovare in tempi rapidi migliaia e migliaia di uomini da assoldare in sostituzione dei caduti.

Grazie alla disciplina dei militari, stimolata anche dagli avanzamenti di grado possibili per i soldati di truppa (avanzamenti che erano rigorosamente regolati dal merito e a cui corrispondevano maggiori diritti sul bottino), i Romani misero a punto tattiche belliche anche molto complesse, come quella manipolare (➤ Scheda "Storia, cultura, civiltà", p. 47). Proprio la possibilità di studiare e mettere in atto strategie complesse, che imponevano di eseguire con sincronismo e rapidità varie manovre sul campo di battaglia, rispondendo prontamente agli ordini dei comandanti, fece sì che i Romani risultassero vincitori anche su eserciti che adottavano tecniche di combattimento a loro sconosciute (basti pensare alla vittoria su Pirro, che impiegava gli elefanti nel suo esercito, o alla vittoria sui Macedoni e le loro falangi). Inoltre, sempre grazie all'efficienza complessiva del loro esercito, i Romani seppero anche far tesoro delle tecnologie dei nemici: ad esempio, dall'esercito di Pirro appresero a costruire rapidamente accampamenti funzionali per le truppe durante le campagne militari, dai Cartaginesi appresero l'arte della navigazione e dagli eserciti orientali le raffinate tecniche di assedio delle città.

Il punto debole dell'esercito romano era frequentemente costituito dai suoi comandanti: questi, consoli o pretori, cambiavano tutti gli anni, spesso non conoscevano le truppe e non sempre, nel corso della loro vita essenzialmente dedicata alla politica, avevano maturato le competenze e le esperienze necessarie per sfruttare le potenzialità delle legioni. Le disastrose sconfitte della Trebbia, del Trasimeno e di Canne subite dai Romani nel corso della seconda guerra punica furono certamente causate dall'imperizia dei generali, incapaci di reagire alle fantasiose tattiche di Annibale; non a caso, il riscatto di Roma contro il condottiero cartaginese avvenne a opera di Scipione Africano, che aveva partecipato a moltissime campagne militari e che grazie alla sua esperienza fu in grado di capire le tattiche del nemico e di prendere le necessarie e opportune contromisure.

Una vera risorsa era invece costituita dai sottufficiali, ovvero i centurioni che comandavano i reparti in cui era suddiviso l'esercito (manipoli e centurie): spesso, infatti, erano proprio costoro, grazie all'esperienza accumulata in anni o decenni di servizio, a mantenere lo schieramento in assetto corretto e a condurlo alla vittoria.

A determinare profondi cambiamenti nell'esercito, e di conseguenza anche nella società italica da cui provenivano i militari, fu la lunghezza delle campagne e la sempre maggiore distanza dall'Italia dei luoghi in cui si svolgevano le operazioni. Tradizionalmente i soldati godevano di un congedo annuale che coincideva con la stagione invernale: avevano dunque la possibilità di trascorrere l'inverno a casa, partecipando così anche ad alcuni importanti lavori agricoli, come la semina dei cereali o la raccolta delle olive.

Da quando i Romani si trovarono a combattere fuori dalla penisola italica il congedo annuale non fu più possibile. Poteva capitare che un legionario restasse continuativamente sotto le armi per molti anni, divenendo di fatto un militare di professione, tanto che lo Stato, anche per poter arruolare persone provenienti dai ceti più poveri, sempre più sentì la necessità di corrispondere ai legionari una vera e propria paga (laddove originariamente era previsto solo una sorta di rimborso-spese). Inoltre, dal momento che i soldati agivano ormai lontano dalla patria, la loro motivazione a combattere non veniva più dalla consapevolezza di proteggere i propri beni, ma solo dal desiderio di bottino: questo, spesso, trasformò le legioni in orde di razziatori e predoni.

STORIA, CULTURA, CIVILTÀ

## LA TATTICA MANIPOLARE

**GLI SCOPI DELLA TATTICA MANIPOLARE** In età arcaica i Romani, come gli Etruschi e i Greci, adottavano in battaglia la formazione della falange oplitica, in base alla quale i fanti, dotati di armatura pesante, si schieravano in una formazione compatta, piuttosto estesa in larghezza, ma con poche file di profondità. Durante le lunghe guerre contro Latini e Sabini, però, i Romani elaborarono un nuovo modo di combattere, definito "tattica manipolare" perché fondato sui trenta reparti di fanteria (***manipuli***, «manipoli») in cui era suddivisa la legione (*manipulus*, etimologicamente affine a *manus*, è termine del linguaggio agricolo e significa propriamente «manciata di spighe»; *legio* è invece connesso al verbo *lego*, «scelgo», riferito alla selezione operata all'atto dell'arruolamento).
La tattica manipolare consentiva di spiegare le forze della legione anche su terreni collinari (o comunque non del tutto pianeggianti), nonché di presentare in prima linea truppe sempre fresche, sostituendo rapidamente i soldati stanchi con quelli delle file successive (due cose assai difficili da realizzare con una falange oplitica).

**MANIPOLI, CENTURIE E CENTURIONI** I manipoli erano indipendenti e autonomi, ma agivano coordinandosi tra di loro. Si disponevano sul campo a scacchiera su tre linee lasciando un passaggio tra uno e l'altro. I manipoli di prima fila erano costituiti da ***hastati***, «militari con lancia», quelli di seconda fila da ***principes***, «i primi», e quelli di terza fila da ***triarii***, «militari di terza fila»; i nomi risalivano all'età arcaica, e non corrispondevano più a differenze di armamento, ma di età: davanti erano messi i più giovani, dietro i più anziani, meno vigorosi ma più esperti. Ciascun manipolo era suddiviso in due **centurie**, la ***centuria prior***, «prima», e la ***centuria posterior***, «seconda», che si disponevano una davanti e una di dietro; tuttavia, nel momento in cui era necessario chiudere i passaggi tra i manipoli, per far fronte al nemico, la *posterior* si affiancava alla *prior*.
Ciascuna centuria era comandata da un **centurione**, ***centurio***, e il centurione che comandava la *centuria prior* era anche il comandante del manipolo. Il centu-

Rilievo raffigurante un legionario armato di pilo con elmo rotondo e scudo ovale.
Da Magonza, Germania. Roma, Museo della Civiltà Romana.

rione più importante, da cui partivano di fatto gli ordini per tutta la legione, era quello del primo manipolo dei *triarii* ed era detto ***primipilus***, «primipilo», lett. «primo giavellotto».
I fanti delle centurie si disponevano su più file (circa sei), curando sempre di essere posizionati a scacchiera: in tal modo erano pronti a serrare i ranghi nel momento in cui si trovavano in prima linea, ma erano altrettanto pronti, a un ordine preciso, a riaprirsi per lasciare venire avanti i compagni della fila posteriore alla loro e per ritirarsi nelle retrovie così da poter riprendere fiato.
I centurioni si disponevano a destra dei militari, che potevano osservarli con la coda dell'occhio (dato che reggevano lo scudo con la sinistra), e impartivano gli ordini: come insegna del comando avevano un nodoso bastone di legno di vite, *bacillum viteum*.
I centurioni dovevano osservare anche i movimenti complessivi della legione, stabiliti dal generale e comunicati tra i vari reparti da squilli di trombe e dai movimenti convenzionali delle insegne (*signa*), rette da fanti specificamente deputati a questo importante compito (*signiferi* o *aquiliferi*). Non essendo protetti dall'essere nei ranghi, i centurioni erano assai esposti ai colpi del nemico, soprattutto alle armi da getto, per cui effettivamente si guadagnavano il grado grazie al coraggio e alla freddezza.
A rendere lo schieramento della legione assai difficile da penetrare c'era anche il fatto che, qualora i manipoli della prima fila si fossero trovati in difficoltà, essi avrebbero aperto i varchi consentendo in tal modo ai manipoli della fila alle loro spalle di avanzare a sostituirli. Raramente perciò si arrivava alla necessità di fare intervenire anche la terza fila: ciò spiega perché il modo di dire *res redit ad triarios*, lett. «la situazione giunge ai militari di terza fila», assume il significato di «la situazione è disperata».

## 7. I CAMBIAMENTI SOCIALI

L'espansione nel Mediterraneo ebbe profonde conseguenze sul piano sociale. Fino ad allora il fondamento della società romana in Italia era costituito da piccoli proprietari terrieri che lavoravano personalmente i propri possedimenti (i cui prodotti erano destinati all'autoconsumo). Le colture prevalenti erano legumi, cereali, vite e olivo.

Assai ridotti erano gli scambi commerciali, tanto che l'uso della moneta (esclusivamente di bronzo, l'*aes grave*) era molto limitato. Lo Stato curava che buona parte del territorio che nel corso dei secoli era stato confiscato alle varie città italiche con cui Roma si era scontrata rimanesse patrimonio di tutti i cittadini (*ager publicus*); quindi dobbiamo immaginare che attorno ai borghi (*vici*), formati da poche piccole fattorie, ci fossero ampi spazi, formati da prati e boschi, che ciascuno era libero di sfruttare per raccogliere legna o far pascolare i propri animali, integrando così quanto prodotto sul suolo di proprietà. Questo sistema di vita, in virtù del quale il divario tra i membri delle varie classi sociali non era particolarmente marcato, risultò sconvolto. Infatti, in conseguenza dell'espansione di Roma nel Mediterraneo, in Italia si verificarono i seguenti fenomeni:

- L'immissione sul mercato di quantità enormi di cereali versati dalle province come tributo e venduti a prezzi bassissimi alla popolazione.
- L'importazione di decine di migliaia di schiavi, che costituivano una immensa riserva di manodopera a bassissimo costo.

■ **La raccolta delle olive**, mosaico, IV sec. d.C. Tunisi, Museo del Bardo.

- La disponibilità, soprattutto per i senatori, di ingenti quantità di oro e argento, in conseguenza della spartizione dei bottini di guerra e dei guadagni derivanti dall'amministrazione delle province. Tali ricchezze venivano spese in beni di lusso o messe a frutto con l'acquisto di ampie proprietà fondiarie, greggi e schiavi.
- L'abbandono delle campagne da parte dei piccoli proprietari terrieri, spesso assenti per anni da casa perché impegnati in lunghe campagne militari o comunque non più incentivati a proseguire una vita connessa a un'economia di sussistenza di fronte alle possibilità di guadagno offerte dal trasferirsi a Roma (dove c'era la speranza di trovare impieghi più redditizi e dove era possibile approfittare della distribuzione a prezzi bassissimi dei beni versati come tasse dalle province).

L'insieme di questi fenomeni determinò:

- La formazione di aziende agricole (le *villae rusticae*) di dimensioni molto più ampie rispetto a quelle tradizionali, che mettevano a coltivazione l'*ager publicus* e le terre lasciate libere dai piccoli agricoltori che abbandonavano le campagne. I proprietari di tali aziende erano spesso senatori in grado di acquistare schiere di schiavi da destinare al lavoro nei campi. La coltivazione dei cereali, non più redditizia, fu sostituita dalla coltivazione della vite e dell'olivo, per produrre vino e olio da destinare al commercio fuori dall'Italia.
- L'allargamento della forbice sociale tra i sempre più numerosi proletari senza terra che affluivano a Roma e il ceto dei possidenti che traeva le sue ricchezze dalle conquiste e dallo sfruttamento dell'*ager publicus*. Questi ultimi, data l'ampia disponibilità finanziaria, iniziavano ad adottare stili di vita assai differenti rispetto a quelli semplici e frugali dei loro antenati.
- Il passaggio da un'economia di consumo, in cui cioè ogni famiglia consumava quanto produceva, a un'economia di scambio, fondata sulla circolazione della moneta di bronzo e d'argento; questo nuovo tipo di economia pose le condizioni per la formazione di un ceto intermedio, costituito da mercanti (*mercatores*) e appaltatori di imposte (*publicani*), i quali generalmente si trasferivano nelle province dove svolgevano la maggior parte dei loro affari.

**GUIDA ALLO STUDIO**

**1.** Quali territori furono conquistati da Roma nel periodo compreso tra la guerra contro Taranto e Pirro (282-272 a.C.) e il 133 a.C.?

**2.** Quali soluzioni organizzative furono adottate per controllare e amministrare i nuovi territori conquistati al di fuori della penisola italica?

**3.** Quali furono i fattori principali dell'espansione di Roma nel Mediterraneo?

**4.** Quali erano i punti deboli e i punti di forza dell'esercito romano?

**5.** Quali conseguenze economiche e sociali si produssero a Roma in ragione dell'espansione nel Mediterraneo?

# Il contesto culturale

## 1. L'APERTURA ALLA CULTURA GRECA E LA NASCITA DELLA LETTERATURA LATINA

A partire dalle guerre contro Taranto Roma si aprì alla cultura greca nelle sue varie manifestazioni: letteratura e teatro, ma anche arte, religione e filosofia. I membri delle classi superiori iniziarono ad apprendere la lingua e la letteratura greca da pedagoghi e insegnanti appositamente selezionati tra i prigionieri di guerra; contemporaneamente, nella capitale giunsero letterati e poeti dalla Magna Grecia e dalla Campania, i quali si dedicarono alla composizione di testi in latino, riprendendo però forme e temi della letteratura greca. Significativamente, la "nascita" della letteratura latina si fa risalire al 240 a.C., anno in cui il poeta Livio Andronico, giunto a Roma in seguito alle guerre contro la sua città, la colonia magnogreca di Taranto, fece rappresentare un testo teatrale (*fabula*) in lingua latina.

■ Frontespizio di un'edizione a stampa delle *Commedie* di Terenzio, 1505. Barcellona, Biblioteca Universitaria.

Nel confrontarsi con la cultura greca i Romani non ebbero una reazione univoca:

- Ci fu la diffusa consapevolezza di trovarsi di fronte a una cultura superiore; tale consapevolezza viene ad esempio espressa con semplicità dal commediografo Plauto: definendo come *vertere barbare*, ossia «tradurre in una lingua barbara», la sua operazione di trasposizione di una commedia greca in latino, il poeta dimostra evidentemente di ritenere che al suo tempo, ossia tra III e II secolo a.C., la lingua della cultura fosse il greco, in rapporto al quale il latino era appunto una lingua non solo "straniera" ma anche "barbara". Questo senso di inferiorità nei confronti della cultura greca rimase a lungo presente nella letteratura latina e sarà espresso compiutamente dal poeta Orazio (I secolo a.C.) nei celebri versi *Graecia capta ferum victorem cepit et artes / intulit agresti Latio*, «la Grecia sottomessa conquistò il feroce vincitore e introdusse le arti nel selvaggio Lazio» (*Epistole* 2, 1, vv. 156-157).
- Si sviluppò, già nel corso del III secolo a.C., una politica culturale fortemente ellenizzante. Questa apertura alla cultura greca, nel corso del II secolo a.C., fu incentivata dalla presenza a più riprese a Roma del filosofo stoico Panezio (ca. 185-109 a.C.) e soprattutto dello storico greco Polibio, giunto nel 166 a.C. come ostaggio dopo la definitiva sconfitta del re Perseo di Macedonia nella battaglia di Pidna. Polibio divenne amico e consigliere di quello stesso Lucio Emilio Paolo che aveva sconfitto Perseo e curò anche l'istruzione del figlio di Lucio Emilio Paolo (nonché nipote adottivo di Scipione Africano), Publio Cornelio Scipione Emiliano (il distruttore di Cartagine ed espugnatore di Sagunto). Oltre che con Polibio, Lucio Emilio Paolo e Scipione Emiliano furono in rapporto con molti dei più importanti intellettuali e letterati greci e romani del proprio tempo. Attorno a queste due potenti personalità, infatti, si raccolse un consesso di intellettuali e letterati che abitualmente è chiamato "circolo degli Scipioni": tale espressione non allude a un'istituzione codificata, quanto piuttosto a una cerchia di personaggi, in relazione di amicizia tra di loro, che condivise la passione per la cultura

greca e al contempo l'ammirazione per la solidità della tradizione politica romana. Di tale consesso fecero parte, tra gli altri, il poeta satirico Lucilio (➤ par. 10, p. 66), Gaio Lelio (188-125 a.C.), detto "il Sapiente", che fu amico intimo e consigliere di Scipione Emiliano, e il commediografo **Terenzio** (ca. 185-159 a.C.).

"Il tempo dell'autore", p. 147

- Si manifestò anche un senso di rifiuto nei confronti della cultura greca e di ostilità nei confronti di coloro che più apertamente l'ammiravano e ne promuovevano la diffusione: secondo questa corrente di opinione, il cui riferimento principale fu Catone il Censore (234-149 a.C.), la cultura greca, con le sue raffinatezze, era in contraddizione con i valori tradizionali del *mos maiorum*.

La complessità del rapporto che si instaura tra la cultura romana e la cultura greca, dove l'attrazione convive con la diffidenza e il rifiuto, è efficacemente testimoniato da due episodi:

- Nel 186 a.C. il senato, mediante un apposito decreto (il *Senatus consultum de Bacchanalibus*, «provvedimento riguardo ai Baccanali»), vieta i culti orgiastici e misterici in onore del dio Bacco, culti importati dall'oriente e dalla Grecia e ritenuti fonte di pericolose deviazioni rispetto agli austeri costumi che caratterizzavano il tradizionale modo di vita dei Romani; severissime pene vengono comminate a quanti siano riconosciuti seguaci di quei misteri. Tra i condannati ci sono anche numerosi membri della *élite* senatoria, una parte non piccola della quale si era aperta senza riserve alla cultura greca, accogliendo entusiasticamente anche i nuovi culti che provenivano da quel mondo.
- Nel 155 a.C. vengono espulsi da Roma, con un decreto particolarmente caldeggiato da Catone il Censore, i filosofi Carneade di Cirene, Critolao e Diogene di Babilonia. Questi ultimi, giunti a Roma in qualità di ambasciatori inviati dalla città di Atene, avevano iniziato a tenere pubbliche conferenze di filosofia, nel corso delle quali introducevano i princìpi fondamentali delle scuole filosofiche cui appartenevano (scuola platonica, aristotelica e stoica). L'entusiasmo suscitato da tali conferenze fu grande, ma il senato ritenne assai pericolosa la diffusione delle sottigliezze intellettuali del pensiero greco, tanto da decretare appunto l'espulsione dei filosofi, accusati di corrompere la gioventù romana.

STORIA, CULTURA, CIVILTÀ

## I ROMANI RACCONTAVANO LE FIABE?

**UNA LETTERATURA "ALTA"** La letteratura latina nasce come letteratura "alta", in quanto riflette la raffinatezza della letteratura greca, e non perderà mai tale caratteristica. Anche le forme destinate a un pubblico vasto e non elitario, come il teatro comico, hanno invariabilmente alle loro spalle un'operazione di confronto coi modelli e gli autori sono sempre persone di profonda cultura. È quindi naturale domandarsi se a Roma ci fosse, come in moltissime culture, un repertorio di storie di carattere autenticamente **popolare**, raccontate senza pretesa di letterarietà, solo per il piacere della narrazione. Da alcune allusioni presenti in varie opere capiamo che anche a Roma c'era l'abitudine da parte delle madri e delle nonne di raccontare storie ai bambini, ma nulla sappiamo di tali storie.

**IL RACCONTO DI LUCIO GIUNIO BRUTO IN LIVIO** Lo studioso **Maurizio Bettini** ha individuato in una vicenda narrata dallo storico Tito Livio alcune funzioni presenti nelle fiabe di molti paesi. Si tratta del racconto di come Lucio Giunio Bruto sia riuscito a sapere dall'oracolo di Delfi che cosa avrebbe dovuto fare chi avesse voluto cacciare il re Tarquinio il Superbo.

Il nucleo narrativo è molto semplice: il re Tarquinio il Superbo, arrogante tiranno, perseguita i parenti di Lucio Giunio, perché ne teme la nobiltà e l'indole fiera. Lucio Giunio, per salvarsi, decide di fingersi pazzo: a tale scopo compie in pubblico azioni stupide e insensate, tanto da guadagnarsi la nomea di sciocco, come risulta dal *cognomen Brutus* che gli viene affibbiato e che significa appunto "sciocco". Bruto, dun-

■ Sir Lawrence Alma-Tadema, **Tarquinio il Superbo**, 1867. Collezione privata.

que, vive a corte dove è trattato come un buffone; quando Tarquinio il Superbo decide di inviare due dei suoi figli a Delfi, per una missione, ordina che Bruto li accompagni, per tenerli allegri. A Delfi, finita la missione affidata loro dal padre, i figli di Tarquinio chiedono alla sacerdotessa, davanti alla quale è ammesso anche Bruto, chi sarà a regnare dopo Tarquinio. La sacerdotessa afferma che regnerà colui che per primo bacerà la madre. Mentre i fratelli attendono di tornare a Roma, tenendo segreto il responso, sperando ciascuno di incontrare per primo la madre, Bruto capisce che il responso allude alla Terra, madre comune di tutti gli uomini; quindi, fingendo di cadere accidentalmente, bacia il terreno. Grazie alla sua astuzia e prontezza, sarà appunto Bruto a detenere il potere a Roma, una volta cacciato Tarquinio il Superbo (sarà infatti uno dei due primi consoli della neonata repubblica).
Il racconto liviano (*Ab Urbe condita* 1, 56) sembra testimoniare dell'esistenza anche a Roma della fiaba popolare: in particolare, esso sembra aver inglobato e portato nella letteratura "alta" alcuni tratti caratteristici della tradizione della fiaba popolare, quali, per esempio, la finta follia, che corrisponde invece ad astuzia, nonché il trionfo della modestia e dell'umiltà sulla superbia, attraverso un percorso che prevede una prova da superare.

## 2. IL RAPPORTO CON I MODELLI

Gli antichi concepivano la letteratura come adeguamento a un modello di perfezione insuperata e a un canone estetico determinato per ciascun genere: per esempio, un poeta epico aveva come termine di riferimento la poesia di Omero, considerata il modello ineguagliato del genere.

L'apprezzamento dei lettori verso l'opera letteraria derivava spesso dall'osservazione di come un poeta avesse trovato la sua più propria e autentica dimensione espressiva confrontandosi con i suoi modelli. La particolarità della letteratura latina viene dalla complessità e dalla vastità dei modelli greci che aveva di fronte. La letteratura greca, infatti, aveva all'epoca oltre cinquecento anni di storia; quando giunge a Roma, durante l'ellenismo, aveva ormai raggiunto un periodo in cui i poeti, rivolgendosi a un pubblico di colti specialisti, componevano testi che instauravano un complesso gioco di allusioni alle opere ormai con-

■ **Achille e Patroclo**, vaso proveniente da Vulci, VI sec. a.C. Berlino, Altes Museum.

siderate "classiche", come i poemi di Omero o le tragedie ateniesi del V secolo a.C. I poeti latini, quindi, quando si confrontavano con i modelli greci, per esempio nel campo dell'epica, avevano di fronte sia Omero, la cui poesia risaliva all'VIII secolo a.C., sia i poemi dei poeti epici ellenistici del III secolo a.C., loro contemporanei. Una tale compresenza di modelli ha conferito alla letteratura latina, fin dalla sua nascita, una particolare "profondità" e un carattere che è stato definito "bitonale", perché basato sulla ripresa di testi della letteratura greca sia arcaica e classica sia ellenistica.

## 3. LA FORMAZIONE DI UNA LINGUA LETTERARIA

Il fatto che i primi autori della letteratura latina provenissero da varie zone d'Italia, comprese le città della Magna Grecia, contribuì a determinare le caratteristiche del latino letterario: si trattava di una lingua che rispondeva alle esigenze espressive e artistiche della composizione poetica, rispecchiando solo in parte la lingua d'uso della conversazione quotidiana.

Gli autori avvertirono il bisogno di conferire stabilità alla lingua, anche nell'ambito della pronuncia, questione avvertita con particolare urgenza dai poeti comici, ai cui spettacoli assistevano persone di tutti i ceti e di varia competenza culturale. La tendenza a stabilire e a rispettare una serie di regole per la lingua è un fenomeno connesso anche alla nascita della scuola pubblica, dove a fungere da libro di testo erano appunto le opere dei poeti. Fino al III secolo a.C., infatti, la tendenza della cultura romana era quella di trasmettere l'istruzione oralmente e in casa, di padre in figlio. A partire da quest'epoca, invece, si registra un cambiamento: l'istruzione, che incomincia a fondarsi sullo studio della grammatica e sull'acquisizione di specifiche competenze linguistiche, è impartita dai numerosi grammatici originari delle città greche, che vengono impiegati come pedagoghi privati nelle case degli esponenti dei ceti alti, ma che possono anche aprire scuole di grammatica pubbliche, ossia rivolte a chiunque volesse assicurare (a pagamento) un'istruzione ai propri figli.

Fra le questioni più rilevanti nell'ambito del processo di formazione del latino letterario ricordiamo la codificazione dell'ortografia, che fu argomento di intense discussioni, la strutturazione del periodo, che nella prosa si caratterizzò subito per la tendenza all'ipotassi, e il lessico, che subì profonde trasformazioni con l'immissione di numerosi prestiti dal greco e neologismi.

## 4. LIVIO ANDRONICO E GNEO NEVIO

I primi poeti di cui abbiamo notizia che operarono a Roma furono Livio Andronico, greco di Taranto, e Gneo Nevio, originario della Campania. Entrambi si dedicarono alla composizione sia di poesia epica sia di testi teatrali; delle loro opere ci sono giunti solo frammenti, il che rende difficile capire effettivamente la loro arte e l'influenza esercitata sulla successiva produzione letteraria latina. Tuttavia su di loro possediamo non poche testimonianze in opere di autori più tardi.

### LIVIO ANDRONICO

A proposito di Livio Andronico è importante ricordare che:

- Giunse a Roma come schiavo alla conclusione delle guerre contro Taranto, nel 272, a seguito del nobile romano Livio Salinatore (del quale divenne liberto, assumendo il nome della *gens* del suo patrono).

- Nel 240 mise in scena un testo teatrale (*fabula*) tradotto dal greco (o comunque riadattato da un originale greco), avvenimento tradizionalmente considerato come la "nascita" della letteratura latina.
- Nel 207 (qualche anno prima della sua morte, da collocare probabilmente attorno al 200) gli venne commissionato un inno in onore di Giunone che venne eseguito durante una festa religiosa propiziatoria nel corso della seconda guerra punica. La considerazione di cui Livio Andronico godette presso i contemporanei emerge non solo da questo prestigioso incarico, ma anche dal fatto che egli fu eletto presidente del *collegium scribarum histrionumque*, una sorta di corporazione che riuniva i poeti e gli attori, e che testimonia per altro la presenza ormai "ufficiale" a Roma di professionisti della letteratura e dello spettacolo.
- Oltre che autore di numerose tragedie e commedie, probabilmente traduzioni o comunque rifacimenti di originali greci, Livio Andronico fu anche attore (partecipando alla messa in scena dei suoi stessi lavori); svolse inoltre l'attività di *grammaticus*, ossia di insegnante (di latino e di greco).
- Proprio all'attività di *grammaticus*, e dunque all'esigenza di avere un testo su cui far studiare i propri allievi, è connessa l'opera forse più importante di Livio Andronico, l'*Odusia*: si tratta di una traduzione in latino dell'*Odissea* di Omero, in cui è utilizzato come metro, al posto dell'esametro, il saturnio, un antico verso italico. La scelta dell'*Odissea* fu dovuta alla volontà di presentare un testo che fosse di sicuro valore artistico e che narrasse vicende tali da interessare e coinvolgere il pubblico romano (le peripezie di Ulisse, infatti, potevano essere lette come il primo momento della penetrazione nel Mediterraneo occidentale della civiltà greca). Per quanto riguarda la tecnica di traduzione, essa pare particolarmente raffinata. Andronico non si limita a riproporre i contenuti dell'*Odissea* con una semplice traduzione (*interpretatio*); evidente è lo sforzo di mantenersi quanto più possibile aderente alla lettera del modello, ricorrendo anche a calchi semantici ed etimologici, almeno per i pochi versi da cui è dato giudicare. Il poeta giunge così a una vera e propria ricostruzione del modello (*imitatio*).
  Ad esempio, il v. 1 dell'*Odusia*, *Virum mihi, Camena, insece versutum*, riproduce perfettamente il primo verso dell'*Odissea*, *Àndra moi ènnepe Moùsa polùtropon*. Infatti, possiamo osservare che: al greco *àndra* corrisponde *virum* («uomo»); a *Moùsa* («Musa») corrisponde *Camena*, divinità italica del canto (*carmen*); al predicato *ènnepe*, lett. «segui col canto», corrisponde *insece*, imperativo etimologicamente affine al verbo *sequor*, «seguire»; a *polùtropon*, lett. «vòlto in

■ **Ulisse e le sirene**, particolare da un mosaico proveniente da Dougga, III sec. d.C. Tunisi, Museo del Bardo.

molte direzioni» (epiteto riferito a *àndra*, ossia a Ulisse), corrisponde *versutum*, aggettivo formato dalla radice del verbo *verto*, «vòlgo» e che compare qui come epiteto di *virum*.

### GNEO NEVIO

Queste, in sintesi, le notizie che possediamo sul conto di Gneo Nevio:

- A differenza di Livio Andronico, era un cittadino romano, originario della Campania. Combatté nella fase finale della prima guerra punica ed esordì come autore di teatro, a Roma, attorno al 235 a.C. Compose numerose tragedie e commedie di argomento e ambientazione greca (probabilmente traduzioni o comunque rifacimenti di originali greci); inoltre, a lui si deve la creazione di un nuovo sottogenere teatrale, la tragedia di ambientazione romana (detta *fabula praetexta*; sui generi teatrali a Roma ➤ par. 7, p. 60).
- Partecipò attivamente al dibattito politico del proprio tempo, attirandosi probabilmente l'odio della potente famiglia dei Metelli. Morì in Africa, a Utica, forse in esilio, verso la fine del III secolo a.C.
- Compose un poema epico in versi saturni sulla prima guerra punica, il *Bellum Poenicum*. La scelta di un argomento storico quasi contemporaneo costituiva un significativo elemento di novità rispetto alla tradizione del genere epico; da tale scelta emerge la consapevolezza da parte del poeta circa il fatto che Roma aveva nel suo passato, anche recente, esperienze tanto importanti da poter essere messe alla pari con gli argomenti mitici tradizionalmente propri dell'epica. Il *Bellum Poenicum*, che aveva la struttura di un *carmen continuum*, ossia non era suddiviso in libri, doveva presentare una narrazione particolarmente mossa: dai frammenti in nostro possesso (circa 60) capiamo che, accanto alla narrazione dei fatti relativi alla prima guerra punica, trovava spazio anche la narrazione del mito di Enea e della fondazione della città.

## 5. QUINTO ENNIO

Anche del poeta Ennio possiamo purtroppo leggere solo pochi frammenti; siamo comunque in grado di renderci conto che la sua produzione, rispetto a quella dei suoi predecessori Livio Andronico e Nevio, si contraddistingue per la maggiore varietà dei generi trattati e per una più matura consapevolezza per quanto riguarda l'uso delle risorse poetiche.

■ **Mosaico raffigurante Quinto Ennio**, III sec. d.C. Treviri, Palazzo Imperiale.

Ennio nacque nel 239 a.C. a *Rudiae*, nell'attuale Puglia, dove convivevano la cultura greca, quella italica (degli Osci) e quella latina. A condurlo a Roma nel 204 a.C., mentre combatteva in Sardegna nelle truppe ausiliare durante la seconda guerra punica, fu Catone il Censore. Qui Ennio entrò in contatto con i circoli aristocratici e intellettuali più aperti alla cultura greca, legandosi in particolar modo a Marco Fulvio

Nobiliore e a suo figlio Quinto, grazie al quale ottenne anche la cittadinanza romana (nel 184 a.C.). Morì nel 169 a.C.

L'opera principale di Ennio furono gli *Annales*, poema epico che aveva per oggetto l'intera storia di Roma dalle origini all'età contemporanea e che seguiva lo schema degli *Annales Maximi*, i documenti ufficiali che i pontefici redigevano di anno in anno, riportandovi gli eventi politico-militari più significativi (➤ Il Contesto, p. 22). Mediante tale opera Ennio intendeva fondare un'epica nazionale romana, progetto che probabilmente gli riuscì: il poema, infatti, entrò stabilmente nel novero dei testi che venivano proposti nelle scuole per l'educazione dei giovani. Nei confronti di Omero, indiscusso modello e punto di riferimento per chi intendesse cimentarsi nel genere epico, Ennio si pone in un rapporto di cosciente competizione (*aemulatio*). Significativo in proposito il fatto che nel proemio degli *Annales* egli racconta di come Omero gli fosse apparso in sogno, rivelandogli che la sua anima si era trasferita in lui (secondo la dottrina pitagorica della metempsicosi). Tra i più significativi tratti di novità dell'opera possiamo ricordare:

- L'adozione dell'esametro, sul modello della poesia epica greca e in polemica con i predecessori (Livio Andronico e Nevio) che avevano adottato il verso saturnio, del quale viene sottolineata la rozzezza.
- La suddivisione del poema in libri (sul modello di quello che i dotti alessandrini avevano fatto per i poemi omerici).
- L'elaborazione di una lingua letteraria caratterizzata dalla compresenza di neologismi e arcaismi oltre che dall'insistito ricorso alle figure di suono (soprattutto allitterazioni).

Ennio fu un autore particolarmente prolifico e versatile. Oltre agli *Annales* la sua produzione comprende un consistente numero di tragedie, sia di argomento greco, tratte principalmente dai miti relativi alla guerra di Troia, sia di argomento romano. Sappiamo invece di due sole commedie da lui composte, il che induce a pensare che si fosse dedicato solo marginalmente al genere comico.

Conserviamo poi traccia di una serie di composizioni chiaramente ispirate al gusto della coeva poesia ellenistica (che poteva toccare a volte temi decisamente meno seri rispetto all'epica). Ci limitiamo qui a ricordare *Il mangiar bene*, poemetto didascalico di argomento gastronomico, e due opere dedicate ad argomenti di filosofia, l'*Epicarmo*, ispirato alle dottrine pitagoriche, e l'*Evèmero*, dove si spiega razionalmente l'origine degli dèi. Questi testi, insieme a una serie di epigrammi funerari, dedicati a se stesso e all'amico Scipione Emiliano, testimoniano della versatilità letteraria di Ennio e del suo atteggiamento curioso e aperto di fronte alle tendenze dell'arte contemporanea in ambiente greco.

Infine, ricordiamo che Ennio dette inizio a un genere letterario nuovo, la satira, caratterizzata, per quel che ci è dato sapere, da una notevole varietà metrica e tematica: questo genere, che non esisteva in Grecia, dai poeti successivi sarà appunto considerato autenticamente romano.

## TESTI E TEMI | L'ARTE DI ENNIO

**LESSICO E GIOCHI FONICI** Tra gli elementi che maggiormente caratterizzano la lingua letteraria e lo stile di Ennio figura senz'altro l'estrema cura con cui le parole sono scelte e associate in base alla loro struttura fonica. Leggiamo il seguente passo, tratto dal libro VI degli *Annales* (vv. 187-191, ed. Vahlen[2]), dove è descritto il momento in cui dei soldati entrano in una foresta allo scopo di procurarsi il legname adatto per erigere le pire su cui bruciare i cadaveri dei compagni morti in battaglia:

*Incedunt arbusta per alta, securibus caedunt,*
*percellunt magnas quercus, exciditur ilex,*
*fraxinus frangitur atque abies consternitur alta,*
*pinus proceras pervortunt. Omne sonabat*
*arbustum fremitu silvai frondosai.*

«Avanzano attraverso gli alti arbusti, li tagliano con le scuri, abbattono grandi querce, il leccio si spezza, il frassino si infrange e l'alto abete si distende a terra, rovesciano pini eccelsi. Tutto risuonava del fremito degli alberi della frondosa foresta.»

Il criterio di selezione e di combinazione delle parole risponde senz'altro alla volontà di creare **giochi fonici**: si notino infatti le insistenti **allitterazioni** (per es. *arbusta... alta*, *fraxinus frangitur*, *abies alta, pinus proceras pervortunt, fremitu... frondosai*).

**LA RIDONDANZA** Caratteristica dello stile epico enniano è anche la tendenza alla **ridondanza** che emerge qui dalla elencazione distesa delle varie specie di alberi che si incontrano nella foresta. È per altro da notare che le esigenze espressive portano il poeta a tratteggiare un panorama solo apparentemente realistico: infatti, non è verosimile che gli alberi appartenenti alle varie specie menzionate in questi versi si trovino associati nel medesimo ambiente naturale.

**LETTURA CRITICA**

## Chi leggeva la poesia a Roma?

**SCUOLA E POESIA** Leggiamo un passo del latinista **Mario Citroni**, il quale spiega come la diffusione a Roma, a partire dal periodo dell'espansione nel Mediterraneo, di un sistema scolastico sul modello di quello greco abbia concorso, se non forse alla nascita, certamente allo sviluppo e alla circolazione della poesia epica arcaica. La dimostrazione del ruolo determinante giocato dalla scuola per quanto riguarda la circolazione dei poemi epici dell'età arcaica è fornita dal fatto che tali poemi furono dimenticati, ragion per cui sono per noi perduti, quando furono sostituiti come testi scolastici dalle opere dei poeti dell'età augustea, Virgilio e Orazio.

«Il tramite più importante per la comunicazione di questi testi [dell'epica latina arcaica] era probabilmente rappresentato dall'istruzione scolastica: i poemi di Livio Andronico e di Ennio servirono all'istruzione dei giovani non solo quando divennero, col tempo, dei classici della letteratura nazionale, ma già fin dal tempo della loro prima ricezione, e si può pensare che in questo stesso ambito di destinazione "scolastica" sia entrato anche il poema di Nevio. A proposito di Livio Andronico e di Ennio, Svetonio [storico del I-II secolo d.C.] ci dice che essi esercitarono l'insegnamento del greco e del latino *domi forisque* («in casa e fuori»: cioè sia in casa delle famiglie in cui trovavano appoggio e protezione, sia in forme di istruzione aperte alla partecipazione di giovani interessati) e che il loro insegnamento consisteva nell'interpretazione di testi greci e dei testi latini da essi composti. [...] Il Marrou [storico francese del '900], nella sua celebre opera sulla storia dell'educazione antica, segnalava il singolare paradosso per cui a Roma fu creata una letteratura nazionale con il preciso fine di fornire materiale di interpretazione all'insegnamento, che, sul modello greco, doveva appunto basarsi sull'illustrazione dei grandi poeti. In realtà non sarebbe probabilmente corretto subordinare, in senso stretto, la nascita e lo sviluppo della poesia nazionale romana in età arcaica alle finalità scolastiche, ma è certamente giusto sottolineare la connessione profonda dei due fenomeni: creare una poesia nazionale e creare un'istruzione fondata su di essa sono in qualche misura due aspetti complementari di una stessa operazione intesa a dare alla comunità una propria identità culturale.»

(Mario Citroni, *I destinatari contemporanei*, in AA.VV. *Lo spazio letterario di Roma antica*, Roma, Salerno, 1990, vol. III, p. 81)

## 6. CATONE

La letteratura latina si apre alla prosa grazie all'opera di Catone il Censore. Questi, nato a *Tusculum*, in Lazio, nel 234 a.C., si distinse per la tenacia con cui combatté per tutta la vita le sue battaglie politiche, principalmente su due fronti: da un lato egli puntava a consolidare il dominio di Roma nel Mediterraneo occidentale (per questo caldeggiò fortemente la distruzione di Cartagine e l'assoggettamento della Spagna); dall'altro lato voleva preservare la cultura di Roma dal rischio di "snaturarsi" con l'eccessiva apertura ai nuovi stili di vita provenienti dalla Grecia.

■ Ritratto di Marco Porcio Catone, I sec. a.C. Roma, Musei Capitolini.

Catone percorse tutto il *cursus honorum* da *homo novus*, non appartenente cioè a una famiglia di rango senatorio, divenendo console nel 195 e censore nel 184, carica che ricoprì con rigore leggendario, tanto che ad essa restò legato il suo nome. Nel complesso, è possibile affermare che la sua azione politica abbia mirato con coerenza a fare sì che le ricchezze generate dalle conquiste non restassero appannaggio esclusivo della classe senatoria, ma, con opportune forme di redistribuzione, andassero a vantaggio anche della classe di contadini italici i quali avevano sopportato il maggior peso della guerra. Morì nel 149 a.C.

Catone praticò diversi generi in prosa; caratteristica costante della sua produzione è la profonda e convinta aderenza al sistema dei valori tradizionali del *mos maiorum*.

- Per quanto riguarda la storiografia, si può dire che fu il fondatore del genere in lingua latina, con l'opera *Origines*: prima di lui, infatti, di storia romana aveva scritto solo Fabio Pittore (260-190 a.C.), che però aveva utilizzato la lingua greca, per rivolgersi all'opinione pubblica straniera. La scelta della lingua latina testimonia della precisa volontà di rendere la cultura romana autonoma e indipendente rispetto alla cultura greca. Le *Origines* hanno un'impostazione particolarmente interessante: partono dalla fondazione di Roma, ma trattano poi della fondazione di tutte le città italiche progressivamente inglobate nell'orbita del potere romano. Catone intende così sottolineare come la grandezza di Roma sia fondata sul contributo dato dalle numerose città entrate nello Stato come in una grande confederazione. Il carattere "corale" impresso alla storia romana è visibile anche nella scelta di raccontare i fatti omettendo di citare i nomi dei personaggi: Catone intendeva lasciare ai suoi concittadini degli esempi edificanti della virtù dei Romani, senza però cadere nel culto della personalità che, a suo giudizio, caratterizzava invece la storiografia greca.
- Nel campo dell'oratoria Catone si preoccupò di lasciare il testo scritto di molti dei suoi discorsi pronunciati in senato. Ci sono giunti titoli e argomenti (oltre che frammenti) di circa 80 discorsi (notevole è l'orazione *Pro Rhodiensibus*, pronunciata per evitare che la città di Rodi fosse punita per non aver aiutato Roma nella fase conclusiva delle guerre macedoniche). Coerentemente con la sua visione della cultura greca come

potenzialmente pericolosa per l'identità romana, Catone sembra rifiutare la retorica greca (la scienza che ormai da tre secoli si occupava dell'oratoria), tanto da arrivare ad affermare *rem tene, verba sequentur*, «abbi chiaro l'argomento, le parole verranno in seguito»; in realtà, egli dimostra di conoscere bene la tecnica oratoria, che padroneggia ad ogni livello, e dimostra anche di aver chiaro il compito dell'oratore, definito *vir bonus dicendi peritus*, «uomo onesto esperto nell'arte della parola».

Nell'ambito della trattatistica è di particolare interesse il *De agri cultura*, prima opera in prosa della letteratura latina che conserviamo per intero. In questo trattato Catone illustra con precisione il funzionamento della *villa rustica*, il tipo di azienda agricola nato in Italia in seguito all'espansione di Roma nel Mediterraneo (➤ par. 7, p. 48). L'opera non si rivolge ai contadini, ma alla *élite* senatoria e costituisce un'esortazione a investire in maniera proficua i proventi della guerra, nella convinzione che l'agricoltura rappresenti l'attività più onesta cui l'uomo si possa dedicare (significativamente, in un'altra opera di Catone, i *Libri ad filium Marcum*, l'agricoltore è definito *vir bonus colendi peritus*, «uomo onesto esperto nel coltivare»): Catone non tratta dell'azienda agricola a conduzione familiare, finalizzata alla produzione dei beni necessari al sostentamento, ma prende appunto in considerazione una grande proprietà coltivata da schiavi, la cui produzione, principalmente olio e vino, è finalizzata al commercio. Allo stesso genere del *De agri cultura*, la trattatistica, appartengono anche i *Libri ad Marcum filium*, di cui abbiamo frammenti: si tratta di una specie di enciclopedia che racchiude le conoscenze empiriche in vari ambiti (per esempio, la medicina) che il *pater familias* tradizionale romano trasmetteva ai figli. Di argomento tutto sommato non dissimile è anche la raccolta di sentenze moraleggianti, sempre dedicate al figlio Marco (*Carmen de moribus*).

Azienda agricola, mosaico proveniente da Tabarka, IV sec. d.C. Tunisi, Museo del Bardo.

## TESTI E TEMI | UN VERO EROE SECONDO CATONE

**CATONE E LA CULTURA GRECA** Caratteristica di tutta l'opera di Catone è la valorizzazione della **specificità** della **cultura latina**, in polemica sia con la cultura greca sia soprattutto con quegli esponenti della nobiltà romana che si aprivano completamente alle tendenze che da quella cultura provenivano. Ciò non significa che Catone ignorasse la cultura greca; anzi, egli la conosceva bene. Il passo che segue, tratto dalle ***Origines***, chiarisce proprio questo punto. Catone narra l'atto di eroismo compiuto durante la prima guerra punica da un tribuno, il quale decise di opporsi all'esercito nemico, pur se a capo di un piccolo drappello, così da consentire al grosso delle truppe romane di spostarsi in un luogo più favorevole. L'ufficiale era consapevole di votarsi alla morte, insieme ai suoi pochi compagni, ma agì volontariamente per amore di patria. Catone commenta che il gesto è esattamente uguale alla nota impresa compiuta alle Termopili da Leonida (il re spartano che nel 480 a.C., a capo di un piccolo contingente, si oppose all'enorme esercito del re persiano Serse); solo che i Romani, in quanto abituati, a differenza dei Greci, a ritenere normale il sacrificio della vita per la patria, non hanno tributato alcun onore particolare all'ufficiale.
Il passo ci è giunto negli scritti di un erudito del II secolo d.C., **Gellio**, grazie al quale sappiamo anche il nome del tribuno, Quinto Cedicio, significativamente non citato da Catone.

*Dii immortales tribuno militum fortunam ex virtute eius dedēre. Nam ita evenit: cum saucius multifariam ibi factus esset, tamen vulnus capiti nullum evenit, eumque inter mortuos defetigatum vulneribus atque quod sanguen defluxerat, cognovēre. Cum sustulēre, isque convaluit saepeque postilla operam rei publicae fortem atque strenuam perhibuit. Sed idem benefactum, quo in loco ponas, nimium interest. Leonides Laco quidem sĭmile apud Thermopylas fecit, propter eius virtutes omnis Graeciă gloriam atque gratiam praecipuam claritudinis inclitissimae decoravēre monumentis, signis, statuis, elogiis, historiis aliisque rebus; gratissimum id eius factum habuēre. At tribuno militum parva laus pro factis relicta, qui idem fecerat atque rem servaverat.*

«Gli dèi immortali stabilirono il giusto destino per il tribuno militare in base al suo valore. Infatti accadde così: poiché là era stato ferito in più punti, pur senza riportare gravi traumi al capo, lo riconobbero tra i morti privo di forze per i colpi ricevuti e perché aveva perso molto sangue. Quando lo levarono dal campo di battaglia, poi lui guarì e spesso dopo quell'occasione offrì valido e coraggioso aiuto allo Stato. Ma la stessa impresa è ben diversa a seconda del luogo in cui la poni. Lo spartano Leonida compì un'azione simile alle Termopili, l'intera Grecia, a causa della sua virtù, decorò la gloria e la specifica bellezza di quella chiarissima fama con monumenti, statue, iscrizioni, elogi, opere storiche e altro; ritennero tale azione la più degna. In maniera opposta al tribuno militare fu assegnata una modesta lode in proporzione all'impresa, a lui che aveva fatto la stessa cosa e aveva salvato lo Stato.»

## 7. IL TEATRO A ROMA

Livio Andronico e Gneo Nevio, i primi poeti di cui abbiamo notizia che operarono a Roma (➛ par. 4, p. 53), furono entrambi autori, oltre che di poesia epica, di testi teatrali. La letteratura latina, già lo abbiamo ricordato, nasce proprio con la messa in scena, nel 240 a.C., di un testo teatrale di Livio Andronico.

### LE FORME POPOLARI

Il teatro romano arcaico, che nasce come traduzione e rielaborazione di originali greci, affonda la sue radici in forme preletterarie di carattere spiccatamente popolare: le origini di questo genere, che a Roma godrà di grande successo nella seconda metà del III secolo a.C. e per il tutto il II secondo a.C., sono da ricercare nelle forme di un'oralità legata a solennità religiose e a feste rituali connesse con il mondo agricolo.

Fin dai tempi più remoti, gli spettacoli, ovvero i *ludi*, scandiscono la vita delle comunità, nelle quali le occorrenze più svariate – rituali religiosi, trionfi di generali vittoriosi, *ludi funebres* di aristocratici – costituiscono l'occasione per diverse forme di rappresentazione scenica. Quanto al legame tra rappresentazioni sceniche e festività religiose, esso è dovuto al fatto che nel mondo classico l'elemento ludico veniva spesso associato al culto delle divinità, a cui si attribuiva la stessa propensione al divertimento tipica degli uomini.

Tra le forme teatrali preletterarie presenti nel territorio italico, la più antica è quella costituita dai *Fescennini versus*: si tratta di rappresentazioni improvvisate, di ambientazione probabilmente rurale, a carattere mordace e trasgressivo, cantate in versi saturni e accompagnate da danze spontanee eseguite da contadini mascherati. Alla probabile origine etrusca di questa forma primitiva di teatro sembra rimandare una etimologia del termine, dalla cittadina etrusca di *Fescennium*; altra possibile etimologia è quella da *fascinum*, «malocchio»: i *Fescennini versus* erano infatti veri e propri riti a carattere apotropaico, celebrati appunto per allontanare il malocchio e garantire così la fertilità (della terra e delle donne). Altra forma di rappresentazione indigena, di origini osco-sannite, è la *fabula Atellana* (il cui nome deriva dalla cittadina di Atella, in Campania): presentava una struttura scenica più avanzata rispetto ai *Fescennini versus*, fondata su una sorta di canovaccio a partire dal quale attori mascherati improvvisavano scene comiche, a tratti grottesche, con battute salaci e danze di gruppo. Questa forma teatrale presenta alcune analogie con la Commedia dell'Arte italiana. Forma teatrale delle origini è anche la *satura*, spettacolo che si componeva di recitazione, danza, musica, mescolando più linguaggi espressivi in una molteplicità e varietà di argomenti. Ricordiamo, infine, il mimo, un genere teatrale di origine composita, in quanto nato dalla combinazione di forme autoctone legate all'improvvisazione e forme greche o magnogreche, soprattutto di ambiente siciliano. Il mimo consiste in una sorta di imitazione della realtà quotidiana, nei suoi aspetti più basilari, senza grandi pretese culturali o tematiche impegnate. Dal V secolo a.C. è attestato anche il mimo letterario, in lingua greca, le cui forme coesistono a fianco di quelle popolari.

## LE FORME LETTERARIE

Le forme letterarie del teatro romano, tragedia e commedia, praticate a partire dai primi due poeti attivi a Roma di cui abbiamo notizia, Livio Andronico e Nevio, sono "prodotti d'importazione" dal teatro greco, a differenza delle forme preletterarie, che sono invece di origine indigena. In base al tipo di ambientazione, a Roma tragedia e commedia si suddividono nei seguenti sottogeneri:

- *Fabula cothurnata*: tragedia di ambientazione greca, che presenta vicende e personaggi ripresi dalla mitologia e dall'epica greca; prende il nome dai *cothurni*, i calzari tipici degli attori tragici greci.

**Maschere.** Illustrazione da un codice del IX secolo delle *Commedie* di Terenzio. Città del Vaticano, Biblioteca Apostolica Vaticana.

- *Fabula praetexta*: tragedia di ambientazione romana, che inscena situazioni e personaggi tratti dalla storia di Roma o dalla leggenda di Enea; prende il nome dalla *toga praetexta*, indossata dai magistrati romani.
- *Fabula palliata*: commedia di ambientazione greca; prende il nome dal *pallium*, abbigliamento tipico degli attori comici greci.
- *Fabula togata*: commedia di ambientazione romana; prende il nome dalla *toga*, abbigliamento tipico dell'uomo romano.

## TESTI E TEMI | GLI *HISTRIONES* ETRUSCHI

**I PRIMI *LUDI* SCENICI A ROMA** La presenza a Roma di rappresentazioni teatrali precedenti all'arrivo del teatro greco è attestata dallo storico **Tito Livio** (59 a.C.-17 d.C.). Egli racconta che nel 365-364 a.C. il clima di ottimismo determinato dalla recente fine delle lotte civili tra patrizi e plebei (grazie alla promulgazione nel 367-366 delle leggi Licinie Sestie che avevano aperto anche ai plebei le porte del senato) fu funestato da una grave pestilenza. Il popolo romano, per placare gli dèi che si riteneva avessero inviato la pestilenza come una punizione per gli uomini, istituì per la prima volta dei ***ludi* scenici**, invitando ballerini (*ludiones*) e suonatori dall'Etruria. La novità fu accolta assai favorevolmente e diede inizio a una tradizione di teatro popolare che era assai più elaborata rispetto ai *Fescennini versus*, e in cui la recitazione era affidata a giovani romani e non più ad attori stranieri.
Il racconto liviano, sebbene sia ancora oggetto di discussione tra gli studiosi, testimonia come le complesse forme del teatro greco, giunte nel periodo della prima guerra punica, si siano innestate su una tradizione teatrale già sviluppata, maturata a partire da elementi di provenienza etrusca e concretizzatasi in manifestazioni di teatro popolare collegato a riti religiosi agresti.

**Tomba del Triclinio**, ca. 480-470 a.C. Particolare del flautista. Tarquinia, Museo Nazionale Etrusco.

«In quest'anno e in quello successivo, sotto il consolato di Gaio Sulpicio Petico e Gaio Licinio Stolone, ci fu una violenta pestilenza. Perciò non fu fatto nulla degno di ricordo, se non che, per ristabilire la pace con gli dèi, fu apprestato per la terza volta dalla fondazione della città un lettisternio [banchetto rituale a cui venivano invitati anche gli dèi, presenti sotto forma di statue]; e poiché la violenza dell'epidemia non si attenuava né con i provvedimenti umani né con l'aiuto divino, dato che gli animi erano caduti nel terrore superstizioso, si dice che, tra gli altri provvedimenti per placare l'ira degli dèi, furono istituiti anche dei *ludi* scenici (una novità per un popolo bellicoso, c'erano infatti come unico spettacolo le corse dei cavalli nel circo); per altro fu una modesta manifestazione, come normalmente accade per le novità, e poi di origine straniera, senza alcun canto, senza una gestualità che accompagnasse la musica: dei ballerini fatti appositamente venire dall'Etruria eseguivano balli secondo il costume etrusco danzando al suono del flauto. I giovani cominciarono poi ad imitarli, scambiandosi motti di spirito in versi; e i movimenti si accordavano alla musica. E così la novità fu ben accolta e si affermò sempre più con l'uso. Agli artisti nostrani venne dato il nome di "istrioni" [*histriones*], perché "istrione" si dice, con termine etrusco, il ballerino; e questi non si scambiavano più, come la prima volta, versi quasi improvvisati e rozzi, simili ai Fescennini, ma recitavano satire ricche di melodie, con il canto adattato alla melodia del flauto e la coreografia appropriata.»

(Livio, *Ab Urbe condita* 7, 2)

## 8. LA COMMEDIA

La commedia a Roma si sviluppò a partire dalla seconda metà del III secolo a.C. e si ispirò dichiaratamente alla commedia nuova ellenistica (fiorita ad Atene verso la fine del IV secolo a.C.), i cui testi erano conosciuti nelle colonie della Magna Grecia grazie a compagnie itineranti. A questo modello si aggiunsero gli influssi delle forme comiche italiche del periodo arcaico; il risultato è che la *fabula palliata* latina si presentava con caratteristiche sue proprie rispetto alla commedia nuova ellenistica.

Mantenere ambientazione e personaggi di origine greca dava l'opportunità ai commediografi romani di rappresentare situazioni e valori anche distanti dalla propria cultura, a volte solo per denigrarli, ma spesso per problematizzarli, al fine di far emergere le tematiche più vicine alla sensibilità e al sistema di valori del pubblico romano.

Il massimo rappresentante della commedia nuova ellenistica fu Menandro, un autore raffinato che trattava di vicende private legate alla quotidianità. Le sue commedie, al pari di quelle di Difilo e Filemone (altri rappresentanti di rilievo della commedia nuova), furono rielaborate dagli autori latini innanzi tutto attraverso il ricorso al procedimento della *contaminatio*, «contaminazione»: secondo tale procedimento, l'originale greco via via preso a modello veniva trasformato attraverso tagli di sequenze e inserzioni di scene prese da altre commedie.

"Il tempo dell'autore", p. 73

I maggiori autori di palliate furono **Plauto** (ca. 250-184 a.C.) e **Terenzio** (ca. 185-159 a.C.), gli unici di cui si siano conservate diverse opere in forma integrale. A loro si aggiunge Cecilio Stazio, un liberto della Gallia Cisalpina, attivo tra la morte di Plauto e l'inizio dell'attività di Terenzio: fu autore di palliate che ricalcavano il modello plautino (di queste commedie ci rimangono più di quaranta titoli, ma solo qualche frammento).

"Il tempo dell'autore", p. 147

Nel genere comico, accanto alla *fabula palliata* si sviluppò anche la *fabula togata*, ovvero la commedia di argomento romano. Questa, tuttavia, ebbe uno sviluppo assai ridotto anche in ragione del fatto che i personaggi romani, soprattutto quelli di condizione superiore, dovevano essere presentati in modo sempre dignitoso, per cui risultava senz'altro più difficile conseguire quell'effetto di comicità che era comunque lo scopo ultimo della commedia.

Scena dall'*Andria* di Terenzio. Illustrazione da un codice del IX secolo. Città del Vaticano, Biblioteca Apostolica Vaticana.

## 9. LA TRAGEDIA: PACUVIO E ACCIO

■ Maschera teatrale di terracotta rappresentante Dioniso. Parigi, Museo del Louvre.

Anche la tragedia, al pari della commedia, si sviluppò a Roma a partire dalla seconda metà del III secolo a.C. Modello dichiarato e imprescindibile punto di riferimento fu, anche in questo caso, il teatro greco.

La specificità della tragedia greca consisteva nel profondo legame con le tematiche politiche, religiose e filosofiche dibattute all'interno della particolare esperienza dell'Atene del V secolo a.C.; tali tematiche erano tuttavia difficilmente riproponibili nella Roma del III e II secolo a.C. I tragici latini, perciò, trovarono più interessante, per ottenere il *pathos* che caratterizzava il genere, puntare su trame cupe, spesso basate su vicende macabre. Anche la tragedia, come la commedia, si divise a Roma in due sottogeneri: oltre a testi di ambientazione greca, le *fabulae cothurnatae*, furono infatti prodotti anche testi di ambientazione e argomento romano, le *fabulae praetextae*.

Dopo Ennio (➤ par. 5, p. 55), gli autori più significativi di tragedie, di cui però non si posseggono se non alcuni frammenti, furono Pacuvio e Accio. Marco Pacuvio, originario di Brindisi, visse tra il 220 e il 130 a.C.; nipote di Ennio, fu autore di numerose *fabulae cothurnatae*, tratte dai grandi tragediografi greci del V secolo (Eschilo, Sofocle, Euripide), e probabilmente di una *praetexta*, dedicata alla vittoria conseguita a Pidna nel 168 a.C. dal console Lucio Emilio Paolo sul re di Macedonia Perseo. Caratteristiche dell'arte di Pacuvio sono l'esasperata ricerca di *pathos* e l'uso di uno stile sublime, in combinazione con uno spiccato gusto per l'orrido e il macabro. Lucio Accio, nato a Pesaro intorno al 170 a.C. e morto verso l'85 a.C., fu anch'egli notevole tragediografo; di lui si sono conservati circa 750 versi e i titoli di più di quaranta tragedie, tra cui figurano due *praetextae*. Patetismo, enfasi retorica, magniloquenza espressiva e immagini truculente sono fra i tratti più significativi che caratterizzano i suoi versi.

## STORIA, CULTURA, CIVILTÀ | GLI SPETTACOLI TEATRALI

**LE RICORRENZE** Anche a Roma, come in Grecia, l'attività teatrale si svolgeva principalmente durante alcune **feste religiose**. L'organizzazione e il finanziamento degli spettacoli erano affidati a **magistrati pubblici** (per lo più edili curuli o plebei e pretori), che spesso contribuivano alle spese di allestimento con la speranza di guadagnare consensi elettorali.

Le principali feste religiose nel corso delle quali, accanto alle celebrazioni di rito, trovavano spazio anche spettacoli teatrali erano le seguenti:

- I *Ludi Romani*, di antichissima istituzione, in onore di Giove Ottimo Massimo; si celebravano in settembre nel Circo Massimo (proprio nella ricorrenza del 240 a.C. avvenne la già ricordata messa in scena di una *fabula* di Livio Andronico, evento che segnò la "nascita" della letteratura latina).
- I *Ludi plebei*, istituiti nel 220, sempre in onore di Giove Ottimo Massimo; avevano luogo in novembre nel Circo Flaminio, per commemorare la riconciliazione del patriziato con la plebe, dopo la famosa secessione dell'Aventino.
- I *Ludi Apollinares*, istituiti nel 212; si svolgevano in luglio, presso il tempio di Apollo.
- I *Ludi Megalenses*, istituiti nel 204; venivano celebrati ad aprile in onore della *Magna Mater*.

A queste ricorrenze ordinarie si aggiungevano poi numerose occasioni straordinarie che prevedevano appunto anch'esse rappresentazioni teatrali: i *ludi votivi*, che celebravano circostanze particolari della vita pubblica; i *ludi funebres*, per onorare la morte di qualche illustre cittadino; i *ludi triumphales*, per celebrare un trionfo militare.

**LE STRUTTURE** Il primo **teatro in muratura** di Roma risale al 55 a.C.; prima di tale data le rappresentazioni avvenivano in **strutture mobili**, probabilmente di legno. In ogni caso, l'impianto scenico era adeguatamente predisposto per consentire di riproporre i vari allestimenti del teatro greco. La scena riproduceva un ambiente esterno, una piazza su cui si affacciavano alcune case disposte lungo una strada, che portava in un senso al centro della città, all'*agorà*, nell'altro verso la campagna nei dintorni della *pòlis*.

A differenza dei teatri greci, costruiti su un terreno in pendenza per sfruttare l'inclinazione naturale del terreno, i teatri romani, da quando iniziarono a essere costruiti in muratura, avevano gradinate che poggiavano su bastioni formati da arcate sovrapposte.

**IL PUBBLICO...** Il pubblico romano che assisteva alle rappresentazioni teatrali, sul piano socio-culturale, era molto diversificato. Esigenze e gusti della platea, composta da uomini, donne e talvolta anche da schiavi, erano assai eterogenei e non era facile suscitare e mantenere vivo l'interesse del pubblico (con il rischio che gli spettatori abbandonassero il teatro a scena ancora aperta, magari per andare ad assistere a degli spettacoli del circo, che non di rado venivano rappresentati in contemporanea). I commediografi dovevano intrattenere e divertire il pubblico proponendo intrecci avventurosi, scontri verbali a tratti scurrili, scene movimentate da ballerini e cantanti. **Plauto** fu l'autore che maggiormente seppe adattare le forme culturalmente più evolute del teatro greco alle esigenze del pubblico romano fra III e II secolo a.C., con il risultato che le sue opere riscossero un vivo successo. Al contrario, le commedie di **Terenzio**, che tendevano a una caratterizzazione più intima e psicologica dei personaggi e ad affrontare problematiche più delicate in un intreccio ridotto peraltro al minimo, andarono incontro a diversi e clamorosi insuccessi.

**Mosaico delle maschere,** rinvenuto presso la Casa del Fauno a Pompei, I sec. a.C. Napoli, Museo Archeologico Nazionale.

■ **Attore con maschera**, seconda metà del I sec. d.C. Napoli, Museo Archeologico Nazionale.

**...E GLI ATTORI** In Grecia gli attori godevano sicuramente di un certo prestigio sociale; diversa era la situazione a Roma, dove la professione dell'attore non era considerata degna di un cittadino romano, motivo per cui gli attori erano **schiavi** o **liberti**. Fu soltanto nel I secolo a.C. che con **Roscio Gallo** – il più noto attore della romanità, amico di Cicerone e da lui difeso in una famosa orazione – si riuscì a riabilitare tale professione. Gli attori si dividevano in due categorie principali: gli *histriones* e i *mimi* (i quali, a differenza degli *histriones*, affidavano la propria comicità soprattutto al gesto e, appunto, alla mimica). Gli attori in scena erano esclusivamente uomini e indossavano una **maschera** (*persona*) che consentiva al pubblico di riconoscere immediatamente i vari personaggi. Obbligatorie nelle tragedie, nelle commedie le maschere trovavano un uso saltuario: ad esempio, in Plauto sembra non venissero usate, mentre in Terenzio sì.
Oltre alla *troupe* degli attori (*grex*), nelle compagnie teatrali (*catervae*) erano presenti: un capocomico (*dominus gregis*; uno dei più noti fu Ambivio Turpione, amico di Terenzio), un *conductor* (direttore delle prove) e il *choragus*, il quale aveva il compito di fornire i costumi e di provvedere alla messa in scena.

## 10. LUCILIO

L'ultima personalità di rilievo della letteratura fiorita nell'età della conquista del Mediterraneo è quella di Lucilio. Sappiamo che nacque a Sessa Aurunca, città del Lazio meridionale, da una facoltosa famiglia del ceto equestre. Certa è la data di morte (il 102 a.C.), mentre controversa è la data di nascita (si propende per il 180 a.C. circa). Attendibile è la notizia secondo la quale avrebbe partecipato nel 133 a.C. all'assedio di Numanzia al fianco di Scipione Emiliano, al quale fu legato da intima amicizia.

Lucilio, la cui opera noi conosciamo in frammenti, si dedicò a un unico genere poetico, la satira (*satura*), di cui compose trenta libri. In sintesi, possiamo affermare che Lucilio, nello scrivere le sue satire:

- Prende spunto da temi della vita e della conversazione quotidiana, ma inserisce anche riflessioni sulla letteratura e racconti di varia natura.
- Rifugge esplicitamente dalle forme proprie della poesia "alta" (epica, tragica ed encomiastica), definendo i propri componimenti *ludus*, «gioco», *sermones*, «conversazioni» o anche, metaforicamente, *schedium* (termine che indica una rozza imbarcazione da carico, adatta al trasporto di ogni tipo di merce).
- Dà avvio a un genere nuovo; rispetto alle satire di Ennio (➤ par. 5, p. 55), introduce anche il tema della critica sociale, tema che resterà poi caratteristico del genere (tanto che proprio da quest'aspetto dell'opera di Lucilio deriverà anche il significato del termine "satira" in italiano).
- Dopo aver sperimentato vari metri, adotta stabilmente l'esametro.

- Non sembra rifarsi a precisi modelli in ambito greco; tuttavia, è probabile che conoscesse forme di poesia ellenistica come quella sviluppata da Rintone (383-285 a.C.), l'inventore di un nuovo genere tragico, l'ilarotragedia, che consisteva in parodie epico-mitologiche.

**GUIDA ALLO STUDIO**

**1.** Quali furono le differenti reazioni dei Romani nel confrontarsi con la cultura greca?

**2.** Quali caratteristiche della letteratura latina possono essere ricondotte al fatto che essa nasce come imitazione della letteratura greca?

**3.** Quali furono i primi due poeti che operarono a Roma di cui abbiamo notizie? A quali generi letterari si dedicarono?

**4.** Su quali princìpi si basa la traduzione dell'*Odissea* proposta da Livio Andronico nella sua *Odusia*?

**5.** Qual era lo scopo di Ennio nel comporre gli *Annales*? Chi era il suo indiscusso modello e in quale rapporto Ennio si pose con esso?

**6.** Da chi venne scritta e quali caratteristiche presentava la prima opera di genere storiografico in latino?

**7.** In quali sottogeneri si divise la produzione teatrale a Roma?

**8.** A quale genere letterario si dedicò Lucilio? Quali caratteristiche (formali e contenutistiche) presentano le sue composizioni?

## INDICAZIONI BIBLIOGRAFICHE

Per inquadrare gli aspetti storici relativi al periodo dell'espansione del Mediterraneo, opera di alto valore scientifico, ma anche di consultazione relativamente agevole, è la *Storia Einaudi dei Greci e dei Romani*, i cui capitoli sono realizzati dai maggiori esperti dei vari rami degli studi del mondo antico. In particolare, si possono tenere in considerazione: Emilio Gabba, *La prima guerra punica e gli inizi dell'espansione transmarina*, vol. 14, Torino 2008, pp. 55-67; Emilio Gabba, *La conquista della Gallia Cisalpina*, vol. 14, pp. 69-77; Emilio Gabba, *L'imperialismo romano*, vol. 14, pp. 189-233; Michael W. Crawford, *Origini e sviluppi del sistema provinciale romano*, vol. 14, pp. 91-121. Della *Storia di Roma*, sempre pubblicata da Einaudi, opera dalle caratteristiche simili alla *Storia Einaudi dei Greci e dei Romani*, si consigliano: Andrea Giardina, *Uomini e spazi aperti*, vol. 4, Torino 1989, pp. 71-90 (per quanto riguarda l'immagine di Roma presso altri popoli); Andrea Carandini, *La villa romana e la piantagione schiavistica*, vol. 4, pp. 101-200 (per un'analisi rigorosa dell'agricoltura in Italia). Per la gestione delle province è assai utile Luigi Capogrossi Colognesi, *Storia di Roma tra diritto e potere*, Bologna, Il Mulino, 2009 (spec. pp. 195-218). Per quanto riguarda gli aspetti culturali, letterari e linguistici del periodo preso in esame in questo profilo si distinguono per chiarezza e sinteticità le seguenti opere: Carlo Santini, Carlo Pellegrino, Fabio Stok, *Dimensioni e percorsi della letteratura latina*, Roma, Carocci, 2010, spec. pp. 26-31, dove si trovano interessanti riflessioni sul rapporto tra Roma e la cultura greca; Paolo Poccetti, Diego Poli, Carlo Santini, *Una storia della lingua latina*, Roma, Carocci, 1999, spec. pp. 247-272, dove sono affrontati con estrema completezza i problemi connessi con la formazione della lingua letteraria sia della prosa sia della poesia (per quanto riguarda Livio Andronico, è necessaria la conoscenza del greco); Innocenzo Mazzini, in *Storia della lingua latina e del suo contesto*, vol. 1 *Linguistica e lingua letteraria*, Roma, Salerno, 2007, pp. 75-90, dove si analizzano con precisione le questioni linguistiche. Riflessioni importanti per comprendere alcuni aspetti della comunicazione letteraria, come il rapporto tra autori e lettori contemporanei si trovano in Mario Citroni, *I destinatari contemporanei*, in *Lo spazio letterario di Roma antica*, vol. 3, Roma, Salerno, 1990, pp. 77-87. Sul rapporto tra società e cultura si può vedere anche Filippo Coarelli, *Cultura artistica e società*, in *Storia Einaudi dei Greci e dei Romani*, vol. 14, Torino 2008, pp. 159-185.

SINTESI

# L'espansione nel Mediterraneo (282-133 a.C.)

## Il contesto storico e sociale

- Tra il 282 e il 133 a.C. Roma è impegnata quasi senza soluzione di continuità in una serie di **conflitti esterni**. A seguito delle guerre contro la colonia magnogreca di Taranto e Pirro re dell'Epiro (282-272 a.C.) arriva a imporre la sua sovranità su tutta la penisola italica. Estende poi il suo dominio su un'ampia parte del Mediterraneo e in particolare: in nord Africa, Sicilia, Sardegna e Corsica a seguito delle guerre puniche (combattute in tre fasi: 264-241; 218-202; 149-146); nell'Adriatico con le guerre contro gli Illiri (230-228); nell'Egeo con le varie guerre combattute contro i due regni ellenistici di Macedonia e di Siria (215-146 a.C.); in Spagna con le guerre contro i Celtiberi (che si concludono nel 133 a.C., con la presa di Numanzia, ultima roccaforte della resistenza). A seguito delle guerre combattute contro i Galli della pianura padana (225-221 a.C.) Roma estende inoltre il suo dominio sui territori al di là del Po (fino all'Istria).
- I nuovi territori conquistati al di fuori della penisola italica, indicati con il termine di ***provinciae***, furono occupati militarmente e amministrati come regioni soggette a versare un cospicuio **tributo**. Il primo territorio a essere organizzato come provincia fu la Sicilia, nel 241 a.C.; e appunto sul modello della Sicilia furono poi sostanzialmente organizzate tutte le province successivamente create. Attraverso una fitta attività diplomatica, Roma curò di proteggere i confini delle province attraverso la formazione di numerosi Stati satellite.
- La rapida trasformazione di Roma da Stato territoriale a potenza imperialistica fu possibile grazie all'estrema efficienza dell'**esercito**, costituito da cittadini romani e da italici cui il senato aveva esteso alcuni diritti di cittadinanza. Lo sforzo bellico, tuttavia, comportò profonde alterazioni nella società, soprattutto in ragione del fatto che le campagne militari erano sempre più lunghe e si svolgevano in territori sempre più lontani dall'Italia, per cui i soldati non godevano più del congedo annuale che consentiva loro di tornare a casa durante l'inverno: ciò portò alla progressiva **scomparsa** di quel **ceto medio** formato da piccoli proprietari terrieri che coltivavano in prima persona i propri possedimenti, per ricavare dalla terra quanto necessario alla sopravvivenza.
- La scomparsa della piccola proprietà fondiaria favorì la formazione di vasti **latifondi**, appartenenti di solito a facoltosi senatori, che ne affidavano la coltivazione a schiavi, i quali confluivano sempre più numerosi a Roma a seguito delle guerre di conquista. Molti contadini rimasti senza terra si trasferirono invece con le loro famiglie a Roma, dove si formò un vasto **proletariato urbano**, la cui sopravvivenza era garantita dalle distribuzioni, a prezzi popolari, del grano proveniente come tributo dalle province.

## Il contesto culturale

- A partire dal III secolo a.C. Roma si aprì alla **cultura greca**, con cui era per altro già in contatto da secoli attraverso le colonie magnogreche dell'Italia meridionale. I membri delle classi superiori iniziarono ad apprendere la lingua e la letteratura greca; contemporaneamente, nella capitale giunsero letterati e poeti dalla Magna Grecia e dalla Campania, i quali si dedicarono alla composizione di testi in latino riprendendo forme e temi della letteratura greca.

- Significativamente, la **"nascita"** della letteratura latina si fa risalire al **240 a.C.**, anno in cui il poeta **Livio Andronico**, giunto a Roma in seguito alle guerre contro la sua città, la colonia magnogreca di Taranto, fece rappresentare un testo teatrale (***fabula***) in lingua latina; Livio Andronico fu inoltre autore di una traduzione in latino dell'***Odissea***. Poesia epica, tragedia e commedia furono i generi letterari maggiormente praticati dai primi autori della letteratura latina e ancora nel corso del II secolo a.C.

- La poesia epica latina raggiunse presto risultati di notevole spessore artistico, con **Gneo Nevio**, poeta originario della Campania che combatté nella fase finale della prima guerra punica e che compose un poema ispirato ai fatti della seconda guerra punica (il ***Bellum Poenicum***), e soprattutto con **Quinto Ennio** (239-169 a.C.): mediante i suoi ***Annales***, poema epico in esametri che aveva per oggetto l'intera storia di Roma, Ennio intendeva fondare un'epica nazionale romana ponendosi in un rapporto di cosciente competizione (*aemulatio*) con Omero.

- Livio Andronico, Nevio e Ennio furono anche autori di teatro, modellato sulle forme della tragedia e della commedia greca. La massima fioritura del teatro, tuttavia, è legata ai nomi di **Plauto** (ca. 250-184 a.C.) e di **Terenzio** (ca. 185-159 a.C.), che composero commedie di argomento greco, le **palliate**.

- Nel corso del II secolo a.C. attorno alle figure di Lucio Emilio Paolo e di Scipione Emiliano si raccolse un consesso di intellettuali e letterati latini e greci abitualmente chiamato **"circolo degli Scipioni"**: in questa cerchia di personaggi si dibattevano con estrema apertura intellettuale i temi più importanti scaturiti dall'incontro tra la cultura greca e la tradizione romana. Di tale consesso fecero parte, tra gli altri, lo storico greco Polibio, il poeta satirico Lucilio e il commediografo **Terenzio**.

- Grande rilievo nella cultura ebbe **Catone il Censore** (234-149 a.C.), oratore e uomo politico che scrisse numerose opere in prosa. Oltre al trattato ***De agri cultura***, spiccano le ***Origines***, prima opera storica in latino. Catone si oppose fermamente alla tendenza filellenica del "circolo degli Scipioni", facendosi interprete e promotore di un atteggiamento di chiusura nei confronti della cultura greca, considerata in contraddizione con i valori più autentici del *mos maiorum*.

- Una strada particolarmente originale fu percorsa dal poeta **Lucilio** (ca. 180-102 a.C.), che scrisse numerosi libri di **satire**, forma poetica che rifugge esplicitamente dalle forme proprie della poesia "alta" e che tratta di una varietà di argomenti (da temi ispirati alla vita quotidiana a riflessioni sulla letteratura).

# LABORATORIO DELLE COMPETENZE

**COMUNICAZIONE IN LINGUE STRANIERE**

• **SVILUPPARE LA COMPRENSIONE DELLE DIFFERENZE CULTURALI E APPREZZARLE**

## 1. ROMA E GLI "ALTRI"

Durante l'età delle conquiste Roma entrò in contatto con nuovi popoli e nuove culture. Si trattò di un fondamentale momento di confronto per la civiltà romana, che attraverso questi incontri definì meglio la propria identità culturale. Nella colonna di sinistra della tabella trovi alcune immagini, corredate di didascalie, che si riferiscono a tre dei più importanti popoli con cui Roma entrò in relazione: Greci, Cartaginesi, Galli. Trascrivi in forma sintetica, nella colonna centrale della tabella, le informazioni su questi tre popoli che hai acquisito leggendo le pagine precedenti. Quindi, con l'aiuto di Internet, reperisci altre informazioni relative ai tre popoli in questione e inseriscile nella colonna di destra della tabella.

| POPOLO | INFORMAZIONI DI PARTENZA | NUOVE INFORMAZIONI ACQUISITE CON LA RICERCA |
|---|---|---|
| GRECI | | |
|  Teatro greco di Taormina (Sicilia).  Resti del tempio magno-greco di Taranto. | | |
| CARTAGINESI | | |
|  Nave punica attualmente conservata nel Museo di Marsala (Trapani).  Resti delle mura puniche di Cartagena (Spagna). | | |
| GALLI | | |
|  Grande fàlera d'argento, di fattura celtica, proveniente da Manerbio sul Mella (Brescia).  Elmo di Agris (ca. 350 a.C.) | | |

## 2. LA NASCITA DELLA LETTERATURA LATINA COME ESERCIZIO DI MEDIAZIONE LINGUISTICA E CULTURALE

Osserva come Omero e i primi autori della letteratura latina si rivolgono alle divinità nei loro poemi epici.

**Omero, *Odissea*** (v. 1)
*Àndra moi ènnepe Moùsa polùtropon*
(«L'uomo ricco d'astuzie raccontami, o Musa»; trad. di Rosa Calzecchi Onesti)

**Livio Andronico, *Odusia*** (fr. 1 Morel)
*Virum mihi, Camena, insece versutum*
(«Raccontami, o Camena, l'uomo dalla multiforme scaltrezza»)

**Nevio, *Bellum Poenicum*** (fr. 1 Morel)
*Novem Iovis concordes filiae sorores*
(il passo sembra essere ispirato a due versi della *Teogonia* di Esiodo: v. 76 *innéa thygatéres megálou Diòs,* «le nove figlie del grande Zeus», e v. 60 *innéa koúras homóphronas,* «nove fanciulle concordi»)

**Ennio, *Annales*** (fr. 1 e fr. 487 Skutsch)
*Musae quae pedibus magnum pulsatis Olympum*
(«Muse, che con i piedi calpestate il grande Olimpo»)

*Musas quas memorant nosce nos esse Camenas*
(«Sappi che noi Camene siamo quelle che chiamano Muse»)

Realizza una presentazione multimediale, da esporre ai tuoi compagni, sulla mediazione tra cultura greca e cultura romana operata da Livio Andronico, Nevio e Ennio. Sviluppa le tue osservazioni aiutandoti con le seguenti domande e approfondendo le tue conoscenze con opportune ricerche in Internet.

**1.** Che cosa puoi osservare a proposito di come Livio Andronico dispone le parole nel verso rispetto al corrispondente verso di Omero? (Vedi in proposito l'analisi proposta a p. 54 )

**2.** Per quale motivo Livio Andronico chiama *Camena* la Musa omerica? (Per rispondere, devi sapere chi fossero le Camene e a quale radice etimologica venisse associato il loro nome)

**3.** Perché secondo te nell'apertura degli *Annales* Ennio si rivolge non alle Camene ma alle Muse (le quali poi, nel corso dell'opera, vengono comunque indentificate con le Camene)?

**4.** Quali scelte metriche furono compiute da Livio Andronico, Nevio e Ennio nei loro poemi epici?

**5.** Cerca altri frammenti di Nevio e informati su quali fossero le caratteristiche del suo stile, mettendole a confronto con le caratteristiche dello stile di Livio Andronico e Ennio (➤ p. 54 e p. 56).

# Plauto
## Il teatro come gioco

ZTE ONLINE
Mettiti alla prova con 20 esercizi interattivi

### *LUSUS* E *PERSONAE* NELLO *PSEUDOLUS*

PER COMPRENDERE



### LA PARODIA DELLA CULTURA ALTA

PER ANALIZZARE



### TEATRO PLAUTINO E PRAGMATICA DEL LINGUAGGIO

PER APPROFONDIRE

IL TEMPO DELL'AUTORE

## TITO MACCIO PLAUTO

**L'ORIGINE ITALICA** Tito Maccio Plauto nasce a **Sàrsina**, cittadina dell'attuale Romagna (al tempo nella regione umbra), qualche anno prima del **250 a.C.** La sua **origine italica** è testimoniata anche dal nome umbro *Titus*, a cui poi si sarebbero aggiunti sia il soprannome di *Maccius*, derivato da uno dei personaggi tipici dell'atellana (*Maccus*, lo sciocco bastonato), sia il *cognomen* di *Plautus*, probabilmente una romanizzazione del *cognomen* umbro *Plotus* («dai piedi piatti»; anch'esso, forse, un soprannome di maschera teatrale). Questi nomi sembrano alludere all'attività di **attore di atellane** che Plauto avrebbe svolto con successo prima di dedicarsi alla composizione delle commedie.

**L'INIZIO DELL'ATTIVITÀ DRAMMATURGICA** L'inizio dell'attività letteraria di Plauto si colloca nel periodo della **seconda guerra punica** (218-202 a.C.), come si deduce dall'augurio che il poeta in una sua commedia, la ***Cistellaria***, rivolge ai Romani per la vittoria sui Cartaginesi (vittoria che essi avrebbero poi effettivamente riportato). Plauto continua a scrivere commedie, con un notevole successo di pubblico, fino agli ultimi anni di vita (una commedia, la *Casina*, allude chiaramente alla repressione dei Baccanali, avvenuta nel 186 a.C., ossia circa due anni prima della morte dell'autore).

**Talia la Musa della commedia**, affresco da Pompei, I sec. a.C. Parigi, Museo del Louvre.

**LA MORTE E L'EPITAFFIO** Plauto muore a Roma intorno al **184 a.C.** L'erudito Gellio, dichiarando di averlo ripreso da Varrone, ci riporta un **epitaffio** che secondo le testimonianze antiche Plauto stesso avrebbe composto per sé (*Noctes Atticae* 1, 24, 3):

Dopo che la morte si è portata via Plauto,
la Commedia piange, la scena è deserta,
il Riso, il Gioco e il Divertimento,
i Ritmi infiniti hanno versato lacrime tutti quanti insieme.

Da questi versi emerge innanzi tutto l'elemento relativo alla gioiosità della commedia plautina; il riferimento ai «Ritmi infiniti» (***numeri innumeri***) sottolinea poi la straordinaria abilità del poeta in campo metrico, la quale costituisce una delle caratteristiche salienti della sua arte.

# Il teatro come gioco

**PLAUTO E I SUOI MODELLI** Le commedie di Plauto rappresentano le prime opere letterarie della latinità giunte fino a noi in forma integrale. Si tratta di *fabulae palliatae*, ovvero di commedie in cui l'ambientazione e i costumi di scena erano greci.

I modelli letterari a cui il poeta di Sarsina si ispira sono i testi di Menandro, Difilo e Filemone: questi ultimi erano i maggiori esponenti della commedia nuova ellenistica, fiorita ad Atene verso la fine del IV secolo a.C., e i loro nomi spesso compaiono nei prologhi delle commedie plautine, insieme ai titoli delle opere prese a modello.

Il rapporto che Plauto instaura con i testi della commedia nuova ellenistica da cui deriva le sue commedie non si configura nei termini di una fedele traduzione; si tratta piuttosto di una libera rielaborazione artistica, realizzata innanzi tutto mediante il ricorso alla tecnica della *contaminatio* («contaminazione»): tale tecnica prevedeva che gli originali greci via via presi a modello venissero appunto "contaminati", ovvero trasformati attraverso tagli di sequenze e inserzioni di scene prese da altre commedie greche; con il risultato che si giungeva a opere del tutto nuove, in cui anche la conservazione dell'ambientazione greca prevedeva comunque una serie di interventi e di adattamenti tali da rendere effettivamente fruibili anche per il pubblico romano gli originali greci.

■ Affresco dalla Stanza delle Maschere, I sec. a.C.-I sec. d.C. Roma, Casa di Augusto.

**I PERSONAGGI...** Sul piano degli elementi di innovazione introdotti da Plauto rispetto ai suoi modelli, il primo dato da mettere in risalto è che i personaggi plautini presentano una psicologia più semplice rispetto ai personaggi della commedia nuova ellenistica; essi sono riconducibili ad alcune tipologie fisse, che si ritrovano con i medesimi tratti e i medesimi comportamenti nelle diverse commedie.

**...E LE TRAME DELLE COMMEDIE** Per quanto riguarda poi le trame delle commedie plautine, esse presentano uno schema narrativo di base che, seguendo alcune tipologie d'intreccio, giunge immancabilmente al lieto fine. Elemento che accomuna molte commedie è la preparazione e la realizzazione di una beffa che il *servus* («il servo») mette solitamente in atto contro il *senex* («il vecchio»), generalmente per venire in aiuto all'*adulescens* («il giovane»). Il motivo del contendere tra il vecchio e il giovane è per lo più un bene, ovvero una donna o il denaro per conquistarla: un personaggio di condizione servile, ossia del più basso livello sociale, viene dunque in aiuto di un personaggio tenuto in bassa considerazione nella società romana (quali erano i giovani, in quanto soggetti all'autorità paterna), riuscendo ad avere la meglio su un antagonista autorevole: i *senes* erano infatti tenuti nella più alta considerazione, in quanto reputati depositari dei tradizionali valori del *mos maiorum*; inoltre, anche da un punto di vista giuridico, avevano la possibilità di esercitare un potere di fatto assoluto sui giovani.

Spesso la trama si risolve in una serie di espedienti, trovate astute, inganni messi in atto dal *servus* per raggirare l'antagonista del giovane innamorato, ovvero il *senex* (o il soldato o il lenone, cioè l'"impresario" di giovani prostitute), a cui viene non di rado impartita una punizione esemplare, proporzionale all'entità della sua "trasgressione": come a dire, la beffa oltre al danno. Talora, tuttavia, la situazione si scioglie prima grazie al meccanismo del "riconoscimento" (*agnitio*), con cui la ragazza di umili origini o la cortigiana oggetto del desiderio dell'*adulescens* si rivelano di buona famiglia e libere di nascita, e quindi legittimate a coronare il sogno d'amore del giovane innamorato. A seguire l'immancabile lieto fine, che è d'obbligo in una commedia.

In definitiva, si tratta della rappresentazione di un mondo alla rovescia, in cui le gerarchie di potere all'interno della famiglia e i ruoli nel contesto della società risultano capovolti, per cui i giovani possono avere la meglio sui vecchi e i servi possono avere la meglio sui padroni, esattamente come accadeva nelle feste dei Saturnali, dove per un giorno la differenziazione dei ruoli non esisteva, i rapporti tra padroni e servi si invertivano e tutto era concesso nella giocosa libertà della festa. Tuttavia, come accadeva con la fine di queste ricorrenze, così anche nelle commedie plautine, alla fine, i ruoli e i valori si ristabiliscono e tutto rientra nei ranghi consueti.



**L'INVENTIVA LINGUISTICA** Plauto non si limita ad apportare modifiche di tipo strutturale alle trame delle commedie greche prese a modello; egli innova anche sul piano della metrica e della musica (dando prova di una straordinaria abilità e inventiva in campo metrico e concedendo larghissimo spazio alla musica e al canto), nonché sul piano della lingua. La *vis* comica che si ritrova nei suoi testi è frutto della sua funambolica inventiva linguistica, ovvero di una straordinaria capacità di coniare nuovi vocaboli e scegliere immagini potenti, di creare giochi di parole in grado di produrre un irresistibile effetto comico. Plauto utilizza tutti i livelli stilistici, dal più basso al più solenne, giungendo a servirsi degli stilemi tipici dell'epica, della lirica, della tragedia. Molto spesso il suo intento è puramente parodico: a un innalzamento dei toni del discorso corrisponde infatti un abbassamento del livello dei contenuti trattati; lo scarto fra il linguaggio solenne e le situazioni spesso grottesche o burlesche che vengono descritte è di particolare efficacia comica.

**Un padrone e il suo schiavo**, particolare della decorazione di un vaso a figure rosse, 340 a.C. circa. Parigi, Museo del Louvre.

**LA ROTTURA DELL'"ILLUSIONE SCENICA" E IL "METATEATRO"** Un'altra importante caratteristica del teatro plautino è la tendenza a rompere la cosiddetta "illusione scenica", ovvero quell'implicito patto che intercorre tra attori e pubblico nel corso di una rappresentazione teatrale e in base al quale gli spettatori considerano reale tutto ciò che avviene sul palcoscenico, con il risultato che essi si immedesimano nelle vicende dei personaggi.

Conseguenza della rottura dell'"illusione scenica" è il fatto che il pubblico è chiamato a partecipare non tanto alle vicende dei personaggi che agiscono sulla scena, quanto al gioco della finzione teatrale, con lucida consapevolezza. Tra i procedimenti attraverso i quali si realizza la rottura dell'"illusione scenica", molto sfruttati da Plauto sono quelli riconducibili al cosiddetto "metateatro", ovvero al "teatro nel teatro". In altre parole, all'interno delle commedie plautine vi sono momenti in cui il teatro mette in scena se stesso, rendendo così evidente il suo carattere fittizio, con la duplice conseguenza che si amplifica l'effetto comico e si viene a creare una divertita complicità tra l'autore e il suo pubblico.

# *Lusus* e *personae* nello *Pseudolus*

PER COMPRENDERE

**UN TESTO EMBLEMATICO DELLA DRAMMATURGIA PLAUTINA** Lo *Pseudolus* è una commedia emblematica per analizzare le caratteristiche peculiari della drammaturgia di Plauto, nonché per comprendere le dinamiche di funzionamento del testo comico, così come esso si è sviluppato nel corso dei secoli partendo proprio dalle opere di questo autore.
Come tutte le commedie plautine anche lo *Pseudolus* è una palliata: si tratta infatti di una commedia di ambientazione greca (la scena si svolge a Atene), derivata da testi della commedia nuova ellenistica. Prevede un prologo, un'azione e un epilogo. Purtroppo non abbiamo notizie sui modelli greci, in merito ai quali, forse, era fornita qualche informazione nel prologo, di cui si conservano però solo due versi.

**UN INTRECCIO SCONTATO, UN TESTO COMPLESSO** Quanto all'azione, Plauto elabora un intreccio abbastanza semplice, quasi scontato. La trama è organizzata secondo uno schema ripetitivo, in cui dominano situazioni e personaggi convenzionali, *in primis* la figura del *servus callidus*, il «servo astuto», vero e proprio motore dell'azione scenica. Nonostante la sua apparente semplicità, lo *Pseudolus* si presenta come un testo complesso, ricco di colpi di scena e di raffinate strategie compositive, atte a tenere alta l'attenzione del pubblico suscitando interesse e curiosità. La trama è la seguente: il giovane Calidoro, innamorato della cortigiana Fenicio e ostacolato nel suo amore da Ballione, un lenone cinico e arrogante, lotta per far valere i diritti della gioventù e dell'amore ed è validamente aiutato dal *servus* Pseudolo. Lo sviluppo della vicenda consiste proprio nei mille espedienti e inganni messi in atto da quest'ultimo per raggirare gli antagonisti del giovane, tra cui suo padre Simone, e consentire il ricongiungimento degli amanti. Spesso questi personaggi recitano in maniera "riflessa", ovvero si dimostrano pienamente consapevoli del ruolo che rivestono nella commedia e non esitano a ricordarlo anche al pubblico che li ascolta: il lenone sa di dover essere odioso e malvagio, il giovane padrone si presenta come inevitabilmente innamorato e, infine, Pseudolo non perde occasione per sottolineare l'astuzia che contraddistingue il suo personaggio.

La commedia non presenta un prologo di tipo espositivo, pertanto la narrazione dell'antefatto è affidata direttamente ai primi personaggi che compaiono sulla scena. La rappresentazione si apre con il giovane protagonista presente sulla scena insieme al suo aiutante, lo schiavo Pseudolo; costoro, dialogando, informano il pubblico della triste vicenda amorosa che riguarda il giovane. Lo schiavo, inizialmente, svolge un ruolo di secondo piano, facendo da spalla al padrone innamorato. Progressivamente, però, diviene l'eroe dell'azione, architettando trucchi e raggiri, e giungendo così a essere protagonista di un brillante finale. Il suo nome, che significa "mentitore", rimanda all'essenza del personaggio, una sorta di "maschera" che rappresenta il genio comico e creativo dell'autore: la figura di Pseudolo, come regista di questa commedia d'intrigo, rappresenta il "doppio" del poeta stesso.

■ Attore nel ruolo di schiavo con una maschera comica, statuetta in bronzo, III sec. a.C.

Dalla didascalia dello *Pseudolus* sappiamo che la commedia fu rappresentata durante i *Ludi Megalenses* del 191 a.C.; Cicerone ci informa che la commedia fu composta da Plauto durante la sua vecchiaia, ed era particolarmente cara al suo autore.

## L'OPERA | LE COMMEDIE DI PLAUTO

**IL *CORPUS* DELLE COMMEDIE** Plauto fu un autore di grande successo. Non stupisce perciò che già nel II secolo a.C. fossero in circolazione, riconducibili al suo nome, ben centotrenta commedie, delle quali, però, non è dato sapere quante fossero realmente attribuibili a lui. In questo stesso periodo iniziò anche un vero e proprio lavoro editoriale sulle commedie, che furono integrate da didascalie e impaginate correttamente. Fu solo nel I secolo a.C. che si ebbe una completa revisione del *corpus* plautino a opera dell'erudito **Marco Terenzio Varrone** il quale stilò un elenco di **ventuno commedie**, sulla cui autenticità tutti gli studiosi del tempo concordavano. Si tratta delle ventuno commedie definite **"varroniane"**, pervenute fino a noi grazie alla tradizione manoscritta; queste commedie ci sono giunte tutte integre tranne l'ultima, che fu danneggiata in ragione della posizione occupata nel manoscritto (il Palinsesto Ambrosiano) e della quale si conservano solo alcuni versi. Tutte le altre commedie non "varroniane" – ovvero le commedie che circolavano sotto il nome di Plauto, ma che secondo Varrone non erano effettivamente opera di Plauto – continuarono a essere rappresentate, ma non furono tramandate, tanto che oggi ne possediamo solo brevi frammenti o sporadiche citazioni in forma indiretta.

■ Miniatura da un manoscritto del XV secolo delle *Commedie* di Plauto. Madrid, Biblioteca Nacional.

**TIPOLOGIA** Plauto è autore di **palliate**, ovvero di commedie che rielaborano testi della commedia nuova ellenistica; tutte le palliate si caratterizzano per l'ambientazione greca, ma con significativi influssi della tradizione comica italica (attraverso la *fabula Atellana* ➛ Il Contesto, p. 61).

**DATAZIONE** Per quanto riguarda la cronologia delle commedie, è possibile fissare solo qualche punto fermo: lo *Stichus* fu rappresentato nel 200, lo *Pseudolus* nel 191, la *Casina* contiene riferimenti ad avvenimenti del 186 (la repressione dei Baccanali). L'unico dato che si può dedurre con ragionevolezza da un'analisi attenta delle opere plautine è che le commedie che presentano ritmi maggiormente variegati e ricercati appartengano a una fase avanzata della produzione dell'autore.

**LE TRAME DELLE COMMEDIE** Di seguito forniamo la trama delle 21 commedie "varroniane":

| | |
|---|---|
| ***Amphitruo*** (Anfitrione) | Unica commedia plautina ad argomento mitologico. Narra dello scambio di identità fra il condottiero Anfitrione e Giove in persona che, invaghitosi della moglie di quest'ultimo, per unirsi a lei assume le sembianze del marito. Per portare a termine il suo piano Giove si fa aiutare dal dio Mercurio che, a sua volta, assume le sembianze di Sosia, il servo di Anfitrione. |
| ***Asinaria*** (La commedia degli asini) | Un giovane riesce a riscattare la cortigiana di cui è innamorato con l'aiuto del padre, il quale entra poi in rivalità con il figlio per il possesso della ragazza. Soltanto il servo del giovane riesce a porre fine ai tentativi del vecchio di approfittare della ragazza, smascherandolo e facendolo malmenare dalla moglie. |
| ***Aulularia*** (La commedia della pentola) | Un vecchio avaro, ritrovata per caso una pentola colma di monete d'oro, è ossessionato dall'idea che gliela rubino e perciò ostenta un'assoluta povertà. Tuttavia, un servo astuto riesce a sottrargliela, per consentire al proprio giovane padrone di sposare la figlia del vecchio. Così la pentola e con essa il denaro possono ritornare nelle mani dell'avaro. |
| ***Bacchides*** (Le Bàcchidi) | La commedia ruota attorno a due giovani innamorati, due fanciulle gemelle da riscattare, due padri a cui sottrarre denaro. A dirigere l'azione è, ancora una volta, un *servus* astuto. Gli equivoci si susseguono e le situazioni sembrano ingarbugliarsi irrimediabilmente, finché tutto si risolve nel migliore dei modi: alla fine i giovani e i loro padri si ritrovano a banchettare allegramente con le due ragazze. |
| ***Captivi*** (I prigionieri) | Un padre ha perduto i suoi due figli, l'uno rapito da bambino, l'altro preso prigioniero in guerra. Al fine di riscattare quest'ultimo, acquista dei prigionieri Elei, con l'intenzione di operare uno scambio: dopo una serie di intricate vicissitudini non solo ottiene indietro il figlio imprigionato, ma ritrova anche il figlio che era stato rapito in tenera età ed era stato venduto come schiavo in Elide. |
| ***Càsina*** (Casina ovvero La ragazza dal profumo di cannella) | Di Casina, una trovatella, si sono invaghiti un vecchio e suo figlio; entrambi chiedono aiuto ai loro schiavi per entrare in possesso della ragazza. Il padre, per sbarazzarsi del figlio che lo ostacola, lo spedisce all'estero e tenta quindi di far sposare la ragazza al proprio fattore (il quale dovrebbe poi mettergliela a disposizione). La moglie del vecchio organizza però una beffa colossale ai suoi danni. Alla fine, Casina viene riconosciuta come una ragazza libera, figlia di un vicino, e pertanto può sposare il suo giovane pretendente. |

| | |
|---|---|
| ***Cistellaria*** (La cassetta) | Nonostante una lunga lacuna (più di seicento versi) l'intreccio della commedia è abbastanza comprensibile. Un giovane ama una trovatella allevata da una cortigiana, ma il padre gli impone di sposare un'altra ragazza, figlia di un vicino, che è a sua volta alla ricerca di un'altra figlia avuta molti anni prima e abbandonata. Dopo varie vicissitudini, si scopre che la ragazza abbandonata è proprio quella che il giovane vorrebbe sposare, per cui anche il padre dà il proprio assenso al matrimonio e il lieto fine è assicurato. |
| ***Curculio*** (Gorgoglione o Pidocchio) | La commedia prende il titolo dal suo protagonista, il parassita Gorgoglione, il cui nome è indice d'insaziabile voracità (*curculio* è infatti il nome di un vorace verme parassita del frumento). Gorgoglione aiuta il suo giovane protettore a riscattare una cortigiana, raggirando il lenone che la sfrutta. La ragazza, alla fine, sarà anche riconosciuta di nascita libera, pertanto potrà convolare a giuste nozze con il giovane innamorato. |
| ***Epìdicus*** (Epidico) | Un giovane si innamora in due tempi diversi di due cortigiane, affidando al *servus* l'ingrato compito di trovare il denaro necessario a riscattarle. Il servo, raggirando più volte il vecchio padre del giovane, riesce a sottrargli il denaro di cui il figlio ha bisogno. Tuttavia, quando i suoi raggiri stanno per essere scoperti, una delle due ragazze viene riconosciuta come sorella del giovane, il quale quindi ripiega sull'altra cortigiana, mentre il servo viene affrancato per meriti d'ingegno. |
| ***Menaechmi*** (I Menecmi) | Felicissima commedia degli equivoci, basata sull'incredibile somiglianza di due gemelli separati fin dalla nascita, Menecmo I e Menecmo II. La vicenda si snoda attraverso una serie di incalzanti equivoci, capovolgimenti, battute a non finire, che conferiscono all'azione un'irresistibile tensione comica. Alla fine i due gemelli, trovandosi uno di fronte all'altro, si riconosceranno. |
| ***Mercator*** (Il mercante) | Commedia della rivalità tra un padre e il proprio figlio per una bella schiava, che il giovane ha condotto da Rodi dove si era recato per commercio. Il padre cerca con l'inganno di ottenerla per sé; alla fine, però, sarà smascherato dalla moglie e dovrà cedere il posto al figlio. |
| ***Miles gloriosus*** (Il soldato fanfarone) | Un giovane ama una ragazza, che viene però rapita da un soldato smargiasso e fanfarone, a cui un parassita fa credere di essere irresistibile con le donne. Il servo del giovane, ricorrendo all'aiuto di altri personaggi, architetta una serie di piani grazie ai quali riesce a beffare il soldato e a riportare la ragazza al padrone. |
| ***Mostellaria*** (La commedia del fantasma) | In assenza del padre, un ricco mercante di Atene, un giovane ha accolto in casa la cortigiana di cui è innamorato e che è riuscito a riscattare grazie all'aiuto di un servo ingegnoso. Quando il padre torna inaspettatamente, è in corso un banchetto; perciò il servo tenta di tenerlo lontano, inventando che la casa è abitata da un fantasma. In seguito a un divertente susseguirsi di equivoci e battute il padre verrà a sapere la verità: prima andrà su tutte le furie, poi perdonerà il figlio e anche il servo. |
| ***Persa*** (Il persiano) | Un servo riscatta da un lenone la ragazza che ama. Quindi beffa il lenone, fingendo di vendergli la figlia di un parassita (e recuperando in tal modo la somma necessaria a cancellare il debito iniziale). La commedia si conclude con una grande festa, durante la quale il lenone viene bastonato per la sua insipienza. Il servo può giustamente trionfare. |
| ***Poenulus*** (Il cartaginese) | Un giovinetto cartaginese e le sue due cugine, rapiti in tenera età nella loro patria, vivono a Calidone, in Grecia: il giovinetto è ricco; le due ragazze, invece, si trovano in miseria, sfruttate da un lenone. Il giovane, che è innamorato di una delle due sorelle, grazie all'aiuto di un servo riesce a beffare il lenone. Giunge nel frattempo da Cartagine un uomo, in cerca delle figlie scomparse: riconoscerà il giovane come suo nipote e le ragazze come sue figlie. |
| ***Pseudolus*** (Pseudolo) | Un giovane ama una cortigiana, che è però già stata venduta a un soldato per venti mine: quindici anticipate, più cinque che un messo del soldato dovrà consegnare entro sera. Il giovane si affida all'astuzia del *servus*, che si mette all'opera, liberando il campo da ogni ostacolo e vincendo addirittura un'impossibile scommessa col padre del giovane. |
| ***Rudens*** (La gòmena) | Un lenone fa naufragio insieme a una ragazza che egli ha venduto a un giovane innamorato di lei, ricevendo un lauto anticipo. Per caso, nel luogo in cui i naufraghi trovano approdo, vivono il padre della fanciulla e il giovane innamorato. Segue naturalmente il riconoscimento: la ragazza, sottratta all'avido lenone, può alla fine riabbracciare il padre e sposare il giovane. |
| ***Stichus*** (Stico) | Il titolo della commedia è tratto dal nome del suo protagonista: il servo Stico organizza grandi festeggiamenti per il ritorno a casa, dopo una lunga assenza, dei mariti di due sorelle che il padre ha tentato con insistenza di far divorziare per maritarle di nuovo. Alla fine il vecchio suocero si rappacifica con i due generi, soddisfatto del successo dei loro affari. |
| ***Trinummus*** (Le tre dracme) | Un giovane, in assenza del padre, dissipa tutto il patrimonio familiare, giungendo a vendere persino la casa in cui è conservato anche un tesoro. Fortunatamente è un amico del padre ad acquistarla, evitando così la rovina della famiglia e consentendo il matrimonio sia del giovane sia della sorella con i rispettivi innamorati. |
| ***Truculentus*** (Truculento) | Protagonista della commedia è una cortigiana, che sfrutta e inganna i suoi tre amanti, fra i quali c'è anche un soldato cui questa ha fatto credere di aver avuto un figlio da lui. Tuttavia, grazie al servo da cui la commedia trae il titolo, l'inganno sarà rivelato. |
| ***Vidularia*** (La commedia del baule) | I pochi frammenti di questa commedia sembrano suggerire un intreccio simile al *Rudens*: il giovane Nicodemo viene riconosciuto dal padre grazie a degli oggetti conservati in un baule scomparso in mare durante un naufragio e poi ritrovato da un pescatore. |

**TEMATICHE** Gli intrecci delle palliate plautine sono piuttosto prevedibili e ripetitivi, seppur con alcune varianti che consentono di raggruppare le commedie sulla base di diversi temi:

- Tema della **caricatura**: alcuni personaggi vanno incontro nel corso della commedia a un processo di caratterizzazione caricaturale che li rende emblematici. Appartengono a questo gruppo *Pseudolus*, *Miles gloriosus*, *Truculentus, Aulularia*.

- Tema della **somiglianza**: la presenza di due personaggi simili o gemelli determina una serie di equivoci a non finire. Appartengono a questo gruppo *Amphitruo*, *Bacchides*, *Menaechmi*.
- Tema del **viaggio**: l'intreccio è costruito su motivi avventurosi, esotici o di viaggio. Appartengono a questo gruppo *Rudens*, *Mercator*, *Mostellaria*, *Stichus*, *Trinummus*.
- Tema dell'**agnizione**: la vicenda si conclude con il riconoscimento finale (*agnitio*) di un personaggio che si scopre essere o di nascita libera o un parente perduto. Appartengono a questo gruppo *Cistellaria*, *Curculio*, *Poenulus*, *Captivi*, *Epidicus*.
- Tema della **beffa**: la beffa è senza dubbio al centro del mondo teatrale plautino, tuttavia vi sono alcune commedie in cui tale elemento è particolarmente importante e viene descritto fin nei minimi particolari. Appartengono a questo gruppo *Asinaria*, *Casina*, *Persa*.

**GUIDA ALLO STUDIO**

**1.** Che cosa sono le "commedie varroniane"?

**2.** Che cos'è la "palliata"?

**3.** Che cos'è l'"agnizione"?

**T1** ITALIANO

# Il giovane innamorato

*Pseudolus*, atto I, vv. 3-118

*L'*adulescens *delle commedie plautine corrisponde sempre al "tipo" del giovane innamorato, languido, sospiroso e incapace di superare gli ostacoli che lo dividono dalla donna amata. Si tratta di un personaggio che si serve spesso di un linguaggio tragico, con conseguenti effetti comici e parodistici. Plauto non lo prende mai troppo sul serio: lo osserva con divertimento, lo descrive con ironia e lo costringe a subire i lazzi spiritosi del suo schiavo, al quale l'*adulescens *quasi sempre si affida per uscire dai guai. Nello* Pseudolus *Calidoro – nome composto da due parole greche: l'aggettivo* kalòs, *«bello», e il sostantivo* dòron, *«dono» – è il giovane innamorato di Fenicio, la cortigiana che il lenone Ballione tiene in pugno per venderla a un soldato per venti mine. Il giovane, non possedendo il denaro per riscattarla, si rivolge allo schiavo Pseudolo, per avere da lui un aiuto prima che tutto sia perduto.*

**Attore comico,** statuetta in bronzo di età imperiale. Firenze, Museo Archeologico Nazionale.

PSEUDOLO, CALIDORO

PSEUDOLO Se il tuo silenzio parlasse, padrone mio, e mi dicesse quale malinconia ti macera, io sarei lieto di risparmiare il fastidio a due persone: a me di chiedere, a te di rispondere. Ma poiché questo non può essere, necessità mi spinge a interrogarti. Rispondimi dunque: perché tu, con una faccia da funerale, ti porti dietro da molti

L'espediente drammaturgico della lettera

giorni queste tavolette[1], e non confidi a nessuno i tuoi pensieri? Parla, così che sappia, insieme a te, ciò che ignoro.

CALIDORO O Pseudolo! Io sono il più misero dei miseri!

Il *pathos* dell'*adulescens* innamorato

PSEUDOLO Che Giove ti salvi!

CALIDORO No, Giove non c'entra. È nel regno di Venere, non di Giove, che io vengo perseguitato.

PSEUDOLO Che cosa c'è? Posso saperlo? Sinora mi hai ritenuto il tuo confidente più fidato.

CALIDORO Il mio animo è sempre quello.

PSEUDOLO E allora dimmelo, quello che ti rode. Ti aiuterò. Denaro, opere, consigli...

CALIDORO Le tavolette, eccole qua. Fatti dire da loro che pene, che dolori mi stanno consumando.

PSEUDOLO Come desideri. Ma scusa, che cos'è?

CALIDORO Che cosa?

PSEUDOLO Queste lettere, mi sa che vogliono far figli. Guarda come si saltano addosso[2].

Il tentativo di sdrammatizzare del *servus*

CALIDORO Eh già, tu scherzi come al solito.

PSEUDOLO Ma chi vuoi che ci legga, qui sopra? Forse la Sibilla.

CALIDORO Perché sei così ingiusto e crudele verso i graziosi segni che una mano graziosa ha tracciato su queste graziose tavolette?

PSEUDOLO Ma scusa, le galline hanno le mani? Qui mi sa che ci ha scritto una gallina.

CALIDORO Sei odioso! Leggi, o ridammi le tavolette.

PSEUDOLO Le tengo, le leggerò. Attento, e su con la vita!

CALIDORO Non è più mia.

PSEUDOLO E tu falla ritornare.

CALIDORO No, io non dico nulla. Falla ritornare tu dalla cera di queste tavolette. Il mio cuore è lì, non nel mio petto.

PSEUDOLO Calidoro, vedo la tua amica.

CALIDORO Dove? Ti prego!

PSEUDOLO Eccola qui, adagiata sulle tavolette, che sta riposando sulla cera.

CALIDORO Te, che gli dèi e le dee, tutt'insieme...

PSEUDOLO Ti proteggano!

CALIDORO Io sono come l'erba del solstizio d'estate: sono cresciuto all'improvviso, all'improvviso mi sono reclinato.

PSEUDOLO Zitto che leggo.

CALIDORO E leggi!

1. Si tratta di tavolette di legno ricoperte da uno strato di cera (sulla quale si scriveva tramite uno stilo, cioè un bastoncino appuntito); poi si legavano con uno spago (*linum*) e si inviavano al destinatario.
2. Ancor prima di iniziare a leggere, Pseudolo ironizza sulla grafia della lettera, scritta dalla cortigiana Fenicio, facendo in modo di smorzare con una battuta il tono di tensione drammatica creato da Calidoro; questo atteggiamento volto a sdrammatizzare la situazione continuerà nei versi successivi, dove la scrittura della ragazza, davvero indecifrabile secondo lo schiavo, sarà paragonata a dei segni tracciati non da una mano, bensì da zampe di gallina, con un'immagine ancora molto attuale.

PSEUDOLO «Fenicio a Calidoro amore suo. Mediante la cera, lo spago e queste lettere, ti auguro salute e da te invoco salute, lacrimando e tremando nell'animo, nel cuore, nel petto.»

La questione del danaro

CALIDORO Sono morto! La salute che invoca, io non posso procurargliela, capisci!

PSEUDOLO Quale salute?

CALIDORO D'argento.

PSEUDOLO Ma come? Per un saluto di legno vuoi darne uno d'argento? Sarà meglio che ci pensi su.

CALIDORO Va' avanti a leggere. Saprai subito quanto bisogno ho di trovare l'argento.

La triste condizione di Fenicio

PSEUDOLO «Tesoro mio, il lenone mi ha venduta a uno straniero, sì, per venti mine mi ha venduto a un soldato macedone, il quale gli ha versato, prima di partire, quindici mine. Gliene restano solo cinque da pagare, adesso. Per questo negozio il soldato ha lasciato qui una marca, che è l'impronta in cera del suo ritratto inciso sull'anello. L'intesa è che il lenone mi consegnerà a colui che gli porterà la contromarca. La festa di Dioniso[3], ormai prossima, è il termine fissato del negozio.»

CALIDORO Ma è domani! La mia morte è vicina, se non mi aiuti tu.

PSEUDOLO Lasciami finire.

CALIDORO E leggi. Mi sembra di conversare con lei. Leggi. Tu mesci insieme il dolce e l'amaro per me[4].

PSEUDOLO «Ecco che i nostri amori, i nostri capricci, le care usanze, i giochi, le risa, le parole, i dolcissimi baci, gli stretti abbracci dei corpi innamorati, i teneri morsi a fior di labbro, i palpiti delle veglie[5], le blandizie per gli erti capezzoli, ecco, da tutti questi momenti della mia, della tua voluttà, viene il distacco, il taglio crudele, la devastazione... se in te per me, in me per te, non si trova salvezza. Tutto questo, che io ho saputo, ho voluto che tu sapessi. Mi ami? Oppure fingi di amarmi? Questo è il momento della verità. Addio.»

CALIDORO Pseudolo, questa lettera stringe il cuore.

PSEUDOLO Lo stritola.

CALIDORO Perché non piangi?

PSEUDOLO Perché ho gli occhi di pomice, io. Spingo, spingo, ma loro non sputano una lacrima.

3. Ad Atene le rappresentazioni teatrali si svolgevano in concomitanza con le feste in onore di Dioniso: le Grandi Dionisie, durante le quali inizialmente venivano rappresentate solo tragedie, si tenevano all'inizio della primavera ed erano le più solenni; le Piccole Dionisie, invece, ricorrevano tra dicembre e gennaio.

4. Plauto cita qui un verso famosissimo della poetessa Saffo, la quale aveva ben illustrato la doppia natura dell'amore, definendo Eros «fiera irresistibile, dolce e amara» (fr. 137 Diehl). Il verso di Saffo – inserito da Plauto anche in altre commedie (*Mercator*, v. 359; *Trinummus*, v. 259) – sarà ripreso poi anche da Catullo (carme 68) e da Lucrezio (*De rerum natura* 4, v. 1133).

5. Attraverso un sapiente accostamento di termini appartenenti alla lingua quotidiana (*sermo cotidianus*), Plauto vuol suscitare la commozione connessa al ricordo dei piacevoli momenti di intimità vissuti da Fenicio e Calidoro. I diminutivi affettivi del linguaggio colloquiale concorrono a creare un notevole *pathos* erotico.

CALIDORO E come mai?
PSEUDOLO È un vizio di famiglia. Siamo tutti pomicioni.
CALIDORO Puoi fare qualcosa per aiutarmi?
PSEUDOLO Che posso fare?
CALIDORO Ahimè!
PSEUDOLO Ahimè? Di ahimè prendine quanti ne vuoi. Te li darò.
CALIDORO Sono un disgraziato. Dove lo trovo un prestito?
PSEUDOLO Ahimè.
CALIDORO In casa non c'è il becco di un quattrino.
PSEUDOLO Ahimè.
CALIDORO Quello, domani, mi porta via la ragazza.
PSEUDOLO Ahimè.
CALIDORO È così che mi aiuti?
PSEUDOLO Ti do quello che ho. In casa ne ho una riserva senza fondo.
CALIDORO Oggi per me è finita. Ma tu puoi prestarmi una dracma? Domani te la rendo.
PSEUDOLO Sarà difficile, ho paura. Ma che te ne fai di una dracma?
CALIDORO Ci compero una corda.
PSEUDOLO E perché?
CALIDORO Per infilarci il collo e spenzolare. Sì, è deciso. Prima di notte, sarà notte[6] per me.
PSEUDOLO Ma allora chi me la rende, la dracma, se te la presto? Vuoi impiccarti apposta per fregarmela?
CALIDORO Ma come posso vivere se lei mi è strappata? Se lei viene venduta?
PSEUDOLO Perché piangi, sciocchino? Tu vivrai.
CALIDORO Perché non dovrei piangere? Non ho un soldo bucato, non ho la speranza di trovarlo in tutto il mondo.
PSEUDOLO Da come l'ho capita io, la lettera, se tu non piangi lacrime d'argento, quello che vuoi dimostrare con le lacrime conta meno dell'acqua versata in un setaccio. Ma su con la vita! Io non ti abbandono, innamorato. Di riffa o di raffa, spero che riuscirò a trovarti un aiuto tutto d'argento. Da dove, da dove mai arriverà, non lo so dire, però è certo che arriverà: mi balla un occhio[7].
CALIDORO Oh se alle tue parole corrispondessero i fatti!
PSEUDOLO Per Ercole! Ma tu lo sai che io, se mi ci metto, ti scateno il finimondo...
CALIDORO Tutte le mie speranze sono nelle tue mani, Pseudolo.
PSEUDOLO Ti basta se oggi ti procuro la ragazza? Oppure se ti do le venti mine?
CALIDORO Mi basta, eccome, se ci riesci.

La richiesta di aiuto al *servus callidus*

6. Il termine «notte» (*tenebras* nel testo latino) è qui usato con duplice significato: prima in senso proprio e poi in senso metaforico, per evocare la morte.

7. Secondo una credenza popolare, il fremito del sopracciglio era garanzia della verità di un fatto narrato.

L'impegno solenne del *servus*

PSEUDOLO Chiedimi venti mine, subito. Così sarai convinto che lo farò, quello che ho promesso. Avanti, ti prego, chiedimele! Brucio dalla voglia di impegnarmi.
CALIDORO Mi donerai tu oggi venti mine d'argento?
PSEUDOLO Te le darò, ma adesso non rompermi le scatole. Ti annuncio anche questo, perché non mi venga a dire che non te l'ho detto: se non ci riesco con gli altri, io bidono tuo padre.

(trad. di V. Faggi)



PER COMPRENDERE IL TESTO

## Il testo e il contesto

**LA LETTERA DI FENICIO** La vicenda si svolge ad Atene, durante le feste Dionisie. Nella prima scena della commedia il giovane Calidoro legge allo schiavo di suo padre, Pseudolo, una lettera ricevuta dalla ragazza di cui è innamorato, la cortigiana Fenicio, schiava del lenone Ballione. La fanciulla, disperata, rivela al giovane di essere stata venduta da Ballione per venti mine a un soldato macedone, il quale ha però versato soltanto un anticipo di quindici mine e consegnato un contrassegno di garanzia: il ritratto del soldato stesso impresso su cera da un sigillo (ovvero una sorta di firma autografa, secondo le usanze degli antichi). Il contratto di vendita stipulato tra Ballione e il soldato macedone prevede che Fenicio sarà consegnata a chi porterà il denaro restante e un contrassegno di garanzia identico al primo. La scadenza del contratto, secondo la ragazza, è il giorno stesso, ovvero quello in cui l'azione si svolge. Per questo Calidoro, disperato poiché non sa dove e come procurarsi il denaro per salvare l'innamorata, si rivolge a Pseudolo, chiedendogli un aiuto per risolvere la situazione. Lo schiavo, dopo aver ironizzato sulla vicenda ed essersi preso gioco del tono tragico e patetico ostentato da Calidoro, accetta la sfida di aiutarlo a riscattare la cortigiana, a costo di beffare il padre del giovane.

## Il senso del testo

**UN NOTO ESPEDIENTE DRAMMATURGICO** Il meccanismo che dà inizio alla commedia si basa su un noto espediente drammaturgico, quello della lettera. Quest'oggetto di scena, concretamente rappresentato dalle tavolette, ha il fine di inserire un'altra voce nel dialogo fra i due personaggi, una voce tanto più divertente in quanto certamente Pseudolo legge in falsetto le parole scritte da Fenicio. Così, fra una battuta e l'altra, lo spettatore viene informato sull'antefatto della vicenda, cosa che spesso avveniva nel prologo.

**L'INNAMORATO DISPERATO E IL SERVO ASTUTO** «Tutte le mie speranze sono nelle tue mani»: il senso del passo è tutto racchiuso in questa affermazione che il giovane Calidoro pronuncia rivolgendosi a Pseudolo. L'innamorato, disperato per la sorte della sua amata e per la consapevolezza della propria incapacità di risolvere prontamente il problema, non può che contare sullo schiavo di suo padre, il suo più intimo confidente (come lo stesso dichiara in apertura di passo), sempre pronto ad aiutarlo coi suoi mezzi, coi suoi servigi, con un buon consiglio.

**UNA QUESTIONE DI DENARO** Tutta la scena è giocata sul contrasto fra i toni tragici, che a tratti sfiorano il patetico, di Calidoro e il tentativo di sdrammatizzare messo in atto da Pseudolo, che con fare canzonatorio cerca in ogni modo di riportare la situazione entro i limiti di un'analisi più razionale.
Non servono corde per impiccarsi o lacrime con cui disperarsi, nella visione lucida del servo è solo una questione di denaro: si tratta di trovare un *auxilium argentarium* per ricomprare la ragazza. Pseudolo non sa ancora come o da chi si procurerà il denaro; tuttavia, prende un impegno solenne, a costo di dover giungere a ingannare il padre dello stesso Calidoro, ovvero il suo padrone. È attratto da questa sfida, nella quale è consapevole che potrà mettere in atto tutti gli inganni e le beffe di cui è capace. Alla fine, addirittura, prende "ufficialmente" l'impegno di procurarsi il denaro, usando una formula linguistica che richiama la *stipulatio*, ovvero una delle tipologie più importanti di contratto verbale utilizzato nella Roma antica, la quale prevedeva una corrispondenza precisa a livello verbale fra domanda e risposta, per sancire l'impegno solenne che veniva preso (➛ vv. 117-118 CALIDORUS *Dabisne argenti mi hodie viginti minas?* PSEUDOLUS *Dabo*). Si tratta di un passaggio importante, che sulla base di →

un'espressione verbale fortemente connotata, di una "parola potente" per così dire, complica la situazione iniziale, negando al *servus* ogni possibilità di sottrarsi all'impegno preso.
Sul piano razionale quella di Pseudolo sembrerebbe una scelta illogica, ma sul piano drammaturgico non lo è affatto: lo schiavo, infatti, sa benissimo che alla fine sarà lui a trionfare; così decide in piena autonomia quale piega debbano prendere gli eventi. Infine, dopo essersi impegnato solennemente con il suo giovane padrone, inizia a passare in rassegna la lista delle sue possibili vittime: il primo obiettivo è Simone, padre di Calidoro, sebbene si capisca subito che non si tratta dell'avversario principale. In pratica, sta già annunciando l'entrata in scena del suo principale nemico: Ballione.

■ **Miniatura da un manoscritto del XV secolo delle *Commedie* di Plauto.**
Parigi, Bibliothèque Nationale de France.

**LEGGO E COMPRENDO**

**1.** Che cosa sono le tavolette che Calidoro ha con sé durante il dialogo?

**2.** A un certo punto del dialogo Calidoro menziona una corda: che cosa ci vuole fare e perché?

**3.** Quale espressione usa Pseudolo per dimostrare al giovane padrone la propria sincerità?

**4.** Che cos'è la *stipulatio*? Rintracciala nel testo.

**T2**
ITALIANO

# Il lenone

*Pseudolus*, atto I, vv. 132-209

*Il lenone, ovvero colui che sfrutta le prostitute, nell'impianto narrativo delle commedie plautine ricopre molto spesso il ruolo di antagonista del giovane innamorato. Si tratta di un personaggio dal profilo decisamente basso, che da subito diviene la vittima privilegiata degli inganni e dei raggiri del servo, determinato ad aiutare il padrone nella conquista della fanciulla amata, quasi sempre di proprietà del lenone. Ovviamente il pubblico gli è ostile, in quanto parteggia per il suo avversario: che al lenone accada una disgrazia o che egli sia oggetto di una beffa è motivo di gioia per il pubblico. Plauto stesso fa ammettere tale principio al lenone Làbrace, che nella commedia* Rudens *dichiara (vv. 1284 s.): «Penso proprio che i lenoni siano nati dalla Gioia, tanta è la gioia che tutti provano se a un lenone capita una disgrazia». Tuttavia, nelle commedie plautine non vi sono personaggi buoni o cattivi: i conflitti che possono ingenerarsi fra i personaggi rientrano sempre nel piano comico dell'intreccio, senza assumere mai un valore di riflessione critica o morale. Non vi è alcuna pretesa educativa o moraleggiante nelle vicende rappresentate, né tantomeno sono previsti una partecipazione e un coinvolgimento emotivo da parte del pubblico nella finzione scenica, il cui esito è scontato fin dall'inizio.*

*Avidità, immoralità e cinismo sono caratteristiche fisse della maschera del lenone, irrevocabilmente destinato alla sconfitta e alla beffa. Nello* Pseudolus *incontriamo la figura di lenone più odiosa di tutte le commedie plautine, ai cui danni verrà ordita una beffa incredibile da parte del* servus callidus.

BALLIONE, SCHIAVI, CORTIGIANE, CALIDORO, PSEUDOLO

BALLIONE Fuori, fuori di lì, razza di fannulloni! Comprati male, posseduti peggio, non ce n'è uno tra voi che gli venga in mente di fare il suo dovere. Se non faccio così, così, così (*li frusta*) da voi non cavo fuori un accidente di nulla. Asini più asini di loro, nessuno li ha visti. Li frusti? Ci han fatto il callo. Li bastoni? Fai più male a te che a loro. Così sono fatti, così, questi mangiafrustate[1] che nella crapa ci hanno soltanto un pensiero: appena si presenta l'occasione, sotto, ruba e arraffa, gratta e rapina, ingozzati e sbevazza, e taglia la corda. Ecco cosa sanno fare! Li metti di guardia a casa tua? Puah, meglio un lupo a custodire il gregge. Però, se li guardi in faccia, mica ti sembrano carogne; è sul lavoro che ti fregano. Adesso tutti voi, se non ascoltate bene il mio editto[2], ma sì, quello che sto emanando, se non scacciate dagli occhi e dalla zucca il sonno e la fiacca, be', io vi do tante staffilate che vi faccio la pelle a colori, tanti colori che neanche le coperte della Campania, quelle tutte dipinte, e neanche i tappeti di Alessandria, quelli rasati, con i disegni delle bestie[3]. Ma io già ieri avevo dato i miei ordini a tutti e a ciascuno il suo incarico: però voi siete così sfaticati e strafottenti che mi costringete a ricordarvelo, il vostro dovere, a suon di staffilate. Sicuro, siete fatti così. Con la pellaccia che vi ritrovate, voi vincete la frusta e anche me. Guardali, guardali, come mi badano! Ehi! Sveglia e attenzione. Datemi ascolto, quando parlo, brutta gente votata allo scudiscio. La vostra schiena, per dura che sia, non sarà mai dura come il mio staffile[4]. Be', che cosa c'è? Fa male? Ecco che cosa capita agli schiavi che se ne infischiano del padrone. Mettetevi in fila, qui, davanti a me, e sturatevi le orecchie, perché adesso io vi parlo. Tu, che hai la brocca, attingi l'acqua e riempi la caldaia per il cuoco. Tu, che hai la scure, ti faccio capo della forestale.

Scena comica da un affresco pompeiano, I sec. d.C. Napoli, Museo Archeologico Nazionale.

SCHIAVO Ma la scure ha perso il filo.

BALLIONE Ebbé? Anche voi l'avete perso, il filo della schiena, per via delle bastonate. Forse che per questo mi servo meno di voi? Tu, fa' che la casa sia come uno specchio; e adesso che hai il tuo daffare, fila dentro di corsa. Tu, tu sarai lo stendiletto[5], ma sì, quello

1. Con «mangiafrustate» è stato tradotto il termine latino *flagritribae*; si tratta di un tipico composto plautino: il poeta è assolutamente insuperabile nell'arte di coniare vocaboli così bizzarri.
2. L'*edictio* era la forma con cui il pretore solennemente emanava le sue ordinanze. In questo contesto i termini del linguaggio ufficiale contribuiscono a creare un effetto comico, quasi grottesco.
3. I famosi tappeti di Alessandria d'Egitto erano decorati con immagini di animali feroci.
4. Nel testo latino è presente un gioco di parole intraducibile fra *tergum* («schiena») e *terginum* («staffile»), ossia lo strumento con cui il lenone è solito battere gli schiavi sulla schiena.
5. Propriamente il sacerdote che preparava il *lectisternium*, cioè il banchetto sacro offerto alle statue degli dèi poste sui letti tricliniari.

che sistema i letti intorno alla tavola. Tu lucida l'argenteria e rimettila a posto. Quando ritornerò dal foro, fatemi trovare tutto a posto, eh, spruzzato e spazzato, lavato e stirato, strigliato e profumato. Oggi è il mio compleanno e voi dovete celebrarlo tutti quanti. Tu, metti a bagno prosciutto, cotenna, poppa di scrofa e ghiandola di porco. Capito? Oggi si riceve gente su e quindi ci vuole roba super, perché diano credito al mio credito. Adesso dentro, tutti quanti, e subito a sgobbare, via, perché non ammetto ritardi per quando arriva il cuoco. Io vado al mercato a sbaraccare tutto il pesce che c'è, e crepi l'avarizia. Tu, ragazzo, camminami dinanzi, che a qualcuno non gli giri di tagliarti la borsa, non si sa mai. Fermi tutti! Quasi quasi mi dimenticavo quello che volevo dirvi in casa. Le avete aperte le orecchie? Donne, ecco l'editto che proclamo: voi che passate i vostri begli anni nel lusso, tra piaceri e delizie, in compagnia del gran mondo, voi, amatrici famose, oggi alla luce dei fatti riuscirò a capire quale di voi si preoccupa della sua liberazione e quale della sua pancia, quale di voi pensa al suo interesse e quale soltanto a far la nanna. Chi debbo vendere di voi? Chi debbo liberare? Me lo diranno i fatti. Fate che molti doni piovano oggi dai vostri amatori alle mie mani; perché se non mi arriva la provvista di un anno intero, qui e oggi, domani faccio di voi delle gran puttane da casino. Lo sapete, non è vero, che oggi è il mio compleanno? Ebbene, dove sono? Dove sono tutti coloro che vi chiamano «pupilla dei miei occhi»? Quelli che vi dicono «vita e delizia mia»? Quelli che vi sussurrano «bacetto, tettina, zuccherino»? Datevi da fare perché io li voglio qui, davanti a casa, subito, a plotoni affiancati, i portatori di doni. Perché mai io vi fornisco vesti, gioielli e tutta la batteria che vi serve? Dal vostro mestiere che cosa ci ricavo, io, a casa mia, se non i danni? Vigliacche! Vino, vino, non volete altro, e così vi irrigate la trippaglia mentre io rimango a bocca asciutta. E adesso l'idea migliore è che io vi chiami per nome, una per una, che poi qualcuna non venga a scusarsi che non lo sapeva. E allora, tutte quante, attenzione! Tu per prima, Edilia[6], sì, dico a te che sei tanto amica dei mercanti di grano, quelli che ne hanno dei mucchi alti come montagne. Fa' in modo, carina, che ne arrivi tanto, di frumento, ma tanto che basti per un anno a me e a tutta la compagnia! Voglio sguazzarci dentro! Voglio che la città mi cambi il nome. Basta Ballione il lenone! Sarò Giasone[7] il re dal vello d'oro.

CALIDORO Ma tu lo senti, quel pendaglio da forca? Ti sembra abbastanza magnifico?

PSEUDOLO Magnifico e pure malefico. Ma tu zitto, e guarda.

BALLIONE Escrodora[8], tu che per spasimanti hai quei degni rivali dei ruffiani, ma sì, i macellai, che fanno le palanche come noi a forza di falsi giuramenti, dunque Escrodora, se oggi non mi vedo qui davanti tre uncini che grondano maiale, be', domani ci sarai tu a spenzolare dall'uncino. Eh sì, farai la fine di Dirce[9], che due figli di Giove incatenarono a un toro. Il tuo toro sarà l'uncino, giusto?

CALIDORO Io scoppio a sentirlo parlare.

PSEUDOLO Ma come possono soffrirlo, i giovani di Atene, un rifiuto simile tra loro?

---

6. Il nome si ricollega all'aggettivo greco *hedỳs*, «dolce».
7. Giasone è il mitico eroe che con l'aiuto di Medea conquistò il vello d'oro, tenuto in custodia da un drago presso il re della Colchide. Questo personaggio, di solito, non è citato come simbolo di grande ricchezza: è probabile che in questo passo l'autore l'abbia citato per assonanza col nome Ballione.
8. Nome composto da due parole greche: l'aggettivo *aischròs*, «turpe» e il sostantivo *dòron*, «dono».
9. Dirce, moglie di Lico, re di Tebe, perseguitava per invidia Antiope, nipote del marito, la quale aveva avuto due gemelli da Giove. Per punire Dirce e vendicarsi di lei, i due figli di Antiope la uccisero legandola alle corna di un toro.

Ma dove sono, dove si nascondono quei fior di giovanotti che per amore battono la casa del ruffiano? Perché non si precipitano, perché non fanno massa per liberare il popolo da questa pestilenza? No, io sono uno sciocco, sono un ignorante io! Ma che possono fargli al ruffiano? L'amore li rende suoi schiavi. No, non gli faranno proprio nulla.

CALIDORO Sssst! Taci!

PSEUDOLO Che c'è?

CALIDORO Sei noioso, rompi, copri la sua voce.

PSEUDOLO Taccio.

CALIDORO Taci e non dire che taci.

(trad. di V. Faggi)

## PER COMPRENDERE IL TESTO

### Il testo e il contesto

**L'ENTRATA IN SCENA DI BALLIONE** Non appena Pseudolo e Calidoro hanno concluso la loro conversazione (➛ **T1**), si apre la porta della *domus lenonia*, dalla quale sopraggiunge Ballione, brandendo una frusta e apostrofando gli schiavi e le cortigiane. Insulti, minacce e frustate sono i mezzi con cui il lenone tratta i suoi schiavi, per far sì che rispettino i suoi ordini, dati con tono perentorio in un linguaggio ricco di espressioni tipiche del linguaggio giuridico romano.
Il lenone esige che tutto sia perfetto in vista del banchetto per il suo compleanno. Ogni schiavo ha un compito preciso: preparare la legna, pulire i locali, predisporre i triclini, allestire gli arredi decorativi, mettere a cuocere le pietanze. Prima di uscire per recarsi al mercato, Ballione ritorna sui suoi passi per minacciare le cortigiane, intimando loro di procurarsi abbondanti doni da parte dei loro facoltosi clienti. In un angolo della scena Calidoro e Pseudolo assistono di nascosto alla sfuriata, scambiandosi delle battute di commento sull'odiosa condotta del lenone.

### Il senso del testo

**UN AFFRESCO EFFICACE** L'ingresso in scena di Ballione appare come un affresco di notevole efficacia poetica, la cui funzione è quella di presentare al pubblico il crudele avversario di Calidoro, l'astuto antagonista di Pseudolo. Il lenone compare qui per la prima volta, presentandosi in tutta la sua malvagia grandezza, quasi una sottolineatura da parte dell'autore dell'estrema difficoltà dell'impresa in cui si è imbarcato Pseudolo.

**UN DISCORSO IN FORMA IMPERATIVA** Ballione gestisce la sua casa privata di piacere come se fosse un'istituzione pubblica, di cui egli, ovviamente, è a capo. Il linguaggio di cui si serve per impartire ordini è vicino all'*edictio* di un magistrato romano, ovvero alla forma solenne con cui il pretore emanava i suoi ordini. Il suo discorso si presenta quasi completamente in forma imperativa. Egli ha in mano le sorti degli schiavi e delle prostitute che lavorano nella sua casa, ha pieni poteri su di loro: può batterli e insultarli, tenerli in catene o liberarli. Il lenone è al centro della scena: il banchetto che si sta allestendo è per lui, per festeggiare il suo compleanno, evento per il quale egli esige che sia tutto perfetto, controllando maniacalmente ogni dettaglio. Infatti, ha intenzione di fare una bella figura con gli invitati affinché essi lo giudichino un individuo ricco di mezzi. Gli invitati sono i clienti delle cortigiane: quando Ballione parla di loro cambia registro, giungendo a chiamarli addirittura «sommi uomini», dato che costituiscono la sua maggior fonte di reddito. A tal fine, rivolgendosi alle cortigiane, le invita a racimolare quanti più regali possibile dai loro amanti, significativamente definiti *munerigeruli*, ovvero «portadoni». L'immagine con cui Ballione chiude il suo discorso è quella di Giasone, il mitico conquistatore del vello d'oro, al quale il lenone si compiace di poter essere paragonato.
I commenti di Pseudolo e Calidoro alle sue parole sono sprezzanti.

**LEGGO E COMPRENDO**

**1.** Quale ruolo fisso ha il lenone nel sistema dei personaggi delle commedie plautine?

**2.** Individua nel testo i termini appartenenti al lessico giuridico romano.

**3.** Quali metafore e quali similitudini usa Ballione per minacciare gli schiavi e le cortigiane?

T3 LATINO/ITALIANO

# La prostituta

*Pseudolus*, atto I, vv. 209-229

metro: ottonari e settenari trocaici (vv. 209-210, 214-215, 218, 220-221, 223, 225-226, 228-229); dimetri trocaici catalettici (vv. 211-213, 216-217, 222, 224); settenario giambico (v. 219); ottonario giambico (v. 227)

*Un altro personaggio chiave delle commedie plautine è la cortigiana, ossia la prostituta, la* meretrix, *che può essere una donna libera oppure una schiava. Se di condizione servile, la cortigiana è immancabilmente di proprietà di avidi lenoni. È questo il caso di Fenicio, la ragazza di cui Calidoro è innamorato, la sua amante: una figura che assume il ruolo di oggetto del desiderio, vivamente contesa fra il giovane e il lenone.*

**Figura femminile seduta vicino a un'erma**, affresco, I sec. d.C. Roma, Museo Nazionale Romano, Palazzo Massimo alle Terme.

BALLIO Tu autem,
Xytilis, fac ut animum advortas, quoius amatores olivi
*dýnamin* domi habent maxumam.
Si mihi non iam huc culleis
oleum deportatum erit,
te ipsam culleo ego cras faciam ut deportere in pergulam;
ibi tibi adeo lectus dabitur, ubi tu hau somnum capias, sed ubi
usque ad languorem – tenes
quo se haec tendant quae loquor.
Ain, excetra tu? Quae tibi amicos tot habes tam probe oleo onustos,
num quoipiam est hodie tua tuorum opera conservorum

BALLIONE E tu, Xitilis, occhio! I tuoi adoratori hanno cantine che annegano nell'olio, no? Se qui, adesso, subito, non mi portano tante anfore d'olio, domani io ci ficco te, nell'anfora, e ti faccio portare nel bordello. Avrai un letto e nient'altro, ma non ci farai mica la nanna, no no, ci verrai consumata a forza di... Hai già capito. Con tutti i tuoi amici che sguazzano nell'olio[1], tu, razza di vipera, dimmi un po' se per grazia tua c'è qui uno schiavo, uno solo, che

[v. 210] **quoius**: sta per *cuius*, gen. sing. del pronome relativo.
[v. 211] ***dýnamin***: il termine, greco, corrisponde qui a *vim*, ovvero «quantità, abbondanza».
[v. 212] **culleis**: il *culleus* era un sacco di cuoio in cui venivano chiusi i parricidi e i colpevoli di altri gravissimi delitti, per poi essere annegati. In un sacco del genere sarà chiusa la ragazza per essere portata alla *pergula* e quindi esposta.
[v. 218] **Ain**: forma contratta di *aisne*.

1. Oltre che nell'alimentazione, l'olio veniva comunemente usato per ungersi il corpo e i capelli. La cortigiana cui Ballione si rivolge qui, evidentemente, non si dava abbastanza da fare per ottenere in dono dai suoi clienti dell'olio per il padrone.

nitidiusculum caput? Aut num ipse ego pulmento utor magis
unctiusculo? Sed scio, tu oleum hau magni pendis, vino
te deungis. Sine modo,
reprehendam ego cuncta hercle una opera, nisi quidem tu haec omnia
facis ecfecta quae loquor.
Tu autem, quae pro capite argentum mihi iam iamque semper numeras,
ea pacisci modo scis, sed quod pacta es non scis solvere,
Phoenicium, tibi ego haec loquor, deliciae summatum virum:
nisi hodie mi ex fundis tuorum amicorum omne huc penus adfertur,
cras Phoenicium poeniceo corio invises pergulam.

possa lustrarsi la capocchia con la punta di un dito. E io? Forse che posso permettermelo, io, un piatto appena appena condito? Lo so che dell'olio te ne infischi. Ti ungi col vino, tu. Ma bada! I conti con te li farò una volta per tutte, se oggi non fai quello che ho detto. E tu, Fenicio! Sì, dico a te, che ogni giorno sei lì lì, sul punto, in procinto di pagare il tuo riscatto. Sai promettere, promettere, ma non sborsi un soldo. Sì, Fenicio, dico a te, che sei la delizia dei notabili: se dalle fattorie dei tuoi amici, oggi, non piomba qui ogni tipo di provvista, domani Fenicio s'inficia in un bordellaccio, e rossa, oh quanto rossa, sarà la sua pelle delicata!

(trad. di V. Faggi)

[v. 220] **nitidiusculum**: diminutivo del comparativo (*nitidius*); formazione di gusto tipicamente plautino, come il termine *unctiusculo* al verso successivo.

[v. 229] **Phoenicium poeniceo**: gioco di parole tra il nome della ragazza (*Phoenicium*) e l'aggettivo *poeniceus*, che significa «Punico, Cartaginese», ma anche «rosso, scarlatto» e che qui indica il colore che avrà la pelle di Fenicio dopo le botte del padrone, se non farà quello che egli le ordina.

## PER COMPRENDERE IL TESTO

### Il testo e il contesto

**IL DISCORSO ALLE CORTIGIANE** Prima di uscire per recarsi al mercato, Ballione conclude il suo lungo discorso alle cortigiane. Dopo aver parlato a Edilia, amica dei mercanti di grano, e a Escrodora, amica dei macellai (➛ **T2**), ora egli si rivolge a Xitilis, ordinandole di procurarsi dell'olio dai suoi clienti che ne posseggono in gran quantità; infine, Ballione parla a Fenicio, minacciandola di spedirla in un pubblico bordello dopo averla picchiata pesantemente.

### Il senso del testo

**L'INSISTENZA DI BALLIONE...** In questo breve passo l'arroganza e la protervia del lenone sono veramente insopportabili. Le cortigiane non hanno modo di rispondere agli insulti e di difendersi dalle minacce di Ballione, che continua a chiedere sempre la stessa cosa, ossia che esse ottengano doni e regali da parte dei loro clienti. In particolar modo, quando si rivolge a Fenicio, le ricorda il denaro per il suo riscatto: ogni giorno Fenicio promette di versare il denaro, ma la promessa risulta puntualmente disattesa. Per lei la minaccia è quella di essere battuta e poi spedita a prostituirsi in un luogo pubblico.

**...E IL SILENZIO DI FENICIO** È da notare che Fenicio, oggetto del desiderio conteso fra il giovane Calidoro e il perfido lenone, in tutta la commedia non parla mai, non è mai chiamata a dire la sua sulla sorte che la riguarda: le uniche parole che le appartengono sono quelle scritte nella lettera inviata a Calidoro in apertura di commedia (➛ **T1**).

**LEGGO E COMPRENDO**

**1.** Di che cosa viene accusata Xitilis?

**2.** Quale minaccia viene rivolta alle meretrici?

**3.** Spiega il riferimento al *culleus* nell'invettiva di Ballione contro Xitilis.

T4

LATINO/ITALIANO

# Il padre severo e il padre permissivo

| *Pseudolus*, atto I, vv. 415-443 | metro: senari giambici |

*Nell'ottica del rovesciamento della realtà che è sottesa al teatro plautino, la figura del* senex *è sottoposta a un processo di ridicolizzazione e di estremizzazione iperbolica dei suoi tratti distintivi. La società romana riservava un profondo rispetto ai* senes, *considerati depositari di saggezza e di moralità nonché custodi della tradizione e del passato. In Plauto, invece, i vecchi appaiono quasi sempre troppo severi e spesso insensibili alle esigenze dei giovani. Genitori e figli nella commedia plautina rappresentano due universi ben distinti: i primi, uomini all'antica, avari e arcigni, spesso cadono vittime dei raggiri dei secondi, decisi a procurarsi il denaro necessario per godere delle gioie della vita. Talvolta, però, assistiamo a una sorta di "sdoppiamento" della figura del* senex*: accanto alla figura del* senex *avaro, arcigno e insensibile alle esigenze dei giovani compare infatti un'altra figura di* senex*, al quale non mancano saggezza ed equilibrio. È il caso dei protagonisti di questa scena, dove il vecchio Simone – il padre di Calidoro, un uomo all'antica, un moralista – si confronta col suo amico Callifone, un* senex *di buon senso che, capendo le ragioni dei giovani, tende a divenirne alleato.*

SIMO, PSEUDOLUS, CALLIPHO

SIMO Si de damnoseis aut si de amatoribus
dictator fiat nunc Athenis Atticis,
nemo anteveniat filio, credo, meo:
ita nunc per urbem solus sermoni omnibust,
eum velle amicam liberare et quaerere
argentum ad eam rem. Hoc alii mihi renuntiant;
atque id iam pridem sensi et subolebat mihi,
sed dissimulabam.
PSEUDOLUS Iam ille fetet filius.
Occisa est haec res, haeret hoc negotium.
Quo in commeatum volui – argentarium
proficisci, ibi nunc oppido opsaeptast via.
Praesensit: nihil est praedae praedatoribus.

SIMONE, PSEUDOLO, CALLIFONE

SIMONE Se ad Atene si dovesse scegliere tra donnaioli e prodighi un dittatore, credo che nessuno batterebbe mio figlio. Non si parla che di lui in città, che vuole liberare la sua bella, che cerca la sostanza per riuscirci. Qualcuno è venuto a riferirmelo, ma io avevo mangiato la foglia già prima, e facevo finta di niente.
PSEUDOLO Ahi, il figlio gli puzza. La mia idea è bell'e che morta e l'affare si pianta. La piazza che volevo saccheggiare è troppo difesa. Ha fiutato, il vecchio. Qui non c'è preda per i predoni.

[v. 415] **damnoseis:** sta per *damnosis.*
[v. 418] **omnibust:** = *omnibus est.*
[v. 425] **opsaeptast:** = *opsaepta est.*

CALLIPHO Homines qui gestant quique auscultant crimina,
si meo arbitratu liceat, omnes pendeant,
gestores linguis, auditores auribus.
Nam istaec quae tibi renuntiantur, filium
te velle amantem argento circumducere,
fors fuat an istaec dicta sint mendacia;
sed si sint ea vera, ut nunc mos est, maxume,
quid mirum fecit? Quid novom, adulescens homo
si amat, si amicam liberat?
PSEUDOLUS Lepidum senem!
SIMO Vetus nolo faciat.
CALLIPHO At enim nequiquam nevis;
vel tu ne faceres tale in adulescentia.
Probum patrem esse oportet qui gnatum suom
esse probiorem quam ipsus fuerit postulet.
Nam tu quod damni et quod fecisti flagiti
populo viritim potuit dispertirier.
Idne tu mirare, si patrissat filius?
PSEUDOLUS *O Zeu*, quam pauci estis homines commodi! Em,
illic est pater patrem esse ut aequomst filio.

CALLIFONE Dipendesse da me, la gente che riporta maldicenze, e pure quella che le ascolta, la farei appendere: per la lingua chi riporta, per le orecchie chi ascolta. Perché, vedi, tutte queste cose che ti vengono a dire su tuo figlio, che è innamorato, che vuol scroccarti del denaro, be', può darsi che non siano che calunnie. Ma fa' pure conto che tutto sia vero. Ebbene, coi tempi che corrono, che cosa ha fatto di straordinario lui che è giovane, se è innamorato e vuole riscattare la sua bella?
PSEUDOLO Bravo il vecchio!
SIMONE Ma io sono vecchio e dico no.
CALLIFONE Tu dici di no. A cosa serve? Allora tu da giovane non dovevi fare lo stesso. Un padre dev'essere perfetto se vuole che suo figlio sia migliore di quel che era lui. Tutto quello che hai combinato tu fra guai e scandali, si poteva distribuirlo al popolo, un pezzo per ciascuno, e ne avanzava. E adesso fai le meraviglie perché tuo figlio patrizza?
PSEUDOLO *Juppiter*[1]! Come siete rari, voi uomini umani! Eccolo, eccolo un padre come dovrebbe essere ogni padre col figlio.

(trad. di V. Faggi)

[v. 430] **istaec**: pronome formato da *ista* (nominativo neutro plurale) più due particelle epidittiche (*-i* e *-ce*).
[v. 432] **fuat**: sta per *fiat*.
[v. 437] **nevis**: forma sintetica di *non vis*, II persona singolare di *nolo*.
[v. 444] **aequomst**: = *aequum est*.

1. Nel testo plautino la parola è scritta in greco, quasi a esibizione di un eloquio raffinato. Tuttavia, è ormai riconosciuto che i grecismi presenti nella lingua di Plauto non sono di derivazione colta, ma popolare: nel mondo degradato di schiavi e prostitute il greco, lingua del commercio mediterraneo, era largamente utilizzato.

PER COMPRENDERE IL TESTO

### Il testo e il contesto

**IL CONFRONTO TRA SIMONE E CALLIFONE** Dopo un monologo di Pseudolo, che commenta i fatti verificatisi fino a quel momento, entrano in scena due nuovi personaggi: il primo a parlare è Simone, il padre di Calidoro; l'altro è Callifone, suo amico e vicino di casa. Il tema del confronto è costituito dalla condotta di Calidoro e dalle maldicenze che si sono ormai diffuse in città riguardo alle sue intenzioni di riscattare una cortigiana. Sullo sfondo vi è sempre Pseudolo, che, non visto, origlia e commenta lo scambio di opinioni tra i due *senes*.

### Il senso del testo

**IL MORALISMO DI SIMONE...** Pseudolo, assumendo l'incarico di aiutare Calidoro, aveva pensato di procurarsi il denaro sottraendolo con l'inganno al vecchio Simone; a questo punto, però, si rende conto che la sua impresa non sarà facile a realizzarsi, in quanto l'anziano padre è già al corrente delle intenzioni del figlio e non intende sottostare alle sue richieste. Simone, infatti, è assai polemico nei confronti del figlio e della sua condotta, oltre a essere fortemente infastidito per il fatto che il giovane sia oggetto delle maldicenze della gente.

**...E LA BENEVOLENZA DI CALLIFONE** Al moralismo di Simone si contrappone la benevolenza di Callifone, amico e vicino di casa, il quale non esita a esprimere il suo parere sulla condotta del giovane. A suo avviso, infatti, non vi è nulla di disdicevole nel voler salvare per amore una ragazza dalla sua condizione di schiavitù, mentre non è affatto opportuno prestar fede a voci o false o troppo severe. Infine, Callifone ricorda a Simone che chi pretende di avere un figlio perfetto, dovrebbe quanto meno essersi comportato anch'egli in modo ineccepibile in gioventù, ma non è questo il caso di Simone, che sembra averne combinate di tutti i colori negli anni della giovinezza. Non c'è quindi da meravigliarsi che il figlio segua le orme del padre, ma soprattutto non bisogna indignarsi di fronte a scelte coraggiose dettate dal cuore. Pseudolo, dalla sua posizione decentrata, commenta le affermazioni dei due, parteggiando ovviamente per Callifone, di cui apprezza l'indulgenza e l'umanità, pur non mancando di sottolineare la rarità delle sue posizioni.

**LEGGO E COMPRENDO**

**1.** Quale differenza possiamo osservare tra la condizione dei *senes* nella società romana e nelle commedie plautine?

**2.** Qual è il ruolo di Callifone nello *Pseudolus*?

**3.** Quale rimprovero viene mosso da Callifone a Simone?

**T5** ITALIANO

# Il padrone e il servo

*Pseudolus*, atto I, vv. 445-537; 554-573

*Nello* Pseudolus *la dinamica padrone-servo è tutta giocata sulla questione del denaro: il vecchio Simone è fermamente intenzionato a restare in possesso del proprio denaro; da parte sua, Pseudolo è altrettanto fermamente deciso a trafugargli la somma necessaria affinché Calidoro possa riscattare la sua amata, la cortigiana Fenicio, dal lenone Ballione (*➝ **T1***). Avviene una scommessa fra Pseudolo e Simone: se il servo non riuscirà a compiere l'impresa di sottrarre il denaro al padrone, riceverà le frustate che merita e verrà inviato alla macina del mulino, la punizione più severa per gli schiavi ribelli; se invece la sorte sarà a suo favore, e dunque egli riuscirà nell'impresa, la passerà liscia senza incorrere in alcuna punizione. Sul piano culturale la figura del servo astuto e quella del padrone beffato sono assai significative. Infatti, esse superano il principio del puro divertimento, divenendo l'emblema di un totale rovesciamento burlesco della realtà: la dialettica fra questi due personaggi richiama il clima giocoso e trasgressivo del periodo dei* Ludi Saturnales, *quando le norme fondamentali che regolavano i rapporti sociali e la convivenza civile venivano temporaneamente sospese (se non addirittura capovolte).*

SIMONE, PSEUDOLO, CALLIFONE

SIMONE Chi è che parla? Ma io ho anche uno schiavo, Pseudolo. È lui che corrompe mio figlio, quello scellerato. È lui il capo e il maestro. Muoio dalla voglia di metterlo alla tortura.

CALLIFONE È un errore, e grave, mostrare in pubblico la collera. Meglio prenderlo con le buone, e interrogarlo, e vedere se sono vere o false le cose che ti riportano. Quando sei nelle disgrazie, l'animo saggio ti dimezza il male.
SIMONE Ti darò retta.
PSEUDOLO Vengono da te, Pseudolo. Prepara la tua arringa contro il vecchio. Per prima cosa, come è giusto, salute al mio padrone; poi, se ne avanza, un po' anche ai vicini.
SIMONE Salute. Come va?
PSEUDOLO Abbastanza bene, come vedi.
SIMONE Callifone, guardalo, questo individuo: che arie da padreterno!
CALLIFONE Io lo trovo a suo agio e disinvolto.
PSEUDOLO Uno schiavo onesto e senza macchia deve mostrarsi fiero dinanzi al migliore dei padroni.
CALLIFONE Ci sono delle cosette su cui vogliamo interrogarti, ma sì, delle cosette che ci sono arrivate quasi attraverso la nebbia.
SIMONE Adesso ti sommergerà sotto le chiacchiere. Dirai che è Socrate, non Pseudolo, che sta parlando teco.
PSEUDOLO Ecco! Tu mi disprezzi da molto tempo, l'ho capito. E capisco anche che la tua fiducia in me è molto scarsa. Mi vuoi malvagio? No, io sono onesto e puro.
SIMONE Pseudolo, fa' che sia sgombra la casa delle tue orecchie[1]. Voglio che le mie parole arrivino dove intendo io.
PSEUDOLO Fuori, parla, anche se sono in collera con te.
SIMONE Tu, schiavo, sei in collera con me, che sono il tuo padrone?
PSEUDOLO Ti sembra strano?
SIMONE Corpo! Da come parli, dovrei guardarmi io dalla tua collera, che tu non mi bastoni in modo diverso dal mio[2]. (*A Callifone*) Che ne dici tu?
CALLIFONE Dico che ha ragione di essere in collera. Tu gli dai poca fiducia.
SIMONE E allora lasciamo che sia in collera. Io starò in guardia che non me ne combini qualcuna. (*A Pseudolo*) Ma tu cosa pensi? Ti posso fare una domanda?
PSEUDOLO Se vuoi qualcosa, chiedilo. Tutto quello che so, fa' conto che per te sia l'oracolo di Delfi.

**Mosaico con scena di commedia**, II-III sec. d.C. Tunisia, Sousse, Museo Archeologico.

1. Quest'espressione rappresenta una metafora enfatica che volutamente si rifà allo stile epico.
2. Le frustate di cui parla Pseudolo sono verbali, mentre quelle che gli promette Simone sono reali.

SIMONE Sta' attento, dunque, e cerca di ricordarti la promessa. Che mi dici? È vero che mio figlio s'è innamorato di una flautista?
PSEUDOLO *Verum est*[3].
SIMONE E che la vuole riscattare?
PSEUDOLO *Dicis vera.*
SIMONE E che tu, con imbrogli e raggiri, ti accingi a siringarmi venti mine?
PSEUDOLO Siringarle a te?
SIMONE Sì, per darle a mio figlio, perché lui riscatti la sua amica. Confessa, ammetti che *verum est*.
PSEUDOLO *Verum est.*
CALLIFONE Ha confessato!
SIMONE Cosa ti dicevo, Callifone?
CALLIFONE Ricordo, ricordo.
SIMONE Queste cose, che tu sei venuto a sapere, perché me le hai tenute nascoste? Perché non sono venuto a saperle prima?
PSEUDOLO Ti dirò. Perché non volevo creare un brutto precedente. Uno schiavo che a un padrone denuncia un altro padrone.
SIMONE Non lo faresti trascinare per il collo sino alla macina del mulino?
CALLIFONE Ma Simone, che colpa ha?
SIMONE Una grandissima colpa.
PSEUDOLO Lascia, Callifone. Lo so bene, io, come stanno le cose. La colpa è tutta mia. (*A Simone*) Suvvia, prestami attenzione. Perché non ti ho informato della passione di tuo figlio? Se l'avessi fatto sarei finito alla macina, era chiaro.
SIMONE E non lo sapevi che, facendo zitto e mosca, la macina ti aspettava lo stesso?
PSEUDOLO Certo che lo sapevo.
SIMONE E allora perché non me l'hai detto?
PSEUDOLO Tra i due castighi, quello del figlio era vicino, quello del padre più lontano. Uno era per l'oggi, l'altro per il domani.
SIMONE E ora che farete? È chiaro che da me, specie ora che so tutto, il denaro non potete più scroccarlo. Farò anche una pubblica diffida, che nessuno vi faccia credito.
PSEUDOLO Ma io non andrò a pregare nessuno, sinché ci sei tu. Per Ercole, sarai proprio tu a darmi la pecunia. La scroccherò a te, ci puoi giurare.
SIMONE La scroccherai a me?
PSEUDOLO Garantito.
SIMONE Se ti darò un soldo, tu cavami un occhio.
PSEUDOLO Darai, darai. Te lo dico perché tu stia in guardia.
CALLIFONE Una cosa è certa: se lo scrocco ti riesce, farai un colpo straordinario.
PSEUDOLO Lo farò.
SIMONE E se non ci riesci?
PSEUDOLO Mi ammazzerai di botte. E se invece ce la faccio?
SIMONE Giove mi è testimone: passerai la tua vita senza guai.

3. Nel testo latino l'assenso di Pseudolo, qui e più oltre, è espresso in greco, come se parlasse la Pizia in persona, interprete degli oracoli di Apollo.

PSEUDOLO Questo te lo devi ricordare.
SIMONE E così io, benché avvertito, non saprei tenere gli occhi aperti?
PSEUDOLO Ti avviso: sta' attento. Ti dico e ripeto: sta' in guardia. Apri l'occhio! Ecco: tu stesso, oggi, con le tue proprie mani, mi darai la pecunia.
CALLIFONE Se mantiene la parola, quest'uomo è la fine del mondo.
PSEUDOLO (*A Callifone*) Se sbaglio il colpo, trascinami da te in schiavitù.
SIMONE Ma come parli bene. Perché tu, ora, non sei mio schiavo, vero[4]?
PSEUDOLO Volete che vi dica qualcosa di ancor più sbalorditivo?
CALLIFONE Sono proprio curioso. Ti ascolto volentieri.
SIMONE Parla, su! Ti sto a sentire di gusto.
PSEUDOLO Prima di sferrare questo attacco, scatenerò un'altra battaglia, che sarà famosa e memorabile.
SIMONE Che battaglia?
PSEUDOLO Dunque: a questo ruffiano, che ti è vicino di casa, io, Pseudolo, per mezzo dei miei raggiri, io soffierò la flautista per la quale tuo figlio si consuma. Alla faccia del ruffiano.
SIMONE Cosa?
PSEUDOLO Proprio in questo giorno, entro sera, tutto sarà compiuto. E da me.
SIMONE Se riuscirai a farle, queste cose che vai strombazzando, be', sarai più bravo di re Agatocle[5] in persona. Ma se non ci riesci? Non sarà bell'e servita la ragione per mandarti alla macina?
PSEUDOLO E non per un giorno soltanto, per Ercole! Ma per tutto il tempo che mi resta. Metti però che io ce la faccia. La grana da sganciare al ruffiano, me la darai subito e di buona grazia?
CALLIFONE Pseudolo difende una causa che è giusta. Digli che prometti.
[...]
SIMONE Io non mi rimangio la parola.
PSEUDOLO Lo credo bene! Se no farei un pandemonio... Avanti, toglietevi di torno. A casa! Fate posto alle mie spiritose invenzioni.
CALLIFONE E sia, come vuoi tu.
SIMONE Io invece vado al foro, ma ritorno subito.
PSEUDOLO Subito, eh? (*Escono Callifone e Simone.*) Ora mi punge il sospetto che voi sospettiate... Che cosa? Ma che io prometto tutto lo sconquasso soltanto per divertirvi e tirare avanti la commedia, e che invece non farò nulla di quel che ho detto. No, signori, manterrò la parola. Però una cosa è certa: non so ancora come venirne a capo, ma soltanto che la cosa riuscirà. Be', quand'uno si presenta sulla scena, bisogna pur che inventi qualcosa di nuovo, in una forma nuova. Se non è in grado di farlo, lasci il posto a chi sa. E ora, con vostra licenza, vorrei ritirarmi lì dietro. Ho bisogno di concentrarmi per chiamare a raccolta tutto l'esercito dei trucchi... Vi lascio ma ritorno subito. Una flautista, intanto, vi sollazzerà.

(trad. di V. Faggi)

4. Nota l'ironia in questa risposta che Simone dà a Pseudolo: il padrone sottolinea che Pseudolo già gli appartiene.

5. Agatocle fu tiranno di Siracusa verso la fine del IV secolo a.C.: per vincere i Cartaginesi che assediavano la sua città, andò in Africa ad attaccare Cartagine stessa.

PER COMPRENDERE IL TESTO

## Il testo e il contesto

**UN ROVESCIAMENTO DI RUOLI** In questo passo Simone e Pseudolo si trovano insieme sulla scena per la prima volta; i due si incontrano e subito si scontrano in una sorta di litigio in cui i ruoli si presentano rovesciati. È infatti lo schiavo a mostrarsi in collera con il padrone, poiché quest'ultimo ripone scarsa fiducia in lui; inoltre, il padrone si trova in posizione subalterna rispetto allo schiavo, dal quale cerca di ottenere informazioni a proposito di suo figlio Calidoro. Pertanto è Simone che chiede, si informa, accusa, minaccia, mentre è Pseudolo che risponde, chiarisce, spiega.
Si apre poi fra i due una sorta di sfida riguardo alla possibilità di ottenere il denaro necessario a Calidoro per riscattare l'amata Fenicio: Pseudolo giura che troverà il denaro e che sarà proprio Simone a darglielo; quest'ultimo, da parte sua, assicura che Pseudolo non avrà da lui neppure un centesimo. Pseudolo aggiunge poi che ingaggerà un'altra memorabile battaglia, ossia quella di sottrarre con beffe e inganni la ragazza amata da Calidoro al lenone Ballione, promettendo infine che l'una e l'altra impresa saranno compiute prima del calar del sole.

## Il senso del testo

**LA STRATEGIA DI PSEUDOLO** L'incontro fra Pseudolo e il suo padrone costituisce un'ulteriore prova del comportamento temerario del *servus*, ma anche un'ennesima garanzia della sua coerenza nell'agire: Pseudolo continua a opporre a un'evidente mancanza di mezzi una incrollabile fiducia nel raggiungimento dei propri obiettivi. Sembra che Pseudolo ami complicare una situazione già di per sé molto intricata: per mettere in atto i suoi raggiri nei confronti del padrone, decide di non nascondersi, anzi dichiara apertamente le sue intenzioni all'interessato con quella sicurezza e quella baldanza tipiche della sua personalità.
A questo punto, ormai, Pseudolo è il protagonista indiscusso della commedia. In questa scena, però, l'azione non si evolve: non è infatti dato di sapere nulla sulle modalità con cui Pseudolo si prenderà gioco di Ballione, per impedire che la cortigiana Fenicio cada nelle mani del soldato macedone; inoltre, l'intreccio risulta ulteriormente complicato dal fatto che Pseudolo decide di rivelare le sue intenzioni a Simone, scommettendo con lui che riuscirà a sottrargli il denaro mediante il quale riscattare Fenicio.
È interessante notare che lo schiavo prima scommette di beffare il padrone e solo in seguito il lenone. Pseudolo si crea talmente tante nuove difficoltà che, riuscendo nel suo intento, dimostrerà di aver compiuto un'impresa eroica agli occhi del pubblico e degli altri personaggi.

**L'EFFETTO DI *SUSPENSE*...** Questo blocco scenico, in pratica, assolve alla sola funzione di frenare lo svolgimento dell'azione, in modo tale da creare una sorta di attesa crescente nel pubblico; l'accumulo di situazioni difficili, aggrovigliate tra di loro, determina un chiaro ed efficacissimo effetto di *suspense*.

**...E LA ROTTURA DELL'ILLUSIONE SCENICA** Una volta rimasto solo sulla scena, Pseudolo chiama poi direttamente in causa gli spettatori, attraverso la rottura dell'illusione scenica: li rassicura sulle sue intenzioni di portare a termine quanto promesso, perché chi entra in scena deve dimostrare di essere in grado di portare avanti l'azione, altrimenti è bene che lasci il suo posto ad altri. L'intento del *servus* è quello di attirare su di sé l'attenzione dei suoi nemici, nonché quella del pubblico.
Nella battuta finale, rompendo appunto l'illusione scenica, Pseudolo spiega le ragioni per cui ha reso più complicata l'impresa: esprimendosi come un vero e proprio drammaturgo, egli dichiara che perché una commedia funzioni è necessario incuriosire il pubblico, sorprenderlo, tenerlo in apprensione non tanto per l'esito dell'impresa, che è scontato, quanto per le modalità della sua realizzazione.

**LEGGO E COMPRENDO**

**1.** Per quale motivo Pseudolo dichiara di essere in collera con il proprio padrone?

**2.** Che cosa osserviamo di paradossale nel dialogo tra Simone e Pseudolo, relativamente ai loro ruoli sociali?

**3.** Per quale motivo Pseudolo risponde alle domande di Simone in latino (in greco nel testo originale)?

**4.** A chi sono rivolte le parole di Pseudolo «io prometto tutto lo sconquasso soltanto per divertirvi e tirare avanti la commedia» nella battuta finale di questa scena?

# Rapporti sociali rovesciati nel teatro plautino

« Certi momenti della vita sociale richiedono l'inversione, o quanto meno la sospensione dei rapporti sociologici autentici. Potremmo allora dire che il teatro plautino è un teatro "carnevalesco": e ricorrendo a questa metafora, a questa categoria culturale, ci avviciniamo forse più al cuore del problema. Analogamente a ciò che accade nella festa di Carnevale, i *ludi scaenici* plautini agiscono proprio come scompaginamento fittizio, come inversione giocosa dei rapporti sociologici usati. Il codice culturale si inverte, e ne spunta una società governata dal semplice principio del rovesciamento: quasi a mostrare come andrebbe il mondo se tutto si rimescolasse. A Roma, com'è noto, questo bisogno di sospensione e di rovesciamento carnevalesco si esprimeva soprattutto nella *libertas Decembris* dei Saturnali, allorché i rapporti fra padroni e servi si invertivano e trionfava la giocosa libertà della festa. [...]

I figli ingannano i padri, i servi trionfano sui liberi e sui padroni. Non è un caso che siano proprio queste due categorie di subalterni (gli uni per motivi di classe, d'età, gli altri per statuto economico e sociologico) a governare nel mondo della commedia. Il rovesciamento carnevalesco vuole che siano loro, per una volta, i padroni, gli arbitri della situazione. [...] Anzi, questa giocosa e "giovanile" rottura dell'ordine presenta in Plauto altre manifestazioni collaterali che rinviano anch'esse alla dimensione carnevalesca. In assenza di padroni e padri, servi e *adulescentes* si danno generalmente alla vita allegra, godono e banchettano. [...]

Alla fine naturalmente i rapporti reali verranno ristabiliti, e ciò tramite la rassicurante pratica del "perdono", esercitata dal padre verso il figlio. Anche qui, però, le analogie carnevalesche sono puntuali. Alla fine dell'antico carnevale russo, dopo la *libertas Decembris* che ne aveva caratterizzato lo svolgimento, accadeva proprio che "i più giovani si mettevano in ginocchio davanti agli anziani, i servi davanti ai padroni, e ciascuno chiedeva perdono per le colpe commesse...". Dopo la decapitazione, la destituzione per burla del potere, tutto rifluisce negli argini noti: ciascuno al suo posto, figli e servi al rango di sottomissione che compete a ciascuna categoria. Ma la pratica del perdono significa che tutto quello che si è fatto era in qualche modo previsto: figli e schiavi plautini (proprio perché perdonati e perdonabili) avevano in qualche modo il "diritto" di fare quel che hanno fatto. Non è regola solo il ritorno alla normalità – la prassi del perdono mostra che anche la trasgressione era regola: la regola burlesca del rovesciamento, quella stessa regola che qui si fa struttura dell'intreccio e codice, a un tempo, della composizione teatrale.»

■ **Mese di Dicembre, particolare con festa dei *Saturnalia*: tre schiavi con corone di foglie e torcia**, mosaico, II sec. d.C. Tunisia, Sousse, Museo Archeologico.

(Maurizio Bettini, *Un'utopia per la burla*, introduzione a *Plauto. Mostellaria. Persa*, Milano, Mondadori, 1991, pp. 12-14)

**GUIDA ALLO STUDIO**

**1.** In che cosa consiste la categoria culturale del "carnevalesco"?

**2.** Quale festività romana aveva le caratteristiche di giocosità e licenziosità che noi riconosciamo al carnevale?

**3.** Grazie a quale espediente vengono ristabiliti i rapporti reali nel finale delle commedie?

T6

ITALIANO

# Il *servus meditans* e il *servus callidus*

*Pseudolus*, atto II, vv. 574-657; 667-693

*La figura del* servus *rappresenta uno dei più importanti motori dell'azione negli intrecci plautini. Questo personaggio, mutuato dalla commedia nuova ellenistica, nella tradizione della palliata viene caricato di tutta una serie di riferimenti e allusioni alla condizione degli schiavi nel mondo romano (pur essendo le palliate commedie di ambientazione greca): percosse fisiche, umiliazioni psicologiche, frustate e offese sono gli elementi che sempre vengono evocati quando un* servus *parla del proprio vissuto. A fronte di tutto ciò, l'immagine del* servus *è sempre legata a inganni, beffe e raggiri orditi con una tale sagacia e inventiva che il personaggio può poi vantarne il buon esito come frutto della propria astuzia, nonché del favore della Fortuna. Di seguito due immagini di Pseudolo, colte in momenti differenti (seppure cronologicamente contigui): l'una in solitudine meditativa, l'altra in azione.*

PSEUDOLO Dio come tutto mi va bene, come tutto quello che faccio mi va liscio! Basta con i dubbi e con la paura. Il piano, nella mia testa, è pronto. È una bella stupidaggine affidare un grande progetto a un cuore piccolo. Perché le cose, le cose sono come le fai tu, e hanno il peso che gli dai. E così io, nella mia testa, anzitutto ho preparato le truppe, due schiere, tre schiere, inghippi e bidoni, di modo che io, dovunque mi scontri col nemico, io, fiero del valore dei miei avi[1], posso ben dirlo, armato del mio ingegno e della mia malizia, io li possa sbaragliare e depredare, i miei privati nemici, con le mie perfidie. Quel nemico comune mio e vostro e di tutti, quel Ballio io lo sballo senza fallo. Voi fate attenzione e basta. (*Indica la casa di Ballione*) Voglio assediarla, questa fortezza, e conquistarla oggi stesso. Qui guiderò le mie legioni. Se riesco a espugnarla – rendo la cosa facile ai miei concittadini[2] – passerò senz'altro a questa vecchia fortezza, con tutto il mio esercito schierato. (*Indica la casa di Simone*) Là dentro, poi, io vado a zavorrare di bottino me e i miei fedeli compagni, sicché a tutti sia ben chiaro che son venuto al mondo per gettare terrore e confusione tra i nemici. Sì, sono nato per questo. A me si addicono magnanime imprese, che vivano dopo di me e nei secoli abbiano fama... Ma quest'uomo qui chi è? Chi è questo sconosciuto che si offre d'un tratto alla mia vista? Ma che vuole, che fa con quella spada? Vorrei proprio saperlo. Qui, mettiamoci in agguato.

ARPACE, PSEUDOLO

ARPACE Eccolo qui il posto, ecco il quartiere che il mio padrone mi ha indicato. Lo riconosco alla vista, il posto che mi ha detto il soldato mio padrone. La settima casa, partendo dalla porta[3], è quella in cui deve abitare quel lenone al quale debbo portare l'argento e la contromarca. Però vorrei che qualcuno me lo confermasse, dove sta quel Ballione.

PSEUDOLO Ssst! Zitto e mosca! Questo è il mio uomo, se gli dèi e gli uomini non mi piantano in asso. Mi si presenta qualcosa di nuovo, dunque ci vuole una nuova idea. Io parto da qui. Tutto quello che pensavo prima, basta, lo lascio perdere. Me lo cucino sul posto, questo pezzo di naja che mi è venuto tra i piedi.

ARPACE Ora busso alla porta e chiamo fuori qualcuno.

PSEUDOLO Chiunque tu sia, ti risparmio la fatica di bussare. La porta, ci sono qua io a guardarla e a proteggerla.

ARPACE Sei tu Ballione?

1. L'espressione costituisce una chiara parodia delle modalità con cui gli eroi dell'epica si preparavano alla battaglia. Questi toni altisonanti si mantengono fino alla fine del monologo.
2. Pseudolo è uno schiavo, non un cittadino, pertanto non può avere concittadini. Il discorso ripropone gli stilemi e le immagini dell'ambito militare. Nella sua mente lo schiavo si sente realmente un *dux* pronto al combattimento.
3. Ovviamente il riferimento è alla porta della città.

PSEUDOLO Non proprio. Sono il sottoballione.
ARPACE Che nome è questo?
PSEUDOLO Io sono il tiramolla della dispensa, quello che ha tutto nelle sue mani.
ARPACE Insomma sei l'intendente.
PSEUDOLO L'intendente? Ma io a quello gli comando.
ARPACE Ma sei libero o schiavo?
PSEUDOLO Per il momento, ancora schiavo.
ARPACE Mi sembri sì e no degno di essere libero.
PSEUDOLO Perché non guardi te, prima di offendere gli altri?
ARPACE Questo qui dev'essere un furfante.
PSEUDOLO Che gli dèi ti aiutino e proteggano. Questo qui per me è come un'incudine; ci lavoro sopra un bel bidone.
ARPACE Parla da solo. Chissà cosa dice.
PSEUDOLO Che stai dicendo, ragazzo?
ARPACE Che c'è?
PSEUDOLO Sei tu o non sei tu quello che viene per conto del soldato macedone? Sei tu lo schiavo del soldato che ha comperato da noi una donna, ha sborsato quindici mine al ruffiano e gliene deve altre cinque?
ARPACE Sono io. Ma tu dove mai mi hai conosciuto, o visto, o parlato? Perché io, prima, non c'ero mai venuto, ad Atene, e non ti avevo mai visto coi miei occhi.
PSEUDOLO Perché si capisce subito chi sei tu. Perché quando il soldato è andato via, si è stabilito il termine di oggi per pagare, e lui non ha ancora pagato.
ARPACE Però l'argento è qui.
PSEUDOLO L'hai portato?
ARPACE Io in persona.
PSEUDOLO E cosa aspetti a darmelo?
ARPACE A te?
PSEUDOLO A me, sicuro. Sono io che tratto gli interessi di Ballione, io che riscuoto i crediti e io che pago i debiti.
ARPACE Neanche se fossi il tesoriere di Giove, io ti darei il becco d'un quattrino, a te.
PSEUDOLO Il tempo di uno sternuto, eccì, e la faccenda è chiusa.
ARPACE Io invece voglio che resti aperta.
PSEUDOLO Bada a te! Tu stai macchiando la mia reputazione. Come se a me, di affari come questo, non ne affidassero millanta.
ARPACE Magari la pensano così, gli altri, ma io di te mica mi fido.
PSEUDOLO È come se dicessi che ti voglio carpire l'argento.
ARPACE Ma no, è come se lo dicessi tu e lo sospettassi io. Ma tu come ti chiami?
PSEUDOLO Il lenone ha uno schiavo che si chiama Siro. Dirò che sono lui. Mi chiamo Siro.
ARPACE Siro?
PSEUDOLO È il mio nome.
ARPACE Parole, parole... Qualunque sia il tuo nome, se in casa c'è il tuo padrone, perché non lo chiami? Così sistemo l'affare per cui sono venuto.
PSEUDOLO Se fosse in casa lo chiamerei. Però bada: se lo dai a me, il denaro, paghi meglio che dandolo a lui.
ARPACE Sai com'è. Il mio padrone mi ha mandato a pagare, non a perdere. E vedo che a te viene la febbre perché non riesci a metterci sopra le grinfie. Io non do niente a nessuno, se non a Ballione in carne e ossa.

PSEUDOLO Ma lui è occupato, adesso. Ha una causa in tribunale.
ARPACE Che dio lo aiuti! Ritornerò quando penserò che sia a casa. Tu prendi questa lettera e dagliela. Dentro c'è la contromarca, quella che i nostri padroni hanno stabilito per la donna.
PSEUDOLO So tutto. Il soldato vuole che la donna sia consegnata all'uomo che ci porta qui il denaro e la contromarca col ritratto. La marca ce l'ha lasciata qui.
ARPACE Sai proprio tutto.
PSEUDOLO E come no?
ARPACE E allora dagli questa contromarca.
PSEUDOLO D'accordo. Tu come ti chiami?
ARPACE Arpace.
PSEUDOLO Arpace, rapace[4]. Indietro! No, non mi piace il tuo nome. Per Giove, tu qui dentro non ci vieni, che non ti scappi una rapina.
ARPACE Me lo sono guadagnato, il mio nome, rapendo nemici sul campo di battaglia[5].
PSEUDOLO Secondo me, tu rapisci più volentieri i vasi di bronzo dalle case.
ARPACE No, non è così. Ma lo sai che cosa ti chiedo, Siro?
PSEUDOLO Certo che lo saprò, se me lo dici.

[*A questo punto Arpace chiede al finto Siro di venirlo a cercare nella locanda dove è alloggiato e dove ha intenzione di tornare per poter riposare un poco in attesa di incontrare Ballione. Lo schiavo gli assicura che compirà quanto chiesto, poi rimane da solo sulla scena a commentare l'accaduto.*]

PSEUDOLO O dèi immortali! Quest'uomo, con il suo arrivo, mi ha salvato. Con il suo viatico mi ha ricondotto dall'errore alla retta via. L'Opportunità[6] in persona non avrebbe potuto intervenire più opportunamente in mio soccorso di questa lettera che così opportunamente mi è capitata. Con lei è giunta una cornucopia, in cui c'è tutto quello che voglio: qui ci sono raggiri, tanti, e trappole e imbrogli. Qui c'è il denaro, qui la ragazza del mio giovin signore. Ora mi coprirò di gloria, io, Pseudolo, cuor generoso. Però il mio piano strategico, per soffiare la giovane al ruffiano, io ce l'avevo già pronto nella testa, tutto rifinito e messo in ordine, proprio come volevo. Sicuro e collaudato. Ma bisogna riconoscerlo: la dea Fortuna, da sola, vale più di cento sapienti e dei loro progetti. E anche questo bisogna ricordare, che se la Fortuna ti bacia, chiunque tu sia, voli alto su tutti e tutti ti proclamano maestro. Se gli va dritta, a uno, noi lo diciamo intelligente, se gli va storta lo chiamiamo stupido. Sciocchi, siamo degli sciocchi, noi, senza neanche sospettarlo, quando smaniamo per qualcosa come se potessimo sapere qual è il nostro interesse. Noi lasciamo il certo per correre dietro all'incerto. E mentre ci agitiamo tra fatiche e dolori, ci sorprende all'improvviso la morte. Basta, basta con la filosofia! Ne ho fatta sin troppa. Dèi immortali! Anche a pagarla a peso d'oro, sarebbe pur stata a buon mercato quella panzana che inventai su due piedi quando mi presentai come lo schiavo del ruffiano. Adesso io, con questa lettera, io ne bidono tre, il mio padrone, il ruffiano e quello che me l'ha data. Bene, piove sul bagnato. Eccola qua, un'altra risorsa che mi auguravo. Quello che arriva è Calidoro, che si tira dietro non so chi.

(trad. di V. Faggi)

4. Il nome dell'attendente deriva dall'aggettivo *harpax, agis*, «che attrae, che porta via», e significa «arraffone, rapace».
5. Continua la parodia del linguaggio militare: era tipico dei soldati vantarsi delle proprie prodezze.
6. Si tratta della personificazione di un concetto astratto; i Romani avevano mutuato dalla diatriba cinico-stoica questo tipo di personificazione, per usarlo soprattutto in ambito comico-satirico.

## Il testo e il contesto

**LE DUE SCENE DEL SECONDO ATTO** Il secondo atto della commedia è diviso in due scene: nella prima compare Pseudolo da solo, che riflette sulla situazione in cui si trova e sui mezzi da mettere in campo per trovare una soluzione efficace; nella seconda entra in scena all'improvviso un uomo, tale Arpace, che subito lo schiavo riconosce come l'attendente del soldato macedone che ha acquistato Fenicio. Il fatto che Arpace sia in cerca della casa di Ballione per consegnargli il denaro e la lettera col contrassegno (così da ricevere in consegna Fenicio) suggerisce a Pseudolo la possibilità di architettare un inganno: ovvero assumere un'identità falsa (quella del maggiordomo del lenone) allo scopo di farsi consegnare il denaro. Arpace, però, è sospettoso: non cade nella trappola di Pseudolo e si tiene il denaro; tuttavia, gli affida la lettera con il contrassegno e lo incarica di avvertirlo quando potrà essere ricevuto da Ballione in persona.

## Il senso del testo

**UN MOMENTO DI *IMPASSE*** Là dove riflette tra sé e sé, nella prima scena del secondo atto, Pseudolo si trova in un momento di *impasse*: infatti, nonostante il bellicoso proclama, quasi una dichiarazione di guerra, contro il lenone e la sua dimora, definita "fortezza", non sa che cosa fare. Pseudolo non riesce a escogitare nulla per raggirare Ballione, che definisce *inimicum communem meum atque vostrorum omnium*, ovvero nemico non solo suo bensì di tutto il pubblico, identificandolo così come l'antagonista per eccellenza, il cattivo di turno che il pubblico desidera vedere sconfitto.

**IL PIANO DI PSEUDOLO** Sarà la sorte a fare sì che Pseudolo raggiunga il suo scopo, trovandosi nel posto giusto al momento giusto. Infatti, nella seconda scena del secondo atto, l'arrivo improvviso di un nuovo personaggio, Arpace, rimette in moto la vicenda, consentendo a Pseudolo di elaborare un piano. Il *servus* decide di sfruttare l'occasione che gli si presenta davanti: si finge maggiordomo di Ballione ed essendo al corrente dell'antefatto riguardante la vendita di Fenicio al soldato macedone acquisisce credibilità agli occhi di Arpace, l'attendente del soldato stesso. Questi, tuttavia, si dimostra abbastanza diffidente, in quanto non conosce né i luoghi né gli individui che dovrà incontrare, e si fa raggirare solo in parte: non cede il denaro ma solo la lettera.

**AZIONE SCENICA E METATEATRO** Con questa scena si entra nel vivo dell'azione: Pseudolo, ormai, si atteggia a regista della rappresentazione, a guida della vicenda. Assume, in sostanza, il ruolo che è di Plauto stesso, poiché non solo recita, ma commenta con ironia l'azione, indirizza gli altri personaggi, giudica i loro comportamenti. Il tutto con quel sentimento di consapevole superiorità che, a seconda delle situazioni, si declina in paternalismo, cameratismo, irriverenza, aggressività.
L'inventiva di Pseudolo sembra proprio quella di uno scrittore teatrale che annoda i fili di una commedia, costruendo una trama ben congegnata, frutto del proprio genio creativo. Si giunge così a una sorta di commedia dentro la commedia, ovvero al "metateatro" che mette in scena una rappresentazione dentro la rappresentazione stessa. Pseudolo ne è a tal punto consapevole che più volte si rivolge al pubblico per tranquillizzarlo sulla buona riuscita della messa in scena.

**Mosaico raffigurante un poeta seduto e un attore che regge una maschera comica**, metà del III sec. d.C. Tunisia, Sousse, Museo Archeologico.

**LEGGO E COMPRENDO**

**1.** In che cosa consiste il piano di Pseudolo?

**2.** A quale metafora fa ricorso Pseudolo per descrivere la situazione difficile che deve sbrogliare? Cerca gli elementi lessicali che contribuiscono a mantenere viva questa metafora nel corso del testo.

**3.** Grazie a quale evento inaspettato si apre una possibilità di districare la vicenda?

STORIA, CULTURA, CIVILTÀ

# LA SCHIAVITÙ A ROMA

**UN ISTITUTO ANTICHISSIMO** Nel mondo antico la schiavitù era un istituto di capitale importanza: sul sistema di produzione schiavista poggiavano le basi dell'intera vita materiale, tanto dei popoli orientali quanto delle più gloriose civiltà occidentali. La schiavitù è antichissima: le prime attestazioni di questo istituto si hanno presso le **civiltà egizia** e **sumera**, a partire dal IV millennio a.C. Fu la **guerra** che generò la nascita di questa pratica: quando un gruppo umano, in seguito a uno scontro, prevaleva su un altro, sottometteva i vinti per reintegrare le proprie perdite. Gli schiavi, quindi, costituivano un bottino di guerra vivente: secondo il filosofo greco Aristotele, vissuto nel IV secolo a.C., essi erano da considerarsi come strumenti animati, oggetti domestici, ed erano naturalmente esclusi dalla vita della *polis*.

**GLI SCHIAVI NEL MONDO ROMANO** Quando l'impero romano si espanse nel Mediterraneo, in Italia giunse un numero elevatissimo di schiavi (verso la fine dell'età repubblicana si stima che ci fossero almeno due milioni di schiavi presenti in tutta la penisola).
Impiegati fin da subito al servizio delle famiglie aristocratiche, gli schiavi potevano lavorare in campagna, occupandosi dei lavori agricoli e della cura del bestiame (sotto le dirette dipendenze del *vilicus*, il «fattore»); in questo caso, erano membri della ***familia rustica***, la quale comprendeva l'insieme degli schiavi che lavoravano nei possedimenti di campagna del padrone. Gli schiavi che, invece, lavoravano in città, spesso a contatto diretto con il padrone in quanto impegnati nel suo servizio personale, facevano parte della ***familia urbana***.
Il trattamento che gli schiavi ricevevano era disumano: punizioni e botte frequenti (***verberationes***), cibo scarso e lavoro duro. Una sorte migliore era riservata agli schiavi provenienti dal mondo greco e dotati di un certo livello di istruzione, i quali avevano la fortuna di poter essere impiegati quali precettori (***pedagogi***) dei giovani rampolli delle famiglie aristocratiche presso cui prestavano servizio, con il compito di insegnare loro il greco. Un trattamento più umano era poi in generale riservato agli schiavi nati in casa (***vernae***): questi ultimi, infatti, intrattenevano alle volte rapporti cordiali con i padroni, fino a godere del privilegio di poter mangiare alla loro tavola.
Vi erano poi anche schiavi al servizio dello Stato (***servi publici***), che li destinava ai lavori pubblici più faticosi e degradanti, nonché ai cruenti spettacoli di combattimento di gladiatori che si svolgevano nelle arene.

**LA CONDIZIONE SERVILE** Essere ridotti in condizione di schiavitù, a Roma, era conseguenza sostanzialmente di due eventi: l'essere fatto prigioniero di guerra (***captivus***) o l'essere un debitore insolvente (***addictus***). Gli schiavi non avevano alcuna condizione giuridica: venivano considerati come oggetti di proprietà del padrone, in genere il *pater familias*, che poteva disporre di loro a proprio piacimento, esercitando il diritto di vita o di morte, vendendoli e manifestando ogni tipo crudeltà nei loro confronti. Fu solo in età imperiale che si cominciò a parlare della dignità degli schiavi in quanto persone, riconoscendo loro il diritto a un trattamento più umano, senza con questo mettere in alcun modo in discussione la validità e la legittimità dell'istituto della schiavitù. Secondo il sistema giuridico romano, attraverso la pratica della ***manumissio***, lo schiavo poteva essere affrancato: diventava così ***libertus***, ossia un uomo di condizione libera, ereditando la condizione politica del suo ex padrone (***patronus***) e quindi ottenendo la cittadinanza.

■ **La toeletta di una matrona romana**, particolare di un mosaico proveniente da Sidi Ghrib, nei pressi di Cartagine, V sec. d.C. Tunisi, Museo Nazionale del Bardo.

**GUIDA ALLO STUDIO**

**1.** Come venivano considerati gli schiavi nella civiltà classica?

**2.** Quali erano le mansioni della *familia rustica*?

**3.** Che cosa era la *manumissio*?

T7
ITALIANO

# Il “doppio” di Pseudolo

*Pseudolus*, atto IV, vv. 905-955

*Mentre Pseudolo ancora gioisce per aver sottratto ad Arpace la lettera col contrassegno (➛ **T6**), sopraggiunge Calidoro insieme all'amico Carino, ai quali lo schiavo rivela le sue conquiste ai danni del lenone. Tuttavia, per espugnare l'*oppidum lenonium *(v. 766), Pseudolo necessita di un aiuto da parte loro: una persona che, adeguatamente travestita da Arpace, possa recarsi da Ballione per consegnargli denaro e contrassegno e riscattare la ragazza. Il tipo che sta cercando dovrà essere astuto, esperto, sveglio e poco conosciuto ad Atene. A questo punto, Carino propone uno schiavo di suo padre appena giunto in città, un certo Scimmia, un giovane scaltro, lesto e ignoto ai più. Nell'incontro con lui Pseudolo ha modo di verificare la veridicità delle parole di Carino.*

PSEUDOLO, SCIMMIA

PSEUDOLO Se mai gli dèi immortali hanno deciso di dar aiuto a qualcuno, è a me e a Calidoro che pensano. Vogliono che siamo salvi, noi, e che il ruffiano sia messo a perdere. È per questo che hanno scodellato, a mio beneficio, una vecchia volpe come te[1]. Ma dove si è cacciato? Ecché divento scemo, io, che mi metto a parlare da solo a me solo? Mi sa che quello mi ha minchionato, mi sa. Dritto contro dritto, io dovevo starci più attento, dovevo. Se quello ha tagliato la corda sono rovinato. Posso scordarmelo, ormai, il lavoretto che avevo programmato. Ma no, eccolo là, eccolo, sembra una statua fatta apposta per lo staffile. E come si muove, e come incede, il gran signore. Ma lo sai che io ti ho cercato dappertutto? Avevo una gran paura che mi avessi piantato in asso.
SCIMMIA Confesso che avrei dovuto farlo.
PSEUDOLO Dove ti eri cacciato?
SCIMMIA Dove mi pareva.
PSEUDOLO Questo lo sapevo.
SCIMMIA Se lo sapevi, perché me lo chiedi?
PSEUDOLO Volevo darti un consiglio.
SCIMMIA Ti consiglio di non consigliarmi.
PSEUDOLO Ohi! Mi stai trattando a pesci in faccia.
SCIMMIA E come potrei, diversamente, rivelare la mia natura di guerriero?
PSEUDOLO Io voglio che il nostro piano vada in porto.
SCIMMIA Perché, mi vedi fare qualcosa di diverso?
PSEUDOLO Cammina più svelto.
SCIMMIA Io invece voglio andarmene pian piano.
PSEUDOLO Il momento è questo. Mentre quello[2] dorme, voglio che tu ti faccia avanti.
SCIMMIA Che fretta hai? Calma e sangue freddo... Vorrei che Giove lo facesse arrivare, qui, proprio qui, davanti a tutti, quel messaggero del soldato. Mai, dico mai, un Arpace sarà più rapace di me[3]. Sta' di buon animo che ci penso io, a sistemare tutto. Quel soldatino di passaggio, gli farò tanta paura, con le mie panzane, che si metterà a gridare che lui non è lui e che io invece sono lui[4].
PSEUDOLO E come?
SCIMMIA Mi fai morire con le tue domande.
PSEUDOLO Che personaggio!

1. Si tratta di Scimmia.
2. Arpace.
3. ➛ **T6**, nota 4.
4. Assumere l'aspetto di un altro e fargli credere di aver perso l'identità è uno dei procedimenti più cari a Plauto per generare equivoci e sdoppiamenti di personaggi.

SCIMMIA Tu che mi sei maestro di trappole e menzogne sappilo: io ti supererò.
PSEUDOLO Che Giove ti conservi per il mio bene.
SCIMMIA Meglio per il mio... Ma guardami un poco: come ti sembro con questi panni?
PSEUDOLO Sei perfetto.
SCIMMIA Benone.
PSEUDOLO Che gli dèi ti concedano tutto il bene che ti auguri. Perché se ti augurassi tutto il bene che ti meriti, sarebbe meno di niente. Mai visto un uomo più malefico e carogna.
SCIMMIA Tu mi vieni a dire queste cose?
PSEUDOLO Non dico più nulla. Ma cosa ti darò, che cosa farò per te, se mi metti a posto la baracca!
SCIMMIA Puoi startene zitto? Chi al memore rammemora quel che il memore memora, lo smemora, no? Ho tutto chiaro, tutto preciso dentro la mia testa. Ogni mossa è stata calcolata.
PSEUDOLO Quest'uomo è una perla.
SCIMMIA Io no, e tu neanche.
PSEUDOLO Niente dubbi, mi raccomando.
SCIMMIA La pianti?
PSEUDOLO Che gli dèi mi proteggano...
SCIMMIA Perché dovrebbero? Tu dirai un sacco di panzane.
PSEUDOLO Quanto ti voglio bene, Scimmia, per la tua carogneria, quanto ti temo e ti stimo...
SCIMMIA Quest'arte l'ho imparata da un pezzo. Non puoi darmela a bere.
PSEUDOLO Ah, quali accoglienze ti farò, oggi, se il colpo ti riesce.
SCIMMIA Ah, ah!
PSEUDOLO Cibi squisiti e vini, profumi delicati, e tra un bicchiere e l'altro certe pietanzine... Non mancherà una donnina allegra, che ti copra di baci e di carezze...
SCIMMIA Questa sì che è un'accoglienza.
PSEUDOLO E se l'imbrocchi, te lo farò gridare ancor più forte.
SCIMMIA Se non l'imbrocco, mi facciano gridare gli aguzzini. Presto, mostrami la porta del ruffiano.
PSEUDOLO È quella lì, la terza.
SCIMMIA Ssst! Silenzio! La casa apre la bocca.
PSEUDOLO La casa ha lo stomaco sossopra.
SCIMMIA E perché?
PSEUDOLO Perché vomita il ruffiano.
SCIMMIA È quello lì?
PSEUDOLO È lui.
SCIMMIA Brutta mercanzia, Pseudolo. Guardalo, guardalo, cammina di traverso come un granchio.

(trad. di V. Faggi)

## Il senso del testo

**IL FATTORE DELL'ASTUZIA** Questo brano, che apparentemente potrebbe sembrare un passaggio scontato dell'azione scenica, si rivela in realtà alquanto significativo: rappresenta lo schiavo che si confronta alla pari con un suo simile e il confronto è giocato tutto sul fattore dell'ingegno, o meglio dell'astuzia. Pseudolo, il grande truffatore che ha e si dà il vanto dell'intelligenza, è costretto a misurarsi con un suo pari, Scimmia, un furfante col quale simpatizza, ma che in realtà teme molto. Questo schiavo di Carino appena giunto in città si dimostra all'altezza della furbizia dello schiavo scaltro ed esperto che ha in mano la regia dell'azione. Ed è proprio a lui che è affidato il compito di portare avanti l'inganno escogitato da Pseudolo, il quale non ha un piano prefissato, ma con estrema abilità sa adeguarsi alle situazioni fronteggiandole e approfittandone. Scimmia saprà dimostrare di essere in grado di cavarsela in ogni sorta di situazioni usando l'arguzia.

**LEGGO E COMPRENDO**

**1.** Chi è Scimmia? Quale è il suo compito?

**2.** Rintraccia nel dialogo i giochi verbali tra Scimmia e Pseudolo.



T8 ITALIANO

# Il *lusus*

*Pseudolus*, atto IV, vv. 955-1049

*Il* lusus *– cioè la beffa, lo scherzo, l'invenzione di uno stratagemma ai danni di qualcuno – nella commedia attica era l'unica situazione paragonabile a una "messa in scena", ovvero a una sequenza narrativa che poteva essere elaborata al momento sulla scena stessa, per così dire "in diretta". In genere lo schiavo, avvedutosi di una situazione critica e dell'inerzia degli altri personaggi, assumeva il ruolo di capocomico, di autore-regista, assegnando ai suoi attori dilettanti le parti da sostenere in vista della buona riuscita della beffa. La scena in cui si inventava e si preparava la beffa si trasformava dunque in una rappresentazione vera e propria, dalla chiara dimensione metateatrale.*

*Anche nel teatro plautino il* servus *compare spesso in qualità di ideatore e regista di una beffa: si trasforma in capocomico, in una sorta di "doppio" del poeta sulla scena, mentre i suoi aiutanti diventano, loro malgrado, attori essi stessi. Accade così anche per Scimmia che, vestendo i panni di Arpace, diventa attore protagonista della beffa ai danni del lenone, mentre Pseudolo sta a guardare, commentando l'azione ed elogiando l'astuzia e l'arguzia del suo compare.*

BALLIONE, PSEUDOLO, SCIMMIA

BALLIONE Mi pare che il mio cuoco non sia poi la canaglia che credevo. Non mi ha fregato niente, per adesso, tolto un bicchiere e un boccale.
PSEUDOLO Ehi tu, questo è il momento giusto.
SCIMMIA D'accordo.
PSEUDOLO Avanti sulla strada dell'inghippo. Io resto qui in agguato.
SCIMMIA Il numero me lo ricordo bene: sei. È la sesta viuzza a partire dalla porta. Mi ha detto di svoltare proprio qui. Ma il numero della casa, boh, mica me lo ricordo.
BALLIONE Quest'uomo col mantello, chi sarà? Da dove arriva? Chi va cercando? Ha tutta l'aria di un forestiero. No, non lo conosco.
SCIMMIA Ecco chi può dirmi con certezza quello che cerco.
BALLIONE Viene proprio da me. Chissà da dove arriva quest'uomo.
SCIMMIA Ehi tu, barba di becco che stai lì, rispondimi un poco.
BALLIONE Non si saluta prima?

SCIMMIA Non ho salute da regalarti.
BALLIONE Grazie, altrettanto.
PSEUDOLO Si comincia bene, mi pare.
SCIMMIA Voglio sapere se conosci un uomo che sta da queste parti.
BALLIONE Io conosco me.
SCIMMIA Ce ne sono pochi che sappiano tanto. In piazza se ne trova uno su dieci, che conosca se stesso[1].
PSEUDOLO Sono salvo. Si sta filosofando.
SCIMMIA L'uomo che cerco io è una carogna, un fuorilegge, uno senza dio, spergiuro e blasfemo.
BALLIONE Ma sono i miei titoli! Sta cercando di me. Se ricordasse il mio nome... Come si chiama quell'uomo?
SCIMMIA Ballione, il ruffiano.
BALLIONE Non ho fatto centro? Ragazzo, sono io l'uomo che cerchi.
SCIMMIA Tu sei Ballione?
BALLIONE In persona.
SCIMMIA Da come sei vestito, pari uno della banda del buco.
BALLIONE Se mi incontri di notte, tu mi lasci stare di sicuro.
SCIMMIA Il mio padrone vuole che ti porti i suoi saluti. Eccoti una lettera. Ho l'ordine di dartela.
BALLIONE Chi è che ti ha dato l'ordine?
PSEUDOLO Sono morto! Il mio uomo ha la corda al collo. Non lo sa mica, il nome. Tutto a monte!
BALLIONE E allora, me lo vuoi dire chi ti manda?
SCIMMIA Guarda questo ritratto e dimmi tu il suo nome. Così capisco che sei proprio Ballione.
BALLIONE Qua la lettera.
SCIMMIA Tieni, e guarda il sigillo.
BALLIONE Ma sì, è Polimacheroplagide[2]. È lui fatto e sputato. Lo riconosco. Sì, è Polimacheroplagide il suo nome.
SCIMMIA Adesso so che ho fatto bene a darti la lettera, adesso che hai fatto il nome di Polimacheroplagide.
BALLIONE E lui cosa fa?
SCIMMIA Per Polluce, quello che fa un uomo in gamba e un grandissimo soldato. Ma tu sbrigati a leggere la lettera, ti raccomando, perché sono qui apposta. Leggi, prendi l'argento e consegnami subito la donna. Oggi debbo essere a Sicione, se no domani sono un uomo morto. Lo sai, no?, che razza di tipo è il mio padrone.
BALLIONE A chi lo dici. Certo che lo so.
SCIMMIA E allora sbrigati a leggere.

1. Con queste parole Scimmia fa un chiaro riferimento a Socrate, tanto che Pseudolo si accorge subito che si sta atteggiando a filosofo.
2. Questo nome altisonante, che significa «gran feritore di spada», viene affibbiato al militare secondo un tipico uso plautino. Ricordiamo il protagonista della commedia *Miles gloriosus* che si chiama Pirgopolinice, ossia «espugnatore di torri e di città». Si tratta di nomi iperbolici per personaggi spesso vuoti e inconsistenti.

BALLIONE Subito, se stai zitto. «Il soldato Polimacheroplagide al lenone Ballione manda questa lettera, scritta di sua mano, sigillata con il suo ritratto, come fu convenuto fra noi due.»
SCIMMIA Il sigillo è lì sopra.
BALLIONE Lo vedo e lo riconosco. Ma in una lettera non si usa mettere i saluti?
SCIMMIA La disciplina militare vuol così: con la mano si dà salute agli amici, il malanno ai nemici. Ma tu va' avanti a leggere, su.
BALLIONE Ascolta. «Viene da te un mio schiavo, Arpace...» Sei tu Arpace?
SCIMMIA Sono Arpace e rapace[3], per servirti.
BALLIONE «Il quale ti porta questa lettera. Riscuoti da lui il denaro. Voglio che la donna gli sia consegnata subito. Nelle lettere si augura salute a chi ne è degno; se tu ne fossi degno, lo farei.»
SCIMMIA E adesso?
BALLIONE Dammi l'argento e porta via la donna.
SCIMMIA Chi è che perde tempo tra noi due?
BALLIONE E allora, seguimi qui dentro.
SCIMMIA Ti seguo. (*Entrano in casa*)
PSEUDOLO Giuro che non l'ho mai visto un uomo più maligno e più scafato di Scimmia. C'è da temerlo, sì, mi fa paura, paura che tratti me come quello, che prenda a cornate pure me, visto che l'occasione è favorevole, razza di manigoldo. Proprio non lo vorrei, perché in fondo mi è simpatico. Adesso ho tre paure. Tre. Prima di tutto del mio compare, che non mi volti le spalle per passare al nemico. Poi del mio padrone, che non torni dal foro troppo presto. Bel guaio, i predoni beccati con la preda. E poi e poi di quell'Arpace, che non arrivi qui prima che il finto Arpace sia partito con la ragazza. Per Giove, sono rovinato! Perché non vengono fuori, perché ci mettono tanto? Il mio cuore ha già fatto i bagagli[4], brucia dall'impazienza. Se Scimmia non esce con la donna, mi scappa via dal petto e va in esilio. Vittoria, vittoria! In barba a quei guardoni dei guardiani...

SCIMMIA, PSEUDOLO

SCIMMIA Non piangere! Tu non lo sai come stanno le cose, Fenicio[5]. Abbi fede, tra poco saprai la verità, quando sarai a tavola. Mica ti sto portando da quel soldataccio tutto denti che ti fa piangere. No, ti porto dall'uomo che desideri di più. Tra poco abbraccerai Calidoro, te lo giuro.
PSEUDOLO Ma tu che combinavi là dentro? A forza di battermi nel petto, il mio cuore si è ammaccato.
SCIMMIA Pellaccia da frustate, è questo il momento di farmi domande, proprio in mezzo ai nemici? Via di qui a tutta carica!
PSEUDOLO Tu sei un poco di buono, ma i tuoi consigli sono buoni. Avanti, per di qui! Vittoria! Marciamo verso i boccali.

(trad. di V. Faggi)

3. ➛ **T6**, nota 4.
4. Questo modo di dire, che nel testo latino è reso con *vasa colligere*, appartiene al gergo militare. Il suo utilizzo nella sfera dei sentimenti risulta particolarmente efficace.
5. Di questa cortigiana non si sente mai la voce, in quanto pura comparsa, personaggio muto.

## Il testo e il contesto

**IL SUCCESSO DEL FINTO ARPACE** Ottenuti da Carino degli abiti militari e le cinque mine da dare a Scimmia, Pseudolo attende il momento buono per mandare il suo scaltro aiutante incontro a Ballione. Non appena il lenone esce di casa, Scimmia gli si fa incontro presentandosi come Arpace, l'attendente del soldato macedone, giunto lì per consegnargli il denaro e prendere in custodia la giovane Fenicio. Una volta letta la lettera inviata dal soldato e verificata l'autenticità del sigillo, Ballione invita il finto Arpace a entrare in casa, lasciando Pseudolo sulle spine, per il timore di un passo falso da parte di Scimmia. Ma le cose si concludono al meglio: la cortigiana, in lacrime, esce dalla casa di Ballione al seguito di Scimmia.

■ **Attore che indossa una maschera comica**, mosaico proveniente dalla Villa di Cicerone a Pompei, II sec. a.C. Napoli, Museo Archeologico Nazionale.

## Il senso del testo

**IL CULMINE DELL'INTRIGO** In questo passo è portato in scena il momento più importante dell'intrigo, quello che in termini narratologici si chiama "*Spannung*", ovvero il momento di massima tensione in cui gli eventi, adeguatamente preparati, giungono al culmine del loro svolgimento per poi evolversi verso lo scioglimento finale. In questa scena il raggiro dell'avversario viene messo in atto da un personaggio, Scimmia, che si dimostra scaltro tanto quanto chi l'ha istruito; quando Ballione gli chiede il nome del soldato macedone, Scimmia riesce a trarsi abilmente d'impaccio: non conosce il nome del soldato, ma volge a suo vantaggio la situazione, facendo in modo che sia il lenone stesso a rivelare ciò che egli ignora.

**UNA BEFFA SURREALE** Qui la beffa è potenziata a un punto tale da assumere quasi contorni surreali, in quanto la vittima è stata preavvisata: lo stesso Ballione, infatti, afferma di essere stato messo in guardia dal padre di Calidoro riguardo alle trame di Pseudolo. Ciononostante, crede fino all'ultimo, dopo l'incontro con Scimmia nei panni di Arpace e la consegna di Fenicio, di aver trionfato sul proprio nemico; pertanto ancor più catastrofica sarà, ironicamente, la sua rovina. Questo meccanismo letterario, ovvero quello di annunciare in modo esplicito al diretto interessato l'inganno di cui cadrà vittima, risale addirittura alla tragedia greca. Il lenone, ignaro di aver subìto un grandioso raggiro da parte di Pseudolo e dei suoi aiutanti, è al culmine della felicità, in quanto crede di aver lui stesso ingannato lo schiavo astuto e di essersi salvato egregiamente dalla minaccia annunciata.

**IL MECCANISMO DEL *LUSUS*** Dopo aver attirato l'attenzione di tutti su di sé, soprattutto quella dei due personaggi che vuole raggirare, Pseudolo si ritira dalla scena: mette in atto il suo inganno tenendosi in posizione defilata, in ombra, dirigendo la beffa da fuori, proprio come un regista. Nella seconda parte della commedia Pseudolo è assai meno presente che nella prima parte, dove l'inganno viene preparato. Il meccanismo veramente decisivo del *lusus*, della beffa, è l'abile depistaggio che il *servus* ha saputo mettere in atto ai danni degli avversari: rimanendo fissamente concentrati su di lui, essi non hanno riconosciuto i veri attori della truffa, soccombendo così all'inganno. Quando capiranno, sarà ormai troppo tardi.

**LEGGO E COMPRENDO**

**1.** Qual è il momento di massima tensione narrativa nel dialogo tra Scimmia e Ballione?

**2.** Rintraccia nel testo i passaggi che ti sembrano più paradossali e maggiormente atti a suscitare il riso del pubblico.

**3.** Quali riferimenti al lessico militare sono presenti nel brano? Quale può essere la loro funzione?

T9
ITALIANO

# Il vino, l'amore e i soldi

*Pseudolus*, atto V, vv. 1285-1335

*Dopo essere stato raggirato (➛ **T8**), il lenone, al culmine della contentezza, si imbatte in Simone, col quale non esita a vantarsi della presunta vittoria su Pseudolo; presto, però, viene costretto a ricredersi: incontra infatti il vero Arpace che gli svela l'inganno subìto. Simone, testimone della scena, aveva sempre segretamente parteggiato per il suo schiavo, nonostante questi avesse giurato di beffare anche lui, sottraendogli le venti mine per il riscatto della ragazza. Ballione è battuto e cancellato dalla scena, dalla quale si congeda con una splendida battuta che sintetizza in modo efficace la parabola della sua maschera: «Questo è il giorno della mia nascita. Non della mia morte» (v. 1235).*

*Nel frattempo Pseudolo, in compagnia di tutti gli altri personaggi, si è recato al banchetto di festeggiamento per la liberazione di Fenicio, celebratosi probabilmente a casa di Callifone, da dove esce sbronzo per andare incontro a Simone e per riscuotere il denaro della scommessa vinta.*

■ **Uomo che versa vino da un'anfora**, particolare da un mosaico del II sec. a.C. Tunisi, Museo Nazionale del Bardo.

SIMONE, PSEUDOLO

SIMONE Mi chiama, per farmi uscire, la voce di un manigoldo. Ma cosa c'è? Che cosa? Cosa vedo[1]?
PSEUDOLO Vedi Pseudolo tuo, sbronzo, con la corona in testa.
SIMONE Che impudenza! Guarda che figura. Mica lo mette in soggezione la mia presenza. Ora sono in dubbio: lo prendo con le buone o con le brutte? Calma, Simone, calma, suggerisce la mia borsa, se vuoi sperare di salvarmi.
PSEUDOLO Un uomo dappoco si presenta a un uomo dabbene.
SIMONE Gli dèi ti conservino, Pseudolo.
PSEUDOLO Puah!
SIMONE Vattene sulla forca!
PSEUDOLO Ma tu perché mi maltratti?
SIMONE Ma tu perché mi rutti sulla faccia? Pezzo di ubriacone.
PSEUDOLO Dolcemente, ti prego. Reggimi. Bada che io cado, ve'! Guarda che dai pori mi trasuda il vino.
SIMONE Ma cos'è questa sfrontatezza? Andare in giro così, in pieno giorno, sbronzo, con la corona...
PSEUDOLO A me piace così.
SIMONE Come ti piace? E mi rutti ancora in faccia?
PSEUDOLO Io ci ho il rutto soave. Simone, lasciami ruttare in pace.
SIMONE Tu, manigoldo: sono convinto che saresti capace di scolare, in un'ora, quattro buone vendemmie del monte Massico[2].

1. Quando, durante una rappresentazione scenica, un personaggio bussa a una porta, invitando qualcuno a uscire di casa, nel momento in cui la porta si apre il palcoscenico si dilata, creando spazi invisibili che lo spettatore è invitato a immaginare.
2. Su questo monte, che era in Campania, si producevano vini di ottima qualità.

PSEUDOLO In un'ora, ma scarsa[3].
SIMONE Non parli male; ma devi raccontarmi da dove riconduci questo vascello così carico.
PSEUDOLO Ho fatto baldoria con tuo figlio. Però, Simone, come l'ho siringato, quel ruffiano! Le promesse che ti avevo fatto, le ho mantenute, non è vero?
SIMONE Sei un gran pataccaro.
PSEUDOLO È stato per la ragazza. Adesso è là, a tavola, al fianco di tuo figlio, libera come l'aria.
SIMONE Quello che hai fatto lo so, punto per punto.
PSEUDOLO E non mi sganci ancora la pecunia?
SIMONE È giusto. Il diritto è dalla tua. Tieni. (*Gli offre la borsa.*)
PSEUDOLO Tu dicevi: non pagherò; invece paghi. Caricalo, quest'uomo qui, e vienimi dietro.
SIMONE Caricarlo io? Con le mie mani?
PSEUDOLO Sono certo che lo farai.
SIMONE Ma cosa debbo fargli, a quest'uomo? Mi spilla i quattrini, e non basta, mi deride anche.
PSEUDOLO Guai ai vinti[4].
SIMONE E allora, dietro front.
PSEUDOLO Issa!
SIMONE Non l'avrei mai creduto, di dovermi ridurre a supplicarti. Ohi ohi!
PSEUDOLO Basta.
SIMONE Io piango.
PSEUDOLO Se non piangessi tu, dovrei piangere io.
SIMONE E dunque tu, Pseudolo, vuoi proprio lasciarlo a secco, il tuo padrone?
PSEUDOLO È tutta la mia idea.
SIMONE Non mi faresti grazia, se ti prego, di una parte del denaro?
PSEUDOLO No. Di' pure che sono un esoso, ma da questa borsa non uscirà un soldo per te. Tu non avresti avuto pietà della mia schiena, se io avessi smarronato.
SIMONE Verrà il giorno della mia vendetta, se non muoio.
PSEUDOLO Minacci? La mia schiena è pronta.
SIMONE Ti saluto.
PSEUDOLO Dài, Simone, torna indietro.
SIMONE Perché dovrei ritornare?
PSEUDOLO Ritorna, su, non resterai deluso.
SIMONE Be', eccomi qua.
PSEUDOLO Adesso noi ci facciamo una bella bevuta.
SIMONE Venire io?
PSEUDOLO Fa' come ti dico. Se vieni, metà della borsa, e magari di più, ritornerà nelle tue mani[5].

3. Le ore avevano durata differente a seconda della stagione: le ore invernali, infatti, erano più brevi di quelle estive, in quanto la suddivisione delle stesse veniva sempre effettuata dall'alba al tramonto, indipendentemente dalla stagione.
4. «Guai ai vinti» (*Vae victis* nel testo latino) è la celebre frase che, secondo lo storico Tito Livio, sarebbe stata pronunciata da Brenno, il capo dei Galli Senoni che nel 390 a.C. avevano sconfitto i Romani e occupato Roma: essa esprime drasticamente il concetto che sono i più forti, i vincitori, a dettare le regole, mentre i più deboli, i perdenti non possono fare altro che obbedire e sottomettersi appunto al diritto del più forte.
5. Il riferimento è alla scommessa che Pseudolo aveva fatto col suo padrone Simone: quest'ultimo avrebbe dovuto pagare venti mine in caso di buona riuscita della beffa ordita ai danni di Ballione.

SIMONE Vengo! Portami dove vuoi.
PSEUDOLO E adesso? Simone, ce l'hai ancora con me o con tuo figlio per tutta questa faccenda?
SIMONE E quando mai.
PSEUDOLO Per di qui, allora.
SIMONE Ti seguo. Ma perché non inviti anche gli spettatori?
PSEUDOLO Loro non mi invitano mai, accidenti, e io non invito loro. Però, però, se voi adesso applaudite la commedia e ci gridate bravi, vi invito di sicuro per domani.

(trad. di V. Faggi)

## PER COMPRENDERE IL TESTO

### Il testo e il contesto

**LA RESA DEI CONTI** Nell'ultima scena della commedia ha luogo la resa dei conti fra il padrone e lo schiavo. Dopo un lungo monologo di Pseudolo, in cui il servo, ubriaco, ricorda i momenti più spassosi del banchetto a cui ha appena partecipato, compare sulla scena Simone, portando con sé il denaro per pagare la scommessa che ha perso. Servo e padrone si affrontano, scherzano a lungo, ma i ruoli sono decisamente rovesciati: è il servo a canzonare il padrone, il quale cerca con insistenza uno sconto sul debito da onorare.

### Il senso del testo

**IL TRIONFO DI PSEUDOLO...** Battuto e cancellato il lenone dalla scena, Pseudolo può celebrare il suo trionfo. Il finale della commedia si risolve in un festeggiamento in cui sono gli eccessi a prevalere: vino, cibo, amore abbondano per Pseudolo, Calidoro, Fenicio, Carino, il tutto in una sorta di gratificazione collettiva dopo tante vicende complicate. È da notare l'assoluta mancanza di cenni sul luogo che ospita il banchetto di Calidoro: si è ipotizzato la dimora di Callifone, che funge da luogo di "asilo" per Pseudolo, il quale in precedenza aveva pregato il vecchio di rimanere in Atene per quel giorno.
Il *servus* ha la meglio non solo sul lenone ma anche sul suo padrone, sbeffeggiato secondo lo stile saturnalesco: Simone, sconfitto, deve pagare la scommessa e quindi obbedire all'invito di Pseudolo di recarsi al banchetto in cambio di una riconciliazione e di uno sconto sul denaro da pagare.

**...E LA ROTTURA DELL'ILLUSIONE SCENICA** L'ultima battuta della commedia suggella definitivamente il trionfo di Pseudolo, che per tutta la rappresentazione ha avuto in mano le fila della vicenda e ha orientato le azioni di molti personaggi. Anche Simone lo riconosce come un grande attore. L'invito, rivolto al pubblico con l'ultimo verso, assolve a una duplice funzione: da una parte conclude la finzione della vicenda; dall'altra segna nuovamente, e in modo definitivo, proprio nell'istante in cui il sipario dovrebbe calare, la rottura dell'illusione scenica, con l'abbattimento della cosiddetta "quarta parete", ossia di quel muro immaginario e convenzionale che separa il palco dalla platea.

**LEGGO E COMPRENDO**

**1.** Come possiamo descrivere l'atteggiamento di Simone nei confronti di Pseudolo in questa scena conclusiva?

**2.** Rintraccia nel testo l'ultima allusione alla metafora della beffa come una guerra da vincere.

**3.** Indica in quale parte del testo Simone concede il perdono al figlio.

# VERIFICA PER LA COMPRENSIONE

### QUESITI A SCELTA MULTIPLA

**1.** ricordare Le ventuno commedie di Plauto giunte fino a noi (le cosiddette commedie "varroniane"):

- ☐ secondo il giudizio di Varrone erano tutte certamente opera di Plauto
- ☐ secondo il giudizio di Varrone solo alcune erano certamente opera di Plauto
- ☐ ci sono giunte tutte integre
- ☐ ci sono giunte tutte in stato frammentario

**2.** ricordare I personaggi di Plauto recitano in maniera "riflessa", ovvero:

- ☐ sono psicologicamente approfonditi e dinamici
- ☐ si evolvono nel corso della vicenda
- ☐ sono autoconsapevoli e riflessivi
- ☐ sono personaggi "fissi", stereotipati, e dichiarano esplicitamente di esserlo

**3.** comprendere L'intreccio dello *Pseudolus* è riconducibile al tema:

- ☐ della somiglianza
- ☐ del viaggio
- ☐ della caricatura
- ☐ dell'agnizione

**4.** ricordare La caratterizzazione dell'innamorato nello *Pseudolus* avviene tramite:

- ☐ la parodia dello stile alto della tragedia
- ☐ una descrizione fisica particolarmente approfondita
- ☐ la narrazione degli episodi che mostrano la sua intraprendenza e caparbietà
- ☐ la narrazione dell'antefatto della commedia

**5.** comprendere Nel sistema dei personaggi della commedia Fenicio è:

- ☐ la protagonista femminile
- ☐ una comparsa
- ☐ l'oggetto del desiderio
- ☐ l'aiutante del protagonista

### QUESITI A RISPOSTA BREVE

Rispondi ai quesiti entro lo spazio di 7-8 righe circa per ciascuno. Quando lo ritieni opportuno, puoi consultare i testi.

**1.** Elenca i personaggi e le situazioni ricorrenti nelle trame delle commedie di Plauto.
**2.** Descrivi le caratteristiche del *servus callidus* riportando opportuni esempi dai testi che hai letto.
**3.** Spiega quali elementi narrativi e testuali contribuiscono a rendere i personaggi plautini dei personaggi "fissi", stereotipati.

### TRATTAZIONE SINTETICA

Leggi il seguente passo dello *Pseudolus* (fornito in traduzione italiana); quindi, nello spazio di 20-25 righe, contestualizzalo all'interno della trama della commedia e mettine in luce gli elementi di comicità.

BALLIONE Accidenti a te, rispondimi. Io parlo sul serio: quanto costi? A che prezzo ti ha noleggiato Pseudolo?
ARPACE Pseudolo? E chi è?
BALLIONE Il tuo maestro. Che ti ha insegnato questo trucco per siringarmi la donna.
ARPACE Ma quale trucco! Quale Pseudolo! Cosa vai predicando. Non so neanche com'è fatto, quello.
BALLIONE Perché non smammi? Qui non c'è niente da guadagnare per un truffatore. Vaglielo a dire, a Pseudolo, che un altro, che è arrivato prima, ha portato via la preda: Arpace.
ARPACE Ma Arpace sono io!
BALLIONE Vorresti esserlo, sicuro. Invece sei soltanto un impostore.
ARPACE Io, a te, ho consegnato il denaro; e prima, appena arrivato, ho dato al tuo schiavo, qui, davanti a questa porta, la contromarca e la lettera con il sigillo del ritratto.
BALLIONE Hai dato la lettera al mio schiavo? Quale schiavo?
ARPACE Siro.
[...]
BALLIONE Ho paura, accidenti che paura! Più parla e più mi viene freddo. Quel Siro, accidenti, quel Siro che s'è preso il contrassegno, sarebbe strano che non fosse Pseudolo! Ehi tu, com'era fatto quel tizio a cui hai dato il contrassegno?
ARPACE Era un tipo rosso, con la pancia, le gambe grosse, un po' scuro di pelle, un gran testone, occhi appuntiti, faccia rubiconda, con due piedoni così.
BALLIONE I piedi, ahimè! Mi hai ucciso parlando dei piedi. Era Pseudolo!

(*Pseudolus*, vv. 1190-1221; trad. di V. Faggi)

# La parodia della cultura alta

PER ANALIZZARE



**COMMEDIA NUOVA E FARSA ITALICA** Plauto pone la beffa al centro del suo mondo poetico: gli inganni, infatti, concorrono in misura determinante ad acuire la *vis comica*, elemento fondamentale nonché scopo ultimo della commedia plautina. I personaggi messi in scena da Plauto – ovvero gli attori della beffa (coloro che la architettano al pari di coloro che ne restano vittima) – sono spesso schierati in gruppi antagonisti, non di rado rappresentati come eserciti contrapposti, decisi a combattere con ogni arma contro l'avversario per conquistare la posta in gioco.

La centralità della beffa è per altro un elemento chiave di cui Plauto si serve nel trasporre il teatro greco in quello romano, con il risultato di una commistione fra commedia nuova ellenistica e farsa italica assolutamente originale: la farsa e la beffa, inscenate spesso dalla figura del *servus callidus*, riprendono direttamente i modi e i toni del teatro farsesco italico, forma autoctona di messa in scena che aveva la sua cifra caratteristica nell'improvvisazione scenica e nell'inventiva linguistica.

Nell'apportare modifiche alle trame dei modelli o alle strutture delle commedie greche, Plauto ha concentrato la propria attenzione sull'invenzione metrico-musicale e soprattutto linguistica. La vivezza e la carica comica che si riscontrano nelle diverse scene della rappresentazione e in vari atteggiamenti dei personaggi in scena sono spesso il frutto della sua funambolica inventiva linguistica, cioè di una considerevole capacità di creare nuovi vocaboli e nuove immagini, giochi di parole e bisticci lessicali finalizzati unicamente a creare un effetto comico straordinario.

**LE METAFORE** Plauto è un instancabile inventore di metafore. Questo artificio retorico risulta quasi del tutto assente nei testi di Menandro, l'unico autore della commedia nuova ellenistica di cui possiamo leggere una certa quantità di testi, mentre è presente nel più vivace e farsesco teatro di Aristofane, l'unico autore della commedia antica di cui ci sono giunte commedie integre.

■ Il poeta greco Menandro, affresco, I sec. d.C. Pompei, Casa del Menandro.

In Plauto le metafore rivestono una funzione fondamentale: in genere, si intrecciano e si ripropongono lungo tutto lo svolgersi della commedia, divenendo un vero e proprio filo conduttore che dà ordine e forma alla struttura della rappresentazione. Ovviamente, poiché l'azione teatrale è azione di scontro e contrapposizione, le metafore dominanti nelle commedie plautine riguardano l'ambito militare: la lotta fra servi e padroni o fra *adulescentes* e *senes* si configura sempre come una vera e propria "guerra", condotta con armi e strategie affini a quelle usate in un contesto bellico. Le parti in lotta fra loro vengono identificate con eserciti che, guidati da un vero e proprio *imperator*, si schierano, riuniscono le insegne, entrano in battaglia, combattono con la spada, tendono agguati, vincono o vengono sconfitti. Se la "battaglia" si gioca poi in ambito amoroso, le metafore militaresche si trasformano spesso in metafore venatorie o erotiche.

Una menzione a parte meritano le metafore tratte dall'ambito culinario: l'attività drammaturgica viene infatti spesso assimilata all'arte culinaria, per cui la capacità di inventare e preparare cene prelibate è spesso assunta a simbolo, a "figura" dell'abilità di ideare intere farse o singole battute. Un altro ambito a cui attinge la creatività plautina è quello giuridico-civile e religioso: spesso, infatti, nei dialoghi plautini compaiono immagini espresse attraverso i solenni stilemi propri appunto del linguaggio giuridico-sacrale, al fine di creare uno scarto profondo fra la situazione e il modo di esprimersi del personaggio.

Insomma, l'intera realtà di Roma si rispecchia nella commedia plautina, ma in modo del tutto particolare: Plauto opera infatti un costante ribaltamento comico della realtà, la quale viene rappresentata in continua trasformazione, o metamorfosi, tanto del linguaggio quanto dei significati. La metamorfosi di uomini, animali, cose e idee, che avviene grazie alla metafora, somiglia in definitiva alla trasformazione che l'attore mette in atto sulla scena, dove, travestendosi, diventa ogni volta qualcun altro.

**LE SIMILITUDINI** L'inventiva linguistica di Plauto si esplica anche nell'utilizzo di similitudini di notevole efficacia evocativa, attinte al medesimo bacino da cui provengono le numerose metafore, ovvero innanzi tutto gli ambiti militare, giuridico-sacrale, economico. L'uso delle similitudini è finalizzato da un lato alla ricerca di un realismo espressivo sempre più immediato e coinvolgente, dall'altro al conseguimento di un effetto comico irresistibile. La fantasia immaginativa dell'autore risulta davvero originale: egli sa guardare alla realtà nei suoi aspetti più variegati e a volte paradossali, traendone immagini di straordinaria efficacia.

**LE FILASTROCCHE VERBALI** Nelle commedie plautine sono presenti diversi altri espedienti espressivi, tesi ad aumentare la *vis* comica della rappresentazione. Fra questi uno dei più significativi è quello dell'enumerazione, spesso lunghissima, di persone, fatti, oggetti, concetti: l'intento è quello di esagerare la realtà delle cose, di enfatizzare l'episodio o il momento rappresentato, raggiungendo attraverso un'iperbole il massimo dell'espressività. Queste elencazioni si presentano come vere e proprie filastrocche in cui i diversi elementi vengono scanditi in modo ritmato, accostati in un vortice di assonanze, allitterazioni e omoteleuti.

**LE BATTUTE "A PARTE"** Anche le battute "a parte" sono un mezzo linguistico importante, poiché creano un momento di confronto con il pubblico: travalicando l'azione scenica in atto, impongono un secondo piano di immaginazione e comunicazione. Le battute "a parte" uniscono l'attore agli spettatori, i quali vengono resi partecipi di uno scherzo o portati a un maggior grado di consapevolezza riguardo all'azione scenica. A tutti gli effetti, esse dimostrano la speciale natura della comunicazione teatrale che permette di ricevere più messaggi contemporaneamente.

LINGUA E STILE

# LO STILE DI PLAUTO

***VORTERE BARBARE*** La **trasposizione** di una commedia greca in latino è un procedimento che implica di adattare e di rendere fruibili per un pubblico di cultura non greca dei testi greci. Per riferirsi a questa operazione di trasposizione di una commedia greca in latino Plauto usa il termine ***vortere*** (*vertere*), «tradurre», significativamente sempre accompagnato dall'avverbio ***barbare***, «in lingua straniera». In realtà, non si tratta di semplici traduzioni, bensì di **libere rielaborazioni**. La fedeltà ai modelli si gioca tutta sulla conservazione dell'ambientazione greca e sul mantenimento delle linee essenziali delle trame; allo stesso tempo, però, Plauto si sente libero di apportare modifiche, anche notevoli, ogni volta che ciò gli serva per raggiungere con maggior efficacia lo scopo di divertire il suo pubblico, le cui esigenze e attese erano spesso lontane da quelle del pubblico greco.
Plauto è dunque un autore che opera con totale consapevolezza in vista del raggiungimento del suo scopo (che è appunto quello di rendere fruibili e pienamente godibili per un pubblico di cultura non greca dei testi greci). Significativamente, egli non si sente né aspira in alcun modo a presentarsi al suo pubblico come un *vates*, ossia come un poeta ispirato dalla divinità. Plauto è un ***poeta*** o meglio ancora un ***architectus***, ossia un «inventore», un «ideatore»; egli è cioè un "professionista" della parola poetica, che opera razionalmente e la cui volontà è sovrana: non a caso, il termine più importante mediante il quale egli esprime il nesso fra sé e la sua creazione è proprio il verbo *velle*, «volere» (*Plautus voluit, Plautus noluit*).

**LE SCELTE LINGUISTICHE** La lingua che Plauto crea non mira alla verisimiglianza realistica. Diversi artifici linguistici, infatti, contribuiscono a realizzare un impasto del tutto originale.
Il punto di partenza della lingua plautina è costituito dal ***sermo familiaris*** di Roma (ovvero la lingua caratteristica della conversazione delle persone colte) in cui si ha solo qualche innesto tratto dal *sermo plebeius* o *rusticus* (ovvero la lingua del popolo, parlata nei vicoli e nei mercati).
Su tali fondamenta linguistiche si costruisce un edificio stupefacente, grazie al ricorso a figure retoriche di ogni tipo (anafore, chiasmi, poliptoti, omoteleuti, allitterazioni, parallelismi). Sul **piano lessicale** la **ricchezza** della lingua risulta straordinaria: dominano arcaismi, grecismi, neologismi, frequentemente combinati in efficaci giochi di parole, iperboli, accumulazioni. Il tutto sempre adattato alle differenti esigenze comunicative.

**METRICA E MUSICA** Il segno più evidente della diversità fra originali greci e testi latini è costituito dall'**elemento metrico-musicale**. Di norma, la commedia nuova ellenistica non contemplava la possibilità di parti cantate se non negli intervalli fra un atto e l'altro.
Nel passaggio alla scena latina spariscono gli atti e l'azione diviene continua, senza pause istituzionali (la suddivisione in atti presente oggi nelle commedie plautine risale al XVI secolo). In Plauto, accanto a parti recitate in senari giambici, chiamate ***deverbia***, e a parti recitate con possibilità di accompagnamento musicale in settenari trocaici, dette ***cantica***, trovano posto parti musicate e cantate, definite ***mutatis modis cantica***, nelle quali versi lunghi vengono accostati a versi più brevi, in un'elaborazione metrica molto complessa, tesa a rappresentare le parti più patetiche della vicenda.
I *deverbia*, in genere, sono scene nelle quali gli attori sono impegnati in dialoghi o monologhi il cui andamento ritmico è vicino a quello della prosa, a evidente imitazione della conversazione quotidiana. I *cantica* non sono aggiunte estranee all'azione, ma passi composti da dialoghi più accesi, con scene intense che fanno avanzare l'azione.
Tra i **metri preferiti** da Plauto troviamo il **senario giambico** e il **settenario trocaico**, assai diffusi a Roma nell'ambito della versificazione popolare. Il primo era sicuramente solo recitato, mentre il secondo, oltre a essere recitato, poteva anche essere declamato.
Davvero poco, purtroppo, sappiamo delle **musiche** dei *cantica*, che probabilmente erano abbastanza elaborate (➤ Scheda "Storia, cultura, civiltà", p. 116).

**GUIDA ALLO STUDIO**

**1.** Come viene concepita da Plauto la figura del poeta?

**2.** Che cos'è il *sermo familiaris*? Che rapporto intercorre tra il *sermo familiaris* parlato a Roma e la lingua che Plauto utilizza nelle sue commedie?

**3.** Che cosa sono i *deverbia*? E i *cantica*?

## STORIA, CULTURA, CIVILTÀ | LA MUSICA DEL TEATRO LATINO

**L'IMPORTANZA DELLA MUSICA** Della musica che accompagnava l'azione delle palliate, purtroppo, non ci è rimasto praticamente nulla: abbiamo infatti solo un verso di Terenzio (*Hecyra*, v. 861) sopra il quale, in un codice del X secolo, è notata la melodia, ma gli studiosi ritengono per lo più che si tratti di una notazione non autentica.
Possiamo comunque farci un'idea dell'**importanza** che la **musica** rivestiva soprattutto nel teatro plautino grazie alle **didascalie** tramandate insieme ai testi, dove troviamo in alcuni casi l'indicazione di musicisti e di strumenti musicali, e grazie ai **commenti** risalenti ai grammatici antichi, i quali riferiscono i nomi dei musicisti che hanno composto le musiche di scena per la prima rappresentazione di alcune palliate. *Marcipor* è, ad esempio, il nome del compositore dello *Stichus* di Plauto e *Flaccus* è uno dei compositori che collaboravano con Terenzio: erano schiavi, come tutte le persone che lavoravano nell'ambito dello spettacolo.
Inoltre, nelle raffigurazioni pittoriche, vascolari e musive gli attori e le maschere compaiono spesso in scena insieme con i **musicisti**. Particolarmente vivaci sono i mosaici provenienti dalla cosiddetta "Villa di Cicerone" a Pompei (e attualmente conservati nel Museo Archeologico di Napoli), uno dei quali raffigura appunto i musicisti di una scena comica.

■ **Scena comica con musicisti**, dalla Villa di Cicerone a Pompei, II sec. a.C. Napoli, Museo Archeologico Nazionale.

**MUSICA E COMICITÀ** I musicisti stavano ai lati della scena ed eseguivano la melodia dei *cantica*, a solo o in gruppo, coordinandosi nei tempi scenici con gli attori; inoltre, riempivano con intermezzi musicali i momenti tra una scena e l'altra.
Sicuramente venivano composte **melodie originali**; tuttavia, è ragionevole pensare che i musicisti attingessero a un **vastissimo repertorio** di melodie e ritmi tramandati per tradizione e che su di essi fossero in grado di improvvisare con estrema fantasia e libertà.
A volte la musica anticipava l'entrata dell'attore: dal timbro, dall'altezza e dall'andamento della melodia il pubblico poteva intuire quale personaggio sarebbe giunto in scena. In alcuni casi Plauto, forse sulla scorta di esempi della commedia nuova greca, faceva in modo che l'attore, come a volte interagiva con il pubblico con gli "a parte", allo stesso modo si mettesse a parlare con i musicisti, invitandoli sulla scena e creando rapide *gag*. Un caso assai noto è quello che chiude lo ***Stichus***. Nel finale va in scena una danza sfrenata dei servi, felici perché, data la positiva conclusione della vicenda, anche a loro è concesso di fare baldoria. In questo contesto un servo, Sangarino, invita il musicista a entrare in scena e a bere un sorso insieme alla compagnia per riprendersi dalla fatica e per prepararsi a intonare la danza finale:

*SANGARINUS* *Tene, tibicen, primum; postidea loci*
*si hoc eduxeris, proinde ut consuetu's antehac, celeriter*
*lepidam et suavem cantionem aliquam occupito cinaedicam,*
*ubi perpruriscamus usque ex unguiculis. Inde huc aquam.*
*Tene tu hoc, educe. Dudum placuit potio:*
*nunc minus gravate iam accipit. Tene tu. Interim,*
*meus oculus, da mihi savium, dum illic bibit.*
[...]
767 *Age, iam infla buccas, nunciam aliquid suaviter.*
*Redde cantionem veteri pro vino novam.*
*Qui Ionicus aut cinaedicust, qui hoc tale facere possiet?*

SANGARINO Flautista, prima prendi questo bicchiere; poi, se ti sei mosso da lì, ritorna al solito posto, e alla svelta attacca un bel motivetto grazioso per un balletto *osé*, che abbiamo un prurito fino alle unghie. Aggiungiamo anche un po' d'acqua. Vieni, prendi. (*al pubblico*) Poco fa una bevutina gli ha fatto piacere: adesso la accetta ancora più volentieri. (*al musicista*) Tieni. Intanto, mia bella (*rivolto a una donna*), dammi un bacino, mentre quello beve. [...] (*al musicista*) Su, adesso torna a gonfiare le gote, una bella canzoncina allegra. Ripaga il vino vecchio con una melodia nuova. (*cantando*) Chi c'è che mi fa un così bel balletto, uno che venga dalla Ionia o che conosca i ritmi sfrenati?

Plauto ha strutturato il testo in perfetta aderenza alle esigenze sceniche: fino al v. 761 il metro è il settenario trocaico, metro da *cantica*, quindi fino a qui l'attore canta e il musicista suona. Dal v. 762 fino al v. 768, mentre il flautista sta effettivamente bevendo sulla scena, il metro diventa il senario giambico (ovvero il metro dei recitativi) per diventare poi al v. 769 un ottonario giambico (altro metro impiegato nei *cantica*), quando ricominciano la musica e il canto (e probabilmente inizia il balletto finale). Ciò che si può ricavare con certezza da questo passo è che attori e musicista dovevano essere perfettamente coordinati.

***TIBIAE* E *TIBICINES*** I *cantica* e le parti danzate erano accompagnati da melodie eseguite da strumenti a fiato, detti ***tibiae***. In questi strumenti, della famiglia dell'*aulòs*, «flauto» greco, il suono veniva prodotto mediante la messa in vibrazione della colonna d'aria presente nel tubo (di osso) grazie a una coppia di lamelle di legno («ance») in cui soffiava l'esecutore. I suoni di diversa altezza venivano realizzati mediante la chiusura con i polpastrelli dei fori presenti sul tubo. Le *tibiae* erano presenti in tutte le regioni del Mediterraneo (e ancora oggi nel folklore ci sono strumenti simili, come per es. le *launeddas* in Sardegna); quelle che si usavano a Roma per il teatro – le cosiddette ***tibiae sarranae***, in quanto provenienti dalla città fenicia di Tiro (*Sarra*) – erano adatte a ritmi orientali particolarmente sfrenati. Il timbro della *tibia* doveva essere piuttosto penetrante, adatto a situazioni comiche e con una potenza di suono tale da garantire un buon risultato anche all'aperto. Spesso il suonatore teneva contemporaneamente **due *tibiae***, grazie a una piccola maschera di cuoio che permetteva di trattenere agevolmente tra le labbra le imboccature: in questo modo poteva eseguire due suoni contemporaneamente. Le *tibiae*, infine, potevano avere diverse lunghezze a seconda del timbro (grave, medio o acuto) richiesto dalla scena e, ovviamente, il musicista le alternava durante l'esecuzione. Insieme ai suonatori di *tibia*, i ***tibicines***, che potevano suonare sia come solisti sia in gruppo, c'erano sicuramente vari **percussionisti**, soprattutto per le musiche delle danze.

■ **La preparazione di un dramma satiresco**, particolare da un mosaico proveniente dalla Casa del Poeta tragico a Pompei, I sec. d.C. Napoli, Museo Archeologico Nazionale.

**GUIDA ALLO STUDIO**

**1.** Da quali fonti possiamo ricavare informazioni relativamente all'importanza che rivestiva la musica nel teatro romano e in particolar modo in Plauto?

**2.** Basandoti sui vv. 758 ss. dello *Stichus*, che cosa puoi dire riguardo al rapporto tra attori e musicisti nelle commedie plautine?

**3.** Quali strumenti venivano adoperati per accompagnare la recitazione?

T10

LATINO/ITALIANO

# Pirgopolinice e Artotrogo

| *Miles gloriosus*, atto I, vv. 1-35; 55-68 | metro: senari giambici |

*L'azione è ambientata a Efeso. La scena rappresenta una strada sulla quale si affaccia la casa di Pirgopolinice; protagonisti del passo sono quest'ultimo e Artotrogo. Il primo è un soldato vanaglorioso, il cui nome roboante si adatta perfettamente all'individuo: il nome "Pirgopolinice" è infatti costituito da tre elementi greci,* pỳrgos *(«torre»),* pòlis *(«città») e* nìke *(«vittoria»), da cui il significato di «vincitore di torri e città» o «distruttore di città fortificate». L'altro personaggio è il suo parassita, un individuo meschino, sempre pronto ad assecondare la vanagloria del* miles*. Il suo nome deriva dai componenti greci* àrtos *(«pane») e* trògo *(«mangio»), da cui il significato di «mangiatore di pane», con un chiaro riferimento al suo status sociale.*

*Questa scena, che precede il prologo vero e proprio, ha la funzione di mettere subito in evidenza la personalità del protagonista, delineandone i lati deboli a causa dei quali egli subirà le beffe più atroci. I tratti più fragili dell'indole del* miles *sono un'altissima considerazione del proprio valore militare e la presunzione del fascino irresistibile esercitato sulle donne. Chi stimola il soldato ad abbandonarsi alle spacconate è il suo parassita che ne aizza la vanagloria, con lusinghe e adulazioni sfrontate e paradossali, al solo fine di ottenere una buona cena alla sua mensa.*

PYRGOPOLYNICES, ARTOTROGUS

PYRGOPOLYNICES Curate ut splendor meo sit clupeo clarior
quam solis radii esse olim quom sudumst solent,
ut, ubi usus veniat, contra conserta manu
praestringat oculorum aciem in acie hostibus.
Nam ego hanc machaeram mihi consolari volo,
ne lamentetur neve animum despondeat,
quia se iam pridem feriatam gestitem,
quae misera gestit fartem facere ex hostibus.
Sed ubi Artotrogus hic est?

PIRGOPOLINICE, ARTOTROGO

PIRGOPOLINICE Badate, voi: il mio scudo deve sfolgorare più che i raggi del sole nel cielo più terso. Così che, se si presenta l'occasione, nel fuoco della battaglia, bruci gli occhi dei nemici. Io voglio consolarla, questa mia spada, che non si lamenti, poverina, e non si perda d'animo, poveraccia, poi che da troppo tempo la tengo in ozio mentre lei spasima dalla voglia di far polpette dei nemici.
Ma dov'è Artotrogo?

[v. 1] **clupeo**: forma arcaica per *clipeo*.
[v. 2] **olim quom**: forma arcaica per *tum cum*, «quando». • **sudumst**: forma contratta di *sudum est*, per aferesi; l'aferesi è un fenomeno comunissimo in Plauto, che si realizza con le forme *es* o *est* del verbo *sum*, precedute da parola che termina per vocale oppure per *-m*. In questo passo se ne incontrano altri esempi al v. 19 (*quidemst* per *quidem est*) e al v. 69 (*nimiast* per *nimia est*).
[v. 4] **aciem... acie**: nota il poliptoto; l'espressione si gioca sui due diversi significati del termine *acies*, che significa sia «acutezza degli occhi» sia «campo di battaglia».
[v. 5] **machaeram**: grecismo della lingua popolare, «spada»; elemento sottoposto a personificazione.
[v. 6] **animum despondeat**: quest'espressione ha carattere idiomatico e va resa con «perdersi d'animo».

ARTOTROGUS Stat propter virum
fortem atque fortunatum et forma regia;
tum bellatorem – Mars haud ausit dicere
neque aequiperare suas virtutes ad tuas.
PYRGOPOLYNICES Quemne ego servavi in campis Curculioneis,
ubi Bumbomachides Clutomestoridysarchides
erat imperator summus, Neptuni nepos?
ARTOTROGUS Memini. Nempe illum dicis cum armis aureis,
quoius tu legiones difflavisti spiritu,
quasi ventus folia aut peniculum tectorium.
PYRGOPOLYNICES Istuc quidem edepol nihil est.
ARTOTROGUS Nihil hercle hoc quidemst
praeut alia dicam – quae tu numquam feceris.
Peiiuriorem hoc hominem si quis viderit
aut gloriarum pleniorem quam illic est,
me sibi habeto, ego me mancupio dabo;
nisi unum, epityra estur insanum bene.
PYRGOPOLYNICES Ubi tu es?

ARTOTROGO È qui, proprio qui, vicino ad un eroe che è forte, favoloso d'aspetto come te. E che razza di soldato! Oserebbe Marte confrontarsi con lui? No, non oserebbe dire che le sue gesta sono pari alle tue.
PIRGOPOLINICE Chi? Quello che ho salvato nei campi gorgoglioneschi, dove il capo supremo si chiamava Bumbummachide Fessachioide[1], il nipote di Nettuno?
ARTOTROGO Ricordare? Ma certo. Tu parli di quel tale dalle armi d'oro? Le sue legioni, vvvummm!, tu le hai spazzate via con un soffio, come fa il vento con le foglie e le pannocchie sul tetto[2].
PIRGOPOLINICE E questo che cos'è? Nulla, per Polluce.
ARTOTROGO Nulla, per Ercole, se mai pensiamo alle altre imprese, quelle che non ti sei mai sognato di fare. Se qualcuno ne conosce uno più bugiardo di lui, più sbruffone di lui, mi tenga pure come schiavo, io mi consegno mani e piedi. Però c'è un fatto: a casa sua si mangia un pasticcio d'olive che ti fa perdere la capa.
PIRGOPOLINICE Ehi, dove sei?

[v. 10] **fortem atque fortunatum et forma regia**: l'allitterazione amplifica il senso delle qualità di Pirgopolinice, l'ultima delle quali espressa con una *variatio* (il sostantivo *forma* in luogo di un aggettivo, come lo sono i due termini precedenti *fortem* e *fortunatum*).
[v. 11] **ausit**: forma arcaica di perfetto congiuntivo-ottativo di *audeo*; qui con valore potenziale.
[vv. 13-14] **Curculioneis... Bumbomachides Clutomestoridysarchides**: i nomi grotteschi e altisonanti del comandante (*imperator*) sono inventati su radici e temi greci, con intento parodistico dello stile alto dell'epica.
[v. 19] **edepol**: interiezione assai diffusa in Plauto, equivalente a *pol* (vedi v. 28), da rendere con «per Polluce».
[v. 20] **praeut**: composto di *prae* e *ut*, «a confronto».

1. L'intera espressione è forgiata in modo umoristico su calchi greci, che evocano l'idea di battaglie, rimbombi, glorie. L'effetto comico per il pubblico era dato più dall'accostamento dei suoni che dalla comprensione del significato dei nomi.
2. Questa similitudine presuppone l'abitudine di rivestire i tetti delle case dei poveri con le foglie delle pannocchie.

ARTOTROGUS Eccum. Edepol vel elephanto in India,
quo pacto ei pugno praefregisti bracchium.
PYRGOPOLYNICES Quid, "bracchium"?
ARTOTROGUS Illud dicere volui, "femur".
PYRGOPOLYNICES At indiligenter iceram.
ARTOTROGUS Pol si quidem
conixus esses, per corium, per viscera
perque os elephanti transmineret bracchium.
PYRGOPOLYNICES Nolo istaec hic nunc.
ARTOTROGUS Ne hercle operae pretium quidemst
mihi te narrare tuas qui virtutes sciam.
Venter creat omnis hasce aerumnas: auribus
peraudienda sunt, ne dentes dentiant,
et adsentandumst quidquid hic mentibitur.
[...]
ARTOTROGUS Quid tibi ego dicam, quod omnes mortales sciunt,
Pyrgopolynicem te unum in terra vivere
virtute et forma et factis invictissumum?
Amant te omnes mulieres, neque iniuria,

ARTOTROGO Eccomi qua. Ma tu, in India[3], con quell'elefante, come hai fatto a rompergli un braccio con un pugno?
PIRGOPOLINICE Che cosa? Un braccio?
ARTOTROGO Volevo dire una gamba.
PIRGOPOLINICE Ma sì, gli ho dato un colpetto.
ARTOTROGO Accidenti! Se facevi sul serio, il tuo braccio gli sfondava la pelle e la panza e gli veniva fuori dalla bocca.
PIRGOPOLINICE Lasciale perdere, adesso, queste cose.
ARTOTROGO Le tue imprese, mica è il caso che tu le racconti a me, che le conosco per filo e per segno. (*Tra sé*) È la panza, la panza, che mi fa passare queste tribolazioni. Se le orecchie non orecchiano, i denti mi si sdentano[4]. E così lui racconta frottole e io dico di sì.
[...]
ARTOTROGO Ma che cosa posso dirti? Tanto lo sanno tutti che al mondo ci sei tu e solo tu per coraggio e bellezza e fior di imprese. Le donne? Stravedono per te, loro, e mica ci hanno torto, bello come sei[5].

[v. 32] **virtutes**: metonimia con valore di «prodezze».
[v. 34] **ne dentes dentiant**: in quest'espressione, che letteralmente significa «perché i denti non si allunghino», il sostantivo *dentes* è accostato in figura etimologica al verbo *dentire*, per raffigurare un'immagine paradossale del parassita che, affamato, finisce sempre più per sembrare un roditore.
[v. 57] **invictissumum**: forma arcaica per *invictissimum*.

3. Il riferimento all'India potrebbe costituire un velato paragone con le imprese di Alessandro Magno, le cui campagne di espansione giunsero fino alla valle dell'Indo.
4. La caduta dei denti è un riferimento agli effetti della fame.
5. Inizia qui la seconda argomentazione alla base delle vanterie del *miles*: il fascino esercitato sulle donne.

qui sis tam pulcher; vel illae quae here pallio
me reprehenderunt.
PYRGOPOLYNICES Quid eae dixerunt tibi?
ARTOTROGUS Rogitabant: «Hicine Achilles est?» inquit mihi.
«Immo eius frater» inquam «est». Ibi illarum altera:
«Ergo mecastor pulcher est» inquit mihi
«et liberalis. Vide caesaries quam decet.
Ne illae sunt fortunatae quae cum isto cubant!».
PYRGOPOLYNICES Itane aibant tandem?
ARTOTROGUS Quaen me ambae obsecraverint,
ut te hodie quasi pompam illa praeterducerem?
PYRGOPOLYNICES Nimiast miseria nimis pulchrum esse hominem.

Prendi quelle che ieri mi han tirato per il mantello[6].
PIRGOPOLINICE Che ti dicevano, eh?
ARTOTROGO Non la finivano di chiedermi. «Ma è Achille?» mi fa una. E io: «No, è suo fratello[7]». E sotto un'altra che mi fa: «Dio come è bello, e che classe! E la chioma? Guarda come gli cade! Fortunate quelle che possono infilarsi nel suo letto!».
PIRGOPOLINICE Dicevano proprio così?
ARTOTROGO Come no? Tutte e due mi pregavano che ti facessi passare di là, oggi, più o meno come in processione.
PIRGOPOLINICE Che guaio essere così bello!

(trad. di V. Faggi)

[v. 59] **here**: forma arcaica per *heri*.
[v. 61] **Hicine**: composto di *hice* (forma rafforzata del pronome *hic*), cui si salda la particella interrogativa *-ne* enclitica.
[v. 63] **mecastor**: interiezione analoga a *edepol* (vedi v. 19), da rendere con «per Castore».
[v. 64] **quam**: forma per *quantum*, introduce un'interrogativa indiretta in cui il verbo *decet* è al modo indicativo secondo un uso sintattico arcaico.
[v. 66] **Quaen**: particella enfatica con valore asseverativo, da rendere con «come no?».

6. Il mantello a cui si allude è il *pallium* greco, da cui deriva il termine *palliata*, usato per definire la commedia romana di ambientazione greca.
7. Achille era notoriamente figlio unico. L'invenzione di un fratello da parte del parassita esalta l'orgoglio di Pirgopolinice, che ovviamente non ne coglie la sfumatura ironica.

**PER ANALIZZARE IL TESTO**

## Il testo e il contesto

**IL SOLDATO SBRUFFONE E IL PARASSITA** La scena, ambientata in una piazza di Efeso, costituisce il primo atto della commedia; vi campeggia il personaggio del soldato sbruffone, il quale si presenta al pubblico in tutta la sua protervia. Dopo aver affidato ai suoi *satellites* il compito di lucidargli lo scudo, esce di casa e, entrando in scena, si imbatte in Artotrogo, il suo parassita. Al fine di ottenere un invito a pranzo, costui non esita, da abile profittatore qual è, a usare l'arma dell'adulazione, facendo da spalla alle vanterie del *miles*: rivolgendosi direttamente al pubblico in alcuni "a parte", dimostra però di sapere perfettamente che il padrone è un impostore e un borioso. Al termine del dialogo (qui non riportato integralmente), il *miles*, lusingato e soddisfatto, si reca nel foro in compagnia del parassita per arruolare dei mercenari. Esaurito il suo ruolo di "spalla", Artotrogo non comparirà più nella commedia.

## Lo stile del testo

**IPERBOLE E PARODIA** Sul piano retorico-stilistico in questo passo prevale l'uso dell'iperbole: grazie al ricorso a questa figura retorica gli atti eroici del *miles*, debitamente amplificati ed esagerati anche dal parassita, perdono gradualmente di verosimiglianza, con il risultato di creare un effetto parodistico. La comicità del passo è dovuta poi anche alla parodia dello stile epico, che si realizza attraverso metafore roboanti, iperboli, iperbati, allitterazioni, chiasmi.

- L'elogio che il parassita rivolge alla forza e alla fortuna del *miles* richiama la natura e lo stile degli *elogia* che a Roma venivano pubblicamente tributati a cittadini particolarmente valorosi. In apertura del passo, Artotrogo arriva addirittura a istituire un paragone con una divinità, alla quale il *miles* dichiara di aver addirittura salvato la vita. Si tratta della prima clamorosa autocelebrazione del soldato. Indica qui di seguito i versi in cui viene sviluppata: ......................
  ..............................................................................
- Ai vv. 17-18 è presente una similitudine di derivazione letteraria, attestata in un celebre passo dell'*Iliade* (6, vv. 146-149). Evidente risulta pertanto la parodia dello stile solenne dell'epica. Riporta qui la similitudine; quindi spiegane il significato: .................................
  ..............................................................................
  ..............................................................................
  ..............................................................................
- La ricerca della complicità del pubblico è un elemento costante della comicità plautina. In questa scena il parassita svela la vera finalità del suo elogio al *miles* in due passi in cui si rivolge direttamente al pubblico (rompendo cioè la finzione scenica, secondo uno stratagemma di natura metateatrale). Individua i passi (indicandone i versi); quindi illustra qual è il contenuto delle rivelazioni del parassita: .................................
  ..............................................................................
  ..............................................................................
  ..............................................................................
  ..............................................................................
- L'iperbole è la figura stilistica dominante in questo passo, ripetutamente impiegata per descrivere le imprese e le doti di Pirgopolinice. Trascrivine qui di seguito alcuni esempi: ...........................................
  ..............................................................................
  ..............................................................................
  ..............................................................................
  ..............................................................................
- Il passaggio dall'elogio per le presunte glorie militari di Pirgopolinice alla celebrazione del successo in ambito amoroso avviene al v. 58, là dove Artotrogo inizia a parlare delle numerose donne che ricercano il *miles* per la sua bellezza. Tuttavia, quando il parassita menziona un eroe omerico, si capisce che anche le qualità amatorie del *miles* sono del tutto prive di fondamento. Rintraccia il passo; quindi indica quale rapporto di parentela viene ventilato fra il *miles* e l'eroe omerico; infine, spiega per quale motivo questo rapporto di parentela non è in alcun modo plausibile:
  ..............................................................................
  ..............................................................................
  ..............................................................................
  ..............................................................................
  ..............................................................................
  ..............................................................................
  ..............................................................................

### LEGGO E ANALIZZO

**1.** Spiega in che modo i nomi di "Pirgopolinice" e "Artotrogo" contribuiscono alla caratterizzazione dei due personaggi.

**2.** Che tipo di informazioni vengono date al pubblico con gli "a parte" di Artotrogo?

**3.** Nel finale del brano da quale atteggiamento di Pirgopolinice deduciamo che Artotrogo ha catturato abilmente l'attenzione del soldato?

**4.** analizzare Qual è il paradigma del verbo a cui appartiene la voce *iceram* (v. 28)?

- ☐ *iacio, -is, iēci, iactum, iacĕre*
- ☐ *iaceo, -es, iacŭi, iaciturus, iacēre*
- ☐ *icio, icis, ici, ictum, icĕre*
- ☐ *iacto, -as, -āvi, -ātum, -āre*

**5.** analizzare A quale tipo di costruzione appartiene *adsentandumst* (v. 35) ?

- ☐ perifrastica attiva
- ☐ perifrastica passiva con costruzione personale
- ☐ perifrastica passiva con costruzione impersonale
- ☐ participio congiunto

**6.** analizzare Che tipo di proposizione è *qui sis tam pulcher* (v. 59)?

- ☐ relativa propria
- ☐ relativa causale
- ☐ relativa consecutiva
- ☐ relativa finale

## STORIA, CULTURA, CIVILTÀ | IL SOLDATO SMARGIASSO NEL TEATRO EUROPEO

**LA FORTUNA DEL SOLDATO SMARGIASSO...** Il personaggio del *miles gloriosus* ha avuto notevole fortuna nel teatro europeo: ha infatti ispirato diversi personaggi divenuti celebri secoli e secoli dopo, a partire dalla maschera di **Capitan Fracassa**, uno dei tipi più caratteristici della Commedia dell'Arte.
*Il capitano* di Ludovico Dolce (1545), pur di ambientazione moderna, appare quasi una traduzione del *Miles* plautino; imitazioni e rielaborazioni sono *Il prode* del francese de Baif (1567), *Ralph Roister Doister* dell'inglese Udall (attorno al 1530), *Vero Capitan Matamore fanfarone* del francese Mareschal (1638). Una menzione particolare merita *L'illusione comica* del grande drammaturgo francese **Corneille** (1636), che offre, con il personaggio di Matamoros, una fusione dei caratteri del soldato plautino e delle peculiarità del capitano di ventura della Commedia dell'Arte.

**...E QUELLA DEL LIBERTINO MILLANTATORE** Un discorso a parte deve essere fatto poi a proposito della fortuna che ha avuto nei secoli la **dimensione amorosa** di Pirgopolinice, la sua indole di libertino millantatore, sempre alla ricerca di nuove conquiste femminili. Questa dimensione della personalità di Pirgopolinice, seppur secondaria nella commedia plautina, viene debitamente amplificata e potenziata per la realizzazione del personaggio di **Don Giovanni**, quale è stata consegnata alle scene dallo spagnolo Tirso de Molina nella sua commedia *Il beffatore di Siviglia* (rappresentata per la prima volta nel 1625). L'immagine di questo personaggio è confluita poi nel Don Giovanni protagonista dell'omonima opera lirica scritta dal librettista **Da Ponte** e magistralmente musicata da **Wolfgang Amadeus Mozart**: in quest'opera (eseguita per la prima volta nel 1787) è presente, tra l'altro, un catalogo delle conquiste femminili del libertino (a cura del servo Leporello), modellato sul catalogo delle imprese belliche di Pirgopolinice fornito dal parassita Artotrogo ai vv. 42 ss. del *Miles gloriosus*.

***ER VANTONE* DI P.P. PASOLINI** Un interessante caso della fortuna del *Miles gloriosus* ci è offerto poi dal teatro italiano novecentesco, nella persona di **Pier Paolo Pasolini**, il quale si occupò anche di drammaturgia antica (oltre a essere stato poeta, romanziere, giornalista e regista cinematografico). La sua felice traduzione del testo plautino, messa in scena nel 1963, fu pubblicata con il titolo *Er vantone*. Per tradurre il poeta latino, Pasolini adotta un italiano insaporito qua e là di **romanesco**; questa scelta, probabilmente provocatoria, è interessante: mostra infatti l'intenzione dell'autore di sottolineare il carattere di immediatezza della lingua di Plauto, lingua di gente comune, riproponendo in tal modo lo spirito più autentico del testo plautino e, più in generale, della tradizione della commedia latina.

**UNA DOVEROSA RIVALUTAZIONE** In conclusione, Plauto, con il *Miles gloriosus*, nonché con parecchie altre sue commedie, ha influenzato in modo significativo il teatro europeo, nonostante il pregiudizio classicistico che lo aveva relegato per secoli fra gli scrittori minori; un'influenza che, a partire almeno dal Rinascimento, l'epoca della vera riscoperta di Plauto come importante e originale autore teatrale, si è presentata in modo sempre più evidente e significativo in opere imperniate su rielaborazioni e adattamenti del testo plautino o in testi nuovi ritagliati sull'ormai proverbiale personaggio del *miles*, in ambienti geografici e culturali diversi come Italia, Francia, Germania e Inghilterra. Così Plauto ha recuperato nella valutazione degli scrittori e del pubblico quella stima di commediografo vivacissimo che aveva costituito il segreto della sua fortuna presso gli spettatori e gli scrittori del suo tempo e delle età immediatamente successive.

Alexandre Evariste Fragonard, **Don Giovanni e la statua del Comandante,** 1830-1835 ca. Strasburgo, Museo di Belle Arti.

**GUIDA ALLO STUDIO**

**1.** Quale duplice filone tematico è stato inaugurato dal personaggio di Pirgopolinice nella storia letteraria europea?

**2.** In che modo è cambiato nel corso del tempo il giudizio sul valore letterario di Plauto?

T11

LATINO

# *Nos inimicos profligare posse*

| *Miles gloriosus*, atto II, vv. 219-232 | metro: settenari o tetrametri trocaici catalettici |

■ *Miles gloriosus*, incisione da un'edizione delle *Commedie* di Plauto, 1518.

*Questo passo del* Miles gloriosus *è tratto dalla seconda scena del secondo atto. In questa scena il servo Palestrione espone il soggetto della commedia; in particolare, spiega come, forando il muro che separa la casa di Pirgopolinice da quella del vecchio Periplectomeno, favorisca gli incontri furtivi tra il suo giovane padrone Pseusicle, figlio di un amico di Periplectomeno (che quest'ultimo ha generosamente deciso di aiutare mettendogli tra l'altro a disposizione la propria casa) e la cortigiana Filocomasio, divenuta preda del* miles. *Periplectomeno, nell'uscire imprecando da casa sua, rivela come un servo del soldato, rincorrendo una scimmia sul tetto, abbia scorto i due giovani mentre si baciavano.*

*Allora Palestrione illustra al vecchio Periplectomeno il suo piano, per evitare che Pirgopolinice scopra l'accaduto: occorre far credere che a Efeso, la città in cui si svolge l'azione, sia giunta la sorella gemella di Filocomasio con il suo innamorato e che i due risiedano a casa del vecchio.*

*In questo passo Periplectomeno esorta vivamente Palestrione a mettere in atto il piano che ha escogitato per beffare i suoi avversari (ovvero il* miles *nonché il suo servo); l'intero discorso del* senex *è fondato su un'ampia metafora in cui la messa a punto del piano da parte di Palestrione è presentata come una vera e propria campagna militare, grazie alla quale il* servus *conquisterà la vittoria annientando i suoi nemici.*

PERIPLECTOMENUS, PALESTRIO

PERIPLECTOMENUS Viden hostis tibi adesse tuoque tergo opsidium? Consule,
arripe opem auxiliumque ad hanc rem: propere hoc, non placide decet.
Anteveni aliqua, aliquo saltu circumduce exercitum,
coge in opsidium perduellis, nostris praesidium para;
interclude inimicis commeatum, tibi muni viam
qua cibatus commeatusque ad te et legiones tuas
tuto possit pervenire: hanc rem age, res subitaria est.
Reperi, comminiscere, cedo calidum consilium cito,
quae hic sunt visa ut visa ne sint, facta infecta ne sient.

---

[vv. 219-220] **Viden... decet**: *Viden*: forma contratta per *videsne*. • *hostis... opsidium?*: proposizione infinitiva che dipende da *viden*; costruisci *hostis opsidium adesse tibi tuoque tergo*. • *Consule, arripe*: imperativi appartenenti all'ambito strategico bellico, da rendere con «prendi un provvedimento, usa ogni risorsa». • *decet*: sottinteso *facere*.

[vv. 221-222] **Anteveni... para**: *aliqua*: sottinteso *via*. • *circumduce*: formula estesa dell'imperativo di *circumduco*, usata in luogo della forma classica tronca *circumduc*. Questo verbo fa riferimento alla manovra militare di aggiramento. • *coge... para*: verso completamente allitterante e costruito su un chiasmo perfetto.

[vv. 223-225] **interclude... subitaria est**: *commeatum*: questo sostantivo, che significa letteralmente «passaggio», per metonimia finisce per esprimere il carico di merce che si trasporta, quindi prende il senso di «rifornimento».

[vv. 226-227] **Reperi... sient**: *Reperi... cito*: verso completamente allitterante. • *quae... sient*: costruisci *ut ne visa sint ea quae hic visa sunt, ne infecta sient ea quae facta sunt*.

Magnam illic homo rem incipissit, magna munit moenia.
Tute unus si recipere hoc te dicis, confidentiast
nos inimicos profligare posse.
PALESTRIO Dico et recipio
ad me.
PERIPLECTOMENUS Et ego impetrare dico id quod petis.
PALESTRIO At te Iuppiter
bene amet.

---

[vv. 228-230] **Magnam... me**: *illic homo*: il riferimento è, naturalmente, a Palestrione. • *incipissit*: da *incipisso*, desiderativo di *incipio*. • *confidentiast*: = *confidentia est* (per aferesi), da rendere con «ci sono buone speranze».

[vv. 231-232] **Et... amet**: *ego... dico*: costrutto colloquiale per *ego dico te impetraturum esse*.

## PER ANALIZZARE IL TESTO

### Il testo e il contesto

**L'IMPRESA BELLICA DI PALESTRIONE** Il vecchio Periplectomeno ritiene che lo schiavo Palestrione non si adoperi a sufficienza perché il suo giovane padrone Pseusicle riesca a coronare il suo sogno d'amore.
Pertanto lo esorta vivamente a darsi da fare, esprimendosi con un linguaggio infarcito di immagini tratte dall'ambito militare. Dapprima lo sprona a prendere una decisione, usando ogni risorsa a sua disposizione; poi lo invita a comportarsi da buon capitano in quest'impresa, assimilata in tutto e per tutto a uno scontro bellico. In particolare, l'obiettivo della "campagna militare" è quello di far credere al servo impiccione di Pirgopolinice di non aver visto ciò che egli in realtà ha visto benissimo, ovvero il bacio appassionato che il giovane Pseusicle si è scambiato con Filocomasio (la cortigiana di cui Pseusicle è innamorato e che è stata rapita dal *miles*).
Infine, il vecchio commenta le intenzioni di Palestrione che, convintosi della necessità di intraprendere quest'impresa, se ne assume l'impegno. Il passo si chiude con una sorta di ringraziamento, di augurio di bene che il *servus* rivolge al vecchio per la fiducia accordatagli.

### Lo stile del testo

**LA METAFORA DELLA GUERRA** Ai vv. 219-229 il vecchio Periplectomeno rivolge una lunga serie di esortazioni a Palestrione, affinché egli si comporti da "buon capitano" in quella che in tutto e per tutto è assimilabile a un'impresa bellica.

- Trascrivi tutte le forme verbali che contengono tali inviti tanto assertivi: ............................................
................................................................................
................................................................................

- Letti in sequenza, questi inviti sembrano costituire le tappe di una strategia militare ben precisa. Una volta constatata la presenza incalzante del nemico, Palestrione dovrà farsi venire in mente un piano, trovando a qualunque costo i mezzi per realizzarlo, senza perdere altro tempo. È inoltre necessario che egli prevenga l'attacco nemico: dovrà dunque guidare il proprio esercito verso l'accerchiamento dell'avversario, per poi assalirlo, rafforzando le proprie difese. L'obiettivo è quello di tagliare i viveri ai nemici, aprendosi nel contempo una strada sicura per il proprio approvvigionamento. Il tutto in assoluta fretta, perché il tempo stringe.

- Trascrivi tutti i sostantivi che definiscono i protagonisti di questa "guerra": ............................................
................................................................................
................................................................................
................................................................................
................................................................................
................................................................................
................................................................................
................................................................................

**LE MODALITÀ DELLA *STIPULATIO*...** Nel finale del passo, a partire dal v. 229, la parola si fa garante di un'assunzione di responsabilità: la ben precisa corrispondenza verbale tra le affermazioni di Periplectomeno e le risposte di Palestrione costituisce una chiara ripresa delle modalità proprie della *stipulatio*, una delle forme più importanti di contratto verbale usate nella Roma antica (➔ **T1**). Il fatto che Plauto abbia voluto rimandare alla *stipulatio* è evidentemente funzionale a sottolineare la solennità del momento in cui Palestrione si assume di fronte al vecchio Periplectomeno l'impegno di "andare in guerra".

→

**...E IL TONO ALTISONANTE** Tutto il discorso di Periplectomeno, del resto, si caratterizza per il tono altisonante e solenne; a questo effetto contribuiscono in misura importante diverse figure retoriche:

- allitterazioni: .............................................................
.............................................................
.............................................................
.............................................................
.............................................................
.............................................................
- chiasmi (1 caso): .............................................................
.............................................................
- metonimie (1 caso): .............................................................
.............................................................

**Mosaico con soldato**, IV sec. d.C. Istanbul, Palazzo Imperiale.

## LEGGO E ANALIZZO

1. Chi sono Periplectomeno e Palestrione? In che cosa consiste la loro missione?

2. Nel riprendere fedelmente le parole di Periplectomeno, Palestrione replica le modalità proprie di una importante tipologia di contratto verbale nell'antica forma: quale?

3. **analizzare** *Adesse* al v. 219 è:
   - ☐ il predicato verbale di un'infinitiva retta da *viden* con soggetto *hostis*
   - ☐ il predicato verbale di un'infinitiva retta da *tergo* con soggetto *opsidium*
   - ☐ un infinito interrogativo
   - ☐ un infinito storico

4. **analizzare** Quali accorgimenti retorici noti al v. 227?
   - ☐ Allitterazione e paronomasia
   - ☐ Chiasmo e poliptoto
   - ☐ Metonimia e similitudine
   - ☐ Onomatopea e anafora

5. **applicare** Completa la messa in costruzione dei vv. 221-225, inserendo al posto giusto le parole mancanti.

   *Anteveni aliqua, circumduce* ................................................................................, *coge perduellis* (= ..............................) *in opsidium, para* .......................................................... ................................ *commeatum* ....................., *muni tibi viam qua cibatus commeatusque* ............ .......................................................... *tuto* ............................................ *et legiones tuas.*

6. **applicare** Sulla base della messa in costruzione che hai stabilito, completa adesso la traduzione dei vv. 221-225.

   Arriva in anticipo con qualche mezzo, ................................................................................, costringi i nemici .............................................., .......................................... un presidio ai nostri alleati; blocca ............................ alle forze ostili, fai fortificare per te la via .............................. la quale le provviste e .................................... possano .................................................. a te e ..........................................................................

STORIA, CULTURA, CIVILTÀ

## LA LINGUA D'USO LATINA

**UN LATINO *SUBSTANDARD*** La lingua d'uso è la lingua tipica della **conversazione informale** sia delle persone colte sia di quelle semicolte sia di quelle incolte. La linguistica moderna ha definito la lingua d'uso latina come un **latino *substandard***: si tratta cioè di una varietà di latino che utilizza costrutti e forme anche al di fuori della norma codificata e che dipende sia dal livello sociale dei parlanti (la cosiddetta "dimensione diastratica") sia dalla situazione comunicativa in cui i parlanti si trovano a operare (la cosiddetta "dimensione diafasica"); naturalmente, la lingua d'uso è legata anche all'evoluzione nel tempo e alla localizzazione geografica.
La lingua d'uso latina potrebbe essere parimenti definita **"latino parlato"**; occorre però tenere ben presente che la lingua d'uso comprende il concetto non solo di "parlato", ovvero di lingua utilizzata per la comunicazione orale, ma anche di "stile parlato", in riferimento cioè a quei fenomeni linguistici usati preferenzialmente nella comunicazione orale, ma non esclusivi di essa.

**LINGUA D'USO E COMMEDIA LATINA ARCAICA** La lingua d'uso, per sua natura, è costituita per lo più da elementi affettivi-soggettivi (interiezioni, esclamazioni, forme imperative, diminutivi, termini iperbolici), che consentono di esprimere emozioni, sentimenti e stati d'animo individuali del parlante in modo più immediato rispetto alla frase articolata. La lingua scritta, invece, contiene preferenzialmente elementi intellettuali (come connettivi sintattici e termini concettuali astratti), atti a comunicare, discutere, spiegare. Prendendo in considerazione le forme letterarie in cui la lingua d'uso latina si manifesta, il latinista tedesco **J.B. Hofmann** (1886-1954) ha ritenuto di poterne individuare la presenza più pura e genuina nella commedia latina arcaica, e in particolare in Plauto: essendo fondata soprattutto sul dialogo, la lingua della commedia trae la sua linfa e la sua efficacia dal linguaggio parlato, dove il messaggio viene spesso trasmesso irregolarmente a causa della tensione emotiva, della rapidità e della spontaneità della conversazione.

**LA LINGUA DI PLAUTO** Per quanto riguarda la lingua di Plauto, considerata in alcuni suoi tratti l'espressione più autentica della lingua d'uso latina, è innanzi tutto da osservare la presenza di numerosissime **interiezioni** proprie (es. *fu!*, «puàh!», espressione di ripugnanza; *heus!*, «ehi!», interiezione di richiamo; *ehem!*, «eh!», «ecco!», esclamazione di sorpresa lieta, di fronte a persona attesa) e improprie (es. *heu me miserum!*, «povero me!», espressione di sofferenza; *vae tergo meo!*, «povera la mia schiena!», espressione di paura), alcune delle quali di derivazione greca (es. *attatae*, espressione di sorpresa; *babae*, espressione di meraviglia, sempre ironica; *papae,* espressione di dolore).
La tensione emotiva del linguaggio emerge poi anche dal ricorso agli **accusativi esclamativi** (*lepidum senem!*, *facetum puerum!*) oltre che dalle **ripetizioni** (*abi abi*, *aperite aperite*), non di rado finalizzate a richiamare l'attenzione dell'interlocutore.
Altro elemento tipico della lingua di Plauto e riconducibile al carattere affettivo-soggettivo della lingua d'uso è l'abbondante utilizzo di aggettivi al grado **comparativo** e **superlativo**.
Quanto al ricorso ai **diminutivi**, particolarmente accentuato soprattutto nell'ambito del linguaggio amoroso per esprimere tenerezza, si tratta di un altro elemento che testimonia la predilezione propria della lingua d'uso per le parole cariche di emotività.
Spesso nella lingua plautina la rapidità e la spontaneità del dialogo sono ottenute tramite alcuni stratagemmi linguistici, come l'uso di frasi introduttive (*quid ais?*, *quid vis?*, *quid tu?*), il ricorso a locuzioni slegate, senza espliciti segni di subordinazione, la giustapposizione di frasi che sottintenderebbero una subordinazione logica. In Plauto queste costruzioni paratattiche abbondano, sostituendo a volte ogni subordinazione logica. L'espressione colloquiale risulta spesso interrotta da **incisi** – in primo luogo espressioni di cortesia o di timidezza – e la spontaneità del discorso, concedendo poco tempo alla riflessione, spesso conduce a disordini sintattici e illogicità (classificati dai grammatici come **"anacoluti"**).
Sul **piano lessicale** è innanzi tutto da osservare la predilezione di Plauto per un vocabolario e una fraseologia "concreti" (cioè fortemente legati ai sensi). Nel lessico plautino, straordinariamente ricco e fecondo, accanto agli arcaismi convivono i **neologismi**, termini di neoformazione che contribuiscono alla vivacità della lingua e sono anch'essi un tratto riconducibile alla lingua parlata. Frequentissimi sono poi i "nomi parlanti" e irreali che connotano l'identità o la funzione dei personaggi: ad esempio, Euclione, il protagonsita dell'*Aulularia* («La commedia della pentola» ➛ p. 77) è «colui che tiene ben chiuso» (dal greco *èu*, «bene» + *klèio*, «chiudo»), con doppia allusione alla pentola piena di monete d'oro che egli tiene ben nascosta e alla figlia che tiene segregata.
La **struttura morfosintattica** della lingua non presenta differenze sostanziali rispetto al latino classico, ovvero la lingua usata da Cesare e Cicerone; talune "deviazioni" dell'autore si ritrovano in alcune iscrizioni dell'epoca, tanto da giustificare almeno in parte la tesi iniziale che l'idioma adottato dal commediografo corrisponda al latino arcaico parlato dai suoi contemporanei.
Si trovano infatti nella lingua plautina diversi **arcaismi fono-morfologici**, di cui i principali sono:

- *u* al posto di *i* nelle terminazioni di avverbi e aggettivi superlativi (es. *maxume* per *maxime*);

- *o* al posto di *u* nelle desinenze di nominativo e accusativo della seconda declinazione (es. *tuom* per *tuum*);
- *-is* invece di *-es* come desinenza dell'accusativo plurale dei temi in *-i* (es. *aedis* per *aedes*);
- *-ēre* invece di *-ērunt* alla terza persona plurale del perfetto indicativo (es. *monuere* per *monuerunt*).

Il carattere vivace e colloquiale della lingua di Plauto è garantito anche dalla insistita presenza di **figure di suono**: le allitterazioni, le onomatopee, le anafore, i giochi di parole, le sottili rispondenze caratterizzano ogni singola scena. Parole onomatopeiche prendono con notevole frequenza il posto di termini privi di coloritura fonica (ad esempio *garrire*, «chiacchierare», è preferito a *loqui*, «parlare»). L'uso giocoso e comico della fonicità della lingua è poi ancora più evidente nei ripetutii strafalcioni linguistici e nei numerosissimi nessi di parole legate da un rapporto etimologico. In conclusione, la lingua delle commedie di Plauto si fonda su un idioma parlato, cioè il linguaggio colloquiale del tempo, investito e trasformato profondamente dalla creatività del poeta, deformato ad arte, caricato, accentuato ed enfatizzato nei suoi tratti espressivi più energici e vigorosi: il risultato è una lingua in cui si manifestano le forme più pure e genuine della lingua d'uso, ma che nel contempo è straordinariamente "artefatta" e del tutto letteraria.

**GUIDA ALLO STUDIO**

**1.** Che cos'è la lingua d'uso e come può essere definita?

**2.** Che differenza c'è tra "latino parlato" e "stile parlato"?

**3.** Cerca nei testi antologizzati che hai letto alcuni esempi di interiezioni.

**4.** Quali sono i segni dell'arcaismo linguistico di Plauto, a livello fono-morfologico?

**T12**

LATINO/ITALIANO

# Lo schiavo di campagna e lo schiavo di città

| *Mostellaria*, atto I, vv. 1-50 | metro: senari giambici |

*La scena d'apertura della* Mostellaria *sostituisce il prologo narrativo, che in questa commedia non è presente; ha dunque la funzione di fornire tutte le informazioni di cui lo spettatore ha bisogno per comprendere la situazione. La scena si apre con uno schiavo che bussa prepotentemente alla porta di una casa: si tratta di Grumione, uno schiavo rustico il cui nome vuol dire «sacco di stracci» (dal lat.* grumus, *che significa propriamente «mucchio di terra»), il quale sta cercando di farsi aprire da Tranione, uno schiavo urbano che spadroneggia nella casa del comune padrone, partito ormai da tre anni per affari, dopo aver lasciato a quest'ultimo la gestione dell'abitazione e del figlio scapestrato. Anche il nome "Tranione" è un nome parlante: deriva dall'aggettivo greco* tranès, *«chiaro, penetrante», con evidente riferimento alla sagacia del personaggio. Lo schiavo di campagna, giunto in città per procurarsi del fieno per i buoi, urla a gran voce contro il compagno di servitù che si trova in cucina, per farlo uscire di casa. Probabilmente tra i due è già avvenuto uno scontro dentro la casa, conclusosi con la cacciata di Grumione fuori dalla porta, alla quale quest'ultimo continua a bussare con insistenza.*

**Mosaico con padrone che percuote lo schiavo**, IV sec. d.C. Villa del Casale, Piazza Armerina.

GRUMIO, TRANIO

GRUMIO Exi e culina sis foras, mastigia,
qui mi inter patinas exhibes argutias.
Egredere, erilis permities, ex aedibus.
Ego pol te ruri, si vivam, ulciscar probe.
Exi, inquam, nidor, e culina. Quid lates?
TRANIO Quid tibi, malum, hic ante aedis clamitatiost?
An ruri censes te esse? Abscede ab aedibus.
Abi rus, abi directe, abscede ab ianua.
Em, hocine volebas?
GRUMIO Perii. Qur me verberas?
TRANIO Quia vivis.
GRUMIO Patiar. Sine modo adveniat senex.
Sine modo venire salvom, quem absentem comes.

GRUMIONE, TRANIONE

GRUMIONE Ti decidi ad uscire, razza di furfante, invece di star lì tra le padelle a sfoggiar battute di spirito contro di me? Vieni fuori, rovinapadroni! Per Polluce[1]! Di certo, se campo te la farò pagare, là in campagna. Esci, ti dico, via da quella cucina puzzolente. Ecché ti nascondi?

TRANIONE Maledetto, cos'hai da gridare, qui davanti? Ti credi di essere tra i porci? Via da questa casa, ritorna in campagna, va' a farti crocifiggere[2]. Tirati via da questa porta. To'. (*Lo percuote*) È questo che volevi?

GRUMIONE Sono morto! Perché mi bastoni?

TRANIONE Perché esisti.

GRUMIONE Pazienza, lascia che ritorni il vecchio, lascia che ritorni sano e salvo quello che tu stai spolpando perché ora non c'è.

**[vv. 1-2] Exi... argutias**: *Exi*: imperativo di *exeo* (composto di *eo*). • *sis*: forma contratta, propria del linguaggio parlato, di *si vis* «per favore, prego»; qui è usata con ironia. • *mastigia*: vocativo di *mastigia, ae*, da rendere con «furfante, farabutto»; il senso proprio, dal greco *mastix* «frusta», è «tipo da frustare». • *exhibes*: il verbo *exhibeo* (*ex* + *habeo*) è usato qui come termine tecnico del linguaggio giuridico, con il significato di «esibire qualcuno come testimone o qualcosa come prova».
**[vv. 3-5] Egredere... lates?**: *erilis*: letteralmente, «padronale». • *permities*: variante molto rara, forse popolare, di *pernicies*, «distruzione». • *pol*: interiezione impropria fra le più comuni; forma abbreviata del vocativo di *Pollux*. • *probe*: avverbio di modo.
**[vv. 6-9] Quid... volebas?**: *malum*: esclamazione di disappunto. • *aedis*: il termine presenta la terminazione arcaica per l'accusativo plurale (*-is* in luogo di *-es*). • *clamitatiost*: = *clamitatio est* (per aferesi); *clamitatio* indica un fastidioso, protratto vociare. • *directe*: avverbio di modo, deriva dall'aggettivo *directus* «disteso (sulla croce)». • *Em*: forma apocopata dell'imperativo *eme*, da *emo* «prendere, comprare». • *hocine*: al pronome dimostrativo neutro *hoc* viene unita la congiunzione interrogativa enclitica *-ne*.
**[vv. 10-12] Perii... comes**: *Perii*: perfetto di *pereo*. L'espressione è usata nel linguaggio quotidiano con valore di «sono rovinato, sono perduto»; la battuta successiva di Tranione si gioca però sul significato proprio del verbo *pereo*, «morire». • *Qur*: forma arcaica di *cur*, congiunzione interrogativa. • *salvom*: sta per *salvum*. • *comes*: forma atematica per *comedis* (da *comĕdo*, «mangiare»).

1. Questa interiezione, piuttosto ricorrente nelle commedie plautine, nell'uso quotidiano aveva una valenza equivalente a un'imprecazione pesante.
2. Quest'espressione nel latino parlato risultava molto aggressiva.

TRANIO Nec veri simile loquere nec verum, frutex,
comesse quemquam ut quisquam absentem possiet.
GRUMIO Tu urbanus vero scurra, deliciae popli,
rus mihi tu obiectas? Sane hoc, credo, Tranio,
quod te in pistrinum scis actutum tradier.
Cis hercle paucas tempestates, Tranio,
augebis ruri numerum, genus ferratile.
Nunc, dum tibi lubet licetque, pota, perde rem,
corrumpe erilem adulescentem optumum;
dies noctesque bibite, pergraecamini,
amicas emite, liberate, pascite
parasitos, obsonate pollucibiliter.
Haecine mandavit tibi, quom peregre hinc it, senex?
Hocine modo hic rem curatam offendet suam?
Hocine boni esse officium servi existumas,

TRANIONE Non è vero, non è neanche verosimile quel che vai dicendo, razza di balordo. Come si fa a spolpare uno che non c'è[3]?
GRUMIONE Buffone di città, zimbello del popolo, tu mi rinfacci che sto in campagna? Va là, Tranione, tra poco ci sarai tu in campagna, e messo alla mola[4]. Perdio, Tranione, presto ci sarai tu a far crescere la razza dei portatori di catena. Intanto, fin che ti va bene, sbevazza, sperpera, deprava il figlio del padrone, che è un bravo ragazzo. Forza a bere giorno e notte, a spassartela alla greca[5]. Comprate ragazze, liberatele; ingrassate parassiti, spendete e spandete a tutta forza! È questo che ti ha raccomandato il vecchio sul punto di partire? È in questo modo che si aspetta di veder curare i suoi interessi? Ritieni che sia questo il dovere di un buon servo?

**[vv. 13-14] Nec... possiet**: *loquĕre*: sta per *loquĕris*, da *loquor*. • *veri... verum*: aggettivo sostantivato (neutro) che ricorre in poliptoto. • *frutex*: lett. significherebbe «ciocco, pezzo di legno». • *comesse*: sta per *comedere*, infinito presente di *comĕdo*. • *possiet*: sta per *possit*, congiuntivo presente di *possum*.
**[vv. 15-19] Tu... ferratile**: *scurra*: apposizione del soggetto *Tu*. Nel latino più tardo il termine vale «buffone»; al tempo di Plauto indica piuttosto il tipo di città visto con gli occhi del contadino: ozioso, parassitario, attento alla bella presenza. • *popli*: forma antica (sincopata) di *populi*, genitivo. • *Trănio*: ripetuto in epifora due versi dopo, è un vocativo. • *actutum*: avverbio, «presto, immediatamente». • *tradier*: rara forma di infinito passivo per *tradi* (da *trado*), già antiquata ai tempi di Plauto. • *cis*: preposizione costruita con l'accusativo e usata qui con valore temporale (usualmente ha senso spaziale, «al di qua di...»). • *hercle*: interiezione impropria fra le più comuni. • *genus ferratile*: perifrasi poetica, «la stirpe ferrata», cioè gli schiavi. L'aggettivo *ferratile* è un neologismo plautino coniato appositamente per questa occasione e non attestato altrove in latino.
**[vv. 20-24] Nunc... pollucibiliter**: *lubet*: sta per *libet*. • *optumum*: sta per *optimum*, superlativo irregolare da *bonus*. • *pergraecamini*: imperativo del verbo deponente *pergraecor, āris*, neologismo plautino; il prefisso *per-* indica che si tratta di azione continuata, di abitudine: «far continuamente baldoria alla maniera dei Greci». • *pollucibiliter*: un'altra impressionante invenzione verbale di Plauto (si tratta di un avverbio ricavato dal verbo *polluceo* che ha in origine il valore sacrale di «offrire in sacrificio, imbandire agli dèi»); molto difficile da rendere in italiano.
**[vv. 25-33] Haecine... tuo**: *Haecine*: accusativo neutro plurale del pronome dimostrativo *hic, haec, hoc* (qui con enclisi della particella interrogativa *-ne*). • *quom*: forma arcaica di *cum*, che qui è congiunzione subordinante temporale. • *Hocine*: in poliptoto col pronome precedente *haecine* e con l'aggettivo seguente *hocine*. • *existumas*: sta per *existimas*.

3. Qui Tranione è molto bravo a giocare sul senso letterale e metaforico del linguaggio, mettendo così in difficoltà Grumione che non riesce a dare una risposta adeguata alla sua ironia.
4. Lavorare al mulino girando la pesantissima macina era ritenuta una fra le punizioni più crudeli per gli schiavi ribelli.
5. "Spassarsela alla greca" è un modo di dire con cui benpensanti e moralisti bollavano una serie di atteggiamenti importati probabilmente dal mondo greco nel corso del II secolo a.C.

ut eri sui corrumpat et rem et filium?
Nam ego illum corruptum duco, quom his factis studet;
quo nemo adaeque iuventute ex omni Attica
antehac est habitus parcus nec magis continens,
is nunc in aliam partem palmam possidet.
Virtute id factum tua et magisterio tuo.
TRANIO Quid tibi, malum, me aut quid ego agam curatiost?
An ruri, quaeso, non sunt, quos cures, boves?
Lubet potare, amare, scorta ducere.
Mei tergi facio haec, non tui fiducia.
GRUMIO Quam confidenter loquitur.
TRANIO At te Iuppiter
dique omnes perdant, fu, oboluisti alium.
Germana inluvies, rusticus, hircus, hara suis,
caeno *kopròn* commixte.
GRUMIO Quid vis fieri?
Non omnes possunt olere unguenta exotica,
si tu oles, neque superiores accumbere,
neque tam facetis quam tu vivis victibus.
Tu tibi istos habeas turtures piscis avis,
sine me aliato fungi fortunas meas.

Di andar rovinando i beni e il figlio del padrone? Perché io, sì, io lo considero rovinato, dato che si dà a questa vita. Tra tutti i giovani dell'Attica, prima, era ritenuto il migliore, il più parsimonioso, il più modesto, ma ora è il primo in ben diverso campo. E questo grazie a te e alla tua scuola.
TRANIONE Accidenti! Perché t'impicci in quel che faccio e che sono? Non ce li hai più in campagna i buoi da custodire? Sì, mi piace sbevazzare, amare, andare a puttane. Lo faccio e rischio la mia pelle, non la tua.
GRUMIONE Senti che faccia tosta!
TRANIONE Giove e gli dèi ti mandino in rovina! Puah, hai l'alito che puzza di aglio. Tu, letamaio, rustico, caprone, porcile, cane ed impasto di fango e di sterco[6].
GRUMIONE Che vuoi che sia? Mica possono tutti olezzare di esotici profumi, ammesso che tu olezzi, né starsene sdraiati sul triclinio come il padrone, né sbafare, come tu fai, i piatti più stuzzicanti. A te tortore, i pesci, gli uccelletti; a me lascia che tocchi quel che mi tocca, aglio compreso.

**[vv. 34-38] Quid... Iuppiter**: *curatiost*: = *curatio est* (per aferesi). • *quaeso*: inciso frequente nella lingua d'uso, derivato da una forma stereotipata di *quaero*.
**[vv. 39-50] dique... malum**: *dique*: equivale a *et di* (nominativo plurale del sostantivo irregolare *deus, dei*). • *perdant*: congiuntivo ottativo, da *perdo, is*. • *fu*: esclamazione di disgusto. • *piscis avis*: forme arcaiche di accusativo plurale di sostantivi con tema in *-i* (con terminazione *-is* in luogo di *-es*). • *fortunatu's*: = *fortunatus es*. • *Meum bonum me, te tuom... malum*: nota la disposizione chiastica dei termini (con i due pronomi personali *me* e *te* al centro e i due nessi *meum bonum* e *tuom malum* alle estremità); *tuom* è forma arcaica di *tuum*.

6. L'intera catena d'insulti apre la strada all'*altercatio*, ovvero allo scambio vivace di parole pesanti fra i due schiavi.

Tu fortunatu's, ego miser: patiunda sunt.
49-50 Meum bonum me, te tuom maneat malum.

Tu sei fortunato, io no; a ciascuno il suo.
A me il bene, il male a te.

(trad. di V. Faggi)

**PER ANALIZZARE IL TESTO**

## Lo stile del testo

**PLAUTO E LA LINGUA D'USO** Alla luce di quello che hai appreso sulla lingua d'uso latina (➛ Scheda "Storia, cultura, civiltà", p. 127) e aiutandoti con le note al testo, riesamina la lingua di questo passo sulla base dell'analisi guidata che ti proponiamo.
Individua nel testo latino i seguenti indizi di oralità:

- le interiezioni, sia proprie che improprie: ..............................................................................................
- le forme composte con particelle enclitiche (-*ne*, -*ce*): ..............................................................................................
- le forme apocopate (1 caso): ...................................
- le forme sincopate (1 caso): ...................................
- le forme univerbate col predicato *est* (es. *itast* per *ita est*): ..................................................................
- le forme contratte (1 caso): ...................................

Nel testo sono numerosi gli arcaismi fono-morfologici (➛ Scheda "Storia, cultura, civiltà", p. 127). Indica qui di seguito:

- tutti i casi in cui l'ortografia delle parole differisce da quella che hai studiato (es. *permities* per *pernicies*; *qur* per *cur*): ..............................................................................................
- tutti i casi in cui le terminazioni morfologiche delle parole differiscono da quelle che hai studiato (es. *salvom* per *salvum*; *tradier* per *tradi*): ..............................................................................................

Individua nel testo latino le seguenti figure retoriche di suono:

- allitterazioni: ..............................................................
- omoteleuti: ..............................................................
- anafore: ..............................................................

Individua le seguenti creazioni verbali:

- i "nomi parlanti" attribuiti ai personaggi: ..............................................................................................
- i neologismi: ..............................................................

### LEGGO E ANALIZZO

**1.** Quali accuse rivolge Grumione a Tranione? Quale futuro gli prospetta?

**2.** Con quali caratteristiche viene presentato il giovane padrone?

**3.** Da quali battute del testo riusciamo a ricostruire la differenza tra la condizione servile di Grumione e quella di Tranione?

**4.** analizzare Il termine *nidor* (v. 5) ha la funzione logica di:
- ☐ soggetto del verbo *exi*
- ☐ complemento vocativo
- ☐ apposizione del soggetto
- ☐ predicativo del soggetto

**5.** analizzare Per indicare il livello di corruzione del suo giovane padrone, Grumione usa l'espressione:
- ☐ *ut eri sui corrumpat et rem et filium* (v. 28)
- ☐ *nam ego illum corruptum duco* (v. 29)
- ☐ *is nunc in aliam partem palmam possidet* (v. 32)
- ☐ *virtute id factum tua et magisterio tuo* (v. 33)

**6.** analizzare Che cosa significa l'espressione *mei tergi facio haec, non tui fiducia* (v. 37)?
- ☐ Che Tranione confida di essersi lasciato ogni pericolo alle spalle
- ☐ Che c'è il rischio di prendersi delle frustate sulla schiena
- ☐ Che Tranione rovescerà le proprie colpe su Grumione
- ☐ Che Tranione gode di tutta la fiducia del padrone e non lo teme

# LABORATORIO DI ANALISI

Leggi il testo seguente aiutandoti con le note; poi esegui quanto richiesto, realizzando un testo organico e armonizzando le risposte ai quesiti con opportuni connettivi testuali. Se lo desideri, puoi anche modificare l'ordine delle risposte nel modo che ti sembra più efficace.

## La casa è infestata dai fantasmi!

| *Mostellaria*, vv. 472-505 | metro: senari giambici |

*Le minacce che il servo di campagna Grumione aveva rivolto al servo di città Tranione (➛ **T12**) sembrano essere sul punto di avverarsi: il padrone, Teopropide, è tornato dal suo viaggio e da un momento all'altro potrebbe scoprire quali misfatti abbia compiuto Tranione in sua assenza. Ma il* servus callidus *ha escogitato un piano perché il suo giovane padrone con l'amata e gli amici possano continuare a far baldoria dentro casa senza che Teopropide se ne accorga. Perciò Tranione si finge lietamente sorpreso di incontrare il padrone davanti alla porta di casa; quando poi quest'ultimo gli chiede perché nessuno dei servi abbia risposto al suo bussare, si mostra inorridito, suscitando in tal modo la curiosità del padrone.*

THEOPROPIDES Eloquere, quid ita? TRANIO Circumspicedum, numquis est,
sermonem nostrum qui aucupet? THEOPROPIDES Tutum probest.
TRANIO Circumspice etiam. THEOPROPIDES Nemo est. Loquere nunciam.
TRANIO Capitale scelus factumst. THEOPROPIDES Quid est? Non intellego.
TRANIO Scelus, inquam, factum est iam diu, antiquom et vetus.
THEOPROPIDES Antiquom? TRANIO Id adeo nos nunc factum invenimus.
THEOPROPIDES Quid istuc †est sceleste†? Aut quis id fecit? Cedo.
TRANIO Hospes necavit hospitem captum manu;
iste, ut ego opinor, qui has tibi aedis vendidit.
THEOPROPIDES Necavit? TRANIO Aurumque ei ademit hospiti
eumque hic defodit hospitem ibidem in aedibus.
THEOPROPIDES Quapropter id vos factum suspicamini?
TRANIO Ego dicam, ausculta. Ut foris cenaverat
tuos gnatus, postquam rediit a cena domum,
abimus omnes cubitum; condormivimus:
lucernam forte oblitus fueram exstinguere;
atque ille exclamat derepente maximum.
THEOPROPIDES Quis homo? An gnatus meus? TRANIO St, tace, ausculta modo.
Ait venisse illum in somnis ad se mortuom.

[vv. 472-474] **Circumspicedum**: il suffisso *dum* aggiunto all'imperativo *circumspice* ha valore rafforzativo. • **probest**: *probe est*. • **nunciam**: *nunc iam*, «subito!».
[vv. 475-477] **factumst**: *factum est*. • **Id... factum invenimus**: la sorpresa espressa da Teopropide (*Antiquom?*) sembra indurre Tranione a correggersi: se il delitto fosse stato antico, il padrone di casa ne sarebbe stato a conoscenza.
[vv. 478-480] **†est sceleste†**: la presenza di croci indica che per l'editore il testo è corrotto in modo irrimediabile (vedi anche v. 504). • **Cedo**: forma colloquiale per sollecitare l'interlocutore a parlare. • **aedis**: accusativo plurale con l'attributo *has*.
[vv. 485-486] **tuos**: arcaismo per *tuus*. • **domum**: accusativo di moto a luogo. • **cubitum**: supino attivo in dipendenza da verbo di movimento (*abimus*).
[vv. 490-496] **mortuom**: arcaismo per *mortuum*. • **Mirum quin... foret**: l'osservazione di Tranione è sarcastica; *quin* introduce una subordinata soggettiva. • **inepte stultus**: l'avverbio rafforza l'aggettivo. • ***: gli asterischi indicano la presenza di una lacuna nel testo.

THEOPROPIDES Nempe ergo in somnis? TRANIO Ita. Sed ausculta modo
Ait illum hoc pacto sibi dixisse mortuom.
THEOPROPIDES In somnis? TRANIO Mirum quin vigilanti diceret,
qui abhinc sexaginta annos occisus foret.
Interdum inepte stultus es ***
THEOPROPIDES Taceo. TRANIO Sed ecce quae illi in ***
«Ego transmarinus hospes sum Diapontius.
Hic habito, haec mihi dedita est habitatio.
Nam me Acheruntem recipere Orcus noluit,
quia praemature vita careo. Per fidem
deceptus sum: hospes me hic necavit isque me
defodit insepultum clam in hisce aedibus,
scelestus, auri caussa. Nunc tu hinc emigra.
†scelestae hae† sunt aedes, impia est habitatio».
Quae hic monstra fiunt, anno vix possum eloqui.

[vv. 497-505] **Diapontius**: è un nome parlante, il cui significato in greco corrispone al latino *transmarinus*. • **Acheruntem**: complemento di moto a luogo senza preposizione. • **defodit insepultum**: «mi ha sotterrato senza onoranze funebri». • **caussa**: sta per *causa*. • **anno**: complemento di tempo continuato. • **possum**: da tradurre con il condizionale.

## PRIMA PARTE **COMPRENSIONE DEL TESTO**

**1.** Individua nel testo l'inizio e la conclusione delle seguenti sequenze:
- Una misteriosa reticenza
- Il primo incontro con il fantasma
- La rivelazione del delitto

**2.** In che cosa consiste il delitto commesso all'interno della casa? Chi lo avrebbe rivelato? Chi ne sarebbe accusato?

## SECONDA PARTE **ANALISI DEL TESTO**

**1.** Quale scopo potrebbe avere, nell'invenzione di Tranione, attribuire il sogno rivelatore al figlio di Teopropide?

**2.** Teopropide segue il racconto di Tranione con un misto di partecipazione emotiva e incredulità. Individua quale caratteristica delle sue battute ci fa comprendere il suo desiderio di cercare conferme e chiarimenti di ciò che Tranione dice.

**3.** Tranione usa un tono solenne allo scopo di spaventare Teopropide e di conferire veridicità alle proprie parole. Spiega come Plauto ottenga questo effetto di solennità, osservando in particolar modo l'organizzazione sintattica e la presenza di figure retoriche nel brano.

## TERZA PARTE **INTERPRETAZIONE COMPLESSIVA E APPROFONDIMENTI**

**1.** Quali punti deboli si intravedono nel piano di Tranione? Quale può essere il suo realistico obiettivo?

**2.** Metti a confronto la figura di Tranione con gli altri "servi astuti" protagonisti delle commedie di Plauto che conosci.

**3.** Individua tra le finzioni narrative, teatrali, filmiche che conosci dei possibili contatti con la storia raccontata da Tranione a Teopropide. Puoi anche documentarti sulla presenza del motivo dei delitti rivelati in sogno nella letteratura antica (il motivo è presente, per esempio, in Valerio Massimo, Virgilio, Apuleio).

# Teatro plautino e pragmatica del linguaggio

PER APPROFONDIRE



**LETTERATURA LATINA E PRAGMATICA DEL LINGUAGGIO** Le metodologie fondamentali utilizzate per analizzare i testi classici, dalle discipline storico-letterarie alla filologia e alla linguistica, negli ultimi decenni sono state affiancate dagli strumenti metodologici offerti da una nuova disciplina, la pragmatica del linguaggio: si tratta di una disciplina piuttosto recente, che è nata da studi di filosofia del linguaggio negli anni '60 del secolo scorso e si è particolarmente sviluppata a partire dalla metà degli anni '80. Inclusa fra le discipline appartenenti alla linguistica, negli ultimi anni i risultati da essa conseguiti sono stati applicati alla letteratura con esiti particolarmente interessanti (➤ Scheda "Lettura critica", p. 136).

La pragmatica del linguaggio studia come avviene la comunicazione e in particolare studia l'interazione tra parole e contesto, dove per "contesto" si intende non solo il luogo e il tempo in cui avviene la comunicazione, ma anche ciò che è condiviso e sottinteso da chi parla o scrive e da chi ascolta o legge; in altre parole, essa si occupa di come il contesto influisce sulle parole e di come le parole, a loro volta, influiscono sul contesto.

Tutta la letteratura è una forma di comunicazione e può dunque essere osservata da un punto di vista pragmatico; in particolare, l'analisi secondo la pragmatica del linguaggio può essere applicata con molto profitto a testi letterari fondati sulle dinamiche della conversazione, per esempio i testi teatrali, ma anche le lettere oppure le orazioni, rivelando elementi estremamente interessanti sia per comprendere le intenzioni dello scrivente sia per capire le coordinate culturali del mondo in cui lo scrivente ha operato.

**L'ANALISI PRAGMATICA DEI DIALOGHI TEATRALI CLASSICI** Un dialogo teatrale non è solo un testo letterario che riproduce per iscritto una scena dialogata; è allo stesso tempo uno strumento attraverso il quale due personaggi si scambiano, oltre che informazioni, ovvero messaggi a livello di contenuto, anche modalità di relazione, ovvero parole, gesti e azioni che questi adottano come un vero e proprio "codice di comportamento" che li rappresenti.

L'analisi pragmatica del contesto comunicativo di un dialogo teatrale mira a ricostruire la dimensione complessiva dell'interazione, prendendo in esame il rapporto fra i discorsi e le azioni di due personaggi. Essa consente di cogliere come le relazioni tra i personaggi si sviluppino nel corso delle diverse situazioni comunicative, mettendo in luce le strategie linguistiche e comportamentali che essi mettono in atto l'uno contro l'altro, per ottenere dal *partner* quanto desiderano.

**STRATEGIE RELAZIONALI NELL'*AULULARIA*** Nell'antica Roma il rapporto tra fratello e sorella aveva un'importanza fondamentale nel sistema delle relazioni familiari. Se il rapporto fra marito e moglie era caratterizzato per lo più da distanza e freddezza, la relazione tra fratelli era fondata sulla confidenza e sull'affetto. Ovviamente, si trattava di un rapporto asimmetrico, in quanto il fratello aveva una posizione di potere e di dominanza sulla sorella: nella coppia fraterna, insomma, l'uno era superiore, l'altra inferiore. Nella pragmatica della comunicazione questo tipo di relazione viene definito "complementare": in questo tipo di interazione, infatti, il comportamento di uno completa quello dell'altro; in genere, chi si trova nel ruolo dell'inferiore chiede e/o accetta aiuto, consigli, direttive, mentre chi riveste il ruolo del superiore fornisce appunto tali prestazioni.

Tuttavia, la persona in posizione di inferiorità può a volte rifiutare la relazione complementare, proponendo, in sostituzione di essa, una relazione simmetrica. Un tentativo di instaurare una comunicazione prima simmetrica, poi persino direttiva (quindi complementare, ma a ruoli rovesciati), da parte dell'interlocutore in posizione di inferiorità è presente nel dialogo fra Eunomia e il fratello Megadoro nell'*Aulularia* di Plauto (vv. 120-176), che andremo ad analizzare nel dettaglio nelle pagine seguenti.

LETTURA CRITICA

## Pragmatica del linguaggio e letteratura latina

**L'IMPORTANZA DELL'ANALISI SECONDO LA PRAGMATICA DEL LINGUAGGIO** Nel passo che riportiamo qui di seguito la latinista **Licinia Ricottilli** illustra il rapporto tra pragmatica del linguaggio e letteratura latina, sottolineando in particolare come l'approccio al testo latino secondo la pragmatica del linguaggio permetta l'esame di un secondo livello di significato, che si aggiunge a quello espresso dalle parole.

La Ricottilli distingue il **livello di contenuto**, ossia le informazioni date dal messaggio, dal **livello di relazione**, ossia le informazioni ricavabili dall'interazione che nella comunicazione si forma tra le parole e il contesto: è proprio il livello di relazione che può guidare verso i significati profondi dell'opera. Inoltre, la studiosa sottolinea l'importanza di prendere in considerazione, quando si esamina un testo, non solo quanto afferisce alla comunicazione verbale, ma anche quello che si può desumere in relazione alla **comunicazione gestuale**. Tale livello comunicativo, che si può definire **paralinguistico**, nell'esperienza umana è inscindibile da quello linguistico e concorre alla formazione del significato. Tuttavia, prima di giungere a questo tipo di analisi, è necessario considerare le analisi tradizionali, che affrontano il testo dal punto di vista grammaticale, storico, stilistico e filologico: l'analisi secondo la pragmatica del linguaggio non può sostituirsi agli altri approcci di studio, ma deve costituire una loro integrazione.

« La pragmatica della comunicazione muove dall'individuazione di due livelli in ogni atto di comunicazione: il livello di contenuto che riguarda le semplici informazioni, vale a dire il contenuto del messaggio, ed il livello di relazione che fornisce informazioni inerenti alle informazioni stesse e che indica come queste debbano essere accolte ed interpretate e come si rapportino alla relazione che intercorre fra i due partners del dialogo. Nel livello di relazione riscontriamo la presenza di una "comunicazione sulla comunicazione" (o "metacomunicazione"); tale livello risulta in gran parte implicito, cioè non espresso in modo diretto dal linguaggio verbale, ma celato, per così dire, nelle pieghe del discorso, quindi trasmesso indirettamente. Esso, tuttavia, appare di gran lunga il più importante per gli interlocutori, che su di esso fondamentalmente concentrano la loro attenzione, perché in un dialogo, anche attraverso messaggi linguistici relativi a puri dati di fatto, i parlanti definiscono l'immagine che hanno di sé, del partner e della natura della loro relazione, e gareggiano fra loro, fino allo scontro, per imporre al partner le proprie definizioni. Se, come si è detto, nel linguaggio il livello di relazione spesso viene comunicato indirettamente, nella comunicazione paralinguistica e gestuale che accompagna le parole durante l'interazione 'faccia a faccia' esso viene invece comunicato in modo diretto e facile da cogliere. Non va dimenticato che livello di contenuto e livello di relazione compaiono in genere intrecciati l'uno con l'altro: del resto, è difficile immaginare un dialogo in cui gli interlocutori si limitino ad esplicitare linguisticamente puri contenuti 'fattuali', senza nessun riferimento, più o meno indiretto, a come vedono se stessi, il partner ed il tipo di relazione che intercorre fra loro. Anche conflitti o divergenze di idee relativi a contenuti specifici rimandano spesso a conflitti relazionali più o meno mascherati, a volte non del tutto riconosciuti dagli stessi partners. »

(Licinia Ricottilli, *Appunti sulla pragmatica della comunicazione e della letteratura latina*, in "Studi italiani di filologia classica", supplemento al VII volume, 2009, pp. 143-144)

T13

LATINO/ITALIANO

# Dialogo tra fratello e sorella

| *Aulularia*, atto II, vv. 120-176 | metro: metri vari (bacchiaci, giambici, trocaici, anapestici, reiziani) |

*In questo passo, con cui si apre il II atto dell'*Aulularia*, Megadoro ha un confronto con la sorella Eunomia, che gli propone di sposarsi con una moglie ricca ma di mezza età. Megadoro accetta l'invito piuttosto insistente a sposarsi, però ridefinisce il "progetto di matrimonio" proposto dalla sorella, scegliendo una moglie giovane ma di modeste condizioni economiche: la figlia di Euclione, un suo vicino di casa.*

*A questa prima ridefinizione del progetto di matrimonio da parte di Megadoro, farà per altro seguito una successiva e ulteriore ridefinizione del progetto: Licoride, il giovane nipote di Megadoro che aveva usato violenza alla ragazza qualche mese prima mettendola incinta, avrà infatti la meglio sullo zio, unico pretendente anziano che si incontra nelle commedie plautine (personaggio ben diverso dai vecchi sposati); tuttavia, non ci sarà conflitto fra i due, ma una rinuncia spontanea dell'*avunculus *a favore del nipote.*

EUNOMIA Velim te arbitrari med haec verba, frater,
meai fidei tuaique rei
caussa facere, ut aequom est germanam sororem.
Quamquam hau falsa sum nos odiosas haberi;
nam multum loquaces merito omnes habemur,
nec mutam profecto repertam nullam esse
<aut> hodie dicunt mulierem <aut> ullo in saeclo.
Verum hoc, frater, unum tamen cogitato,
tibi proxumam me mihique esse item te;
ita aequom est quod in rem esse utrique arbitremur
et mihi te et tibi <me> consulere et monere;
neque occultum id haberi neque per metum mussari,
quin participem pariter ego te et tu me facias.
Eo nunc ego secreto ted huc foras seduxi,
ut tuam rem ego tecum hic loquerer familiarem.
MEGADORUS Da mi, optuma femina, manum.

EUNOMIA Vorrei che tu fossi convinto, fratello mio, che io ti faccio questo discorso per sincero desiderio del tuo interesse, come è giusto che faccia una sorella. Per quanto non mi illuda: noi donne, secondo l'opinione generale, diamo fastidio; di tutte noi si pensa, e non a torto, che siamo troppo chiacchierone e si sostiene che non esista, né mai sia esistita, una donna capace di tacere. Però tu, fratello mio, considera solo questo: che tra noi due c'è una stretta parentela ed è quindi giusto che ci scambiamo vicendevolmente consigli quando riteniamo che si tratti del mio e del tuo interesse. Su questo tema non dobbiamo nasconderci nulla né tacere per timore, ma io devo manifestare il mio pensiero a te e tu a me. Appunto per ciò adesso ti ho fatto uscire, per parlare con te in disparte e senza testimoni di un tuo problema che riguarda la famiglia.
MEGADORO Dammi la mano, donna meravigliosa!

[vv. 120-123] **med**: accusativo arcaico di *me*. • **meai... tuai**: forme arcaiche trisillabiche di genitivo per *meae* e *tuae*. • **caussa**: forma arcaica di *causa*. • **aequom**: forma arcaica di *aequum*. • **germanam**: figlia degli stessi genitori; termine che rafforza *sororem*.
[vv. 127-128] **cogitato**: imperativo futuro di *cogito*. • **proxumam**: forma arcaica di *proximam*.

[vv. 131-135] **mussari**: il verbo *musso* è parola onomatopeica. In origine significava probabilmente «fare mu mu»; è attestato nel significato sia di «borbottare, parlare fra sé», sia anche di «tacere». • **ted**: accusativo arcaico di *te*. • **optuma**: forma arcaica di *optima*.

EUNOMIA Ubi ea est? Quis ea est nam optuma?
MEGADORUS Tu.
EUNOMIA Tune ais?
MEGADORUS Si negas, nego.
EUNOMIA Decet tequidem vera proloqui;
nam optuma nulla potest eligi:
alia alia peior, frater, est.
MEGADORUS Idem ego arbitror,
nec tibi advorsari certum est de istac re<d> umquam, soror.
EUNOMIA Da mihi operam amabo.
MEGADORUS Tuast, utere atque impera, si quid vis.
EUNOMIA Id quod in rem tuam optumum esse arbitror,
ted id monitum advento.
MEGADORUS Soror, more tuo faci'.
EUNOMIA Facta volo.
MEGADORUS Quid est id, soror?

EUNOMIA E dove sarebbe questa donna meravigliosa? Chi è?
MEGADORO Sei tu.
EUNOMIA Se sei tu a dirlo...
MEGADORO Beh! Se non vuoi, ritratto.
EUNOMIA È meglio che tu dica la verità: una donna che sia eccellente non si trova, anzi una è peggio dell'altra[1].
MEGADORO Io la penso allo stesso modo e certo non voglio in nessun caso contraddirti su questo argomento, sorella mia.
EUNOMIA Comunque stammi a sentire, per piacere.
MEGADORO Sono al tuo servizio: disponi e comanda ciò che vuoi.
EUNOMIA Sono qui per incitarti a fare una cosa che ritengo importante per il tuo interesse.
MEGADORO È tua abitudine consigliarmi bene, sorella mia.
EUNOMIA Vorrei veder realizzata...
MEGADORO Che cosa, sorella?

**[vv. 141-143]** **advorsari**: forma arcaica di *adversari*. • **Tuast**: = *Tua est* (per aferesi).
**[vv. 146-149]** **faci'**: nota la caduta della -s per elisione (= *facis*); vedi anche, al v. 154 *priu'* per *prius* e ai vv. 155 e 157 *legibu'* per *legibus*. • **liberis procreandis**: formula di rito del matrimonio. • **faxint**: da *facio*, forma arcaica di congiuntivo presente ottativo.

1. Parlare male delle donne è un tema molto sfruttato nella commedia antica, sia in quella greca sia anche in quella latina; in questo caso, però, contrariamente al solito, è una donna a introdurlo.

EUNOMIA Quod tibi sempiternum
salutare sit: liberis procreandis –
MEGADORUS Ita di faxint –
EUNOMIA Volo te uxorem
domum ducere.
MEGADORUS Ei occidi!
EUNOMIA Quid ita?
MEGADORUS Quia mi misero cerebrum excutiunt
tua dicta, soror: lapides loqueris.
EUNOMIA Heia, hoc face quod te iubet soror.
MEGADORUS Si lubeat, faciam.
EUNOMIA In rem hoc tuam est.
MEGADORUS Ut quidem emoriar priu' quam ducam.
Sed his legibu' si quam dare vis ducam:
quae cras veniat, perendie, soror, foras feratur;
his legibu' quam dare vis? Cedo: nuptias adorna.
EUNOMIA Cum maxuma possum tibi, frater, dare dote;
sed est grandior natu: media est mulieris aetas.
Eam si iubes, frater, tibi me poscere, poscam.

EUNOMIA ...una cosa che tornerebbe sempre a tuo vantaggio: per procreare figli...
MEGADORO Che gli dèi lo vogliano!
EUNOMIA ...desidero che tu ti sposi.
MEGADORO Ohimè! Muoio!
EUNOMIA Perché?
MEGADORO Perché le tue parole mi fanno rintronare il cervello: è come se scagliassi delle pietre.
EUNOMIA Su, su, fa' quel che ti consiglia tua sorella!
MEGADORO Se mi garbasse, lo farei.
EUNOMIA È nel tuo interesse.
MEGADORO Già, per morire ancor prima di sposarmi! Ma se hai intenzione di propormi una moglie, l'accetterò a questo patto: entri in casa domani e dopodomani ne esca su un cataletto[2]. Sei d'accordo a propormene una a queste condizioni? Allora ci sto: prepara le nozze.
EUNOMIA Ma io posso presentartene una con ricca dote! Va bene che è un po' in là con gli anni: è di mezza età. Se vuoi che ne chieda la mano a tuo nome, lo farò subito.

[vv. 153-158] **Heia**: interiezione ironica. • **maxuma**: forma arcaica di *maxima*.

2. Nel suo discorso contro l'opportunità di sposarsi Megadoro arriva a formulare condizioni paradossali per un suo eventuale assenso, ovvero che la sposa entri in casa un giorno e ne esca, morta, il giorno dopo.

MEGADORUS Num non vis me interrogare te?
EUNOMIA Immo, si quid vis, roga.
MEGADORUS Post mediam aetatem qui media ducit uxorem domum,
si eam senex anum praegnatem fortuito fecerit,
quid dubitas quin sit paratum nomen puero Postumus?
Nunc ego istum, soror, laborem degam et deminuam tibi.
Ego virtute deum et maiorum nostrum dives sum satis.
Istas magnas factiones, animos, dotes dapsilis,
clamores, imperia, eburata vehicla, pallas, purpuram,
nil moror, quae in servitutem sumptibus redigunt viros.
EUNOMIA Dic mihi, si audes, quis ea est, quam vis ducere uxorem?
MEGADORUS Eloquar.
Nostin hunc senem Euclionem ex proxumo pauperculum?
EUNOMIA Novi, hominem haud malum mecastor.
MEGADORUS Eiius cupio filiam
virginem mi desponderi. Verba ne facias, soror.
Scio quid dictura es: hanc esse pauperem. Haec pauper placet.

MEGADORO Mi permetteresti di farti una domanda?

EUNOMIA Certo chiedi quello che vuoi.

MEGADORO Se uno che ha passato la mezza età ne sposa una di mezza età e per caso riesce a mettere incinta la sua vecchia, non credi che al figlio toccherà il nome di Postumo[3]? Mi assumerò io questo compito, sorella mia, e lo eviterò a te. Per grazia degli dèi e dei nostri antenati sono ricco quanto basta. Non mi interessano le conoscenze importanti, le pretese, le cospicue doti, gli applausi, il comando, le carrozze d'avorio, i mantelli, le vesti di porpora, tutte cose che finiscono per ridurre un uomo in schiavitù a furia di spese[4]: non me ne importa un fico secco.

EUNOMIA Allora fammi sapere, per favore, che tipo sarebbe colei che vuoi prendere in moglie.

MEGADORO Subito! Conosci quel vecchio nostro vicino[5], povero in canna?

EUNOMIA Sì, certo, non è mica cattivo, per Castore.

MEGADORO Ebbene, vorrei sposare sua figlia, quella verginella. Non dire una parola. So che cosa vorresti obiettare: che è povera. Ma così mi va bene.

[vv. 162-163] **media**: sottinteso *aetate*. • **praegnatem**: predicativo di *eam*.

[v. 172] **mecastor**: interiezione, da rendere con «per Castore». • **Eiius**: forma arcaica di *eius*.

3. È il nome che si assegnava ai bambini nati dopo la morte del padre.
4. Plauto trasforma questa argomentazione contro il matrimonio in una divertentissima polemica contro l'eccessivo amore per il lusso delle donne.
5. Il riferimento è a Euclione.

EUNOMIA Di bene vortant.
MEGADORUS Idem ego spero.
EUNOMIA Quid me? Num quid vis?
MEGADORUS Vale.

EUNOMIA Che gli dèi ti assistano!
MEGADORO Lo spero anch'io.
EUNOMIA Vuoi ancora qualcosa da me?
MEGADORO No. Ti saluto.

(trad. di G. Faranda)

**PER APPROFONDIRE IL TESTO**

## Il testo e il contesto

**IL TEMA DEL DIALOGO** In questa scena fra Eunomia e Megadoro è particolarmente interessante il fatto che il tema del dialogo risulti costituito dalle relazioni di parentela, un argomento che in genere emerge fra le pieghe del linguaggio, attraverso mezzi extralinguistici (gesti o sguardi) e che invece in questo passo diventa oggetto esplicito del discorso. È la stessa Eunomia a introdurre il tema, ricordando il rapporto di strettissima parentela con il fratello, per far nascere in lui la fiducia necessaria a convincerlo a sposarsi. Il loro rapporto, in quanto fratello e sorella, dovrebbe essere di tipo complementare, con Megadoro in posizione di superiorità e Eunomia a un gradino inferiore; tuttavia, a poco a poco, la donna va a riconfigurare il rapporto, rendendolo paritario, simmetrico. Ricordiamo, infine, che le usanze matrimoniali romane, come è del resto del tutto ovvio, prevedevano che fosse il futuro marito a chiedere la donna in sposa (al padre di lei o al fratello in caso di assenza del primo); in questo passo, però, assistiamo anche a un inedito ribaltamento dei costumi, dal momento che Eunomia vuole chiedere la donna in sposa per conto del fratello.

## Oltre il testo

**LEALTÀ E DEVOZIONE FRATERNA** L'inizio del discorso presenta toni molto cortesi, senza nessuna forma assertiva o costrittiva. Le parole che la donna rivolge al fratello (v. 120 *haec verba*) diventano oggetto del discorso stesso. Eunomia dichiara a Megadoro che ciò che sta per dirgli è mosso da un sincero interessamento (*fides*) per la sua situazione (*res*).

Dal v. 121, sapientemente costruito su due sintagmi al genitivo che si distribuiscono nei due emistichi del verso, la donna inizia a introdurre quel parallelismo tra "io" e "tu", che poi si svilupperà nei versi successivi.

**LA RECIPROCITÀ DELLA RELAZIONE** Dai toni iniziali del discorso, decisamente distesi, Eunomia passa a una posizione più direttiva, come risulta dall'uso dell'imperativo *cogitato*, al v. 127. La donna mette in evidenza la reciprocità del vincolo di parentela che la lega al fratello, per poi passare alla reciprocità del comportamento. Infatti, prima Eunomia ricorda a Megadoro di essere la sua parente più stretta, come egli lo è per lei, evidenziando così la reciprocità del rapporto che li lega; poi, affermando che è giusto scambiarsi consigli a vicenda, mette in evidenza anche la reciprocità del comportamento propria di una relazione simmetrica, in cui i due protagonisti sono sullo stesso piano. Dare e ricevere consigli è alla base della relazione amicale, che tipicamente si configura come una relazione simmetrica, appunto perché tipicamente gli amici possono scambiarsi i ruoli. Cicerone stesso lo testimonia in un passo del suo trattato dedicato all'amicizia: *et monere et moneri proprium est verae amicitiae* (*Laelius de amicitia* 91).

Il nuovo modello di relazione paritaria fra fratello e sorella viene supportato, al v. 129, dall'espressione *aequum est*, la medesima usata in apertura di discorso (v. 122), quando Eunomia rassicurava il fratello sulla propria lealtà e devozione verso di lui; l'*aequitas* richiede infatti lo stretto contatto dell'"io" e del "tu", che costituisce per altro il presupposto, nell'ambito di una relazione simmetrica, per lo scambio dei ruoli. Al v. 130 (*et mi te et tibi me consulere et monere*) troviamo una chiara esplicitazione della simmetria di questo rapporto sul piano stilistico: i pronomi *ego* e *tu*, considerati da un punto di vista semantico, risultano disposti in ordine chiastico (*mi* e *me* agli estremi dell'emistichio, *te* e *tibi* al centro). Analizzati sul piano morfologico, si ripetono invece in modo simmetrico: *mi* (dativo), *te* (accusativo), *tibi* (dativo), *me* (accusativo).

La medesima disposizione dei pronomi personali (*ego te et tu me*) all'interno del verso ritorna poi al v. 132, al centro del quale campeggia per di più l'avverbio *pariter*, parola chiave che individua appunto la natura simmetrica della relazione.
Bisogna sottolineare tuttavia che Eunomia, nel riformulare in termini di simmetria il nuovo modello relazionale con Megadoro, non ha ancora svelato le proprie intenzioni, astenendosi per il momento dall'avanzare alcuna richiesta nei confronti del fratello, il quale per parte sua sembra aver ormai aderito al nuovo modello relazionale proposto, tanto da chiamare la sorella *optuma femina* e da chiederle di dargli la mano (v. 135): questo gesto, infatti, costituisce un simbolo significativo della relazione paritaria, in quanto usato nell'antichità, e ancora oggi, nella relazione tra amici, relazione simmetrica per eccellenza.

**LA RICHIESTA DI EUNOMIA** Dopo una divertente serie di battute a contenuto decisamente misogino, innescate dalla donna stessa e inserite dal poeta per alleggerire in modo giocoso contenuti che potevano risultare troppo seri (vv. 136-141), Eunomia chiede audacemente a Megadoro che assecondi le sue imminenti richieste prima ancora di avergliele rivelate e ottiene la sua disponibilità. Tuttavia, quando la sorella propone al fratello il progetto di matrimonio, con la formula di rito *liberis procreandis* (v. 148), egli lo rifiuta categoricamente con una serie di polemiche contro il matrimonio e l'avidità delle donne. Il tutto, però, avviene in modo scherzoso. Megadoro arriva a definire comicamente la proposta della sorella una forma di assassinio (v. 150 *ei, occidi!*); e il discorso di Eunomia, che prima sembrava improntato sulla devozione più assoluta, ora diviene addirittura un attacco a colpi di pietre: *lapides loqueris* (v. 152). L'espressione *lapides loqui* testimonia per altro che Plauto aveva già intuito l'idea che sta alla base della pragmatica del linguaggio, secondo cui talune parole (significativamente definite "atti linguistici") in un contesto adeguato possono avere un potere analogo alle azioni, intervenendo cioè sulla realtà in modo tale da modificarla.

**MEGADORO RIAFFERMA IL SUO POTERE** Ormai il fratello è in una posizione d'attacco: la sua polemica contro il progetto di matrimonio della sorella si concretizza, a partire dal v. 155, in una serie di immagini comiche sia contro il matrimonio fra vecchi sia contro la proposta di una *uxor dotata*, ossia una moglie con una ricca dote, che non solo non accresce il patrimonio, ma può anche portare alla rovina economica il marito con le sue spese eccessive.
A questo punto, dopo aver polemizzato con la sorella, Megadoro espone il proprio progetto di matrimonio: una moglie giovane di modeste condizioni economiche. L'uomo, che al v. 165 comunica alla sorella la sua volontà di toglierle l'iniziativa, assumendola in prima persona (*Nunc ego istum, soror, laborem degam et deminuam tibi*), con poche essenziali parole impone la sua volontà a Eunomia e la riduce al silenzio: le impedisce infatti qualsiasi possibilità di replica; anzi, si impadronisce della sua prevedibile obiezione, ricorrendo all'*occupatio*, una figura retorica che consiste appunto nel prevenire l'obiezione dell'avversario già nella propria argomentazione, ovvero prima ancora che l'avversario abbia l'opportunità di porla (vv. 173-174: *Verba ne facias, soror. Scio quid dictura es: hanc esse pauperem. Haec pauper placet*).
Tramite l'*occupatio* la donna è riportata dentro i confini del suo ruolo, ovvero in una posizione sottomessa e passiva, pronta ad accettare la volontà degli uomini della sua famiglia. Così la relazione è ritornata entro i confini tradizionali della complementarietà dei ruoli.

**IL RITORNO ALLA SITUAZIONE INIZIALE** Se consideriamo, da un lato, la stringatezza con cui Megadoro impone il proprio volere e, dall'altro lato, il lungo discorso con cui Eunomia tenta di riconfigurare in termini di simmetria e reciprocità il rapporto fratello-sorella, vediamo come la lettura pragmatica di questa scena consenta di mettere in risalto un ultimo, importante aspetto.
Lo scambio tra Megadoro e Eunomia riflette l'effettiva realtà della società romana, dove gli uomini detenevano un potere smisurato sulle donne (nonché sui figli) della propria famiglia e dove la relazione fratello sorella era appunto fortemente asimmetrica: a Megadoro, uomo, e fratello, in una società dominata da uomini, occorrono pochissime parole per ottenere ciò che desidera, là dove Eunomia deve fare ricorso a moltissime parole solo nel tentativo, fallimentare, di creare le premesse per provare a ottenere ciò che desidera. Alla loquacità di Eunomia, tipica di chi si trova in posizione di inferiorità, si contrappone la laconicità, ovvero l'estrema sintesi, di Megadoro, altrettanto tipica di chi detiene il potere.

- Prova a immaginare i pensieri di Eunomia mentre prepara il discorso da rivolgere al fratello per esortarlo a sposarsi con una donna non più giovane e ricca. Quindi riporta questi pensieri in un testo organico che ne rispetti la coerenza e la concatenazione logica; oppure, se preferisci, ricostruiscili in una scaletta dettagliata.

- Prova a immaginare che, per assurdo, sia Megadoro a tentare di ridefinire la relazione con la sorella, cercando di portarla su un piano di simmetria: ipotizza quali argomentazioni potrebbe sostenere per convincerla a assumere una posizione paritaria nel loro rapporto.

# PROVA DI COMMENTO

Leggi con attenzione il seguente brano tratto dalla *Mostellaria*, che ti proponiamo in latino e in traduzione italiana; quindi rispondi alle domande che ti guideranno nella comprensione e nell'analisi. Potrai infine rendere ragione della tua interpretazione con un testo organico di commento.

## Il trionfo del servo ingannatore

*Mostellaria*, vv. 775-793; 831-841

metro: senari giambici (vv. 775-782); *canticum* polimetrico (vv. 783-793); settenari trocaici (vv. 831-841)

*Dopo avere convinto il padrone Teopropide che la sua casa è infestata da un fantasma e che i denari chiesti in prestito all'usuraio (e da lui reclamati) sono serviti per acquistare una nuova abitazione, il servo Tranione è riuscito persino a materializzare l'acquisto, combinando una visita nella casa del vicino Simone, ignaro venditore del proprio immobile. Tranione, infatti, ha saputo persuadere Simone, lusingandolo con il pretesto che Teopropide è interessato all'architettura della sua splendida dimora per trarne ispirazione in vista di certi lavori che sta progettando. A buon diritto ora il servo ingannatore può cantare vittoria.*

TRANIO Alexandrum magnum atque Agathoclem aiunt maximas
duo res gessisse: quid mihi fiet tertio,
qui solus facio facinora immortalia?
Vehit hic clitellas, vehit hic autem alter senex.
Novicium mihi quaestum institui non malum:
nam muliones mulos clitellarios
habent, at ego habeo homines clitellarios.
Magni sunt oneris: quidquid imponas vehunt.
Nunc hunc hau scio an conloquar. Congrediar.
Heus Theopropides. THEOPROPIDES Hem quis hic nominat me?
TR. Ero servos multis modis fidus. TH. Unde is?
TR. Quod me miseras, adfero omne impetratum.
TH. Quid illic, opsecro, tam diu destitisti?
TR. Seni non erat otium, id sum opperitus.
TH. Antiquom optines hoc tuom, tardus ut sis.
TR. Heus tu, si voles verbum hoc cogitare,
simul flare sorbereque haud factu facilest.
Ego hic esse et illic simitu hau potui.
TH. Quid nunc? TR. Vise, specta tuo usque arbitratu.

[...]

TH. Ut quidquid magis contemplo, tanto magis placet.
TR. Viden pictum, ubi ludificat cornix una volturios duos?
TH. Non edepol video. TR. At ego video. Nam inter volturios duos
cornix astat, ea volturios duo vicissim vellicat.
Quaeso huc ad me specta, cornicem ut conspicere possies.
Iam vides? TH. Profecto nullam equidem illic cornicem intuor.
TR. At tu isto ad vos optuere, quoniam cornicem nequis
conspicari, si volturios forte possis contui.
TH. Omnino, ut te absolvam, nullam pictam conspicio hic avem.
TR. Age, iam mitto, ignosco: aetate non quis optuerier.
TH. Haec, quae possum, ea mihi profecto cuncta vehementer placent.

TRANIONE *(a parte)* Dicono che Alessandro Magno e Agatocle sono i due che hanno compiuto le imprese più grandi. E allora cosa si dirà di me, il terzo, che compio azioni immortali senza l'aiuto di nessuno? Questo vecchio qui *(indica Simone)* porta la sua soma, e così la porta anche l'altro *(indica Teopropide, lì in disparte)*. Mi sono inventato un nuovo lavoro mica male. I mulattieri hanno dei muli da soma, io invece ho degli uomini da soma. E come sono forti! Qualsiasi carico tu gli metta, te lo portano. Adesso non so se parlargli *(una pausa)*. Mi avvicinerò. *(forte)* Senti, Teopropide!
TEOPROPIDE Sì? Chi mi chiama?
TRANIONE Un servo fedele in tutto al suo padrone.
TEOPROPIDE Da dove vieni?
TRANIONE Ho ottenuto tutto quello per cui mi avevi mandato.
TEOPROPIDE E perché sei stato laggiù tanto tempo?
TRANIONE Il vecchio aveva da fare, e sono stato ad aspettare.
TEOPROPIDE Non hai perduto il tuo antico vizio di far tardi.
TRANIONE Stai a sentire, ripensa un po' a quel proverbio «è difficile soffiare e succhiare nello stesso tempo». Non potevo essere qui e là contemporaneamente!
TEOPROPIDE Beh, allora?
TRANIONE Visita pure, guarda tutto a tuo piacimento.
[...]
TEOPROPIDE Più mi guardo intorno e più mi piace.
TRANIONE Lo vedi là quel dipinto, dove c'è una cornacchia che prende in giro due avvoltoi?
TEOPROPIDE No, per Polluce, non lo vedo.
TRANIONE Ma lo vedo io. C'è una cornacchia che sta ritta tra due avvoltoi, e li spenna, ora l'uno ora l'altro. Andiamo, guarda di qua dove sono io, per vedere la cornacchia! La vedi ora? TEOPROPIDE No, davvero, non vedo neanche l'ombra di una cornacchia.
TRANIONE Allora guarda là dalla parte dove siete voi, se non vedi la cornacchia: così potrai vedere forse gli avvoltoi.
TEOPROPIDE Insomma, per farla breve, qui non ci vedo nessun uccello dipinto.
TRANIONE Va bene, lasciamo perdere: non ce l'ho con te, è l'età che non ti fa vedere bene.
TEOPROPIDE Comunque quel che posso vedere mi piace tutto, e molto!

(trad. di M. Bettini)

### GUIDA ALLA COMPRENSIONE E ALL'ANALISI

**L'"a parte" di Tranione** Ai vv. 775-782 Tranione esulta per il successo dei propri inganni in un "a parte", senza essere udito dai due vecchi presenti sulla scena. Nella sua autoesaltazione il servo si paragona prima a due grandi conquistatori della storia, poi a un mulattiere.

- Quale effetto ottiene il duplice paragone istituito da Tranione con Alessandro Magno e con Agatocle, tiranno di Siracusa? Quali imprese può vantare il servo per assimilarsi ai grandi conquistatori del passato? Quale effetto produce invece il paragone con il mulattiere?
- Individua le figure retoriche presenti nei vv. 775-777, esaminando in particolare le ripetizioni *magnus... maxumas* e *facio facinora*: a quale registro stilistico appartengono?
- L'uso metaforico del termine *clitellas*, al v. 778, innesca il paragone tra il *servus* e il *mulio*: chiarisci il meccanismo di questa nuova associazione.
- A chi allude Tranione affermando di possedere *homines clitellarios*?
- L'"a parte" di Tranione contiene elementi capaci di:
  - ☐ rassicurare il pubblico circa la tenuta dell'inganno;
  - ☐ alimentare nel pubblico la *suspense*.

  Motiva la tua risposta.

**Il dialogo con Teopropide...** Nello scambio di battute con Teopropide, Tranione si presenta come servo fedelissimo.

- A quale metafora ricorre al v. 786?
- Indica i più evidenti tratti di lingua d'uso che caratterizzano il dialogo (➝ Scheda "Storia, cultura, civiltà", p. 127).

**...e la beffa** Quando la visita in casa di Simone è giunta quasi al termine, il servo è tanto sicuro di sé da sbeffeggiare i due vecchi apertamente, a rischio di essere scoperto, con l'invenzione di una pittura inesistente (vv. 832-839), che allude a ciò che sta accadendo sulla scena.

- Chi si nasconde sotto le spoglie della *cornix* e chi sotto quelle dei due *volturii*?
- Oltre all'uso metaforico del verbo *ludifico* (v. 832), che evoca le trame del servo ingannatore, la descrizione dei vv. 833-834 è inverosimile: perché?
- L'identificazione degli animali con i personaggi in scena è suggerita dallo stesso Tranione: in che modo?

**GUIDA AL COMMENTO**

**Contestualizzazione** Riepiloga sinteticamente l'intreccio della *Mostellaria*, mettendo in luce gli elementi che esso condivide con la trama tipica di molte commedie plautine.

- Invece che all'acquisto di una nuova casa, a cosa sono serviti i danari presi in prestito dall'usuraio?

**Interpretazione e approfondimenti** Il servo ingannatore è il regista dell'azione scenica: lo sviluppo dell'intreccio corrisponde alla rapida successione delle sue invenzioni. Puoi confrontare i brani dello *Pseudolus* antologizzati (➛ **T1-T9**), che mostrano il servo in azione o impegnato a riflettere sul proprio ruolo.

- Qual è la funzione delle battute "a parte" recitate dal servo?
- Che cosa puoi osservare a proposito della funzione del servo ingannatore come *alter ego* del poeta?

Nel passo della *Mostellaria* qui proposto è significativa l'invenzione del dipinto. La cornacchia (animale dalla proverbiale vista acuta, simbolo di accortezza) che spenna gli avvoltoi (grossi uccelli rapaci) è un'immagine metaforica dell'inganno perpetrato dal servo ai danni dei *senes*. E l'allusione è così scoperta, l'irrisione così spudorata, da rendere la credulità di Teopropide del tutto inverosimile.
Nella *Mostellaria*, come in molte altre commedie plautine, il servo trionfa sul padrone.

- L'estemporanea invenzione di Tranione ha il fine di:
  - ☐ esaltare la capacità tipica del servo plautino di creare dal nulla una realtà illusoria
  - ☐ sviluppare ulteriormente la trama dell'inganno per far procedere l'azione
- Il compiacimento di Tranione per la propria astuzia:
  - ☐ caratterizza la psicologia del personaggio
  - ☐ rispecchia il compiacimento del poeta che gode della propria creazione artistica
- Illustra il tema del rovesciamento dei ruoli sociali nella commedia plautina; approfondiscine il significato e i limiti, facendo riferimento alla condizione servile nella Roma repubblicana.

# Terenzio
## Un teatro di cambiamento

ZTE ONLINE
Mettiti alla prova
con 20 esercizi interattivi

### UNA NUOVA CONCEZIONE DELL'UOMO

PER COMPRENDERE



### NUOVE FIGURE FEMMINILI

PER ANALIZZARE



### POETA E PUBBLICO

PER APPROFONDIRE

**IL TEMPO DELL'AUTORE** | **PUBLIO TERENZIO AFRO**

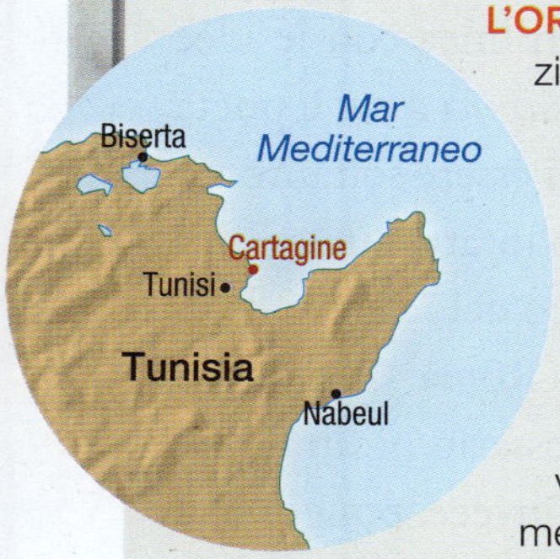


**L'ORIGINE AFRICANA** Publio Terenzio Afro nasce in Africa, a **Cartagine**, nel **185 a.C.** (o forse qualche anno prima). Giunge a Roma in giovane età, come schiavo al seguito del senatore Gaio Terenzio Lucano, che lo educa alle arti liberali e poi lo affranca. Dal suo patrono deriva il nome gentilizio (*Terentius*), mentre il suo *cognomen* (*Afer*) ne attesta l'origine africana (è incerto se punica o libica).

**L'ATTIVITÀ TEATRALE** L'attività letteraria di Terenzio risulta strettamente legata al **"circolo degli Scipioni"** (➛ Il Contesto, p. 50): ha infatti tra i suoi amici e protettori Lucio Emilio Paolo, Publio Cornelio Scipione Emiliano (figlio di Lucio Emilio Paolo nonché nipote adottivo di Scipione Africano) e Gaio Lelio. La sua vicinanza al "circolo degli Scipioni" gli procura anche delle inimicizie; Terenzio è oggetto di **duri attacchi**, come si ricava dai prologhi delle sue commedie, nei quali il poeta si presenta come uno che si deve difendere e che ricorre alla polemica per replicare all'aggressività dei suoi avversari.
Al pari di Plauto, Terenzio è esclusivamente autore di **palliate**; ne compone sei, non tutte accolte favorevolmente dal pubblico contemporaneo.

■ **Il poeta Terenzio**. Miniatura da un manoscritto degli inizi del XV secolo. Parigi, Bibliothèque Nationale de France.

**LA MORTE PREMATURA** A soli venticinque anni, Terenzio si reca in **Grecia** per un viaggio culturale; non farà più ritorno in patria. Incerte sono le cause della morte: per il naufragio dell'imbarcazione su cui viaggiava alla volta dell'Italia; per malattia nella regione dell'Arcadia; per il dispiacere di aver perduto i manoscritti di nuove commedie tradotte dagli originali di Menandro che aveva potuto consultare in Grecia. Secondo il biografo **Svetonio** (I-II secolo d.C.), la cui biografia costituisce per noi la fonte principale sulla vita di Terenzio, la morte è da collocarsi nel **159 a.C.**

# Un teatro di cambiamento

**UNO SPECCHIO DEI TEMPI** Dal discorso letterario di Terenzio traspare l'attualità politica e culturale degli anni che chiudono la prima metà del II secolo a.C., anni dominati dal dibattito fra la corrente filellenica rappresentata dal "circolo degli Scipioni" e il conservatorismo più autentico rappresentato in primo luogo da Catone il Censore. Terenzio, con una lucidità e un anticipo notevoli rispetto a molti suoi contemporanei, prende coscienza dei cambiamenti radicali che in quel periodo hanno investito Roma, ridefinendone la posizione di potenza egemone sullo scacchiere internazionale e favorendo la sprovincializzazione della sua cultura grazie all'assorbimento della cultura greca.

Nel rielaborare con originalità gli esemplari greci che prende a modello per le sue commedie, Terenzio concede largo spazio a tematiche di profonda attualità per il suo tempo. In particolare, egli si fa portavoce di un'esigenza di rinnovamento della cultura romana attraverso il contatto e la "contaminazione" con la cultura greca, in linea con le idee progessiste dibattute all'interno del "circolo degli Scipioni". I *nobiles amici* a cui il poeta fa riferimento nelle sue commedie, e dei quali è accusato più volte di essere soltanto un prestanome (per cui essi sarebbero i veri autori delle sue opere), sono infatti Lucio Emilio Paolo, Scipione Emiliano e Lelio: si tratta degli esponenti di spicco del "circolo degli Scipioni", convinti promotori della penetrazione della cultura greca a Roma. Con questi personaggi Terenzio condivide anche l'idea secondo la quale è necessario promuovere un modello educativo più liberale e tollerante; i seguaci di Catone, invece, pongono al centro della questione educativa la severa figura del *pater familias* e la sua indiscutibile *potestas*.

**L'ESORTAZIONE ALL'*HUMANITAS*** Dalle commedie di Terenzio emerge la crisi dell'istituto familiare rigidamente concepito secondo gli austeri valori del *mos maiorum*, nonché la necessità di una ridefinizione di tale istituto sulla base di alcuni princìpi importati dalla cultura ellenistica e intelligentemente riadattati alla società e alla mentalità romane. Terenzio focalizza la sua attenzione sul tema dell'educazione come strumento in grado di modellare il carattere e orientare gli uomini verso una reciproca comprensione e una serena convivenza, in nome di quel valore dell'*humanitas* espresso in un celebre verso divenuto autentico emblema del suo teatro: *Homo sum, humani nil a me alienum esse puto*, «Sono un uomo, niente che sia umano mi è estraneo» (*Heautontimorumenos*, v. 77). L'esortazione all'*humanitas*, ovvero alla solidarietà, al rispetto, all'amore reciproci, è il messaggio centrale dell'opera di Terenzio: il riconoscimento della fragilità e della fallibilità umana deve spingere tutti gli uomini a un atteggiamento di apertura benevola, di tolleranza e di comprensione. Anche il rapporto tra le generazioni deve essere ispirato al valore dell'*humanitas*, attraverso il superamento del modello educativo tradizionale, fondato su autorità e repressione, in vista di una nuova concezione del rapporto padre-figlio basata sull'affetto e sul rispetto della personalità di ciascuno.

**UN TEATRO "CREDIBILE"** Dal punto di vista scenico, rispetto al teatro di Plauto, il teatro di Terenzio si caratterizza per la maggiore verosimiglianza delle trame e per una sensibile riduzione degli interventi metateatrali, per lo più concentrati nel prologo, che diventa lo spazio per la polemica letteraria e per il dialogo con il pubblico. Sul piano linguistico è evidente l'intento di riprodurre la lingua d'uso propria della conversazione delle persone colte, con la rinuncia alla funambolica creatività e comicità caratteristiche della lingua plautina. Terenzio mette al centro delle sue rappresentazioni vicende verosimili di cui sono protagonisti personaggi credibili, coerenti, presentati in modo tale che le ragioni psicologiche sottese alle loro azioni risultino comprensibili. Il poeta mira a favorire il coinvolgimento del suo pubblico attraverso l'immedesimazione con i personaggi che agiscono sulla scena e che risultano spesso messi in crisi da dilemmi della coscienza. I personaggi delle commedie di Terenzio appaiono alla ricerca di una verità che non è più assoluta e universale e si trovano a dover definire di volta in volta, in relazione alle singole situazioni che via via si presentano loro, il più giusto codice di comportamento da adottare.

# Una nuova concezione dell'uomo



**NOVITÀ DEL TEATRO DI TERENZIO: GLI INTRECCI...** Le commedie di Terenzio presentano alcune novità evidenti rispetto alle commedie di Plauto, pur in una linea di continuità che consente di riconoscere gli schemi consueti della commedia nuova ellenistica.

Innanzi tutto, gli intrecci risultano più articolati. Infatti, lo schema delle relazioni più significative fra i personaggi viene spesso sdoppiato, per cui, ad esempio, si possono incontrare due coppie di giovani innamorati, due relazioni padre-figlio, una coppia di vecchi a confronto con una coppia di giovani. Il tutto, però, sempre calato nel contesto familiare, l'ambiente centrale del teatro di Terenzio.

**...E I PERSONAGGI** Quanto ai personaggi delle commedie terenziane, si tratta di individui ben caratterizzati, non più di "tipi" (come era nel teatro plautino): i personaggi vengono "umanizzati" attribuendo loro personalità sfaccettate, in evoluzione, pronte ad abbandonarsi a un cambiamento che nasce da un fecondo incontro con l'altro. Ne consegue che i personaggi dai tratti stereotipati che nel teatro plautino occupavano prepotentemente la scena (come lo schiavo, la cortigiana o il lenone) in Terenzio scompaiono o perdono drasticamente d'importanza; così anche la beffa e la farsa, elementi centrali del teatro di Plauto, lasciano il posto a tematiche di carattere etico e pedagogico, dibattute sulla scena da personaggi psicologicamente credibili, di cui vengono attenuati i tratti caricaturali e che non sono più protagonisti di azioni iperboliche e paradossali.

**UN TEATRO "OGGETTIVO"** Passando ai contenuti delle commedie, essi presentano dei forti tratti di novità che risultano per altro strettamente associati al rinnovamento della tecnica teatrale. Terenzio ha un'idea di teatro che prevede un'azione il più possibile vicina alla realtà, nel rispetto dell'illusione scenica: l'azione segue infatti il naturale corso degli eventi, con la conseguenza di una sensibile diminuzione degli interventi di spiegazione o di raccordo nei cosiddetti "a parte", i quali determinano la rottura dell'illusione scenica (in quanto prevedono che i personaggi sulla scena si rivolgano direttamente agli spettatori). Si tratta dunque di un ideale di teatro che può essere definito "oggettivo" o "assoluto" e che Terenzio riprende da Menandro, un maestro della verisimiglianza e dell'arte scenica come imitazione della vita nella sua realtà quotidiana. Pertanto, sul piano dell'impostazione drammaturgica, emergono alcune significative differenze rispetto al teatro di Plauto, che è invece "metateatro", in

■ Pagina miniata da un manoscritto delle *Commedie* di Terenzio. Inizi del XV secolo. Parigi, Bibliothèque Nationale de France.

quanto riflette e gioca su se stesso, rivelando l'illusorietà della propria costruzione: in Terenzio possiamo osservare la netta preponderanza dei dialoghi sui monologhi, la riduzione al minimo di tutti gli interventi che determinano una rottura dell'illusione scenica (e che sono riconducibili al "metateatro"), la nuova funzione del prologo, che perde la sua natura espositiva, divenendo un luogo privilegiato di polemica letteraria e difesa personale da parte dell'autore e, infine, la mutazione del linguaggio, che si fa più dolce e raffinato, privo della *vis* comica e del *pathos* plautini. Lo sforzo di Terenzio è teso a costruire un testo realistico, in grado di interessare gli spettatori e spingerli a identificarsi con la rappresentazione.

**LE TEMATICHE** La diffusione della cultura greca a Roma nel corso del II secolo a.C. porta a mettere in primo piano una concezione dell'individuo come soggetto "privato" e autonomo, dotato di sentimenti personali, che il sistema dei valori tradizionali del *mos maiorum*, con l'esaltazione della figura "pubblica" del *civis Romanus*, aveva sempre tenuto in secondo piano.

Il teatro di Terenzio, rifacendosi preminentemente a quello di Menandro, mostra una significativa affinità di valori spirituali col mondo greco; in particolare, mostra lo stesso interesse per l'uomo in quanto individuo, per il travaglio psicologico originato dal continuo confronto con i problemi quotidiani, per la complessità delle relazioni umane e sociali. La dimensione del quotidiano e il microcosmo degli affetti e dei rapporti umani, soprattutto quelli familiari, dove si gioca la partita importantissima dell'educazione, sono al centro delle rappresentazioni di Terenzio e della riflessione che attraverso di esse il poeta tenta di proporre al suo pubblico, sicuramente più preparato di quello del secolo precedente, ma non ancora pronto a ricevere *in toto* le nuove istanze pedagogiche e culturali che il poeta intendeva portare avanti.

***HUMANITAS* E RELATIVISMO ETICO** Terenzio pone al centro del suo teatro il valore dell'*humanitas*, dunque l'interesse per l'individuo in sé e nei suoi rapporti con gli altri. Ciò testimonia la consapevolezza ormai raggiunta anche dalla cultura romana, o quanto meno da una parte di essa, circa il fatto che la tolleranza e la solidarietà siano elementi necessari al vivere comune. Questi due valori, in particolar modo, sono alla base della scelta etica di superare le barriere dell'egoismo per riconoscere la dignità altrui e far propri quei problemi che, in quanto "umani", appartengono a ogni persona. Da qui scaturisce una precisa presa di posizione di Terenzio in favore di una fondamentale uguaglianza fra gli uomini, che però si esplica esclusivamente sul piano morale e non su quello politico-sociale.

I personaggi terenziani operano scelte non più sulla base di criteri assoluti e valori universali (come quelli del *mos maiorum*); essi sanno valutare di volta in volta, a seconda della situazione. Ciò significa che i comportamenti non sono più leciti o illeciti, giusti o sbagliati in assoluto, ma in rapporto a una determinata situazione e alle diverse caratteristiche e aspettative delle persone coinvolte. Siamo di fronte a una sorta di relativismo etico, in cui non esiste più una verità assoluta, definitiva e valida per tutti: esiste solo una verità relativa, connessa alle esperienze di vita di ciascuno. Anche il bene e il male, dunque, sono rapportati al giudizio individuale. Questo principio, che probabilmente trova origine nel pensiero stoico, sarà ripreso anche da Cicerone (*De officiis* 1, 107-111): esso costituisce senz'altro uno dei più importanti insegnamenti lasciati da Terenzio ai Romani, abituati sino a quel momento a far riferimento esclusivamente ai rigidi precetti del *mos maiorum*.

## L'OPERA | LE COMMEDIE DI TERENZIO

**COMMEDIE E "DIDASCALIE"** Terenzio fu autore di **sei commedie palliate**, ossia d'ambientazione greca, che ci sono giunte integralmente e che furono tutte composte e rappresentate per la prima volta a Roma. I codici che ci hanno tramandato le commedie di Terenzio contengono anche le cosiddette **"didascalie"**, ossia l'insieme delle informazioni relative alla prima rappresentazione di un testo teatrale (data, occasione, magistrati organizzatori, attori, musicisti, originale greco), informazioni che solitamente venivano fornite (premettendole ai testi) nelle edizioni antiche. Grazie a questa fortunata circostanza, conosciamo la data della prima rappresentazione di tutte le commedie terenziane.

**DATAZIONE** Per quanto riguarda la **cronologia** delle commedie, l'**esordio** di Terenzio avviene nel **166 a.C.** con l'*Andria* (La ragazza di Andro). L'anno successivo, il **165**, Terenzio mette in scena l'*Hecyra* (La suocera), ma il pubblico, dopo le prime scene, abbandona il teatro, preferendo assistere a un spettacolo di funamboli; solo cinque anni dopo la commedia riscuoterà il meritato successo, dopo essere andata incontro a un secondo fiasco. Al **163** risale la rappresentazione dell'*Heautontimorumenos* (Il punitore di se stesso); nel **161** vengono invece rappresentate ben due commedie: l'*Eunuchus* (L'eunuco), il più grande successo di Terenzio, e il *Phormio* (Formione). Nel **160**, infine, durante i giochi funebri per celebrare la morte di Lucio Emilio Paolo, va in scena l'**ultima commedia** di Terenzio, gli *Adelphoe* (I fratelli).

**LE TRAME DELLE COMMEDIE** Di seguito forniamo la trama delle sei commedie di Terenzio:

| | |
|---|---|
| *Andria* (La ragazza di Andro) | Il giovane Panfilo ama, ricambiato, Glicerio, una ragazza che tutti credono sorella di Criside, una cortigiana proveniente dall'isola di Andro. Il padre di Panfilo, Simone, si oppone alle nozze, accordandosi con Cremete, suo vicino di casa, per far sposare al giovane una figlia di questi, Filumena, che è a sua volta amata da un amico di Panfilo, Carino. La situazione si complica per i tentativi piuttosto maldestri dello schiavo di Panfilo, desideroso di aiutare il padrone. L'intreccio si scioglie con un riconoscimento (*agnitio*), ovvero con la scoperta che anche la ragazza di Andro, in realtà, è una figlia di Cremete, che era stata rapita in tenera età. La vicenda si conclude con un doppio matrimonio: Panfilo sposa la sua amata Glicerio e il suo amico Carino sposa Filumena. |
| *Hecyra* (La suocera) | Protagonista della commedia è il giovane Panfilo, combattuto tra l'amore per una cortigiana e l'obbedienza al proprio padre, che lo costringe a sposare Filumena, una ragazza perbene, a cui col tempo si affeziona. Tuttavia, quando Panfilo parte per un viaggio di affari, la moglie abbandona la casa coniugale, dove vive con la suocera, per far ritorno dai genitori. Su questo allontanamento si sollevano molte chiacchiere malevole che vogliono la suocera colpevole della scelta della nuora. In realtà, quest'ultima sta per partorire un bambino, frutto di uno stupro avvenuto prima del matrimonio a opera di uno sconosciuto e tenuto segreto. Panfilo vorrebbe abbandonarla; ma alla fine si scoprirà che la violenza è stata commessa dallo stesso Panfilo, il quale allora, grazie anche all'intervento della cortigiana che si adopera per la riconciliazione degli sposi, riprende la moglie con sé. |
| *Heautontimorumenos* (Il punitore di se stesso) | Protagonista della commedia è il vecchio Menedemo che, allo scopo di punirsi per aver spinto il figlio Clinia ad arruolarsi come soldato (contrastandone l'amore per Antifila, ragazza di umili origini), si ritira in campagna, dove si sottopone a lavori massacranti. Nel frattempo Clinia, tornato all'insaputa del padre, vive con Antifila a casa di un amico. Dopo una serie di equivoci il lieto fine è assicurato da un riconoscimento, ovvero dal fatto che si viene a scoprire che Antifila è in realtà figlia di un vicino di casa di Menedemo, Cremete; a questo punto, sinceramente commosso e pentito, Menedemo accoglie Clinia a braccia aperte e benedice la sua unione con Antifila. |
| *Eunuchus* (L'eunuco) | Protagonista della commedia è la cortigiana Taide, amata dal *miles* smargiasso Trasone e dal giovane Fedria. Trasone dona a Taide una schiava di nome Panfila, di cui si innamora il fratello di Fedria, Cherea, che, travestito da eunuco, si incontra segretamente con lei. Il matrimonio tra Cherea e Panfila sarà reso possibile dal fatto che si scoprirà che la giovane è in realtà di nascita libera. Quanto a Taide, la sua preferenza sarà alla fine per il giovane Fedria. |
| *Phormio* (Formione) | Durante l'assenza dei rispettivi padri, i due cugini Fedria e Antifone, grazie all'aiuto dello scaltro parassita Formione e del suo schiavo, riescono a risolvere le loro intricate questioni amorose, ovvero a sposare le ragazze di cui sono innamorati. |
| *Adelphoe* (I fratelli) | Protagonisti della commedia sono due *senes*, i due fratelli Demea e Micione. Demea, un uomo all'antica, ha due figli: l'uno, Ctesifone, educato personalmente da lui secondo i sistemi tradizionali; l'altro figlio, Eschino, dato invece in adozione al fratello, che, scapolo, vive in città e opta per un'educazione caratterizzata da indulgenza e liberalità. Ma proprio il giovane cresciuto nella disciplina e nel rigore tradisce ogni aspettativa paterna, combinando un grosso guaio, anche con l'aiuto del fratello. Alla fine, il vecchio padre riconosce d'aver sbagliato e accorda al figlio tutta la libertà che prima gli aveva negato. Tuttavia, nel finale, che è di difficile interpretazione, entrambi i metodi educativi sembrano essere messi in discussione. |

## CARATTERISTICHE DELLE COMMEDIE DI TERENZIO

Le commedie di Terenzio riprendono **trame** e **intrecci** tipici della palliata latina, basati su modelli della **commedia nuova ellenistica**: giovani innamorati che vivono storie contrastate, figli scapestrati, ragazze sedotte, equivoci, riconoscimenti inaspettati, lieto fine. Nelle vicende umane rappresentate gioca un ruolo fondamentale anche il **caso**, sul quale tuttavia predominano sempre il buon senso dei personaggi e l'*humanitas* che ne caratterizza le relazioni. Terenzio interpreta l'innegabile "tipicità" degli intrecci in modo del tutto personale, in quanto focalizza la propria attenzione sulla rappresentazione dei sentimenti e del carattere dei personaggi.

Terenzio rielabora con **originalità** gli esemplari greci che prende a modello per le sue commedie: egli rivendica infatti con orgoglio il diritto alla ***neglegentia***, ossia a prendersi delle libertà nella composizione, a non rimanere fedele alla lettera dei testi greci (su questo atteggiamento ➛ Scheda "Lettura critica", p. 174); in particolare, egli fa ampiamente ricorso al procedimento della ***contaminatio***, «contaminazione», procedimento che prevedeva l'inserimento, all'interno di una commedia modellata su un determinato originale greco, di elementi provenienti da un modello greco diverso.

Nel teatro di Terenzio è evidente l'interesse per le tematiche di ordine morale e culturale; in particolare, è il tema del **conflitto generazionale**, strettamente legato al tema dell'**educazione**, a essere scandagliato a fondo. Il problema pedagogico del rapporto fra genitori e figli coinvolge valori umani fondamentali, da cui deriva il riconoscimento della dignità della persona umana, indipendentemente dalla classe sociale di appartenenza. È indubbio che l'interesse per queste tematiche sia stato favorito da un clima politico e intellettuale del tutto rinnovato, grazie anche alle correnti di pensiero provenienti dal mondo greco.

Dagli ambienti aristocratici e intellettuali che si erano aperti con più entusiasmo alla cultura greca (e che guardavano con maggior favore a un rinnovamento della cultura romana) giungono a Terenzio convinti **consensi** per la sua opera dal carattere fortemente innovativo, se non propriamente rivoluzionario, sia nei temi trattati sia nella tecnica teatrale. Tuttavia, il pubblico più vasto, abituato al ben diverso e decisamente più "popolare" teatro plautino, non dimostra lo stesso apprezzamento per le commedie di Terenzio. Emblematici gli **insuccessi** cui va incontro l'*Hecyra* (disertata per ben due volte da spettatori che abbandonano il teatro prima della fine della commedia per andare ad assistere a spettacoli circensi e gladiatori). Significativamente, la commedia terenziana di maggiore successo, l'*Eunuchus*, è quella dove l'approfondimento psicologico risulta meno evidente e dove largo spazio è invece concesso a elementi come il travestimento e gli inganni d'amore. A decretare il successo di Terenzio presso i contemporanei è dunque il ritorno a una comicità più convenzionale (di tipo plautino, seppur più misurata), fondata su ingredienti quali la vivacità dell'azione e la messa in scena di personaggi "tipici", ben noti e cari al pubblico (il parassita, il soldato innamorato, la cortigiana).

Il teatro di Terenzio è costituito da rappresentazioni che lo stesso autore definisce "**statiche**", evidentemente in contrapposizione a una commedia, quale quella plautina, che si caratterizzava invece per l'azione movimentata. A questo stile teatrale maggiormente in voga Terenzio oppone fieramente un ideale di arte più riflessiva e realistica, attenta alla **verisimiglianza** dell'azione, in cui ogni scena si concatena all'altra senza rivelare la presenza dell'autore e senza cedere a espliciti contatti con il pubblico, per cui la vicenda rappresentata aspira a presentarsi come illusione totale e assoluta: si tratta del cosiddetto **"dramma oggettivo"** (o **"assoluto"**) che va in scena come rappresentazione il più possibile realistica della realtà.

■ **Rilievo con una scena dell'*Andria* di Terenzio**, II sec. a.C. Roma, Museo della Civiltà Romana.

**GUIDA ALLO STUDIO**

**1.** In che rapporto si pone Terenzio rispetto ai modelli della palliata latina e della commedia nuova ellenistica?

**2.** Quali tematiche ricorrono con maggiore frequenza nelle commedie di Terenzio?

**3.** Quale fu, in generale, l'accoglienza riservata alle commedie di Terenzio da parte del pubblico romano?

T1-T2

# Una nuova figura paterna

| *Heautontimorumenos*, atto I, vv. 53-79; 93-158 |

*L'*Heautontimorumenos *(«Il punitore di se stesso») è una commedia incentrata sul rapporto tra padri e figli ed è ripresa da un'omonima commedia di Menandro. La prima scena è occupata dal dialogo tra due* senes*, ai quali è affidato il compito di rivelare l'antefatto della vicenda: si apprende qui che Menedemo, il protagonista, si autopunisce con il duro lavoro in campagna per espiare una grave colpa commessa contro il figlio Clinia, ormai allontanatosi da lui; a Cremete, un vicino di casa, il compito di rincuorare Menedemo e di invitarlo a sfogarsi. Proprio al personaggio di Cremete Terenzio affida la più nota formulazione di uno dei princìpi ispiratori del suo teatro, il principio dell'*humanitas *(**➛ Scheda "Storia, cultura, civiltà", p. 160**).*



T1

LATINO/ITALIANO

## L'*humanitas* di Cremete

| *Heautontimorumenos*, atto I, vv. 53-79 | metro: senari giambici |

CHREMES, MENEDEMUS

L'atteggiamento premuroso di Cremete

CHREMES Quamquam haec inter nos nuper notitia admodumst
(inde adeo quod agrum in proxumo hic mercatus es)
nec rei fere sane amplius quicquam fuit,
tamen vel virtus tua me vel vicinitas,
quod ego in propinqua parte amicitiae puto,
facit ut te audacter moneam et familiariter
quod mihi videre praeter aetatem tuam
facere et praeter quam res te adhortatur tua.
Nam pro deum atque hominum fidem quid vis tibi
aut quid quaeris? Annos sexaginta natus es

CREMETE, MENEDEMO

L'atteggiamento premuroso di Cremete

CREMETE È vero che noi ci conosciamo da poco, cioè da quando hai comprato un fondo qui presso[1], e che tra noi non c'è mai stato dell'altro, però tu sei un galantuomo e noi siamo vicini, e per me la vicinanza è prossima all'amicizia. Tutto questo mi induce a darti francamente e familiarmente dei consigli. Perché, vedi, mi pare proprio che tu lavori troppo per la tua età e per quel che richiede il tuo stato. In nome degli dèi e degli uomini[2], che cosa vuoi ottenere? Che cosa vai cercando[3]? Tu sei sui sessanta,

[vv. 53-54] **admodumst**: = *admodum est* (per il medesimo fenomeno, vedi v. 75 *tuast* per *tua est*, v. 79 *rectumst* per *rectum est*). • **proxumo**: arcaismo per *proximo*.
[vv. 59-61] **videre**: forma arcaica della seconda persona singolare dell'indicativo presente passivo (= *videris*). • **res**: il termine ha qui il significato di «condizione economica». • **pro... fidem**: espressione formulare ricorrente, usata in funzione esclamativa; *deum* è genitivo plurale arcaico di *deus*.

1. L'*Heautontimorumenos* è la sola commedia di Terenzio ambientata in campagna.
2. Cremete, nel rivolgersi a Menedemo, usa un linguaggio caratterizzato da una certa enfasi e solennità, vicino allo stile oratorio.
3. Nessuno, né il pubblico né Cremete, conosce ancora le motivazioni per cui Menedemo punisce se stesso così duramente, infliggendosi una vita di fatiche e di stenti.

aut plus eo, ut conicio; agrum in his regionibus
meliorem neque preti maioris nemo habet;
servos compluris: proinde quasi nemo siet,
ita attente tute illorum officia fungere.
Numquam tam mane egredior neque tam vesperi
domum revortor quin te in fundo conspicer
fodere aut arare aut aliquid ferre denique.
Nullum remittis tempus neque te respicis.
Haec non voluptati tibi esse satis certo scio. At
enim dices «Quantum hic operis fiat paenitet.»
Quod in opere faciundo operae consumis tuae,
si sumas in illis exercendis, plus agas.
MENEDEMUS Chreme, tantumne ab re tuast oti tibi
aliena ut cures ea quae nil ad te attinent?
CHREMES Homo sum: humani nil a me alienum puto.
Vel me monere hoc vel percontari puta:
rectumst ego ut faciam; non est te ut deterream.

Il principio dell'*humanitas*

e magari più in là, a quel che vedo. Nella zona nessuno ha un fondo migliore e più pregiato del tuo. Hai schiavi in quantità. Ma tu, come se non ne avessi manco uno, sgobbi e fatichi al posto loro. Non esco mai così presto, non rientro mai così tardi che non ti veda là, sul podere, a scavare, ad arare, a trasportare. Insomma, non ti concedi un minuto di tregua o il minimo riguardo. Sono certo che tutto questo non lo fai per divertimento. Tu mi dirai che non ti va che qui si lavori così poco; ma se tu impiegassi nel dirigere tutta la fatica che sprechi nel lavorare di persona, ci avresti una bella convenienza.

MENEDEMO O Cremete, i tuoi affari ti lasciano bel tempo, eh?, e così puoi impicciarti negli affari altrui e in ciò che non ti riguarda[4].

CREMETE Uomo sono. Nulla di ciò che è umano mi è estraneo, io dico[5]. Fa' conto che io ti dia un consiglio ovvero che ti ponga una domanda. Sei nel giusto? Seguirò il tuo esempio. Non lo sei? Lascia che ti metta in guardia.

Il principio dell'*humanitas*

(trad. di V. Faggi)

[vv. 65-66] **compluris**: accusativo plurale di uso poetico per *complures* (l'aggettivo concorda con *servos*, complemento oggetto in dipendenza da un sottinteso *habes*). • **siet**: forma arcaica per *sit*. • **fungere**: forma arcaica per *fungeris*; nel latino arcaico il deponente *fungor* regge l'accusativo (*officia*), mentre nel latino classico regge l'ablativo strumentale.
[v. 68] **revortor**: forma arcaica per *revertor*.
[v. 77] **Homo... puto**: il verso contiene una *sententia* che è fra le più celebri della letteratura latina; con tutta probabilità è originale di Terenzio.

4. Le prime parole di Menedemo sembrano confermare l'impressione di trovarsi di fronte a un *senex* burbero e taciturno.
5. L'enunciazione da parte di Cremete del principio dell'*humanitas* colpisce tanto più in quanto contrasta con le dure parole che Menedemo ha appena pronunciato. Una tale definizione dei rapporti umani era del tutto estranea alla cultura latina arcaica, per la quale solidarietà umana e interesse verso il prossimo non erano considerati valori.

T2 LATINO/ITALIANO

# La confessione di Menedemo

*Heautontimorumenos*, atto I, vv. 93-158 | metro: senari giambici



CHREMES, MENEDEMUS

MENEDEMUS Filium unicum adulescentulum
habeo. Ah quid dixi habere me? Immo habui, Chreme;
nunc habeam necne incertumst.
CHREMES Quid ita istuc?
MENEDEMUS Scies.
Est e Corintho hic advena anus paupercula;
eius filiam ille amare coepit perdite,
prope iam ut pro uxore haberet: haec clam me omnia.
Ubi rem rescivi, coepi non humanitus
neque ut animum decuit aegrotum adulescentuli
tractare, sed vi et via pervolgata patrum.
Cotidie accusabam: «Hem tibine haec diutius
licere speras facere me vivo patre,
amicam ut habeas prope iam in uxoris loco?
Erras, si id credis, et me ignoras, Clinia.

Menedemo: da padre severo…

CREMETE, MENEDEMO

MENEDEMO Io ho un figlio, uno solo, un ragazzo ma perché dico "ho"? No, Cremete, io lo avevo. Se ora ho un figlio oppure no, non mi è dato saperlo[1].
CREMETE E come mai?
MENEDEMO Lo saprai. C'è qui una povera vecchia forestiera, una di Corinto, e proprio di sua figlia si va a innamorare il mio ragazzo, perdutamente, così che quasi quasi se la teneva come moglie. E tutto questo alle mie spalle. Quando venni a saperlo, io, invece di trattarlo umanamente, come si conveniva con un tenero cuore di ragazzo, io no, io ci misi tutta la mia severità, alla vecchia maniera dei padri. Ogni giorno gli davo addosso: «Ehi, tu, ma cosa speri? Di andare avanti così?, mentre tuo padre è ancora vivo, tenendoti l'amica come moglie? Se lo pensi, ti sbagli, e non mi conosci, Clinia!

Menedemo: da padre severo…

[v. 95] **incertumst:** = *incertum est* (per il medesimo fenomeno vedi anche, v. 107 *dignumst* per *dignum est*, v. 120 *animist* per *animi est*, v. 133 *idoneast* per *idonea est*, v. 156 *illest* per *ille est*, v. 158 *maxumest* per *maxume est*).

[v. 99] **humanitus**: l'avverbio riprende etimologicamente i termini *homo* e *humanus* della *sententia* del v. 77 (➛ **T1**).

[vv. 102-103] **Hem... patre**: costruisci *Hem ne speras tibi licere facere haec diutius me vivo patre.*

1. Sin dalle sue prime parole, di tono decisamente patetico, Menedemo dimostra di avere un solo pensiero fisso: il figlio amato e lontano. Il racconto di Menedemo funge da prologo espositivo, in quanto narra l'antefatto della vicenda.

Ego te meum esse dici tantisper volo
dum quod te dignumst facies; sed si id non facis,
ego quod me in te sit facere dignum invenero.
Nulla adeo ex re istuc fit nisi ex nimio otio.
Ego istuc aetatis non amori operam dabam,
sed in Asiam hinc abii propter pauperiem atque ibi
simul rem et gloriam armis belli repperi.»
Postremo adeo res rediit: adulescentulus
saepe eadem et graviter audiendo victus est;
putavit me et aetate et benevolentia
plus scire et providere quam se ipsum sibi:
in Asiam ad regem militatum abiit, Chreme.
CHREMES Quid ais?
MENEDEMUS Clam me profectus mensis tris abest.
CHREMES Ambo accusandi; etsi illud inceptum tamen
animist pudentis signum et non instrenui.
MENEDEMUS Ubi comperi ex is qui ei fuere conscii,
domum revortor maestus atque animo fere

Voglio che tu sia tenuto per figlio mio finché ti comporti in modo che sia degno di te. Se così non fai, vedrò io di comportarmi in modo che sia degno di me.
Tutto questo non è che il frutto del troppo far niente. Alla tua età io mica pensavo all'amore, io sono andato in Asia sotto la spinta della miseria e là ho trovato, combattendo, i soldi e la gloria.» Alla fine le cose andarono così: il ragazzo, a forza di sentirselo ripetere, e con quella grinta, si diede per vinto. Pensò alla mia esperienza, al mio affetto, pensò che ne sapessi più di lui, che conoscessi meglio il suo interesse; e così, Cremete, se ne è partito per l'Asia, ad arruolarsi nell'esercito del re[2].
CREMETE Che dici!
MENEDEMO Di nascosto è partito. È via da tre mesi.
CREMETE Il torto ce l'avete tutti e due. Però, però, la sua decisione è segno di un animo sensibile e non imbelle.
MENEDEMO Quando venni a saperlo dai suoi confidenti, me ne tornai a casa mesta-

[v. 106-107] **tantisper... dum**: lett. «per tanto tempo... finché».
[v. 110] **istuc aetatis**: locuzione usata in luogo di *istam aetatem*.
[v. 112] **rem et gloriam**: denaro e fama sono gli obiettivi a cui ogni figlio deve puntare secondo la tradizione.
[vv. 117-119] **militatum**: supino attivo con valore finale (in dipendenza dal verbo di movimento *abiit*). • **mensis tris**: accusativo plurale di tempo continuato (forme arcaiche per *menses tres*).
[vv. 121-122] **fuēre**: forma arcaica per *fuerunt*. • **revortor**: forma arcaica per *revertor*.

2. Partendo per l'Asia per arruolarsi come mercenario, il figlio mostra di seguire il modello del padre, a cui nonostante tutto è molto affezionato e del quale finisce per accettare in modo remissivo la volontà.

perturbato atque incerto prae aegritudine.
Adsido: adcurrunt servi, soccos detrahunt;
video alios festinare, lectos sternere,
cenam adparare: pro se quisque sedulo
faciebant quo illam mihi lenirent miseriam.
Ubi video, haec coepi cogitare: «Hem tot mea
solius solliciti sunt causa ut me unum expleant?
Ancillae tot me vestient? Sumptus domi
tantos ego solus faciam? Sed gnatum unicum,
quem pariter uti his decuit aut etiam amplius,
quod illa aetas magis ad haec utenda idoneast,
eum ego hinc eieci miserum iniustitia mea!
Malo quidem me dignum quovis deputem,
si id faciam. Nam usque dum ille vitam illam colet
inopem carens patria ob meas iniurias,
interea usque illi de me supplicium dabo
laborans parcens quaerens, illi serviens.»
Ita facio prorsus; nil relinquo in aedibus

...a «punitore di se stesso»

mente, quasi sconvolto, smarrito per il dolore. Mi metto a sedere. I servi si precipitano, mi tolgono i calzari. Vedo che altri si affrettano, e chi prepara il letto, e chi imbandisce la cena. Ciascuno per la sua parte, facevano di tutto per lenire la mia sofferenza. Vedendo ciò mi trovai a riflettere[3]: «Ah, per me solo quanta gente si va preoccupando, per dar conforto a me solo! Tante serve per vestirmi! Quante spese in casa per un uomo soltanto! Ma il mio unico figlio, che di tutto questo dovrebbe godere come me, anzi di più, perché la sua età è più disposta a godere, mio figlio io l'ho scacciato di casa, povero figlio, con la mia ingiustizia. Se andassi avanti così, dovrei proprio considerarmi degno di ogni castigo. E allora, finché lui, per colpa mia, fa quella vita da cani, lontano dalla sua patria, io mi sacrificherò per lui lavorando, tirando la cinghia, risparmiando, come se fossi suo schiavo.» È quello che sto facendo[4].

...a «punitore di se stesso»

[v. 126] **sedulo**: avverbio di modo (da unire a *faciebant*).
[v. 131] **gnatum**: forma arcaica per *natum*; è termine affettivamente molto più intenso di *filium*.
[v. 138] **illi... dabo**: la frase costituisce la spiegazione del titolo della commedia.

3. Osservando la realtà, Menedemo finisce per comprendere l'assurdità del comportamento tenuto nei confronti del figlio.
4. Assumendo un atteggiamento autopunitivo, il padre cerca di condividere la condizione difficile del figlio. Menedemo esprime il proprio dolore, tutto interiore e fondato sul senso di colpa, sottoponendosi a lavori massacranti.

nec vas nec vestimentum: conrasi omnia.
Ancillas servos, nisi eos qui opere rustico
faciundo facile sumptum exsercirent suom,
omnis produxi ac vendidi. Inscripsi ilico
aedis mercede. Quasi talenta ad quindecim
coegi: agrum hunc mercatus sum: hic me exerceo.
Decrevi tantisper me minus iniuriae,
Chreme, meo gnato facere dum fiam miser;
nec fas esse ulla me voluptate hic frui,
nisi ubi ille huc salvos redierit meus particeps.
CHREMES Ingenio te esse in liberos leni puto,
et illum obsequentem siquis recte aut commode
tractaret. Verum nec tu illum satis noveras
nec te ille; hoc qui fit? Ubi non vere vivitur.
Tu illum numquam ostendisti quanti penderes
nec tibi illest credere ausus quae est aequom patri.
Quod si esset factum, haec numquam evenissent tibi.
MENEDEMUS Ita res est, fateor: peccatum a me maxumest.

Il tema dell'incomunicabilità

In casa, piazza pulita, vasellame e vesti via, ho liquidato tutto. Servi e serve, tolti quelli che zappando potevano rifarmi della spesa, li ho messi in vendita, e via. La casa, subito ci metto il cartello che si affitta. Ci ho fatto più o meno quindici talenti e mi sono comprato questo podere qui; e qui mi do da fare. O Cremete, sai che cosa penso? Che mentre vivo da poveraccio faccio minor offesa al figlio mio, e che non è giusto che io, qui, goda di qualche piacere sinché lui non farà ritorno sano e salvo e non potrà dividere con me.

CREMETE Sono convinto che tu hai la stoffa di un buon padre, lui quella di un figlio rispettoso, a saperlo prendere per il suo verso. Il guaio è che tu non conosci abbastanza lui, e lui te. E perché va così? Perché non si vive secondo verità. Tu non gli hai mostrato quanto lo amassi, lui non si è mai permesso quella confidenza che è giusto avere con il padre[5]. Fosse andata così, tutto questo non sarebbe successo.

Il tema dell'incomunicabilità

MENEDEMO Così è, lo confesso. La colpa maggiore è tutta mia[6].

(trad. di V. Faggi)

[vv. 149-150] **nec fas esse**: il neutro indeclinabile *fas* indica tutto ciò che è consentito in base alla legge divina; l'espressione è fortemente connotata in senso religioso. • **salvos**: forma arcaica di nominativo singolare (per *salvus*).

5. Il tema dell'incomunicabilità nelle relazioni umane più strette, che spesso diviene la causa di incomprensioni profonde e di veri e propri conflitti, è molto caro a Terenzio.

6. Con queste intense parole si conclude la scena: il vecchio Menedemo ammette la gravità della propria colpa, per la quale continua a punirsi in modo sterile e assurdo.

## Il testo e il contesto

**UN DIALOGO FRA DUE *SENES*** La commedia si apre con le parole che il vecchio Cremete rivolge al proprio vicino di casa, l'anziano Menedemo, intento a lavorare il proprio podere in modo indefesso, fino a spaccarsi la schiena (➛ **T1**). Dopo aver osservato a lungo Menedemo, Cremete rompe gli indugi: con una certa confidenza, che il suo interlocutore inizialmente mostra di non gradire, gli domanda come mai abbia deciso di sottoporsi a un lavoro così massacrante, nonostante disponga di sufficienti risorse per poterlo affidare ad altri. Dopo ripetute insistenze, Menedemo accetta di raccontare la sua storia (➛ **T2**): egli è oppresso dal senso di colpa poiché, con i suoi continui rimproveri, ha spinto il proprio figlio Clinia ad arruolarsi come mercenario in Asia, dopo avergli impedito di portare avanti una relazione amorosa con una ragazza povera e straniera. Cremete cerca di confortare il suo vicino: lo esorta a guardare i figli con occhi diversi, a trattarli con rispetto, incoraggiando le loro aspirazioni e instaurando con loro un rapporto fondato sull'affetto profondo e sulla sincerità.

**I VALORI DELL'*HUMANITAS*...** Dal passo emergono i valori fondamentali che si richiamano al concetto dell'*humanitas* (➛ Scheda "Storia, cultura, civiltà", p. 160): la solidarietà fra simili, il rispetto reciproco fra genitori e figli, la tolleranza nel riconoscimento e nell'accettazione delle differenze. Al modello antropologico tradizionale, definito dai princìpi e dai valori tradizionali del *mos maiorum*, Terenzio oppone un ideale di uomo che nutra un interesse naturale per i suoi simili, che li rispetti nelle loro peculiarità, che sia solidale con loro nelle fatiche e nelle sofferenze. Sul piano pedagogico, tale ideale si traduce nella necessità di nutrire verso i figli un affetto profondo, di comprenderne le scelte, di rispettarne le inclinazioni.

**...E LA DIFFICOLTÀ DEL *VERE VIVERE*** Un altro tema che emerge chiaramente dalle parole di Cremete nel suo scambio con Menedemo è quello della difficoltà che gli uomini incontrano a comunicare tra loro, a mostrare con spontaneità e trasparenza i propri sentimenti più profondi o, come scrive il poeta, a *vere vivere* (v. 154). Si tratta di una tematica di notevole interesse per il teatro terenziano, che tende a rappresentare la realtà dalla prospettiva delle relazioni umane, soprattutto quelle legate alla vita familiare. Spesso, infatti, le dolorose incomprensioni fra padri e figli, fra anziani e giovani sono imputabili a una difficoltà di comunicazione. A Terenzio interessa la famiglia, non tanto come fondamento istituzionale dello Stato romano, quanto come spazio di relazioni interpersonali dinamiche, in evoluzione, soggetta al rinnovamento che caratterizza la particolare fase storica e l'ambiente scipionico a cui il poeta appartiene.

## Il senso del testo

**UN *SENEX* "ATIPICO"** A una prima impressione, Menedemo appare conforme al "tipo" del *senex* burbero e conservatore, portatore di un'austera visione della vita. La sua dedizione al lavoro duro dei campi e il suo continuo rifiuto delle offerte d'amicizia del vicino di casa possono ricordare i tratti peculiari dei *senes* stereotipati della palliata plautina. Tuttavia, nel corso del dialogo con Cremete, la "tipicità" di Menedemo progressivamente si ridimensiona, in quanto emergono le ragioni profonde che hanno determinato i comportamenti autopunitivi di questo vecchio. Tra le lacrime e con un pudore conforme al suo ruolo di padre di famiglia e alla sua età, Menedemo rivela che con la sua severità e il suo rigore eccessivi ha allontanato il figlio Clinia da sé; ne ha calpestato le personalità, spingendolo a una scelta coatta, per seguire l'esempio paterno e adeguarsi alle convenzioni sociali. Il padre ha ben chiara la sua colpa: riferendosi al passato, parla di sé come di un padre padrone (vv. 99 ss.); nel presente, invece, si descrive come un padre pentito, che scientemente sceglie di espiare la propria colpa nei confronti del figlio attraverso fatica e restrizioni (vv. 136 ss.).

■ **Pagina dall'*Heautontimorumenos* di Terenzio.** Illustrazione da un codice del IX secolo. Città del Vaticano, Biblioteca Apostolica Vaticana.

**LEGGO E COMPRENDO**

**1.** Quali informazioni si acquisiscono dal dialogo tra Cremete e Menedemo all'inizio dell'*Heautontimorumenos*?

**2.** Metti a confronto il personaggio di Menedemo, quale esso si rivela nel corso del dialogo con Cremete, con lo stereotipo del *senex* burbero della palliata latina.

**3.** Che cosa intende Terenzio con l'espressione *vere vivere*? Come potresti tradurre questa espressione per mantenere il concetto che il poeta vuole esprimere?

## STORIA, CULTURA, CIVILTÀ | IL CONCETTO DI *HUMANITAS*

**UN CONCETTO LATINO A PARTIRE DA PREMESSE GRECHE** Secondo la bella definizione di **Alfonso Traina**, nell'idea di *humanitas* si deve intendere il riconoscere e il rispettare l'uomo in ogni uomo: «in essa culmina tutto il travaglio del mondo antico, prima che la *caritas* cristiana insegnasse a riconoscere e ad amare il figlio di Dio in ogni uomo». L'idea di *humanitas* evolve lentamente nel passaggio dal mondo greco al mondo romano. Il termine latino *humanitas* nella lingua greca non ha un vocabolo che sia del tutto equivalente. La *paidèia* greca, intesa come educazione e formazione culturale, è certamente uno dei presupposti dell'*humanitas* latina, ma non vi si identifica completamente. A ragione è stato osservato che l'etimologia stessa delle due parole, greca e latina, oppone l'uomo (latino *homo*) al fanciullo (greco *pàis*). Dunque, la *paidèia* può essere intesa come l'educazione da fornire al fanciullo per far sì che diventi un uomo.

Senza dubbio, tra i significati della parola latina *humanitas* il più antico è quello che corrisponde al greco ***philanthropìa***, "benevolenza": si tratta di un termine che rimanda all'idea della solidarietà e del conforto degli uomini verso i propri simili, idea ampiamente sviluppata nell'ambito dello stoicismo, che in particolare attraverso il filosofo Panezio esercita il proprio influsso sul "circolo degli Scipioni" prima e su Cicerone poi.

Il concetto di *humanitas* nasce insomma dalla rielaborazione originale di un ideale greco, come spesso accade per gli aspetti più significativi della civiltà romana. Dunque, nella cultura greca si trovano tutte le premesse per la nascita della *humanitas* romana; tuttavia, non troviamo la piena elaborazione del concetto, che a partire dal II secolo a.C. a Roma inizia a essere inteso come un ideale alternativo a quell'insieme ordinato di valori molto precisi e severi contenuti nel *mos maiorum*.

***HUMANITAS* E TEATRO LATINO ARCAICO** Come ha ben mostrato il latinista **Renato Onida** in uno studio dedicato alla nascita dell'idea latina di *humanitas*, è stato il **teatro di epoca arcaica**, genere per sua natura meno elitario dell'epica o della storiografia, che ha iniziato a interessarsi della condizione umana più universale, fatta di sentimenti e vicende legate alla dimensione della quotidianità e all'ambito della famiglia. Se pensiamo al teatro di Plauto, possiamo vedere come gli spettatori romani abbiano iniziato a saper ridere di se stessi attraverso le vicende di uomini alle prese con mogli e figli ingovernabili, in un mondo alla rovescia abitato da schiavi furbissimi, vecchi avari e soldati fanfaroni.

La capacità di riconoscere i propri limiti con una risata, aggirando le norme severe della moralità ufficiale, costituisce il primo passo che i Romani hanno compiuto nell'elaborazione del concetto di *humanitas*.

**IL CONTRIBUTO DI TERENZIO** Il contributo decisivo per la formazione dell'idea di *humanitas* giunge da **Terenzio**. Nelle sue commedie, alle beffe che stanno al centro delle trame plautine si sostituiscono vicende familiari basate sul contrasto dei sentimenti, in particolar modo sul problema dell'incomunicabilità tra le persone.

In Terenzio l'idea di *humanitas* appare pienamente formata, nonostante manchi ancora il nome astratto per definirla; nei suoi testi è presente l'aggettivo *humanus* che ne esprime tutte le sfumature semantiche. Nell'*Andria* si trova già il significato di *humanitas* intesa come benevolenza, ma anche come dovere (➛ **T6-T7**); negli *Adelphoe* troviamo l'idea di *humanitas* legata al senso della moderazione e soprattutto alla fragilità e alla possibilità di sbagliare, insite nella condizione umana (➛ **T3-T4**). Ma è nell'*Heautontimorumenos* che troviamo la migliore sintesi del concetto di *humanitas*, cioè la celebre massima (v. 77): *homo sum: humani nihil a me alienum puto* (➛ **T1**). In tale formulazione l'*humanitas* è proclamata come un **valore universale**: l'uomo rivendica la prerogativa di interessarsi ai problemi degli altri uomini, con un atteggiamento di solidarietà e condivisione. Siamo davvero di fronte a uno dei punti più alti toccati dall'umanesimo nel teatro latino arcaico.

**GUIDA ALLO STUDIO**

**1.** Che relazione si può stabilire tra il concetto latino di *humanitas* e i termini greci *paidèia* e *philanthropìa*?

**2.** In che modo, secondo Renato Onida, il teatro latino arcaico avrebbe contribuito alla nascita dell'idea di *humanitas*?

**3.** Con quali significati ricorre l'aggettivo *humanus* nelle commedie di Terenzio?

T3-T4

# Due metodi educativi opposti

| *Adelphoe*, atto I, vv. 26-77 |

*Gli* Adelphoe *vengono rappresentati ai* ludi funebres *in onore di Lucio Emilio Paolo nel 160 a.C. La commedia si apre col monologo di uno dei protagonisti, il vecchio Micione, che presenta la propria visione della vita, mettendola a confronto con quella del fratello Demea, fondata su princìpi opposti. Viene così introdotto il tema centrale della commedia: l'educazione dei figli, un tema caro a Terenzio, che considera la scelta del metodo educativo come una conseguenza diretta della concezione dell'esistenza che ciascuna persona elabora nel corso della propria vita. In questo passo, in cui Micione esterna la propria preoccupazione per le sorti del figlio adottivo Eschino, che non ha fatto ritorno a casa durante la notte, il poeta introduce una riflessione di ordine generale sul rapporto padre-figlio, facendo emergere quale sia, a suo avviso, il vero senso della paternità.*

T3
LATINO

## Un padre "moderno"...

| *Adelphoe*, atto I, vv. 26-58 | metro: senari giambici |

MICIO SENEX Storax! – Non rediit hac nocte a cena Aeschinus
neque servolorum quisquam, qui advorsum ierant.
Profecto hoc vere dicunt: si absis uspiam
aut ibi si cesses, evenire ea satius est
quae in te uxor dicit et quae in animo cogitat
irata, quam illa quae parentes propitii.
Uxor, si cesses, aut te amare cogitat
aut tete amari aut potare atque animo obsequi
et tibi bene esse soli, quom sibi sit male.
Ego quia non rediit filius quae cogito et
quibus nunc sollicitor rebus! Ne aut ille alserit
aut uspiam ceciderit ac praefregerit
aliquid. Vah! Quemquamne hominem in animo instituere aut
parare quod sit carius quam ipsest sibi!

[vv. 26-27] **Storax!... ierant**: *Storax*: si tratta dello schiavo a cui Micione si rivolge, ma che non entrerà mai in scena. • *hac nocte*: ablativo di tempo determinato. • *servolorum*: genitivo (in funzione partitiva) retto dal pronome *quisquam*: «alcuno dei servi» (*servolus*, forma arcaica per *servulus*, è diminutivo di *servus*). Il genitivo *servolorum* è ripreso dal pronome relativo *qui*, soggetto della proposizione relativa che ha per predicato *ierant*: «che (gli = a Eschino) erano andati incontro (*advorsum*, forma arcaica per *adversum*)».

[vv. 28-31] **Profecto... propitii**: *dicunt*: predicato verbale con soggetto indeterminato, da rendere con una forma impersonale: «si dice». • *si absis... si cesses*: doppia protasi di un periodo ipotetico del I tipo («se sei andato da qualche parte o hai fatto tardi»), la cui apodosi è *satius est* («è meglio...»). • *evenire ea*: prop. infinitiva soggettiva che dipende da *satius est*, dove *ea* è l'antecedente delle prop. relative che seguono (introdotte da *quae*): «che accadano quelle cose che dice e immagina tua moglie nella sua ira, piuttosto che quelle cose che (immaginano) i genitori che ti vogliono bene». • *irata*: predicativo di *uxor*, in antitesi a *propitii* (riferito a *parentes*).

[vv. 32-34] **Uxor... male**: *si cesses*: protasi di un periodo ipotetico del I tipo («se hai fatto tardi») la cui apodosi è *Uxor cogitat* («La moglie pensa...»). • *tibi bene esse... sibi sit male*: il verbo *sum* accompagnato dall'avverbio *bene* (o *male*) e seguito dal dativo della persona ha significato di «passarsela bene (o male)»; dall'infinitiva oggettiva *tibi bene esse soli* dipende la proposizione avversativa *quom* (= *cum*) *sibi sit male*.

[vv. 35-39] **Ego... sibi**: *Ego... quae cogito et quibus... sollicitor rebus*: «Io che cosa vado a pensare e da quali preoccupazioni sono tormentato!»; proposizioni esclamative. • *Ne*: particella negativa che regge i tre congiuntivi perfetti (*alserit*, *ceciderit*, *praefregerit*) con valore desiderativo: «Che non abbia preso freddo, o che non sia caduto da qualche parte o che non si sia rotto qualcosa!». • *Vah*: interiezione che esprime un senso di amarezza. • *Quemquamne... parare*: proposizione esclamativa (introdotta dalla particella enclitica *-ne*) espressa con l'accusativo del soggetto (*quemquam*

Atque ex me hic natus non est, sed ex fratre. Is adeo
dissimili studiost iam inde ab adulescentia:
ego hanc clementem vitam urbanam atque otium
secutus sum et, quod fortunatum isti putant,
uxorem numquam habui. Ille contra haec omnia:
ruri agere vitam, semper parce ac duriter
se habere; uxorem duxit; nati filii
duo; inde ego hunc maiorem adoptavi mihi;
eduxi a parvolo, habui, amavi pro meo;
in eo me oblecto, solum id est carum mihi.
Ille ut item contra me habeat facio sedulo:
do, praetermitto, non necesse habeo omnia
pro meo iure agere; postremo, alii clanculum
patres quae faciunt, quae fert adulescentia,
ea ne me celet consuefeci filium.
Nam qui mentiri aut fallere insuerit patrem hau
dubie tanto magis audebit ceteros.
Pudore et liberalitate liberos
retinere satius esse credo quam metu.

■ Bassorilievo con scene di vita di un bambino, dal sarcofago di *Marcus Cornelius Satus*, II sec. d.C. Parigi, Museo del Louvre.

*hominem*) e l'infinito (*instituere aut parare*)». • *quod sit... sibi*: «una cosa che gli sia più cara di quanto egli lo sia a se stesso»; *quam* introduce una proposizione comparativa anticipata dall'aggettivo neutro *carius* presente nella proposizione relativa; *ipsest* è forma contratta per *ipse est*.

[vv. 40-44] **Atque... habui**: *ex me*: complemento di origine (come il successivo *ex fratre*). • *Is*: il pron. dimostrativo si riferisce a Demea e si contrappone al pron. personale *ego* del v. 42. • *dissimili studio*: abl. di qualità; puoi tradurre con «di tendenze completamente diverse (dalle mie)»; *studiost* è forma contratta per *studio est*. • *quod... putant*: il pronome relativo *quod* si riferisce alla condizione di celibato di Micione: «cosa che costoro (*isti*, ovvero gli spettatori) ritengono una vera fortuna».

[vv. 44-49] **Ille... mihi**: *ille*: il pronome dimostrativo si riferisce nuovamente a Demea. • *ruri*: locativo di *rus*, «in campagna». • *agere... se habere*: infiniti storici, da rendere con il presente indicativo: «abita... vive». • *nati*: sottinteso *sunt*. • *hunc maiorem*: si tratta di Eschino, il figlio primogenito di Demea che Micione ha adottato, ha cresciuto fin da quando era piccolo (*a parvolo*) e che rappresenta la sola cosa che gli è cara (*solum id est carum mihi*).

[vv. 50-54] **Ille... filium**: *Ille... sedulo*: costruisci *facio sedulo ut item ille me habeat contra* «Mi do assiduamente da fare perché anche lui a sua volta mi ricambi allo stesso modo». • *non necesse... agere*: «non ritengo necessario far valere in ogni cosa i miei diritti (lett. "fare ogni cosa secondo il mio diritto")». • *clanculum patres*: «di nascosto ai padri»; *clanculum* è diminutivo colloquiale di *clam*, usato nel latino arcaico con funzione di preposizione con l'accusativo.

[vv. 55-58] **Nam... metu**: *insuerit*: «si sarà abituato»; forma sincopata per *insueverit*. • *pudore... liberalitate... metu*: ablativi strumentali. Il metodo educativo di Micione, improntato ai princìpi del rispetto verso se stessi e dell'indulgenza, si contrappone al metodo educativo di Demea, fondato invece sulla paura (della punizione).

T4 LATINO

# ...e un padre "all'antica"

*Adelphoe*, atto I, vv. 59-77 | metro: senari giambici

MICIO SENEX Haec fratri mecum non conveniunt neque placent,
venit ad me saepe clamitans: «Quid agis, Micio?
Quor perdis adulescentem nobis? Quor amat?
Quor potat? Quor tu his rebus sumptum suggeris?
Vestitu nimio indulges; nimium ineptus es».
Nimium ipsest durus praeter aequomque et bonum,
et errat longe, mea quidem sententia,
qui imperium credat gravius esse aut stabilius
vi quod fit, quam illud quod amicitia adiungitur.
Mea sic est ratio et sic animum induco meum:
malo coactus qui suom officium facit,
dum id rescitum iri credit, tantisper cavet;
si sperat fore clam, rursum ad ingenium redit.
Ille quem beneficio adiungas ex animo facit,
studet par referre, praesens absensque idem erit.
Hoc patriumst, potius consuefacere filium
sua sponte recte facere quam alieno metu:
hoc pater ac dominus interest. Hoc qui nequit
fateatur nescire imperare liberis.

**[vv. 59-63] Haec fratri... es:** *Haec*: il pronome dimostrativo si riferisce ai metodi educativi di Micione, illustrati nel corso dei versi precedenti (vv. 50-54 ➝ T3). • *clamitans*: frequentativo di *clamo*; in combinazione con l'avverbio *saepe*, il verbo ribadisce l'idea di un'azione costantemente ripetuta nel tempo. • *Quor... nobis*: «Perché mi rovini il ragazzo?»; *quor* è arcaismo per *cur*; *nobis* è dativo etico. • *amat*: il verbo *amo* qui, e spesso nelle commedie di Plauto e Terenzio, ha il significato di «frequentare prostitute». • *ineptus*: l'aggettivo, da *in-* + *aptus*, significa propriamente «non adatto», e dunque «inetto, sciocco». Le critiche di Demea ai metodi educativi di Micione si concludono con una lapidaria condanna.

**[vv. 64-67] Nimium... adiungitur:** *ipsest*: = *ipse est*. • *praeter aequomque et bonum*: «al di là di ciò che è giusto e conveniente»; *aequom* è forma arcaica per *aequum*. • *mea sententia*: ablativo di limitazione. • *qui... adiungitur*: dalla proposizione relativa (con congiuntivo eventuale) *qui credat*, che costituisce anche il soggetto di *errat*, dipende l'infinitiva oggettiva *imperium gravius esse aut stabilius*. Il sostantivo *imperium* è ripreso dai due *quod* che introducono le due proposizioni relative *quod fit* e *quod adiungitur*: «(sbaglia) chi creda che sia più efficace e stabile l'autorità che sia imposta con la forza rispetto a quella che sia conseguita attraverso l'affetto».

**[vv. 68-73] Mea... erit:** *ratio*: il sostantivo si può tradurre qui con «opinione, punto di vista». • *malo... cavet*: ordina *qui facit suom* (= *suum*) *officium coactus malo* (lett. «costretto da un danno», ossia «dalla paura di una punizione») *tantisper cavet* («per tanto tempo sta attento») *dum* («finché») *credit id rescitum iri* (infinito futuro passivo da *rescisco*, «venire a sapere»). • *si... clam*: «se spera che la cosa rimarrà nascosta»; da *sperat* dipende un'infinitiva oggettiva che ha come soggetto sottinteso *id* (che si ricava dal verso precedente) e come predicato *fore* (infinito futuro di *esse*).

**[vv. 74-77] Hoc... liberis:** *Hoc patriumst... metu*: *patriumst* è aferesi per *patrium est*. Il pronome *hoc* è prolettico rispetto all'infinito *consuefacere*, costruito qui con l'accusativo e l'infinito (*filium... recte facere*): «Questo è proprio di un padre, abituare il figlio a comportarsi rettamente di sua propria volontà piuttosto che per il timore degli altri (*alieno metu*)». • *nequit*: sottinteso *facere*. • *fateatur*: congiuntivo esortativo che regge l'infinitiva (*se*) *nescire imperare liberis*: «ammetta di non saper educare i figli».

## Il testo e il contesto

**IL MONOLOGO DI MICIONE** La scena d'apertura della commedia è costituita da un monologo del vecchio Micione, padre adottivo del giovane Eschino, che è in realtà il figlio di suo fratello Demea. Micione attende con preoccupazione il rientro di Eschino, dopo che questi ha trascorso la notte fuori casa. Nell'attesa il vecchio illustra il proprio metodo educativo, nel quale crede fortemente e che risulta caratterizzato da generosità e indulgenza; un metodo educativo che risulta del tutto antitetico rispetto a quello adottato da suo fratello: seguendo il proprio severo stile di vita, caratterizzato da rinunce e sacrifici (vedi v. 45 *parce ac duriter*), Demea ha infatti educato l'altro suo figlio imponendogli regole ferree e costumi morigerati.

La funzione di questa scena iniziale deve essere considarata anche in rapporto al fatto che questa commedia risulta priva di prologo espositivo (nel prologo, infatti, Terenzio appare impegnato a difendersi dalle accuse che gli sono rivolte dai suoi detrattori, tra cui quella di non essere l'autore dei testi che vanno in scena sotto il suo nome); nel suo monologo Micione fornisce le informazioni essenziali sull'antefatto della vicenda che verrà rappresentata, mettendo in tal modo lo spettatore nelle condizioni di seguire l'intreccio.

## Il senso del testo

**LA "MODERNITÀ" DI MICIONE** I due *senes* che compaiono nella commedia sono presentati in termini antitetici: scelte esistenziali differenti (Demea sposato, Micione celibe); stili di vita opposti (Demea legato alla tradizione, Micione decisamente anticonformista); metodi educativi antitetici (Demea severo e austero, Micione indulgente e liberale).

Micione ha scelto di vivere in città senza sposarsi, dedicandosi a una vita di *otium*, ossia completamente libera da impegni e occupazioni di ordine civile o pratico (il contrario di *otium* è infatti il termine *negotium*, che significa appunto «affare, impegno»); inoltre, Micione ha scelto di dare tutto il suo affetto al figlio adottivo Eschino, che ha educato secondo i princìpi della clemenza, della generosità e dell'indulgenza, profondamente convinto che i giovani vadano responsabilizzati lasciando loro la libertà di comportarsi onestamente per convinzione, non per paura o per costrizione. Questa, a suo avviso, è la differenza fra un padre e un padrone; e profondamente padre egli si sente, seppur con tratti e ideali notevolmente diversi da quelli del *pater familias* celebrato dalla tradizione. Affetto, comprensione, liberalità sono i fondamenti dello stile educativo di Micione, il quale è certo che tali princìpi concorrano a formare non solo una persona equilibrata, ma anche un cittadino onesto, che metterà al servizio della collettività la propria moralità.

***URBANITAS...*** Questo personaggio ben rappresenta e incarna il valore dell'*urbanitas*, un principio estremamente innovativo per la società romana coeva a Terenzio, che rimanda a una condizione spirituale aperta e innovativa. L'*urbanitas* è fondata su un approccio critico alla realtà, secondo un atteggiamento non dogmatico, basato su quello che viene comunemente definito "relativismo etico", per cui ogni evento o comportamento umano non è giudicato rigidamente, sulla base di princìpi immutabili e stabiliti *a priori*, ma è sempre sottoposto al vaglio critico della coscienza.

Micione, anche nel suo modo di esprimersi, si fa rappresentante ideale del valore dell'*urbanitas*; esprime sempre il proprio modo di vedere le cose con pacatezza, senza mai attribuire un valore assoluto alle proprie posizioni: *credo* (v. 58), *mea quidem sententia* (v. 65), *mea... ratio* (v. 68) sono solo alcune delle espressioni da cui traspare il suo atteggiamento non dogmatico, proprio di chi non ha la pretesa di essere il detentore della verità, per cui "relativizza" sempre le proprie convinzioni.

**...E *HUMANITAS*** In definitiva, Micione è un padre "moderno", aperto ai problemi che l'esistenza pone, flessibile e dotato di senso del relativo; un padre che fonda il rapporto con il proprio figlio non sulla *patria postestas*, bensì sull'*amicitia*. Questo personaggio è l'incarnazione più autentica dell'*humanitas* terenziana, intesa come capacità di accogliere con indulgenza e tolleranza le esigenze altrui, seppur diverse dalle proprie, senza mai assolutizzare il proprio punto di vista.

**DEMEA E LA TRADIZIONE** Rispetto a Micione, Demea adotta tutt'altro stile di vita e princìpi educativi ben diversi: conduce un'esistenza parca e ritirata in campagna, dove lavora indefessamente, risparmiando il più possi-

■ **Micione**, particolare dagli *Adelphoe* di Terenzio.
Illustrazione da un codice del IX secolo.
Parigi, Bibliothèque Nationale de France.

bile e comportandosi in modo burbero e autoritario. Ha educato il figlio Ctesifone con rigore assoluto, fedele ad alcuni dei princìpi fondanti del *mos maiorum*: *gravitas* («serietà»), *frugalitas* («frugalità»), *auctoritas* («autorevolezza»), *dignitas* («dignità») costituiscono le basi del suo stile pedagogico. La *rusticitas* di Demea – ossia la sua rozzezza campagnola, che si esprime nella sensibilità grossolana, nelle maniere ruvide, nel vestire trasandato e nella ricerca di una esasperata frugalità – si contrappone all'*urbanitas* del fratello, accusato di utilizzare metodi educativi troppo permissivi, che hanno reso il figlio Eschino un ragazzo dissoluto. Nello sviluppo dell'azione scenica Demea dovrà riconoscere il fallimento delle proprie convinzioni pedagogiche, fino a decidere di cambiare radicalmente i propri metodi educativi. Le scelte compiute da Micione in questo campo si riveleranno nel complesso più efficaci; tuttavia, Terenzio non mancherà di introdurre alcuni elementi di incertezza e di dubbio, allo scopo di indicare la necessità di operare una sorta di compromesso fra le due posizioni.

**LEGGO E COMPRENDO**

**1.** Che tipo di relazione educativa ha stabilito Micione con Eschino?

**2.** Per quale motivo Micione ritiene che il metodo educativo di Demea non possa funzionare?

**3.** Che cosa si intende per *urbanitas*? Quali espressioni del modo di parlare di Micione ne sono un indizio?



**T5** ITALIANO

## Due esiti educativi opposti

| *Adelphoe*, atto I, vv. 88-154 |

*All'inizio della seconda scena degli* Adelphoe *Demea si presenta cupo e adirato davanti al fratello Micione per informarlo del fatto che Eschino (il figlio di Demea che è stato però concesso in adozione a Micione e cresciuto da quest'ultimo* ➔ **T3-T4**), *la notte precedente, ha combinato una malefatta che è sulla bocca di tutti: il giovane ha rapito una ragazza di cui si è invaghito dall'abitazione in cui viveva. Nel riportare la notizia, Demea non rivela che Bacchide, la ragazza rapita, è una cortigiana e che la casa da cui è stata sottratta è quella del suo lenone; tralasciando in modo deliberato queste informazioni, Demea si propone di accentuare la gravità della colpa commessa da Eschino, cui intende contrapporre il comportamento irreprensibile ed esemplare del fratello Ctesifone.*

*Nelle parole di Demea l'indole e il carattere dei due giovani fratelli risultano totalmente antitetici: Eschino è dissoluto e scapestrato; Ctesifone, invece, è sobrio e obbediente. Tuttavia, la realtà che andrà progressivamente palesandosi nel corso della commedia sarà ben diversa dal quadro raffigurato in questo passo: verrà fuori che Eschino non ha rapito Bacchide per sé, bensì per il fratello che ne è da tempo innamorato, ma non ha mai avuto il coraggio di confessare al padre i suoi sentimenti e le sue intenzioni verso la ragazza.*

DEMEA, MICIONE

DEMEA [Eschino] ha fatto irruzione in casa altrui dopo aver buttato giù una porta; ha pestato a sangue il padrone e i suoi schiavi; ha rapito la donna di cui era innamorato: gridano tutti che è roba dell'altro mondo. In quanti, caro Micione, me l'hanno detto, lungo la strada! È sulla bocca di tutti. Ma insomma, se è un esempio che bisogna dargli, non lo vede suo fratello[1]? Si occupa degli interessi di famiglia, vive semplicemente e sobriamente in campagna e non ha mai combinato niente di simile. Questo, Micione, mentre lo dico a lui, lo dico anche a te: sei tu che lasci che si rovini.

1. Il riferimento è a Ctesifone, l'altro figlio di Demea, cresciuto con lui ed educato secondo quei princìpi del *mos maiorum* che Demea incarna e rispetta profondamente.

MICIONE Non c'è persona più ingiusta dell'inesperto, che ritiene che sia ben fatto solo quel che fa lui[2].
DEMEA A che proposito dici questo?
MICIONE Perché tu, Demea, sbagli nel giudicare queste cose. Andare a donne e ubriacarsi, quando si è giovani, non è un delitto, credimi, proprio non lo è; e neppure buttar giù una porta. Se tu ed io non l'abbiamo fatto, è solo perché non ne avevamo la possibilità. Adesso non verrai mica a dirmi che quel che hai fatto perché eri povero torna a tuo vanto? Sarebbe ingiusto; perché, se ne avessimo avuto i mezzi, lo avremmo fatto anche noi. E se tu fossi un essere umano, lasceresti che lo facesse anche il figlio che hai con te, adesso che l'età glielo consente, invece di dover attendere di averti sotterrato, per farlo poi ugualmente quando non è più l'ora.
DEMEA Perdìo! Essere umano, vuoi farmi diventare pazzo! Fare questo quando si è giovani non è un delitto?
MICIONE Ooh, sentimi; così non mi seccherai più oltre sull'argomento: tu mi hai affidato tuo figlio in adozione; lui è affar mio: se sbaglia, caro Demea, sbaglia per me; me ne assumo io la responsabilità maggiore. Gozzoviglia, si ubriaca, olezza di profumi: lo fa con denari miei; è innamorato: gli darò soldi finché gli serviranno; se non ne avrà, forse lo chiuderanno fuori. Ha buttato giù una porta: sarà rimessa a posto; ha lacerato un abito: sarà ricucito, grazie al cielo ho di che provvedere e finora non mi dispiace farlo. Insomma o la fai finita, oppure prendi chi vuoi come giudice: ti dimostrerò che in questa faccenda chi sbaglia di più sei tu[3].
DEMEA Ahimè! Impara a fare il padre da quelli che sanno esserlo davvero!
MICIONE Tu gli sei padre perché lo hai messo al mondo, io perché gli insegno a stare al mondo[4].
DEMEA Perché, sei forse in grado d'insegnare qualcosa, tu?
MICIONE Senti, se continui, me ne vado.
DEMEA Ah, è così che mi tratti?
MICIONE Secondo te, invece, dovrei stare a sentire un sacco di volte la stessa canzone?
DEMEA Sono io che devo occuparmene.
MICIONE Ma io pure. Comunque, Demea, dividiamoci equamente i pensieri: tu pensi a uno e io all'altro; voler pensare a entrambi da parte tua è come chiedermi indietro quello che mi hai affidato.
DEMEA Senti, Micione!
MICIONE Io la vedo così.
DEMEA Che devo dirti a questo punto? Se a te va bene così, sperperi, rovini, si rovini; la cosa non mi riguarda. Ma se d'ora in avanti dirò una sola parola...

2. Questa massima, dal tono sentenzioso, esprime una netta condanna contro l'intransigenza di coloro che vorrebbero imporre agli altri il proprio metro di valutazione degli eventi e dei comportamenti umani.
3. La brusca interruzione della discussione da parte di Micione rispecchia poco l'indole del personaggio, solitamente pronto ad accogliere le ragioni dell'altro; in questo caso si rivela una scelta necessaria per troncare le sterili lamentele di Demea.
4. Micione si fa qui portavoce di una concezione della paternità in linea con quegli ideali educativi più progressisti che Terenzio condivideva con gli ambienti aristocratici e intellettuali maggiormente aperti alla cultura greca e a un conseguente rinnovamento della cultura romana: non si è padri per legame biologico, ma per quel legame profondo che il processo di educazione liberale sa far scaturire.

MICIONE Di nuovo in collera, Demea?

DEMEA Non mi credi? Ti chiedo forse indietro quello che ti ho affidato? È dura; non sono un estraneo; se mi oppongo... va be', basta! Tu desideri che io pensi a uno solo: d'accordo, e grazie al cielo lui è come voglio che sia. Il tuo se ne accorgerà in seguito... non voglio andar giù troppo pesante sul suo conto (*si allontana*).

MICIONE Non è tutto sbagliato quel che dice: la faccenda mi secca alquanto; ma non ho voluto far vedere che mi dava fastidio[5]. Lui è fatto così: se voglio calmarlo, devo essere pronto a contrastarlo e a distoglierlo dai suoi timori; tuttavia essere comprensivo gli riesce difficile; ma se gli do corda e alimento la sua collera, finirò coll'impazzire insieme con lui. Eschino però in questa faccenda qualche torto me lo ha fatto. Non c'è puttanella[6] qui con cui lui non abbia fatto l'amore o a cui non abbia fatto regali. Da ultimo, poco tempo fa (gli erano venute a noia tutte, credo), m'ha detto che voleva sposarsi. Io m'illudevo che gli ardori della gioventù fossero sbolliti; ero contento. Ed eccoci invece daccapo! Comunque sia, però, voglio sapere da lui e parlargli, se è in piazza.

(trad. di V. Faggi)

---

5. Micione, ormai solo sulla scena, può infine manifestare la sua ansia per il comportamento davvero insolito di Eschino: prende qui avvio una riflessione da parte di Micione sulle scelte educative compiute e sugli esiti che tali scelte hanno prodotto.
6. Compare qui il primo riferimento allo *status* sociale della giovane donna a cui Eschino è interessato.



## PER COMPRENDERE IL TESTO

### Il testo e il contesto

**IL "MISFATTO" DI ESCHINO** Successivamente al monologo di Micione (➤ **T3**), in cui questi ha indirettamente presentato anche la figura del fratello Demea, entra in scena proprio quest'ultimo, scuro in volto e fuori di sé. Demea mette subito al corrente il fratello di un fatto grave: lo informa che Eschino, durante la notte, è entrato in una casa, ha picchiato il padrone e gli ha sottratto la donna amata; anzi, per sottolineare ulteriormente la gravità del fatto, Demea tralascia di specificare che il padrone della casa in cui Eschino è penetrato è un lenone e che la donna che è stata portata via è una prostituta. Micione apprende la notizia con quella pacatezza che caratterizza la sua indole e non mostra di preoccuparsi delle chiacchiere malevole della gente, cosa che invece Demea teme molto; prova anzi a sdrammatizzare la situazione, attenuando le colpe di Eschino attribuibili a suo avviso all'intemperanza dell'età. Infine, ricorda al fratello che quel figlio è affidato alla sua cura e alla sua educazione; pertanto è compito esclusivamente suo preoccuparsi della condotta del giovane, con il quale Micione si ripropone di parlare allo scopo di apprendere direttamente da lui come sono andate davvero le cose.

### Il senso del testo

**LA REAZIONE DI DEMEA...** Nel raccontare il "misfatto" di Eschino, Demea non tralascia di condannarne lapidariamente la condotta morale: da rigido conservatore qual è, il vecchio si mostra intollerante e moralista e il suo giudizio è senza appello. Tuttavia, nel finale, prima di congedarsi da Micione, Demea lascia trasparire che la sua preoccupazione per il comportamento di Eschino non è semplicemente dovuta alla volontà di salvare le apparenze e mettere a tacere le malelingue, ma nasce da un autentico e sincero coinvolgimento affettivo, così come autentico e sincero è il timore che il giovane non risponda alle sue aspettative di padre severo e autoritario. Proprio a partire dalle sue aspettative, in questo caso pienamente soddisfatte, Demea introduce la de- →

scrizione di Ctesifone, l'altro suo figlio, la cui condotta, almeno all'apparenza, risulta all'altezza dell'educazione ricevuta: questi, infatti, è un gran lavoratore, un figlio obbediente, un giovane dai costumi morigerati. Tuttavia, la conoscenza che questo padre ostenta del proprio figlio è del tutto superficiale; e il seguito della commedia farà emergere con tutta evidenza quanto poco corrisponda a verità l'immagine che Demea ha del proprio figlio da lui stesso allevato.

**...E QUELLA DI MICIONE** Micione, al contrario del fratello, quando apprende del "misfatto" di Eschino, non si altera; riconduce il comportamento del proprio figlio adottivo alla condotta propria di tutti i giovani, i quali agiscono seguendo passioni e desideri. Lontano da ogni moralismo, e con grande onestà, Micione ricorda al fratello che il loro comportamento giovanile era più pacato solo perché essi non avevano a disposizione il denaro necessario per vivere esperienze diverse. Ancora una volta, emerge il principio del relativismo etico, soprattutto nell'invito che Micione rivolge a Demea affinché egli rispetti scelte di vita diverse dalla propria, nella convinzione che di fronte a situazioni analoghe si possano prendere decisioni differenti, anche sulla base di esigenze che inevitabilmente cambiano nelle diverse stagioni della vita.

Nel corso degli *Adelphoe* Micione mostrerà a più riprese di essere un convinto sostenitore del relativismo etico, principio in base al quale non esiste un unico modo di agire eticamente corretto, in quanto ciò che è giusto o sbagliato, buono o cattivo, non è assoluto, ma deve essere sempre valutato caso per caso. Tale principio sarà da lui compiutamente esposto nel finale della commedia (vv. 821-835), dove la comprensione reciproca e il principio della tolleranza appaiono come l'unica via percorribile per stemperare e superare il conflitto generazionale: «Negli uomini, Demea, si possono cogliere molti segnali che consentono facili previsioni, per cui, quando due fanno spesso la medesima cosa, si è in grado di dire: "Questo il tale può farlo senza danno, il talaltro no", non perché sia diversa la cosa che hanno fatto, ma perché è diverso chi l'ha fatta. E io questi segnali li colgo in loro [Eschino e Ctesifone]; perciò ho fiducia che saranno come vogliamo noi. Vedo che hanno sale in zucca, sono intelligenti, sono rispettosi, quando è il momento si vogliono bene: si capisce che sono generosi d'animo e di indole; in qualunque momento potrai ridurli al buon senso. Potrai forse temere che al denaro non siano molto attaccati. Caro Demea, noi che abbiamo un'altra età siamo certamente più saggi in tutto; la vecchiaia porta con sé il solo grosso difetto che badiamo tutti al denaro più del necessario: ma questo ci penserà l'età a svilupparglielo».

■ **Micione e Demea**, particolare dagli *Adelphoe* di Terenzio. Illustrazione da un codice del IX secolo. Parigi, Bibliothèque Nationale de France.

**LEGGO E COMPRENDO**

**1.** Come reagisce Micione nel momento in cui suo fratello Demea lo mette al corrente del "misfatto" di Eschino?

**2.** Qual è la reale reazione emotiva di Micione alle rivelazioni di Demea su Eschino?

**3.** Per quale motivo Micione si trattiene dal rivelare i propri sentimenti in presenza del fratello?

## *Adelphoe*: il dramma pedagogico per antonomasia

«La commedia che Terenzio fece rappresentare ai *ludi funebres* in onore di Lucio Emilio Paolo (160 a.C.), «I fratelli» (*Adelphoe*), tradotta dall'omonima commedia di Menandro, è il dramma pedagogico per antonomasia. Terenzio aveva voluto – com'è noto – un po' virtuosisticamente innestare, nel tessuto della commedia menandrea presa a base, una scena – quella del ratto della giovane etèra – tratta da una commedia di Difilo. [...] A parte la movimentata scena di ratto dell'etera dalla casa del lenone, resta complessivamente intatta l'ispirazione menandrea di questa serissima commedia. Sin dall'iniziale scontro tra i due anziani fratelli, portatori appunto di due idee pedagogiche antitetiche, si coglie un clima che è quello dell'Atene di Menandro. Demea – il fratello che ha scelto di «vivere in campagna nel continuo risparmio e senza nulla concedersi», e sottopone il figlio a un sistema di vita austero e ritirato – ha non pochi tratti in comune con il protagonista del *Dyskolos* menandreo: un altro piccolo proprietario che ha scelto anche lui il ritiro nel podere del suo demo e considera la città come sinonimo di perdizione, e vive vessando i figli. Al polo opposto Micione, che non ha figli ma alleva secondo i propri criteri di tolleranza e indulgente apertura l'altro figlio di Demea, a lui affidato, rappresenta l'umanità aperta e tollerante che Menandro vagheggia.
In che misura questa tensione interna al mondo ateniese ha attinenza anche con la realtà romana, nella quale la traduzione menandrea traspone la vicenda? Certamente ne ha, in quanto anche il mondo romano del tempo della vecchiezza di Catone e della fervida giovinezza di Terenzio è ormai attraversato da un'analoga tensione: l'invasione di commedia attica tradotta ne è un indizio, oltre che un fattore. I signori per i quali – e con l'aiuto dei quali – Terenzio scrive non educano più i loro figli alla maniera del vecchio Catone e del vecchio Demea. E non sarà casuale che la rappresentazione degli *Adelphoe* si sia svolta nel contesto delle celebrazioni postume di Emilio Paolo, il consuocero (e quanto da lui diverso) di Marco Porcio Catone. Emilio Paolo, infatti, era colui che, secondo l'attenta descrizione di Plutarco, più di ogni altro romano del suo tempo era stato capace di fondere elementi di tradizionalismo pedagogico cittadino con la maggiore apertura all'educazione greca. [...] Naturalmente non ha senso commettere l'errore di prospettiva di considerare il dibattito con cui si aprono gli *Adelphoe* terenziani, tra Micione e Demea, come la rappresentazione di uno scontro di orientamenti sorto all'interno del mondo romano. Il testo è ricalcato sul testo menandreo. Nondimeno nel lungo monologo di Micione, con cui il dramma si apre, si possono isolare un paio di espressioni che rinviano alla concezione romana della *patria potestas*: là dove Micione ripensa al proprio comportamento tollerante nei confronti del figlio adottivo e osserva che tutto gli concede perché il figlio lo abbia caro e soggiunge: «Gli faccio regali, chiudo un occhio, non credo necessario agire sempre secondo i miei diritti», e poco dopo, nel contrapporre, nonostante tutto, il proprio metodo a quello autoritario e repressivo del fratello, conclude: «Ecco la differenza fra padre e padrone». Espressioni entrambe esplicitamente critiche rispetto all'equiparazione della *potestas* verso i figli e verso gli schiavi, così autorevolmente sancita dai giuristi: il riferimento alla realtà giuridica romana non potrebbe essere più chiaro. Nelle parole di Micione che contrappongono la vita *urbana* da lui prediletta e praticata («Io ho preferito questa vita in città, fatta di indulgenza e di tempo libero per coltivare lo spirito») e il modello di vita *rustica* del fratello Demea («Lui è tutto il contrario, vive in campagna, tira avanti sempre tra le economie e gli stenti»), si è ravvisata una polarità che ricompare anche in altri autori latini. Quanto questa contrapposizione sia pensata da Terenzio in relazione alle tensioni ormai presenti nella società romana, e quanto invece rispecchi una polarità propria del testo menandreo, non è facile da dire.»

(Luciano Canfora, *L'educazione*, in *Storia di Roma*, vol. IV, Torino, Einaudi, 1989, pp. 744-746)

**GUIDA ALLO STUDIO**

**1.** Qual è il modello greco da cui Terenzio trae ispirazione per la stesura degli *Adelphoe*?

**2.** Per quale motivo, secondo Luciano Canfora, la rappresentazione della commedia *Adelphoe* in occasione dei funerali di Lucio Emilio Paolo costituiva una sorta di commento all'attualità romana?

**3.** Come era concepita la *patria potestas* secondo il diritto romano?

## T6-T7 Rapporti familiari conflittuali

*Andria*, atto I, vv. 48-116; 236-264

*L'*Andria*, la prima commedia allestita da Terenzio, mette in scena un intreccio tipico della commedia nuova ellenistica. La prima parte della scena iniziale (➤ **T6**) si svolge a casa di Simone: qui fervono i preparativi per il matrimonio del giovane Panfilo, figlio di Simone, con Filumena, la figlia di Cremete, un vicino di casa. In realtà queste nozze sono una messinscena: infatti Cremete, dopo aver scoperto che il futuro genero ha una relazione con un'altra donna, ha annullato gli accordi presi con Simone. Quest'ultimo, però, decide di portare avanti i preparativi legati al matrimonio, poiché vuole mettere alla prova la lealtà e l'obbedienza del figlio che è stato da lui cresciuto secondo metodi educativi "progressisti" (basati cioè su un atteggiamento di grande apertura e mai critico nei confronti dei giovani).*

*Nella seconda parte della scena (➤ **T7**) compare invece l'*adulescens*, Panfilo, che in un monologo si sfoga per il fatto che il padre, senza averlo interpellato, ha combinato il suo matrimonio. Panfilo è disperato sia perché ritiene il comportamento del padre ingiusto e lesivo della propria dignità sia perché non potrà tener fede al patto d'amore stipulato con la sua amata Glicerio, che per di più aspetta un bambino da lui. Sulla scena è presente anche Miside, schiava di Glicerio, che assiste non vista al monologo di Panfilo e che in seguito diverrà sua interlocutrice, esortandolo a tener fede al patto d'amore stretto con Glicerio.*

## T6 I meriti di un padre...

ITALIANO

*Andria*, atto I, vv. 48-116

SIMONE, SOSIA

SIMONE Ti dirò tutto dal principio. Così verrai a conoscere la vita di mio figlio e il mio piano e quel che desidero da te in questo affare. Vedi, Sosia[1], quando lui si è fatto uomo[2] e ha potuto vivere più liberamente (chi poteva giudicarlo, prima, mentre l'età, il rispetto e il maestro lo tenevano in riga?)...

SOSIA Eh già.

SIMONE ...di tutto ciò che i giovani fanno per nutrire qualche interesse, come allevar cavalli o cani da caccia, o frequentar filosofi[3], be', tra queste cose lui mica si scaldava troppo per l'una più che per l'altra, ma di tutte si occupava con moderazione. Io ne ero felice.

SOSIA Non avevi torto. Nella vita, dico io, la regola giusta è: nulla di troppo[4].

SIMONE La sua vita era questa: stare con tutti e sopportarli con buona grazia; per i più intimi, prestarsi liberalmente, accontentare i loro desideri, non contrastar nessuno, non pretendere di primeggiare; che è il modo migliore per essere lodati, sfuggire all'invidia, farsi degli amici.

SOSIA Una regola d'oro. Perché ai nostri giorni la cortesia ti fa gli amici, la sincerità i nemici.

1. Sosia, liberto di Simone, è personaggio protatico, ovvero compare solo all'inizio della commedia come interlocutore del protagonista, che presenta l'antefatto della vicenda.
2. A Roma il passaggio dalla *pueritia* all'*adulescentia* avveniva intorno ai diciassette anni, quando si indossava la *toga virilis*; ad Atene, invece, luogo di ambientazione della commedia, si entrava nell'età adulta a vent'anni dopo i due anni di addestramento militare chiamato "efebia".
3. Esercizi ginnici, equitazione, caccia e studio della filosofia erano le occupazioni tipiche dei giovani ateniesi, occupazioni che nel II secolo a.C. si stavano gradualmente diffondendo anche a Roma.
4. Questa massima, che in latino appare come *nequid nimis* e che traduce il greco *medèn àgan*, è incisa insieme ad altre sul tempio di Apollo a Delfi. Essa esprime l'equilibrio e la capacità di moderazione che per Terenzio sono tra gli aspetti più importanti dell'*humanitas*.

SIMONE Nel frattempo una donna, e sono tre anni, arriva qui da Andro[5], spinta dalla miseria e dall'abbandono dei suoi parenti. Bella, eh, e molto giovane.
SOSIA Ohi! Mi sa che la ragazza di Andro porta guai.
SIMONE Fa vita onesta, dapprima, e tira la cinghia, e si guadagna il pane filando e tessendo. Ma poi arriva uno spasimante che offre doni, poi ne arriva un altro, e via, si sa come vanno le cose, meglio il piacere che il sacrificio, e la ragazza dice sì e comincia la trafila[6]. Capita, un giorno, che certi suoi amatori portino con sé, per stare in compagnia, mio figlio. Tra me subito dico: «C'è cascato, è fritto». Al mattino stavo a guardare i loro schiavetti, che andavano e venivano, e gli chiedevo: «Ehi, ragazzo, per favore: chi se l'è fatta, ieri, Criside»? Criside è il nome della ragazza di Andro.
SOSIA Ci sono.
SIMONE Fedro, dicevano, o Clinia, o Nicerato. Erano questi, tutti insieme, i suoi amanti del momento. «E Panfilo? Che ha fatto?», «Ha pagato la sua parte[7], ha cenato». Io restavo soddisfatto. Torno alla carica un altro giorno. Panfilo, l'avrei giurato, non c'entra per niente. Pensavo proprio che l'avevo controllato abbastanza e che lui era un modello di continenza. Sicuro. Se uno ha a che fare con gente come quella e tuttavia non si lascia trascinare, be', puoi dire forte che sa tenere in pugno la sua vita. Sì, la cosa mi faceva piacere, e poi tutti, a una voce, ne dicevano un sacco di bene, e si congratulavano con me, che avevo un figlio così a posto. Che dire di più? Si fa avanti Cremete, che ha colto queste voci, per offrire come sposa a mio figlio la sua unica, e con tanto di dote. Magnifico, no? Affare fatto. Oggi è il giorno fissato per le nozze[8].
SOSIA Che cosa impedisce che sian nozze sul serio?
SIMONE Lo saprai. Passano più o meno dieci giorni, e Criside, questa nostra vicina, muore.
SOSIA Magnifico, me ne rallegro. Era di lei che avevo paura.
SIMONE Mio figlio allora stava spesso in compagnia degli amatori di Criside. Insieme a loro si occupava del funerale. Nel frattempo si mostrava triste, ogni tanto piangeva a calde lacrime. A me pareva una bella cosa perché pensavo: «Se la prende così per la morte di una che appena conosceva; che farebbe se l'avesse amata? E che farà per me, che sono suo padre»? Tutti i suoi atti, io li prendevo come prova di animo sensibile e gentile. Ma che sto ancora a dire? Io stesso, per compiacerlo, vado al funerale, non sospettando nulla di male.

(trad. di V. Faggi)

5. Andro è una piccola isola delle Cicladi, situata nella parte settentrionale dell'arcipelago.
6. Quest'espressione è un modo elegante per informare il pubblico del moralmente reprensibile metodo di sostentamento scelto da Criside (che tutti credono sorella di Glicerio, la fanciulla amata da Panfilo).
7. Si tratta della "quota" (*symbola* nel latino arcaico, *collatio* in quello classico) che ciascuno versava per partecipare a un banchetto.
8. Con questo stile efficace e incalzante, Terenzio riassume le trattative svoltesi per le nozze fra i due giovani, trattative ovviamente condotte dai due padri senza consultare gli interessati. In questo frangente, tuttavia, la ritualità è capovolta, in quanto è il padre della ragazza che avanza la proposta.

T7
ITALIANO

# ...e le rivendicazioni di un figlio

*Andria*, atto I, vv. 236-264

PANFILO, MISIDE

PANFILO È umano questo modo di fare? È questo il diritto di un padre?
MISIDE (*tra sé*) Che cosa c'è?
PANFILO Per la fede negli dèi, cos'è questa se non un'ingiuria[1]? Aveva deciso, lui, di darmi moglie oggi. E io, non era giusto che lo sapessi in anticipo? Non era giusto che me lo dicesse prima?
MISIDE Povera me, che cosa sento!
PANFILO Cosa? Quel Cremete che aveva giurato di non darmi sua figlia, cambia idea perché vede che io non cambio? E così fa di tutto, quel cocciuto, per strappare da Glicerio il povero Panfilo? Se andasse così, sarei un uomo morto. Esiste al mondo un uomo, uno solo, disgraziato e infelice come me? Per la fede degli uomini e degli dèi[2], non potrò sfuggire in nessun modo a questo legame con Cremete? Eccomi disprezzato e sputacchiato in tutti i modi. Tutto fatto e strafatto. Mah! Sono respinto, poi richiamato: perché? Mi viene il sospetto che... Che abbiano cresciuto un mostriciattolo[3] e non sappiano a chi rifilarlo. Per questo pensano a me.
MISIDE Povera me, questo discorso mi fa morire di paura.
PANFILO E di mio padre, cosa debbo dire? Ah! Una cosa così seria trattata così alla leggera! Appena mi raggiunge in piazza, mi fa: «Panfilo, tu oggi ti sposi. Va' a casa e preparati». Era come se mi dicesse: «Va' subito a impiccarti». Mi ha lasciato secco. Credi tu che io abbia potuto dire verbo? O una ragione, una sola, magari sciocca, falsa, malvagia? Ero senza parole. Però se l'avessi saputo per tempo... Che cosa avrei fatto? Se qualcuno adesso me lo chiede, be', farei qualcosa pur di non fare quella cosa. Ma adesso adesso, punto primo che cosa debbo fare? Troppi pensieri mi assediano, tirando di qua e di là il mio pensiero. L'amore, la compassione per Glicerio; l'ombra delle nozze, ma anche il rispetto per mio padre che, sino a oggi, con tanta comprensione mi ha permesso di fare tutto ciò che volevo. Io contro di lui? Ahimè, non so proprio cosa fare.

(trad. di V. Faggi)

**Panfilo e Miside**, particolare dall'*Andria* di Terenzio. Illustrazione da un codice del IX secolo. Città del Vaticano, Biblioteca Apostolica Vaticana.

1. Panfilo considera la decisione del padre di combinare le sue nozze non come un atto contro la legge, in quanto effettivamente previsto dalla *patria potestas*, bensì come un'offesa contro l'*humanitas*, ovvero la dignità della sua persona.
2. L'espressione rafforza il patetismo del monologo di Panfilo.
3. Il fatto che Panfilo avanzi ipotesi sull'aspetto di Filumena, la figlia del vicino promessagli in sposa, farebbe pensare che egli non abbia mai visto la giovane; si tratta però di un'eventualità piuttosto inverosimile, se si pensa che le due famiglie si conoscono da tempo.

## Il testo e il contesto

**UN MATRIMONIO COMBINATO** L'inizio del primo atto avviene *in medias res*, ovvero mentre in casa di Simone si svolgono i preparativi per il matrimonio combinato del figlio Panfilo con la figlia di Cremete, un vicino di casa. Queste nozze, però, sono una messinscena: durante il funerale di Criside (cortigiana proveniente dall'isola di Andro) i sentimenti di Panfilo verso Glicerio, che tutti ritengono la sorella della defunta, sono apparsi evidenti. Pertanto Cremete ha annullato l'accordo matrimoniale; per parte sua, Simone decide di organizzare una simulazione del matrimonio, al fine di mettere alla prova il rispetto che Panfilo nutre nei suoi confronti. Panfilo, ovviamente, è disperato per la decisione del padre di combinare il suo matrimonio, tanto che si ingenera in lui un vero e proprio conflitto interiore, dovuto alla compresenza nel suo animo di sentimenti contrastanti: l'amore per Glicerio, l'affetto per il padre, la rivendicazione della propria autonomia e libertà di scelta.

Il lieto fine sarà assicurato grazie al meccanismo del riconoscimento: si verrà a scoprire che anche Glicerio, in realtà, è figlia di Cremete. Ogni difficoltà potrà dunque essere superata e i desideri tanto del padre quanto del figlio risulteranno appagati.

## Il senso del testo

**UN PADRE "MODERNO", MA NON TROPPO...** Nell'*Andria* il tema centrale non è la contrastata vicenda amorosa tra due giovani di condizione sociale differente: l'attenzione del poeta si concentra infatti sul tema del rapporto padre-figlio. Nella scena iniziale (➛ **T6**) Simone, il *senex* della commedia, non si presenta né come un vecchio burbero e autoritario che intende ostacolare il figlio nei suoi progetti di vita, né come il rivale in amore del figlio, secondo quelle che erano le due possibilità tipiche della commedia plautina. Egli incarna piuttosto il modello di *pater* "moderno", attento a lasciare che la personalità del figlio si sviluppi in modo autonomo, consapevole che in ambito educativo il rapporto padre-figlio debba fondarsi sul principio della libertà. È appunto da tale principio generale che derivano poi una serie di scelte educative più puntuali: dalle parole rivolte al liberto Sosia emerge che Simone intrattiene con il figlio un rapporto che si basa su sincerità dei sentimenti, schiettezza nei comportamenti, affetto intenso e comprensione profonda, generosità nella vita pratica. È evidente che una tale concezione del rapporto padre-figlio risulta in netto contrasto con i princìpi del sistema educativo tradizionale, fondato sulla *patria potestas* di un *pater familias* che si presentava come depositario dei severi *mores* di un'arcaica società patriarcale. Tuttavia, alla prova dei fatti, Simone si dimostra incapace di mettere in atto un dialogo aperto con il figlio: nel momento in cui scopre il legame segreto di Panfilo con una ragazza poco raccomandabile, legame che ovviamente non approva, torna a comportarsi in modo autoritario verso il figlio, calpestandone i sentimenti e non ascoltando le sue ragioni. Questo comportamento contraddittorio fa sì che nel corso della commedia l'iniziale atteggiamento di apertura venga abbandonato, a favore di un più usuale atteggiamento di chiusura e rigore nei confronti del figlio.

■ **Pagina dell'*Andria* di Terenzio.**
Dall'edizione a stampa di Johann Trechsel del 1493.
Collezione privata.

■ **Simone e Sosia**, particolare dalle *Commedie* di Terenzio.
Illustrazione da un codice degli inizi del XII secolo.
Città del Vaticano, Biblioteca Apostolica Vaticana.

**UN FIGLIO "RIBELLE", MA NON TROPPO...** Per quanto riguarda invece le riflessioni di Panfilo (➛ **T7**), esse si aprono con una serie di domande retoriche con le quali si entra subito nel cuore della questione: qual è il limite fra i diritti di un padre e i diritti di un figlio? È evidente che tale problematica, posta esattamente in questi termini, risulta assai rivoluzionaria se considerata in rapporto al modello pedagogico tradizionale, che prevedeva una obbedienza assoluta e incondizionata dei figli nei confronti dei padri, e dove sarebbe risultato appunto inconcepibile anche solo porsi la questione dei diritti dei figli in rapporto a quelli dei padri. Nell'ambito della nuova concezione dell'uomo, incentrata sul valore dell'*humanitas*, che Terenzio elabora e propone al pubblico romano attraverso i suoi testi, notevole spazio e rilievo sono concessi al problema educativo: nell'*Andria* padre e figlio appaiono alla ricerca di un difficile equilibrio nel loro rapporto, equilibrio che si potrebbe trovare nel giusto contemperamento fra la salvaguardia dell'autorità paterna e la libera formazione della personalità del figlio. Le posizioni di Panfilo e Simone, il cui rapporto è fondato su una stima reciproca e un affetto profondo, sono tuttavia difficilmente conciliabili, tanto che si rivelano infruttuose sia le tendenze autoritarie del padre sia quelle libertarie del figlio. Di fronte all'imposizione paterna, il giovane Panfilo esprime tutto il suo turbamento, determinato anche dall'impossibilità di rivendicare nei confronti del padre il proprio legittimo diritto a scelte autonome in materia amorosa, ovvero ad amare liberamente al di là delle convenzioni sociali, secondo le inclinazioni del cuore.

**LEGGO E COMPRENDO**

**1.** Qual è la funzione del personaggio di Sosia, il liberto che compare soltanto nella prima scena dell'*Andria*?

**2.** Quali comportamenti del proprio figlio ha osservato con soddisfazione Simone nel corso del tempo? Quali invece lo hanno fatto preoccupare?

**3.** Per quale motivo Panfilo è assalito da sentimenti contrastanti? Quale conflitto interiore lo agita?

LETTURA CRITICA

## Il teatro di Terenzio e il rapporto con il mondo greco

«In primo luogo bisogna chiarire qual era l'atteggiamento di Terenzio verso i commediografi greci. Dai prologhi balza viva l'immagine di uno scrittore assai geloso della propria autonomia creativa. Questo non gli impediva ovviamente di nutrire nei riguardi della letteratura greca la somma ammirazione di ogni romano colto della sua età né di riconoscerne l'indiscussa superiorità sulla letteratura latina: si ribellava però all'idea che i livelli di qualità artistica raggiunti dai Greci fossero inattingibili dagli scrittori latini; riteneva anzi che si dovesse fare ogni sforzo per accostarsi a quegli ideali e, se possibile, superarli. Non si spiegherebbe altrimenti perché egli rifiutasse il tradizionale rapporto di sudditanza nei confronti degli originali, tipico di tutti gli autori latini di palliata, rassegnati al ruolo di traduttori. Terenzio non ha mai definito il suo lavoro un *vortere*, per quanto si voglia letterario, ma lo ha sempre indicato coi termini *scribere* e *facere*, che nelle rispettive aree semantiche contengono il senso di «comporre originale», non quello di «tradurre». Eppure lo stesso Plauto, per tacere degli altri, attribuiva a sé il *vortere* e all'autore greco lo *scribere*; che poi risultasse poco coerente con la propria affermazione programmatica, non ha qui rilevanza: importa la mentalità. Terenzio invece, contro tutta la tradizione, si pone sullo stesso piano dello scrittore greco. Resta da chiarire il perché di un atteggiamento così anticonformista. [...] La spiegazione si può individuare concisamente nella seguente ipotesi. Terenzio dovette partire dalla constatazione che la tradizione della *palliata* a Roma registrava fino ai suoi tempi due maniere di porsi di fronte alla commedia greca: il primo consisteva nel *vortere diligentia* [«tradurre in forma letterale»], il secondo nel *vortere neglegentia* [«tradurre con originalità»]. In

Rilievo con il poeta Menandro e le maschere della commedia nuova. I sec. a.C. Princeton, University Art Museum.

quest'ultimo filone ritrovava Nevio, Plauto ed Ennio, dei quali si proclamava alunno e seguace. [...] Terenzio aveva capito, anche sul piano teorico, che, mentre la *diligentia* conduceva a stucchevoli riproduzioni, la *neglegentia* di quei grandi maestri permetteva un'autonomia di composizione tale da poter configurare come nuova e originale la loro opera. Egli ha razionalizzato e chiarito a se stesso le ragioni della loro «novità» e ne ha fatto una sua consapevole poetica. In questa luce a buon diritto egli può ironizzare nei riguardi di quei comici latini, che si erano lasciati imprigionare dalla sacralità del testo greco ed erano incapaci perciò di rinnovare la materia con apporti personali. Per loro la *contaminatio* era un procedimento che «sconciava» le commedie e cancellava lo spirito dell'autore originale: per Terenzio era invece il mezzo atto a favorire ed esaltare l'espressione del suo mondo culturale ed umano. E quando nel prologo dell'*Andria* tratta con disprezzo i suoi avversari, intenti a disputare sul *prèpon* [sulla convenienza, sull'opportunità] della *contaminatio*, e si chiede ironicamente se per caso *faciuntne intellegendo ut nihil intellegant* [«non è forse vero che mostrando di sapere dimostrano di non sapere nulla?»], egli rivela il suo segreto e inconfessato pensiero: di fronte ai Greci non bisogna più stare in ginocchio, ma salire al loro stesso livello, gareggiare con loro, usare i loro stessi strumenti per raggiungere la medesima altezza d'arte. La letteratura latina è ormai matura per camminare su sentieri paralleli a quella greca e quindi originali. Ecco cosa non hanno capito i suoi detrattori. »

(Luciano Cicu, *L'originalità del teatro di Terenzio alla luce della nuova estetica e della politica del circolo scipionico*, «Sandalion» 1, 1978, pp. 75-77)

**GUIDA ALLO STUDIO**

**1.** Qual è l'atteggiamento di Terenzio verso i commediografi greci?

**2.** Con quali differenti termini Plauto e Terenzio definivano la propria attività di commediografi in rapporto ai modelli greci?

**3.** Qual è la differenza tra il modo di intendere la *contaminatio* da parte di Terenzio e il modo in cui la intendono i suoi detrattori?

PER COMPRENDERE

TERENZIO

# VERIFICA PER LA COMPRENSIONE

## QUESITI A SCELTA MULTIPLA

**1.** ricordare L'atteggiamento di Terenzio nei confronti della cultura greca:
- ☐ mira a una mediazione con la cultura romana
- ☐ è di totale rifiuto
- ☐ è di completa adesione e passiva riproposizione di temi e modelli
- ☐ è aperto soprattutto alle innovazioni formali, meno ai temi etici

**2.** comprendere Terenzio pone al centro del suo teatro:
- ☐ i valori tradizionali del *mos maiorum*
- ☐ il valore dell'*humanitas*
- ☐ una comicità di tipo plautino
- ☐ l'aperta polemica con la comicità di tipo plautino

**3.** comprendere I personaggi di Terenzio, rispetto ai personaggi plautini:
- ☐ non sono caratterizzati psicologicamente
- ☐ sono più sfaccettati e complessi
- ☐ sono più stereotipati
- ☐ presentano tratti caricaturali

**4.** comprendere Un esempio di "agnizione" è:
- ☐ il confronto tra i sistemi educativi di Demea e quelli di Micione, negli *Adelphoe*
- ☐ il ritorno di Clinia all'insaputa del padre, nell'*Heautontimorumenos*
- ☐ il travestimento di Cherea, nell'*Eunuchus*, per potersi incontrare con Panfila
- ☐ la scoperta, nell'*Hecyra*, che lo stupratore di Filumena è suo marito

## QUESITI A RISPOSTA BREVE

Rispondi ai quesiti nello spazio di 7-8 righe per ciascuno. Quando lo ritieni opportuno, puoi consultare i testi.

1. Spiega in che cosa consiste la differenza tra il teatro "oggettivo" di Terenzio e il "metateatro" di Plauto.
2. Illustra le differenze tra il modello educativo tradizionale romano e quello più innovativo rappresentato da Terenzio nelle sue commedie.
3. Esemplifica, in riferimento al personaggio di Micione nella commedia *Adelphoe*, che cosa si intende per "relativismo etico".

## TRATTAZIONE SINTETICA

Svolgi le seguenti tracce nello spazio di 20-25 righe per ciascuna. Quando lo ritieni opportuno, puoi consultare i testi.

1. Definisci il concetto di *humanitas* facendo opportuni riferimenti all'opera di Terenzio.
2. Metti in luce le principali differenze tra il teatro plautino e quello di Terenzio.
3. Leggi il seguente passo tratto dagli *Adelphoe*; quindi commentalo in relazione alla tematica del rapporto tra padri e figli, facendo opportuni riferimenti alla trama e ai personaggi di questa commedia.

MICIONE Perché piangi?

ESCHINO Ti prego, padre, ascoltami.

MICIONE Ho sentito tutto e so tutto, Eschino; ti voglio bene, perciò quello che fai mi sta a cuore.

ESCHINO Io vorrei che tu mi volessi bene finché vivi, padre mio, ma perché lo merito, che tu mi amassi tanto quanto io sono profondamente addolorato di essere responsabile di questa colpa, di cui mi vergogno davanti a te.

MICIONE Ti credo, per la miseria, perché conosco la tua indole generosa; ma ho paura che tu sia un gran pasticcione. Ma, insomma, dove pensi di vivere? Hai fatto violenza a una vergine che non ti era lecito toccare. Era già una grossa colpa, ma almeno umanamente comprensibile: l'hanno commessa spesso anche altri, onesti come te. Ma dopo che era successo, dimmi, ti sei guardato un po' intorno? Ti sei chiesto che cosa poteva succederti o come sarebbe andata? Se ti vergognavi a parlarmene di persona, come potevo venirlo a sapere? E mentre eri incerto sul da farsi, sono trascorsi nove mesi. Per quanto stava in te hai tradito te stesso, quella poveretta e tuo figlio. Ma, senti un po', aspettavi che la soluzione piovesse dal cielo, mentre tu dormivi? Che te la portassero a casa tua, in camera da letto, mentre stavi con le mani in mano? Non vorrei che tu fossi così pigro anche nel resto. Sta' tranquillo, la sposerai.

ESCHINO Ma...

MICIONE Sta' tranquillo, ti dico.

ESCHINO ... babbo, ti scongiuro, mi stai prendendo in giro, adesso?

MICIONE Io prenderti in giro? E perché?

ESCHINO Non so: tanto più maledettamente desidero che sia vero, tanto più provo paura.

MICIONE Va', a casa, e prega gli dèi che ci portino tua moglie: va'!

ESCHINO Come? Già mia moglie?

MICIONE Sì.

ESCHINO Di già?

MICIONE Di già, per quanto le è possibile.

ESCHINO Che il cielo mi stramaledica, babbo, se ora non ti amo più dei miei occhi.

(*Adelphoe*, vv. 683-705; trad. di V. Faggi)

# Nuove figure femminili

PER ANALIZZARE

**L'UMANITÀ DEI PERSONAGGI TERENZIANI** Nelle sue commedie Terenzio compie una svolta significativa nella caratterizzazione dei personaggi. Le maschere "fisse" tipiche del teatro plautino lasciano il posto a personaggi ricchi di un'umanità a volte inaspettata e sorprendente, descritti con notevole accuratezza psicologica anche nei loro sentimenti più intimi. Ciò è particolarmente vero per quanto riguarda i personaggi femminili, di cui Terenzio sa rendere con estrema sensibilità la psicologia. Le figure femminili che popolano le sue commedie, per altro, sono molto spesso donne che per forza di carattere, dignità, coerenza e spirito di sacrificio si collocano su un piano etico nettamente superiore rispetto a quello dei personaggi maschili, dei quali vengono messe in luce le contraddizioni nonché la vulnerabilità.

**IL CASO DELL'*HECYRA*** L'*Hecyra* («La suocera») costituisce un esempio significativo dell'abilità e della finezza con cui Terenzio sa tratteggiare i suoi personaggi, in particolare i personaggi femminili, prendendo le distanze da quelli che erano degli stereotipi profondamente radicati nell'ambito della tradizione della palliata latina nonché della commedia nuova ellenistica.

La storia narrata è quella di Panfilo e Filumena: il loro è un matrimonio combinato, tuttavia nella coppia nasce un sentimento profondo, fino a che, per ragioni misteriose, la giovane sposa torna a casa dai genitori. Tutti attribuiscono i motivi della crisi a Sostrata, la suocera, la quale viene accusata ingiustamente di essere la causa della fuga della nuora. Ignorando anche lei la verità e ritenendosi responsabile del cattivo rapporto tra marito e moglie, Sostrata sceglie di allontanarsi dalla loro casa; decide di ritornare dal marito, in campagna, pur di non essere di ostacolo alla possibilità che il figlio recuperi un rapporto sereno con la propria moglie. Ben presto, tuttavia, Panfilo scopre che la moglie è tornata a casa dai genitori per dare alla luce un bambino, frutto di una violenza usatale da uno sconosciuto prima delle nozze. Ferito e umiliato, Panfilo vorrebbe ripudiare Filumena, ma per il momento lascia credere a tutti che sia sua madre il motivo della crisi coniugale che sta attraversando. Il padre di Panfilo, per parte sua, teme che il figlio

**Scena teatrale con due donne che consultano una fattucchiera.** Particolare di un mosaico dalla Villa di Cicerone a Pompei, I sec. a.C. Napoli, Museo Archeologico Nazionale.

PER ANALIZZARE TERENZIO

possa essere ancora innamorato della cortigiana Bacchide; perciò decide di incontrarla per chiederle di rinunciare a Panfilo. Sarà proprio Bacchide a sciogliere l'intricata situazione, nel momento in cui si reca da Filumena per convincerla che la relazione fra lei e Panfilo è finita da tempo. Grazie a un anello che Bacchide indossa e che era stato sottratto a Filumena durante la violenza, Panfilo viene infatti riconosciuto come autore inconsapevole, in quanto ubriaco, dello stupro, e quindi come il padre del figlio di Filumena. Tale riconoscimento garantisce il lieto fine della commedia con il ricongiungimento della giovane coppia di sposi.

**UN NUOVO MODELLO DI SUOCERA...** Nell'*Hecyra* vengono sistematicamente messi in discussione e poi rifiutati i più diffusi luoghi comuni della misoginia tradizionale, ampiamente presenti nel teatro comico arcaico (sia greco sia romano). I personaggi femminili principali di questa commedia sono la suocera Sostrata e la cortigiana Bacchide. La prima è l'anziana madre di Panfilo, una donna dotata di un profondo senso di umanità, attenta e sensibile ai bisogni altrui fino al punto di sacrificarsi in favore della felicità dei propri cari. Smentendo i luoghi comuni che la vorrebbero immancabilmente invidiosa e petulante nei confronti della nuora, questa suocera mantiene un comportamento sempre equilibrato e composto, arrivando persino a riconoscere gli errori commessi dal figlio. Tratteggiata con finezza e con tinte delicate, Sostrata può essere assunta a emblema della capacità che Terenzio ha di superare il meccanismo della tipizzazione, conferendo in tal modo ai suoi personaggi un profilo più vivo e articolato.

**...E UN NUOVO MODELLO DI CORTIGIANA** Nell'*Hecyra* Terenzio rielabora anche la figura della cortigiana, fornendo un ulteriore esempio della sua propensione a trasformare personaggi tradizionali e "tipici" in figure cariche di umanità. Alla *meretrix* che compare in questa commedia sono attribuiti modelli di comportamento moralmente elevati. Quando si presenta sulla scena, Bacchide smentisce con le sue parole e il suo comportamento l'opinione negativa sul suo conto, fondata su preconcetti legati al suo *status* di cortigiana e consolidati da una lunga tradizione letteraria: ci troviamo di fronte a una donna che è pronta a sacrificare il proprio amore in nome della felicità dell'uomo che ama, al punto che agirà per favorire il ricongiungimento di Panfilo con Filumena. Nel tratteggiare il rapporto tra Panfilo e Bacchide, Terenzio compie un continuo raffronto fra questo e un "normale" *amor meretricius*, ovvero conforme al tipo di rapporto che solitamente intercorreva tra un uomo e una cortigiana: da tale raffronto emerge la novità della figura di questa cortigiana sensibile e altruista. Bacchide è il personaggio della commedia che maggiormente rompe le convenzioni del genere, tanto da assumere le vesti di eroina tragica, sensibile e generosa fino al punto di rinunciare alla sua felicità in favore di quella altrui.

Sostrata, suocera premurosa e affettuosa, e Bacchide, cortigiana pronta a farsi da parte perché l'uomo amato sia felice, sono fra i personaggi terenziani più aderenti alla realtà, in quanto più lontani da quelle tipizzazioni che avevano contribuito largamente alla fortuna della commedia plautina: entrambe sono donne dall'animo ricco di sentimenti autentici e dalla personalità carica di sfumature, capaci di cambiare in base allo svolgersi delle vicende.

## LINGUA E STILE

# LO STILE DI TERENZIO

**I GIUDIZI DEGLI ANTICHI** Lo stile delle commedie di Terenzio non fu immediatamente apprezzato: dai **contemporanei** era giudicato sì decoroso e urbano, dolce e aggraziato, ma nello stesso tempo era ritenuto privo di colore, di vigore e di *pathos*. L'autore stesso, nel prologo del *Phormio*, riporta le **critiche** rivoltegli in questo ambito dagli avversari, che lo accusavano di *tenui oratione et scriptura levi* (v. 4), ovvero di avere uno stile troppo "leggero": in sostanza, a Terenzio veniva rimproverato di essere privo quella *vis comica* che in Plauto e in altri poeti arcaici era data dall'accumulo di termini, dal ricorso a metafore e immagini ardite, dal dispiegamento di imponenti effetti sonori e, infine, da una forte scansione metrica.
Un giudizio positivo fu invece formulato da **Cicerone**, il quale sottolinea in quanto pregi la dolcezza e la purezza della lingua di Terenzio e celebra anche l'eleganza del suo stile (in ragione della quale il commediografo latino viene paragonato al suo modello greco Menandro). **Cesare** invece, che pure colloca Terenzio fra i maggiori poeti del genere comico, non manca di esprimere alcune perplessità relativamente alla mancanza di vigore del suo stile; particolarmente incisiva è la sua definizione di Terenzio quale ***dimidiatus Menander*** («Menandro dimezzato»).

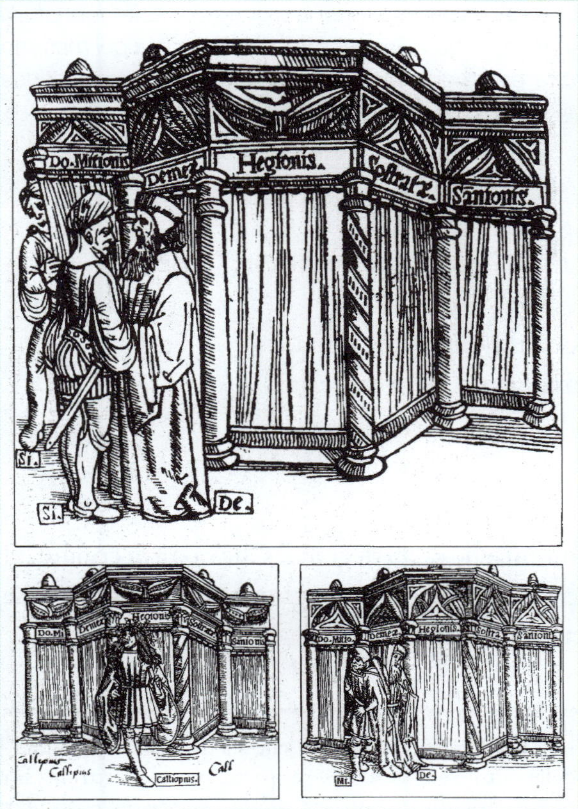


Tre scene dagli *Adelphoe* di Terenzio.
Dall'edizione a stampa di Johann Trechsel del 1493.
Londra, British Museum.

**UNA LINGUA MISURATA** Nello stile di Terenzio, tuttavia, il sacrificio della *vis comica* è una condizione necessaria per arricchire la palliata latina di quelle vibrazioni patetiche che lasciano emergere la partecipazione commossa dell'autore alle vicende dei personaggi e soprattutto ai loro conflitti interiori. La **lingua** con cui tali conflitti interiori vengono espressi è alquanto **misurata**: è piana, scorrevole, priva degli originalissimi neologismi plautini e di termini usati in modo buffo e improprio, povera di metafore troppo ardite e di bisticci verbali, immune agli eccessi osceni o volgari. Terenzio, inoltre, ricorre con grande parsimonia anche a quell'apparato di proverbi, motti ed espressioni del sapere popolare che erano invece assai frequenti sia in Plauto sia in Menandro. Quest'ultimo, in particolare, in quanto mosso dall'intento di rappresentare gli uomini nella realtà della loro vita quotidiana, si era preoccupato di riproporre nelle sue commedie la lingua propria della conversazione quotidiana (poi opportunamente adattata alla personalità dei diversi personaggi). Terenzio, per parte sua, non ha la preoccupazione di riprodurre fedelmente nelle sue commedie la lingua della conversazione di tutti i giorni: i protagonisti dei suoi testi incarnano un ideale di umanità che possiamo considerare superiore rispetto al livello "medio" degli uomini; di conseguenza, anche nel linguaggio, essi adottano un **registro più elevato** rispetto al "puro" *sermo cotidianus*, e che si caratterizza per la ricerca di effetti drammatici e patetici. Il punto di partenza, sicuramente, è la lingua della conversazione colta, parlata dai membri delle classi alte della società del tempo (dunque anche dai membri di quel "circolo degli Scipioni" di cui Terenzio stesso faceva parte); tuttavia, il poeta interviene su tale lingua con gli strumenti della retorica e la rende più letteraria: a questo servono gli abbellimenti fonici (allitterazioni, assonanze, omoteleuti), le ripetute anafore, gli studiati chiasmi, i parallelismi.
Anche sul piano lessicale la mano dell'autore opera per innalzare il registro, così come sul piano sintattico si giunge a una notevole complessità, con periodi ricchi di subordinate e iperbati (certamente non tipici della lingua della conversazione quotidiana).

**LA METRICA** Sul piano metrico le scelte operate da Terenzio sono senz'altro in linea con la volontà dell'autore di conferire maggiore spessore psicologico ai propri personaggi, prendendo le distanze dalle tipizzazioni del teatro plautino. Innanzi tutto, l'autore sopprime i *mutatis modis cantica* plautini, ovvero quegli inserti polimetri destinati al canto, per concedere più spazio alle **parti recitate** accompagnate dal flauto o alle **scene dialogate** in senari giambici. E proprio il **senario giambico** è il metro prevalente nelle commedie di Terenzio: in ragione del suo andamento ritmico vicino alla prosa, risulta infatti il più funzionale a riprodurre quel linguaggio della conversazione che Terezio ha poi cura di rielaborare letterariamente.

Coerente con l'intento di dare vita a un teatro più realistico rispetto al teatro plautino è anche la scelta di ridurre sensibilmente i metri lirici e, conseguentemente, le parti dedicate alla musica e al canto.

**GUIDA ALLO STUDIO**

**1.** Di quali critiche fu oggetto lo stile di Terenzio da parte dei contemporanei? Come fu giudicato da Cicerone e da Cesare?

**2.** Quali sono le differenze più evidenti tra la lingua di Plauto e quella di Terenzio? A quale finalità obbediscono, nel complesso, le scelte stilistiche operate da Terenzio?

**3.** Quali forme metriche vengono privilegiate da Terenzio, e per quale ragione?

T8

LATINO/ITALIANO

# La "tipica" suocera della palliata

*Hecyra*, atto II, vv. 198-242 | metro: senari e ottonari giambici

*Quando Filumena abbandona la casa coniugale, Sostrata viene riconosciuta colpevole degli screzi e dei dissapori che la nuora ha lasciato intendere siano sorti dopo la partenza del giovane marito Panfilo, al punto che, quando la donna si reca a casa dei genitori della nuora per parlarle e poter avere quindi qualche spiegazione sulle ragioni della sua fuga, non viene nemmeno ricevuta. Così Lachete, suo marito, si convince della colpevolezza di Sostrata e in un discorso accorato le rivolge delle accuse molto pesanti. In realtà, quest'ultima non ha colpe, in quanto la vera ragione per cui la giovane ha abbandonato la casa coniugale è la sua gravidanza inaspettata e segreta, frutto di una violenza subita prima del matrimonio.*

*Dalle parole che Lachete rivolge a Sostrata emergono tutti i luoghi comuni contro le donne, e in particolar modo contro le suocere, tipici della commedia greca e latina.*

LACHES, SOSTRATA

LACHES Pro deum atque hominum fidem, quod hoc genus est! Quae haec est coniuratio!
Utin omnes mulieres eadem aeque studeant nolintque omnia,
neque declinatam quicquam ab aliarum ingenio ullam reperias!

LACHETE, SOSTRATA

LACHETE Per l'amore di dio e degli uomini, che razza di genia! Che razza di congiura! Tutte uguali, le donne, voglion le stesse cose, tutte, non le vogliono, tutte, e tu non ne trovi una, dico una, che sia un filo diversa dalle altre.

[v. 198] **Pro... fidem**: espressione formulare ricorrente, usata in funzione esclamativa; *deum* è genitivo plurale arcaico di *deus*.
[vv. 199-200] **Utin**: particella che introduce i successivi congiuntivi dubitativi *studeant* e *nolint*. • **neque... reperias**: «e non ne potresti trovare una che sia diversa in nulla dall'indole delle altre»; *declinatam* è participio perfetto in funzione predicativa dipendente da *ullam*; *quicquam* è accusativo di relazione; *reperias* è congiuntivo potenziale.

Itaque adeo uno animo omnes socrus oderunt nurus.
Viris esse advorsas aeque studiumst, similis pertinaciast,
in eodemque omnes mihi videntur ludo doctae ad malitiam. Et
ei ludo, si ullus est, magistram hanc esse satis certo scio.
SOSTRATA Me miseram, quae nunc quam ob rem accuser nescio!
LACHES Hem tu nescis?
SOSTRATA Non, ita di me ament, mi Laches,
itaque una inter nos agere aetatem liceat...!
LACHES Di mala prohibeant!
SOSTRATA Meque abs te inmerito esse accusatam post modo rescisces, scio.
LACHES Te inmerito? An quicquam pro istis factis dignum te dici potest,
quae me et te et familiam dedecoras, filio luctum paras;
tum autem ex amicis inimici ut sint nobis adfines facis,
qui illum decrerunt dignum suos quoi liberos committerent?
Tu sola exorere quae perturbes haec tua inpudentia!

Tutte le suocere, puoi giurarlo, odiano le nuore[1]. E i mariti? Addosso! Dargli addosso, per le mogli, è un'arte, una vocazione[2]! Tutte quante sembra quasi che siano andate alla stessa scuola di malizia. Be', se questa scuola esiste, io dico che la maestra è mia moglie.
SOSTRATA O povera me, che neanche so perché ce l'abbia con me.
LACHETE Come, non lo sai?
SOSTRATA No, Lachete mio, che gli dèi mi aiutino, e che ci lascino vivere insieme, noi due, la nostra vita[3].
LACHETE Che gli dèi me ne scampino!
SOSTRATA Finirai per capirlo, ne sono convinta, che mi accusi senza ragione.
LACHETE Senza ragione? Te? Ma ci sono parole per dire quello che stai facendo? Tu sputtani me e te e la famiglia, tu stai rovinando nostro figlio; dei nostri vicini[4], che erano amici nostri, tu stai facendo dei nemici. Proprio loro che han visto in nostro figlio l'uomo degno di unirsi alla loro. E tu, tu sola, con quella faccia, salti fuori a sconquassare tutto!

[vv. 201-202] **omnes... nurus**: l'espressione è volutamente equivoca, in quanto *socrus* e *nurus* possono essere indifferentemente intesi sia come nominativi sia come accusativi di *oderunt*. • **advorsas**: arcaismo per *adversas*. • **studiumst**: forma contratta per *studium est* (per aferesi, ovvero per caduta della vocale iniziale di parola); analogamente *pertinaciast* è forma contratta per *pertinacia est*.
[vv. 205-207] **Me miseram**: accusativo esclamativo. • **Hem**: interiezione tipica del linguaggio comico; esprime stupore e anche ironia. • **ita di me ament**: invocazione (con il congiuntivo desiderativo); ricorre con una piccola variazione anche al v. 233. • **una**: avverbio, «insieme». • **Di mala prohibeant**: altra invocazione con il congiuntivo desiderativo (lett. «Gli dèi non permettano il male»).
[v. 209] **An**: introduce il secondo membro di un'interrogativa disgiuntiva (il cui primo membro è sottinteso). • **te**: ablativo del pronome personale, retto da *dignum*.
[vv. 211-213] **ex amicis inimici**: nota l'antitesi. • **ut**: introduce una proposizione completiva (retta da *facis*). • **decrerunt**: forma sincopata di indicativo perfetto per *decreverunt*. • **quoi... committerent**: proposizione relativa impropria (di valore consecutivo) con verbo al modo congiuntivo; *quoi* è forma arcaica per *cui*. • **exorere**: forma per *exoreris* (da *exorior*, «salto su, vengo fuori»).

1. Compare qui il primo luogo comune del discorso di Lachete: l'odio fra suocere e nuore.
2. La seconda sentenza generale sulle donne implica che esse siano viste come figure bisbetiche e assillanti nei confronti dei mariti. Nelle parole di Lachete è evidente una certa misoginia, tratto tipico dei mariti della commedia nuova ellenistica.
3. La dolcezza delle parole di Sostrata in risposta agli insulti del marito è abbastanza sorprendente e prelude agli ulteriori sviluppi della vicenda.
4. Il riferimento è ai genitori di Filumena.

SOSTRATA Egon?
LACHES Tu, inquam, mulier, quae me omnino lapidem, non hominem putas.
An, quia ruri esse crebro soleo, nescire arbitramini
quo quisque pacto hic vitam vostrarum exigat?
Multo melius hic quae fiunt quam illi ubi sum adsidue scio,
ideo quia, ut vos mihi domi eritis, proinde ego ero fama foris.
Iampridem equidem audivi cepisse odium tui Philumenam,
minimeque adeo est mirum, et ni id fecisset, magis mirum foret.
Sed non credidi adeo ut etiam totam hanc odisset domum;
quod si scissem, illa hic maneret potius, tu hinc isses foras.
At vide quam inmerito aegritudo haec oritur mihi abs te, Sostrata:
rus habitatum abii, concedens vobis et rei serviens,
sumptus vestros otiumque ut nostra res posset pati,
meo labori haud parcens praeter aequom atque aetatem meam.
Non te pro his curasse rebus ne quid aegre esset mihi!
SOSTRATA Non mea opera neque pol culpa evenit.

SOSTRATA Io?
LACHETE Tu, donna, lo ripeto. Ma chi mi credi, un uomo di carne o un pezzo di sasso[5]? Perché me ne sto spesso in campagna, credete che io non lo sappia come ciascuna di voi passa il suo tempo qui? Io conosco meglio di voi quel che succede qui, meglio di quello che succede là, dove pure rimango quasi sempre. E sai perché? Perché da come voi vi comportate in casa, così sarò giudicato io fuori di casa[6]. È un pezzo che ho sentito che Filumena ti ha preso in odio, e non è mica strano, sarebbe strano il contrario. Però non pensavo che avesse preso in odio tutta quanta la casa. Ci avessi pensato, lei sarebbe ancora qui e tu fuori dai piedi. Ma non lo vedi, Sostrata, com'è ingiusto che da te mi venga questo dispiacere? Sono andato a vivere in campagna, io, vi ho lasciata libera la piazza, mi sono dedicato alla terra per far fronte coi nostri averi alle spese vostre e ai vostri comodi, e mica me la risparmio, la fatica, anche di là del giusto e dei miei anni. E in cambio? Tu non muovi un dito per evitarmi i dispiaceri.
SOSTRATA Per gli dèi, quanto è accaduto non è opera mia, e non ho colpa.

[v. 216] **vostrarum**: corrisponde a *vestrum*; gen. partitivo retto dal pronome indefinito *quisque*.
[v. 220] **ni**: congiunzione per *nisi*; introduce la protasi di un periodo ipotetico dell'irrealtà, la cui apodosi è *magis mirum foret.*
[vv. 226-227] **aequom**: arcaismo per *aequum.* • **te... curasse**: proposizione esclamativa con il verbo all'infinito; *curasse* è forma sincopata di infinito perfetto per *curavisse* (da cui dipende la completiva volitiva di senso negativo *ne... esset*).
[v. 228] **pol**: interiezione, da rendere con «per Polluce». • **maxume**: arcaismo per *maxime.*

5. La metafora della pietra, nella commedia, è frequente per indicare la stupidità.
6. Lachete, nella sua ottusità, sembra tenere soltanto alle apparenze: non vuole sfigurare agli occhi della gente ed essere oggetto di chiacchiere e pettegolezzi. La sua preoccupazione è solo questa, non quella di stabilire che cosa sia effettivamente successo e perché Filumena abbia deciso di abbandonare il tetto coniugale.

LACHES Immo maxume:
sola hic fuisti: in te omnis haeret culpa sola, Sostrata.
Quae hic erant curares, quom ego vos curis solvi ceteris.
Cum puella anum suscepisse inimicitias non pudet?
Illius dices culpa factum?
SOSTRATA Haud equidem dico, mi Laches.
LACHES Gaudeo, ita me di ament, gnati causa; nam de te quidem
satis scio peccando detrimenti nil fieri potest.
SOSTRATA Qui scis an ea causa, mi vir, me odisse adsimulaverit
ut cum matre plus una esset?
LACHES Quid ais? Non signi hoc sat est
quod heri nemo voluit visentem ad eam te intro admittere?
SOSTRATA Enim lassam oppido tum esse aibant; eo ad eam non admissa sum.
LACHES Tuos esse ego illi mores morbum magis quam ullam aliam rem arbitror,
et merito adeo; nam vostrarum nullast quin gnatum velit
ducere uxorem; et quae vobis placitast condicio datur:
ubi duxere inpulsu vostro, vostro inpulsu easdem exigunt.

LACHETE Manco per sogno! C'eri tu sola, qui in casa, Sostrata, tutta la colpa è tua, e soltanto tua. Dovevi pensarci tu, alle cose di qui, visto che io mi ero caricato sulle spalle tutte le altre. Non è vergogna che una vecchia prenda in odio una ragazza? O mi dirai che la colpa è sua?

SOSTRATA Non mi sogno di dirlo[7], Lachete mio.

LACHETE Meno male e grazie agli dèi, nell'interesse di nostro figlio. Per quel che ti riguarda, lo so bene che a te, in fatto di torti, non te ne scappa uno.

SOSTRATA E che ne sai, marito mio? E se lei avesse finto di avermi in odio soltanto per starsene di più da sua madre?

LACHETE Ma cosa dici! Ieri nessuno ti ha permesso di entrare a vederla. Non vuol dire niente tutto questo?

SOSTRATA Ma han detto che era molto stanca; e così non mi han fatto entrare da lei.

LACHETE Sono convinto, io, che il tuo modo di fare, e niente altro, è la sua malattia. E certo è così. Non ce n'è una di voi che sia contenta che il figlio prenda moglie. E metti anche che ci sia un partito che vi piace: be', lui sul vostro consiglio se la prende e sul vostro consiglio la ripudia.

(trad. di V. Faggi)

**[vv. 230-231]** **quom**: arcaismo per *cum*; ha qui funzione di congiunzione causale. • **pudet**: verbo assolutamente impersonale; regge l'accusativo della persona che prova il sentimento di vergogna ed esprime con l'infinitiva la cosa di cui ci si vergogna.
**[vv. 233-234]** **gnati**: arcaismo per *nati* (vedi anche, al v. 240, *gnatum* per *natum*). • **peccando**: gerundio ablativo. • **detrimenti**: genitivo partitivo (retto da *nil* = *nihil*).
**[v. 236]** **sat**: forma per *satis*, da cui dipende il genitivo partitivo *signi*.
**[vv. 240-241]** **nullast**: = *nulla est* (per aferesi); dall'indefinito *nulla* dipende il gen. partitivo *vostrarum* (= *vestrum*). • **placitast**: = *placita est* (per aferesi); forma deponente per *placuit*.

7. Da notare la correttezza di Sostrata, la quale non riversa sulla nuora colpe che tuttavia non sente come proprie.

## Il testo e il contesto

**L'AGGRESSIVITÀ DI LACHETE E LA REMISSIVITÀ DI SOSTRATA** In questa scena Lachete si dimostra convinto, senza esitazione alcuna, della responsabilità della moglie Sostrata nella fuga da casa della nuora Filumena; per questo motivo inveisce con violenza contro di lei, mostrando un atteggiamento del tutto insensibile, incline al pregiudizio e alla misoginia. La donna, pur di salvaguardare la propria relazione coniugale, nonché la relazione coniugale del figlio Panfilo, è disposta ad accettare in modo remissivo le pesanti accuse che le vengono rivolte dal marito e a farsi da parte.

## Lo stile del testo

**L'INVETTIVA DI UN *SENEX RUSTICUS*** Nella sua invettiva Lachete prende le mosse da alcuni luoghi comuni che riguardano tutte le donne, siano esse mogli, suocere o nuore. Quindi passa ad accusare specificamente Sostrata, ricorrendo a una violenza verbale sorprendente. Individua nel testo (ai vv. 206-214) e trascrivi qui di seguito i pronomi mediante i quali Lachete chiama direttamente in causa la propria moglie: ..............................

..............................................................................

..............................................................................

..............................................................................

In questo passo Lachete si presenta come il tipico vecchio campagnolo (*senex rusticus*) pronto ad accusare chi gli è vicino anche senza aver ben chiari i termini della situazione, anzi arrogandosi il diritto di giudicare sulla base di fatti non certi e non verificati. La rozzezza e l'insensibilità che mostra verso sua moglie Sostrata sono esemplari: il suo non è un discorso che cerchi di chiarire una situazione che presenta molti punti oscuri, ma un atto d'accusa verso la moglie la cui remissività è disarmante. In particolare, Lachete afferma che sua moglie, fra le tutte donne, potrebbe essere scelta in qualità di maestra di una particolare "materia". Quale? ..................

..............................................................................

..............................................................................

..............................................................................

**L'INGRATITUDINE DI SOSTRATA...** La discussione ha luogo a causa dei presunti malumori fra suocera e nuora (in ragione dei quali Filumena avrebbe deciso di abbandonare il tetto coniugale); ben presto, però, essa si trasforma in un duro atto d'accusa da parte di Lachete contro l'atteggiamento, ai suoi occhi ingrato, della moglie. Ai vv. 223-227 Lachete afferma innanzi tutto che le sofferenze procurategli dalla moglie (responsabile ai suoi occhi della decisione di Filumena di fare ritorno a casa dei genitori) sono del tutto immeritate; quindi si affretta a enumerare tutto ciò che egli ha offerto a Sostrata in cambio di un trattamento così ingiusto. Prova a sintetizzare qui di seguito quali sono i punti di merito che Lachete riconosce a se stesso: ..............................

..............................................................................

..............................................................................

..............................................................................

..............................................................................

**Maschere teatrali**, rilievo proveniente da Ostia, II sec. d.C. Città del Vaticano, Musei Vaticani.

**...E LA POSSESSIVITÀ DI TUTTE LE MADRI** Nel finale il discorso di Lachete cambia piega: dal particolare delle accuse circostanziate rivolte alla moglie si ritorna di nuovo, come in apertura del passo, all'universale (con la generalizzazione sui comportamenti scorretti delle donne nei confronti dei figli e soprattutto delle nuore). Individua nell'ultima battuta di Lachete tutti i termini che rivelano questo nuovo cambio di prospettiva (dal caso particolare di Sostrata all'atteggiamento possessivo di tutte le madri): ........................................................................
.........................................................................................

Ogni luogo comune sulla figura della suocera che emerge in questo passo, e di cui Lachete si fa interprete e portavoce, è destinato a essere smentito nel corso della vicenda. Terenzio, dunque, trova il "buono" presente in una categoria di persone che nella tradizione della commedia greca e latina veniva invariabilmente presentata in modo negativo; egli riscatta la tanto odiata suocera quanto meno agli occhi del suo pubblico, se non a quelli del marito, il quale non pare disposto a rivedere la sua posizione iniziale.

■ **Sostrata e Lachete**, particolare dell'*Hecyra* di Terenzio. Illustrazione da un codice del IX secolo. Parigi, Bibliothèque Nationale de France.

## LEGGO E ANALIZZO

**1.** Come si può descrivere l'atteggiamento di Sostrata in risposta alle accuse di Lachete?

**2.** Sostrata intuisce la presenza di una ragione non manifesta alla base della decisione presa da Filumena di abbandonare la casa coniugale. Qual è l'ipotesi formulata da Sostrata?

**3.** analizzare Al v. 205 *quae* è:
- ☐ un aggettivo esclamativo
- ☐ un pronome interrogativo
- ☐ un pronome relativo
- ☐ un nesso relativo

**4.** analizzare Il pronome *illum* al v. 212 si riferisce:
- ☐ a Panfilo
- ☐ al figlio che sta per nascere
- ☐ a un vicino di casa di Lachete e Sostrata
- ☐ al padre di Filumena

**5.** analizzare Al v. 213 *exorere* è:
- ☐ infinito presente da *exorior*
- ☐ imperativo presente da *exorior*
- ☐ imperativo presente da *exordior*
- ☐ indicativo presente da *exorior*

**6.** analizzare Che tipo di periodo ipotetico è quello che ricorre al v. 222?
- ☐ dell'irrealtà, con doppia protasi (la prima riferita al presente, la seconda al passato)
- ☐ della possibilità, con doppia apodosi (la prima riferita al presente, la seconda al passato)
- ☐ della realtà, con doppia protasi (la prima riferita al presente, la seconda al passato)
- ☐ dell'irrealtà, con doppia apodosi (la prima riferita al presente, la seconda al passato)

**7.** analizzare Al v. 224 *habitatum* è:
- ☐ un supino attivo con valore finale
- ☐ un supino passivo con valore limitativo
- ☐ un participio congiunto, concordato con il sostantivo neutro *rus*
- ☐ un infinito perfetto con *esse* sottinteso

**8.** analizzare Al v. 230 *curares* è:
- ☐ un congiuntivo potenziale riferito al presente
- ☐ un congiuntivo potenziale riferito al passato
- ☐ un congiuntivo ottativo per un desiderio irrealizzabile nel presente
- ☐ un congiuntivo ottativo per un desiderio realizzabile nel presente

T9
LATINO

# Una suocera altruista e affettuosa

| *Hecyra*, atto IV, vv. 577-606 | metro: ottonari giambici |

*All'interno delle sue commedie Terenzio mette spesso in scena personaggi che sovvertono le aspettative del pubblico, in quanto vanno oltre e, in alcuni casi, ribaltano completamente quella che era la loro caratterizzazione tipica nell'ambito della tradizione della commedia latina (➛ Scheda "Lettura critica", p. 190). Nell'*Hecyra *questo accade soprattutto ai personaggi femminili, in particolar modo a quello della suocera. Nella commedia latina le suocere si erano sempre caratterizzate per la possessività nei confronti del figlio maschio, per l'invidia di fronte alle attenzioni riservate da quest'ultimo alla nuora, per una scontrosità di fondo del carattere e, infine, per un'inclinazione al pettegolezzo, se non propriamente alla maldicenza; con il personaggio di Sostrata Terenzio disattende le aspettative del suo pubblico, in quanto dà vita a un personaggio sensibile e generoso che ha a cuore la buona riuscita del matrimonio del figlio.*

*Quando Filumena, alla partenza del marito Panfilo, abbandona la casa coniugale in fretta e furia, tutti pensano che il motivo di questo gesto sia da ricercare in screzi e incomprensioni con la suocera. Sostrata ignora la ragione della decisione della nuora, che se n'è andata perché aspetta un bambino frutto di una violenza subita prima del matrimonio; in ogni caso, nella speranza di favorire la riconciliazione tra i due giovani, stabilisce di ritirarsi in campagna. In questo passo troviamo il discorso accorato con cui Sostrata comunica la propria decisione al figlio Panfilo, che nel frattempo ha fatto ritorno a casa ed è a conoscenza del vero motivo per cui Filumena se ne è andata.*

SOSTRATA, PAMPHILUS

SOSTRATA Non clam me est, gnate mi, tibi me esse suspectam uxorem tuam
propter meos mores hinc abisse, etsi ea dissimulas sedulo;
verum ita me di ament itaque obtingant ex te quae exopto mihi, ut
numquam sciens merui merito ut caperet odium illam mei.
Teque ante quod me amare rebar, ei rei firmasti fidem;
nam mihi intus tuos pater narravit modo quo pacto me habueris
praepositam amori tuo; nunc tibi me certumst contra gratiam
referre, ut apud me praemium esse positum pietati scias.
Mi Pamphile, hoc et vobis et meae commodum famae arbitror:
ego rus abituram hinc cum tuo me esse certo decrevi patre,
ne mea praesentia obstet neu causa ulla restet relicua
quin tua Philumena ad te redeat.

**[vv. 577-578] Non... sedulo**: *Non clam me est*: espressione impersonale, da rendere con «non mi sfugge»; regge le due proposizioni soggettive, coordinate per asindeto, *tibi me esse suspectam* e *uxorem tuam... abisse*. • *gnate mi*: vocativo (*gnate* è arcaismo per *nate*); la stessa espressione ricorre al v. 606. • *sedulo*: avverbio («con cura»).

**[vv. 579-580] verum... mei**: *ita me di ament*: invocazione (con il congiuntivo desiderativo), da rendere con «che gli dèi mi proteggano». • *itaque... ex te*: altra espressione con il congiuntivo desiderativo. • *ut... merito*: proposizione causale «dal momento che mai consapevolmente (*sciens*) ho agito in modo da meritarmi (*merui merito*) ...» • *ut caperet*: proposizione completiva retta da *merui*; soggetto di *caperet* è *odium*, da cui dipende il genitivo oggettivo *mei*.

**[vv. 581-584] Teque... scias**: *firmasti fidem*: nota l'allitterazione, funzionale a esaltare il concetto. • *tuos:* arcaismo per *tuus.* • *quo pacto me habueris:* proposizione interrogativa indiretta. • *praepositam:* participio perfetto con valore predicativo riferito a *me* e retto da *habueris.* Si tratta di una costruzione tipica del linguaggio colloquiale, usata in luogo del congiuntivo perfetto. • *certumst*: = *certum est* (per aferesi), espressione impersonale che regge la proposizione soggettiva *me... gratiam referre.* • *ut...scias:* proposizione finale da cui dipende la proposizione oggettiva che ha per soggetto *praemium* e per predicato *esse positum.*

**[vv. 585-588] Mi... consilist**: *vobis et meae... famae*: dativi di vantaggio. • *ego... patre:* costruisci *ego decrevi certo me abituram esse hinc rus cum patre tuo.* • *ne... obstet neu restet...*: doppia proposizione finale negativa. • *quin... redeat:* rendi con «che la tua Filomena non torni da te». • *restet relicua... redeat*: nota l'insistita allitterazione. • *consilist*: = *consili est* (per aferesi); *consili* è genitivo partitivo retto da *quid.*

PAMPHILUS Quaeso quid istuc consilist?
Illius stultitia victa ex urbe tu rus habitatum migres?
Haud facies, neque sinam ut qui nobis, mater, male dictum velit,
mea pertinacia esse dicat factum, haud tua modestia.
Tum tuas amicas te et cognatas deserere et festos dies
mea causa nolo.
SOSTRATA Nihil pol iam istaec mihi res voluptatis ferunt;
dum aetatis tempus tulit, perfuncta satis sum; satias iam tenet
studiorum istorum; haec mihi nunc curast maxuma ut nequoi mea
longinquitas aetatis obstet mortemve exspectet meam.
Hic video me esse invisam inmerito; tempust me concedere.
Sic optume, ut ego opinor, omnis causas praecidam omnibus,
et me hac suspicione exsolvam et illis morem gessero.
Sine me, obsecro, hoc effugere volgus quod male audit mulierum.
PAMPHILUS Quam fortunatus ceteris sum rebus, absque una hac foret,
hanc matrem habens talem, illam autem uxorem!
SOSTRATA Obsecro, mi Pamphile,
non tute incommodam rem, ut quaeque est, in animum induces pati?
Si cetera ita sunt ut vis itaque <ea> uti esse ego illam existumo,
mi gnate, da veniam hanc mihi, redduc illam.
PAMPHILUS Vae misero mihi!
SOSTRATA Et mihi quidem; nam haec res non minus me male habet quam te, gnate mi.



**[vv. 589-591] Illius... modestia**: *stultitia*: ablativo di causa efficiente. • *victa*: predicativo di *tu*. • *habitatum*: supino attivo con valore finale. • *Haud facies*: espressione di tono assertivo, da rendere con «Non lo farai». • *ut... dicat*: proposizione completiva retta da *sinam*, il cui soggetto è costituito dalla relativa *qui... velit*. • *mea pertinacia... tua modestia*: ablativi di causa efficiente in antitesi all'interno del verso.

**[vv. 592-593] Tum... ferunt**: *te... deserere*: proposizione oggettiva retta da *nolo*. • *Tum tuas*: allitterazione. • *Nihil... ferunt*: costruisci *istaec res iam ferunt mihi nihil voluptatis*; *voluptatis* è genitivo partitivo retto da *nihil*. • *pol*: interiezione da rendere con «per Polluce».

**[vv. 594-597] dum... concedere**: *tulit*: il verbo *fero* si può tradurre qui con «permettere». • *perfuncta sum*: perfetto del deponente *perfungor* (che si può intendere qui nel significato di «spassarsela»). • *satias... istorum*: espressione da rendere con «non ho più il minimo desiderio di questi passatempi»; *satias* è forma contratta di *satietas*. • *curast*: = *cura est* (per aferesi, come al v. 597 *tempust* per *tempus est*). • *maxuma:* arcaismo per *maxima*. • *ut... meam*: proposizione completiva retta da *cura est*, da rendere con «che la lunghezza della mia vita non sia di peso agli altri e non li spinga a sperare nella mia morte»; *nequoi* è arcaismo per *necui*. • *me esse invisam*: proposizione oggettiva retta da *video*. • *tempust*: l'espressione regge la proposizione soggettiva *me concedere*.

**[vv. 598-600] Sic... mulierum**: *optume*: arcaismo per *optime*. • *omnis:* accusativo plurale (forma per *omnes*). • *illis... gessero*: l'espressione *gerere morem* accompagnata dal dativo della persona significa «fare al modo di...». • *Sine... mulierum*: «Lascia, ti prego, che io mi sottragga alla totalità delle donne che hanno una cattiva fama»; il verbo *sino*, «permetto, consento» è costruito qui con l'accusativo e l'infinito (*me... effugere*); *volgus* è arcaismo per *vulgus*; il verbo *audio* seguito dall'avverbio *male* significa «avere una cattiva fama».

**[vv. 601-603] Quam... pati**: *sum*: falso condizionale. • *absque una hac foret:* rendi con «se non ci fosse quella faccenda». • *hanc matrem / illam... uxorem*: nota il parallelismo. • *incommodam rem*: la «contrarietà» che Panfilo dovrebbe rassegnarsi a sopportare secondo il parere di Sostrata è l'allontanamento della madre senza che ella ne abbia colpa alcuna.

**[vv. 604-606] Si... mi**: *uti*: congiunzione per *ut*. • *da... illam*: «fammi questo favore, riprendila in casa»; *da* e *redduc* sono imperativi, rispettivamente, di *do* e *redduco*. • *nam... te*: costruisci *nam haec res male habet me non minus quam te* e rendi con «infatti questa faccenda rattrista me non meno che te».

## Il testo e il contesto

**UN DISCORSO DI COMMIATO** Questa scena rappresenta il momento in cui Sostrata comunica al figlio che, al fine di favorire la sua riconciliazione con la moglie, ha deciso di andarsene via di casa e di trasferirsi in campagna con il marito.
Sostrata ringrazia Panfilo per averla preferita alla moglie (infatti Panfilo, dopo aver scoperto della gravidanza di Filumena, aveva lasciato intendere di non aver ripreso la moglie in casa per devozione filiale, ossia in quanto schierato dalla parte della madre nel presunto conflitto tra quest'ultima e Filumena). Tuttavia, Sostrata intende dimostrare il proprio amore nei confronti del figlio nonché la propria estraneità rispetto alla decisione di Filumena di tornare a casa dai genitori; per questi motivi sceglie di ritirarsi in campagna, chiedendo semplicemente a Panfilo di ritornare con Filumena, in modo tale da smentire anche le maldicenze che circolano sul suo conto.
Vano risulta il tentativo di Panfilo di far cambiare idea alla madre, inducendola a riflettere sul fatto che ella si stia condannando a una vita di solitudine, lontana da tutte le sue relazioni affettive e priva di qualsiasi dimensione sociale. La donna risponde infatti che la vita di città, di cui ha pienamente goduto in passato e di cui conserva un ricordo gradito, ormai, non le arreca più piacere.

## Lo stile del testo

**UNA MADRE AMOREVOLE E SICURA DI SÉ** Il dialogo tra madre e figlio si svolge in un momento di profondo turbamento per entrambi. La madre si rivolge al figlio con la sincerità e l'eloquenza di una mente libera da condizionamenti, facendo uso di un linguaggio raffinato che le deriva da una ricchezza interiore non comune e da una sensibilità femminile fuori dagli schemi. Non manca poi nelle parole di Sostrata una pacata dolcezza che rivela il suo amore sincero verso Panfilo. Tale sentimento traspare chiaramente dagli appellativi affettuosi che la donna usa per rivolgersi al figlio. Cercali nel testo e trascrivili qui di seguito: ........................................................................

.........................................................................................

Nella prima battuta del dialogo Sostrata esprime con estrema chiarezza i due motivi che l'hanno indotta a prendere la decisione di lasciare la città. Prova a sintetizzare qui di seguito quali sono questi motivi: ................

.........................................................................................

.........................................................................................

.........................................................................................

.........................................................................................

.........................................................................................

.........................................................................................

.........................................................................................

Quando poi passa a parlare del suo imminente trasferimento in campagna, Sostrata lo presenta quasi come un ritiro dalla vita attiva, dimostrandosi lucidamente consapevole, non senza una certa malinconia, dell'inesorabile trascorrere del tempo e della sua età ormai non più giovane. Ai vv. 595-597 sono presenti diversi termini ed espressioni che richiamano questi concetti. Trascrivili qui di seguito: ........................................................................

.........................................................................................

.........................................................................................

Nel fare un bilancio della propria esistenza, quindi, Sostrata ha capito ciò che è giusto fare: *concedere*, cioè farsi da parte per la felicità della nuova famiglia e per far sì che i familiari stessi non arrivino a desiderare la sua morte. Nel suo discorso, Sostrata fa anche riferimento alla gratuita maldicenza di cui spesso sono vittima le donne. Trascrivi qui di seguito il passo in questione: ......

.........................................................................................

.........................................................................................

Nel passaggio dal particolare della situazione di Sostrata all'universale della condizione di tutte le donne si coglie bene il principio dell'*humanitas* terenziana, in base al quale ogni individuo, uomo o donna, giovane o vecchio che sia, racchiude in sé i valori dell'umanità intera, valori che Sostrata ben rappresenta. Prova a elencare qui di seguito quali sono gli aspetti della personalità di Sostrata che possono essere ricondotti all'ideale dell'*humanitas*:

.........................................................................................

.........................................................................................

.........................................................................................

.........................................................................................

.........................................................................................

Terenzio, ancora una volta, prende posizione contro pregiudizi e luoghi comuni: Sostrata è ben lontana dalla suocera pedante, pettegola ed egoista tipica della commedia. Le aspettative del pubblico risultano perciò completamente disattese, il che ci aiuta anche a capire perché l'*Hecyra* sia andata incontro per ben due volte a un clamoroso "fiasco" prima di essere accolta con un qualche favore dal pubblico.

**UN FIGLIO PREMUROSO E TORMENTATO** Panfilo, per parte sua, si dimostra gentile nei confronti della madre, cui non manca di dimostrare il proprio affetto filiale; rispetto alla madre, però, appare psicologicamente ben più fragile. Preferisce ascoltare piuttosto che parlare e spesso reagisce alle parole di Sostrata con esclamazioni e lamenti; ricerca e trascrivi qui di seguito almeno due espressioni di questo tipo: ........................................

.........................................................................................

.........................................................................................

.........................................................................................

Le battute di Panfilo, che sono più sintetiche e brevi rispetto a quelle di Sostrata, risultano nel complesso un po' sfuggenti, tipiche di chi nasconde qualcosa ed è tormentato. Il giovane, infatti, si trova a vivere una situazione di conflitto interiore, combattuto tra l'amore che continua a provare per la giovane moglie Filumena (nonostante la creda incinta di un altro uomo) e l'affet- →

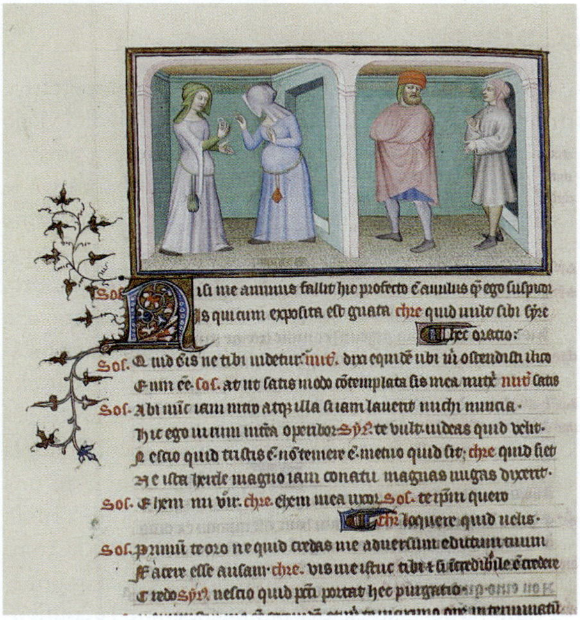

■ **Scena dall'*Hecyra* di Terenzio.** Da un manoscritto miniato degli inizi del XV secolo.
Parigi, Bibliothèque Nationale de France.

to profondo che nutre per la madre (la quale ignora il vero motivo della crisi coniugale tra Panfilo e Filumena e crede di poter contribuire a risolverla andandosene). Ritrova nel testo e trascrivi qui di seguito il passo in cui le due figure di Sostrata e Filumena sono accostate con un chiaro parallelismo: ..........................................................
..........................................................................................
..........................................................................................
..........................................................................................
..........................................................................................

La vita sentimentale di Panfilo risulta in balìa di convenzioni e falsi doveri, in base ai quali il giovane non può continuare ad amare una donna che egli crede vittima della violenza di un altro uomo e che per di più porta in grembo lo scandaloso frutto di tale violenza. Panfilo desidererebbe vivere la propria dimensione affettiva in piena libertà e autonomia, ma il suo perbenismo e la sua pigrizia morale contrastano con questa aspirazione. Questo personaggio, in fondo, è il vero perdente della commedia: significativamente, verrà salvato da una donna, l'etèra Bacchide, che pur vivendo ai margini della società saprà dimostrare quella forza di rinnovamento morale di cui lui non riesce invece a dare prova.

## LEGGO E ANALIZZO

**1.** Che cosa crede di aver scoperto Sostrata a proposito del comportamento della nuora? Qual è la sua reazione?

**2.** Che cosa ha saputo Sostrata dal marito? Qual è la decisione che ha preso e che comunica al figlio?

**3.** analizzare Al v. 578 *meos mores* è:
- ☐ complemento di causa introdotto da *propter*
- ☐ soggetto di *abisse*
- ☐ complemento oggetto di *dissimulas*
- ☐ complemento oggetto di *abisse*

**4.** analizzare Al v. 589 *illius* (*stultitia*) si riferisce a:
- ☐ Filumena, la moglie di Panfilo
- ☐ Sostrata, la madre di Panfilo
- ☐ Lachete, il marito di Sostrata
- ☐ un generico rappresentante delle opinioni della gente comune

**5.** analizzare Al v. 597 *hic* ha funzione di:
- ☐ avverbio di luogo
- ☐ pronome soggetto
- ☐ pronome complemento
- ☐ avverbio di tempo

**6.** applicare Completa la messa in costruzione dei vv. 602-605, inserendo al posto giusto le parole mancanti.

*Obsecro, mi* ........................................, *non tute* ........................................ *in* .............................. *pati* .................. *incommodam, ut quaeque* ........ ..........*? Si cetera* ...................... *ita* ................. *vis itaque* (= *et ita*) <*ea*> (*est*) *uti* ....................... .......... *illam* ............*, gnate mi, da* ...................... *hanc* ...................................*, redduc* ...............*.*

**7.** applicare Sulla base della messa in costruzione che hai stabilito, completa adesso la traduzione dei vv. 602-605.

(Ti) ............, mio ............, non ti ...................... ............................ a ......................... una cosa fastidiosa, quale che ............? Se le altre cose ............ così ............ (tu) vuoi ed essa (Filumena) (è) così come io ritengo che lei sia, figlio ..........., concedimi questa .................., riportala (in casa con te).

## I personaggi terenziani come *spectatores intra fabulam*

**UN PRECEDENTE INGOMBRANTE** La lunga e incisiva presenza sulla scena delle commedie plautine, protrattasi per almeno un ventennio, nonché la straordinaria fortuna incontrata dalla personalissima trasposizione da parte di Plauto dei suoi modelli greci, avevano verosimilmente imposto il modo plautino di fare teatro comico come un punto di riferimento che non era possibile ignorare. In altre parole, **Plauto** costituiva un **precedente prestigioso** ma anche **ingombrante** con il quale chiunque scrivesse commedie a Roma doveva inevitabilmente confrontarsi.
Lo studioso **Mario Lentano** sottolinea a proposito della produzione di Terenzio un interessante aspetto legato al grande successo del modo plautino di fare teatro comico: la novità dei personaggi creati da Terenzio si misura proprio sulla base delle differenze che essi presentano rispetto ai corrispondenti personaggi plautini.

« Un altro aspetto del teatro terenziano, che è forse quello più diffuso e meglio noto, è la tendenza propria del commediografo cartaginese a frustrare le aspettative alimentate da un certo personaggio, il quale, una volta comparso in scena, una volta entrato concretamente nello svolgimento della *pièce*, si muove e si comporta in modi che smentiscono sistematicamente quelle aspettative. Basti qui ricordare come l'intera azione dell'*Hecyra*, dall'inizio alla fine, sia completamente costruita sulla frustrazione delle aspettative che ciascuno dei diversi personaggi ha rispetto a tutti gli altri; la difficoltà e la bellezza di questa straordinaria *pièce* terenziana consistono per l'appunto nel grande impegno che essa richiede al proprio pubblico, non a caso ripetutamente renitente a svolgerlo, per adattare di volta in volta la propria messa a fuoco degli eventi e dei loro protagonisti a mano a mano che il procedere del dramma li rivela sotto una nuova luce. Un caso eloquente, proveniente proprio dall'*Hecyra*, è quello della cortigiana: dipinta come avida, sfrontata, gelosamente possessiva nei confronti del proprio amante, pregiudizialmente ostile alla moglie legittima di quest'ultimo, Bacchide si rivela invece la più compiuta realizzazione della *bona meretrix*, rilevata già dai commentatori antichi come figura originale del teatro terenziano; non è un caso che essa finisca per sorprendere le aspettative di tutti i personaggi con i quali di volta in volta viene a contatto, non da ultimo persino del suo ex amante Panfilo. Ora, questo fenomeno – la dissonanza tra le aspettative legate ad un certo personaggio e le forme in cui quel personaggio si rivela effettivamente quando compare nell'intreccio – è stato più volte rilevato, come dicevo; meno, mi pare, è stato osservato che l'immagine di sé che il personaggio terenziano si incarica di smentire è pressoché invariabilmente quella che proprio la tradizione della commedia aveva finito per consacrare: lo schiavo, il padre, la suocera, il figlio, la cortigiana terenziani si contrappongono non ad una generica configurazione convenzionale dei loro ruoli, ma precisamente a quella configurazione che la commedia plautina aveva tracciato di loro e che si imponeva quindi, nelle attese del pubblico, come la configurazione per eccellenza. Essi sono personaggi metaletterari nel senso che guadagnano tutta la loro novità non già in rapporto ai loro equivalenti del mondo reale, se possiamo esprimerci così, ma in relazione al profilo letterario che di quelle stesse figure era venuto definendosi e stabilizzandosi nella tradizione del teatro plautino. Del resto, se i personaggi terenziani sembrano aver letto Plauto, e sul presupposto di trovarsi nel contesto di una "normale" commedia plautina elaborano reazioni, comportamenti e aspettative, non è meno vero che gli spettatori terenziani sono spettatori "che hanno visto Plauto", portatori quindi delle medesime aspettative. I personaggi terenziani costituiscono allora una sorta di "spettatore interno", di *spectator intra fabulam*, nel senso che le aspettative di cui essi sono portatori sono le stesse di cui è latore il pubblico – l'aspettativa, cioè, di trovarsi di fronte ad una commedia di tipo plautino – e la sorpresa o lo straniamento che essi patiscono allorché le loro aspettative vengono smentite coincidono con quelli sperimentati dal pubblico terenziano.»

(Mario Lentano, *Terenzio "paracomoedus"*, in M. Blancato, G. Nuzzo [a cura di], *La commedia latina: modelli, forme, ideologia, fortuna. Giornate siracusane sul teatro antico*, Palermo, Fondazione INDA, 2009, pp. 11-12)

**GUIDA ALLO STUDIO**

**1.** Qual è, secondo Mario Lentano, un valido criterio per misurare la novità dei personaggi terenziani?

**2.** Qual era lo stereotipo della cortigiana nelle commedie plautine?

**3.** In che senso possiamo affermare che i personaggi di Terenzio sono "spettatori interni"?

T10
LATINO

# La "tipica" cortigiana della palliata

*Hecyra*, atto I, vv. 58-75 | metro: senari giambici

*La prima scena dell'*Hecyra *si apre con un dialogo tra due cortigiane che ha per oggetto l'abituale infedeltà degli amanti: alle sfortunate cortigiane, illuse e abbandonate, non rimane altro che sfruttare cinicamente tutti i vantaggi che un amante benestante può offrire, senza alcuna pietà, nemmeno nei confronti di coloro che sembrano mostrare gentilezza e sincerità.*

PHILOTIS, SYRA

PHILOTIS Per pol quam paucos reperias meretricibus
fidelis evenire amatores, Syra.
Vel hic Pamphilus iurabat quotiens Bacchidi,
quam sancte, ut quivis facile posset credere,
numquam illa viva ducturum uxorem domum!
Em duxit!
SYRA Ergo propterea te sedulo
et moneo et hortor ne quoiusquam misereas
quin spolies mutiles laceres quemque nacta sis.
PHILOTIS Utin eximium neminem habeam?
SYRA Neminem;
nam nemo illorum quisquam, scito, ad te venit
quin ita paret sese abs te ut blanditiis suis
quam minimo pretio suam voluptatem expleat.
Hiscine tu amabo non contra insidiabere?
PHILOTIS Tamen pol eandem iniurium est esse omnibus.
SYRA Iniurium autem est ulcisci advorsarios,
aut qua via te captent eadem ipsos capi?
Eheu me miseram! Quor non aut istaec mihi
aetas et forma est aut tibi haec sententia?

---

**[vv. 58-59] Per... Syra**: ordina *pol, Syra, reperias perquam paucos amatores evenire fidelis meretricibus*; *reperias* è cong. potenziale; *Per... quam* è tmesi per *perquam* (l'avverbio rafforza l'agg. *paucos*); *fidelis* è acc. plur. per *fideles*, riferito a *amatores*.

**[vv. 60-63] Vel... duxit**: *iurabat*: *iuro* significa qui «giurare fedeltà» ed è costruito con il dativo della persona (*Bacchidi*). • *ut... posset credere*: prop. consecutiva, da rendere con «che chiunque poteva facilmente credergli». • *illa viva*: ablativo assoluto nominale, «finché lei era viva». • *em*: interiezione esclamativa, «ecco!».

**[vv. 63-65] Ergo... sis**: *sedulo*: avverbio, «vivamente». • *ne... misereas*: prop. completiva volitiva; *quoiusquam* (= *cuiusquam*) è gen. retto da *misereas*. • *quin*: avverbio, «anzi». • *spolies mutiles laceres*: *climax* con cui la cortigiana Sira invita la compagna a spogliare, depredare e stritolare gli amanti senza alcuna compassione. • *nacta sis*: cong. eventuale dal deponente *nanciscor*.

**[vv. 66-70] Utin... insidiabere?**: *Utin... habeam*: «Dovrei farlo proprio con tutti, senza nessuna eccezione?»; la particella *utin* introduce il congiuntivo dubitativo *habeam*. • *scito*: imperativo futuro di *scio*, «sappi». • *quin*: congiunzione con il congiuntivo, da rendere con «senza che». • *ut... expleat*: proposizione consecutiva, «(senza che si prepari in modo tale) da poter soddisfare con le proprie lusinghe il piacere che si prende da te (*abs te*) al minor prezzo possibile». • *Hiscine*: pronome interrogativo (dativo maschile plurale), formato dal dimostrativo *hic* + la particella enclitica *-ne*; da rendere con «A questi qui». • *amabo*: inciso, da rendere con «scusa». • *non... insidiabere?*: «non dovresti forse preparare insidie a tua volta?»; *insidiabēre* è forma contratta per *insidiabēris*.

**[vv. 71] Tamen... omnibus**: *iniurium est*: «non è giusto», espressione impersonale; regge la soggettiva *eandem... esse ombibus*, «che io mi comporti con tutti allo stesso modo» (lett. «che io sia la stessa con tutti»).

**[vv. 72-75] Iniurium... sententia?**: *iniurium est*: ritorna la medesima espressione impersonale del verso precedente, che regge la doppia soggettiva *ulcisci adversarios* (= *adversarios*) e *capi ipsos*. • *aut... capi?*: ordina *aut ipsos capi eadem via qua te captent*, «o che essi (gli avversari) siano catturati nello stesso modo in cui vorrebbero catturare te?». • *me miseram*: accusativo esclamativo. • *Quor... sententia?*: «Perché non ho io la tua età e la tua bellezza o tu la mia esperienza?»; *quor* è arcaismo per *cur*; *mihi... est* è dativo di possesso, come il successivo *tibi* (*est*).

PER ANALIZZARE IL TESTO

## Il testo e il contesto

**UN INIZIO *IN MEDIAS RES*** L'esordio dell'*Hecyra* è costituito da un breve dialogo fra due meretrici, una più giovane, Filotide, e una più anziana, Sira: si tratta di due personaggi cosiddetti "protatici", ovvero presenti solo all'inizio della commedia, dove intervengono per informare il pubblico riguardo all'antefatto della vicenda, che inizia *in medias res*. Nel corso del dialogo la cortigiana più anziana consiglia a quella giovane di non affezionarsi ai clienti, anzi di approfittarsi di loro per quanto le sarà possibile.

## Lo stile del testo

**DUE DIVERSE CONCEZIONI DI *AMOR MERETRICIUS*** Nel loro breve dialogo Filotide e Sira si fanno portavoci di due opposte concezioni di *amor meretricius*. Sira presenta i tratti "tipici" della prostituta avida, che pensa solo ad arraffare il massimo guadagno dalla propria professione, senza dimostrare alcun coinvolgimento sentimentale. La sua piena adesione al modello tradizionale di rapporto fra amante e cortigiana emerge chiaramente al v. 65, dove compaiono i tre verbi in asindeto *spolies mutiles laceres*. Questi verbi illustrano – in un crescendo di cinismo e mancanza di scrupoli, sottolineato dalla figura retorica del ........................................................................ – il comportamento che una cortigiana "tipica" tiene nei confronti dei suoi amanti. Filotide, invece, approva il nuovo stile relazionale creato da Bacchide e Panfilo, pur se con qualche riserva, visto l'esito infelice della vicenda (infatti, dopo tutte le sue promesse di amore e fedeltà, Panfilo ha abbandonato Bacchide e si è sposato). Sensibilità e comprensione sono doti che contraddistinguono sia il personaggio di Filotide sia anche e soprattutto il personaggio di Bacchide: si tratta di doti che mai, prima di Terenzio, erano state attribuite a delle cortigiane. All'autore, evidentemente, interessa mostrare che in ogni essere umano – indipendentemente dalla condizione economica, dal livello culturale o dal ruolo sociale – può essere presente quell'*humanitas* che costituisce il tratto distintivo degli uomini e delle donne degni appunto di essere considerati esseri umani. Sul finale del colloquio Filotide fa un'affermazione che ben esplicita questo tratto innovativo della sua personalità; riportala qui di seguito: ........................................................................
........................................................................
.........................................................................

Il prevalere in questo dialogo iniziale della figura e dell'opinione di Sira sulla figura e sull'opinione di Filotide è funzionale ad amplificare l'effetto di sorpresa legato alla figura di Bacchide; sembra infatti che il "nuovo" modello di cortigiana, caratterizzato da *humanitas*, risulti perdente rispetto al modello tradizionale: tanto più, dunque, il pubblico risulterà spiazzato dalla figura di Bacchide, che si dimostrerà con i suoi comportamenti una cortigiana del tutto "atipica".

### LEGGO E ANALIZZO

1. Quali funzioni svolge il dialogo tra le due cortigiane Filotide e Sira all'inizio dell'*Hecyra*?
2. Quale sentimento emerge dalle esclamazioni e dalle domande con cui Filotide reagisce nell'ascoltare le parole di Sira?
3. Quali consigli dà Sira, la cortigiana più anziana, a Filotide, la più giovane?
4. **analizzare** La forma verbale *ducturum* al v. 62:
   - ☐ è costruita con il doppio accusativo della persona e del luogo
   - ☐ ha l'ausiliare *esse* sottinteso (per formare l'infinito perfetto passivo)
   - ☐ è costruita con l'ablativo assoluto nominale
   - ☐ ha funzione di attributo (in dipendenza dal termine *domum*)
5. **analizzare** Al v. 63 *sedulo* è:
   - ☐ voce verbale coordinata a *moneo* e *hortor*
   - ☐ avverbio di modo
   - ☐ attributo di *ergo*
   - ☐ attributo di *te*
6. **analizzare** Al v. 68 *ut* introduce:
   - ☐ *paret*, congiuntivo presente di *paro*
   - ☐ *paret*, indicativo presente di *pareo*
   - ☐ *expleat*, congiuntivo di *expleo*
   - ☐ una subordinata completiva volitiva
7. **applicare** Completa la messa in costruzione dei vv. 63-65, inserendo al posto giusto le parole mancanti.

   *Ergo propterea* ........... *et moneo et* ..................... *sedulo* ........ *misereas* .............................(= *cuius quam*) *quin* ...................... *mutiles laceres* ............ .......... *nacta* ............ .
8. **applicare** Sulla base della messa in costruzione che hai stabilito, completa la traduzione dei vv. 63-65.

   Perciò, a causa di queste cose, (io) ..................... ............ e ti esorto ............................ a non avere **pietà** ........................... , anzi a ...................., **mutilare,** dilacerare ............................................ ........................................................................ .

T11

LATINO/ ITALIANO

# Una cortigiana buona e onesta

| *Hecyra*, atto V, vv. 731-767 | metro: ottonari giambici, settenari giambici, settenari trocaici, ottonari trocaici |

*Bacchide compare in scena solo nell'ultimo atto dell'*Hecyra*, nonostante di lei si parli sin dall'inizio (➤ **T10**). Questa cortigiana ama teneramente Panfilo, con il quale ha intrattenuto una relazione appassionata prima che il giovane si sposasse; a torto viene creduta la responsabile della rottura fra Panfilo e Filumena. Alle accuse che le vengono rivolte dalla madre di Filumena, e che il padre di Panfilo, Lachete, puntualmente le riporta, Bacchide risponde chiarendo la sua posizione con estrema fermezza e profonda coscienza di sé, dimostrandosi una donna dal carattere eccezionale. Anche l'altro personaggio presente in questa scena, Lachete, appare ben diverso dall'immagine stereotipata del vecchio burbero, tipico di tante palliate plautine: l'uomo si rivolge alla giovane con cortesia ed educazione, rispettando la sua persona al di là della sua condizione sociale e dando così prova di quella* humanitas *che Terenzio, nell'ambito della sua produzione, sembra voler sondare in tutte le sue varie sfaccettature.*

LACHES, BACCHIS

LACHES [...] Adgrediar. Bacchis, salve.
BACCHIS Salve, Lache.
LACHES Credo edepol te non nil mirari, Bacchis,
quid sit quapropter te huc foras puerum evocare iussi.
BACCHIS Ego pol quoque etiam timida sum quom venit mi in mentem quae sim,
ne nomen mi quaesti obsiet; nam mores facile tutor.
LACHES Si vera dicis nil tibist a me pericli, mulier;
nam iam aetate ea sum ut non siet peccato mi ignosci aequom:

LACHETE, BACCHIDE

LACHETE [...] Be', abbordiamola[1]. Salute, Bacchide.
BACCHIDE Salute, Lachete.
LACHETE Immagino che tu sia meravigliata, Bacchide, perché t'ho fatta chiamare da un mio garzone.
BACCHIDE Sì, lo sono, e anche intimidita, perché penso a quel che sono e teme che il nome del mio mestiere parli contro di me. Perché io porto rispetto alle norme del costume.
LACHETE Donna, se dici il vero, non hai nulla da temere da me. Vedi, con l'età che mi ritrovo[2], sarei imperdonabile se commettessi errori. Ragion di più, quindi, perché

[v. 732] **edepol**: interiezione da rendere con «per Polluce», come il successivo *pol* di v. 734 (che ricorre anche ai vv. 747 e 756). • **nil**: arcaismo per *nihil* (ricorre anche al v. 736).
[vv. 734-735] **quom**: arcaismo per *cum*, introduce qui una proposizione causale. • **mi**: arcaismo per *mihi* (la stessa forma ricorre ai vv. 735 e 742). • **ne... obsiet**: proposizione completiva retta dall'espressione *timida sum*, che si comporta come un vero e proprio *verbum timendi*; *mi* è dativo di svantaggio; *obsiet* è arcaismo per *obsit*. • **tutor**: il deponente *tutor, -aris* significa «difendere» ma anche «rispettare».
[vv. 736-738] **tibist**: aferesi per *tibi est*. • **pericli**: arcaismo per *periculi*; si tratta di un genitivo partitivo dipendente da *nil* (= *nihil*). • **siet**: arcaismo per *sit*. • **ignosci**: il verbo *ignosco* è costruito qui con il doppio dativo: della persona alla quale

1. Prima di rivolgersi a Bacchide, Lachete parla fra sé.
2. Lachete è un *senex* consapevole della propria età e della saggezza che essa richiede.

quo magis omnis res cautius ne temere faciam adcuro.
Nam si id facis facturave es bonas quod par est facere,
inscitum offerre iniuriam tibi me inmerenti iniquom est.
BACCHIS Est magna ecastor gratia de istac re quam tibi habeam;
nam qui post factam iniuriam se expurget parum mi prosit.
Sed quid istuc est?
LACHES Meum receptas filium ad te Pamphilum.
BACCHIS Ah.
LACHES Sine dicam: uxorem hanc prius quam duxit, vostrum amorem pertuli.
Mane: nondum etiam dixi id quod volui. Hic nunc uxorem habet:
quaere alium tibi firmiorem amicum dum tibi tempus consulendi est;
nam neque ille hoc animo erit aetatem neque pol tu eadem istac aetate.
BACCHIS Quis id ait?
LACHES Socrus.
BACCHIS Men?
LACHES Te ipsam: et filiam abduxit suam,
puerumque ob eam rem clam voluit, natus qui est, exstinguere.

io mi muova con cautela e non a testa bassa. Perciò se tu fai e farai quel che si addice a una brava ragazza, sarebbe ingiusto che io, senza pensarci troppo, ti facessi un'offesa che non meriti.

BACCHIDE Per queste cose che mi dici non posso che esserti grata. E già, se qualcuno mi offende e poi si scusa, io poco ci guadagno. Ma di che cosa si tratta?

LACHETE Tu ricevi, in casa tua, mio figlio...

BACCHIDE Ah!

LACHETE Lasciami finire. Io l'ho accettata, la vostra relazione, prima che lui prendesse moglie... Fermati! Non ho ancora detto quel che voglio... Lui adesso è sposato. Cercati un amico più sicuro, finché sei in tempo per decidere. Perché lui non la penserà sempre come oggi e tu, la tua giovinezza non è eterna.

BACCHIDE Chi dice queste cose?

LACHETE La suocera[3].

BACCHIDE Che io?...

LACHETE Che tu. Si è portata via sua figlia, lei, per questa ragione, e vuol sopprimere di nascosto il bambino che è nato.

si perdona (*mi* = *mihi*) e della colpa che si perdona (*peccato*). • **aequom**: arcaismo per *aequum* (ricorre anche al v. 759). • **omnis**: accusativo plurale per *omnes*; concorda con *res*.
[v. 740] **inscitum**: predicativo del pronome *me*, che è il soggetto dell'infinitiva retta dall'espressione *iniquom* (= *iniquum*) *est*.
[v. 741] **ecastor**: interiezione da rendere con «per Castore».
[v. 744] **Sine dicam**: *sine* è imperativo di *sino*, «permetto, consento»; il verbo si può costruire con *ut* + congiuntivo o con il congiuntivo semplice (come qui); da rendere con «Lascia che io parli».
[v. 746] **quaere**: imperativo presente di *quaero*.

3. Si tratta di Mirrina, la madre di Filumena, la quale aveva in realtà manifestato solo a Panfilo l'intenzione di esporre il bambino. Probabilmente qui Lachete sta ingigantendo ad arte la questione, per muovere a compassione Bacchide.

BACCHIS Aliud si scirem qui firmare meam apud vos possem fidem
sanctius quam iusiurandum, id pollicerer tibi, Lache,
me segregatum habuisse, uxorem ut duxit, a me Pamphilum.
LACHES Lepida es. Sed scin quid volo potius sodes facias?
BACCHIS Quid vis? Cedo.
LACHES Eas ad mulieres huc intro atque istuc iusiurandum idem
polliceare illis. Exple animum is teque hoc crimine expedi.
BACCHIS Faciam quod pol, si esset alia ex hoc quaestu, haud faceret, scio,
ut de tali causa nuptae mulieri se ostenderet.
Sed nolo esse falsa fama gnatum suspectum tuom,
nec leviorem vobis, quibus est minime aequom, eum viderier
inmerito; nam meritus de me est quod queam illi ut commodem.
LACHES Facilem benivolumque lingua tua iam tibi me reddidit:
nam non sunt solae arbitratae haec; ego quoque etiam credidi.
Nunc quam ego te esse praeter nostram opinionem comperi,
fac eadem ut sis porro: nostra utere amicitia ut voles.

BACCHIDE Se conoscessi un mezzo più sacro del giuramento, per confermare dinanzi a voi la mia buona fede, io te lo offrirei, Lachete. La verità è che io l'ho allontanato da me, Panfilo, quando si è sposato.
LACHETE Brava. Ma lo sai che cosa desidero che tu gentilmente mi faccia?
BACCHIDE Che cosa? Dimmelo.
LACHETE Va' dalle donne, là dentro, e offrilo a loro questo tuo giuramento. Da' loro soddisfazione e libera te da ogni sospetto.
BACCHIDE Farò quel che un'altra della mia condizione non farebbe, lo so io, presentarsi in questa situazione a una sposa. Non voglio che tuo figlio venga calunniato in base a false voci, né che lo giudichiate un libertino, voi, sicuro, e così ingiustamente. Poiché lui verso di me si è comportato bene, merita che io faccia quel che posso per lui.
LACHETE Le tue parole mi rendono ben disposto verso di te. Posso dirtelo: non soltanto loro ti sospettavano, ma anch'io[4]. Ora che ho capito che sei diversa da quel che credevamo, cerca di esserlo anche per il futuro. Godrai della nostra amicizia come vorrai.

(trad. di V. Faggi)

[v. 750-752] **Aliud... iusiurandum**: costruisci *si scirem aliud sanctius quam iusiurandum qui* (congiunzione subordinante finale) *possem firmare meam fidem apud vos*. • **me segregatum... Pamphilum**: infinitiva con valore epesegetico dipendente da *id*; costruisci *me habuisse Pamphilum segregatum a me*.
[v. 753] **scin**: forma contratta di *scis* + *-ne* (particella enclitica). • **sodes**: forma di cortesia del linguaggio parlato, contrazione di *si audes*, da rendere con «per favore».
[vv. 754-755] **Eas**: congiuntivo esortativo, come il successivo *polliceare*. • **Exple**: imperativo, come il successivo *expedi*. • **is**: arcaismo per *iis* (riferito alle *mulieres* del verso precedente).
[v. 756] **ex hoc quaestu**: ablativo di origine, da rendere con «di questo mestiere, di questa condizione sociale».
[v. 758-760] **gnatum... tuom**: arcaismi per *natum tuum*, soggetto di *esse suspectum*, verbo dell'infinitiva retta da *nolo*, a cui è coordinata anche *nec... eum viderier* (arcaismo per *videri*). • **falsa fama**: ablativo di causa.
[vv. 763-764] **Nunc quam**: da rendere con «ora che». • **fac**: dall'imperativo di *facio* dipende la completiva *eadem ut sis* (nota l'anastrofe). • **porro**: avverbio (si può rendere qui con «d'ora in avanti, per il futuro»). • **nostra utere amicitia**: il verbo *utor*, qui all'indicativo futuro semplice (II pers. sing.), regge l'ablativo strumentale.

4. Lachete mostra qui la capacità di ammettere gli errori e la disponibilità a cambiare opinione di fronte a una realtà che si era creduta ben diversa: non è che un altro tratto dell'*humanitas* che caratterizza anche questo personaggio terenziano.

## Il testo e il contesto

**UNO SCAMBIO CORTESE** Il primo scambio di battute fra Bacchide e Lachete è improntato a una certa cortesia; si tratta di una precisa "strategia" che ciascuno dei due interlocutori usa per scandagliare le reali intenzioni dell'altro. La donna è inizialmente meravigliata del fatto che il padre del suo ex amante desideri incontrarla. L'uomo, per parte sua, mira innanzi tutto a rassicurarla con una serie di riflessioni sulla sua età ormai avanzata e sul decoro che questa condizione anagrafica richiede. Nel suo discorso Lachete fa riferimento alla giustizia e all'etica: in tal modo si conquista gradualmente la fiducia di Bacchide convincendola dell'onestà delle sue intenzioni.

## Lo stile del testo

***URBANITAS* E TONI COLLOQUIALI** Il confronto verbale tra Lachete e Bacchide si mantiene su un tono colloquiale e disinvolto anche nei momenti di maggior tensione emotiva; entrambi ricorrono a un *sermo cotidianus* che si contraddistingue però per l'*urbanitas*, ossia per una certa eleganza e raffinatezza. Alla lingua della conversazione di tutti i giorni, accuratamente "depurata" di ogni tratto "basso" e volgare, sono innanzi tutto riconducibili le formule di saluto informale e le esclamazioni (per es. ........................................................................ ..............): esse hanno la funzione di fugare ogni dubbio sulla reciproca disponibilità all'ascolto da parte dei due personaggi.

In questo passo Lachete usa in modo insistente diverse parole legate al trascorrere del tempo, segno di un'attenzione particolare a questa tematica. A più riprese egli si riferisce alla giovinezza come tempo delle scelte e dell'azione. La vecchiaia, invece, è presentata come l'età del decoro e della saggezza; individua e trascrivi qui di seguito i versi da cui emerge questo concetto:

..........................................................................................

..........................................................................................

..........................................................................................

..........................................................................................

..........................................................................................

Bacchide, dal canto suo, ha chiara consapevolezza del suo *status* di cortigiana e di ciò che questo comporta in termini di condanna sul piano sociale; ciononostante, non rinuncia alla rivendicazione convinta dei *boni mores* che contraddistinguono il suo comportamento, come emerge dalla lapidaria affermazione del v. 735 (riportala qui di seguito: ............................................................... ..........................................................................................).

Per Bacchide, che è del tutto consapevole del pregiudizio sociale che grava su di lei, è molto importante sottolineare la buona fede che sta alla base delle sue dichiarazioni. Ella vuole acquisire credibilità presso il vecchio Lachete: significativamente, al v. 750, utilizza in riferimento a se stessa il termine *fides* (per di più nell'ambito dell'espressione *firmare... fidem*, dove il concetto risulta sottolineato dalla figura di suono dell' .................................... ); nei due versi seguenti sono poi presenti alcuni termini che appartengono all'ambito giuridico religioso, termini di cui Bacchide si serve per formulare un solenne giuramento, sempre allo scopo di rendere se stessa più credibile agli occhi

■ **Lachete**, particolare dell'*Hecyra* di Terenzio.
Illustrazione da un codice del IX secolo.
Parigi, Bibliothèque Nationale de France.

■ **Bacchide**, particolare dall'*Hecyra* di Terenzio.
Illustrazione da un codice del IX secolo.
Parigi, Bibliothèque Nationale de France.

di Lachete (riporta qui di seguito i termini in questione: ..........................................................................................................................................................).
Di fronte a una dichiarazione tanto solenne Lachete non può che concedere credito alla donna; in cambio, però, le chiede qualcosa di davvero straordinario per una cortigiana, ovvero di recarsi da Filumena e di giurare, davanti a lei e alla madre di lei, di non avere più una relazione con Panfilo. Bacchide è del tutto consapevole che nell'accettare la richiesta di Lachete si stia comportando in modo "atipico" per una prostituta (riporta qui di seguito le parole di Bacchide dalle quali emerge tale consapevolezza: ..............................................................................................................................................................................................................................................................................................). Tuttavia accondiscende alla richiesta, dando in tal modo prova di tutto il suo altruismo, fondato su valori autentici come la riconoscenza, l'affetto, il senso di giustizia.



**LEGGO E ANALIZZO**

**1.** Per quale motivo Lachete vuole avere un colloquio con Bacchide?

**2.** Quale impressione suscita in Lachete il comportamento rispettoso di Bacchide?

**3.** Qual è il motivo per cui Bacchide decide di acconsentire alla richiesta che Lachete le rivolge durante il colloquio?

**4.** analizzare A proposito della sintassi dei vv. 732-733 puoi osservare che:
- ☐ *Credo* regge una subordinata infinitiva che regge a sua volta una interrogativa indiretta
- ☐ il verbo principale *iussi* regge l'infinitiva *te... evocare* che a sua volta regge una causale
- ☐ *Credo* regge l'infinitiva *te... evocare* che a sua volta regge una causale
- ☐ il verbo *iussi* regge l'infinitiva *te non nil mirari*

**5.** analizzare La proposizione subordinata introdotta da *ut* al v. 737 è:
- ☐ una completiva volitiva
- ☐ una temporale
- ☐ una consecutiva
- ☐ una finale

**6.** analizzare Il congiuntivo presente *expurget* che ricorre al v. 742 ha valore:
- ☐ finale
- ☐ eventuale
- ☐ consecutivo
- ☐ esortativo

**7.** analizzare La proposizione subordinata *uxorem ut duxit* al v. 752 è:
- ☐ una dichiarativa
- ☐ una modale
- ☐ una temporale
- ☐ una completiva volitiva

**8.** analizzare *quod queam* al v. 760 è:
- ☐ una subordinata relativa
- ☐ una subordinata causale
- ☐ una subordinata dichiarativa
- ☐ una subordinata limitativa

## LABORATORIO DI ANALISI

Leggi il testo seguente aiutandoti con le note; poi esegui quanto richiesto, realizzando un testo organico e armonizzando le risposte ai quesiti con opportuni connettivi testuali. Se lo desideri, puoi anche modificare l'ordine delle risposte nel modo che ti sembra più efficace.

# Una soluzione inattesa

| *Hecyra*, vv. 816-840 | metro: settenari giambici |

*Bacchide ha deciso di acconsentire alla richiesta di Lachete (➛ **T11**); perciò si reca a casa dei genitori di Filumena per avere un chiarimento con la stessa Filumena e con la madre di lei. La scena avvenuta all'interno viene riportata nel monologo che stai per leggere, in cui la cortigiana esprime tutta la propria soddisfazione e fornisce allo spettatore un dettagliato resoconto del ruolo da lei stessa giocato nella risoluzione della vicenda. Il complicato intreccio della commedia giunge infine al suo scioglimento, con la rivelazione, da parte di Bacchide, di un antefatto che fino a questo momento era stato taciuto.*

BACCHIS Quantam obtuli adventu meo laetitiam Pamphilo hodie!
Quot commodas res attuli! Quot autem ademi curas!
Gnatum ei restituo, qui paene harunc ipsiusque opera periit;
uxorem, quam numquam est ratus posthac se habiturum, reddo;
qua re suspectus suo patri et Phidippo fuit, exsolvi:
hic adeo his rebus anulus fuit initium inveniundis.
Nam memini abhinc menses decem fere ad me nocte prima
confugere anhelantem domum sine comite, vini plenum,
cum hoc anulo. Extimui ilico: «Mi Pamphile», inquam «amabo,
quid exanimatu's obsecro? Aut unde anulum istum nactu's?
Dic mihi». Ille alias res agere se simulare. Postquam id video,
nescioquid suspicarier, magis coepi instare ut dicat.
Homo se fatetur vi in via nescioquam compressisse,
dicitque sese illi anulum, dum luctat, detraxisse.

**[vv. 816-817] Quantam... curas!**: *Quot... Quot*: aggettivo indeclinabile, esclamativo come al verso precedente *quantam*.
**[vv. 818-819] Gnatum... reddo**: *Gnatum*: forma arcaica per *natum*. • *ei:* riferito a Panfilo. • *harunc: harum* (riferito a Filumena e a sua madre Mirrina). • *ipsiusque: et ipsius* (riferito a Panfilo).
**[vv. 820-821] qua re... inveniundis**: *qua re:* esprime un complemento di causa e introduce una proposizione subordinata relativa in dipendenza da *exsolvi*. • *suspectus... fuit:* ha come soggetto Panfilo. • *Phidippo*: si tratta del padre di Filumena. • *hic... anulus*: possiamo immaginare che Bacchide mostri al pubblico l'anello che porta al dito. • *inveniundis*: gerundivo concordato con *his rebus*; il dativo ha qui valore finale.
**[vv. 822-824] Nam memini... hoc anulo**: *menses decem fere:* si intendono dieci mesi lunari (ossia le 40 settimane della gestazione di Filumena). • *nocte prima*: «nella prima parte della notte», l'aggettivo ha qui valore predicativo. • *confugere*: predicato dell'infinitiva dipendente da *memini* (perfetto resultativo con valore di presente «mi ricordo»); ha come soggetto sottinteso *Pamphilum*, con cui concordano il participio *anhelantem* e l'aggettivo *plenum*. • *domum:* complemento di moto a luogo.
**[vv. 824-826] Extimui... simulare**: *amabo*: «di grazia», formula di cortesia (come al verso successivo *obsecro*). • *quid*: «perché...?». • *exanimatu's: exanimatus es*, apocope e aferesi con crasi, come *nactu's*. • *simulare*: infinito storico, regge l'infinitiva *se alias res agere*.
**[vv. 826-829] Postquam... detraxisse**: *nescioquid*: «qualcosa» (lett. «non so che cosa»). • *coepi*: il perfetto ha qui valore di presente; regge i due infiniti *suspicarier* (forma arcaica per *suspicari*) e *instare* (da cui dipende la completiva *ut dicat*). • *fatetur... dicitque*: presenti storici.

Eum haec cognovit Myrrina in digito modo me habentem,
rogat unde sit: narro omnia haec; indest cognitio facta
Philumenam esse compressam ab eo et filium inde hunc natum.
Haec tot propter me gaudia illi contigisse laetor;
etsi hoc meretrices aliae nolunt; neque enim est in rem nostram
ut quisquam amator nuptiis laetetur; verum ecastor
numquam animum quaesti gratia ad malas adducam partis.
Ego dum illo licitumst usa sum benigno et lepido et comi.
Incommode mihi nuptiis evenit, factum fateor:
at pol me fecisse arbitror ne id merito mihi eveniret.
Multa ex quo fuerint commoda, eius incommoda aequomst ferre.

**[vv. 830-832] Eum... natum**: *eum:* riferito all'*anulus.* • *haec*: riferito a Mirrina. • *modo*: avverbio di tempo. • *rogat*: presente storico. • *indest*: *inde est.* • *ab eo*: riferito a Panfilo. • *filium... hunc*: soggetto di *natum* (*esse*), con significato di «essere concepito».
**[vv. 833-836] Haec tot... partis**: *Haec tot:* anastrofe (*tot haec... gaudia*). • *neque... est in rem nostram*: «e non è nel nostro interesse». • *ecastor*: interiezione. • *quaesti gratia*: «per amore del guadagno». • *partis*: *partes.*
**[vv. 837-840] Ego dum... ferre**: *licitumst: licitum est.* • *illo*: riferito a Panfilo (ablativo in dipendenza da *usa sum*, perfetto di *utor*, qui con significato di «stare insieme, frequentarsi»), come *benigno et lepido et comi.* • *Incommode... evenit*: puoi tradurre con «dalle (sue) nozze mi sono derivati dei dispiaceri»; *mihi* è dativo di svantaggio; *nuptiis* è ablativo di causa. • *pol*: interiezione. • *ne... eveniret*: completiva volitiva retta dall'infinitiva *me fecisse* (dipendente da *arbitror*). • *merito*: avverbio. • *ex quo*: prolessi del relativo, ripreso da *eius* (i pronomi sono riferiti a Panfilo). • *aequomst*: *aequum est.*

## PRIMA PARTE **COMPRENSIONE DEL TESTO**

**1.** Individua nel testo l'inizio e la conclusione delle seguenti sequenze:
- Tutto grazie a me!
- Ricordo di una sera lontana
- I sentimenti di una cortigiana

**2.** Elenca i meriti che Bacchide sente di poter vantare nei confronti di Panfilo.

**3.** Spiega che cosa si viene a sapere riguardo all'antefatto della commedia grazie ai ricordi di Bacchide.

## SECONDA PARTE **ANALISI DEL TESTO**

**1.** Elenca gli accorgimenti retorici grazie ai quali il poeta riesce a esprimere la gioia e la soddisfazione di Bacchide nei confronti di se stessa.

**2.** Che cosa puoi osservare a proposito dell'uso dei tempi verbali ai vv. 822-832? Quale effetto, secondo te, si proponeva di ottenere Terenzio?

**3.** Prova a spiegare la funzione dell'accumulo di aggettivi attraverso cui viene definito Panfilo al v. 837; considera anche la frequenza dei poliptoti e delle figure di suono che ricorrono negli ultimi tre versi del brano e il sapore sentenzioso dell'ultima affermazione di Bacchide. Quale approfondimento psicologico ne deriva per la figura di questa cortigiana?

## TERZA PARTE **INTERPRETAZIONE COMPLESSIVA E APPROFONDIMENTI**

**1.** Quali differenze fondamentali si notano tra le "tipiche" cortigiane plautine e il personaggio di Bacchide?

**2.** Istituisci un confronto tra la figura di Bacchide e quella di Sostrata, la madre di Panfilo.

**3.** Dalle parole di Bacchide quali sentimenti emergono nei confronti di Panfilo? E quale concezione delle convenzioni sociali e della dignità personale?

# Poeta e pubblico

**PER APPROFONDIRE**

**IL RAPPORTO EMITTENTE-DESTINATARIO** Nella comunicazione letteraria il rapporto emittente-destinatario è un elemento di notevole rilievo, che condiziona senza dubbio la scelta dei contenuti e dei registri espressivi. Nell'ambito dei generi teatrali tale rapporto assume una valenza particolare: l'autore di teatro è consapevole di indirizzare la propria opera a destinatari che hanno caratteristiche antropologiche ben definite, ma che possono essere di provenienza sociale e di livello culturale molto differenziato a seconda della classe di appartenenza.

**LA FUNZIONE DEI PROLOGHI NELLE COMMEDIE DI TERENZIO** Per quel che concerne il teatro latino arcaico, le modalità con cui Terenzio si rapporta agli spettatori delle proprie commedie sono assai differenti rispetto a quelle adottate da Plauto. Infatti, la confidenza che legava Plauto ai suoi spettatori e che gli consentiva di scherzare allegramente con loro, coinvolgendoli nel gioco dell'intreccio o addirittura provocandoli senza generare reazioni risentite, in Terenzio è ormai solo un lontano ricordo. Lo spettatore plautino veniva continuamente sollecitato a considerare la rappresentazione teatrale come una pura finzione; di conseguenza, veniva chiamato a partecipare non solo alle vicende dei personaggi, ma anche alla finzione scenica, al gioco della commedia, con lucida complicità. Nel teatro terenziano, invece, al pubblico è riconosciuto un ruolo di puro spettatore e di giudice equilibrato e obiettivo della rappresentazione.

■ *Theatrum*. Incisione da un'edizione a stampa delle *Commedie* di Terenzio, 1503.

Per Terenzio è dunque il prologo della commedia il luogo in cui instaurare una relazione con un pubblico che, assistendo alla rappresentazione, può reagire con favore, può andarsene prima della fine, può esprimere un giudizio positivo o può avanzare critiche. Il prologo viene così a perdere la sua funzione tradizionale di sintesi dell'antefatto della vicenda, di spiegazione degli snodi fondamentali dell'intreccio, di presentazione dei personaggi che sono sul punto di entrare in scena, per diventare il luogo della comunicazione con gli spettatori e della riflessione letteraria. In esso vengono affrontati argomenti che riguardano la commedia dall'esterno, ossia che non entrano nel merito della *fabula*, dell'intreccio. Dopo il prologo, per altro, saranno pressoché assenti altri momenti, all'interno della rappresentazione, in cui lo spettatore sarà direttamente coinvolto e chiamato in causa, in una rottura della finzione scenica. A partire dalla fine del prologo si alzerà la "quarta parete" a dividere idealmente e irrevocabilmente la scena dalla platea.

**I GUSTI DEL PUBBLICO E LA COSCIENZA DELL'ARTISTA** Dai prologhi di Terenzio si possono ricavare sia i criteri di giudizio degli spettatori colti sia i gusti del più vasto pubblico, in buona parte impreparato alle novità del teatro terenziano, ma soprattutto emerge la coscienza dell'artista. Questi, infatti, deve difendere il suo stile limpido ed elegante dall'accusa di mancanza di *vis comica*, deve sostenere la legittimità del suo modo di rapportarsi con i modelli (ricorrendo al procedimento della *contaminatio*), deve rendere ragione della sua predilezione per alcuni temi (come il conflitto generazionale e i metodi educativi) o del suo modo non convenzionale di presentare alcuni personaggi (specialmente i personaggi femminili).

Terenzio si dimostra pienamente consapevole del proprio ruolo di poeta e delle scelte innovative operate sul piano culturale e più propriamente letterario; ed è in merito a queste scelte che gli spettatori (se non tutti, almeno i più aperti ai nuovi valori ellenizzanti) vengono invitati a una riflessione personale e a una presa di posizione.
Soprattutto nei prologhi delle prime commedie il giovane poeta si sente in dovere non solo di spiegare le sue innovazioni, così che gli spettatori non siano del tutto impreparati di fronte ad esse, ma anche di difenderle e giustificarle di fronte a critiche e attacchi. Per ottenere l'attenzione e il favore del pubblico, Terenzio tende a costruire nei prologhi una relazione sempre molto gratificante fra sé e quest'ultimo: allo spettatore viene di volta in volta affidato il ruolo di *iudex*, *pater*, *adiutor*, *patronus* e, fondamentalmente, quello di *amicus*. Il commediografo ripropone così al suo pubblico un modello relazionale analogo a quello presentato come vincente nei suoi stessi intrecci comici, ovvero quello fondato sull'*amicitia*, che nel mondo romano era considerata un legame di *benevolentia* sostenuto da reciproci scambi: Terenzio chiede al suo pubblico *aequanimitas* e appoggio, promettendo in cambio il dono di nuove commedie.

■ Incontro di tre uomini davanti a un'abitazione, dalla *Domus Praeconum*, I sec. d.C. Roma, Antiquarium del Palatino.

## STORIA, CULTURA, CIVILTÀ | IL "TEATRO RIVOLUZIONARIO" DI TERENZIO E IL SUO PUBBLICO

**LE ATTESE DEL PUBBLICO...** Di fronte a tutte le novità del teatro di Terenzio come reagirono gli spettatori? In altre parole, il pubblico contemporaneo era effettivamente preparato ad accogliere e a capire l'operazione di **rinnovamento** tanto **ideologico** quanto **strutturale** del genere teatrale operata da questo autore?

Per comprendere a fondo la portata di quello che molti critici definiscono il **"teatro rivoluzionario"** di Terenzio, è lecito porsi questi interrogativi. Più specificamente, in relazione al pubblico, è doveroso chiedersi: il pubblico del tempo di Terenzio poteva essere davvero pronto a rinunciare all'immediatezza della farsa e alla forza comica dell'eccesso e dell'iperbole proprie del teatro plautino? Poteva essere davvero pronto ad adattarsi a situazioni e personaggi forgiati dall'*humanitas*? Ad accettare e apprezzare l'inversione delle aspettative, la sovrapposizione continua dei piani della realtà e dell'illusione, i discorsi sulla *paidèia*? Infine, poteva essere davvero pronto ad ammettere l'esistenza di quell'invisibile "quarta parete" che lo separava ormai in maniera definitiva dalla scena?

■ **Maschere.** Illustrazione da un codice del IX secolo dell'*Hecyra* di Terenzio.
Parigi, Bibliothèque Nationale de France.

**...E LA SUA FISIONOMIA** I ripetuti insuccessi dell'*Hecyra* e la cautela che il poeta mostra nei prologhi fanno pensare a una risposta negativa. Sembra proprio che gli spettatori, nel loro insieme, non fossero sostanzialmente cambiati nei vent'anni circa che separavano Terenzio da Plauto. Rumorosi, facili alla risata ma altrettanto inclini alla distrazione non appena la commedia perdeva la tensione narrativa, pronti ad abbandonare in fretta il teatro in cerca di spettacoli più leggeri (come quelli dei gladiatori o dei funamboli), gli spettatori costituivano una massa indistinta, che era formata per la stragrande maggioranza di elementi della plebe e della piccola "borghesia" e solo in minima parte di *equites* e *optimates*. Significativamente, il termine collettivo con cui venivano designati gli spettatori era ***populus***: mancava infatti un altro termine che definisse specificamente ed esclusivamente il pubblico di una rappresentazione teatrale. L'uso del termine *populus* a indicare gli spettatori si giustificava con il fatto che alle rappresentazioni teatrali, nella Roma del II secolo a.C., assistevano membri di tutti gli strati sociali della popolazione. Certamente all'interno del *populus* vi era una **minoranza colta**, dai gusti più raffinati, dalle tendenze ellenizzanti, una minoranza che annoverava tra i suoi membri il generale Lucio Emilio Paolo, il giovane Scipione Emiliano, Lelio e quanti aderivano agli indirizzi culturali portati avanti dal "circolo degli Scipioni". Ma questi personaggi avevano poca influenza sul successo o l'insuccesso di una commedia: potevano complimentarsi con il poeta in privato e offrirgli sostegno morale e protezione; tuttavia, la sorte di una rappresentazione rimaneva appannaggio degli umori della folla. Senz'altro, idealmente, Terenzio si rivolgeva a questa minoranza, aspettandosi da essa comprensione e plauso, ma certo egli non poteva ignorare la massa indistinta degli spettatori di basso livello socio-culturale. Il poeta nutriva forse il desiderio di educare il gusto di questa massa; nel frattempo, però, la adulava e, accomunandola talora ambiguamente ai suoi interlocutori privilegiati, la richiamava a virtù come la *bonitas*, l'equanimità, il senso di giustizia, la competenza letteraria, l'intelligenza, pur non potendo evitare talvolta di denunciarne con garbo la scompostezza e la rozzezza.

**GUIDA ALLO STUDIO**

**1.** Da quali indizi possiamo dedurre che il pubblico romano del tempo non fosse ancora pronto per apprezzare le novità del teatro di Terenzio?

**2.** Qual era la composizione sociale del pubblico che assisteva agli spettacoli teatrali nell'antica Roma?

**3.** Che tipo di rapporto cercava di instaurare Terenzio con il proprio pubblico?

T12

LATINO/ ITALIANO

# *Contaminari (non) decere fabulas*

*Andria*, prologo, vv. 1-27 | metro: senari giambici

*Ad apertura dell'*Andria*, la sua prima commedia, Terenzio colloca un prologo in cui spiega innanzi tutto che il fine del suo lavoro è semplicemente quello di piacere al pubblico e di riscuoterne il favore e l'apprezzamento. Purtroppo, egli si vede costretto a usare quello spazio che comunemente era adibito all'illustrazione della* fabula*, ossia il prologo, per difendersi dagli attacchi di un* vetus poeta*, il quale lo accusa di* contaminatio*, ossia di aver inserito nell'ambito di una commedia modellata su un determinato originale greco (in questo caso, l'*Andria *di Menandro) elementi tratti da un modello greco diverso (in questo caso, la* Perinthia*, sempre di Menandro). Terenzio ammette il fatto che gli viene contestato, ma rivendica la piena legittimità della* contaminatio*, praticata prima di lui da illustri esponenti della palliata latina: già Nevio, Plauto ed Ennio, suoi amati modelli, avevano infatti utilizzato tale procedimento, con esiti di valore letterario elevatissimo. Ciò che conta, infatti, è il valore letterario dalla commedia, sul quale il pubblico viene esortato a pronunciarsi e a giudicare con animo benevolo e imparziale (sul ruolo di* iudices *che Terenzio attribuisce agli spettatori nei prologhi delle sue commedie, e soprattutto nel prologo dell'*Andria ➛ *Scheda "Lettura critica", p. 209**).*

Poeta cum primum animum ad scribendum adpulit,
id sibi negoti credidit solum dari
populo ut placerent quas fecisset fabulas;
verum aliter evenire multo intellegit.
Nam in prologis scribundis operam abutitur,
non qui argumentum narret, sed qui malevoli
veteris poetae maledictis respondeat.
Nunc quam rem vitio dent quaeso animum advortite:
Menander fecit *Andriam* et *Perinthiam*;
qui utramvis recte norit ambas noverit;
non ita dissimili sunt argumento, et tamen

Quando decise di farsi scrittore di teatro, il poeta pensò che il compito suo fosse questo soltanto: far sì che al pubblico piacessero le commedie che avrebbe scritto. Capisce ora che le cose stanno diversamente, perché la sua opera si consuma tutta nel far dei prologhi, e non per raccontare la trama, ma per rispondere alle calunnie di un vecchio poeta velenoso[1]. Ora tenete presente, per favore, che cosa gli stanno rinfacciando. Menandro ha scritto un'*Andria* e una *Perinzia*, no?, e chi conosce l'una le conosce tutte e due. Come trama non sono diverse, però diverse divengono

[vv. 1-3] **adpulit**: arcaismo per *appulit*. • **id... negoti**: *negoti* è genitivo partitivo; *id* ha funzione prolettica rispetto alla proposizione introdotta da *ut* esplicativo del verso seguente. • **populo... fabulas**: nota l'andamento allitterante dell'intero verso.
[vv. 5-7] **scribundis**: arcaismo per *scribendis*. • **non qui... sed qui**: nota il parallelismo antitetico; *qui* è un'antica forma di ablativo strumentale (da *qui* relativo e da *quis* interrogativo-indefinito) che equivale al classico *quo*; introduce due proposizioni con valore finale • **malevoli... maledictis**: figura etimologica.
[v. 8] **quaeso**: originaria forma desiderativa del verbo *quaero*, utilizzata come formula di cortesia, quasi sempre come inciso, nel significato di «per favore».
[v. 10] **norit... noverit**: entrambe queste voci verbali sono futuri anteriori (*norit* è forma sincopata).

1. Si tratta di Luscio Lanuvino, anch'egli scrittore di commedie.

dissimili oratione sunt factae ac stilo;
quae convenere in *Andriam* ex *Perinthia*
fatetur transtulisse atque usum pro suis;
id isti vituperant factum atque in eo disputant
contaminari non decere fabulas.
Faciuntne intellegendo ut nihil intellegant?
Qui cum hunc accusant, Naevium, Plautum, Ennium
accusant; quos hic noster auctores habet,
quorum aemulari exoptat neglegentiam
potius quam istorum obscuram diligentiam.
Dehinc ut quiescant porro moneo et desinant
maledicere, malefacta ne noscant sua.
Favete, adeste aequo animo et rem cognoscite,
ut pernoscatis ecquid spei sit relicuom,
posthac quas faciet de integro comoedias
spectandae an exigendae sint vobis prius.

per via del linguaggio e dello stile. Il poeta confessa che ha trasposto dalla *Perinzia* all'*Andria*, e ha usato come suoi gli elementi che gli servivano. È questo che gli rinfacciano, loro, che stanno a disputare come e qualmente non sia lecito contaminare delle commedie. Ma non mostrano, facendo i saputi, di non sapere nulla? Chi accusa il nostro autore, accusa Nevio, Plauto, Ennio, che egli tiene come maestri e dei quali aspira a imitare la disinvoltura piuttosto che l'oscura diligenza di questi altri[2]. Con il che li avverto, che stiano quieti, d'ora in poi, e la smettano di calunniare, se no vedran messe in piazza le loro porcherie. Siate benevoli, voi[3], venite con animo imparziale, soppesate bene la questione, per vedere se resta qualche speranza che le commedie, che gli capiterà nuovamente di fare, sian degne, per voi, di essere viste o non piuttosto fischiate.

(trad. di V. Faggi)

[vv. 12-13] **stilo**: *stilus* designa propriamente lo strumento appuntito usato per scrivere sulle tavolette cerate. In seguito il termine assunse, per metonimia, il significato di «esercizio dello scrivere» e quindi, per estensione, «modo di esprimersi». • **convenere**: terza persona plurale del perfetto indicativo in *-ere*, più comune nell'età arcaica rispetto al classico *-erunt*.
[v. 17] **intellegendo... intellegant**: poliptoto. Nelle due occorrenze il verbo *intellego* deve essere inteso in due accezioni differenti: nel primo caso ha il significato pregnante di «fare gli intellettuali, far mostra di sapere»; nel secondo, invece, va inteso nella più comune accezione di «comprendere».
[vv. 18-19] **accusant... accusant**: nota l'epifora, ossia la ripetizione di uno stesso termine alla fine di frasi successive.
[vv. 20-21] **neglegentiam... diligentiam**: nota l'antitesi e la figura etimologica.
[vv. 23-25] **maledicere... malefacta**: figura etimologica. • **Favete**: il termine può intendersi in due modi: o semplicemente come «Dateci il vostro favore», oppure come «Fate silenzio», sottintendendo *linguis*, secondo un'antica espressione della lingua sacrale (utilizzata come formula di apertura nelle cerimonie). • **pernoscatis**: la figura etimologica *noscant... cognoscite... pernoscatis* intende focalizzare l'attenzione sul fatto che per valutare l'opera è necessario averne una conoscenza completa e approfondita. • **relicuom**: arcaismo per *reliquum*.
[v. 27] **prius**: sottinteso *quam spectatis*.

2. Il riferimento è sempre a Luscio Lanuvino ed evidentemente ad altri che come lui avevano avanzato critiche pesanti verso le opere di Terenzio.
3. Il poeta chiama in causa direttamente gli spettatori, ai quali chiede un giudizio obiettivo.

## Il testo e il contesto

**LA QUESTIONE DELLA *CONTAMINATIO*** In questo prologo Terenzio ammette di aver utilizzato due commedie di Menandro, l'*Andria* e la *Perinthia*, assai simili per trama ma differenti per stile e tono; più specificamente, egli dichiara di aver introdotto all'interno della prima commedia elementi provenienti dalla seconda commedia, servendosi di questi testi menandrei come di cosa sua. Ai suoi detrattori, secondo i quali «non è bello contaminare le commedie» (*contaminari non decere fabulas* v. 16), il poeta risponde che muovendo critiche al suo modo di procedere si criticano Nevio, Plauto ed Ennio, tre indiscussi "grandi" della palliata latina che avevano fatto ricorso prima di lui al procedimento della *contaminatio*. Rifacendosi dunque a questi suoi *auctores*, Terenzio rivendica il diritto alla *neglegentia*, ossia il diritto a prendersi delle libertà rispetto ai testi greci presi a modello (potendo praticare la *contaminatio*): il suo atteggiamento di *neglegentia* è pur sempre preferibile alla *obscura diligentia* dei suoi accusatori (che evidentemente si mantengono fedeli alla lettera dei loro originali, ma incorrono nel difetto di risultare incomprensibili).

## Oltre il testo

**UN PROLOGO SECONDO IL *GENUS IUDICIALE*** Il prologo dell'*Andria* costituisce una vera e propria autodifesa da parte di Terenzio a seguito delle accuse rivoltegli da un rivale, il *vetus poeta* Luscio Lanuvino. Significativamente, il passo presenta la struttura propria delle orazioni che venivano pronunciate davanti al giudice nel corso di un processo, ossia delle orazioni giudiziarie, le quali prevedevano le seguenti parti (➛ Scheda "Storia, cultura, civiltà", p. 240): esordio (*exordium*), con il tentativo di accattivarsi l'uditorio divertendolo e commuovendolo; esposizione dei fatti (*narratio*); argomentazione (*argumentatio*), che serve a comprovare la propria tesi e si divide solitamente in dimostrazione delle prove a sostegno della tesi (*confirmatio*) e confutazione degli argomenti degli avversari (*refutatio*); epilogo (*peroratio*), in cui si ricerca il coinvolgimento emotivo della giuria.

Nei primi versi del prologo dell'*Andria* (vv. 1-7) troviamo l'esordio (*exordium*), in cui il poeta tenta di assicurarsi l'attenzione e il favore del pubblico: egli fornisce un'immagine positiva di sé (quale poeta desideroso di comporre commedie gradite al popolo) e tratteggia un ritratto negativo dei suoi *adversarii*; inoltre, suggerisce che la questione che si accinge a trattare è di una rilevanza tale da giustificare la scelta di parlarne nel prologo, che di consuetudine veniva riservato all'esposizione sintetica della *fabula*.

I vv. 8-16 sono occupati dall'esposizione dei fatti (*narratio*), che vengono presentati in modo chiaro, succinto e apparentemente del tutto obiettivo.

Segue, ai vv. 17-22, la difesa vera e propria (*argumentatio*), divisa in *confirmatio* e *refutatio*: prima il poeta adduce argomenti a suo favore (laddove fa notare che l'accusa a lui comporta l'accusa anche a Nevio, Plauto ed Ennio); quindi passa al contrattacco, accusando gli avversari di *obscura diligentia* e minacciando di rivelare pubblicamente le loro malefatte.

Gli ultimi versi (vv. 24-27) ricalcano quella che era la parte finale del discorso giudiziario (la *peroratio*), in cui l'oratore tentava di commuovere gli animi dei giudici, così da condurli ad aderire anche sul piano emotivo alla sua argomentazione. Si trovano allora gli inviti appassionati rivolti al pubblico-giuria (*favete*, *adeste*), uniti al patetico appello affinché al poeta sia lasciata almeno una speranza (*ecquid spei*).

A livello lessicale si possono osservare una serie di tecnicismi propri del linguaggio giuridico. Essi ci confermano che il brano vuole essere a tutti gli effetti un'autentica autodifesa, modellata sulle orazioni effettivamente pronunciate davanti a una giuria: da notare l'uso frequente del dimostrativo *iste* per designare gli avversari e soprattutto, al v. 24, l'espressione legale *rem cognoscere* che significa «istruire un processo».

■ Pagina iniziale dell'*Andria* di Terenzio, da un manoscritto miniato del XV secolo. Londra, British Library.

- Trasforma questo prologo in un'arringa giudiziaria, facendo attenzione a sviluppare tutte le parti esaminate nell'analisi. Per aiutarti, prova a immaginare di essere il poeta che in un'aula di tribunale, rivolgendosi ai giudici, pronuncia un'orazione in sua difesa.

T13

LATINO

# Il dialogo con gli edili

*Hecyra*, prologo I, vv. 1-8 | metro: senari giambici

*L'*Hecyra *(«La suocera») fu messa in scena per la prima volta nel 165 a.C., andando incontro a un insuccesso clamoroso: il pubblico preferì andare ad assistere a dei giochi di funamboli. Terenzio la ripropose dopo cinque anni, ma anche questa volta fu un fiasco, perché gli spettatori lasciarono il teatro per andare ad assistere a uno spettacolo gladiatorio. Finalmente, nel corso dello stesso anno, al terzo tentativo, la commedia poté essere rappresentata per intero e con un certo successo, forse anche grazie alla bravura dell'attore comico Ambivio Turpione. Dell'*Hecyra *ci restano due prologhi: quello che riportiamo qui è il primo e appartiene alla seconda rappresentazione.*

Hecyra est huic nomen fabulae. Haec quom datast
nova, novom intervenit vitium et calamitas
ut neque spectari neque cognosci potuerit:
ita populus studio stupidus in funambulo
animum occuparat. Nunc haec planest pro nova,
et is qui scripsit hanc ob eam rem noluit
iterum referre ut iterum possit vendere.
Alias cognostis eius: quaeso hanc noscite.

---

[vv. 1-3] **Hecyra... potuerit**: *quom*: arcaismo per *cum*, congiunzione temporale. • *datast*: forma contratta per *data est* (per aferesi; vedi anche, al v. 5, *planest* per *plane est*). • *novom*: arcaismo per *novum*. • *ut... potuerit*: proposizione consecutiva.
[vv. 4-5] **ita... nova**: *studio stupidus*: allitterazione. • *occuparat*: forma sincopata per *occupaverat*.

[vv. 6-8] **et is... noscite**: *is qui scripsit*: si tratta di Terenzio. • *iterum... iterum*: anafora; l'avverbio è da rendere con «per la seconda volta». • *cognostis*: forma sincopata per *cognovistis*. • *eius*: si tratta sempre di Terenzio. • *quaeso*: originaria forma desiderativa di *quaero*, usata come formula di cortesia («per favore»).

**PER APPROFONDIRE IL TESTO**

## Il testo e il contesto

**I DESTINATARI DEL TESTO** Questo testo ha suscitato più di una perplessità nei filologi, in quanto differisce in modo significativo dai prologhi delle altre commedie terenziane, nei quali il poeta si rivolge immancabilmente al proprio pubblico, spiegando alcune sue innovazioni a livello di contenuto e difendendo certe sue scelte a livello di stile. In questi otto senari giambici, invece, sembra emergere un destinatario diverso: i magistrati preposti all'allestimento dei *ludi scaenici* (ossia gli edili).

## Oltre il testo

**UN PROLOGO "ANOMALO"** Scopo dichiarato di questo prologo è fornire agli edili gli elementi essenziali perché essi acquistino la commedia al prezzo delle commedie nuove, anche se in realtà un tentativo di rappresentazione era già avvenuto. A questo servono l'insistita ripetizione dell'aggettivo *novus* ai versi 2 e 5 (*nova*, *novom*; *nova*) e la ripetizione dell'avverbio *iterum*, «nuovamente», al v. 7. Terenzio, insomma, vuole sottolineare la novità del suo testo; inoltre, dichiara espressamente che se dopo il clamoroso insuccesso della prima rappresentazione ha evitato di mettere di nuovo in scena la commedia è stato perché egli voleva venderla di nuovo, come nuova. Queste parole, che il poeta (ovvero *is qui scripsit*, come si definisce Terenzio al v. 6) sceglie e dosa con accuratezza, sono mirate a creare un'intesa con i gusti più raffinati degli edili: questi ultimi non vengono mai chiamati in causa direttamente, ma si delineano come interlocutori in implicita opposizione a quel *populus stupidus* che in occasione della prima rappresentazione dell'*Hecyra* preferì uno spettacolo di funamboli.
Privo di ogni carattere esplicativo o espositivo, lontano dall'affrontare questioni di polemica letteraria, questo prologo si configura come un componimento che accompagna la commedia offerta in acquisto ai magistrati ↗

per la seconda rappresentazione, avvenuta in occasione dei giochi funebri in onore di Lucio Emilio Paolo nel 160 a.C.: una sorta di versione elegante e raffinata di una lettera di accompagnamento.

- Immedesimati in Terenzio e supponi di dover scrivere ai magistrati preposti all'organizzazione degli spettacoli teatrali una lettera di presentazione dell'*Hecyra*, commedia che intendi sottoporre alla loro attenzione. Nell'argomentare perché i magistrati dovrebbero acquistare la tua commedia, illustra anche le sfortunate vicissitudini a cui essa è andata incontro nella sua prima messa in scena. Non dimenticare di presentare in modo sintetico l'opera, in una sinossi non eccessivamente dettagliata, soffermandoti piuttosto sulle tematiche affrontate. Ricorda di utilizzare un registro formale, come si conviene ai contesti elevati di questo tipo, di controllare la qualità dello stile e la forza di persuasione delle tue argomentazioni.



T14

ITALIANO

## Tra *furtum* e *homines nobiles*

*Adelphoe*, prologo, vv. 1-25

*Nel prologo dell'ultima commedia rappresentata da Terenzio, gli* Adelphoe *(«I fratelli»), possiamo ritrovare tutti gli elementi caratterizzanti dei prologhi delle commedie terenziane: la difesa dalle accuse di plagio e la questione della* contaminatio*; i pettegolezzi sui protettori del poeta, che sarebbero i veri autori delle sue commedie; il ruolo di* iudices *che viene attribuito agli spettatori nella polemica letteraria che vede il poeta contrapposto ai suoi detrattori (su questo ultimo punto* *➛ Scheda "Lettura critica", p. 209**).*

Il poeta ha capito che quel che scrive viene scrutato da gente prevenuta[1] e che i suoi nemici mettono in cattiva luce la commedia che sta per rappresentare; perciò sarà egli stesso ad accusarsi e voi giudicherete se quel che ha fatto debba essere lodato o biasimato. Difilo[2] ha composto i *Synapothnéscontes*: Plauto ne ha cavato i *Commorientes*[3]. Nella commedia greca, nella prima scena, c'è un giovane che strappa via una prostituta a un ruffiano: Plauto questo brano lo ha tralasciato integralmente, e proprio questo brano il nostro poeta ha utilizzato negli *Adelphoe*, riproducendolo alla lettera. Stiamo appunto per rappresentare questa novità: valutate se si tratta di un furto o della ripresa di quel che era stato deliberatamente tralasciato. Se poi le malelingue affermano che ci sono dei nobili[4] che collaborano abitualmente col poeta e compongono insieme con lui, quella che essi ritengono un'accusa formidabile, egli la ritiene la più grande delle lodi, visto che gode del favore di coloro che godono del favore di voi tutti e del popolo e che della loro opera ciascuno si è avvalso in guerra, in pace, in affari al momento opportuno senza umiliazioni. Non vi attendete adesso che vi esponga l'argomento della commedia; a introdurlo in parte ci penseranno i vecchi[5] che compariranno in scena per primi, e in parte ve lo faranno capire con le loro azioni. Fate in modo che il vostro giudizio sereno accresca nel poeta il desiderio di scrivere.

(trad. di V. Faggi)

1. Il riferimento è sempre al poeta Luscio Lanuvino (con cui Terenzio aveva polemizzato già nel prologo della sua prima commedia, l'*Andria* ➛ **T12**).
2. Poeta greco della commedia nuova (Sinope 360 a.C. circa - Smirne 280 a.C. circa), vissuto a lungo ad Atene. Scrisse un centinaio di commedie, di cui si conservano solo alcuni frammenti. Fu contemporaneo di Menandro.
3. *Commorientes* («Coloro che muoino insieme») è una commedia di Plauto non conservata.
4. Chi fossero questi *homines nobiles* non è noto con certezza. Secondo la testimonianza di Svetonio, si tratterebbe di Scipione Emiliano e Gaio Lelio. Anche Cicerone fa riferimento alla diceria in base alla quale le commedie di Terenzio, in realtà, sarebbero state scritte da Lelio (*Epistulae ad Atticum* 7, 3, 10).
5. I due vecchi che entreranno in scena sono, ovviamente, Micione e Demea.

## Il testo e il contesto

**UN PROLOGO NON TRADIZIONALE** In apertura del prologo Terenzio prende atto del fatto che possano esserci persone prevenute nei confronti delle sue opere. Quindi passa ad analizzare le accuse che gli vengono mosse nel caso specifico della commedia che sta per andare in scena, a partire dall'accusa di plagio: in merito dichiara di non avere copiato dalla commedia plautina *Commorientes*, ma di essersi ispirato direttamente alla fonte greca, ovvero al poeta Difilo, della cui commedia Plauto ha tagliato alcune scene, che egli ha puntualmente ripreso. La seconda accusa sulla quale il poeta si sofferma è connessa ad alcune dicerie che circolano a Roma riguardo alla paternità delle sue opere. Secondo tali dicerie, infatti, Terenzio sarebbe solo un prestanome per commedie scritte in realtà da alcuni suoi conoscenti aristocratici, quegli *homines nobiles* di cui il poeta ha cura di non rivelare l'identità. Da questa accusa l'autore non si difende, anzi afferma che per lui si tratta di un onore poter vantare l'amicizia, la stima e l'appoggio di persone di rango molto elevato, apprezzate da tutti. Il prologo si conclude con l'invito rivolto al pubblico a non aspettarsi un prologo tradizionale: la trama non sarà presentata lì, in quello spazio, ma sarà illustrata dai protagonisti stessi della vicenda nel corso della prima scena. L'ultimo invito rivolto agli spettatori è quello a mostrare un atteggiamento benevolo verso l'autore, in modo da alimentare in lui il desiderio di comporre ancora.

## Oltre il testo

**PRIMA DELLA "PRIMA"** Nella parte iniziale del prologo Terenzio chiama subito in causa il pubblico, investendolo della funzione di giudice in merito alle accuse rivoltegli dagli avversari. A questo proposito è innanzi tutto lecito porsi la seguente domanda: come potevano i detrattori di Terenzio essere già a conoscenza della trama della commedia e dei suoi eventuali difetti prima ancora che essa fosse andata in scena? Probabilmente i magistrati, prima della messa in scena, effettuavano una lettura preliminare della commedia in presenza di alcuni personaggi esperti in materia, ragion per cui informazioni importanti sul testo potevano circolare ufficiosamente negli ambienti intellettuali prima che lo spettacolo fosse rappresentato.

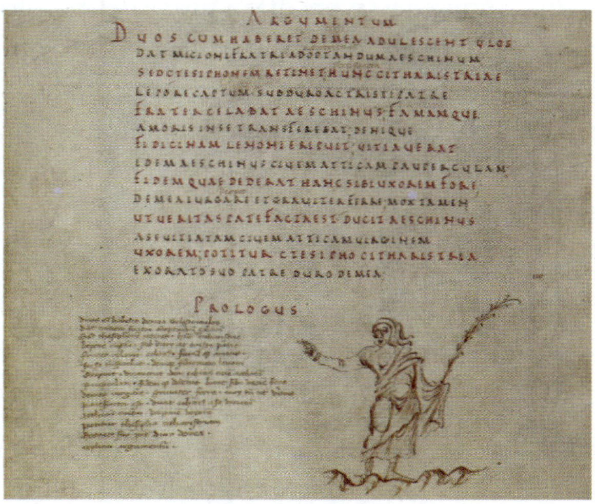


■ Prologo degli *Adelphoe* di Terenzio,
da un codice del IX secolo.
Parigi, Bibliothèque Nationale de France.

**L'ACCUSA DI *FURTUM* E LA QUESTIONE DELLA *CONTAMINATIO*** Terenzio cerca di arginare critiche intempestive e malevole, a partire dall'accusa di *furtum*, ossia di plagio. Nel difendersi da tale accusa, il poeta mette per altro a nudo il procedimento della contaminazione teatrale, che prevedeva la possibilità di inserire una scena in una commedia togliendola da un'altra oppure di inserire qualcosa di proprio in un contesto altrui (come viene dichiarato espressamente nel prologo dell'*Andria* ➛ **T12**). In questo caso, infatti, Terenzio dichiara di aver inserito nei suoi *Adelphoe* (il cui modello principale sappiamo che era una commedia greca dallo stesso titolo) una scena tratta dai *Synapothnéscontes* di Difilo.
Per quello che possiamo capire, è presumibile che l'accusa di *furtum* non avesse nulla a che fare con le fonti greche, bensì con il riutilizzo di fonti greche già impiegate in ambito latino: Terenzio ha cura di specificare che la scena tratta dai *Synapothnéscontes* di Difilo che egli ha inserito nei suoi *Adelphoe* era stata tralasciata da Plauto nei suoi *Commorientes* (modellati sulla commedia di Difilo in questione).

**L'ACCUSA DI COLLABORAZIONE CLANDESTINA** Un'altra accusa che Terenzio si vede mossa dai suoi malevoli avversari è quella secondo cui egli sarebbe il prestanome di alcuni personaggi influenti e rispettati, veri autori delle sue commedie. L'autore si limita a classificare tali accuse come dicerie, senza smentirle espressamente. Stando alla testimonianza di Svetonio (*Vita Terenti* 3), secondo cui agli *homines nobiles* amici di Terenzio queste dicerie non dispiacevano affatto, possiamo pensare che Terenzio abbia glissato di proposito sulla questione, per compiacere i suoi potenti protettori e non urtarne in alcun modo la sensibilità. Questo fatto si dimostra per altro particolarmente interessante in quanto mostra un mutamento di mentalità avvenuto nell'aristocrazia romana, quanto meno nella sua parte più "progressista", nei confronti dell'attività letteraria slegata dalle tematiche politiche: occuparsi del genere teatrale, ormai, non è più considerato un'attività disonorevole per gli esponenti della vita pubblica, anzi può essere un motivo di vanto.

- Ricerca e analizza i termini appartenenti all'ambito giudiziario che il poeta utilizza in questo prologo, soprattutto nel rivolgersi al suo pubblico; quindi riscrivi in forma di testo argomentativo la difesa che Terenzio oppone alle accuse rivoltegli dai suoi anonimi detrattori.

## Spettatori come *iudices* nei prologhi di Terenzio

**UN APPROCCIO PRAGMATICO AI PROLOGHI DI TERENZIO** La latinista **Licinia Ricottilli** ricostruisce il tipo di relazione che **Terenzio** instaura con il proprio pubblico nei **prologhi** delle sue commedie: questi luoghi del testo si configurano come uno spazio privilegiato di dialogo e di relazione, prima che abbia inizio la *fabula*. La studiosa si avvale nella sua analisi degli strumenti offerti dalla **pragmatica del linguaggio**, disciplina che è stata applicata con particolare profitto a quei testi letterari latini fondati sulle dinamiche della conversazione, come i testi teatrali (➛ p. 135). Dall'analisi pragmatica di alcuni prologhi terenziani, e in particolare dall'analisi del prologo dell'*Andria* (➛ **T12**), emerge come il poeta assegni agli spettatori il ruolo di *iudices* nella polemica letteraria che vede la contrapposizione tra il poeta stesso, innocente ingiustamente accusato, e i suoi detrattori.

«Esordire con una commedia per un giovane autore, in Roma antica, con un pubblico che aveva già acquisito una notevole competenza dopo le splendide commedie plautine, significava certamente correre qualche rischio: il giudizio degli spettatori avrebbe inciso fortemente sulla possibilità di continuare a far rappresentare le sue commedie. Tanto più l'impresa doveva apparire difficile a Terenzio, in occasione della prima rappresentazione dell'*Andria*, in quanto giudizi negativi di un *vetus poeta* (Luscio Lanuvino) e forse di altri *adversarii* rischiavano di condizionare in senso negativo l'esito della "performance". Il poeta aveva a disposizione uno spazio iniziale, il prologo, che un attore recitava rivolgendosi direttamente al pubblico, e cercò di sviluppare questo breve spazio per neutralizzare l'impatto negativo di tali critiche. Non sappiamo se sia stato il primo a usare il prologo a tale scopo, ma sappiamo che, nei sei prologhi da lui scritti che ci sono arrivati [...], egli è riuscito nel suo intento e la commedia ha avuto successo [...].
Terenzio sceglie di esporre al pubblico le critiche che gli sono state rivolte e le argomentazioni con cui si difende da esse: nel far questo coinvolge gli spettatori nel ruolo di *iudices*. È individuabile in effetti nei prologhi la proposta di una relazione fra sé e il pubblico impostata come relazione fra un innocente accusato ingiustamente ed un giudice a cui egli chiede di ristabilire la giustizia, calpestata dai suoi malevoli accusatori. La situazione nel complesso riecheggia spesso quella del processo, non solo per il ricorrere della terminologia giudiziaria, ma anche per una particolare attenzione alla retorica, e al *genus iudiciale* [...].
Lanuvino, il vecchio poeta che ha attaccato Terenzio, ergendosi a giudice della commedia di questi, ha sottratto ingiustamente al pubblico un ruolo che gli competeva. L'azione di Lanuvino si ripercuote sulla stessa commedia terenziana, perché il poeta per difendersi, modifica la funzione del prologo, eliminando da esso l'esposizione dell'*argumentum*. Il giovane poeta, proprio nel prologo, restituisce al pubblico il ruolo che gli era stato sottratto, rimediando così all'ingiustizia compiuta dal *senex* verso gli spettatori. Solo il pubblico, dopo aver assistito alla "performance" con attenzione ed aver quindi conosciuto la commedia, può valutare il valore di questa e conseguentemente il talento del poeta [...]. La riparazione comporta non solo la restituzione, ma anche l'enfatizzazione del ruolo di *iudices*: il teatro si trasforma in aula giudiziaria, l'attore che recita il prologo in un avvocato difensore, il prologo stesso è redatto secondo le norme del *genus iudiciale*. Tuttavia, non bisogna dimenticare che il genere comico ha le sue leggi: il riecheggiamento della situazione del processo deve avvenire in modo leggero, con una tonalità divertente, altrimenti la situazione assumerebbe una tonalità troppo seria per una commedia.»

(Licinia Ricottilli, *La costruzione della relazione fra poeta e spettatori nei prologhi terenziani*, in G. Picone [a cura di], *Clementia Caesaris. Modelli etici, parenesi e retorica dell'esilio*, Palermo, Palumbo, 2008, pp. 39-41)

**GUIDA ALLO STUDIO**

**1.** Quali difficoltà dovette affrontare Terenzio all'epoca del suo esordio come autore di palliate?

**2.** In che senso si può affermare che le contestazioni mosse da Luscio Lanuvino alle commedie di Terenzio facessero un torto al pubblico?

**3.** Quali caratteristiche dei prologhi delle commedie terenziane sono riconducibili alla volontà dell'autore di difendersi dalle critiche dei suoi avversari?

## PROVA DI COMMENTO

Leggi con attenzione il seguente brano tratto dagli *Adelphoe*, che ti proponiamo in latino e in traduzione italiana; quindi rispondi alle domande che ti guideranno nella comprensione e nell'analisi. Potrai infine rendere ragione della tua interpretazione con un testo organico di commento

# La metamorfosi di Demea

*Adelphoe*, vv. 855-881 | metro: settenari trocaici

*Demea è ormai venuto a sapere come stanno realmente le cose: dietro il rapimento della cortigiana Bacchide c'è il figlio Ctesifone, da lui allevato in campagna secondo gli antichi costumi; l'altro figlio, invece, che Demea aveva affidato al fratello Micione e che da questi è stato cresciuto secondo metodi tolleranti e permissivi, lo "scapestrato" Eschino, sta per convolare a giuste nozze con la ragazza che dal giovane aspetta un bambino. Dopo uno scontro con Micione, e il tentativo compiuto da quest'ultimo di calmare il fratello offrendo di accollarsi tutte le spese per le nozze, i due* senes *si ritirano in casa. Il colloquio svoltosi dietro le quinte deve essere stato in qualche modo decisivo: infatti, quando rientra in scena a recitare il monologo seguente, Demea appare profondamente cambiato.*

DEMEA Numquam ita quisquam bene subducta ratione ad vitam fuit,
quin res aetas usus semper aliquid adportet novi,
aliquid moneat: ut illa quae te scisse credas nescias,
et quae tibi putaris prima in experiundo ut repudies.
Quod nunc mi evenit: nam ego vitam duram, quam vixi usque adhuc,
prope iam excurso spatio omitto. Id quam ob rem? Re eapse repperi
facilitate nihil esse homini melius neque clementia.
Id esse verum ex me atque ex fratre quoivis facilest noscere.
Suam ille semper egit vitam in otio, in conviviis,
clemens, placidus, nulli laedere os, adridere omnibus:
sibi vixit, sibi sumptum fecit: omnes bene dicunt, amant.
Ego ille agrestis saevos tristis parcus truculentus tenax
duxi uxorem: quam ibi miseriam vidi! Nati filii:
alia cura heia autem, dum studeo illis ut quam plurumum
facerem, contrivi in quaerundo vitam atque aetatem meam:
nunc exacta aetate hoc fructi pro labore ab eis fero,
odium; ille alter sine labore patria potitur commoda.
Illum amant, me fugitant; illi credunt consilia omnia,
illum diligunt, apud illum sunt ambo, ego desertus sum;
illum ut vivat optant, meam autem mortem exspectant scilicet.
Ita eos meo labore eductos maxumo hic fecit suos
paulo sumptu: ego miseriam omnem capio, hic potitur gaudia.
Age age nunc porro experiamur contra ecquid ego possiem
blande dicere aut benigne facere, quando hoc provocat.
Ego quoque a meis me amari et magni pendi postulo.
Si id fit dando atque obsequendo, non posterioris feram.
Deerit? Id mea minume re fert, qui sum natu maxumus.

DEMEA Nessuno mai per regolarsi nella vita fa così bene i suoi conti, che l'esperienza non vi aggiunga sempre del nuovo, e non insegni qualcosa; sicché quello che credevi di sapere, non lo sai, e quello che avevi messo avanti a tutto, alla prova finisci col lasciarlo perdere. È quello che è accaduto ora a me; quel tenore di vita rigido che ho seguito fin qui, ora che sono vicino al traguardo, lo metto da parte. E perché? In pratica mi sono accorto che per l'uomo non c'è nulla che valga più dell'indulgenza e della comprensione. Che sia così chiunque lo riconosce facilmente da me e da mio fratello. Lui ha sempre passato la vita nella spensieratezza, nei banchetti, sereno, compiacente, senza prender di punta nessuno, con un sorriso per tutti; ha saputo godersi la vita, godersi i suoi denari: tutti ne dicono bene, gli vogliono bene. Io, che sono l'uomo selvatico, duro, scorbutico, tirato, truce, taccagno, ho preso moglie: e così quante ne ho viste! Nati i figliuoli, altri pensieri. E poi, mentre cerco di fare per loro il più possibile, ho consumato tutti i miei anni a metter da parte; ora, percorso il cammino della vita, ecco il frutto che ricavo da loro per le pene che mi do: mi fo prendere a noia. L'altro, senza fastidi, si gode le gioie della paternità: a lui vogliono bene, da me tutti stanno alla larga; a lui confidano tutti i loro pensieri, a lui fanno la corte, tutti e due sono intorno a lui, e io rimango solo; a lui augurano lunga vita; di me, si capisce, aspettano la morte. Così io li ho tirati su a prezzo di mille sacrifici, e lui se li è fatti suoi a buon mercato; i guai me li sorbisco io, e lui si prende le gioie. Via, via, c'è questa sfida: proviamo con un altro sistema, se riesco a dire delle parole buone e guadagnare la stima dei miei: se questo si ottiene con la generosità e la compiacenza, non voglio restare indietro agli altri. Resterò a secco; che me ne importa? Tanto, sono stravecchio!

(trad. di A. Ronconi)



### GUIDA ALLA COMPRENSIONE E ALL'ANALISI

**La scoperta del relativismo etico** Ai vv. 855-861 Demea enuncia una verità generale per applicarla al proprio caso particolare: l'esperienza insegna sempre qualcosa di nuovo, modificando il nostro modo di pensare; così il *senex rusticus* annuncia a sorpresa la propria volontà di cambiare vita.

- Il motivo dell'esperienza concreta è messo in evidenza al v. 856 da un tricolon asindetico (trascrivilo): .................................................................................... Il rovesciamento di prospettiva, invece, è sottolineato al v. 857 da un'antitesi (trascrivila): ....................................................................................
- Il ripensamento da parte di Demea sul proprio modo di vivere è sottolineato al v. 859 da una figura etimologica (trascrivila): ....................................................................................
- Al v. 861 sono indicati i nuovi valori che la (recente) esperienza di vita ha insegnato a Demea: di quali valori si tratta? Con quali strumenti retorici i due termini sono messi in rilievo? Di quale altro personaggio della commedia essi sono tipici?

**Fratelli allo specchio** Per dimostrare la verità del suo assunto, ai vv. 863-876, Demea istituisce un confronto tra il sistema di vita che ha adottato finora e il modo di vivere di Micione.

- La contrapposizione tra i fratelli è scandita dalla ripetizione in anafora e in poliptoto dei pronomi personali *ego* e *ille*: rintracciali nel testo e prendi in esame la loro distribuzione.
- Completa la tabella seguente, relativa in particolare ai vv. 863-869, accostando ai tratti che caratterizzano Micione i tratti contrapposti che invece identificano Demea.

| MICIONE | DEMEA |
|---|---|
| *suam egit vitam in otio, in conviviis* | *contrivi in quaerundo vitam atque aetatem meam* |
| .................................................... | *saevos tristis parcus truculentus tenax* |
| *sibi vixit* | .................................................... |
| *sibi sumptum fecit* | .................................................... |

- L'opposizione tra i due tipi di vita di Demea e di Micione ai vv. 863-869 corrisponde anche all'opposizione tra città e campagna: quali ideali e quali valori contraddistinguono, rispettivamente, il mondo della campagna rappresentato da Demea e quello della città rappresentato da Micione?
- L'antitesi tra *ille* (Micione) e *ego* (Demea) è sviluppata ai vv. 863-869 in due blocchi di versi dalla struttura parallela, ma con una studiata ricerca della variazione: quali figure retoriche sono impiegate a tale scopo? Considera in particolare: la disposizione delle parole all'interno dei due versi riepilogativi *Suam ille semper egit vitam in otio, in conviviis* (detto di Micione) e *contrivi in quaerundo vitam atque aetatem meam* (detto di Demea), ai confini della sequenza (rispettivamente, al v. 863 e al v. 869); l'espressione riferita a Micione *nulli laedere os, adridere omnibus* al v. 864; gli aggettivi impiegati per designare Demea al v. 866.
- Quale differenza di significato c'è tra le due locuzioni *agere vitam* (v. 863) e *conterere vitam* (v. 869) usate da Demea in riferimento, rispettivamente, a Micione e a se stesso?

- *Nunc* al v. 870 tira le somme della vita dei due *senes* ed è un bilancio a tutto vantaggio di Micione: in che cosa si è dimostrato vincente il suo sistema di vita?

**La sfida di Demea** L'interiezione raddoppiata *Age age* al v. 877 segna la decisione di Demea di vincere la propria natura e misurarsi con il fratello usando le sue stesse armi del perdono e della generosità per conquistare l'affetto dei figli.

- Rintraccia nel testo le espressioni che indicano l'adesione di Demea al sistema educativo di Micione e la motivazione addotta per questo inatteso cambiamento di metodo.

**GUIDA AL COMMENTO**

**Contestualizzazione** Riepiloga brevemente la trama degli *Adelphoe*, mettendo in luce il tema principale della commedia e il ruolo svolto dai due fratelli.

**Interpretazione e approfondimenti** Il monologo di Demea è caratterizzato fin dall'esordio da un tono lucido e riflessivo.

- La tendenza alla riflessione critica, che contraddistingue Demea in questo brano collocato quasi alla fine della commedia, è un tratto tipico del personaggio, per come lo hai conosciuto attraverso la lettura dei testi antologizzati? Per rispondere, puoi confrontare in particolare **T4** e **T5**.

Nel confronto con Micione, per la prima volta, Demea vede criticamente se stesso e si rappresenta quale il "rovescio" del fratello, proprio come Micione stesso aveva spiegato nel monologo che apre la commedia (➤ **T3**).

- Confronta il monologo di Demea con quello pronunciato da Micione (➤ **T3-T4**); in particolare soffermati sulle affinità e differenze nella presentazione, offerta dai due fratelli in momenti distinti dell'azione scenica, dei rispettivi stili di vita.

Il modello di *urbanitas* rappresentato da Micione risulta vincente ma non privo di ombre. Le parole di Demea sollevano infatti qualche dubbio sullo stile accomodante e amabile adottato dal fratello.

- Alla luce di quanto emerge da questo monologo lo stile di vita di Micione mira davvero a costruire rapporti di civile convivenza o si tratta piuttosto di opportunismo, di un comodo sistema per riuscire gradito, evitare lo scontro e rendersi più facile la vita? Motiva la tua risposta.
- Rintraccia nel testo la presenza di elementi che manifestano i dubbi di Demea sul possibile opportunismo del fratello nell'adottare il modello dell'*urbanitas* nelle relazioni interpersonali e nell'educazione del figlio.
- I dubbi di Demea sulle ragioni che ispirano il fratello si ripercuotono anche sulla sua personale scelta di aderire al modello educativo "moderno" seguito da Micione: più che sul riconoscimento della validità oggettiva e assoluta di tale modello, la scelta di Demea risulta fondata su valutazioni contingenti e soggettive. Perché, secondo te, Terenzio sceglie di presentare in modo così problematico il cambiamento di prospettiva del suo personaggio? Che cosa mira a suscitare nel pubblico?

L'approfondimento della psicologia dei personaggi e l'evoluzione di questi ultimi nel corso della commedia, come nel caso di Demea, costituiscono una sfida per il pubblico romano, abituato a riconoscere nei personaggi comici "tipi" fissi e stereotipati, come il vecchio tirchio e brontolone, il giovane scapestrato, il servo furbo e ingannatore, ecc.

- Istituisci un confronto tra la rappresentazione dei personaggi nel teatro di Plauto e in quello di Terenzio, mettendo in luce le differenze.
- Riepiloga, più in generale, gli elementi di cambiamento che caratterizzano le commedie di Terenzio rispetto a quelle di Plauto, soffermandoti in particolare sulla risposta del pubblico romano a questo nuovo tipo di teatro.

## PLAUTO

Il **testo latino** proposto è, salvo piccole variazioni, quello stabilito da W.M. Lindsay, *T. Macci Plauti Comoediae*, Oxford 1904 (negli Oxford Classical Texts).

Per le **traduzioni italiane** dei testi antologizzati si vedano: Tito Maccio Plauto, *Pseudolus, Miles gloriosus, Mostellaria, Aulularia*, traduzione a cura di V. Faggi, Milano, Garzanti, 1996 (con introduzione di M. Rubino); *Mostellaria, Persa*, a cura di M. Bettini, Milano, Mondadori, 2003; *Miles gloriosus, Aulularia*, traduzione a cura di G. Faranda, Milano, Mondadori, 2010 (con introduzione di N.W. Slater).

Per le **tematiche** affrontate nel corso della trattazione (schede di approfondimento e analisi ai testi antologizzati) si vedano: E. Fraenkel, *Elementi plautini in Plauto*, Firenze, La Nuova Italia, 1960; G. Chiarini, voce *Plauto*, in *Dizionario degli scrittori greci e latini*, Milano, Marzorati, 1987, pp. 1669-1695; M. Bettini, *Verso un'antropologia dell'intreccio e altri studi su Plauto*, Urbino, Quattroventi, 1991; G. Chiarini, *Introduzione a Plauto*, Roma-Bari, Laterza, 1991; M. Citroni, *Poesia e lettori in Roma antica. Forme della comunicazione letteraria*, Roma-Bari, Laterza, 1995, pp. 57-205; M. Von Albrecht, *Plauto*, in *Storia della letteratura latina*, Torino, Einaudi, 1995, pp. 163-207; R. Raccanelli, *L'amicizia nelle commedie di Plauto. Un'indagine antropologica*, Bari, Edipuglia, 1998; A. Traina, *Comoedia. Antologia della palliata*, Padova, Cedam, 2000; R. Raffaelli, A. Tontini, *Lecturae Plautinae Sarsinates III. Aulularia*, Urbino, Quattroventi, 2002; J.B. Hofmann, *La lingua d'uso latina*, introduzione, traduzione italiana e note a cura di L. Ricottilli, Bologna, Pàtron, 2003; G. Chiarini, *Introduzione al teatro latino*, Milano, Mondadori, 2004; F. Montanari (a cura di), *La poesia latina. Forme, autori, problemi*, Roma, Carocci, 2004, pp. 209-225; L. Ricottilli, *Appunti sulla pragmatica della comunicazione e della letteratura latina*, in «Studi italiani di filologia classica», supplemento al VII volume, 2009, pp. 143-144; L. Ricottilli, *Teatro latino e pragmatica della comunicazione*, in «*Dionysus ex machina*» I, 2010, pp. 360-379.

## TERENZIO

Il **testo latino** proposto è, salvo piccole variazioni, quello di R. Kauer-W.M. Lindsay, *P. Terenti Afri Comoediae*, Oxford 1926 (negli Oxford Classical Texts; ed. riveduta da O. Skutsch, 1958).

Per le **traduzioni italiane** dei testi antologizzati si vedano: Publio Terenzio Afro, *Le commedie*, traduzione e introduzione di A. Ronconi, Milano, Garzanti, 1977; Publio Terenzio Afro, *Le commedie*, introduzione e traduzioni di F. Bertini e V. Faggi, note di G. Reverdito, Milano, Garzanti, 1989.

Per le **tematiche** affrontate nel corso della trattazione (schede di approfondimento e analisi ai testi antologizzati) si vedano: L. Perelli, *Il teatro rivoluzionario di Terenzio*, Firenze, La Nuova Italia, 1973; L. Cicu, *L'originalità del teatro di Terenzio alla luce della nuova estetica e della politica del circolo scipionico*, «Sandalion» 1, 1978, pp. 73-121; G. Senis, voce *Terenzio*, in *Dizionario degli scrittori greci e latini*, Milano, Marzorati, 1987, pp. 2207-2224; G. Cupaiolo, *Terenzio. Teatro e società*, Napoli, Liguori, 1991; M. Citroni, *Poesia e lettori in Roma antica. Forme della comunicazione letteraria*, Roma-Bari, Laterza, 1995, pp. 57-205; M. Von Albrecht, *Terenzio*, in *Storia della letteratura latina*, Torino, Einaudi, 1995, pp. 215-241; L. Cicu, *Spectator extra fabulam: la nascita del dramma assoluto*, «Sandalion» 19, 1996, p. 41-91; A. Traina, *Comoedia. Antologia della palliata*, Padova, Cedam, 2000; J.B. Hofmann, *La lingua d'uso latina*, introduzione, traduzione italiana e note a cura di L. Ricottilli, Bologna, Pàtron, 2003; G. Chiarini, *Introduzione al teatro latino*, Milano, Mondadori, 2004; F. Montanari (a cura di), *La poesia latina. Forme, autori, problemi*, Roma, Carocci, 2004, pp. 225-233; L. Ricottilli, *La costruzione della relazione fra poeta e spettatori nei prologhi terenziani*, in *Clementia Caesaris. Modelli etici, parenesi e retorica dell'esilio*, Palermo, Palumbo, 2008, pp. 39-41; M. Blancato, G. Nuzzo (a cura di), *La commedia latina: modelli, forme, ideologia, fortuna. Giornate siracusane sul teatro antico*, Palermo, Fondazione INDA, 2009; L. Ricottilli, *Appunti sulla pragmatica della comunicazione e della letteratura latina*, in «Studi italiani di filologia classica», supplemento al VII volume, 2009, pp. 143-144; L. Ricottilli, *Teatro latino e pragmatica della comunicazione*, in «*Dionysus ex machina*» I, 2010, pp. 360-379; L. Ricottilli, *Strategie comunicative "a carambola" in Terenzio*, in «*Dionysus ex machina*» IV, 2013, pp. 133-145.

## SITOGRAFIA

I testi degli autori presentati in questa sezione antologica (**Plauto** e **Terenzio**) sono consultabili agli indirizzi:
**http://www.thelatinlibrary.com**
**http://www.intratext.com/Latina/Romana/default.htm#A** (con indice delle parole e concordanze)
**http://latin.packhum.org/browse**
(con indicazione dell'edizione critica e concordanze)
**http://www.perseus.tufts.edu/hopper/collection?collection=Perseus:collection:Greco-Roman**
(dove è offerta anche una traduzione inglese).

All'indirizzo **http://www.progettovidio.it/opereintraduzioneintegrale.asp** si può leggere la traduzione italiana di alcune delle commedie di Plauto e di tutte le commedie di Terenzio.

# L'ULTIMA FASE DELLA REPUBBLICA 133-42 A.C.

■ Espansione di Roma tra il 133 e il 42 a.C.

## STORIA

**133 a.C.** morte di Tiberio Gracco

**121 a.C.** morte di Gaio Gracco

**111-105 a.C.** guerra giugurtina

**107 a.C.** primo consolato di Mario

**90-88 a.C.** guerra sociale

**81-80 a.C.** dittatura di Silla

II secolo a.C. | I secolo a.C.

**106-43 a.C.** Cicerone

**100-44 a.C.** Cesare

**94/93 a.C.** nascita di Lucrezio (secondo San Girolamo)

**87-54 a.C.** Catullo

**86-35 a.C.** Sallustio

## CULTURA

«Ma soprattutto gli oratori possono rendere l'eloquenza latina pari a quella greca: infatti con convinzione potrei mettere Cicerone alla pari con chiunque di loro. [...] Chi infatti è capace di illustrare con più cura, chi di commuovere con più potenza, chi ebbe mai un fascino così grande? [...] Per questo motivo non senza ragione i suoi contemporanei dicevano che era il principe delle cause giudiziarie; presso i posteri, poi, è riuscito a fare in modo che Cicerone non fosse più il nome di un uomo, ma il nome stesso dell'eloquenza. [...] Se poi Gaio Giulio Cesare si fosse dedicato soltanto alla professione di avvocato, sarebbe stato il solo dei nostri a poter rivaleggiare con il prestigio di Cicerone: ci sono in lui una tale forza, un tale acume, una tale concitazione che si ha l'impressione che egli abbia parlato con lo stesso animo che aveva quando combatteva; ma tutte queste qualità le abbellisce una meravigliosa eleganza dello stile, cui egli rivolgeva particolari attenzioni.»

(Quintiliano, *Institutio oratoria* 10, 105; 110; 112; 114)

Foro Romano, veduta panoramica.

**66-63 a.C.** campagne di Pompeo in oriente

**63 a.C.**
- consolato di Cicerone
- congiura di Catilina

**60 a.C.** primo triumvirato

**58-51 a.C.** campagne di Cesare in Gallia

**54 a.C.** Cicerone e il fratello Quinto si occupano del poema di Lucrezio (termine *ante quem* per la morte di Lucrezio?)

**49 a.C.** Cesare varca il Rubicone

**48 a.C.** battaglia di Farsalo

**44 a.C.** morte di Cesare (Idi di marzo)

**43 a.C.** secondo triumvirato

**42 a.C.** battaglia di Filippi

# NELL'INCERTEZZA DELLA GUERRA CIVILE

*CAESAR IMP. S. D. CICERONI IMP.*
*Cum Furnium nostrum tantum vidissem neque loqui neque audire meo commodo potuissem, properarem atque essem in itinere praemissis iam legionibus, praeterire tamen non potui quin et scriberem ad te et illum mitterem gratiasque agerem, etsi hoc et feci saepe et saepius mihi facturus videor; ita de me mereris. In primis a te peto, quoniam confido me celeriter ad urbem venturum, ut te ibi videam, ut tuo consilio, gratia, dignitate, ope omnium rerum uti possim. Ad propositum revertar; festinationi meae brevitatique litterarum ignosces. Reliqua ex Furnio cognosces.*

(Cicerone, *Epistole ad Attico* 9, 6a)

«Cesare generale vittorioso saluta Cicerone generale vittorioso.
Sebbene io abbia visto di sfuggita il nostro comune amico Furnio e non abbia potuto né parlargli né ascoltarlo con calma, dal momento che sto avanzando in fretta e sono in viaggio, con le legioni ormai in marcia, non ho tuttavia potuto fare a meno di scriverti, di inviarlo da te e di ringraziarti, anche se questo l'ho fatto spesso e ho l'impressione che lo farò ancora più spesso. A tal punto ti devo riconoscenza. In primo luogo ti chiedo, dato che conto di essere presto in città, di vederti lì, per poter usufruire della tua saggezza, del tuo affetto, della tua autorevolezza e del tuo aiuto in tutto. Ritornerò su questo argomento; vorrai scusare la mia fretta e la brevità della lettera. Saprai il resto da Furnio.»

Questa lettera di Cesare, poco più di un biglietto, ci è giunta tramandata insieme all'epistolario di Cicerone. Quando scrive (siamo all'inizio di marzo del 49 a.C.) Cesare ha da poche settimane attraversato con l'esercito il fiume Rubicone, che segnava il confine tra la *Gallia Cisalpina* e lo Stato romano, dando così inizio a un'ennesima guerra civile (a quest'epoca, infatti, gli scontri tra eserciti romani sul suolo italico erano già stati numerosi). Cesare, che sta cercando di raggiungere Pompeo, fuggito da Roma insieme a molti senatori, si rivolge a Cicerone nella speranza di ottenere aiuto in sede politica: quest'ultimo risponderà con parole guardinghe e prudenti, («mi domando a che cosa tu alluda con "affetto" e "aiuto"», egli dice), ma si dichiarerà comunque pronto a fare da mediatore presso Pompeo.

Taddeo di Bartolo, **Cesare e Pompeo**, XIII secolo. Siena, Palazzo Pubblico.

Anche se i due si conoscono bene, Cesare apostrofa Cicerone con una certa formalità, a partire dall'utilizzo del titolo di "generale vittorioso". Tuttavia, le parole di questa lettera sono di circostanza solo in apparenza; in realtà, esse sono studiate con estrema cura. Ad esempio, per fare riferimento al fatto che le legioni sono già in movimento, Cesare impiega l'ablativo assoluto *praemissis iam legioni-*

*bus*. In tal modo non risulta evidente che le legioni hanno iniziato ad avanzare in territorio italico per espresso ordine di Cesare; sembra quasi che esse obbediscano a una volontà superiore e ineluttabile cui anche il generale si conforma.

Chi osservi oggi gli ultimi novanta anni circa della repubblica di Roma – ossia il periodo che va dal 133 a.C., anno della presa di Numanzia ma anche del tribunato di Tiberio Gracco, al 42 a.C., anno della battaglia di Filippi – può avere l'impressione che i fatti storici che hanno portato alla crisi definitiva delle istituzioni repubblicane siano stati determinati da una sorta di destino già scritto. Il mutamento, invece, è avvenuto attraverso fasi tumultuose, con svolte imprevedibili per gli stessi protagonisti. A caratterizzare largamente questo periodo fu il violento contrasto tra la spregiudicatezza di numerosi personaggi, che come Cesare operarono per concentrare nelle loro mani il potere dello Stato, e la resistenza di molti senatori, che come Cicerone speravano di mantenere l'antico assetto istituzionale fondato sull'autorità del senato e sul prestigio delle famiglie di possidenti.

Nel corso di questi anni politicamente così complessi la letteratura latina giunge a rapidissima maturazione e trova due indiscussi protagonisti proprio in Cicerone e in Cesare: significativamente, dal punto di vista della storia letteraria, il periodo che va dall'82-81 al 44 a.C. – ossia dagli anni in cui Cicerone e Cesare esordirono nella vita politica all'anno della morte di Cesare, a cui seguì nell'anno successivo quella di Cicerone – viene tradizionalmente indicato come "età di Cicerone e di Cesare". A questi due autori si deve in larga misura l'elaborazione di quella lingua letteraria che per secoli venne ritenuta il modello stilistico più alto per la prosa latina, il cosiddetto "latino classico"; essi furono inoltre in rapporto con buona parte degli altri scrittori più significativi della loro epoca.

Cesare sul trono,
miniatura da un manoscritto della metà del XIV secolo.
Firenze, Biblioteca Riccardiana.

# Il contesto storico e sociale

## 1. LA FORMAZIONE DI NUOVE PROVINCE

Successivamente alla presa di Numanzia, avvenuta nel 133 a.C., l'espansionismo romano continuò, anche se in forme meno dirompenti rispetto a quanto avvenuto nell'età precedente. Il risultato fu che alla fine dell'età repubblicana tutte le coste del Mediterraneo (tranne l'Egitto) e ampie zone continentali, dalle Gallie fino alla Siria, erano passate sotto il dominio di Roma.

Elenchiamo qui di seguito le nuove province romane istituite in questo periodo e i nuovi territori che rientrarono comunque nell'orbita di influenza di Roma (in qualità di Stati clienti):

- Attorno al 121 a.C., successivamente alla definitiva sottomissione delle tribù galliche stanziate nella regione costiera tra le Alpi e i Pirenei, viene creata la provincia della *Gallia Transalpina* («Gallia al di là delle Alpi»).
- Nella nuova provincia si avvia un rapido processo di romanizzazione grazie alla deduzione di importanti colonie (come Narbona, l'attuale Narbonne). La *Gallia Cisalpina*, «Gallia al di qua delle Alpi», viene costituita in provincia nel 90 a.C.; tuttavia, la zona era già stata ampiamente romanizzata a partire dalla seconda guerra punica (tanto che nel 42 a.C. essa fu annessa allo Stato romano, i cui confini giunsero quindi alle Alpi).
- Nel 104 a.C., alla fine della guerra contro il re di Numidia Giugurta, non solo il regno di Numidia, ma anche il confinante regno di Mauritania, entrambi immediatamente vicini alla provincia d'Africa (istituita nel 146 a.C.), entrano nel novero dei regni clienti di Roma.
- Nel 75 a.C. viene fondata la provincia di Cirene (che comprendeva la costa libica attorno alla città greca di Cirene fino all'Egitto, la cosiddetta Cirenaica). Nel 67 a.C. viene costituita come provincia anche l'isola di Creta.
- In seguito alle campagne di Pompeo contro il re del Ponto Mitridate (e contro il suo alleato Tigrane, re di Armenia), tra il 66 e il 63 a.C., viene conferita una nuova organizzazione all'oriente romano: vengono create la provincia di Bitinia e Ponto e la provincia di Siria (che comprendeva quanto rimaneva del regno ellenisti-

Cesare conquista la Bretagna, miniatura da un manoscritto del *De bello Gallico*, metà del XVI secolo. Chantilly, Musée Condé.

co dei sovrani Seleucidi). Inoltre, dopo la presa di Gerusalemme, nel 63 a.C., sempre a opera di Pompeo, anche la Giudea passa sotto la diretta influenza di Roma in qualità di regno cliente.

- In seguito alle campagne di Cesare, tra il 58 e il 51 a.C., vengono sottomesse tutte le popolazioni galliche a nord della *Gallia Transalpina* (fino al confine con il Reno, al canale della Manica e all'oceano Atlantico). I territori vengono organizzati nella *Gallia Comata* («Gallia dagli abitanti dalle lunghe chiome»), che però riceve un assetto stabile solo alcuni decenni più tardi (grazie a Ottaviano Augusto).

Le terme romane di Cirene, Libia.

## 2. CARATTERI DELL'ESPANSIONE DI ROMA NELLA TARDA ETÀ REPUBBLICANA

Solo in apparenza le conquiste dell'ultimo periodo della repubblica proseguirono la tendenza dell'età precedente. Nelle nuove campagne di guerra, infatti, spesso venne meno quello spirito di collaborazione tra le componenti della società romana e il senato che aveva caratterizzato la precedente fase di espansione nel Mediterraneo. A volte le guerre vennero intraprese solo per assecondare l'interesse di una ristretta fascia sociale, come nel caso della guerra contro il re di Numidia Giugurta (111-105 a.C.), caldeggiata soprattutto dai mercanti romani che vedevano opportunità di buoni affari in Africa. Altre volte generali ambiziosi videro nelle campagne di guerra un'occasione per ottenere fama e prestigio personale su cui fondare brillanti carriere politiche: emblematico in tal senso è l'operato di Gaio Giulio Cesare, che penetrò nei territori a nord della *Gallia Transalpina* senza che ci fosse una reale minaccia da parte dei Galli di quelle zone nei confronti di Roma. Spesso, poi, i generali condussero le guerre senza badare all'interesse dello Stato, arrivando a mettersi d'accordo con il nemico o in cambio di denaro (come accadde durante le fasi iniziali della guerra contro Giugurta) o per impedire ad altri generali di ottenere un successo (come accadde nell'85 a.C., quando Silla accettò un trattato di pace con il re del Ponto Mitridate al fine di chiudere la guerra in corso e rendere così vane le operazioni del suo collega Fimbria). Da parte sua, il senato continuava ad avallare la politica di espansione e di conquista. Tuttavia, risultava sempre più evidente che tale politica non era sostenuta da motivazioni di interesse comune o di difesa dello Stato da potenziali pericoli; essa rispondeva semplicemente alla volontà di molti membri della classe senatoria di accumulare ricchezze sempre maggiori attraverso l'amministrazione delle province.

Rilievo con governatore di provincia gallo-romana a cavallo. Saintes, Museo Archeologico.

## 3. L'ALLARGAMENTO DELLA FORBICE SOCIALE E LA PERDITA DI PRESTIGIO DEL SENATO

Tra gli effetti più dirompenti sul piano sociale dell'età delle conquiste vi fu il fatto che la lunghezza delle campagne militari e la sempre maggiore distanza dall'Italia dei luoghi in cui si svolgevano le operazioni avevano determinato la scomparsa di quel ceto medio di piccoli proprietari terrieri appartenenti alla seconda e alla terza classe di censo che fino ad allora aveva costituito il fondamento della società romana (➛ Il Contesto, p. 48); la conseguenza fu l'alterazione dell'equilibrio tra le classi sociali che si era faticosamente costruito nei primi secoli della repubblica. Per comprendere a fondo il complesso quadro di questo periodo bisogna dunque considerare che all'interno della società si acuì sempre più il divario tra ricchi e poveri. Da un lato c'erano i ceti abbienti, in cui rientravano sia i senatori, principali beneficiari dei proventi delle conquiste, sia i cavalieri, ovvero gli elementi più intraprendenti della vecchia classe media, che da piccoli agricoltori avevano saputo trasformarsi in commercianti e intermediari dei traffici tra Roma e le province. Dall'altra parte c'erano coloro che avevano perso i propri beni e andavano a ingrossare le fila dei nullatenenti, per lo più inurbandosi a Roma, dove potevano esercitare un peso politico nelle assemblee elettorali.

Il fenomeno politico che caratterizza l'ultimo periodo della repubblica, cui è riconducibile anche l'anomala condotta delle guerre di conquista di quei decenni, è la progressiva perdita di autorevolezza da parte del senato. Per secoli il senato era stato espressione della volontà unitaria e compatta dei cittadini più ricchi, riuniti nella prima classe di censo; il che aveva assicurato a Roma la possibilità di portare avanti progetti politici di ampio respiro e di lunga durata. A questo proposito è importante tenere presente che il senato, di fatto, poteva disporre anche di un controllo diretto sulle elezioni dei magistrati superiori, ovvero consoli, pretori e censori (l'elezione di questi magistrati avveniva infatti nei comizi centuriati, dove per il candidato era sufficiente ottenere il voto delle centurie della prima classe, che rappresentavano la maggioranza rispetto alle centurie totali in cui era diviso il popolo). L'incapacità del senato di fronteggiare, varando le adeguate riforme, le profonde tensioni che si erano generate nella società romana come effetto delle acquisizioni di nuovi territori avvenute nell'età delle conquiste determinò l'indebolirsi della sua autorità, nella misura in cui iniziò a sfaldarsi quel fronte di elettori che aveva sempre riposto la massima fiducia nel senato in quanto aveva sempre visto garantiti dal suo operato i propri interessi. Ebbero dunque accesso alle magistrature elementi ostili al conservatorismo senatorio.

## 4. L'ABUSO DEI PROVVEDIMENTI STRAORDINARI

Paradossalmente il senato stesso, nell'ultimo periodo della repubblica, contribuì a diminuire il proprio peso politico, abusando di due provvedimenti straordinari, ossia:

- Il *senatus consultum ultimum*; questo istituto, introdotto dalla formula *Videant consules ne quid detrimenti res publica capiat*, «Provvedano i consoli a che lo Stato non riceva alcun danno», comportava la rinuncia del senato ai propri compiti e lasciava mano libera ai consoli in carica, autorizzando di fatto l'uso della forza da parte di una fazione ai danni di un'altra. Il provvedimento fu adottato per la prima volta per stroncare le richieste di Gaio Gracco nel 121 a.C. (➛ p. 224). È poi indicativo il fatto che, delle 14 volte in cui è testimoniato il suo uso, ben 8 ricorrano nel periodo 52-40 a.C.:

si tratta degli anni in cui divampò particolarmente violenta la lotta tra Cesare e i pompeiani prima e tra i cesaricidi e gli eredi di Cesare poi. Anni in cui il senato assisteva ormai impotente al rapido succedersi degli avvenimenti politici.

- Il conferimento dell'*imperium* proconsolare (ossia del potere militare) a persone prive dei requisiti previsti dalla legge per poterlo detenere; nell'adottare un tale provvedimento il senato sperava di conquistare alla propria causa, e dunque alla difesa della legalità e dell'ordine costituito, politici giovani e promettenti (come nel caso di Pompeo, che a soli trent'anni, nel 76 a.C., senza ancora essere stato console, ottenne l'*imperium* proconsolare per combattere in Spagna contro il generale ribelle Sertorio). Il provvedimento si rivelò controproducente soprattutto quando venne adottato per il giovanissimo Ottaviano nel 43 a.C.: nei piani dei senatori, fra cui Cicerone, Ottaviano avrebbe dovuto difendere proprio le prerogative del senato; invece, una volta ottenuto il potere, egli fece esattamente il contrario, accentrando su di sé e sugli altri due triumviri, Antonio e Lepido, ogni funzione legislativa e di governo.

## 5. LE TENSIONI PRESENTI NELLA SOCIETÀ ROMANA

La società romana, nei decenni successivi alla fine delle guerre puniche, si caricò di una serie di tensioni che, non avendo trovato una soluzione, sfociarono nelle varie guerre civili che si succedettero a partire dall'inizio del I secolo a.C. Qui di seguito ripercorriamo sinteticamente le maggiori criticità di questo periodo a livello sociale e politico.

### LE TENSIONI ALL'INTERNO DEL SENATO E DELLA PRIMA CLASSE DI CENSO

- All'interno del senato vengono a delinearsi due opposte fazioni. Da un lato c'erano i *populares*, che volevano ridurre il numero dei proletari nullatenenti, promuovendo distribuzioni di terre e frazionando parte degli immensi latifondi di proprietà dei senatori. Attraverso la loro azione politica i *populares* si proponevano di ricomporre il tessuto sociale della Roma del passato, formando un nuovo ceto medio di piccoli agricoltori. La fazione opposta a quella dei *populares* era rappresentata dagli *optimates*, ossia da quei senatori determinati a mantenere i propri privilegi, e dunque contrari a procedere a un ridimensionamento dei latifondi. Delle istanze dei *populares*, contrapposte a quelle degli *optimates*, si fecero spesso portavoce i tribuni della plebe, a partire dai fratelli Tiberio e Gaio Gracco (➤ p. 224). I tribuni della plebe, infatti, avevano la possibilità di scavalcare l'autorità del senato grazie al regolamento di voto vigente nei comizi tributi, l'assemblea del popolo davanti alla quale essi potevano presentare e far approvare le loro proposte di legge. Nei comizi tributi il voto veniva espresso per tribù (secondo un'antichissima tradizione, ciascun cittadino era iscritto in una delle quattro tribù urbane o in una delle trentacinque tribù rustiche); e nelle tribù era ininfluente la differenza di censo, che era invece determinante nei comizi centuriati, dove il regolamento avvantaggiava l'elezione dei candidati graditi ai ceti abbienti.
- All'interno della prima classe di censo nascono tensioni tra senatori e cavalieri: questi ultimi, direttamente coinvolti negli appalti per la riscossione dei tributi nelle province, reclamavano il diritto di esercitare un controllo sulle decisioni politiche relative alla gestione dei territori conquistati, decisioni che, invece, erano per tradizione esclusivo appannaggio dei senatori.

### LA QUESTIONE DEGLI ITALICI, DEI PROVINCIALI E DEGLI SCHIAVI

- Si creano tensioni tra i cittadini romani e gli Italici, i quali chiedevano che venisse loro estesa la cittadinanza romana anche in ragione del fatto che durante le guerre di conquista avevano dato un contributo pari a quello dei cittadini romani (in termini di uomini arruolati nell'esercito). Soprattutto i proletari di Roma erano però contrari all'allargamento della cittadinanza romana, in quanto volevano restare gli unici beneficiari delle distribuzioni di terre, di grano e di altri generi alimentari. Tra il 91 e l'88 a.C. gli Italici, riuniti in una temibile coalizione, mossero guerra a Roma (guerra sociale): risultarono perdenti sul piano militare, ma le loro richieste vennero accolte e Roma iniziò a varare una serie di leggi per estendere la cittadinanza romana con i diritti ad essa connessi.
- Si acuiscono le tensioni tra gli abitanti delle province e i dominatori romani, causate dal malgoverno dei promagistrati, che spesso si abbandonavano a ruberie e soprusi, confidando anche nel fatto che ben difficilmente sarebbero stati condannati per i loro reati. Una questione fondamentale che si pose fu proprio quella delle giurie dei tribunali: per tradizione, infatti, i giudici appartenevano alla classe senatoria; di conseguenza era praticamente impossibile ottenere giustizia contro un magistrato (egli stesso appartenente a quella classe) che avesse commesso abusi ai danni dei provinciali durante l'esercizio della sua carica. Per questo motivo, su proposta di Gaio Gracco (➛ p. 224), nel 123-122 a.C. vennero attribuite le giurie ai membri dell'ordine equestre, meno propensi a mettere a tacere le malversazioni dei governatori rispetto ai membri dell'ordine senatorio. Tale riforma, abolita da Silla nell'82 a.C., venne ripristinata da Pompeo nel 70 a.C.
- Scoppiano tensioni tra le enormi masse di schiavi presenti sul suolo italico, impiegate in condizioni disumane nei latifondi dei senatori, e lo Stato romano. Nel 73 a.C. il gladiatore Spartaco si mise a capo di una rivolta di schiavi divampata in Italia meridionale, organizzando i numerosissimi ribelli in un esercito in grado di combattere contro le legioni romane. Dopo che per più di un anno le truppe regolari di Roma furono tenute in scacco, Spartaco fu sconfitto dal giovane Pompeo (➛ p. 226).

## 6. LE CONSEGUENZE DELLE TENSIONI SOCIALI E DEL DECLINO DEL SENATO

Le conseguenze che derivarono da una situazione sociale e politica tanto tesa furono molteplici. Principalmente si evidenziarono i seguenti fenomeni:

- L'ingresso della violenza nella lotta politica, praticamente assente o limitata a episodi isolati nei secoli precedenti. A partire dall'uccisione del tribuno della plebe Tiberio Gracco nel 133 a.C., in un tumulto in cui persero la vita diverse centinaia di cittadini, ci fu un rapido susseguirsi di episodi di violenza che a più riprese sfociarono in autentiche guerre civili caratterizzate da episodi di crudeltà e brutalità devastanti (che colpirono soprattutto la prima classe, la più lacerata dalle contraddizioni).
- La sempre maggiore importanza acquisita dai tribuni della plebe e dai comizi tributi (*comitia tributa*). Questi, dopo che erano terminate le lotte tra patrizi e plebei alla metà circa del IV secolo a.C., avevano assorbito le competenze dei *concilia plebis* (dai quali erano esclusi i patrizi), che continuarono a esistere principalmente per l'elezione dei tribuni della plebe. Nei comizi tributi tutti i cittadini, riuniti in tribù e non divisi per

classe di censo, approvavano o respingevano le proposte di legge formulate dai tribuni della plebe, leggi che poi erano valide a tutti gli effetti, senza necessitare dell'approvazione del senato (esattamente come i plebisciti, votati nei *concilia plebis*).

- L'indipendenza dei generali dalla politica del senato, resa possibile dal fatto che le truppe tendevano ormai a essere assai più fedeli ai loro comandanti che agli ordini del senato. Questa situazione era venuta a determinarsi in ragione della progressiva proletarizzazione dell'esercito, nelle cui fila fu permesso l'arruolamento anche ai nullatenenti. Nei primi secoli della repubblica, infatti, ciascun soldato doveva provvedere con i propri mezzi all'equipaggiamento e lo Stato riconosceva solo un modesto rimborso-spese in cambio del servizio militare. Nel corso del II secolo a.C., però, ci si trovò a dover far fronte al fatto che quella classe media di piccoli proprietari terrieri che aveva sempre costituito il serbatoio dell'esercito era pressoché venuta meno; per questo furono varate varie leggi che, oltre ad abbassare sempre più il limite di censo necessario per accedere all'esercito, sancirono che dovesse essere lo Stato a fornire l'equipaggiamento ai militari e stabilirono inoltre che ai militari fosse corrisposta una vera e propria paga (e non più un esiguo rimborso-spese). La tappa finale di tale processo si ebbe con la cosiddetta "riforma mariana": per poter contare su un consistente esercito da condurre in Africa contro Giugurta, Gaio Mario, tra il 107 e il 104 a.C., portò avanti una serie di riforme che culminarono appunto nella rimozione totale dei requisiti patrimoniali per l'accesso al servizio militare. Grazie a ciò l'impiego nell'esercito incominciò a rappresentare un'attrattiva molto interessante per molti proletari. Di fatto Mario, forse inconsapevolmente, risolse il problema generato dal fallimento di ogni serio tentativo di riforma agraria, in quanto creò una valvola di sfogo per il proletariato; solo che, anziché formare una nuova classe media trasformando i nullatenenti in contadini, egli dotò Roma di un esercito di professionisti, che ovviamente obbedivano solo al generale che li aveva arruolati, nel quale essi riponevano tutte le loro speranze di vittoria e soprattutto di arricchimento attraverso il bottino di guerra.

Rilievo raffigurante la liberazione di uno schiavo. Roma, Museo della Civiltà Romana.

## 7. DAI GRACCHI A SILLA

Dal punto di vista degli avvenimenti di politica interna, l'ultima fase della repubblica (133-42 a.C.) può essere divisa in due periodi.

Il primo periodo fu caratterizzato dal prevalere della parte politica dei *populares*, e dunque di quanti affermavano di battersi a favore del popolo contro lo strapotere dell'aristocrazia senatoria; esso si può considerare terminato con la riforma filoaristocratica dello Stato operata da Silla tra l'81 e il 79 a.C., riforma mediante la quale il dittatore volle ristabilire la supremazia degli *optimates*. Tra i fatti che più significativamente hanno caratterizzato questi anni vanno ricordati in particolare il tentativo di riforme operato dai fratelli Gracchi e lo scontro politico e militare tra Mario e Silla.

Pierre-Jules Cavelier (1814-1894), Cornelia madre dei Gracchi. Parigi, Museo d'Orsay.

### I GRACCHI

Tiberio Gracco prima e suo fratello Gaio poi, in qualità di tribuni della plebe, cercarono di creare le condizioni perché si riformasse quella classe di piccoli proprietari terrieri che aveva rappresentato per secoli il fulcro della società romana.

La proposta di riforma di Tiberio Gracco, eletto tribuno della plebe nel 133 a.C., prevedeva che i senatori restituissero i terreni dell'*ager publicus* che avevano via via annesso abusivamente alle loro *villae rusticae*, così che i cittadini rimasti senza terra potessero usufruirne per coltivare quanto necessario alla loro sopravvivenza. Tiberio Gracco, certamente, non era isolato; rappresentava un'ampia fascia di senatori preoccupati per il fatto che il venir meno dei piccoli possidenti avesse compromesso la stabilità dell'esercito (dove al tempo non era previsto che si potessero arruolare i nullatenenti). Ciò nonostante le sue riforme furono fieramente avversate dall'aristocrazia senatoria e il tribuno fu ucciso in uno scontro armato assieme a molti dei suoi sostenitori.

Il programma di riforme di Tiberio Gracco fu ripreso da suo fratello Gaio, eletto tribuno della plebe nel 123 e poi ancora nel 122 a.C. Gaio si rese conto che per formare un nuovo ceto di piccoli possidenti bisognava anche estendere la cittadinanza romana agli Italici: questo, infatti, avrebbe permesso di elevare il numero di coloro in possesso dei requisiti per usufruire delle assegnazioni di terre. Anche Gaio Gracco, tuttavia, trovò la morte, nel 121 a.C., nei tumulti scatenati dalle sue proposte di riforma, fieramente avversate non solo dai senatori latifondisti, ma anche dalla plebe urbana (del tutto contraria all'estensione della cittadinanza romana agli Italici). A entrambi i fratelli Gracchi venne mossa l'accusa, non del tutto infondata, di non rispettare le procedure istituzionali, arrogandosi poteri non previsti dalla loro funzione di tribuni.

### LA LOTTA TRA MARIO E SILLA

L'*homo novus* Gaio Mario si affermò come indiscusso *leader* dei *populares* innanzi tutto grazie alla sua abilità di generale: nel 105 a.C. concluse vittoriosamente la guerra contro il re di Numidia Giugurta; negli anni 102-101 trionfò poi sulle tribù germaniche dei Cimbri e dei Teutoni, grave minaccia per le province romane settentrionali.

Lo strapotere di Mario in politica fu messo in discussione, nell'88 a.C., dall'aristocratico Lucio Cornelio Silla, generale che si era distinto fin dai tempi della guerra contro

Giugurta: Silla, infatti, marciò contro Roma con le legioni che già gli erano state assegnate per combattere contro il re del Ponto Mitridate, quando fu informato che il comando gli era stato revocato per essere affidato all'ormai anziano Mario. Entrato in città, Silla fece strage di nemici; fu questo il primo caso di un generale che marciò contro Roma, appoggiato dall'esercito che aveva ormai più fiducia in lui che nello Stato.

La rivalità tra Mario e Silla conobbe alterne vicende tra l'88 e l'86, quando Mario morì (dopo essere stato eletto console per la settima volta). Silla, tornato vincitore dalla guerra in oriente contro Mitridate nell'83, sconfisse definitivamente i mariani alla Porta Collina, nell'82. Allora per la prima volta vennero compilate le liste dei cittadini proscritti. Chiunque poteva inserire il nome di una persona, con l'accusa di aver osteggiato Silla: il proscritto sarebbe stato giustiziato senza processo da chiunque avesse voluto farlo, i suoi beni confiscati e i suoi discendenti interdetti dalla politica. Tra l'81 e il 79 a.C. Silla detenne, di fatto, il potere assoluto a Roma, rivestendo la carica straordinaria di dittatore. Egli promosse una serie di riforme volte a togliere ogni potere ai tribuni della plebe e a restituire il controllo del governo al senato. Si ritirò a vita privata nel 79 a.C. e morì l'anno successivo.

■ Busto di Gaio Mario.
Copia di età augustea da un originale del II sec. a.C. Monaco di Baviera, Gliptoteca.

## LESSICO | LE PAROLE DELLA POLITICA

**LA *LIBERTAS* DEI *POPULARES*...** Le durissime lotte politiche che videro contrapporsi *populares* e *optimates* nell'ultimo secolo della repubblica lasciarono una traccia evidente nel linguaggio. È innanzi tutto da osservare che i medesimi termini potevano assumere un significato e delle implicazioni diverse a seconda che fossero usati da una parte politica oppure dall'altra. Il caso più evidente è quello del termine ***libertas***. Nel linguaggio dei *populares* il termine indicava il rinnovamento delle dinamiche politiche esistenti, grazie al quale il potere decisionale doveva cessare di essere esclusivo appannaggio di un ristretto gruppo di famiglie (definito *factio* o *factio paucorum*, lett. «associazione di pochi») che da generazioni dominavano il senato. Particolarmente frequente era l'espressione ***vindicare (populum) in libertatem***, che letteralmente significava «riportare il popolo alla libertà» e che era modellata sull'espressione *se vindicare in libertatem*, formula del linguaggio giuridico che indicava l'atto mediante il quale lo schiavo recuperava la libertà personale (attraverso il pagamento di un riscatto). L'utilizzo da parte dei *populares* dell'espressione *vindicare (populum) in libertatem* implicava dunque una condanna senza appello della politica portata avanti dagli *optimates*, considerati appunto i responsabili di una condizione di asservimento e di mancanza di libertà del popolo romano.

**...E QUELLA DEGLI *OPTIMATES*** Dal punto di vista degli *optimates,* invece, il termine *libertas* indicava il mantenimento e il profondo rispetto delle istituzioni della Roma repubblicana, così come queste si erano formate in seguito alla cacciata dei re Tarquini. *Libertas*, nel lessico dei nobili, significava innanzi tutto riconoscere che Roma era e doveva rimanere una *res publica*, per cui era necessario contrastare con decisione qualsiasi tentativo di trasformarla in *regnum*, lett. «monarchia», o ancora peggio in *dominatus*, lett. «proprietà privata»: termini fra i più negativi nella propaganda aristocratica, che rimandavano appunto a una gestione del potere di tipo monarchico e tirannico. Nel lessico degli *optimates*, quindi, *vindicare rem publicam in libertatem* esprimeva innanzi tutto l'idea che Roma doveva essere liberata da quanti, come i *populares*, aspiravano ad avere poteri degni di un re (*rex*) e non di un magistrato della *res publica*.

**I *BONI VIRI* E I *SEDITIOSI*** C'è poi una serie di termini che avevano esattamente lo stesso significato sia nell'ottica dei *populares* che in quella degli *optimates*; termini che entrambe le parti politiche utilizzavano e dei quali, anzi, entrambe pretendevano l'"esclusiva". Così, *bonus* indica la persona appartenente alla parte politica di chi sta parlando e, quindi, ***vir bonus*** è da entrambe le parti «l'uomo adatto al governo», sebbene con progetti politici opposti. Per designare l'avversario, allo stesso modo, entrambe le parti usavano volentieri il termine ***seditiosus***, che significa letteralmente «colui che va da una parte separandosi dagli altri» (dalla forma arcaica del pronome riflessivo *sed* + *ire*), e quindi anche «fazioso». Altri termini usati sempre per indicare l'avversario sono *improbus*, «scellerato» e *audax*, «arrogante».

**L'ASSENZA DI PARTITI POLITICI** L'uso dei medesimi termini, connotati o meno da sfumature differenti, da parte di *populares* e *optimates* è dovuto al fatto che non ci troviamo di fronte a dei veri e propri partiti che si richiamavano ciascuno a una ben precisa ideologia (espressa mediante un lessico specifico). Per questo motivo è opportuno evitare di guardare alla contrapposizione tra *populares* e *optimates* come se si trattasse di una contrapposizione tra partiti moderni, attribuendo per esempio ai *populares* una politica "progressista" e agli *optimates* una politica "conservatrice". Le differenze tra i due schieramenti erano in realtà assai ridotte. In primo luogo, dobbiamo tener presente che *populares* e *optimates* appartenevano tutti alla medesima classe sociale, la prima; inoltre, va considerato che nessuno dei due schieramenti progettava di rinnovare realmente le strutture economiche dello Stato: sia quanti credevano che andasse rifondato un ceto di piccoli possidenti sia quanti erano contrari a tale progetto concordavano comunque sul fatto che il benessere di Roma dovesse continuare a provenire dalle tasse versate dai provinciali.

## 8. DALL'ASCESA DI POMPEO AL SECONDO TRIUMVIRATO

Le riforme di Silla non arrestarono la progressiva perdita di autorevolezza da parte del senato. Nel periodo successivo alla sua dittatura divamparono a più riprese vere e proprie guerre civili, conseguenza della sempre più evidente competizione tra i generali per ottenere il massimo potere e dell'incapacità del senato di garantire e mantenere l'ordine e il normale funzionamento delle istituzioni repubblicane.

### L'ASCESA DI POMPEO

Mentre Silla era ancora al potere, tra gli ufficiali a lui fedeli si distinse il giovane Gneo Pompeo. Alla morte del dittatore, e in continuità con la sua politica, Pompeo assunse il ruolo di difensore degli interessi degli *optimates*. Nel 76 a.C., pur non avendo ancora rivestito il consolato, ottenne il potere proconsolare per recarsi in Spagna a combattere per conto del senato contro Quinto Sertorio, un valente generale dei *populares* che, proscritto da Silla, era fuggito in Spagna, dove si era messo a capo di una coalizione di Lusitani, una popolazione iberica, e di Romani.

Dopo aver sconfitto Sertorio (72 a.C.), Pompeo fece ritorno in Italia, dove ebbe ragione anche della rivolta di Spartaco (71 a.C. ➤ p. 222). Quindi, nel 70, ottenne il consolato, pur non avendo ancora i requisiti previsti dalla legge per rivestirlo. Da console, insieme al suo collega Marco Licinio Crasso, promosse la cancellazione di buona parte delle riforme di Silla: restituì ai tribuni della plebe le antiche prerogative e inserì nuovamente i cavalieri nelle giurie dei tribunali che dovevano giudicare i senatori accusati di malgoverno nelle province (secondo quanto previsto dalla riforma di Gaio Gracco ➤ p. 222). Grazie al prestigio e al favore ottenuto con le vittorie militari e con il consolato, negli anni successivi Pompeo si vide affidato il comando prima di una guerra contro i pirati del Mediterraneo (67 a.C.) e poi di una campagna in oriente contro Mitridate re del Ponto (66-63 a.C.): portò a compimento entrambe le missioni con successo, accrescendo enormemente la propria fama.

### LA CONGIURA DI CATILINA

Nel 63 a.C. l'aristocratico Lucio Sergio Catilina, vista l'impossibilità di essere eletto al consolato per l'opposizione di molti senatori, organizzò un colpo di Stato per prendere il potere. La congiura da lui ordita poteva contare sull'appoggio di molti nobili decaduti e di buona parte del popolo di Roma. Sebbene per noi il suo programma non sia chiarissimo, pare attendibile che egli promettesse di introdurre riforme radicali che avrebbero tolto agli esponenti degli *optimates* il controllo sui proventi delle province. Il tentativo di colpo di Stato fu stroncato dall'azione di Cicerone, in quell'anno console; Catilina, che aveva organizzato un esercito rivoluzionario, morì combattendo contro le truppe regolari inviate contro di lui dal senato nel gennaio del 62 a.C.

### IL PRIMO TRIUMVIRATO

Tornato dalle vittoriose campagne in oriente carico di gloria e di prestigio (62 a.C.), Pompeo si vide negata dal senato la ratifica ad alcuni suoi provvedimenti relativi alla sistemazione dei territori conquistati e alla distribuzione di terre ai veterani.

Per vincere l'opposizione del senato, che evidentemente guardava ormai con sospetto al suo enorme potere personale, nel 60 a.C. Pompeo si unì a Gaio Giulio Cesare, *leader* dei *populares*, e al suo ex collega Crasso, referente politico di quanti agivano nell'ambito della finanza (mediante gli appalti delle imposte provinciali), in un patto privato che prese il nome di "primo triumvirato". Unendo le proprie clientele, i tre potevano di fatto controllare le elezioni. Cesare ottenne il consolato per il 59 a.C. e il governo delle Gallie, come proconsole, a partire dall'anno seguente. Il patto privato fu rinnovato nel 56 a.C.: in base agli accordi Cesare mantenne il governo delle Gallie, mentre Pompeo e Crasso rivestirono nuovamente il consolato (nel 55 a.C.).

### LA GUERRA CIVILE TRA POMPEO E CESARE

Nel 53 a.C. Crasso, che dopo il consolato del 55 aveva ottenuto il proconsolato della Siria con l'incarico della guerra contro i Parti, morì nella disastrosa battaglia di Carre. Successivamente alla morte di Crasso i rapporti tra Cesare e Pompeo, già in parte compromessi, degenerarono definitivamente. Pompeo si riavvicinò al senato, e in particolare alla parte più avversa a Cesare. Nel frattempo, a Roma, l'ordine pubblico era sconvolto dagli scontri tra le bande armate capeggiate dall'ottimate Milone e quelle capeggiate dal popolare Clodio, che fu ucciso in un agguato dai nemici (52 a.C.). Nel 49 a.C. Cesare, alla scadenza del suo mandato proconsolare, per non rimanere da privato cittadino in balìa dei suoi antichi avversari, ai quali ora si era unito Pompeo, decise di non abbandonare il potere. Dichiarato nemico pubblico, varcò il confine dello Stato con le proprie legioni. Pompeo organizzò la resistenza in Macedonia, dove Cesare lo raggiunse e lo sconfisse a Farsàlo, nell'agosto del 48. Fuggito dal campo di battaglia, Pompeo fu ucciso a tradimento in Egitto.

### LA DITTATURA E LA MORTE DI CESARE

Tra il 46 e il 45 a.C., recandosi prima in Africa e poi in Spagna, Cesare sbaragliò definitivamente la resistenza delle truppe pompeiane. Quindi fece ritorno a Roma, dove si fece conferire una serie di cariche e di privilegi (tra cui il consolato per dieci anni e il titolo di *imperator* a vita) e varò un imponente programma di riforme, per riportare la pace sociale nel mondo romano. La posizione costituzionale di Cesare era evidentemente quella di un monarca; a questa situazione reagì una settantina di senatori che, sotto la guida di Bruto e Cassio, uccisero il dittatore in una congiura il 15 marzo del 44 a.C. (Idi di marzo).

### IL SECONDO TRIUMVIRATO

La situazione politica a Roma, dopo la morte di Cesare, precipitò nel caos più assoluto: infatti i congiurati, capitanati da Bruto e Cassio (i cesaricidi), non avevano l'autorevolezza per prendere in mano lo Stato e il senato non aveva più reale potere decisionale. Dopo alcuni mesi si delineò una lotta aperta tra i cesaricidi da un lato e gli eredi di Cesare dall'altro: questi erano Marco Antonio, il fedelissimo luogotenente di Cesare, e Gaio Ottavio, il giovane nipote di Cesare, che prese il nome di Gaio Giulio Cesare Ottaviano (in quanto il dittatore lo aveva nominato suo figlio adottivo nel proprio testamento). Ottaviano, sebbene solo ventenne, ottenne il potere proconsolare: era infatti riuscito a guadagnarsi la fiducia di Cicerone, che sperava di poter gestire la complessissima situazione in modo tale da riportare il senato alla guida della politica. Ben presto, però, Ottaviano si svincolò dal partito senatorio e dal controllo di Cicerone: nell'autunno del 43 a.C. si alleò con i cesariani Antonio e Lepido; con essi costituì il secondo triumvirato che, a differenza del primo, era sancito per legge e aveva il compito di dare a Roma una nuova costituzione. I triumviri, dopo aver proscritto e ucciso i loro avversari (tra i quali fu incluso anche Cicerone, acerrimo nemico di Antonio) sconfissero l'esercito dei cesaricidi a Filippi, in Macedonia, nel 42 a.C. Era ormai del tutto evidente che non sarebbe stato possibile tornare a una situazione di normale funzionamento delle istituzioni repubblicane e che l'assetto costituzionale di Roma non avrebbe potuto che evolversi stabilmente verso forme monarchiche o comunque autoritarie.

Jean-Léon Gérôme, **La morte di Cesare**, 1867. Baltimora, Walters Art Museum.

## IL PASSATO NEL PRESENTE | LE PIAZZE OVALI

**SILLA E IL NUOVO VOLTO DI ROMA** Durante la dominazione di Silla Roma cambiò profondamente il proprio aspetto architettonico. Sul modello delle **città ellenistiche** il dittatore promosse la costruzione di **edifici pubblici** in **pietra**, mentre in precedenza era molto diffuso il legno come materiale da costruzione. In breve tempo sorsero nuovi edifici nel foro (templi, portici e basiliche), teatri (per la commedia, la tragedia e il mimo), anfiteatri (per i ludi gladiatori), circhi (per le corse dei cavalli) e terme pubbliche. A imitazione di Roma si dotarono di tali edifici tutte le città dell'Italia, la cui veste architettonica mutò dunque radicalmente.

**IL PASSATO ROMANO DELLE CITTÀ ITALIANE** È noto che molte **città italiane** conservano **tratti visibili** del loro **passato romano**, a partire da un'organizzazione urbanistica su base ortogonale (secondo quello che era lo schema degli accampamenti nonché delle città romane, le quali si sviluppavano attorno a due vie principali, il cardo e il decumano, che si incrociavano appunto ad angolo retto). Tuttavia, ci sono altri aspetti che ricordano l'origine romana delle città italiane, come la forma assunta da rioni o piazze. Ad esempio, non è raro incontrare nei centri storici **piazze** di **forma ovale** circondate da edifici che ne seguono il profilo. Questo fenomeno è dovuto al fatto che a partire dall'epoca medioevale vennero edificate abitazioni civili sulle fondamenta degli antichi anfiteatri (sfruttando l'abbondante materiale da costruzione che essi potevano fornire). Ne risultarono quartieri che circondavano una piazza ovale, coincidente appunto con quella che era l'antica arena dell'anfiteatro. Il caso più noto è la **Piazza dell'Anfiteatro** di **Lucca**.

Altro esempio affascinante di questo fenomeno è il **quartiere "Coliseo"** o **"Colosseo"** (appunto dal nome dell'anfiteatro per eccellenza) di **Pollenzo**, l'antica colonia di *Pollentia* (ora frazione di Bra in provincia di Cuneo). Sulle rovine dell'anfiteatro, che sorgeva al di fuori del perimetro urbano, fu edificato un borgo di case rustiche che conservano tutt'oggi nei cortili coltivati a orti e giardini il perimetro dell'arena.
Analogo è il caso del cosiddetto **"Verlascio"** di **Venafro**, in provincia di Isernia, dove una serie di stabili rurali sono stati edificati lungo l'antico perimetro ovale dell'anfiteatro romano. Quanto al nome "Verlascio", esso deriva dal latino tardo *perlasium*, termine che significa appunto «anfiteatro» (dal greco *perièlasis*, «luogo dove si corre attorno, pista»).
Infine, ricordiamo che in alcuni casi si sono sovrapposti edifici non solo alle antiche gradinate, ma anche all'arena, per cui traccia della forma ellittica dell'anfiteatro resta nell'andamento curvo delle strade: significativo il caso di via Tòrta ("Storta") e via del Parlascio a Firenze.

■ **Piazza dell'Anfiteatro**, Lucca.

**GUIDA ALLO STUDIO**

**1.** Rispetto all'espansionismo romano del III-II secolo a.C. quali differenti motivazioni presentano la guerra giugurtina e le guerre di conquista del I secolo a.C.?

**2.** In che cosa consisteva il *senatus consultum ultimum*? Con quali scopi venne solitamente adottato e con quali ripercussioni sull'autorevolezza del senato?

**3.** Per quale motivo i proletari erano contrari all'estensione della cittadinanza agli Italici?

**4.** Quali preoccupazioni mossero i fratelli Gracchi nelle loro proposte di riforma? Quali accuse furono rivolte loro da parte della fazione degli *optimates*?

**5.** Quale fu lo scopo del primo triumvirato e tra quali personalità politiche venne stipulato?

**6.** Quali diverse accezioni di significato poteva assumere la parola *libertas* nel linguaggio dei *populares* e in quello degli *optimates*?

# Il contesto culturale

## 1. CARATTERI GENERALI

Durante l'ultimo secolo della repubblica si compie pienamente la penetrazione della letteratura greca nel mondo romano. Nuovi generi letterari di derivazione greca iniziano a essere praticati, sia in poesia (il poema didascalico; le varie forme della poesia lirica e in particolare la poesia amorosa) sia in prosa (la trattatistica filosofica; l'epistolografia). L'incessante studio della produzione letteraria greca di età classica e della successiva età ellenistica permette l'elaborazione di opere di altissimo livello, le quali si imporranno come dei veri e propri "classici", entrando nel novero dei testi letti nelle scuole e rimanendo per secoli come indiscussi modelli di lingua e stile.

Per quanto riguarda i generi letterari maggiormente praticati nell'età precedente, il genere epico continuò a essere coltivato, ma non furono prodotti testi in grado di avvicinarsi ai vertici raggiunti da Ennio, indiscussa eccellenza dell'epica arcaica. Nell'ambito della letteratura teatrale si registrò un declino della commedia e della tragedia, a fronte del quale si assistette invece a un grande ritorno di fortuna dell'*atellana* e del mimo (➤ Il Contesto, p. 61). Quest'ultimo genere – in cui gli attori recitavano senza maschera, intrattenendo il pubblico con testi in versi che prendevano spunto da aspetti della vita quotidiana – ebbe notevolissimo successo soprattutto nella prima parte del I secolo a.C. I più famosi mimografi furono il cavaliere romano Decimo Laberio e Publilio Siro, schiavo divenuto liberto, che fu anche attore. Conosciamo frammenti dei loro testi (di Publilio Siro ci è giunta una raccolta, composta nell'antichità, di 730 *sententiae* tratte dai suoi mimi); tuttavia, da ciò che è in nostro possesso possiamo ricostruire assai poco della loro arte, dal momento che essa era largamente affidata alla mimica e alla gestualità degli attori.

## 2. IL RAPPORTO CON LA CULTURA GRECA

La penetrazione profonda della letteratura greca nella società romana, o quanto meno nei ceti più abbienti di essa, fu dovuta anche al fatto che ormai da tempo, ossia a partire dal periodo successivo alla guerra contro Taranto (282-272), l'istruzione superiore era saldamente in mano a insegnanti di lingua e cultura greca: gli esponenti delle famiglie dei ceti più abbienti –che erano poi gli unici fruitori della letteratura, con la sola, significativa, eccezione del teatro, destinato invece a tutte le fasce della popolazione –ricercavano questi insegnanti per l'educazione dei propri figli. Inoltre, a partire dagli inizi del I secolo a.C., tutti i giovani delle famiglie più facoltose, prima di intraprendere la carriera politica, completavano in genere la propria educazione con un viaggio nei centri greci più rinomati per la cultura (come Atene, Rodi, Antiochia o Alessandria), allo scopo di perfezionare lo studio della retorica e della filosofia. Nell'ultimo secolo della repubblica, dunque, i

**Scena di scuola** in un vaso attico del V sec. a.C. Berlino, Museo Archeologico.

membri delle classi più abbienti erano perfettamente bilingui, ossia capaci di esprimersi correttamente sia in greco sia in latino. Di solito, però, la cultura greca non veniva esibita nella vita pubblica, anzi, spesso era accortamente celata: infatti, essa mal si accordava sia con la politica degli *optimates*, che ostentavano il rispetto più assoluto verso gli *antiqui mores* tramandati nelle loro aristocratiche famiglie di autentica origine romana, sia con la politica dei *populares*, che non intendevano urtare la suscettibilità del popolo di Roma, poco incline a entusiasmarsi per dei *leader* che dessero l'impressione di essere imbevuti delle raffinatezze di una cultura straniera.

## 3. LE DUE TENDENZE DELLO STILE NELL'ULTIMO SECOLO DELLA REPUBBLICA

Il complesso rapporto con la cultura greca, presentissima nella dimensione privata ma spesso dissimulata nella vita pubblica, è alla base dello sviluppo, nell'ultimo secolo della repubblica, di due tendenze stilistiche nella letteratura latina, fondate su due diverse concezioni della lingua letteraria.

### LA TENDENZA AL PURISMO

"Il tempo dell'autore", p. 475

"Il tempo dell'autore", p. 387

Gli scrittori che ebbero un ruolo pubblico di rilievo, come fu il caso di **Cesare** nonché di **Cicerone**, concepirono la loro attività culturale quale parte integrante della loro attività politica; essi si sforzarono di dare vita a una produzione letteraria in lingua latina che avesse dignità pari a quella in lingua greca, soprattutto per quanto riguarda la convinta adesione a un ideale di purezza dell'espressione linguistica, dalla quale eliminarono sistematicamente tutto quanto ritennero potesse compromettere l'integrità della parlata in uso presso le persone appartenenti ai ceti altolocati di Roma. Fondando una vera e propria *latinitas*, termine che significativamente entra nell'uso in questo periodo e che potremmo rendere con "correttezza nell'uso della lingua latina", questi autori intendevano comunicare l'idea che Roma, dominatrice assoluta in campo politico, era ormai in grado di svincolarsi anche dalla sudditanza culturale nei confronti della Grecia, in quanto disponeva di una lingua la cui precisione lessicale permetteva di trattare con proprietà qualsiasi ambito del sapere. In definitiva, l'obiettivo era quello di realizzare uno stile letterario che risultasse autenticamente latino e che allo stesso tempo fosse aristocratico ed elitario (escludendo il ricorso a espressioni "basse" e popolari). In sintesi, le caratteristiche principali di questi autori dal punto linguistico furono:

- La tendenza al normativismo, ossia ad adottare espressioni che rientrassero in forme linguistiche descrivibili attraverso norme grammaticali (eliminando conseguentemente quanto non rientrava in tali norme).
- L'eliminazione sia di elementi arcaici, presenti nei testi più antichi della letteratura latina,

■ Cesare, *incipit* del *De bello Gallico*, da un manoscritto del XV secolo. Roma, Biblioteca Casanatense.

come quelli di Livio Andronico, Nevio e Ennio, sia di elementi tipici del linguaggio usato dalle persone incolte.

- La drastica limitazione dell'uso del greco, per conferire autonomia lessicale alla lingua latina (indicativo in proposito il fatto che Cicerone faccia abbondante uso di termini greci solo nelle sue lettere private, che nelle intenzioni dell'autore non erano appunto destinate alla pubblicazione).

### LA TENDENZA AL SINCRETISMO

"Il tempo dell'autore", p. 325

"Il tempo dell'autore", p. 255

"Il tempo dell'autore", p. 545

La volontà di limitare il ventaglio delle possibilità dell'espressione linguistica fu avvertita con una urgenza assai minore da quei poeti che, come è il caso di **Catullo** ma anche di **Lucrezio**, per scelta rimasero lontani dalla vita politica, dedicandosi a generi letterari destinati a circolare in ambienti molto ristretti, come la poesia lirica o la poesia didascalica, sia anche da quegli scrittori che espressero apertamente il proprio dissenso rispetto alla cultura "alta" propugnata da Cicerone, come nel caso dello storico **Sallustio**.

Lo stile di questi scrittori si caratterizza per il sincretismo, ovvero per la tendenza ad ammettere elementi di provenienza diversa, e include perciò:

- Espressioni arcaiche, mutuate dalle prime forme di poesia latina.
- Grecismi, a testimonianza di una profonda ammirazione verso i modelli greci, ammirazione che non doveva essere in alcun modo dissumulata nell'ambito di una produzione letteraria destinata a una circolazione molto ristretta ed elitaria, come era il caso della poesia amorosa.
- Volgarismi, ossia espressioni ricavate dal linguaggio parlato dalla gente comune.

■ Sallustio, *Bellum Iugurthinum*, miniatura da un manoscritto del XV secolo. Città del Vaticano, Biblioteca Apostolica Vaticana.

È importante chiarire che la libertà espressiva di questi autori è in realtà solo apparente; si tratta infatti del frutto di un attento esercizio di stile, ispirato a princìpi maturati nell'ambito della cultura greca ellenistica (e riconducibili in primo luogo al poeta Callimaco, vissuto a Alessandria d'Egitto nel III secolo a.C.). Assolutamente centrale risulta il principio del *labor limae*, lett. «impegno nell'uso della lima»; questa espressione rimanda alla necessità di un lavoro di raffinata e rigorosa rifinitura formale del testo (lavoro che portava appunto a "limare" e a "rifinire" quanto era stato scritto per trovare soluzioni espressive più adeguate e soddisfacenti).

La critica più recente ha evidenziato il fatto che le due tendenze stilistiche che si possono individuare nella letteratura latina dell'ultimo scorcio dell'età repubblicana sono forse riconducibili alla particolare situazione che si era venuta a creare all'interno della classe dominante di Roma. In altre parole, la contrapposizione tra la tendenza al purismo e la tendenza al sincretismo rifletterebbe la contrapposizione tra quanti, come Cesare e Ci-

■ **Strumenti per scrivere**, affresco proveniente da Pompei, I sec. d.C. Napoli, Museo Archeologico Nazionale.

cerone, avvertivano la necessità di esprimere attraverso la cultura "ufficiale" quei valori di solidità e compattezza che avevano reso grande Roma e quanti invece, come Catullo e i poeti d'amore, di fronte allo sfaldamento della classe dirigente preferirono ripiegare su una dimensione privata e personale del fare letteratura.

## 4. IL "LATINO CLASSICO"

L'azione sulla lingua operata da Cicerone e da Cesare ebbe un influsso duraturo: determinò infatti la nascita di una lingua letteraria che è tuttora generalmente definita "latino classico" e che rimase per secoli un indiscusso modello e punto di riferimento per la prosa. Cicerone e Cesare, insieme a quanti adottarono i loro medesimi criteri stilistici, come Cornelio Nepote e Marco Terenzio Varrone (➛ par. 10, p. 242 e par. 12, p. 244), valorizzarono quelle che sentivano essere le caratteristiche più eleganti e autentiche della loro lingua, con l'intenzione di realizzare una lingua letteraria che fosse funzionale alla comunicazione all'interno dell'*élite* colta romana loro contemporanea. Per limitarci ai fenomeni più notevoli possiamo osservare che questi autori:

- A livello morfologico, contrastano la tendenza alla scomparsa del genere neutro, ripristinandone e rafforzandone l'uso; eliminano l'uso del locativo, sentito come arcaismo (con l'eccezione di *domi* e *ruri*); eliminano alcune oscillazioni a livello di desinenze, nella flessione sia del nome sia del verbo: per es., usano sempre *-orum* come genitivo plurale della II declinazione (anziché *-um*) e preferiscono la desinenza *-i* per l'infinito presente passivo (rispetto a *-ier*).
- A livello sintattico, rafforzano il sistema dei casi, limitando l'uso dei costrutti preposizionali che andavano a indebolire il sistema dei casi: per es., il costrutto *ad* + accusativo della persona tendeva a indebolire l'uso del dativo in funzione di complemento di termine.

## 5. GLI EFFETTI DELL'AZIONE DI CICERONE E DI CESARE

Per quanto riguarda il latino di Cesare, di Cicerone e degli altri scrittori che condivisero i loro criteri stilistici, è particolarmente degna di nota la scelta di rafforzare il sistema dei casi. Tale scelta, infatti, è emblematica della volontà da parte di questi autori di difendere quella che essi consideravano come l'autentica tradizione linguistica di Roma. Grazie alle conoscenze acquisite negli ultimi decenni relativamente al latino parlato e grazie al contributo dei più recenti studi sulla tipologia linguistica (➛ Scheda "Storia, cultura, civiltà", p. 235) possiamo valutare bene il senso di questa operazione stilistica.

Dal punto di vista sintattico, il latino usato da Cesare e da Cicerone si caratterizza per la tendenza a disporre i costituenti essenziali della frase secondo l'ordine Soggetto-Oggetto-Verbo (SOV), con conseguenze rilevanti sul piano stilistico: tale disposizione, infatti, agevola l'elaborazione di periodi ampi e complessi. La sintassi del latino di quell'età, tuttavia, presentava verosimilmente significative oscillazioni: gli studiosi ipotizzano infatti che tra II e I secolo a.C. il latino, proseguendo una tendenza già in atto nei secoli precedenti, stesse passando da lingua di tipo SOV a lingua di tipo SVO, dove cioè i costituenti essenziali della frase erano disposti secondo l'ordine Soggetto-Verbo-Oggetto (come sarà poi in tutte le lingue derivate dal latino, ossia le lingue romanze). A questa conclusione portano sia alcune testimonianze letterarie, soprattutto relative al teatro, sia le testimonianze non letterarie (iscrizioni, lettere e scritture private, scritte sui muri). Nel teatro di Plauto, per es., sono già frequenti frasi come *amovi maxumam molestiam*, «ho risolto una gran seccatura» (*Amphitruo*, v. 463); analogamente, sui muri di Pompei le scritte spesso hanno sintassi di tipo SVO: per es., *Marcus amat Spendusam*.

Il rafforzamento del sistema dei casi operato da Cesare, da Cicerone e dagli altri scrittori dell'epoca che adottarono i medesimi criteri stilistici ha senz'altro rallentato la trasformazione del latino da lingua di tipo SOV a lingua di tipo SVO. Per altro, la lingua letteraria al cui sviluppo Cesare e Cicerone dettero un impulso fondamentale esercitò un influsso non solo sulla lingua scritta, ma anche sulla lingua parlata, quanto meno su quella parlata dall'*élite* colta: sappiamo infatti che proprio in quel periodo – e la tendenza durò per circa un secolo – si ripresero a pronunciare con precisione le desinenze nominali (come la *-m* dell'accusativo o la *-s* del nominativo), abitudine che si stava ormai perdendo e la cui ripresa è appunto da ricondurre al rafforzamento del sistema dei casi.

■ **Insegna di bottega e iscrizioni elettorali** (figure in primo piano: Bacco e Venere). Da Pompei, I sec. d.C. Napoli, Museo Archeologico Nazionale.

STORIA, CULTURA, CIVILTÀ

# LA TIPOLOGIA LINGUISTICA

**LA CATALOGAZIONE DELLE LINGUE** La **tipologia linguistica** studia la struttura delle lingue e ne offre una catalogazione in base alle affinità e alle differenze; tra i parametri presi in considerazione, e sulla base dei quali le lingue vengono poi suddivise in gruppi (detti **tipi linguistici**), vi è la **disposizione** all'interno della frase dei **costituenti fondamentali**, ossia **Soggetto**, **Verbo** e **Oggetto** (abbreviati S, V, O).

**LE LINGUE SOGGETTO - OGGETTO - VERBO E LE LINGUE SOGGETTO - VERBO - OGGETTO** Se si considera la disposizione di Soggetto, Verbo e Oggetto in una frase non enfatica, si è notato che, su sei possibilità teoriche, le combinazioni più frequenti sono **SOV** (come in **latino**) o **SVO** (come in molte **lingue romanze** o in **inglese**). Nessuna lingua è sempre SOV o SVO, ma si può facilmente individuare la tendenza. A ciascuna disposizione corrispondono vantaggi e svantaggi: nel primo caso (il più frequente in assoluto nelle lingue conosciute) sono in posizione enfatica Soggetto e Verbo, ma la distanza tra i due può rendere difficoltoso completare il senso dell'enunciato; nel secondo caso è molto chiara la struttura fondamentale SV, ma si possono formare delle ambiguità (soprattutto se le frasi sono molto lunghe).

**LE LINGUE NOMINATIVO/ACCUSATIVE E LE LINGUE ATTIVO/STATIVE** Un altro parametro che la tipologia linguistica utilizza per classificare le lingue riguarda la **concordanza** tra i membri della frase (come soggetto e predicato); in base a tale parametro si possono distinguere due grandi gruppi. Nel primo gruppo si trovano le lingue che operano una distinzione tra i verbi transitivi e quelli intransitivi. Molte di queste lingue sono dette **nominativo/accusative**: è il caso sia del latino, che oppone il caso nominativo (usato per il soggetto di tutti i verbi) al caso accusativo (usato solo con verbi transitivi per esprimere il complemento oggetto), sia anche dell'italiano, che, pur non avendo i casi, distingue chiaramente il soggetto dal complemento oggetto grazie all'ordine delle parole nella frase. Nel secondo gruppo, quello delle lingue che non operano una differenza tra verbi transitivi e intransitivi, rientrano invece le lingue **attivo/stative**, ossia quelle lingue che non differenziano i verbi transitivi da quelli intransitivi, ma i verbi che implicano azione (per es. «alzare» e «alzarsi») da quelli che implicano stato o emozione (per es. «stare in piedi», «essere largo», «avere vergogna»). Gli studiosi hanno notato che la tipologia di una lingua può modificarsi nel tempo; in conseguenza di ciò, durante le fasi di transizione, in una lingua possono essere compresenti più tipologie.

Conoscere la tipologia linguistica del latino permette un approccio alla lingua più consapevole. Quanto a volte appare come un comportamento sintattico o morfologico "anomalo" (le cosiddette "eccezioni") può essere solo la sopravvivenza di un uso nato in una fase in cui la lingua manifestava una differente tipologia. Gli studiosi, per esempio, ipotizzano che il latino, come altre lingue indoeuropee, abbia avuto una fase arcaica attivo/stativa, prima che si sviluppasse nel tipo nominativo/accusativo. A sostegno di questa ipotesi può andare la costruzione dei verbi di sentimento totalmente impersonali (*miseret*, *pudet*, ecc.), i quali si completano con l'accusativo della persona che prova il sentimento e col genitivo della cosa che lo provoca. Proprio i verbi impersonali sono una categoria estremamente diffusa nelle lingue attivo/stative, dove la persona relativamente alla quale avviene l'azione viene espressa col pronome oggetto e la cosa che origina l'azione viene espressa con un caso obliquo.

**PERCHÉ LE LINGUE CAMBIANO?** Le **modificazioni** cui sono soggette le lingue, comprese le modifica-

**Rilievo raffigurante un giovane che scrive su una tavoletta.** Da Moderndorf (Austria). Klagenfurt, Landesmuseum Kaernten.

zioni che riguardano la tipologia linguistica, possono essere determinate da **fattori interni** e/o **esterni**. Fattori interni possono essere la concorrenza di due costrutti simili, entrambi presenti nella lingua, uno dei quali si espande ai danni dell'altro. In latino, per esempio, il costrutto *ad* + accusativo della persona ha finito per sostituire il dativo in funzione di complemento di termine e, in generale, i costrutti preposizionali hanno progressivamente indebolito il sistema dei casi. Fattori esterni sono quelli riconducibili ai soggetti parlanti, che tendono universalmente a ottenere col minimo sforzo il massimo rendimento, e quindi a prediligere le forme più diffuse. Per esempio, i nomi femminili della II declinazione latina (i nomi di albero) nel passaggio alle lingue romanze sono diventati maschili perché assimilati al gruppo più numeroso della II declinazione, quello dei maschili.

In generale, si può dire che quanto più una lingua è usata in comunità formate da un numero ristretto di parlanti, tanto più tende a complicare le sue forme, perché i pochi parlanti conoscono ogni sfumatura della loro lingua. Al contrario, quanto più una lingua aumenta rapidamente il numero dei propri parlanti, soprattutto se provenienti da comunità dove si parlano altre lingue, tanto più tende a semplificare le proprie forme: infatti, i nuovi parlanti tendono a usare un numero ristretto di termini e di costrutti e a creare interferenze con quelli della loro lingua madre. Il latino parlato tra II e I secolo a.C. aumentò notevolmente il numero dei propri parlanti, a causa delle conquiste, e accelerò così le sue trasformazioni.

## 6. GLI STUDI DI GRAMMATICA, LA SCIENZA GIURIDICA E L'ATTIVITÀ POLITICA

Può sembrare singolare che personaggi tanto impegnati in politica come Cesare e Cicerone non solo abbiano curato con estrema attenzione lo stile delle loro opere, ma si siano anche diffusamente occupati di questioni riguardanti la lingua. Cesare dedicò un intero trattato a questioni grammaticali, il *De analogia*; quanto a Cicerone, nelle sue varie opere retoriche, come il *De oratore*, il *Brutus* e l'*Orator*, sono ampiamente affrontate questioni riguardanti la lingua, lo stile e la grammatica. Se poi consideriamo che Marco Terenzio Varrone, contemporaneo e amico di Cesare e Cicerone, compose un trattato in ben venticinque libri sulla lingua latina (il *De lingua latina*, di cui conserviamo cinque libri), non possiamo che concludere che la lingua fosse al tempo un problema di grande rilevanza e attualità.

Cicerone, *De oratore*, miniatura da un manoscritto del XV secolo. Città del Vaticano, Biblioteca Apostolica Vaticana.

In realtà, l'importanza degli studi di lingua e di grammatica non è in alcun modo sorprendente nel contesto della realtà romana. La presenza di leggi scritte, infatti, non aveva mai eliminato l'abitudine antichissima, risalente alla fase in cui le leggi erano solo orali, di affidare la corretta interpretazione delle norme a degli esperti di diritto. Il giurista, ossia l'esperto di scienza giuridica, per tradizione un aristocratico appartenente a uno dei collegi sacerdotali, era colui a cui il cittadino comune poteva rivolgersi per sapere, per esempio, se aveva o non aveva il diritto di compiere una determinata azione o se era stato chiamato in causa a torto o a ragione. Quando gli veniva sottoposto un caso, il giurista procedeva consultando le leggi, anche le più antiche (formulate spesso in un linguaggio oscuro), e verificando l'esistenza di eventuali precedenti; quindi dava la sua risposta (*responsum*) e, nel caso, assisteva in qualità di avvocato (*patronus*) il suo cliente (*cliens*) di fronte al giudice. L'esperto di scienza giuridica era dunque portato a occuparsi di tutto ciò che riguardava la correttezza della lingua: infatti, doveva essere in grado di comprendere le antiche formule giuridiche e di definire le varie questioni con esattezza e proprietà terminologica sia nel *responsum* sia di fronte al giudice, nel caso in cui ciò si fosse reso necessario.

Spesso, anche chi non apparteneva alle più antiche famiglie aristocratiche ma voleva intraprendere la carriera di *patronus* consultava e frequentava assiduamente gli esperti di diritto, così da acquisire i fondamenti della scienza giuridica, che comprendevano perciò gli interessi grammaticali: così fece ad esempio Cicerone che, accompagnandosi ai più noti giuristi dell'epoca fin da giovane, ne apprese le conoscenze. La notorietà che un personaggio otteneva in qualità di esperto di scienza giuridica o di abile *patronus* rappresentava il migliore trampolino di lancio verso la carriera politica, il cui coronamento consisteva nell'ingresso in senato. Questo spiega dunque perché a Roma fosse sentito come assolutamente naturale che gli esponenti del ceto senatorio si occupassero tanto di diritto quanto di problemi linguistici.

Tra i punti maggiormente dibattuti nell'ambito della riflessione linguistica di quest'epoca possiamo ricordare:

- La questione dell'origine delle lingue umane e in particolare del latino che, secondo le teorie più accreditate all'epoca e probabilmente condivise anche da Cesare, era derivato dal greco.
- La questione della natura del linguaggio. Già nel mondo greco l'argomento era stato ampiamente discusso e non aveva trovato una soluzione univoca. La cosiddetta "scuola analogista" riteneva che il linguaggio fosse frutto di convenzione, ragion per cui poteva essere descritto mediante norme grammaticali fisse, le quali dovevano poi essere seguite e rispettate senza eccezioni. Secondo la cosiddetta "scuola anomalista", invece, il linguaggio era prodotto dalla natura, era cioè un fatto spontaneo ed era perciò soggetto a naturale cambiamento ed evoluzione; per questo motivo esso non poteva essere irrigidito in una serie di regole fisse. Generalizzando, possiamo dire che gli scrittori che tendevano al purismo, come Cesare, di solito propendevano per le teorie della "scuola analogista".

## 7. L'INFLUENZA DELLA RETORICA GRECA SULL'ORATORIA LATINA

Una svolta importantissima nella cultura latina fu determinata dal diffondersi a Roma degli studi di retorica greca (➤ Scheda "Storia, cultura, civiltà", p. 239). Tale disciplina,

■ **L'oratore**, miniatura da un codice della *Rhetorica ad Herennium* del XIV secolo. Venezia, Biblioteca Nazionale Marciana.

probabilmente, era conosciuta a Roma già all'epoca degli Scipioni, come sembrerebbero indicare i discorsi di Catone il Censore (➤ Il Contesto, p. 58); tuttavia, lo studio della retorica si diffuse tra i membri delle classi superiori soprattutto a partire dalla seconda metà del II secolo a.C. La retorica si indirizzava principalmente a chi intraprendeva la carriera politica: insegnava, mediante procedimenti razionali, a trovare in ogni situazione argomenti per rendere convincenti le proprie parole, sia per ottenere voti, sia per far approvare proposte di legge, sia per confutare le tesi di un avversario. Le tecniche della retorica erano inoltre indispensabili durante i dibattimenti giudiziari, per dimostrare la colpevolezza o l'innocenza di un imputato di fronte ai giudici, in assenza di prove certe.

La retorica trovò a Roma un ambiente assai favorevole in cui attecchire, in quanto già da tempo si era compresa l'importanza di saper usare le parole in modo efficace e persuasivo; basti pensare al caso di Appio Claudio Cieco, che già agli albori della letteratura latina si era distinto per la propria competenza nel trattare le cause in senato (➤ Il Contesto, p. 25), oppure al caso di Menenio Agrippa, che nel periodo arcaico della repubblica era riuscito a mettere fine a una dura contestazione della plebe attraverso un celebre apologo (in cui l'ordinamento sociale romano era paragonato a un corpo umano che sopravvive solo se tutte le parti collaborano).

La classe dominante, proprio perché aveva ben chiara l'importanza della retorica, era perfettamente consapevole del fatto che lasciare alla portata di chiunque l'apprendimento delle tecniche di questa disciplina avrebbe potuto destabilizzare la vita politica. Questo aiuta a capire perché il senato non solo decise l'espulsione dei filosofi Carneade, Critolao e Diogene nel 155 a.C., dopo che Carneade aveva iniziato a insegnare alcune tecniche retoriche, ma avversò anche l'attività dei *rhetores latini*, ossia di quanti proponevano, a prezzi popolari, l'insegnamento della retorica in latino (emblematica la chiusura, nel 92 a.C., della scuola aperta tre anni prima da Lucio Plozio Gallo).

Dalla fine del II secolo a.C., comunque, l'insegnamento della retorica entrò stabilmente a far parte della formazione culturale delle *élites* sociali; esso avveniva però rigorosamente in greco, e a costi elevatissimi, appunto per evitare che le classi popolari si impossessassero di armi dialettiche potenzialmente pericolose e destabilizzanti, se usate liberamente nelle assemblee.

La scissione tra l'insegnamento teorico della disciplina retorica (che avveniva in greco ed era affidato a maestri greci) e la sua pratica (che avveniva in latino, da parte di avvocati e uomini politici romani) lasciò un'evidente traccia nel lessico: in greco, infatti, il termine *rhètor* significa sia «colui che parla in assemblea», e quindi anche «uomo politico», sia «insegnante di retorica». In latino, invece, il termine *rhetor* significa solo «insegnante di retorica», mentre l'uomo politico, colui che parla in assemblea, viene designato mediante il termine *orator*, termine preesistente all'arrivo a Roma della retorica greca.

STORIA, CULTURA, CIVILTÀ

# LA RETORICA GRECA

**DEFINIZIONE** La **retorica**, nata in Sicilia attorno alla metà del V secolo a.C., si sviluppò enormemente nell'Atene democratica della seconda metà del medesimo secolo. Una tappa fondamentale nel processo di codificazione di questa disciplina è collegata al filosofo **Aristotele** (383-322 a.C.). Nel descrivere la retorica così come la vedeva praticata ad Atene, Aristotele la definì come «la tecnica che non ha come fine quello di persuadere, ma di vedere i mezzi di persuasione che ci sono in ogni argomento» (*Rhetorica* 1, 2, 1355b). Egli intuì che ci sono due tipi di questioni: quelle in cui si può effettivamente giudicare in termini di verità e di falsità, come le questioni matematiche, da affrontare mediante la logica, e quelle in cui si può giudicare solo in termini di **probabilità**, ossia di **verisimiglianza.** Se dunque la logica ha il suo fondamento in premesse vere, la **retorica** ha il suo fondamento in **premesse verisimili**; con la logica la retorica condivide il fatto di prevedere un metodo rigoroso.

**I TRE TIPI DI DISCORSO** Secondo Aristotele sono tre le possibilità in cui si può verificare un discorso fondato su premesse verosimili:

- Riguardo al passato (in assenza di prove certe), per stabilire se un fatto è avvenuto o non avvenuto: questo è il **discorso giudiziario**, caratteristico dei tribunali.
- Riguardo al presente, per stabilire per esempio se un fatto o una persona è da apprezzare o da criticare: questo è il **discorso dimostrativo** (o **epidittico**), caratteristico per esempio dei discorsi tenuti di fronte al popolo.
- Riguardo al futuro, per stabilire se convenga o non convenga intraprendere una determinata azione: questo è il **discorso deliberativo**, caratteristico delle assemblee politiche, dove si decide la linea di condotta dell'intera comunità.

**I CAMPI DI STUDIO DELLA RETORICA** Aristotele parte dal presupposto che nessun argomento è di per sé persuasivo, ma lo diventa in determinate situazioni. Conseguentemente, egli individua per la retorica tre campi di studio:

- Il **modo di presentarsi** (in gr. *èthos*) dell'oratore, il quale può risultare persona attendibile o non attendibile rispetto all'ascoltatore.
- La possibilità di **coinvolgere emotivamente** (in gr. *pàthos*) il destinatario del discorso (che varia a seconda del tipo di discorso: il **giudice** è il destinatario del discorso giudiziario, il **pubblico** è il destinatario del discorso dimostrativo, gli **elettori** sono i destinatari del discorso politico).
- Il **discorso** stesso, che viene studiato secondo due criteri: in rapporto agli **schemi dell'argomentazione**, teoricamente validi in qualsiasi comunità umana, e in rapporto al **repertorio di conoscenze** che si possono considerare sufficientemente condivise dai destinatari perché costituiscano le premesse probabili delle argomentazioni retoriche. Quest'ultimo campo di studio è definito come l'insieme di "luoghi" (in gr. *tòpoi*) da cui trarre le argomentazioni e il ramo della retorica ad esso specificamente dedicato è appunto la **topica**; per quanto riguarda la topica, ad Aristotele va riconosciuto il fondamentale merito di aver compreso che, perché un'argomentazione appaia verosimile, essa deve partire da una premessa che appaia verosimile al destinatario del discorso e non necessariamente all'oratore.

**L'ARGOMENTAZIONE: ESEMPIO ED ENTIMEMA** Aristotele individua due possibili schemi fondamentali per l'argomentazione:

- L'argomentazione **induttiva**, ossia quella fondata su un **esempio** singolo, da cui si risale a un'affermazione di portata generale (per es. «Il console Lucio Opimio usò la forza per fermare Gaio Gracco che con le sue leggi voleva sovvertire lo Stato. Allo stesso modo è giusto che ogni console usi la forza per fermare chi vuole sovvertire lo Stato»).
- L'argomentazione **deduttiva**, ossia quella fondata sul procedimento dell'**entimema,** che a partire da premesse verisimili giunge correttamente a delle conclusioni. Consideriamo la frase seguente: «Se gli dèi non sanno tutte le cose, tanto meno le sapranno gli uomini» (Aristotele, *Rhetorica* 2, 23, 1397b); la frase poggia sulla premessa, sottintesa e indimostrata ma accettata dal senso comune, che ciò che vale per chi è più grande (gli dèi), vale anche per chi è più piccolo (gli uomini).

**LE "PARTI" DELLA RETORICA...** Poste le premesse teoriche, la retorica insegna a costruire ordinatamente un discorso, curandolo mediante cinque attività diverse, le cosiddette **"parti"** della retorica (questo ambito della disciplina fu particolarmente sviluppato nella trattatistica latina a partire dal I secolo a.C., tanto che la nomenclatura abitualmente usata è quella latina):

- Il reperimento delle argomentazioni (*inventio*).
- La disposizione consequenziale delle argomentazioni (*dispositio*).
- La scelta delle parole opportune per esprimere le argomentazioni (*elocutio*).

- La tecnica di memorizzazione, dato che nell'antichità greco-romana leggere di fronte al pubblico non era in uso (*memoria*).
- La corretta gestualità e intonazione della voce (*actio*).

**...E LE CINQUE PARTI DEL DISCORSO** Il discorso, pronto per essere pronunciato, si compone di **cinque parti**:

- L'esordio (*exordium*), che serve a stabilire un rapporto di simpatia con chi ascolta.
- La narrazione (*narratio*), che serve a chiarire l'argomento.
- L'argomentazione (*argumentatio*), che serve a dimostrare la propria tesi.
- Un'eventuale digressione (*digressio*), che serve a stemperare la tensione.
- La conclusione (*peroratio*), che serve a ricapitolare gli argomenti trattati.

## 8. MANUALI DI RETORICA E ORAZIONI: LA *RHETORICA AD HERENNIUM* E CICERONE

Il fatto che la classe senatoria avversasse l'attività dei *rhetores latini* non impedì che iniziassero a circolare manuali di retorica in latino. Infatti, proprio agli anni 90, e dunque al periodo in cui venne decretata la chiusura della scuola di Lucio Plozio Gallo (➤ par. 7, p. 238), risale verosimilmente la *Rhetorica ad Herennium*. Questo manuale, la cui paternità resta oggetto di dibattito (nel Medioevo fu attribuito a Cicerone), rappresenta probabilmente proprio un tentativo di divulgare i princìpi della retorica al di fuori della ristretta cerchia dell'*élite* senatoria (è infatti dedicato a un esponente della *gens Herennia*, che era una *gens* plebea, schierata dalla parte dei *populares*).

Gli altri trattati di retorica del periodo sono tutti opera di Cicerone. Di lui conserviamo, oltre al giovanile *De inventione* (85 a.C.), il *De oratore*, del 55 a.C., che esamina ogni aspetto dell'oratoria e, in particolare, prende in considerazione la formazione dell'oratore ideale. Il trattato è in forma di dialogo e i protagonisti principali sono i due oratori, della generazione precedente a Cicerone, Lucio Licinio Crasso e Marco Antonio. La scelta della forma dialogica, certamente riconducibile al modello platonico, fa sì che il lettore sia di fatto spettatore di una vera e propria conversazione. Una tale scelta rende la trattazione meno arida; inoltre, in questo modo Cicerone ha la possibilità di far esporre ai vari personaggi le differenti teorie, senza prendere esplicitamente posizione a favore dell'una o dell'altra e lasciando così al lettore la piena libertà di formarsi una propria opinione. In quest'opera Cicerone esprime con estrema perizia i princìpi della retorica antica, consentendoci di conoscere meglio questa disciplina, al di là di quanto si ricava dalla manualistica greca.

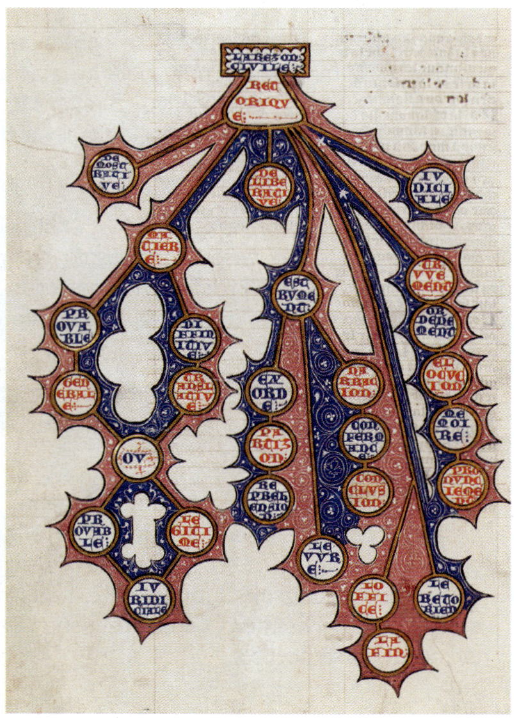

■ Pagina della *Rhetorica ad Herennium*.
Illustrazione da un manoscritto della fine del XIII secolo. Chantilly, Musée Condé.

Del 46 a.C. è poi il *Brutus*, trattato anch'esso in forma dialogica, i cui protagonisti sono lo stesso Cicerone, Marco Bruto e Attico: l'interesse di quest'opera, in cui è tracciata una vera e propria storia dell'eloquenza greca e romana, sta anche nel fatto che essa ci consente di ricostruire la fisionomia dell'oratoria latina non solo del tempo di Cicerone, ma anche dell'età precedente (per la quale possediamo scarsissime testimonianze, dato che gli oratori, tranne che in pochissimi casi, non si curavano di divulgare la redazione scritta dei loro discorsi). In una ideale trilogia, il trattato intitolato *Orator*, sempre del 46 a.C., completa i temi relativi all'oratoria lasciati aperti dal *De oratore*.

Cicerone scrisse numerosi altri trattati di retorica, che prendono in esame vari aspetti tecnici della materia. Accanto a questa produzione, il suo preziosissimo lascito è rappresentato dalle 58 orazioni giunte fino a noi: si tratta di discorsi preparati per il tribunale, per il senato o per le assemblee popolari, nella maggior parte dei casi effettivamente pronunciati e poi divulgati in forma scritta. Questi discorsi ci forniscono uno spaccato insuperabile non solo dell'oratoria di Cicerone, ma anche della vita politica e sociale di Roma in un momento assai tormentato della sua storia. In particolare, ricordiamo qui: i discorsi giudiziari preparati per l'accusa contro il pretore corrotto Verre (le *Verrinae*); i quattro discorsi contro Catilina (le *Catilinariae*); il discorso per la difesa di Milone, l'assassino di Clodio (la *Pro Milone*); e, infine, i discorsi contro Marco Antonio (le *Philippicae*), nell'ultimo tentativo di difendere le istituzioni repubblicane dopo la morte di Gaio Giulio Cesare.

## 9. L'INFLUENZA DELLA RETORICA SULLA LETTERATURA

A noi "moderni" non crea alcuna difficoltà riconoscere che la retorica ha esercitato un'influenza diretta sull'oratoria; meno immediato, per noi che viviamo in una cultura con altri canoni estetici rispetto alla cultura antica, è invece riconoscere che la retorica ha esercitato una profonda influenza anche su altri generi letterari in prosa e soprattutto sulla poesia. Per comprendere questa situazione, occorre tenere conto di due elementi:

- La retorica insegnava a orientare il discorso in maniera diversa a seconda del tipo di ascoltatore, di modo che quest'ultimo potesse trovare verosimili le parole dell'oratore (➜ Scheda "Storia, cultura, civiltà", p. 239).
- L'estetica del mondo greco-romano si fondava sul presupposto che tutta l'arte, compresa la letteratura, dovesse essere imitazione della natura. Sulla base di tale presupposto, il principio della verosimiglianza era ampiamente utilizzato anche come criterio per valutare il pregio di un'opera letteraria; ad esempio, era del tutto naturale che il lettore antico di un poema si ponesse domande del tipo: «È verosimile che questo personaggio abbia pronunciato queste parole in quella determinata situazione? È verosimile che egli abbia provato questo sentimento e lo abbia manifestato in questo modo?».

Per ottenere un effetto di verosimiglianza, in qualsiasi ambito della letteratura, lo scrittore antico faceva ricorso agli insegnamenti della retorica, senza per questo sentirsi in alcun modo limitato nella sua creatività e nel suo spazio di invenzione. Nella mentalità antica, la retorica era di aiuto e non di ostacolo alla creazione letteraria, lasciando all'autore piena libertà di muoversi nell'ampio spazio delle possibilità del verosimile.

## 10. LA STORIOGRAFIA TRA ANNALISTICA E MONOGRAFIA; IL COMMENTARIO, LA BIOGRAFIA E CORNELIO NEPOTE

A livello culturale la classe dominante romana era decisamente compatta: infatti, oltre a condividere la scienza giuridica, con il suo corollario formato dalla grammatica, essa condivideva anche la conoscenza approfondita della retorica greca. Nel corso dell'ultimo secolo della repubblica, all'interno di questo ambiente elitario e culturalmente omogeneo molti si dedicarono alla stesura di opere storiche, in linea con la tradizione che prevedeva fosse appannaggio dell'aristocrazia senatoria la compilazione degli *Annales Maximi*.

La storiografia dell'epoca precedente aveva risposto a due diverse esigenze: Fabio Pittore (260-190 a.C.) aveva redatto una storia di Roma in greco, allo scopo di rivolgersi all'opinione pubblica straniera; quanto a Catone il Censore (234-149 a.C.), con le sue *Origines*, in latino, egli aveva composto una vera e propria "epopea" in prosa sulla formazione dello Stato romano-italico (➤ Il Contesto, p. 56).

Adesso si manifestano diverse tendenze:

- Alcuni autori continuarono a comporre opere storiche secondo la tradizionale impostazione annalistica (ossia raccontando gli avvenimenti anno per anno, secondo lo schema degli *Annales Maximi* redatti dai pontefici ➤ Il Contesto, p. 22). È il caso di Claudio Quadrigario, attivo tra II e I secolo a.C., i cui *Annales* prendevano origine dal sacco di Roma operato dai Galli nel 390 a.C. (e dei quali non abbiamo però che pochi frammenti). Quando i fatti raccontati secondo lo schema annalistico riguardavano eventi a cui l'autore aveva assistito personalmente, le opere che li raccontavano presero il nome di *Historiae* (dal gr. *historìa*, lett. «indagine»). *Historiae* furono composte da Lucio Cornelio Sisenna, vissuto tra II e I secolo a.C. (relativamente al periodo che andava dalla guerra sociale al conflitto tra Mario e Silla) e da Sallustio (relativamente al quarantennio successivo alla trattazione di Sisenna, ossia dall'età di Silla agli anni del secondo triumvirato); di entrambe queste opere ci sono giunti solo frammenti.
- Altri autori, sulla scorta di una tendenza presente nella storiografia greca, scelsero di dedicarsi a singoli argomenti, componendo delle monografie. Così fecero Celio Antipatro, vissuto all'epoca dei Gracchi, che dedicò appunto una monografia alla seconda guerra punica, e probabilmente anche Sempronio Asellione, attivo alla fine del II secolo, che scrisse la storia dei suoi tempi, muovendo critiche al metodo annalistico (di entrambi abbiamo solo frammenti). Soprattutto seguì questa tendenza Sallustio, il quale dedicò una monografia alla congiura di Catilina e una alla guerra contro Giugurta.
- Divenne usuale che i generali scrivessero memoriali dedicati alle proprie imprese. Siamo

■ Sallustio, *De coniuratione Catilinae*, miniatura da un manoscritto del XV secolo. Città del Vaticano, Biblioteca Apostolica Vaticana.

informati che fece questo anche Silla. All'interno di tale genere le opere più note sono i commentari *De bello Gallico* e *De bello civili* di Gaio Giulio Cesare; questi due commentari furono poi proseguiti, quasi certamente da degli ufficiali di Cesare, con il *Bellum Alexandrinum*, il *Bellum Africum* e il *Bellum Hispanicum* (che raccontano i fatti fino alla battaglia di Munda del 45 a.C.). L'insieme di queste cinque opere forma il *corpus Caesarianum*.

- Si sviluppò il genere della biografia. Cornelio Nepote, vissuto all'incirca tra il 100 e il 27 a.C., ispirandosi a una tendenza già presente nell'ambito della storiografia ellenistica, scrisse il *De viris illustribus*: l'opera, in sedici libri, era divisa in varie sezioni, tutte accomunate dal fatto che prevedevano l'accostamento di personalità romane a personalità straniere. Ne conserviamo la sezione relativa ai condottieri stranieri, oltre alla vita di Catone il Censore e a quella di Tito Pomponio Attico, amico e corrispondente di Cicerone. All'interno del genere va inclusa anche la monumentale opera *Imagines*, «Ritratti», di Marco Terenzio Varrone, la quale conteneva settecento ritratti figurativi di uomini illustri (greci e latini), ciascuno accompagnato da una breve didascalia.

In generale, si può dire che tutta la storiografia antica è avvertita come un genere assai vicino all'oratoria dimostrativa (➤ Scheda "Storia, cultura, civiltà", p. 239), nel senso che lo scrittore vuole porre davanti agli occhi del lettore esempi di comportamento da lodare o da biasimare. Questa impostazione spiega la scarsa preoccupazione che spesso si registra nella storiografia per un'indagine approfondita delle cause storiche degli avvenimenti, cui si contrappone però l'attenzione per una ricostruzione attendibile del carattere dei personaggi.

## 11. LA DIVULGAZIONE DELLA FILOSOFIA

A Roma la filosofia greca era certamente conosciuta già in età arcaica (addirittura sono stati ipotizzati contatti con gli ambienti pitagorici dell'Italia meridionale fin dall'età regia); tuttavia, la diffusione vera e propria della filosofia, esclusivamente nella classe colta e rigorosamente in lingua greca, avvenne a partire dall'epoca delle guerre puniche. Tappa molto importante di questo processo fu il trasferimento a Roma della biblioteca del re Perseo di Macedonia (avvenuto a opera di Lucio Emilio Paolo successivamente alla sconfitta di Perseo nella battaglia di Pidna del 168 a.C.); altrettanto importante fu il trasferimento, sempre a Roma, della raccolta delle opere di Aristotele destinate alla diffusione al di fuori della sua scuola (avvenuto a opera di Silla nell'86 a.C., dopo che questi aveva saccheggiato Atene durante la guerra contro il re del Ponto Mitridate).

A più riprese giunsero a Roma non solo libri ma anche filosofi, per insegnare. Oltre ai già citati Carneade, Critolao e Diogene (➤ Il Contesto, p. 51), ricordiamo qui i tre filosofi di scuola stoica Cratete di Mallo (giunto a Roma nel 168 a.C.), Panezio (ca. 185-109 a.C.) e Posidonio (ca. 135-50 a.C.).

Per quanto riguarda la trattazione della filosofia in lingua latina, sappiamo che all'inizio del I secolo a.C. ci furono tentativi di diffondere l'epicureismo affidati a opere in prosa dal valore letterario assai scarso. La prima opera filosofica di altissima levatura intellettuale e artistica è il poema esametrico di Lucrezio, dedicato all'esposizione dei contenuti della filosofia epicurea. La scelta della trattazione in versi, che recupera l'antichissima abitudine della filosofia greca di adottare la forma del poema didascalico per l'insegnamento delle verità filosofiche, probabilmente fu dovuta al fatto che Lucrezio avvertì la necessità di superare la diffidenza caratteristica della mentalità romana tradizionale nei confronti della raffinatezza del pensiero greco: appunto allo scopo di superare tale diffidenza, egli decise di sfruttare la familiarità che i membri della classi alte della società del tempo avevano con la poesia.

Un progetto organico di diffusione della filosofia greca in latino fu operato da Cicerone: a partire dagli anni in cui iniziò a essere meno impegnato nella vita politica (ossia a partire dall'esilio nel 58 a.C.), e grazie anche agli ottimi studi compiuti in gioventù in Grecia, egli progettò di arricchire la cultura di Roma fornendo una panoramica completa del pensiero filosofico greco; ed effettivamente compose una ventina di opere, in buona parte integralmente conservate, che riprendono il pensiero delle maggiori scuole filosofiche greche (➤ Scheda "Testi e Temi", p. 245). Anche in questo caso, come nel caso delle opere retoriche, Cicerone adottò preferibilmente la forma dialogica, che gli permise di dare voce alle diverse opinioni in maniera artisticamente efficace (anche grazie alla straordinaria abilità espressiva maturata in ambito oratorio). Personalmente dimostrò le sue simpatie soprattutto per il pensiero scettico della corrente risalente ai successori di Platone (la Neoaccademia); sulla base di queste teorie Cicerone è portato ad adottare un atteggiamento eclettico, ossia ad aderire a teorie di scuole filosofiche differenti, a seconda delle risposte date ai singoli problemi esaminati. Le opere filosofiche di Cicerone, oltre all'intrinseco valore artistico connesso ai pregi di un'esposizione sempre fluida e gradevole, hanno il merito di aver effettivamente portato la filosofia nella cultura latina, dato anche l'impegno profuso dall'autore per rendere adeguatamente la terminologia tecnica. Le opere filosofiche di Cicerone furono apprezzate e studiate per secoli e furono fondamentali per gli studi di filosofia nel Medioevo e nel Rinascimento.

## 12. LA PRODUZIONE TECNICO-SCIENTIFICA E VARRONE

Oltre alla diffusione della filosofia, nello stesso periodo a Roma si continuò a registrare un forte interesse per le discipline tecniche e scientifiche, già ben vivo fin dai tempi di Catone il Censore (➤ Il Contesto, p. 58). Marco Terenzio Varrone – erudito amico di Cesare e di Cicerone, con i quali condivise gli orientamenti di stile ispirati a un ideale di purezza della lingua (➤ par. 3, p. 231) – fu autore di centinaia di opere dedicate ai più vari campi del sapere; opere in buona parte per noi perdute, ma che avviarono una intensa produzione di trattati dedicati alla filologia, alla cronologia universale, all'astronomia, all'architettura e alla medicina. Accanto ai moltissimi frammenti delle

■ Mosaico con scene campestri, I-II sec. d.C. Algeria, Cherchel, Museo Archeologico.

sue opere, conserviamo integrale un suo trattato di agricoltura, il *De re rustica*. Una tale tendenza all'enciclopedismo è riferibile a una concezione del sapere che valica i confini nazionali e che si interessa a tutte le culture umane.

L'apertura e l'interesse verso le civiltà con cui Roma è entrata via via in contatto, del resto, è ben visibile anche nell'opera di Cornelio Nepote, il quale instaura sistematicamente un confronto tra personaggi stranieri e romani (➛ p. 243). Nel raccogliere e catalogare notizie provenienti dal mondo latino e dalle civiltà straniere, questi intellettuali dimostrano un atteggiamento caratterizzato da un certo nazionalismo, in quanto desiderano porre la civiltà di Roma sullo stesso piano di civiltà ben più antiche e illustri. D'altra parte, però, va rilevato che essi non esprimono giudizi necessariamente negativi sugli usi e i costumi dei popoli stranieri, anche quando ben lontani dagli usi e dai costumi nazionali, introducendo di fatto nella cultura di Roma quello che si può definire una sorta di "relativismo etico".

## TESTI E TEMI | LE OPERE FILOSOFICHE DI CICERONE E IL *SOMNIUM SCIPIONIS*

**LA RIFLESSIONE POLITICA...** Le opere filosofiche di Cicerone possono essere suddivise in due gruppi. Nel primo gruppo rientrano i dialoghi ***De re publica*** e ***De legibus***, scritti tra il 54 e il 51 a.C. Già dai titoli risulta evidente che Cicerone si era ispirato ai fondamentali dialoghi di Platone, *La repubblica* e *Le leggi*. Come nel modello, la **riflessione** è prevalentemente **politica** e riguarda la costituzione dello Stato ideale (che fondamentalmente viene identificato nella struttura dello Stato romano all'epoca degli Scipioni).

**...E LA CONSOLAZIONE FILOSOFICA** Nel periodo compreso tra il 46 e il 44 a.C. Cicerone compose poi numerose opere, soprattutto per cercare consolazione alle delusioni in ambito politico e al dolore causato dalla morte della figlia Tullia. Tra queste opere, la cui **tematica** è propriamente **filosofica**, si evidenziano per importanza le *Tusculanae disputationes* («Discussioni tuscolane»), il *De finibus bonorum et malorum* («Il sommo bene e il sommo male»), il *De natura deorum* («La natura degli dèi»), il *De divinatione* («La divinazione»), il *De fato*, il *Cato Maior, de senectute* («Catone Maggiore, ovvero la vecchiaia») e il *Laelius, de amicitia* («Lelio, ovvero l'amicizia»). Ricordiamo anche il *De officiis* («I doveri»), indirizzato al figlio Marco, in forma di trattato, dove è condensato il messaggio della morale romana rivissuto alla luce della saggezza stoica.

**IL *SOMNIUM SCIPIONIS*** Un posto particolare, tra gli scritti filosofici di Cicerone, risulta occupato dall'ultima sezione del *De re publica*: nota come ***Somnium Scipionis***, «Il sogno di Scipione», essa è stata tramandata separatamente dal resto dell'opera, corredata del commento di autori cristiani della tarda antichità, come Macrobio (IV-V secolo d.C.).

Nel testo Cicerone immagina che a Scipione Emiliano, prima che egli distrugga Cartagine, compaia in sogno il nonno Scipione Africano, il vincitore di Zama. Quest'ultimo rivela al nipote che il fine della vita non è la gloria, che è peritura, ma l'agire disinteressatamente per il bene della patria. Questa è la sola vera virtù e solo l'anima di chi la persegue otterrà effettivamente l'immortalità e la beatitudine in cielo.

Il *Somnium Scipionis* fu letto con estremo interesse durante il Medioevo e il Rinascimento e fu considerato uno dei vertici cui era giunto il pensiero pagano in ragione del fatto che in esso si trova

**L'Universo sorretto dai Giganti, con al centro la Terra**, miniatura da un codice dei *Commentarii in Somnium Scipionis* di Macrobio, metà del XII secolo. Copenhagen, Det Kongelige Bibliotek.

espressa l'idea dell'immortalità dell'anima. Molto probabilmente, però, Cicerone non credeva nell'esistenza della vita dopo la morte (come del resto afferma in altre sue opere, in linea con la stragrande maggioranza degli intellettuali della sua epoca); significativamente, il riferimento alla vita dopo la morte è sviluppato nel contesto del racconto di un sogno.

Proponiamo la lettura della pagina finale di tale testo, dove emergono con chiarezza la tensione espressiva e l'impegno intellettuale che lo contraddistinguono.

«"Poiché è dunque evidente che è eterno ciò che si muove di per sé, chi potrebbe ancora negare che appunto l'immortalità è il carattere essenziale dell'anima? È infatti inanimato tutto quello che è mosso da un impulso esterno; ma tutto ciò che è animato si muove per virtù propria. Ed in questo consiste l'essenza e la forza dell'anima. E se, unica fra tutte le cose, è capace di muovere se stessa perpetuamente, essa non ha né principio né fine. Questa tu devi affinare nell'esercizio delle più nobili virtù. E nobilissima tra le sue attività sarà invero quella rivolta alla salvezza della patria, dal cui affetto incitata e stimolata più rapidamente l'anima trasvolerà a questa che è la sua vera sede e dimora [il cielo]; e più affretterà il suo ritorno in cielo se, fin già da quando è racchiusa nel corpo, si protenderà fuori e, contemplando le cose che sono all'esterno, si astrarrà, per quanto più sarà possibile, dal corpo. Le anime infatti di coloro che si abbandonarono in vita ai piaceri corporei e, quasi fatte schiave, per l'impulso delle passioni obbedienti al piacere, violarono le leggi umane e divine, una volta sfuggite dal corpo si aggirano intorno alla terra stessa e non ritornano in questo luogo se non dopo un lungo travaglio di secoli." Egli scomparve, ed io mi destai dal sonno.»

(*De re publica* 6, 9; trad. di A. Resta Barrile)

## 13. L'EPISTOLOGRAFIA

Un genere letterario del tutto particolare è rappresentato dall'epistolografia (che nel mondo greco aveva toccato punte altissime soprattutto con Platone, le cui lettere trattavano di argomenti sia privati sia filosofici).

Scrivere lettere, private e anche ufficiali, era una consuetudine ben radicata e presente nei mondo romano, per evidenti necessità pratiche. Tuttavia, la più antica raccolta di lettere in latino a noi giunta è rappresentata dall'epistolario di Cicerone. Questi, come la maggior parte degli esponenti del mondo politico romano, intratteneva una fitta corrispondenza con le numerose persone con cui era in contatto e conservava in archivio copia sia delle lettere che inviava sia di quelle che riceveva. Alla sua morte molte annate dell'epistolario furono rese pubbliche, probabilmente grazie a Tito Pomponio Attico (intimo amico di Cicerone), a Cornelio Nepote, a Marco Cicerone (figlio dell'oratore) e a Tirone (il fedelissimo liberto segretario di Cicerone). L'epistolario è suddiviso in lettere a familiari, parenti e amici (*Epistulae ad familiares*), all'amico Tito Pomponio Attico (*Epistulae ad Atticum*), a Marco Bruto (*Epistulae ad Marcum Brutum*) e al fratello Quinto Cicerone (*Epistulae ad Quintum fratrem*). Questa raccolta costituisce una straordinaria testimonianza relativa ai retroscena della vita politica di anni assai tormentati (preziosissime in proposito sono anche le lettere inviate a Cicerone da personaggi come Cesare e Pompeo). Inoltre, possiamo senz'altro affermare che grazie all'epistolario Cicerone è uno dei personaggi meglio conosciuti dell'antichità: infatti, siamo informati su numerosi particolari della sua vita familiare, oltre ad avere un accesso privilegiato ai suoi pensieri più reconditi. Ovviamente, comparando le notizie che ricaviamo dall'epistolario privato, in cui l'autore esprime dubbi e ripensamenti, con quanto leggiamo nelle opere pensate per la pubblicazione, ricche di giudizi perentori, ricaviamo un ritratto dell'oratore maggiormente connotato da luci e ombre, come avverrebbe se potessimo conoscere la parte più nascosta di qualsiasi personaggio pubblico.

L'epistolario ciceroniano rappresenta anche un documento fondamentale dal punto di vista linguistico: nelle lettere, infatti, Cicerone non fa uso dell'elaborato linguaggio delle opere oratorie e filosofiche, esprimendosi spesso con la freschezza del registro quotidiano; in particolare, nello scrivere all'amico Attico, fa largo uso di termini greci (assenti dalle orazioni), a testimonianza dell'effettivo bilinguismo che caratterizzava la comunicazione delle persone colte dell'epoca.

## 14. LA NASCITA DELLA POESIA LIRICA

Fino alla fine del II secolo a.C. gli intellettuali romani avevano come priorità indiscussa la partecipazione diretta alla vita politica. In linea con i valori tradizionali del *mos maiorum*, essi erano portati a relegare la pratica letteraria ai momenti di *otium*, quando cioè erano liberi dagli impegni legati all'attività pubblica (i *negotia*); e comunque, durante questi momenti, si dedicavano all'epica, alla storiografia, all'oratoria o alla trattatistica, ovvero a generi letterari avvertiti come più affini alla loro attività principale nonché più consoni alla dignità di un cittadino romano.

■ Apollo che suona la cetra, II sec. d.C. Città del Vaticano, Museo Pio Clementino.

Fu solo tra la fine del II e l'inizio del I secolo a.C. che la sensibilità di alcuni letterati iniziò a mutare; questo avvenne in seguito al diffondersi di correnti filosofiche nuove e di ideologie più aperte alle sollecitazioni provenienti dal mondo greco, in concomitanza con una generale crisi dei valori tradizionali e con la conseguente diffusione di un marcato individualismo. In primo luogo tra i membri dell'*élite* colta si diffuse il gusto per una poesia leggera, disimpegnata, destinata all'intrattenimento, da coltivarsi in una dimensione di *otium*. Questa nuova tendenza poetica ebbe i suoi elementi caratterizzanti, sul piano tematico e su quello stilistico, rispettivamente nell'amore e nella cura formale e fu legata innanzi tutto al nome di Lutazio Catulo; ricordiamo inoltre Porcio Licino, Valerio Edituo e Levio, altri poeti con cui Lutazio Catulo fu in relazione e con i quali condivise gli orientamenti letterari.

La poesia di Lutazio Catulo e del suo gruppo preluse a un'esperienza poetica assolutamente innovativa e "rivoluzionaria" (in rapporto alla mentalità romana tradizionale): quella dei *poetae novi* o, con termine greco, *neòteroi* (entrambe le denominazioni risalgono a Cicerone, che le utilizzò con intento polemico, appunto perché l'idea di novità a Roma non era particolarmente apprezzata).

La cerchia di questi poeti introdusse nel sistema letterario latino la prima vera e importante divaricazione del gusto estetico. Tutte le principali forme poetiche praticate fino alla fine del II secolo a.C. aspiravano a farsi portatrici di valori condivisi dall'intera comunità (è il caso dell'epica nazionale di Nevio e di Ennio, ma anche della commedia palliata, che veicolava un sistema di valori in linea con il *mos maiorum*). La poesia dei *neòteroi* invece, espressa con i metri della lirica greca e basata su tematiche soggettive, sentimentali, mitologiche, risultava intimamente collegata a una scelta di vita basata sulla dimensione dell'*otium* e sul disimpegno politico (di ascendenza epicurea); era frutto di una visione radicalmente individualistica dell'esistenza e di una concezione della poesia come *lusus*, ossia come «gioco», come puro divertimento intellettuale.

Amore, amicizia e passioni vitali vengono vissuti e cantati con rara autenticità da parte di questo gruppo di giovani poeti, uniti più da una sensibilità comune che dall'appartenenza a una vera e propria "scuola" caratterizzata dall'adozione consapevole ed esplicita di soluzioni poetiche comuni; giovani per i quali la poesia era una scelta di vita da condividere in un contesto intimo di amicizia. Ma se il sentimento celebrato appare spontaneo, certamente non improvvisata si presenta la forma: al contrario, essa è frutto di un'estenuante ricercatezza, di una sicura dottrina e di un meticoloso *labor limae* (➤ p. 232). L'adesione ai princìpi della poetica ellenistica, e in particolare callimachea, infatti, ha determinato la scelta di un nuovo stile poetico fondato sulla *brevitas* e sull'*ars*, cioè sulla forma poetica breve e sul lavoro di cesello dei versi; evidente ed esplicita è la polemica con i cultori dell'epos tradizionale di matrice enniana, del quale venivano criticati i contenuti antiquati e una certa sciatteria formale. Epigrammi ed epilli (ossia brevi poemetti a contenuto mitologico) saranno i generi prediletti dai nuovi poeti; e appunto nell'ambito di questi generi si andranno a esercitare un paziente lavoro di limatura dei versi e il ricorso a raffinate tecniche compositive.

Valerio Catone, Furio Bibaculo, Varrone Atacino, Elvio Cinna, Licinio Calvo e il loro caposcuola, Gaio Valerio Catullo, tutti originari della *Gallia Cisalpina*, sono gli esponenti del circolo neoterico; di tutti questi poeti, purtroppo, con la sola eccezione di Catullo, ci restano diversi titoli di opere ma ben pochi versi. In ogni caso, ciò che è giunto fino a noi costituisce un'evidente testimonianza di come la nuova poetica di gusto alessandrino nella Roma dell'età di Cesare fosse ormai una realtà letteraria radicata, con cui i poeti dei decenni successivi non potranno far a meno di confrontarsi.

Affresco raffigurante Apollo quale dio della poesia, con la cetra in mano, I sec. a.C-I sec. d.C. Roma, Antiquarium del Palatino.

**GUIDA ALLO STUDIO**

**1.** Che cosa si intende per "purismo linguistico"? Quali sono gli indicatori di questa tendenza nello stile adottato da Cesare e da Cicerone per le loro opere?

**2.** Secondo gli studiosi di tipologia linguistica, quale ricaduta ha avuto sulla sintassi latina la scelta da parte di scrittori come Cesare e Cicerone di rafforzare il sistema dei casi?

**3.** Per quali motivi la classe dirigente romana avversava la diffusione degli studi retorici?

**4.** Quali sono, secondo la retorica classica, le cinque attività necessarie per costruire ordinatamente un discorso e per esporlo efficacemente?

**5.** Qual è la differenza di impostazione tra un'opera storiografica concepita secondo il metodo annalistico e una monografia? Quali altri generi storiografici venivano praticati nell'età di Cesare e di Cicerone?

**6.** Quali furono le tappe fondamentali della diffusione della filosofia greca a Roma?

**7.** Quali erano le finalità delle opere filosofiche di Cicerone?

**8.** Chi erano i *poetae novi* o *neòteroi*? Quali caratteri di novità presentava la loro produzione letteraria?

## INDICAZIONI BIBLIOGRAFICHE

Per inquadrare gli aspetti storici relativi al periodo compreso tra l'azione dei Gracchi e il periodo del II triumvirato è particolarmente utile la sezione *Fra crisi e riforma: politica, società, cultura* in *Storia Einaudi dei Greci e dei Romani*, vol. 15, Torino 1982, pp. 671-807. Il complesso funzionamento delle assemblee elettorali romane è illustrato in modo dettagliato ed esaustivo in uno storico articolo di Ursula Hall, *Voting procedure in Roman assemblies*, in *Historia: Zeitschrift für alte Geschichte*, Bd. 13 H. 3 (Luglio 1964), pp. 267-306 (consultabile anche online su jstor.org). Per quanto riguarda la questione della formazione della *latinitas*, è di fondamentale importanza Paolo Poccetti, Diego Poli, Carlo Santini, *Una storia della lingua latina*, Roma, Carocci, 1999, pp. 314-327 e 377-405; per gli aspetti propriamente linguistici è molto utile anche Innocenzo Mazzini, *Storia della lingua latina e del suo contesto*, vol. 1 *Linguistica e lingua letteraria*, Roma, Salerno; 2007, pp. 99-137. Per avvicinarsi ai problemi che riguardano la tipologia linguistica si può consultare Nicola Grandi, *Fondamenti di tipologia linguistica*, Roma, Carocci, 2003; per quanto riguarda in particolare il latino, si segnala Rossana Di Gennaro, *Nuovi modelli per l'analisi e la didattica delle lingue antiche*, Roma, Carocci, 2010, spec. pp. 125-215. Una sintesi che evidenzia bene il valore attualmente rivestito dalla retorica di Aristotele si trova in Federica Venier, *Il potere del discorso*, Roma, Carocci, 2008, pp. 19-28 e 67-103. Per l'oratoria a Roma, un quadro introduttivo ai problemi generali assai chiaro è in Carlo Santini, Carlo Pellegrino, Fabio Stok, *Dimensioni e percorsi della letteratura latina*, Roma, Carocci, 2010, pp. 187-200. Uno sguardo d'insieme, acuto e completo, sui saperi della classe dominante romana e sul ruolo della poesia è in Emanuele Narducci, *Le risonanze del potere,* in *Lo spazio letterario di Roma antica*, vol. 2, Roma, Salerno, 1989, pp. 533-577; nel vol. 1 della stessa opera (Roma 1989) si trova un'ottima introduzione alla storiografia: Domenico Musti, *Il pensiero storico romano,* pp. 177-208.

SINTESI

# L'ultima fase della repubblica (133-42 a.C.)

## Il contesto storico e sociale

- Dopo la presa di Numanzia (133 a.C.) l'**espansionismo** romano proseguì, ma con meno impeto rispetto all'età precedente. I principali fronti di guerre esterne furono in **Africa** (contro Giugurta, sconfitto nel 104 a.C. da Gaio Mario), in **oriente** (contro Mitridate, sconfitto da Pompeo nel 63 a.C.) e in **Gallia** (teatro delle campagne di Cesare, tra il 58 e il 51 a.C.).
- Dal punto di vista sociale, si assistette alla progressiva scomparsa del ceto medio formato dai piccoli proprietari terrieri: da una parte c'erano le famiglie abbienti della **prima classe**, dall'altra c'era il sempre più numeroso **proletariato urbano**, nel quale confluirono quanti non avevano alcun bene.
- Dal punto di vista politico, il fenomeno più evidente del periodo fu la progressiva **perdita di prestigio** del **senato**, incapace di fronteggiare i cambiamenti sociali intervenuti in seguito alle guerre di conquista. Questa situazione fece sì che alcuni abili generali (a partire da Gaio Mario) potessero portare avanti una politica indipendente dalle direttive del senato.
- Nel senato si crearono due fazioni: da un lato c'erano i ***populares***, che intendevano ricreare il ceto dei piccoli possidenti e diminuire il proletariato urbano, promuovendo distribuzioni di terre sottratte ai latifondi dei senatori (sull'esempio delle riforme presentate dai fratelli **Tiberio** e **Gaio Gracco**, tribuni della plebe rispettivamente nel 133 e nel 123-122 a.C.); dall'altro c'erano gli ***optimates***, ossia coloro che, nel timore di vedere scemare il prestigio e il potere del ceto senatorio, rifiutavano qualsiasi proposta di riforma agraria.
- Le tensioni insite nella società sfociarono in episodi di vera e propria **guerra civile**, oltre che nella cosiddetta **"guerra sociale"** (91-88 a.C.), ossia la guerra dichiarata a Roma dagli Italici, che alla fine ottennero i medesimi diritti di cui godevano i cittadini romani. Dopo l'epoca dei Gracchi, entrambi morti nei tumulti seguiti alle loro proposte di riforma, gli episodi di maggiore violenza si verificarono tra l'88 e l'82 a.C., quando i partigiani di **Mario** e i partigiani di **Silla** diedero corso a stragi di avversari, alternandosi nel governo di Roma. Violentissima fu poi la guerra civile tra **Cesare** e **Pompeo** (continuata anche dopo la morte di Pompeo: 49-45 a.C.) e la guerra civile tra **Antonio** e **Ottaviano** da un lato e **Bruto** e **Cassio** dall'altro, ossia tra gli eredi di Cesare, assassinato nel 44 a.C., e i cesaricidi (43-42 a.C.).
- A partire dalla **dittatura** rivestita da **Silla** tra l'82 e il 79 a.C. furono sempre più numerosi i casi in cui il potere di Roma abbandonò le forme istituzionali repubblicane, per concentrarsi nelle mani di pochissimi o addirittura di uno solo: questo accadde dal 60 al 53, con il **primo triumvirato** (accordo privato stipulato tra **Cesare**, **Pompeo** e **Crasso**) e dal 49 al 44 a.C. con la **dittatura** di **Cesare**.
- Poco più di un anno dopo l'uccisione di Cesare **Ottaviano**, **Antonio** e **Lepido** dettero vita al **secondo triumvirato** (43 a.C.), magistratura che aveva il compito di dare a Roma una nuova costituzione. Dopo che le legioni dei triumviri sconfissero a Filippi, nel 42 a.C., i cesaricidi Bruto e Cassio, di fatto Roma abbandonò per sempre l'assetto repubblicano.

## Il contesto culturale

- Nella letteratura latina dell'ultima fase della repubblica si sviluppano **due tendenze stilistiche**, fondate su due diverse concezioni della lingua letteraria: in scrittori che ebbero un ruolo pubblico di rilievo, come **Cesare** e **Cicerone**, si registra una marcata tendenza verso il **purismo**. Altri autori, come **Catullo** e **Lucrezio** in poesia e **Sallustio** nella storiografia, optarono invece per uno stile improntato al **sincretismo**, ammettendo dunque all'interno della lingua letteraria un più ampio ventaglio di possibilità espressive.

- L'impegno nella ricerca di un'espressione linguistica adeguata alla dignità e al ruolo di potenza egemone ormai raggiunto da Roma era in linea con gli interessi verso la **lingua** e la **grammatica** che caratterizzavano tradizionalmente la classe dirigente romana, abituata dalla pratica del diritto a cercare la terminologia più adatta per definire adeguatamente le questioni di natura giuridica.

- Una svolta nella cultura latina fu determinata dal diffondersi a Roma degli studi di **retorica greca**. Tale scienza insegnava a trovare in ogni situazione argomenti per rendere convincente il discorso. La consapevolezza che diffondere i princìpi di tale scienza tra il popolo potesse causare effetti destabilizzanti nella vita politica indusse il senato a vietarne l'insegnamento in latino. L'insegnamento della retorica avvenne perciò in greco e a costi elevatissimi.

- Nonostante l'opposizione da parte del senato, iniziarono a circolare a Roma manuali di retorica in latino, come la ***Rhetorica ad Herennium***, cui si aggiunsero le numerose opere di **Cicerone** sull'argomento, tra le quali spiccano il ***De oratore***, il ***Brutus*** e l'***Orator***; di Cicerone conserviamo anche il testo di 58 **orazioni**.

- Nel **genere storiografico**, oltre a quanti continuarono a scrivere opere di impostazione annalistica, comparvero autori che, modellando i propri scritti su autorevoli esempi greci, pubblicarono **biografie** di uomini illustri, come **Cornelio Nepote**, o **opere monografiche**, come il ***De coniuratione Catilinae*** e il ***Bellum Iugurthinum*** di **Sallustio**.

- Si diffuse anche l'abitudine dei generali di trasformare i propri resoconti e rapporti ufficiali in vere opere di **memorialistica**. Notevolissimi in questo genere sono i commentari ***De bello Gallico*** e ***De bello civili*** di **Cesare**.

- La **filosofia epicurea**, assai diffusa nella classe senatoria, trovò, nella prima metà del I secolo a.C., uno straordinario cantore nel poeta **Lucrezio**, che dedicò ad essa il poema didascalico ***De rerum natura***. La diffusione del pensiero filosofico greco in latino avvenne poi soprattutto a opera di **Cicerone**, il quale dedicò buona parte degli ultimi anni della sua vita a scrivere opere in cui dette conto delle teorie di tutte le maggiori scuole filosofiche greche.

- Nella prima metà del I secolo a.C. i ***poetae novi*** (o ***neòteroi***) furono protagonisti di un'esperienza poetica assolutamente innovativa e "rivoluzionaria" in rapporto alla mentalità romana tradizionale, in quanto collegata a una scelta di vita basata sulla dimensione dell'*otium* e sul disimpegno politico (di ascendenza epicurea): educati alla raffinatezza della poesia ellenistica, questi poeti adottarono i metri della lirica greca e svilupparono tematiche soggettive, sentimentali, mitologiche. Il più noto per noi è **Catullo**, che pose al centro dei suoi carmi principalmente il tema amoroso, cantato con passione e immediatezza straordinarie.

# LABORATORIO DELLE COMPETENZE

**COMPETENZE SOCIALI E CIVICHE**

• **MATURARE LA CONSAPEVOLEZZA DELLE ORGANIZZAZIONI DEL LAVORO E DEGLI OBIETTIVI, DEI VALORI E DELLE POLITICHE DEI MOVIMENTI SOCIALI E POLITICI**

## 1. ESSERE CITTADINI A ROMA

Studiando il contesto storico dell'ultima fase della repubblica hai acquisito consapevolezza dei fattori sociali, politici ed economici che portarono alla crisi delle istituzioni repubblicane di Roma e dunque alla trasformazione della *res publica* in un differente sistema politico.

Osserva le immagini riportate nella colonna di sinistra e corredate di didascalie: esse ti forniscono uno spunto di approfondimento delle conoscenze acquisite con lo studio di questo capitolo. Completa le informazioni della colonna centrale; quindi svolgi gli approfondimenti suggeriti nella colonna di destra e raccogli le nuove informazioni acquisite in una presentazione multimediale destinata ai tuoi compagni.

| | | |
|---|---|---|
| 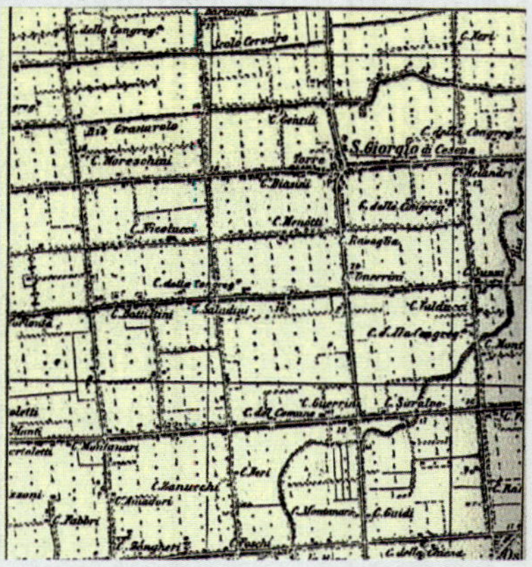<br>■ Tracce della centuriazione romana nel territorio di Cesena. | La centuriazione era il sistema secondo cui i Romani organizzavano i territori agricoli di nuova conquista, basandosi sul modello ortogonale proprio dei *castra* (..............................) e delle città di nuova fondazione.<br>Nel corso del II secolo a.C. la centuriazione venne completata nell'Italia settentrionale e venne estesa anche all'Italia centrale, in conseguenza della riforma agraria promossa dai ........................................................ . | Con l'aiuto di Internet cerca altre informazioni sulla centuriazione romana, seguendo questa traccia:<br>- A chi e con quali scopi i Romani concedevano terre da coltivare?<br>- Chi si occupava di delimitare i lotti di terreno? Quali strumenti venivano usati? (Cerca delle immagini relative al procedimento impiegato)<br>- Quali direzioni geografiche seguivano i confini dei lotti di terreno?<br>- Di quali strumenti di osservazione e di ricerca si avvalgono attualmente gli studi sulla centuriazione romana in Italia? |
| <br>■ Bassorilievo raffigurante un gruppo di legionari romani. | Mentre l'esercito dell'età regia e della prima età repubblicana era formato da cittadini che si armavano a proprie spese in ragione delle proprie capacità di reddito, a partire dalla riforma di ................................<br>(la cosiddetta "riforma mariana") si creò un esercito di professionisti stipendiati dallo Stato.<br>Questi erano spesso nullatenenti che si arruolavano per sottrarsi a una condizione di totale indigenza e che trovavano nell'esercito concrete opportunità di promozione sociale.<br>La loro fedeltà nei confronti del generale era assoluta e poteva superare anche la devozione nei confronti dello Stato. | Con l'aiuto di Internet cerca altre informazioni sull'esercito a Roma, seguendo questa traccia:<br>- Come era organizzato l'esercito romano fino al tempo di Mario?<br>- Quali cambiamenti introdusse Mario?<br>- In seguito alla "riforma mariana", come veniva ricompensato il servizio militare prestato per un periodo di tempo prolungato?<br>- In che modo la riforma mariana dell'esercito influì sulla mobilità sociale romana?<br>- Quali conseguenze ebbe, sul piano politico, il particolare legame che si venne a creare tra l'esercito e i suoi generali? |

| | | |
|---|---|---|
| <br>■ Il mercato degli schiavi, dipinto di Gustave Boulanger (1824-1888). | La presenza degli schiavi a Roma continuò ad aumentare in seguito alle conquiste e al commercio. Gli schiavi svolgevano le mansioni più disparate, sia nelle case di città dei Romani sia anche nei loro ..............................................................................: si diffuse infatti sempre più il sistema di conduzione agricola del latifondo con manodopera schiavile (con la conseguenza che gli schiavi entrarono in competizione con i braccianti salariati). Molti schiavi venivano poi addestrati per diventare gladiatori, come la gran parte di quelli che si ribellarono nel 73 a.C. guidati da .............................................................................. . | Con l'aiuto di Internet cerca altre informazioni sulla schiavitù a Roma, seguendo questa traccia:<br>- Da dove provenivano gli schiavi condotti a Roma?<br>- In quali modi le famiglie romane entravano in possesso degli schiavi?<br>- Quali tipi di schiavi esistevano (in base alle mansioni loro affidate)?<br>- Come venivano considerati gli schiavi che lavoravano nelle *villae rusticae*?<br>- Quali pene erano previste per gli schiavi fuggiaschi? |
| <br>■ Moneta coniata dalla confederazione dei popoli italici durante la guerra sociale. | La guerra sociale scoppiò nel ................ a.C. tra i popoli italici, che si erano visti ancora una volta rifiutare la concessione dei diritti di ................................, e lo Stato romano.<br>La proposta di concedere la cittadinanza agli Italici era costata a ................................................ la perdita dell'appoggio dei proletari, timorosi di dover condividere con un maggior numero di persone i propri privilegi. Dopo di lui, venne ucciso per aver fatto la stessa proposta anche il tribuno della plebe Marco Livio Druso. | Con l'aiuto di Internet cerca altre informazioni sulla guerra sociale a Roma, seguendo questa traccia:<br>- Quali diritti erano negati ai *socii* italici?<br>- Quali erano gli obblighi dei *socii* italici nei confronti di Roma?<br>- Quali provvedimenti presero le popolazioni italiche durante la guerra sociale?<br>- Da chi venne battuta la moneta con l'effigie dell'Italia raffigurata nella colonna di sinistra?<br>- Quali erano le difficoltà alle quali i Romani dovettero andare incontro nella guerra sociale? |
| <br>■ Iscrizione elettorale proveniente da Pompei. | Il diritto di voto era una prerogativa esclusiva dei .......................................... romani, i quali partecipavano alle diverse assemblee (comizi ...................................... e tributi, concili della plebe) per eleggere i loro .......................................... , per respingere o approvare le proposte di legge, per giudicare di alcuni reati e, infine, per decidere se salvare un cittadino romano condannato a morte. | Con l'aiuto di Internet cerca altre informazioni sul sistema elettorale romano, seguendo questa traccia:<br>- Secondo quali criteri erano organizzate e quali competenze avevano le diverse assemblee dei cittadini?<br>- Quali magistrati erano incaricati di presiederle?<br>- Quando potevano avvenire le elezioni?<br>- Quali erano le procedure di voto? |

# Lucrezio
## Letteratura e scienza per orientare le scelte di vita

ZTE ONLINE
Mettiti alla prova con 20 esercizi interattivi

### LA DOLCEZZA DELLA POESIA, LA LUCE DELLA FILOSOFIA

PER COMPRENDERE



### PAROLE PER UN MONDO NUOVO

PER ANALIZZARE



### RAZIONALITÀ E INCUBO

PER APPROFONDIRE

# TITO LUCREZIO CARO

**UN MISTERIOSO POETA-FILOSOFO** Lucrezio doveva essere ben conosciuto dai suoi contemporanei, che nelle loro opere lo nominavano per lo più senza sentire l'esigenza di fornire informazioni su di lui. Successivamente, però, si perse ogni traccia certa riguardo all'identità dell'autore del *De rerum natura*; al punto che per ricostruire i dati biografici di Lucrezio ci si affidò alla testimonianza molto più tarda di **San Girolamo**, vissuto a cavallo tra il IV e il V secolo, che nella sua *Cronaca* riportava le seguenti notizie: «Nasce il poeta Tito Lucrezio: il quale in seguito, divenuto pazzo a causa di un filtro d'amore, dopo che ebbe scritto negli intervalli della follia un certo numero di libri, che poi Cicerone pubblicò, si uccise di propria mano nel quarantaquattresimo anno di vita». Gli studiosi moderni hanno messo in discussione l'attendibilità di questo passo, che per secoli ha costituito il punto di partenza non solo per ricostruire la vita di Lucrezio, ma anche per interpretare il *De rerum natura*: non si dà più credito alle notizie relative alla pazzia, al filtro amoroso e al suicidio (che possono aver avuto origine da una curiosa serie di malignità e fraintendimenti); da molti è invece ritenuta attendibile la data di nascita che si può ricavare da Girolamo: il **94/93 a.C.**

**CICERONE E LUCREZIO** Non sembra neppure probabile la notizia secondo cui Cicerone avrebbe pubblicato il poema di Lucrezio (o l'avrebbe revisionato, come potrebbe anche significare il termine *emendavit* usato nella *Cronaca* geronimiana). È però certo che Cicerone conosceva il *De rerum natura* e in certa misura lo apprezzava, come deduciamo da un passo di una lettera al fratello Quinto (*Epistulae ad Quintum fratrem* 2, 10, 5): *Lucreti poemata, ut scribis, ita sunt, multis luminibus ingenii, multae tamen artis. Sed, cum veneris, virum temptabo*, «I versi di Lucrezio sono tali e quali come li descrivi tu: frutto di una mente brillante, ma anche di una tecnica assai studiata. Comunque, quando sarai tornato, metterò alla prova l'uomo».
Per lo più, gli studiosi interpretano questo passo come una testimonianza del fatto che Cicerone aveva letto per intero il *De rerum natura*; sulla base della testimonianza di Girolamo, tendono poi a ritenere che la lettura integrale del poema da parte di Cicerone sia avvenuta in un periodo successivo alla morte di Lucrezio. La lettera al fratello Quinto, scritta nel **54 a.C.**, fornirebbe dunque un **termine *ante quem*** per collocare la **morte** del poeta (che sarebbe appunto avvenuta prima del 54 a.C.). Lo studioso Luciano Canfora ritiene invece che Cicerone e il fratello conoscessero un gruppo di versi (*poemata*) dell'opera ancora in corso di scrittura, e non l'intera opera, e che Marco Tullio stesse in realtà comunicando a Quinto la sua intenzione di conoscere meglio il poeta (*virum temptabo*); di conseguenza, a quell'altezza cronologica Lucrezio sarebbe stato ancora vivo.

**IL DEDICATARIO DEL POEMA** Dal *De rerum natura* possiamo ricavare almeno un dato biografico certo, cioè il legame dell'autore con il dedicatario del poema, **Memmio**. Questi è identificabile con un buon margine di sicurezza con l'aristocratico Gaio Memmio, che fu pretore nel 58 a.C. e propretore l'anno successivo in Bitinia e Ponto, dove portò con sé alcuni letterati tra cui anche Catullo (➛ Scheda "Il tempo dell'autore", p. 325); sappiamo inoltre che Gaio Memmio, dopo essersi candidato al consolato per il 54 a.C., fu condannato per brogli elettorali ed esiliato.
Da una lettera di Cicerone del 52 a.C. (*Epistulae ad familiares* 63, 13) apprendiamo che proprio Memmio, allora esule ad Atene, aveva intenzione di demolire la casa-scuola di Epicuro per farvi costruire la propria dimora. Dal tono ironico con cui Cicerone parla dei seguaci dell'epicureismo pare di capire che il tentativo di Lucrezio di convertire Memmio a quella filosofia non fosse andato a buon fine. Si sospetta in effetti che ci sia stata una rottura tra i due, ipotesi suffragata dal fatto che il nome di Memmio è presente solo nei libri del *De rerum natura* che sembrano essere stati composti per primi.

**L'*AMICITIA* TRA LUCREZIO E MEMMIO** Non ci è chiaro, in ogni caso, se tra Lucrezio e Memmio intercorresse un rapporto paritario di ***philia*** («amicizia») epicurea oppure un rapporto non paritario di tipo **clientelare** (per cui Memmio sarebbe il *patronus* di Lucrezio, come sembrerebbe di poter desumere dagli epiteti deferenti con cui viene apostrofato nel corso del poema). A questo dubbio si collega poi l'incertezza relativa all'estrazione sociale di Lucrezio, che nei manoscritti del *De rerum natura* viene indicato con i ***tria nomina*** gentilizi (*Titus Lucretius Carus*): sulla base di questo dato, infatti, è possibile ipotizzare sia che Lucrezio avesse un'**origine nobile**, sia che fosse un **liberto** della *gens Lucretia*, dal momento che a Roma gli schiavi liberati assumevano il nome del vecchio proprietario.

Frontespizio del *De rerum natura* di **Lucrezio,** miniatura da un manoscritto del XV secolo. Città del Vaticano, Biblioteca Apostolica Vaticana.

# Letteratura e scienza per orientare le scelte di vita

**UN FORTUNATO RITROVAMENTO** Quello di Lucrezio è il primo poema latino che possiamo leggere per intero, grazie a uno straordinario ritrovamento. Dopo essere stato un modello imprescindibile per Virgilio, per Ovidio e per molti altri poeti sia pagani sia anche cristiani, il *De rerum natura* era andato pressoché perduto nel corso del Medioevo. Dante, Petrarca e Boccaccio lo conoscevano soltanto attraverso le citazioni di altri autori; nel 1417, però, l'umanista Poggio Bracciolini ne ritrovò un codice in un monastero tedesco. A partire da quel momento il *De rerum natura* ha goduto di una fortuna ininterrotta, dovuta al fascino della poesia lucreziana e all'interesse suscitato dal contenuto del poema.

**UN POEMA SULL'EPICUREISMO** Il *De rerum natura* è un poema didascalico, cioè un'opera in versi che si propone di trasmettere insegnamenti, ed è dedicato alla filosofia epicurea. All'epoca della sua prima diffusione costituì una novità per il pubblico romano della tarda repubblica: infatti, se si eccettua la variegata produzione di Ennio (➤ "Il Contesto", p. 55), la filosofia era un argomento poco presente nella letteratura latina. La filosofia epicurea, in particolare, veniva ritenuta inconciliabile con il *mos maiorum* sia perché distoglieva i cittadini dall'impegno politico sia perché veniva confusa con l'edonismo, cioè la ricerca del piacere fine a se stesso.

**ORIGINI E TRASMISSIONE DELL'EPICUREISMO** Epicuro, il fondatore dell'epicureismo, visse tra il 341 e il 270 a.C.; egli avviò una delle principali scuole filosofiche ellenistiche, dove si insegnava la ricerca della felicità a partire dallo studio delle leggi naturali: secondo Epicuro, infatti, la conoscenza della natura consente all'uomo sia di liberarsi dalle paure generate dall'ignoranza sia di trovare un criterio per distinguere tra ciò che è bene e ciò che è male, in vista del conseguimento di una vita serena. Noi conosciamo la dottrina di Epicuro soprattutto attraverso la testimonianza di Diogene Laerzio (III secolo d.C.): nel decimo libro delle sue *Vite dei filosofi* ci ha tramandato la biografia e il testamento di Epicuro, i titoli delle sue opere, un insieme di sentenze morali (le *Massime capitali*) e tre intere lettere, le quali costituiscono un compendio della dottrina del maestro per i suoi amici Meneceo (*Sulla felicità*), Erodoto (*Sulla natura*) e Pitocle (*Sui fenomeni celesti*). Possediamo inoltre frammenti di Epicuro per tradizione sia indiretta, cioè nelle citazioni di altri autori, sia diretta, grazie ai preziosissimi resti dei papiri ercolanesi (➤ Scheda "Storia, cultura, civiltà", p. 286).

■ **Busto di Epicuro,** copia romana databile al II sec. a.C. da un originale greco del III sec. a.C. New York, Metropolitan Museum of Art.

**L'EPICUREISMO IN ITALIA** Sappiamo dalla testimonianza di Cicerone, che negli ultimi anni della sua vita si dedicò a sintetizzare le dottrine delle principali scuole filosofiche greche a uso del pubblico romano, che in Italia circolavano diverse opere divulgative sull'epicureismo. Questi testi avevano una bassa qualità letteraria e, come tutta la vasta produzione di Epicuro, erano scritti in prosa. Il filosofo ateniese, infatti, diffidava della poesia in quanto la riteneva una forma di comunicazione oscura, inadatta alla trasmissione della conoscenza. Nel corso del I secolo a.C., tuttavia, una mediazione tra l'epicureismo e la poesia venne svolta da Filodemo di Gàdara, il quale fu un finissimo poeta oltre che un maestro dell'epicureismo campano e il probabile organizzatore della biblioteca ritrovata a Ercolano (➛ Scheda "Storia, cultura, civiltà", p. 286).

**IL GENERE DIDASCALICO** All'epoca di Lucrezio il poema didascalico era un genere poco rappresentato nella letteratura latina; aveva invece avuto un lungo e fortunato sviluppo nella letteratura greca, a partire da Esiodo (VIII-VII secolo a.C.), che nel suo poema in esametri *Le opere e i giorni* aveva impartito al fratello Perse una serie di insegnamenti (la necessità del lavoro, spiegata con il mito di Prometeo, la scansione della storia dell'uomo in cinque diverse età, l'organizzazione delle attività agricole secondo i ritmi stagionali e il calendario religioso).

Diversi filosofi scelsero successivamente questo sottogenere dell'epica per esporre le loro dottrine in poemi invariabilmente intitolati *Perì phýseos*, cioè «sulla natura»: tra questi, dobbiamo innanzi tutto ricordare Empedocle di Agrigento (V secolo a.C.), a cui Lucrezio si rifece sia per la sua concezione del poeta come vate, che opera cioè direttamente ispirato dalla divinità, sia per alcune scelte stilistiche. Durante l'età ellenistica fiorì poi un'ampia produzione di brevi poemi a carattere didascalico caratterizzati dall'elaboratissima ricerca formale e dallo sfoggio di sapere in vari ambiti (mitologico, astronomico, geografico, tecnico); sappiamo che questi poemetti eruditi erano molto apprezzati a Roma, dove godevano infatti di una notevole diffusione sia gli originali greci sia le loro eleganti traduzioni in latino (ne sono un esempio gli *Aratea* di Cicerone, traduzione in esametri dei *Phoenomena*, poema didascalico sull'astronomia composto dal poeta greco Arato nel III secolo a.C.). Lucrezio dovette avere certamente ben presente questo tipo di componimenti a carattere didascalico, ma dal *De rerum natura* emerge una concezione profondamente diversa del fare poesia: per Lucrezio, infatti, la poesia non è soltanto un piacere; è anche il mezzo più efficace per trasmettere un insegnamento ritenuto fondamentale per il conseguimento della felicità.

**ATTUALITÀ DI LUCREZIO** Il lavoro di Lucrezio dà origine a una sintesi inscindibile di poesia, scienza ed etica. Leggendo il *De rerum natura*, non possiamo che rimanere sorpresi di ritrovare *in nuce* molti dei princìpi che la scienza moderna ha conquistato nel corso dei secoli: la teoria atomistica, il principio di conservazione della materia, il concetto di nascita e fine dell'universo, l'infinità del numero dei mondi possibili, la teoria evolutiva della selezione delle specie, la concezione combinatoria del linguaggio. Oggi il valore più importante dell'opera di Lucrezio è forse la testimonianza dell'unità dei saperi, che noi siamo abituati a distinguere tra umanistici e scientifici, ma che sono tutti ugualmente frutto dell'intelligenza dell'uomo.

■ **Affresco di giardino**, particolare dalla Villa di Livia a Prima Porta, Roma, 40-20 a.C.

LUCREZIO

# La dolcezza della poesia, la luce della filosofia

PER COMPRENDERE

**POESIA E MITOLOGIA PER TRASMETTERE L'EPICUREISMO** Lucrezio conquista il suo lettore tramite un sottile equilibrio tra il soddisfacimento di alcune aspettative e il loro successivo rovesciamento.

Consideriamo in questa prospettiva l'apertura del poema: secondo la tradizione del genere epico, è prevista l'invocazione iniziale a una divinità; contrariamente alle convenzioni del medesimo genere letterario, la divinità invocata non è però la Musa, ma Venere. Alla dea, che viene cantata come generatrice del mondo, il poeta si rivolge poi in preghiera chiedendole la pace, sebbene secondo la teologia epicurea, richiamata apertamente mediante l'allusione alla prima delle *Massime capitali* di Epicuro, gli dèi siano del tutto indifferenti alle vicende degli uomini. La sorpresa del lettore risulta per altro amplificata anche perché Lucrezio, facendo riferimento agli amori di Marte e Venere, utilizza la mitologia, bollata dall'epicureismo come un sapere ingannevole, volto a instillare nell'uomo la paura degli dèi.

**Marte e Venere**, affresco dalla Casa dell'Amore punito a Pompei, I sec. d.C. Napoli, Museo Archeologico Nazionale.

**FUNZIONE DI POESIA E FILOSOFIA** Nel finale del libro I Lucrezio giustifica la sua scelta della finzione poetica paragonando la poesia al miele di cui si cospargono gli orli delle tazze quando si vuole che i fanciulli bevano una medicina amara. Egli dichiara cioè di scegliere la poesia perché essa, affascinando il lettore con la sua dolcezza, contribuisce alla cura delle malattie dell'uomo: l'ignoranza, la paura, l'insoddisfazione. L'epicureismo è dunque identificato con una medicina; in ciò Lucrezio si rifà fedelmente al suo maestro, che attribuiva appunto alla filosofia il compito di liberare l'uomo dai mali dello spirito. Non a caso, le prime quattro *Massime capitali* di Epicuro (riportateci da Diogene Laerzio) furono definite dai suoi allievi, almeno a partire dal I secolo a.C., «quadrifarmaco», cioè «quadruplice medicina» (contro la paura degli dèi, la paura della morte, la mancanza del piacere e il dolore).

Lucrezio ritiene di aver ricevuto, aderendo all'epicureismo, un messaggio di liberazione, una via per la felicità che vuole condividere prima di tutto con Memmio, suo interlocutore privilegiato, e poi con ogni lettore che, avanzando nella lettura del *De rerum natura*, diventa progressivamente un adepto, un discepolo del maestro Epicuro.

**UNA CONOSCENZA "ILLUMINANTE"** A Epicuro va il merito di aver rivelato che l'angoscia dell'uomo deriva innanzi tutto dalle tenebre dell'ignoranza; perciò essa può essere placata soltanto con la luce della conoscenza. Così afferma espressamente Lucrezio per ben quattro volte nel corso del poema: «È dunque necessario che questo terrore dell'animo e queste tenebre / siano dissipate non dai raggi del sole né dai fulgidi dardi / del giorno, bensì dall'evidenza della dottrina naturale» (trad. di L. Canali).

Ecco dunque perché il lettore del *De rerum natura* deve fare in primo luogo lo sforzo di affrontare la fisica, così da poter indagare quale sia la struttura e l'origine della realtà.

**LA FISICA EPICUREA** Sulla scia dei filosofi Leucippo e Democrito, la fisica epicurea si fonda sulla teoria atomica, cioè sull'esistenza di particelle minuscole e indivisibili, gli atomi appunto, che compongono la materia e si muovono nel vuoto. La principale novità introdotta da Epicuro è il concetto di *parénklisis*, che Lucrezio traduce con *clinamen*, «declinazione». Il movimento degli atomi, che in ragione del loro peso dovrebbe sempre avvenire in linea retta e dall'alto verso il basso, può infatti subire, secondo Epicuro, delle "deviazioni"; ed è appunto in virtù di tali "deviazioni", che sono imprevedibili e non obbediscono a leggi fisse, che gli atomi si scontrano e si aggregano fra loro, formando i corpi. Introducendo nella sua trattazione il concetto di *clinamen*, Lucrezio prende le distanze da un meccanicismo di tipo totalmente deterministico (che obbedisce cioè immancabilmente a leggi fisse e prestabilite). In linea con questa concezione della fisica, in base alla quale gli atomi possono scontrarsi secondo infinite possibilità, dando origine a una realtà in cui nulla è prestabilito e nulla è immutabile, Lucrezio riconosce poi all'uomo il libero arbitrio, ovvero la libertà di compiere delle scelte senza dover rispettare alcuna volontà o previsione superiore.

**LA MORTALITÀ DELL'ANIMA E LA PAURA DELLA MORTE** Anche l'anima è composta di atomi e non può esistere senza il corpo; di conseguenza, essa è mortale. Il concetto della mortalità dell'anima è di cruciale importanza se si considera che, secondo l'epicureismo, la paura della morte e delle punizioni divine che attendono l'uomo dopo la morte costituisce il principale ostacolo al conseguimento della felicità, la quale è fatta coincidere con una condizione di imperturbabilità e di assenza di ogni turbamento (gr. *ataraxìa*). L'epicureismo, infatti, al pari di altre filosofie ellenistiche, ha come tema centrale proprio la ricerca e il raggiungimento della felicità, cui si connette per altro strettamente la riflessione sul sommo bene, che viene identificato nel piacere (gr. *hedonè*, lat. *voluptas*), inteso però non come volgare godimento ma come risultato della capacità di sapere soddisfare pochi e semplici bisogni.

Ricorrendo ad argomentazioni di ordine sia logico-razionale sia emotivo, Lucrezio dedica la parte centrale del *De rerum natura* a liberare il lettore-discepolo proprio dalla paura della morte, appunto perché tale paura impedisce il raggiungimento della felicità.

**LA STORIA DEL MONDO E DELL'UMANITÀ** Per superare la paura degli dèi, che vivono felici nelle sedi degli *intermundia*, lontani dall'uomo e ad esso del tutto indifferenti, il lettore-discepolo cui Lucrezio si rivolge nel *De rerum natura* ha bisogno anche di liberarsi delle false credenze sull'origine del mondo: appunto a questo scopo Lucrezio riscrive la storia della terra e dell'umanità, basandosi sui princìpi della fisica epicurea. Il poeta si sofferma infine su quei fenomeni (come fulmini e tempeste, terremoti, eruzioni vulcaniche, fenomeni magnetici e malattie) che possono turbare la vita dell'uomo con la violenza delle loro manifestazioni: anche di questi eventi il discepolo epicureo deve prendere serena consapevolezza, accettandoli come parte della vita, da contemplare con imperturbabile distacco.

## TESTI E TEMI | LUCREZIO E IL *CLINAMEN*

**L'IMPORTANZA DEL *DE RERUM NATURA* COME TESTO FILOSOFICO** Il poema di Lucrezio è una fonte fondamentale per la conoscenza di quelle parti della filosofia di Epicuro che non ci sono pervenute direttamente. Per esempio, per comprendere i caratteri di novità dell'atomismo epicureo rispetto a quello di Democrito, dobbiamo rifarci all'esposizione di Lucrezio sul *clinamen*, cioè la «declinazione atomica».

**LE DOTTRINE ATOMISTICHE, IL MATERIALISMO E IL MECCANICISMO** Nella ricerca di una spiegazione sull'origine della natura, l'antichità aveva elaborato diverse teorie filosofiche. I primi filosofi a teorizzare l'esistenza degli **atomi** sono **Leucippo** (vissuto nel V secolo a.C., di cui abbiamo scarsissime notizie) e il suo discepolo **Democrito** (vissuto nel V-IV secolo a.C.). Attraverso un processo deduttivo, Leucippo e Democrito postulano l'esistenza di particelle minime indivisibili (per l'appunto, gli atomi), dotate di infinite forme e caratterizzate da un movimento incessante in tutte le direzioni. Nel movimento gli atomi si scontrerebbero tra loro e da tali scontri deriverebbero tutte le cose, che si formerebbero dunque dall'aggregazione delle particelle secondo infinite combinazioni.
L'atomismo sembra essere il primo sistema compiuto di **pensiero materialista** della filosofia antica. Per materialismo s'intende una concezione secondo cui la realtà ha come unico principio esplicativo la materia con le sue caratteristiche. Il materialismo esclude ogni finalità o scopo dell'esistenza e si basa su spiegazioni meccanicistiche, cioè individua la ragione di ogni cosa (compresi i fenomeni psicologici) in una o più cause meccaniche (come il movimento). Leucippo affermava (fr. 2) che tutto avviene secondo una causa, per necessità.

**LA NOVITÀ DI EPICURO** Epicuro adotta la visione materialista e la teoria fisica di Democrito, ma con alcune variazioni. Infatti, mentre per Democrito il movimento in tutte le direzioni è una proprietà connaturata agli atomi, Epicuro ritiene che il peso obblighi gli atomi a muoversi in linea retta nel vuoto, dall'alto verso il basso e tutti secondo la medesima velocità. A questo punto, per spiegare come sia possibile che gli atomi si scontrino fra loro, Epicuro suppone che essi, nella caduta, possano spontaneamente deviare dalla loro traiettoria. Questa **imprevedibile declinazione**, il *clinamen*, sarebbe l'unico evento naturale a non avvenire secondo necessità; per l'esatta conoscenza della teoria di Epicuro su questo punto dobbiamo rifarci all'esposizione di Lucrezio (nel libro II del *De rerum natura*):

Sullo stesso argomento voglio che tu sappia anche questo:
i corpi, quando cadono verticalmente trascinati nel vuoto
dal loro stesso peso, in un momento del tutto indefinito
e in un luogo incerto si sviano un poco dal percorso,
così poco che appena ne puoi dire mutato il cammino.
Se infatti non usassero deviare, precipiterebbro tutti in basso
attraverso il vuoto profondo simili a gocce d'acqua,
non si sarebbero prodotti gli scontri, non avrebbero luogo gli urti
fra i corpuscoli primordiali: in tal modo la natura non avrebbe generato mai nulla.
Se alcuno per caso ritiene che i corpi più pesanti,
poiché cadono verticalmente nel vuoto con maggiore velocità,
possano piombare dall'alto sui più lievi e così produrre
gli urti capaci di provocare i moti germinali,
si svia molto lontano dalla corretta ragione.
[...]
Al contrario il libero vuoto non può da nessuna parte
e in nessun momento sostenere alcuna cosa;
anzi si affretta a cedere, come richiede la sua natura;
perciò nell'attraversare l'immobile vuoto tutti i corpi,
pur se di peso diverso, devono cadere con eguale velocità.
I più gravi dunque non potranno mai precipitare
dall'alto sui più leggeri e produrre di per sé gli urti
che modifichino i moti per cui la natura genera le cose.

Perciò è sempre più necessario che i corpi deviino un poco;
ma non più del minimo, affinché non ci sembri di poter immaginare
movimenti obliqui che la manifesta realtà smentisce.
Infatti è evidente, a portata della nostra vista,
che i corpi gravi in se stessi non possono spostarsi di sghembo
quando precipitano dall'alto, come è facile constatare.
Ma chi può scorgere che essi non compiono affatto
alcuna deviazione dalla linea retta del loro percorso?
Infine, se ogni moto è sempre legato ad altri,
e quello nuovo sorge dal moto precedente in ordine certo,
se i germi primordiali con l'inclinarsi non determinano un qualche
inizio di movimento che infranga le leggi del fato,
così che da tempo infinito causa non sussegua a causa,
donde ha origine sulla terra per i viventi questo libero arbitrio,
donde proviene, io dico, codesta volontà indipendente dai fati,
in virtù della quale procediamo dove il piacere ci guida,
e deviamo il nostro percorso non in un momento esatto,
né in un punto preciso dello spazio, ma quando lo decide la mente?
Infatti senza alcun dubbio a ciascuno un proprio volere
suggerisce l'inizio di questi moti che da esso si irradiano nelle membra.

(*De rerum natura* 2, vv. 216-229; 235-262; trad. di L. Canali)

**IL LIBERO ARBITRIO** Come si può vedere, nello sviluppare la teoria della declinazione atomica Lucrezio rende anche ragione del fatto che esiste una «libera volontà indipendente dal fato» (*fatis avolsa voluntas*, vv. 256-257), cioè il **libero arbitrio** dell'uomo. Gli studiosi moderni ritengono in effetti che la dottrina della declinazione atomica sia stata introdotta da Epicuro per ragioni principalmente etiche. Infatti, se ogni cosa nell'universo fosse predeterminata da leggi fisiche, non ci sarebbe alcun margine di libertà neppure per le azioni dell'uomo. Ciò non poteva essere accettabile per Epicuro, che basava tutta la sua ricerca filosofica sul conseguimento della felicità da parte del saggio attraverso la libertà morale; tale principio è del resto dichiarato esplicitamente in un passo della *Lettera a Meneceo* (134): «Era meglio infatti credere ai miti sugli dèi piuttosto che essere schiavi del destino dei fisici: quelli infatti suggerivano la speranza di placare gli dèi per mezzo degli onori, questo invece ha implacabile necessità» (trad. di G. Arrighetti). **Giovanni Reale** ha tuttavia osservato che l'introduzione del *clinamen*, violando le leggi fisiche, manda in frantumi il sistema atomistico senza tuttavia risolvere realmente il problema della libertà del saggio: «Per trovare riparo dalla Necessità, dal Fato e dal Destino, [Epicuro] getta il cosmo in balìa del fortuito. Infatti il *clinamen*, in quanto non è vincolato da regola né da legge di sorta, non è certo libertà, perché gli sono estranee qualsiasi finalità e qualsiasi intelligenza, e dunque è solo mera casualità».

**GUIDA ALLO STUDIO**

**1.** Rispetto alla teoria fisica sviluppata da Democrito, quali sono i tratti di novità che contraddistinguono l'atomismo di Epicuro?

**2.** Quali sono gli elementi distintivi del pensiero materialista? Perché è corretto affermare che l'atomismo è un tipo di pensiero materialista?

**3.** Secondo la trattazione lucreziana, che tipo di rapporto intercorre tra il *clinamen*, ovvero la «imprevedibile declinazione» degli atomi, e il libero arbitrio dell'uomo?

## L'OPERA

# IL *DE RERUM NATURA*

**L'ARCHITETTURA DEL POEMA** Il *De rerum natura* è un poema di oltre **7000 esametri** organizzato in modo molto ricercato. I **sei libri** di cui si compone possono essere divisi in **tre diadi** o coppie, dedicate rispettivamente alla **fisica**, all'**antropologia** e alla **cosmologia**: si procede quindi secondo una progressione di crescente complessità del reale (dalla trattazione dell'atomo, all'uomo, alla storia della Terra) e contemporaneamente da ciò che non si può percepire con i sensi (le particelle infinitesimali) a ciò che è macroscopico e sovrasta l'uomo (le tempeste, i terremoti, le epidemie, ecc.).
Lucrezio ha concepito l'architettura di un'opera unitaria, ben equilibrata nelle sue parti (a loro volta facilmente individuabili grazie ad alcuni parallelismi strutturali). Il suo scopo è indurre la chiara percezione di una **progressione didattica** e far convergere l'attenzione del lettore, grazie a studiatissime simmetrie, verso un nucleo centrale: la liberazione dell'uomo dalla paura della morte.

Questa, in sintesi, la successione dei **principali argomenti** affrontati nel corso del poema:

| | |
|---|---|
| **PRIMA DIADE** (fisica) | **libro I** Postulazione dei princìpi generali: nulla si crea né si distrugge; esistenza degli atomi e del vuoto. Confutazione delle teorie di Eraclito, Empedocle, Anassagora. Illimitatezza dell'universo, destinato a finire.<br>**libro II** Formazione della materia dal movimento degli atomi. Concetto di "declinazione" (*clinamen*); differenti forme e aggregazioni degli atomi. Numero infinito dei mondi, loro crescita e fine. |
| **SECONDA DIADE** (antropologia) | **libro III** Teoria della mortalità dell'anima (che è costituita di atomi e non può perciò sottrarsi all'inevitabile processo di disgregazione della materia) e argomentazioni contro la paura della morte e delle punizioni ultraterrene; descrizione dell'Acheronte, rassegna dei grandi del passato ed esortazione finale a liberarsi dalla paura della morte.<br>**libro IV** Teoria della conoscenza: i *simulacra*, loro costituzione e movimento. L'infallibilità dei sensi e le loro caratteristiche. *Excursus* sull'amore. |
| **TERZA DIADE** (cosmologia) | **libro V** Storia del mondo secondo le leggi di natura. I corpi celesti; il giorno e la notte, le fasi lunari. Inizio della vita sulla terra, origine e sopravvivenza delle specie; storia dell'umanità (l'uomo primitivo; nascita del vivere associato, del linguaggio, della religione, delle arti tecniche e liberali).<br>**libro VI** Spiegazione dei fenomeni atmosferici (tra cui nuvole, venti, lampi, tuoni e arcobaleno) e di quelli terrestri (tra cui movimenti e venti sotterranei, vulcani, fenomeni magnetici, epidemie). *Excursus* sulla peste di Atene. |

Una secca esposizione dei contenuti, tuttavia, non rende ragione della ricchezza espressiva del poema: Lucrezio è un poeta in grado di ravvivare con l'uso delle immagini e con un'esposizione piacevole i più complessi ed astratti principi fisici, che vengono sempre messi in relazione con le loro conseguenze sulla vita dell'uomo.

**LE FONTI LUCREZIANE** Anche Epicuro aveva composto un trattato *Perì phýseos*, del quale sono stati ritrovati frammenti tra i papiri ercolanesi (➛ Scheda "Storia, cultura, civiltà", p. 286). Gli studi sui rapporti tra Epicuro e Lucrezio e sull'originalità del pensiero di quest'ultimo sono ancora aperti. Confrontando il poema latino con la *Lettera a Erodoto*, compendio del *Perì phýseos*, possiamo facilmente osservare che il *De rerum natura* contiene tutti gli argomenti trattati nella lettera epicurea, e nello stesso ordine; tuttavia, i materiali provenienti dalla *Lettera a Erodoto* occupano soltanto un terzo della lunghezza del poema di Lucrezio, in cui confluisce una singolare commistione di riferimenti all'epica eroica, alla tragedia, persino alla commedia. Questi materiali di origine letteraria si concentrano specialmente nei proemi (uno in apertura di ogni libro, oltre all'inno a Venere che fa da proemio all'intera opera) e negli *excursus*, che assolvono la funzione di introdurre la trattazione di un nuovo argomento.

■ **Frontespizio del *De rerum natura* di Lucrezio**, miniatura da un manoscritto della metà del XV secolo. Londra, The British Library.

# Poesia e filosofia per guarire l'uomo

T1

LATINO/ITALIANO

CICERO LECTIO

## L'inno a Venere

| *De rerum natura* 1, vv. 1-49 | metro: esametri |

*Il libro I del* De rerum natura *si apre con l'inno a Venere, che fa da proemio all'intero poema. Lucrezio descrive in modo vividamente icastico, capace cioè di imporsi all'immaginazione del lettore, il risveglio della natura in risposta all'arrivo di Venere. Quindi prega la dea di assisterlo nella difficile impresa poetica che si accinge a compiere e contemporaneamente le chiede di intercedere presso il dio Marte, suo amante, perché questi conceda la pace al popolo romano. Il brano si chiude con alcuni versi in cui viene descritta la condizione degli dèi, priva di affanni e di dolore, condizione che il discepolo epicureo deve puntare a raggiungere: all'inizio di un percorso di apprendimento che si preannuncia arduo, il poeta mostra in anticipo al suo lettore-discepolo, per motivarlo, il premio sperato di tanta fatica.*

Aeneadum genetrix, hominum divumque voluptas,
alma Venus, caeli subter labentia signa
quae mare navigerum, quae terras frugiferentis
concelebras, per te quoniam genus omne animantum
concipitur visitque exortum lumina solis:

La divinità invocata

Genitrice degli Eneadi[1], delizia di uomini e numi,
alma[2] Venere, che sotto i corpi mobili del cielo
il mare solcato da navi, le terre fruttifere
popoli, poiché grazie a te ogni genere d'esseri animati
viene concepito e vede, appena nato, la luce del sole:

La divinità invocata

La nascita di Venere, affresco dalla Casa della Venere della Conchiglia a Pompei, I sec. d.C.

[vv. 1-9] **Aeneadum... caelum**: *Aeneadum... solis*: il poeta si rivolge a Venere, invocandola come *genetrix, voluptas*. Dell'apostrofe fanno parte le due subordinate relative e le due causali; la proposizione principale è *te... fugiunt venti* cui seguono poi una serie di coordinate alla principale. • *Aeneadum*: «degli Eneadi»; solenne patronimico per indicare il popolo romano, considerato discendente di Enea, e quindi di Venere (di cui Enea era figlio). • *divum*: «degli dèi»; arcaismo per *divorum/deorum*. • *caeli subter*: anastrofe, come sotto *per te quoniam*; *subter* regge l'accusativo *signa*, «gli astri», che si ritiene "scivolino" (*labentia*, da *labor*) sulle orbite celesti. • *quae... quae...*: l'antecedente del pronome relativo è «tu», soggetto sottinteso del verbo *concelebras* («popoli, rendi affollato»). • *frugiferentis:* accusativo plurale (= *frugiferentes*); aggettivo composto (da *fruges* + *fero*) al pari di *navigerum* (da *naves* + *gero*), sempre al v. 3 (e vedi anche *frondiferas* al v. 18 e *armipotens* al v. 33). Sulla predilezione di Lucrezio per i composti ➛ Scheda "Lingua e stile", p. 292. • *animantum*: «degli esseri dotati del soffio vitale». • *exortum*: participio congiunto con *genus*, da *exorior.* • *suavis... flores*: complemento oggetto di *summittit* (nota l'iperbato).

1. Venere è madre di Enea e quindi dei discendenti di Enea, i Romani.
2. L'aggettivo italiano "almo" si riferisce a tutto ciò che dà e mantiene la vita (l'aggettivo latino *almus* deriva infatti dal verbo *alo*, che significa appunto «nutrire»).

Gli effetti di Venere sulla natura inanimata...

te, dea, te fugiunt venti, te nubila caeli
adventumque tuum, tibi suavis daedala tellus
summittit flores, tibi rident aequora ponti
placatumque nitet diffuso lumine caelum.
Nam simul ac species patefactast verna diei
et reserata viget genitabilis aura favoni,
aëriae primum volucres te, diva, tuumque
significant initum perculsae corda tua vi.

...e sugli animali

Inde ferae pecudes persultant pabula laeta
et rapidos tranant amnis: ita capta lepore
te sequitur cupide quo quamque inducere pergis.
Denique per maria ac montis fluviosque rapaces
frondiferasque domos avium camposque virentis
omnibus incutiens blandum per pectora amorem
efficis ut cupide generatim saecla propagent.

Gli effetti di Venere sulla natura inanimata...

te, o dea, te fuggono i venti, te e il tuo avvento
le nubi del cielo, per te la terra dedala[3]
stende un tappeto di fiori soavi, per te ridono le onde del mare[4]
e, placato, risplende il cielo di luce diffusa.
Infatti, non appena l'aspetto primaverile del giorno si è manifestato
e, rigenerata, prende vigore l'aura del favonio[5] fecondo,
le creature dell'aria danno indizio di te, o dea, e del tuo ingresso,
colpite al cuore dalla tua energia.

...e sugli animali

Quindi le fiere, gli armenti scalpitano sui pascoli fecondi
e attraversano a nuoto i fiumi impetuosi: così, catturato dal tuo fascino,
ciascuno segue te dove tu ti affretti a condurlo.
Infine, attraverso mari e monti e ruscelli irruenti
e case frondose di uccelli e campi verdeggianti
insinuando a tutti nei cuori l'amore carezzevole,
tu fai sì che desiderosamente le generazioni si perpetuino secondo le specie[6].

[vv. 10-13] **Nam... vi**: *simul ac*: «non appena». • *species... verna diei*: lett. «l'aspetto primaverile del giorno»; possiamo però intendere l'espressione anche come un'ipallage («l'aspetto di un giorno primaverile»). • *patefactast*: *patefacta est*. • *reserata*: da *resero* («dischiudere, aprire»). • *volucres*: concorda con *aëriae* e *perculsae* ed è soggetto di *significant*. • *corda*: accusativo di relazione alla greca, in dipendenza da *perculsae*: «colpiti nei cuori». [vv. 14-20] **Inde... propagent**: *ferae pecudes:* sostantivi uniti per asindeto, «belve e armenti». • *amnis*: concorda con *rapidos*. • *quo:* avverbio di moto a luogo. • *quamque*: accusativo femminile di *quisque*, concordato a senso con *ferae pecudes*. • *incutiens*: participio congiunto, sempre riferito a Venere. • *saecla*: «le generazioni».

3. L'aggettivo è un grecismo e si collega al nome del celebre artefice del Labirinto di Minosse, contribuendo alla personificazione della terra; qui è sinonimo di "industrioso".
4. Le onde del mare "ridono" nel senso che riflettono la luce del sole.
5. Il favonio è il vento di primavera, molto caldo, che soffia da ovest.
6. Venere, intesa anche come piacere sensuale, è responsabile della riproduzione delle specie.

La richiesta di aiuto del poeta

La proposizione dell'argomento

La dedica del poema

La preghiera per la pace

Quae quoniam rerum naturam sola gubernas
nec sine te quicquam dias in luminis oras
exoritur neque fit laetum neque amabile quicquam,
te sociam studeo scribendis versibus esse,
quos ego de rerum natura pangere conor
Memmiadae nostro, quem tu, dea, tempore in omni
omnibus ornatum voluisti excellere rebus.
Quo magis aeternum da dictis, diva, leporem.
Effice ut interea fera moenera militiai
per maria ac terras omnis sopita quiescant.
Nam tu sola potes tranquilla pace iuvare
mortalis, quoniam belli fera moenera Mavors
armipotens regit, in gremium qui saepe tuum se
reiicit aeterno devictus vulnere amoris,
atque ita suspiciens tereti cervice reposta
pascit amore avidos inhians in te, dea, visus
eque tuo pendet resupini spiritus ore.

La richiesta di aiuto del poeta

La proposizione dell'argomento

La dedica del poema

La preghiera per la pace

Poiché tu sei la sola a governare la natura delle cose,
né alcunché senza te alle spiagge luminose della luce
sorge, né diventa fecondo né amabile alcunché,
te desidero come alleata nello scrivere i versi
che io mi sforzo di effondere sulla natura delle cose
per il nostro Memmiade[7], che tu, o dea, in ogni tempo
hai voluto eccellesse splendido in tutte le cose.
Perciò a maggior ragione, o dea, conferisci il tuo fascino alla mia poesia.
Fa' che nel frattempo i feroci compiti della milizia
per i mari e le terre tutte, assopiti, riposino;
infatti tu sola puoi con tranquilla pace giovare
ai mortali, poiché i feroci compiti della guerra Marte
armipotente regge, colui che spesso nel grembo tuo si
giace, sconfitto dall'eterna ferita d'amore,
e, così, volgendo lo sguardo in su col bel capo reclinato[8],
pasce d'amore gli occhi avidi respirando la tua aura, o dea,
e dalla tua bocca dipenderà il soffio vitale di lui supino.

[vv. 21-28] **Quae quoniam... leporem**: *Quae*: come al v. 3, il pronome relativo si riferisce a Venere. • *dias*: l'aggettivo *dius*, qui concordato a *oras*, è etimologicamente connesso a *dies*, «giorno»; esprime l'idea della divinità associata alla presenza di luce. • *scribendis versibus*: costrutto del gerundivo, lett. «per scrivere i versi». • *de rerum natura*: questo passaggio contiene l'indicazione del titolo del poema. • *tempore in omni*: anastrofe. • *omnibus... rebus*: può riferirsi sia a *excellere* sia a *ornatum*. • *Quo*: «perciò». • *da*: imperativo.

[vv. 29-37] **Effice... ore**: *militiai*: forma arcaica di genitivo. • *omnis...*: riferito a *terras*. • *sopita*: complemento predicativo del soggetto *fera moenera*. • *mortalis*: = *mortales*; accusativo in dipendenza da *iuvare*. • *Mavors*: forma arcaica del nome "Marte". • *in gremium qui*: anastrofe. • *visus*: il termine *visus*, propriamente «vista, sguardo», è qui metonimia per indicare gli occhi, che si nutrono d'amore e sono avidi (*avidos*) della contemplazione di Venere. • *eque*: = *et ex*.

7. Solenne patronimico per indicare il destinatario del poema, Memmio.

8. Marte, il dio della guerra, giace supino in grembo a Venere; per contemplare il volto della dea amata, deve guardare verso l'alto.

La condizione degli dèi: imperturbabilità e indifferenza verso l'uomo

Hunc tu, diva, tuo recubantem corpore sancto
circumfusa super, suavis ex ore loquelas
funde petens placidam Romanis, incluta, pacem.
Nam neque nos agere hoc patriai tempore iniquo
possumus aequo animo nec Memmi clara propago
talibus in rebus communi desse saluti.
Omnis enim per se divum natura necessest
immortali aevo summa cum pace fruatur
semota ab nostris rebus seiunctaque longe.
Nam privata dolore omni, privata periclis,
ipsa suis pollens opibus, nil indiga nostri,
nec bene promeritis capitur neque tangitur ira.

La condizione degli dèi: imperturbabilità e indifferenza verso l'uomo

Avvolta intorno a lui, o dea, che giace sopra il
tuo corpo santo, soavi parole a fior di labbra
effondi chiedendo una pace tranquilla, o inclita, per i Romani.
Infatti, né possiamo noi in un tempo ingiusto per la patria[9]
fare ciò con animo sereno, né l'illustre progenie di Memmio
può venire meno, in tali circostanze, alla salvezza comune.
È necessario[10] che ogni essere divino, infatti,
goda di un tempo immortale con la massima pace,
ben lontano dalle nostre cose ed estraneo ad esse.
Infatti, libero da ogni dolore, libero dai pericoli,
potente dei suoi propri mezzi, per nulla bisognoso di noi,
né viene conquistato benevolmente dai meriti né viene toccato dall'ira[11].

[vv. 38-43] **Hunc... saluti**: *Hunc*: precede *super*, da cui dipende, ed è concordato con *recubantem*. • *loquelas*: diminutivo e vezzeggiativo, è concordato con *suavis* (l'aggettivo prima usato per *flores*). • *funde:* imperativo rivolto a Venere, invocata come *incluta*. • *neque... aequo animo*: *hoc* può essere inteso come pronome complemento oggetto di *agere*: «neanche noi possiamo fare ciò con animo equidistante, in questa ingiusta situazione della patria»; oppure si può intendere come attributo di *tempore*. Nel primo caso, la scrittura del poema sarebbe presentata come il contributo del poeta al benessere della patria, e quindi come compito civile. • *patriai*: forma arcaica di genitivo. • *clara propago*: altisonante epiteto di Memmio (connesso a *propagent*, v. 20). Secondo alcuni studiosi, questi versi permetterebbero di datare la composizione del proemio al 54 a.C., quando Memmio era candidato al consolato. • *communi desse saluti:* «venire meno (*desse*) alla salvezza comune».

[vv. 44-49] **Omnis... ira**: gli stessi versi ricorrono invariati anche nel libro II (vv. 646-651); per questo alcuni critici hanno in passato ritenuto che fossero qui da espungere. • *divum natura*: possiamo tradurre più liberamente con «essere divino»; in latino l'espressione forma un parallelismo sintattico con *rerum natura*, l'espressione che indica l'argomento del poema. • *necessest: necesse est* è il predicato principale, completato per subordinazione paratattica (cioè senza *ut*) dal congiuntivo *fruatur*, che ha come soggetto *omnis natura* e che regge l'ablativo strumentale *immortali aevo*. • *semota*: con *seiuncta* forma una dittologia sinonimica. • *nil*: avverbio.

9. I tempi vengono definiti "ingiusti" in riferimento o a una situazione contingente di guerre o alla generale corruzione dei costumi, che vengono deplorati in *De rerum natura* 3, vv. 59 ss. in quanto caratterizzati da *avarities et honorum caeca cupido*.
10. L'espressione latina *necesse est*, qui tradotta con «è necessario», indica in questo passo ciò che non può essere diverso da come è.
11. Con queste parole, che riprendono molto da vicino la prima delle *Massime capitali* di Epicuro, si descrive la condizione di serenità inalterabile degli dèi; al contempo si afferma che essi sono indifferenti alle buone azioni e alle preghiere degli uomini e ben lontani dall'idea di punirli.

## Il testo e il contesto

**CONTEMPLAZIONE E RICERCA DEL PIACERE** Nell'esordio del *De rerum natura* il poeta invoca la dea Venere, dipingendo in un quadro d'insieme il risveglio della natura all'arrivo della primavera (vv. 1-20); ogni elemento del cosmo è in relazione con la divinità: gli uomini e gli dèi, le stelle, il mare, il cielo, la terra con i suoi frutti e gli animali che la popolano, tutto sembra dipendere da Venere e dalla sua forza rigeneratrice. È stato osservato che la scena propone in un primo momento la contemplazione di un piacere che consiste nell'assenza di turbamento (e coincide dunque con l'*ataraxìa* epicurea): i venti tacciono, il cielo è sereno e il mare calmo (vv. 1-9). Subito dopo, però, per effetto della *vis* di Venere, inizia il movimento: in un vortice di desiderio prima gli uccelli (annunciatori della primavera), poi le fiere e gli armenti, poi di nuovo gli uccelli, stimolati dall'istinto di riproduzione, ricercano attivamente il piacere (vv. 10-20).

**LA PREGHIERA ALLA DEA VENERE E LA DEDICA ALL'AMICO MEMMIO** A Venere, che in apertura del passo è invocata in quanto madre del popolo romano e fonte di ogni piacere naturale e divino, il poeta si rivolge poi come alla propria divinità ispiratrice: la invoca infatti come «alleata» (*socia*, termine appartenente alla sfera militare) nella scrittura del poema, chiedendole in particolare di concedere eterno «fascino» (*lepos*) ai suoi versi (vv. 21-28). All'interno dell'invocazione a Venere trova spazio anche la dedica a Memmio, che compare appunto come il destinatario privilegiato del poema. Il richiamo all'attualità diventa prepotente con il riferimento alle minacce di guerra, che solo Venere può placare intercedendo per i Romani presso Marte, suo amante (vv. 29-40). Senza la pace, né il poeta potrebbe dedicarsi alla propria opera letteraria, né Memmio, impegnato nella difesa della patria, potrebbe ricevere gli insegnamenti del poeta (vv. 41-43). Soltanto la pace, infatti, permette al discepolo di raggiungere la condizione degli dèi, che vivono sereni e privi di affanni (vv. 44-49).

**GLI ACCORGIMENTI RETORICI E STILISTICI** Nel proemio ogni accorgimento retorico contribuisce a far confluire l'attenzione del lettore verso Venere, che viene nominata soltanto una volta (v. 2), ma che viene costantemente richiamata attraverso i sostantivi *dea* e *diva* e i numerosi epiteti (*genetrix*, *voluptas*, *alma*, *incluta*); segni costanti della presenza della dea sono anche le frequenti anafore dei pronomi e aggettivi di II persona singolare (personali e possessivi, spesso in poliptoto: es. vv. 6-8 *te... te... te... tibi... tibi*).
L'azione vivificante e fecondatrice di Venere, che al v. 2 è significativamente definita *alma* («nutrice», dal verbo *alo* che significa appunto «nutrire»), risulta sottolineata dall'effetto di personificazione della natura inanimata: i venti fuggono la dea e il suo avvento, la terra la onora producendo per lei fiori soavi, il mare ride. Quanto alla rappresentazione degli effetti di Venere sulla natura animata (rappresentata da uccelli, fiere e armenti: *volucres*, *ferae*, *pecudes*), Lucrezio sottolinea come gli animali non riescano a contenere il proprio istinto vitale (vedi, per es., v. 14 *pecudes persultant pabula*, dove è da notare anche l'allitterazione). Numerosi nel corso di tutto il brano sono i termini appartenenti ai campi semantici del piacere, dell'amore, della fecondità e della luce.

## Il senso del testo

**UN PROEMIO NON CONVENZIONALE** Il poema epico didascalico, al pari del poema epico eroico, prevedeva solitamente un proemio contenente un'invocazione alla Musa, una proposizione dell'argomento, ed eventualmente anche una dedica.
Il rispetto delle convenzioni di genere è importante in ogni opera letteraria dell'antichità: permette infatti al lettore di attivare delle opportune strategie di comprensione del testo, orientandosi all'interno del panorama dei differenti generi letterari e creandosi delle legittime aspettative relativamente alla lettura che ha intrapreso. Se consideriamo in questa prospettiva l'inno con cui si apre il *De rerum natura*, poema riconducibile al genere dell'epica

**Statua di Venere**, copia romana da un originale greco, I sec. a.C. Parigi, Museo del Louvre.

didascalica, possiamo ragionevolmente supporre che il lettore antico rimanesse in parte disorientato: si trovava infatti di fronte non a una tradizionale invocazione alla Musa ma a un'invocazione a Venere, dea della bellezza e dell'amore, cui il poeta si rivolge innanzi tutto perché essa conferisca *lepos*, «fascino», alla propria poesia.
Venere è presentata da Lucrezio come la divinità responsabile della rigenerazione della natura; raffigura cioè il ciclo inesauribile di aggregazione e disgregazione della materia, secondo la dottrina atomistica cui si rifà la fisica epicurea e che verrà illustrata nei primi due libri del *De rerum natura*. Essa rappresenta inoltre la personificazione del piacere (lat. *voluptas*, gr. *hedonè*), ovvero il sommo bene al cui raggiungimento deve aspirare il discepolo epicureo.

**VENERE E I ROMANI** La scelta da parte di Lucrezio di aprire il suo poema con un inno a Venere si può spiegare anche come una scelta di "opportunità": significativamente, la dea viene innanzi tutto invocata in quanto *genetrix Aeneadum*, ovvero progenitrice del popolo romano (Romolo è infatti discendente di Enea, che è appunto figlio di Venere). Nel sottolineare in apertura dell'inno lo speciale legame che Venere intrattiene con il popolo romano Lucrezio intende evidentemente presentare l'aspetto più "rassicurante" della dea, ovvero quello universalmente condiviso nella cultura romana, che non metteva in alcun modo in discussione il tradizionale sistema dei valori del *mos maiorum*.
Bisogna ricordare inoltre che la *gens* Memmia, cui apparteneva il dedicatario del *De rerum natura*, rivendicava la propria origine da Venere; tenendo conto di questo dato, diventa ancora più significativa la scelta da parte di Lucrezio di rivolgersi a Venere per invocare la pace per il popolo romano nonché per Memmio, altrimenti impossibilitato a godere di quella condizione di *otium* che sola può consentirgli di dedicarsi alla lettura del poema di Lucrezio. Per altro, il riferimento al fatto che Memmio si sta attivamente dedicando al bene pubblico in quello che viene definito «un tempo ingiusto» per la patria ha indotto molti studiosi a datare il proemio del *De rerum natura* al 54 a.C., ovvero all'anno in cui Memmio si era candidato al consolato (in caso di guerra, infatti, le responsabilità militari sarebbero ricadute gravosamente sul futuro console).

**FUNZIONE STRUTTURALE DELL'INNO A VENERE** Dopo l'inno a Venere, che costituisce il proemio all'intera opera, inizia il vero proemio al libro I: lì il poeta rivolge un appello al lettore per richiamarne l'attenzione (vv. 50-53), preannuncia il contenuto dei libri successivi (vv. 54-61) e, infine, presenta Epicuro come un eroe, il primo uomo che abbia osato sfidare il cielo e svelarne i misteri, liberando così l'essere umano dalla paura degli dèi e uguagliandolo ad essi (➛ **T2**).
Riconsiderando il brano alla luce del più ampio contesto in cui risulta inserito, si può capire ancor meglio come la presenza in apertura del poema non solo di Venere ma anche di Marte, due divinità preminenti del *pantheon* romano, fornisca uno studiato legame con la religione tradizionale: Lucrezio sembra in qualche modo cercare un punto di partenza condiviso, appunto a voler "rassicurare" il lettore, prima di introdurlo agli aspetti più "rivoluzionari" della dottrina epicurea.

■ Giambattista Tiepolo (1696-1770), **Addio di Venere a Enea**, Vicenza, Villa Valmarana.

**LEGGO E COMPRENDO**

**1.** Quali sono le prerogative che Lucrezio riconosce a Venere nel corso dell'inno? E quali sono le richieste che il poeta rivolge alla dea?

**2.** Per quali motivi la pace è presentata come un bene tanto prezioso? In che modo la richiesta di pace può servire per datare la composizione del proemio?

**3.** Che cosa viene detto sugli dèi, alla fine del brano?

T2
LATINO/ITALIANO

# Epicuro e la *religio*

*De rerum natura* 1, vv. 62-79 | metro: esametri

*Dopo l'inno a Venere (➤ **T1**) e l'appello al lettore (vv. 50-61), Lucrezio presenta il suo maestro, senza tuttavia nominarlo. In effetti, il nome di Epicuro compare una sola volta in tutto il poema, in un passo del libro III dove viene affrontato un argomento di importanza capitale: la confutazione del timore della morte (➤ **T5**). Le ragioni di tale reticenza sono facilmente intuibili: Epicuro era infatti stato oggetto di molti pregiudizi, come si ricava innanzi tutto dalla testimonianza di Diogene Laerzio (il quale riferisce le numerose calunnie che circolavano sulla famiglia e sulle abitudini del fondatore dell'epicureismo, falsamente accusato di praticare un'attività sessuale sfrenata e di mangiare smodatamente).*

*Alla diffusa condanna della concezione epicurea del piacere, che invano il filosofo si era sforzato di chiarire nei suoi scritti, si aggiungeva nel mondo romano la diffidenza verso una dottrina che contraddiceva le pratiche religiose tradizionali e allontanava i cittadini dall'attività politica (individuando nel principio del* làthe biòsas, *«vivi nascostamente», il presupposto per il raggiungimento della felicità). Lucrezio stesso si preoccuperà di prevenire i timori del suo lettore nei versi immediatamente successivi a questi; nel frattempo, però, vuole che il discepolo, libero dai preconcetti associati al nome di Epicuro, inizi a conoscere i meriti del maestro.*

■ Ritratto di Epicuro, Roma, Musei Capitolini.

Humana ante oculos foede cum vita iaceret
in terris oppressa gravi sub religione,
quae caput a caeli regionibus ostendebat
horribili super aspectu mortalibus instans,
primum Graius homo mortalis tollere contra
est oculos ausus primusque obsistere contra.
Quem neque fama deum nec fulmina nec minitanti
murmure compressit caelum, sed eo magis acrem

"Lessico", p. 272

Quando ancora la vita umana era prostrata in una turpe condizione,
sotto lo sguardo di tutti, schiacciata a terra sotto la pesante religione,
che mostrava il capo dalle regioni del cielo
sovrastando con orribile aspetto i mortali[1],
per la prima volta un uomo, un Greco[2], osò
sollevare gli occhi da mortale e porsi contro di essa;
né la fama degli dèi né i fulmini né il cielo con minaccioso
mormorio lo schiacciarono, ma tanto più

"Lessico", p. 272

**[vv. 62-67] Humana... obsistere contra**: il periodo ha come proposizione principale *Graius homo... est ausus.* • *humana vita*: soggetto del verbo *iaceret*, completato a sua volta dal predicativo del soggetto *oppressa.* • *gravi sub*: anastrofe. • *quae... instans*: costruisci *quae ostendebat caput a caeli regionibus instans horribili aspectu super mortalibus.* • *mortalis... oculos*: complemento oggetto di *tollere*, in iperbato. • *primum*: avverbio, in poliptoto con *primus*, predicativo del soggetto *Graius homo.*
**[vv. 68-71] Quem... cupiret**: *quem*: nesso relativo, riferito a *Graius homo.* • *compressit*: ha come soggetti *fama, fulmina,*

1. La *religio* (➤ Scheda "Lessico", p. 272) è rappresentata come un vero e proprio mostro (contro il quale si leverà l'"eroe" Epicuro).
2. Epicuro non viene espressamente nominato, ma è indicato mediante una perifrasi (*Graius homo*, «un Greco»).

inritat animi virtutem, effringere ut arta
naturae primus portarum claustra cupiret.
Ergo vivida vis animi pervicit et extra
processit longe flammantia moenia mundi
atque omne immensum peragravit mente animoque,
unde refert nobis victor quid possit oriri,
quid nequeat, finita potestas denique cuique
quanam sit ratione atque alte terminus haerens.
Quare religio pedibus subiecta vicissim
opteritur, nos exaequat victoria caelo.

accesero la virtù dell'animo, fino a fargli desiderare di infrangere
per primo gli stretti catenacci delle porte della natura.
Dunque la sua vivace forza d'animo divelse e procedette ben oltre
le mura fiammeggianti del mondo[3]
e tutta l'immensità percorse con gli occhi della mente,
da cui riferisce a noi, vincitore, che cosa possa nascere,
che cosa non possa, infine per quale ragione ogni cosa abbia
un potere definito e un termine infisso nel profondo.
Perciò la religione schiacciata sotto i piedi a sua volta viene calpestata,
mentre noi, grazie alla sua vittoria, ci troviamo sullo stesso piano del cielo.

(trad. di L. Canali)

*caelum*. • *eo magis*: «a maggior ragione». • *inritat*: presente storico. • *effringere ut arta... cupiret*: costruisci *ut cupiret effringere arta claustra*.

[vv. 72-79] **Ergo... caelo**: *flammantia moenia*: accusativo in dipendenza da *pervicit* e contemporaneamente da *processit extra*. • *mente animoque*: dittologia sinonimica. • *quid possit... quid nequeat... quanam sit ratione*: serie di interrogative indirette introdotte da *refert*. • *finita... haerens*: costruisci *denique quanam ratione cuique sit finita potestas atque terminus haerens alte*. • *cuique*: dativo di possesso. • *victoria*: soggetto di *exaequat*, che ha come complemento oggetto *nos* ed è coordinato per asindeto a *religio opteritur*.

3. Lucrezio si rifà qui a una concezione secondo la quale il cosmo era circondato dall'etere, descritto nel poema come una cinta di fuoco.

**PER COMPRENDERE IL TESTO**

## Il testo e il contesto

**L'EROE DUELLA CON IL GIGANTE** Dopo aver presentato l'umanità schiacciata e impaurita dalla *religio* (→ Scheda "Lessico", p. 272), raffigurata come un mostro che scruta la terra dal cielo (vv. 62-65), Lucrezio passa a sottolineare la novità e la difficoltà dell'impresa di Epicuro, che per primo ha osato sollevare lo sguardo verso questo mostro per affrontarlo in una sfidaeroica (vv. 66-67). Il latinista Gian Biagio Conte ha osservato che questo passo risulta modellato sulle scene di duello caratteristiche dell'epica eroica. Dai poemi omerici si ricava infatti che le scene di duello si articolano per lo più secondo una sequenza fissa, per cui l'eroe si pone audacemente di fronte al nemico, lo guarda negli occhi per provocarlo alla battaglia, ne sostiene coraggiosamente lo sguardo e poi inizia a combattere. È facile notare che si tratta esattamente dei medesimi gesti attribuiti da Lucrezio a Epicuro (vv. 66-67 *tollere contra / est oculos ausus primusque obsistere contra*). Più precisamente, il combattimento è descritto con alcuni dettagli che suggeriscono l'immagine di una

Gigantomachia, cioè della lotta ingaggiata dall'eroe contro un mostro gigantesco, dall'aspetto spaventoso (vv. 64-65 *caput a caeli regionibus ostendebat / horribili super aspectu mortalibus instans*).

Il coraggio di Epicuro è premiato con la vittoria (vedi v. 72 *pervicit*, v. 75 *victor*) ed il risultato di tale vittoria è il raggiungimento di una conoscenza che libera l'uomo, ribaltando il suo precedente stato di prostrazione: dal quadro iniziale di un'umanità impossibilitata a muoversi, in quanto schiacciata dal mostro (*iaceret*, *oppressa*), si passa al racconto del viaggio ultraterreno, razionale e spirituale, di un uomo che ha raggiunto e oltrepassato i confini del mondo (*processit*, *peragravit mente animoque*). Per questo Epicuro, uomo tra tanti che prima vivevano nell'oppressione, adesso è maestro e si innalza, insieme ai discepoli che condividono la sua vittoria, alla condizione degli dèi (*nos exaequat victoria caelo*).

## Il senso del testo

**TRE ELOGI IN CRESCENDO** Nel *De rerum natura* si incontrano ben quattro inni dedicati a Epicuro, tre dei quali, compreso quello del libro I, sono collocati in posizione di forte rilievo, ad apertura di una diade, cioè di una coppia di libri dedicati a uno stesso argomento. Questi tre inni in posizione incipitaria si richiamano l'un l'altro attraverso riprese lessicali evidenti e al tempo stesso portano avanti un discorso unitario. Prendiamo in considerazione gli appellativi che indicano Epicuro. Nel passo qui analizzato egli è definito *Graius homo*, dove l'accento sulla natura umana di Epicuro rende più sensazionale il coraggio dimostrato nell'intraprendere la sfida contro la *religio*, ma allo stesso tempo suggerisce che la sua impresa è alla portata di tutti gli uomini. Nel secondo inno, ad apertura del libro III (vv. 1-30), Epicuro è definito in modo più altisonante ed enfatico: *Graiae gentis decus* («onore del popolo greco»), *inclute* («illustre»), *pater*, *rerum inventor* («padre, scopritore delle cose»). Nel terzo inno, che apre il libro V (vv. 1-54) e che è il più esteso, Epicuro viene infine definito, ancor più enfaticamente, come un vero e proprio dio (*deus ille fuit*, *deus*). Rifacendosi a un'idea non nuova (esposta anche da Ennio in un suo trattato), in questo passo Lucrezio fa risalire il culto delle divinità alla venerazione riservata a uomini che erano stati benefattori dell'umanità. Come Cerere e Libero sono dèi in quanto hanno portato presso gli uomini il grano e il vino (alimenti che simboleggiano la civiltà), anche Epicuro può essere a buon diritto considerato un dio, in quanto ha contribuito al progresso della civiltà e al benessere degli uomini, curando le loro anime.

**COME UN DIO FRA GLI UOMINI** Sempre nel corso dell'elogio del libro V, Lucrezio si spinge a un confronto tra i meriti di Epicuro e le imprese di Ercole, l'eroe noto per le sue dodici fatiche.

Come Ercole ha ucciso dei mostri, così Epicuro ha sconfitto le passioni, ben più pericolose per l'uomo; e le ha sconfitte usando le parole, non le armi (v. 50 *dictis, non armis*). La superiorità del pensiero sull'azione rende dunque Epicuro un eroe superiore allo stesso Ercole; perciò, se quest'ultimo venne accolto sull'Olimpo dopo le sue vittorie, a buon diritto il filosofo greco può essere venerato come un dio. Ecco appunto perché Lucrezio lo propone come modello da imitare ad ogni uomo che desideri vivere la vita degli dèi, rifacendosi per altro proprio alle parole con cui Epicuro aveva chiuso la *Lettera a Meneceo sulla felicità*: «Medita giorno e notte tutte queste cose e altre congeneri, con te stesso e con chi ti è simile, e mai sarai preda dell'ansia. Vivrai invece come un dio fra gli uomini. Non sembra più nemmeno mortale l'uomo che vive fra beni immortali» (trad. di A.M. Pellegrino).

**LE LODI NEL LIBRO VI** Nel quarto elogio di Epicuro, in apertura del sesto e ultimo libro, Lucrezio riconosce infine al suo maestro il merito di aver scoperto che la perenne insoddisfazione dell'uomo, e dunque la sua infelicità, non dipendono dalle sue condizioni di vita, ma dall'incapacità di godere dei beni che la vita gli mette a disposizione. Dopo essersi reso conto di ciò, Epicuro ha mostrato agli uomini come essere felici, insegnando loro ad accontentarsi del poco che basta per vivere e ad apprezzare il sovrappiù quando capita di poterne disporre, senza temere di perderlo.

■ **Il viandante e la maga**, affresco dalla Casa dei Dioscuri a Pompei, I sec. d.C. Napoli, Museo Archeologico Nazionale.

**LEGGO E COMPRENDO**

**1.** Quali imprese eroiche ha compiuto Epicuro?

**2.** Quali sembrano essere i modelli letterari per questo passo lucreziano?

**3.** In che senso Epicuro viene definito un "dio" da Lucrezio?

## LESSICO | *RELIGIO*

***RELIGIO* E *SUPERSTITIO*** Nell'ambito dell'elogio di Epicuro del libro I (➤ **T2**) il "mostro" contro il quale il filosofo combatte viene chiamato da Lucrezio ***religio***; esso presenta però anche i caratteri della ***superstitio***. *Religio* e *superstitio* erano, per i Romani, due diversi modi di relazionarsi con la divinità: con *religio* si definiva la religione ufficiale, nella sua valenza pubblica di atto compiuto in favore dello Stato, anche quando era praticata dagli individui. La *superstitio* costituiva invece, secondo il *De verborum significatione* di Festo (una sorta di dizionario latino dell'età augustea), il più grande pericolo per la *religio*.
Sembra che con *superstitio* i Romani intendessero sia l'eccessiva devozione nei confronti degli dèi, spesso associata alle donne, sia le pratiche religiose ritenute "sospette" (perché provenienti da un popolo straniero o connesse alla magia) o del tutto inaccettabili (come ad esempio le automutilazioni praticate dagli Ebrei e dai sacerdoti del culto di Attis).

■ **Scena di aruspicina**, rilievo proveniente dal Foro di Traiano, ca. 120 d.C. Parigi, Museo del Louvre.

**L'ETIMOLOGIA DI *RELIGIO*** All'attitudine nei confronti della religione erano connesse anche le discussioni degli antichi su quale fosse l'**etimologia** corretta di *religio*. **Lucrezio** dimostra di credere che il termine fosse connesso al verbo ***ligo***, «legare», come risulta da un verso del libro I (ripetuto anche nel IV) in cui il poeta afferma *religionum animum nodis exsolvere pergo*, «mi affretto a liberare l'animo dai nodi delle religioni» (1, v. 932 = 4, v. 7). È evidente che una tale etimologia presuppone una concezione negativa della *religio*, appunto in quanto pratica che "incatena" l'uomo.
**Cicerone**, che pure usa talvolta *religio* per indicare qualcosa "che lega" e che nasce dalla paura degli dèi, ritiene che il termine sia connesso al verbo ***legere***, «scegliere», e dunque all'idea di "accuratezza" che contraddistingue appunto l'uomo dotato di senso religioso (come emerge da un passo del suo trattato filosofico *De natura deorum*).

**LA TERMINOLOGIA GRECA** Il termine latino *religio* trova corrispondenza nel termine greco ***eusèbeia***, che indica parimenti il rispetto per gli dèi. Non sembra invece esistere un corrispondente greco per il termine latino *superstitio*. La parola greca ***daisidamonìa*** sembrerebbe avere un significato analogo: indicava infatti lo scrupolo nel compiere il proprio dovere religioso, e in senso peggiorativo la paura degli dèi; tuttavia, è stato osservato che nel tradurre dal latino nella propria lingua, i Greci non rendevano mai *superstitio* con *daisidamonìa*, optando per altri termini, anche molto distanti tra loro, come ***mataiòtes*** («inconsistenza, vanità») o ***atheòtes*** («ateismo»).

***PIETAS*** Un altro termine con il quale i Latini indicavano il sentimento religioso era ***pietas***: il termine deriva probabilmente dall'aggettivo *pius*, che significa originariamente «puro» (come dimostrano il verbo *piare* e il sostantivo *piator*, entrambi connessi ai riti di purificazione) e assunse poi anche il significato di «devoto», cioè rispettoso degli dèi. Lucrezio usa il termine *pietas* solo tre volte nel suo poema: leggendo i passi in questione, possiamo comprendere che per lui la *pietas* è un **valore positivo** al pari del pudore e dell'amicizia, che caratterizzava i tempi passati, prima della corruzione dei costumi tipica del presente. Il concetto di *pietas* è ben distinto per Lucrezio da quello di *religio*: non è affatto testimonianza di *pietas* compiere i riti prescritti dalla religione, bensì lo è osservare ogni cosa con animo pacificato.

**LA NASCITA DELLA RELIGIONE** Secondo Lucrezio, la religione nacque insieme alle istituzioni del potere e della legge. Infatti, quando qualcuno aveva commesso un delitto, il senso di colpa e il timore di essere scoperto lo inducevano a sentirsi osservato da un essere superiore che avrebbe potuto punirlo. La religione, dunque, nacque dalla paura dell'uomo di essere punito per le colpe commesse, combinata alla sua incapacità di saper dare una spiegazione ai fenomeni naturali (in ragione della sua ignoranza delle leggi fisiche).

**GUIDA ALLO STUDIO**

**1.** Qual era per i Romani la differenza tra *religio* e *superstitio*?

**2.** Qual è l'etimologia del termine *religio* cui Lucrezio sembra dare credito?

**3.** Che cos'è per Lucrezio la *pietas*?

T3

ITALIANO

# Dichiarazione di poetica

| *De rerum natura* 1, vv. 921-950 |

*Lucrezio si propone con questi versi di accreditare la poesia come forma di comunicazione filosofica, secondo una scelta compiuta già da Parmenide di Elea (VI-V secolo a.C.) e da Empedocle di Agrigento (V secolo a.C.), i quali avevano composto dei poemi* Sulla natura. *Entrambi questi filosofi avevano concepito le loro opere in continuità con la poesia epica e con il mito; per esempio, Parmenide dichiarava di aver ricevuto i propri insegnamenti da una dea dopo essere stato portato in cielo con le figlie del Sole, su un carro trainato da cavalle alate. In seguito, anche quando per esporre contenuti filosofici era prevalsa la scrittura in prosa, Platone (V-IV secolo a.C.) aveva usato il mito sia per comunicare in modo più intuitivo sia per indagare le realtà inaccessibili alla sola ragione. Il filosofo Aristotele (IV secolo a.C.) aveva invece attribuito alla poesia la sola funzione di procurare piacere e Epicuro aveva scelto la prosa come forma esclusiva per i suoi scritti, contrapponendo al mito la scienza della natura, basata sulla conoscenza sensibile e sul procedimento razionale.*

*Lucrezio, dunque, nello scegliere la forma poetica per esporre i contenuti filosofici della sua opera, non si rifà al suo maestro Epicuro, ma ad altri poeti-filosofi che lo avevano preceduto.*

■ **Scena amorosa: un uomo abbraccia una donna intenta a suonare la cetra**, particolare di un affresco proveniente da Pompei, I sec. d.C. Londra, British Museum.

Ora apprendi ciò che resta e ascolta con maggior chiarezza[1].
Non sfugge al mio animo quanto la materia sia oscura;
ma una grande speranza di gloria ha percosso il mio cuore con la punta del tirso[2],
e insieme m'ha infuso nel petto un soave amore delle Muse:
e ora infiammato da esso percorro con mente impetuosa
gli impervi luoghi delle Pieridi[3] mai prima d'ora segnati
da piede mortale. Mi inebria raggiungere le fonti intatte,
e trarne sorsi[4], mi inebria spiccare nuovi fiori
e trarne al mio capo una splendida ghirlanda di cui mai
ad alcuno, prima di me, ombreggiarono le tempie le Muse;
prima, perché di sommi argomenti ragiono e m'adopro
a districare gli animi dai nodi di vane superstizioni[5],

1. Lucrezio inserisce nel poema numerose allocuzioni in seconda persona; a volte fa il nome di Memmio, altre volte, come qui, si rivolge più genericamente al suo lettore.
2. Il tirso era il bastone sacro delle Baccanti, le seguaci di Dioniso; qui compare come simbolo di consacrazione poetica.
3. L'epiteto "Pieridi" riferito alle Muse è molto frequente e ha diverse spiegazioni: secondo una versione del mito, attestata da Esiodo, le Muse sarebbero state generate da Zeus e Mnemosine in Pieria, regione della Macedonia; secondo un'altra versione del mito esse sarebbero invece le figlie del re Piero di Macedonia.
4. Secondo il mito le fonti del Monte Elicona zampillarono quando il cavallo alato Pegaso (nato dal sangue della testa di Medusa mozzata da Perseo) colpì la roccia con uno zoccolo; le loro acque fornivano la virtù poetica a chiunque le bevesse.
5. Il termine "superstizioni" traduce il latino *religionum*, gen. plur. di *religio* (➤ Scheda "Lessico", p. 272).

poi perché su un'oscura materia compongo versi
così limpidi, aspergendo ogni cosa della leggiadria del canto.
Infatti anche ciò non sembra senza ragione;
come i medici, quando cercano di somministrare ai fanciulli
l'amaro assenzio[6], prima cospargono l'orlo
della tazza di biondo e dolce miele,
affinché l'inconsapevole età dei fanciulli ne sia illusa
fino alle labbra, e frattanto beva l'amaro
succo d'assenzio, senza che l'inganno nuoccia,
e anzi al contrario in tal modo rifiorisca e torni in salute;
così io, poiché questa dottrina appare
spesso troppo ostica a quanti non l'abbiano
conosciuta a fondo, e il volgo ne rifugge e l'aborre,
ho voluto esporla a te nel melodioso canto pierio,
e quasi aspergerla del dolce miele delle Muse,
se per caso in tal modo io potessi trattenere il tuo animo
con questi miei versi, fin quando tu attinga l'intera
natura dell'universo, e di quale forma essa consista e si adorni.

(trad. di L. Canali)

6. L'assenzio veniva usato nell'antichità come pozione curativa.

**PER COMPRENDERE IL TESTO**

## Il testo e il contesto

**LA LUCE CONTRO L'OSCURITÀ** In apertura di questo passo Lucrezio si rivolge direttamente al lettore con uno dei suoi numerosi inviti all'ascolto. Mediante il termine *clarius*, «più chiaramente», il poeta si richiama subito al precetto retorico greco della *saphèneia*, cioè della «chiarezza espressiva», molto caro alla scuola epicurea (➛ p. 291); inoltre, istituisce una studiata contrapposizione tra la materia del suo canto, che può risultare «oscura», e i propri versi, che sono invece «limpidi, luminosi» (*tam lucida carmina*, vv. 933-934).

La contrapposizione luce/tenebre – dove la luce risulta associata alla conoscenza razionale e alla serenità, mentre il buio risulta associato all'ignoranza e alla paura – ricorre con notevole frequenza nel *De rerum natura*; addirittura Lucrezio utilizza per ben tre volte la similitudine tra i fanciulli, che sono timorosi del buio, e l'uomo, che è spaventato da ciò che non conosce.

**IL DOLCE MIELE DELLE MUSE** Oltre alla contrapposizione luce/tenebre, in questo passo troviamo anche la contrapposizione dolce/amaro; Lucrezio istituisce un paragone tra la dolcezza della propria poesia e la dolcezza del miele: come il miele cosparso sugli orli della tazza fa sì che il fanciullo beva l'amaro ma salutare assenzio, così la dolcezza della poesia fa sì che la dottrina epicurea, salutare ma ostica, possa essere "somministrata" anche a un pubblico ancora inesperto di filosofia. Per quanto riguarda l'immagine del miele cosparso sugli orli della tazza, stratagemma attraverso il quale al fanciullo viene somministrata l'amara medicina, essa non è esclusivamente lucreziana: la troviamo già nello storico Senofonte (V-IV secolo a.C.) che la attribuisce a Socrate (*Detti memorabili* 4, 2); e Platone la utilizza nelle *Leggi* (2, 659-660) a indicare l'uso del divertimento per fini educativi. Soltanto Lucrezio, tuttavia, ricorre a questo motivo per esprimere la funzione della poesia di contribuire alla cura dei mali dell'uomo (rendendo possibile, con la sua dolcezza, la somministrazione anche al pubblico più inesperto di filosofia della cura costituita dalla dottrina epicurea). Nei secoli successivi, la formulazione più vicina ai versi di Lucrezio si trova nel proemio della *Gerusalemme liberata* (vv. 13-16) di Torquato Tasso (fine del XVI secolo), che così si scusa per aver mescolato la finzione letteraria alla verità della religione cristiana: «Così a l'egro fanciul porgiamo aspersi / di soavi licor gli orli del vaso: / succhi amari ingannato ei beve, / e da l'inganno sua vita riceve».)

## Il senso del testo

**L'INVESTITURA POETICA** La dolcezza della poesia è un dono delle Muse, dalle quali Lucrezio ha ricevuto l'investitura attraverso un rito di iniziazione, secondo un *tòpos* che possiamo far risalire al poeta Esiodo.

■ Nicolas Poussin (1594-1665), **L'ispirazione del poeta**. Parigi, Museo del Louvre.

All'inizio della *Teogonia*, il suo poema mitologico, Esiodo racconta di aver incontrato sul monte Elicona, dove si trovava al pascolo con i propri armenti, le Muse, le quali gli trasmisero il dono del canto consegnandogli un ramoscello d'alloro fiorito e ordinandogli di iniziare sempre il canto con il loro nome. Il motivo dell'investitura poetica costituì a partire da Esiodo un modo per affermare la propria identità di poeta, superando l'impersonalità della narrazione omerica; i poeti successivi lo utilizzarono mantenendo le caratteristiche dell'incontro con la divinità (che spesso, però, avviene in sogno) e della consegna di un oggetto rituale, simbolo della rivelazione di una verità mistico-religiosa e del dono della parola.
In età ellenistica il *tòpos* venne poi ripreso da Callimaco: nel prologo di una sua opera (gli *Àitia*) egli ne fa l'occasione per una polemica contro il genere epico, dichiarando di aver ricevuto direttamente da Apollo l'ordine di dedicarsi a una nuova e diversa forma di poesia. In ambito romano il motivo ricorre già in Ennio, il quale aveva iniziato i suoi *Annales* raccontando di aver incontrato in sogno Omero, che gli avrebbe rivelato di essersi reincarnato in lui e di avergli trasmesso il dono della poesia.

**LUCREZIO E LE MUSE** In questo brano Lucrezio vuol suggerire ai suoi lettori che egli non si rivolge alle Muse semplicemente per fedeltà a una convenzione propria della poesia epica, ma per un «soave amore» quasi mistico che gli infiamma il petto e lo conduce a un "viaggio" paragonabile a quello compiuto da Epicuro e descritto nell'ambito dell'elogio del filosofo precedentemente sviluppato nel corso del libro (➛ **T2**); significativo in proposito l'uso da parte di Lucrezio del verbo *peragro* in riferimento sia a Epicuro, che «ha percorso l'immensità dell'universo con gli occhi della mente» (v. 79), sia a se stesso: «percorro con mente impetuosa / gli impervi luoghi delle Pieridi» (vv. 925-926). Lasciando al proprio maestro la gloria della conoscenza, Lucrezio desidera per sé la gloria della poesia, della quale reclama con orgoglio il primato attraverso una serie di immagini tutte volte a sottolineare l'assoluta novità della sua impresa («luoghi... mai prima d'ora segnati da piede mortale», «fonti intatte», «nuovi fiori», «mai... alcuno prima di me»). All'inizio del libro VI Lucrezio si rivolgerà poi direttamente a una delle muse (Calliope), chiedendole di assisterlo nei suoi ultimi sforzi per portare a compimento la propria opera. La fonte di questa seconda invocazione sembra essere Empedocle, il filosofo di Agrigento che aveva aperto il suo poema *Sulla natura* con la rappresentazione della lotta tra Amore (*Filòtes*, anche definito con il nome di Afrodite) e Odio o Contesa (*Nèikos*), cui Lucrezio si era forse ispirato per la sua rappresentazione di Venere e Marte nell'inno iniziale del poema. Lucrezio si presenta dunque come un profeta, come un poeta-vate direttamente ispirato dalle divinità della poesia, allo stesso modo di Empedocle, che definiva se stesso un *màntis*, ovvero un «indovino» ma anche, in un certo senso, un «invasato» (l'etimologia di *màntis* veniva infatti collegata a *mania*, che può appunto indicare il furore indotto dalla divinità).

■ **Scultura in marmo raffigurante la Musa Calliope**, II sec. d.C., particolare. Roma, Museo Nazionale Romano, Palazzo Altemps.

**LEGGO E COMPRENDO**

**1.** In che cosa consiste il *tòpos* dell'iniziazione poetica?

**2.** Qual è l'atteggiamento di Lucrezio nei confronti della poesia e della gloria poetica?

**3.** A che cosa viene paragonata in questo passo la poesia del *De rerum natura*?

## VERIFICA *IN ITINERE* POESIA E FILOSOFIA PER GUARIRE L'UOMO

### QUESITI A SCELTA MULTIPLA

**1.** ricordare Un dato certo e incontestabile della biografia di Lucrezio è:
- ☐ la nascita nel 94 a.C.
- ☐ l'amicizia con Cicerone
- ☐ il legame con un aristocratico di nome Memmio, che compare come dedicatario del *De rerum natura*
- ☐ la morte per suicidio

**2.** ricordare Con il *De rerum natura* Lucrezio si proponeva di:
- ☐ far conoscere la filosofia ai Romani
- ☐ comporre un poema sulla vita di Epicuro
- ☐ introdurre la filosofia epicurea a Roma
- ☐ usare l'epica didascalica per trasmettere la filosofia epicurea

**3.** ricordare All'epoca di Lucrezio, a Roma, il poema didascalico era un genere:
- ☐ del tutto sconosciuto
- ☐ poco praticato
- ☐ assai praticato
- ☐ praticato, ma solo in lingua greca

**4.** comprendere Il concetto fisico di *clinamen* ha come conseguenza:
- ☐ che esiste una volontà divina che regola le nostre azioni
- ☐ che le nostre azioni non sono predeterminate
- ☐ che le nostre azioni avvengono unicamente secondo le leggi del caso
- ☐ che la concezione epicurea della realtà è di tipo meccanicistico

**5.** comprendere L'atteggiamento di Lucrezio nei confronti della religione tradizionale può essere definito:
- ☐ conciliante
- ☐ ossequioso
- ☐ polemico
- ☐ assertivo

**6.** comprendere Potremmo usare il vocabolo "venerazione" per definire:
- ☐ l'atteggiamento di Lucrezio verso Epicuro
- ☐ l'atteggiamento di Lucrezio verso Memmio, il dedicatario del poema
- ☐ l'atteggiamento di Lucrezio verso la religione tradizionale romana
- ☐ l'atteggiamento di Lucrezio verso Parmenide e Empedocle, filosofi che prima di lui avevano scelto la poesia per illustrare le loro dottrine

### QUESITI A RISPOSTA BREVE

Rispondi ai quesiti entro lo spazio di 8-10 righe per ciascuno. Quando lo ritieni opportuno, puoi consultare i testi.

**1.** Quali informazioni possiamo ricavare su Memmio leggendo il proemio del *De rerum natura*?

**2.** Per quale motivo all'inizio del *De rerum natura* Lucrezio non fa il nome di Epicuro?

**3.** Qual è lo scopo dichiarato da Lucrezio relativamente alla scelta della poesia come mezzo di trasmissione dell'epicureismo?

### TRATTAZIONE SINTETICA

Svolgi le seguenti tracce entro lo spazio di 25 righe per ciascuna. Quando lo ritieni opportuno, puoi consultare i testi.

**1.** Ricordando brevemente gli elogi di Epicuro contenuti nel *De rerum natura*, illustra in che termini si configura il rapporto tra Lucrezio e il suo maestro.

**2.** Rifacendoti ai modelli di riferimento impliciti nei testi lucreziani che hai letto, spiega in che senso possiamo affermare che Lucrezio si presenta come una sorta di profeta.

# Il piacere della conoscenza

T4
ITALIANO

## Come conoscere ciò che non si può vedere?

*De rerum natura* 2, vv. 112-132

*La teoria epicurea della conoscenza si fonda sull'esperienza sensibile, ovvero sulle informazioni che l'uomo riceve attraverso i sensi; dal momento che gli atomi non possono essere percepiti con gli occhi o con l'udito, Lucrezio si limita a descrivere le manifestazioni sensibili degli effetti prodotti dagli atomi (la forza invisibile del vento, gli odori, l'evaporazione dell'acqua quando i vestiti bagnati si asciugano); inoltre, per affermare l'esistenza degli atomi, fa ricorso alla logica, appoggiandosi sui postulati della materia e del vuoto introdotti nel corso del libro I. Tuttavia, per rendere evidente ciò che vuole dimostrare in rapporto a fenomeni non conoscibili attraverso l'esperienza sensibile, Lucrezio fa largo uso anche del procedimento conoscitivo dell'analogia, come nel passo che segue.*

Di tale fenomeno[1], come dico, si agita e urge
sempre davanti ai nostri occhi una parvenza e un'immagine.
Osserva infatti, ogni volta che raggi trapelano
e infondono la luce del sole nell'oscurità delle stanze:
vedrai molti corpi minuscoli vorticare
in molteplici modi nel vuoto nella luce stessa dei raggi,
e come in un'eterna contesa muovere contrasti e battaglie
scontrandosi a torme, senza mai trovar pace,
continuamente agitati da rapidi congiungimenti o effrazioni;
così che puoi arguire da ciò quale sia l'eterno
agitarsi degli elementi primordiali delle cose[2] nell'immenso vuoto;
per quanto un piccolo fenomeno può offrire l'immagine
di grandi eventi e una traccia per la loro conoscenza.
Tanto più giusto è perciò che tu volga il tuo animo
a questi corpuscoli che appaiono rimescolarsi nei raggi del sole,
poiché tutto quel turbinio rivela per di più che in essi
si celano moti segreti e invisibili della materia.
Infatti ne vedrai molti senza visibile spinta
mutare percorso e respinti indietro invertirlo
or qui or là in tutte le direzioni d'attorno.
Certamente un simile vagolare si comunica a tutti dai corpi primi[3].

(trad. di L. Canali)

1. Ovvero il movimento degli atomi.
2. L'espressione «elementi primordiali delle cose» traduce il latino *primordia rerum*, una delle espressioni che Lucrezio usa per indicare gli atomi.
3. I «corpi primi» (*principia* nel testo latino) sono gli atomi.

## Il testo e il contesto

**IL MOVIMENTO DEGLI ATOMI** Lucrezio chiarisce preliminarmente che il fenomeno descritto costituisce «una parvenza e un'immagine», *rei simulacrum et imago*, del movimento degli atomi (su cui il poeta si era soffermato nei versi precedenti a quelli riportati qui). Usando la parola *simulacrum*, Lucrezio traduce il greco *èidolon* (lett. «apparizione, fantasma»): si tratta di un termine che Epicuro aveva utilizzato nella sua teoria della conoscenza, esposta da Lucrezio nel libro IV del *De rerum natura*; lì si spiega che i *simulacra* sono come delle membrane semitrasparenti, o pellicole, che si distaccano dalla superficie degli oggetti conservandone la forma e il colore. I *simulacra* sono talmente sottili e minuti che non li vediamo attraversare l'aria, ma i nostri occhi sono colpiti dall'aria spinta sulle nostre pupille dal loro movimento. Ciò che vediamo effettivamente è dunque un corpo distinto dall'oggetto che pensiamo di vedere, e tuttavia ci permette di conoscere l'oggetto. Usando il termine in questo passo, Lucrezio crea in un certo senso un *simulacrum* per permetterci di conoscere qualcosa che non possiamo vedere: ciò che effettivamente osserviamo non è il movimento stesso degli atomi, ma qualcosa di simile al movimento atomico, e che dal movimento atomico è causato.

**COME UNA LENTE D'INGRANDIMENTO** Per rendere comprensibile il fenomeno del movimento degli atomi, Lucrezio si affida a due immagini, inserite una dentro l'altra: in un primo momento il poeta richiama il movimento del pulviscolo, che diventa visibile quando un raggio di sole trapela in una stanza buia; poi associa a questa immagine una nuova similitudine in virtù della quale il movimento dei granelli di polvere è paragonato a una mischia tra eserciti contrapposti. Si va quindi verso un ingrandimento o, potremmo dire, verso uno "zoom": ciò che è troppo piccolo per essere percepito con la vista viene sostituito da un'immagine via via più grande.
Lucrezio ha cura di limitare la validità del proprio esempio (vv. 123-124), per evitare che il lettore incorra nell'errore di identificare la polvere con gli atomi; ribadisce però la correttezza del procedimento conoscitivo dell'analogia, grazie al quale si possono rendere evidenti «i moti segreti e invisibili della materia».
Nel seguito del passo Lucrezio passa a spiegare come il movimento atomico si trasmetta dagli elementi primordiali, cioè gli atomi, ai corpi che da atomi sono composti («Certamente un simile vagolare si comunica a tutti dai corpi primi»). Il movimento dei granelli di polvere, dunque, non è soltanto immagine del movimento degli atomi, ma è anche causato da quello stesso fenomeno che serve a illustrare.

## Il senso del testo

**LUCREZIO E IL SUO LETTORE** La familiarità delle situazioni prese ad esempio permette al lettore di rappresentare nella propria mente un concetto altrimenti troppo astratto e arduo, che chiama in causa ciò che non può far parte dell'esperienza sensibile perché troppo piccolo («gli elementi primordiali») o troppo grande («l'immenso vuoto»). Questo passo ci mostra come il *De rerum natura* non sia mai una mera esposizione di contenuti ai quali il lettore debba adeguarsi: al contrario, il poeta ha cura di rendere accessibile la materia narrata al lettore, affinché questi possa comprenderla grazie alla propria esperienza. L'analogia rientra appunto tra i procedimenti che Lucrezio adotta allo scopo di permettere al lettore una comprensione più immediata dei fenomeni che sono oggetto di trattazione.
In questa stessa prospettiva possiamo osservare che Lucrezio, a differenza di quanto fa Cicerone nelle sue opere filosofiche, per designare gli atomi non utilizza mai il termine *atomus* (traslitterazione dal greco *àtomos*, che indica propriamente ciò che non può essere diviso: da *a-* privativo + il verbo *tèmno*, «tagliare»): egli ricorre sempre a perifrasi come *rerum primordia*, *corpora prima* e *semina rerum*, le quali rendono appunto il concetto meno astratto e più intuitivo (➝ Scheda "Lingua e stile", p. 292).

■ **I quattro elementi**, incisione da un'edizione del *De rerum natura* di Lucrezio del 1472. New York, Granger Collection.

**LEGGO E COMPRENDO**

**1.** Spiega la teoria della visione secondo la dottrina epicurea illustrata da Lucrezio.

**2.** Che strategie e procedimenti usa Lucrezio per permettere al lettore di comprendere concetti astratti e fenomeni invisibili?

T5

LATINO

# La morte non è nulla

*De rerum natura* 3, vv. 830-869 | metro: esametri

*Epicuro, nella* Lettera a Meneceo *(par. 125), aveva riassunto la sua posizione nei confronti della morte con la celebre formula: «La morte, il più atroce dunque di tutti i mali, non esiste per noi. Quando noi viviamo la morte non c'è, quando c'è lei non ci siamo noi» (trad. di A. M. Pellegrino). Le parole di Epicuro sono fedelmente riprese da Lucrezio libro III del* De rerum natura*: esse aprono la seconda parte del libro, il cui scopo è precisamente quello di liberare il lettore-discepolo dal timore della morte.*

*Il tema della morte, che è centrale nell'epicureismo, è significativamente collocato da Lucrezio al centro del* De rerum natura*, che risulta appunto costruito attorno a questo asse portante (secondo una ricerca di simmetria ben evidente nella struttura complessiva del poema, che si apre con la celebrazione della vita nell'inno a Venere* ➤ **T1** *e si chiude con il trionfo della morte nella peste di Atene* ➤ **T13***).*

**Nil igitur mors est ad nos neque pertinet hilum,**
quandoquidem natura animi mortalis habetur.
Et velut anteacto nihil tempore sensimus aegri,
ad confligendum venientibus undique Poenis,
omnia cum belli trepido concussa tumultu
horrida contremuere sub altis aetheris oris,
in dubioque fuere utrorum ad regna cadendum
omnibus humanis esset terraque marique,
sic, ubi non erimus, cum corporis atque animai
discidium fuerit, quibus e sumus uniter apti,
scilicet haud nobis quicquam, qui non erimus tum,
accidere omnino poterit sensumque movere,
non si terra mari miscebitur et mare caelo.
Et si iam nostro sentit de corpore postquam
distractast animi natura animaeque potestas,
nil tamen est ad nos, qui comptu coniugioque
corporis atque animae consistimus uniter apti.

"Lessico", p. 282

■ *Memento mori*: teschio e archipendolo, mosaico proveniente da Pompei. Napoli, Museo Archeologico Nazionale.

**[vv. 830-831] Nil... habetur**: *hilum*: letteralmente «un pelo, un filo». • *quandoquidem*: introduce una subordinata causale: «dal momento che la natura dell'animo viene considerata mortale».

**[vv. 832-842] Et velut... caelo**: con il v. 832 inizia un lungo periodo che contiene una similitudine, funzionale a ribadire il concetto già espresso secondo cui la morte non riguarda l'uomo in alcun modo. La subordinata comparativa è introdotta da *velut* e si conclude con il termine *marique* al v. 837 «come nel tempo passato non abbiamo sentito alcun male (*nihil aegri*; *aegri* è gen. partitivo in dipendenza da *nihil*), mentre i Cartaginesi venivano a combattere (*ad confligendum*; prop. subordinata finale implicita con il gerundivo) da ogni parte, quando tremavano (*cum contremuēre = contremuerunt*) orribilmente (*horrida*; compl. predicativo del soggetto *omnia*) tutte le cose che esistono sotto il cielo, squassate dallo spaventoso tumulto della guerra, e si fu in dubbio sotto quale dei due regni dovessero cadere tutti gli uomini in terra e per mare». Da *sic*, al v. 838, si spiega con che cosa avviene il paragone, precisato da due proposizioni temporali e una relativa «allo stesso modo, quando non ci saremo, quando sarà avvenuta la separazione dell'anima e del corpo, dei quali (*quibus e*, anastrofe) siamo costituiti unitariamente...»; infine, al v. 842, l'affermazione viene rafforzata da una subordinata condizionale che contiene un'ipotesi palesemente irrealizzabile (secondo la figura retorica dell'*adýnaton*).

**[vv. 843-846] Et si... apti**: *si*: introduce una proposizione subordinata condizionale con sfumatura concessiva, il cui predicato è *sentit* e i cui soggetti sono *natura* e *potestas* (da cui dipendono, rispettivamente, i due termini *animi* e *animae*): «quand'anche la natura dell'animo e il potere dell'anima sentissero qualcosa». • *nostro... de corpore postquam distractast*: proposizione temporale, sempre con i soggetti *natura* e *potestas*, «dopo che sono state strappate via dal corpo»; *nostro... de corpore* è complemento di separazione.

Nec, si materiem nostram collegerit aetas
post obitum rursumque redegerit ut sita nunc est,
atque iterum nobis fuerint data lumina vitae,
pertineat quicquam tamen ad nos id quoque factum,
interrupta semel cum sit repetentia nostri.
Et nunc nil ad nos de nobis attinet, ante
qui fuimus, <neque> iam de illis nos adficit angor.
Nam cum respicias inmensi temporis omne
praeteritum spatium, tum motus materiai
multimodi quam sint, facile hoc adcredere possis,
semina saepe in eodem, ut nunc sunt, ordine posta
haec eadem, quibus e nunc nos sumus, ante fuisse.
Nec memori tamen id quimus reprehendere mente;
inter enim iectast vitai pausa vageque
deerrarunt passim motus ab sensibus omnes.
Debet enim, misere si forte aegreque futurumst,
ipse quoque esse in eo tum tempore, cui male possit
accidere. Id quoniam mors eximit, esseque probet
illum cui possint incommoda conciliari,
scire licet nobis nil esse in morte timendum
nec miserum fieri qui non est posse, neque hilum
differre an nullo fuerit iam tempore natus,
mortalem vitam mors cum immortalis ademit.

[vv. 847-851] **Nec, si... nostri**: *si*: introduce la protasi di un periodo ipotetico della possibilità, costituita da tre subordinate condizionali coordinate tra loro: *si aetas collegerit... rursumque redegerit... atque lumina fuerint data* «se il tempo raccogliesse la nostra materia dopo la morte e di nuovo la disponesse come è collocata adesso e di nuovo ci fosse data la luce della vita»; l'apodosi è la proposizione principale che puoi costruire *Nec tamen id quoque factum pertineat ad nos quicquam*, «Tuttavia neppure questo evento ci riguarderebbe in alcun modo».
[vv. 852-853] **Et nunc... angor**: ordina *Et nunc nil attinet ad nos de nobis, qui ante fuimus, neque iam angor adficit nos de illis*, «E ora a noi non importa niente di noi, quali fummo in precedenza, né ormai l'angoscia ci affligge per quelle cose».
[vv. 854-858] **Nam cum... fuisse**: *cum*: introduce una proposizione subordinata temporale il cui predicato è *respicias* (al congiuntivo perché la temporale ha una sfumatura eventuale); da *respicias* dipendono il complemento oggetto *spatium* e la subordinata interrogativa indiretta *quam multimodi sint motus materiai*. • *possis*: congiuntivo indipendente con valore potenziale. • *hoc*: il pronome dimostrativo ha funzione prolettica rispetto all'infinitiva dichiarativa *semina... posta* (= *posita*)... *antea fuisse*. • *quibus e*: anastrofe.
[vv. 859-864] **Nec memori... accidere**: *iectast*: = *iacta est*. • *deerrarunt*: perfetto sincopato del verbo composto *de* + *erro*; ha come soggetto *motus... omnes*. • *Debet enim... accidere*: la proposizione principale ha come soggetto *ipse* e come predicato *debet esse*; si tratta dell'apodosi di un periodo ipotetico, la cui protasi è *misere si... futurumst*, sempre con il soggetto *ipse*: «Deve infatti, se si troverà per caso in una situazione infelice e malata, esistere proprio in quello stesso momento la persona alla quale (*cui*) possa accadere qualcosa di male»; nota che in latino l'avverbio *misere*, grazie all'anastrofe con *si*, risulta in una posizione di rilievo rispetto agli altri due avverbi (*forte* e *aegre*).
[vv. 864-869] **Id quoniam... ademit**: il lungo periodo si apre con due subordinate causali coordinate fra loro (e introdotte da *quoniam*); *eximit* ha come complemento oggetto *id*; da *probet* (forma sincopata per *prohibet*) dipende invece l'infinitiva *esse... illum* che a sua volta regge la relativa *cui possint... conciliari*; la proposizione principale, *scire licet*, riassume le conclusioni della dimostrazione con le infinitive *nil esse... timendum*, *nec miserum fieri... posse, neque hilum differre*. • *nec miserum... posse*: «e che non può diventare infelice chi non c'è». • *an*: introduce l'interrogativa indiretta, retta da *differre*, il cui predicato è *fuerit natus*.

## Il testo e il contesto

**PERCHÉ NON DOBBIAMO TEMERE LA MORTE** A fondamento del proprio ragionamento Lucrezio pone la mortalità dell'anima (v. 831), argomento che era stato oggetto di trattazione nella prima parte del libro III. Per dimostrare che la morte non può far del male all'uomo, e perciò appunto non deve essere temuta, il poeta ricorre al procedimento analogico: come gli avvenimenti del tempo passato non possono farci più soffrire, per quanto siano stati sconvolgenti, allo stesso modo, quando non esisteremo più, non proveremo dolore per il momento in cui abbiamo cessato di esistere. In aggiunta a questa riflessione, Lucrezio concede la possibilità che il corpo mantenga una parte della propria sensibilità dopo la morte; tuttavia, ciò non basterebbe a far soffrire l'uomo: dopo la morte, infatti, mancherebbe comunque l'*animus*, in cui risiede l'autoconsapevolezza e senza il quale l'uomo non è se stesso (➛ Scheda "Lessico", p. 282).
Lucrezio ritiene anche possibile che nell'infinità del tempo e nell'infinito numero delle combinazioni atomiche possibili si rigeneri un corpo con le stesse caratteristiche di quello morto in precedenza. Dal momento però che ogni individuo è tale in virtù dell'unione di *animus* e *corpus*, il nuovo corpo non potrebbe in ogni caso soffrire per ciò che era prima: dopo l'interruzione di coscienza costituita dalla morte, avrebbe infatti un nuovo *animus*, e quindi una nuova esistenza (il che risulta per altro dimostrato dal fatto che, se anche il nostro corpo ha già preso vita in passato, noi non ne abbiamo coscienza).

## Il senso del testo

**TRA RIGORE LOGICO E DISCUSSIONE INFORMALE** In questo brano Lucrezio mescola sapientemente l'impostazione rigorosa di una dimostrazione logica con le argomentazioni, esposte in maniera più discorsiva, del senso comune. Una conseguenza di ciò è l'uso, accanto ai termini tecnici, anche di un lessico più colloquiale.
A un registro più colloquiale doveva senz'altro ricondurre l'uso della parola *hilum*, «filo», che troviamo all'inizio e alla fine del brano, sempre in frase negativa, e che Lucrezio recupera dall'espressione d'uso *ne hilum*, lett. «neppure un filo» (per dire "niente"). L'effetto ottenuto è quello di una maggiore "concretezza" del discorso e conseguentemente di una maggiore comprensibilità.

**ALTRI ARGOMENTI CONTRO IL TIMORE DELLA MORTE** Nei versi del *De rerum natura* immediatamente successivi a questi Lucrezio struttura la confutazione della paura della morte in forma di dialogo, secondo una delle caratteristiche proprie della diàtriba; questo termine, che oggi usiamo per definire una discussione con più interventi e dai toni anche polemici, indicava nell'antichità un genere letterario in cui venivano affrontati, appunto in forma dialogica, temi della riflessione morale con argomentazioni facili e con uno stile non troppo elevato, quasi discorsivo (ripreso, per esempio, da Lucilio nelle sue *Satire* ➛ Il Contesto, p. 66).
Lucrezio dà voce agli uomini impauriti, affrontando una per una le loro resistenze ad abbandonare il timore della morte e abbattendole con fermezza, con l'atteggiamento di un medico che lascia parlare i propri pazienti per poi rassicurarli. In questo modo, egli fa emergere le vere preoccupazioni di chi teme la morte e le dissolve una per una: le paure per il destino del proprio cadavere, il rimpianto per la vita che si deve lasciare, la perdita dei piaceri sensibili (vv. 894-930).

**LA NATURA PARLA ALL'UOMO** Dopo aver usato il rigore della logica per dimostrare l'infondatezza del timore della morte e dopo aver dato spazio, per così dire, alla discussione, Lucrezio fa poi anche leva sui sentimenti del lettore ricorrendo a una prosopopea, procedimento retorico che prevede la personificazione di un'entità astratta, fatta parlare allo scopo di convincere qualcuno con argomentazioni di ordine emotivo (➛ Scheda "Intertestualità, fonti, modelli", p. 400): il poeta fa infatti entrare in scena la Natura personificata, che si rivolge all'uomo prima esortandolo ad allontanarsi dalla vita come un convitato sazio dopo un lauto banchetto (vv. 931-949) e poi rimproverandolo per le sue lamentele, che costituiscono uno spreco della possibilità di essere felice (vv. 955-962). In definitiva, possiamo affermare che Lucrezio ha strutturato la sua confutazione del timore della morte come un testo persuasivo, facendo uso di diverse strategie argomentative allo scopo di convincere il lettore della bontà della sua tesi.

**LEGGO E COMPRENDO**

**1.** Quali sono le caratteristiche proprie della diatriba, da un punto di vista sia formale sia contenutistico?

**2.** Quali princìpi fisici vengono chiamati in causa da Lucrezio per confutare il timore della morte?

**3.** Perché possiamo affermare che a partire da questi versi, nel confutare la paura della morte, Lucrezio passa da un discorso logico-dimostrativo ad argomentazioni di ordine emotivo?

## LESSICO | *ANIMUS* E *ANIMA*

**L'USO LATINO** Il termine latino ***anima***, correlato alla parola greca *ànemos*, «vento», designa il soffio vitale, ossia propriamente l'aria che viene emessa con il respiro e che mantiene il corpo in vita; in quanto tale, l'*anima* è comune a tutti gli esseri viventi (*animalia* o *animantia*).
Il termine ***animus*** designa invece più propriamente il principio pensante opposto al corpo; può poi assumere anche il significato più specifico di «intenzione», «volontà», nonché «coraggio».

***ANIMUS* E *ANIMA* IN LUCREZIO** Lucrezio afferma che il termine *animus* è sinonimo di *mens* e che appunto nell'*animus* sono collocate la capacità di decidere e di autogovernarsi dell'uomo (*De rerum natura* 3, 94-95). È però interessante osservare che il poeta usa ripetutamente *animus* anche in riferimento ai sentimenti degli animali (come il dolore di una giovenca che non trova suo figlio).
L'*animus*, per Lucrezio, è una parte del corpo ed è collocato nel petto; l'*anima*, invece, è dispersa in tutto il corpo. Essa può star bene anche quando il corpo soffre; tuttavia, quando un forte timore colpisce l'uomo, anch'essa soffre, in quanto obbedisce all'*animus*.
Secondo la dottrina epicurea esposta da Lucrezio, sia l'*animus* sia l'*anima* sono **entità materiali**; entrambi sono composti da atomi molto piccoli, di forma rotonda e di superficie liscia: questo consente un più veloce movimento (che spiega anche la "mobilità" della natura umana). La fisicità dell'anima, intrinsecamente unita al corpo, porta come immediata conseguenza la sua **mortalità**, presupposto essenziale per confutare il timore della morte. Quello della mortalità dell'anima è uno dei maggiori punti di contrasto tra l'epicureismo da un lato e lo stoicismo e il cristianesimo dall'altro. Non a caso, Dante colloca Epicuro nel girone degli eretici (*Inferno* 10, 14-15): «con Epicuro tutti suoi seguaci, / che l'anima col corpo morta fanno»; nell'inferno dantesco la punizione di Epicuro consiste nel giacere, schiacciato dai corpi dei suoi discepoli, in un sepolcro aperto dal quale non uscirà nemmeno nel giorno del giudizio.

**"ANIMO" E "ANIMA"** Per quanto riguarda l'italiano, oggi tendiamo a considerare **sinonimi** i due termini **"animo"** e **"anima"**, con i quali indichiamo la parte spirituale e razionale dell'uomo, in quanto opposta alla sua parte materiale, il corpo. Tuttavia, usiamo distintamente l'una o l'altra parola nell'ambito di alcune locuzioni fisse: per esempio, diciamo che «gli occhi sono lo specchio dell'anima» (e non «dell'animo») e che una persona è «di animo buono» (e non «di anima buona»); inoltre, quando vogliamo incoraggiare qualcuno, gli diciamo di «non perdersi d'animo». In quest'ultimo caso, usiamo il termine "animo" in un'accezione che trova corrispondenza nel latino *animus*, che può assumere anche lo specifico significato di «coraggio».

■ Dante, *Inferno*, Canto X. Illustrazione di Sandro Botticelli da un manoscritto della *Divina Commedia*, seconda metà del XV secolo. Città del Vaticano, Biblioteca Apostolica Vaticana.

T6
LATINO

# La storia dell'uomo

| *De rerum natura* 5, vv. 925-965 | metro: esametri |

*Nel libro V del* De rerum natura *Lucrezio affronta la storia della terra e dell'umanità a partire dalle origini. Nella sua esposizione egli sembra porsi innanzi tutto lo scopo di confutare i miti cosmogonici, ovvero le spiegazioni sulla nascita del mondo offerte appunto dalla mitologia. Il suo confronto più diretto è quello con i due poemi del poeta greco Esiodo (VIII-VII secolo a.C.): la* Teogonia, *narrazione mitica sulla nascita del Cosmo e degli dèi, e* Le opere e i giorni, *dove la fase iniziale dell'umanità veniva presentata in modo idealizzato come un tempo in cui gli uomini vivevano liberi da fatiche e da sventure, giovani e forti fino alla morte (età dell'oro).*

*Lucrezio riscrive la storia naturale in chiave razionale, alla luce della fisica epicurea e secondo una visione sorprendentemente evoluzionistica. Tuttavia, al progresso dell'umanità non viene assegnato, come forse oggi ci aspetteremmo, un valore completamente positivo; esso viene infatti interpretato nei termini di una degradazione rispetto alla semplicità del vivere secondo natura, condizione che pure viene presentata in modo tutt'altro che idealizzato.*

At genus humanum multo fuit illud in arvis
durius, ut decuit, tellus quod dura creasset,
et maioribus et solidis magis ossibus intus
fundatum, validis aptum per viscera nervis,
nec facile ex aestu nec frigore quod caperetur
nec novitate cibi nec labi corporis ulla.
Multaque per caelum solis volventia lustra
vulgivago vitam tractabant more ferarum.
Nec robustus erat curvi moderator aratri
quisquam, nec scibat ferro molirier arva
nec nova defodere in terram virgulta neque altis
arboribus veteres decidere falcibu' ramos.
Quod sol atque imbres dederant, quod terra crearat
sponte sua, satis id placabat pectora donum.
Glandiferas inter curabant corpora quercus
plerumque; et quae nunc hiberno tempore cernis
arbita puniceo fieri matura colore,
plurima tum tellus etiam maiora ferebat.
Multaque praeterea novitas tum florida mundi
pabula dura tulit, miseris mortalibus ampla.
At sedare sitim fluvii fontesque vocabant,

[vv. 925-930] **At... ulla:** *genus humanum multo fuit... durius... et fundatum*: è la proposizione principale da cui dipendono la subordinata modale *ut decuit* e le subordinate relative-consecutive (ma possono essere intese anche come causali) *quod... creasset* e *quod caperetur.* • *durius*: comparativo dell'aggettivo neutro. • *tellus quod*: anastrofe. • *creasset*: congiuntivo piuccheperfetto sincopato (per *creavisset*). • *solidis magis*: anastrofe. • *labi*: ablativo arcaico di *labes*, «malattia, debolezza».
[vv. 931-936] **Multaque... ramos:** *Multaque... lustra*: costruisci *per multa lustra volventia caelum solis*, lett. «per molti cicli che percorrevano il cielo del sole», cioè per parecchi anni. • *vulgivago... more*: «secondo il loro uso errabondo»; l'aggettivo composto di stampo epico *vulgivagus* è con ogni probabilità una creazione lucreziana. • *falcibu'*: = *falcibus*, per caduta della *-s* finale; ablativo di mezzo.
[vv. 937-942] **Quod... ferebat:** *Quod... quod*: anticipano *id... donum*. • *crearat*: piuccheperfetto sincopato (per *creaverat*). • *glandiferas... plerumque*: costruisci *plerumque curabant corpora inter glandiferas quercus*, «per lo più si prendevano cura dei loro corpi tra le querce portatrici di ghiande». • *quae*: anticipa *arbita* (plurale di *arbitum*, «corbezzolo»), oggetto di *cernis*.
[vv. 943-947] **Multaque... ferarum:** *Multaque... tulit*: costruisci *praeterea tum florida novitas mundi tulit multa pabula dura*, «inoltre allora la fiorente giovinezza del mondo produsse molti rozzi alimenti». • *vocabant*: ha come soggetto *fluvii fontesque* e regge *sedare sitim*.

ut nunc montibus e magnis decursus aquai
claru' citat late sitientia saecla ferarum.
Denique nota vagis silvestria templa tenebant
Nympharum, quibus e scibant umori' fluenta
lubrica proluvie larga lavere umida saxa,
umida saxa, super viridi stillantia musco,
et partim plano scatere atque erumpere campo.
Necdum res igni scibant tractare neque uti
pellibus et spoliis corpus vestire ferarum,
sed nemora atque cavos montis silvasque colebant
et frutices inter condebant squalida membra
verbera ventorum vitare imbrisque coacti.
Nec commune bonum poterant spectare neque ullis
moribus inter se scibant nec legibus uti.
Quod cuique obtulerat praedae fortuna, ferebat
sponte sua sibi quisque valere et vivere doctus.
Et Venus in silvis iungebat corpora amantum;
conciliabat enim vel mutua quamque cupido
vel violenta viri vis atque impensa libido
vel pretium, glandes atque arbita vel pira lecta.

• *montibus... ferarum*: costruisci *claru'* (= *clarus*, per caduta della -*s* finale) *decursus aquai citat late e magnis montibus sitientia saecla ferarum*, «il limpido decorso delle acque richiama in lontananza dai grandi monti le assetate stirpi delle belve». • *citat*: «richiama» (da *cito*, intensivo di *cieo*). • *sitientia saecla ferarum*: per enallage, «generazioni di bestie assetate».
[vv. 948-952] **Denique... campo**: *nota... Nympharum*: «occupavano i templi silvestri delle Ninfe, noti a loro che vagavano». • *quibus e*: anastrofe. • *scibant... umida saxa*: costruisci *scibant* (= *sciebant*) *fluenta umori'* (= *umoris*, per caduta della -*s* finale) *lavere larga proluvie lubrica umida saxa*, «sapevano che i corsi d'acqua bagnavano con larga corrente gli scivolosi umidi sassi».
[vv. 953-957] **Necdum... coacti**: *scibant*: verbo principale da cui dipendono gli infiniti *tractare*, *uti* (che regge l'ablativo strumentale *pellibus*), *vestire*. • *colebant*: «abitavano». • *frutices inter*: anastrofe. • *verbera... coacti*: «costretti a evitare le sferzate dei venti e della pioggia».
[vv. 958-961] **Nec... doctus**: *ullis moribus*: ablativo strumentale in dipendenza da *uti*, come *legibus*. • *Quod... fortuna*: relativa prolettica. • *praedae*: genitivo partitivo in dipendenza da *Quod*. • *sponte... doctus*: «ciascuno ammaestrato a cavarsela e a vivere per conto proprio secondo la propria volontà».
[vv. 962-965] **Et... lecta**: *conciliabat*: ha come soggetti *mutua cupido*, *violenta vis atque impensa libido*, *pretium* (precisato dalle apposizioni *glandes*, *arbita*, *pira*). • *quamque*: «ciascuna», pronome riferito, a senso, alle donne, oggetto del desiderio maschile.

**PER COMPRENDERE IL TESTO**

## Il testo e il contesto

**GLI UOMINI PRIMA DELLA CIVILTÀ** Lucrezio condivide il pensiero antico (espresso anche da Cesare ad apertura del *De bello Gallico* ➤ **T1**, p. 479) secondo il quale gli uomini primitivi erano più forti, robusti e longevi rispetto a quelli civilizzati. Le loro dure condizioni di vita, esplicitamente paragonate a quelle degli animali (*vulgivago more ferarum*, v. 932), si contraddistinguono per l'assenza degli elementi caratteristici della civiltà (l'agricoltura, le abitazioni costruite, il fuoco e gli indumenti, la vita associata, la famiglia). Per contro, gli uomini di quell'epoca lontana sapevano godere di ciò che la natura offriva loro spontaneamente: trovavano riparo all'ombra delle querce, si nutrivano dei frutti che raccoglievano, conoscevano i luoghi in cui soddisfare la propria sete. Anche l'amore era vissuto in modo spontaneo, talvolta come reciproca attrazione istintiva, talvolta come atto violento dell'uomo ai danni della donna, talvolta, infine, come conseguenza di un dono mediante il quale l'uomo convinceva la donna a prestarsi al suo desiderio.

**LA MORTE DEGLI UOMINI PRIMITIVI** Nel seguito di questi versi (vv. 966-1010) Lucrezio passerà a raccontare come prima della civiltà non esistessero superstizioni né paure; gli uomini temevano soltanto le belve feroci, che potevano procurare loro una morte spaventosa dopo atroci sofferenze. Nulla di paragonabile tuttavia, come l'autore non manca di osservare, alle ben più numerose possibilità di morire prematuramente nel suo tempo (in guerra, in seguito a un naufragio, per eccesso di cibo o per avvelenamento).

**IL SODDISFACIMENTO DEL BISOGNO SECONDO NATURA** Sembra dunque che l'umanità primigenia vivesse, nonostante le difficoltà con cui doveva inevitabilmente confrontarsi, in modo coerente con l'etica epicurea che individuava nel soddisfacimento dei bisogni primari (quelli che Epicuro definiva come "bisogni naturali necessari", riguardanti cioè il benessere fisico e il mantenimento della vita) la fonte del piacere e, quindi, della felicità.
Ben maggiore, senza dubbio, era la felicità degli uomini dell'età dell'oro descritta da Esiodo nel suo poema *Le opere e i giorni*: infatti, essi vivevano come dèi, sereni, sempre giovani e forti; inoltre, la terra offriva loro spontaneamente frutti di cui essi si nutrivano senza fatica. Infine, la morte giungeva per loro placida come un sonno e dopo la morte si trasformavano in spiriti benigni, portatori di doni per gli altri uomini.

## Il senso del testo

**UNA COSMOGONIA SECONDO RAGIONE** È stato osservato che la storia della terra e dell'umanità proposta da Lucrezio nel libro V del *De rerum natura* si pone volutamente in contrasto con la narrazione offerta da Esiodo nella *Teogonia*, dove, tra le altre cose, si raccontava della nascita del Cosmo dal Caos, dello scontro tra i Titani, della lotta degli eroi contro i mostri mitologici e della creazione dei primi uomini da parte degli dèi. Lucrezio prende le distanze da queste narrazioni a carattere mitologico (certamente ben presenti nella memoria dei suoi lettori); il suo racconto parte infatti dai quattro elementi (terra, acqua, aria, luce o fuoco) e da come essi si siano separati dal caos primordiale, cominciando ad aggregarsi secondo la somiglianza dei loro movimenti atomici, e dunque a creare i corpi celesti.
Solo nel racconto della nascita degli animali, tra cui anche l'uomo, Lucrezio sembra avvicinarsi per un momento a una narrazione mitologica: egli sostiene che nella terra, ancora calda e umida dopo la sua formazione, crescessero degli uteri dotati di radici; quando gli uteri erano maturi e si aprivano, i neonati che si erano formati al loro interno venivano nutriti con un succo simile al latte, fuoriuscito direttamente dal terreno. Ecco perché la terra, commenta Lucrezio, è stata correttamente definita la "madre" dell'uomo e di ogni altro animale.

**LA CONCEZIONE DEL TEMPO** Nel suo poema *Le opere e i giorni* Esiodo aveva descritto le cinque età in cui era scandita la storia dell'uomo, dalle origini fino al tempo presente (età dell'oro, dell'argento, del bronzo, degli eroi, del ferro); alla base della narrazione esiodea è una visione pessimista che non sembra contemplare per l'umanità alcuna possibilità di risollevare le proprie sorti: con il trascorrere del tempo ogni aspetto della vita risulta infatti irrimediabilmente decaduto, in una spirale di violenza, ingiustizia, mancato rispetto degli dèi, fatica e dolore, senza che l'uomo possa porre rimedio a queste sciagure.
Lucrezio prende le distanze dal pessimismo e dal fatalismo che caratterizzano la narrazione esiodea del mito delle età. L'autore del *De rerum natura* sostiene infatti che la Natura si è effettivamente allontanata dalla sua giovinezza e ha perso la sua originaria fecondità; ciò nonostante egli riconosce che ci sono aspetti positivi nel progresso della civiltà, in quanto essa porta con sé agi e comodità. Se poi, insieme agli agi e alle comodità, si verificano anche guerre e sanguinose lotte per il potere, si tratta di eventi funesti di cui l'uomo, dotato di libero arbitrio e dunque della possibilità di determinare il proprio destino, è completamente responsabile.

**SIMMETRIE TRA LIBRO II E LIBRO V** Da parte degli studiosi è stato osservato che nel trattare della storia del mondo nel libro V del *De rerum natura* Lucrezio riprende e approfondisce molti temi cui aveva accennato già nel corso del libro II, quando aveva esposto la teoria dell'aggregazione e del disfacimento della materia in seguito al movimento degli atomi (tra i numerosi punti di contatto ricordiamo la negazione del finalismo, ovvero dell'idea che le leggi naturali obbediscano a uno scopo, la negazione della creazione divina e, infine, la negazione dell'esistenza di mostri mitologici come Centauri, Scille e Chimere). Le studiate corrispondenze tematiche tra i libri II e V costituiscono un'importante conferma del fatto che il *De rerum natura* è strutturato in modo simmetrico e che l'asse di simmetria su cui si impernia è costituito dalla confutazione del timore della morte, nel finale del libro III, che è appunto la sezione dell'opera verso la quale viene fatta convergere l'attenzione del lettore. Anche l'architettura del poema contribuisce dunque alla trasmissione del messaggio epicureo di liberazione dell'uomo dalle paure.

**LEGGO E COMPRENDO**

**1.** Quali caratteristiche avevano gli uomini primitivi secondo Lucrezio?

**2.** Come viene considerato il progresso da Lucrezio?

**3.** Che cosa è possibile osservare a proposito delle corrispondenze tematiche tra i libri II e V del *De rerum natura*?

STORIA, CULTURA, CIVILTÀ

# LA "VILLA DEI PAPIRI" A ERCOLANO

**L'ERUZIONE DEL VESUVIO DEL 79 D.C.** Tra i fenomeni naturali spiegati scientificamente nel libro VI del *De rerum natura* ci sono anche le eruzioni vulcaniche. Proprio a una famosissima **eruzione**, quella del **Vesuvio** del **79 d.C.**, siamo debitori della possibilità di ricollocare il poema di Lucrezio nel suo giusto contesto di relazioni culturali con l'epicureismo campano del I secolo a.C.

Le emissioni di cenere che si accompagnarono all'eruzione del Vesuvio del 79 d.C. proseguirono per giorni, raggiungendo le città di **Pompei**, **Ercolano** e **Stabia**, allora fiorenti centri di commercio, apprezzate mete turistiche della classe dirigente romana (che vi aveva fatto costruire le proprie lussuose *villae*) nonché luoghi di vivace scambio culturale. Gli abitanti che non erano riusciti a mettersi in salvo morirono a causa delle esalazioni di gas; le città non vennero mai ricostruite, ma abbandonate e in seguito dimenticate, tutti fattori che contribuirono a conservare ogni cosa esattamente nello stato in cui si trovava il giorno dell'eruzione. Così, quando ai primi del Settecento vennero ritrovati nella zona i primi resti romani, iniziò una campagna di scavi che portò alla luce dei veri tesori per l'umanità e che, seppur con differenti modalità, continua ancora al giorno d'oggi.

**LA BIBLIOTECA DELLA "VILLA DEI PAPIRI"** Scavando nella zona di Ercolano, già nel corso del XVIII secolo vennero ritrovati i resti di una villa ricchissima, che ospitava tra l'altro una **biblioteca** contenente più di **1800 volumi**. Per oltre due secoli gli studiosi cercarono dei metodi per srotolare i papiri, carbonizzati a causa dell'eruzione e schiacciati dal peso dei detriti che avevano sepolto quella che venne chiamata la "Villa dei papiri"; i loro tentativi si rivelarono però fallimentari e furono a volte anche causa della distruzione di quei rotoli fortunosamente ritrovati.

Questo può far comprendere l'emozione con la quale la comunità scientifica accolse nel **1989** la notizia che lo studioso **Knut Kleve** si stava dedicando con successo a un **nuovo metodo** di lettura dei volumi. In particolare, il metodo d'indagine papirologica messo a punto da Kleve (e da **Marcello Gigante**, fondatore del Centro Internazionale per lo Studio dei Papiri Ercolanesi e della rivista specialistica «Cronache ercolanesi») si avvale della tecnica fotografica multispettrale e dell'uso di programmi informatici di fotoritocco e di riconoscimento grafico.

**UNA BIBLIOTECA "SPECIALIZZATA"** La lettura dei rotoli carbonizzati ha permesso di stabilire che la biblioteca di Ercolano era specializzata nella raccolta di **testi filosofici dell'epicureismo**, che il suo nucleo più cospicuo risaliva al I secolo a.C. e che l'autore più rappresentato era **Filodemo di Gàdara** (vissuto tra il 110 e il 35 a.C. circa).

Filodemo, che fu anche un finissimo poeta e di cui conserviamo un certo numero di epigrammi, dovette essere in effetti il primo curatore della biblioteca, che continuò poi ad essere arricchita fino al tempo dell'eruzione. Egli era un maestro dell'epicureismo campano: tra i suoi allievi ebbe anche Sirone, che fondò a Napoli una scuola frequentata poi da Virgilio e da Orazio. Con il suo interesse per la poesia sembra costituire l'anello di congiunzione tra la diffidenza di Epicuro per le arti liberali e il «soave amore delle Muse» di Lucrezio. Gli epigrammi di Filodemo sono per noi una testimonianza degli ideali e dello stile di vita che contraddistinguevano il cenacolo epicureo campano; essi testimoniano inoltre dell'amicizia con Calpurnio Pisone Cesonino (suocero di Giulio Cesare), del quale Cicerone ci ha lasciato un ritratto denigratorio nella sua *Invectiva in Pisonem* e che era probabilmente il proprietario della "Villa dei papiri".

Le opere conservate nella villa erano per il 90 per cento greche e riguardavano la filosofia, ma sono stati ritrovati anche frammenti degli *Annales* di Ennio, delle commedie di Cecilio Stazio e alcuni versi che, pur nella loro esiguità (che ha dato adito a discussioni tra gli studiosi), possiamo attribuire al *De rerum natura*. Dalla presenza del poema di Lucrezio nella villa di Ercolano, oltre alle congetture sui possibili rapporti con Filodemo e Pisone, si ricava un'importante testimonianza relativamente alla ricezione del *De rerum natura* che, a quanto pare, veniva letto dal pubblico aristocratico del tempo interessato all'epicureismo.

Veduta della "Villa dei papiri", Ercolano.

## VERIFICA *IN ITINERE* IL PIACERE DELLA CONOSCENZA

### QUESITI A SCELTA MULTIPLA

**1.** ricordare La teoria epicurea della conoscenza si basa (➛ **T4**):
- ☐ sulla ricerca del piacere
- ☐ sulla convinzione che le percezioni che ci giungono attraverso i sensi corrispondano a verità
- ☐ sull'esperienza di vita di chi ci ha preceduti
- ☐ sulla teoria platonica delle idee

**2.** comprendere A proposito del movimento degli atomi (➛ **T4**) Lucrezio:
- ☐ esorta il lettore a osservarlo direttamente, approfittando di quando un raggio di sole penetra in una stanza buia
- ☐ propone al lettore di immaginarlo come un qualcosa di simile al movimento dei granelli di polvere illuminati dal sole
- ☐ afferma che esso è al di là delle nostre possibilità di immaginazione
- ☐ lo paragona direttamente a una mischia tra eserciti contrapposti

**3.** comprendere Nel dimostrare che non dobbiamo temere la morte (➛ **T5**) Lucrezio pone a fondamento del proprio ragionamento il fatto che:
- ☐ l'anima è mortale
- ☐ l'anima è immortale
- ☐ è destino di ogni essere vivente reincarnarsi
- ☐ dopo la morte, nell'oltretomba, tutti gli uomini godranno di una condizione di piena felicità

**4.** ricordare La biblioteca della cosiddetta "Villa dei papiri" a Ercolano era specializzata nella raccolta di:
- ☐ testi filosofici dello stoicismo
- ☐ testi filosofici dell'epicureismo
- ☐ testi poetici, soprattutto epica e tragedia
- ☐ testi poetici, soprattutto epigrammi

**5.** ricordare In Lucrezio il termine *animus*:
- ☐ è sempre sinonimo di *mens*
- ☐ è sinonimo di *anima*
- ☐ è utilizzato anche in riferimento ai sentimenti degli animali
- ☐ designa propriamente il "soffio vitale"

**6.** comprendere Nel libro V del *De rerum natura* (➛ **T6**) Lucrezio presenta la condizione degli uomini primitivi in un modo che potremmo definire:
- ☐ realistico
- ☐ idealizzato
- ☐ nostalgico
- ☐ sprezzante

### QUESITI A RISPOSTA BREVE

Rispondi ai seguenti quesiti entro lo spazio di 8-10 righe per ciascuno. Quando lo ritieni opportuno, puoi consultare i testi.

**1.** Quali accorgimenti usa Lucrezio per permettere al proprio lettore di comprendere concetti astratti e fenomeni invisibili?

**2.** Per quale motivo, secondo Lucrezio, le sofferenze che abbiamo provato in vita o al momento della nostra morte non potranno tormentarci dopo che saremo morti?

**3.** Come si manifestava l'amore al tempo degli uomini primitivi, secondo Lucrezio?

**4.** Chi era Filodemo di Gàdara?

### TRATTAZIONE SINTETICA

Svolgi le seguenti tracce entro lo spazio di 25 righe per ciascuna. Quando lo ritieni opportuno, puoi consultare i testi.

**1.** Rifacendoti ai testi letti, illustra la teoria atomistica così come essa viene esposta da Lucrezio.

**2.** Metti a confronto la teoria della nascita del mondo e dell'origine dell'uomo e la concezione del tempo secondo Esiodo e secondo Lucrezio.

# VERIFICA PER LA COMPRENSIONE

## QUESITI A SCELTA MULTIPLA

**1.** ricordare Girolamo ritiene che Cicerone abbia:
- ☐ pubblicato il *De rerum natura*
- ☐ apprezzato il *De rerum natura*
- ☐ incontrato Lucrezio in casa del fratello Quinto
- ☐ contestato la scelta di Lucrezio di ricorrere alla forma poetica per illustrare la filosofia epicurea

**2.** ricordare Il *De rerum natura* fu ritrovato:
- ☐ al tempo di San Girolamo
- ☐ da Francesco Petrarca nei suoi viaggi oltralpe
- ☐ dall'umanista Poggio Bracciolini
- ☐ nel 1417 a Verona

**3.** comprendere Lucrezio riprende la teoria atomica:
- ☐ da Democrito, predecessore di Epicuro
- ☐ da Epicuro, che riprende senza originalità quella di Democrito
- ☐ da Epicuro, che introduce nella teoria di Democrito il concetto di *parènklisis*
- ☐ introducendo il concetto di deviazione o declinazione del movimento atomico

**4.** comprendere Nel proemio che apre il *De rerum natura* (➛ **T1**) Lucrezio dimostra di voler iniziare progressivamente il lettore alla disciplina epicurea in quanto:
- ☐ inizia il poema con un'invocazione alla divinità ispiratrice, secondo la tradizione del genere epico
- ☐ proclama fin dall'inizio la novità del pensiero epicureo
- ☐ proclama fin dall'inizio la propria adesione al pensiero epicureo
- ☐ allude alla prima delle *Massime capitali* di Epicuro, ma soltanto dopo aver introdotto due divinità preminenti del *pantheon* romano, Venere e Marte

**5.** comprendere L'elogio di Epicuro che si trova nel libro I del *De rerum natura* (➛ **T2**) contiene allusioni al genere letterario:
- ☐ dell'epica eroica
- ☐ della tragedia
- ☐ della commedia
- ☐ della diàtriba

**6.** comprendere Lucrezio rispecchia una concezione diffusa nell'età antica quando:
- ☐ presenta la vita degli uomini primitivi come una vita libera da ogni fatica e affanno
- ☐ presenta la vita degli uomini primitivi come una vita caratterizzata da barbarie e totale infelicità
- ☐ ritiene che gli uomini primitivi fossero più forti e robusti rispetto agli uomini civilizzati
- ☐ ha una visione completamente ottimistica nei confronti del progresso dell'umanità

## QUESITI A RISPOSTA BREVE

Rispondi ai quesiti entro lo spazio di 8-10 righe per ciascuno. Quando lo ritieni opportuno, puoi consultare i testi.

**1.** In che modo viene concepito il rapporto tra l'uomo e le divinità nella dottrina epicurea?

**2.** Che cosa si può osservare a proposito dell'utilizzo dei due termini *animus* e *anima* da parte di Lucrezio?

**3.** Quali erano gli aspetti positivi della vita primitiva secondo Lucrezio?

**4.** Come è strutturato il *De rerum natura*?

## TRATTAZIONE SINTETICA

Svolgi le seguenti tracce entro lo spazio di 25 righe per ciascuna. Quando lo ritieni opportuno, puoi consultare i testi.

**1.** Illustra le caratteristiche in ragione delle quali il *De rerum natura* si colloca nel genere della poesia didascalica di argomento filosofico, chiarendo quali possono essere i modelli di riferimento per Lucrezio.

**2.** Illustra due princìpi della fisica epicurea che a tuo parere permettono di comprendere la relazione che secondo Lucrezio intercorre tra la conoscenza delle leggi naturali e il raggiungimento della felicità.

CICERO LECTIO **Prove dell'esistenza degli atomi** *De rerum natura* 1, vv. 265-297

# Parole per un mondo nuovo



**LE FUNZIONI DELLA LINGUA NEL *DE RERUM NATURA*** Gli autori antichi sembravano ritenere che il motivo di maggiore interesse del *De rerum natura* risiedesse nei suoi aspetti formali, ossia nelle sue caratteristiche linguistiche e stilistiche. Del resto, anche il lettore moderno rimane affascinato dalla ricchezza lessicale e dall'accuratezza retorica che contraddistinguono il *De rerum natura*, conferendo maggiore efficacia al messaggio che il suo autore intendeva trasmettere ai lettori.

■ Incisione dal frontespizio di un'edizione a stampa del *De rerum natura* di Lucrezio, XVII secolo. Toronto, Thomas Fisher Rare Book Library.

Nel suo desiderio di condividere con il proprio lettore la dottrina epicurea, Lucrezio non concepisce la lingua soltanto come un codice di cui servirsi per comunicare un messaggio. La lingua costituisce per lui anche una sorta di specchio della realtà; si tratta cioè di un modello sulla base del quale è possibile spiegare, per analogia, la formazione delle cose attraverso gli atomi. Inoltre, la lingua è anche causa della realtà stessa: secondo la teoria epicurea della conoscenza, infatti, le parole creano nella nostra mente dei *simulacra*, ovvero delle "immagini" degli oggetti che esse designano, le quali sono tanto reali quanto lo sono i *simulacra* degli oggetti che l'uomo percepisce attraverso i sensi.

**LA «POVERTÀ» DEL LATINO** Nel corso del poema, Lucrezio sottolinea più volte quanto la sua impresa poetica sia ardua. La difficoltà di esporre la dottrina epicurea in latino è data in primo luogo dalla «povertà» (*egestas*) della lingua, mancante di vocaboli adatti a esprimere concetti filosofici. Ben maggiori erano le potenzialità espressive del greco: diversamente dal latino, il greco disponeva non solo di un ampio lessico specialistico, in ragione di una ricca produzione di opere filosofiche, ma anche della possibilità di creare parole sempre nuove grazie alla pratica della composizione: in greco sono infatti molto frequenti i neologismi formati accostando radici etimologiche differenti, così da produrre parole dai significati più complessi. Sappiamo che in latino, viceversa, la possibilità di creare nuovi composti era frenata dalla resistenza dei parlanti: secondo la testimonianza di Quintiliano, retore del I secolo d.C., gli stessi composti che in un testo greco venivano ammirati suonavano ridicoli se tradotti in latino (*Institutio oratoria* 1, 5, 70).

**LA "STRATEGIA" DI LUCREZIO: NEOFORMAZIONI...** Alla diffusa resistenza dei Romani ad accettare nuove parole formate per composizione, Lucrezio antepone l'esigenza di ovviare alla «povertà» del latino; per questo introduce nel poema molte parole nuove, fra cui appunto anche molti composti. Alcuni ebbero fortuna e furono riusati anche da altri autori (per esempio, l'aggettivo *omnituens*, «che vede tutto»); altri, invece, risultano attestati soltanto nel *De rerum natura*: rimasero cioè degli *hàpax legòmena*, espressione greca che significa «(parole) che si leggono una volta sola» (per esempio, l'aggettivo *vulgivagus*, «errabondo»). Servendosi delle radici etimologiche come se fossero delle cellule da comporre per formare le parole, Lucrezio rende per altro visibile al suo lettore come avviene la formazione delle cose: infatti, le aggregazioni degli atomi (*concilia*) rispecchiano perfettamente la combinazione di suoni e lettere che sta alla base della creazione delle parole e dei versi del poema, come viene esplicitamente affermato a più riprese dal poeta.

**...E RISEMANTIZZAZIONI** Un altro modo di cui Lucrezio si serve per arricchire la lingua latina consiste nel donare significati nuovi a parole già esistenti, attraverso il procedimento della risemantizzazione (cioè dello slittamento di significato). Un esempio di questo procedimento riguarda la parola chiave che Lucrezio utilizza per spiegare la teoria epicurea della conoscenza: *simulacrum*. Il termine, in latino, significa propriamente «immagine», ma anche «ritratto» o «statua» (dall'etimologia di *simulare*, «riprodurre qualcosa in modo simile»); Lucrezio lo usa per tradurre il greco *èidolon*, termine che significa propriamente «apparizione, fantasma, spettro» ma che nell'ambito della teoria epicurea della conoscenza indica quella membrana semitrasparente che si distacca dalla superficie degli oggetti conservandone la forma e il colore e che, venendo percepita dai sensi, permette appunto all'uomo di conoscere gli oggetti.

Inoltre, Lucrezio, per indicare gli "atomi", evita di usare il termine tecnico *atomus*, preso in prestito dal greco, sostituendolo con termini o espressioni propri del linguaggio comune, come *rerum primordia*, *principia*, *genitalia corpora*, *semina rerum*, *elementa*, *materies* (o *materia*), i quali vengono appunto risemantizzati, ovvero dotati di un nuovo significato. Tali termini ed espressioni potevano essere compresi dal lettore latino in modo intuitivo; inoltre, potevano suggerire sfumature di significato diversificate e più pregnanti rispetto al semplice concetto di indivisibilità insito nella parola *atomus* (traslitterazione dal greco *àtomos*, che indica propriamente ciò che non può essere diviso: da *a-* privativo + il verbo *tèmno*, «tagliare»). L'espressione *rerum primordia*, per esempio, implica che gli atomi siano preesistenti rispetto alle cose. In definitiva, per designare gli "atomi", Lucrezio rinviene all'interno delle potenzialità espressive del latino un ventaglio di sinonimi ben più ampio rispetto al greco: l'affermazione ostentata e ripetuta della povertà del latino (*patrii sermoni egestas*) viene dunque implicitamente smentita.

**I PRESTITI DAL GRECO** Lucrezio si propone di valorizzare i mezzi espressivi del latino, dimostrando che si tratta di uno strumento capace di veicolare un messaggio nuovo e complesso, quale era appunto la dottrina epicurea. Coerentemente con questa premessa, solo di rado egli si limita a traslitterare (cioè a trascrivere passando da un alfabeto all'altro) le parole greche, usandole come prestiti non integrati.

Per lo più, Lucrezio ricorre alla traslitterazione per i nomi delle teorie filosofiche da confutare: è il caso, ad esempio, del termine *homeomeria*, che designa l'idea di Anassagora secondo cui le cose si formano per l'unione di minuscole particelle divisibili all'infinito e qualitativamente differenziate. In un certo senso, potremmo dire che la parola è "scorretta", così come scorretta è la teoria filosofica che essa vorrebbe significare; perciò essa non trova posto nella lingua latina e può essere soltanto traslitterata, rimanendo come un corpo "estraneo" nel poema. Evidentemente, Lucrezio si serve della forma delle parole come di un mezzo per aiutare il lettore a discernere la verità dalle teorie erronee.

Un notevole numero di traslitterazioni dal greco si trova invece in quella sezione del libro IV dedicata alla ridicolizzazione dell'amore *insanus* («folle»); la concentrazione di grecismi ha qui una funzione evidentemente straniante: intende infatti far percepire al lettore la follia di chi, preda del sentimento d'amore, è del tutto incapace di vedere la realtà, al punto da chiamare la propria donna con dei nomi che, per lo meno in latino, suonano privi di senso.

**FUNZIONE CONOSCITIVA E "CREATIVA" DEL LINGUAGGIO** Nel complesso, Lucrezio si rivela vincitore nella sfida di spiegare una dottrina complessa valorizzando i mezzi espressivi del latino: proprio nel momento in cui il poeta dichiara quanto sia arduo spiegare concetti nuovi a causa della povertà della lingua dei padri, egli fa risaltare per contrasto la propria maestria sia nel padroneggiare una materia certamente difficile, sia anche nel saper esporre tale materia con estrema chiarezza.

La ricerca della chiarezza si inserisce pienamente nel dibattito sullo stile all'interno della scuola epicurea, che si sforzava appunto di precisare le caratteristiche e la funzione della *saphèneia*, la «chiarezza espressiva». Sappiamo da Diogene Laerzio che Epicuro, nel suo trattato sulla retorica (per noi perduto), richiedeva la *saphèneia* come unica qualità dello stile, laddove altri filosofi ritenevano che tale qualità dovesse essere associata ad altre caratteristiche che rendessero lo stile intellettualmente accattivante e non banale. In linea con questa impostazione, Epicuro era molto attento alla scelta dei vocaboli, che riteneva dovessero essere usati sempre in senso proprio (e mai in senso traslato). Significativamente, nella *Lettera a Erodoto*, prima di iniziare la sua esposizione dei princìpi fisici fondamentali, Epicuro avverte il suo interlocutore che in caso di dubbio bisogna «badare sempre al significato primitivo per ogni vocabolo».

La precisione e la chiarezza del linguaggio, per Epicuro come per Lucrezio, sono un fondamentale strumento di conoscenza, al pari della testimonianza dei sensi e dell'intuizione analogica (valida per spiegare ciò che non può essere percepito dai sensi). Anzi, si tratta di un punto tanto più importante se si pensa alla stretta correlazione che Lucrezio istituisce esplicitamente tra la teoria della conoscenza sensibile e la teoria del linguaggio (➛ Scheda "Lettura critica", p. 299): le parole che noi leggiamo, al pari delle cose che noi percepiamo con i sensi, formano infatti nella nostra mente delle "immagini" (*simulacra*) costituite di atomi; le parole sono dunque capaci di generare "cose", ed è dunque importante che le "cose" che generano corrispondano effettivamente agli oggetti del mondo sensibile che esse designano.

LINGUA E STILE

## LO STILE DI LUCREZIO

**UNO STILE SOLENNE E ARCAIZZANTE** Per introdurre il lettore-discepolo alla dottrina epicurea, Lucrezio si avvale di uno **stile** dal carattere **sacrale** e **profetico**. Il suo linguaggio è frutto di una ricerca formale raffinatissima e risulta in primo luogo caratterizzato dai molteplici **arcaismi linguistici**, i quali contribuiscono in misura significativa alla solennità del dettato. Tra i più ricorrenti tratti linguistici arcaizzanti, dal punto di vista fono-morfologico, possiamo ricordare il genitivo singolare in *-ai* (anziché *-ae*) per i temi in *-a* della prima declinazione (es. *militiai* per *militiae*, *patriai* per *patriae*) e l'accusativo plurale in *-is* (anziché *-es*) per i sostantivi della terza declinazione e gli aggettivi della seconda classe (es. *montis* per *montes*, *rapacis* per *rapaces*). Sono frequenti anche le cadute di suoni, come le **sincopi**, cioè la perdita di una sillaba non accentata all'interno di parola (es. *suemus* per *suevimus*), e le **aferesi**, cioè la caduta della vocale iniziale di parola, che spesso dà origine alla fusione con la parola precedente (es. *patefactast* per *patefacta est*).

**LESSICO** Per quanto riguarda il lessico, Lucrezio attinge per lo più a un registro aulico e prezioso. È evidente la sua predilezione per le varianti più insolite: è il caso, ad esempio, del plurale *animantia* in luogo del ben più comune *animalia*, con lo stesso significato di «esseri dotati del soffio vitale (*anima*)», oppure della forma *Mavors* in luogo di *Mars.* Da Ennio, ma anche dagli *Aratea* o dalle altre traduzioni poetiche di Cicerone, Lucrezio trae l'uso di composti grecizzanti, come *armipotens* («potente con le armi», da *arma* + *potens*) o *glandifer* («che produce ghiande», da *glans* + *fero*).

**FIGURE RETORICHE** Passando alle scelte di Lucrezio in campo retorico, è da notare il ricorso frequentissimo alle **figure di suono**, soprattutto alle **allitterazioni**. La loro funzione non è solo quella di conferire solennità al testo (riproponendo un tratto tipico degli antichi *carmina* rituali); in Lucrezio, infatti, le figure di suono sembrano anche avere la più specifica funzione di portare l'attenzione del lettore sull'uso di determinati termini. Come è stato osservato da Ivano Dionigi, all'interno del *De rerum natura* le figure di suono spesso evidenziano la presenza di una neoformazione, oppure sottolineano l'etimologia di una parola (o la sua paraetimologia, cioè la falsa etimologia); inoltre, possono contribuire a creare relazioni "in orizzontale" (tra parole all'interno di uno stesso verso) oppure "in verticale" (tra parole all'interno di versi contigui). In tutti questi modi, le figure di suono invitano il lettore a soffermarsi con speciale attenzione su determinate parole e a riflettere sul loro significato.
Coerentemente con la predilezione di Epicuro per il *nomen proprium* rispetto al traslato, per il principio della "chiarezza espressiva" (*saphèneia*), sono invece poco frequenti le figure retoriche che implicano appunto una traslazione, ossia un cambiamento del significato proprio della parola: è il caso, ad esempio, delle metafore e delle metonimie, le quali per altro, quando vengono usate da Lucrezio, sono in molti casi immediatamente spiegate e fatte seguire dal *nomen proprium*.
Un uso particolare viene fatto della **similitudine**: infatti, è stato osservato che nel *De rerum natura* essa ha sempre una **funzione euristica**, cioè serve da strumento per conoscere le cose, e non è mai puramente esornativa.

**FATISMI E RIPETIZIONI** La presenza di arcaismi, allitterazioni e similitudini, nonché di ripetizioni formulari (anch'esse molto frequenti nel poema), è naturalmente una caratteristica dell'epica. Il *De rerum natura* appartiene però a un genere particolare di epica; si tratta infatti di un poema epico didascalico, che si propone cioè di trasmettere degli insegnamenti: in linea con il suo carattere, appunto, didascalico, esso si caratterizza per la presenza sia di **fatismi** – ovvero di formule interlocutorie con le quali il poeta si rivolge in seconda persona al lettore per coinvolgerlo maggiormente nell'esposizione (es. *adde quod*, *nunc age*) – sia anche di formule di passaggio tra un argomento e l'altro (*quod superest*, *praeterea*, *denique*, *postremo*, *huc accedit ut*).
Un'altra strategia didattica di cui Lucrezio si serve nel *De rerum natura* è quella delle **ripetizioni**, ovvero di versi, o gruppi di versi, che si ripetono sostanzialmente identici nel corso del poema. In passato tali ripetizioni venivano interpretate dagli studiosi come segni dell'incompiutezza o quantomeno della mancata revisione del *De rerum natura* (che, basandosi sul racconto di Girolamo, si riteneva fosse rimasto interrotto a causa della morte precoce di Lucrezio); si ipotizzava in alternativa che fossero dovute a interpolazioni, cioè a manomissioni della tradizione manoscritta a opera dei copisti. Oggi, invece, si ritiene che esse riflettano una precisa scelta di Lucrezio, che usa questa strategia a fini didattici, per sottolineare l'importanza di un argomento (sul modello di Empedocle, che nel suo trattato *Perì phýseos* aveva affermato [fr. 25]: «è bene dire anche due volte ciò che è necessario»).

**GUIDA ALLO STUDIO**

**1.** Indica alcuni dei più ricorrenti tratti arcaizzanti presenti nella lingua di Lucrezio.

**2.** Quale funzione possono assolvere le figure di suono nel *De rerum natura*?

**3.** Quali sono le strategie didattiche cui Lucrezio ricorre con più frequenza nel *De rerum natura*?

T7-T8

CICERO LECTIO

# Un'impresa per pochi

| *De rerum natura* 1, vv. 50-61; 136-148 |

*I due passi che seguono, tratti entrambi dal libro I del* De rerum natura*, ci mostrano l'estrema consapevolezza di Lucrezio rispetto alle scelte linguistiche compiute e nel contempo la sua preoccupazione di rendere pienamente comprensibili per i lettori anche le parole più tecniche utilizzate nel corso del poema. I vv. 50-61 (➤* **T7***) contengono l'esposizione dell'argomento dei primi due libri, dedicati alla teoria atomistica. Il poeta è conscio sia della difficoltà dell'argomento trattato sia dello sforzo di attenzione richiesto al suo lettore; perciò egli anticipa la definizione dei vocaboli più tecnici ai quali farà ricorso nella sua esposizione. Agli sforzi del discepolo corrispondono gli sforzi del poeta, quali emergono ai vv. 136-148 (➤* **T8***). Lucrezio sottolinea come il suo lavoro abbia richiesto un impegno lungo e gravoso: il latino, infatti, è una lingua povera; di conseguenza, esporre in questa lingua concetti filosofici mai trattati prima richiede innanzi tutto l'introduzione di parole nuove.*

T7

LATINO

# Parole per spiegare l'universo

| *De rerum natura* 1, vv. 50-61 | metro: esametri |

Quod super est, vacuas auris animumque sagacem
semotum a curis adhibe veram ad rationem,
ne mea dona tibi studio disposta fideli,
intellecta prius quam sint, contempta relinquas.
Nam tibi de summa caeli ratione deumque
disserere incipiam et rerum primordia pandam,
unde omnis natura creet res, auctet alatque,
quove eadem rursum natura perempta resolvat,
quae nos materiem et genitalia corpora rebus
reddunda in ratione vocare et semina rerum
appellare suemus et haec eadem usurpare
corpora prima, quod ex illis sunt omnia primis.

**[vv. 50-53] Quod... relinquas**: *Quod super est*: formula di passaggio tra un argomento e un altro (in italiano si può tradurre con «e ora»). • *adhibe*: verbo principale, con il quale il poeta si rivolge al suo lettore esortandolo a disporsi all'ascolto; ha come complementi oggetto *auris* (= *aures*) e *animum*. • *ne... relinquas*: subordinata finale; *disposta* è participio congiunto a *mea dona*, complemento oggetto di *relinquas*, il quale ha come predicativo dell'oggetto *contempta* (da *contemno*). • *tibi:* dativo di vantaggio. L'interlocutore privilegiato di Lucrezio in questi versi è il dedicatario del poema, Memmio. • *studio... fideli*: indica contemporaneamente la devozione di Lucrezio a Memmio e la sua perseveranza nel lavoro di scrittura. • *intellecta... sint*: subordinata temporale; nota l'anastrofe *intellecta prius quam*.

**[vv. 54-61] Nam tibi... primis**: il lungo periodo ha come verbi principali *incipiam* e *pandam*, il quale introduce, con vari costrutti (➤ Per analizzare il testo, p. 294), gli argomenti esposti nei primi due libri del poema. • *quove:* avverbio interrogativo coordinato (tramite la particella enclitica *-ve*) all'avverbio interrogativo *unde* del verso precedente. • *quae*: pron. relativo, riferito a *primordia* (v. 55). • *reddunda* (= *reddenda*) *in ratione*: costrutto del gerundivo, con anastrofe; da *reddunda* dipende il dat. *rebus* («nel dare alle cose una spiegazione»). • *suemus* (= *suevimus*): perfetto sincopato di *suesco*, da cui dipendono *vocare*, *appellare* e *usurpare* (quest'ultimo verbo da intendere nel sign. di «usare parlando, nominare, chiamare»); da *vocare* dipendono i due predicativi dell'oggetto *materiem* e *genitalia corpora*; da *appellare* e *usurpare* dipendono, rispettivamente, i due predicativi dell'oggetto *semina* (*rerum*) e *corpora prima*. • *haec eadem*: richiama *quae* del v. 58.

T8

LATINO

# Parole nuove per illuminare un amico

*De rerum natura* 1, vv. 136-148 | metro: esametri

Nec me animi fallit Graiorum obscura reperta
difficile inlustrare Latinis versibus esse,
multa novis verbis praesertim cum sit agendum
propter egestatem linguae et rerum novitatem;
sed tua me virtus tamen et sperata voluptas
suavis amicitiae quemvis efferre laborem
suadet et inducit noctes vigilare serenas
quaerentem dictis quibus et quo carmine demum
clara tuae possim praepandere lumina menti,
res quibus occultas penitus convisere possis.
Hunc igitur terrorem animi tenebrasque necessest
non radii solis neque lucida tela diei
discutiant, sed naturae species ratioque.

[vv. 136-139] **Nec me... novitatem**: *me fallit*: costruzione apparentemente impersonale; ha in realtà come soggetto la subordinata *difficile... esse*, che a sua volta regge la soggettiva *inlustrare Graiorum obscura reperta Latinis versibus.* • *cum sit agendum*: costruzione impersonale della perifrastica passiva (nell'ambito di un *cum* narrativo). • *novis verbis*: ablativo strumentale.
[vv. 140-142] **sed tua... suadet**: *suadet*: ha come soggetti *virtus* e *voluptas* e come complemento oggetto l'infinitiva *me efferre quemvis laborem.* • *tua... virtus*: si tratta della *virtus* di Memmio, cui Lucrezio si sta rivolgendo in questi versi e con il quale spera di instaurare un vincolo di *amicitia* (termine che si riferisce probabilmente all'ideale della *philìa* epicurea).
[vv. 142-145] **et inducit... possis**: *et inducit*: proposizione coordinata all'avversativa *sed suadet* dei versi precedenti; anch'essa regge un'infinitiva: (*me*) *noctes vigilare serenas.* • *quaerentem*: participio congiunto a *me* (v. 140); da esso dipendono le interrogative indirette introdotte da *quibus dictis* e *quo carmine.* • *quibus* (v. 145): pronome relativo riferito a *clara... lumina.*
[vv. 146-148] **Hunc igitur... ratioque**: da *necessest* (= *necesse est*) dipende il congiuntivo *discutiant*, che ha come sogg. *radii*, *tela*, *species ratioque* e come compl. ogg. *terrorem... tenebrasque.*

**PER ANALIZZARE IL TESTO**

## Il testo e il contesto

**UNA POSIZIONE "STRATEGICA"** L'importanza che Lucrezio attribuisce a questi due passi emerge chiaramente se consideriamo la loro posizione all'interno del libro I del *De rerum natura*. I vv. 50-61 (➤ **T7**) seguono immediatamente l'Inno a Venere e costituiscono l'apertura di quello che è il vero e proprio proemio al libro I (successivo al proemio generale a tutta l'opera). Quanto ai vv. 136-148 (➤ **T8**), essi costituiscono invece la chiusa del proemio al libro I e introducono alla trattazione del primo argomento affrontato nella "diade" dedicata alla fisica epicurea (libri I-II), ovvero l'esposizione dei princìpi generali relativi all'esistenza della materia e del vuoto.

## Lo stile del testo

**L'APERTURA DEL PROEMIO AL LIBRO I** Ai vv. 50-61 (➤ **T7**) la richiesta di attenzione che il poeta rivolge a Memmio (e che vale naturalmente per tutti i lettori del poema) prevede l'esplicito riferimento agli "organi" che devono essere "attivati" (.................................. e ........ ................................), così che sia possibile accogliere ciò che il poeta ha da offrire.
Quanto all'anticipazione degli argomenti che saranno affrontati nella prima diade del poema (vv. 54-57), essa è affidata, con studiata *variatio*, a diversi costrutti:

- complemento di argomento: ..................................
- complemento oggetto: ..................................
- proposizioni interrogative indirette: ........................ ..................................................................

Ai vv. 58-61, Lucrezio passa quindi a elencare tutti i termini e le espressioni di cui si servirà nel corso della sua esposizione per indicare i costituenti minimi delle cose, ovvero gli →

"atomi" (riporta qui di seguito i termini e le espressioni in questione: ........................................................................
........................................................................
........................................................................).

**LA CHIUSA DEL PROEMIO AL LIBRO I** Passando adesso ai vv. 136-148 (➛ **T8**), Lucrezio fa innanzi tutto riferimento alla difficoltà della propria impresa poetica. Questa difficoltà scaturisce dal fatto che egli si trova a dover esporre in una lingua lessicalmente "povera" un argomento difficile e per di più nuovo (ossia mai esposto prima in latino), come espessamente dichiarato al v. 139 (........................................................................
........................................................................, dove è anche da notare la disposizione dei termini secondo la figura retorica del ..............................).
Da questa situazione deriva dunque innanzi tutto la necessità di coniare nuove parole latine (v. 138 ..............
........................................................................).
Alla riflessione sulle "sfide" a livello linguistico poste dall'impresa cui il poeta si accinge si accompagnano la *captatio benevolentiae* nei confronti del dedicatario del poema (Lucrezio manifesta infatti la speranza di ricevere in premio l'*amicitia* di Memmio) e il richiamo allo scopo ultimo del suo lavoro, ossia liberare l'uomo dal buio della paura grazie alla luce della ragione.
Le scelte lessicali operate nel corso del brano contribuiscono a creare immagini ben vive nella mente del lettore: termini appartenenti al campo semantico dell'oscurità e della cecità (*obscura*, *noctes*, ........................................................................) si contrappongono a termini appartenenti al campo semantico della luce e della vista (*inlustrare*, *clara lumina*, ........................................................................
.............................................); inoltre, termini che rimandano all'idea della difficoltà e della fatica (...........
........................................................................
...............) si contrappongono a termini che rimandano all'idea della facilità e della piacevolezza (.....................
........................................................................).

## LEGGO E ANALIZZO

**1.** analizzare *fideli* al v. 52:
- ☐ è retto da *adhibe*
- ☐ è retto da *dona*
- ☐ concorda con *tibi*
- ☐ concorda con *studio*

**2.** analizzare *omnis* al v. 56 è:
- ☐ nominativo
- ☐ genitivo
- ☐ accusativo
- ☐ dativo

**3.** analizzare Al v. 144 osserviamo:
- ☐ iperbato e allitterazione
- ☐ chiasmo e paronomasia
- ☐ anafora e allitterazione
- ☐ anastrofe e tmesi

**4.** analizzare Troviamo un chiasmo:
- ☐ al v. 50 (*vacuas auris animumque sagacem*)
- ☐ al v. 51 (*semotum a curis adhibe veram ad rationem*)
- ☐ al v. 52 (*mea dona tibi studio*)
- ☐ al v. 54 (*nam tibi de summa caeli ratione deumque*)

**5.** applicare Completa la messa in costruzione dei vv. 140-145, inserendo al posto giusto le parole mancanti.

*Sed tamen* .................................. *et voluptas sperata* ..................................................................
*suadet me efferre* ..............................................
.......................... *et inducit (me)* .....................
.............. *noctes serenas* ..................................
.... *quibus dictis et* ..............................................
.................. *possim demum praepandere menti tuae* ........................................, *quibus possis convisere penitus* ..............................................
..................................................................................

**6.** applicare Sulla base della messa in costruzione che hai stabilito, completa ora la traduzione dei vv. 140-145.

Tuttavia ...................................................... e il piacere ............................ dell'amicizia soave mi convincono a ................................ qualsiasi ............................ e mi inducono ..................
...........................................................................
cercando le parole e i versi con i quali ................
............................................................... la luce splendente, attraverso la quale tu possa .....
...........................................................................

## STORIA, CULTURA, CIVILTÀ | L'ORIGINE DEL LINGUAGGIO SECONDO LUCREZIO

**LINGUAGGIO GESTUALE, LINGUAGGIO VERBALE** Nell'ambito della storia dell'umanità narrata nel corso del libro V del *De rerum natura*, Lucrezio si occupa anche della **nascita del linguaggio** (vv. 1022-1090). Secondo la teoria qui esposta, gli uomini primitivi, che inizialmente vivevano isolati gli uni dagli altri, nei loro brevi incontri si intendevano a gesti, limitandosi a indicare gli oggetti necessari alla loro sopravvivenza (➤ **T6**). Fu soltanto con la nascita delle prime comunità, determinata dall'indebolimento della specie e dalla conseguente necessità di aiutarsi gli uni gli altri, che si avvertì il bisogno di usare le parole per esprimere anche concetti astratti come la giustizia, la solidarietà e la compassione.

**DAI SUONI ALLE PAROLE** Gli uomini, afferma Lucrezio, sono dotati di organi in grado di produrre suoni; essendo appunto dotati di tali organi, essi finirono per scoprire l'utilità di servirsi dei suoni per rispondere al bisogno di indicare non solo gli oggetti materiali ma anche i concetti astratti. In altre parole, Lucrezio nega che l'uomo possieda gli organi fonatori per poter parlare; al contrario, egli ritiene che l'uomo, in quanto dotato di organi fonatori, abbia imparato a servirsi dei suoni per comunicare. Tale principio, in termini più generali, era stato formulato già nel corso del libro IV del *De rerum natura* (vv. 834-842), dove Lucrezio appare evidentemente impegnato a confutare la concezione finalistica e provvidenziale tipica della filosofia stoica, secondo cui tutto sarebbe stato creato per uno scopo: «Niente è nato nel corpo perché potessimo usarlo, bensì, ciò che è nato crea l'uso. Non ci fu la vista prima che gli occhi fossero nati, né la capacità di parlare prima che la lingua fosse creata, ma piuttosto l'origine della lingua precedette di gran lunga il discorso, e le orecchie furono create molto prima che un suono fosse udito; insomma, tutte le membra esistettero prima, a quanto credo, che esistesse il loro uso; non sarebbero potute crescere per l'uso».
Secondo l'epicureismo, dunque, il linguaggio non è stato dato all'uomo dalla divinità (né è stato inventato da un singolo uomo che l'avrebbe poi imposto agli altri, come sembrava supporre la dottrina di ascendenza pitagorica esposta anche da Platone nel *Cratilo*). A conferma della bontà della teoria epicurea, Lucrezio conclude la sua trattazione dedicata all'origine del linguaggio esortando il lettore a osservare il comportamento delle diverse specie animali: come i cani, i cavalli e gli uccelli hanno i loro modi per esprimere i sentimenti, tanto più è logico pensare che gli uomini, dotati di organi più raffinati rispetto agli altri animali, abbiano potuto modulare la loro voce per produrre suoni diversificati e dare così un nome alle diverse cose.

**T9**
LATINO

# Le parole e le cose

*De rerum natura* 1, vv. 817-829 | metro: esametri

*In questo brano Lucrezio è intento a illustrare come gli atomi si combinino tra loro per formare tutto ciò che esiste. Come spesso accade in rapporto a fenomeni fisici che non sono conoscibili attraverso l'esperienza sensibile, l'esposizione del* De rerum natura *prevede il ricorso al procedimento dell'analogia: in questo contesto, appunto allo scopo di permettere ai suoi lettori una comprensione più immediata del fenomeno fisico che è oggetto della trattazione, Lucrezio sottolinea la sorprendente corrispondenza che c'è tra le cose, formate da atomi che si incontrano e si aggregano, e le parole, ottenute dalla combinazione dei suoni e delle lettere dell'alfabeto.*

Atque eadem magni refert primordia saepe
cum quibus et quali positura contineantur
et quos inter se dent motus accipiantque;

---

[vv. 817-819] **Atque eadem... accipiantque**: *refert*: verbo principale costruito con il genitivo *magni*, «importa molto»; da esso dipendono le subordinate interrogative indirette *cum quibus* (sott. *primordiis*)... *contineantur* e *quos motus... dent accipiantque* il cui soggetto è *eadem... primordia*.

namque eadem caelum mare terras flumina solem
constituunt, eadem fruges arbusta animantis,
verum aliis alioque modo commixta moventur.
Quin etiam passim nostris in versibus ipsis
multa elementa vides multis communia verbis,
cum tamen inter se versus ac verba necessest
confiteare et re et sonitu distare sonanti.
Tantum elementa queunt permutato ordine solo;
at rerum quae sunt primordia, plura adhibere
possunt unde queant variae res quaeque creari.



**[vv. 820-822] namque eadem... moventur**: *eadem*: il determinativo può essere inteso come pronome oppure come aggettivo (nel qual caso va sottinteso *primordia*); ripetuto due volte (ai vv. 820 e 821), è il soggetto di *constituunt* da cui dipendono le due serie di complementi oggetto *caelum... solem* e *fruges... animantis* (forma arcaica di accusativo plurale per *animantes*). • *verum... moventur*: coordinata avversativa, il cui soggetto è sempre *eadem*: «ma i medesimi (elementi primi) si muovono (*moventur*: nota la diatesi media) mescolati ad altri (elementi primi) e in un altro modo»; *commixta* è participio congiunto a *eadem*.

**[vv. 823-826] Quin etiam... sonanti**: *vides*: il poeta si rivolge in seconda persona al lettore, invitandolo a prendere in considerazione il modo stesso in cui il poema è, in ultima istanza, costituito da lettere che si compongono in parole e versi dal significato e dal suono differenti. • *nostris in versibus ipsis*: anastrofe. • *elementa*: significa qui «lettere dell'alfabeto»; Lucrezio gioca però sull'ambiguità del termine, che viene usato anche per indicare gli «elementi» della materia (ossia gli atomi). • *cum tamen... necessest*: subordinata avversativa, da cui dipende *confiteare* (= *confitearis*) che a sua volta regge l'infinitiva oggettiva *versus ac verba et re et sonitu distare*; i due ablativi *re* e *sonitu* hanno funzione di ablativi di limitazione.

**[vv. 827-829] Tantum... creari**: *tantum*: si riferisce a quanto è stato spiegato nei versi precedenti, ossia alla possibilità di creare parole e versi a partire dal limitato numero delle lettere dell'alfabeto. • *quae sunt*: pleonasmo, «quelli che sono».

**PER ANALIZZARE IL TESTO**

## Il testo e il contesto

**LE PAROLE DELLA FISICA E DELLA GRAMMATICA**
Questo passo esprime un concetto ribadito per ben cinque volte all'interno del poema, ogni volta mediante formulazioni differenti, che prevedono però la ripresa di parole chiave nonché la ripetizione di interi versi. Come le parole nascono dalla combinazione delle diverse lettere, così le cose nascono dall'aggregazione dei diversi atomi. Tuttavia, gli atomi possono creare una maggiore varietà di "composti" rispetto alle lettere: essi possono infatti combinarsi tra loro non solo in base alla posizione, come le lettere (*permutato ordine solo*), ma anche in base ad altri fattori, elencati in un unico verso nel corso del libro II (v. 1021): *concursus*, *motus*, *ordo*, *positura*, *figura*. La varietà delle cose formate da atomi dipende dunque da vari fattori, ovvero: da come avviene lo scontro tra gli atomi (*concursus* o *concilium*); dal movimento degli atomi (*motus*); da come avviene il contatto tra gli atomi (*ordo*); dalla configurazione o forma degli atomi (*figura*); e, infine, dalla collocazione o orientamento degli atomi all'interno del "composto" (*positura*).
È interessante constatare che le parole di cui Lucrezio si serve per designare i fattori che determinano la varietà dei composti atomici sono tutte riferibili anche alla sfera grammaticale (oltre che appunto a quella della fisica): *figura* è la forma dell'atomo, ma anche una "figura" retorica; *ordo* e *positura* indicano la collocazione sia degli atomi nelle cose, sia anche delle parole nelle frasi e nei versi; *concursus* indica l'aggregazione degli atomi, ma anche l'incontro di suoni all'interno di una parola; *motus*, oltre al movimento degli atomi, può indicare anche il ritmo di una frase e la declinazione morfosintattica delle parole.

## Lo stile del testo

**LA LINGUA COME SPECCHIO DELLA REALTÀ** Nella prima parte del passo (vv. 817-822) Lucrezio utilizza per ben tre volte il determinativo .................... allo scopo di sottolineare che tutto ciò che esiste si costituisce appunto dei medesimi princìpi primi (..............................), ovvero dei medesimi atomi.
Quanto poi alla varietà del reale, essa è sottolineata dall'accumulo di sostantivi giustapposti gli uni agli altri in due serie asindetiche: la prima che raccoglie le cose inanimate (.............................................................................................................................), la seconda →

che elenca gli esseri viventi (..........................................
..........................................).

Questi versi forniscono un esempio evidente del fatto che per Lucrezio la lingua non è solo il codice attraverso il quale veicolare il messaggio della dottrina epicurea; essa costituisce anche una sorta di specchio della realtà. In particolare, la lingua funziona qui come un modello cui Lucrezio ricorre allo scopo di spiegare, per analogia, la formazione delle cose attraverso gli atomi; il fenomeno dell'aggregazione degli atomi, che si compongono dando origine alla straordinaria varietà del reale, trova corrispondenza e viene esemplificato dalla combinazione delle lettere, le quali danno origine a singole parole e versi dal significato e dal suono differenti.

**LE SCELTE RETORICHE E STILISTICHE** Quanto alle scelte retoriche operate da Lucrezio in questi versi, nel complesso esse sottolineano e confermano l'affermazione secondo cui le lettere possono appunto combinarsi in parole dal significato differente. In particolare, possiamo osservare la presenza delle seguenti figure:

- ...................................., in cui la medesima parola viene ripetuta a breve distanza, modificandone però il caso, il genere, il numero, il modo o il tempo, con la conseguenza che si produce un cambiamento di significato (*aliis alioque*, *verbis verba*, *multa multis*, *queunt queant*);
- ...................................., in cui suoni quasi identici producono significati completamente diversi (*versus... verba*, *queunt... quae sunt*, *queant... quaeque*);
- ...................................., in cui si verifica l'accostamento di due o più parole che presentano identità fonica della terminazione (*eadem solem*, *confiteare distare*);
- la figura etimologica .................................... (v. 826).

Infine, è da osservare che l'argomentazione portata avanti da Lucrezio risulta ben scandita da connettivi logici, con il risultato che il passo è chiaro nel suo sviluppo. Per introdurre l'analogia tra gli atomi e le lettere dell'alfabeto, il poeta si serve, al v. 823, della congiunzione ................... Tale congiunzione non svolge qui la funzione sintattica di collegare due frasi, bensì assicura la coesione tra due intere porzioni di testo; inoltre, secondo un uso tipico del parlato ma che si trova anche nei testi letterari, essa segnala l'enfasi con la quale Lucrezio intende sottolineare le proprie affermazioni e coinvolgere il lettore. Per segnalare invece le ben maggiori possibilità di combinazione degli atomi rispetto alle lettere, al v. 828, Lucrezio fa uso della congiunzione avversativa ..................

Pagina miniata del *De rerum natura* di Lucrezio, particolare da un manoscritto della seconda metà del XV secolo. Londra, British Library.

## LEGGO E ANALIZZO

**1.** analizzare *cum* al verso 825 ha valore di:
- ☐ preposizione che introduce *re et sonitu*
- ☐ congiunzione temporale
- ☐ congiunzione causale
- ☐ congiunzione avversativa (in unione con *tamen*)

**2.** analizzare *confiteare* al v. 826 è un:
- ☐ infinito
- ☐ congiuntivo retto da *cum*
- ☐ congiuntivo alla seconda persona singolare
- ☐ indicativo retto da *cum*

**3.** analizzare *plura* al v. 828 è:
- ☐ complemento oggetto di *adhibere*
- ☐ soggetto di *adhibere*
- ☐ attributo di *primordia*
- ☐ attributo di *res* (al v. 829)

**4.** applicare Completa la messa in costruzione dei vv. 827-829, inserendo al posto giusto le parole mancanti.

...................................... *elementa permutato*
....................................*; at quae sunt* .............
......................., *possunt adhibere* ....................
*unde queant quaeque variae res* ....................*:*

**5.** applicare Sulla base della messa in costruzione che hai stabilito, completa adesso la traduzione dei vv. 827-829.

....................................................... le lettere,
.......................................................................
......................................; .................................
.......................................................................,
possono usare più mezzi (lett. «più cose») .........
.......................................................................
............................ possono essere create.

# Come le parole possono "creare" le cose

**IL *DE RERUM NATURA* COME "MICROCOSMO"** Lo studioso **Alessandro Schiesaro** ha mostrato come il *De rerum natura* non solo parli dell'universo e delle leggi fisiche di aggregazione e disgregazione della materia che lo regolano, ma sia un "microcosmo" esso stesso: anche il poema lucreziano, infatti, è un "corpo" composto di atomi e vuoto, e in quanto tale risulta soggetto alle medesime leggi e vicende che regolano la formazione degli aggregati atomici (*concilia*). Nell'ottica di Lucrezio, lettere e parole non sono soltanto un analogo del modo in cui gli atomi si aggregano formando i vari composti atomici; con tali aggregati atomici esse condividono infatti anche la natura materiale.
Poste queste basi, Schiesaro osserva come anche la struttura del poema rispecchi le leggi di nascita e di morte che valgono per gli esseri viventi e per ogni cosa esistente, compreso il mondo stesso.

«In un mondo in cui tutto è atomi e vuoto, non può esserci relazione analogica che non sia anche connessione ontologica. Questa premessa teorica riveste conseguenze di notevole peso per la strategia argomentativa del *De rerum natura*, ma non solo. La solidarietà strutturale tra visibile e invisibile, per esempio, riscatta la straordinaria forza visiva del poema, ricco di immagini, esempi, paralleli, da ogni intento esornativo. Convivono in quest'opera registri stilistici diversi, sezioni di argomentazione rigorosa ed altre a carattere narrativo tese soprattutto a coinvolgere le emozioni profonde del lettore: il predominio dell'immagine, veicolata dall'analogia, è il terreno comune su cui il poema fonda la sua unitarietà stilistica e concettuale. Così, pure, nel caso dell'analogia tra atomi e lettere: come i grani di polvere rappresentano gli atomi, ma ne sono anche composti, le lettere potrebbero essere non solo un'immagine della realtà atomica, ma anche parte di essa (e non solo, ovviamente, nel senso che le lettere prendono forma in quanto tracce di inchiostro). Per l'epistemologia di Epicuro e Lucrezio non c'è dubbio che le parole suscitano nella mente immagini costituite da atomi, e quindi materiali. Quando leggiamo la parola *ignis*, per esempio, i nostri sensi ci fanno percepire i cinque oggetti distinti che sono le cinque lettere che la formano, ma dopo questo processo iniziale di percezione la nostra mente ricrea l'immagine del fuoco utilizzando atomi liberi vaganti nell'atmosfera e pronti a formare questa nuova immagine. "Vedere", per Epicuro e il suo discepolo, significa assorbire particelle invisibili rilasciate dall'oggetto che stiamo guardando; per "immaginare", invece, siamo noi stessi a procurare gli atomi necessari. Le parole, come le notazioni di uno spartito, sono "istruzioni" che la mente segue nel suo processo di creazione e immaginazione; esse racchiudono la realtà in un sistema di segni convenzionali che ci consentono di evocarla in ogni momento e in qualunque circostanza. Il *De rerum natura* è costituito da una sequenza ordinata di lettere che si animano nella nostra mente creando *concilia* i piú vari, pronti ad aggregarsi e disgregarsi. Il poema è quindi un microcosmo non solo perché replica mimeticamente certe caratteristiche degli atomi che compongono l'universo, ma perché di esso fa parte anche come oggetto materiale, è coinvolto nel processo di aggregazione e disgregazione che investe in perpetuo la materia. Come "corpo" composto di atomi e vuoto, il poema è soggetto alle stesse vicende che regolano la formazione degli aggregati atomici. Le parole (Lucrezio lo spiega in dettaglio in un'ampia sezione del quarto libro, vv. 749-817) inducono la nostra mente a creare con gli atomi che vagano intorno a noi le immagini materiali – i *simulacra* – degli oggetti, che noi "vediamo" tanto concretamente quanto concretamente i nostri occhi vedono un oggetto posto loro dinanzi. Leggere e comprendere equivalgono di fatto a produrre nella nostra mente una serie di immagini suggerite dalle parole, e a relazionarsi ad esse nello stesso modo in cui ci relazioneremmo con un oggetto esterno e visibile. In questo senso, quindi, una serie di parole diventa una serie di "oggetti": lettere e parole non sono piú soltanto

**Veduta di giardino**, affresco dalla Casa del Bell'Impluvio a Pompei, fine I sec. a.C.-inizio I sec. d.C.

→

un analogo del modo in cui gli atomi si organizzano in *concilia*, ma di quei *concilia* condividono anche la natura materiale. Almeno due conseguenze essenziali per una comprensione del poema di Lucrezio derivano da queste premesse. È ben nota la propensione del *De rerum natura* a modellare con la lingua, piegata a uno sforzo di mimesi insieme capillare e monumentale, la realtà che intende descrivere. A questo scopo Lucrezio sviluppa uno stile ipermotivato dalla materia prescelta e le necessità espositive che questa impone: l'anafora sottolinea concetti chiave come duplicazione e ripetizione; la tmesi, figura che spezza una parola in due parti, è preziosa per indicare, ad esempio, la separazione dei composti atomici; la formazione stessa di alcuni composti innovativi sembra obbedire piú che altro all'esigenza costante di eliminare quanto piú possibile la distanza tra la cosa detta e le parole usate per dirla. Una seconda conseguenza è, se possibile, ancora piú importante. Lettere, parole, versi, non sono piú soltanto uno strumento, pur flessibile e arguto, per descrivere una realtà che li trascende: è il poema stesso a essere "corpo" soggetto alle leggi inflessibili della fisica epicurea, e come tale banco di prova fondamentale per spiegarle e comprenderle. »

(Alessandro Schiesaro, *L'infinito in versi*, introduzione a *Lucrezio. De rerum natura*, traduzione di R. Raccanelli, Torino, Einaudi, 2003, pp. 11-17)

**GUIDA ALLO STUDIO**

**1.** Come avvengono i processi della visione e dell'immaginazione secondo la teoria epicurea?

**2.** Sulla base di quali argomentazioni Schiesaro afferma che il *De rerum natura* può essere considerato un "microcosmo"?

**3.** Illustra la specifica funzione che le figure retoriche dell'anafora e della tmesi possono assolvere nel *De rerum natura*.

T10

LATINO

# Le parole dell'amore

| *De rerum natura* 4, vv. 1160-1184 | metro: esametri |

*Il libro IV del* De rerum natura *è dedicato interamente alla teoria della conoscenza, ovvero alla teoria dei* simulacra*: secondo l'epicureismo, infatti, noi conosciamo la realtà che ci circonda in quanto con i nostri sensi percepiamo quelle membrane semitrasparenti costituite di atomi, i* simulacra *appunto, che si distaccano dagli oggetti conservandone la forma e il colore. La teoria dei* simulacra *spiega anche le allucinazioni, i sogni e le illusioni, tra le quali può essere annoverato l'amore. Un lungo* excursus *(vv. 1037-1287) illustra prima le cause fisiche dell'amore, poi le sue nefaste conseguenze. Lucrezio considera l'amore esclusivo e idealizzato per una donna come uno dei nemici più insidiosi della serenità dell'uomo; appunto per questo si propone di dimostrare l'insensatezza di questo sentimento e dei suoi effetti. Nei versi che seguono, il poeta mette in ridicolo gli innamorati non solo descrivendone i comportamenti, ma anche soffermandosi sulle parole che essi usano per designare l'oggetto del loro desiderio.*

Nigra «melichrus» est, immunda et fetida «acosmos»,
caesia «Palladium», nervosa et lignea «dorcas»,
parvula pumilio, «Chariton mia, tota merum sal»,
magna atque immanis, «cataplexis plenaque honoris».

[vv. 1160-1169] **Nigra... philema**: in questi versi c'è una forte concentrazione di termini traslitterati dal greco: *melichrus* da *melìchros*, «dolce come il miele»; *acosmos* da *àkosmos*, «senza trucco»; *Palladium* da *Pallàdion*, «statua di Pallade» (la dea Atena aveva gli occhi azzurri, caratteristica che presso i Romani era poco apprezzata); *dorcas* da *dorkàs*, «gazzella»; *chariton mia* da *charitòn mìa*, «una delle Cariti» (le Cariti, o Grazie, erano le divinità dispensatrici di grazia e bellezza); *cataplexis* da *katàplexis*, «motivo di stupore, prodigio»;

Balba, loqui non quit: «traulizi»; muta «pudens» est;
at flagrans, odiosa, loquacula «Lampadium» fit.
«Ischnon eromenion» tum fit, cum vivere non quit
prae macie; «rhadine» verost iam mortua tussi.
At tumida et mammosa «Ceres est ipsa ab Iaccho»,
simula «Silena ac Saturast», labeosa «philema».
Cetera de genere hoc longum est si dicere coner.
Sed tamen esto iam quantovis oris honore,
cui Veneris membris vis omnibus exoriatur;
nempe aliae quoque sunt; nempe hac sine viximus ante;
nempe eadem facit, et scimus facere, omnia turpi
et miseram taetris se suffit odoribus ipsa,
quam famulae longe fugitant furtimque cachinnant.
At lacrimans exclusus amator limina saepe
floribus et sertis operit postisque superbos
unguit amaracino et foribus, miser, oscula figit;
quem si, iam admissum, venientem offenderit aura
una modo, causas abeundi quaerat honestas
et meditata diu cadat alte sumpta querela
stultitiaque ibi se damnet, tribuisse quod illi
plus videat quam mortali concedere par est.

■ **Atena**, copia greca del I sec. d.C. da un originale di Fidia del V sec. a.C. Roma, Palazzo Altemps.



*traulizi* da *traulìzei* (indicativo presente, terza persona singolare, del verbo *traulìzo*), «balbetta»; *Lampadium* da *lampàdion* «piccola torcia, fiaccola»; *ischnon eromenion* da *ischnòn eromènion*, «sottile amorino»; *philema* da *phìlema*, «bacio», *rhadine* da *radinè*, «delicata». • *mammosa*: l'aggettivo, derivato da *mamma*, «mammella», appartiene al linguaggio colloquiale. • *Ceres... Iaccho*: Lucrezio fa qui riferimento a una versione del mito di Bacco secondo cui il dio del vino era figlio di Cerere, la dea delle messi. • *simula*: l'aggettivo, diminutivo da *simus* («camuso»), è un *hàpax* lucreziano. • *Silena ac Saturast*: Sileni e Satiri erano creature mitologiche che univano fattezze umane a tratti animali (equini e caprini); entrambi, secondo l'iconografia greco-romana, si caratterizzavano per il naso rincagnato.

**[vv. 1170-1172] Cetera... exoriatur**: *longum est*: il verbo *sum* è da tradurre qui con il condizionale. • *si... coner*: protasi di un periodo ipotetico della possibilità (la cui apodosi è *longum est*). • *Sed tamen... exoriatur*: «Ma sia pure di bellezza del viso tanto grande quanto vuoi, (sia pure una) alla quale da tutte le membra fuoriesca la potenza di Venere». L'imperativo *esto* ha qui valore concessivo; dall'ablativo di qualità *quantovis honore* (dove *honos* va inteso nel significato di «ornamento, bellezza», secondo un'accezione del termine frequente nei testi poetici) dipende il genitivo *oris* (dove il termine *os*, propriamente «bocca», è da intendersi, con sineddoche molto frequente, nel significato di «viso»); *cui* è dativo di relazione (in dipendenza da *esto*); *membris... omnibus* è ablativo di origine senza preposizione (in dipendenza da *exoriatur*).

**[vv. 1173-1176] nempe... cachinnant**: *hac sine*: anastrofe. • *eadem facit... omnia turpi*: «fa tutte le cose identiche alla (donna) brutta». • *miseram... ipsa*: «lei stessa si ammorba, infelice, con odori ripugnanti»; *miseram* è attributo di *se*, complemento oggetto di *suffit* (da *suffio*); *taetris... odoribus* è ablativo di mezzo.

**[vv. 1177-1179] At lacrimans... figit**: *floribus et sertis*: endiadi: «con ghirlande di fiori». • *postis* (= *postes*)...: il plurale *postes*, lett. «stipiti», indica per metonimia le porte che sono dette «superbe» in quanto rifiutano di accogliere l'amante. • *amaracino*: ablativo di mezzo, «con profumo di maggiorana». • *foribus*: dativo di relazione.

**[1180-1184] quem... par est**: *quem*: nesso relativo (= *et eum*), riferito a *amator*. • *si... offenderit*: protasi di un periodo ipotetico della possibilità; *offenderit* ha come soggetto *aura* (ossia l'aria impregnata degli *odores* menzionati al v. 1175); l'apodosi è costituita da tre congiuntivi: *quaerat* e *damnet* (che hanno per soggetto, a senso, l'*exclusus amator*, richiamato nel periodo da *quem*, *admissum* e *venientem*) e *cadat* (il cui soggetto è *querela*). • *venientem*: concordato con il nesso relativo *quem*, complemento oggetto di *offenderit*, ha funzione predicativa. • *abeundi*: genitivo del gerundio. • *stultitia*: ablativo di causa. • *quod... videat*: subordinata causale con congiuntivo della possibilità. • *tribuisse*: ha come soggetto sottinteso *se*. • *illi*: riferito alla donna.

## Il testo e il contesto

**PAROLE E COMPORTAMENTI DEGLI INNAMORATI** Il brano si presenta nettamente bipartito. Nella prima parte (vv. 1160-1170) Lucrezio mostra numerosi esempi di come ogni innamorato mascheri a se stesso i difetti della propria donna, nascondendoli dietro dei vezzeggiativi che finiscono per suonare ridicoli. Le parole e le espressioni che Lucrezio prende a esempio di un tale atteggiamento sono per la maggior parte traslitterate dal greco, e provengono certamente da fonti letterarie (tra le quali si cita Platone). I Romani che leggevano questi versi dovevano certamente riconoscere, se non queste stesse parole, senz'altro il modo di atteggiarsi di chi voleva esibire la propria cultura sfoggiando parole greche per dimostrare di essere "alla moda". Del resto, anche le commedie di Plauto (nonché le lettere di Cicerone ai suoi familiari) abbondano di grecismi, indizio che il greco era effettivamente assai utilizzato nella lingua colloquiale e confidenziale.

Nella seconda parte del testo (vv. 1171-1184), Lucrezio si sofferma, con intento ugualmente comico-parodico, su un comportamento tipico degli innamorati non corrisposti nel mondo greco-romano, comportamento che ci è ampiamente testimoniato nella commedia (da Aristofane a Plauto e Terenzio), nella poesia lirica (da Alceo fino a Callimaco e Catullo), nonché, successivamente a Lucrezio, nell'elegia latina (Tibullo, Properzio e Ovidio). Si tratta del cosiddetto *paraklausìthyron*: questa parola greca, che significa letteralmente «lamento presso la porta», rimanda appunto alla tipica situazione dell'innamorato che, fuori dalla porta (chiusa) della donna amata, lamenta la propria triste condizione e implora la donna affinché lei, alla fine, gli conceda di entrare. Lucrezio rivede in modo spietatamente satirico questo *tòpos* letterario: in definitiva, egli sembra volersi prendere gioco dell'amore sia quando è vissuto sia quando diventa appunto *cliché* letterario.

## Lo stile del testo

**L'EFFETTO COMICO** In questo passo Lucrezio vuole evidentemente portare i suoi lettori a ridere del comportamento dei loro simili, così che prendano coscienza di quanto essi stessi possono apparire ridicoli agli occhi degli altri. Il poeta adotta uno stile ricco di effetti e di accorgimenti retorici che rendono la scena sotto vari aspetti simile a una vera e propria "gag" comica.

**L'ELENCAZIONE DEI VEZZEGGIATIVI** Nel complesso, nell'elencare i termini e le espressioni con cui gli amanti chiamano le loro donne, Lucrezio procede per coppie di difetti opposti: l'incarnato troppo scuro o gli occhi troppo chiari, le proporzioni troppo esili o troppo imponenti, la laconicità o l'eccesso di loquacità e così via. Nell'ambito di questa elencazione il poeta ricorre al procedimento del parallelismo: egli menziona prima il difetto e poi il vezzeggiativo che "maschera" il difetto in questione, trasformandolo in un pregio (unica eccezione a questo andamento è costituita dai vv. ..............................). L'accumulo di sostantivi è reso martellante dall'asindeto e dall'ellissi

■ **Coppia di amanti**, affresco, I sec. a.C. Pompei, Casa dei Casti Amanti.

del predicato; esso risulta inoltre sottolineato da diverse figure di suono, quali:

- allitterazione: ............................................ v. 1162, ............................................................ v. 1163;
- omeoteleuto: ............................................ v. 1163;
- paronomasia: ............................................ v. 1164, ............................................................ v. 1169;

A proposito del termine *loquacula* di v. 1165, si osserva che questo aggettivo – diminutivo di *loquax*, e creato per analogia con altri diminutivi (per es. *dicaculus* da *dicax*) – è rimasto un *hàpax*; Lucrezio lo mette in rilievo con un particolare tipo di allitterazione, il *cacemphaton*, che consiste nell'accostare due parole che, rispettivamente, terminano e iniziano con la stessa sillaba (in questo caso abbiamo ............................................................). Il fatto che il *cacemphaton* fosse considerato sgradevole dai parlanti latini è rilevante per riconoscere il fonosimbolismo di questo testo, ossia la sua capacità di veicolare significati ulteriori attraverso i suoni delle parole: la ripetizione della sillaba "la" doveva infatti comunicare al lettore un sentimento di fastidio, al pari del nostro "bla, bla, bla", l'onomatopea che esprime un chiacchiericcio eccessivo e per questo molesto.
In definitiva, dunque, gli uomini innamorati, anziché riconoscere i difetti delle loro donne, li nascondono dietro le parole di un'altra lingua e dietro i nomi di divinità e di figure mitologiche (quali ............................................................ ............................................................). A questo proposito non dobbiamo dimenticare che per Lucrezio, convinto seguace dell'epicureismo, e quindi ostile alla teologia tradizionale e alla mitologia, i nomi di divinità e di figure mitologiche apparivano "vuoti" e insensati tanto quanto le parole greche trasportate "di peso" nella lingua latina. Ai vv. 1160-1170 ciò che Lucrezio rimprovera maggiormente agli innamorati è il fatto che essi idealizzino le loro donne, rifiutando di riconoscere la realtà. Perciò, nei versi immediatamente successivi, egli sembra voler bruscamente riportare gli innamorati alla realtà, sottolineando l'umanità della donna in tutte le sue implicazioni meno "nobili": infatti, della fisicità della donna vengono richiamati gli aspetti più sgradevoli, messi in ridicolo dalle stesse ancelle che dovrebbero invece rispettare e temere la loro padrona. Dal punto di vista delle scelta retoriche, è degna di nota l'insistita allitterazione ai vv. 1175-1176 (............................................................ ............................................................): essa sembra voler sottolineare il disgusto provocato dal cattivo odore, in netto contrasto con le ghirlande di fiori e gli unguenti profumati che l'innamorato lascia sulla porta (baciata appassionatamente, in quanto evidentemente considerata come una sorta di "sostituto" della donna amata e irraggiungibile).

## LEGGO E ANALIZZO

**1.** analizzare *verost* al v. 1167 è un esempio di:
- ☐ aferesi
- ☐ sincope
- ☐ onomatopea
- ☐ avverbio arcaizzante

**2.** analizzare *mammosa* al v. 1168 è:
- ☐ un termine colloquiale
- ☐ un termine aulico
- ☐ un arcaismo
- ☐ una traslitterazione dal greco

**3.** analizzare Ai vv. 1173-1174 troviamo:
- ☐ un iperbato
- ☐ un'anastrofe
- ☐ un'anafora
- ☐ un *enjambement*

**4.** applicare Completa la messa in costruzione dei vv. 1180-1184, inserendo al posto giusto le parole mancanti.

*Et* ........................................ *aura eum (et eum = quem)* ........................................ *venientem, iam* ........................................................................ ........................................................................ *causas honestas abeundi et* .................. *alte sumpta meditata diu* ........................................ *et (-que) ibi se damnet stultitia,* .................... ........................................................................ *plus quam* ........................................................ .

**5.** applicare Sulla base della messa in costruzione che hai stabilito, completa ora la traduzione dei vv. 1180-1184.

E se soltanto una volta ........................................ ............................................................, una volta fatto entrare cercherebbe ........................ ........................................................................ e la (sua) lamentela ........................................ ............................................................, e a quel punto ............................................................ ....................................., poiché vedrebbe di aver concesso a lei più di quanto .................... ............................................................ .

## TRADUZIONI A CONFRONTO | I MOLTEPLICI STILI DI LUCREZIO

**I RISCHI DI UNA TRADUZIONE BANALIZZANTE** La poesia esametrica di Lucrezio rischia di perdere molta della sua **suggestività** se trasportata in lingua italiana. Infatti, è estremamente difficile poter tradurre nel linguaggio musicale della poesia i princìpi fisici enunciati da Lucrezio, così come è difficile riprodurre con le parole di un'altra lingua gli **effetti di suono** attentamente ricercati dal poeta (per altro, già lo abbiamo ricordato, le figure di suono in Lucrezio hanno spesso l'importante funzione di invitare il lettore a soffermarsi con speciale attenzione su determinate parole e a riflettere sul loro significato).

La poesia didascalica è un genere poetico attualmente non praticato; quanto ai poeti italiani che nel corso dei secoli si sono cimentati con questo genere letterario – fra cui possiamo ricordare Francesco Redi (1626-1697), Giuseppe Parini (1729-1799) e Guido Gozzano (1882-1916) –, essi sono per lo più troppo distanti dalla nostra pratica linguistica per poter costituire un effettivo punto di riferimento per un moderno traduttore di Lucrezio.

Chi voglia oggi tradurre il *De rerum natura* dovrà certamente tenere conto della **molteplicità** degli **stili** adottati da Lucrezio. Nel poema prevalgono le parti di esposizione "tecnica"; tuttavia, non sono rari i passi di intonazione lirica, tragica, oppure anche comico-satirica. Consideriamo qui le differenti "strategie" usate da alcuni esperti traduttori allo scopo di riprodurre il tono satirico dei versi con cui Lucrezio, nel corso del libro IV, si sofferma a descrivere l'atteggiamento di quegli innamorati che nascondono i difetti della donna amata dietro dei vezzeggiativi che finiscono per suonare ridicoli (vv. 1160-1169 ➝ **T10**).

**LA TRADUZIONE DI GUIDO MILANESE** Prendiamo in considerazione la traduzione di **Guido Milanese**, che rende i termini greci con parole straniere. Attraverso tale accorgimento il traduttore mantiene innanzi tutto il mistilinguismo dell'originale. Quanto alla scelta dell'inglese, dobbiamo considerare che il greco era per i Romani la lingua della cultura – un po' come l'inglese è oggi per noi la lingua della cultura in ambito musicale e tecnologico – e serviva come elemento di distinzione per quanti volevano parlare *cool*, cioè alla moda.

Quella scura: «*honey dark*», trasandata e fetente: «un po' *casual*»,
verdazzurra negli occhi: «Palladia», tutta nervi e legnetti: «gazzella»,
come una nana «*a real star*, tutta pepe davvero!»,
grande senza misura «*she's a wonder*, che classe!»
Balbuziente, non riesce a parlare «scherzosa», muta «così riservata!»,
aggressiva ciarliera poi diventa «una fiamma».
«*My little love*», se non riesce più a vivere
per la consunzione, è già morta di tosse, «*so tender*»...
Quella grossa e tettuta «come Cerere dopo il parto di Iacco»,
naso piatto: «Silena», o «una Satira», labbrona «*a living kiss*».

**LA TRADUZIONE DI ARMANDO FELLIN** Opta invece per una traduzione in prosa **Armando Fellin**. Evidente è l'intenzione di rendere alcuni dei termini e delle espressioni traslitterate dal greco mediante termini ed espressioni di uso corrente, che suonano del tutto familiari per il lettore moderno, risultando in definitiva anche banali (per esempio, «tutta sale» o «cinguetta»). Si tratta di una ben precisa scelta espressiva da parte del traduttore, che vuole chiaramente sottolineare l'effetto che presso i Romani colti poteva sortire il ricorso a vezzeggiativi greci per designare la donna amata.

In contrasto con la scelta di attingere a termini ed espressioni proprie della lingua d'uso è invece la resa del grecismo *Lampadion*, termine che nella commedia greca poteva designare la maschera della cortigiana (spesso acconciata con una pettinatura a punta, come una fiamma): *Lampadion* viene tradotto con "Fiammetta", nome di donna che ricorre in diverse opere di Giovanni Boccaccio e che rimanda dunque a un registro colto ed elevato della lingua (di tradizione letteraria).

Da notare, infine, il ricorso ad alcuni termini di registro comico e "basso" (come «lercia» e «labbrona»).

La mora «ha il colore del miele», una sudicia e lercia «veste negletto», se ha occhi verdi «è il ritratto di Pallade», tutta tendini e stecchi «è una gazzella», piccolina – una nana – è una delle Grazie, tutta sale», enorme e sgraziata è «stupenda, piena di maestà». La balbuziente non può parlare, «cinguetta», la muta è «così riservata!», l'impetuosa petulante e ciarliera diventa una «Fiammetta». «È un esile amorino» quando la consunzione l'uccide, e se già muore di tosse è «un po' gracilina». La pingue dal seno è «Cerere sgravata di Bacco», la camusa è «una Silena» o «una Satira», la labbrona «una voglia di baci».

**LA TRADUZIONE DI LUCA CANALI** Infine, **Luca Canali** sceglie una traduzione in versi, espande con frasi più ampie i parallelismi martellanti di Lucrezio e cura particolarmente l'eleganza del lessico (si vedano i termini «effluvi», «disadorna», «tumide» o l'espressione «profuso splendore di grazie»). Il lessico inconsueto, che il lettore avverte come appartenente a un registro elevato, produce la suggestione tipica della lingua poetica. A conseguire l'effetto di una certa elevatezza dello stile concorre anche la presenza di *enjambements* (molto forte è quello ai vv. 1162-1163).

Una fosca epidermide si dice colore di miele, un'immonda creatura
che emani sgradevoli effluvi, si dice disadorna, se ha le iridi sbiadite
è Pallade in terra, lignea e nervosa è una gazzella, se è nana la invochi
sorella delle Cariti, tutta un granello di sale;
le sue forme traboccano, è un profuso splendore di grazie,
se balbetta è per vezzo, se non parla la si dice pudica,
molesta loquace irritante, è una donna di fuoco,
un esile amorino se la consunzione l'uccide, un giunco se è morta di tosse.
Se è pingue e ne esorbita il seno, è Cerere, lasciato il suo Bacco;
camusa è Silena, una satira; se ha tumide labbra, è da baci.

■ Sandro Botticelli, **Pallade e il Centauro**, 1482. Firenze, Galleria degli Uffizi.

## LEGGO, CONFRONTO E... VALUTO

Esprimi la tua preferenza personale per una delle traduzioni qui messe a confronto e cerca di motivare criticamente il tuo giudizio. Le domande che seguono possono aiutarti a mettere ulteriormente a fuoco le diverse caratteristiche delle traduzioni.

- Quale traduttore ha introdotto un'anafora per creare un ritmo più cadenzato nell'elenco di sostantivi?
- A quale personaggio della commedia greca poteva rimandare il vezzeggiativo *Lampadion* utilizzato da Lucrezio? Quale trasposizione letteraria ne ha fatto Armando Fellin?
- Quale effetto produce l'uso di espressioni inglesi nella traduzione di Guido Milanese?
- Rintraccia in ciascuna delle traduzioni proposte delle figure di suono paragonabili a quelle che puoi rintracciare nel testo latino.

## ORA TRADUCO IO

Prova a tradurre anche tu i vv. 1160-1169 del libro IV del *De rerum natura* (per il testo latino ➛ **T10**), mescolando termini appartenenti a differenti registri stilistici secondo questo criterio: usa per la descrizione "realistica" da parte di Lucrezio dei difetti delle donne parole del gergo giovanile o di un dialetto che conosci; rendi invece gli eufemismi degli innamorati con parole auliche, che andrai a cercare in alcune poesie della tradizione letteraria italiana (per esempio, le canzoni o i sonetti degli Stilnovisti, di Francesco Petrarca, di Pietro Bembo o di altri autori che conosci).

## LABORATORIO DI ANALISI

Leggi il testo seguente aiutandoti con le note; poi esegui quanto richiesto, realizzando un testo organico e armonizzando le risposte ai quesiti con opportuni connettivi testuali. Se lo desideri, puoi anche modificare l'ordine delle risposte nel modo che ti sembra più efficace.

# Anche gli animali hanno le loro parole

| *De rerum natura* 5, vv. 1056-1072 | metro: esametri |

*Per confermare la teoria epicurea sulla nascita del linguaggio (secondo la quale l'uomo, essendo dotato di organi fonatori, ha finito per scoprire l'utilità del servirsi dei suoni per indicare sia gli oggetti materiali sia i concetti astratti), Lucrezio invita il lettore a osservare il mondo animale che lo circonda: i cani, i cavalli, gli uccelli sanno produrre suoni differenti a seconda delle loro emozioni. La descrizione del mondo animale tratteggiata da Lucrezio ravviva l'esposizione teorica con una serie di immagini particolarmente vivide ed efficaci.*

Postremo quid in hac mirabile tantoperest re,
si genus humanum, cui vox et lingua vigeret,
pro vario sensu varia res voce notaret?
Cum pecudes mutae, cum denique saecla ferarum
dissimilis soleant voces variasque ciere,
cum metus aut dolor est et cum iam gaudia gliscunt.
Quippe etenim licet id rebus cognoscere apertis.
Irritata canum cum primum magna Molossum
mollia ricta fremunt duros nudantia dentis,
longe alio sonitu rabie restricta minantur
et cum iam latrant et vocibus omnia complent.
At catulos blande cum lingua lambere temptant
aut ubi eos lactant, pedibus morsuque petentes
suspensis teneros imitantur dentibus haustus,

[vv. 1056-1058] **Postremo... notaret?**: *Postremo*: l'avverbio è usato qui come connettivo logico; si può tradurre con «infine, insomma». • *quid... si genus humanum... notaret?*: «che cosa c'è di tanto strano in questa cosa, se il genere umano... designò...?». • *tantoperest*: aferesi per *tantopere* (avverbio) *est*. • *cui*: dativo di relazione, riferito a *genus humanum*. • *vigeret*: il verbo, singolare, ha come soggetti *vox* e *lingua*. • *pro vario sensu*: «secondo il diverso significato». • *varia voce*: ablativo di mezzo.
[vv. 1059-1062] **Cum pecudes... apertis**: *Cum pecudes... soleant*: è la proposizione principale di questo periodo, che si pone in relazione avversativa con il periodo precedente: «Quando persino le bestie senza linguaggio (*mutae*)... sono solite...» • *ciere*: infinito da *cieo*, che ha qui il significato di «produrre»; ha come complemento oggetto *dissimilis... voces variasque*. • *cum metus... est... cum... gaudia gliscunt*: due proposizioni subordinate temporali (coordinate tra loro). • *Quippe etenim*: «infatti».
[vv. 1063-1066] **Irritata... complent**: *cum primum*: introduce una subordinata temporale che ha come predicato *fremunt* e come soggetto *ricta* (da *rictum*, «fauci spalancate»); con *ricta* concordano *irritata... magna... mollia... nudantia* (participio congiunto, da cui dipende il complemento oggetto *duros dentis*)... *restricta*. • *minantur*: ha per soggetto ancora *ricta*; è il verbo pricipale del periodo, da cui dipendono le proposizioni temporali dei vv. 1063-1064 e 1066. • *longe alio sonitu... et cum*: «con un suono di gran lunga diverso da quando...»; la locuzione *alius et* istituisce un paragone con la subordinata temporale del v. 1066, che ha come predicati *latrant* e *complent* e come soggetto sempre *ricta*.
[vv. 1067-1072] **At catulos... plagas**: *cum... temptant lambere*: subordinata temporale coordinata a *ubi... lactant* e *imitantur*; l'intero periodo ha come verbo principale *adulant* (il cui soggetto si ricava a senso dal genitivo *canum... Molossum* del v. 1063). • *petentes*: participio congiunto (come

longe alio pacto gannitu vocis adulant
et cum deserti baubantur in aedibus aut cum
plorantes fugiunt summisso corpore plagas.

*deserti* al v. 1071 e *plorantes* al v. 1072); ha come complemento oggetto *eos* (= *catulos*). • *suspensis... dentibus*: «con i denti tenuti staccati» (cioè senza stringerli). • *teneros... haustus*: complemento oggetto di *imitantur.* • *longe alio pacto... et cum*: «in un modo di gran lunga diverso da quando...»; la locuzione *alius et* istituisce di nuovo un paragone con le proposizioni temporali, coordinate tra loro, *cum... baubantur... aut... fugiunt.* • *gannitu*: ablativo di mezzo. • *summisso corpore*: può essere inteso come ablativo assoluto o come ablativo di modo.



## PRIMA PARTE **COMPRENSIONE DEL TESTO**

**1.** Dividi il testo in sequenze e assegna a ciascuna sequenza un titolo esplicativo del contenuto.

**2.** Individua quali somiglianze e quali differenze si possono rilevare tra il linguaggio degli uomini e il modo di esprimersi degli animali. Individua inoltre le differenti cause e i differenti scopi per cui uomini e animali producono suoni.

**3.** Individua nel testo quali emozioni vengono attribuite ai cani molossi. Individua inoltre i vari suoni che vengono attribuiti a questi animali nelle diverse situazioni rievocate.

## SECONDA PARTE **ANALISI DEL TESTO**

**1.** Individua quali accorgimenti retorici sono utilizzati ai vv. 1058 e 1060 per sottolineare il parallelismo tra il linguaggio degli uomini e quello degli animali.

**2.** Quali parole onomatopeiche vengono usate per riprodurre i suoni prodotti dai cani?

**3.** Individua le allitterazioni presenti nel brano; quindi osserva se tali allitterazioni possono essere messe in relazione con i diversi suoni emessi dai cani cui Lucrezio fa riferimento. Per esempio, l'insistita allitterazione, al v. 1067, della consonante liquida "l", ha una precisa funzione fonosimbolica, ovvero punta a veicolare un preciso significato aggiuntivo attraverso l'effetto fonico prodotto: quale, secondo te?

## TERZA PARTE **INTERPRETAZIONE COMPLESSIVA E APPROFONDIMENTI**

**1.** Richiama per sommi capi la teoria epicurea sulle origini del linguaggio (➛ Scheda "Storia, cultura, civiltà", p. 296). Perché, secondo te, tra le specie animali che Lucrezio menziona allo scopo di conferire validità alla teoria esposta compaiono in primo luogo i cani (seguiti da cavalli e uccelli)?

CICERO LECTIO **Chiamare le cose con il loro nome** *De rerum natura* 3, vv. 94-105; 130-135

# Razionalità e incubo

PER APPROFONDIRE

**UNA POESIA CHIAROSCURALE** Il poema di Lucrezio è caratterizzato dall'alternanza di immagini e di toni fortemente contrastanti tra loro. Significativamente, esso si apre con l'inno a Venere, che è un inno alla vita e alla forza rigeneratrice della natura, e si chiude con la rievocazione della sofferenza e della morte causate dalla peste di Atene. Per quanto riguarda la rappresentazione della peste di Atene, l'insistenza sui sintomi della malattia, sull'abbrutimento degli esseri umani prostrati dal dolore e sullo sfaldamento dei legami sociali possono lasciare, inizialmente, l'impressione che il *De rerum natura* si concluda in modo desolato e angoscioso, conducendo il lettore ben lontano da quella condizione di serenità e imperturbabilità che era stata ripetutamente promessa nel corso del poema.

**IL POEMA INCOMPIUTO E LA PERSONALITÀ DI LUCREZIO** Anche per questo motivo, alcuni studiosi hanno ipotizzato che nelle intenzioni di Lucrezio il *De rerum natura* avrebbe dovuto concludersi non con la sequenza della peste ma con un altro argomento che non sarebbe stato sviluppato a causa della morte precoce del poeta (per esempio, la trattazione delle sedi beate degli dèi, accennata a un certo punto dell'opera e non più ripresa).

Secondo altri studiosi, dai passi più cupi del poema trasparirebbero poi le angosce non risolte di Lucrezio: pur dichiarandosi seguace e profeta del razionalismo epicureo, il poeta avrebbe cioè lasciato emergere una profonda sfiducia riguardo al fatto che l'uomo possa davvero raggiungere la felicità attraverso la ragione. Queste interpretazioni di Lucrezio come "poeta dell'angoscia" (o "anti-Lucrezio in Lucrezio") hanno condizionato, nel corso del XIX e XX secolo, le interpretazioni del *De rerum natura*, svalutandone sostanzialmente la riuscita artistica e comunicativa.

**IL POEMA COME MICROCOSMO...** Negli studi più recenti si tende piuttosto a riflettere sulla studiata architettura del poema, riconoscendo innanzi tutto a Lucrezio la volontà e il merito di aver sapientemente e ponderatamente pianificato l'alternanza di toni chiari e toni scuri, avvicendando immagini di serenità e di fiducia nella razionalità e descrizioni del dolore fisico e psicologico. Per altro, appunto in ragione della sua studiata struttura, il *De rerum natura* costituisce un'esemplificazione evidente del processo di nascita, accrescimento, declino e morte che caratterizza non solo gli esseri viventi, ma tutto ciò che esiste (e che è il risultato del processo di aggregazione e disgregazione della materia in seguito al movimento e allo scontro tra gli atomi).

**...E L'ALTERNANZA DEGLI STILI E DEI GENERI LETTERARI** Oltre che dalla raffinata struttura compositiva, l'alto livello di elaborazione del *De rerum natura* emerge anche dalle strategie retoriche impiegate nel corso del poema. Lucrezio, fruitore consapevole dei precetti della retorica classica (esposti per esempio da Cicerone), alterna differenti stili (*genera dicendi*) per diverse funzioni comunicative: uno stile "piano" (*genus tenue, subtile*) per informare e dimostrare (*docere, probare*); uno stile "medio" o "ornato" (*genus medium, floridum*) per suscitare il gradimento del lettore (*delectare*); uno stile "sublime" (*genus grande, amplum, acre*) per agire sui sentimenti del pubblico (*movere*). Ciascuno stile viene usato in opportuna corrispondenza con la materia trattata; il risultato di ciò è una contaminazione del genere epico didascalico con una molteplicità di generi letterari differenti. Per esempio, Lucrezio si ispira alla tragedia quando racconta dei crimini compiuti in nome della *religio*: per convincere il proprio lettore che la dottrina di Epicuro non è empia come i più ritengono, e che a dover essere accusata di empietà è anzi la religione tradizionale, il poeta fa ricorso ad argomentazioni di ordine non razionale, bensì emotivo e catartico. Egli, cioè, persegue la catarsi, ossia quel processo teorizzato già da Aristotele a proposito della tragedia, secondo cui lo spettatore, vedendo rappresentate in scena le passioni più orribili e le loro nefaste conseguenze, riesce a sublimare quelle stesse passioni e in tal modo a liberarsene. E così il lettore di Lucrezio è portato a rivivere la scena di un sacrificio umano compiuto in nome della *religio*: il sentimento di orrore che si impossessa di lui è più convincente di qualsiasi dimostrazione logica e lo induce a rigettare la *religio* stessa e le sue prescrizioni.

**IL SUBLIME LUCREZIANO** Oltre che per la forte carica patetica, il *De rerum natura* si contraddistingue anche per la capacità di rappresentare vividamente scenari di assoluta grandiosità, tali da suscitare nel lettore un misto di piacere e di sgomento (*quaedam divina voluptas... atque horror*, secondo le parole di Lucrezio stesso in *De rerum natura* 3, vv. 28-29); questa caratteristica della poesia lucreziana è riconducibile alla categoria estetica e filosofica del sublime, compiutamente esposta nel trattato anonimo *Sul sublime* (risalente con ogni probabilità al I secolo a.C.) e ampiamente sviluppata in età moderna da filosofi come Burke e Kant. Gian Biagio Conte ha sottolineato come proprio la categoria del sublime costituisca un'importante chiave di lettura per il *De rerum natura*; il destinatario ideale di Lucrezio è infatti colui che sa adeguarsi alla forza, appunto sublime, di un'esperienza di lettura che può risultare ardua e anche sconvolgente. Appunto perché "alta" e "difficile", questa esperienza finisce per rendere il lettore più ricettivo nei confronti dell'insegnamento proposto, e dunque per far sì che egli possa realmente accogliere il messaggio di liberazione di cui il *De rerum natura* è portatore, finendo con il conformare la propria vita a quella del saggio epicureo.

**L'ULTIMA "MEDICINA" DEL *DE RERUM NATURA*** La partecipazione emotiva che Lucrezio chiede al suo lettore è inoltre avvicinabile a un'esperienza che, in termini moderni, potremmo definire psicoterapeutica, in quanto si propone di curare l'angoscia esistenziale nelle sue molteplici manifestazioni. Seguendo l'interpretazione dello studioso Charles Segal, possiamo osservare come la raffigurazione della pestilenza di Atene con cui si chiude il *De rerum natura* sia l'ultima "medicina", addolcita dal "miele" della poesia, che Lucrezio offre al lettore per guarirlo dalle sue malattie morali. In altre parole, la lettura dell'ultimo episodio del poema costituisce la prova finale che il lettore-discepolo deve affrontare, facendo appello a tutto ciò che ha appreso durante il proprio percorso di iniziazione: egli deve infatti dimostrare di saper contemplare con sguardo sereno, da vero sapiente, ciò che potrebbe turbare gli altri, «uomini dolenti» che non hanno saputo cogliere il messaggio di salvezza di Epicuro.

Caspar David Friedrich, **Viandante sul mare di nebbia**, 1818. Amburgo, Kunsthalle.

T11
LATINO

# L'aberrazione della religione

| *De rerum natura* 1, vv. 80-101 | metro: esametri |

CICERO LECTIO

*Questo passo, tratto dal libro I del* De rerum natura*, si colloca subito dopo l'aristìa di Epicuro, ovvero dopo la narrazione epicheggiante dalla lotta vittoriosa condotta da Epicuro contro il "mostro" della* religio *(→* **T2***). Lucrezio avverte l'esigenza di prevenire e confutare l'accusa di empietà che nel mondo romano era comunemente mossa alla dottrina epicurea. Egli decide di confutare le accuse attraverso un rovesciamento delle posizioni abituali: crimine e sacrilegio sono, semmai, i riti sacrificali compiuti in nome degli dèi, e dunque appunto in nome della* religio*. A conferma di ciò, il poeta ricorda il sacrificio di Ifigenia (qui chiamata Ifianassa), la figlia di Agamennone immolata per placare le ire della dea Artemide; allo scopo di suscitare* pathos*, e dunque la partecipazione emotiva e catartica del lettore, Lucrezio non esita a utilizzare il linguaggio della tragedia (con riprese evidenti dal tragediografo greco Eschilo e da Ennio).*

Illud in his rebus vereor, ne forte rearis
impia te rationis inire elementa viamque
indugredi sceleris. Quod contra saepius illa
religio peperit scelerosa atque impia facta.
Aulide quo pacto Triviai virginis aram
Iphianassai turparunt sanguine foede
ductores Danaum delecti, prima virorum.
Cui simul infula virgineos circumdata comptus
ex utraque pari malarum parte profusast,
et maestum simul ante aras adstare parentem
sensit et hunc propter ferrum celare ministros
aspectuque suo lacrimas effundere civis,
muta metu terram genibus summissa petebat.
Nec miserae prodesse in tali tempore quibat,
quod patrio princeps donarat nomine regem;

[vv. 80-83] **Illud... facta**: *Illud*: anticipa la completiva *ne forte rearis*, dipendente da *vereor* (che è un *verbum timendi*). • *impia*: riferito per ipallage a *elementa*, concorda a senso con *rationis*. • *te*: soggetto degli infiniti *inire* e *indugredi* (infinito arcaico di *ingredior*, usato anche da Ennio). • *Quod*: formula di passaggio, si può omettere nella traduzione.
[vv. 84-86] **Aulide... virorum**: *Aulide*: complemento di stato in luogo senza preposizione. • *quo pacto*: nesso relativo, si può tradurre con «nel modo che, come quando». • *Triviāi*: forma arcaica di genitivo per *Triviae* (come al verso seguente *Iphianassāi* per *Iphianassae*); anche questa è un'espressione enniana. La dea vergine venerata nei *trivia*, ovvero negli incroci, è Diana. • *turparunt*: forma verbale presente già in Ennio, è un perfetto sincopato (per *turpaverunt*). • *prima virorum*: neutro plurale seguito da genitivo partitivo «il fior fiore degli eroi».
[vv. 87-92] **Cui... petebat**: *cui*: nesso relativo, riferito a *Iphianassa*. • *simul*: in correlazione con l'altro *simul* di v. 89, sottolinea la contemporaneità delle due azioni. • *infula... profusast*: «la benda messa attorno alle chiome virginee ricadde su entrambe la guance in eguale misura»; l'accusativo *virgineos... comptus* è retto dalla preposizione *circum*; *malarum* è genitivo partitivo in dipendenza da *utraque*; *profusast*: = *profusa est* (per aferesi, come al v. 96 *deductast* per *deducta est*). • *sensit*: regge le tre infinitive che hanno per soggetto, rispettivamente, *parentem*, *ministros* e *civis* (= *cives*) e per predicato *adstare*, *celare* (*ferrum*) e *effundere* (*lacrimas*). • *hunc propter*: «vicino a lui (= Agamennone)»; nota l'anastrofe. • *aspectu suo*: «alla sua vista»; ablativo di causa. • *terram... petebat*: «cadeva a terra in ginocchio» (lett. «cercava la terra con le ginocchia»).
[vv. 93-94] **Nec... regem**: *miserae... prodesse*: il verbo *prosum*, «giovare», si costruisce con il dativo della persona. • *quod*: dichiarativo. • *princeps*: predicativo del soggetto. • *donarat*: forma sincopata per *donaverat*; il verbo *dono* è costruito con l'accusativo della persona a cui si dona (*regem*, ovvero Agamennone) e l'ablativo della cosa che si dona (*patrio nomine*, «il nome di padre»).

nam sublata virum manibus tremibundaque ad aras
deductast, non ut sollemni more sacrorum
perfecto posset claro comitari Hymenaeo,
sed casta inceste nubendi tempore in ipso
hostia concideret mactatu maesta parentis,
exitus ut classi felix faustusque daretur.
Tantum religio potuit suadere malorum.

■ **Corteo funebre**, rilievo proveniente da *Amiternum*, I sec. a.C. L'Aquila, Museo Nazionale.

**[vv. 95-101] nam... malorum**: *virum*: genitivo arcaico per *virorum*. • *sollemni more... perfecto*: ablativo assoluto «compiuto il rito solenne della cerimonia religiosa». • *nubendi tempore in ipso*: per anastrofe, «nello stesso momento delle nozze», con genitivo del gerundio. • *hostia conciderett... maesta*: «(affinché) cadesse come mesta vittima»; *hostia* è predicativo del soggetto. • *exitus ut*: anastrofe. • *malorum*: genitivo partitivo in dipendenza da *tantum*, oggetto di *suadere*.

**PER APPROFONDIRE IL TESTO**

## Il testo e il contesto

**LA VICENDA DI IFIGENIA** In questi versi Lucrezio rievoca una vicenda mitica certamente ben nota ai suoi lettori, tramandata dall'epica arcaica greca e utilizzata in diverse tragedie di età classica. Gli eroi greci, datisi appuntamento in Aulide per partire alla volta di Troia, non riuscivano a iniziare il viaggio a causa dei venti sfavorevoli; per questo si decise di interrogare l'indovino Calcante, il quale rivelò che la dea Artemide era adirata con Agamennone, colpevole di aver ucciso una cerva a lei sacra durante una partita di caccia. Calcante rivelò anche che la dea pretendeva come risarcimento dell'offesa subita un sacrificio umano: la figlia dell'Atride doveva essere immolata per propiziare l'impresa. Per quanto riguarda l'esito della vicenda di Ifigenia, vi sono diverse varianti: secondo quasi tutte le versioni del mito, Ifigenia venne salvata dalla stessa Artemide; Lucrezio, invece, dà per scontato che la fanciulla sia stata sacrificata.

■ **Il sacrificio di Ifigenia**, ceramica a figure rosse, ca. 375-350 a.C. Londra, The British Museum.

→

**UNO SPETTATORE INORRIDITO** Allo scopo di dimostrare l'empietà della *religio*, Lucrezio non si limita a ricordare la vicenda di Ifigenia, ma la mette in scena e la caratterizza con uno sguardo emotivamente partecipe. Il suo severo giudizio sulle colpe di Calcante, di Agamennone e di tutti gli eroi greci emerge già, al v. 85, dai due termini *turparunt* e *foede* che appartengono al lessico della vergogna (nota che l'avverbio *foede* era stato impiegato da Lucrezio già al v. 62 per descrivere la condizione di prostrazione dell'uomo precedente la lotta vittoriosa di Epicuro contro la *religio* ➛ **T2**). In questo contesto la solenne perifrasi allitterante del v. 86 con cui vengono indicati i capi greci (*ductores Danaum delecti*) risulta dunque fortemente ironica.
Quanto allo sguardo del poeta sulla fanciulla, esso risulta di profonda compassione: Ifigenia viene definita *summissa* (v. 92), *misera* (v. 93), *tremibunda* (v. 95), *casta* (v. 98); quest'ultimo aggettivo, usato in figura etimologica e ossimoro con l'avverbio *inceste*, mette efficamente in rilievo la purezza della fanciulla in contrasto con l'abominevole corruzione (*tantum... malorum*) della *religio.*

**LE FALSE NOZZE** La rappresentazione tratteggiata da Lucrezio in questi versi è volutamente ambigua: essa oscilla tra la descrizione di un rito sacrificale e quella di una cerimonia nuziale. L'ambiguità è del tutto evidente a livello lessicale: alla finzione delle nozze rimanda innanzi tutto il termine *comptus* di v. 87, che designa l'acconciatura rituale della sposa romana; la forma verbale *deductast* di v. 96 rimanda poi alla *deductio uxoris in domum mariti*, ovvero a un importante momento del rituale nuziale, quando la sposa veniva accompagnata nella sua nuova casa dal corteo nuziale (che intonava l'imeneo, vedi v. 97 *claro... Hymenaeo*, ossia il canto in onore di Imeneo, il dio che presiedeva ai matrimoni). Alla realtà del sacrificio rimanda invece in primo luogo il termine *infula* di v. 87, che designa la striscia di stoffa posta sul capo delle vittime da immolare come simbolo di consacrazione; la medesima realtà è poi richiamata ai versi seguenti attraverso la menzione dell'altare (v. 89 *ante aras*) e del *ferrum* (v. 90), ossia del pugnale sacrificale.
D'altra parte, il carattere nuziale del rito risulta tragicamente smentito dall'insistenza, a livello lessicale, sul campo semantico del dolore, a partire dall'aggettivo *maestum* di v. 89 riferito, con forte iperbato, a *parentem* (ovvero Agamennone): vedi poi al v. 91 *lacrimas*, al v. 93 *miserae*, al v. 99 *maesta* (in forte antitesi con la dittologia sinonimica allitterante *felix faustusque* di v. 100).

**DALL'EPICA ALLA TRAGEDIA** L'orrore del sacrificio umano è accentuato dal fatto che esso si è svolto in presenza del padre della vittima: significativamente, sia al v. 89 sia al v. 99 Agamennone viene designato mediante il termine *parens*, «genitore», dal verbo *pario*, «generare», appunto a esplicitare e sottolineare il rapporto di parentela che lo lega a Ifigenia. Proprio il verbo *pario* ricorre ad apertura del brano (v. 83 *peperit*), dove esso ha però per soggetto il termine *religio*; la religione viene quindi accusata di "partorire" empietà: essa è dunque un genitore degenere proprio come lo è Agamennone.

## Oltre il testo

- Per approfondire l'interpretazione di questo passo del *De rerum natura*, puoi documentarti sulle diverse varianti della vicenda di Ifigenia nonché sul rapporto di Lucrezio con le sue fonti. In primo luogo puoi scoprire come si concludevano le versioni non cruente del mito (sviluppate soprattutto nell'*Ifigenia in Aulide* e nell'*Ifigenia in Tauride* di Euripide, tragediografo greco del V secolo a.C.). Puoi inoltre verificare le corrispondenze tra il testo di Lucrezio e l'*Agamennone* di Eschilo (autore tragico del VI-V secolo a.C.); in particolare, puoi leggere i vv. 69-229 di questa tragedia per individuare le analogie con il testo lucreziano. Infine, puoi indagare la fortuna della vicenda di Ifigenia nella letteratura latina (cercando in particolare di scoprire se qualcuno tra i poeti tragici dell'età arcaica avesse dedicato a tale vicenda una propria opera).

■ **Ifigenia in Tauride**, affresco, I sec. d.C.
Napoli, Museo Archeologico Nazionale.

T12 LATINO

# Il piacere sublime

| *De rerum natura* 2, vv. 1-22 | metro: esametri |

*In questo passo, uno dei più noti del* De rerum natura, *Lucrezio rappresenta la condizione del saggio epicureo, il quale è capace di contemplare con serenità lo spettacolo terribile dei mali cui gli uomini consegnano se stessi. Da quegli stessi mali il saggio epicureo sa tenersi lontano grazie alla filosofia, che costituisce per lui un riparo sicuro: grazie alla conoscenza della natura, infatti, egli è in grado di riconoscere i propri bisogni essenziali e può soddisfarli in modo tale da raggiungere il piacere, laddove gli altri sprecano la propria esistenza rincorrendo ciò che è nocivo.*

Suave, mari magno turbantibus aequora ventis,
e terra magnum alterius spectare laborem;
non quia vexari quemquamst iucunda voluptas,
sed quibus ipse malis careas quia cernere suave est.
Suave etiam belli certamina magna tueri
per campos instructa tua sine parte pericli.
Sed nil dulcius est, bene quam munita tenere
edita doctrina sapientum templa serena,
despicere unde queas alios passimque videre
errare atque viam palantis quaerere vitae,
certare ingenio, contendere nobilitate,
noctes atque dies niti praestante labore
ad summas emergere opes rerumque potiri.
O miseras hominum mentes, o pectora caeca!
Qualibus in tenebris vitae quantisque periclis
degitur hoc aevi quodcumquest! Nonne videre
nil aliud sibi naturam latrare, nisi utqui
corpore seiunctus dolor absit, mente fruatur
iucundo sensu cura semota metuque?



[vv. 1-6] **Suave... pericli**: *Suave*: sottintende *est* (come anche al v. 5); ha come soggetto la proposizione *spectare e terra magnum laborem alterius*. • *mari magno*: ablativo di stato in luogo senza preposizione. • *turbantibus... ventis*: ablativo assoluto, ha come compl. ogg. *aequora*. • *non quia... sed... quia*: nota la correlazione. • *vexari quemquam*: l'infinitiva («che qualcuno sia tormentato») costituisce il sogg. del predicato nominale *est iucunda voluptas* («è un divertimento»); nota l'aferesi *quemquamst* per *quemquam est*. • *cernere*: sogg. di *suave est*, regge l'interrogativa indiretta *quibus... malis... careas* (*careo* si costruisce con l'ablativo di privazione). • *instructa*: participio congiunto a *certamina*, circostanziato dal complemento *per campos*. • *tua sine*: anastrofe (*sine tua parte*). • *pericli*: sincope per *periculi*.

[vv. 7-13] **Sed nil... potiri**: *dulcius*: comparativo dell'aggettivo neutro *dulce*, introduce la subordinata comparativa *quam... tenere*. • *bene quam*: anastrofe. • *templa serena*: i «templi sereni» sono fortificati (*munita*) dalla filosofia (*doctrina sapientum*) e collocati in luoghi elevati (*edita*). • *unde*: riferito ai *templa serena*, introduce la relativa con *queas* e gli infiniti *despicere* e *videre*, dai quali dipendono le infinitive oggettive con soggetto *alios* e predicati *errare... quaerere... certare... contendere... niti... emergere... potiri*. • *palantis* (= *palantes*): da *palor*, «vagabondare», è participio in funzione predicativa concordato con *alios*. • *ingenio... nobilitate*: ablativi di limitazione. • *noctes atque dies*: complementi di tempo continuato. • *praestante labore*: «con fatica indefessa». • *rerum potiri*: «impadronirsi del potere».

[vv. 14-19] **O miseras... metuque?**: *miseras... mentes*: accusativo esclamativo, come *pectora caeca*. • *Qualibus in*: anastrofe (*in qualibus tenebris*). • *aevi*: gen. partitivo in dipendenza da *hoc*. • *quodcumquest*: «per quanto poco sia»; nota l'aferesi (per *quodcumque est*). • *Nonne videre*: introduce un'interrogativa retorica che presuppone risposta affermativa; l'infinito *videre* è usato in funzione esclamativa: «Come non vedere...?». • *nil... latrare*: infinitiva oggettiva. • *utqui*: forma arcaica di *ut*, introduce una completiva volitiva dipendente da *latrare* (il verbo *latro* significa qui «reclamo a gran voce»). • *corpore*: ablativo di separazione. • *fruatur*: ha per sogg. sottinteso, ricavabile dal *naturam* di v. 17, *natura* (a cui si riferisce l'attributo *semota*); è coordinato per asindeto a *absit* e regge l'ablativo strumentale *sensu* (nel significato di «sensazione»). • *cura... metuque*: ablativi di separazione.

Ergo corpoream ad naturam pauca videmus
esse opus omnino: quae demant cumque dolorem,
delicias quoque uti multas substernere possint.

[vv. 20-22] **Ergo... possint**: *videmus*: regge la proposizione infinitiva che ha per predicato *esse opus* (con costruzione personale: il soggetto è *pauca*). • *corpoream ad*: anastrofe (*ad naturam corpoream*). • *quae... cumque*: tmesi del pronome relativo indefinito, epesegetico di *pauca*; introduce una proposizione relativa impropria con valore consecutivo (che ha per predicato *demant*), coordinata con la successiva proposizione consecutiva *uti* (= *ut*) *possint substernere quoque multas delicias.*

**PER APPROFONDIRE IL TESTO**

## Il testo e il contesto

**LA *PRIAMEL*** Nella prima parte del testo (vv. 1-13) Lucrezio ricorre al procedimento letterario della *Priamel*, consistente nell'enumerare una serie di oggetti, situazioni, concetti accomunati dal possedere una determinata caratteristica, ai quali viene contrapposto un oggetto, situazione o concetto che possiede quella medesima caratteristica in misura ancora superiore. Più specificamente, Lucrezio rievoca due situazioni che procurano piacere, ossia la contemplazione del mare in tempesta o di una battaglia campale; situazioni alle quali viene appunto contrapposta la superiorità di un altro piacere. Da un lato, mediante il poliptoto *magno* (v. 1), *magnum* (v. 2), *magna* (v. 5), il poeta mette in evidenza l'entità del pericolo intrinsecamente connesso ai grandiosi scenari rievocati, suscitando in tal modo nel lettore una sensazione di sgomento e di smarrimento; dall'altro lato, la ripetizione *Suave... suave est... Suave...* (vv. 1, 4, 5), in combinazione con l'espressione *sed nil dulcius* (v. 7),

■ **Paesaggio dell'*Odissea***, affresco dalla Casa di Via Graziosa sull'Esquilino, metà del I sec. a.C. Città del Vaticano, Musei Vaticani.

sottolinea l'idea del piacere che prova chi può contemplare tali scenari sentendosi al riparo da ogni rischio. Proprio in ragione della commistione di sgomento e piacere che essi provocano nel lettore, questi versi costituiscono un esempio significativo di "sublime" lucreziano, ossia di quell'esperienza di lettura "difficile", emotivamente impegnativa e coinvolgente, attraverso la quale Lucrezio si propone di rendere il suo lettore-discepolo più ricettivo nei confronti dell'insegnamento proposto.

**IL NAUFRAGIO E LA BATTAGLIA** Il quadro tratteggiato da Lucrezio nei primi due versi è quello di un naufragio: mentre il sapiente contempla il mare in tempesta dalla terraferma, e dunque in una condizione di piena sicurezza, altri stanno soffrendo in mare aperto per mettersi in salvo (*alterius spectare laborem*). Il poeta chiarisce però immediatamente che il piacere del saggio consiste non nel gioire sadicamente dei tormenti altrui, ma nella consapevolezza di essersi tenuto lontano da ciò che avrebbe potuto turbare la sua serenità: i venti che sconvolgono le distese del mare cui il poeta fa riferimento al v. 1 (*turbantibus... ventis*) rappresentano in effetti le passioni che sconvolgono l'animo di chi non ha saputo rinunciare a desideri nocivi (sulla classificazione dei desideri secondo la filosofia epicurea ➛ Scheda "Storia, cultura, civiltà", qui di seguito). A questo proposito occorre tener presente che nell'antichità la navigazione era un'attività ben più rischiosa rispetto al giorno d'oggi, spesso intrapresa per dedicarsi al commercio, cioè per desiderio di guadagno. Significativamente, nella letteratura greca e latina la navigazione risulta frequentemente condannata come una violazione delle leggi naturali e divine, come un atto empio e trasgressivo motivato appunto dalla brama di ricchezze. Nella mentalità greco-romana il naufragio rappresenta quindi una situazione di pericolo estremo nella quale non di rado l'uomo viene trascinato dalla propria avidità di denaro; perciò il naufragio può essere paragonato alle guerre e a tutte quelle fatiche che gli uomini si sobbarcano inutilmente, per brama di potere e di gloria.

**IL PIACERE DEL SAGGIO** Nel testo di Lucrezio risulta evidente, anche a livello lessicale, come la soddisfazione dei desideri inutili comporti fatica e sofferenza (v. 1 *laborem*, v. 10 *errare... palantis*, v. 11 *certare*, *contendere*, v. 12 *niti*, *labore*); al contrario, accontentarsi di ciò che basta per vivere produce quiete e piacevolezza (vv. 1, 4, 5 *suave*, v. 7 *dulcius*, v. 8 *serena*, v. 19 *iucundo*, v. 22 *delicias*). Ciò che impedisce a tutti gli uomini di godere pienamente dei beni della vita è la loro stessa cecità, che il poeta compiange con l'esclamazione enfatica *o pectora caeca!* di v. 14. Cecità e infelicità sono prodotte dalla mancata conoscenza della dottrina epicurea e, di conseguenza, dall'incapacità di vedere il bene e di ascoltare le richieste della natura, che pure cerca di farsi sentire, in quanto «reclama insistentemente» (*latrare*, v. 17) ciò che le è necessario per il conseguimento della felicità.

## Oltre il testo

- Quello della contemplazione del mare in tempesta dalla terraferma è un *tòpos* diffuso nella letteratura sia greca sia latina. È presente, per esempio, nell'epistola 1, 11 di Orazio. Cerca il testo e confrontalo con il brano di Lucrezio; quindi raccogli in un testo di commento le tue osservazioni sugli elementi che accomunano e differenziano i due poeti nel proporre il medesimo motivo.



## STORIA, CULTURA, CIVILTÀ | IL PIACERE EPICUREO

**LA SODDISFAZIONE DEL BISOGNO** I vv. 17-22 del libro II del *De rerum natura* (➛ **T12**) richiamano in modo evidente la **teoria epicurea** del **piacere**. Per Epicuro il piacere, fine ultimo cui deve tendere l'uomo, consiste innanzitutto nell'assenza di dolore; quanto al dolore, sia fisico sia spirituale, esso deriva dalla mancata soddisfazione di un bisogno o desiderio. Non tutti i desideri, però, devono essere soddisfatti; nella Lettera a Meneceo sulla felicità Epicuro distingue tre diversi tipi di desideri: i **desideri naturali necessari**, che riguardano il benessere fisico e il mantenimento della vita e devono essere assolutamente soddisfatti; i **desideri naturali ma non necessari**, che possono essere soddisfatti mantenendo però sempre un atteggiamento di moderazione; e, infine, i **desideri inutili**, che sono portatori di infelicità e non devono essere soddisfatti.

**L'INDIPENDENZA DEL SAGGIO** La conoscenza e la classificazione dei desideri è fondamentale per la dottrina epicurea: costituisce infatti la regola di discernimento che permette all'uomo di indirizzare le proprie azioni in modo da allontanarsi dalla sofferenza e dall'ansia, per conseguire invece il sommo bene e la felicità. Secondo Epicuro, se l'uomo conoscesse la dottrina naturale, saprebbe di che cosa hanno davvero bisogno il suo corpo e la sua anima e potrebbe raggiungere molto facilmen-

te la piena felicità. I **desideri naturali necessari**, infatti, sono soddisfatti da **piaceri semplici**, facili da procurarsi: per esempio, Epicuro osserva come il pane e l'acqua offrano il massimo piacere a chi ha fame e sete; significativamente, Lucrezio rappresenta come condizione di massimo godimento non un banchetto ravvivato dalla musica in un palazzo lussuoso, ma una conversazione amichevole e un pasto semplice consumato all'aperto, in un *locus amoenus* (*De rerum natura* 2, vv. 23-46).
Oltre che a puntare al soddisfacimento dei desideri naturali necessari, il **saggio** può anche apprezzare il soddisfacimento dei **desideri naturali non necessari** (come, per esempio, mangiare cibi raffinati o vestirsi con eleganza); l'importante, però, è che egli non soffra nel momento in cui non gli sia possibile soddisfare tali desideri che sono, appunto, non necessari.

**LE PASSIONI NOCIVE** Occorre invece tenersi accuratamente lontani dai **desideri inutili**, che sono anche **dannosi**, ovvero portatori di infelicità: ne sono un esempio la brama di ricchezza e la ricerca del potere, il cui possesso è sempre instabile e costringe l'uomo a sprecare il proprio tempo nell'ansia e nel continuo affanno. Questi desideri, che sono gli autentici responsabili delle guerre e delle discordie civili, nascono dall'illusione di poter tenere lontana la sofferenza se si dispone di mezzi materiali che possano contrastare la povertà e la malattia (come Lucrezio spiega nel libro III del *De rerum natura*, ai vv. 63-69); essi sono originati, in definitiva, dalla paura della morte.

■ **Veduta di giardino**, 40-20 a.C.
Particolare con un albero di pino.
Affresco proveniente dalla Villa di Livia a Prima Porta.
Roma, Museo Nazionale Romano, Palazzo Massimo alle Terme.

**GUIDA ALLO STUDIO**

**1.** In che cosa consiste il piacere secondo Epicuro?

**2.** Quale deve essere l'atteggiamento del saggio nei confronti dei propri desideri?

**3.** Quale relazione esiste tra la conoscenza della dottrina naturale e il raggiungimento del piacere?

**T13** LATINO

# La peste di Atene

| *De rerum natura* 6, vv. 1144-1162; 1178-1196 | metro: esametri |

*Nel libro VI vengono spiegati alla luce della fisica epicurea svariati fenomeni naturali di fronte ai quali l'uomo si sente talmente impotente da provare una profonda angoscia: terremoti, fulmini, eruzioni vulcaniche ed epidemie. Da qui prende le mosse l'*excursus *finale sulla peste che aveva colpito la città di Atene nel 430 a.C. Il* De rerum natura *si chiude con la rappresentazione di un vero e proprio "trionfo della Morte", che si contrappone antiteticamente alle immagini di rinascita e vitalità sviluppate nell'ambito dell'inno a Venere con cui si era aperto il poema (➛* **T1***). L'intento di Lucrezio è evidentemente quello di congedare il suo lettore dopo avergli proposto la sfida più grande: contemplare lo spettacolo della morte con mente pacificata e serena.*

Inde catervatim morbo mortique dabantur.
Principio caput incensum fervore gerebant
et duplicis oculos suffusa luce rubentes.
Sudabant etiam fauces intrinsecus atrae
sanguine et ulceribus vocis via saepta coibat
atque animi interpres manabat lingua cruore
debilitata malis, motu gravis, aspera tactu.
Inde ubi per fauces pectus complerat et ipsum
morbida vis in cor maestum confluxerat aegris,
omnia tum vero vitai claustra lababant.
Spiritus ore foras taetrum volvebat odorem,
rancida quo perolent proiecta cadavera ritu.
Atque animi prorsum vires totius et omne
languebat corpus leti iam limine in ipso.
Intolerabilibusque malis erat anxius angor
adsidue comes et gemitu commixta querela.
Singultusque frequens noctem per saepe diemque
corripere assidue nervos et membra coactans
dissoluebat eos, defessos ante, fatigans.

[...]

Nec requies erat ulla mali: defessa iacebant
corpora. Mussabat tacito medicina timore,
quippe patentia cum totiens ardentia morbis
lumina versarent oculorum expertia somno.

LUCREZIO PER APPROFONDIRE

[vv. 1144-1146] **Inde catervatim... rubentes**: *dabantur*: il soggetto sottinteso di questo verbo, come del successivo *gerebant*, sono gli abitanti di Atene. • *duplicis oculos... rubentes*: complemento oggetto di *gerebant*, insieme a *caput*. • *suffusa luce*: «con la vista velata».
[vv. 1147-1150] **Sudabant... tactu**: *sudabant*: «trasudavano», ha come soggetto *fauces* ed è accompagnato dall'ablativo di abbondanza *sanguine*. • *intrinsecus*: avverbio. • *coibat*: «si chiudeva»; ha come soggetto *via vocis*, perifrasi indicante la gola (*saepta* è participio congiunto a *via*, da cui dipende l'ablativo di abbondanza *ulceribus*: «(la gola) ricoperta di ulcere»). • *lingua*: soggetto di *manabat* (da cui dipende l'ablativo di abbondanza *cruore*), ha come attributi *debilitata*, *gravis*, *aspera*. • *motu... tactu*: ablativi di limitazione, in posizione chiastica rispetto agli aggettivi ai quali si riferiscono.
[vv. 1151-1155] **Inde ubi... ritu**: *complerat*: forma sincopata per *compleverat*, ha come soggetto *morbida vis* («la violenza del morbo») e come complemento oggetto *ipsum pectus*. • *aegris*: dativo di relazione. • *vitāi claustra*: questa espressione, che ricorre più volte nel poema, rende bene l'idea lucreziana del corpo come "involucro" che custodisce l'anima o soffio vitale (*vitāi* è forma arcaica di genitivo per *vitae*). • *ore*: complemento di moto da luogo senza preposizione. • *foras*: avverbio. • *quo ritu*: «nel modo in cui». • *perolent*: il composto *peroleo*, rispetto al verbo semplice *oleo*, «odorare, avere odore», ha valore intensivo e significa «avere un odore cattivo e penetrante».
[vv. 1156-1159] **Atque animi... querela**: *prorsum:* avverbio. • *omne... corpus*: il corpo viene ora considerato nel suo insieme (mentre nei versi precedenti Lucrezio si era soffermato su singoli organi). • *languebat*: ha come soggetti *vires* e *corpus*. • *leti iam limine in ipso*: doppia anastrofe (*iam in limine ipso leti*); l'anticipazione di *leti* suggerisce l'avvicinarsi ormai definitivo della morte. • *erat... comes*: predicato nominale, ha come soggetti *angor* e *querela*.
[vv. 1160-1163] **Singultusque... fatigans**: *dissoluebat*: è il verbo principale (ha come soggetto *singultus* e come complemento oggetto *eos*); è circostanziato dai participi congiunti *coactans* (da cui dipende *corripere nervos et membra*) e *fatigans*.
[vv. 1177-1181] **Nec requies... somno**: *defessa*: predicativo del soggetto *corpora*. • *Mussabat*: «balbettava». • *quippe... cum*: congiunzione causale. • *patentia... ardentia... expertia*: *patentia* e *ardentia* sono participi attributivi, *expertia* è attributo; concordano tutti con *lumina oculorum* (perifrasi indicante gli occhi), «gli occhi sbarrati, brucianti per i mali (*morbis*, abl. di causa), privi di sonno (*somno*, abl. di privazione)».

Multaque praeterea mortis tum signa dabantur:
perturbata animi mens in maerore metuque,
triste supercilium, furiosus vultus et acer,
sollicitae porro plenaeque sonoribus aures,
creber spiritus aut ingens raroque coortus,
sudorisque madens per collum splendidus umor,
tenuia sputa minuta, croci contacta colore
salsaque per fauces rauca vix edita tussi.
In manibus vero nervi trahere et tremere artus
a pedibusque minutatim succedere frigus
non dubitabat. Item ad supremum denique tempus
conpressae nares, nasi primoris acumen
tenue, cavati oculi, cava tempora, frigida pellis
duraque in ore iacens rictum, frons tenta tumebat
nec nimio rigida post artus morte iacebant.

[vv. 1182-1189] **Multaque praeterea... tussi**: *signa*: soggetto di *dabantur*, viene specificato poi dagli altri nominativi *mens, supercilium, vultus, aures, spiritus, umor, sputa*. • *rauca*: attributo di *tussi*.
[vv. 1190-1196] **In manibus... iacebant**: *non dubitabat*: «non tardava a...»; il verbo concorda con il singolare *frigus*, ma dipende a senso anche da *nervi* e *artus*. • *nasi primoris acumen*: «la punta del naso». • *tempora*: «tempie». • *in ore iacens rictum*: si suppone che Lucrezio intendesse riferirsi alla bocca allentata, semiaperta, tipica dei cadaveri (la lezione è però controversa e non tutti gli editori di Lucrezio l'accettano). • *tenta*: «tesa», participio da *tendo*. • *rigida post*: anastrofe (ordina *nec nimio post artus iacebant rigida morte*).

■ Michael Sweerts (1618-1664), La peste di Atene. Los Angeles, County Museum of Art.

## Il testo e il contesto

**RAPPRESENTAZIONE E PUNTO DI VISTA** Nei versi che aprono la sequenza della peste (immediatamente precedenti a quelli qui antologizzati: vv. 1137-1143), il contagio viene osservato, potremmo dire, a distanza e con distacco: Lucrezio ricorda che esso giunse dal lontano Egitto e che fu trasportato da un movimento dei cieli; anche le perifrasi che designano la città di Atene, nell'ambito delle quali ricorrono i nomi di alcuni suoi leggendari re (Cecrope, Pandione), sembrano voler contribuire a relegare l'evento in un passato lontanissmo rispetto al tempo in cui il poeta sta scrivendo.

A partire dal v. 1145, invece, la peste viene vista da vicino, nei suoi dettagli più brutali, ovvero negli effetti che essa produce sui corpi e, più precisamente, sui singoli organi delle persone colpite dal contagio (la testa febbricitante, gli occhi arrossati, con la vista indebolita, la gola ricoperta di ulcere, la lingua stillante sangue, le piaghe orribili e dolorose su tutto il corpo).

**LA MORTE IN EPICURO E IN LUCREZIO** Negli scritti di Epicuro a noi giunti la morte è un argomento trattato con astrattezza intellettuale: essa viene vista come la dispersione di atomi che prima erano aggregati tra loro. Lucrezio, invece, nell'ambito della rievocazione della peste di Atene, si sofferma sugli aspetti più concreti e materiali del fenomeno, facendo appello a diverse percezioni sensoriali: l'olfatto (per il puzzo della decomposizione dei cadaveri), la vista (per il rossore delle pustole nelle quali il sangue si coagula), l'udito (per il lamento dei malati), il tatto (per le insopportabili sensazioni di caldo e di freddo connesse al decorso della malattia).

## Oltre il testo

**LUCREZIO E TUCIDIDE** Per la sezione conclusiva del *De rerum natura*, in cui viene sviluppata la descrizione della peste di Atene, Lucrezio è largamente debitore nei confronti dello storico greco Tucidide (V sec. a.C.): infatti, nelle sue *Storie*, dedicate alla guerra del Peloponneso, Tucidide aveva narrato della terribile pestilenza che nel 430 a.C. aveva colpito la città di Atene assediata dagli Spartani.

Attraverso un rapido confronto con Tucidide, *Storie* 2, 47-53, potrai renderti conto della fedeltà del poeta latino alla sua fonte. Tuttavia, è profondamente diversa la funzione delle due descrizioni all'interno delle rispettive opere: Tucidide descriveva i sintomi della patologia con occhio "clinico", allo scopo di fornire informazioni utili per una tempestiva diagnosi, nel caso in cui la malattia si fosse ripresentata in futuro (la concezione della storiografia da parte di Tucidide era del resto profondamente integrata con il metodo di indagine della scienza medica fondata da Ippocrate, suo contemporaneo). Lucrezio, invece, sostituisce allo sguardo oggettivo dello storico greco una deformazione espressionista, caricata di *pathos* orroroso, con una compiaciuta insistenza sulle sofferenze del corpo e sull'irrazionalità dei comportamenti dei malati. Il suo intento, infatti, è quello di mostrare al lettore-discepolo, giunto alla fine del proprio percorso di formazione, le follie che possono essere generate dall'incapacità di resistere al dolore e dalla paura della morte.

- Cerca ora altre descrizioni letterarie della peste: oltre che in Tucidide, puoi trovarne in Virgilio (*Georgiche* 3, vv. 478-566), Ovidio (*Metamorfosi* 7, vv. 517-660), Lattanzio (*De mortibus persecutorum*, capp. 33 e 49), Boccaccio, Manzoni, Camus. Analizza almeno una di queste descrizioni, confrontandola con la descrizione tratteggiata da Lucrezio; quindi formula delle ipotesi sulla funzione che la descrizione della peste assolve nel più ampio contesto dell'opera all'interno della quale è inserita.

**Mosaico con scheletro umano.** Roma, Museo Nazionale Romano, Palazzo Massimo alle Terme.

LETTURA CRITICA

## L'ultima sfida per il lettore

**UNA PSICOTERAPIA *ANTE LITTERAM*** Il latinista **Charles Segal** interpreta certe fosche descrizioni lucreziane come il modo scelto dal poeta per indurre il lettore ad affrontare, rielaborare e superare la paura della morte: si tratterebbe quindi di una psicoterapia *ante litteram*.

«Studiando l'interrelazione tra le strategie poetiche di Lucrezio per rappresentare con la massima efficacia la paura della morte e il suo sforzo terapeutico di epicureo, di lenire quelle paure, non sto resuscitando l'«anti-Lucrezio» o il morboso pessimista, ma cerco piuttosto di mostrare che *tanto* il poeta *che* il filosofo colgono il timore che la morte ispira in tutte le creature viventi. Nonostante la logica della sua argomentazione nel terzo libro sia diretta a rompere la presa che la paura della morte ha sulle nostre menti, la sua fedeltà alla condizione mortale e la sua comprensione dei sentimenti degli uomini suoi contemporanei lo hanno portato a fornire una descrizione del potere di queste paure più dettagliata di quanto non sia usualmente riconosciuto. Se egli avesse solamente negato queste paure, non avrebbe affrontato l'intera difficoltà del suo compito.

Per superare il nostro rifiuto della morte e così portare alla luce le paure ad essa connesse, in modo che potessero essere affrontate in maniera terapeutica, Lucrezio ha dovuto mostrare la morte come reale e presente a noi nel suo processo. Di qui, accanto alla descrizione della morte come processo atomico neutro, egli presenta la morte anche come la perdita delle funzioni vitali e come uno «strappo» dalla vita quando la «forza» (*vis*) del male penetra negli organi vitali o quando il «freddo della morte» senza vita invade le nostre membra. La morte non è solo presente nei nostri corpi accompagnandone la crescita, maturazione e decadimento, è presente ovunque nel nostro mondo, dalla terra sotto i nostri piedi alle stelle e ai pianeti al di sopra della nostra testa. Ma Lucrezio riconosce implicitamente anche l'unicità della speciale consapevolezza che l'uomo ha della sua morte, così che la risposta dell'uomo alla morte, sia individuale sia collettiva, domina il poema. Uno studio sociologico della morte (che, incidentalmente, non menziona mai Epicuro o Lucrezio) riporta una statistica nella quale la paura della morte ha la seguente tipologia: 1) paura della dissoluzione del corpo; 2) paura che tutte le esperienze finiranno; 3) paura del dolore della morte; 4) paura di un futuro sconosciuto; 5) paura delle conseguenze affettive per coloro che resteranno vivi.

Lucrezio sembrerebbe essere in linea con i più aggiornati sviluppi della sociologia thanatologica [cioè relativa all'atteggiamento delle società e degli uomini nei confronti della morte, in gr. *thànatos*], perché discute tutti questi elementi, in un modo o nell'altro.

Ponendo il regolare processo del mondo atomico in stretta relazione con i sintomi fisici terrificanti o degradanti della malattia o della corruzione, Lucrezio spera di prepararci alla morte lasciandoci così «istruiti», *perdocti* (3, 473), in modo che anche noi, come Democrito ed Epicuro, alla fine del terzo libro, possiamo essere capaci di vedere sotto la superficie del brutto e doloroso decadimento corporeo e superare la paura, attraverso l'intelletto e la comprensione. Questo è il processo che egli descrive con la sua ripetuta similitudine di portare alla luce cose che nel buio erano spaventose.

L'intensa attenzione di Lucrezio ai dettagli fisici della soggezione del corpo al decadimento e della vulnerabilità da parte della violenza non deve essere spiegata semplicemente, come si fa spesso, con il richiamo *ad hominem*, alla sua pretesa morbosa personalità o visione pessimistica. Le vivaci descrizioni del dolore, delle ferite mortali e della morte nei libri terzo e sesto sono parte integrante del poema, poiché la morte stessa è parte dei processi atomici di aggregazione e dissoluzione che, visibilmente o invisibilmente, costituiscono i ritmi fondamentali della vita intorno e dentro di noi.

Insistendo nel terzo libro sui dettagli spaventosi di violenza fisica, sofferenza corporea e corruzione, Lucrezio non solo mette in atto il suo esplicito proposito di provare la mortalità dell'anima, ma ci aiuta inoltre ad accettare il nostro posto nel vasto, inevitabile succedersi in natura di vita e di morte, crescita e declino.»

(Charles Segal, *Lucrezio. Angoscia e morte nel «De rerum natura»*, trad. di F. Citti, Bologna, Il Mulino, 1998, pp. 269-271)

**GUIDA ALLO STUDIO**

**1.** In quali modi la morte viene rappresentata da Lucrezio nelle diverse sezioni del suo poema?

**2.** Che funzione hanno, secondo Segal, le morbose descrizioni lucreziane della sofferenza e della malattia?

**3.** Come va intesa, secondo Segal, la metafora lucreziana del portare alla luce le cose che sono nel buio?

## IL PARERE DEGLI ALTRI AUTORI | UN POETA ECCELLENTE E "DIFFICILE"

**LA NOTORIETÀ PRESSO I CONTEMPORANEI...** La scarsità di informazioni di cui siamo in possesso circa la vita di Lucrezio non deve indurci nell'errore prospettico di ritenere che l'autore del *De rerum natura* fosse poco conosciuto dai suoi contemporanei. La sua opera fu certamente apprezzata mentre egli era ancora in vita, come si ricava dalla testimonianza di **Cornelio Nepote**, che in una sua delle sue biografie qualifica un certo Giulio Calido come «il poeta di gran lunga più elegante prodotto dalla nostra letteratura dopo la morte di Lucrezio e di Catullo» (*Vita di Attico* 12, 4). Dalle parole di Cornelio Nepote sembra appunto di capire che Lucrezio e Catullo, già mentre erano in vita, erano considerati delle eccellenze nel campo della poesia. Ed il loro prestigio non venne meno presso i poeti delle età successive che continuarono a considerarli, ciascuno nel proprio genere, dei modelli con cui doversi confrontare.

**...E PRESSO I POETI AUGUSTEI** Un tributo a Lucrezio è quello che si legge in un passo del libro II delle *Georgiche*, il poema didascalico che **Virgilio** dedica alla vita dei campi (vv. 490-492): *Felix qui potuit rerum cognoscere causas / atque metus omnis et inexorabile fatum / subiecit pedibus strepitumque Acherontis avari*, «Felice chi ha potuto investigare le cause delle cose e ha schiacciato sotto i piedi tutte le paure, il fato inesorabile e lo strepito dell'avido Acheronte». Nel tessere le lodi del saggio epicureo (che conosce le cause naturali dei fenomeni e per questo non è soggetto a paure né teme la morte), Virgilio si ispira chiaramente alla rappresentazione di Epicuro tratteggiata da Lucrezio nel libro I del suo poema (vv. 62-79 ➤ **T2**). Tuttavia, nell'immediato prosieguo del passo virgiliano (v. 493 *fortunatus et ille deos qui novit agrestis*, «fortunato anche colui che conosce gli dèi agresti»), sembra di cogliere una certa rivendicazione di superiorità da parte del poeta augusteo, il quale si poneva in rapporto di emulazione e quindi di competizione con il modello lucreziano. Anche in altri poeti dell'età augustea e dell'età immediatamente successiva si possono riconoscere riprese dal *De rerum natura*, spesso usate allo scopo di dissentire dalla concezione lucreziana della poesia (come nel caso di **Orazio**) o di confutare la filosofia epicurea (come nel caso del poeta elegiaco **Properzio** o di **Manilio**, autore di un poema didascalico di argomento astronomico). Entusiastico e senza riserve è invece il giudizio di **Ovidio**, il quale, all'interno di un catalogo dei più illustri poeti greci e latini, sottolinea con un *adýnaton* la propria convinzione circa l'immortalità di Lucrezio: *carmina sublimis tunc sunt peritura Lucreti, / exitio terras cum dabit una dies*, «i carmi del sublime Lucrezio moriranno soltanto quando un solo giorno consegnerà le terre alla fine (del mondo)» (*Amores* 1, 15, vv. 23-24).

**IL GIUDIZIO DI STAZIO E DI QUINTILIANO** Alla glorificazione ovidiana sembra in qualche modo ribattere **Stazio**, poeta attivo nella seconda metà del I secolo d.C., il quale afferma che il poeta del *De rerum natura*, al pari di altri poeti (fra cui Ennio e lo stesso Ovidio), è stato surclassato dalla grandezza di Virgilio (*Silvae* 2, 7, v. 76). In riferimento a Lucrezio, Stazio utilizza la perifrasi *docti furor arduus Lucreti*. Innanzi tutto va chiarito che il termine *furor* non va inteso qui in senso "clinico", come sinonimo di *insania*; esso rimanda all'invasamento poetico, e dunque a quella concezione del poeta-vate direttamente ispirato dalla divinità che Lucrezio stesso aveva promosso in relazione a se stesso. Nella perifrasi staziana l'elemento dell'invasamento poetico risulta bilanciato dal fatto che il poeta-filosofo è anche *doctus*, cioè colto e quindi capace di raffinata elaborazione formale (secondo i canoni della poesia ellenistica). Stazio condivide dunque sostanzialmente il giudizio di Cicerone, che già riconosceva in Lucrezio la compresenza di *ingenium* e *ars*, ossia di qualità innate e tecnica (➤ Scheda "Il tempo dell'autore", p. 255). Infine, Stazio ritiene Lucrezio un poeta *arduus*, «difficile». Anche il retore **Quintiliano**, contemporaneo di Stazio, qualifica Lucrezio come *elegans* e *difficilis* (*Institutio oratoria* 10, 1, 87).

**LA POLEMICA DI LATTANZIO** Quanto alla notizia, riportata da San Girolamo nella sua *Cronaca*, della follia di Lucrezio indotta da un filtro d'amore, è probabile che essa sia nata in ambiente cristiano; significativo in proposito l'atteggiamento dell'apologista **Lattanzio** (III sec. d.C.) che nelle sue opere denigra in più occasioni la filosofia epicurea insieme ai suoi divulgatori, tra cui anche Lucrezio, ricorrendo a parole quali *deliramentum*, *stultitia, insania, amentia* e simili.

■ Raffaello, **Scuola di Atene**, particolare con Epicuro, 1509-1511. Città del Vaticano, Stanza della Segnatura.

# PROVA DI COMMENTO

Leggi con attenzione il seguente brano tratto dal *De rerum natura*, che ti proponiamo in latino e in traduzione italiana; quindi rispondi alle domande che ti guideranno nella comprensione e nell'analisi. Potrai infine rendere ragione della tua interpretazione con un testo organico di commento.

## Lode di Epicuro

| *De rerum natura* 3, vv. 1-30 | metro: esametri |

*Nel proemio al libro III del* De rerum natura *Lucrezio celebra Epicuro come colui che per primo ha rivelato i segreti della natura. Dimostrando tanto l'imperturbabilità degli dèi, che vivono nello spazio remoto degli* intermundia *senza interessarsi alle vicende umane, quanto l'inesistenza delle sedi (e quindi delle pene) infernali, il filosofo greco è riuscito a liberare l'uomo dalle sue più angosciose paure.*

E tenebris tantis tam clarum extollere lumen
qui primus potuisti inlustrans commoda vitae,
te sequor, o Graiae gentis decus, inque tuis nunc
ficta pedum pono pressis vestigia signis,
non ita certandi cupidus quam propter amorem
quod te imitari aveo; quid enim contendat hirundo
cycnis, aut quid nam tremulis facere artubus haedi
consimile in cursu possint et fortis equi vis?
Tu, pater, es rerum inventor, tu patria nobis
suppeditas praecepta, tuisque ex, inclute, chartis,
floriferis ut apes in saltibus omnia libant,
omnia nos itidem depascimur aurea dicta,
aurea, perpetua semper dignissima vita.
Nam simul ac ratio tua coepit vociferari
naturam rerum divina mente coorta
diffugiunt animi terrores, moenia mundi
discedunt. Totum video per inane geri res.
Apparet divum numen sedesque quietae,
quas neque concutiunt venti nec nubila nimbis
aspergunt neque nix acri concreta pruina
cana cadens violat semperque innubilus aether
integit et large diffuso lumine ridet:
omnia suppeditat porro natura neque ulla
res animi pacem delibat tempore in ullo.
At contra nusquam apparent Acherusia templa,
nec tellus obstat quin omnia dispiciantur,
sub pedibus quae cumque infra per inane geruntur.
His ibi me rebus quaedam divina voluptas
percipit atque horror, quod sic natura tua vi
tam manifesta patens ex omni parte retecta est.

Te che per primo hai saputo in tanto buio, svelando
i beni dell'esistenza, levar sì splendida luce,
te seguo, o vanto del popolo greco, e nel solco stampato
da' piedi tuoi fedelmente imprimo l'orma de' miei;
non già che ambisca emularti, ma tanto grande è l'amore
che l'imitarti m'è gioia. Come, in effetti, la rondine
gareggerebbe coi cigni, o come nella corsa i capretti
dal pie' tremante potrebbero essere pari al focoso
destriero? Tu ci sei padre, o scopritore del mondo,
a noi tu porgi i paterni precetti, e come sui clivi
fioriti le api delibano tutti i sapori, noi tutte
beviam così da' tuoi libri l'auree sentenze, o maestro:
auree, e degnissime sempre d'un immortale splendore.
Sfuman da quando il sistema tuo mise in chiaro l'essenza
della natura, svelata dal sovrumano intelletto,
tutti i terrori dell'animo, crollan le mura del cielo,
vedo pel vuoto infinito formarsi gli esseri. Appare
la maestà degli dèi, e le pacifiche sedi
cui non iscuotono i venti, e non inzuppan le piogge,
e non profana la candida neve che cade rappresa
pel freddo acuto, ma il cielo le copre sempre sereno,
e splende intorno d'un largo riso di luce: ed inoltre
tutto è fornito agli dèi dalla natura, e nessuna
cosa ne turba in nessuna ora la pace dell'anima.
Ma non appaiono invece in nessun luogo le chiostre
dell'Acheronte, e la terra non ci impedisce di scorgere
tutto che accade giù sotto i nostri piedi nel vuoto.
Onde m'invade un celeste gaudio e un rispetto profondo,
se penso che la natura, da tutti i lati, per tua
virtù si svela in maniera tanto visibile e chiara.

(trad. di L. Canali)

### GUIDA ALLA COMPRENSIONE E ALL'ANALISI

**L'inno a Epicuro** Ai vv. 1-13 l'elogio di Epicuro prende le forme dell'inno sacro; in particolare, sono tratti tipici dell'inno: l'apostrofe alla divinità, seguita da una o più proposizioni relative che illustrano virtù e competenze del dio (la cosiddetta "aretalogia"); l'anafora e la ripetizione (anche in poliptoto) dei pronomi personali; l'uso di perifrasi per indicare il dio senza nominarlo; il registro stilistico alto e solenne, caratterizzato dall'allitterazione e dall'iperbato, figure che stabiliscono collegamenti e tensioni significative tra gruppi di parole.

- Rintraccia nel testo la presenza degli elementi elencati sopra, tipici degli inni sacri.

L'assoluta fedeltà di Lucrezio alla dottrina del maestro è ribadita a più riprese nel corso del brano.

- L'atteggiamento di Lucrezio nei confronti di Epicuro è espresso ai vv. 3-4 attraverso un'espressione ridondante che puoi ordinare così: *pono ficta vestigia pedum in tuis pressis signis*. Illustra il significato dell'espressione e l'effetto che secondo te Lucrezio si proponeva di ottenere attraverso una tale ridondanza.
- Il medesimo atteggiamento di fedeltà nei confronti del maestro emerge ai vv. 10-13, attraverso la tradizionale similitudine tra il poeta e le api. Solitamente, però, il poeta è come un'ape che succhia il nettare delle Muse, fonte della sua ispirazione; qui, invece, l'ape succhia gli *aurea dicta* di Epicuro. Che cosa significa secondo te questo cambiamento rispetto alla tradizione letteraria?
- Nell'ambito della similitudine tra il poeta e le api sviluppata ai vv. 10-13 quali concetti risultano sottolineati mediante il raddoppiamento dei due aggettivi *omnia* (vv. 11-12) e *aurea* (vv. 12-13)?

**Le ragioni del primato di Epicuro** Da questo elogio risulta che Epicuro è degno di essere celebrato come un dio perché ha liberato l'uomo dal terrore religioso, rivelando le leggi fisiche che regolano il cosmo.

- Con quali strumenti retorici Lucrezio esprime e sottolinea l'idea della conoscenza come rivelazione e come visione? In particolare, puoi esaminare la struttura dei vv. 16-17 e le due immagini, che rispettivamente aprono e chiudono il brano, della torcia innalzata da Epicuro a illuminare le gioie della vita e della realtà "svelata".
- Il contenuto della visione resa possibile dalla dottrina epicurea (*ratio*, v. 14) è indicato al v. 17 attraverso la formula *totum per inane geri res*: che cosa significa precisamente l'espressione? Da che cosa, dunque, è costituito l'universo?
- La conoscenza diretta della natura dimostra in maniera inoppugnabile l'infondatezza delle paure umane: che cosa indica l'antitesi tra ciò che «è visibile» (*apparet*, v. 18), e quindi esiste, e ciò che, invece, «non è visibile in alcun luogo» (*nusquam apparent*, v. 25), e quindi non esiste?

## GUIDA AL COMMENTO

**Contestualizzazione** Inserisci nel contesto del *De rerum natura* l'elogio di Epicuro che apre il libro III; in particolare, consideralo in rapporto con le altre lodi del filosofo sviluppate da Lucrezio nel corso del suo poema. Prendi in considerazione innanzi tutto il primo elogio di Epicuro (➣ **T2**), mettendo in evidenza la presenza di elementi comuni: in quali termini viene descritta in quel caso l'indagine filosofica del maestro? E quali conseguenze essa ha per l'umanità?

**Interpretazione e approfondimenti** In questo proemio il rapporto tra Lucrezio e il suo maestro Epicuro è rappresentato anche come rapporto tra il poeta e la sua fonte; tuttavia gli *aurea dicta* di Epicuro non costituiscono tanto un modello letterario, quanto piuttosto l'unico sistema filosofico in grado di rivelare le leggi fisiche dell'universo e liberare così l'uomo dalle sue più intime paure. Ne risulta profondamente mutato anche il ruolo del poeta, al quale spetta il compito di annunciare il messaggio di liberazione contenuto nella dottrina epicurea. A partire dal testo (considera in particolare i vv. 5-6 e 10-13) rifletti su questo aspetto che caratterizza lo statuto di poeta-filosofo nel *De rerum natura*.

- Nell'elogio di Epicuro la conoscenza della natura resa possibile dalla dottrina epicurea è descritta come "visione": ciò non corrisponde soltanto a fini retorici o letterari, ma rispecchia coerentemente la teoria epicurea della conoscenza. Su che cosa si fonda infatti la conoscenza per Epicuro?
- Lucrezio crede nell'esistenza degli dèi, ma non nel loro intervento in favore degli uomini o per punirli: qual è allora la forma corretta di devozione religiosa secondo la filosofia epicurea?
- La conoscenza diretta della natura del cosmo suscita nel poeta una reazione di estasi e quasi un brivido di vertigine (vv. 28-29); si tratta di quel misto di piacere e sgomento che il lettore antico doveva provare di fronte a scenari di assoluta grandezza – come l'infuriare di calamità naturali e della guerra o anche il dilagare della morte diffusa da epidemie mortali – riconducibili alla categoria estetico-filosofica del "sublime". Nel poema lucreziano questo tipo di scenari terribili e grandiosi sono rappresentati con impressionante vividezza; e la reazione del lettore di fronte a tali scenari è evidentemente valutata come un elemento utile alla sua formazione filosofica. Chiarisci la funzione del "sublime" letterario nel processo di conoscenza e di liberazione dell'uomo proposto dal *De rerum natura*, facendo riferimento ai testi che hai letto (➣ **T12** e **T13**): quale reazione contraddistingue il destinatario ideale del *De rerum natura* di fronte alle terribili realtà che il poema gli rivela?

CICERO LECTIO **Da che cosa ha origine il timore della morte** *De rerum natura* 3, vv. 59-77

# Catullo

## La "poesia nuova" di Catullo

ZTE ONLINE
Mettiti alla prova con 20 esercizi interattivi

### POESIA E AUTOBIOGRAFIA

PER COMPRENDERE



### IL LESSICO DELLA PASSIONE AMOROSA

PER ANALIZZARE



### POESIA E POLITICA

PER APPROFONDIRE

IL TEMPO DELL'AUTORE

# GAIO VALERIO CATULLO

**L'ORIGINE CISALPINA** Gaio Valerio Catullo è il primo di una serie di poeti e scrittori latini originari della **Gallia Cisalpina**. Nasce infatti a **Verona**, probabilmente **nell'87 a.C.**, in una famiglia certamente benestante (la casa di suo padre, secondo la testimonianza del biografo Svetonio, vissuto tra I e II secolo d.C., era frequentata addirittura da Giulio Cesare). La data di nascita ci è nota dallo scrittore cristiano San Girolamo, vissuto tra IV e V secolo d.C., il quale nella sua *Cronaca* riferisce anche la notizia secondo cui Catullo sarebbe morto «nel trentesimo anno di vita». La data della morte va però senz'altro posticipata di qualche anno, probabilmente al **54 a.C.**: nelle liriche catulliane sono infatti presenti riferimenti a eventi degli anni 55-54 a.C., come il secondo consolato di Pompeo e la spedizione di Cesare in Britannia (➤ carme 11 e carme 29).

**VITA E POESIA COME BINOMIO INDISSOLUBILE** Come ogni rampollo di buona famiglia di rango provinciale, in giovane età Catullo si reca a Roma per portare a compimento gli studi: lì si inserisce presto nel contesto mondano della capitale; in particolare, si accosta a un gruppo di giovani poeti di origine aristocratica, tra cui Elvio Cinna e Licinio Calvo, legati dal culto della poesia e dal disinteresse per la vita politica. I ***poetae novi***, così li chiama Cicerone, refrattari a qualsiasi impegno in ambito civile, costituiscono un cenacolo esclusivo e raffinato di *sodales* («amici», «compagni»), i quali in un'epoca lacerata dai conflitti civili scelgono di occuparsi solo della dimensione individuale per coltivare l'amicizia e l'amore.

■ Stepan Vladislavovich Bakalovich, **Catullo legge le sue poesie**, 1885. Mosca, Tretyakov Gallery.

**LA RELAZIONE CON LESBIA** Al centro delle proprie relazioni e della propria vita Catullo colloca Clodia – moglie di Quinto Cecilio Metello Celere e sorella del politico di orientamento cesariano Appio Clodio Pulcro – una donna che egli vorrà chiamare **"Lesbia"**, consacrandola così alla memoria di **Saffo** (la poetessa greca vissuta nell'isola di Lesbo tra VII e VI secolo a.C.). L'incontro con questa donna decide della sua vita e della sua poesia: la relazione con lei orienta la sua esistenza spingendola fra il travolgimento della passione e l'angoscia dell'offesa e del tradimento.

■ **Poetessa greca**, affresco proveniente da Pompei, I sec. d.C.

**LA MORTE DEL FRATELLO E IL VIAGGIO IN BITINIA** Ai tormenti e ai dolori connessi alla travagliata storia sentimentale con Lesbia, si aggiunge nel 60 a.C. la **morte del fratello**, avvenuta in Asia, nella Troade. Pochi anni dopo questo evento, nel 57 a.C., Catullo si reca in **Bitinia** al séguito del pretore Gaio Memmio; nel corso di tale viaggio – compiuto probabilmente per allontanarsi da Roma e dai tormenti legati alla propria vicenda sentimentale, nonché per tentare facili guadagni – Catullo ha modo di recarsi nella Troade e visitare la tomba del fratello (➤ carme 101).

**LA MORTE PREMATURA** La breve vicenda esistenziale di Catullo si conclude a poco più di trent'anni, forse per quella *mala tussis* («tisi») di cui si parla nel carme 44 o, più probabilmente, per quel *taetrum morbum* i cui effetti sono riportati nel carme 38: un male spirituale che è anche sofferenza fisica e che ha consumato il poeta nel corpo e nell'anima, ponendo fine alla sua giovane vita.

# La “poesia nuova” di Catullo

**LA TEMATICA AUTOBIOGRAFICA** Il percorso letterario e la vicenda esistenziale di Catullo sono strettamente connessi: nella sua opera, il *Liber*, il poeta racconta l’uomo di fronte all’amore, al dolore e alla morte; tuttavia, il rapporto fra l’io narrante e l’io narrato, ovvero fra la maschera e il volto, è quasi impossibile da ricostruire. Occuparsi della vita di Catùllo significa parlare di Lesbia, il grande amore della sua vita, la passione travolgente ma tormentata, fatta di promesse, delusioni, tradimenti, ingiurie. Sarebbe però fuorviante cercare nelle liriche del poeta situazioni unicamente e semplicemente reali o eventi che non siano filtrati da una letterarietà assai ricercata, capace di trasformare in poesia ogni più trascurabile vicenda quotidiana e di trasferire sul piano del mito ogni più lacerante emozione dell’anima. Lo stretto legame fra poesia e autobiografia interessa anche altri rapporti significativi della vita del poeta. Perciò, accanto all’amore, viene preso in esame anche il tema dell’amicizia, cui si aggiungono l’ironia, l’invettiva o il sarcasmo per chi amico non è. Il poeta partecipa con intensità agli amori e ai dolori degli amici (i *sodales*), dimostrando anche verso di loro quella sincerità, quella lealtà e quella *fides* che sono parte integrante del suo modo di essere. In ultimo compare il legame con il fratello, spezzato dalla morte di quest’ultimo e sospeso da una lontananza che da geografica si fa temporale e quindi emotiva. L’addio al fratello, sepolto in terra lontana, si fa congedo a una parte di sé, quella più spensierata, legata forse all’infanzia e alla regressione in un mondo di affetti puro e non contaminato dalla sofferenza e dall’abbandono.

**LA LINGUA LETTERARIA** Sul piano linguistico Catullo si dimostra un innovatore, in grado di fondare una lingua poetica di notevole immediatezza, ma di altrettanto profonda letterarietà. Per raccontare una storia d’amore così totalizzante da essere messa al centro di un’intera esperienza poetica, è necessaria una lingua che sappia tradurre in parole e in versi ogni più intima emozione e sfumatura di questo sentimento. Più di ogni altro autore, Catullo, a partire dal lessico erotico della *palliata* (la commedia latina di ambientazione greca), ha dato un apporto fondamentale alla creazione del linguaggio d’amore latino. Egli modula sapientemente una svariata compagine di registri linguistici. Fa ricorso alla lingua quotidiana (il *sermo cotidianus*), accostandola però a un lessico più raffinato, dove è evidente l’influsso della poesia greca ellenistica: innanzi tutto Callimaco, vissuto ad Alessandria d’Egitto nel III secolo a.C., ma anche Meleagro di Gàdara,

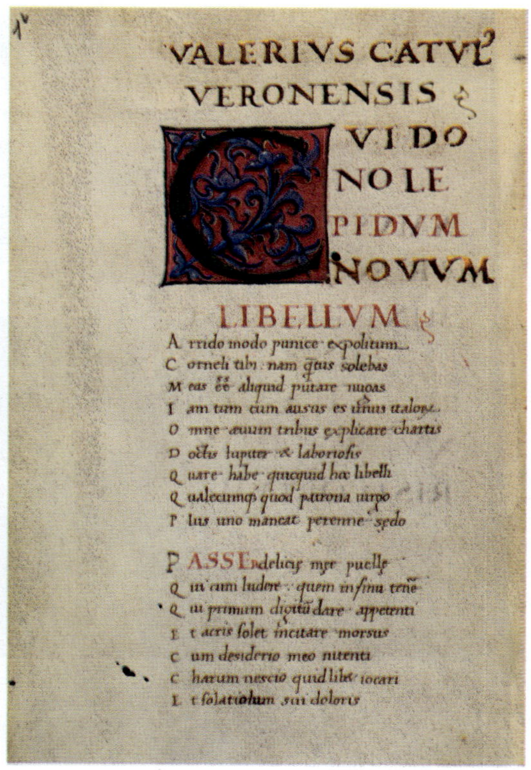


Pagina di un codice in pergamena del XVI secolo contenente i *Carmi* di Catullo.
Milano, Biblioteca Ambrosiana.

vissuto tra II e I secolo a.C.; così facendo, Catullo elabora uno stile personalissimo, ottenuto anche grazie a un costante lavoro di cura ed elaborazione formale (il *labor limae*).

È inoltre importante sottolineare il rinnovato rapporto di Catullo con i concetti religiosi e giuridici della tradizione romana, i quali entrano nel suo orizzonte concettuale e linguistico dopo aver subito quello che lo studioso Mario Labate ha definito un processo di "transcodificazione"; in altre parole, Catullo opera una rifondazione, sul piano semantico e concettuale, dei valori fondanti della tradizione romana (*fides*, *foedus*, *pietas*, *amicitia*).

La grandezza e l'originalità di Catullo si esplicano in una poesia personalissima, basata su un sapiente equilibrio fra intensità personale dell'esperienza vissuta e ricerca della perfezione formale, cui si aggiunge spesso l'elemento del *lusus*, ossia della poesia come gioco, e dell'artificio letterario.

**IL DISINTERESSE PER LA VITA POLITICA** Numerosi componimenti presenti nel *Liber* testimoniano della scelta compiuta da Catullo di tenersi lontano dalla vita politica, dunque dal potere e dagli uomini che lo rappresentano; scelta, quest'ultima, condivisa con il gruppo dei *poetae novi* (o, con termine greco, *neòteroi*), un cenacolo di giovani poeti con cui Catullo è in rapporti e che sono parimenti impegnati in un'opera di rinnovamento della poesia romana. Nell'ambito del complesso rapporto fra intellettuali e potere, senza dubbio Catullo e i *poetae novi* scrivono una pagina destinata a rimanere un termine di confronto imprescindibile per i letterati e gli intellettuali delle epoche successive. Abbandonare il genere epico, e dunque una poesia dai contenuti eroici, per privilegiare una poesia concepita come *lusus* disimpegnato, che lasci spazio all'espressione della dimensione più intima e soggettiva dell'io del poeta, nel I secolo a.C. è una scelta autenticamente rivoluzionaria e anticonformista.

Se l'impegno di Catullo nel vivere le relazioni affettive (amorose, amicali o fraterne che siano) è pressoché totale, il disimpegno sul piano dell'attività politica e della vita civile è altrettanto evidente e addirittura rivendicato con ostentazione. In più di un carme, infatti, Catullo non solo dichiara apertamente il proprio disinteresse per le più importanti questioni politico-sociali del tempo, ma colpisce anche con accuse o invettive le figure più eminenti dello scenario politico, come Cesare e Cicerone. Con Catullo e i *poetae novi* non nasce solo un nuovo genere poetico, ma anche una concezione rivoluzionaria del fare letteratura, che vedrà la poesia come un rifugio da una realtà sociale sentita come estranea e vuota; a ciò si aggiunge il rifiuto del tradizionale modello del *civis Romanus* impegnato negli affari della *res publica*, modello avvertito come del tutto lontano dal proprio sentire.

**Mosaico con poeta**, II sec. d.C. Treviri, Rheinishes Landesmuseum.

CATULLO

PER COMPRENDERE

# Poesia e autobiografia

**LA PASSIONE AMOROSA PER LESBIA** Il nucleo centrale della lirica catulliana ruota attorno all'esperienza del legame amoroso con Lesbia, la musa ispiratrice e il bersaglio di tanti versi appassionati o rabbiosi del poeta. La donna, storicamente identificabile con la sorella del politico di orientamento cesariano Appio Clodio Pulcro, è la moglie di Quinto Cecilio Metello Celere, altro esponente di spicco della politica romana. Chiamata con lo pseudonimo greco di "Lesbia" in onore della poetessa Saffo, uno dei modelli della poesia catulliana, Clodia, secondo la testimonianza di Apuleio (II sec. d.C.), conosce il poeta a casa del comune amico Gaio Memmio. Dal primo incontro il poeta avverte un'attrazione e un legame verso questa donna più adulta, sposata, aristocratica, che si trasformeranno in quella passione tormentata i cui risvolti sono descritti a fondo in tante liriche del *Liber*. Risulta però del tutto illusorio e a tratti fuorviante cercare di ricostruire le fasi di questo rapporto basandosi sui componimenti disseminati nella raccolta incentrati su tale tema, a patto di non cadere in un biografismo del tutto empirico. Come giustamente osserva lo studioso Franco Caviglia, i ventotto componimenti dedicati a Lesbia (sui complessivi 116 del *Liber*) ritraggono «la vicenda di un'affabulazione letteraria che non regge all'urto della realtà e si trasforma progressivamente da contemplazione in invettiva, da esaltazione in scherno, da compiacimento in disperazione».

Sir Edward Poynter, Lesbia con il suo passero, 1907. Collezione privata.

Le principali tematiche del canto d'amore catulliano riguardano la passione, l'euforia, la rabbia, la gelosia, la disillusione: stati d'animo tanto saldamente intrecciati da diventare anche feconda occasione di autoanalisi. La fisionomia del sentimento amoroso presenta quindi varie sfaccettature, come diversi sono i termini con cui esso viene designato: *ardor*, *cura*, *dolor*, *ignis*, *morbus*, *pestis*, *pernicies*. Anche quando Lesbia viene soltanto menzionata o è presente qualche rimando a lei, la sua figura è sempre la ragione principale dello scrivere del poeta, l'occasione per aggiungere un ulteriore tassello al mosaico dei sentimenti e dei risentimenti per Lesbia che dominano il cuore del poeta. L'impressione che se ne ricava è quella di una vivace immediatezza e originalità, di una lirica fuori dagli schemi e oltre i modelli, legata non alla finzione letteraria, ma alla vita reale. Tuttavia in questa relazione amorosa, nella quale Catullo non rinuncia a leggere anche un'esperienza matrimoniale, è possibile trovare anche la personalissima rivisitazione dei valori della tradizione romana (*fides*, *foedus*, *amicitia*, *aequitas*, *iustitia*), a cui il poeta inserendoli nella dimensione privata attribuisce un'intensa autenticità. L'amore è *foedus* («patto»), fondato sulla *pietas* («sentimento religioso») e sulla *fides* («lealtà, fedeltà alla parola data»). L'innamorato è legato alla donna amata dallo stesso vincolo di affetti che lega un padre ai suoi figli; il tradimento di questo vincolo aumenta la passione dei sensi, ma fa affievolire il legame affettivo.

Nel legame amoroso fra il poeta e Lesbia trovano ampio spazio anche sentimenti come la rabbia, il dolore, l'odio, sovente suscitati dalla donna stessa con i suoi atteggiamenti meschini e le frequenti infedeltà. La sofferenza vissuta da Catullo in modo autentico e profondo diventa occasione per il poeta di riflessione interiore e di conoscenza di sé, poi consegnateci in versi raffinati e straordinari, in cui emerge la sincerità del poeta verso se stesso quando lucidamente scandaglia la propria interiorità. La rappresentazione degli stati d'animo negativi ci consegna l'immagine di un poeta che non intende offrire di sé un autoritratto ideale, bensì un'immagine reale, in cui non mancano contraddizioni, incoerenze, rancori.

**CATULLO E IL SUO AMBIENTE** La tematica autobiografica in Catullo non si esaurisce nel racconto dell'esperienza amorosa, ma si esplica in tutta una serie di riferimenti a circostanze della vita privata: dalla morte del fratello all'amicizia sincera, dagli attacchi ai rivali a questioni letterarie con altri poeti o aspiranti tali. Ne emerge un'esistenza fuori dagli schemi in cui i valori di amicizia e di impegno etico e culturale assumono talora un significato diverso da quello attribuito loro dalla morale tradizionale. Ma affiora anche lo spaccato di una vita mondana assai intensa, i cui frammenti di vissuto rientrano, dopo un'attenta rielaborazione letteraria, nella poesia d'occasione di genere epigrammatico o nell'invettiva dei carmi giambici. Particolarmente fecondo si rivela per l'autore l'incontro con il cenacolo dei *poetae novi*, un gruppo di giovani impegnati nel rinnovamento della poesia romana, ancora molto legata agli schemi dell'epica arcaica. Questi poeti costituiscono una cerchia esclusiva, hanno uno stile di vita alternativo e anticonformista, senza dubbio lontano dall'impegno della vita politica e dagli interessi legati a cariche o affari pubblici. Ma la scelta di tale disimpegno politico è legata ai nuovi interessi verso l'estetica del vivere e dello scrivere: ai doveri verso lo Stato si sostituisce l'attenzione per la dimensione privata dell'esistenza e per tutto ciò che la caratterizza: l'amore, l'amicizia, gli scherzi, le polemiche, i rancori, i dolori. Denominatore comune è un gusto per tutto ciò che risulta raffinato e anticonvenzionale.

**AMICIZIA E POESIA** Come già abbiamo accennato, con Catullo non solo l'amore ma anche l'amicizia assume un significato diverso, abbandonando il legame con la sfera politica per divenire un valore autonomo, una fonte di ispirazione privilegiata della poesia. La cerchia degli amici di Catullo condivide con lui non solo un gusto letterario basato sul culto della poesia greca alessandrina, ma anche uno stile di vita del tutto nuovo, fondato sul distacco dal tradizionalismo dei valori del *mos maiorum*, sulla critica ai benpensanti e sull'irriverenza verso i doveri del *civis*.

Gutht Soul, **Cornelio Nepote**; litografia del XIX secolo.

**MORTE E POESIA** Uno dei valori di cui Catullo dimostra di non poter fare a meno è quello dei legami familiari, in particolare quello con l'amato fratello prematuramente morto in Asia, nella Troade, a cui dedica uno dei carmi più commoventi del *Liber*. Tuttavia nella sua opera si ritrovano pochissimi riferimenti alla famiglia d'origine (a cominciare dal padre, di cui probabilmente il poeta non approvava la frequentazione con Cesare e l'ospitalità offerta al grande generale nella sua casa di Verona).

## L'OPERA | IL *LIBER* CATULLIANO

**LE TRE SEZIONI DEL *LIBER*** Il *Liber* catulliano è formato da **116 carmi** suddivisi in **tre sezioni** sulla base di **criteri metrici**, senza un ordine preciso rispetto ai temi trattati e al tempo della composizione di ciascuna lirica. Quello che la tradizione manoscritta ci ha tramandato certamente non è tutto quello che è stato scritto dal poeta, che di sicuro non è nemmeno l'autore della disposizione delle liriche.

Il *Liber* si articola in tre sezioni che si differenziano anche per i **contenuti tematici**:

| | |
|---|---|
| ***NUGAE*** (carmi 1-60) | Componimenti brevi di argomento vario (poesia d'amore, poesia d'occasione, biglietti d'invito ad amici, dediche), scritti in metri vari: in prevalenza endecasillabi faleci, ma anche trimetri giambici e metri lirici. |
| ***CARMINA DOCTA*** (carmi 61-68) | Componimenti eruditi più ampi e complessi sul piano stilistico (epitalami, epilli ad argomento mitologico), scritti in metri diversi. |
| ***EPIGRAMMATA*** (carmi 69-116) | Componimenti che si richiamano dal punto di vista tematico ai carmi della prima sezione; scritti in distici elegiaci. |

**LA DEDICA A CORNELIO NEPOTE** Il carme di apertura del *Liber* catulliano (➛ **T10**) contiene una dedica all'amico **Cornelio Nepote**; in questa lirica il poeta definisce ***libellus*** la sua opera e parla di ***nugae***, «inezie» o «poesiole», riferendosi ai suoi componimenti – ovviamente solo a una parte di essi, quelli meno impegnati sul piano del contenuto e ispirati alla concezione alessandrina della poesia come gioco.

T1 LATINO

# I versi della passione

| carme 51 | metro: strofe saffica minore |

■ Ritratto di fanciulla, affresco da Pompei. I sec. d.C. Napoli, Museo Archeologico Nazionale.

*Il carme 51 costituisce una delle prime attestazioni del legame amoroso con Lesbia, nonché uno dei più compiuti esempi di aemulatio letteraria, ovvero di ripresa e libero rifacimento di un testo: in questo caso, la celeberrima ode della poetessa greca Saffo (31 L.-P.* *➛ Scheda "Intertestualità, fonti, modelli", p. 333),* *uno dei principali modelli poetici di Catullo. Da molti critici letto e interpretato come "il carme della gelosia", ovvero come l'espressione dello stato d'animo del poeta di fronte a un rivale spavaldo e sicuro di sé, in realtà questo carme contiene un ripiegamento malinconico e un'autoriflessione sulla propria fragile condizione interiore. E questa, al di là dell'occasione del primo incontro con Lesbia o del riconoscimento della passione per lei, sembra essere la prospettiva del componimento: il termine di confronto non è tanto il rivale al quale Lesbia concede il suo sguardo e le sue attenzioni, ma l'immagine ideale di sé a cui il poeta aspirerebbe, caratterizzata da quella sicurezza e tranquillità interiore che solo gli dèi possono concedere ai mortali e che egli sente venirgli meno di fronte alla visione dell'indescrivibile bellezza della donna.*

Lei e "l'altro": Lesbia e il rivale di Catullo

Ille mi par esse deo videtur,
ille, si fas est, superare divos,
qui sedens adversus identidem te
spectat et audit

Il manifestarsi del turbamento

dulce ridentem, misero quod omnis
eripit sensus mihi: nam simul te,
Lesbia, aspexi, nihil est super mi
<postmodo vocis,>

lingua sed torpet, tenuis sub artus
flamma demanat, sonitu suopte
tintinant aures, gemina teguntur
lumina nocte.

I pericoli dell'*otium*

Otium, Catulle, tibi molestum est
otio exsultas nimiumque gestis:
otium et reges prius et beatas
perdidit urbes.

[vv. 1-6] **Ille... mihi**: *ille... divos*: *videtur* è forma personale con il nominativo *ille* (ripetuto in anafora), il dativo *mi* (= *mihi*) e i due infiniti *esse* e *superare*; *superare divos* (= *deos*) rappresenta un'iperbole attenuata dall'espressione incidentale *si fas est* («se è lecito», «rispettoso dei dettami divini»). • *qui... ridentem*: il pronome relativo *qui* è anticipato da *ille*, mentre il participio in accusativo *ridentem* è concordato con *te* in funzione predicativa; *identidem* è avverbio («continuamente») riferito ai due verbi *spectat* e *audit*; *omnis* è forma per *omnes*, accusativo plurale riferito a *sensus*, oggetto di *eripit*.
[vv. 6-8] **nam... vocis**: *est super*: tmesi per *superest*. • *vocis*: genitivo partitivo retto da *nihil*. Il verso 8, l'adonio della strofe saffica, manca in tutti i manoscritti ed è stato variamente ricostruito: alla proposta qui accettata di Della Corte si alterna la ricostruzione <*vocis in ore*> effettuata sulla base del modello del verso di Saffo.
[vv. 9-12] **lingua... nocte**: *lingua sed*: anastrofe che pone *lingua* in simmetria con *flamma* in posizione incipitale. • *suopte*: nel latino classico e postclassico la particella enclitica *-pte* rafforza l'ablativo del pronome e aggettivo possessivo.
[vv. 13-16] **Otium... urbes**: *otium*: la parola chiave dell'ultima strofe, nella quale compare per tre volte.

## Il testo e il contesto

**LESBIA E IL RIVALE** Il carme si presenta con una struttura tripartita: la prima strofe descrive una scena che ha per protagonisti Lesbia, definita *dulce ridentem*, e l'uomo che parla con lei, visto da Catullo *par... deo*, a causa del privilegio di godere delle attenzioni della donna, che egli può guardare e ascoltare senza sosta (*identidem*). L'avverbio *identidem* è presente anche nel carme 11 (➤ **T9**) a testimonianza del collegamento fra la lirica presente e quel carme, che molti critici considerano rispettivamente l'inizio e la fine della vicenda d'amore con Lesbia.

**IL MANIFESTARSI DEL TURBAMENTO** Nella seconda e terza strofe è il poeta stesso che diventa protagonista: i sintomi del turbamento prodotto dalla scena sul suo animo vengono minuziosamente descritti in versi che presentano una rielaborazione stilistica notevole. Da segnalare le allitterazioni *torpet*, *tenuis sub artus sonitu suopte*, *tintinant... teguntur*, l'onomatopea *tintinant*, l'ipallage *gemina lumina*, le metonimie *flamma* (calore), *nox* (oscurità), *lumina* (occhi).

**IL PERICOLO DELL'*OTIUM*** Nell'ultima strofe, rispetto al modello (l'ode 13 di Saffo), compare una novità, uno spunto personale di riflessione sul rapporto fra vita pubblica e dimensione privata. Catullo rivolge un'esortazione a se stesso a liberarsi dell'*otium* che lo tiene legato a una passione sconvolgente e deleteria. La triplice anafora con poliptoto *otium*, *otio*, *otium* esprime efficacemente l'ansia martellante con cui il poeta, spietatamente, analizza il proprio male interiore: un'analisi lucida, attenta. Il termine *otium* non è usato nella solita accezione di riposo intellettuale, contrapposto a *negotium*, bensì come ripiegamento intimistico sulla sfera del sentimento amoroso. Nel lessico erotico *otium* equivale a *amor*: è l'amore ad aver rovinato re e città felici. È chiaro qui il riferimento a Priamo e alla rovina di Troia: la guerra che portò alla distruzione di questa città nacque a causa del rapimento di Elena, moglie del re greco Menelao, da parte del giovane Paride, figlio di Priamo, che l'ebbe in dono quale ricompensa da Afrodite, da lui scelta come la dea più bella.

■ **Eros punito da Afrodite**, affresco proveniente da Pompei, I sec. d.C. Napoli, Museo Archeologico Nazionale.

## Il senso del testo

**UN MODELLO ILLUSTRE** L'interesse che questo carme ha suscitato e la fortuna di cui gode derivano non solo dal fatto che è stato quasi unanimemente riconosciuto come il primo composto in ordine di tempo, ma anche e soprattutto dalla dimensione di intertestualità in cui va collocato e considerato: esso, infatti, costituisce un adattamento della celeberrima ode di Saffo. Ma la maestria del poeta è tale da superare anche il modello più alto, in quanto nell'ultima strofe egli abbandona il riferimento al testo greco, introducendo una tematica del tutto personale: parlando con se stesso, mutando quindi completamente interlocutore, Catullo mostra di temere gli effetti deleteri che gli eccessi amorosi e una vita dedicata esclusivamente all'*otium* potrebbero avere. Questo passo sembra contenere un primo implicito presentimento della sofferenza che la passione per Lesbia gli arrecherà.

**LA NOVITÀ DI CATULLO** Rispetto al modello, ciò che più risulta evidente nel carme di Catullo è il diverso spirito con cui il poeta si accosta allo scandaglio degli effetti della passione. Se in Saffo a prevalere è l'analisi degli effetti della gelosia, nel poeta latino balzano soprattutto all'occhio, da una parte, il risalto dato al contrasto tra l'imperturbabilità del rivale che contempla Lesbia e il turbamento amoroso di Catullo stesso, dall'altra, l'inserimento della quarta strofe sugli effetti rovinosi dell'ozio, che rappresenta la spiegazione e la chiusa filosofica del carme.

**LEGGO E COMPRENDO**

**1.** Illustra la struttura del carme.

**2.** Qual è lo scarto di significato del termine *otium* nel carme rispetto alla sua accezione più comune per il mondo romano?

**3.** Qual è la riflessione contenuta nella strofe finale del carme?

INTERTESTUALITÀ, FONTI, MODELLI

## SAFFO, ODE 13: IL RAPPORTO CON IL MODELLO

**L'"ODE DELLA GELOSIA"** Nel mondo classico la poesia è considerata soprattutto nella sua dimensione di **confronto antagonistico** con i **modelli**, in un forte spirito di ammirazione ed emulazione al tempo stesso. Questo fatto influisce in particolar modo sull'attività di traduzione dal greco al latino, che si configura propriamente come variazione di temi. In quest'ottica appare assai significativo il rapporto fra il carme 51 di Catullo e la celeberrima **"ode della gelosia"** di **Saffo**, filtrata dalla sensibilità del poeta e rimodellata sulla sua situazione personale, sulla vicenda d'amore con Lesbia.

A me pare uguale agli dèi
chi a te vicino così dolce
suono ascolta mentre tu parli
e ridi amorosamente. Subito a me
il cuore si agita nel petto
solo che appena ti veda, e la voce

si perde sulla lingua inerte.
Un fuoco sottile affiora rapido alla pelle,
e ho buio negli occhi e il rombo
del sangue alle orecchie.

E tutta in sudore e tremante
come erba patita scoloro:
e morte non pare lontana
a me rapita di mente.

(trad. di G. Perrotta)

**Le Muse Chigiane**, rilievo in marmo celebrativo dell'assunzione di Saffo tra le Muse, copia romana di un rilievo attico, II sec. d.C. Siena, Museo Archeologico.

**LA POTENZA E GLI EFFETTI DELL'AMORE** Questa lirica, che chiaramente costituisce un modello per Catullo, si è conservata solo in parte ed è giunta a noi tramite il trattato di retorica *Sul sublime* (risalente probabilmente al I secolo a.C.). L'ode di Saffo descrive la potenza dell'amore e i suoi effetti devastanti, evocando i sentimenti che la poetessa prova per una fanciulla appartenente al tìaso (una confraternita aristocratica di tipo educativo-religioso). Non si conoscono le circostanze precise dell'occasione per cui l'ode fu composta: probabilmente la partenza di una ragazza che doveva andare sposa o, forse, un epitalamio per il giorno delle nozze. Anche l'interpretazione del testo è assai problematica. La definizione di "ode della gelosia", molto utilizzata, è la più comune; tuttavia questo sentimento sembra non trovare spazio accanto al turbamento d'amore, alla passione sconvolgente che la poetessa "semplicemente" descrive in tutte le sue più profonde manifestazioni.

**GUIDA ALLO STUDIO**

**1.** Riassumi con parole tue il contenuto dell'ode 13 di Saffo.

**2.** Quali sono i sintomi dell'innamoramento descritti nell'ode 13 di Saffo?

**3.** Quali differenze si osservano tra il carme 51 di Catullo e l'ode 13 di Saffo?

T2 LATINO

# I baci e le chiacchiere

| carme 5 | metro: endecasillabi faleci |

■ Frederic Leighton, **Acme e Septimius**, 1868. Oxford, Ashmoleian Museum.

*In questa lirica è centrale il binomio vita-amore: solo attraverso il secondo si può dare pieno significato alla prima, spesso colma di insidie, le quali assumono le sembianze concrete dei* senes severiores *e del* malus *iettatore. L'antidoto più efficace contro questi mali non possono che essere i baci, tanti da volerne perdere il conto, un mare di dolcezza in cui annegare il buio eterno dell'interminabile notte, che troppo presto arriva. Si tratta di un carme meritatamente famoso, da cui traspare una freschezza di sentimento unita alla spontaneità dello slancio di una passione che chiede con forza di essere corrisposta, insofferente di regole e obblighi, considerati remore fastidiose che ostacolano il fruire pieno di una gioia già breve di per sé. Solo l'amore, di cui i baci sono tangibile riprova, si configura come unica risposta che riesce a dare senso e gioia reali alla dimensione così precaria dell'esistenza umana. L'immediatezza e l'universalità del tema e l'apparente naturalezza con cui Catullo lo tratta hanno talora distolto l'attenzione dalla complessa elaborazione stilistica del carme. Come osserva Alfonso Traina «l'organizzazione fonosemantica dell'intera lirica (ovvero il significato dei diversi suoni che si ripetono e si richiamano nei versi) ci assicura che questa poesia sarà "immediata", ma non improvvisata».*

Vivamus mea Lesbia, atque amemus
rumoresque senum severiorum
omnes unius aestimemus assis!
Soles occidere et redire possunt:
nobis cum semel occidit brevis lux,
nox est perpetua una dormienda.
Da mi basia mille, deinde centum,
dein mille altera, dein secunda centum,
deinde usque altera mille, deinde centum.
Dein, cum milia multa fecerimus,
conturbabimus illa, ne sciamus,
aut ne quis malus invidere possit,
cum tantum sciat esse basiorum.

"Lessico", p. 335

[vv. 1-3] **Vivamus... assis!**: *vivamus... amemus*: congiuntivi esortativi. • *severiorum*: comparativo assoluto, usato per sottolineare l'eccesso di severità. • *unius... assis*: genitivo di stima retto dal congiuntivo esortativo *aestimemus*. L'asse era un'unità di misura di scarso valore.

[vv. 4-6] **Soles... dormienda**: *soles*: plurale poetico di *sol*, possibile metonimia per *dies*, ma da molti considerato nel suo significato primario, perché più efficace nell'indicare proprio l'idea del tramontare e del risorgere. • *nobis*: pronome in posizione e funzione sintattica di enfasi; è dativo d'agente rispetto alla perifrastica *dormienda est*. Da notare l'uso alla forma passiva del verbo intransitivo *dormio*. • *cum semel occidit...*: proposizione temporale.

[vv. 7-9] **Da... centum**: *da*: l'imperativo si richiama in forma più assertiva ai congiuntivi esortativi iniziali (*vivamus, amemus, aestimemus*). • *mi*: forma contratta del dativo *mihi*; l'espressione *da mi* ha dato luogo all'italiano "dammi". • *basia*: termine, forse di origine celtica, di uso popolare, che compare per la prima volta in Catullo (➛ Scheda "Lessico", p. 335). • *dein*: forma apocopata per *deinde*, usata davanti a consonante. • *secunda*: da *sequor*, gerundivo.

[vv. 10-13] **Dein... basiorum**: *fecerimus*: la *-i-* è lunga, come di norma nel latino arcaico per il futuro anteriore, che si distingueva così dal perfetto congiuntivo. • *conturbabimus illa*: l'espressione appartiene al linguaggio tecnico-finanziario dei banchieri e ha il significato di «alterare i bilanci in vista di una bancarotta». • *ne quis invidere possit*: proposizione finale negativa; *invidere* è propriamente «il guardare di traverso (esercitando un influsso negativo con lo sguardo)». • *malus*: il termine significa qui, più che «malvagio», «iettatore». • *sciat*: riprende per poliptoto *sciamus* di v. 11. • *basiorum*: genitivo partitivo dipendente dal neutro *tantum*.

## Il senso del testo

**I NUCLEI TEMATICI** In questo carme cosiddetto "dei baci", uno dei più celebri del *Liber,* si susseguono quattro nuclei tematici: il componimento si apre con un invito gioioso a godere delle gioie dell'amore (vv. 1-3), cui segue il turbamento per la consapevolezza della caducità del momento e della vita stessa (vv. 4-6). In forte antitesi, poi, l'ebbrezza dei baci (vv. 7-9) e in chiusa la trovata scherzosa di mescolarli per allontanare il malocchio (vv. 10-13).

**UN ANTICO *TÒPOS* LETTERARIO** Facendo proprio un *tòpos* letterario attestato fin dal poeta greco Mimnermo (VII-VI sec. a.C.), Catullo rivolge a se stesso e a Lesbia, qui nominata per la prima volta, l'invito a godere dei piaceri della vita e dell'amore, riconoscendo la passione e vivendola fino in fondo, senza curarsi della severa morale tradizionale, rappresentata dai *senes severiores* (in allitterazione: il riecheggiare del suono della sibilante "s" in unione con varie vocali vuole riprodurre il suono dei sussurri).

**LESBIA AL CENTRO DELLA VITA DI CATULLO** È da notare che i due verbi *vivamus* e *amemus* che delimitano il primo verso, al centro del quale campeggia il nome di *Lesbia*, la donna amata "al centro" della vita e dell'amore del poeta, anticipano due motivi che verranno poi ripresi nel seguito del carme: *vivamus* sarà esaltato dal contrasto fra la luce e le tenebre, fra *brevis lux* e *nox perpetua*, mentre *amemus* verrà celebrato in quella manifestazione fisica che sono i baci.

**PRECARIETÀ DELLA VITA E INVITO ALLA GIOIA** All'esortazione gioiosa dei vv. 1-3 fa seguito una pausa sentenziosa che prelude a un nuovo invito (vv. 7-9) a godere delle gioie del sentimento amoroso anche in considerazione della fugacità del tempo e della finitezza dell'esperienza esistenziale, prima della "notte eterna". In concomitanza con il mutamento di tono, il poeta ha saputo modificare le forme: la netta prevalenza di termini bisillabici (*soles, nobis, semel, brevis, una*) e monosillabici (*et, cum, lux, nox, est*) rallenta, infatti, ai vv. 4-6, il ritmo del verso, mimando la brevità della vita e la lunghezza della "notte eterna" (da notare anche la collocazione in chiasmo degli elementi costitutivi dei due nessi *brevis lux*, metafora della vita, e *nox perpetua*, metafora della morte). Ai vv. 7-9 il ritmo torna invece a farsi incalzante, grazie soprattutto alle continue anafore (*mille… mille… mille*; *centum… centum… centum*; *deinde… deinde… deinde*; *dein… dein*).

**ESORCIZZARE LA MORTE CON L'AMORE** La vitalità della passione che lega i due amanti, tuttavia, non si lascia condizionare dalla consapevolezza del tempo che scorre inesorabilmente; anzi si trasforma in un invito travolgente a godere delle gioie dell'amore attraverso la follia turbinosa di quei baci. Quanto all'esortazione finale a confondere e a nascondere il numero dei baci, essa appare quasi un rituale scaramantico, al fine di esorcizzare la morte e l'invidia non solo dei *senes* o di un *quis malus*, ma anche della morte stessa, a cui gli antichi attribuivano un sentimento di malevola invidia per la vita felice dell'uomo. Dunque in questo carme troviamo la risposta che Catullo oppone alla precarietà della vita e all'incombere della morte: si tratta dell'amore, inteso come asse portante dell'intera esistenza.

**LEGGO E COMPRENDO**

**1.** Individua nel testo i termini appartenenti al campo semantico della luce.

**2.** Quali elementi determinano i cambiamenti di ritmo nel corso del carme?

**3.** Qual è la funzione dei baci e dell'amore nella vita dell'uomo?



## LESSICO | *BASIUM*

**UN TERMINE DEL LINGUAGGIO EROTICO** Il termine *basium* è attestato per la prima volta nella letteratura latina nel *Liber* catulliano. Il vocabolo appartiene al **registro colloquiale** ed è probabilmente di **derivazione celtica** (l'origine veronese di Catullo rende plausibile l'ipotesi che il poeta abbia attinto al sostrato linguistico celtico delle sue zone). Rispetto al latino classico *osculum* (diminutivo di *os*, «bocca») il termine *basium*, con le sue derivazioni di *basiatio* (sostantivo) e *basio* (verbo), sul piano semantico è più connotato nella **sfera erotica**. Dopo Catullo, tale vocabolo sarà usato principalmente nei generi realistici da Giovenale, Marziale, Petronio e Apuleio. Nelle lingue romanze da *basium* deriverà l'italiano ***bacio***, il francese ***baiser***, lo spagnolo ***beso***.

T3

ITALIANO

# I baci e i granelli di sabbia

| carme 7 |

*Questo carme è una sorta di rivisitazione colta del tema già trattato nel carme 5 (➛ **T2**), come si nota dalla presenza di circostanziati riferimenti letterari greci, a partire dalla menzione di Cirene, la città natale di Callimaco (il poeta alessandrino cui si ispira la poetica dei* poetae novi*). Catullo immagina di rispondere alla domanda di Lesbia sul numero di baci che basterebbe a saziarlo. La risposta, con alti toni lirici, giunge attraverso due similitudini, non nuove, tuttavia rielaborate dal poeta con dotta eleganza.*

Mi chiedi quanti baci[1]
tuoi, Lesbia, siano per me più che sufficienti[2].
Quanto è grande il numero dei granelli di sabbia libica
che si stendono a Cirene ricca di silfio[3],
tra l'oracolo infocato di Giove
e il venerato sepolcro dell'antico Batto[4],
o quante numerose sono le stelle che, nel silenzio della notte,
vegliano gli amori furtivi degli uomini,
che tu mi dia tanti baci
è più che sufficiente per Catullo pazzo d'amore:
tanti che né i ficcanaso possano contarli,
né i maligni gettarvi il malocchio[5].

1. In latino troviamo il termine *basationes*, parola creata dal poeta stesso su derivazione del verbo *basio*.
2. Letteralmente, «sufficienti e di troppo».
3. Erba ampiamente utilizzata nel mondo greco-romano sia come alimento sia anche come medicina.
4. Il sepolcro di Batto, il fondatore di Cirene, si trovava nell'*agorà* della città, mentre il tempio del dio Ammone, poi identificato con Giove, sorgeva nell'oasi di Siwah, nel deserto libico.
5. Torna il tema (➛ carme 5 = T2) dell'esigenza di nascondere la felicità più intima dallo sguardo curioso e malevolo di chi potrebbe gettarvi sopra il malocchio.

## PER COMPRENDERE IL TESTO

### Il senso del testo

**UN OMAGGIO LETTERARIO** In questo carme Catullo ripropone il tema dei baci infiniti già sviluppato nel carme 5 (➛ **T2**) con alcune differenze di tipo tematico e strutturale. L'*incipit*, in una variazione rispetto all'esortazione contenuta nel carme 5, propone una domanda che il poeta immagina gli venga posta dalla donna amata sul numero di baci che potrebbero saziarlo o addirittura nausearlo. La risposta è data da una doppia similitudine di derivazione letteraria, rielaborata in toni del tutto personali: i riferimenti ai granelli di sabbia celano un omaggio letterario al poeta Callimaco (che era originario di Cirene e che in un suo componimento si era definito «figlio di Batto», il fondatore della città), nonché una dichiarazione di poetica affidata a versi di sapore squisitamente alessandrino (dai quali emergono il gusto per la variazione erudita del *tòpos* letterario e l'attenzione al dato paesaggistico e geografico). A ciò fa da controcanto la reinterpretazione del tutto personale dell'immagine delle stelle del cielo come nobili spettatrici e vigili testimoni degli amori furtivi degli uomini.

**L'ANTIDOTO ALLA MALDICENZA** L'incommensurabilità dei baci è pertanto il solo antidoto alla follia d'amore del poeta e l'unico argine alla morbosa curiosità e all'invidia di chi è escluso da una passione tanto travolgente. L'idea che la propria felicità possa suscitare chiacchiere

■ **Coppia che si bacia**, affresco da Pompei, I sec. d.C. Napoli, Museo Archeologico Nazionale.

malevole e giudizi severi da sedicenti custodi della moralità tradizionale è un tema ricorrente in Catullo, il quale avvertiva come il suo rapporto con Lesbia, fuori dagli schemi tradizionali, fosse oggetto di critiche moralistiche da parte dei benpensanti ai quali si premurava di tener nascosta l'entità tanto preziosa di quel vincolo, approvato soltanto dal benevolo sguardo delle stelle. Ecco quindi che i carmi 5 e 7, sul "dialogo dei baci" intrecciato dal poeta con Lesbia, al di là dei toni apparentemente leggeri e scherzosi, risultano essere intrisi di dottrina e ideologia.

**LEGGO E COMPRENDO**

**1.** Perché possiamo affermare che il carme costituisca la risposta a una domanda di Lesbia?

**2.** Quali immagini vengono usate per rendere l'idea di un numero elevato?

**3.** Chi è il poeta greco a cui si fa riferimento nel testo?

**T4** LATINO

# Il passerotto di Lesbia

| carme 2 | metro: endecasillabi faleci |

*Protagonista di questo componimento è un passerotto addomesticato con cui Lesbia è solita giocare quando è triste per la lontananza del suo amante. Probabilmente il passerotto, animale sacro a Venere, dea dell'amore, è un dono del poeta stesso alla sua* puella *(secondo una consuetudine che sappiamo piuttosto diffusa tra gli amanti nel mondo greco-romano).*

*Con questo carme Catullo si pone consapevolmente nel solco della poesia ellenistica, nell'ambito della quale agli animali da compagnia era riservato un certo interesse, in linea con una poetica attenta anche alla dimensione più privata e quotidiana dell'esistenza.*

Passer, deliciae meae puellae,
quicum ludere, quem in sinu tenere,
cui primum digitum dare adpetenti
et acris solet incitare morsus,
cum desiderio meo nitenti
carum nescioquid lubet iocari,
et solaciolum sui doloris,
credo, ut tum gravis acquiescat ardor:
tecum ludere, sicut ipsa, possem
et tristis animi levare curas!

[vv. 1-4] **Passer... morsus**: *Passer*: vocativo, seguito dall'apposizione *deliciae* (che è *pluralia tantum*). • *meae puellae*: specificazione di *deliciae*; *puella* indica qui la donna con cui si intrattiene una relazione amorosa. • *quicum*: arcaismo per *quocum* (= *cum quo*, ossia *cum passere*). • *ludere... tenere... dare... incitare*: infiniti che dipendono tutti da *solet* di v. 4 (il cui sogg. sott. è *puella*). • *adpetenti*: participio congiunto con *cui* (= *passeri*). • *primum*: aggettivo in funzione predicativa concordato con *digitum*. • *et*: congiunzione coordinante che con una *variatio* introduce un'ulteriore proposizione relativa in cui è sottinteso il pronome *cuius* (= *passeris*). Si tratta di un anacoluto, tipico della lingua colloquiale. • *acris*: acc. plur. per *acres*, concorda con *morsus*.

[vv. 5-7] **cum... doloris**: *cum*: congiunzione temporale. • *lubet*: forma arcaica per *libet*; il verbo impersonale regge il dat. *desiderio meo*, che per metonimia si riferisce a Lesbia, l'oggetto del desiderio. • *solaciolum*: diminutivo di *solacium*, compl. ogg. interno di *iocari*, come il precedente *carum nescioquid* («giocare un qualche gioco a lei caro e un piccolo sollievo al suo dolore»).

[vv. 8-10] **credo... curas!**: *credo*: si tratta di un inciso che esprime i dubbi del poeta rispetto a quanto sta dicendo. • *possem*: congiuntivo indipendente con valore ottativo (regge i due infiniti *ludere* e *levare*). • *ipsa*: è riferito a Lesbia, la padrona del *passer*. • *tristis*: acc. plur. per *tristes*, attributo di *curas*, collocato in iperbato.

PER COMPRENDERE IL TESTO

## Il senso del testo

**LESBIA, IL *PASSER* E LE SOFFERENZE DEL POETA** Il carme si apre con un'apostrofe al *passer*, animaletto assai caro a Lesbia, al quale il poeta si rivolge in tono quasi scherzoso, rappresentandolo impegnato in una sorta di schermaglia amorosa con la *puella*. Catullo immagina che Lesbia giochi con il passerotto per trovare sollievo e consolazione dai tormenti della passione d'amore; tormenti che il poeta vive intensamente in prima persona ma che, in realtà, non è sicuro che vengano sperimentati anche dalla sua amata. Infatti, Catullo nutre delle perplessità sull'autenticità dei sentimenti di Lesbia, tanto da mettere in dubbio le sofferenze di lei, che potrebbero rivelarsi ben poca cosa rispetto alle proprie *tristis curas*.

**UN PERIODARE SCONNESSO, UN GROVIGLIO DI PENSIERI** Dal punto di vista strutturale, il carme si presenta con un periodare sintatticamente abbastanza sconnesso, con proposizioni che si giustappongono e si sovrappongono (tutte riferite semanticamente al *passer* iniziale), quasi a voler seguire il groviglio di pensieri che si affollano nella mente di Catullo: la *puella* è espressamente presentata come l'oggetto del desiderio del poeta (*desiderio meo*, v. 5), il quale però, come risulta dall'efficacissimo inciso di v. 8 (*credo*), in realtà non è certo che la donna sperimenti realmente quell'*ardor*, quella passione amorosa, che egli vive in modo tanto profondo e inequivocabile.

Negli ultimi versi, poi, la presenza del congiuntivo ottativo *possem* (v. 9), esprimendo un desiderio non realizzabile, mette in evidenza sia il rimpianto del poeta per una dimensione di felicità e spensieratezza a lui evidentemente negata, sia la sua sfiducia relativamente alla possibilità di alleviare le proprie pene d'amore. Dal tono leggero dei versi inziali Catullo approda dunque a una malinconica riflessione sulla precarietà del proprio rapporto con Lesbia e, più in generale, sulla fragilità della condizione umana.

Da questo carme emerge la concezione della poesia come *lusus*, come «gioco» dotto ed elegante, dove il poeta si dimostra assai abile nel coniugare la tradizione letteraria di stampo ellenistico a una dimensione lirica più soggettiva e personale, tipica della lirica d'amore latina.

**LEGGO E COMPRENDO**

**1.** Attraverso quali immagini, ai vv. 2-4, Catullo rievoca il rapporto di affetto tra Lesbia e il suo passerotto?

**2.** Quale funzione ha l'inciso *credo* al v. 8?

**3.** Quale sentimenti emergono dal congiuntivo ottativo *possem* del v. 9?

T5

ITALIANO

# La morte del passerotto

carme 3

*Questo carme si presenta come un epicedio, ovvero come un lamento funebre per la morte del* passer *di Lesbia, animaletto cui la* puella *era sinceramente affezionata (➛ **T4**). Pur seguendo lo schema tipico degli epigrammi funebri ellenistici, tra i quali figurano già epicedi per animali domestici, Catullo introduce alcuni elementi di novità, a partire dall'effetto di ironia, determinato dalla sproporzione tra l'effettiva entità dell'evento rievocato e il registro per lo più altisonante e solenne adottato nel corso del componimento (non mancano però significative inserzioni dalla lingua d'uso). L'effetto finale è quello di una velata parodia dei lamenti funebri; ancora una volta, campeggia la figura di Lesbia, rappresentata in un atteggiamento quasi materno nei confronti del* passer, *la cui morte provoca in lei tristezza e pianto.*

Piangete Veneri e voi Amorini[1],
e quanti sono disposti all'amore.

1. In latino troviamo i due plurali *Veneres* e *Cupidines*: il primo plurale allude forse alla molteplicità degli aspetti e dei caratteri di Venere oppure all'insieme delle divinità femminili che formavano il corteo della dea; il secondo designa invece

È morto il passero alla mia ragazza,
il passero, tesoro della mia ragazza;
lei lo amava più dei propri occhi[2],
perché era dolce come il miele e la riconosceva
così come una bimbetta la sua mamma;
mai che si scostasse dal suo grembo
e, saltellando intorno qua e là,
cinguettava sempre, solo rivolto alla sua padrona.
Ora procede per una strada oscura[3],
là donde si dice che nessuno torni.
Maledizione a voi, maledette tenebre infernali[4],
che inghiottite ogni cosa graziosa:
un passero così carino voi m'avete rapito.
Che brutta azione! Che passerotto infelice!
Ora per colpa tua, gonfi di pianto, sono arrossati
gli occhi soavi della mia ragazza.

(trad. di F. Della Corte)

gli Amorini, che nella poesia ellenistica facevano parte del seguito di Venere. La medesima espressione *Veneres Cupidinesque* ricorre anche nel carme 13 (➛ **T11**), là dove il poeta intende sottolineare il pregio estremo di un unguento che si appresta a regalare all'amico Fabullo, e a tale scopo dichiara di aver ricevuto in dono l'unguento in questione proprio da Veneri e Amorini.

2. Espressione iperbolica, tipica della lingua d'uso, utilizzata per esprimere la profondità dell'affetto che legava Lesbia al passerotto.
3. Secondo una credenza popolare, anche gli animali scendevano nel regno dei morti. Qui, però, l'espressione ha un'intonazione ironica.
4. L'espressione rende il latino *malae tenebrae Orci*. *Orcus* è uno dei nomi con cui viene chiamato Plutone; qui indica per metonimia gli inferi, di cui Plutone era re.



## PER COMPRENDERE IL TESTO

### Il senso del testo

**L'EPICEDIO PER IL *PASSER*** Il componimento presenta lo schema tipico dei lamenti funebri: si apre con un invito al lutto (vv. 1-2), prosegue con l'identificazione del defunto (v. 3) e l'elogio delle sue virtù (vv. 4-10), presenta quindi la *comploratio,* ovvero il compianto per la sorte del passero (vv. 11-12), a cui fa seguito la maledizione rivolta alle divinità dell'oltretomba (vv. 13-15) e la commossa partecipazione alla sofferenza dei sopravvissuti (vv. 16-18). Componimenti che piangono la morte di un animale domestico sono ampiamente presenti nella poesia ellenistica: in particolare, nel VII libro dell'*Antologia Palatina* si trova un'intera sezione di epigrammi dedicati a tale argomento (189-216).

**L'ORIGINALITÀ DI CATULLO** Tuttavia, in questo componimento il tema è affrontato in una chiave originale: sotto il velo dell'ironia che si origina dalla sproporzione tra l'evento cantato, ovvero la morte di un passerotto, e i toni tragici e patetici cui il poeta fa ricorso, traspare la figura di Lesbia, la *puella* amata. Grazie anche a una serie di artifici retorici, è lei la presenza dominante e la vera protagonista del componimento, sebbene di lei si parli espressamente solo nella chiusa. Quello che in apparenza poteva sembrare un carme in morte di un animaletto domestico, in linea con una tradizione già ben consolidata nella poesia ellenistica, si rivela dunque un canto d'amore per Lesbia: ai vv. 3-4 la ripetizione enfatica dell'espressione *passer... meae puellae*, «il passerotto... della mia ragazza», sembra già anticipare che il tema principale del carme non è tanto la morte del passerotto, quanto l'effetto di questo evento sulla donna amata. L'espressione *meae puellae* ritorna per la terza volta nella chiusa del componimento (v. 17), dove la sorte del passerotto risulta chiaramente relegata in secondo piano e a dominare è l'immagine degli occhi della *puella* gonfi di lacrime e arrossati dal pianto.

Come in molti dei suoi componimenti più riusciti, anche in questo caso Catullo riesce a dare uno sviluppo originale a un tema non nuovo, trasformando il lamento funebre per un animaletto domestico in un'occasione per rappresentare il proprio universo affettivo con accenti del tutto personali.

**LEGGO E COMPRENDO**

**1.** Qual è il significato dei due plurali "Veneri" (*Veneres*) e "Amorini" (*Cupidines*) presenti al v. 1?

**2.** Illustra la struttura del componimento, individuando le varie sequenze di cui si compone.

**3.** In che cosa consiste l'originalità di questo carme?

**T6** LATINO

# Amare e voler bene

carme 72 | metro: distici elegiaci

*In questo epigramma il poeta prende coscienza di un dissidio sempre più profondo nel suo animo, che si manifesta in una vera e propria contrapposizione tra la passione dei sensi, sempre più irresistibile, nonostante o forse a causa dei tradimenti di Lesbia, e la dimensione affettiva più intima, che ormai il poeta sente venir meno. La rievocazione di un passato felice a fronte di un presente tormentato mette in luce nell'animo del poeta le illusioni che con struggente nostalgia non possono che trasformarsi in delusioni. Ormai il sentimento amoroso verso Lesbia si è scisso nell'irrazionalità dell'*amare*, con sempre maggiore intensità, e nello svuotamento del* bene velle*, con sempre minor carica emotiva. Tutto ciò a causa del fatto che Lesbia non dimostra la dedizione e la fedeltà che il poeta desidererebbe, generando in lui un tormento indicibile, che tuttavia mai lo farà rinunciare all'amore per lei: per la prima volta l'amore diviene esperienza totalizzante, unica ragione di vita, pur nella sofferenza più cocente.*

■ **Amore e Psiche si abbracciano**, affresco, I sec. d.C. Napoli, Museo Archeologico Nazionale.

Dicebas quondam solum te nosse Catullum,
  Lesbia, nec prae me velle tenere Iovem.
Dilexi tum te non tantum ut vulgus amicam,
  sed pater ut gnatos diligit et generos.
Nunc te cognovi: quare etsi impensius uror,
  multo mi tamen es vilior et levior.
Qui potis est, inquis? Quod amantem iniuria talis
  cogit amare magis, sed bene velle minus.

[vv. 1-2] **Dicebas... Iovem**: *solum... Catullum*: subordinata oggettiva dipendente da *dicebas*, cui si collega la coordinata *nec... Iovem*. • *nosse*: forma sincopata per *novisse* (perfetto logico) usato nell'accezione erotica di «voler conoscere intimamente» (come il successivo *tenere*).
[vv. 3-4] **Dilexi... generos**: *vulgus*: indica l'uomo comune. • *amicam*: nel lessico erotico *amica* significa «amante». • *gnatos*: forma arcaica di *natos*.
[vv. 5-6] **Nunc... levior**: *cognovi*: perfetto logico. • *impensius*: comparativo dell'avverbio *impense*, con il senso di «senza risparmio». • *multo*: ablativo di misura.
[vv. 7-8] **Qui... minus**: *qui*: ablativo arcaico del pronome *quis*, ha significato di *quomodo*. • *potis*: aggettivo indeclinabile, in luogo del neutro *pote*. • *iniuria*: il termine significa propriamente «tradimento». • *amare*: indica la passione dei sensi. • *bene velle*: indica l'affetto.

## Il senso del testo

**LA NOSTALGIA DEL PASSATO** L'epigramma è suddiviso in due sezioni di quattro versi ciascuna, le quali iniziano entrambe con un avverbio che ne scandisce l'ambientazione temporale: *quondam* al v. 1 richiama il passato (rafforzato dal *tum* del v. 3), *nunc* al v. 5 indica il presente. La prima sequenza risulta nettamente divisa fra il primo distico dedicato a Lesbia e al suo modo di amare, fortemente legato alla sfera erotica, e il secondo distico incentrato sul poeta che, invece, rivendica una modalità diversa di concepire l'amore: il poliptoto *dilexi... diligit* insiste sulla dimensione totalizzante del sentimento di Catullo verso Lesbia, che è simile all'amore assoluto di un padre verso i figli e verso coloro che considera tali (*gnatos* e *generos* sono in allitterazione, così come *tum te... tantum*).

**L'AMAREZZA DEL PRESENTE** L'inizio della seconda sequenza introdotta da *nunc* segna non solo un salto temporale, ma anche un chiaro rovesciamento di prospettiva: il verbo *cognovi* («ho imparato a conoscerti») si oppone a *nosse* e indica la presa di coscienza della vera natura di Lesbia: i continui tradimenti della donna hanno indotto il poeta a rivedere il giudizio su di lei. Da questo momento le affermazioni sono al presente: *vilior et levior* definiscono lo scarso valore attribuito ormai a Lesbia dal poeta, il quale utilizza il verbo *uror* per descrivere con grande forza espressiva la propria reazione sentimentale («brucio di passione»). All'accrescersi dell'*amare*, cioè del desiderio sessuale istillato dalla gelosia, fa da contraltare l'affievolirsi del *bene velle*, vale a dire dello slancio affettivo e della stima verso una donna che è colpevole di *iniuria*, ossia di aver violato lo *ius* (secondo l'accezione giuridica del termine *iniuria*), il *foedus* amoroso verso il quale più volte il poeta ha rivendicato la propria fedeltà. L'amore, dunque, è sentito con una valenza etica personalissima, che il poeta traduce in termini nuovi rispetto alla tradizione.

**LEGGO E COMPRENDO**

**1.** A quali dimensioni temporali e a quali tipologie di sentimento si fa riferimento nel carme?

**2.** Quale differenza semantica esiste tra *amare* e *bene velle*?

**3.** Per quale motivo il termine *iniuria* è particolarmente pregnante in questo contesto?



**T7** LATINO

# Odiare e amare

| carme 85 | metro: distico elegiaco |

*Questo celeberrimo carme esprime non soltanto il dissidio interiore del poeta, ma anche un tentativo quantomai ardito di conciliazione degli opposti: alla contrapposizione fra* amare *e* bene velle *si sostituisce qui l'antitesi fra* amare *e* odisse *che poi genera il contrasto fra il capire e il non rendersi conto, fra la conoscenza e il sentimento. Questa tematica non manca di riscontri nella lirica greca arcaica: sono Saffo («Eros dolceamara invincibile creatura», fr. 130 Voigt) e Anacreonte («amo e non amo, e sono folle e non sono folle», fr. 79) i due maggiori lirici greci che sanno meglio cogliere e interpretare le antinomie della passione. L'originalità di questa lirica, dunque, non consiste tanto nella scelta del tema, quanto nell'incisività che il poeta sa attribuirgli nel momento in cui lo priva di qualsiasi riferimento temporale, assolutizzando il concetto in un'affermazione dal valore universale, valida per gli amanti di ogni tempo.*

Odi et amo. Quare id faciam, fortasse requiris.
Nescio, sed fieri sentio et excrucior.

[v. 1] **Odi... requiris**: *Odi*: perfetto logico di un verbo difettivo. • *Quare... faciam*: interrogativa indiretta introdotta dal successivo *requiris*.

[v. 2] **Nescio... excrucior**: *fieri*: il soggetto è il pronome *id* sottinteso. • *excrucior*: letteralmente, «sono messo in croce».

PER COMPRENDERE IL TESTO

## Il senso del testo

**L'OSSIMORO ODIO-AMORE** Il carme inizia con una coppia di verbi che in modo lapidario esprimono il carattere ossimorico del sentimento nutrito da Catullo, diviso fra le ragioni dell'odio e la passione dei sensi. Il verbo *amo* è usato infatti nel senso di attrazione erotica e non di moto affettivo. Come sappiamo, il dissidio interiore del poeta è alimentato dalle continue infedeltà e offese di Lesbia, verso la quale, tuttavia, l'attrazione fisica dell'amante deluso diviene sempre più intensa.

**UN DISSIDIO INTERIORE INSPIEGABILE** L'analisi del tormento interiore procede con un espediente tipico dell'epigramma ellenistico e neoterico: la domanda a un interlocutore immaginario sulla causa (*quare*) di tale contrasto, alla quale segue una risposta dubitativa (*nescio*): il poeta non sa spiegarsi la ragione del dissidio interiore, ma ne è perfettamente consapevole (*fieri sentio*) e se ne tormenta (*excrucior*). La coppia di verbi *faciam* (attivo) e *fieri* (passivo), che hanno la stessa radice etimologica, risulta contrapposta nella forma: alla forma attiva del *faciam* corrisponde il passivo *fieri*, a significare che il conflitto odio-amore non è dominabile da parte del poeta, che invece deve rassegnarsi a subirlo passivamente e dolorosamente. Infine, anche l'ultimo verbo (*excrucior*, voce medio-passiva) esprime la condizione sottomessa del poeta, costretto a subire sulla sua pelle i medesimi tormenti dei condannati alla crocefissione, pena solitamente riservata agli schiavi.

**UNA STRUTTURA COESA** È da notare che in tutto il breve carme manca l'oggetto, ovvero la persona a cui ci si riferisce. Sul piano morfologico in questo distico non sono presenti né sostantivi né aggettivi, ma ben otto voci verbali, collocate secondo una disposizione chiastica (*odi et amo / sentio et excrucior* e *faciam… requiris / nescio… fieri*). Nessun elemento del carme è fine a se stesso: ogni voce ha un legame preciso con le altre, concorrendo a realizzare una struttura coerente e coesa, il cui valore artistico risulta straordinario.

■ **Coppia di amanti**, affresco dalla Villa della Farnesina, I sec. a.C. Roma, Museo Nazionale Romano, Palazzo Massimo alle Terme.

**LEGGO E COMPRENDO**

**1.** Che cos'è una "antinomia"?

**2.** Quali poeti lirici greci possono costituire un modello per questa lirica?

**3.** Quale legame morfologico e di significato possiamo riconoscere tra *faciam* e *fieri*?

**4.** Perché il termine *excrucior* rimanda a una condizione di schiavitù da parte del poeta?

T8 LATINO

# Amore e rassegnazione

| carme 8 | metro: trimetri giambici scazonti |

*In questo carme il poeta cerca di trovare la forza per smettere di amare Lesbia e rassegnarsi al suo destino senza di lei. Siamo alla fine dell'amore, ovvero al momento in cui Catullo pronuncia il proposito di staccarsi da Lesbia, di accettare l'idea, seppur dolorosa, dell'impossibilità di recuperare il rapporto con la donna tanto amata. La separazione auspicata da Catullo, ormai deluso e umiliato dai continui tradimenti, vorrebbe essere definitiva, ma in realtà non lo sarà, perché al poeta mancherà la forza di tener fede ai propri propositi. Il rimpianto di un passato davvero radioso per lui e l'angoscia per il futuro di solitudine a cui Lesbia è destinata gettano nel congedo finale un'ombra di dubbio su un addio tutt'altro che definitivo.*

■ Sir Lawrence Alma-Tadema, **Un silenzio eloquente**, 1890. Sotheby's Images.

Miser Catulle, desinas ineptire,
et quod vides perisse perditum ducas.
Fulsere quondam candidi tibi soles,
cum ventitabas quo puella ducebat
amata nobis quantum amabitur nulla.
Ibi illa multa tum iocosa fiebant,
quae tu volebas nec puella nolebat,
(fulsere vere candidi tibi soles).
Nunc iam illa non volt: tu quoque, inpotens noli,
nec quae fugit sectare, nec miser vive,
sed obstinata mente perfer, obdura.
Vale puella. Iam Catullus obdurat,
nec te requiret nec rogabit invitam;
at tu dolebis, cum rogaberis nulla.
Scelesta, vae te, quae tibi manet vita?
Quis nunc te adibit? Cui videberis bella?
Quem nunc amabis? Cuius esse diceris?
Quem basiabis? Cui labella mordebis?
At tu, Catulle, destinatus obdura.

[vv. 1-2] **Miser... ducas**: *miser*: il termine indica qui chi patisce una condizione di infelicità amorosa. • *desinas*: congiuntivo esortativo, come il successivo *ducas*. • *ineptire*: termine del linguaggio colloquiale, letteralmente «vaneggiare».
[vv. 3-5] **Fulsēre... nulla**: *fulsēre*: forma che equivale a *fulserunt*. • *ventitabas*: *ventito* è forma intensiva del verbo *venio*, usata qui per indicare la frequenza assidua degli incontri amorosi. • *nobis*: dativo di agente, riferito al poeta.
[vv. 6-8] **Ibi... soles**: *iocosa*: attributo di *multa* (deriva da *iocus*, che è anche termine del linguaggio erotico).
[vv. 9-11] **Nunc... obdura**: *nec sectare*: *sector* è frequentativo intensivo di *sequor*; si tratta di un imperativo negativo in forma poetica, come *nec vive*. • *perfer... obdura*: i due imperativi sono formati, rispettivamente, dai prefissi *per* e *ob*, che indicano una valenza intensiva dell'azione, presente anche in *obstinata*.
[vv. 12-14] **Vale... nulla**: *vale*: imperativo di *valeo*, divenuto formula di commiato («addio»). • *rogabit... rogaberis*: poliptoto.
[vv. 15-18] **Scelesta... mordebis**: *scelesta*: etimologicamente affine a *scelus*, significa «scellerata». • *quae*: aggettivo interrogativo concordato con *vita*. • *labella*: diminutivo di *labia*.
[v. 19] **At tu... obdura**: *obdura*: imperativo, richiama il v. 1. • *destinatus*: da *destino*, ha significato attivo di «risoluto».

## Il senso del testo

**UNA STRUTTURA SIMMETRICA** L'architettura del carme è fondata su un gioco di simmetrie: l'*incipit* (v.1 *Miser Catulle, desinas ineptire*) è richiamato dalla clausola (v. 19 *At tu, Catulle, destinatus obdura*), in cui viene ribadita da parte del poeta l'esortazione a se stesso a resistere. All'interno di questa cornice si trovano tre sequenze collocabili su tre piani temporali diversi: la prima (vv. 3-8) è dedicata al passato (*quondam*) con la rievocazione struggente di ricordi piacevoli e momenti felici, la seconda (vv. 9-14) fotografa la tristezza della situazione presente (*nunc*), la terza (vv. 15-18) è incentrata sul futuro che si prospetta alla donna in assenza del poeta.

**TRA PASSATO E PRESENTE** Dall'esordio (vv. 1-2) si ricava che il poeta ha sperimentato una condizione di follia, caratterizzata dall'incapacità di discernere la realtà; adesso, però, si è fatta strada in lui la necessità di riconoscere la realtà per ciò che è, dunque di vedere il suo amore come definitivamente morto. Questa necessità è efficacemente illustrata al v. 2 dal gioco di parole *perisse* (infinito perfetto di *pereo*, «morire, andare in rovina») / *perditum* (participio perfetto di *perdo*, «distruggere, mandare in rovina»).
Seguono poi alcuni versi dedicati alla rievocazione della felicità di un tempo, di cui però era Lesbia a muovere le fila, a *ducere* il poeta, che semplicemente l'amava oltre ogni misura (vedi il poliptoto *amata... amabitur* al v. 5). L'avverbio *nunc* al v. 9 riporta drammaticamente alla realtà: Lesbia non desidera (*non volt*) più né il poeta né il suo amore, così Catullo le dice addio, dichiarando di aver imparato a resistere. Ma è proprio a questo punto che si innesca una serie di interrogativi sul futuro della donna e su chi (*quis* in anafora e poliptoto ai vv. 16-19) prenderà il posto del poeta accanto a lei: è evidente che Catullo, contraddicendo quanto asserito poco prima, non riesce a rinunciare a lei, a questo amore. L'intensità della sua gelosia è tale che si esplica in ben sette domande incalzanti, due per verso (a eccezione della prima), formulate in modo tale che la seconda domanda di ciascun verso riprende e amplifica il senso della prima, in un effetto crescente, arrestato solo dall'*at*, avversativo forte, con cui ha inizio l'ultimo verso della lirica.

**UN LESSICO RICORRENTE** Sul piano lessicale vi sono alcuni termini fortemente connotati che vengono più volte ripresi, conferendo al carme una maggiore coesione sul piano strutturale: è il caso di *miser* (vv. 1, 10), *candidi soles* (vv. 3, 8), *obdura/obdurat* (vv. 11, 12, 19). *Miser* è propriamente «infelice per amore» e Catullo lo impiega in riferimento a se stesso per descrivere la condizione di chi, soffrendo, è portato a *ineptire*, cioè a comportarsi come un folle. Il nesso *candidi soles* indica per metonimia i giorni felici, radiosi, e accompagnato all'avverbio *quondam* assume un valore fortemente evocativo. Infine, il verbo *obdurare*, che propriamente ha valore di «tenere duro», «opporre resistenza», esprime il tentativo di rafforzare a parole un animo indebolito dalla gelosia.

**Marte, Venere e Vulcano**, affresco dalla Casa di Marco Lucrezio Frontone a Pompei, I sec. d.C. Napoli, Museo Archeologico Nazionale.

**LEGGO E COMPRENDO**

**1.** A quale fase del rapporto tra Lesbia e Catullo sembra riferirsi questa lirica?

**2.** Quali cambiamenti nello stato d'animo del poeta si percepiscono tra le diverse sequenze in cui è possibile dividere il testo?

**3.** Fai almeno tre esempi diversi di poliptoti tratti da questi versi.

**4.** Qual è la funzione delle interrogative retoriche nella seconda parte del testo?

T9 ITALIANO

# Un messaggio per Lesbia

carme 11

■ **Fanciulla che raccoglie fiori,** affresco, I sec. d.C. Napoli, Museo Archeologico Nazionale.

*Questo carme, probabilmente, è l'ultimo dedicato a Lesbia e uno degli ultimi scritti dal poeta verso la fine della sua esistenza. I riferimenti contenuti in esso (l'accenno alle imprese di Cesare in Gallia e in Britannia) consentono di collocare la data della morte di Catullo dopo il 55 a.C. Questa è la lirica del distacco definitivo da Lesbia e dell'addio a una fase ben precisa della vita. Il messaggio per la donna è affidato a due personaggi, per noi sconosciuti, ma già citati da Catullo in altre liriche con parole non certo lusinghiere. Il profilo screditato dei due personaggi è certamente in linea con il messaggio per Lesbia affidato loro dal poeta: un congedo forte, perentorio, che non ammette ripensamenti, forse anche in risposta a un ennesimo tentativo di riconciliazione avanzato dalla donna. È interessante sottolineare il fatto che questo carme si lega al carme 51 (*→ **T1***) per due ragioni: la prima è di tipo metrico, in quanto sono gli unici due componimenti scritti in strofe saffiche, l'altra è di carattere letterario, dato che in entrambi i testi sono presenti dei rimandi alle odi della poetessa Saffo, importante modello per la lirica catulliana.*

Furio e Aurelio[1], compagni di viaggio di Catullo,
sia che si avventuri nella lontana India,
dove il lido è battuto dall'onda risonante del mare d'oriente,
sia che avanzi tra gli Ircani[2] e gli Arabi effeminati,
sia che arrivi presso i Sagi[3] e i Parti armati di frecce
o alle acque che il Nilo dalle sette bocche colora[4],
sia che valichi le alte Alpi
per vedere i luoghi delle imprese del grande[5] Cesare,
il Reno di Gallia e gli spaventosi[6] Britanni lontani,
voi che siete disposti ad affrontare insieme a me tutto questo
secondo la volontà divina,
riferite alla mia donna poche amare parole:
che viva e se la spassi con i suoi amanti
che tiene stretti in un abbraccio trecento[7] alla volta
senza amarne neanche uno veramente,
ma sfiancandoli tutti insieme senza tregua;
né si curi più come un tempo del mio amore,
che per colpa sua è caduto come un fiore[8] ai bordi di un prato
dopo essere stato falciato dal passaggio dell'aratro.

---

1. Si tratta di due conoscenti del poeta, che vengono chiamati *comites*, ovvero «compagni di viaggio», non tanto perché lo siano mai stati, quanto perché sarebbero disposti ad accompagnarlo nei luoghi lontani che vengono evocati.
2. Gli Ircani sono una popolazione stanziata sulle rive del mar Caspio.
3. I Sagi sono una popolazione stanziata in Scizia, regione a Nord del Mar Nero.
4. Le acque del delta del Nilo tingono di un colore fangoso il Mediterraneo per diversi chilometri.
5. Il valore di questo aggettivo è controverso: alcuni propendono per una sincera ammirazione di Catullo verso Cesare in ragione delle sue grandiose imprese condotte oltralpe; altri, invece, leggono in questo termine una vena ironica, in linea con il giudizio negativo espresso su di lui dal poeta in altri carmi (29, 54, 93).
6. I Britanni vengono così definiti in quanto solevano dipingersi completamente il viso prima dei combattimenti.
7. Il numero è ovviamente usato in senso iperbolico, a indicare l'alto numero dei tradimenti di Lesbia.
8. La similitudine del fiore reciso dall'aratro, che richiama l'amore spezzato, era un motivo noto nella tradizione poetica greca (→ Scheda "Intertestualità, fonti, modelli", p. 346).

PER COMPRENDERE IL TESTO

## Il senso del testo

**IL MESSAGGIO PER LESBIA** Sul piano strutturale è possibile dividere il carme in due macrosequenze di lunghezza diversa: la prima, che si estende per i primi undici versi (vv. 1-16 nell'originale latino), illustra dettagliatamente tutti i luoghi esotici in cui i due fantomatici amici sarebbero disposti a seguire il poeta; la seconda (vv. 12-18 nella traduzione; vv. 17-24 nell'originale latino) contiene il messaggio a Lesbia, diviso fra l'invito sarcastico a godersi il suoi numerosi amanti e l'esortazione a dimenticare l'amore del poeta, al quale rimane soltanto il rimpianto amaro e struggente per il proprio sentimento oltraggiato.

**UN INTENTO ASSAI IRONICO** L'inizio del carme assume toni altisonanti e l'elencazione erudita di luoghi esotici (secondo i canoni dell'estetica alessandrina) è segno di un intento fortemente ironico. Lo scarto fra questi versi e il giudizio che il poeta nutre verso i suoi due interlocutori è di notevole rilievo, tanto che il tono si fa dimesso e informale non appena il poeta si rivolge loro per consegnare il suo messaggio per Lesbia.

**L'INVETTIVA E IL RIPIEGAMENTO MALINCONICO** Ma è alla donna che il poeta rivolge le parole più sferzanti: l'invettiva contro di lei non risparmia né violenza verbale né immagini oscene per descrivere la sua trasgressione sessuale. Soltanto il congedo è caratterizzato dal cambiamento di timbro emotivo: nell'ultima strofa il sarcasmo e la violenza cedono il passo al *pathos* intenso grazie all'immagine del fiore reciso dall'aratro, simbolo dell'amore calpestato dalla volgarità disgustosa di Lesbia.

**LEGGO E COMPRENDO**

**1.** Quali luoghi e quali direzioni geografiche sono indicate nel carme 11 di Catullo?

**2.** Quale effetto produce nel lettore la sproporzione tra la premessa e la "missione" affidata a Furio e Aurelio?

**3.** In che modo la similitudine finale contribuisce a modificare il tono della lirica?

**INTERTESTUALITÀ, FONTI, MODELLI**

## IL *TÒPOS* DEL FIORE RECISO

**IL FIORE RECISO IN CATULLO...** L'immagine del fiore reciso non è certamente invenzione di Catullo, sebbene egli la utilizzi in più di un contesto. Ad esempio, nel carme 62 (vv. 39-45) scrive:

Come in un giardino germoglia solitario un fiore,
sfuggito al gregge, e mai sfiorato dall'aratro,
e lo accarezza il vento, lo nutrono sole e pioggia,
tutti i giovani vorrebbero coglierlo;
ma se sfiorisce divelto da un'unghia aguzza,
di tutti loro non lo desidera più nessuno
così una vergine è cara finché rimane pura

(trad. di M. Ramous)

In questo passo l'immagine del fiore reciso rimanda al passaggio dalla condizione di fanciulla illibata a quella di sposa.

**...E IL FIORE CALPESTATO IN SAFFO** Analogo è probabilmente il senso di un verso di Saffo, che in un frammento (105b Voigt) dei suoi versi scrive:

Come il giacinto sui monti i pastori pestano, e a terra il purpureo fiore

(trad. di S. Valgimigli)

In questo passo il fiore calpestato in questione è il giacinto; purtroppo è per noi perduto, a causa dello stato mutilo del testo, il termine di paragone.

**VIRGILIO...** L'immagine del fiore purpureo (ripresa da Saffo) e quella dell'aratro (mutuata da Catullo) sono presenti anche nell'*Eneide* (9, 435-436), dove Virgilio le utilizza per descrivere la morte di Eurialo in un contesto di guerra. Dopo la narrazione dell'uccisione di alcuni cavalieri latini con un lessico semplice e crudo, Virgilio dedica al giovane Eurialo espressioni delicate, mediante le quali accosta la bellezza dell'eroe sanguinante a un fiore rosso falciato dall'aratro o a un papavero piegato dalla pioggia:

*purpureus veluti cum flos succisus aratro*
*languescit moriens, lassove papavera collo*
*demisere caput pluvia cum forte gravantur*

come il fiore purpureo reciso dall'aratro
languisce morendo, o i papaveri a capo chino
piegano il collo quando la pioggia li appiattisce

**...ARIOSTO...** Da Virgilio, poi, il *tòpos* attraversa i secoli almeno sino al Cinquecento, quando Ludovico Ariosto, nel canto XVIII (153) dell'*Orlando Furioso,* riprende la stessa immagine di Virgilio riferendosi alla morte in battaglia del giovane Dardinello per mano di Rinaldo:

Come purpureo fior languendo muore,
che il vomere al passar tagliato lassa;
o come carco di superchio umore
il papaver ne l'orto il capo abbassa

**...E MANZONI** Con Alessandro Manzoni (*Promessi Sposi* cap. 34), nell'Ottocento, l'immagine entra per la prima volta nella prosa, per commentare lo strazio provato dalla madre di Cecilia dopo che la figlioletta morta di peste è stata deposta sul carro dei monatti:

E che altro poté fare se non posar sul letto l'unica figlia che le rimaneva, e mettersele accanto per morire insieme? Come il fiore già rigoglioso sullo stelo cade insieme col fiorellino ancora in boccia, al passar della falce che pareggia tutte le erbe del prato.

L'immagine manzoniana rimanda al mondo di valori rappresentati da Virgilio, in cui alla *pietas* religiosa che il poeta mostra di fronte alla morte del giovane Eurialo sembra partecipare anche la natura. Nell'uso manzoniano di questa similitudine si può ritrovare un tentativo di umanizzare la degradazione della dignità umana provocata dalla peste attraverso l'alto valore della poesia. La morte, rappresentata dal passaggio inesorabile della falce (che richiama la lama dell'aratro), colpisce indistintamente vite adulte e vite ancora in erba (il fiore già rigoglioso e il fiore in boccio). Ecco come un *tòpos* letterario può attraversare epoche diverse, rielaborato e rivisitato dalla sensibilità e dalla creatività degli autori i quali, di volta in volta, ce lo restituiscono arricchito di sempre nuovi significati.

# La donna, la coppia, l'amore: nuovi ruoli e nuovi modelli nel canzoniere catulliano

«A Roma non si può parlare di poesia d'amore prima di Catullo. Sino al periodo della declinante repubblica il comporre poesia priva d'impegno civile non doveva essere giudicato degno della *gravitas* del cittadino romano. Se tuttavia, a partire da Lucilio, una produzione di poesia non ufficiale – di stampo ellenistico – aveva preso a svilupparsi, solo con Catullo si assiste alla diffusione di un canzoniere in cui una donna occupa il ruolo centrale, perché nel mondo del poeta costituisce la somma di tutti gli affetti. I poeti d'amore latini saranno a tal punto consapevoli di operare col loro modo di far poesia un vero e proprio sovvertimento dei valori morali, che opporranno costantemente la loro attività a quella del *civis* politicamente impegnato.

Il poeta d'amore dà vita ad un nuovo comportamento nell'intento di realizzare un rapporto di coppia di tipo nuovo, che non è né quello destinato a concretizzarsi nel matrimonio né la fugace passione per donne di poco conto. Proprio nel periodo fra la fine della repubblica e il consolidarsi del principato augusteo andarono formandosi una mentalità e un modello di comportamento, amoroso e sentimentale, che hanno esercitato un influsso decisivo sulle generazioni successive. Il nostro modo di concepire l'amore ha ancora molto in comune con le concezioni dell'amore elegiaco. L'amore elegiaco è anche enunciazione di modelli di comportamento, tanto che scrivere di poesia d'amore equivale a vivere in modo particolare. Il canto d'amore presuppone la creazione di un rapporto affettivo, reale o fittizio che esso sia, di natura etero o omosessuale: nella tradizione latina l'amore oggetto di canto è – con Catullo e gli elegiaci – prevalentemente quello eterosessuale. Si capisce, allora, che è il ruolo stesso della donna nella società umana a far sì che essa non costituisca inizialmente un facile oggetto di canto: perché se la donna romana gode di più ampie libertà rispetto a quella greca e può partecipare alle varie manifestazioni della vita sociale, perdura comunque il *cliché* della madre e sposa esemplare, sottomessa al marito e a lui legata anche al di là della morte, ferocemente punita in caso di adulterio, raramente dotata di cultura. Nella svolta che nel corso del I secolo a.C. si operò a partire da Catullo, agì indubbiamente una componente di natura letteraria (il maggiore influsso del Callimaco degli epigrammi erotici). Ma un fenomeno che diverrà d'ampia portata non può essere stato solo di natura letteraria. Il canto della donna e dell'amore deve aver trovato un terreno fertile in un mutamento della mentalità: la riflessione sullo stato, sul ruolo dell'individuo nella società, sul senso della vita avrà predisposto gli animi più sensibili a un atteggiamento, nei confronti della donna stessa, diverso e di maggior comprensione, in contrasto magari con la realtà giuridica. Quello di Catullo e degli elegiaci sarà il modello vincente se giudichiamo il modo di concepire l'amore e i rapporti con la donna dai suoi esiti, fino ai giorni nostri.

Le resistenze e le reazioni della morale tradizionale dovettero essere sensibili. Della morale del tempo ci resta una testimonianza importante nelle accuse infamanti che Cicerone rivolse a Lesbia-Clodia allorché difese nel 56 a.C. il suo antico amante Celio Rufo dall'accusa di veneficio. Cicerone avrà trovato senz'altro una piena adesione dei giudici alle sue parole. Per la morale del tempo il comportamento di una donna come Lesbia era quello tipico di una cortigiana. Con il suo canto d'amore per Lesbia, quindi, Catullo si collocava in aperto contrasto con la morale del tempo. Egli costituisce per noi il primo esempio di un poeta che volle affidare a un canzoniere la sua relazione con una donna d'alto lignaggio, per di più già sposata. In questo atteggiamento si può scorgere tutta la differenza nei confronti della tradizione ellenistica, che aveva conosciuto solo la poesia d'amore per le cortigiane. La straordinaria novità di Catullo risiede nel rovesciamento dei rapporti convenzionali che egli opera, accordando alla donna un ruolo centrale nella poesia, e ponendola così a un livello di dignità finora sconosciuta.»

(Paolo Fedeli, *La poesia d'amore*, in *Lo spazio letterario di Roma antica*, vol. 1, Roma, Salerno, 1989, pp. 143-148)

■ **Scena amorosa**, mosaico, IV sec. d.C. Villa del Casale, piazza Armerina.

**GUIDA ALLO STUDIO**

**1.** Quali caratteri di novità introduce la lirica amorosa di Catullo nella tradizione poetica romana?

**2.** Da quali fattori culturali, politici e sociali può essere stato favorito tale cambiamento?

**3.** Sotto quali aspetti Lesbia / Clodia è una donna anticonvenzionale rispetto al modello della matrona romana?

T10

LATINO

# La dedica a Cornelio Nepote

| carme 1 | metro: endecasillabi faleci |

*Catullo riprende dai poeti alessandrini (in particolare dagli epigrammisti) l'uso di premettere a una raccolta poetica un componimento di dedica. In genere tali componimenti erano posti al di fuori del rotolo di papiro che conteneva la raccolta (erano cioè collocati* extra librum*) e circolavano separatamente.*
*Il destinatario di tale dedica è l'amico Cornelio Nepote (ca. 100-27 a.C.), scrittore già affermato, autore di una storia universale in tre libri (per noi perduta), i* Chronica*, oltre che di una nota raccolta di biografie, il* De viris illustribus *(**➤ Il Contesto, p. 243**). Catullo racconta di aver ricevuto più volte dall'amico pareri positivi riguardo ai suoi versi, qui chiamati* nugae*, ovvero «cosucce», «poesiole leggere»; in relazione a tali versi, raccolti in un* lepidus libellus*, ossia in un «elegante libretto», il poeta esprime l'augurio che essi possano sopravvivere per più di una generazione.*

*Nell'elogiare l'opera di storia universale composta da Cornelio Nepote, Catullo chiama in causa due princìpi fondanti della poetica callimachea e neoterica, ossia l'erudizione e la raffinatezza formale; in tal modo il poeta intende rivolgere un omaggio all'amico e nel contempo valorizzare la propria produzione, rispondendo in particolare ai detrattori che consideravano le sue* nugae *come un qualcosa di inferiore rispetto ai generi poetici tradizionali, in quanto poesie disimpegnate, ripiegate sulla dimensione privata. Non è chiaro se questo carme di dedica fosse premesso all'intero* Liber*: il termine* nugae *utilizzato nel componimento, infatti, è difficilmente attribuibile ai carmina docta; sembra perciò plausibile che questa dedica si riferisca esclusivamente ai componimenti raccolti nella parte iniziale del* Liber *(all'interno del quale la disposizione dei componimenti non è certamente opera di Catullo* *➤ Scheda "L'opera", p. 330**).*

Cui dono lepidum novum libellum
arida modo pumice expolitum?
Corneli, tibi: namque tu solebas
meas esse aliquid putare nugas,
iam tum, cum ausus es unus Italorum
omne aevum tribus explicare cartis,
doctis, Iuppiter, et laboriosis.
Quare habe tibi quicquid hoc libelli
qualecumque, quod, <o> patrona virgo,
plus uno maneat perenne saeclo.

---

[vv. 1-2] **Cui... expolitum?**: *Cui*: dativo del pronome interrogativo *quis?*, *quid?*, «A chi?». • *dono*: l'uso dell'indicativo al posto del congiuntivo dubitativo (*donem*) segnala la presenza di una domanda retorica. • *lepidum novum*: attributi di *libellum*, accostati per asindeto; nota l'omoteleuto. • *arida... expolitum*: ordina *modo expolitum arida pumice* e traduci «appena levigato dalla ruvida pomice»; *arida pumice* è ablativo di causa efficiente; *expolitum* è participio perfetto (da *expolio*, «levigo», «rifinisco») con valore congiunto riferito a *libellum*.

[vv. 3-7] **Corneli... laboriosis**: *Corneli*: vocativo. • *putare*: infinito presente retto dal verbo servile *solebas*; introduce la proposizione infinitiva oggettiva *meas esse aliquid... nugas*, rendi il tutto con «tu eri solito pensare che le mie sciocchezze valessero qualcosa». • *iam tum, cum*: avverbi e congiunzione temporale, «fin da allora, quando...». • *Italorum*: genitivo partitivo in dipendenza da *unus*, «(il solo) fra i Latini». • *explicare*: infinito presente retto dal verbo servile *ausus es*; ha per oggetto *omne aevum* («tutta la storia»). • *tribus... cartis*: ablativo di mezzo, *carta* è qui sinonimo di *volumen*, «rotolo»; il riferimento è ai *Chronica* di Cornelio Nepote, opera di storia universale in tre libri. • *doctis... et laboriosis*: attributi di *cartis*; puoi tradurre «(rotoli) eruditi ed elaborati sul piano formale»; l'aggettivo *laboriosus*, derivato dal sostantivo *labor, -oris*, significa letteralmente «che richiede molta fatica».

[vv. 8-10] **Quare... saeclo**: *habe tibi*: è al tempo stesso formula giuridica ed espressione di uso colloquiale, da rendere con «eccoti». • *quicquid... qualemcumque*: sottinteso *est*; rendi con «quale che sia». • *libelli*: genitivo partitivo retto dal pronome neutro *hoc*. • *quod*: = *et hoc*, nesso relativo. • *<o> patrona virgo*: vocativo; Catullo si rivolge qui a una Musa non meglio determinata. • *plus uno... saeclo*: ablativo di tempo continuato, rendi con «per più di una generazione»; *saeclo* è forma sincopata per *saeculo*. • *perenne*: predicativo del pronome relativo *quod* (= *libellum*), retto da *maneat* (congiuntivo desiderativo).

PER COMPRENDERE IL TESTO

## Il senso del testo

**UN *LIBELLUS NOVUS E LEPIDUS*** Il carme che apre il *Liber* di Catullo è una dedica all'amico e conterraneo Cornelio Nepote; scrittore di opere storiografiche, ma anche estimatore di poesia, sembra che Cornelio avesse già avuto modo di apprezzare i versi di Catullo. Quest'ultimo, infatti, non sembra nutrire alcun dubbio sul punto seguente: l'amico riserverà un'accoglienza pienamente positiva al *libellus* che egli si accinge a donargli.
Nel verso di apertura del componimento il *libellus* viene definito *novus* non solo per la recente pubblicazione, ma indubbiamente anche per le sue caratteristiche formali e contenutistiche, in virtù delle quali esso rappresenta una novità nel panorama letterario dell'epoca. Quanto all'uso del termine *libellus*, diminutivo da *liber*, esso rimanda senz'altro al legame di tipo affettivo che unisce il poeta alla propria opera, ma anticipa allo stesso tempo le caratteristiche esteriori del «libretto», che si presenta come un manufatto non corposo, «grazioso» (v. 1 *lepidum*) e «rifinito» (v. 2 *expolitum*). Tutte le caratteristiche esteriori del *libellus* rimandano poi nel contempo ai princìpi di accuratezza e rifinitura formale che sulla scia della poetica callimachea sono alla base della poetica neoterica e caratterizzano dunque la produzione catulliana.

**LE *NUGAE* CATULLIANE** Al v. 4 Catullo chiama *nugae*, ovvero «cose da poco», «sciocchezze», i propri componimenti. Mediante questo termine il poeta non intende esprimere un giudizio di merito sulla qualità dei suoi versi; egli intende piuttosto fare riferimento al carattere leggero e disimpegnato dei propri componimenti (in linea con una concezione della poesia come *lusus*, come «gioco»). Anzi, alla propria produzione poetica Catullo riconosce la medesima dignità letteraria delle opere storiche di Cornelio Nepote: i due aggettivi *doctus* e *laboriosus* con cui al v. 7 vengono qualificate le *cartae* dell'amico rimandano infatti senz'altro anche alla *doctrina*, ovvero all'erudizione, e al *labor limae*, ovvero alla cura formale, con cui Catullo ha cesellato i propri versi.

**LE CARATTERISTICHE FORMALI E STRUTTURALI DEL COMPONIMENTO** Sul piano formale questo carme dà un'impressione di immediatezza e di spontaneità, qualità che, come sempre accade in Catullo, sono immancabilmente il frutto di un'attenta e accuratissima elaborazione. Ad esempio, l'espressione *Cui dono* con cui si apre il carme, con la sostituzione dell'indicativo al posto del congiuntivo, è riconducibile al linguaggio familiare; essa nasconde però un procedimento retorico raffinato, attraverso il quale Catullo intende evidenziare il fatto che, in realtà, egli sa benissimo a chi dedicare il proprio *libellus*.
Sul piano strutturale, è da notare che siamo di fronte a una composizione "ad anello". Ai primi due versi del componimento, che hanno per oggetto il *libellus* che il poeta si accinge a donare all'amico, segue il nucleo centrale (vv. 3-7), dedicato alla figura di Cornelio Nepote, alla sua opera storica e al suo vivo interesse per i versi del poeta; nella conclusione (vv. 8-10) Catullo torna a trattare del *libellus*, per il quale chiede alla Musa (*patrona virgo*) l'immortalità.

**LE SCELTE LESSICALI** Sul piano delle scelte lessicali, Catullo calibra con sapienza l'utilizzo di alcuni termini. Nei due versi iniziali del componimento l'aggettivo *lepidus* (v. 1) rimanda sia alle caratteristiche esteriori del *libellus* sia al fascino e alla grazia dei componimenti in esso contenuti, tutti sottoposti a un'attenta elaborazione formale, come raccomandato dai canoni della poetica callimachea; l'aggettivo *novus* (v. 1), oltre ad avere il significato di «appena pubblicato», fa riferimento anche alla novità della poesia neoterica. Infine, il participio *expolitus* (v. 2) concretamente indica la rifinitura dei bordi del rotolo di papiro mediante la pomice, ma metaforicamente rimanda alla cura formale sottesa alla composizione dei versi.
Per quanto riguarda la parte centrale del componimento, la scelta del verbo *audere* (v. 5) sottolinea la difficoltà e insieme la grandezza dell'impresa letteraria compiuta da Cornelio Nepote, autore di un'opera di storia universale in soli tre rotoli di papiro; da notare anche come il grecismo *carta* al v. 6, al posto del più comune *volumen*, sia indice di notevole raffinatezza.
Infine, nella chiusa del componimento, l'espressione perifrastica *patrona virgo* al v. 9 conferisce ulteriore solennità all'invocazione alla Musa, elemento tradizionalmente costitutivo dei proemi dei poemi epici. L'elemento dell'invocazione alla Musa testimonia apertamente del valore che Catullo attribuiva alla propria produzione poetica leggera e disimpegnata, al punto da porsi addirittura in competizione con l'epica, il genere letterario più "alto" e solenne.

**LEGGO E COMPRENDO**

**1.** A quali princìpi della poetica callimachea e neoterica rimandano le caratteristiche esteriori del *libellus*?

**2.** Con quali implicazioni Catullo utilizza il termine *nugae* in riferimento alla propria produzione poetica?

**3.** Catullo intende sottolineare le differenze o le affinità tra il proprio *libellus* e l'opera storica di Cornelio Nepote? Motiva la tua risposta.

T11

LATINO

# Un particolare invito a cena

| carme 13 | metro: endecasillabi faleci |

*Il carme 13 rappresenta quasi un biglietto d'invito a cena mandato da Catullo a un amico, un certo Fabullo, che era di ritorno forse da un viaggio in provincia dagli esiti non troppo positivi. Il tono della poesia è decisamente scherzoso, familiare, a testimonianza del fatto che nella cerchia degli amici regnava un livello di confidenza tale per cui anche un invito scanzonato come questo non correva il rischio di essere frainteso. La letterarietà del testo è tuttavia assicurata da una serie di immagini di chiara matrice letteraria, che accanto a espressioni della lingua d'uso costituiscono un esempio significativo della poetica neoterica del* lusus.

Cenabis bene, mi Fabulle, apud me
paucis, si tibi di favent, diebus,
si tecum attuleris bonam atque magnam
cenam, non sine candida puella
et vino et sale et omnibus cachinnis.
Haec si, inquam, attuleris, venuste noster
cenabis bene; nam tui Catulli
plenus sacculus est aranearum.
Sed contra accipies meros amores
seu quid suavius elegantiusve est:
nam unguentum dabo, quod meae puellae
donarunt Veneres Cupidinesque.
Quod tu cum olfacies, deos rogabis
totum ut te faciant, Fabulle, nasum.

Sir Lawrence Alma-Tadema, Le rose di Eliogabalo, 1888. Collezione privata.

[vv. 1-5] **Cenabis... cachinnis**: *cenabis*: introduce l'apodosi di un periodo ipotetico dell'oggettività, la cui protasi è *si tecum attuleris*. • *si tibi di favent*: proposizione incidentale. • *sale*: ha il significato traslato di «arguzia», rinforzato da *omnibus cachinnis*, voce onomatopeica che significa «scherzi».
[vv. 6-8] **Haec... aranearum**: *venuste noster*: vocativo affettuoso, «caro mio»; *venuste* è etimologicamente connesso a *Venus*. • *sacculus*: diminutivo di *saccus*, quindi «borsellino». • *aranearum*: lett. «di ragnatele», per indicare che il borsellino di Catullo è vuoto.
[vv. 9-12] **Sed... Cupidinesque**: *meros*: ha significato di «puro» ed è riferito a *amores*, da rendere «una vera meraviglia» • *seu*: ha valore di *vel si*. • *meae puellae*: riferito a Lesbia. • *donarunt*: forma sincopata per *donaverunt*.
[vv. 13-14] **Quod... nasum**: *quod*: nesso relativo riferito a *unguentum*. • *totum*: ha valore predicativo ed è riferito a *te*. • *ut*: la congiunzione introduce una subordinata completiva volitiva retta da *rogabis*.

## Il senso del testo

**GLI INGREDIENTI DEL BANCHETTO** Il carme è diviso in tre parti: la prima (vv. 1-5) contiene l'invito a cena e l'elencazione dei requisiti necessari perché sia effettivamente una buona cena; la seconda parte (vv. 6-8) fa da raccordo con l'ultima parte (vv. 9-14), nella quale all'elenco di richieste si sostituisce la promessa di un dono, mediante la quale il poeta rassicura l'amico circa la buona riuscita del banchetto: Catullo farà a Fabullo un dono di straordinaria eleganza, ingrediente essenziale del rapporto conviviale secondo i princìpi condivisi dalla cerchia dei *poetae novi*.

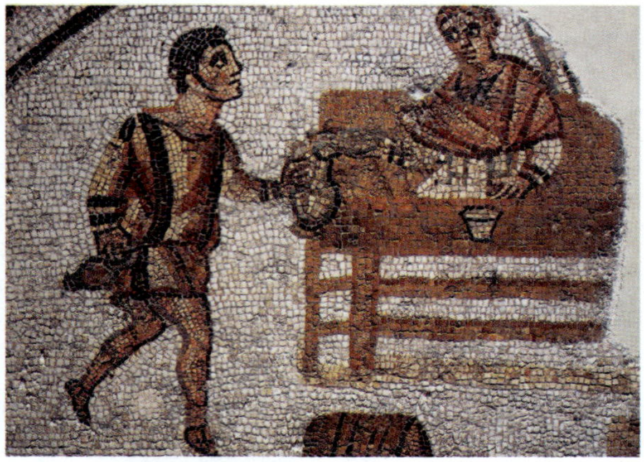

**Schiavo che serve da bere durante un banchetto**, mosaico da Uzitta, IV sec. d.C. Tunisi, Museo del Bardo.

**LA FUNZIONE COMUNICATIVA DELLA LIRICA** L'atmosfera che domina questa lirica è basata su un'affettuosa familiarità fra il poeta e il destinatario dell'invito, probabilmente uno dei componenti di quel cenacolo neoterico che condivideva ideali etici e letterari ripiegati completamente su una dimensione privata. In tale prospettiva anche un evento occasionale come un invito a cena (di cui peraltro non si precisa il giorno esatto) diviene spunto per la trasposizione in forma poetica dei rapporti fra i diversi membri della cerchia. La funzione comunicativa del carme è data dall'immediatezza e dalla schiettezza delle richieste di Catullo a Fabullo, chiamato affettuosamente *venuste noster*, al quale viene chiesto di portare con sé gli ingredienti primari per una buona cena: cibo, vino, allegria e una graziosa ragazza per la compagnia. Le presunte ristrettezze economiche (*plenus sacculus est aranearum*) che il poeta denuncia nella seconda parte del carme, a giustificazione delle sue richieste, sono da intendersi più come una finzione letteraria che come una reale condizione di indigenza.

**Scena di banchetto**, affresco da Pompei, I sec. d.C. Napoli, Museo Archeologico Nazionale.

**IL *LUSUS* NEOTERICO** Lo scherzo sta tutto nell'ultima parte del carme, aperta al v. 12 da un'avversativa doppia (*sed contra*): ciò che Catullo ha da offrire non è l'indispensabile per la cena, ma il sublime contorno, quell'*unguentum* del quale nulla è più delizioso e raffinato (*quid suavius elegantiusve est*), dono di Venere a Lesbia e unica vera ricchezza di cui dispone il poeta. Il motivo del dono dell'unguento – dono che testimonia dell'affetto che il poeta nutre verso l'amico, tanto da regalargli l'unica cosa preziosa e raffinata in suo possesso – viene sviluppato ricorrendo al procedimento del *fulmen in clausula*, cioè con l'imprevisto annuncio di elementi che nel lettore inducono un effetto di divertita sorpresa: il profumo di quell'unguento, infatti, sarà talmente irresistibile che Fabullo vorrà diventare... «tutto naso»! L'umorismo del v. 14, amplificato dall'allitterazione (*totum ut te*) e dalla ripetizione del vocativo *Fabulle*, fanno di questa lirica uno dei più compiuti esempi di *lusus* neoterico.

**LEGGO E COMPRENDO**

**1.** Quali sono gli "ingredienti" della cena che Catullo condividerà con Fabullo? In che modo contribuirà ciascun commensale?

**2.** Perché il poeta fa riferimento al borsellino pieno di ragnatele? Come va interpretata questa sua affermazione?

**3.** Quali divinità hanno porto i loro doni alla fanciulla amata da Catullo?

**4.** Che cosa significa l'espressione *fulmen in clausula*, e a che cosa corrisponde in questa lirica?

T12 LATINO

# Sulla tomba del fratello

| carme 101 | metro: distici elegiaci |

*Durante il viaggio in Bitinia effettuato nel 57 a.C. al seguito del pretore Gaio Memmio, Catullo visita nella Troade la tomba del fratello maggiore, amatissimo e a lungo rimpianto.*

*Il carme rientra nel genere dell'epigramma funebre, ampiamente praticato nella tradizione ellenistica; ancora una volta, però, la lirica catulliana presenta una dimensione del tutto personale, legata a una sofferenza autentica, nonché a una lucida rassegnazione di fronte al dolore del distacco che non prevede la possibilità di ritornare in quel luogo né di poter stabilire realmente un colloquio con l'anima del fratello che rimane muta.*

Multas per gentes et multa per aequora vectus
advenio has miseras, frater, ad inferias,
ut te postremo donarem munere mortis
et mutam nequiquam adloquerer cinerem,
quandoquidem fortuna mihi tete abstulit ipsum,
heu miser indigne frater adempte mihi.
Nunc tamen interea haec, prisco quae more parentum
tradita sunt tristi munere ad inferias,
accipe fraterno multum manantia fletu
atque in perpetuum, frater, ave atque vale.

[vv. 1-4] **Multas... cinerem**: *vectus*: participio perfetto di *veho*, concordato con il soggetto sottinteso *ego*. • *advenio*: presente con valore di perfetto («sono giunto»), dimostrato dall'uso di *donarem* e *adloquerer* dipendenti da un tempo storico. • *has miseras... ad inferias*: complemento di fine. • *donarem*: il verbo *dono* è costruito con l'accusativo della persona (*te*) e l'ablativo della cosa (*munere*). • *cinerem*: sostantivo solitamente di genere maschile, qui usato al femminile.
[vv. 5-6] **quandoquidem... mihi**: *quandoquidem*: ha valore di *quoniam*. • *fortuna*: usato con accezione negativa di «sventura». • *adempte*: vocativo del participio perfetto di *adimo* («strappo»), concordato con *miser... frater*.
[vv. 7-10] **Nunc... vale**: *nunc tamen interea*: tre connettivi usati come formula di passaggio logico, nel quale *interea* ha valore concessivo («se le cose sono così»). • *haec*: oggetto di *accipe* a cui è riferito anche il participio attributivo *manantia* («grondanti»). • *tristi munere*: ablativo di modo. • *ad inferias*: complemento di fine, come al v. 2. • *ave atque vale*: parole conclusive della formula di saluto che si rivolgeva ai defunti.

## PER COMPRENDERE IL TESTO

### Il senso del testo

**RICHIAMI LETTERARI NEL TESTO** In questo celeberrimo carme, come spesso accade in Catullo, sono presenti dati autobiografici e rielaborazioni dotte di fonti greche, in un tessuto di rimandi continui fra esperienza personale e dimensione letteraria. Oltre al richiamo al poeta ellenistico Meleagro, da cui Catullo mutua il tema delle lacrime come dono al defunto, è presente anche un rimando a Omero nel primo verso, in cui si trova un suggestivo ricordo delle peregrinazioni di Odisseo.

**LA MEDITAZIONE SULLA MORTE** Il carme ha una struttura abbastanza complessa, sintatticamente elaborata. È composto da due soli periodi (vv. 1-6; vv. 7-10), articolati su strutture subordinanti asimmetriche. Il tema della morte del fratello pone al poeta un dissidio interiore lacerante; lungo tutto lo scorrere dei versi, dopo aver esplicitato lo scopo della sua visita, ovvero deporre sulla tomba le offerte votive (come era consuetudine), il poeta compie una meditazione sul tema della morte. Nel suo animo emergono la consapevolezza della vanità di ogni tentativo di colloquio (*mutam... cinerem*) e il dolore per la sventura di una morte prematura. Il sentimento del dolore, come quello dell'amore, viene espresso dal poeta al presente, con intensità e drammaticità profonde, grazie →

a diversi strumenti stilistici: l'apostrofe *frater* del v. 2, poi ripresa e rafforzata da *heu miser* al v. 6 e richiamata nell'ultimo verso; i numerosi iperbati che evidenziano i concetti chiave connessi all'idea della separazione (*miseras... inferias, postremo... munere, mutam... cinerem, tete... ipsum, miser... frater*); e, infine, la lunga serie di allitterazioni della consonante "m" (per es. v. 3 *munere mortis*, v. 10 *multum manantia*). Sul piano lessicale sono presenti diversi termini del registro aulico (*aequora, inferias, cinerem, prisco*).

**IL MESTO CONGEDO** Il rito funebre, celebrato secondo la tradizione con la deposizione delle offerte (miele, vino, latte) e con l'invito al defunto a riceverle, si conclude con la malinconica formula di congedo (*ave atque vale*), sulla quale si stende la dolorosa proiezione verso il futuro: la locuzione avverbiale *in perpetuum* esprime la chiara consapevolezza che al poeta non sarà più concesso né di visitare la tomba del fratello né di portargli ulteriori offerte votive.

**LEGGO E COMPRENDO**

**1.** In quale occasione Catullo visitò la tomba del fratello?

**2.** Con quale parola Catullo nel carme 101 fa capire di non credere nella possibilità di comunicare con i defunti?

**3.** Quali termini della lirica catulliana appartengono a un registro aulico?

## INTERTESTUALITÀ, FONTI, MODELLI | UGO FOSCOLO, *IN MORTE DEL FRATELLO GIOVANNI*

**VARIAZIONI SUL TEMA DELLA MORTE DEL FRATELLO** Il carme 101 di Catullo (→ **T12**) ha senza dubbio fornito un modello a **Ugo Foscolo**, che nel 1802 compose il sonetto *In morte del fratello Giovanni* (il quale si era suicidato, probabilmente per un debito di gioco, quando il poeta era lontano da Venezia, esiliato per motivi politici). Rispetto al modello catulliano, però, questo sonetto presenta alcune **significative variazioni**, quali: l'accenno al fatto che per Foscolo il peregrinare non è ancora concluso; il richiamo alla figura dell'anziana madre, disperata per la morte di uno dei suoi figli; infine, il presentimento che il poeta nutre circa il fatto che egli morirà lontano dalla propria patria.

Un dì, s'io non andrò sempre fuggendo
di gente in gente, me vedrai seduto
su la tua pietra, o fratel mio, gemendo
il fior de' tuoi gentili anni caduto.

La Madre or sol suo dì tardo traendo
parla di me col tuo cenere muto,
ma io deluse a voi le palme tendo
e sol da lunge i miei tetti saluto.

Sento gli avversi numi, e le secrete
cure che al viver tuo furon tempesta,
e prego anch'io nel tuo porto quïete.

Questo di tanta speme oggi mi resta!
Straniere genti, almen le ossa rendete
allora al petto della madre mesta.

**IL COMPIANTO PER IL FRATELLO E PER SE STESSO** Il sonetto, apparentemente, è dedicato al compianto del fratello Giovanni. In realtà, la fitta presenza di pronomi di prima persona è indicativa del fatto che il poeta, in qualche modo, ha trasferito il compianto dalla persona del fratello a se stesso, attraverso la figura mediatrice della madre: è l'io lirico a porsi al centro del sonetto, l'io di un poeta che rimpiange il suo mondo ideale costituito dalla madre, dalla patria, dalla tomba del fratello. Il poeta, sradicato e lontano, è costretto a fuggire «di gente in gente»; significativamente, l'idea della fuga è espressa attraverso un gerundio, «fuggendo», appunto a indicare un'azione continuata, gerundio che è poi richiamato in rima da «gemendo», «traendo» e «tendo»: piangendo, egli volge le palme al suo mondo lontano, pur continuando ad allontanarsene. È qui chiaramente indicata l'esperienza dell'**esilio**, comune a tanti poeti della nostra storia letteraria, a partire da Dante. Infine, Foscolo si identifica nel fratello attraverso il vagheggiamento della morte, invocata, come già in altre liriche, come apportatrice di quiete.

T13

ITALIANO

# Elegia dei ricordi

carme 68b, vv. 41-100

■ William Godward, **Aspettando una risposta**, particolare, 1889. Collezione privata.

*In seguito alla morte del fratello, Catullo torna a Verona, dove è raggiunto da una lettera dell'amico Allio che, in nome delle tacite leggi della* sodalitas, *gli chiede dei versi di consolazione, probabilmente per aver perduto la donna amata. Il poeta, che non è nella predisposizione d'animo adatta, in quanto lacerato dal dolore per il lutto subìto, inizialmente declina la richiesta, ma in seguito rianima la sua ispirazione nella celebrazione della propria storia amorosa e nella rievocazione della morte del fratello, eventi poi accostati per analogia all'*exemplum *mitologico.*

*Questo carme riassume i temi fondanti della poesia catulliana: l'amicizia, l'amore, l'attività poetica, la vita nella capitale, la sofferenza per la morte del fratello. Il legame con il mito avviene attraverso la trasposizione della propria esperienza personale (i primi incontri furtivi con Lesbia) nella vicenda mitica di Protesilao e Laodamia, i quali furono puniti con la morte dell'uomo, il primo eroe a cadere nella guerra di Troia, in quanto si amarono prima della celebrazione dei riti nuziali. Questo mito viene presentato da Catullo come il paradigma del suo legame amoroso con Lesbia, indissolubile seppur sempre precario.*

Non posso tacere, o Muse, in quali frangenti Allio
mi abbia soccorso, o con quali grandi servigi mi abbia aiutato[1].
Il tempo che vola, con le generazioni che perdono il ricordo,
non copra di una nera notte questo suo zelo;
ma lo narrerò a voi, dee, e voi ripetetelo a molte migliaia
di persone, e fate che lo narri questa pagina, anche quando sarà invecchiata
[...][2]
e quando sarà morto, sia sempre più famoso,
mentre il ragno, che su in alto va tessendo l'impalpabile tela,
non lavori sul nome obliato di Allio.
Perché voi sapete quanto affanno mi abbia arrecato la bugiarda Amatusia[3],
e di quale tipo di donna mi sia perdutamente innamorato,
quando bruciavo così ardentemente come il vulcano di Sicilia[4]
e come le sorgenti delle Termopili dell'Eta[5];
i miei occhi velati di tristezza non cessavano di struggersi
di ininterrotto pianto, e le guance di irrorarsi di ardente pioggia.
Come un limpido rivo che sgorga sulla cima di un monte
elevato da roccia verde di muschio,
quando, rapido, è sceso nella declinante vallata,
con il suo corso attraversa la strada affollata del villaggio,
soave ristoro al viandante stanco e sudato,
mentre la pesante calura spacca i campi assetati,
allora, come ai naviganti sbattuti da fosca tempesta,
giunge spirando più dolcemente un vento rasserenatore,

1. Il motivo della gratitudine verso l'amico sarà spiegato ai vv. 67 ss.
2. Il testo presenta una lacuna al v. 47.
3. Si tratta della dea Venere, così nominata dalla località di Amatunte nell'isola di Rodi, dove le era stato dedicato un santuario.
4. Si tratta dell'Etna.
5. Sulle pendici del monte Eta, presso le Termopili, vi sono delle sorgenti d'acqua calda.

ottenuto con preghiere ora di Polluce, ora di Castore[6],
tale fu per me l'aiuto che Allio mi offrì.
Fu lui che nel campo cintato mi aperse un comodo varco;
fu lui che mi diede una casa, che la diede alla mia donna,
dove noi potessimo esercitare i nostri vicendevoli giochi d'amore.
Laggiù entrò la mia candida dea con il suo passo leggero,
e sulla soglia consunta pose il suo splendido piede;
la suola appoggiandosi scricchiolava;
così, un giorno, palpitante d'amore Laodamia
raggiunse la casa dello sposo Protesilao,
che invano era iniziata[7], perché con sacrifici di sangue
la vittima non aveva ancora placato i signori del cielo.
Nessuna cosa al mondo, o vergine Ramnusia[8], tanto mi piaccia
da intraprenderla a mio arbitrio, senza il consenso dei numi[9]!
Laodamia comprese come l'altare asciutto attendesse
il sangue consacrato, quando ella perse il suo uomo,
costretta a staccarsi dal collo dello sposo recente,
prima che qualche inverno, uno dopo l'altro,
avesse saziato l'ingordo amore durante le lunghe nottate,
tanto da poter sopravvivere, troncato il legame nuziale;
lo sapevano le Parche[10] che il matrimonio si sarebbe dopo poco spezzato,
quand'egli fosse andato a combattere sotto le mura di Troia.
Era proprio l'anno in cui, a seguito del ratto di Elena, Troia
aveva cominciato a chiamare a sé i maggiori eroi degli Argivi,
Troia (oh infamia!), il sepolcro ad un tempo d'Asia e d'Europa,
Troia, l'immaturo rogo di tutti gli uomini prodi,
la quale anche a mio fratello fu causa di lacrimevole
morte. Ah! fratello strappato a me infelice!
Ah! vita gioconda strappata all'infelice fratello!
Insieme a te tutto il nostro casato si è spento,
insieme a te è scomparsa ogni mia gioia:
la nutriva, finché sei vissuto, il tuo tenero affetto.
E ora tanto lontano fra tombe di sconosciuti,
e non collocato accanto alle ceneri dei propri parenti,
lo trattiene la Troade infame, nell'infausta Troade sepolto,
in una terra straniera all'estremo confine del mondo.

(trad. di F. Della Corte)

**6.** Castore e Polluce, i Dioscuri, figli di Zeus, a Roma erano venerati come protettori dei naviganti.

**7.** La casa non fu mai conclusa né abitata, come racconta Omero in *Iliade* 11, v. 701.

**8.** Perifrasi erudita per indicare la Nemesi, dea della vendetta, a cui era dedicato un noto santuario a Ramnunte, centro abitato dell'Attica.

**9.** I riti sacrificali per gli dèi erano parte integrante della cerimonia nuziale: l'ira divina in cui incorrono Protesilao e Laodamia è dovuta al fatto di essersi uniti prima di averli celebrati.

**10.** Le Parche (ovvero le Moire greche) erano tre divinità che governavano l'esistenza umana. Rappresentate come filatrici, che misuravano a loro piacimento la vita degli uomini, erano tre sorelle che presiedevano rispettivamente alla nascita, al matrimonio, alla morte di ogni individuo; in particolare, decretavano la morte degli uomini, tagliando il filo che avevano tessuto per loro.

## Il senso del testo

**UNA STRUTTURA BIPARTITA** Il carme 68 è diviso nettamente in due parti. Nella prima parte, qui non riportata (68a, vv. 1-40), Catullo si rivolge all'amico Allio in risposta a una lettera in cui quest'ultimo gli ha richiesto qualche verso di conforto, probabilmente perché abbandonato dalla propria donna. Il poeta, però, addolorato a sua volta per la morte del fratello, non è in grado di offrire un aiuto soddisfacente; inoltre, non riesce ad andare incontro alla richiesta di *munera* poetici anche perché si trova a Verona, dove ha solo pochi libri (dal momento che la sua vita è in realtà a Roma). Nella conclusione di questa prima parte Catullo torna a giustificarsi nuovamente di fronte ad Allio dichiarando che, se fosse in grado, lo aiuterebbe volentieri (vv. 37-40).

**LA GRATITUDINE VERSO L'AMICO** Con un'apostrofe solenne alle Muse inizia la seconda parte del componimento (o un nuovo carme, secondo alcuni critici che propendono per una distinzione netta fra i due passi, a causa di alcune questioni filologiche nelle quali non è qui opportuno addentrarsi). Catullo, in apertura del passo, si mostra riconoscente verso l'amico – che, come si apprenderà nel seguito del componimento, gli ha messo a disposizione la propria casa per gli incontri con Lesbia – e prega le Muse affinché l'aiuto che questi gli ha offerto a suo tempo non venga dimenticato. Il "risarcimento" consiste nei versi di ringraziamento che Catullo sta scrivendo per lui, e più precisamente nella certezza del perenne ricordo che solo la poesia è in grado di garantire. Grazie alle Muse, quindi, che ispirano il poeta, Catullo potrà donare immortalità al nome di Allio, sottraendolo all'inesorabile oblio che attende tutti gli uomini, rappresentato dall'immagine del ragno che tesse la tela del tempo.

**DALLA VITA ALLA LETTERATURA** Il racconto procede poi con una serie di similitudini erudite, che paragonano l'intensità della passione amorosa di Catullo al calore emesso da un vulcano come l'Etna o dalla fonte calda presso le Termopili. Questi artifici retorici hanno il fine di esaltare il valore dell'aiuto di Allio: quanto più intensa è la passione dei due amanti tanto maggiore è il merito di Allio, il cui aiuto è paragonato, attraverso una doppia similitudine dai toni epici, al ristoro di un limpido ruscello di montagna per il viandante o al levarsi di un vento propizio per i naviganti. Dopo una lunga attesa il poeta svela finalmente che il merito dell'amico è quello di aver messo a disposizione la propria abitazione per gli incontri amorosi fra lui e Lesbia. La rievocazione del primo incontro avviene indugiando sui minimi particolari, secondo una tecnica di stampo ellenistico, in modo tale da poterli riassaporare e abbandonarsi all'emozione del ricordo. A questo punto la vicenda personale si salda con il mito, in quanto il poeta rievoca la casa di Protesilao e Laodamia, mai ultimata né abitata, poiché i due, per la fretta di unirsi, trascurarono i sacrifici nuziali e furono puniti dagli dèi con la precoce morte dell'uomo a Troia.

**DALLA LETTERATURA ALLA VITA** Proprio con la rievocazione della città di Troia si ha il passaggio dalla digressione mitica alla soggettività lirica, che si esprime nel compianto per la morte del fratello che in quella regione ha trovato anonima sepoltura. Questi versi riprendono in una sorta di cadenzato lamento funebre un passo contenuto nella prima parte del carme (vv. 20-24), quasi come una preghiera che ritorna riportando prepotentemente in primo piano la più viva realtà della vita del poeta.

**LA CONCLUSIONE DEL CARME** Nella parte conclusiva del carme (qui non riportata) il poeta si rivolge direttamente a Laodamia, paragonandone la passione per il marito a un vortice tempestoso che l'ha trascinata in un baratro. A ciò fa seguito il raffronto fra Lesbia e Laodamia, ora contrapposte nella fedeltà ai rispettivi amanti: i tradimenti (*furta*) di Lesbia vengono sopportati da Catullo col medesimo atteggiamento con cui Giunone tollera quelli di Giove. Negli ultimi versi Catullo parla nuovamente all'amico che ha onorato nel migliore dei modi i doveri dell'amicizia e per questo sarà ricompensato dagli dèi. Il poeta gli augura infine di essere felice, come felice sarà lui finché Lesbia, sua luce, illuminerà la sua esistenza.

**UN MODELLO PER L'ELEGIA LATINA** Ciò che emerge in questo componimento, appartenente ai *carmina docta*, è l'immutata sensibilità del poeta che, sebbene in uno stile più spiccatamente letterario rispetto alle *nugae*, coniuga la componente affettiva, la malinconia del suo animo e l'attitudine a rimodellare il mito sulla memoria personale. Il dato autobiografico e la sua proiezione nella dimensione mitologica fanno di questo carme il modello della futura elegia soggettiva latina.

**LEGGO E COMPRENDO**

1. Per quale motivo Catullo dice di aver bisogno dei propri libri per comporre una nuova poesia? Perché possiamo definirla *munus*?
2. In quali occasioni Allio ha dimostrato amicizia a Catullo?
3. Quali divinità vengono citate nel brano? Quali luoghi geografici?
4. In che modo la biografia del poeta si interseca con il mito nelle diverse sequenze del brano?

# VERIFICA PER LA COMPRENSIONE

## QUESITI A SCELTA MULTIPLA

**1.** ricordare Nel carme 51 (➛ **T1**) Catullo:
- ☐ offre un compiuto esempio di *aemulatio* letteraria
- ☐ nella parte finale del componimento illustra i vantaggi dell'*otium*
- ☐ rimprovera Lesbia per averlo tradito con un altro uomo
- ☐ illustra gli effetti fisici che si producono in chiunque contempli la bellezza di Lesbia

**2.** ricordare I due carmi sui baci, carme 5 e carme 7 (➛ **T2** e **T3**):
- ☐ trattano lo stesso tema, ma il poeta si rivolge a due donne diverse (Lesbia e un'altra donna di cui non viene fatto il nome)
- ☐ trattano lo stesso tema, ma da due prospettive che risultano opposte
- ☐ trattano lo stesso tema, con alcune differenze di tipo tematico e strutturale
- ☐ trattano due temi diversi (i baci di Catullo a Lesbia e i baci di Lesbia a Catullo)

**3.** comprendere Nel carme 2 sul passerotto di Lesbia (➛ **T4**):
- ☐ il tono è scherzoso, come risulta evidente già dall'apostrofe del v. 1 al *passer*
- ☐ dal tono scherzoso dei versi iniziali il poeta passa a una malinconica riflessione sulla precarietà della vita
- ☐ Catullo tratta un soggetto, gli animali da compagnia, che non trova riscontro nella poesia ellenistica
- ☐ Catullo polemizza con Lesbia, che non presta al passerotto, dono del poeta, le dovute attenzioni

**4.** ricordare L'elemento che ci permette di datare il carme 11 (➛ **T9**) è:
- ☐ il riferimento all'Egitto, qui per la prima volta menzionato nella letteratura latina
- ☐ il riferimento alle imprese di Cesare in Britannia
- ☐ il riferimento al fiume Ebro
- ☐ il riferimento alla Scizia

**5.** ricordare Nei tre versi conclusivi del carme 1 (➛ **T10**) Catullo:
- ☐ si augura che l'opera letteraria di Cornelio Nepote, il destinatario del componimento, possa sopravvivere nei secoli
- ☐ si augura che il proprio *libellus* possa sopravvivere nei secoli
- ☐ invoca la Musa, perché protegga il *libellus* dalle critiche dei detrattori
- ☐ invoca Lesbia, la fonte d'ispirazione di molti dei carmi contenuti nel *libellus*

**6.** comprendere L'invito a cena che Catullo rivolge a Fabullo nel carme 13 (➛ **T11**):
- ☐ presenta un tono polemico
- ☐ presenta un tono solenne a formale
- ☐ costituisce un compiuto esempio di *lusus* neoterico
- ☐ testimonia della reale condizione di indigenza del poeta

## QUESITI A RISPOSTA BREVE

Rispondi alle seguenti domande entro lo spazio di 10 righe. Quando lo ritieni opportuno, puoi consultare i testi. Per rispondere a tutte le domande, non superare il tempo di un'ora.

**1.** Quali valori della tradizione romana vengono rivisitati nell'esperienza d'amore presentata da Catullo?

**2.** Ilustra il carattere ossimorico del sentimento nutrito da Catullo nei confronti di Lesbia quale esso emerge dal carme 85 (➛ **T7**).

**3.** Riassumi con parole tue il contenuto del carme 8 (➛ **T8**).

**4.** Illustra la struttura del carme 101 (➛ **T12**) e i principali richiami letterari presenti nel testo.

**5.** In che relazione sono, nel carme 68b (➛ **T13**), la vicenda personale del poeta e la vicenda mitica di Protesilao e Laodamia?

## TRATTAZIONE SINTETICA

Leggi il seguente carme di Catullo (fornito in latino e in traduzione italiana); quindi, nello spazio di 20-25 righe, metti a confronto il suo contenuto con quello del carme 72 (➛ **T6**).

| | |
|---|---|
| *Huc est mens deducta tua, mea Lesbia, culpa*<br>*atque ita se officio perdidit ipsa suo,*<br>*ut iam nec bene velle queat tibi, si optuma fias,*<br>*nec desistere amare, omnia si facias.*<br>(carme 75) | La mia mente è impazzita per colpa tua, mia Lesbia,<br>e nella sua insistenza si è persa dietro a te a tal punto<br>che non potrà più volerti bene, neppure se tu diventassi perfetta,<br>né smettere di amarti, qualunque cosa tu faccia. |

CICERO LECTIO **Il ritorno a Sirmione** carme 31

# Il lessico della passione amorosa

PER ANALIZZARE

**IL RAPPORTO CON LA LIRICA GRECA** La poesia amorosa latina che va definendosi nel corso del I secolo a.C. ha un modello fondamentale nella produzione lirica del poeta ellenistico Meleagro di Gàdara, vissuto tra II e I secolo a.C. Meleagro si tiene lontano dai toni giocosi che caratterizzano gli epigrammi amorosi di Callimaco per prediligere un discorso fondato sulla profondità del sentimento e sulla concezione dell'amore come fonte di sofferenza esistenziale. I *poetae novi* – con i quali Catullo condivide importanti scelte di vita e di poetica – cantano l'amore in toni leggeri, espressione per lo più di una poesia d'occasione destinata al consumo privato; Catullo, invece, sulla scia appunto di Meleagro, ma anche su quella della lirica greca arcaica, fa dell'amore contrastato e fonte d'infelicità l'oggetto del suo canto.

**L'EROS E IL *MOS MAIORUM*** Essendo l'amore una forza devastante – che significativamente il poeta Virgilio condannerà in quanto *furor*, «pazzia» – è evidente che chi vi si abbandona giunge a sovvertire i capisaldi del *mos maiorum*, la morale quiritaria che aveva cercato di integrare l'*eros* nell'istituzione matrimoniale o lo aveva degradato in rapporti futili con persone di rango inferiore. È su tale sovvertimento di valori che si fonda la scelta non solo letteraria ma anche esistenziale di Catullo: collocare al centro della propria vita e del proprio canto una relazione con una donna d'alto lignaggio, sposata, significa operare una scelta rivoluzionaria, nella quale l'impegno politico viene rimpiazzato da quello che i poeti elegiaci chiameranno *servitium amoris*, ovvero la devozione assoluta alla *puella divina*. In tale contesto il processo di idealizzazione della donna amata da parte di Catullo diviene inevitabile: la bellezza e le doti intellettuali di Lesbia, che spesso emergono per contrasto dal raffronto con altre donne, risultano fuori dal comune. Se per quanto riguarda le qualità di Lesbia si può parlare di idealizzazione da parte di Catullo, lo stesso non avviene per i comportamenti della donna, di fronte ai quali il poeta mantiene un'estrema lucidità di giudizio: i tradimenti, le bugie, le false promesse di Lesbia provocano nell'animo del poeta un dissidio profondissimo, il cui rimedio verrà individuato solo nel soccorso degli dèi.

Scena di banchetto,
affresco da Ercolano, I sec. d.C.
Napoli, Museo Archeologico Nazionale.

**L'INNOVAZIONE DI CATULLO** La poesia catulliana, sia quando tratta dell'esperienza soggettiva sia quando tratta del valore universale delle figure del mito, recupera le antiche virtù della tradizione per inserirle in un sistema ideologico del tutto personale e innovativo. I concetti portanti della nuova lirica, pertanto, sono frutto di una risemantizzazione nella sfera amorosa dei capisaldi della morale romana, che il poeta ha rifiutato almeno in ambito politico. I princìpi del *mos maiorum* – ovvero il *foedus*, la *fides* e la *pietas*, concetti appartenenti da sempre alla sfera giuridico-politica e religiosa – subiscono una sorta di ricodificazione semantica per essere impiegati in ambito sentimentale.

Questa è la cifra dell'innovazione catulliana: l'aver assolutizzato il sentimento amoroso per Lesbia, investendolo di tutti i valori che costituivano il codice tradizionale, secondo il quale l'amore non poteva essere vissuto come esperienza totalizzante dell'individuo, sia che fosse concepito all'interno del matrimonio sia fuori da esso.

LINGUA E STILE

## LO STILE DEL *LIBER* CATULLIANO

**IMMEDIATEZZA ED ELABORAZIONE FORMALE** La qualità più unanimemente riconosciuta alla lirica catulliana è senza dubbio l'immediatezza. Tuttavia, tale cifra è il risultato di un'attentissima elaborazione formale, ossia non costituisce la trascrizione spontanea di un sentimento del cuore. Ogni verso, anche il più semplice, è frutto di quello che si definisce ***labor limae***, ovvero di uno studio profondo dello stile e della lingua, vòlto a donare raffinatezza stilistica a ogni passo, ai versi più sofisticati dei *carmina docta* come a quelli apparentemente più spontanei delle *nugae* o degli epigrammi.

**LA POETICA** La lirica di Catullo si fonda sui princìpi della **poetica callimachea**, che potremmo così sintetizzare:

- ***doctrina***: la poesia deve essere cólta, ricca di studio e di riferimenti letterari eruditi, che un lettore dotto sappia cogliere grazie al meccanismo allusivo (➛ Scheda "Intertestualità, fonti, modelli", p. 372);
- ***lusus***: la poesia è scherzo, gioco (in greco *pàignion*), artificio letterario; deve risultare allegra e apparentemente leggera: *nugae*, cioè «inezie», è il termine scelto dai *neòteroi* per la loro poesia;
- ***brevitas***: i componimenti devono essere concisi, in opposizione alle ridondanze dell'*epos*.

Per avere un quadro completo dei princìpi su cui si fonda la poetica catulliana, non bisogna dimenticare l'ideale dell'*otium*, condiviso con gli amici del circolo neoterico, ovvero la rivendicazione della scelta del disimpegno civile per coltivare una poesia raffinata ed elitaria; a questo si aggiunge la dimensione soggettiva che filtra i modelli letterari più elaborati, giungendo a una perfetta sintesi fra l'esperienza personale e la sua proiezione nella dimensione letteraria. Questi ultimi due aspetti, coniugati ai princìpi della poetica callimachea, hanno determinato sul piano letterario un'autentica rivoluzione poetica.

**LINGUA E STILE** Ogni rivolgimento profondo, quindi anche quello in ambito letterario, implica il rinnovamento dei mezzi espressivi con cui esso si manifesta. Al tempo di Catullo la lingua letteraria era polarizzata su due piani stilistici opposti: il livello "alto", usato nell'epica e nella tragedia, e quello "basso", proprio della commedia e della satira. Mancava un livello "intermedio", un modello stilistico che si richiamasse alla *poikilìa* alessandrina, ossia alla varietà di toni e di stili e alla contaminazione dei generi che erano tipici della letteratura ellenistica.
Nella lingua e nello stile di Catullo si ritrovano fonti e modelli completamente diversi, che determinano un'eccezionale **varietà dei registri** e una notevole **ricchezza del linguaggio**. Fra gli strumenti stilistici prevalgono l'apostrofe, l'autoallocuzione (ossia il colloquio spesso drammatico con il proprio io), la domanda retorica e lo sfogo indignato.

**IL LESSICO** Nei carmi del *Liber* la freschezza della lingua d'uso convive con la presenza di termini greci in funzione di raffinati elementi decorativi. Locuzioni tratte dal linguaggio parlato sono affiancate a espressioni di raffinata letterarietà, forme arcaiche coesistono con diminutivi e vezzeggiativi, tipici del *sermo cotidianus*. È il linguaggio della commedia il bacino da cui Catullo mutua i termini più crudi, che poi accosta alle espressioni più delicate e aggraziate.
Nel *Liber*, inoltre, si intrecciano toni drammatici e sarcastici, passionali e scherzosi, lirici e scurrili, il tutto vòlto a creare sempre una precisa corrispondenza fra situazione lirica e soluzione formale. Come osserva giustamente lo studioso Michael von Albrecht, «un mistero resta la leggerezza della mano del poeta, nonostante il peso della dottrina, che gli permette, per così dire, di dominare la

componente tecnica senza sopravvalutarla né soccombere ad un perfezionismo soffocante».

**LA SINTASSI** La sintassi dei carmi catulliani è spesso organizzata in costrutti disarticolati mediante parallelismi, antitesi, iperbati, esclamazioni, secondo un andamento di tipo ipotattico nei *carmina docta*, paratattico nel resto del *Liber*.

**L'ORNAMENTAZIONE RETORICA** L'utilizzo di figure retoriche in Catullo è assai significativo e il linguaggio figurale risulta in molti casi funzionale all'espressione efficace del messaggio. Catullo predilige l'uso dell'iperbole per esprimere concetti volutamente esagerati, soprattutto nei momenti più carichi di tensione emotiva. Anche la litote, figura in qualche modo opposta, viene utilizzata col medesimo intento: affermare un concetto negandone il contrario serve a smorzare i toni, in particolar modo nelle espressioni fortemente cariche d'ironia. Sul piano del ritmo prevale l'allitterazione, con la quale il poeta crea legami semantici interni fondati sul ritmo. Non mancano poi gli *enjambements*, allo scopo di dilatare il ritmo del discorso poetico.
Un ultimo artificio retorico che Catullo predilige e che riprende dalla lirica greca epigrammatica è quello del *fulmen in clausula* (o *aprosdòketon*), una tecnica che consiste nel posizionare negli ultimi versi di una lirica una battuta inaspettata o un'affermazione paradossale per chiudere ironicamente il componimento, suscitando nel lettore un improvviso sovvertimento delle aspettative.

**LA METRICA** È il criterio metrico a governare la suddivisione dell'opera catulliana (➛ Scheda "L'opera", p. 330). Nei 116 carmi del *Liber* sono presenti ben **dodici metri** differenti, molti dei quali mutuati dalla lirica greca arcaica e alessandrina. Catullo, infatti, insieme ad altri poeti del circolo neoterico, compie un'operazione letteraria fondamentale: traspone nella lingua latina, adattandoli, i diversi ritmi della lirica greca. Dai poeti arcaici (Archiloco e Ipponatte) riprende i versi giambici, dai lirici eolici (Saffo e Anacreonte) la strofe saffica o tetrastica, dagli alessandrini (Callimaco e Meleagro) il distico elegiaco. La medesima operazione di trasposizione viene compiuta da Catullo anche a livello dei generi: grazie a lui, infatti, entrano per la prima volta nella storia letteraria di Roma nuovi generi quali l'epitalamio (ossia un carme nuziale in onore degli sposi: vedi carmi 61 e 62), l'epillio (ovvero un poemetto a tema mitologico di moderata lunghezza: vedi carmi 63 e 64) e l'elegia soggettiva (vedi carme 68).

**GUIDA ALLO STUDIO**

**1.** Che cosa si intende per *labor limae*? Da quale ambito proviene questa definizione metaforica?

**2.** Definisci i concetti di *doctrina*, *brevitas*, *lusus* e *otium* letterario.

**3.** Che cosa è l'autoallocuzione? Cercane un esempio tra i testi di seguito antologizzati.

**4.** Da che cosa è caratterizzato il lessico di Catullo?



**T14** LATINO

CICERO LECTIO

# Giuramenti vani

| carme 70 | metro: distici elegiaci |

*I giuramenti degli amanti, è luogo comune, sono destinati a essere infranti: una lunga tradizione letteraria lo conferma. Dal tragediografo Sofocle a Callimaco, numerosi sono gli autori greci che hanno sviluppato questo tema. In Catullo, tuttavia, come più volte accade, l'ispirazione è del tutto sincera: la passione e la delusione in lui sono realmente sentite, non c'è traccia di ironia o di autoironia; rimane solo il dolore che costringe alla malinconia e alla rassegnazione.*

Nulli se dicit mulier mea nubere malle
quam mihi, non si se Iuppiter ipse petat.
Dicit: sed mulier cupido quod dicit amanti,
in vento et rapida scribere oportet aqua.

[vv. 1-2] **Nulli... petat**: *nulli*: dativo del pronome indefinito *nemo* equivalente a *nemini*, retto dal verbo *nubo* (per il significato di *nubo* nel contesto di questo carme ➛ Per analizzare il testo, p. 362). • *quam*: introduce il secondo termine di paragone. • *non si*: da rendere con «neppure se».
[vv. 3-4] **Dicit... aqua**: *cupido*: attributo di *amanti*. • *quod*: introduce una proposizione relativa prolettica. • *rapida*: attributo di *aqua*.

## Lo stile del testo

**UNA NETTA BIPARTIZIONE** La lirica è divisa nettamente in due parti: nella prima il poeta parla di sé, riferendo un comportamento di Lesbia; nella seconda enuncia una massima generale, una *sententia* valida per tutti gli innamorati, ossia che i giuramenti e le promesse delle donne sono destinati a dissolversi come le parole scritte nel vento o sull'acqua che scorre.

**L'ACCUSA A LESBIA** Nel componimento, che si sviluppa nell'arco di quattro versi, compare per ben tre volte la forma verbale ................................ (vv. 1 e 3); la ripresa così ravvicinata di questo verbo ha lo scopo di mettere a confronto le parole e le azioni di Lesbia, facendo risaltare l'incoerenza della donna. Non è la prima volta, del resto, che il poeta giudica Lesbia dall'incoerenza fra le parole e i comportamenti (➤ carme 72 = **T6**), fra le promesse iperboliche e le *iniuriae* compiute nei suoi confronti.

**I SENTIMENTI VERSO LA DONNA** In questo carme Lesbia è definita per ben due volte con l'epiteto di .......... ......................, mentre in numerosi altri carmi (ad esempio, i carmi 2 = **T4** e 11 = **T9**) il poeta predilige il termine *puella*. Questo mutamento lessicale ha un ben preciso significato: suggerisce che si è verificato un cambiamento anche nei sentimenti del poeta verso Lesbia.

**IL VALORE DEL LEGAME AMOROSO** Il verbo *nubo* in questa lirica non significa «sposarsi» ma «unirsi»; per Catullo e i poeti neoterici il vincolo che unisce gli amanti – e che viene chiamato ................................ – non ha comunque meno valore di quello matrimoniale: si tratta infatti di un vincolo avvertito come inviolabile, in quanto fondato sui due valori della ............................... («sentimento religioso») e della ................................ («lealtà, fedeltà alla parola data»).

**UN PARAGONE IPERBOLICO** Per quanto riguarda il riferimento a Giove, esso ricorre anche nel carme 72 (➤ **T6**), là dove Catullo è impegnato a rievocare un passato felice, in cui Lesbia affermava di amarlo al punto tale da preferirlo allo stesso Giove. In entrambi i componimenti il paragone ha carattere di iperbole ed è evidentemente dovuto al fatto che il padre degli dèi, come emerge chiaramente da numerosi miti, era un grande seduttore.

**LE SCELTE SINTATTICHE E RETORICHE** Dal punto di vista delle scelte sintattiche e retoriche compiute da Catullo in questo carme, è da osservare ai vv. 3-4 la prolessi della proposizione relativa, ovvero la sua anticipazione rispetto alla proposizione reggente (che risulta qui effettuata per ragioni di ordine stilistico, ossia al fine di mettere in rilievo con enfasi espressiva il contenuto della proposizione subordinata).
Per quanto riguarda il nesso *cupido... amanti* di v. 3, è da osservare che i due termini sono posti in ...................... .......... (il ricorso a tale figura retorica, che riguarda l'ordine delle parole all'interno della frase, in questo passo, come spesso accade in poesia, è determinato da ragioni di ordine metrico). Sul piano etimologico *cupidus* rimanda al nome del dio Cupido, divinità dell'amore: la resa migliore del termine è perciò "innamorato".

### LEGGO E ANALIZZO

**1.** analizzare Quale caso regge il verbo *nubo*?
- ☐ Dativo
- ☐ Accusativo
- ☐ Ablativo
- ☐ Genitivo

**2.** analizzare Quale costrutto sintattico è presente nei primi due versi?
- ☐ Accusativo più infinito
- ☐ Doppio dativo
- ☐ Ablativo assoluto
- ☐ Comparativo assoluto

**3.** analizzare Qual è la funzione logico-sintattica di *quod* al v. 3?
- ☐ Complemento oggetto
- ☐ Soggetto
- ☐ Congiunzione causale
- ☐ Congiunzione dichiarativa

**4.** applicare Completa la messa in costruzione del testo, inserendo al posto giusto le parole mancanti.
*Mea mulier dicit se malle nubere nulli* ......................... ......., *non si Iuppiter ipse petat se. Dicit: sed* ............. ......................................................................................... ......................................................................................... ...................... *et rapida aqua.*

**5.** applicare Sulla base della messa in costruzione che hai stabilito, completa la traduzione del testo.
La mia ................................ dice che non preferirebbe ..................................................................., neanche se ................................ la richiedesse in moglie. Lo dice: ma ciò che ................................ dice ............. ...................., occorre scriverlo nel vento e ................ ................ che scorre veloce.

T15

LATINO

# Il patto d'amore

| carme 109 | metro: distici elegiaci |

*La promessa da parte di Lesbia di un amore eterno e felice pare a Catullo poco credibile, pertanto egli rivolge un'accorata invocazione agli dèi del cielo, affinché realizzino ciò che questa donna inaffidabile ha più volte giurato: un amore eterno, in quanto sancito da un giuramento in grado di trasformare il sentimento in un legame indissolubile, sacro, come solo il vincolo matrimoniale può essere. Ancora una volta, il concetto di* foedus *ritorna come cifra dell'impegno che il poeta rivendica nei confronti della donna amata.*

*Nel sentire di Catullo il vincolo che lo lega a Lesbia è indissolubile come un patto fra Stati (*foedus*), ed è equiparato all'istituzione del matrimonio (*sancta... amicitia*), perché rinsaldato da un principio religioso, la* fides.

Iucundum, mea vita, mihi proponis amorem
hunc nostrum inter nos perpetuumque fore.
Di magni, facite ut vere promittere possit,
atque id sincere dicat et ex animo,
ut liceat nobis tota perducere vita
aeternum hoc sanctae foedus amicitiae.

---

[vv. 1-2] **Iucundum... fore**: *mea vita*: vocativo riferito a Lesbia, espressione del linguaggio familiare. • *fore*: forma per *futurum esse*, predicato dell'infinitiva che ha per soggetto *amorem hunc nostrum*.

[vv. 3-6] **Di... amicitiae**: *Di magni*: vocativo che introduce un'invocazione solenne, tipico *incipit* delle preghiere. • *ut*: retto da *facite*, ha valore completivo. • *ut liceat*: proposizione consecutiva (retta dalla precedente proposizione subordinata completiva *ut... possit,/atque... dicat*). • *tota... vita*: complemento di tempo continuato in ablativo, uso raro. • *sanctae*: participio perfetto di *sancio*, che ha significato di «sancito da giuramento», quindi «indissolubile».

John William Godward, **Sì o no**, 1893. Darmstadt, Landesmuseum.

**PER ANALIZZARE IL TESTO**

## Lo stile del testo

**UNA RIFLESSIONE IN DUE MOMENTI** Il carme si divide in due parti, che rispecchiano due momenti diversi della riflessione che si svolge nell'animo del poeta. Nei primi due versi egli ripete, quasi a volersi convincere, la promessa di Lesbia; nella seconda parte innalza una preghiera agli dèi perché siano garanti delle parole della donna.

**LE SCELTE RETORICHE E LESSICALI** Il concetto chiave del componimento è espresso mediante il nesso *iucundum amorem* al v. 1 e risulta enfatizzato dalla figura retorica dell' ................................ . Inoltre, all'aggettivo *iucundum* in posizione iniziale di verso e di distico (v. 1) corrisponde sul finale del distico (v. 2) il termine *perpetuum*. Quanto all'espressione *inter nos* di v. 2, essa è richiamata pleonasticamente dal termine ...................... .......... immediatamente precedente, al fine di rafforzare il concetto.

I due avverbi *vere* (v. 3) e *sincere* (v. 4) e l'espressione *ex animo* (v. 4) mettono in luce lo stato d'animo del poeta che, di fronte alle dichiarazioni di Lesbia di un amore eterno e felice, si dimostra scettico. Fra i tre termini esiste un legame semantico, che rimanda all'ambito della verità. →

PER ANALIZZARE

CATULLO

Catullo auspica per la sua relazione con Lesbia una durata eterna, esprimendo il concetto ai vv. 5-6 mediante il nesso ................................ e il termine ..................... ..........., i quali riprendono il termine *perpetuum* presente nel primo distico.

**L'AMORE SECONDO LESBIA E SECONDO CATULLO**
Riferendosi al rapporto con il poeta, Lesbia utilizza la parola ................................, che indica un legame basato sulla passione dei sensi; Catullo, invece, si serve del termine ........................... , che fa riferimento a un vincolo fondato su un'alleanza (chiamata *foedus*) basata sulla *fides* e sulla *pietas*. Tra la concezione del rapporto d'amore secondo Lesbia e secondo Catullo vi è dunque una distanza incolmabile.
Nel carme 72 (➤ **T6**) Catullo, scandagliando i suoi sentimenti per la donna, aveva posto la distinzione tra *amare* e *bene velle*, tra desiderio e sentimento: due componenti fondamentali dell'amore che il poeta vedeva ormai scisse.

## LEGGO E ANALIZZO

**1.** analizzare I vocativi presenti nella poesia sono:
- ☐ *mea vita* (v. 1) e *di magni* (v. 3)
- ☐ *nos* (v. 2) e *vere* (v. 3)
- ☐ *tota vita* (v. 5) e *sanctae amicitiae* (v. 6)
- ☐ *mea vita* (v. 1) e *sincere* (v. 4)

**2.** analizzare Sono avverbi i termini:
- ☐ *fore* (v. 2), *vere* (v. 3) e *sincere* (v. 4)
- ☐ *fore* (v. 2), *sincere* (v. 4)
- ☐ *vere* (v. 3) e *sincere* (v. 4)
- ☐ *fore* (v. 2) e *vere* (v. 4)

**3.** analizzare Il soggetto di *liceat* (v. 5) è:
- ☐ l'infinitiva *amorem... fore* (vv. 1-2)
- ☐ l'infinito *promittere* (v. 3)
- ☐ l'infinitiva *tota perducere... amicitiae* (vv. 5-6)
- ☐ *hoc... foedus* (v. 6)

**4.** applicare Completa la messa in costruzione del testo.
*Vita mea, mihi proponis hunc nostrum* .......................
..............................................................................
.............................. *Magni di, facite ut possit* ............
..............................................................................
.......................................... *ut liceat nobis perducere*
..............................................................................
..............................................................................
..............................................................................

**5.** applicare Sulla base della messa in costruzione che hai stabilito, completa la traduzione del testo.
Vita mia, mi prefiguri che questo nostro amore ......
..............................................................................
................ Grandi dèi, fate che possa .......................
..............................................................................
.............................................................................. tanto
che sia lecito per noi ...........................................
..............................................................................

**LETTURA CRITICA**

# La poesia degli affetti

« In Catullo l'incidenza della biografia sulla poesia è fortissima. [...] Questo è particolarmente vero per Lesbia. Così Catullo chiamava la sua donna. Che fosse un criptonimo lo sapevano gli antichi (*falsum nomen*, Ovidio, *Tristia* 2, 428); dovuto, questa ci pare l'ipotesi più plausibile, alla allusività di quel carme 51 che ha tutta l'aria di una dichiarazione: la destinataria di Saffo, per la cui bocca parla Catullo, era una "donna di Lesbo". L'identificazione convoglia su Lesbia la carica passionale della celebre ode saffica. Ma Catullo non ne vela solo il nome. Ci dice che era bellissima (86, 5: *pulcherrima tota*), ma non ci descrive mai i caratteri di quella bellezza. [...] Ci sono pochi dubbi (se non per una filologia indaffarata a tessere e stessere la sua eterna tela di Penelope) che la Lesbia di Catullo si chiamasse Clodia (il nome ci è rivelato da Apuleio, *Apologia* 10) e che fosse la seconda delle tre sorelle del tribuno Clodio Pulcro (il *Lesbius pulcher* del carme 79?); moglie del console del 60, Q. Cecilio Metello Celere (di cui Cicerone parlava bene in pubblico e male in privato), rimase vedova l'anno dopo. Apparteneva a quel genere di donne che sfidavano il *mos maiorum*, e il cui prototipo è Sempronia nel celebre ritratto di Sallustio: «Questa donna fu ben fortunata per nascita e per bellezza...; →

dotta di lettere greche, latine, e a sonar la cetra, a danzare più squisitamente che a una donna onesta bisogni, e in molte altre arti, che sono strumenti di mollezza. E a lei qualsiasi cosa fu sempre più cara che l'onore e il pudore...; così fervidi i sensi, che voleva più spesso lei gli uomini ch'esser da loro voluta. E spesso per l'innanzi aveva tradito la fede... Il suo ingegno, però, non fu volgare: sapeva far versi, muovere il riso, tenere una considerazione o riservata o tenera o procace; insomma aveva molto spirito e molta grazia» (*De coniuratione Catilinae* 25; traduzione di I. Mariotti).

Questa, secondo ogni verisimiglianza, fu la donna che suscitò l'amore di Catullo. Noi diremmo: la passione. Ma, per questo concetto, il latino non aveva un termine. *Furor* lo chiamerà l'augusteo Virgilio, condannandolo in Didone. Perché la passione è distruttrice dell'ordine, è la rivalsa del privato sul politico, dell'individuale sul sociale, del principio di piacere sul principio di realtà. Impegnando la totalità dell'essere, rovescia la gerarchia dei valori: e questo la morale quiritaria non poteva permetterlo. [...] Clodia non era né schiava né liberta; era una matrona, prima *nupta* poi *vidua*. Il suo rapporto con Catullo, dal punto di vista della morale quiritaria, non avrebbe potuto definirsi che *stupri consuetudo*.

Catullo lo chiamava *foedus*, «patto» (76, 3; 87, 3; 109, 6); un termine della lingua politica e giuridica. [...] Ma il *foedus* catulliano conserva il legame etimologico con *fides*, «fedeltà» (due volte ad esso associata) e ne eredita l'intrinseca sacralità: *aeternum sanctae foedus amicitiae* (109, 6: «eterno patto di inviolabile affetto»). Questo vincolo morale, che impegna i due amanti a una fedeltà lunga quanto la vita (109, 5) e che il poeta affida alla garanzia degli dèi (109, 3), ci appare il surrogato di un altro vincolo, giuridico e religioso, che sarebbe potuto essere – Clodia era vedova – e che forse egli avrebbe voluto, il matrimonio. Nei versi del carme 68 rievocanti l'inizio del loro amore, sembra riaffiorare un rimpianto: *nec tamen illa mihi dextra deducta paterna / fragrantem Assyrio venit odore domum* (143 s.: «ma lei non è venuta a me condotta per la mano del padre, alla mia casa odorosa di profumi orientali»). [...] E quando Catullo mette in bocca a Lesbia un giuramento di antica ascendenza letteraria usa insolitamente il verbo del matrimonio *nubere*, dove, svolgendo il medesimo *tòpos*, Meleagro aveva detto «voler bene» (*Anthologia Palatina* 5, 8, 3). Ancorando il suo legame con Lesbia alla sacralità della *fides* e del *foedus*, Catullo ricorreva alla più veneranda tradizione latina, per dare un valore positivo, una legittimità psicologica a un rapporto che di quel codice etico-sociale era la più flagrante infrazione. L'insistente appello alla *fides* non era immotivato. Ricostruire la cronologia interna di questa storia d'amore con le sue alterne fasi sarebbe sì romanzesco. Ma una cosa è certa: Lesbia non ricambiò la «fedeltà» di Catullo. I *rara furta*, che il poeta si dice rassegnato a tollerare nel carme 68, 136, diventano i «trecento adùlteri» dell'addio definitivo (11, 17 s.), scritto nel medesimo metro saffico del carme 51. La conseguenza di questi «tradimenti» (72, 7: *iniuria talis*) fu una situazione conflittuale per il dissociarsi delle componenti sensuale e affettiva. Secoli di romanticismo ci hanno avvezzati a questo conflitto. Ma nel mondo antico esso era insolito, o almeno è insolita la lucidità e l'intensità con cui l'esprime Catullo. Al punto che il poeta ha dovuto inventare il lessico del suo amore (come ha fatto con *foedus*). Già nel carme 109 abbiamo incontrato *fides* determinata dal genitivo *amicitiae* che abbiamo tradotto «affetto». Nei carmi 72 e 75 la situazione conflittuale giunge a maturità espressiva attraverso una coppia di opposizioni semantiche: *amare, uri* vs *diligere, bene velle*. Nella letteratura anteriore questi sono sinonimi distinti solo da un diverso grado di intensità. In Catullo diventano antonimi: *iniuria talis /cogit amare magis sed bene velle minus* (72, 7 s.: «un tale tradimento costringe ad amare di più ma a voler bene di meno»). [...] L'antitesi si scarnifica nell'ossimoro del carme 85, *odi et amo*, dove *odi* è l'equivalente positivo di *non bene velle*. Per superare questo conflitto, che gli inaridiva la gioia di vivere (76, 20 ss.), Catullo chiese aiuto agli dèi e li pregò di guarirlo (76, 25: *ipse valere opto*) in nome della sua *pietas* (76, 26). Che era mai questa *pietas* che ha fatto sorridere qualche moralista? Ce lo dice il v. 3 nel medesimo carme: *nec sanctam violasse fidem*. Era la coscienza di non aver mai tradito il patto d'amore con Lesbia.»

(Alfonso Traina, *Catullo: la poesia degli affetti*, introduzione a Gaio Valerio Catullo, *I Canti*, traduzione di E. Mandruzzato, Milano, BUR, 2006, pp. 11-17)

**GUIDA ALLO STUDIO**

**1.** Che cosa è un "criptonimo"? Quale può essere il significato di quello usato da Catullo per la sua donna?

**2.** Quali caratteristiche proprie di donne come Clodia e Sempronia contrastano con la morale tradizionale romana?

**3.** Quali termini usa Catullo per definire i propri sentimenti nei confronti di Lesbia?

T16

LATINO

# Lesbia come nessuna

| carme 87 | metro: distici elegiaci |

*In questo carme compare la rivendicazione da parte del poeta della propria fedeltà al* foedus *che da sempre lo lega a Lesbia, nonostante fra loro non vi sia alcun vincolo matrimoniale. Prima ancora dell'orgoglio di aver sempre mantenuto la fides, il rigoroso rispetto della parola data e degli obblighi morali che ne conseguono, il poeta rivendica l'amore donato a quella* mulier*, la donna con la quale nessuna può competere in termini di profondità di sentimento ricevuto. Tutto ciò, però, appartiene al passato: ciò che rimane a Catullo è la lucida consapevolezza di aver dato tutto se stesso per tener fede a quel patto.*

Nulla potest mulier tantum se dicere amatam
  vere, quantum a me Lesbia amata mea est.
Nulla fides ullo fuit umquam foedere tanta,
  quanta in amore tuo ex parte reperta mea est.

[vv. 1-2] **Nulla... est**: *mulier*: termine che designa la condizione di una donna legata sentimentalmente a un uomo. • *tantum*: in corrispondenza con *quantum*. • *vere*: avverbio riferito a *amatam*.

[vv. 3-4] **Nulla... est**: *ullo foedere*: compl. di stato in luogo figurato, espresso con l'ablativo semplice. • *tanta*: in correlazione con *quanta*. • *in amore tuo*: da rendere con «nel mio amore verso di te».

Sir Lawrence Alma-Tadema, **Catullo legge le sue poesie a casa di Lesbia**, 1870. Collezione privata.

## PER ANALIZZARE IL TESTO

### Lo stile del testo

**I TEMI DOMINANTI** Questo carme combina i due temi dell'amore e del rispetto della *fides* in due distici, nel corso dei quali il poeta non ricorre mai alla prima persona, né per parlare di sé né per citare, sotto forma di discorso diretto, parole di Lesbia. I soggetti dei due periodi sono ........................................ al v. 1 e ........................................ al v. 3.

I due termini *fides* e *foedus* sono etimologicamente connessi e risalgono probabilmente a una comune radice indoeuropea. Essi costituiscono il caposaldo della teoria d'amore catulliana: il poeta li investe di una sacralità tale da ricondurre la relazione irregolare dei due amanti a una condizione di piena legittimità del legame amoroso.

**LE SCELTE RETORICHE E LESSICALI** In apertura dei due distici troviamo il termine ...................................., posto in anafora, allo scopo di sottolineare l'unicità sia della *mulier* sia anche della *fides* che il poeta le ha sempre dimostrato. La parola chiave del carme, tuttavia, è il termine *amor* (che compare all'ablativo al v. 4), anticipato dalle due forme verbali *amatam* (*esse*) e *amata est* le quali costituiscono un ......................................
Il poeta appare come colui che vive attivamente il sentimento d'amore: l'espressione *a me* al v. 2 sottolinea infatti il ruolo attivo di Catullo in quanto "amante"; tale espressione è rafforzata dall'aggettivo possessivo *meus*, che compare due volte (una prima volta in riferimento a *Lesbia* e una seconda volta in riferimento a ................................). Al possessivo *meus* si contrappone il possessivo ................................, riferito a *amore*, con il quale il poeta sembra riallacciare il dialogo con Lesbia, fino a questo momento citata sempre alla terza persona.

**LEGGO E ANALIZZO**

**1.** analizzare *Nulla* all'inizio dei vv. 1 e 3 si riferisce a:
- ☐ *mulier* e *fides*
- ☐ *mulier* e *foedere*
- ☐ *mulier* e *parte*
- ☐ *mulier* e *quanta*

**2.** analizzare La collocazione di *vere* ad apertura del v. 2 costituisce:
- ☐ un *enjambement*
- ☐ una cesura
- ☐ un'anastrofe
- ☐ un'anafora

**3.** analizzare La ripetizione di *mea est* ai vv. 2 e 4 è:
- ☐ un'anafora
- ☐ un'epifora
- ☐ un omeoteleuto
- ☐ un'anadiplosi

**4.** applicare Metti il testo in costruzione.

*Nulla mulier* ..........

..........

**5.** applicare Sulla base della messa in costruzione che hai stabilito, traduci il testo.

Nessuna donna ..........

..........

T17

LATINO

# Preghiera agli dèi

| carme 76 | metro: distici elegiaci |

*In questo carme, che costituisce una delle più alte espressioni dell'interiorità del poeta, assistiamo alla rielaborazione di suggestioni letterarie perfettamente modulate sulla soggettività catulliana. In forma di monologo e di invocazione agli dèi il poeta innalza la sua richiesta di guarire da' morbo che lo attanaglia, da quell'amore che è ormai solo tormento e malattia. Da parte sua non ha che da offrire, quale ricompensa per la realizzazione del proprio desiderio, la* fides *inviolata verso quel* foedus *custodito con dignità morale e purezza d'animo.*

Si qua recordanti benefacta priora voluptas
  est homini, cum se cogitat esse pium
nec sanctam violasse fidem, nec foedere nullo
  divum ad fallendos numine abusum homines,
multa parata manent in longa aetate, Catulle,
  ex hoc ingrato gaudia amore tibi.
Nam quaecumque homines bene cuiquam aut dicere possunt
  aut facere, haec a te dictaque factaque sunt:
omnia quae ingratae perierunt credita menti.
  Quare cur te iam amplius excrucies?
Quin tu animo offirmas atque istinc teque reducis
  et deis invitis desinis esse miser?

[vv. 1-6] **Si qua... tibi**: *Si*: introduce una lunga protasi, la cui apodosi ha inizio al v. 5 con *multa parata*. • *qua*: equivale a *aliqua*. • *benefacta priora*: complemento oggetto di *recordanti*. • *ad fallendos... homines*: proposizione subordinata finale. • *parata*: participio perfetto di *paro*, col significato di «acquistate» (o «preparate»); concorda con *gaudia* (soggetto di *manent*).

[vv. 7-12] **Nam... miser?**: *ingratae*: attributo di *menti*, da rendere con «all'animo per nulla riconoscente» (di Lesbia). • *excrucies*: congiuntivo dubitativo. • *deis invitis*: ablativo assoluto nominale, con valore causale.

PER ANALIZZARE

CATULLO

Difficile est longum subito deponere amorem;
difficile est, verum hoc qua lubet efficias.
Una salus haec est, hoc est tibi pervincendum,
hoc facias, sive id non pote sive pote.
O di, si vestrum est misereri, aut si quibus umquam
extremam iam ipsa in morte tulistis opem,
me miserum aspicite et, si vitam puriter egi,
eripite hanc pestem perniciemque mihi,
quae mihi subrepens imos ut torpor in artus
expulit ex omni pectore laetitias.
Non iam illud quaero, contra me ut diligat illa,
aut, quod non potis est, esse pudica velit;
ipse valere opto et taetrum hunc deponere morbum.
O di, reddite mi hoc pro pietate mea.

[vv. 13-16] **Difficile... pote:** *qua lubet*: da rendere con «comunque».
[vv. 17-22] **O di... laetitias:** *vestrum*: genitivo di pertinenza. • *quibus*: equivale a *aliquibus*, usato dopo le congiunzioni *si*, *nisi*, ecc. • *omni*: equivale a *toto*.
[vv. 23-26] **Non... mea:** *potis*: equivale a *pote*.

**PER ANALIZZARE IL TESTO**

## Lo stile del testo

**LA STRUTTURA DEL TESTO** Il carme può essere diviso in tre sezioni, caratterizzate ciascuna da un motivo legato all'andamento logico del discorso:
- I sezione (vv. 1-9): il ricordo del passato;
- II sezione (vv. 10-16): la decisione di rompere il rapporto con Lesbia;
- III sezione (vv. 17-26): l'invocazione agli dèi.

**I TEMI DOMINANTI** Il tema della *pietas* attraversa tutto il componimento, come risulta chiaro anche dal fatto che i termini riferibili a questo concetto ( ............................ ............................) sono posizionati ad apertura e a chiusura del testo (per cui il carme presenta una struttura "ad anello").
La scelta da parte di Catullo di utilizzare termini riconducibili alla sfera dei valori del *mos maiorum* per descrivere il proprio comportamento nel campo degli affetti e dei sentimenti è indicativa del rapporto dialettico che il poeta ebbe con l'ideologia tradizionale: quello di Catullo, infatti, non fu un netto rifiuto dei valori del *mos maiorum*, bensì una loro reinterpretazione.
Il carme, incentrato sul tema della *fides*, sancisce il valore sacro del *foedus,* che il poeta è consapevole di non aver mai infranto e in virtù del quale osa innalzare agli dèi la sua preghiera.

**LE SCELTE RETORICHE E LESSICALI** Tra gli espedienti retorici più significativi impiegati da Catullo in questo carme possiamo osservare:
- le anafore (vv. 13-14; vv. 17 e 26): .......................... .......................................................................... .........................;
- le domande retoriche (v. 10; vv. 11-12): ................ .......................................................................... ..........................................................................;
- le invocazioni (v. 5; v. 17; v. 26): ............................ .......................................................................... ..........................................................................

Dal punto di vista lessicale, possiamo osservare che mediante i tre termini *pestem* (v. 20), *perniciem* (v. 20) e *morbum* (v. 25) il poeta definisce l'amore che ormai alberga nel suo animo nei termini di una malattia e per questo rivolge agli dèi la preghiera di esserne liberato: consapevole di combattere una battaglia destinata a sopraffarlo, il poeta ripone in loro la sua ultima speranza di salvezza.

**LEGGO E ANALIZZO**

**1.** analizzare *Qua* al v. 1 è:
- ☐ un pronome relativo
- ☐ un aggettivo indefinito concordato con *benefacta*
- ☐ un aggettivo indefinito concordato con il termine *voluptas*
- ☐ un avverbio relativo

2. **analizzare** Il termine *divum* al v. 4:
- ☐ accompagna *numine*
- ☐ concorda con *abusum*
- ☐ è in iperbato con *abusum*
- ☐ è in anastrofe con *ad*

3. **analizzare** Qual è il senso delle domande retoriche che Catullo rivolge a se stesso ai vv. 10-12?

4. **analizzare** Qual è l'effetto che il poeta vuole ottenere ripetendo *hoc* ai vv. 14-16 e ponendo l'alternativa *sive id non pote sive pote* al v. 16?

5. **analizzare** Qual è l'accrescimento di significato prodotto dalla dittologia *pestem perniciemque* (v. 20)?

6. **applicare** Scegli una delle tre sezioni in cui è suddiviso il carme (vv. 1-9; vv. 10-16; vv. 17-26); quindi mettila in costruzione e traducila.

.......................................................................................

.......................................................................................

.......................................................................................

.......................................................................................

.......................................................................................

.......................................................................................

.......................................................................................

.......................................................................................

.......................................................................................

.......................................................................................

.......................................................................................

.......................................................................................

.......................................................................................

## LESSICO | LE PAROLE DELL'AMORE

**UNA CONCEZIONE PARTICOLARE E SFACCETTATA DELL'AMORE** L'analisi dei vocaboli di cui Catullo si serve per descrivere l'esperienza amorosa rivela la sua particolare concezione dell'amore, sentimento di cui ha saputo descrivere con straordinaria efficacia e grande sensibilità le diverse sfumature.

Il sostantivo ***amor*** e il verbo ***amare*** fanno riferimento al desiderio, all'amore fisico, ma anche alla passione totalizzante che lega gli amanti: vedi carme 5, 1 (➛ **T2**) *Vivamus mea Lesbia atque amemus*. Sono utilizzati come sinonimi di *amare* i verbi *novisse* (nella forma sincopata ***nosse***, da *nosco*, che significa «conoscere intimamente») e ***tenere***, i quali indicano la relazione sessuale fra i due amanti. ***Diligere***, invece, designa l'affetto profondo che lega due persone in una relazione non necessariamente amorosa, ma anche amicale o filiale: vedi carme 72, 3-4 (➛ **T6**) *Dilexi tum te non tantum ut vulgus amicam / sed pater ut gnatos diligit et generos*. Sinonimo di *diligere* è l'espressione *bene velle*, la quale indica un sentimento di affetto, stima, benevolenza, che a causa del «tradimento» (*iniuria*, ossia gesto compiuto contro lo *ius*, la «legge») va affievolendosi in concomitanza con l'aumentare del desiderio fisico, per esprimere il quale si utilizza il verbo *uror*, «brucio di passione» (riprendendo l'immagine metaforica della fiamma, del fuoco della passione).

Dal momento che sin dai tempi più remoti l'*amare*, ossia il «fare l'amore», era considerato uno dei divertimenti consentiti ai giovani, si capisce poi bene perché Catullo possa utilizzare sia il termine ***iocus*** (lett. «gioco», «scherzo») sia l'aggettivo ***iocosus*** (lett. «giocoso», «scherzoso») a indicare i piaceri sessuali: vedi carme 8, 6 (➛ **T8**) *Ibi illa multa tum iocosa fiebant*.

In antitesi al verbo *amare* si colloca il verbo ***odisse***, che spesso risulta coesistere col primo, esprimendo così quel *discidium* interiore che lacera il poeta e lo crocifigge alla sua pena: vedi carme 85 (➛ **T7**) *Odi et amo... excrucior*.

***Amica*** è il termine con cui viene designata l'amante, ovvero

■ **Vignetta con Amorino**, affresco da Ercolano. I sec. d.C. Napoli, Museo Archeologico Nazionale.

la donna con cui si intrattiene una relazione sessuale: vedi carme 72, 3-4 (➛ **T6**) *ut vulgus amicam... diligit*. Il termine *puella* è l'appellativo con cui Catullo chiama Lesbia, la (giovane) donna di cui è innamorato (si tratta del diminutivo di *puera*, femminile raro di *puer*): vedi carme 3, 1 *Passer deliciae meae puellae*.
Per definire il bacio (➛ Scheda "Lessico", p. 335), Catullo predilige il termine popolare ***basium*** (che indica un bacio ardente e appassionato) rispetto ai termini di ambito più letterario *osculum* (che è proprio del rituale del saluto) e *savium* (che è invece riferibile al piacere): vedi carme 5, 7 (➛ **T2**) *Da mi basia mille*. A un grado più intenso del verbo *basiare* si colloca l'espressione ***labella mordere***, di cui si coglie tutta la spinta passionale e aggressiva: vedi carme 8, 18 (➛ **T8**) *Quem basiabis? Cui labella mordebis?*

**GUIDA ALLO STUDIO**

**1.** Quali verbi indicano la relazione sessuale tra i due amanti? Dopo averli individuati, rileggi le poesie antologizzate per ritrovarli.

**2.** Con quali termini viene definita la donna amata?

**3.** Con l'aiuto del vocabolario, fai una ricerca sul lessico dell'italiano per valutare se anch'esso possieda una ricca varietà di vocaboli per indicare diversi tipi di amore.

## TRADUZIONI A CONFRONTO | IL CARME 85 DI CATULLO

**LA "SFIDA" DELLA TRADUZIONE** "Tradurre" non significa semplicemente trasporre un testo da una lingua a un'altra; la traduzione implica anche un'interpretazione del testo, allo scopo di rendere nel modo più efficace possibile il messaggio dell'autore. Per meglio comprendere le problematiche connesse all'operazione del tradurre, ti proponiamo una serie di traduzioni d'autore del celeberrimo carme 85 di Catullo (➛ **T7**):

*Odi et amo. Quare id faciam, fortasse requiris.*
*Nescio, sed fieri sentio et excrucior.*

Il testo, come puoi notare, appare di una scarna essenzialità e non presenta alcuno scoglio dal punto di vista grammaticale o sintattico; tuttavia, risulta difficilmente traducibile: ogni tentativo di resa sembra inefficace, tali sono la densità e la profondità del messaggio.

**SALVATORE QUASIMODO** Ecco alcune traduzioni "firmate", le quali costituiscono anche differenti tentativi di interpretazione del testo. Iniziamo con la traduzione del poeta **Salvatore Quasimodo**, che rende i nessi *quare id faciam* e *fieri sentio* in forma impersonale:

Odio e amo. Forse mi chiederai come sia possibile;
non so, ma è proprio così, e mi tormento.

**VINCENZO GUARRACINO** Anche la traduzione proposta da **Vincenzo Guarracino** si caratterizza per il medesimo tratto di impersonalità (sono tradotte ricorrendo alla prima persona singolare le tre forme verbali *odi*, *amo* e *sentio*; il nesso *quare id faciam* e il verbo *excrucior* sono invece resi in forma impersonale):

Odio e amo. Come questo sia possibile
mi sfugge, ma lo sento ed è uno strazio.

**FRANCESCO DELLA CORTE** Al contrario, **Francesco Della Corte** nella sua traduzione sceglie di rinforzare, mediante l'introduzione della particella "mi", la "personalizzazione" del discorso:

Odio e amo. Forse mi chiedi come io faccia.
Non so, ma sento che questo mi accade: è la mia croce.

**FRANCO CAVIGLIA** Mantiene il tono "personale" anche **Franco Caviglia**, che evita di tradurre l'avverbio *fortasse* e rende in forma diretta l'interrogativa indiretta:

Io odio e amo. «Come fai?» mi chiedi.
Non lo so. Ma lo sento e sono in croce.

**GUIDO CERONETTI** Un vero e proprio rifacimento è quello di **Guido Ceronetti**, il quale addirittura, nei due versi finali, crea un'immagine indubbiamente efficace ma assente in Catullo:

Odio e amo.
Come sia non so dire.
Ma tu mi vedi qui crocifisso
Al mio odio e al mio amore.

**GIAN BATTISTA PIGHI** Concludiamo con la traduzione di **Gian Battista Pighi**, che si configura come il tentativo di rimanere ossequiosamente fedele al testo, rendendo addirittura il verbo *requiro* con l'espressione assai poco lirica «ti interessa sapere»:

Odio e amo. Perché io faccia così, forse ti interessa sapere.
Non lo so. Ma sento che è così e sono in croce.

### LEGGO, CONFRONTO E... VALUTO

Esprimi la tua preferenza personale per una delle traduzioni qui messe a confronto e cerca di motivare criticamente il tuo giudizio. Le domande che seguono possono guidarti nell'osservazione.

- Quale versione introduce l'uso del pronome personale?
- Quali traduttori eliminano la presenza dell'interlocutore del poeta? Quale, invece, la trasforma in un dialogo?
- Quale traduzione mantiene il valore causale di *quare*?
- Quale traduttore si è discostato dagli altri nella resa di *nescio*?
- Chi è stato più fedele nella traduzione di *fieri sentio*?
- Quale traduttore si è avvicinato maggiormente a un tipo di verso molto usato nella tradizione lirica italiana? Chi, invece, lo ha ottenuto soltanto nel secondo verso?
- Quali soluzioni vengono introdotte per la resa di *excrucior*? Valutale una per una indicando, in base al significato etimologico di ciascuna, quali richiami semantici suggeriscono al lettore e quale sovrasenso contribuiscono conseguentemente a creare.

### ORA TRADUCO IO

Scegli, tra le liriche che hai analizzato in questa sezione, quella che ti è piaciuta di più e realizzane una traduzione nel tuo dialetto regionale (o in una lingua straniera che conosci).
In alternativa, puoi proporne diverse versioni, cercando di collocarle su registri stilistici differenti:

- una sul registro aulico, solenne, operando scelte lessicali preziose e arcaiche e collocazioni anche inusuali dei sintagmi nella frase, oppure usando versi della tradizione metrica italiana;
- una su un livello medio;
- una su un registro familiare o gergale, aperto a neologismi e forestierismi alla moda.

**INTERTESTUALITÀ, FONTI, MODELLI**

## CATULLO E LA LETTERATURA GRECA

**UN MAESTRO DELL'ARTE ALLUSIVA** Catullo fu un maestro dell'**arte allusiva**, ovvero della citazione, imitazione, emulazione di altri autori (nel suo caso, soprattutto di autori greci, sia arcaici sia ellenistici). L'arte allusiva nella poesia latina è stata studiata a fondo da **Gian Biagio Conte**, che la spiega in questo modo:

«L'allusione letteraria – lo scrittore che cita un predecessore – è un fatto di passione e sentimento. I poeti tendono a presentarsi come amanti della poesia che hanno letto e che ricordano. Lo scrittore grazie all'arte allusiva si presenta come lettore che ama certi testi (o che per essi prova una qualsiasi passione, fosse anche ambivalente o ostile). [...] Così facendo il poeta si presenta nel segno rassicurante di una tradizione e si autolegittima. Soprattutto il nuovo testo cerca dei lettori capaci di affezionarsi: la passione del citare e dell'alludere vuole comunicarsi anche a loro. Il testo che cita vuole diventare a sua volta citabile. [...]
Il sistema letterario di Roma antica ha il suo nucleo vitale nell'idea di tradizione, e questa a sua volta non può far a meno dell'imitazione. Infatti l'imitazione non è solo un modo di costruire testi attraverso la cultura, ma ancor più un modo di prefigurare e di istruire i lettori: il nuovo testo inscena un piacere condiviso, che pone all'unisono autore e lettore e insieme anticipa il piacere di agnizioni future. Per i Romani, però, l'imitazione non è solo una prassi che traspare dai testi e dalla loro produzione, ma anche un'attività educativa fra le più importanti. È un fatto che molta parte della loro formazione culturale più elevata aveva a che fare con l'intertestualità: leggere, studiare e scrivere significava anche «maneggiare» testi, trattare il corpo dei testi con interventi diversi. Saper leggere e scrivere ed essere eloquenti (ovviamente al grado più evoluto) richiede che ci si faccia anche traduttori, interpreti, parafrasti, trasformatori di testi e in generale imitatori.»

(Gian Biagio Conte, Alessandro Barchiesi, *Imitazione e arte allusiva. Modi e funzioni dell'intertestualità*, in *Lo spazio letterario di Roma antica*, vol. I, Roma, Salerno, 1989, pp. 81-82)

**IL RAPPORTO CON LA LIRICA GRECA...** I due ambiti della letteratura greca che costituiscono il bacino privilegiato dal quale Catullo riprende modelli, stilemi, immagini sono la **lirica greca arcaica** (VI -VI secolo a.C.) e la **poesia alessandrina** (III-I secolo a.C.). Tra i lirici greci, Catullo predilige Alceo e Saffo, sebbene non manchino riferimenti anche ad Anacreonte, specialmente in alcuni carmi a tema conviviale. È soprattutto nelle *nugae* che sono presenti richiami a questi poeti, senza dimenticare che la predilezione per Saffo si esplica anche nell'utilizzo dello pseudonimo di "Lesbia" per designare la donna amata e nell'impiego del metro della strofe saffica nei carmi 51 e 11, considerati idealmente l'inizio e la fine della vicenda amorosa.

**...E CON LA TRADIZIONE ELLENISTICA** Catullo, tuttavia, affonda le radici della sua lirica anche nella tradizione ellenistica: **Callimaco**, poeta vissuto nel III secolo a.C. ad Alessandria d'Egitto, costituisce un suo modello per quanto riguarda sia l'epillio (poemetto a tema mitologico di moderata lunghezza) sia l'epitalamio (composizione che contiene un inno nuziale), tipologie di componimenti che sono entrambe presenti nella sezione dei *carmina docta* del *Liber*; nella medesima sezione trova spazio anche una vera e propria traduzione di un componimento di Callimaco (si tratta del carme 66, *La chioma di Berenice*). In generale, poi, si può osservare che in tutti i componimenti che rientrano nella sezione dei *carmina docta* Catullo impiega princìpi propri della poetica ellenistica, rielaborandoli sulla base del proprio sentimento personale e di un *pathos* tipicamente romano.

■ Incisione con busto di Callimaco, Londra, Mary Evans Picture Library.

**CATULLO E MELEAGRO DI GÀDARA** Fra i poeti alessandrini colui che più profondamente esercitò un influsso su Catullo fu senza dubbio **Meleagro**, nato a Gàdara in Palestina intorno al 130 a.C., autore di un'antologia di epigrammi composti da lui stesso e da altri poeti; di quest'opera, denominata *Ghirlanda* o anche *Corona*, possediamo il proemio, in cui Meleagro assimila la poesia di ogni poeta all'immagine di un diverso fiore. Di lui conserviamo circa 135 epigrammi, quasi tutti amorosi, per fanciulli e per etère (ossia cortigiane). Nei versi di Meleagro trovano espressione tutte le situazioni amorose còlte nell'istante in cui si attuano. La descrizione dei sentimenti e dei moti dell'animo si muove fra uno stile essenziale e conciso nei suoi momenti più felici e un'enfasi a tratti ridondante nell'uso di mezzi retorici.

**IL CARME DI DEDICA DEL LIBRO...** Osserviamo ora qualche raffronto fra i versi di Meleagro e quelli di Catullo. Il carme d'apertura del *Liber* catulliano, la dedica a Cornelio Nepote, richiama la dedica della *Corona* di Meleagro (*Antologia Palatina* 4, 1):

Musa, diletta, per chi questi frutti canori tu rechi?
Chi tessé questo serto di poeti?
Fu Meleagro: l'autore compose lo splendido omaggio,
come ricordo per lo splendido Dìocle.

(trad. di F.M. Pontani)

La Musa, il poeta e il suo libro, un amico come destinatario: c'è un'analogia evidente, a dimostrazione del fatto che Catullo conosceva il componimento di Meleagro e lo ha tenuto presente al momento di comporre il proprio carme.

**...E QUELLO IN MORTE DEL FRATELLO** Inoltre, il carme 101 di Catullo (➛ **T12**), dedicato alla morte del fratello, affonda senza dubbio le sue radici nel componimento che Meleagro dedica alla morte di Eliodora, la donna amata (*Antologia Palatina* 7, 476):

Lacrime anche laggiù, traverso la terra, ti dono,
Eliodora – reliquie dell'affetto;
lacrime amare, memoria di brama, memoria
d'amore, libo al lacrimato avello.
Cara tra i morti, con grida penose ti piango, penose,
io, Meleagro – vano omaggio all'Ade.
Ah, quel germoglio bramata dov'è? Me l'ha preso l'Averno,
preso, e insozza la polvere il bel fiore.
Terra nutrice, in ginocchio ti supplico, lei, così pianta,
placida accogli nel tuo grembo, madre.

(trad. di F.M. Pontani)

Quella per la morte di Eliodora è la più famosa composizione di Meleagro, nella quale domina il motivo dell'amore che sopravvive alla morte attraverso il ricordo, tema che Catullo riprende nell'addio al fratello.

**LE PAROLE SCRITTE SULL'ACQUA** Quanto all'immagine delle parole scritte sull'acqua come simbolo della labilità delle promesse dell'amante – immagine presente nel carme 70 di Catullo (➛ **T14**) –, essa si richiama a un *tòpos* frequente nella lirica greca, che ricorre in numerosi epigrammi di epoca alessandrina. Catullo conosceva certamente il seguente epigramma di Callimaco (*Antologia Palatina* 5, 6):

Non amerò più di te né uomo né donna: lo giuro –
così promise Callignoto a Iònide.
Sì lo giurò; ma promesse d'amanti – si dice, ed è vero –
negli orecchi non entrano dei numi.
Ora la brama d'un uomo lo brucia. La povera bimba
non c'è, non conta – come i Megaresi.

(trad. di F.M. Pontani)

La vanità dello scrivere sull'acqua ricorre poi anche nel seguente epigramma di Meleagro (*Antologia Palatina* 5, 8):

Notte divina, lucerna, non altri volemmo che voi
consci di mutui giuramenti; siete
voi testimoni di quanto giurammo: mi disse d'amarmi
per sempre, ed io di non lasciarlo mai.
Tali promesse sull'acqua si scrivono – dice –. Lucerna,
ora lo vedi tra le braccia d'altre.

(trad. di F.M. Pontani)

Quest'immagine, in realtà, è presente già in un proverbio conosciuto nella Grecia classica, come si deduce da un frammento del tragediografo Sofocle (fr. 741 Nauck²):

giuramento di donna lo scrivo sull'acqua

Altri poeti latini useranno in seguito un concetto simile, per esempio Properzio (*Elegiae* 2, 28a, 8 *quidquid iurarunt, ventus et unda rapit*, «il vento e l'onda porta via tutto ciò che giurarono») e Ovidio (*Amores* 2, 16, 45 s. *verba puellarum, foliis leviora caducis*, / *inrita, qua visum est, ventus et unda ferunt*, «il vento e l'onda portano via le parole delle ragazze, / più leggere delle foglie che cadono»).

**IL CARME 85 E LA LETTERATURA GRECA** Considerando infine il carme 85 di Catullo (*Odi et amo* ➤ **T7**), vi sono diversi riferimenti alla letteratura greca: Saffo (fr. 130 Voigt) nel VII secolo a.C. aveva definito l'amore come

dolceamara invincibile creatura

mentre Anacreonte (fr. 46 Gentili), un secolo dopo, scrisse:

Amo di nuovo, non amo
e folle sono, non folle.

Fra gli alessandrini, poi, Meleagro (*Antologia Palatina* 12, 156) dedicò a Diodoro i seguenti versi:

Dammi una meta che sia d'amore o anche di odio,
che possa sapere il mare in cui sto nuotando.

(trad. di G. Paduano)

Dagli esempi riportati è in definitiva possibile notare come Catullo prenda ispirazione dalla lirica greca arcaica e dalla poesia ellenistica, modulando però il tutto all'interno della tradizione e del gusto romani. Secondo il giudizio del critico Michael Von Albrecht, «le poesie di Catullo sono certo impensabili senza il seme greco, ma debbono il loro vigore e la loro freschezza al suo genio romano».

**GUIDA ALLO STUDIO**

**1.** Che cosa è l'arte allusiva? Quale legame crea tra il poeta e il suo lettore?

**2.** Che cosa è un epillio? A quale periodo della letteratura greca appartiene?

**3.** Da quali autori greci viene ripresa l'immagine catulliana della scrittura sull'acqua?

## IL PARERE DEGLI ALTRI AUTORI | LA POESIA LIRICA

**UN GENERE SOTTORAPPRESENTATO** Nel panorama della letteratura latina del II e I secolo a.C. la **lirica** è sottorappresentata rispetto ad altri generi, probabilmente a causa del fatto che nella mentalità corrente comporre poesia priva d'impegno civile non era degno della *gravitas* del cittadino romano; in questa ottica si spiegano anche i **giudizi severi** espressi da alcuni letterati eminenti come Cicerone e Seneca, i quali ritenevano che l'attività letteraria dovesse necessariamente essere espressione di un impegno civile e politico.

**I GIUDIZI NEGATIVI DI CICERONE...** L'appellativo di ***poetae novi*** (o ***neòteroi*** in greco) fu attribuito in chiave negativa da **Cicerone** (*Epistulae ad Atticum* 7, 2, 1; *Orator* 48, 161) a un gruppo di poeti che introdussero a Roma una nuova concezione del fare poesia, fondata sui princìpi di cura ed elaborazione formale propri della poetica ellenistica e sul disimpegno civile. In verità, il grande oratore in giovinezza aveva avuto qualche interesse per la poetica ellenistica, cimentandosi addirittura egli stesso nella composizione di poemetti a carattere mitologico d'ispirazione "moderna", cioè greco-alessandrina. In seguito, però, maturò una vocazione politico-culturale conservatrice e prese coscienza del fatto che quei poeti, designati appunto mediante l'appellativo di *poetae novi*, potevano costituire un pericolo per lo Stato, a causa del loro rifiuto della cultura romana tradizionale e delle istituzioni politiche e morali della *res publica*. Così, Cicerone entrò in aperta polemica con loro, iniziando ad avversarli e a ridicolizzarli; la predilezione che da quel momento in poi dimostrò per gli autori arcaici non ebbe dunque motivazioni estetiche, ma politiche e morali.
Nelle sue critiche Cicerone si riferiva certamente al **disimpegno politico e civile** dei *poetae novi* nello scrivere: vedi ad esempio l'affermazione *Poetam non audio in nugis*, «Non ascolto un poeta nelle frivolezze» (*Paradoxa Stoicorum* 3, 26). Cicerone, inoltre, evidenziò il distacco dei *poetae novi* da tutta la tradizione culturale e poetica romana, rappresentata da Ennio, cioè il "padre" della letteratura latina e il poeta "ufficiale" dello Stato: *O poetam egregium quamquam ab his cantoribus Euphorionis contemnitur*, «O eccellente poeta (Ennio), anche se è disprezzato dai poeti del nostro tempo, gli imitatori d'Euforione» (*Tusculanae disputationes* 3, 19, 45); la definizione di «imitatori d'Euforione» qualifica i poeti in questione come autori astrusi e senza fantasia (Euforione, vissuto nel III secolo a.C., era infatti ritenuto il più ermetico dei poeti alessandrini). Molti critici, tuttavia, hanno avanzato l'ipotesi che questo celebre passo non fosse indirizzato contro i poeti della cerchia di Catullo, ormai scomparsi, bensì contro epigoni che avevano portato agli estremi la concezione neoterica dell'arte come puro *lusus*, esaltando la moda grecizzante e irridendo Ennio (il quale, in verità, non fu mai criticato dai *poetae novi*).

**...E DI SENECA** Con il giudizio tanto severo espresso da Cicerone concorda anche **Seneca**, che in un passo delle *Epistulae ad Lucilium* (5, 49, 5-6) definisce la lettura dei poeti lirici una perdita di tempo:

*Eo magis itaque indignor aliquos ex hoc tempore quod sufficere ne ad necessaria quidem potest, etiam si custoditum diligentissime fuerit, in supervacua maiorem partem erogare. Negat Cicero, si duplicetur sibi aetas, habiturum se tempus quo legat lyricos: eodem loco <pono> dialecticos: tristius inepti sunt. Illi ex professo lasciviunt, hi agere ipsos aliquid existimant. Nec ego nego prospicienda ista, sed prospicienda tantum et a limine salutanda, in hoc unum, ne verba nobis dentur et aliquid esse in illis magni ac secreti boni iudicemus.*

Perciò mi indigno tanto più con coloro che spendono in occupazioni inutili la maggior parte di questo tempo insufficiente già per le attività necessarie, anche se vi si bada con la massima cura. Cicerone sostiene che se pure gli venisse raddoppiata la durata della vita, non avrebbe il tempo di leggere i lirici; nello stesso conto tengo i filosofi dialettici: ma essi sono più tristemente inutili. I lirici vaneggiano e lo riconoscono, i filosofi dialettici ritengono di fare qualcosa di buono. Non dico che non si debba dare un'occhiata a queste futilità, ma solo un'occhiata e un saluto dalla soglia, badando che non ci ingannino e ci facciano credere che in esse ci sia un grande bene nascosto.

Per Seneca, come per Cicerone, un'attività poetica individuale, ripiegata sulla dimensione puramente soggettiva e non destinata alla comunità, non ha alcuna utilità e sottrae tempo alle occupazioni più nobili.

**IL GIUDIZIO LIMITATIVO DI QUINTILIANO** Il retore **Quintiliano**, invece, si esprime in questi termini sulla lirica (*Institutio oratoria* 10, 1, 96):

*Iambus non sane a Romanis celebratus est ut proprium opus, †quibusdam interpositus†: cuius acerbitas in Catullo, Bibaculo, Horatio (quamquam illi epodos intervenit) reperiatur. At lyricorum idem Horatius fere solus legi dignus: nam et insurgit aliquando et plenus est iucunditatis et gratiae et varius figuris et verbis felicissime audax.*

PER ANALIZZARE | CATULLO

Il giambo non è stato coltivato dai Romani come forma di poesia indigena, ma è stato inserito in certi altri contesti poetici: la sua mordace asprezza si può trovare in Catullo, in Bibaculo, in Orazio, pur se da quest'ultimo viene interposto l'epodo. Dei lirici, invece, forse il solo Orazio è degno di esser letto: infatti talvolta si innalza nel tono ed è pieno di giocondità ed eleganza e vario nelle figure e felice inventore di termini.

In questo passo Quintiliano formula un giudizio assai limitativo su Catullo. Una tale presa di posizione è sicuramente influenzata dal giudizio severo espresso da Cicerone sui *poetae novi*. Pur non valutando la lirica negativamente, Quintiliano non cita Catullo quando parla di questo genere letterario e preferisce definire "epigrammi" i carmi del poeta veronese.

**GUIDA ALLO STUDIO**

**1.** Quali autorevoli letterati latini si espressero negativamente sulla poesia lirica?

**2.** Come venivano definiti da Cicerone i poeti della cerchia di Catullo e i loro epigoni? Quali modelli venivano loro contrapposti?

**3.** Quale importanza, secondo Seneca, deve essere attribuita alla poesia lirica?

## LABORATORIO DI ANALISI

Leggi il testo seguente aiutandoti con le note; poi esegui quanto richiesto, realizzando un testo organico e armonizzando le risposte ai quesiti con opportuni connettivi testuali. Se lo desideri, puoi anche modificare l'ordine delle risposte nel modo che ti sembra più efficace.

# Una felicità insperata

| carme 107 | metro: distici elegiaci |

*Il carme che segue è poco presente nelle antologie scolastiche, probabilmente anche a causa delle numerose varianti testuali proposte dai critici, le quali rendono incerta ogni proposta di traduzione definitiva. Nonostante ciò, la freschezza del sentimento sapientemente espresso dal poeta è tale da affascinare i lettori di ogni epoca.*

Si quicquam cupido optantique optigit umquam
    insperanti, hoc est gratum animo proprie.
Quare hoc est gratum, nobis quoque carius auro,
    quod te restituis, Lesbia, mi cupido,
restituis cupido atque insperanti, ipsa refers te
    nobis. O lucem candidiore nota!

[vv. 1-2] **Si... proprie**: *optigit*: grafia più arcaica per *obtigit* (perfetto di *obtingo*), qui con significato di «toccare in sorte», «capitare», «accadere». • *hoc*: ha funzione epanalettica rispetto a *quicquam* al v. 1.
[vv. 3-6] **Quare... nota!**: *hoc*: ha funzione prolettica rispetto alla proposizione dichiarativa epesegetica *quod te restituis* al v. 4. • *ipsa*: soggetto di *refers*. • *lucem*: metonimia per *diem*. • *candidiore nota*: ablativo di qualità; il termine *nota* ha qui un significato positivo: ricorda che cosa era per i Romani una *dies albo signanda lapillo*...

Quis me uno vivit felicior aut magis hac res
optandas vita dicere quis poterit?

[vv. 7-8] **Quis... poterit?**: *me uno... hac vita*: ablativi di paragone (in dipendenza, rispettivamente, da *felicior* e *magis optandas*).

PRIMA PARTE **COMPRENSIONE DEL TESTO**

**1.** Quale sentimento viene espresso dal poeta? Che cosa lo ha suscitato?

**2.** L'edizione critica di questo carme è molto controversa e in più parti del testo i filologi hanno proposto differenti soluzioni interpretative. Rifletti su come cambierebbe il significato letterale del testo leggendo, ai vv. 7-8, *magis hac rem / optandam in vita dicere quis poterit* (anziché *magis hac res / optandas vita dicere quis poterit*).

SECONDA PARTE **ANALISI DEL TESTO**

**1.** Quale figura di suono rilevi al v. 1? Quale effetto produce sulla lettura?

**2.** Individua nel testo gli aggettivi riferiti al poeta; a quali campi semantici appartengono? Attraverso quali figure retoriche vengono messi in rilievo? Rifletti anche sulla posizione delle ripetizioni all'interno del verso o tra versi consecutivi.

**3.** Osserva l'uso dei pronomi di prima e seconda persona e studiane la collocazione nel testo per valutare quali effetti produce.

**4.** Come cambia il tono nel corso del componimento? Grazie a quali scelte stilistiche?

TERZA PARTE **INTERPRETAZIONE COMPLESSIVA E APPROFONDIMENTI**

**1.** Il testo si apre con un'espressione sentenziosa di carattere generale, tipica del linguaggio giuridico latino. In quali altri testi di Catullo hai osservato un procedimento simile? Con quale intenzione da parte di Catullo e con quale effetto sul lettore romano, secondo te?

**2.** In quali altri testi di Catullo hai osservato l'uso dei termini *lux* o *soles* per indicare dei giorni felici? Ritieni che anche l'aggettivazione contribuisca a creare delle relazioni tra le poesie che hai individuato? Con quale accrescimento di significato per l'interpretazione di questo carme?

**3.** Che idea possiamo farci della storia d'amore tra Lesbia e Catullo leggendo questo carme?

CICERO LECTIO Promesse non mantenute carme 64, vv. 139-148

# Poesia e politica

PER APPROFONDIRE

**IL DISIMPEGNO POLITICO** Negli ideali della poesia neoterica, frutto dell'*otium* e del ripiegamento sulla dimensione privata, spiccano temi soggettivi legati all'esistenza quotidiana dei *sodales*, fatta di amori, amicizie, tradimenti, piccole rivalità, intensi scambi di poesie, inviti, insulti. Da questo scenario risultano escluse le grandi questioni legate al vivere civile, i fatti e i valori della *res publica*, la tradizione del *mos maiorum*. È senza dubbio noto il disimpegno politico di tanti poeti, anche al di fuori della cerchia dei *poetae novi* (basti pensare al caso di Lucrezio, dedito completamente allo studio della filosofia).

**L'OPPOSIZIONE POETA / *CIVIS ROMANUS*** Tuttavia, disimpegno politico non significa assoluto silenzio o completa rinuncia a esprimere una propria posizione nei confronti di rappresentanti più o meno illustri della scena politica romana del tempo, appartengano essi all'ambito dei *populares* o siano di stampo più moderato. Con Catullo si avvia quel processo di opposizione fra il poeta, che si tiene lontano dalle occupazioni politiche e militari, e il *civis romanus*, che vuole invece avere un ruolo attivo nella *res publica*. Nel *Liber* catulliano, ad esempio, sono diversi i componimenti in cui il poeta, rivolgendosi a personaggi reali del proprio tempo attivamente impegnati in politica, esprime sdegnoso disprezzo, critiche feroci, accuse infamanti, oppure un'ostentata indifferenza, come avviene per Cesare e alcuni cesariani, per Cicerone o per personaggi meschini e di bassa lega che popolano la scena politica contemporanea.

Emblematico dell'atteggiamento di Catullo nei confronti della politica è il carme 52; riferendosi a due indegni cesariani, Nonio e Vatinio, che hanno assunto le magistrature più importanti, il poeta dichiara drasticamente di preferire la morte alla politica, ovvero allo spettacolo di persone ignobili alla guida della *res publica*: «Che cosa c'è, Catullo, perché tardi a morire? / Lo scrofoloso Nonio siede sulla sedia curule; / Vatinio spergiura per il consolato; / che cosa c'è, Catullo, perché tardi a morire?».

Charles Meynier, Cicerone in senato difende un imputato davanti a Cesare, inizio del XIX secolo. Parigi, Museo del Louvre.

T18

LATINO

CICERO LECTIO

# Ringraziamento a Cicerone

| carme 49 | metro: endecasillabi faleci |

*Questo carme, a prima vista, potrebbe apparire come una sorta di omaggio a Cicerone per motivi non ben precisati; in realtà, a un'attenta lettura, esso si presenta come un attacco al noto oratore celato sotto un velo di ironia. Per questo componimento non possiamo parlare di vera e propria invettiva, anche se in esso si coglie chiaramente il sarcasmo nei confronti di una figura "istituzionale" tanto celebrata. L'elogio al grande avvocato presenta un'enfasi sospetta: i toni ampollosi con cui Catullo si rivolge a Cicerone non possono che far emergere un intento caricaturale, ottenuto grazie a uno stile accuratissimo.*

■ Statua bronzea di oratore, forse Cicerone. Pesaro, Museo Archeologico.

Disertissime Romuli nepotum,
quot sunt quotque fuere, Marce Tulli,
quotque post aliis erunt in annis,
gratias tibi maximas Catullus
agit pessimus omnium poeta,
tanto pessimus omnium poeta,
quanto tu optimus omnium patronus.

[vv. 1-3] **Disertissime... annis**: *disertissime*: vocativo del superlativo *disertus* («abile nel parlare»). • *Romuli nepotum*: formula solenne per designare i Romani, usata qui in senso ironico, essendo Cicerone originario di Arpino. • *Marce Tulli*: l'uso di *praenomen* e *nomen*, tipico del linguaggio ufficiale, indica una presa di distanza dall'interlocutore.

[vv. 4-5] **gratias... poeta**: *pessimus... poeta*: definizione riservata da Catullo a poeti di basso livello.

[vv. 6-7] **tanto... patronus**: *omnium*: al v. 6 (come già al v. 5) ha valore di genitivo partitivo (in dipendenza da *pessimus*); al v. 7, invece, ha valore di genitivo oggettivo (in dipendenza da *patronus*).

**PER APPROFONDIRE IL TESTO**

## Il testo e il contesto

**1. *DISERTISSIME*** Catullo apre il componimento con un aggettivo al grado superlativo, *disertissime*. Cicerone (nel capitolo 18 dell'*Orator*) formalizza la distinzione tra *orator disertus* e *orator eloquens*: mentre l'*orator disertus* è semplicemente dotato di una naturale capacità oratoria, l'*orator eloquens* è anche supportato da una preparazione ampia e profonda, tale da permettergli di affrontare qualsiasi argomento in pubblico.

**2. *ROMULI NEPOTUM*** L'espressione del v. 1 *Romuli nepotum* costituisce la formula solenne mediante la quale venivano definiti i membri del patriziato romano, in quanto discendenti di Romolo, l'eroe fondatore della città di Roma. Cicerone, però, era originario di Arpino, e non di Roma, ed era un *homo novus* (ossia non apparteneva alla *nobilitas* ed era il primo membro della sua famiglia a ricoprire una carica curule); significativa a questo proposito è la qualifica, riportata dallo storico Sallustio nel *De coniuratione Catilinae*, di Cicerone come *inquilinus urbis Romae*, ossia «cittadino occasionale della città di Roma».

**3. *PATRONUS*** Il sostantivo *patronus*, che ha la medesima radice di *pater*, nel diritto romano indica l'ex proprietario di uno schiavo liberato, dunque il tutore di un liberto, il quale può ancora vantare qualche prerogativa dell'antica *potestas* un tempo esercitata sullo schiavo. In senso lato, il termine *patronus* può essere impiegato anche a designare colui che esercita una tutela o una protezione su altre persone, come ad esempio chi accetta di difendere un imputato in qualità di avvocato.

**4. LESBIA TRA CATULLO E CICERONE** L'elemento che può accomunare Catullo a Cicerone è senza dubbio Lesbia, storicamente identificabile con quasi totale certezza con Clodia, la sorella del politico di orientamento cesariano Publio Clodio Pulcro. Nel 56 a.C. Cicerone assume la difesa di Marco Celio Rufo, ex amante di

Clodia coinvolto in un processo per violenza e veneficio; per gettare discredito sulla donna, e quindi dichiarare inattendibile la sua testimonianza (sulla quale si reggeva l'accusa a Marco Celio Rufo), l'oratore ne tratteggia un ritratto infamante. Leggiamo quanto Cicerone, nella *Pro Caelio* (l'orazione in difesa di Marco Celio Rufo), scrive a proposito di Clodia-Lesbia (49): *Neque enim muliebres umquam inimicitias mihi gerendas putavi, praesertim cum ea quam omnes semper amicam omnium potius quam cuiusquam inimicam putaverunt*, «Non è mai stato nei miei desideri di crearmi inimicizie femminili; specialmente con colei che tutti hanno sempre considerato l'amica di tutti, piuttosto che la nemica di qualcuno». In questo passo il sintagma *amicam omnium* non può non essere messo in rapporto con l'espressione *omnium patronus* con cui Catullo chiude il carme 49. Se Lesbia è l'«amica di tutti», ovvero una donna di moralità del tutto discutibile, che intrattiene relazioni sentimentali con più uomini, Cicerone è l'«avvocato di tutti», ovvero è un avvocato disposto a difendere chiunque, anche chi non lo merita.

### Oltre il testo

- Aiutandoti con i quattro spunti di approfondimento proposti nella sezione precedente dell'analisi, costruisci un testo di commento al carme 49 di Catullo, imperniato sulle seguenti parole-chiave presenti nel componimento: 1. *disertissime* 2. *Romuli nepotum* 3. *patronus* 4. *omnium*.

**LETTURA CRITICA**

## Ironia e verità nel carme 49

« Dopo il patto triumvirale del 59, dopo il *discidium* da Lesbia, dopo il totale coinvolgimento di Lesbia / Clodia nella politica e negli ambienti dei *populares*, manovrati da Clodio e fautori di Cesare, dopo il successivo *discidium* anche da Celio e il «torbido affare», si era andata determinando, nei fatti, una sorprendente convergenza fra due personaggi *toto caelo* diversi per la vita, l'ideologia, i referenti culturali, l'attività letteraria: Cicerone e Catullo. Questa convergenza trovò il suo momento più forte nella *pro Caelio*: secondo una tecnica diffusa nella libellistica polemica di quegli anni, una scelta politica contestata fu stravolta ad emblema di ogni possibile perversione morale. [...] Nel famoso carme 49 Catullo "ringrazia" Cicerone; l'esegesi predominante coglie nelle parole di Catullo soltanto ironia; innegabilmente le punte ironiche sono cosparse dovunque, avvertibili con particolare asprezza fin dal primo verso, in cui *disertissime* ha connotazioni riduttive evidenti, e *Romuli nepotum*, oltre a richiamare l'illustre oratore alla sgradita realtà della sua origine municipale, suona singolarmente affine alla clausola *Remi nepotes* che, nel carme 58, scandisce su toni solenni una scena di abiezione: ma la vera "sorpresa" del carme, la sua autentica *pointe* non è tanto l'ambiguo, e perciò stesso ironico, *omnium patronus* del finale, quanto il *gratias agit* del v. 4, collocato nel cuore stesso del componimento. Perché Catullo, proprio mentre enfatizza la sua diversità da Cicerone, lo ringrazia? Di che cosa? E il ringraziamento è ironico o sincero? Non si sarà forse Cicerone meritato quel ringraziamento, intriso d'amarezza e di ironia, proprio per aver svelato, nella *pro Caelio*, le infamie degli ambienti clodiani?
Se nel carme non ci fosse ironia, l'ipotesi del sincero ringraziamento sarebbe inattaccabile; ma se l'interpretazione in chiave ironica ha una qualche verosimiglianza, non è assurdo ritenere che l'ironia coinvolga in qualche modo anche il *gratias agit*: Catullo ringrazia Cicerone per una cortesia del tutto involontaria, lo ringrazia, anzi, per qualche cosa che deve averlo ferito, come le invettive contro Clodia, ma che in quel momento si trova a coincidere con l'opinione stessa del poeta, maturata in una triste esperienza. Catullo non sopporta Cicerone, continua ad irriderlo, ma prende atto che l'oratore ha detto la verità su Clodia: tante grazie, quindi, tante grazie dal *pessimus omnium poeta* («il peggiore poeta di tutti», ma anche, per la polisemia di *pessimus*, «il poeta capace d'infamare tutti») all'*optimus omnium patronus* («il migliore avvocato... di tutti», avvocato di Celio e perfino di Vatinio, come sarebbe avvenuto due anni dopo). »

(Franco Caviglia, *Catullo*, in *Dizionario degli scrittori greci e latini*, vol. I, Milano, Marzorati, 1990, pp. 424-425)

**GUIDA ALLO STUDIO**

**1.** Secondo Franco Caviglia, il carme 49 è da intendersi senz'altro in tono ironico?

**2.** Per quale motivo Catullo dovrebbe ringraziare Cicerone?

**3.** Che cosa può significare *pessimus omnium poeta*, oltre che «il peggiore poeta di tutti»?

T19

ITALIANO

# Insulti a Cesare e Mamurra

carme 57

*In questo carme l'ironia e il sarcasmo contro Mamurra, un personaggio politicamente legato a Cesare, sono pesantissimi. Questi versi mordaci e irriverenti colpiscono Mamurra per colpire Cesare. Mamurra è oggetto di numerose invettive nel corso del* Liber *(sono otto i carmi a lui dedicati: 29, 41, 43, 57, 94, 105, 114, 115); invettive che, a quanto pare, ne distrussero la pubblica immagine. Gli attacchi nei suoi confronti sono quasi tutti inerenti alla sua depravazione sessuale, alla sua malacquistata e ostentata ricchezza e alla sua frustrata ambizione letteraria. Ciò non deve stupire: la tradizione della satira politica romana prevedeva attacchi personali, anche relativi alla sfera sessuale, al fine di evidenziare la bassezza morale di certe figure spregiudicate, pronte a tutto pur di conquistarsi potere, favori e ricchezze.*

Una bella coppia di canaglie fottute
quel finocchio di Mamurra e tu, Cesare.
Non è strano: macchiati delle stesse infamie,
a Formia[1] o qui a Roma se le portano
impresse e niente potrà cancellarle:
due gemelli infarciti di letteratura[2]
sui vizi comuni allo stesso letto,
l'uno più avido dell'altro nel corrompere,
rivali e soci delle ragazzine.
Una bella coppia di canaglie fottute.

(trad. di M. Ramous)

1. Mamurra era originario di Formia.

2. Allusione alle velleità poetiche di Mamurra e all'attività letteraria di Cesare.

PER APPROFONDIRE

CATULLO

## PER APPROFONDIRE IL TESTO

### Il testo e il contesto

**1. L'ACCUSA DI OMOSESSUALITÀ** Nel carme 57 Catullo menziona congiuntamente Cesare e Mamurra, facendo esplicito riferimento alla presunta omosessualità dei due personaggi.

**2. UNA PRESUNTA RICONCILIAZIONE** Il biografo Svetonio, vissuto tra I e II secolo d.C., racconta che Catullo, forse su consiglio del padre, avrebbe chiesto scusa a Cesare per i versi in cui lo aveva attaccato e con lui si sarebbe poi riconciliato (*Vita di Cesare* 73): «[Cesare] non concepì mai, contro nessuno, un odio così forte da non abbandonarlo volentieri appena se ne presentasse l'occasione. [...] Quando Valerio Catullo gli fece le sue scuse, pur non nascondendosi che lo aveva marchiato in eterno con quei pochi versi su Mamurra, lo trattenne a cena, e continuò a frequentare, come soleva, la casa di suo padre».

**3. ALTRE ACCUSE A CESARE** Nel carme 54 Catullo denuncia espressamente le velleità assolutistiche di Cesare, il quale viene definito, con pungente ironia, *unice imperator* che se la prende per i versi giambici, ossia di attacco personale, composti dal poeta contro di lui (vv. 6-7 *Irascere iterum meis iambis / inmerentibus, unice imperator*).

### Oltre il testo

- Nell'introduzione al carme 57 di Catullo sono citati ben otto carmi dedicati a Mamurra, tutti appartenenti al genere della "poesia scommatica". Fai una ricerca su che cosa è la "poesia scommatica"; quindi individuane altri esempi sia nel *Liber* catulliano sia nella tradizione letteraria greco-latina precedente o successiva a Catullo.

T20 LATINO

# Indifferenza verso Cesare

| carme 93 | metro: distico elegiaco |

*Questo carme, probabilmente, fa seguito al tentativo da parte di Cesare di cercare un riavvicinamento a Catullo, dopo i versi oltraggiosi dedicati a lui e al suo seguace Mamurra. Le parole di Catullo appaiono come una risposta negativa a quel tentativo di riconciliazione, probabilmente auspicato anche dal padre del poeta, che era sempre stato in buoni rapporti con Cesare. Emerge in questo distico l'atteggiamento estremamente anticonformista di una persona che non teme di esprimere le proprie posizioni, che non si inchina davanti ai potenti, nemmeno quando la vicinanza a loro potrebbe offrirgli dei vantaggi. Il disinteresse ostentato da Catullo non è soltanto verso Cesare e il suo partito politico: è un disinteresse verso la politica in generale, che il poeta considera alla stregua di un'attività degradata e, per questo, da rigettare in blocco.*

Nil nimium studeo, Caesar, tibi velle placere,
nec scire utrum sis albus an ater homo.

■ **Busto di Cesare**, prima metà del I sec. d.C. Berlino, Antikensammlung, Staatliche Museen.

[v. 1] **Nil... placere**: *nil*: corrisponde a *nihil* ed equivale a «non». • *velle*: è usato qui in forma ridondante.
[v. 2] **nec... homo**: *scire*: dipende da *studeo* e regge l'interrogativa indiretta disgiuntiva introdotta da *utrum... an*. • *albus an ater*: formula proverbiale, usata per manifestare indifferenza verso qualcuno; probabilmente molto usata nel latino parlato, essa ricorre con notevole frequenza anche nelle opere letterarie.

## PER APPROFONDIRE IL TESTO

### Oltre il testo

**IL RAPPORTO TRA CESARE E CATULLO** Più volte Catullo colpisce Cesare, sia direttamente sia indirettamente, attraverso l'attacco a personaggi del suo seguito.

- Dopo aver letto i due testi di Catullo dedicati a Cesare (➛ carme 57 = **T19**; carme 93 = **T20**) e la testimonianza di Svetonio (riportata nell'analisi al carme 57), prova a ricostruire il rapporto che il poeta intrattenne con il dittatore; ricorda che nel carme 11 (➛ **T9**) Catullo aveva scritto (v. 10) *Caesaris visens monimenta magni*, attribuendo a Cesare una "grandezza" connessa più all'ammirazione per le imprese compiute in Gallia che a un giudizio morale positivo.

# PROVA DI COMMENTO
## (CON INVITO ALLA TRADUZIONE)

Leggi con attenzione il seguente carme di Catullo, di cui ti forniamo il testo latino e due traduzioni moderne, quindi rispondi alle domande che ti guideranno nella comprensione e nell'analisi. Infine, potrai rendere ragione della tua interpretazione con un testo organico di commento e proporre una tua personale traduzione del componimento.

## Una serata tra amici

| carme 50 | metro: endecasillabi faleci |

*Dopo una serata trascorsa in una gara di improvvisazione poetica in compagnia dell'amico Licinio Calvo, uno dei massimi rappresentanti della poesia neoterica, Catullo non riesce a dormire, tanto è eccitato dalla passione della sfida intellettuale e dall'ammirazione per le doti artistiche dell'amico. Esausto, compone infine questi versi per testimoniare a Licinio la nostalgia che prova per la sua compagnia e invitarlo a un nuovo incontro.*

Hesterno, Licini, die otiosi
multum lusimus in meis tabellis,
ut convenerat esse delicatos:
scribens versiculos uterque nostrum
ludebat numero modo hoc modo illoc,
reddens mutua per iocum atque vinum.
Atque illinc abii tuo lepore
incensus, Licini, facetiisque,
ut nec me miserum cibus iuvaret
nec somnus tegeret quiete ocellos,
sed toto indomitus furore lecto
versarer, cupiens videre lucem,
ut tecum loquerer, simulque ut essem.
At defessa labore membra postquam
semimortua lectulo iacebant,
hoc, iucunde, tibi poema feci,
ex quo perspiceres meum dolorem.
Nunc audax cave sis, precesque nostras,
oramus, cave despuas, ocelle,
ne poenas Nemesis reposcat a te.
Est vehemens dea: laedere hanc caveto.

**Traduzione di MARIO RAMOUS**

Ieri, Licinio, per passare il tempo
ci siamo divertiti a improvvisare
sui miei quaderni in delizioso accordo.
Scrivendo versi abbiamo perso l'anima
a misurarci su questo o quel metro,
uno dopo l'altro, nell'allegria del vino.
E me ne sono andato di là incantato,
Licinio, dalla grazia del tuo spirito,
cosí stranito da scordarmi di cenare,
da non riuscire nemmeno a chiudere occhio:
vinto dall'emozione mi son rivoltato
dentro il letto smaniando che facesse giorno

**Traduzione di ENZO MANDRUZZATO**

Ieri, Licinio, che improvvisazioni,
sulle mie tavolette, in libertà.
Si era decisa una giornata chic.
Versi brevi, tu ed io, in ogni metro,
botta e risposta, allegria e vino.
Ma me ne sono andato così acceso
dal tuo spirito e dal tuo buonumore
che neanche il cibo mi faceva bene
e neanche il sonno mi chiudeva gli occhi:
in letto mi giravo senza pace
con una voglia matta della luce,

CATULLO PER APPROFONDIRE

per poteriti parlare, per stare con te.
Ma ora che, morto di stanchezza, il mio corpo
senza piú forze sul letto ha trovato pace,
ho scritto per te, amico mio, questi versi,
perché tu potessi capire la mia pena.
Non essere sprezzante, non respingere
di grazia, occhi miei, le mie preghiere:
provocheresti il castigo di Nemesi.
È una dea terribile, non offenderla.

per parlare con te e star con te,
finché piombai esausto addormentato
sopra il divano pressappoco morto.
Ma ora ti scrivo una poesia, mio caro,
perché tu sappia quello che ho patito.
Ma non esagerare. È una supplica:
ti prego, amico caro, non sdegnarla,
che Nèmesi non chieda la vendetta.
È dea cattiva e bada a non offenderla.

**GUIDA ALLA COMPRENSIONE E ALL'ANALISI**

**La struttura del componimento** Il carme può essere diviso in quattro sezioni (vv. 1-6; vv. 7-13; vv. 14-17; vv. 18-21); indica sinteticamente il contenuto di ciascuna sezione.

**Il lessico della nuova poesia** Nella prima sezione del carme due elementi rievocano le condizioni in cui si è svolta la serata di poesia con Calvo: l'aggettivo *otiosi* (v. 1) e l'espressione *per iocum atque vinum* (v. 6).

- Osserva e descrivi la collocazione di questi elementi nel testo; quindi definisci il significato di *otium* e spiega se e quando l'*otium* entra in conflitto con la morale tradizionale romana. Infine, chiarisci che cosa si intende con l'espressione *per iocum atque vinum*.

Altri termini definiscono nel corso del componimento i modi e i temi del fare poesia; in particolare, sia *lusimus* al v. 2, ripreso da *ludebat* al v. 5, sia *versiculi* al v. 4 rimandano a una dimensione di:

☐ poesia leggera e disimpegnata ☐ poesia comica ☐ poesia satirica, di denuncia sociale.

Quanto all'espressione *esse delicatos* (v. 3), che significa propriamente «essere raffinati», essa si riferisce qui alla composizione di:

☐ poesia epica ☐ poesia tragica ☐ poesia erotica.

Il significato dell'espressione *esse delicatos* nel contesto del carme catulliano si può ricavare dal confronto con il seguente passo di Cicerone, dove si fa riferimento ai versi composti dall'epigrammista greco Filodemo di Gadara per il suo patrono, l'epicureo Pisone (*In Pisonem* 70): *omnes... libidines, omnia stupra, omnia cenarum genera conviviorumque, adulteria denique... <u>delicatissimis versibus</u> expresserit, in quibus si qui velit possit istius tamquam in speculo vitam intueri*, «tutte le sfrenatezze, tutti gli atti sessualmente deprecabili, tutti i tipi di banchetti e di feste, insomma tutti gli adulteri (Filodemo) ha rappresentato <u>in versi raffinatissimi</u> nei quali, se soltanto uno lo voglia, può leggere la vita di costui (= Pisone) come in uno specchio».
Nella seconda sezione del carme Catullo loda Calvo per le sue qualità di *lepos* (v. 7) e di *facetiae* (v. 8): Calvo è dunque *lepidus* (da *lepos*), come è detto *lepidus* nel carme 1, v. 1 (➤ **T10**) il *libellus* che Catullo offre in dono a Cornelio Nepote e che contiene le proprie poesie.

- Definisci il significato di *lepos* e *facetiae* in riferimento ai *poetae novi* e alla loro poesia.

**Il lessico d'amore** Per esaltare l'amicizia che lo lega a Calvo, Catullo attinge al lessico della passione d'amore.

- A quali metafore rimandano, rispettivamente, i termini *incensus* (v. 8) e *furore* (v. 11)? Individua altri termini tipici del linguaggio amoroso presenti nel carme.

**Lo stile** Pur presentandosi come poesia d'occasione, il carme è frutto di un'accurata elaborazione stilistica. Individua le figure retoriche attive nei seguenti passaggi e l'effetto espressivo conseguito:

- *tuo lepore / incensus ... facetiisque*, vv. 7-8
- *indomitus furore* al posto di *indomito furore*, v. 11;
- *versarer*, ritardato all'inizio del v. 12;
- *ut tecum loquerer, simulque ut essem*, v. 13.

In particolare, per dare solennità alla richiesta finale (*precesque nostras*, v. 19, che allude evidentemente alla proposta di rivedersi), Catullo utilizza un registro solenne e minaccioso, caratterizzato dalla triplice ripetizione dell'imperativo .................................................................................................. e dal riferimento a *Nemesis*, la dea della vendetta che punisce i malvagi. Tuttavia la minaccia è ironica, come dimostra l'impiego del diminutivo affettivo ................................................. per rivolgersi a Calvo e del verbo ................................................., proprio della lingua d'uso, usato qui nel senso di «disprezzare».

### GUIDA AL COMMENTO

**Contestualizzazione** Colloca il carme 50 all'interno della produzione poetica catulliana, precisando la sezione del *liber* cui esso appartiene.

**Interpretazione e approfondimenti** L'amicizia nella Roma repubblicana ha soprattutto una natura pubblica e una funzione strumentale, volta a tessere alleanze a fini politici: Catullo rivendica invece l'amicizia come bisogno privato, come relazione affettuosa tra individui che si scelgono sulla base di affinità elettive.

- La cerchia degli amici-poeti condivide un sistema etico ed estetico di valori, mostra gli stessi gusti in fatto di poesia e non solo. Riepiloga le qualità che contraddistinguono Catullo e i suoi amici, confrontando anche il carme 13 (➤ **T11**). Quindi spiega come l'ideale di vita e di poesia coltivato dai *poetae novi* entri in collisione con i valori tipici del *civis Romanus*; puoi confrontare i testi antologizzati relativi al tema del rapporto tra politica e poesia (➤ **T18-T20**).

### GUIDA ALLA TRADUZIONE

Dopo avere confrontato le due diverse traduzioni del carme 50 riportate qui sopra, metti a frutto le osservazioni che hai ricavato dalla Guida alla comprensione e all'analisi per proporre una tua personale traduzione. Presta particolare attenzione:

- a tradurre con precisione i termini che si riferiscono alla tecnica poetica, resi piuttosto liberamente nelle due traduzioni (*otiosi*, *lusimus*, *esse delicatos*);
- alla struttura sintattica dei vv. 9-13: il primo *ut* introduce tre proposizioni ................................................, le prime due negative, la terza affermativa, mentre gli *ut* del v. 13, dipendenti da ................................................, introducono due proposizioni ................................................;
- agli imperativi *cave*, ripetuti ai vv. 18 e 19, che sono costruiti direttamente con il congiuntivo, e all'imperativo futuro *caveto*, al v. 21, che regge invece l'infinito.

CATULLO PER APPROFONDIRE

CICERO LECTIO **Un presente senza dèi** carme 64, vv. 384-408

# Cicerone
## La centralità della parola

ZTE ONLINE
Mettiti alla prova con 20 esercizi interattivi

## LA PAROLA PER GOVERNARE

PER COMPRENDERE

### *Cedant arma togae*



### *Vir bonus dicendi peritus*



## LA PAROLA PER AFFASCINARE

PER ANALIZZARE



## LA PAROLA PER AGIRE

PER APPROFONDIRE

IL TEMPO DELL'AUTORE

# MARCO TULLIO CICERONE

**CICERONE *HOMO NOVUS*** Cicerone nasce nel **106 a.C.** ad **Arpino**, in Lazio, da una famiglia appartenente non alla *nobilitas* ma al ceto equestre. Sebbene la sua famiglia possa contare su alcune aderenze e amicizie nel ceto senatorio, Cicerone percorre il *cursus honorum* ed entra in senato soprattutto per la propria abilità: l'aristocrazia romana, infatti, non ammetteva facilmente al proprio interno quelli che venivano spregiativamente definiti ***homines novi***, ossia elementi che non appartenevano alle famiglie di rango senatorio da generazioni. In effetti, gli avversari di Cicerone non si fecero mai scrupoli a definirlo con disprezzo *inquilinus* di Roma (Sallustio, *De coniuratione Catilinae* 31), anche dopo che era divenuto console e senatore.

**LA FORMAZIONE E L'ESORDIO** Se consideriamo l'intero arco della vita di Cicerone, possiamo individuare **tre periodi**: quello della formazione, compiutasi entro il 77 a.C.; quello precedente il consolato, rivestito nel 63 a.C.; quello successivo al consolato, fino alla morte, avvenuta nel 43 a.C.

La **prima formazione** avviene a **Roma**, dove, risiedendo presso degli zii, Cicerone inizia ad apprendere i segreti della politica e dell'oratoria dagli oratori Marco Antonio (nonno del futuro triumviro) e Lucio Licinio Crasso; inoltre, ha modo di conoscere il diritto (frequentando Mucio Scevola Augure) e la letteratura (frequentando il grammatico Elio Stilone e il poeta Archia). Sempre a Roma studia anche filosofia, venendo in contatto con il pensiero degli epicurei, degli stoici e degli accademici. Durante gli anni giovanili, nell'86 a.C., scrive un trattato di retorica, il *De inventione*.

Agli studi fa seguito l'esordio nel foro, brillantissimo: in uno dei primi processi, però, nell'80 a.C., difendendo Sesto Roscio Amerino dalla falsa accusa di parricidio, urta gli interessi di influentissimi amici di Silla, allora al potere. Anche per questo motivo ma soprattutto per perfezionare gli studi, dopo aver vinto la causa, si reca in **Grecia**. Qui studia retorica e filosofia con grandi maestri, come Antioco di Ascalona e Posidonio.

**Busto di Cicerone**, metà del I sec. a.C. Roma, Musei Capitolini.

Vincenzo Foppa, **Lettura del giovane Cicerone**, 1464. Londra, Wallace Collection.

**LA CARRIERA E IL SUCCESSO** Nel 77 a.C., l'anno dopo la morte di Silla, Cicerone torna a Roma e sposa **Terenzia**, dalla quale ha due figli, **Tullia** e **Marco Cicerone**. Ha quindi inizio un nuovo periodo, caratterizzato da un intensissimo impegno come **avvocato** nel foro di Roma, in cause sia civili sia penali. Grazie alla maestria dimostrata in processi che vedevano spesso coinvolti personaggi politici di primo piano, Cicerone acquisisce sempre maggiore notorietà: riesce così a trovare gli appoggi che gli consentono di presentarsi alle elezioni e di essere eletto alle cariche che gli avrebbero aperto le porte del senato. In particolare, nel 75 a.C. esercita la **questura** in **Sicilia** con tale onestà, che varie cit-

CICERONE

tà dell'isola, nel 70 a.C., si rivolgono a lui perché patrocini la loro causa contro il senatore corrotto **Verre**, il quale aveva impoverito il territorio con un governo di terribile rapacità. Cicerone ottiene una vittoria schiacciante e le orazioni preparate per la causa, le ***Verrine***, una volta pubblicate, riscuotono grande successo. Negli anni successivi l'oratore assume numerose cause e politicamente si schiera dalla parte di **Pompeo**, il quale si era impegnato su posizioni conservatrici, a difesa della legalità repubblicana e dei ceti più forti (cavalieri e senatori), in opposizione ai ***populares*** che propugnavano invece riforme economiche e sociali a favore dei ceti più deboli. La sua carriera politica culmina con l'elezione a **console** per il **63 a.C.** Nel corso di quell'anno Cicerone sventa la congiura di **Catilina**, denunciando le trame di quest'ultimo con una serie di orazioni successivamente pubblicate con il titolo di ***Catilinarie***. La vicenda si conclude con la messa a morte – per ordine del console e del senato, senza appello al popolo – dei principali rivoltosi e con la morte in battaglia dello stesso Catilina.

**IL DECLINO E LA MORTE** Dall'anno successivo al consolato inizia per Cicerone il **declino politico**, determinato dal fatto che Pompeo si era nel frattempo avvicinato ai suoi avversari (i *populares*), capeggiati da Cesare. Nel 58 a.C., in ragione di una legge che ribadiva il divieto di condannare a morte un cittadino romano senza fare appello al popolo, Cicerone viene **esiliato**. Rientrato a Roma nel 57 a.C., durante gli anni seguenti, dominati dal primo triumvirato, conduce una vita ritirata e partecipa a pochi processi (alcuni dei quali, però, assai delicati politicamente: primo fra tutti, quello del 52 a.C. intentato contro Milone, accusato di aver ucciso il tribuno ed esponente dei *populares* Clodio, e invano difeso con la *Pro Milone*). Nel corso di questi anni Cicerone si dedica alla stesura di trattati di retorica e di politica: il *De oratore* viene pubblicato nel 55 a.C. e il *De re publica* nel 51 a.C.

Tomba di Cicerone. Formia.

Nel 49 a.C., all'inizio della guerra civile, dopo molte incertezze decide di seguire Pompeo in Grecia; torna a Roma dopo la battaglia di Farsàlo (48 a.C.), usufruendo della clemenza di Cesare (verso cui non mostrò mai eccessivo entusiasmo, anche se ne fece pubbliche lodi). Durante gli anni della dittatura di Cesare, Cicerone si dedica all'attività filosofica e letteraria, rimanendo per lo più lontano dalla scena pubblica. Tra il 46 e il 44 a.C. compone numerosi trattati di oratoria (*Brutus* e *Orator*), di filosofia (*Academica*, *De finibus bonorum et malorum*, *Tusculanae disputationes*, *Laelius de amicitia*, *Cato Maior de senectute*, *De officiis*, *Paradoxa Stoicorum*, *De natura deorum*, *De fato*, *De divinatione*) e di politica (*De legibus*).
Dopo la morte di Cesare, il 15 marzo del 44 a.C., Cicerone torna con rinnovato impegno alla politica: si propone in qualità di consigliere e guida del giovane Ottaviano, cercando nel contempo di isolare **Antonio**, che aspirava a essere pubblicamente riconosciuto come l'erede di Cesare. Contro Antonio Cicerone pronuncia una serie di orazioni dette ***Filippiche***, in quanto richiamavano i celeberrimi discorsi pronunciati dall'oratore ateniese Demostene contro il re di Macedonia Filippo. L'alleanza tra Antonio e Ottaviano, che fu determinata dall'opportunità di fronteggiare uniti i cesaricidi e che si concretizzò poi nel secondo triumvirato, determina la fine di Cicerone: inserito nelle **liste di proscrizione** dettate da Antonio e approvate da Ottaviano, viene ucciso dai sicari, nei pressi della sua villa di Formia, il **7 dicembre** del **43 a.C.**

**GUIDA ALLO STUDIO**

**1.** In quali periodi può essere suddivisa la vita di Cicerone?

**2.** Quale fu il momento culminante della carriera politica di Cicerone?

**3.** Quali furono le circostanze della morte di Cicerone?

# La centralità della parola

**UNA PRODUZIONE ECCEZIONALMENTE VASTA E VARIA** Cicerone è, con ogni probabilità, l'intellettuale latino che ci è dato di conoscere meglio. Non soltanto conserviamo buona parte delle sue opere, ma è la natura stessa di tali opere che ci permette di indagare approfonditamente la sua personalità di scrittore e di uomo politico: di lui possiamo leggere sia i discorsi pronunciati in senato o in tribunale durante l'incessante attività pubblica (svoltasi nell'arco di circa quarant'anni, dall'epoca di Silla all'anno successivo alla morte di Cesare) sia i trattati, in cui l'autore illustra nei particolari le sue idee politiche e filosofiche e i suoi interessi culturali. In più disponiamo di una parte consistente delle lettere che egli scrisse sia agli amici sia ad altri personaggi di spicco della vita politica del tempo, come Pompeo e Cesare (alcune sono lettere effettivamente private, altre hanno il carattere di comunicazioni ufficiali). Numerose sono anche le testimonianze sulla sua attività politica che troviamo in opere di altri autori, sia contemporanei sia successivi.

**I TEMI PORTANTI DELLE OPERE** Cicerone rappresenta in modo esemplare la tendenza propria della cultura latina ad assorbire i temi della cultura greca. Egli coniuga i risultati delle maggiori scuole di filosofia e di retorica del mondo greco con le istanze caratteristiche del mondo romano. Giunge così a elaborare un modello ideale di uomo politico (*orator*), in grado di dedicare le proprie forze alla cura della *res publica*, ma allo stesso tempo capace di arricchire e mantenere vivo il proprio spirito con i valori della filosofia e della letteratura: infatti, il tempo e l'impegno dedicati alla vita pubblica, ossia al *negotium*, risultano bilanciati dalle energie profuse negli interessi culturali, attraverso la lettura e la frequentazione di persone colte, attività che connotano il tempo trascorso lontano dalla vita politica nei termini non di un puro rilassamento, ma di un *otium cum dignitate* («tempo libero da trascorrere in attività onorevoli»). Il compito fondamentale dell'uomo politico è, secondo Cicerone, quello di realizzare la civile convivenza grazie all'uso della parola e non della forza; la ricchezza spirituale da cui questi può trarre le risorse intellettuali per affrontare la vita politica è condensata nel termine *humanitas*, termine che esprime l'insieme di caratteristiche, fondate sulla razionalità e sull'educazione, che rendono l'uomo unico fra gli esseri viventi. Questa concezione della politica ha offerto per secoli – soprattutto nella tarda antichità e poi a

Statua di Cicerone. Roma.

CICERONE

partire dalla seconda metà del 1300, con l'inizio dell'Umanesimo in Italia e nel resto dell'Europa – un modello di civiltà e di educazione dei giovani. Quanto al tema autocelebrativo, esso è assai presente in tutta l'opera di Cicerone, il quale additava nel proprio operato, soprattutto in qualità di console, un esempio di ottima condotta politica.

**L'IMPORTANZA DELL'*ELOQUENTIA*** Sia nelle opere teoriche sia nei discorsi, facendo tesoro dell'incomparabile esperienza della retorica greca, Cicerone si dedicò con particolare attenzione a esaminare le possibilità e l'uso della parola come strumento di comunicazione, di persuasione e, se necessario, di lotta. Secondo Cicerone, è necessario che l'attività politica e il governo dello Stato, la *res publica*, siano esercitati nel rispetto delle istituzioni da persone in grado di ottenere il consenso del popolo e del senato, capaci di spiegare in modo efficace le proprie idee e di confutare in modo altrettanto efficace quelle degli avversari politici. L'attività politica non consiste solo nel proporre soluzioni e progetti finalizzati a migliorare la civile convivenza, ma anche nel saper ottenere il consenso dell'opinione pubblica, senza il quale è impossibile avere i voti necessari per governare: l'eloquenza è, dunque, lo strumento grazie al quale l'uomo politico riesce a ottenere il consenso.

**I RISCHI DELL'*ELOQUENTIA*** Va detto che spesso, leggendo le orazioni, si può avere l'impressione che Cicerone, nella ricerca del consenso e del successo, usi l'eloquenza in modo opportunistico, come una vera e propria tecnica di manipolazione dell'opinione pubblica; dobbiamo d'altronde tenere presente che l'alternativa, drammatica, a un tale uso dell'eloquenza era la brutale imposizione del potere attraverso il ricorso alla forza e all'appoggio dell'esercito. A Cicerone, infatti, fu sempre ben chiaro che i politici come Pompeo, Cesare e Antonio, i quali fondavano il consenso principalmente sulla gloria militare, una volta soli al potere, avrebbero snaturato completamente lo Stato, comportandosi da tiranni, come prima di loro avevano fatto Mario e Silla. Di conseguenza, lo studio approfondito dell'*eloquentia*, in quanto tecnica finalizzata a ottenere il consenso verso la propria linea politica, non va valutato negativamente come un tentativo di manipolare gli ascoltatori. Nell'interesse per l'*eloquentia* si condensa il messaggio umano e politico di Cicerone, che raccoglie l'eredità della cultura dell'Atene classica: la politica è l'attività più nobile per l'uomo civile, il quale deve combattere per le proprie idee con le parole e non con le armi.

**Scena di vita forense**, affresco, I sec. d.C. Napoli, Museo Archeologico Nazionale.

# La parola per governare

PER COMPRENDERE

**ASPETTI DELL'AZIONE POLITICA CICERONIANA** Cicerone difese sempre strenuamente i valori e le istituzioni che avevano portato Roma a una posizione di predominio nel Mediterraneo e fu sincero ammiratore di quegli uomini del passato che avevano saputo operare grandi conquiste a beneficio della *res publica* e non solo della propria gloria (come gli Scipioni durante il lungo periodo delle guerre puniche).

Ferma convinzione dell'oratore era poi che la stabilità dello Stato dipendesse largamente da una corretta amministrazione delle provincie; da qui la marcata insofferenza nei confronti delle ingiustizie operate da quei senatori rapaci che depredavano impunemente i territori soggetti a Roma, abusando del potere connesso con il loro ruolo di governatori. Nel cercare di rafforzare la solidità delle istituzioni repubblicane, egli prestò molta attenzione alle esigenze sia degli *equites* – la sua classe sociale di provenienza, composta di famiglie i cui ingenti patrimoni erano prevalentemente frutto di attività finanziarie, come il prestito di denaro – sia dei provinciali possidenti, i quali, pur in posizione di sudditanza, trovavano nell'amministrazione romana un ottimo interlocutore per i loro affari. Il sogno di Cicerone era che l'impero fosse retto da una classe politica illuminata, formata dalla coesione degli *equites* e dei senatori, uniti nel garantire la pace ai domini di Roma.

**OSTILITÀ VERSO LE PROPOSTE DI RIFORME** Cicerone dimostrò invece scarso interesse, sottovalutandone anche l'impatto sul piano politico, nei confronti del numero sempre crescente di cittadini romani nullatenenti, i quali affuivano nella capitale dopo aver per-

■ Processione, rilievo dall'*Ara Pacis Augustae*, 9 a.C. Roma.

so ogni bene, a causa soprattutto della crisi della piccola proprietà fondiaria in Italia, dovuta in primo luogo all'arrivo di grano a bassissimo prezzo dalle provincie. A ingrossare le fila di questo nuovo proletariato c'erano anche numerosi legionari congedati per anzianità, i figli dei nemici politici di Silla, che avevano visto i loro patrimoni confiscati dallo Stato, e i nobili rovinati dai debiti. Insieme ai piccoli poderi svenduti, anche i terreni espropriati ai proscritti confluirono per lo più nelle mani di un ristretto numero di ricchissimi possidenti che seppero abilmente approfittare della situazione e realizzare ingenti guadagni ricorrendo alla manodopera servile per coltivare i propri latifondi. Cicerone si trovò quindi su posizioni opposte rispetto alla parte politica dei *populares*: convinti che le antiche strutture statali non fossero più adatte a gestire un impero di dimensioni ormai vastissime, i *populares* intendevano infatti riformare profondamente la *res publica* sfruttando il malcontento delle fasce più basse della popolazione cui promettevano la cancellazione dei debiti e la distribuzione di terre.

**Oratore romano**, statua in marmo proveniente da Ehnassia, particolare. Il Cairo, Museo Nazionale Egizio.

**IL CONSOLATO** Cicerone arrivò all'apice del successo politico con l'elezione a console nel 63 a.C.: allora ebbe l'appoggio sia degli *equites*, il suo ceto di appartenenza, sia anche di una parte della *nobilitas* senatoria, gli *optimates*, ostili a qualsiasi cambiamento istituzionale che compromettesse la stabilità dei grandi patrimoni (come, per esempio, il frazionamento delle proprietà fondiarie finalizzato alla distribuzione di terre a vantaggio dei nullatenenti). Coerente con i propri princìpi, Cicerone da console bloccò ogni proposta di riforma agraria e, soprattutto, sventò il colpo di Stato ordito da Lucio Sergio Catilina, un nobile caduto in miseria che aveva tentato di prendere il potere con la violenza e puntava a una drastica ristrutturazione dello Stato in linea con la politica più estremista dei *populares*. Cicerone interpretò gli eventi verificatisi durante il suo consolato nei termini di un grande successo personale: giudicò un fatto epocale, paragonabile a una vera e propria rifondazione di Roma, l'aver salvaguardato la pace dello Stato servendosi innanzi tutto del potere delle sue parole. Era la dimostrazione più palese della validità della sua idea: la guida dello Stato deve essere affidata a chi ha la capacità di ottenere il consenso grazie all'eloquenza, alla cui pratica non basta la conoscenza del diritto, ma concorrono molteplici elementi culturali, atti a conferire all'uomo politico una particolare profondità spirituale, l'*humanitas*.

# *Cedant arma togae*

T1

LATINO/ITALIANO

CICERO LECTIO

## Il console aggredisce Catilina

| *Catilinarie* 1, 1-3 |

*Durante gli ultimi mesi del suo consolato, nell'autunno del 63 a.C., Cicerone ebbe da diversi informatori notizia che Lucio Sergio Catilina, un nobile economicamente rovinato ma con largo seguito presso l'opinione pubblica, intendeva attuare un colpo di Stato e prendere il potere con la forza, dato che era stato battuto alle elezioni per il consolato ormai due volte. Il piano insurrezionale, sostenuto anche da alcuni senatori molto potenti, prevedeva che Cicerone venisse ucciso insieme ad altri membri del senato, ugualmente ostili alla linea politica di Catilina, e che Roma, una volta appiccati incendi in più punti della città per terrorizzare la popolazione, fosse invasa da un esercito rivoluzionario guidato dallo stesso Catilina, con truppe arruolate in varie zone d'Italia.*

*Quando è ormai certo della situazione, l'8 novembre del 63 a.C., Cicerone attacca per la prima volta in senato Catilina, facendogli capire che le sue trame sono state scoperte. Il testo seguente costituisce l'esordio del celebre discorso.*

[1] Quo usque tandem abutere, Catilina, patientia nostra? Quamdiu etiam furor iste tuus nos eludet? Quem ad finem sese effrenata iactabit audacia? Nihilne te nocturnum praesidium Palati, nihil urbis vigiliae, nihil timor populi, nihil concursus bonorum omnium, nihil hic munitissimus habendi senatus locus, nihil horum ora voltusque moverunt? Patere tua consilia non sentis, constrictam iam horum omnium scientia teneri coniurationem tuam non vides? Quid proxima, quid superiore nocte egeris, ubi fueris, quos convocaveris, quid consilii ceperis, quem nostrum ignorare arbitraris?

Le trame di Catilina sono evidenti

[1] Fino a quando dunque, Catilina, abuserai della nostra pazienza? Per quanto a lungo ancora codesta tua follia si prenderà gioco di noi? Fino a che punto si spingerà la tua sfrenata arroganza? Per nulla il presidio notturno sul Palatino, per nulla le ronde notturne in città, per nulla il panico diffuso tra il popolo, per nulla il riunirsi di tutte le persone oneste, per nulla il luogo fortificato in cui il senato è convocato, per nulla gli sguardi e i volti di costoro ti hanno impensierito[1]? Non capisci che i tuoi piani sono evidenti? Non vedi che la tua congiura è tenuta bloccata dal fatto che tutti questi ne sono consapevoli? Che cosa hai fatto la notte scorsa, che cosa quella precedente, dove sei stato, chi hai convocato, che cosa hai deciso, chi di noi

Le trame di Catilina sono evidenti

CICERONE PER COMPRENDERE

[1] **abutēre**: futuro semplice di *abutor*, II persona singolare, in alternativa a *abutēris*; regge il successivo ablativo *patientia nostra*. • **constrictam... coniurationem tuam**: *constrictam* è predicativo del soggetto *coniurationem* (soggetto della proposizione oggettiva, dipendente da *vides*, il cui predicato è *teneri*). • **Quid... egeris... fueris... convocaveris... ceperis**: serie di proposizioni interrogative indirette (rette dalla successiva proposizione interrogativa diretta *quem... arbitraris?*).

1. Si allude ai provvedimenti presi in difesa della cittadinanza e alla forte tensione diffusasi dopo che si erano sparse le voci su un imminente colpo di Stato. Cicerone aveva convocato il senato nel tempio di Giove Statore, ai piedi del Palatino, in un posto facile da sorvegliare da parte delle ronde armate formatesi spontaneamente fra i simpatizzanti del console.

Cicerone si autoaccusa

Gli *exempla* del passato

[2] O tempora! O mores! Senatus haec intellegit, consul videt; hic tamen vivit. Vivit? Immo vero etiam in senatum venit, fit publici consilii particeps, notat et designat oculis ad caedem unum quemque nostrum. Nos autem fortes viri satis facere rei publicae videmur, si istius furorem ac tela vitamus. Ad mortem te, Catilina, duci iussu consulis iam pridem oportebat, in te conferri pestem, quam tu in nos omnis iam diu machinaris. [3] An vero vir amplissimus, P. Scipio, pontifex maximus, Ti. Gracchum mediocriter labefactantem statum rei publicae privatus interfecit; Catilinam orbem terrae caede atque incendiis vastare cupientem nos consules perferemus? Nam illa nimis antiqua praetereo, quod C. Servilius Ahala Sp. Maelium, novis rebus studentem, manu sua occidit. Fuit, fuit ista quondam in hac re publica virtus, ut viri fortes acrioribus suppliciis civem perniciosum quam acerbissimum hostem coercerent. Habemus senatus consultum in te, Catilina, vehemens et grave, non deest rei publicae consilium neque auctoritas huius ordinis; nos, nos, dico aperte, consules desumus.

Cicerone si autoaccusa

Gli *exempla* del passato

tu credi che lo ignori?[2] [2] Che tempi! Che modi di fare! Il senato intuisce queste trame, il console le vede; costui tuttavia non è ancora morto. Non è morto? Anzi, al contrario viene anche in senato, è al corrente delle pubbliche delibere, esamina e candida alla morte ciascuno di noi. D'altra parte sembra che noi, gente coraggiosa, facciamo già abbastanza per lo Stato, se evitiamo le pugnalate folli di costui. Già da un pezzo sarebbe stato necessario che tu, Catilina, fossi condannato a morte per ordine del console, sarebbe stato necessario che la sciagura, che ormai da lungo tempo tu stai macchinando contro tutti noi, fosse rivolta contro di te. [3] In realtà un uomo assai prestigioso, Publio Scipione, un pontefice massimo, uno privo di cariche pubbliche, mise a morte Tiberio Gracco, quando stava dando un colpo tutto sommato leggero alla stabilità dello Stato[3]; io che sono un console sopporterò Catilina, il quale arde dal desiderio di devastare tutto il mondo con stragi e incendi? Infatti passo sopra a quei famosi episodi troppo antichi, ossia che Gaio Servilio Ahala

[2] **vivit**: il presente *vivit* significa qui sarcasticamente «non è ancora morto»; per cogliere il sarcasmo bisogna tenere presente che in latino, per dire che una persona è morta, si utilizza normalmente il perfetto *vixit*, «ha vissuto (e ora non vive più)». • **fortes viri**: detto con ironia. • **oportebat**: questo imperfetto indicativo in italiano va espresso con il condizionale (il cosiddetto "falso condizionale"); nota la collocazione del verbo al centro delle due proposizioni infinitive soggettive che regge (*Ad mortem... consulis* e *in te... pestem*).
[3] **privatus**: appartenere al collegio sacerdotale dei pontefici accresceva il prestigio personale, ma non aveva nulla a che fare con le cariche civili; perciò anche il capo dei pontefici, il *pontifex maximus*, era da considerarsi un privato cittadino, se non ricopriva una carica specifica. • **cupientem**: participio congiunto con il complemento oggetto *Catilinam*. • **nos consules**: va inteso come *pluralis maiestatis*, «io console», in forte antitesi rispetto al precedente *privatus* (allo stesso modo va intesa l'espressione anche alla fine del paragrafo): è infatti del tutto improbabile che Cicerone intendesse coinvolgere anche il collega in questa azione politica. • **novis rebus**: l'aggettivo *novus* è spesso connotato spregiativamente, in virtù della mentalità conservatrice caratteristica della cultura latina; perciò l'espressione vale «pericolose rivolte». • **huius ordinis**: si intende il senato, ossia le persone appartenenti all'*ordo senatorius*.

2. Sappiamo da altre fonti, come lo storico Sallustio, che Cicerone era perfettamente informato dall'amante di un congiurato, tale Fulvia, delle riunioni dei sediziosi.
3. Nel 133 a.C. Scipione Nasica fece uccidere brutalmente il tribuno della plebe Tiberio Gracco, il quale aveva proposto un programma di riforme piuttosto radicali dello Stato. Qui Cicerone, allo scopo di amplificare il pericolo rappresentato da Catilina, ne sminuisce la portata rivoluzionaria.

abbia ucciso con le sue mani Spurio Melio, che aspirava a una rivolta[4]. Ci fu, ci fu codesta buona abitudine un tempo in questo Stato, ovvero che le persone coraggiose tenessero a freno un concittadino facinoroso con provvedimenti più severi rispetto a quelli destinati a un nemico pericolosissimo. Abbiamo una delibera del senato energica e grave contro di te, Catilina; né manca allo Stato la decisione né ai senatori l'autorevolezza. Io, io, lo dico apertamente, il console, non sono all'altezza.

4. Nel 439 a.C. Gaio Servilio Ahala, per ordine del dittatore Cincinnato, uccise Spurio Melio: costui, durante una carestia, aveva cercato di attirare dalla propria parte il popolo per mezzo di elargizioni. Cicerone, con un abile stratagemma retorico, la preterizione, cita Gaio Servilio Ahala dando però l'impressione di non volerlo nemmeno ricordare.

## PER COMPRENDERE IL TESTO

### Il testo e il contesto

**LA CONGIURA** La volontà di riunire il senato l'8 novembre del 63 a.C. al fine di rivelare pubblicamente le trame di Catilina matura nel momento in cui Cicerone acquisisce la ragionevole certezza di non essere smentito e beffato dagli avversari. Catilina, infatti, poteva contare su numerosi appoggi e simpatizzanti. Ecco le tappe attraverso le quali matura la congiura: nel 64 a.C., dopo un tentativo avvenuto un paio di anni prima e andato a vuoto, Catilina si presenta alle elezioni per il consolato del 63 a.C. con un programma di riforme radicali; è però battuto da Cicerone e dall'altro candidato, Antonio Ibrida. Nel 63 a.C. Catilina si ripresenta con un programma ancora più esplicitamente rivoluzionario. Cicerone, da console, lo ostacola, rimandando la data delle elezioni. Si diffondono quindi voci sul fatto che Catilina voglia far eliminare Cicerone. In questo clima si svolgono le elezioni per il 62 a.C.: Catilina viene nuovamente battuto e si intensificano i sospetti che egli stia tentando di impadronirsi del potere con la forza. Intorno al 20 ottobre del 63 a.C. il senato approva il *senatus consultum ultimum*, ovvero un provvedimento speciale che dava pieni poteri ai consoli in caso di estremo pericolo per lo Stato: si era infatti venuti a sapere che un esercito rivoluzionario si stava radunando in Etruria. Cicerone, scampato a un attentato la notte del 7 novembre, il giorno seguente decide di affrontare Catilina in senato, pur non avendo prove certe contro di lui. Di questa congiura ci informano la monografia dello storico Sallustio, scritta circa vent'anni dopo i fatti, e vari storici di età posteriore.

### Il senso del testo

**L'OBIETTIVO DI CICERONE** Il console non ha ancora prove inconfutabili delle macchinazioni di Catilina e sa che molti senatori sono collusi con i congiurati. Un atto di forza in assenza di prove – come ordinare l'esilio dell'avversario, tecnicamente ammissibile in virtù del decreto del senato che dava pieni poteri ai consoli – poteva perciò risultare controproducente: gli alleati di Catilina, infatti, avrebbero avuto modo di accusare il console di abuso di potere, con la probabile conseguenza di guadagnarsi il favore e il sostegno dei senatori moderati, sempre timorosi delle svolte autoritarie dei consoli. Pertanto, nell'esordio del discorso Cicerone si limita a far sapere che è a conoscenza delle trame di Catilina e ad avvertire che potrebbe anche agire con più rigore. Il suo obiettivo, come sarà chiarito nel seguito dell'orazione, è che Catilina, vedendosi messo alle corde, ammetta implicitamente la propria colpa, decidendo di allontanarsi spontaneamente da Roma per unirsi ai suoi sodati in Etruria, fatto che effettivamente si realizzò.

**LA STRATEGIA DI CICERONE** Nell'esordio Cicerone si propone due scopi: quello di chiarire come lo Stato sia di fronte a un pericolo mortale, che impone una pronta reazione, e quello di attirare a sé, con abili forme di *captatio benevolentiae*, la fiducia dei senatori, lasciando capire in particolare agli altri congiurati che si vuole accusare solo Catilina. Al conseguimento del primo scopo è funzionale il tono concitato del discorso. Per quanto riguarda il secondo scopo, più delicato, Cicerone dapprima concentra l'attenzione esclusivamente su Catilina, evitando così che altri senatori si sentano calunniati; quindi proclama di non essere stato all'altezza della situazione: il senato ha fatto il proprio dovere conferendogli pieni poteri con il *senatus consultum ultimum*, ma è lui a non averlo ancora usato (par. 3). Catilina viene isolato dal resto dei presenti per mezzo di una serie di interrogative rivolte esclusivamente contro di lui (par. 1). Da notare anche l'uso sapiente da parte di Cicerone del pronome *nos*: prima in senso proprio, con valore inclusivo per associare a sé nel pericolo gli altri senatori; poi come *pluralis maiestatis*, per evidenziare le proprie colpe e "assolvere" il senato (si noti il passaggio da *nos omnis*, «noi tutti senatori», con *nos* in senso proprio, par. 2, a *nos consules*, «io, il console», plurale di maestà, par. 3). L'esclamazione, divenuta proverbiale, *O tempora! O mores!* rimanda dun-

CICERONE PER COMPRENDERE

que a una situazione, critica e negativa, di cui il console si dichiara in larga misura responsabile. Una volta chiarita la posizione isolata di Catilina, per Cicerone è necessario anche spingere il senato all'azione, convincendolo della gravità del momento. A tale scopo l'oratore porta una serie di esempi storici, certamente noti a tutti i presenti, relativi all'energica reazione dei senatori del passato contro vari rivoluzionari (par. 3): pur addossando la responsabilità della situazione presente esclusivamente a se stesso, è evidente che Cicerone, richiamando esempi tanto autorevoli, vuole che dentro di sé ciascun membro del senato si senta corresponsabile della situazione venutasi a creare.

**IL TONO DEL DISCORSO E LA GESTUALITÀ** Il tono del discorso è altissimo e tragico in virtù delle interrogative retoriche del par. 1. La figura dominante è però certamente l'apostrofe iniziale con cui Cicerone si rivolge senza alcun preavviso a Catilina: mediante tale artificio, quello che poteva essere un inefficace discorso lamentoso contro la corruzione dei tempi genericamente rivolto ai senatori diventa un coinvolgente dialogo teatrale (dobbiamo ragionevolmente immaginare che Catilina cercasse di rispondere qualcosa alle parole di Cicerone). Anche i gesti compiuti dall'oratore sono intuibili dall'uso dei pronomi dimostrativi e dei pronomi personali: possiamo facilmente immaginare Cicerone che prima fissa Catilina, mentre con la mano indica il resto dei senatori (*horum ora*, par. 1), e poi inizia a rivolgersi ora ai senatori (come all'inizio del par. 2, indicando Catilina: *hic vivit*) ora all'avversario (*ad mortem te... duci... oportebat*, par. 2).

**LEGGO E COMPRENDO**

**1.** Per quale motivo possiamo affermare che la I *Catilinaria* inizia *ex abrupto*?

**2.** Quale funzione ha l'esclamazione *O tempora! O mores!* che apre il par. 2?

**3.** Come vengono giudicate le proposte di riforma dei Gracchi da parte di Cicerone?

## L'OPERA | LE *CATILINARIE*

Cicerone pronunciò **quattro discorsi** contro Catilina tra l'inizio di novembre e l'inizio di dicembre del 63 a.C. Tali discorsi scandirono le fasi della lotta del console contro il colpo di Stato organizzato da Catilina, allora senatore.

Cesare Maccari, **Cicerone pronuncia in senato la I *Catilinaria***, 1880. Roma, Palazzo Madama.

| | |
|---|---|
| **I *CATILINARIA*** (pronunciata l'8 novembre in senato) | L'orazione ha la funzione di denunciare le trame di Catilina: Cicerone vuole indurre l'avversario a lasciare spontaneamente Roma e a raggiungere l'esercito rivoluzionario da lui arruolato in Etruria, dando così chiara prova di essere pronto alla guerra contro la città. L'argomentazione si basa principalmente su fattori emotivi, evidenziando come ormai Catilina sia odiato dalla maggior parte degli abitanti di Roma. |
| **II *CATILINARIA*** (pronunciata la sera del 9 novembre di fronte al popolo riunito nel *Comitium*) | Cicerone annuncia al popolo che, dopo il suo discorso in senato del giorno precedente, Catilina ha lasciato la città per unirsi all'esercito rivoluzionario; quindi denuncia che sono rimasti in città, bene occultati, i compagni di Catilina (i quali vengono impietosamente descritti come fannulloni, diseredati, ladri e briganti). L'aiuto degli dèi sarà determinante per la salvezza di Roma. |
| **III *CATILINARIA*** (pronunciata il 3 dicembre di fronte al popolo riunito nel *Comitium*) | Cicerone informa il popolo di come sia giunto a far arrestare i compagni di Catilina rimasti a Roma, avendone dimostrato la colpevolezza di fronte al senato, e di come il senato gli abbia accordato una *supplicatio*, ossia una cerimonia pubblica di ringraziamento agli dèi che abitualmente veniva concessa ai generali vincitori. |
| **IV *CATILINARIA*** (pronunciata il 5 dicembre in senato) | Dopo che è stata dimostrata la colpevolezza dei catilinari arrestati, Cicerone si schiera dalla parte dei senatori che chiedono la pena di morte per i congiurati. Sa bene che questa decisione sarà per lui, una volta uscito di carica, fonte di odio da parte di molti senatori. Esprime in ogni caso la speranza di essere annoverato tra coloro che hanno salvato la patria. |

## IL MONDO DEL LETTORE

# *QUO USQUE TANDEM?... O TEMPORA, O MORES!*

**REDAZIONE SCRITTA E PUBBLICAZIONE DELLE *CATILINARIE*** Il testo delle *Catilinarie* che noi leggiamo è quello pubblicato da **Tirone**, il segretario di Cicerone, dopo la morte dell'oratore; tuttavia, sappiamo che Cicerone stesso aveva curato la redazione delle quattro orazioni contro Catilina circa due anni dopo la fine del consolato, nel 60 a.C., e che una prima pubblicazione era avvenuta in quell'anno a cura di **Tito Pomponio Attico**, amico dell'oratore. Nel testo destinato alla pubblicazione Cicerone aveva apportato **modifiche** rispetto al discorso effettivamente pronunciato, introducendo allusioni ai guai che gli sarebbero venuti dalla lotta contro Catilina. I cambiamenti individuati dalla critica rispecchiano effettivamente la situazione del 60 a.C., quando, con il concretizzarsi dell'alleanza tra Cesare, Pompeo e Crasso, si stavano ormai profilando le condizioni in cui sarebbe maturata la condanna all'esilio ai danni dell'ex console.

La redazione scritta e la conseguente diffusione delle *Catilinarie*, come anche delle altre orazioni ciceroniane, fu determinata dal fatto che Cicerone era seguito nella sua attività forense da molti giovani desiderosi di studiare nei particolari la sua oratoria (come sappiamo da notizie riferite nell'epistolario ciceroniano). Di solito, infatti, gli oratori non preparavano i propri discorsi in forma scritta; al massimo, scrivevano l'esordio e poi redigevano una sorta di scaletta, lasciando ampio spazio all'improvvisazione. Il discorso pronunciato poteva essere stenografato "in diretta" da un segretario dell'oratore durante l'udienza o l'assemblea.

**FORTUNA E RIUSO DELLE *CATILINARIE*** I discorsi contro Catilina acquisirono rapidamente grande notorietà e furono oggetto di studio nelle **scuole di retorica** per tutta l'antichità, il Medioevo e l'Età moderna, al punto che alcune espressioni lì impiegate da Cicerone divennero proverbiali e furono spesso riutilizzate. Il riutilizzo di un testo è un elemento molto importante: testimonia infatti di come il testo in questione fosse divenuto un **"classico"**, il cui riuso poteva essere funzionale a ottenere sia un effetto di autorevolezza, appunto attraverso la ripresa di parole famose e ben note non solo all'autore ma anche al suo pubblico, sia un effetto di parodia. Per quanto riguarda l'esordio della I *Catilinaria*, il primo riuso vagamente parodistico potrebbe essere quello a opera dello storico Sallustio che, nella sua monografia relativa alla congiura, scritta vent'anni dopo i fatti, attorno al 43 a.C., fa pronunciare quasi le stesse parole proprio a Catilina, in un suo concitato discorso ai compagni: *Quae quousque tandem patiemini, o fortissumi viri?*, «Fino a quando dunque sopporterete queste cose, uomini impavidi?» (*De coniuratione Catilinae* 20, 9). Un riuso irriverente e caricaturale di tale espressione si trova poi nel romanzo *Le metamorfosi* dello scrittore Apuleio, vissuto nel II secolo d.C., dove un semplice servo esclama *quo usque tandem cantherium patiemur istum?*, «Fino a quando dunque sopporteremo codesto cavallo da tiro?». L'espressione *quo usque tandem* venne inoltre utilizzata per secoli nelle invettive, allo scopo di conferire speciale autorevolezza alle proprie parole; a riusarla furono soprattutto gli autori cristiani, sia quelli colti (come ad esempio Agostino) sia quelli più lontani dalla cultura classica (dato, quest'ultimo, indicativo del fatto che anche una minima cultura retorica prevedeva lo studio di espressioni provenienti dalle *Catilinarie*).

Per quanto riguarda invece l'esclamazione *O tempora! O mores!* con cui si apre il par. 2 della I *Catilinaria*, ci troviamo di fronte a una sorta di sigillo di riconoscibilità di Cicerone: l'espressione ricorre infatti in più orazioni ciceroniane a noi conservate (e sempre con il medesimo accento di rimpianto per la virtù dei tempi passati). L'espressione conta infinite riprese, anche comiche: interessante è la testimonianza che ci è offerta dal poeta Marziale (vissuto tra I e II secolo d.C.), il quale in un suo epigramma (3, 70) fa la caricatura di chi ripete questo motto anche del tutto a sproposito.

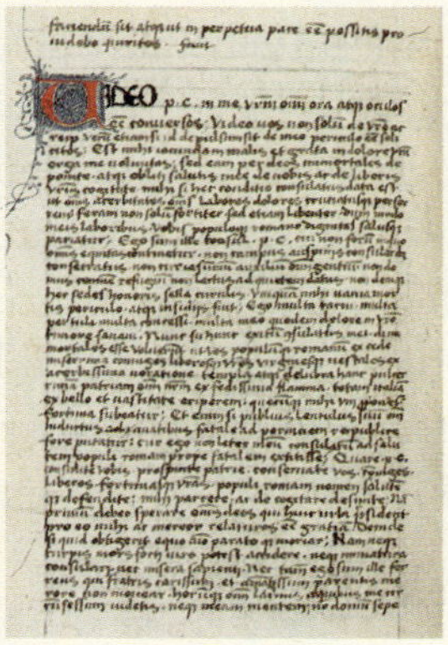

■ Cicerone, *Catilinarie*, pagina da un manoscritto del X secolo. Londra, The British Library.

**GUIDA ALLO STUDIO**

**1.** Come avveniva la messa in circolazione dei discorsi pubblici nell'antica Roma?

**2.** Sulla base di quali elementi possiamo affermare che Cicerone rielaborò le *Catilinarie* in vista della pubblicazione scritta?

**3.** Quali autori riutilizzano il celebre *incipit* della I *Catilinaria* in funzione di parodia?

T2

ITALIANO

# La Patria parla a Catilina e al console

*Catilinarie* 1, 18; 27-29

*Dopo l'enfatico esordio della I* Catilinaria *(➛ **T1**), Cicerone invita con toni accorati Catilina a lasciare la città:* egredere aliquando ex urbe, *«vattene una buona volta dalla città» (par. 10). Questo, in fondo, è quello che più sta a cuore al console, che non dispone di prove sufficienti per esiliare con un provvedimento d'autorità l'avversario e desidera perciò indurlo a portare allo scoperto la cospirazione. Dopo aver ripetuto più volte l'invito, sottolineando che ormai molti cittadini hanno in odio il rivoltoso, Cicerone immagina che sia la Patria in persona a parlare a Catilina per esortarlo ad andarsene.*

*Allo stesso modo, verso la fine del discorso l'oratore immagina che la Patria si rivolga direttamente a lui, al console, e lo accusi di inerzia per non aver ancora preso provvedimenti.*

**[18]** E lei [la Patria] in questo modo ti si rivolge e pur in silenzio ti parla: «Da un po' di anni non c'è alcun delitto che non sia causa tua; nessuna infamia senza di te; solo nel tuo caso stragi di concittadini, violenze e rapine ai danni degli alleati furono impunite e libere; tu non solo sei stato capace di infischiartene dei regolamenti e dei tribunali, ma sei stato capace anche di sovvertirli e di distruggerli. I tuoi passati delitti[1], sebbene non fossero sopportabili, per quanto ho potuto, sono tuttavia riuscita a reggerli, ma ora, che io sia completamente terrorizzata da te solo, che Catilina sia temuto ogni volta che si sente un rumore, che nessuno possa architettare un piano contro di me senza che non ci sia di mezzo una tua macchinazione, questo non è sopportabile[2]. Perciò vattene e liberami da questo stato di ansia: se è motivato, perché io non ne abbia a morire, se è immotivato, perché io finalmente smetta di temere.»

[...]

**[27]** [...] «Marco Tullio, che fai[3]? Allora quello che hai accertato essere un nemico, quello che vedi che diventerà un comandante militare, quello che sai che è atteso in un accampamento nemico come un generale vincitore, l'autore di un misfatto, il capo di una congiura, l'istigatore degli schiavi[4] e la rovina dei cittadini, quello lo lascerai andar via dalla città, così che sembri che da te non è stato espulso dalla città, ma diretto contro di essa? Non darai ordine che costui sia gettato in catene, condannato a morte, giustiziato con la pena capitale? **[28]** Che cosa te lo impedisce? Le abitudini degli antenati? Ma molto spesso cittadini anche privati in questo Stato hanno punito con la morte concittadini pericolosi[5]. Forse ti trattengono le leggi che sono state promulgate relativamente alla pena capitale dei cittadini romani? Ma in questo Stato i cittadini che hanno tradito

1. Nel passo che precede questa sezione Cicerone ha riepilogato le illegalità commesse da Catilina negli anni che hanno preceduto la congiura.
2. Cicerone, anche nei momenti più carichi di tensione, non evita una punta di ironia: qui sembra che la Patria sia addirittura annoiata dal fatto che a complottare contro di lei sia sempre e soltanto Catilina.
3. Le parole sono sempre da attribuire alla Patria, che ora si rivolge a Cicerone.
4. L'accusa che i congiurati volessero arruolare anche gli schiavi, accusa che si rivelerà fondata, era particolarmente grave in quanto l'attività militare, al pari di quella politica, competeva esclusivamente agli uomini liberi; inoltre, bisogna tener presente che circa dieci anni prima rispetto al momento in cui Cicerone sta parlando l'Italia era stata sconvolta da una ribellione di schiavi guidata dal gladiatore trace Spartaco, ribellione che Roma era riuscita a debellare solo con grande sforzo.
5. Da secoli la legge limitava a casi veramente rari la condanna a morte di cittadini romani; in rapporto a tale questione, nel caso di Catilina, Cicerone già nell'esordio aveva opposto gli esempi di numerosi rivoluzionari messi a morte perché ritenuti sediziosi (➛ **T1**).

la costituzione hanno mantenuto i diritti civili[6]. Hai paura di una condanna da parte dei posteri? Sei veramente riconoscente al popolo romano, che ti ha innalzato tanto rapidamente al grado più alto della carriera politica, benché tu fossi uno sconosciuto, senza la garanzia di antenati illustri, se trascuri la salvezza dei tuoi concittadini per l'ostilità di qualcuno o la paura del pericolo[7]. [29] Ma se c'è il timore di qualche critica ostile, bisogna dunque temere di più le accuse di eccessiva fermezza e severità che quelle di inerzia e di inettitudine? Non pensi che, quando tutta l'Italia sarà devastata, le città saranno depredate, le case bruciate, anche tu sarai travolto nell'incendio dell'odio?»

6. Il riferimento è alle leggi che concedevano il diritto di condannare a morte un cittadino romano solo all'assemblea popolare, alla quale comunque l'imputato aveva il diritto di appellarsi perché la sentenza fosse rivista (secondo l'istituto della *provocatio ad populum*). Cicerone verrà esiliato proprio perché accusato di aver mandato a morte dei cittadini romani senza aver concesso la *provocatio ad populum* e qui sembra preparare una difesa: i rivoluzionari, in quanto traditori, hanno perso i diritti civili e politici propri dei cittadini romani; per questo sono ormai dei «nemici dello Stato» (*hostes*), e quindi passibili di pena capitale senza diritto di appello.
7. Il tono di questo periodo è evidentemente sarcastico.

**PER COMPRENDERE IL TESTO**

## Il testo e il contesto

**CATILINA DEVE LASCIARE ROMA** Prima di introdurre le parole della Patria, al par. 18, Cicerone rivolge una serie di accuse a Catilina, alcune relative ad aspetti della sua vita privata, altre ad aspetti della sua attività politica: gli rinfaccia di aver corrotto numerosi giovani, di aver assassinato la prima moglie per poter sposare la seconda, di aver dilapidato il patrimonio, di aver tentato di uccidere i consoli dell'anno 65 a.C. e poi lo stesso Cicerone. Infine, ricorda che nessuno si era avvicinato a Catilina al suo ingresso in senato in quel giorno dell'8 novembre del 63 a.C.: forse questa era la miglior prova del fatto che tutti ormai sanno della congiura. A questo punto, la voce della Patria, introdotta con una finzione quasi teatrale nel discorso, serve ad amplificare la richiesta del console: Catilina lasci Roma. Si può osservare che Cicerone non ha elementi concreti da portare a sostegno del fatto che Catilina sta effettivamente congiurando ai danni dello Stato, perciò insiste nel cercare di ottenere una sorta di implicita ammissione da parte sua.

**L'INERZIA DEL CONSOLE** Dopo l'enfatica richiesta a Catilina affinché abbandoni la città, Cicerone deve affrontare il problema più delicato, già anticipato nell'esordio (➛ **T1**): perché – pur essendo console e pur avendo i pieni poteri (in conseguenza del senatoconsulto che era stato votato circa venti giorni prima) – non ha fatto ancora nulla, se la situazione è tanto grave? Per introdurre questo spinoso interrogativo Cicerone, ancora una volta, immagina che sia la Patria a parlare, chiedendogli ragione della sua inerzia.

## Il senso del testo

**LA FUNZIONE DELLA PROSOPOPEA** Da un punto di vista tecnico l'introduzione di un personaggio fittizio in un discorso è definita "prosopopea". Grazie a questo espediente Cicerone riesce a mantenere un tono particolarmente teatrale e mosso, evitando la monotonia dell'invettiva: la prosopopea assolve in definitiva alla stessa funzione che aveva avuto nell'esordio l'apostrofe a Catilina (➛ **T1**). La scelta di introdurre la Patria come personaggio parlante serve, ancora una volta, a concentrare l'attenzione esclusivamente su Catilina e sul console, mentre restano nell'ombra i senatori; è però da osservare che Cicerone, rispondendo alla Patria nella parte finale del discorso, sarà un po' meno diplomatico di come era stato nella parte iniziale e spiegherà che, se avesse compiuto un atto di forza, si sarebbe attirato il biasimo di molti senatori, ingenui o collusi (argomento, questo, che sarà meglio sviluppato nella II *Catilinaria* ➛ **T3**).

**LEGGO E COMPRENDO**

**1.** Qual è la richiesta che la Patria personificata rivolge a Catilina?

**2.** Quali obiezioni potrebbero essere mosse a una possibile iniziativa armata da parte di Cicerone? Come vengono confutate?

**3.** Quale futuro si prospetta per l'Italia, le città e le case se Cicerone non agirà?

## INTERTESTUALITÀ, FONTI, MODELLI | LE LEGGI PARLANO A SOCRATE

**L'EFFICACIA RETORICA DELLA PROSOPOPEA** L'introduzione di un personaggio fittizio che parla è uno degli espedienti più efficaci della retorica. Ce ne spiega il motivo il retore **Marco Fabio Quintiliano**, vissuto a Roma nella seconda metà del I secolo d.C. (il quale cita come esempio proprio le due prosopopee ciceroniane della I *Catilinaria*): «[...] Esse [le prosopopee] con molta efficacia non solo danno varietà al discorso, ma lo rendono anche vivace. Per mezzo loro da una parte sveliamo i pensieri degli avversari, come se ne parlassero tra sé e sé (i quali tuttavia saranno credibili solo se fingeremo che abbiano detto cose che non è assurdo abbiano pensato), dall'altra introduciamo attendibili dialoghi tra noi e gli altri e degli altri tra loro, e a chi consiglia, a chi rimprovera, a chi fa lamentele, a chi loda, a chi commisera diamo gli opportuni caratteri. Anzi è concesso in questi generi di discorsi, far discendere dal cielo gli dèi e risvegliare i morti. Anche città e popoli ricevono la parola» (*Institutio oratoria* 9, 2, 29-31; trad. di R. Faranda).

■ **Socrate**, particolare dal sarcofago delle Muse, II sec. d.C. Parigi, Museo del Louvre.

**LA PROSOPOPEA DELLE LEGGI NEL *CRITONE* DI PLATONE** Un celeberrimo esempio di prosopopea è contenuto nel dialogo platonico ***Critone***: nel corso di questo dialogo Socrate appare impegnato a convincere l'amico Critone del fatto che per lui è più onorevole accettare la condanna a morte (a seguito del processo che gli era stato intentato ad Atene per empietà e corruzione dei giovani) piuttosto che tentare la fuga; appunto allo scopo di convincere definitivamente l'amico della bontà della sua posizione, Socrate finge che gli parlino le Leggi, alle quali il cittadino deve sempre obbedire. È notevole come il tono autorevolmente paterno della Patria nell'orazione di Cicerone richiami quello delle Leggi nel dialogo di Platone: non è del resto improbabile che Cicerone si sia ispirato proprio a questo modello. Riportiamo qui di seguito parte della prosopopea delle Leggi nel *Critone*: «[...] tu [Socrate] non hai preferito né Sparta né Creta, ciascuna delle quali tu dici avere ottima legislazione, né alcun'altra delle città dei Greci o dei barbari, ma ti sei allontanato da questa città meno degli zoppi, dei ciechi e degli altri storpi; a tal punto a te, più che agli altri Ateniesi, piaceva la città e, chiaramente, noi Leggi; a chi infatti piacerebbe una città senza leggi? Ma ora dunque non resti entro i patti? Sì, solo se continui ad obbedirci, Socrate, e non diventerai estremamente ridicolo fuggendo dalla città. Rifletti dunque, una volta violati questi patti e commettendo questa colpa, quale bene avrai fatto a te stesso o ai tuoi congiunti. Che rischino anche i tuoi congiunti di andare in esilio e di essere privati della cittadinanza o di perdere i beni, è quasi certo: ma tu in primo luogo, se te ne vai in una delle città vicine, o Tebe o Megara – infatti entrambe hanno ottima legislazione – giungerai, Socrate, come un nemico delle loro leggi, e quanti si preoccupano della propria città ti guarderanno con sospetto, ritenendoti un corruttore delle leggi, e rafforzerai nei giudici il giudizio, tanto che parrà loro di aver rettamente giudicato: chiunque infatti sia un distruttore delle leggi, davvero potrebbe sembrare che sia un corruttore di giovani e di persone poco giudiziose» (Platone, *Critone* 53 a-c).

**T3**

ITALIANO

# L'importanza dell'opinione pubblica

| *Catilinarie* 2, 1-4 |

*L'intervento di Cicerone in senato nella seduta dell'8 novembre sortisce un effetto immediato, in quanto Catilina abbandona prontamente la città. Dal punto di vista storico, questo rappresenta la miglior garanzia del fatto che la congiura esisteva veramente, anche se non è affatto improbabile che Cicerone abbia esagerato ad arte la portata e la pericolosità dei progetti del suo avversario. Il 9 novembre, dunque il giorno dopo aver pronunciato di fronte al senato la* I Catilinaria*, il console tiene un discorso di fronte al popolo per informarlo ufficialmente dei fatti e metterlo in guardia dai nuovi pericoli: Cicerone desidera infatti che l'opinione pubblica non sottovaluti l'accaduto e conseguentemente si schieri compatta con le istituzioni.*

[1] Una buona volta dunque[1], Quiriti, abbiamo cacciato o abbiamo lasciato andare o abbiamo salutato mentre partiva[2] Lucio Catilina, folle per la sfrontatezza, desideroso di delitti, macchinatore di rovina per la patria, pronto a minacciare voi e questa città col ferro e col fuoco. Se ne è andato, ha battuto in ritirata, è scappato, è fuggito a precipizio. Da quel mostro spaventoso non verrà più preparata la rovina per le mura cittadine dall'interno stesso delle mura cittadine. E senza bisogno di discutere abbiamo certamente sconfitto l'unico generale di questa guerra civile. Ormai infatti il suo pugnale non sarà più rivolto contro le nostre spalle; non avremo più paura in piazza, non nel Foro, non in senato, e neppure tra le pareti domestiche. Egli ha lasciato il campo di battaglia, nel momento in cui è stato cacciato dalla città[3]. Ora, dato che nessuno lo impedisce, combatteremo una vera guerra contro un vero nemico. Senza dubbio lo abbiamo rovinato e abbiamo magnificamente vinto, ora che lo abbiamo costretto a lasciare le trame occulte e a intraprendere con evidenza l'illegalità della lotta armata. [2] Perciò quanto credete che sia rimasto deluso e umiliato, per non aver levato il pugnale insanguinato, come avrebbe voluto, per essersene andato lasciandoci vivi, per il fatto che gli abbiamo strappato dalle mani l'arma, per il fatto che ha lasciato i cittadini illesi e la città in piedi? Ora, Quiriti, lui è prostrato e capisce di essere stato colpito e abbattuto e spesso volge gli occhi in direzione di questa città, che lui piange come se gli fosse stata tolta dalle fauci; ma a me sembra che lei sia tutta contenta, per aver vomitato ed espulso un malanno tanto grande. [3] E se c'è uno, come avrebbero dovuto essere tutti, che ora, nel momento stesso in cui le mie parole esultano e trionfano, mi accusa con impeto, perché non ho fatto arrestare un nemico a tal punto mortale piuttosto che lasciarlo andare, questa non è una mia colpa[4], Quiriti, ma dei tempi[5]. Sarebbe stato necessario che Catilina fosse stato tolto di mezzo e condannato a pene gravissime già da tempo, e a me chiedevano questo sia le usanze antiche, sia la serietà di quel decreto, sia lo Stato. Ma quanti pensate che ci sarebbero stati che non avrebbero creduto ai fatti che io denunciavo? Quanti che lo avrebbero addirittura difeso? Quanti che per leggerezza non avrebbero tenuto conto delle mie parole? Quanti che per disonestà lo avrebbero sostenuto? E se io credessi che, una volta tolto di mezzo lui, ogni pericolo per voi fosse sparito, già da tempo io avrei tolto di mezzo Lucio Catilina, non solo a rischio di attirarmi l'impopolarità[6], ma anche a rischio della vita.

1. L'esordio riprende in un certo modo le parole d'apertura della I *Catilinaria* (➛ **T1**): *Quo usque tandem* diventa *Tandem aliquando.*
2. I tre modi diversi di presentare l'allontanamento di Catilina da Roma indicano tre diverse reazioni di fronte all'evento e tre diversi giudizi relativi all'operato di Cicerone: c'è chi pensa che l'azione del console sia stata energica, chi pensa che sia stata debole e c'è anche chi pensa che Catilina sia stato addirittura trattato troppo bene. Nel periodo seguente la partenza di Catilina dalla città è poi presentata con quattro sfumature differenti: da quella che implica l'intervento più blando da parte di Cicerone, «(Catilina) se n'è andato», a quella che implica invece l'intervento più energico, «(Catilina) è fuggito a precipizio».
3. Cicerone usa di proposito la terminologia militare per alludere alle azioni di Catilina: il suo scopo è infatti quello di sottolineare il fatto che si era effettivamente giunti sull'orlo di una guerra civile.
4. A differenza di quanto fa qui, nel discorso tenuto di fronte al senato il giorno precedente (➛ **T1**) Cicerone si era assunto *in toto* la responsabilità dell'impunità in cui fino ad allora aveva agito Catilina.
5. Nel testo latino si legge *temporum*, termine che probabilmente vuol rimandare all'esclamazione *O tempora! O mores!* della I *Catilinaria*. Anche qui, come nell'esordio, l'oratore riprende dunque una parola chiave del primo discorso contro Catilina (discorso che il popolo non aveva sentito appunto perché pronunciato di fronte al senato).
6. Con «impopolarità» viene tradotto qui il termine latino *invidia*, che genericamente significa «odio»; il termine ricorre nuovamente al par. 4, dove è stato tradotto «opinione pubblica sfavorevole».

[4] Ma quando ho capito che, poiché neppure per voi la congiura era stata sufficientemente provata, se io lo avessi fatto condannare a morte (come meritava), non avrei poi potuto perseguire i suoi soci, in quanto fermato dall'opinione pubblica sfavorevole, allora ho fatto in modo che si giungesse a questo punto, perché ormai voi possiate combatterlo apertamente, dal momento che lo riconoscete come nemico.

## PER COMPRENDERE IL TESTO

### Il testo e il contesto

**LA VERSIONE UFFICIALE DEI FATTI** Il discorso al popolo del 9 novembre, la II *Catilinaria*, fu tenuto in un clima piuttosto teso. È molto probabile che il console ritenesse di cruciale importanza fornire una versione ufficiale dei fatti, prima che iniziassero a circolare voci incontrollate. A questo proposito è da osservare la varietà di forme utilizzate da Cicerone per esprimere l'uscita dalla città di Catilina, un enfatico cumulo verbale che sottolinea appunto la varietà di vedute nella cittadinanza riguardo all'accaduto (par. 1). Per altro noi sappiamo da Sallustio che la seduta del senato del giorno precedente – la seduta dell'8 novembre, nel corso della quale Cicerone aveva pronunciato la I *Catilinaria* – si era conclusa in modo piuttosto burrascoso: Catilina aveva lasciato l'assemblea, fra le urla dei senatori, dopo aver coperto il console di insulti e dopo aver invitato i senatori a non dare ascolto a un *homo novus*, a un «inquilino» di Roma (*De Catilinae coniuratione* 31).

### Il senso del testo

**CICERONE CAMBIA STRATEGIA** L'esordio (parr. 1 e 2) si caratterizza per i toni trionfalistici e per il fatto che Catilina è tratteggiato come il peggiore dei criminali. Per quanto riguarda il seguito del testo, è da notare come Cicerone, parlando al popolo, modifichi quanto aveva detto in senato il giorno prima (➛ **T1**), dove prudentemente aveva addossato esclusivamente su di sé la responsabilità dell'impunità di Catilina (tesi parzialmente corretta solo verso il finale del discorso, dopo la prosopopea della Patria che parla al console ➛ **T2**). Qui la responsabilità viene apertamente addossata alla falsità e leggerezza dei senatori (par. 3) e alla malevolenza dell'opinione pubblica (par. 4). L'oratore, ricorrendo a una vera e propria *parresia*, ossia proferendo liberamente in pubblico quanto realmente pensava, rivela la sua tattica e asserisce di aver lasciato arrivare le cose a questo punto (par. 4) solo perché Catilina si scoprisse da solo e si attirasse l'odio popolare.

**ELOQUENZA E LIBERTÀ DI ESPRESSIONE** In questo passo Cicerone rivela uno dei punti fondamentali della sua concezione dell'attività politica: l'oratore deve innanzi tutto saper capire la direzione verso cui tende l'opinione pubblica e deve quindi cercare di volgerla a suo favore grazie alla propria abilità: senza l'appoggio e il favore dell'opinione pubblica, infatti, qualsiasi azione politica è impossibile (parr. 3 e 4). È dunque possibile sospettare che il quadro della situazione tratteggiato da Cicerone nella I *Catilinaria* sia stato almeno in parte caricato e gonfiato ad arte, considerando che le affermazioni del console si prefiggono principalmente lo scopo di fare il vuoto intorno all'avversario. In passato, per considerazioni di questo genere, Cicerone è stato spesso accusato di opportunismo politico. Va tuttavia considerato che la presa d'atto dell'importanza dell'opinione pubblica nella vita politica testimonia innanzi tutto di un sistema politico fondato sulla libertà di espressione, nel quale prevale il politico che è in grado di raccogliere consensi; Cicerone, che lotta con la parola per volgere a proprio favore l'opinione pubblica e per rendere così massimamente efficace la propria azione politica, rappresenta appunto i valori di questo sistema.

**LEGGO E COMPRENDO**

**1.** Quali differenze si notano tra la ricostruzione dei fatti presentata in questo brano e le esitazioni manifestate dal console nella I *Catilinaria* (➛ **T1**)?

**2.** Quale similitudine usa Cicerone per indicare come viene vista la città da Catilina ormai espulso?

T4 ITALIANO

# Il programma rivoluzionario di Catilina | *Pro Murena* 49-51 |

*Non è facile per noi capire quali riforme avrebbe introdotto Catilina a Roma, se fosse giunto al potere. La fonte più importante sugli avvenimenti, lo storico Sallustio, non ne parla esplicitamente. Parole attribuibili a Catilina con una certa attendibilità sono riportate nel discorso pronunciato da Cicerone in difesa di Lucio Licinio Murena; costui nel 63 a.C. era stato eletto console per l'anno successivo, risultando dunque vincitore in quelle elezioni dalle quali Catilina uscì nuovamente sconfitto (e a seguito delle quali decise infine di passare alla lotta armata). Murena era stato accusato di aver vinto le elezioni grazie a brogli elettorali e il dibattimento del processo avvenne probabilmente verso la fine di novembre del 63 a.C., nelle settimane successive alla partenza di Catilina dalla città. Nel passo riportato qui di seguito Cicerone ricorda ai giudici il clima della campagna elettorale di quell'anno – che egli, in qualità di console in carica, aveva dovuto organizzare – e quali proclami facesse Catilina, sicuro di essere eletto.*

**[49]** [...] La gente vedeva Catilina entusiasta e attivo, attorniato da un codazzo di giovani, protetto da spie e sicari, tronfio sia per la speranza riposta nei suoi soldati sia per le promesse fattegli, a suo dire, dal mio collega[1], sempre circondato da coloni di Arezzo e di Fiesole[2]; davano un segno di distinzione a quella marmaglia persone di un tipo completamente diverso, sillani ormai caduti in rovina. Il suo volto era pieno di follia, lo sguardo criminale, le parole arroganti, tanto che sembrava che per lui il consolato fosse ormai un risultato scontato, messo al sicuro. Disprezzava Murena, considerava Sulpicio un futuro accusatore[3], non un vero avversario. A lui prometteva violente ritorsioni, allo Stato minacciava la rovina. **[50]** Per questi motivi, se lui fosse stato eletto, non fatemi ricordare che paura e quale sconforto per le sorti dello Stato aveva assalito tutte le persone oneste; lo ricordate benissimo anche da soli. Vi ricordate infatti di quando si erano diffuse le dichiarazioni di quell'infame bandito[4], quelle che si diceva che avesse proferito in una riunione in una casa privata, quando aveva affermato che non si poteva trovare un valido difensore dei poveri a meno che non fosse uno povero a sua volta; i poveri e gli afflitti non dovevano dare retta ai ricchi e agli abbienti; quelli che volevano rimpinguare i loro patrimoni, recuperare i beni perduti, guardassero che debiti lui aveva, che cosa possedeva, di che cosa era capace; era necessario che il futuro capo e portabandiera dei poveri non fosse neanche un po' pauroso e che fosse completamente povero. **[51]** Allora dunque, al diffondersi di queste voci, ricordate che, su mia proposta, fu votato un decreto del senato che sospendeva le elezioni previste per il giorno successivo, perché potessimo discutere in senato di queste notizie. E così il giorno dopo in una seduta affollata ho chiamato Catilina a testimoniare e gli ho chiesto ufficialmente di dare spiegazioni, se lo riteneva opportuno, delle indiscrezioni che mi erano state riferite. Ma lui fu come sempre senza pudore, non si giustificò, ma si accusò da solo e cadde nella mia rete. Infatti disse che lo Stato ha due corpi: uno debole e con un capo bacato, l'altro sano, ma senza il capo; a quest'ultimo, purché venisse a patti

1. Il collega di Cicerone, il console Antonio Ibrida, fu per un certo periodo in dubbio se dare il suo appoggio a Catilina; Cicerone seppe trarlo dalla propria parte offrendogli il governo della provincia che sarebbe toccata a lui una volta uscito dal consolato.
2. Catilina stava mettendo insieme un esercito nella zona dell'Etruria compresa tra Arezzo e Fiesole: si tratta dell'esercito al quale si unì una volta partito da Roma l'8 novembre del 63 a.C. e con il quale combatté contro le truppe regolari nel gennaio dell'anno successivo.
3. Servio Sulpicio Rufo, coetaneo e amico di Cicerone, si era candidato alle elezioni del 63 a.C. insieme a Murena, a Catilina e a Silano. Era stato sostenuto nella sua candidatura proprio da Cicerone; tuttavia, quando si rese conto che non sarebbe riuscito a vincere le elezioni, secondo un'abitudine diffusa nella vita politica romana del tempo, iniziò a raccogliere prove per denunciare di brogli elettorali i candidati che lo avrebbero battuto (ed effettivamente così fece, denunciando però non Catilina, che fu a sua volta battuto, ma appunto Murena).
4. Con «bandito» si è tradotto il termine latino *gladiator*, che in questo contesto presenta una connotazione spregiativa.

con lui, mai sarebbe mancato, lui vivo, un capo[5]. Il senato protestò unanime, non prese un provvedimento abbastanza severo in relazione alla gravità della faccenda; infatti, nel prendere una decisione, alcuni non erano rigorosi perché non avevano nulla da temere, altri non lo erano perché temevano tutto[6]. Trionfante di giubilo abbandonò la seduta colui che non sarebbe nemmeno dovuto uscire vivo da lì, soprattutto per il fatto che proprio lui, nel medesimo consesso, pochi giorni prima aveva risposto a Catone, uomo rigorosissimo, che minacciava di trascinarlo in tribunale[7], che se qualcuno avesse appiccato il fuoco al suo progetto, lui lo avrebbe spento non con l'acqua, ma con la distruzione totale.

5. Il testo latino presuppone un gioco sul doppio senso del termine *caput* che, come il corrispondente «capo» in italiano, significa sia «testa» sia «comandante». Catilina intende dire che, da un lato, gli *optimates* sono allo sbando e i loro capi sono incapaci, dall'altro lato i *populares* non hanno una vera guida. Lui, pur di nobilissima origine, si propone appunto come guida dei *populares*. Un programma assai simile, di lì a pochi anni, sarà realizzato da Gaio Giulio Cesare.
6. Alcuni senatori, potentissimi, non sarebbero stati in alcun modo danneggiati da Catilina, anzi probabilmente erano con lui collusi; altri, meno potenti, temevano ritorsioni nel caso di una vittoria di Catilina e dei suoi.
7. Durante la campagna elettorale Catone, che era tribuno, aveva minacciato di denunciare Catilina per brogli.

**PER COMPRENDERE IL TESTO**

## Il testo e il contesto

**LE PAROLE DI CATILINA** Il passo si apre con uno dei tanti ritratti di Catilina presenti nelle opere di Cicerone: come è ovvio, si tratta di un ritratto fortemente connotato in senso negativo, senza dubbio deformato ad arte e dunque di attendibilità assai limitata sul piano documentario.

Diverso invece è il caso delle parole di Catilina riportate da Cicerone. Al paragrafo 50 si tratta di parole presunte (ovvero attribuite a Catilina da voci e dicerie); al paragrafo 51 si tratta invece di parole pronunciate in pubblico, alla presenza di Cicerone, di Catone (qui nelle vesti di accusatore ➛ Scheda "L'opera", p. 405) e verisimilmente di molti altri, compresi i giudici. Questa circostanza induce a pensare che Cicerone abbia riportato con fedeltà la parole di Catilina, dato che altrimenti sarebbe stato facilmente smentito. In esse vediamo delinearsi un programma politico preciso, che si fonda su tre capisaldi: 1. la destituzione completa di una classe politica ritenuta inadeguata (la tradizionale *élite* senatoria) ed espressione di una classe sociale corrotta, gli *optimates* (definiti il «corpo debole»); 2. la rivitalizzazione delle istituzioni dando voce «ai poveri e agli afflitti» (che sono il «corpo sano»), per mezzo di una guida che condivida la loro condizione; 3. il ricorso, se necessario, alla lotta armata («se qualcuno avesse appiccato il fuoco al suo progetto, lui lo avrebbe spento non con l'acqua, ma con la distruzione totale»).

## Il senso del testo

**L'OSTILITÀ VERSO CATILINA** Cicerone dimostra che il processo in corso ha natura più politica che penale; con l'assumere la difesa di Murena contro gli interessi suoi personali (era infatti amico di Sulpicio e la presenza di costui nelle istituzioni gli avrebbe probabilmente giovato), dimostra inoltre quanto egli tema un vuoto istituzionale nel momento in cui si profila l'effettivo pericolo di un colpo di Stato. Si capisce che l'insanabile avversione nei confronti di Catilina non è dovuta tanto a differenti vedute politiche, quanto al fatto che Cicerone si rende conto che Catilina è effettivamente disposto a cambiare le istituzioni con la violenza, gettando la città in uno stato di devastazione come forse non era mai avvenuto, nemmeno ai tempi di Mario e Silla. Significativamente Cicerone, nella parte successiva del testo (qui non riportata), ricorda di essersi recato per alcuni giorni nel Foro indossando una vistosa corazza, per far capire a tutti la minaccia che incombeva su Roma; parlando dei fatti del suo consolato, egli attribuirà sempre a se stesso il merito di aver evitato una strage con l'uso della parola.

**LEGGO E COMPRENDO**

1. Come mai, nell'orazione in difesa di Murena, Cicerone fa riferimento a Catilina?
2. Per quali ragioni Catilina ritiene di potersi accreditare come capo dei poveri?
3. Quale minaccia esplicita di Catilina viene riportata da Cicerone?

## L'OPERA | LA *PRO MURENA*

**IL PROCESSO CONTRO MURENA** Successivamente alla seduta del senato dell'8 novembre del 63 a.C. e alla partenza di Catilina da Roma, mentre Cicerone era impegnato nel tentativo di portare allo scoperto i catilinari rimasti in città, **Servio Sulpicio Rufo**, sostenuto tra gli altri anche da **Catone**, denunciò per **broglio elettorale Lucio Murena**: questi era risultato vincitore, assieme a Decimo Giulio Silano, nelle elezioni per il consolato del 62 a.C. che si erano celebrate a fine estate. Servio Sulpicio Rufo e Catilina erano invece gli sconfitti di quelle elezioni. Sia Sulpicio sia Catone appartenevano alla stessa parte politica di Cicerone, gli *optimates*; Cicerone, addirittura, era stato sostenitore di Sulpicio in campagna elettorale. Nonostante ciò, insieme a due importantissimi avvocati del tempo, **Ortensio Ortalo** e **Crasso**, decise di assumere la difesa di Murena; in quel preciso e delicatissimo momento evidentemente riteneva che la cosa più importante fosse evitare che un console designato venisse destituito e che conseguentemente si aprisse una fase di instabilità all'interno delle istituzioni: infatti i catilinari – che Cicerone non era ancora riuscito a far arrestare e condannare per i piani di congiura ai danni dello Stato – avrebbero senza dubbio approfittato del vuoto di potere per portare a compimento i loro progetti.

**LA DIFESA DI CICERONE** Murena fu **assolto**. La parte tecnica della difesa, probabilmente, fu sostenuta dagli altri avvocati; Cicerone, invece, nella sua arringa, dopo aver illustrato le doti morali di Murena e dopo aver spiegato perché Sulpicio non avrebbe comunque ottenuto i voti necessari all'elezione (avendo condotto malamente la propria campagna elettorale), pone l'accento sulle circostanze in cui si era svolta la campagna elettorale e sulle intimidazioni di Catilina agli avversari. Probabilmente la sconfitta di Catilina fu determinata proprio dal differimento della data delle elezioni che Cicerone era riuscito a ottenere (par. 51): tutti i proletari provenienti dalla campagna che si erano riuniti in città per sostenere il candidato col loro voto, infatti, erano stati costretti a tornare a casa non potendosi permettere di soggiornare in città.

## STORIA, CULTURA, CIVILTÀ | LA CAMPAGNA ELETTORALE A ROMA

**LA COMPETIZIONE ELETTORALE** La campagna elettorale iniziava ufficialmente quando veniva annunciato il giorno delle elezioni. La battaglia fra coloro che aspiravano a essere eletti, i ***petitores*** (*petitio*, da *peto*, è la candidatura), era certamente accesissima: normalmente, infatti, i candidati si presentavano in numero assai maggiore rispetto ai posti disponibili.
Le persone che si proponevano per essere votate erano anche dette ***candidati*** – per il fatto che indossavano una toga particolarmente bianca, la *toga candida*, così da poter essere immediatamente riconoscibili – e potevano parlare agli elettori in assemblee organizzate giornalmente negli spazi pubblici; questo tipo di riunione era detta ***conventio*** (termine da cui deriva l'inglese *convention*, «riunione, assemblea», utilizzato spesso proprio in ambito politico e ormai comunemente utilizzato col medesimo significato anche in italiano). Nelle assemblee i candidati, oltre a fare promesse di ogni sorta, abitualmente screditavano gli avversari, ricorrendo anche ad attacchi che riguardavano la sfera personale e privata.
Per il popolo le tornate elettorali potevano essere un buon affare: i candidati organizzavano a proprie spese distribuzioni di denaro (***largitiones***), banchetti e spettacoli, e gli elettori davano volentieri il voto a coloro che si dimostravano più generosi.
La campagna elettorale era propriamente detta ***ambitio***, da ***ambio***, «vado in giro», si intende per raccogliere voti; ***ambitus*** designava invece il risultato che si otteneva con la campagna elettorale e perciò il favore popolare espresso dal voto, anche se il termine risulta per lo più attestato nella specifica accezione di «elezione avvenuta con broglio» e quindi solo «broglio». Anche il termine *ambitio* assunse poi il significato negativo di «maneggio, intrigo per ottenere una carica politica» (significato che ci risulta per la prima volta attestato nello storico Sallustio) oltre che il più generico significato di «brama, ambizione» (per quanto riguarda l'italiano, il termine "ambizione" indica il desiderio di affermarsi e di distinguersi, non solo in ambito politico, e ha spesso connotazione negativa).

**LA *PAR CONDICIO*** I Romani avvertirono la necessità di fare in modo che tutti i candidati godessero di **pari opportunità** nell'organizzare la propria campagna elettorale, indipendentemente dalle possibilità economiche loro e dei loro sostenitori. Questa regola fondamentale della democrazia è presente anche negli Stati moderni;

■ **Iscrizione elettorale,** I sec. d.C., da via dell'Abbondanza a Pompei.

per quanto riguarda l'Italia, nel 2000 è stata promulgata una legge, definita con l'espressione latina *par condicio*, la quale regolamenta secondo criteri di imparzialità ed equità lo spazio che, nel periodo della campagna elettorale, i singoli soggetti politici (candidati e partiti) possono occupare sui *media*.
A Roma, fin dalla fase più antica della repubblica, furono emanate numerose leggi che regolavano il comportamento dei candidati in campagna elettorale allo scopo di impedire che questi ottenessero voti in maniera scorretta. Era vietato condurre la campagna elettorale fuori dall'abitato di Roma e il candidato non doveva vestirsi in maniera troppo lussuosa. Era regolamentato con precisione l'allestimento di giochi nel circo e di spettacoli teatrali o banchetti pubblici (***visceratione*s**, «distribuzioni di carne»). Assolutamente vietata era ogni compravendita di voti e soprattutto la ***coitio***, ovvero l'accordo tra due candidati per danneggiare un terzo candidato (pericolo incombente sulle elezioni volte a nominare due o più magistrati).
Per parte sua, il candidato cercava di farsi vedere in pubblico tutti i giorni, accompagnato da un gran seguito di sostenitori. Molto praticata era anche l'affissione di manifesti elettorali, con messaggi semplici ed efficaci (come ci è testimoniato dalle iscrizioni che possiamo leggere sui muri di Pompei).

**I PROCESSI *DE AMBITU*** Ovviamente, ciascun candidato provvedeva a spiare il comportamento degli avversari e a raccogliere prove sulle loro eventuali scorrettezze; così facendo, in caso di insuccesso, avrebbe potuto tentare di invalidare la consultazione, citando in tribunale il vincitore con l'accusa di aver commesso illegalità nel corso della campagna elettorale (***de ambitu***). Erano effettivamente innumerevoli i modi per operare brogli, a ogni livello, soprattutto nel conteggio dei voti. In casi estremi, il candidato che si vedeva sconfitto faceva in modo di far annullare le elezioni, anche rovesciando e manomettendo le urne al momento del voto.

**COME VINCERE LE ELEZIONI: IL *COMMENTARIOLUM PETITIONIS*** Nell'epistolario ciceroniano è conservato un **breve manualetto**, indirizzato a Cicerone dal fratello **Quinto**, dove viene spiegato con dovizia di particolari tutto quello che Cicerone avrebbe dovuto fare per vincere, da *homo novus*, le elezioni per il consolato del 63 a.C. Il libretto rappresenta per noi una ricchissima miniera di notizie sulla vita politica dell'età tardorepubblicana e ci fa capire quanto sforzo fosse necessario per conquistare il voto dei cittadini. In questo testo, probabilmente destinato a una circolazione piuttosto ristretta, Quinto asserisce con spregiudicatezza che in campagna elettorale al candidato sono consentiti comportamenti moralmente riprovevoli nella vita normale: «[...] Imprimiti nella mente che di quanto non è in te per dono naturale devi simulare l'esistenza, così che tu sembri agire con naturalezza. [...] Ti è necessaria la lusinga che, pur se nel resto della vita rappresenta un difetto vergognoso, è tuttavia necessaria in campagna elettorale» (trad. di P. Fedeli).

**GUIDA ALLO STUDIO**

**1.** Chi erano i *candidati* e perché si chiamavano così?

**2.** Quali sono i significati del termine latino *ambitio*?

**3.** Qual era il reato giudicato nei processi *de ambitu*?

T5

ITALIANO

# L'interrogatorio dei congiurati

| *Catilinarie* 3, 10-15 |

*All'inizio di dicembre del 63 a.C. Cicerone ha modo di entrare in possesso di documenti che comprovano con certezza che di lì a pochi giorni i congiurati rimasti a Roma dopo la partenza di Catilina avrebbero messo in atto il colpo di Stato. Cicerone convoca immediatamente il senato e i responsabili, ignari del fatto che le loro trame siano state scoperte; viene data lettura dei documenti, che sono riconosciuti autentici, e vengono interrogate le persone coinvolte nell'episodio. Di fronte alle confessioni rese dagli imputati, il senato decreta che nove persone, tra cui alcuni membri dell'aristocrazia senatoria, vengano arrestati e affidati in custodia (in case private o, in alcuni casi, in carcere) in attesa di essere processati. Cicerone, in quanto console, convoca immediatamente il popolo nel Foro e dà notizia dell'accaduto: sottolinea che, grazie al suo intervento, una gravissima congiura si è risolta senza spargimenti di sangue, ma solo con il fermo di nove persone. Di seguito riportiamo il passo della III* Catilinaria, *il discorso pronunciato da Cicerone di fronte al popolo il 3 dicembre del 63 a.C., in cui il console riferisce degli interrogatori dei congiurati e dei provvedimenti presi dal senato.*

**[10]** [...] E, per non farla lunga, Quiriti, ho dato ordine che fossero esibite le lettere che si diceva fossero state date da alcuni di loro[1]. A Cetego per primo mostro il sigillo; lo riconobbe. Io stesso taglio lo spago, leggo. C'era scritto di suo pugno al senato e al popolo degli Allobrogi che egli avrebbe fatto quello che aveva assicurato ai loro rappresentanti; li pregava di fare quello che i loro rappresentanti gli avevano assicurato. Allora Cetego, che poco prima, a proposito delle spade e dei pugnali che erano stati trovati a casa sua[2], aveva accennato una risposta, dicendo che lui era sempre stato un appassionato di armi di pregio, una volta letta ad alta voce la lettera, ammutolì d'un tratto abbattuto e prostrato. Statilio, una volta introdotto, riconobbe sia il suo sigillo sia la sua scrittura. Si diede lettura a voce alta dello scritto, circa dello stesso tenore; ha confessato. Allora ho mostrato la lettera a Lentulo e gli ho chiesto se riconosceva il sigillo. Fece cenno di sì. «È in verità – dico io – un ben noto sigillo, l'immagine del tuo antenato, uomo nobilissimo, che ebbe a cuore solo la sua patria e i suoi concittadini[3]; e questa immagine avrebbe dovuto trattenerti da un delitto tanto grave». **[11]** Nel medesimo modo vengono lette le lettere al popolo e al senato degli Allobrogi. Gli diedi facoltà di dire qualcosa circa questi fatti, se lo avesse voluto. E lui in un primo tempo rifiutò; ma dopo un po', una volta letta l'intera testimonianza, si alzò; chiese ai Galli che cosa avevano a che fare con lui, perché erano venuti a casa sua, e così a Volturcio[4]. Ma quelli gli rispondono in breve e senza esitazioni accompagnati da chi e quante volte erano andati a casa sua e gli chiedono se non avesse mai parlato con loro dei libri sibillini[5]. Allora lui, come fuori di sé per l'azione delittuosa commessa, diede dimostrazione di quanto sia forte la voce della coscienza. Infatti, sebbene avesse potuto negare, contro le aspettative di tutti confessò.

1. Cicerone aveva fatto convocare di fronte al senato riunito, oltre agli ambasciatori dei Galli Allobrogi, che avevano finto di aderire alla congiura, e a un tale Volturcio, che li avrebbe dovuti guidare da Catilina, anche i congiurati. Questi ultimi avevano consegnato agli Allobrogi delle lettere che intendevano far pervenire a Catilina, ignari di quanto stava per accadere. I congiurati, al cui interrogatorio si fa riferimento nel testo, sono: l'aristocratico Gaio Cornelio Cetego (che aveva avuto l'incarico di uccidere Cicerone), il pretore Publio Cornelio Lentulo, Lucio Statilio, membro dell'ordine equestre, e Publio Gabinio Capitone, anch'egli cavaliere.
2. Cicerone, mentre convocava il senato, aveva mandato un pretore a perquisire l'abitazione di Cetego.
3. Un suo antenato, suo omonimo, era stato ferito mentre per ordine del console cercava di arrestare Tiberio Gracco.
4. Su Volturcio ➛ nota 1.
5. Circolava a Roma una profezia, in base alla quale la città avrebbe dovuto essere dominata da tre membri della *gens* Cornelia: il primo, secondo l'opinione pubblica, era stato il mariano Cornelio Cinna, il secondo Cornelio Silla. Successivamente diversi rappresentanti di quella *gens* cercarono di ottenere il potere, facendo leva sulla credulità popolare.

CICERONE PER COMPRENDERE

E così lo abbandonarono non solo quella famosa asprezza di carattere e quella nota capacità di discutere, di cui sempre si era avvalso, ma anche, a causa della brutalità della colpa scoperta e resa nota, la sua impudenza e disonestà, vizi nei quali superava tutti. **[12]** Allora Volturcio chiede che subito sia esibita e aperta la lettera che sosteneva gli fosse stata data da Lentulo per Catilina. E allora Lentulo rimase fortemente turbato, ma riconobbe sia il suo sigillo sia la sua grafia. Era senza firma e diceva: «Chi io sia lo capirai da chi ti ho mandato. Fa' in modo di comportarti da uomo e medita fino a che punto sei arrivato; pensa dunque a quanto ti è necessario e procurati l'aiuto di tutti, anche degli schiavi[6]». Gabinio, successivamente introdotto, mentre all'inizio aveva incominciato a rispondere senza vergogna con sussiego, alla fine non negò nessuna delle cose di cui lo accusavano i Galli. **[13]** E di certo, Quiriti, non solo apparve che quelle accuse e prove del reato erano inoppugnabili, le lettere, i sigilli, le grafie autentiche e in più le confessioni rese da ciascuno, ma risultarono assai più probanti di quelle il pallore, gli sguardi, le espressioni, il silenzio. Erano a tal punto stupefatti, con gli occhi a terra, scambiandosi solo di tanto in tanto uno sguardo furtivo, che non solo era manifesto che venivano indicati dagli altri come i veri colpevoli, ma che si riconoscevano colpevoli da soli. Una volta esibite le prove, Quiriti, chiesi ufficialmente al senato quali provvedimenti si volesse prendere riguardo all'interesse supremo dello Stato. Furono proferiti pareri durissimi e perentori dai principali senatori, che il senato applicò all'unanimità[7]. [...] **[15]** E il senato, Quiriti, ha avuto tanta clemenza che, dopo una congiura di così vaste proporzioni, con una tale massa di nemici interni allo Stato, ha pensato che la condanna di nove criminali senza speranza, essendo salva la repubblica, avrebbe riportato tutti gli altri sulla retta via. E inoltre è stato stabilito un ringraziamento pubblico agli dèi immortali, per la benevolenza dimostrata, dedicato a me in particolare, onore che per la prima volta nella storia della città viene concesso a un cittadino che non sia un militare, ed esso recita: «Perché ha salvato la città dagli incendi, i cittadini dalla strage, l'Italia dalla guerra».

6. L'arruolamento di schiavi – soluzione ritenuta infamante, in quanto per tradizione l'esercito romano era composto da cittadini liberi – probabilmente non era ben vista da Catilina.
7. Nel paragrafo successivo, qui omesso, Cicerone menziona i nove personaggi da lui individuati come i principali responsabili del tentativo di attuare a Roma il colpo di Stato (essi avrebbero dovuto uccidere i più ragguardevoli senatori e il console, oltre che terrorizzare la popolazione, facendo appiccare incendi in più parti della città): alcuni di questi personaggi riuscirono a fuggire e non vennero mai catturati.

**PER COMPRENDERE IL TESTO**

## Il testo e il contesto

**CICERONE SVENTA LA CONGIURA** Durante le settimane successive alla partenza di Catilina da Roma, Cicerone, che poteva contare anche sulla collaborazione di spie, iniziò a tenere sotto controllo quelli che sapeva essere implicati nella congiura, per poterli cogliere in fallo e impedire che mettessero a segno il loro piano. Una volta sventato il rischio che l'elezione di Murena venisse annullata per brogli elettorali (→ Scheda "L'opera", p. 405), gli si presentò un'occasione assai favorevole. Seppe infatti che alcuni congiurati avevano cercato di far aderire alla loro causa i membri di una delegazione di Galli Allobrogi (giunti a Roma per chiedere al senato che i Romani governassero il loro territorio, la Gallia Transalpina, con maggiore equità). I delegati degli Allobrogi, in un primo momento, pensarono che unirsi all'insurrezione di Catilina avrebbe potuto rivelarsi una scelta vantaggiosa; in un secondo momento, però, si impaurirono e denunciarono il fatto a Cicerone, che seppe abilmente approfittare della situazione. Su indicazione di Cicerone essi finsero di aderire al piano dei congiurati e chiesero delle garanzie scritte, che effettivamente ottennero; nel momento in cui gli ambasciatori allobrogi stavano per lasciare Roma, diretti prima in Etruria da Catilina e poi in Gallia, il console li fece nottetempo fermare dalle forze dell'ordine e fece sequestrare i documenti in loro possesso. Sicuro del contenuto delle lettere, Cicerone le tenne sigillate e le aprì solo davanti al senato riunito, così da non poter essere accusato di aver falsificato i documenti.

## Il senso del testo

**VIR TOGATUS** Il passo è improntato a uno stile sobrio, come si addice a una cronaca nella quale solo i fatti devono essere in evidenza; l'unico momento in cui si riconosce un certo *pathos* è quello in cui l'oratore si sofferma sul volto e sugli sguardi dei congiurati (par. 13), che inequivocabilmente rivelano il loro senso di colpa e costituiscono perciò la miglior prova della loro colpevolezza. La grande vittoria del console consiste nell'essere riuscito a sventare una pericolosissima congiura senza spargimenti di sangue, un merito che Cicerone non smise mai di rivendicare per se stesso: in questo passo è del tutto evidente l'orgoglio con cui egli riferisce al popolo il testo della preghiera in suo onore decretata dal senato agli dèi, specificando poi come tale onore sia stato per la prima volta concesso a un cittadino che non fosse un militare (par. 15); il termine latino che Cicerone usa qui in riferimento a se stesso è *togatus,* «togato». Attraverso l'impiego di questo termine egli vuole sottolineare come sia riuscito vincitore grazie all'eloquenza e non alle armi: la toga, infatti, è l'abito che si indossa nel foro e concettualmente si oppone alla corazza, che si indossa invece sul campo di battaglia. L'eloquenza, dunque, in qualche modo rende l'oratore pari al generale; argomento, questo, che permetterà a Cicerone di paragonare la propria gloria a quella di Pompeo, protagonista di numerose campagne militari vittoriose (➤ **T7**). A proposito dell'orgoglio di Cicerone per le modalità con cui era riuscito a sventare la congiura di Catilina, è molto significativo anche un verso del poema autocelebrativo composto dallo stesso Cicerone sul proprio consolato: *cedant arma togae*, «le armi arretrino di fronte alla toga».

**L'OPINIONE PUBBLICA SI SPOSTA** Grazie ai discorsi del console, tenuti in senato e nel Foro, si verificò certamente un mutamento dell'opinione pubblica nei confronti di Catilina (sia fra i senatori sia anche nel popolo, dove egli aveva in precedenza riscosso grandi simpatie). Particolarmente efficace fu probabilmente l'insistenza di Cicerone nel denunciare l'intenzione dei rivoluzionari di voler appiccare incendi in più parti della città. Nella preghiera di ringraziamento del senato (par. 15) il merito del console di aver salvato la città dagli incendi compare al primo posto; al pericolo rappresentato dagli incendi Cicerone fa del resto riferimento in più occasioni in tutte e quattro le *Catilinarie*.
L'eventualità di un incendio suscitava grande paura in tutta la cittadinanza, ma soprattutto nel popolo, che risiedeva in quartieri dove gli edifici erano costruiti completamente in legno.

■ **Statua di giovane magistrato**, IV-V sec. d.C. Roma, Musei Capitolini, Centrale Montemartini.

**LEGGO E COMPRENDO**

**1.** Chi sono Cetego, Statilio e Lentulo?

**2.** Quale ruolo hanno i Galli Allobrogi nella confessione di Lentulo?

**3.** Come viene giudicato da Cicerone l'atto di condanna dei nove congiurati da parte del senato?

T6 LATINO

# La condanna a morte dei catilinari

*Epistulae ad Atticum* 12, 21

*Nell'esordio di una lettera inviata all'amico Attico nel 45 a.C., dunque molto tempo dopo gli avvenimenti dell'anno del suo consolato, Cicerone ricorda come si sia giunti alla condanna dei catilinari durante la seduta del senato successiva a quella in cui era avvenuto l'interrogatorio degli imputati (➤* **T5***). Dopo aver fatto riferimento a uno scambio di lettere tra Bruto (il futuro cesaricida) e Attico, Cicerone ricorda che tutti i senatori che avevano parlato prima di Cesare avevano chiesto la pena di morte per i congiurati, ma che proprio l'intervento di Cesare aveva fatto cambiare idea a molti. Solo Catone, replicando a Cesare con toni particolarmente accorati ed esaltando l'azione del console Cicerone, aveva fatto in modo che i senatori tornassero al parere iniziale di comminare agli imputati la pena di morte.*

■ Incisione dal frontespizio di un'edizione a stampa delle *Epistulae ad Atticum* di Cicerone.

CICERO ATTICO SAL.

[1] Legi Bruti epistulam eamque tibi remisi sane non prudenter rescriptam ad ea quae requisieras. Sed ipse viderit. Quamquam illud turpiter ignorat. Catonem primum sententiam putat de animadversione dixisse quam omnes ante dixerant praeter Caesarem et, cum ipsius Caesaris tam severa fuerit qui tum praetorio loco dixerit, consularium putat leniores fuisse, Catuli, Servili, Lucullorum, Curionis, Torquati, Lepidi, Gelli, Volcaci, Figuli, Cottae, L. Caesaris, C. Pisonis, M'. Glabrionis, etiam Silani, Murenae designatorum consulum. Cur ergo in sententiam Catonis? Quia verbis luculentioribus et pluribus rem eandem comprehenderat. Me autem hic laudat quod rettulerim, non quod patefecerim, quod cohortatus sim, quod denique ante quam consulerem ipse iudicaverim. Quae omnia, quia Cato laudibus extulerat in caelum perscribendaque censuerat, idcirco in eius sententiam est facta discessio.

---

**CICERO... SAL.**: è la formula di saluto che si incontra solitamente ad apertura delle lettere. *SAL.* è abbreviazione di *salutem* ed è sottintesto il verbo *dicit*: «Cicerone (rivolge) il (suo) saluto a Attico» (vale il nostro «Caro Attico»).

[1] **Bruti**: si tratta di Marco Giunio Bruto, che all'epoca era in ottimi rapporti con Cicerone e Attico; sappiamo che Bruto era impegnato nella redazione di varie opere storiche e probabilmente aveva discusso della congiura di Catilina con Attico, il quale a sua volta aveva sottoposto le questioni a Cicerone. • **eamque... rescriptam**: il pronome *eam* si riferisce a *epistulam*, «e te l'ho rispedita dicendo che di certo aveva risposto non correttamente alle richieste che tu avevi formulato». • **ipse viderit**: *ipse* è Bruto; il futuro anteriore *viderit* ha valore di futuro semplice e l'intera espressione è una formula comune della lingua d'uso, che vale «se la vedrà lui». • **Quamquam**: particella correttiva, «Peraltro». • **putat**: il soggetto è Bruto, che crede che Catone sia stato il primo a proporre la pena di morte per i congiurati. • **cum**: «sebbene». • **severa**: da sottindendere *sententia*. • **praetorio loco**: «quando fu il turno dei pretori»; Cesare era pretore designato per il 62 a.C. • **consularium**: i *consulares* sono i senatori che hanno ricoperto la carica di consoli; l'elenco successivo – da *Catuli* a *M'. Glabrionis* – è sintatticamente apposizione di *consularium*. • **putat**: ha sempre come soggetto Bruto. • **leniores**: è sottinteso *sententias*. • **Cur... Catonis**: «Perché dunque è stata votata la proposta di Catone?». • **hic**: è sempre Bruto. • **rettulerim**: «ho messo all'ordine del giorno». • **non quod patefecerim**: *non* è da sottintendersi anche prima dei successivi *quod*. • **Quae**: nesso relativo, *et ea* (riferito ai fatti trascurati da Bruto, che invece Catone quel giorno aveva particolarmente esaltato). • **idcirco... discessio**: «proprio per questo l'esito della votazione è andato nella direzione della sua proposta»; la *discessio*, dal verbo *discedo*, era una forma di votazione che prevedeva che i senatori favorevoli a una proposta si raccogliessero da una parte del senato e i contrari dall'altra parte, abbandonando i loro posti: la si usava quando non si volevano avere dubbi sul conteggio.

## Il testo e il contesto

**LA SEDUTA DEL 5 DICEMBRE** Cicerone si lamenta perché Bruto non ha fornito ad Attico una ricostruzione fedele dei fatti verificatisi nella seduta del senato che si tenne il 5 dicembre del 63 a.C. In tale riunione si era presa la decisione di condannare a morte i nove congiurati che erano stati identificati come colpevoli (➛ **T5**), procedendo immediatamente all'esecuzione di quelli che erano stati catturati. Noi siamo informati piuttosto precisamente su questi avvenimenti dallo storico romano Sallustio e dal greco Plutarco (che nella sua *Vita di Cicerone* insiste su quanto fosse stata tormentata la decisione per Cicerone, il quale sapeva bene che condannando a morte persone tanto in vista si sarebbe attirato l'odio dei loro partigiani, i *populares*).
Secondo la ricostruzione più attendibile dei fatti, il primo a parlare fu Silano, in quanto console designato: egli propose la pena di morte per i congiurati. A questa tesi si uniformarono tutti i successivi oratori. Cesare, invece, propose che i congiurati fossero tenuti in catene, ciascuno in una città diversa, e che i loro beni fossero confiscati; egli giustificò la sua proposta con il fatto che la morte era una soluzione troppo rapida e comoda per chi aveva ordito un piano tanto malvagio (ma non mancò il sospetto, smentito in ogni caso dallo stesso Cicerone, che Cesare fosse un simpatizzante dei catilinari). Quindi Catone reagì con un vigoroso discorso a favore della pena di morte, con il quale convinse tutti. Per ultimo parlò Cicerone che valutò entrambe le posizioni, propendendo infine per la pena di morte (il discorso fu successivamente rielaborato e pubblicato da Cicerone stesso come IV *Catilinaria*).

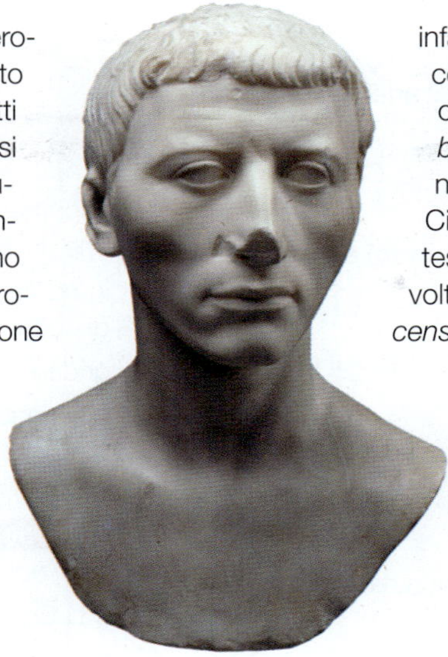

■ Busto di Catone Uticense, I sec. d.C. Firenze, Museo Archeologico Nazionale.

## Il senso del testo

**IL RUOLO DI CATONE** In questa epistola Cicerone corregge il parere di Bruto, ma soprattutto spiega come sia stata l'eloquenza di Catone a ribaltare la situazione che si era determinata dopo il discorso di Cesare. Cicerone, infatti, ricorda come quel giorno Catone, con i suoi elogi, avesse innalzato fino al cielo le azioni del console (*Cato laudibus extulerat in caelum*). Sempre Catone aveva anche proposto che i meriti di Cicerone venissero fissati per scritto, nel testo della preghiera di ringraziamento rivolta dal senato agli dèi (*perscribendaque censuerat*).

**LA CONDANNA E L'ESECUZIONE DEI CONGIURATI** Né in questa epistola né nella IV *Catilinaria* Cicerone prende in considerazione il fatto che la condanna dei congiurati sarebbe stata eseguita senza l'appello al popolo (la *provocatio ad populum*), cui aveva diritto qualsiasi cittadino romano condannato a morte: evidentemente, Cicerone era dell'avviso che i congiurati, essendo stati proclamati "nemici dello Stato", fossero decaduti da ogni diritto (valutazione che si rivelerà errata alla luce delle successive vicende processuali di Cicerone, che fu appunto condannato all'esilio in ragione di questi eventi).
Lo storico Plutarco, riferendo dell'esecuzione dei congiurati, ci conferma quanto una scena simile dovesse risultare inconsueta agli occhi di un cittadino romano dell'epoca, e in particolare agli occhi di un giovane (*Vita di Cicerone* 22, 1-3): «Accompagnato dal senato, Cicerone raggiunse i congiurati, che non erano raccolti tutti nello stesso luogo, ma sparsi qua e là sotto la sorveglianza dei pretori. Come prima mossa, si recò sul Palatino, prese Lentulo e lo condusse lungo la Via Sacra in mezzo al Foro: lo circondavano i cittadini più ragguardevoli, armati come guardie del corpo, mentre la gente, che sfilava in silenzio dietro al gruppo, osservava inorridita il succedersi degli eventi. Ma i più spaventati erano i giovani, a cui sembrava quasi di essere iniziati a chissà quali ancestrali riti, appannaggio di una solida aristocrazia. Attraversato, dunque, il Foro e fermatosi dinanzi al carcere, consegnò Lentulo al carnefice e gli ordinò di ucciderlo» (trad. di A. Burlando).

**LEGGO E COMPRENDO**

**1.** In quale sua opera e per quale motivo Cicerone rievoca la successione dei discorsi tenuti per stabilire la condanna dei catilinari?

**2.** Secondo la ricostruzione che Cicerone fornisce dell'accaduto, quale fu l'atteggiamento di Catone nei suoi confronti?

**3.** Qual era, secondo il racconto di Plutarco, lo stato d'animo dei giovani che assistettero alla processione dei catilinari verso il carcere dove sarebbero stati giustiziati?

## VERIFICA *IN ITINERE* CEDANT ARMA TOGAE

### QUESITI A SCELTA MULTIPLA

**1.** ricordare La formazione di Cicerone nell'arte oratoria avvenne grazie a:

- ☐ Mucio Scevola Augure e Marco Licinio Crasso (il triumviro)
- ☐ Marco Antonio (nonno del futuro triumviro) e Lucio Licinio Crasso
- ☐ Elio Stilone e il poeta Archia
- ☐ Antioco di Ascalona e Posidonio

**2.** ricordare Le *Catilinarie* vennero pronunciate:

- ☐ tutte davanti al senato
- ☐ tutte davanti al popolo
- ☐ la prima e la terza in senato, la seconda e la quarta davanti al popolo
- ☐ la prima e la quarta in senato, la seconda e la terza davanti al popolo

**3.** comprendere Mediante l'affermazione enfatica *nos, nos dico aperte, consules desumus* (*Catilinarie* 1, 3 ➛ **T1**) Cicerone intende:

- ☐ denunciare il malessere dei consoli che si sentono fisicamente minacciati da Catilina
- ☐ distaccarsi dalla politica conciliante del senato nei confronti dei catilinari
- ☐ addossarsi la responsabilità di essere stato troppo mite nei confronti di Catilina, laddove gli esempi degli antichi lo avrebbero invitato a un'azione più decisa e tempestiva
- ☐ rimproverare il proprio collega Antonio Ibrida, assente alla seduta del senato durante la quale Cicerone accusa Catilina

**4.** ricordare Chi ci riporta le parole pronunciate da Catilina in risposta alla prima orazione di Cicerone contro di lui?

- ☐ Lo storico Sallustio, autore di una monografia sulla congiura di Catilina, il *De coniuratione Catilinae*
- ☐ Lo storico greco Plutarco, autore di una biografia di Cicerone
- ☐ Cicerone stesso, nella *Pro Murena*
- ☐ Quinto Cicerone, in una lettera al fratello contenente consigli per la campagna elettorale

**5.** comprendere Nella prosopopea della I *Catilinaria* la Patria si rivolge a Catilina (➛ **T2**):

- ☐ esprimendo paura e angoscia, come una madre che rimprovera il figlio
- ☐ in nome dei tempi in cui l'uomo era ancora degno di onore
- ☐ gridando e rimproverandolo con violenza
- ☐ chiedendogli di consegnarsi ai consoli e sottoporsi a processo

**6.** comprendere Davanti al popolo romano, Cicerone afferma di non aver arrestato Catilina (➛ **T3**):

- ☐ a causa della propria eccessiva benevolenza
- ☐ perché non aveva ancora prove sufficienti a trascinare l'opinione pubblica dalla propria parte
- ☐ per la paura di essere ucciso dagli altri congiurati
- ☐ per la mancanza di precedenti simili

**7.** comprendere Cicerone fece rimandare le elezioni consolari del 63 per:

- ☐ evitare che Catilina vincesse grazie ai voti della plebe urbana
- ☐ evitare che Murena vincesse grazie ai voti dei proletari venuti da fuori Roma
- ☐ evitare che gli elettori poveri provenienti dalle campagne potessero votare
- ☐ permettere a tutti i cittadini di votare

**8.** comprendere Nel ricordare la congiura di Catilina all'interno della *Pro Murena*, Cicerone (➛ **T4**):

- ☐ ammette che il programma rivoluzionario aveva ottenuto un certo seguito
- ☐ sottovaluta le possibilità di Murena e Sulpicio di battere Catilina alle elezioni del 63 a.C.
- ☐ mette in rilievo la paura di Catilina di perdere le elezioni del 63 a.C.
- ☐ circoscrive con esattezza i seguaci di Catilina, appartenenti tutti alla stessa classe sociale

# *Vir bonus dicendi peritus*

T7

LATINO/ITALIANO

## Un nuovo modello di gloria politica

| *Epistulae ad familiares* 5, 7 |

*Cicerone inviò a Pompeo la seguente lettera nella primavera del 62 a.C. Il generale aveva appena concluso la guerra contro Mitridate, re del Ponto; stava quindi per rientrare in Italia con le sue truppe, dopo aver condotto in oriente una serie di campagne vittoriose grazie alle quali aveva sottomesso al potere di Roma ampi e ricchi territori. La fama delle sue imprese in patria era grandissima. L'intenzione di Cicerone è quella di collocare sullo stesso piano i meriti del conquistatore e i propri, dal momento che ritiene di aver salvato Roma dalla rovina, avendo sventato la congiura di Catilina.*

M. TULLIUS M. F. CICERO S. D. CN. POMPEIO CN. F. MAGNO IMPERATORI

[1] S. T. E. Q. V. B. E. Ex litteris tuis, quas publice misisti, cepi una cum omnibus incredibilem voluptatem; tantam enim spem otii ostendisti, quantam ego semper omnibus, te uno fretus, pollicebar; sed hoc scito, tuos veteres hostis, novos amicos vehementer litteris perculsos atque ex magna spe deturbatos iacere. [2] Ad me autem litteras quas misisti, quamquam exiguam significationem tuae erga me voluntatis habebant, tamen mihi scito iucundas fuisse; nulla enim re tam laetari soleo quam meorum

"Lessico", p. 416

MARCO TULLIO CICERONE, FIGLIO DI MARCO, SALUTA IL GENERALE VITTORIOSO GNEO POMPEO MAGNO, FIGLIO DI GNEO

[1] Se tu e il tuo esercito siete in buona salute, bene. Dalla tua lettera ufficiale, che hai inviato al popolo, ho ricavato insieme a tutti un'incredibile gioia; hai infatti lasciato intravedere tanta speranza di pace, quanta io promettevo sempre a tutti, fidandomi di te solo. Sappi tuttavia che i tuoi antichi avversari, ora nuovi alleati[1], sono prostrati, profondamente colpiti da questa lettera e delusi in una loro grande speranza. [2] Sappi inoltre che la lettera privata, che hai inviato a me, sebbene contenesse un cenno debole della tua buona predisposizione nei miei confronti, mi è stata gradita; da nessuna circostanza infatti

"Lessico", p. 416

**M. TULLIUS... IMPERATORI**: leggi *Marcus Tullius Marci filius Cicero salutem dicit Gneio Pompeio Gnei filio magno imperatori*; secondo l'abitudine romana, l'intestazione e la firma precedono il contenuto della lettera. L'intestazione è in questo caso particolarmente solenne: reca il nome del padre sia del mittente sia del destinatario, del quale riporta anche il titolo onorifico, *magnus*, che gli era stato attribuito dal popolo romano.
[1] **S.T.E.Q.V.B.E.**: si tratta della formula di saluto, abbreviata secondo l'uso abituale, *Si tu exercitusque valetis, bene est*; anche questa formula, al pari dell'intestazione, è molto formale ed esprime il carattere ufficiale dello scritto. • **otii**: il termine *otium* qui significa «pace». • **hoc scito**: *hoc* anticipa il contenuto della successiva proposizione infinitiva; *scito* è imperativo futuro, formula ricorrente nello stile epistolare; vale come presente («sappi»).
[2] **quam... conscientia**: secondo termine di paragone, anticipato da *tam*, «(da nessuna circostanza sono solito ricavare tanta soddisfazione) quanto dalla consapevolezza di aver svolto i miei doveri». • **quibus**: riprende *officiorum*. • **officii**: genitivo partitivo da unire a *plus*. • **quin**: introduce la proposizione sostantiva *res publica nos inter nos conciliatura coniuncturaque sit*, che funge da apodosi dipendente di un periodo ipotetico della oggettività, la cui protasi è *si... adiunxerunt*.

1. Fra di essi va certamente annoverato Cesare, con il quale di lì a poco Pompeo formerà il triumvirato insieme a Crasso.

officiorum conscientia, quibus si quando non mutue respondetur, apud me plus officii residere facillime patior: illud non dubito, quin, si te mea summa erga te studia parum mihi adiunxerunt, res publica nos inter nos conciliatura coniuncturaque sit. [3] Ac, ne ignores, quid ego in tuis litteris desiderarim, scribam aperte, sicut et mea natura et nostra amicitia postulat: res eas gessi, quarum aliquam in tuis litteris et nostrae necessitudinis et rei publicae causa gratulationem exspectavi, quam ego abs te praetermissam esse arbitror, quod vererere, ne cuius animum offenderes. Sed scito ea, quae nos pro salute patriae gessimus, orbis terrae iudicio ac testimonio comprobari, quae, cum veneris, tanto consilio tantaque animi magnitudine a me gesta esse cognosces, ut tibi multo maiori, quam Africanus fuit, me non multo minorem quam Laelium facile et in re publica et in amicitia adiunctum esse patiare.

traggo solitamente tanto piacere quanto dalla consapevolezza di aver compiuto il mio dovere; se a volte ad esso non viene corrisposto un vicendevole riconoscimento, sopporto assai agevolmente che la maggior parte dell'impegno gravi su di me. Di questo non ho dubbi: se la mia estrema correttezza nei tuoi confronti[2] ha avvicinato poco te a me, l'interesse per il bene dello Stato ci riavvicinerà e ci legherà reciprocamente. [3] E perché tu non ignori ciò che nella tua lettera mi è mancato, lo scriverò apertamente come esige il mio carattere e la nostra amicizia. Ho compiuto un'impresa[3] per la quale nella tua lettera mi sarei aspettato un'espressione di riconoscenza in virtù sia del nostro rapporto cordiale sia del servizio reso allo Stato; e io credo che tu l'abbia omessa perché temevi di urtare la suscettibilità di qualcuno[4]. Sappi tuttavia che quello che io ho compiuto per la salvezza della patria è confermato dal giudizio e dalla testimonianza del mondo intero. E, quando arriverai, capirai che da parte mia quell'impresa è stata compiuta con tanta saggezza e tanta grandezza d'animo che senza difficoltà permetterai che a te, che sei più grande di quanto lo fu l'Africano, sia avvicinato io, che non sono di molto inferiore a Lelio.

■ Cratere di Mitridate Eupatore, inizi del I sec. a.C. Roma, Palazzo dei Conservatori.

[3] **eas**: «tali». • **vererēre**: equivale a *vererēris*. • **quae... quae**: il primo *quae* ha come antecedente il pronome dimostrativo *ea*, il secondo è un nesso relativo (= *et ea*). • **cum veneris**: si intende a Roma. • **ut... patiare**: proposizione consecutiva, introduce l'infinitiva *tibi... adiunctum esse*; la forma *patiāre* equivale a *patiāris*.

2. Negli anni precedenti Cicerone aveva appoggiato politicamente Pompeo.
3. L'impresa cui Cicerone fa qui riferimento è l'aver sventato la congiura di Catilina.
4. Ossia i nuovi alleati di Pompeo, i *populares*, e in particolare Cesare.

## Il testo e il contesto

**PREOCCUPAZIONE PER IL COMPORTAMENTO DI POMPEO** Pompeo, all'inizio del 62 a.C., aveva inviato al senato una lettera pubblica in cui sottolineava il buon esito delle campagne da lui condotte in oriente e in particolare in Siria. L'imminente fine delle guerre è salutata da Cicerone come l'inizio di un periodo di pace (*spem otii,* par. 1): proprio sperando nelle capacità militari di Pompeo (*te uno fretus*), Cicerone aveva caldeggiato alcuni anni prima in senato, con l'orazione *Pro lege Manilia*, la nomina di Pompeo a comandante delle truppe in oriente. Cicerone, inoltre, accenna anche a una lettera di Pompeo indirizzata espressamente a lui (*Ad me litteras quas misisti,* par. 2): probabilmente era la risposta alla relazione che a fine dicembre del 63 a.C., dopo aver sventato il pericolo rappresentato dai catilinari, Cicerone aveva mandato al generale, per informarlo dei fatti di politica interna. Possiamo immaginare che i toni di Cicerone nel raccontare del proprio operato siano stati decisamente trionfalistici: la risposta del generale, invece, deve essere stata piuttosto fredda (*exiguam significationem tuae erga me voluntatis habebant,* par. 2) provocando la delusione di Cicerone (*gratulationem expectavi,* par. 3). Dalle parole di Cicerone emerge poi anche la preoccupazione per i nuovi orientamenti politici di Pompeo, che stava stringendo accordi con Cesare e i *populares* (*tuos veteres hostes, novos amicos*, par. 1); nota che Cicerone, un po' malignamente, sottolinea l'atteggiamento ambiguo degli «antichi avversari» nonché «nuovi alleati» di Pompeo, i quali, di fatto, avevano sperato in un suo insuccesso (*vehementer litteris perculsos atque ex magna spe deturbatos iacere,* par. 1).

## Il senso del testo

**IL "CIRCOLO DEGLI SCIPIONI"** Il tono della lettera è formale (come chiarito dall'intestazione e dalla formula di saluto) e alto: si notano diversi espedienti retorici, fra cui spicca l'antitesi, al par. 1, *veteres hostes, novos amicos.* Nonostante questo, il contenuto esprime con sincerità la visione politica che a Cicerone rimase sempre cara e che ruota attorno all'ammirazione sconfinata che l'oratore nutrì nei confronti degli Scipioni e dei nobili romani, come Lelio, che furono i loro consiglieri, il cosiddetto "circolo degli Scipioni". Cicerone propone infatti, al par. 3, un parallelo tra Pompeo e Scipione Africano Minore (conosciuto anche come Scipione Emiliano), il generale che aveva definitivamente sconfitto Cartagine ed era riuscito a espugnare la città di Numanzia, ma che si era distinto anche nella lotta contro le proposte dei Gracchi, ritenuti dei pericolosi sovversivi. Cicerone si paragona poi a Lelio, colto amico e consigliere di Scipione e suo attivo sostenitore nella lotta contro i Gracchi. Nei grandi di quel periodo Cicerone vedeva incarnata la virtù dell'ottimo uomo di governo, capace di unire le doti politiche e militari a un'estrema profondità spirituale e culturale: a quelle illustri personalità, per esempio, Roma doveva, oltre alle conquiste, la poesia di Terenzio e l'apertura alla filosofia greca, almeno per la classe dei senatori. Inoltre gli Scipioni, secondo la lettura ciceroniana, si erano distinti per aver agito onestamente, nell'interesse di Roma, senza ambire a ottenere il potere personale oltre il mandato conferito dal popolo e dal senato.

**UN NUOVO MODELLO DI UOMO POLITICO ROMANO** Cicerone, nel ricordare a Pompeo il modello scipionico, ha in mente un preciso modello di condotta politica e morale, fondato sui valori della cultura. L'interesse di Cicerone verso gli Scipioni e i personaggi della loro cerchia risulta evidente dal fatto che durante tutta la sua vita egli indicò in loro i modelli da seguire per recuperare l'autentica dimensione della politica: essi, oltre a innumerevoli cenni in varie opere, sono citati come modello di uomini che uniscono l'attività politica alla cultura nell'orazione *Pro Archia*, del 62 a.C., sono i protagonisti del dialogo *De re publica*, pubblicato nel 51 a.C., e compaiono nel breve dialogo *Laelius, de amicitia,* del 44 a.C.

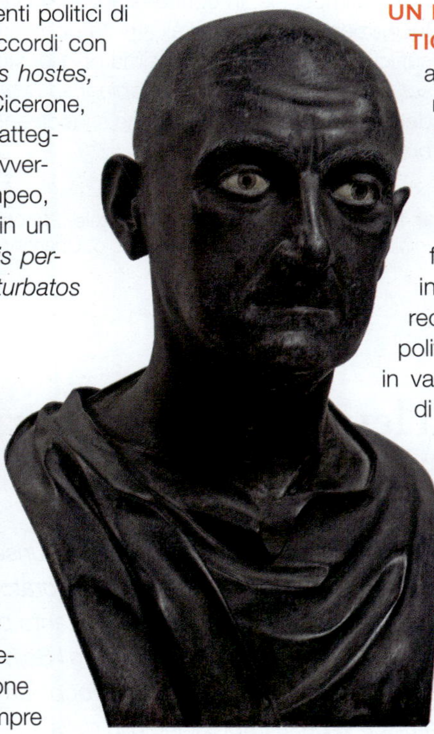

■ **Ritratto di Publio Cornelio Scipione Africano**, II sec. a.C. Napoli, Museo Archeologico Nazionale.

**LEGGO E COMPRENDO**

**1.** Perché Cicerone ritiene di aver meritato la riconoscenza di Pompeo?

**2.** Per quali motivi Cicerone è rimasto deluso dalla lettera di Pompeo espressamente indirizzata a lui?

**3.** Che cosa vuole suggerire Cicerone a Pompeo, paragonando la loro *amicitia* al modello di Scipione e Lelio?

## LESSICO | *OTIUM* E *NEGOTIUM*

***OTIUM* E *PAX*, *NEGOTIUM* E *BELLUM*** Nella lettera a Pompeo (➛ **T7**) Cicerone usa il termine ***otium*** come sinonimo di *pax*, in opposizione a *bellum*. Quest'uso, coerente con il tono solenne della lettera, pare recuperare l'**antico significato** del termine. L'origine etimologica di *otium* è oscura; è certo però che il termine precede il suo opposto, ***negotium***, che da esso si è formato (*negotium* < *nec otium*). La prima attestazione di questi due termini nella letteratura latina si trova in un frammento – tramandato dall'erudito Gellio, vissuto nel II secolo d.C. – di una tragedia di Ennio (l'*Ifigenia*), nella quale i due termini sembrano afferire semanticamente alla **sfera militare**: *otium* sembra infatti essere il periodo in cui non si svolge la guerra, mentre *negotium* sembra avere significato simile a *bellum*. In tale frammento i soldati dell'esercito di Agamennone, presumibilmente fermi in Aulide in attesa di salpare per Troia, distinguono la totale inattività (*otium otiosum*), connotata negativamente, dalla possibilità di fare un buon uso dell'*otium*.
Nelle attestazioni dei poeti comici Plauto e Terenzio il termine *negotium* sembra assumere un significato distinto da *bellum*, e diventare piuttosto sinonimo di *officium*, «dovere, obbligo»; quanto al termine *otium*, esso risulta connotato negativamente in quanto tempo dedicato al bere e in generale ai piaceri del corpo.

**L'*OTIUM* IN CICERONE E IN ETÀ IMPERIALE** La **rivalutazione** dell'*otium* come tempo da dedicare all'arricchimento dello spirito pare un'innovazione di Cicerone. In questa nuova accezione il termine sembra recuperare il significato del greco ***scholè***, propriamente «tempo libero» (da cui in italiano «scuola»): è soprattutto in **Platone** che il termine *scholè* risulta connotato in modo pienamente positivo, come il tempo in cui gli uomini si dedicano alla filosofia e restano lontani dalla vita politica e giudiziaria.
Il percorso di identificazione dell'*otium* letterario e filosofico come unica e vera forma di *otium*, nonché parte migliore della vita, si può dire compiuto all'inizio dell'età imperiale, in concomitanza con la progressiva diminuzione della partecipazione dei cittadini all'attività politica, riservata sempre più al principe. È sufficiente ricordare la massima del filosofo **Seneca**, vissuto nel I secolo d.C.: *soli omnium otiosi sunt qui sapientiae vacant, soli vivunt*, «godono veramente del tempo libero solo quelli che si dedicano alla filosofia, solo loro vivono» (*De brevitate vitae* 16, 1).

■ **La Filosofia con Socrate, Aristotele, Platone e Seneca,** miniatura da un codice del XV secolo. Chantilly, Musée Condé.

**T8**
ITALIANO

# Il ruolo della letteratura nella formazione dell'oratore ideale

*Pro Archia poeta* 12-16

*Nel 62 a.C., poco dopo la fine del consolato, Cicerone assunse la difesa del poeta Archia di Taranto, accusato di aver usurpato il titolo di cittadino romano. L'oratore approfittò di questa occasione per spiegare quanto la letteratura fosse a suo giudizio importante per la formazione di un uomo politico e per ricordare come anche i migliori uomini del passato, gli Scipioni e i membri del loro "circolo", avessero coltivato tali studi. Dell'arringa in difesa di Archia proponiamo il passo in cui Cicerone illustra in che modo la letteratura costituisca la base imprescindibile della sua attività forense.*

[12] Ci chiedi, Grattio[1], perché proviamo tanto interesse per quest'uomo. Perché ci offre un luogo dove lo spirito si può riprendere da questo baccano del foro e le orec-

1. Grattio è l'uomo che ha presentato l'accusa contro Archia.

chie si possono riposare stanche per il vociare. O tu credi che noi possiamo avere a disposizione ciò che ogni giorno ci capita di dire in situazioni tanto diverse, se non nutriamo con cura la nostra interiorità con la cultura, o che il nostro spirito possa reggere tanta tensione, se non lo rilassiamo proprio con la cultura? In verità io confesso di essere dedito a questi studi: altri ne abbiano vergogna, se si sono immersi nella letteratura al punto tale da non potere ricavare da essa alcunché di utile per la società; ma perché dovrei vergognarmi io, che da tanti anni vivo in modo tale che mai un mio interesse personale o uno svago o anche il riposo mi hanno sottratto a una battaglia politica o al patrocinio di un amico? [13] Per questo motivo dunque chi mi potrebbe rimproverare o chi si potrebbe a buon diritto adirare con me, se io, il tempo che agli altri è concesso per sbrigare gli affari personali, per partecipare agli spettacoli nei giorni festivi, per ogni altro piacere compreso il riposo dell'anima e del corpo, il tempo che gli altri dedicano alle feste che durano fino a notte fonda, al tavolo da gioco, alla palla, il medesimo tempo me lo prenderò per dedicarmi a questi studi? E a maggior ragione bisogna concedere questo a me, dato che grazie a questi studi si perfeziona questa facoltà oratoria che, per quanto poca sia in me, mai è venuta a mancare in caso di processi che coinvolgessero amici. E se a qualcuno questa mia facoltà oratoria pare poco importante, tuttavia la parte essenziale di essa io so bene da quale fonte la vado ad attingere. [14] Se infatti fin dalla giovinezza io non mi fossi convinto, grazie a molti insegnamenti ed esempi letterari, del fatto che nulla nella vita vale la pena di inseguire ad ogni costo più della fama di essere una persona onesta, e che per ottenerla non bisogna tenere in alcun conto nessun sacrificio, né il pericolo di morte o dell'esilio[2], mai io mi sarei gettato per la vostra salvezza in battaglie tanto grandi e numerose e in attacchi quotidiani contro uomini ora sconfitti. Ma tutti i libri sono pieni di esempi simili, piene le affermazioni dei sapienti, piena l'antichità: e tutti questi avvenimenti giacerebbero nell'oscurità, se non si accostasse loro la luce delle belle lettere. Quante evidenti immagini di eroi validissimi hanno lasciato gli scrittori sia greci sia latini! E io, tenendomi sempre di fronte queste immagini durante il governo dello Stato, plasmavo il mio spirito e la mia volontà proprio con il pensiero di uomini eccellenti. [15] Qualcuno domanderà: ma come? Quei grandi, le cui virtù sono state tramandate dai libri, furono dotati di codesta cultura letteraria, che tu esalti? È difficile confermarlo di tutti, tuttavia è sicuro ciò che risponderei. Io confermo il fatto che molti uomini di mente e virtù straordinarie siano stati privi di cultura letteraria, e che siano diventati equilibrati e seri grazie alle proprie doti, per una conformazione quasi divina della loro stessa indole: aggiungo che più spesso è stata capace di conseguire lode di virtù la natura senza la cultura che la cultura senza la natura. Però io affermo anche questo: quando

"Lessico", p. 420

2. Cicerone allude sia ai pericoli corsi al tempo del consolato (per sventare la congiura di Catilina) sia anche al pericolo che evidentemente sente già incombere su di lui, ovvero l'esilio (pericolo che effettivamente si concretizzò).

a una natura nobile ed elevata si è aggiunta una certa formazione razionale derivante dalla cultura, allora di solito ha preso vita qualcosa di veramente straordinario ed eccezionale. [16] Uno di questo genere, che i nostri padri hanno visto, fu l'Africano, uomo divino; di questo genere Gaio Lelio, Lucio Furio, uomini di estremo equilibrio e ponderazione; di questo genere l'uomo più energico e più sapiente di quei tempi, il famoso Marco Catone il Vecchio: certamente se la cultura letteraria non fosse loro minimamente servita per conseguire e mantenere la virtù, mai si sarebbero dedicati a tale interesse[3]. Ma anche se da questi studi non derivasse un vantaggio tanto evidente e se si cercasse in essi solo il piacere, tuttavia, credo, giudichereste questa la distrazione più degna di un uomo e la più nobile. Gli altri svaghi infatti non sono adatti ad ogni momento, né ad ogni età né luogo: ma questi studi nutrono la giovinezza, ricreano l'età anziana, danno lustro ai momenti felici, forniscono rifugio e consolazione nella sfortuna, in casa dilettano, fuori non sono di impedimento, dormono, viaggiano, vengono in campagna insieme a noi[4].

"Lessico", p. 420

3. Cicerone insiste sull'eccellenza del "circolo" scipionico, argomento che a lui fu sempre particolarmente caro; Lucio Furio Filo, console nel 136 a.C., fu oratore e amico degli Scipioni. Catone il Censore, pur essendo in aspra polemica con gli Scipioni, si aprì notevolmente alle lettere e per Cicerone rimase sempre un esempio pienamente positivo. Indipendentemente dalle simpatie personali, qui l'oratore vuole proporre ai giudici esempi di persone che nessuno potrebbe contestare.
4. A conclusione del passo Cicerone sottolinea scherzosamente come la maneggevolezza dei libri li renda anche ottimi compagni di viaggio.

**PER COMPRENDERE IL TESTO**

## Il testo e il contesto

**IL PROCESSO AD ARCHIA** Il poeta Archia (118-45 a.C.), nativo di Antiochia, dopo essersi guadagnato una certa notorietà nelle città greche dell'Italia meridionale, si trasferì a Roma, dove fu in amicizia con il generale Lucullo, che seguì in oriente nella guerra contro Mitridate (74-68 a.C.), con il compito di cantarne le gesta. Le notizie su Archia di cui siamo in possesso sono dovute soprattutto a Cicerone, il quale ne esalta in primo luogo le doti di improvvisatore (di lui sono conservati alcuni epigrammi nell'*Antologia Palatina*).

Archia, per i suoi meriti poetici, aveva ottenuto la cittadinanza onoraria di Heraclea, città federata di Roma. In base alla *lex Plautia Papiria* dell'89 a.C., i cittadini delle città federate avevano diritto a ottenere la cittadinanza romana (con i connessi, consistenti vantaggi economici, sociali e politici), se si fossero fatti registrare correttamente nelle liste di cittadinanza. La successiva *lex Papia de civitate* del 65 a.C. imponeva però che fossero banditi da Roma quanti avessero usurpato il titolo di cittadino. Archia fu accusato proprio di questo, in quanto la sua registrazione non appariva regolare. Per Cicerone non fu difficile dimostrare alla giuria (presieduta dal fratello Quinto) la regolarità dei documenti di Archia, argomento a cui sono dedicati pochi paragrafi iniziali dell'arringa difensiva, successivi all'esordio. Cicerone coglie poi l'occasione per una consistente argomentazione *extra causam*, che non riguarda cioè il procedimento legale in corso: se anche Archia non fosse stato in regola, in quanto poeta egli avrebbe ugualmente avuto diritto a ottenere la cittadinanza romana, dato il prestigio della sua arte. La relativa facilità della causa da trattare ha probabilmente indotto l'oratore a introdurre e sviluppare argomenti, come l'importanza della cultura letteraria, che effettivamente gli stavano particolarmente a cuore.

## Il senso del testo

**IL PREGIUDIZIO CONTRO LA CULTURA GRECA** In questo passo della *Pro Archia* Cicerone illustra i motivi per cui la cultura letteraria, a suo giudizio, è tanto importante nella formazione dell'oratore; allo stesso tempo, sente la necessità di sgombrare il campo da un forte pregiudizio, in base al quale i temi provenienti dalla cultura greca, come in generale quanto proveniva da un →

popolo straniero, erano poco adatti alla formazione del cittadino, formazione che doveva esclusivamente basarsi sul *mos maiorum*. Per smontare questo pregiudizio, Cicerone afferma che gli studi letterari sono da biasimare solo quando comportano un allontanamento dalla vita politica attiva (par. 12), cosa che a lui non è accaduta (in questa fase del pensiero ciceroniano l'*otium litteratum* risulta dunque ammesso solo in posizione chiaramente subordinata rispetto al *negotium*). D'altra parte, egli ammette che si possa essere ottimi cittadini anche senza una cultura letteraria (par. 15): in caso contrario bisognerebbe infatti sostenere la tesi – impossibile da accettare per l'opinione pubblica – che non siano stati veramente grandi molti uomini romani del passato, i quali, pur privi di cultura, hanno effettivamente contribuito alla grandezza di Roma.

**I VANTAGGI DELLA CULTURA LETTERARIA** Posto che ciascuno può impiegare il tempo libero come meglio crede, occuparsi di letteratura rappresenta uno svago sano e intelligente (par. 12), più costruttivo rispetto ad altri (par. 13); inoltre, Cicerone afferma che nella letteratura (intesa principalmente come poesia epica e tragica o storiografia) un uomo può trovare una serie infinita di esempi e di modelli di comportamento: si tratta di materiale prezioso in rapporto non soltanto all'attività forense (par. 12) ma anche all'attività di governo (par. 14), in quanto da tali esempi si può apprendere una condotta che metta in primo piano l'interesse collettivo e lasci in subordine l'egoismo personale.

***VIR BONUS DICENDI PERITUS*** La fusione di naturale attitudine al governo e cultura letteraria ha generato uomini della cui grandezza nessun cittadino romano potrebbe dubitare: gli Scipioni e il loro "circolo" (par. 16). Tuttavia, l'esempio forse più significativo che Cicerone propone al suo pubblico è quello di Catone il Vecchio, il quale non poteva certo essere sospettato di simpatie per la cultura greca, sebbene fosse un profondo ammiratore della poesia di Ennio e a sua volta grande oratore. Qui pare infatti che Cicerone riprenda, come ideale di perfezione, la nota definizione che Catone stesso aveva dato dell'uomo politico come «uomo onesto esperto nell'arte della parola» (*orator est vir bonus dicendi peritus*; la definizione catoniana ci è riportata da Seneca il Vecchio, *Controversiae* 1, *praef.* 9 e da Quintiliano, *Institutio oratoria* 12, 1, 1). Secondo questa massima l'uomo politico deve unire alla perizia tecnica, che comporta la capacità di parlare adeguatamente in pubblico per sostenere le proprie idee (*dicendi peritus*), una solida moralità. La letteratura quindi, che contribuisce a fornire esempi moralmente edificanti e ad approfondire le facoltà espressive, si rivela l'attività «più degna di un uomo» (*humanissima*, par. 16), ossia quella che conferisce all'uomo il suo tratto distintivo e specifico, spesso indicato da Cicerone appunto con il termine *humanitas* (➛ Scheda "Lessico", p. 420).

**Vaso a figure rosse con scene di scuola,** circa 480 a.C. Berlino, Staatliche Museen.

**LEGGO E COMPRENDO**

**1.** Che cos'è un'argomentazione *extra causam*? Qual è la sua funzione nel processo contro Archia?

**2.** Quali sono i vantaggi che l'educazione letteraria può offrire al cittadino romano?

**3.** In che modo Cicerone riesce ad accreditare gli studi letterari senza entrare in conflitto con il *mos maiorum*?

## LESSICO | *OTIUM* LETTERARIO E *RELAX*

**LA METAFORA DELL'ARCO** Per indicare la tensione connessa all'attività forense Cicerone, al par. 12 della *Pro Archia* (➛ **T8**), usa il termine ***contentio***, derivato dalla radice del verbo *tendo*, «tendere»; nello stesso passo, per indicare gli effetti benefici della cultura, usa il verbo ***relaxare***, etimologicamente affine a *laxare*, «allentare». La terminologia allude metaforicamente alla **tecnica del tiro con l'arco**, che per essere utilizzato deve essere messo in tensione, ma che quando non è in uso, perché il legno mantenga le proprietà elastiche, deve essere allentato (*arcum relaxare* esprime appunto l'azione di togliere la corda dall'arco). L'uso della metafora dell'arco per indicare la necessità di alternare momenti di impegno e di tensione a momenti di svago doveva essere piuttosto comune; ricorre già in Erodoto (storico greco del V secolo a.C.) che ricorda come il faraone Amasi avesse mostrato un arco allentato a chi lo rimproverava di prendersi delle pause di vacanza dall'attività di governo, spiegando appunto che un arco, perché sia efficiente al bisogno, deve essere allentato quando non è in uso (*Storie* 2, 173, 3).

A partire da questo uso metaforico del verbo *relaxare* nel latino letterario, in inglese troviamo il termine ***relax*** con il significato di «ricreazione dello spirito», termine che poi si è esteso anche al francese e all'italiano con il significato di «riposo, distensione fisica e soprattutto psichica».

■ **Diana cacciatrice**, affresco da Pompei, I sec. a.C. Napoli, Museo Archeologico Nazionale.

## LESSICO | *HUMANITAS*

■ **Vantaggi e svantaggi della retorica**, pagina miniata da un manoscritto del tardo XII secolo. Chantilly, Musée Condé.

**UNA PAROLA CHIAVE DEL LESSICO CICERONIANO** Al paragrafo 16 dell'orazione in difesa del poeta Archia (➛ **T8**) la letteratura viene presentata come l'attività «più degna di un uomo» (*humanissima*), ossia quella che conferisce all'uomo il suo tratto distintivo e specifico, spesso indicato da Cicerone con il termine ***humanitas***. Tale termine è attestato in latino a partire dal I secolo a.C., quanto meno stando ai testi a noi giunti. In autori come Cesare o Cornelio Nepote il termine compare molto raramente e ha il **significato generico** di «gentilezza, affabilità», inteso come il tratto che distingue l'uomo dagli animali feroci. Così, per esempio, Cornelio Nepote definisce lo stratega greco Milziade: *In Miltiade erat cum summa humanitas tum mira communitas*, «In Milziade era presente non solo la massima affabilità ma anche una particolare socievolezza» (*De viris illustribus* 8, 4).

In Cicerone, invece, il termine assume un **significato più specifico e pregnante**, oltre a ricorrere con una notevolissima frequenza (oltre duecento volte): esprime infatti la sintesi dei valori profondi, della cultura e dell'educazione di un uomo; più in particolare, rimanda alla ricchezza spirituale che deve connotare l'oratore e che proviene dalla familiarità con la letteratura e la filosofia. Ecco come Cicerone definisce l'oratore in un passo di uno dei suoi trattati (*De oratore* 1, 35): *in omni genere sermonis atque humanitatis perfectum*, «pienamente competente in ogni campo dell'eloquenza e della cultura».

## IL PASSATO NEL PRESENTE | I LICEI ITALIANI

**L'*HUMANITAS* NELLA SCUOLA SUPERIORE** Per capire quanto sia tuttora vitale la concezione della cultura elaborata da Cicerone, in base alla quale la persona colta e in particolare chi occupa ruoli dirigenziali deve avere una solida preparazione letteraria e filosofica, è sufficiente osservare la realtà dell'istruzione superiore e universitaria italiana.

Il **liceo italiano**, in tutti i suoi indirizzi, è nato ed è ancora oggi strutturato come scuola dalla forte **impostazione umanistica**; il suo scopo, fin dall'origine, è stato quello di rilasciare un diploma non immediatamente spendibile nel mondo del lavoro, ma finalizzato all'accesso all'**università**. Il sistema dei licei è stato pensato proprio per formare principalmente sui valori della letteratura e della filosofia le persone che avrebbero avuto in seguito il compito di guidare il Paese, tanto che fino al 1969 per accedere all'università era obbligatorio il possesso del diploma liceale. Negli ultimi decenni non c'è più stato l'obbligo di frequentare il liceo per accedere all'università; ad ogni modo, nella percezione degli Italiani, continua a essere il liceo la scuola più adatta per preparare all'università: infatti, secondo i dati forniti dal MIUR (Ministero dell'Istruzione, dell'Università e della Ricerca) relativi agli ultimi anni, più del 60% degli iscritti all'università proviene da studi liceali; inoltre, quasi tutti gli studenti diplomati nei licei si immatricolano poi all'università, mentre una percentuale decisamente inferiore prosegue gli studi provenendo da altri istituti superiori.

**I LICEI NELL'ITALIA UNITA** Fino alla fine del XVIII secolo in Italia, come in tutti i Paesi europei, l'istruzione superiore risultava generalmente affidata alle istituzioni ecclesiastiche: secondo una tradizione ininterrotta che ha attraversato il Medioevo e l'Età Moderna, nell'istruzione superiore era centrale lo studio della grammatica e della retorica latine (condotto in primo luogo sulle opere di Cicerone e Virgilio).

Anche durante il XIX secolo nelle scuole italiane di istruzione superiore, le uniche che davano accesso all'università, si continuò a insegnare prevalentemente il latino. Grazie alla riforma del ministro piemontese Casati del 1859, riforma che con l'Unità fu estesa a tutto il Regno d'Italia, tali scuole confluirono nel **Ginnasio-Liceo** (il cui nome è modellato su due termini greci: *gymnàsion*, «palestra», e Liceo, la scuola fondata dal filosofo Aristotele ad Atene). Questa scuola, detta "dell'Istruzione secondaria Classica", prevedeva cinque anni di ginnasio seguiti da tre anni di liceo; le materie assolutamente prevalenti restavano l'italiano e il latino, con il greco che si aggiungeva a partire dalla terza ginnasio e la filosofia a partire dal liceo.

La struttura del **Liceo Classico** rimase sostanzialmente invariata anche con la riforma operata da Giovanni Gentile nel 1923; tale riforma introdusse però un nuovo corso, il **Liceo Scientifico**, dove non era previsto l'insegnamento del greco, e che permetteva l'accesso a tutte le facoltà (tranne Giurisprudenza e Lettere). Fu soltanto nel 1969, a seguito dei primi moti studenteschi, che tutti i diplomati, indipendentemente dalla scuola superiore di provenienza, ebbero garantito l'accesso all'università. Le successive riforme della scuola superiore, fino alle più recenti, hanno introdotto nuove discipline e rimodellato il quadro orario dei licei, dove comunque resta tuttora ben visibile l'impostazione originaria fondata sulle materie umanistiche.

Liceo Classico Vittorio Emanuele II, Palermo.

CICERONE PER COMPRENDERE

T9

LATINO

# La dura realtà dell'esilio

| *Epistulae ad familiares* 14, 1 |

*L'ostilità dei* populares *nei confronti di Cicerone, colpevole ai loro occhi di aver messo a morte i seguaci di Catilina, causò notevoli guai all'ex console; con l'avvicinamento di Pompeo a Cesare, che politicamente portò al triumvirato nel 60 a.C., Cicerone perse il suo alleato più forte. In un clima a lui sempre più sfavorevole, maturò la proposta da parte del tribuno della plebe Clodio di un provvedimento, con validità retroattiva, che ribadisse il divieto di mandare a morte cittadini romani senza appello al popolo. Nel 58 a.C. Cicerone, per non aver concesso nel 63 a.C. il diritto della* provocatio ad populum *ai catilinari arrestati, fu condannato all'esilio e lasciò Roma alla volta della Grecia. In questa lettera alla moglie Terenzia, scritta dopo i primi mesi di esilio, l'oratore esprime tutto il suo dolore e l'ansia per il futuro.*

TULLIUS TERENTIAE SUAE, TULLIOLAE SUAE, CICERONI SUO SALUTEM DICIT

[1] Et litteris multorum et sermone omnium perfertur ad me incredibilem tuam virtutem et fortitudinem esse teque nec animi neque corporis laboribus defatigari. Me miserum! Te ista virtute, fide, probitate, humanitate in tantas aerumnas propter me incidisse, Tulliolamque nostram, ex quo patre tantas voluptates capiebat, ex eo tantos percipere luctus! Nam quid ego de Cicerone dicam? Qui cum primum sapere coepit, acerbissimos dolores miseriasque percepit. Quae si, tu ut scribis, fato facta putarem, ferrem paulo facilius, sed omnia sunt mea culpa commissa, qui ab iis me amari putabam, qui invidebant, eos non sequebar, qui petebant. [2] Quod si nostris consiliis usi essemus neque apud nos tantum valuisset sermo aut stultorum amicorum aut improborum, beatissimi viveremus: nunc, quoniam sperare nos amici iubent, dabo operam, ne mea valetudo tuo labori desit. Res quanta sit, intellego, quantoque fuerit facilius manere domi quam redire; sed tamen, si omnes tribunos pl. habemus, si Lentulum tam studiosum, quam videtur, si vero etiam Pompeium et Caesarem, non est desperandum. [3] De familia, quomodo placuisse scribis amicis, faciemus. De loco, nunc quidem iam abiit pestilentia, sed, quamdiu fuit, me non attigit. Plancius, homo officiosissimus, me cupit esse secum et adhuc retinet. Ego volebam loco

■ **Cicerone che scrive**, particolare dall'edizione di Hieronymus Scotus delle *Epistulae ad familiares*, Venezia 1527.

**TULLIUS... DICIT**: «Tullio saluta la sua Terenzia, la sua piccola Tullia e il suo Cicerone»; Tullia è la figlia e Cicerone è il figlio che, secondo l'abitudine romana, si chiamava come il padre.
[1] **incidisse... percipere**: infiniti con valore esclamativo, entrambi hanno il soggetto al caso accusativo (rispettivamente, *te* e *Tulliolam*). • **ex quo... capiebat**: proposizione relativa anticipata; l'antecedente del pronome relativo è il successivo *ex eo*. • **dicam**: congiuntivo con valore dubitativo. • **qui... putabam**: *qui*, «io che», è da concordare a senso con *mea culpa*; *ab iis* è ripreso dal successivo *qui invidebant*.
[2] **intellego**: regge due prop. interrogative indirette, *res... sit* e *quanto... domi*. • **tribunos... habemus**: «se abbiamo dalla nostra parte i tribuni della plebe»; *pl.* è abbreviazione per *plebis*; *habemus* è sottinteso anche nelle successive prop. condizionali.
[3] **familia**: è la servitù: Cicerone affida alle decisioni della moglie quanto resta del patrimonio dopo la confisca dei beni connessa con la condanna all'esilio. • **De loco**: si intende Tessalonica, la città da cui Cicerone si è spostato per andare a Durazzo: da qui scrive questa lettera. • **Plancius**: Gneo Plancio nel 58 a.C. era proquestore della Macedonia e prese Cicerone sotto la propria protezione. Nel 54 a.C. Cicerone, tornato ormai dall'esilio, lo difese in una causa per broglio elettorale. • **Piso**: Lucio Pisone, fiero avversario di Cicerone, era console nel 58 a.C.; l'anno successivo avrebbe preso il proconsolato proprio della Macedonia, ragion per cui Cicerone preferiva lasciare la regione. • **quem... videro**: costruisci *et si ego videro illum diem* • **recuperaro**: voce sincopata per *recuperavero*.

magis deserto esse in Epiro, quo neque Piso veniret nec milites, sed adhuc Plancius me retinet: sperat posse fieri, ut mecum in Italiam decedat; quem ego diem si videro et si in vestrum complexum venero ac si et vos et me ipsum recuperaro, satis magnum mihi fructum videbor percepisse et vestrae pietatis et meae. [4] Pisonis humanitas, virtus, amor in omnes nos tantus est, ut nihil supra possit: utinam ea res ei voluptati sit! Gloriae quidem video fore. De Quinto fratre nihil ego te accusavi, sed vos, cum praesertim tam pauci sitis, volui esse quam coniunctissimos. [5] Quibus me voluisti agere gratias, egi et me a te certiorem factum esse scripsi. Quod ad me, mea Terentia, scribis te vicum vendituram, quid, obsecro te — me miserum! —, quid futurum est? Et, si nos premet eadem fortuna, quid puero misero fiet? Non queo reliqua scribere — tanta vis lacrimarum est —, neque te in eundem fletum adducam; tantum scribo: si erunt in officio amici, pecunia non deerit; si non erunt, tu efficere tua pecunia non poteris. Per fortunas miseras nostras, vide, ne puerum perditum perdamus; cui si aliquid erit, ne egeat, mediocri virtute opus est et mediocri fortuna, ut cetera consequatur. [6] Fac valeas et ad me tabellarios mittas, ut sciam, quid agatur et vos quid agatis. Mihi omnino iam brevis exspectatio est. Tulliolae et Ciceroni salutem dic. Valete. D. a. d. VI. Kal. Decembr. Dyrrhachi. [7] Dyrrhachium veni, quod et libera civitas est et in me officiosa et proxima Italiae; sed, si offendet me loci celebritas, alio me conferam, ad te scribam.

[4] **Pisonis**: si tratta di Gaio Pisone, lontano parente del primo marito di Tullia, la figlia di Cicerone, che allora aveva circa vent'anni. • **accusavi**: Cicerone allude al fatto che tra la moglie Terenzia e il fratello Quinto c'erano stati degli screzi. • **volui**: da tradurre con il condizionale.
[5] **Quod**: «quanto al fatto che», prolettico rispetto alla successiva proposizione infinitiva *te... vendituram* (*esse*). • **vicum**: si intende un gruppo di case d'abitazione tipiche della città di Roma, con appartamenti da dare in affitto. • **erunt in officio**: «rimarranno ai patti». • **cui**: nesso relativo, *et ei*, è riferito al figlio Marco.
[6] **Mihi... est**: Cicerone si illude di dover aspettare ancora poco prima di poter tornare in patria grazie all'aiuto degli amici; in realtà, dovrà attendere ancora quasi un anno. • **D. ... Dyrrachi**: *D.* è abbreviazione di *data*, sott. *littera* o *tabella*: indica il giorno (da cui l'italiano "data") in cui la missiva è stata affidata al *tabellarius*, che era appunto l'incaricato della consegna. La data (*ante diem sextum Kalendas Decembres*) corrisponde al 26 novembre, quando Cicerone giunse a Durazzo, ma la lettera fu scritta qualche giorno prima a Tessalonica.
[7] **Dyrrachium... scribam**: evidentemente queste parole sono state aggiunte come *post scriptum*; *loci celebritas*: «l'eccessivo affollamento del posto».



**PER COMPRENDERE IL TESTO**

## Il testo e il contesto

**LA FAMIGLIA DI CICERONE** Il nucleo familiare di Cicerone era composto dalla moglie Terenzia, donna dell'aristocrazia romana, che egli aveva sposato probabilmente attorno al 77 a.C., di ritorno dall'Asia. Da lei l'oratore ebbe due figli: Tullia, nata probabilmente nel 76 a.C., e Marco, nato nel 65 a.C. L'unione con Terenzia durò oltre trent'anni; da lei Cicerone si separò nel 46 a.C., per sposare la giovane Publilia, di cui era tutore: il matrimonio, però, durò solo pochi mesi, anche a causa del fatto che Cicerone rimase profondamente prostrato per la perdita della figlia Tullia, morta di parto mentre era sposata con il terzo marito, il cesariano Dolabella. Durante tutta la vita Cicerone mantenne anche uno stretto rapporto con il fratello Quinto.

**L'ESILIO** Nel paragrafo di apertura della lettera Cicerone si lamenta del fatto che l'esilio, probabilmente, poteva essere evitato. All'inizio del triumvirato Cesare aveva offerto a Cicerone di trasferirsi in Gallia come suo legato: se egli si fosse allontanato per tempo da Roma – accettando tale proposta, che invece rifiutò –, probabilmente l'ira degli avversari nei suoi confronti si sarebbe smorzata. Il disastro per Cicerone avvenne nel 58 a.C., quando il tribuno Clodio fece passare un provvedimento che prevedeva retroattivamente l'esilio e la confisca dei beni per chi aveva fatto condannare cittadini romani senza appello al popolo. Cicerone lasciò Roma prima che il decreto divenisse legge perché sapeva di non poter sperare nell'aiuto di nessuno. La sua villa sul Palatino fu →

rasa al suolo e le sue proprietà furono confiscate (ecco perché nella lettera, pensando al futuro del figlio Marco, scongiura la moglie di non vendere anche il suo patrimonio, portato in dote: vedi par. 5).

**IL RITORNO** Le condizioni per il ritorno in patria di Cicerone maturarono con l'elezione al consolato per il 57 a.C. di persone a lui favorevoli, come Publio Cornelio Lentulo Spinther, citato al par. 2 della lettera. Cicerone ritornò a Roma nel corso del 57 a.C.: gli furono resi tutti i beni, compreso il terreno sul Palatino, di cui chiese la restituzione con l'orazione *Pro domo sua* e su cui fece edificare una nuova villa.

## Il senso del testo

**L'ESILIO COME GARANZIA DI ONESTÀ POLITICA** Cicerone, durante l'esilio, scrisse numerose lettere piene di dolore, fatto che gli fu rinfacciato dai commentatori antichi e moderni come indice di personalità debole (va tuttavia considerato che di altre personalità politiche di spicco che subirono simili rovesci non conserviamo le lettere private, per cui non ci è dato sapere come abbiano reagito).
Successivamente all'esilio Cicerone non ottenne più incarichi significativi (con l'unica eccezione di un proconsolato in Cilicia, per l'anno 50 a.C.); mantenne però intatto tutto il suo prestigio. Anzi, egli interpretò sempre l'esilio come la migliore testimonianza di quanto fosse stata disinteressata la sua azione da console: nell'interesse dello Stato, infatti, aveva accettato in piena consapevolezza il rischio di vedere la propria carriera completamente rovinata. Una volta rientrato a Roma dall'esilio, Cicerone abbandonò progressivamente la vita forense per dedicarsi a comporre trattati di politica e di filosofia, dai quali traspare chiaramente l'idea che l'attività politica deve essere accompagnata da profonde doti morali e culturali; insieme alle più eminenti figure del passato, come gli Scipioni, egli propose sempre anche se stesso come modello.

**LEGGO E COMPRENDO**

**1.** Per quali motivi, dichiarati e impliciti, Cicerone venne esiliato?

**2.** Quali preoccupazioni traspaiono da questa lettera?

**IL PARERE DEGLI ALTRI AUTORI**

## COME SI SCRIVE UNA LETTERA

**LE LETTERE** All'epoca di Cicerone era abituale per le persone dell'aristocrazia comunicare per lettera (avvalendosi di appositi servi, detti *tabellarii*, oppure di qualche conoscente in grado di recapitare il messaggio). Il testo veniva scritto di solito su sottili tavolette di legno con uno strato di cera spalmato su un lato (il *tabellarius*, a volte, attendeva direttamente la risposta che il destinatario scriveva sulle stesse tavolette, dopo aver cancellato il testo del primo messaggio, appiattendo la cera). La nomenclatura per indicare la lettera è piuttosto varia: ***tabellae***, in quanto le lettere erano materialmente delle «tavolette»; ***codices***, da *codex*, che significa propriamente «tronco d'albero» e che indica per metonimia le tavolette su cui appunto si scrivevano di preferenza le lettere; ***pugillares***, perché le tavolette, per le loro dimensioni, si tengono "in pugno"; ***litterae***.
In apertura la lettera recava una formula di saluto, genericamente riassumibile in *aliquis alicui s(alutem) d(icit)*, a cui potevano seguire altre formule abbreviate (➝ **T7**) a seconda delle circostanze. In chiusura si incontrano formule di congedo come *vale* o *fac ut valeas* (lett. «stai bene» e «vedi di star bene»).

**LO STILE DELLE LETTERE** Esisteva una sorta di *bon ton* per scrivere le lettere, che genericamente dovevano mantenere il **tono** di una **garbata conversazione**: di solito si evitava l'enfasi retorica e, quanto al lessico, si preferiva il **linguaggio quotidiano**, il *sermo cotidianus*; alla sintassi particolarmente elaborata, *oratio vincta atque contexta* («intrecciata»), si preferiva la **sintassi semplice**, *oratio soluta* («sciolta, slegata»). Le lettere e gli epistolari antichi per noi sono una testimonianza linguistica assai preziosa: ci danno modo di conoscere o quanto meno di intuire la lingua d'uso, assai diversa dalla lingua letteraria, soprattutto a partire dall'età di Cicerone e Cesare.

**LA TESTIMONIANZA DI GAIO GIULIO VITTORE** Su come era opportuno e conveniente impostare una lettera abbiamo diverse testimonianze, anche in opere di grammatici. Leggiamo qui alcuni consigli, tratti dall'*Ars rhetorica* di **Gaio Giulio Vittore** (IV secolo d.C.):
«Nelle lettere ad amici e parenti in primo luogo bisogna essere brevi: non deve essere tratta troppo in lungo la dimensione delle frasi del periodo, che bisogna chiudere in modo tale che non sembri che manchi qualcosa al

discorso; nelle lettere di Cicerone ad Attico e ad Assio è frequentissimo addirittura l'uso del solo "tu", perché la comprensione è completa. Nelle lettere è necessario che brilli la chiarezza, a meno che siano lettere deliberatamente segrete, che devono risultare agli altri oscure, così che siano chiare e evidenti ai veri destinatari. [...] Quando non c'è alcun bisogno di segretezza, bisogna evitare l'oscurità ancora di più che in un discorso pubblico o in una semplice conversazione: infatti a una persona che parla con poca chiarezza puoi chiedere di parlare più chiaramente, circostanza impossibile di fronte alla lettera di una persona assente. [...] Se scrivi a una persona di rango superiore, la lettera non sia scherzosa; se a un pari grado, non sia priva di simpatia, se ad una persona di rango inferiore, non sia arrogante; e a una persona colta, non senza un po' di finezza intellettuale, ad un incolto non sciattamente, ad un confidente senza troppi sottintesi, né ad un semplice conoscente con freddezza. Congratulati per un lieto evento un po' diffusamente, per accrescere la gioia del destinatario: quando ti capita una persona addolorata, consolalo con poche parole, perché una ferita, anche quando viene toccata con mano leggera, incomincia a sanguinare. Così aggiungi qualche cosa di allegro alle lettere agli amici, pensando che potrà capitare che le rileggano in un momento triste. Litigare non va mai bene, meno che mai per lettera. L'intestazione e la formula di saluto vanno calcolate sulla base del grado di confidenza e di dignità sociale, tenendo conto delle consuetudini. [...] Sta molto bene anche aggiungere qualche parola greca, se non capita a sproposito o troppo frequentemente: risulta parimenti utile inserire un proverbio non sconosciuto e una piccola citazione poetica. È elegante talvolta parlare come se il destinatario fosse presente, con "ehi tu" e "ma cosa dici?" e "vedo che sorridi": espressioni di questo genere sono frequenti in Cicerone. Ma questo, come ho detto, nelle lettere ad amici; maggiore infatti è la serietà delle altre».

■ **Terenzio Neo e la moglie**, affresco da Pompei, I sec. d.C. Napoli, Museo Archeologico Nazionale.

**GUIDA ALLO STUDIO**

**1.** Quali termini latini vengono usati per indicare una lettera?

**2.** Di quali parti è composto un testo epistolare romano?

**3.** Quali sono, secondo Vittore, le due principali caratteristiche da rispettare quando si comunica per iscritto?



## T10-T11 Virtù, politica e filosofia

*De re publica* 1, 2-6; 3, 5-6

*Nei due passi qui riportati, tratti rispettivamente dalle introduzioni al primo e al terzo libro del* De re publica*, Cicerone riprende il tema del rapporto tra cultura e politica. In questo caso non riflette sulla letteratura, ma sulla filosofia. Egli spiega come l'esercizio più nobile della virtù, ossia la ricerca del bene, che è lo scopo della vita umana, sia identificabile con l'impegno profuso per dare allo Stato un assetto che consenta a ciascun cittadino di vivere in una società regolata da equità e giustizia. Coloro che operano per il bene dello Stato, i politici e i governanti onesti, sono perciò assai migliori dei filosofi, i quali si limitano a teorizzare i comportamenti virtuosi, senza effettivamente metterli in pratica con l'azione. In particolare, la polemica si rivolge contro le persone che suggeriscono di stare lontano dalla politica, in ragione dei rischi che ne possono derivare (è evidente che Cicerone parla alla luce della sua esperienza personale e dell'alto prezzo che aveva dovuto pagare per aver esercitato disinteressatamente il consolato). Queste considerazioni, in ogni modo, non impediscono che la filosofia debba far parte del bagaglio culturale dell'uomo politico; anzi, l'uomo ideale è quello che sostiene la propria azione politica con una robusta preparazione filosofica. Come sempre, il termine di paragone sono i membri del "circolo" scipionico.*

T10 ITALIANO

# La superiorità della politica sulla filosofia | *De re publica* 1, 2-6 |

[1, 2] Ma la virtù[1], se conosciuta soltanto in teoria e non esercitata nella pratica, non ha alcun valore: a differenza infatti delle altre arti che sussistono teoricamente in chi le possiede, quando anche non siano applicate, la virtù esiste solo in quanto è attiva, ed essa si esplica soprattutto nel governo della cosa pubblica e nell'attuazione, a fatti, non a parole, di quei princìpi che costoro proclamano nel chiuso delle loro scuole. Non v'è affermazione filosofica, rispondente a giustizia e onestà, che non abbia origine e conferma in coloro che stabilirono le leggi negli Stati. [...] [3] Quel cittadino dunque, che con l'autorità e il rispetto delle leggi costringe tutti ad osservare quei princìpi che i filosofi con i loro ragionamenti possono a mala pena inculcare a pochi, è senz'altro da anteporre a quegli stessi maestri che trattano tali questioni[2]. Quale loro ragionamento sarà infatti tanto perfetto che possa essere anteposto a uno Stato bene ordinato per istituzioni e costumi[3]? [...] [4] A queste ragioni, tanto precise ed evidenti, i nostri avversari oppongono prima di tutto i travagli e le preoccupazioni che si devono sostenere per la difesa dello Stato, impedimento senza dubbio leggero per un uomo attivo ed energico, e che non dobbiamo tenere in alcuna considerazione non solo in così grandi cose, ma anche nelle occupazioni, negli incarichi e negli affari di poca importanza. Aggiungono inoltre i pericoli cui si espone la vita e pongono innanzi agli occhi degli uomini forti lo spregevole timore della morte, non considerando che questi ritengono ben più misero il perire di morte naturale e di vecchiaia che il concedersi la possibilità di consacrare alla patria quella vita che devono in ogni modo rendere alla natura. I nostri avversari, anzi, si reputano quanto mai facondi e convincenti quando ricordano le sventure capitate agli uomini illustri e le ingiurie loro arrecate dagli ingrati concittadini. [5] Traggono quindi esempi dalla storia greca: Milziade[4], che vinse e debellò i Persiani, non ancora risanato delle

■ **La Giustizia, l'Educazione e la Filosofia**, mosaico proveniente da Chahba; III sec. d.C. Damasco, Museo Nazionale.

1. La «virtù» (in latino *virtus*) è per Cicerone la virtù morale, la rettitudine e l'onestà.
2. Secondo Cicerone quei cittadini che partecipano alla vita politica e per mezzo della promulgazione di buone leggi fanno concretamente sì che tutti i membri della comunità adottino comportamenti onesti ottengono un risultato assai più considerevole dei filosofi: questi ultimi, infatti, si limitano a disquisizioni puramente teoriche e, al massimo, riescono a infondere i loro princìpi nei propri discepoli. Nota che Cicerone usa il singolare (*civis*) per indicare genericamente qualsiasi cittadino, non certo perché pensa che il potere di Roma debba essere gestito da un'unica persona.
3. Nessuna teoria, intende dire Cicerone, sarà mai superiore a uno Stato dove siano effettivamente applicate buone leggi.
4. Milziade – lo stratega ateniese che nel 490 a.C. fu l'artefice della vittoria a Maratona contro l'esercito persiano – morì in carcere: vi era stato rinchiuso perché impossibilitato a pagare una multa altissima che gli era stata comminata in quanto sospettato di aspirare al potere personale.

ferite ricevute nel petto in quella sua splendidissima vittoria, nel carcere stesso, dove i suoi concittadini l'avevano gettato, finì la vita che aveva salvato dalle armi dei nemici; Temistocle[5], bandito dalla patria che aveva liberato, fu costretto a cercare un rifugio non nei porti della Grecia, per opera sua conservati, ma tra le genti barbare, di cui aveva fiaccato la potenza. [...] [6] [...] E neppure si astengono dal fare il mio nome; e con molta insistenza e molto affetto si dolgono della mia sorte[6], pensando, forse, che per la mia prudenza e per i rischi da me affrontati essi hanno potuto salvare la loro vita e la loro tranquillità.

(trad. di A. Resta Barrile)

5. Temistocle – che dopo il successo di Salamina, nel 480 a.C., aveva posto le basi per il dominio di Atene nell'Egeo – fu colpito da ostracismo: dopo varie peregrinazioni, si rifugiò in Persia, dove morì.
6. Cicerone, ovviamente, allude all'esilio a cui venne condannato nel 58 a.C. per aver mandato a morte i catilinari senza appello al popolo.

**T11** ITALIANO

## L'ideale connubio di politica e filosofia | *De re publica* 3, 5-6 |

[3, 5] Se poi qualcuno ritiene che a quelle doti spirituali, che in parte si hanno per natura[1], in parte derivano dall'educazione, si debbano aggiungere anche gli studi teorici ed una più larga conoscenza del mondo, come coloro che partecipano alla discussione riferita in questi libri[2], non v'è nessuno che non debba anteporli a tutti. Che cosa v'è infatti di più glorioso dell'unione tra l'esperienza politica con lo studio e la conoscenza di quelle discipline? Che cosa si potrebbe immaginare di più perfetto di un Publio Scipione, di un Lelio o di un Filo? Essi, per non tralasciare nulla di ciò che si può attribuire a somma lode di uomini egregi, aggiunsero alla tradizione nazionale e avita, tutta rivolta all'attività politica, anche questo studio teorico della filosofia, derivato da Socrate[3]. [6] Penso quindi che abbia certamente conseguito tutto quanto occorre alla gloria colui che volle e poté realizzare l'una e l'altra aspirazione, l'esperienza pratica e la conoscenza teorica. Se poi si dovesse scegliere tra le due vie che conducono alla saggezza, quantunque una vita tranquilla e trascorsa nell'amore della scienza possa sembrare più felice, è senza dubbio più lodevole e più nobile questa vita politica, dalla quale traggono ornamento gli uomini più insigni [...].

(trad. di A. Resta Barrile)

1. Cicerone non vuole in alcun modo mettere in discussione che ci siano persone eccellenti e straordinarie esclusivamente in virtù delle doti naturali: la morale romana, infatti, manteneva vivi il ricordo e l'ammirazione per figure del passato anche leggendario, come lo stesso Romolo, le cui virtù non erano appunto frutto di cultura.
2. Nel libro III del *De re publica* intervengono nella conversazione Scipione Emiliano, il suo amico Lelio e Lucio Furio Filo, console nel 136 a.C., a sua volta politico e intellettuale che fece parte del "circolo" degli Scipioni. Vengono tutti nominati nel seguito del paragrafo.
3. Cicerone riteneva che Socrate fosse stato il primo a occuparsi filosoficamente dell'uomo, mentre i suoi predecessori si erano principalmente interessati alla natura.

## Il testo e il contesto

**ELOGIO DELLA VITA ATTIVA** Cicerone attese alla stesura del trattato *De re publica* tra il 55 e il 51 a.C., ovvero negli anni in cui, successivamente al rientro dall'esilio (57 a.C.), si trovava ai margini della vita politica, dominata dalla presenza di Cesare e Pompeo. In questo periodo per lui diventò sempre più pressante la riflessione sul rapporto tra *negotium* e *otium*, ossia tra vita attiva e vita lontano da ogni attività. Nonostante il cambiamento di prospettiva, Cicerone rimase comunque fedele all'opinione espressa nella *Pro Archia* (➛ **T8**), in base alla quale l'*otium* deve comunque coniugarsi con il *negotium.*

## Il senso del testo

**AVVERSIONE PER LA TEORIA** La critica alla filosofia che Cicerone esprime nel primo dei due passi del *De re publica* è da intendersi rivolta soprattutto all'intransigenza di quei seguaci dello stoicismo che condannavano ogni forma di immoralità e che perciò non ammettevano i compromessi a cui fatalmente l'uomo politico deve giungere per poter realizzare i propri progetti. Del resto, la diffidenza verso la tendenza della filosofia greca a elaborare modelli teorici senza avvertire l'esigenza di metterli poi effettivamente in pratica era caratteristica della classe senatoria romana che, secondo il modello del *mos maiorum*, era assai più propensa all'azione che alla contemplazione.
Nell'ambito della politica dell'epoca, per esempio, Cicerone aveva avuto modo di rilevare come le posizioni di Catone l'Uticense, ispirate appunto alle teorie dello stoicismo più rigoroso, spesso avrebbero provocato un danno maggiore rispetto al male al quale pretendevano di porre rimedio, come nel caso della vicenda del processo contro Murena, la cui condanna avrebbe agevolato, di fatto, i catilinari (➛ Scheda "L'opera", p. 405).
In ogni caso, come emerge chiaramente dal secondo passo del *De re publica*, Cicerone auspicava assolutamente che nella formazione dell'oratore avesse spazio la filosofia, purché essa fosse fonte di ispirazione per l'azione e non si risolvesse in una sterile teorizzazione (➛ Scheda "Lettura critica", p. 430).

***OTIUM CUM DIGNITATE* E *NEGOTIUM*** La convinzione che l'attività politica sia la forma più alta in cui si manifesta la virtù umana rimarrà una caratteristica del pensiero di Cicerone fino alla morte; tuttavia, proprio Cicerone aprirà la strada verso una forma di *otium* non privo di utilità sul piano sociale. Questo percorso si realizzò, schematicamente, in due fasi: in un primo tempo, che coincide con il periodo che va all'incirca dal consolato fino al momento in cui Cesare divenne unico signore di Roma, Cicerone vide nell'*otium* la possibilità per il cittadino di occuparsi di questioni teoriche inerenti la vita civile, pur esercitando nel contempo un'attività di governo (come espresso, per esempio, nella *Pro Archia* ➛ **T8**); questa forma di *otium*, che coincide con un vero arricchimento culturale, fu definita dallo stesso Cicerone *otium cum dignitate* (*Pro Sextio* 98). Successivamente, nel periodo della dittatura di Cesare (47-44 a.C.), l'oratore si dedicò quasi esclusivamente agli studi di filosofia, con l'intenzione di dare ai Romani una letteratura filosofica che si ponesse alla pari di quella greca; *l'otium* letterario divenne allora un vero e proprio rifugio per Cicerone, che era stato completamente escluso dalla vita politica, pur mantenendo il ruolo di rispettato senatore (➛ **T13**).

■ Scena di *taberna*, affresco da Pompei, I sec. d.C. Napoli, Museo Archeologico Nazionale.

**LEGGO E COMPRENDO**

**1.** Come dev'essere intesa la virtù, secondo Cicerone? In che rapporto sta con l'*otium*?

**2.** Quali esempi vengono portati da chi vuole dimostrare quanto la vita politica sia rischiosa?

**3.** Per quale motivo Cicerone ritiene che Publio Scipione, Lelio e Filo siano uomini da prendere a modello?

L'OPERA

# IL *DE RE PUBLICA*

**PORTARE PLATONE A ROMA** Il *De re publica* è un dialogo in **sei libri** che ha come argomento la ricerca della forma costituzionale migliore (vale a dire quella in grado di garantire allo Stato solidità e stabilità nel tempo). La composizione durò alcuni anni, dal 54 al 51 a.C. Si tratta del primo dialogo di argomento politico scritto da Cicerone e ha come esplicito modello ***La Repubblica*** di **Platone**; significativamente, Cicerone fece seguire al *De re publica* il *De legibus*, proprio come aveva fatto Platone, che successivamente alla *Repubblica* aveva pubblicato *Le Leggi*. Va notato che Cicerone non pensava tanto a un'imitazione del modello platonico, quanto piuttosto a una vera e propria emulazione: egli intendeva cioè fornire al pubblico romano qualcosa di analogo a ciò che rappresentavano le opere di Platone nella cultura greca.

■ **Cicerone, Scipione Africano e Gaio Lelio**, miniatura da *Le Livre de Vieillesse*, XV secolo. Bruxelles, Bibliothèque Royale de Belgique.

**LO STATO DEL TESTO** Il testo del dialogo, che ebbe grande successo fin dalla pubblicazione, ci è giunto in uno stato alquanto **frammentario**. Per tradizione ininterrotta attraverso il Medioevo si è conservato solo il finale, il cosiddetto ***Somnium Scipionis***. Parte degli altri libri è stata recuperata nel XIX secolo; questa importantissima acquisizione si deve al cardinale e filologo **Angelo Mai**. Attraverso un paziente lavoro di ricostruzione il Mai riuscì a recuperare un'ampia porzione del testo originale del *De re publica*. Aveva infatti rinvenuto nella Biblioteca Vaticana un cosiddetto **"palinsesto"**, ovvero un codice che era stato cancellato e riscritto (secondo una pratica piuttosto diffusa nell'antichità e anche nel Medioevo, data la difficile reperibilità del materiale scrittorio): il testo originale del codice, poi cancellato per fare spazio al commento di alcuni salmi, era appunto quello del *De re publica*.

**I CONTENUTI** Il dialogo è ambientato nella villa vicino a Roma di **Scipione Emiliano**, nel 129 a.C.; i protagonisti, oltre al padrone di casa, sono per lo più personaggi del **"circolo degli Scipioni"**, come **Lelio**, **Manio Manilio**, **Quinto Tuberone** e **Furio Filo**. Ciascun libro pare aperto da una introduzione in cui Cicerone presenta l'argomento, poi la parola è lasciata ai personaggi. Nei libri, pur se frammentari, sono individuabili **diversi temi**: nel primo si introduce la costituzione romana come costituzione "mista", ossia che ha una componente monarchica (il potere dei consoli), una aristocratica (il senato) e una democratica (la facoltà elettiva popolare). Nel secondo libro Cicerone tratteggia una storia delle istituzioni di Roma, con particolare attenzione al periodo regio. Nel terzo libro l'argomento è la giustizia e la sua amministrazione. Nel quarto e quinto libro sono esaminate le caratteristiche del buon governante.

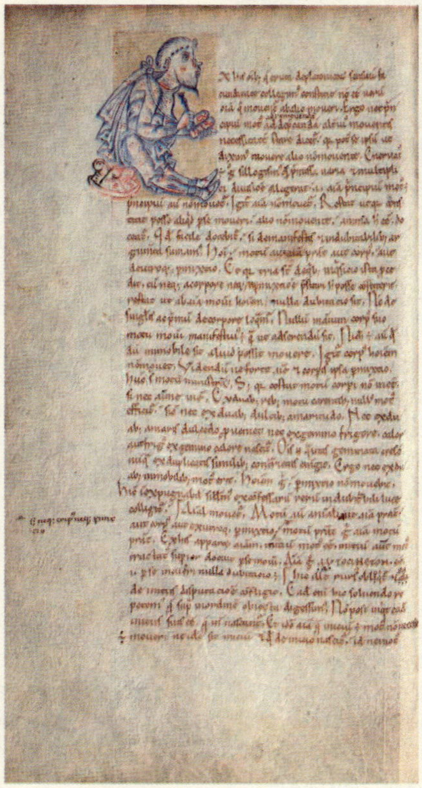

**IL *SOMNIUM SCIPIONIS*** Alla fine del sesto libro è narrato un **sogno di Scipione Emiliano**, il quale vede **Scipione Africano** che, indicando dalla Via Lattea la Terra, chiarisce come la gloria terrena sia limitata e come le persone oneste e virtuose, che si dedicano alla politica, abbiano in ricompensa per il loro operato l'immortalità dell'anima. Questa parte dell'opera, per la tensione quasi poetica e soprattutto per le ampie possibilità di interpretazione allegorica, fu assai studiata anche durante il Medioevo e il Rinascimento; a tutt'oggi costituisce uno dei testi più letti e ammirati di Cicerone.

■ **Macrobio**, *Commentarii in Somnium Scipionis*, ca. 1150. Copenhagen, Det Kongelige Bibliotek.

# *Otium* letterario e impegno politico

**UNA RIELABORAZIONE ORIGINALE DEL PENSIERO FILOSOFICO GRECO** Nel seguente passo **Emanuele Narducci** spiega come vada inteso il complesso rapporto tra impegno politico e *otium* letterario secondo la prospettiva che emerge dal *De re publica*. Piuttosto che individuare con precisione le fonti filosofiche della concezione ciceroniana, Narducci individua lo sforzo di Cicerone nel proporre al pubblico romano una rielaborazione originale del pensiero filosofico greco; quello del contributo originale di Cicerone alla riflessione filosofica è un concetto a volte ancora non accettato: infatti, sulle opere filosofiche di Cicerone pesa ancora il giudizio negativo di certa parte della critica ottocentesca, secondo la quale l'Arpinate si sarebbe limitato ad assemblare teorie ricavate dalle fonti greche.

■ **L'Accademia di Platone**, mosaico da Pompei, I sec. d.C. Napoli, Museo Archeologico Nazionale.

« Le lunghe discussioni sulle fonti della concezione ciceroniana del rapporto tra impegno politico e *otium* filosofico non hanno portato a conclusioni univoche: si è pensato, in particolare, a Dicearco [filosofo peripatetico, allievo di Aristotele, vissuto tra III e II secolo a.C.] o ad Antioco di Ascalona [filosofo dell'Accademia, vissuto tra il II e il I secolo a.C.; fu tra i maestri di filosofia che Cicerone frequentò durante il viaggio di studio in Grecia], oppure (cosa che appare più probabile) a buona parte della tradizione accademico-peripatetica nel suo insieme. Il naufragio pressoché totale della filosofia ellenistica permette, comunque, solo risposte ipotetiche; importa prima di tutto rendersi conto del fatto che Cicerone sottopone a rielaborazione originale i materiali che trae dalle sue fonti: la rielaborazione non concerne tanto i contenuti concettuali e dottrinari, quanto la loro ricomposizione nel quadro di un ideale di vita adatto ad essere proposto al pubblico romano e delle classi dirigenti dell'Italia, e quindi in grado di tenere conto delle loro specifiche tradizioni culturali. D'altra parte, la tensione tra dovere dell'impegno politico e aspirazione alla tranquillità di una vita di studi corrisponde a contrastanti esigenze profondamente radicate nella personalità di Cicerone; ai fini dell'interpretazione della sua opera ciò conta più del fatto che per dare voce alle proprie oscillazioni egli ritrovi le parole di questo o quel filosofo greco. Non dovrà stupire troppo che, in un passo del libro I (parr. 26 ss.), Scipione possa slanciarsi in un vero e proprio elogio della vita contemplativa; né che nel proemio al libro III (par. 6) lo stesso Cicerone definisca più felice chi si dedica allo studio e alla contemplazione, ma più lodevole, più illustre e più utile agli altri uomini chi è capace di porre il suo sapere al servizio delle esigenze della vita sociale. La subordinazione della ricerca intellettuale all'attività pratico-politica (cfr. V 5) ricorda da vicino alcune formulazioni del *De oratore*; ma una novità sta nel fatto stesso che la dimensione "strumentale" del sapere viene associata con l'atteggiamento di servizio, di ascetica rinuncia alle propensioni personali che deve caratterizzare la vita dell'uomo politico. Il gesto di dolorosa autorepressione con il quale egli si distoglie da studi "fine a se stessi" accenna al valore e alla superiore bellezza di quanto consapevolmente abbandona. Il costo della rinuncia spiega la necessità di garantire all'uomo politico una ricompensa ultraterrena. »

(Emanuele Narducci, *Cicerone. La parola e la politica*, Roma-Bari, Laterza, 2009, pp. 331-332)

**GUIDA ALLO STUDIO**

**1.** Come mai è difficile per gli studiosi rendersi conto di quanta parte dell'esposizione di Cicerone debba essere attribuita ad altre fonti?

**2.** Quali sono, secondo Emanuele Narducci, gli elementi originali della riflessione ciceroniana?

T12

LATINO

# Il fallimento della politica

| *Epistulae ad Atticum* 8, 11, 1-2 |

*La lettera ad Attico di cui leggiamo qui i primi due paragrafi fu scritta da Cicerone mentre si trovava nella sua villa di Formia, in Lazio, nel clima drammatico della guerra civile tra Cesare e Pompeo. Siamo nel febbraio del 49 a.C.: Cesare ha già varcato il Rubicone e sta penetrando con le sue legioni in Italia; Pompeo, raccolta intorno a sé la maggior parte dei senatori, ha già abbandonato Roma per passare in Grecia. Cicerone, ancora incerto se seguire Pompeo, esprime tutta la sua diffidenza per entrambi i contendenti, che egli considera mossi esclusivamente da un'aspirazione al potere personale e tirannico, nella totale assenza di valori civili. Dopo aver rievocato con l'amico la figura del politico ideale già tratteggiata nel* De re publica, *e che per lui rimane rappresentata da Scipione Emiliano, Cicerone trova che non ci sia nessuna somiglianza tra i generali attualmente presenti sulla scena e quel tipo di uomo di Stato.*

CICERO ATTICO SAL.

[1] Quod me magno animi motu perturbatum putas, sum equidem sed non tam magno quam tibi fortasse videor. Levatur enim omnis cura cum aut constitit consilium aut cogitando nihil explicatur. Lamentari autem licet illud quidem totos dies; sed vereor ne, nihil cum proficiam, etiam dedecori sim studiis ac litteris nostris. Consumo igitur omne tempus considerans quanta vis sit illius viri, quem nostris libris satis diligenter, ut tibi quidem videmur, expressimus. Tenesne igitur moderatorem illum rei publicae quo referre velimus omnia? Nam sic quinto, ut opinor, in libro loquitur Scipio, «Ut enim gubernatori cursus secundus, medico salus, imperatori victoria, sic huic moderatori rei publicae beata civium vita proposita est, ut opibus firma, copiis locuples, gloria ampla, virtute honesta sit. Huius enim operis maximi inter homines atque optimi illum esse perfectorem volo». [2] Hoc Gnaeus noster cum antea numquam tum in hac causa minime cogitavit. Dominatio quaesita ab utroque est, non id actum beata et honesta civitas ut esset. Nec vero ille urbem reliquit quod eam tueri non posset nec Italiam quod ea pelleretur, sed hoc a primo cogitavit, omnis terras, omnia maria movere, reges barbaros incitare, gentis feras armatas in Italiam adducere, exercitus conficere maximos. Genus illud Sullani regni iam pridem appetitur multis, qui una sunt, cupientibus. An censes nihil inter eos convenire, nullam pactionem fieri potuisse? Hodie potest. Sed neutri σκοπός est ille ut nos beati simus; uterque regnare vult.

[1] **Quod... putas**: *quod* introduce una proposizione sostantiva, «quanto al fatto che...»; *perturbatum* sottintende *esse*. Cicerone intende evidentemente riferirsi a una lettera precedente di Attico, che chiedeva informazioni su come l'amico vivesse un periodo tanto tumultuoso. • **constitit consilium**: «viene stabilita una decisione».• **nihil cum**: anastrofe per *cum nihil*. • **dedecori... nostris**: costrutto del doppio dativo (*dedecori* è dativo di fine; *studiis ac litteris* sono dativi di svantaggio). • **illius viri**: si intende l'uomo politico ideale tratteggiato nel *De re publica* (➛ **T10-T11**), come si evince dal successivo *nostris libris*, «nei nostri libri». • **Tenesne**: *-ne* è particella interrogativa, *tenes* è forma colloquiale, «hai presente?». • **moderatorem**: propriamente è la persona che sa tenere a freno, mantenere la misura (*modus*); è usato comunemente anche per indicare il conducente del carro che tiene le redini dei cavalli. • **quo**: è avverbio di moto a luogo, lett. «dove», quindi anche «verso il quale». • **Scipio**: si tratta di Scipione Emiliano, inteso come personaggio che interviene nelle conversazioni del *De re publica*. • **proposita est**: ha come soggetti tutti i nominativi che lo precedono, compreso il maschile *cursus*. • **ut**: con valore finale.

[2] **Gnaeus**: Gneo Pompeo. • **Dominatio**: termine politicamente negativo, vale l'italiano «dittatura» o «tirannide»; è etimologicamente affine a *dominus* e implica che i sottoposti siano schiavi. • **utroque**: sono Pompeo e Cesare. • **actum**: sottinteso *est*. • **beata... esset**: costruisci *ut civitas esset beata et honesta*. • **ille**: Pompeo. • **hoc**: prolettico, anticipa quanto espresso dai successivi infiniti. • **a primo**: con valore avverbiale, «da subito». • **Sullani regni**: «tirannide sul modello di Silla»; anche *regnum*, come il precedente *dominatio*, è termine negativo nel lessico politico latino. • **inter eos**: sono Cesare e Pompeo. • σκοπός: leggi "skopòs", significa «scopo»; per l'uso di inserire termini greci nelle lettere ➛ Scheda "Il parere degli altri autori", p. 424.

## Il testo e il contesto

**LA GUERRA CIVILE** Cicerone aveva trascorso lontano da Roma l'anno 50 a.C., in quanto impegnato nel proconsolato in Cilicia, una regione della penisola Anatolica che si affaccia sul Mar Mediterraneo. Al suo ritorno, ai primi di gennaio del 49 a.C., egli trovò il senato sconvolto dallo scontro ormai aperto tra Pompeo e Cesare. Quest'ultimo, come noto, non accettando la proposta di cedere il potere proconsolare e le legioni che aveva condotto nelle brillanti campagne galliche, decise di entrare in armi nei confini dello Stato. Il panico si sparse a Roma, nella convinzione che si sarebbero ripetute le carneficine che si erano viste al tempo di Mario e Silla, quando gli eserciti dei generali erano a turno penetrati nella città e avevano fatto strage dei rispettivi oppositori. La decisione di Pompeo fu quella di abbandonare Roma per trasferirsi in Grecia, dove avrebbe potuto assai facilmente raccogliere numerose legioni con cui successivamente affrontare Cesare. Cicerone si trovò di fronte alla drammatica scelta, se seguire Pompeo, schierandosi apertamente contro Cesare, come fece la maggior parte dei senatori, o rimanere a Roma, implicitamente dichiarando di essere dalla sua parte. Entrambe le opzioni gli ripugnavano, dato che in entrambi i generali vedeva ormai degli avventurieri spregiudicati, assai lontani dal suo ideale di uomo politico. Dopo aver lasciato Roma per prudenza, Cicerone girovagò tra le sue numerose ville in Lazio e in Campania e si ritirò infine in quella di Formia. Solo a giugno, pur avendo avuto contatti con Cesare, assai a malincuore si dispose a raggiungere in Grecia Pompeo, che aveva lasciato l'Italia già a marzo.

## Il senso del testo

**UN SOGNO INFRANTO** Dalle amare parole di Cicerone comprendiamo assai bene che cosa egli intendesse mediante l'espressione *moderator rei publicae* (par. 1). L'uomo politico, ai suoi occhi, si configura soprattutto «come un arbitro delle divergenze interne al corpo sociale» (secondo la definizione dello studioso Emanuele Narducci), pronto a realizzare la *concordia civium* (o *ordinum concordia*), ovvero la collaborazione tra i vari interessi presenti negli strati sociali di cui è composta la popolazione. Particolarmente pregnanti sono le immagini che Cicerone adotta per identificare il politico e il suo compito: egli è come un timoniere (*gubernator*) che deve preoccuparsi della rotta (*cursus*), un medico (*medicus*) che si occupa della salute dei pazienti (*salus*), un generale (*imperator*) che cerca la vittoria (*victoria*). L'obiettivo della politica è rendere la società prospera (*beata*), con un diffuso benessere (*opibus firma*), difesa da solidi eserciti (*copiis locuples*), dotata di prestigio (*gloria ampla*) e onesta (*virtute honesta*). Il dialogo *De re publica* qui citato non ci è giunto per intero (→ Scheda "L'opera", p. 429); tuttavia, nei passi in nostro possesso compare effettivamente la figura del *rector* o *gubernator*: a questo proposito, è ormai accertato dalla critica che l'uso del singolare da parte di Cicerone non implica che egli intendeva proporre un modello dove il potere era accentrato nelle mani di una sola persona, in una sorta di anticipazione del principato. Attraverso la figura del *rector* o *gubernator* Cicerone intende indicare il modello di comportamento a cui dovrebbe conformarsi ciascun rappresentante della classe politica. Il pensiero di Cicerone è sempre rivolto al tempo degli Scipioni; a questo passato, idealizzato, si contrappone drammaticamente un presente in cui sia Pompeo sia Cesare puntano a imporre il proprio potere personale (*regnare*), dopo aver trasformato la *res publica* in *dominatio*.

■ **Cesare contro i nemici**, miniatura da un manoscritto del XV secolo. Chantilly, Musée Condé.

**LEGGO E COMPRENDO**

**1.** Quali devono essere gli obiettivi e i compiti di chi vuole il bene dello Stato?

**2.** Individua i punti del testo da cui si evince chiaramente che né Cesare né Pompeo sono estranei alla ricerca di un potere personale.

**3.** Con quali espressioni Cicerone indica iperbolicamente le intenzioni di Pompeo?

T13 ITALIANO

# L'ultimo tentativo

| *De divinatione* 2, 4-7 |

*Il seguente testo riveste particolare interesse per capire le ultime fasi dell'attività di Cicerone. È tratto dall'introduzione al libro II del* De divinatione, *uno dei tanti trattati di filosofia alla stesura dei quali Cicerone si dedicò con grande impegno, mentre vedeva che la scena politica era ormai completamente occupata da Cesare, divenuto di fatto signore unico di Roma, dopo la definitiva sconfitta dei pompeiani prima a Tapso (46 a.C.) e poi a Munda (45 a.C.). Il testo è evidentemente scritto poco dopo aver ricevuto la notizia della morte del dittatore. In esso Cicerone esprime l'intenzione di ritornare alla politica attiva e di abbandonare l'*otium *filosofico, a cui si era votato quando aveva avvertito l'impossibilità di affermare liberamente il proprio pensiero.*

[4] [...] A questo punto ero arrivato; al resto del lavoro mi accingevo, con animo alacre, col fermo proposito di non tralasciare alcun argomento filosofico la cui esposizione io non rendessi accessibile in lingua latina, a meno che qualche motivo più importante non si fosse frapposto. Quale servizio maggiore o migliore, in effetti, io potrei rendere alla mia patria, che istruire e formare la gioventù, specialmente in questi tempi di corruzione morale in cui è talmente sprofondata da rendere necessario lo sforzo di tutti per frenarla e ridarle il senso del dovere? [5] Non m'illudo, beninteso, di poter raggiungere lo scopo, che non si può nemmeno pretendere, di indurre tutti i giovani a questi studi. Potessi indurvene anche pochi! La loro attività potrà pur sempre espandersi largamente entro lo Stato. Del resto, io mi considero remunerato della mia fatica anche da quelli che, già avanti negli anni, trovano conforto nei miei libri. Dal loro desiderio di leggere trae sempre maggior ardore, di giorno in giorno, il mio desiderio di scrivere; e ho saputo che essi sono più numerosi di quanto io pensassi. È anche una cosa magnifica, e un motivo di orgoglio per i romani, il non aver bisogno, per la filosofia, di opere scritte in greco; [6] e questo risultato lo raggiungerò certamente, se riuscirò a portare a termine il mio progetto. A dire il vero, l'impulso a dedicarmi alla divulgazione della filosofia mi venne da un doloroso evento della patria: nella guerra civile non potevo né difendere lo Stato secondo il mio solito, né stare senza far nulla; e nemmeno trovavo qualcosa di meglio da fare, che fosse degno di me. Mi perdoneranno, dunque, i miei concittadini, o meglio mi saranno grati, se io, nel tempo in cui lo Stato era in potere di uno solo[1], non mi sono tenuto nascosto né mi sono perduto d'animo né mi son lasciato abbattere, né mi sono comportato come se fossi preso da ira verso l'uomo o verso i tempi, né, d'altra parte, ho adulato o ammirato la sorte altrui, in modo da sembrare pentito della sfortuna che mi ero procurato. Proprio questo, infatti, avevo imparato da Platone e dalla filosofia: che vi sono dei mutamenti naturali delle istituzioni politiche, per cui esse sono dominate talvolta da un gruppo di oligarchi, talaltra dalla parte popolare, in certe circostanze da un solo uomo[2]. [7] E poiché quest'ultimo caso era accaduto al nostro Stato, io, reso privo delle mansioni politiche di un tempo, ritornai a questi studi, sia per sollevare il più possibile l'animo dall'angoscia in cui mi trovavo, sia per rendermi utile ai miei concittadini in tutto ciò che potevo. Nei miei libri facevo le mie dichiarazioni di voto,

1. Il riferimento è a Cesare: dopo aver sconfitto Pompeo nella battaglia di Farsàlo (agosto del 48 a.C.), esercitò a Roma un potere di fatto assoluto, cui pose fine solo la morte, avvenuta il 15 marzo del 44 a.C.
2. L'allusione è alla teoria dell'evoluzione delle costituzioni o "anaciclosi"(su cui ➛ Scheda "Storia, cultura, civiltà", p. 565): in base a questa teoria, ampiamente attestata presso gli intellettuali greci, ciascuno dei tre tipi fondamentali di costituzione – monarchia, aristocrazia e democrazia – tende a corrompersi, rispettivamente, in tirannide, oligarchia e oclocrazia.

pronunciavo i miei pubblici discorsi, consideravo la filosofia come un sostituto di quella che per me era stata l'amministrazione dello Stato. Ora, poiché si ricomincia a chiedere il mio parere su questioni politiche[3], è doveroso occuparsi di politica, anzi, a essa bisogna rivolgere ogni pensiero e ogni attività, riservando allo studio della filosofia solo il tempo che rimarrà libero dai compiti e dai doveri pubblici. Ma di questo parleremo più a lungo un'altra volta; ora ritorniamo alla discussione che avevamo intrapreso.

(trad. di S. Timpanaro)

3. Cicerone si voleva proporre come consigliere di Ottaviano, il nipote adottivo di Giulio Cesare, che in quei mesi iniziava ad affermarsi come protagonista della politica a Roma.

PER COMPRENDERE IL TESTO

## Il testo e il contesto

**REAZIONE PER LA MORTE DI CESARE** Dopo la battaglia di Farsàlo (agosto del 48 a.C.), che aveva segnato la sconfitta di Pompeo, Cicerone decise di non unirsi a quanti intendevano continuare a oltranza la guerra e preferì tornare a Roma, dove ottenne il perdono di Cesare. Nonostante questo, si mantenne decisamente in disparte dalla vita politica (si limitò a sostenere la difesa di pochi amici che erano caduti in disgrazia di fronte a Cesare). La svolta avvenne nel momento dell'assassinio del dittatore, evento al quale Cicerone non partecipò (è possibile che non fosse nemmeno informato della congiura). Sappiamo dalle sue lettere che giunse sul luogo del delitto poco dopo l'accaduto e che ebbe un iniziale moto di gioia, poi smorzato dalla coscienza che lo Stato era stato gettato nel caos. Un certo sollievo gli venne dallo sperare che chi aveva ordito la congiura l'avesse fatto con l'intenzione di ripristinare la vita civile e la libera repubblica. Così pure fu lieto di vedere che il giovane erede di Cesare, Gaio Ottavio, che a seguito dell'adozione aveva preso il nome di Gaio Giulio Cesare Ottaviano, sembrava tenerlo in grande considerazione. L'entusiasmo per Ottaviano e per la considerazione in cui questi sembrava tenerlo, tuttavia, durò poco più di un anno; quando Ottaviano decise di allearsi con Antonio contro i cesaricidi, la sorte di Cicerone, feroce avversario di quest'ultimo, fu segnata: inserito nelle liste dei proscritti, stilate da Antonio e approvate dallo stesso Ottaviano, Cicerone fu ucciso dai sicari il 7 dicembre del 43 a.C.

## Il senso del testo

**IL VALORE CIVILE DELL'*OTIUM* FILOSOFICO** Cicerone ci informa di aver ritenuto assolutamente necessario, durante la dittatura di Cesare, continuare a operare per il bene pubblico, pur astenendosi dall'attività politica. In questo quadro delinea le caratteristiche del suo *otium* filosofico, piuttosto diverso rispetto all'*otium* letterario teorizzato al tempo della *Pro Archia* (➤ T8). Dedicarsi alla filosofia, nel momento in cui l'attività politica è di fatto impedita, diventa un dovere civile (cap. 4), assai più che uno svago intelligente con cui approfondire la propria preparazione culturale: grazie alla lettura di questi testi, specialmente i giovani potranno formarsi su valori solidi, sui quali in seguito potranno fondare la loro attività politica (cap. 5). Cicerone, poi, ritiene particolarmente utile dare a Roma un patrimonio di opere filosofiche in latino (capp. 4-5), ma soprattutto gli interessa mantenere un legame col pubblico attraverso i libri, continuando a esprimere nelle sue opere quanto era vietato dire in senato. Le linee tracciate da Cicerone saranno successivamente seguite da altri intellettuali (per esempio, dal filosofo Seneca, vissuto nel I secolo d.C.), i quali, in periodi in cui la libera espressione del pensiero in senato era impedita, trasmisero i loro valori attraverso le opere filosofiche. Quando, dopo la morte di Cesare, si aprì nuovamente uno spiraglio di libertà, per Cicerone il richiamo della vita politica attiva fu irresistibile.

**LEGGO E COMPRENDO**

**1.** Per quali ragioni Cicerone si è dedicato alla stesura di opere filosofiche nel periodo della dittatura di Cesare?

**2.** In che senso possiamo affermare che Cicerone rese un servizio allo Stato anche nel periodo in cui si tenne lontano dalla vita politica?

## VERIFICA *IN ITINERE* *VIR BONUS DICENDI PERITUS*

### QUESITI A SCELTA MULTIPLA

**1.** ricordare Nella sua lettera a Pompeo del 62 a.C. (➛ **T7**), Cicerone:

- ☐ ringrazia Pompeo per le lodi sviscerate che il generale ha espresso nei suoi confronti
- ☐ si dichiara compiaciuto del contenuto della precedente lettera di Pompeo al senato
- ☐ riferisce dell'entusiasmo senza riserve che la lettera di Pompeo ha incontrato nell'ambiente politico
- ☐ non tace i propri motivi di insoddisfazione

**2.** ricordare Tra i motivi per cui Cicerone dichiara di avere particolarmente a cuore la causa di Archia (➛ **T8**) possiamo annoverare:

- ☐ l'amore per gli studi letterari, che sono per lui nutrimento e conforto
- ☐ il legame personale con il poeta
- ☐ il desiderio di riscattare l'imbarazzo per essersi dedicato a un passatempo poco nobile
- ☐ il dovere di difendere un uomo che si è sempre adoperato per il bene dello Stato

**3.** ricordare L'imputazione di cui Archia doveva rispondere era quella di (➛ **T8**):

- ☐ aver disonorato la cittadinanza romana
- ☐ essersi fregiato del titolo di cittadino romano senza averne diritto
- ☐ aver ottenuto la cittadinanza romana corrompendo un funzionario
- ☐ aver falsificato le liste di cittadinanza di Heraclea, città federata di Roma

**4.** comprendere Nella lettera alla moglie Terenzia (*Epistulae ad familiares* 14, 1 ➛ **T9**) Cicerone attribuisce la responsabilità dell'esilio:

- ☐ al fato avverso
- ☐ a se stesso, in quanto si è lasciato convincere da persone sprovvedute o in malafede
- ☐ a se stesso, in quanto ha agito di testa propria, senza ascoltare i pareri dei suoi cari
- ☐ a Pompeo e Cesare

**5.** comprendere Secondo il pensiero espresso da Cicerone nel *De re publica* (➛ **T10**):

- ☐ i legislatori hanno anticipato e applicato dei princìpi filosofici
- ☐ i legislatori devono rigettare i princìpi filosofici, in quanto estranei alla finalità della politica
- ☐ filosofia e politica sono in contrasto tra loro
- ☐ i filosofi praticano una virtù più pura rispetto a coloro che si sporcano le mani nell'attività politica

**6.** comprendere Secondo il pensiero espresso da Cicerone nel *De re publica* la virtù (➛ **T11**):

- ☐ è innata
- ☐ è frutto dell'incontro tra una predisposizione naturale e l'educazione
- ☐ è esclusivamente frutto dell'educazione
- ☐ non è accresciuta dall'esperienza

**7.** comprendere All'inizio di *Epistulae ad Atticum* 8, 11 (➛ **T12**) Cicerone:

- ☐ si dichiara più angosciato di quanto Attico possa immaginare
- ☐ rassicura Attico sulla propria lucidità di giudizio
- ☐ comunica ad Attico la propria decisione di partire al seguito di Cesare
- ☐ si dichiara del tutto fiducioso e sereno per il futuro

**8.** comprendere Fra i motivi che spingono Cicerone a scrivere opere come il *De divinatione* (➛ **T13**) c'è:

- ☐ il desiderio di fornire al pubblico romano una sintesi del sapere filosofico in lingua latina
- ☐ l'intento di mostrare la falsità del pensiero filosofico greco
- ☐ la volontà di denunciare il dispotismo di Cesare
- ☐ un moto di protesta nei confronti dell'ingiustizia della sorte nei suoi confronti

# VERIFICA PER LA COMPRENSIONE

## QUESITI A SCELTA MULTIPLA

**1.** ricordare Cicerone proveniva da una famiglia:
- ☐ nobile
- ☐ del ceto equestre
- ☐ di rango senatorio
- ☐ provinciale

**2.** ricordare Cicerone vinse le elezioni per il consolato:
- ☐ del 63, sconfiggendo Catilina
- ☐ del 64 (ma le elezioni si svolsero nel 63, con qualche mese di anticipo rispetto all'inizio del consolato)
- ☐ con l'appoggio dei *populares*
- ☐ proponendo un programma di riforme sociali

**3.** comprendere Gli esempi storici che Cicerone riporta al par. 3 della I *Catilinaria* (➛ **T1**) servono:
- ☐ a giustificare il proprio comportamento
- ☐ a spingere il senato all'azione, convincendolo della gravità del momento
- ☐ a spingere il senato a riflettere bene prima di prendere provvedimenti, data la gravità del momento
- ☐ a sottolineare che Catilina rappresenta un pericolo tanto grave quanto lo fu, a suo tempo, quello rappresentato da Tiberio Gracco

**4.** ricordare Nella I *Catilinaria* la Patria personificata si rivolge (➛ **T2**):
- ☐ a Catilina, esortandolo ad abbandonare i suoi progetti rivoluzionari
- ☐ a Cicerone, ricordandogli quali misure nel passato venivano prese contro i nemici dello Stato
- ☐ a Catilina, esortandolo ad andarsene da Roma, e a Cicerone, accusandolo di inerzia
- ☐ a Cicerone e a tutti i senatori, accusandoli di inerzia

**5.** ricordare Nella *Pro Archia* (➛ **T8**) Cicerone afferma che gli studi letterari:
- ☐ sono un passatempo del tutto inadatto per un cittadino romano
- ☐ possono conciliarsi con l'impegno politico, come dimostrano illustri esempi del passato, tra cui Catone il Vecchio
- ☐ non possono conciliarsi con l'impegno politico, come dimostra il fatto che i grandi statisti del passato non possedevano alcuna cultura letteraria
- ☐ costituiscono una valida alternativa rispetto all'impegno politico

**6.** comprendere Scrivendo ad Attico agli inizi della guerra civile (➛ **T12**), Cicerone:
- ☐ chiede all'amico di fare da mediatore tra Cesare e Pompeo per evitare la guerra civile
- ☐ si duole del fatto che Pompeo abbia smesso di pensare al bene dello Stato, come era solito fare in precedenza
- ☐ prende atto del fatto che un patto di alleanza tra Cesare e Pompeo, anche se essi lo volessero, sarebbe impossibile
- ☐ afferma che la pace immediata sarebbe possibile, ma né Cesare né Pompeo la vogliono

## QUESITI A RISPOSTA BREVE

Rispondi ai quesiti entro lo spazio di 8-10 righe per ciascuno. Quando lo ritieni opportuno, puoi consultare i testi.

1. Di quali fonti possiamo avvalerci per ricostruire la biografia di Cicerone?
2. Per quale motivo l'eloquenza è giudicata uno strumento indispensabile per l'uomo politico? Quale sarebbe la sua alternativa, nella società romana?
3. Su quali classi sociali Cicerone contava per garantire la stabilità dello Stato?
4. Che cosa possiamo leggere del *De re publica*, e come si è conservato fino a noi?

## TRATTAZIONE SINTETICA

Svolgi le seguenti tracce entro lo spazio di 25 righe per ciascuna. Quando lo ritieni opportuno, puoi consultare i testi.

1. Illustra i motivi per cui Catilina rappresentava il massimo pericolo per lo Stato secondo Cicerone, facendo un confronto tra l'ideale politico vagheggiato da Cicerone e ciò che sappiamo del programma di Catilina.
2. Definendo i concetti di *otium*, *humanitas* e *virtus* secondo quanto hai appreso del pensiero di Cicerone, spiega in quali modi egli concepisse il servizio nei confronti dello Stato.

CICERO LECTIO **Il ritratto dei catilinari** *Catilinarie* 2, 22-23

# La parola per affascinare

PER ANALIZZARE

**LE INDICAZIONI DI STILE** Le opere di Cicerone sono entrate nella storia della letteratura non solo per il loro alto profilo contenutistico, ma anche perché, per secoli, hanno costituito un modello di lingua e di stile. Le coordinate linguistiche e stilistiche cui Cicerone si attiene nella composizione delle sue opere letterarie – sia le orazioni, sia i trattati maggiori, soprattutto quelli in cui è ampiamente sviluppata la cornice narrativa, come per esempio il *De re publica* – si possono ritenere compendiate in un celebre passo del dialogo *De oratore* (3, 10, 37): *Quinam igitur dicendi est modus melior* [...] *quam ut Latine, ut plane, ut ornate, ut ad id, quodcumque agetur, apte congruenterque dicamus?,* «Quale può essere il modo migliore di esprimersi se non quello di parlare in buon latino, in modo chiaro ed elegante, adatto e coerente con la materia in discussione, qualunque essa sia?» (trad. M. Martina, M. Ogrin, I. Torzi, G. Cettuzzi).

Per quanto riguarda l'*elocutio*, ossia il «modo di esprimersi», Cicerone desidera dunque che, oltre alla necessaria proprietà di linguaggio (*Latine*), l'esposizione avvenga in modo chiaro (*plane*) e senza rinunciare all'eleganza (*ornate*). Vanno perciò bandite parole strane, arcaiche, desuete. Poste queste premesse, qualsiasi scelta deve poi essere compatibile e coerente con quanto si sta dicendo (*apte conguenterque*).

**ORALITÀ E SCRITTURA** Per comprendere appieno molte caratteristiche dello stile di Cicerone bisogna considerare che per lui la scrittura ha sempre come riferimento l'oralità, al punto che non soltanto nelle orazioni ma anche nei trattati politici o filosofici agli effetti fonici delle frasi è riservata un'attenzione meticolosa. A questo proposito occorre tener presente che all'epoca di Cicerone la lettura silenziosa era praticata poco in generale, e quasi per niente per i testi letterari: spesso i fruitori della letteratura, che coincidevano con i membri delle classi più abbienti, avevano alle proprie dipendenze uno schiavo specializzato nella lettura espressiva ad alta voce (definito col termine greco di *agnostés*) e la lettura, o meglio la recitazione, avveniva in presenza di più persone, amici o parenti, spesso alla fine della cena.

La prassi dello scrittore, nel caso di Cicerone, di fatto coincide con quella dell'oratore, il quale compone discorsi destinati a essere fruiti da un pubblico di ascoltatori: questo significa che il risultato del testo letterario ciceroniano va valutato più "con le orecchie" che "con gli occhi", ossia fruendo il testo più come ascoltatori che come lettori di una pagina scritta. Questa situazione spiega il motivo per cui anche opere dedicate ad argomenti tecnici, come i trattati di politica o di filosofia, non sono caratterizzate da uno stile asettico e impersonale, ma contengono pagine ricche di fascino, tali da catturare l'attenzione del lettore-ascoltatore, e possono raggiungere una tensione espressiva paragonabile a quella del testo poetico, come per esempio il celebre *Somnium Scipionis* che chiude il *De re publica*.

**L'IMPORTANZA DEL *MOVERE*** È importante riflettere sulle esigenze che Cicerone intendeva soddisfare adottando sistematicamente determinate coordinate linguistiche e stilistiche, nonché sulle profonde conseguenze che le indicazioni ciceroniane hanno avuto sia sulla successiva produzione letteraria latina sia anche sulla lingua latina.

■ Personaggio in atteggiamento di Hermes orante, ca. 20 a.C. Parigi, Museo del Louvre.

Nelle opere retoriche Cicerone individua tre compiti fondamentali per chi parla o scrive: portare prove a sostegno della propria tesi (*probare*); non annoiare (*delectare*); saper trascinare gli uditori al consenso suscitandone i sentimenti e le emozioni (*movēre*). Proprio a quest'ultima funzione Cicerone attribuisce il ruolo più rilevante. Con un'efficace similitudine, nel dialogo *Brutus* (199), Cicerone spiega che l'animo degli spettatori (ai quali possiamo assimilare anche i lettori) è una sorta di strumento musicale, del quale l'oratore "tocca le corde": come si può valutare la competenza del musicista dalla bellezza del suono che esce dalla cetra, così si può valutare l'oratore dalla passione con cui il pubblico segue le sue parole. L'eloquenza, ovvero la capacità di parlare in modo convincente, è poi definita nel *De oratore* (3, 14, 55) come la facoltà «che, dotata di una profonda conoscenza del mondo, rende evidenti i sentimenti e le intenzioni grazie alle parole, in modo tale da volgere nella direzione voluta chi ascolta». Ovviamente, Cicerone è consapevole del pericolo che l'eloquenza si trasformi in una tecnica per manipolare le coscienze: per questo aggiunge immediatamente che tale facoltà va unita a profonda onestà e saggezza, affinché non si corra il rischio di consegnare una potentissima arma in mano a dei folli.

**CONCINNITAS E LATINITAS** La chiarezza linguistica è sentita come un'esigenza ineludibile per raggiungere i sentimenti del pubblico: nelle parole di chi parla o scrive nulla deve apparire ostico e astruso. L'esposizione deve essere connotata da armoniosa eleganza, ossia, con termine latino, *concinnitas.* Al fine di raggiungere questo risultato, Cicerone opera una profonda selezione di forme e di costrutti sintattici. Tuttavia, per comprendere a fondo l'azione di Cicerone sulla lingua e sullo stile, è necessario contestualizzare storicamente il suo operato, che fu guidato anche da esigenze di ordine politico e culturale simili a quelle cui cercarono di rispondere anche altri intellettuali, quali Varrone e Cesare: Cicerone desiderava creare una vera e propria *Latinitas*, ossia una «correttezza del linguaggio», che stesse alla pari con l'*ellenismòs*, ossia con l'«uso corretto della lingua greca» (➛ Scheda "Lessico", p. 445).

■ **Giovane con rotolo**, I sec. d.C. Napoli, Museo Archeologico Nazionale.

Nella prima metà del I secolo a.C. per i Romani colti era del tutto evidente che alla cultura latina mancavano ancora gli strumenti linguistici di cui era invece dotata la cultura greca: la lingua greca, impostasi da secoli nel Mediterraneo, era infatti in grado di esprimere tutto lo scibile umano, dalla poesia alla filosofia, dalla scienza alla retorica. Roma, nel cui foro e nel cui senato si trattavano cause di importanza internazionale (spesso di fronte a ricchissimi provinciali e a potenti re alleati), non poteva rinunciare a dotarsi di un proprio strumento espressivo che stesse alla pari con il greco e che fosse in grado di riflettere e comunicare i valori profondi della romanità, per altro non sempre assimilabili a quelli della grecità.

**IL "LATINO CLASSICO"** Le scelte operate da Cicerone in ambito linguistico e stilistico, data la loro efficacia e funzionalità, ebbero una profonda influenza sulla prosa latina successiva; esse determinarono la nascita di una lingua letteraria che rimase per secoli un modello per la prosa, il cosiddetto "latino classico". L'azione di Cicerone, probabilmente, ebbe un effetto anche sul latino parlato dalle classi colte, i cui membri frequentavano le scuole di retorica, nelle quali appunto l'influenza della lingua ciceroniana fu operante per alcuni decenni. Successivamente il latino parlato, in perenne trasformazione come qualsiasi altra lingua viva, seguì la sua complessa evoluzione verso le lingue romanze; la lingua della cultura, invece, rimase ancorata ai canoni ciceroniani che si trasmisero attraverso la scuola.

Per secoli, per tutto il tempo in cui fu ritenuto necessario che le persone colte fossero in grado di esprimersi per iscritto in latino, la prosa di Cicerone fu ritenuta "il latino" per eccellenza (continuando dunque a essere studiata quale modello ideale di lingua e di stile). La forza normativa dello stile ciceroniano, tuttavia, non deve spingere a ridurre a tale modello l'intera lingua latina: gli studi più recenti hanno allargato l'orizzonte di interesse a tutte le manifestazioni linguistiche della latinità (sia quelle provenienti dagli ambienti colti sia quelle provenienti dagli ambienti popolari); ciò fa sì che noi possiamo valutare meglio la portata storica dell'azione di Cicerone, riconoscendo la straordinaria coerenza della sua proposta linguistica e stilistica senza per questo necessariamente credere che si tratti dell'unico latino possibile.



LINGUA E STILE

## LA LINGUA DI CICERONE

**CARATTERISTICHE GENERALI** Cicerone cerca una lingua elegante e aristocratica, che possa essere patrimonio comune delle persone colte che formano la classe dirigente di Roma; una lingua, dunque, che sia parlata dai membri dell'antica nobiltà senatoria e dagli esponenti dell'ordine equestre, di provenienza spesso italica. Questa, secondo Cicerone, è la lingua in cui dovrebbero esprimersi i protagonisti della vita politica di Roma, e che dovrebbe essere appresa da quei giovani che frequentano il foro per ricoprire un giorno anch'essi importanti ruoli politici.

Il linguaggio è concepito come un vero e proprio ***status symbol***: va perciò eliminata ogni traccia di ***peregrinitas*** («pronuncia da straniero») e di ***rusticitas*** («accento campagnolo»), mentre va perseguita l'***urbanitas*** («l'eleganza della città»). Una simile concezione diventa meglio comprensibile se si pensa che proprio al tempo di Cicerone ingenti masse di nullatenenti erano confluite a Roma dalle campagne italiche, contribuendo a ingrossare le fila di quel proletariato urbano al quale si rivolgevano i politici più aperti come Cesare, ma anche i più spregiudicati, come Catilina: lo scopo di Cicerone era dunque quello di ripristinare il latino parlato nel tempo antico, quando non era ancora iniziato il fenomeno dell'inurbamento.

**LA PRONUNCIA** Per quanto riguarda la pronuncia, Cicerone raccomanda che essa sia sempre caratterizzata da delicatezza (*lenitas*), leggerezza (*levitas*) e dolcezza

(*suavitas*), caratteristiche che si ottengono controllando che l'apertura della bocca non sia eccessiva. In pratica, le indicazioni di Cicerone risultano funzionali a una pronuncia che valorizzi l'**accento melodico** (ossia fondato sul potenziamento dell'altezza della sillaba accentata) rispetto all'**accento intensivo** (caratteristico delle lingue romanze, come l'italiano, e fondato sul potenziamento del volume della sillaba accentata). Possiamo ipotizzare che la valorizzazione dell'accento melodico da parte di Cicerone fosse funzionale a una pronuncia corretta anche della terminazione delle parole: l'accento intensivo, che probabilmente già caratterizzava la pronuncia del latino, induceva infatti ad abbreviare le parole, con la conseguenza di provocare la caduta delle desinenze (conseguenza che Cicerone puntava a contrastare, in quanto avrebbe indebolito il sistema dei casi e la chiarezza sintattica).
Per capire come si manifesta questo fenomeno, che ha caratterizzato il passaggio dal latino classico alle lingue romanze, è sufficiente comparare l'esito di termini etimologicamente affini in lingue che presentano caratteristiche di pronuncia differenti: ad esempio, in latino *caseum*, «formaggio», è trisillabo; in inglese, lingua dal forte accento intensivo, dalla medesima radice di *caseum* deriva *cheese*, pronunciato come monosillabo, ma ancora oggi scritto come bisillabo (a testimonianza del fatto che la seconda sillaba era ancora pronunciata quando la scrittura entrò in uso e diventò muta solo successivamente).

**LA MORFOLOGIA E IL LESSICO** Per ottenere il *purus sermo*, ossia «la lingua pura», Cicerone prende in considerazione quattro parametri che risultano validi anche per il grammatico Varrone, suo contemporaneo: la ***natura***, ossia gli usi di chi ha il latino come lingua madre, l'***analogia***, ossia il rispetto delle norme, la ***consuetudo***, ossia le abitudini dei parlanti (appartenenti all'ordine senatorio) e, infine, l'***auctoritas***, ossia gli usi sanciti da alcuni scrittori di riferimento. Sono accuratamente evitati sia gli **arcaismi** (come il genitivo in *-ai* o l'infinito in *-ier*) sia anche le forme ritenute desuete o eccessivamente colloquiali (ammesse soltanto nelle lettere di carattere confidenziale).
Per ottenere la massima precisione lessicale, Cicerone adotta spesso **procedimenti bimembri** o anche **trimembri**, nei quali i termini successivi precisano quelli precedenti (procedimento che caratterizza anche la prosa cesariana).

**SINTASSI E RITMO: LA *CONCINNITAS*** Cicerone, in generale, rafforza l'**uso dei casi**: limita infatti l'uso delle preposizioni ed è estremamente scrupoloso nell'utilizzare il caso richiesto dal verbo di volta in volta impiegato (rispettando accuratamente, per esempio, l'uso del dativo con verbi come *faveo* e dell'ablativo con verbi come *utor*). A questo proposito è importante ricordare che sono stati proprio gli usi di Cicerone a determinare la sintassi dei casi codificata nelle grammatiche latine sia antiche sia moderne. Infatti, all'epoca di Cicerone, anche tra le persone colte c'erano non poche incertezze sull'argomento. Per esempio, sappiamo che Pompeo, dovendo dettare durante il suo terzo consolato il testo dell'epigrafe dedicatoria del teatro da lui fatto erigere, chiese a Cicerone se fosse più corretto scrivere *consul tertio* o *consul tertium* («console per la terza volta»); Cicerone stesso rimase incerto e, nel dubbio, suggerì la forma abbreviata *consul tert.*, lasciando così la scelta ai lettori.
Nella costruzione del periodo Cicerone fa larghissimo ricorso all'**ipotassi**, sfruttando appieno le possibilità offerte da una lingua di tipo SOV, nella quale cioè i costituenti essenziali della frase sono per lo più disposti secondo l'ordine Soggetto-Oggetto-Verbo (➤ Il Contesto, p. 234): tende a collocare alle estremità del periodo soggetto e verbo e al centro del periodo l'oggetto e le subordinate, accuratamente disposte a formare parallelismi.
Molta attenzione viene prestata anche a un altro elemento che non sempre per il lettore moderno è facile apprezzare pienamente: il **ritmo** (***numerus***, termine latino che è calco dal greco *rythmòs*). Dispone le parole in modo che la chiusura (*clausula*) della frase o del periodo abbia un andamento gradevolmente musicale ed è sempre attento a che la lunghezza del periodo sia proporzionata al respiro dell'oratore, in modo che le pause siano ben distribuite e risultino naturali. Egli definisce ***concinnitas***, ossia «equilibrata eleganza» (termine etimologicamente affine al verbo *cano*, «cantare») questo armonioso insieme che evita la ***brevitas***, «la stringatezza», effetto da evitare in quanto conferisce un senso di affanno al discorso.

**GUIDA ALLO STUDIO**

**1.** Perché Cicerone, nelle raccomandazioni che fornisce a proposito della pronuncia, mira a valorizzare l'accento melodico rispetto all'accento intensivo?

**2.** Quali sono le caratteristiche del *purus sermo*?

**3.** Quali elementi contribuiscono a creare la *concinnitas*?

T14

LATINO

# Le caratteristiche di un'arringa convincente

| *Divinatio in Quintum Caecilium* 37-39 |

CICERO LECTIO

*Il passo che segue è tratto dalla prima delle orazioni preparate da Cicerone per l'accusa contro Gaio Verre (➛ Scheda "L'opera", p. 444) : costui, abusando dei propri poteri, aveva operato rapaci ruberie ai danni degli abitanti della Sicilia, la provincia romana che aveva governato in qualità di propretore per tre anni, dal 73 alla fine del 71 a.C. Questo discorso fu pronunciato nell'udienza preliminare del processo, durante la quale il giudice avrebbe dovuto scegliere chi avrebbe condotto l'accusa contro Verre: oltre a Cicerone, infatti, si era presentato come accusatore anche un certo Quinto Cecilio Nigro e la legge romana non prevedeva la possibilità di un processo dove comparissero più accusatori. Qui Cicerone si rivolge proprio a Quinto Cecilio, ricordandogli che preparare un discorso efficace è un lavoro assai delicato, che richiede approfondite competenze anche a livello linguistico.*

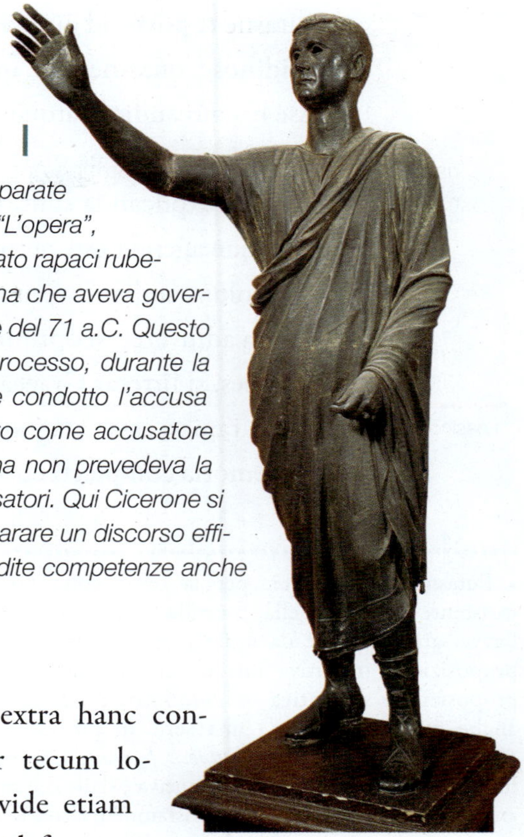

■ **L'arringatore**, II-I sec. a.C. Firenze, Museo Archeologico Nazionale.

[37] De te, Caecili, – iam mehercule hoc extra hanc contentionem certamenque nostrum familiariter tecum loquar, – tu ipse quem ad modum existimes vide etiam atque etiam, et tu te collige, et qui sis et quid facere possis considera. Putasne te posse de maximis acerbissimisque rebus, cum causam sociorum fortunasque provinciae, ius populi Romani, gravitatem iudici legumque susceperis, tot res tam graves, tam varias voce, memoria, consilio, ingenio sustinere? [38] Putasne te posse quae Gaius Verres in quaestura, quae in legatione, quae in praetura, quae Romae, quae in Italia, quae in Achaia, Asia Pamphyliaque peccarit, ea, quem ad modum locis temporibusque divisa sint, sic criminibus et oratione distinguere?

[37] **De te... considera**: i predicati delle tre proposizioni principali sono gli imperativi *vide*, *collige*, *considera*; il primo e il terzo imperativo introducono delle proposizioni interrogative indirette, rispettivamente *quem ad modum exixtimes* e *qui sis et ... possis*. • **hoc... loquar**: *loquor* qui è transitivo. • **contentionem certamenque**: formula ridondante che si riferisce alla causa in corso, in cui Cecilio è in competizione con Cicerone per ottenere il diritto di sostenere l'accusa contro Verre. • **Putasne... sustinere?**: la struttura sintattica fondamentale del periodo è formata dalla proposizione principale *Putasne* (*-ne* è particella interrogativa) che introduce l'infinitiva *te posse... tot res... sustinere.* • **iudici**: genitivo di *iudicium*, «processo». • **voce... ingenio**: Cicerone pare ricapitolare quattro delle cinque "parti" della retorica (➛ Il Contesto, p. 239): l'*actio* (*voce*), la *memoria*, l'*inventio* (*consilio*) e la *dispositio* (*ingenio*).
[38] **Putasne... distinguere?**: periodo modellato in parallelismo rispetto al precedente: la struttura sintattica fondamentale è formata dalla proposizione principale *Putasne* che introduce l'infinitiva *te posse... ea... distinguere*; il complemento oggetto *ea* è determinato dalla serie di proposizioni relative anticipate col congiuntivo obliquo (*quae... peccarit*; nota che *peccarit* è forma sincopata per *peccaverit*); dalla proposizione infinitiva dipende poi la proposizione interrogativa indiretta *quem ad modum* («come»)... *divisa sint*. • **Romae... Italia... Achaia... Asia... Pamphylia**: enfatico elenco dei luoghi che avevano subito le ruberie di Verre precedentemente alla Sicilia. Nell'80 a.C. Verre era stato proquestore in Grecia e in Asia (il termine *legatus* significa propriamente «aiutante», «che fa le veci di», in questo caso appunto del questore); nel 75 a.C. aveva poi ottenuto la pretura a Roma. *Achaia* è il nome usato dai Romani per la Grecia; la Panfilia è una regione dell'Asia Minore, nella penisola Anatolica. • **criminibus**: il termine *crimen* significa qui «imputazione».

Putasne te posse, id quod in eius modi reo maxime necessarium est, facere ut, quae ille libidinose, quae nefarie, quae crudeliter fecerit, ea aeque acerba et indigna videantur esse his qui audient atque illis visa sunt qui senserunt?

[39] Magna sunt ea quae dico, mihi crede; noli haec contemnere. Dicenda, demonstranda, explicanda sunt omnia, causa non solum exponenda, sed etiam graviter copioseque agenda est; perficiendum est, si quid agere aut proficere vis, ut homines te non solum audiant, verum etiam libenter studioseque audiant. In quo si te multum natura adiuvaret, si optimis a pueritia disciplinis atque artibus studuisses et in his elaborasses, si litteras Graecas Athenis non Lilybaei, Latinas Romae non in Sicilia didicisses, tamen esset magnum tantam causam, tam exspectatam, et diligentia consequi et memoria complecti et oratione expromere et voce ac viribus sustinere.

"Lessico" p. 445

• **Putasne... senserunt?**: per la terza volta Cicerone, con insistente anafora della formula *Putasne te posse,* incalza l'avversario: *facere* è da unire a *posse*, come predicato della proposizione infinitiva introdotta da *putasne*; introduce la proposizione sostantiva *ut videantur*, il cui soggetto, *ea*, è anche qui anticipato da una serie di proposizioni relative col congiuntivo obliquo (*quae... fecerit*). L'intera struttura formata dalla proposizione sostantiva e dalle sue subordinate è anticipata da *id* seguito da proposizione relativa (con funzione epesegetica). • **aeque... his... atque illis**: *aeque atque* introduce una proposizione subordinata comparativa che esprime oggettività e quindi ha il modo indicativo, *visa sunt* (soggetto del verbo è il pronome *ea*, che rimanda appunto alle ignobili e criminose azioni di Verre): «(le azioni compiute da Verre) sembrino tanto crudeli e indegne a questi che ascoltano quanto è sembrato a quelli che le hanno subite».

[39] **noli... contemnere**: imperativo negativo. • **ut**: da unire al precedente *perficiendum est*; introduce una proposizione sostantiva, «bisogna ottenere che...». • **In quo**: nesso relativo, «E in questa occasione». • **si... adiuvaret... studuisses... elaborasses... didicisses**: serie di protasi di periodo ipotetico dell'irrealtà. • **si litteras... didicisses**: «se pure tu avessi imparato il greco ad Atene e non a Lilibeo, il latino a Roma e non in Sicilia»; l'espressione è decisamente sprezzante: Cicerone vuole significare che il suo interlocutore non ha una buona padronanza né del latino nel del greco (→ Scheda "Lessico", p. 445). Lilibeo è una cittadina della Sicilia occidentale, la zona dell'isola dove la tradizione culturale greca era meno forte (in ogni caso, le più prestigiose scuole di retorica del mondo greco erano ad Atene e in Asia); in Sicilia, ovviamente, tutti parlavano un po' anche il latino, la lingua ufficiale dell'amministrazione, ma era probabilmente assai meno puro rispetto a quello parlato a Roma. • **esset magnum**: predicato nominale della apodosi dell'irrealtà; i soggetti sono i successivi infiniti.

**PER ANALIZZARE IL TESTO**

## Il testo e il contesto

**LA PRIMA UDIENZA DEL PROCESSO**

La vicenda processuale della causa contro Verre si aprì con un'udienza preliminare finalizzata a stabilire chi dovesse sostenere il ruolo di accusatore: uguale accusa contro Verre, infatti, era stata presentata da Cicerone e da un certo Quinto Cecilio Nigro, cittadino romano di Sicilia. La legge romana prevedeva che in un processo ci fosse un unico accusatore o, nel caso in cui ci fossero più accusatori, che essi si unissero in un unico collegio d'accusa. Può darsi, ma non è sicuro, che Cecilio fosse stato pagato da Verre per evitare un accusatore pericoloso come Cicerone, circostanza non rara in un periodo in cui la corruzione regnava nei tribunali. Cicerone, certo del fatto che Cecilio non avesse le competenze necessarie per affrontare una situazione tanto delicata, ebbe la meglio su di lui e si vide

■ **Mosaico raffigurante un oratore,** II sec. d.C. Treviri, Rheinishes Landesmuseum.

assegnata la causa. Nell'udienza preliminare pronunciò la *Divinatio in Quintum Caecilium*, il «Discorso congetturale contro Quinto Cecilio».

## Lo stile del testo

**L'*ELOCUTIO*** In questo passo la *concinnitas* caratteristica dello stile di Cicerone è assicurata dalla ricchezza dell'espressione, che tende a una certa ridondanza, e dalla disposizione simmetrica dei periodi: vedi innanzi tutto la triplice anafora della formula interrogativa *Putasne te posse?* rivolta a Cecilio (dove è da osservare anche l'allitterazione della *p*-) e successivamente, al cap. 39, l'anafora, sempre triplice, della congiunzione ipotetica *si*.
Per quanto riguarda la scelta delle parole, è da notare da un lato l'intenzione di associare le parole per mezzo di figure di suono (vedi per es., al cap. 39, l'omoteleuto *dicenda, demostranda, explicanda,... exponenda* e l'allitterazione *voce ac viribus*) e, dall'altro lato, il ricorso al procedimento bimembre, funzionale alla precisione lessicale (vedi per es., al cap. 39, *libenter studioseque, disciplinis atque artibus*).

**UN PICCOLO MANUALE DI RETORICA** Il passo costituisce una sorta di un piccolo manuale scolastico di retorica (il che può risultare in un certo modo sorprendente, dato il contesto giudiziario del discorso): infatti, nell'intenzione di far notare a Cecilio tutto quello che gli manca per poter sostenere con successo l'accusa contro Verre, Cicerone prende in considerazione i princìpi necessari per esprimersi correttamente e per costruire un'arriga di effetto. Il testo, dunque, non costituisce soltanto di per sé un esempio di stile particolarmente efficace, ma esprime anche nel suo significato come deve agire l'oratore per risultare appunto efficace (si può quindi dire che abbia una dimensione metalinguistica). Non manca peraltro in questa "lezioncina" che Cicerone impartisce al più inesperto collega la volontà di ridicolizzarlo di fronte ai giudici.
Per quanto riguarda in particolare l'*elocutio*, i princìpi che Cicerone passa in rassegna in questo passo, e in rapporto ai quali Cecilio risulta appunto palesemente inadeguato a sostenere l'accusa contro Verre, sono gli stessi che troviamo esposti in un celebre passo del *De oratore* (➛ p. 437) e che possiamo così sintetizzare:

- *Latine dicere*
  Cicerone sottolinea, non senza una buona dose di ironia, che Cecilio non ha una padronanza sufficientemente buona del latino, né per altro del greco, in quanto ha compiuto studi poco accurati (➛ cap. 39 ........................................................................).
- *plane dicere*
  Cicerone si mostra scettico riguardo alla capacità di Cecilio di saper esporre i fatti in modo chiaro; questo, infatti, è il senso sotteso alla domanda retorica che apre il cap. 38, là dove Cicerone fa mostra di chiedere a Cecilio se egli si ritiene davvero in grado di fornire quello che potremmo definire un "elenco ragionato" delle colpe commesse da Verre ( ........................................................................).
- *ornate dicere*
  Cicerone si mostra parimenti scettico riguardo alla capacità di Cecilio di fornire una (chiara) esposizione dei fatti che si contraddistingua anche per l'eleganza; ciò si evince dalla considerazione, al cap. 39, relativa alla necessità, per avere successo in una causa, di esporre i fatti in modo tale da essere ascoltati con piacere e interesse ( ........................................................................).
- *apte congruenterque dicere*
  Cicerone prefigura la possibilità che Cecilio incontri degli ostacoli anche per quanto riguarda l'aderenza stilistica al soggetto da trattare; questo principio viene adombrato al cap. 39, là dove si afferma la necessità che la causa venga non solo esposta ma anche trattata con solennità e facondia ( ........................................................................).

**LEGGO E ANALIZZO**

**1.** Quale aspetto dell'informazione intende sottolineare l'uso del congiuntivo obliquo nella serie di relative *quae... peccarit* (38)?

**2.** Le perifrastiche passive *Dicenda... sunt... exponenda... est* in latino sono personali o impersonali (39)? E in italiano si traducono in forma personale o impersonale?

**3.** Quali accorgimenti retorici sono utilizzati da Cicerone per incalzare Cecilio e costringerlo ad ammettere la propria inadeguatezza?

## L'OPERA | LE *VERRINE*

**LA CAUSA** All'inizio del 70 a.C. i Siciliani si erano rivolti a Cicerone, di cui stimavano l'onestà, direttamente sperimentata durante la sua questura nell'isola (nel 75 a.C.): volevano che intentasse contro **Gaio Verre** un'accusa ***de repentundis*** (da *repeto,* «chiedo di nuovo un compenso»), ossia un'accusa per concussione, reato per giudicare il quale a Roma esisteva un apposito tribunale. Tale reato si prefigurava quando un pubblico ufficiale richiedeva a un cittadino somme di denaro o altri beni non dovuti, con la minaccia di ritorsioni. Verre, effettivamente, durante gli anni del suo governo sull'isola, tra il 73 e il 71 a.C., aveva depredato la Sicilia. Cicerone si rese conto che la causa era di grande attualità e di estremo interesse. Innanzi tutto, proprio in quel periodo si stava dibattendo la questione relativa alla composizione delle giurie di alcuni tribunali: da più parti era avvertita l'esigenza di aprire le giurie ai cavalieri, riformando la legislazione sillana, che permetteva solo ai senatori di ricoprire il ruolo di giurati, situazione che di fatto garantiva l'impunità per gli appartenenti all'ordine senatorio (quale appunto era Verre). Inoltre, l'avvocato di Verre era **Quinto Ortensio Ortalo**, oratore famosissimo; la presenza di Ortalo avrebbe inevitabilmente attirato grande attenzione sul processo e per Cicerone, allora lanciato nella carriera politica e forense, questa era un'occasione da non perdere.
All'oratoria di Ortensio, di cui era amico, Cicerone si era fino a quel momento ispirato; proprio con le *Verrine*, però, egli volle dimostrare di seguire uno stile più personale e meno enfatico. Il processo fece molto scalpore e fu seguito con passione dall'opinione pubblica, evidentemente indignata dalla condotta di molti amministratori pubblici.

**LE FASI DEL PROCESSO** Il *corpus* delle *Verrine* comprende i seguenti testi:

| | |
|---|---|
| ***DIVINATIO IN QUINTUM CAECILIUM*** «Discorso congetturale contro Quinto Cecilio» | È il discorso mediante il quale, nel corso dell'udienza preliminare, Cicerone dimostra di fronte al giudice di essere più adatto a sostenere l'accusa contro Verre rispetto a Quinto Cecilio. |
| ***ACTIO PRIMA IN VERREM*** «Prima requisitoria contro Verre» | Breve orazione contro Verre pronunciata da Cicerone nel corso della prima udienza del processo. |
| ***ACTIO SECUNDA IN VERREM*** «Seconda requisitoria contro Verre» | Requisitoria costituita da cinque discorsi mai pronunciati di fronte al giudice e diffusi in forma scritta. |

Al termine dell'udienza preliminare, grazie alla ***Divinatio in Quintum Caecilium***, Cicerone si vide affidato il processo *de repetundis* intentato dai Siciliani contro Verre. Nel corso dei 110 giorni che gli furono concessi per l'indagine raccolse moltissime prove ai danni di Verre e trovò centinaia di testimoni disposti a deporre contro di lui. Durante la prima udienza Cicerone pronunciò la breve ***Actio prima in Verrem***, per lasciare poi la parola ai numerosissimi testimoni, i quali deposero appunto di fronte a un folto pubblico. Dopo questa prima udienza, senza aspettare la seconda, Verre abbandonò Roma per trasferirsi in esilio volontario a Marsiglia (allora città greca), dichiarando implicitamente la propria colpevolezza.
I cinque discorsi che formano la ***Actio secunda in Verrem*** non furono dunque mai pronunciati di fronte al giudice, ma vennero diffusi in forma scritta, ottenendo immediatamente un grandissimo successo. Cicerone vi fornisce un quadro assai dettagliato dei metodi di Verre, approfondendo in ciascun discorso un aspetto specifico della sua criminosa condotta: dagli abusi operati nelle cariche ricoperte prima di andare in Sicilia (***De praetura urbana***), agli abusi operati amministrando la giustizia in Sicilia (***De praetura siciliensi***) e riscuotendo le imposte sotto forma di derrate alimentari (***De frumento***), fino al furto sistematico di opere d'arte (***De signis***) e alle crudeli condanne a morte e torture, spesso inflitte anche a cittadini romani assolutamente innocenti (***De suppliciis***).

**LA CONDANNA** A seguito del processo Verre venne condannato a una multa; non rientrò più a Roma e morì a Marsiglia nel 43 a.C., a poca distanza di tempo da Cicerone; anche lui, al pari di Cicerone, era stato inserito nelle liste di proscrizione di Marco Antonio (in ragione del fatto che non aveva voluto consegnare le sue ricchezze, ancora cospicue, al triumviro).

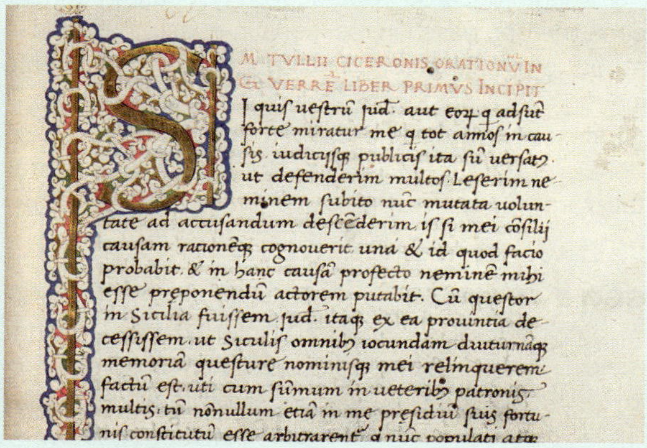


■ Cicerone, *incipit* dell'*Actio prima in Verrem*, da un manoscritto del XV secolo. Londra, The British Library.

## LESSICO | *LATINE LOQUI*

**LATINO E *GLAMOUR*** Al cap. 39 della *Divinatio in Quintum Caecilium* (➤ **T14**) Cicerone fa riferimento alla scarsa proprietà di linguaggio di Cecilio, che aveva imparato il latino non a Roma ma in Sicilia. La critica mossa da Cicerone a Cecilio deve essere messa in relazione con il principio del *Latine loqui*, ossia del «parlare un latino corretto»; in particolare, l'espressione ***Latine loqui*** rimanda a un concetto di **eleganza linguistica** che deriva da corrette abitudini di pronuncia più che da un rigoroso controllo a livello grammaticale. Quintiliano, retore della fine del I secolo d.C., grande ammiratore di Cicerone, si sofferma proprio sulla differenza che intercorre tra *Latine loqui*, ossia appunto «parlare un latino corretto» e ***grammatice loqui***, ossia «parlare rispettando la grammatica» (*Institutio Oratoria* 1, 6, 27); per Quintiliano l'espressione *grammatice loqui* ha una valenza negativa: rimanda infatti a un'idea di eccessiva pedanteria che è ben lontana dall'eleganza del *Latine loqui* e che può implicare anche l'uso di forme poco vive e comunicative. In effetti, il termine *grammatica*, inteso sia come l'insieme delle regole sia come il testo che tali regole contiene, presenta spesso connotazioni negative in quanto implica l'idea di irrigidire la lingua in schemi troppo angusti. Nel tempo il termine *grammatica* assunse per altro anche un altro significato negativo, e cioè quello di «testo incomprensibile» (da cui il termine francese *grimoire*, che significa «testo di incantesimi», intesi appunto come formule misteriose, e il termine inglese *glamour*, che significa «incantesimo» oltre che «fascino»).

***LATINITAS* E *ELLENISMÒS*** L'espressione *Latine loqui* indica dunque il modo di esprimersi degli autentici abitanti di Roma, diverso dalla lingua latina parlata fuori da Roma. Perché allora non dire *Romane loqui*? La ragione risiede nel fatto che fino dall'età arcaica Roma era percepita come realtà inscindibile e quasi indistinguibile dal più ampio contesto del Lazio: a questo proposito è importante ricordare che l'ambiente, la popolazione e la cultura dei Romani sono spesso compendiati nella formula *res Romana Latiumque*.
All'inizio del I secolo a.C., poi, si diffuse il termine astratto ***Latinitas***. Nella *Retorica a Erennio*, sicuramente uno dei primi trattati di retorica in latino (➤ Il Contesto, p. 240), la *Latinitas* è definita come «la qualità che mantiene la lingua pura, al riparo da ogni difetto» (4, 17). Il termine *Latinitas* fu probabilmente modellato sul termine greco ***ellenismòs*** che significa appunto «uso corretto della lingua greca».
Cicerone, come altri intellettuali della sua epoca, contribuì attivamente alla definizione della *Latinitas*; inoltre, egli impresse all'espressione *Latine loqui* un valore così pregnante che essa passò a significare «parlare chiaramente e correttamente», non necessariamente in specifico riferimento alla lingua latina. Secoli dopo, in provenzale, una lingua romanza, il termine *lati* (pron. latì), propriamente «latino», significava genericamente «linguaggio» e Dante Alighieri utilizza in più occasioni l'aggettivo «latino» col significato di «comprensibile» (per es. *Paradiso* 3, 63).

**LA «LINGUA DEI ROMANI»** In ambiente greco, dopo che avvennero i primi contatti con la civiltà romana, per indicare il latino, inteso come la lingua parlata da tutti i cittadini romani, fu utilizzata l'espressione ***Romàion diàlektos***, «lingua dei Romani». Nella tarda fase imperiale, successivamente alla concessione della cittadinanza romana a tutti gli abitanti dell'impero (con l'editto di Caracalla del 212 d.C.), troviamo poi attestato il termine ***Romània*** a indicare tutto l'insieme delle terre, delle lingue e delle culture appartenenti all'impero. Dopo la fine dell'impero romano d'Occidente (476 d.C.) il termine continuò a essere usato dagli abitanti dell'impero d'Oriente, che chiamavano appunto se stessi *Romàioi*, «Romani» (anche la Romagna, regione dell'Italia settentrionale, deve del resto il suo nome al fatto di essere appartenuta all'impero romano d'Oriente). In Occidente troviamo invece attestata l'espressione ***Romanice loqui***, che significa «parlare le lingue presenti nei territori appartenuti all'impero» (da cui «lingue romanze»), evidentemente perché il termine *Romani* indicava in modo generico gli abitanti di quelle regioni.
Quanto all'espressione *Latine loqui*, essa mantenne anche in età medioevale l'originario senso di «lingua della cultura», con sottinteso un giudizio positivo di ordine anche morale: significativa è in proposito la testimonianza di un affresco databile alla fine dell'XI secolo che si trova nella chiesa di San Clemente a Roma: con tecnica quasi fumettistica il Santo viene infatti ritratto mentre parla in latino; i peccatori che ha di fronte, invece, parlano italiano o, per meglio dire, *Romanice*.

**GUIDA ALLO STUDIO**

**1.** Che cosa intende Quintiliano per *grammatice loqui*?

**2.** Quale legame esiste tra la parola latina *grammatica* e la parola inglese *glamour*?

**3.** Qual è il significato del termine *Romània*?

T15

LATINO

# Come definire le abitudini di Verre?

*Actio secunda in Verrem* 4, 1-2

*Il quarto discorso dell'*Actio secunda in Verrem *è completamente dedicato a esporre i furti di opere d'arte perpetrati da Verre in Sicilia, a danno sia di cittadini privati sia di luoghi pubblici (come piazze e templi). Il passo che segue è tratto dall'esordio del discorso, là dove Cicerone riflette su quale nome si possa dare alle manie da collezionista di Verre. Questo genere di riflessione rientra appieno nel genere dell'oratoria giudiziaria; secondo le abitudini del diritto romano, era fondamentale riuscire a definire con un nome preciso un eventuale comportamento criminoso: solo così, infatti, si potevano individuare le norme sulla base delle quali valutare tale comportamento.*

*A prescindere da questo aspetto tecnico, è assai interessante osservare come Cicerone sia consapevole del fatto che una medesima realtà possa essere nominata in modo diverso a seconda del punto di vista da cui la si osserva, che è poi il principio su cui si fonda la retorica (➛ Il Contesto, p. 239); pertanto egli chiama i giudici a formulare la loro valutazione esclusivamente sull'esposizione dei fatti che si appresta a fare.*

[1] Venio nunc ad istius, quem ad modum ipse appellat, studium, ut amici eius, morbum et insaniam, ut Siculi, latrocinium; ego quo nomine appellem nescio. Rem vobis proponam: vos eam suo non nominis pondere penditote. Genus ipsum prius cognoscite, iudices; deinde fortasse non magno opere quaeretis quo id nomine appellandum putetis. Nego in Sicilia tota, tam locupleti, tam vetere provincia, tot oppidis, tot familiis tam copiosis, ullum argenteum vas, ullum Corinthium aut Deliacum fuisse, ullam gemmam aut margaritam, quicquam ex auro aut ebore factum, signum ullum aeneum, marmoreum, eburneum, nego ullam picturam neque in tabula neque in textili quin conquisierit, inspexerit, quod placitum sit abstulerit. [2] Magnum videor dicere; attendite etiam quem ad modum dicam. Non enim verbi neque criminis augendi causa complector omnia: cum dico nihil istum eius modi rerum in tota provincia reliquisse, Latine me scitote, non accusatorie loqui. Etiam planius: nihil in aedibus cuiusquam, ne in <hospitis> quidem, nihil in locis communibus, ne in fanis quidem, nihil apud Siculum, nihil apud civem Romanum, denique nihil istum, quod ad oculos animumque acciderit, neque privati neque publici neque profani neque sacri tota in Sicilia reliquisse.

---

[1] **Venio**: «Passo», nel senso di «cambio argomento» (rispetto al terzo discorso dell'*Actio secunda in Verrem*, dove Cicerone aveva diffusamente trattato degli abusi perpetrati da Verre nella riscossione delle imposte). • **istius**: indica Verre, con valore dispregiativo, «costui». • **quem ad modum**: locuzione avverbiale, «come». • **quo... appellem**: proposizione interrogativa indiretta dipendente dal successivo *nescio*. • **suo... penditote**: *penditote* è imperativo futuro – tempo caratteristico del linguaggio giuridico (si traduce col presente) – di *pendo*, lett. «pesare», quindi «valutare»; *nominis* specifica *pondere*, come *suo*: «in base al valore suo, non del nome». • **Genus**: anche questo termine è proprio del linguaggio tecnico giuridico: compito del giurista è quello di distinguere i *genera* delle varie cause. • **magno opere**: con valore avverbiale, «con grande fatica». • **appellandum**: sott. *sit*. • **putetis**: congiuntivo potenziale voluto da *fortasse*. • **Nego... quin... abstulerit**: questo ampio periodo sintatticamente si regge sull'enfatico *Nego* iniziale («Affermo che non...»), poi ripreso in anafora, che introduce una serie di proposizioni infinitive il cui predicato sottinteso è *esse* e i cui soggetti sono *vas*, *gemmam*, *margaritam*, *quicquam factum*, *signum*, *picturam*, i quali reggono poi tre proposizioni consecutive negative introdotte da *quin*. • **Corinthium... Deliacum**: sott. *vas*; i vasi di terracotta dipinta provenienti dalla città di Corinto e dall'isola di Delo erano fra i più pregiati del mondo antico (molti esemplari, conservatisi fino a noi, sono esposti nei principali musei archeologici europei). • **quod... sit**: proposizione relativa il cui antecedente è costituito da ciascuno degli oggetti preziosi precedentemente elencati; dipende dal successivo *abstulerit*.

[2] **Non... omnia**: *verbi* e *criminis* si possono tradurre con una endiadi: «Non elenco tutti gli oggetti per amplificare l'esposizione dell'accusa». • **cum dico**: proposizione temporale, «quando dico»; introduce la successiva proposizione infinitiva, che ha come soggetto il pronome *istum*, riferito a Verre, sempre in senso dispregiativo (vedi *istius* al cap. 1). • **Latine**: ➛ Scheda "Lessico", p. 445. • **scitote**: imperativo futuro, «sappiate». • **planius**: avverbio al grado comparativo da *plane*, è da sottintendere *loquar*; introduce una proposizione infinitiva che ha come soggetto *istum* (si tratta sempre di Verre), come complementi oggetto i numerosi *nihil*, l'ultimo dei quali è completato da una serie di genitivi partitivi coordinati da *neque*, e come predicato verbale *reliquisse*. • **quod... acciderit**: proposizione relativa impropria, «che sia capitato sotto i suoi occhi o entrato nei suoi desideri».

## Il testo e il contesto

**IL COLLEZIONISMO DI VERRE** A seguito della conquista del Mediterraneo i Romani avevano iniziato ad aprirsi ai valori artistitici e culturali del mondo greco; per questo presero ad arricchire le loro ville di sculture che erano per lo più copie ricavate da modelli greci: gli originali, infatti, erano spesso costosissimi (o non potevano in ogni caso essere asportati dalle loro sedi in quanto dotati di valore religioso).
Verre era un collezionista accanito e senza scrupoli che si era ritrovato a governare una terra di antica civiltà, la Sicilia, in cui i capolavori dell'arte greca di età classica ed ellenistica abbondavano: approfittando del suo potere, costringeva sia privati cittadini sia anche città a vendergli a prezzi irrisori opere assai preziose (facendo poi risultare le ruberie come regolari acquisti) oppure organizzava veri e propri furti. In realtà, Verre non era un vero conoscitore di arte (tanto che si affidava al parere di esperti per individuare le opere di sicuro pregio di cui poi impadronirsi).
Questo dato aquista significato se lo si mette in rapporto con l'evoluzione, in età ciceroniana, del sistema dei valori in cui si riconoscevano le classi alte della società di Roma: abbandonata la frugalità di vita dei secoli precedenti, i membri dell'aristocrazia romana iniziarono ad apprezzare uno stile di vita più raffinato e, di conseguenza, a vivere in ville lussosamente arredate: ammirare e possedere capolavori dell'arte greca iniziò dunque a essere uno *status symbol*, per cui anche chi non era un intenditore poteva nutrire il desiderio di collezionare opere d'arte, in quanto vedeva così accresciuto il proprio prestigio. Lo stesso Cicerone amava arricchire le sue dimore con opere d'arte (tuttavia, di solito, egli si accontentava di procurarsi copie di opere famose, rinunciando agli originali perché eccessivamente costosi).

**Statua di Eros,**
II sec. a.C. Roma, Musei Capitolini, Palazzo dei Conservatori.

**Segesta**, Tempio dorico, ca. 430-420 a.C.

## Lo stile del testo

**IL VALORE DELLE PAROLE** Cicerone incentra l'esordio del suo discorso sull'importanza delle scelte lessicali, in relazione all'esigenza di determinare la presenza o l'assenza di un reato. Di fatto, dunque, riconduce un problema di diritto penale a una questione linguistica, secondo quella che era una prassi propria della procedura giuridica romana. In una causa poteva infatti verificarsi il caso che entrambe le parti concordassero sul fatto che un determinato evento si era effettivamente verificato, ma che non concordassero sulla definizione dell'evento. Nel caso specifico del processo contro Verre le parti potevano appunto concordare sul fatto che l'imputato era entrato in possesso di numerose opere d'arte, ma potevano essere in disaccordo sulla definizione del fatto (si è trattato di innocente passione, di mania o di rapina?). In una simile eventualità a ciascuna delle due parti in causa spettava il compito di dimostrare che all'accaduto si adattava meglio una definizione piuttosto che un'altra. Sulla questione, alla fine, era chiamato a esprimersi il giudice il quale doveva appunto stabilire, una volta dato un nome all'accaduto, se ciò comportava un'infrazione alle norme e, se sì, in quale misura.
Il passo riprende stilisticamente le modalità espressive proprie dei testi giuridici – come emerge dall'uso dei due imperativi futuri *penditote* e *scitote* – e allude a quello che veniva ritenuto il compito dell'esperto di diritto (in questo caso i giudici), ossia dare una risposta (*responsum*) relativamente a un problema (*quaestio*), verificando come il caso in oggetto si commisurasse con le norme vigenti (➛ Scheda "Storia, cultura, civiltà", p. 448).
Fornendo diverse definizioni dell'appropriazione di opere d'arte compiuta da Verre in Sicilia, Cicerone identifica chiaramente i tre soggetti che agiscono nella causa, ossia l'imputato, i difensori amici dell'imputato e gli accusatori:

- per Verre si tratta di semplice «passione»: ........................................................................ ;
- per gli amici di Verre (l'avvocato Ortensio Ortalo e i suoi assistenti) si tratta di «malattia e follia», dunque di un qualcosa di un po' più grave e sconveniente, ma comunque non penalmente rilevante: .............................................................................................................................................;

→

CICERONE PER ANALIZZARE

- per gli accusatori (i Siciliani) si tratta invece di «rapina», ossia di un reato assai grave: ............................ ......................................................... .

Cicerone lascia ovviamente ai giudici il compito di stabilire quale sia la definizione che meglio si attaglia all'operato di Verre; compito che non sarà in ogni caso particolarmente difficile, dato che egli si esprimerà con la dovuta proprietà di linguaggio, senza deformare i fatti in un'ottica accusatoria (cap. 2, *Latine me scitote, non accusatorie loqui*).

**LEGGO E ANALIZZO**

**1.** Quale figura retorica si riconosce nella successione dei sostantivi *studium*, *morbum*, *insaniam*, *latrocinium* (1)?

**2.** Quale effetto produce l'accumulo di figure retoriche (anafora, allitterazione, figura etimologica, poliptoto, chiasmo) nel periodo *Nego... abstulerit* (1)?

**3.** Per esprimere l'idea del "vuoto" che si è creato dopo le razzie di Verre, Cicerone usa una serie di negazioni ripetute (1): rintracciale nel testo.

**4.** Come giustifichi il congiuntivo nella relativa *quod... acciderit* (2)?

## STORIA, CULTURA, CIVILTÀ | *IUS DICERE*

**ORALITÀ E TRADIZIONE GIURIDICA ROMANA** Ciò che Cicerone chiede ai giudici all'inizio del quarto discorso dell'*Actio secunda in Verrem* (➛ **T15**) è propriamente definibile mediante la formula ***ius dicere***, ossia «pronunciare la formula che fa al caso in questione». Nella cultura di Roma la sfera del diritto è profondamente collegata con l'oralità, in quanto il diritto affonda le sue origini in un'epoca in cui la scrittura non era ancora in uso.

In età arcaica l'amministrazione del diritto e la celebrazione dei processi erano prerogativa esclusiva di persone che svolgevano anche funzione sacerdotale: era infatti all'interno dei collegi sacerdotali che si tramandavano oralmente quelle formule processuali (➛ Il Contesto, p. 24) le quali dovevano poi essere correttamente pronunciate davanti a testimoni perché qualsiasi atto giuridico – di carattere sia pubblico, come la citazione di una persona in giudizio o una condanna, sia privato, come una compravendita di beni immobili – fosse pienamente valido.

**LESSICO GIURIDICO E GRAMMATICA** Non sorprende dunque che appartengano alla sfera dell'oralità svariati termini del lessico giuridico: per esempio, *iudex*, «giudice», da *ius dico*, è propriamente «colui che dice la formula giusta» e *testamentum*, «testamento» è etimologicamente derivato da *testor*, «affermo» o «chiamo a testimone». Così la *vindicatio*, «rivendicazione di un diritto o di un possesso di fronte al giudice», termine anch'esso etimologicamente vicino a *dico*, consiste nella pronuncia della formula *aio hanc rem esse meam*, «dico che questa cosa è mia». Derivati dalla medesima radice di *nuntio*, «proclamo» sono *denuntiatio,* «atto di citazione di fronte al giudice» e *pronuntiatio*, «emissione della sentenza»; da *voco*, «chiamare» derivano, per esempio, *provocatio*, «diritto di appello» e *advocatus*, «colui che è chiamato ad assistere in giudizio». Infine, si può ricordare che una delle prerogative dell'esperto di diritto, lo *iuris consultus*, è proprio quella di rispondere con un *responsum*, «risposta» al cittadino che avesse una *quaestio*, ovvero un «problema» di diritto del quale non era in grado di venire a capo da solo.

Proprio l'abitudine a dare definizioni corrette e appropriate ha fatto in modo che a Roma chi si occupava di diritto si occupasse approfonditamente anche di lingua e di fenomeni linguistici; questo spiega perché proprio i membri del ceto senatorio hanno sempre coltivato con passione gli argomenti di lingua e di grammatica insieme a quelli propriamente giuridici e politici.

**Statua di magistrato**, I sec. a.C.-I sec. d.C. Napoli, Museo Archeologico Nazionale.

T16

LATINO/ ITALIANO

# Nulla vale più dell'*ornatus*

*Brutus* 194-195, 197-198

*Per spiegare come la potenza delle argomentazioni non possa essere separata dal fascino delle parole, Cicerone, nel* Brutus *(➛ Scheda "L'opera", p. 452), racconta di aver assistito da giovane a un processo in cui ha vinto la causa non l'avvocato che ha trattato la questione con ineccepibile competenza giuridica, ma l'avvocato che è riuscito a coinvolgere emotivamente i giudici e a far osservare la vicenda da un punto di vista più generale.*

*Il caso è semplice: un tale fa testamento, nominando come unico erede il proprio figlio non ancora nato; nell'eventualità in cui il figlio fosse morto prima di raggiungere la maggiore età, l'eredità sarebbe spettata al tutore di quest'ultimo, un tale Manio Curio. Di lì a poco l'uomo che ha fatto il testamento muore; in seguito, si scopre che sua moglie non era incinta, per cui nessun figlio nascerà. A chi spetta dunque il patrimonio? Manio Curio, difeso da Crasso, sostiene che spetti a lui; un parente del defunto, tale Marco Coponio, difeso da Scevola, sostiene invece che quel testamento non sia mai stato valido e si presenta come erede. A vincere sarà Manio Curio difeso da Crasso.*

[194] [...] Quis ex populo, cum Quintum Scaevolam pro Marco Coponio dicentem audiret in ea causa, de qua ante dixi, quicquam politius aut elegantius aut omnino melius aut exspectaret aut posse fieri putaret? [195] Cum is hoc probare vellet, Manium Curium, cum ita heres institutus esset, "si pupillus ante mortuus esset quam in suam tutelam venisset", pupillo non nato heredem esse non posse: quid ille non dixit de testamentorum iure, de antiquis formulis? Quem ad modum scribi oportuisset, si

[194] [...] Chi tra il pubblico, mentre ascoltava Quinto Scevola[1] che parlava in favore di Marco Coponio in quel processo, del quale prima ho detto[2], si sarebbe aspettato o avrebbe pensato che ci potesse essere qualcosa di più raffinato o di più elegante, o comunque di migliore? [195] Quando egli voleva provare che Manio Curio, poiché era stato nominato erede con la formula "se il fanciullo fosse morto minorenne prima di entrare in possesso del proprio patrimonio", non poteva essere erede se il bambino non fosse nato: che cosa ha tralasciato di dire a proposito del diritto testamentario, a proposito delle formule giuridiche conformi alla procedura antica[3]? In quale maniera avrebbe dovuto essere redatto il testamento, se Manio Curio fosse stato istituito come

[194] **Quis... putaret?**: le proposizioni principali sono le interrogative dirette che hanno come soggetto *Quis* e come predicati i congiuntivi potenziali *expectaret* e *putaret*; da queste dipende la proposizione infinitiva *quicquam... posse fieri*. • **dicentem**: participio predicativo di *Scaevolam*.
[195] **Cum... vellet**: proposizione con il *cum* e il congiuntivo con valore causale; *hoc* anticipa la successiva proposizione infinitiva *Manium Curium... non posse*. • **cum... esset**: altra proposizione con il *cum* e il congiuntivo con valore causale. • **si... venisset**: proposizione condizionale che dipende dalla precedente causale; *suam* è riferito al soggetto *pupillus*. • **pupillo... nato**: ablativo assoluto. • **quid... formulis?**: è la proposizione principale del periodo, il soggetto è Scevola. • **Quem ad modum... institueretur?**: periodo ipotetico dell'irrealtà; la protasi è *si... institueretur*, l'apodosi è *Quem... oportuisset*; il soggetto sottinteso di *scribi* è «testamento».

1. Quinto Scevola Pontefice, noto giurista del I sec. a.C.
2. La causa in questione è molto nota e Cicerone ne aveva già parlato. Il processo avvenne nel 93 a.C., quando Cicerone aveva 15 anni ed era studente a Roma.
3. Si tratta delle formule giuridiche che caratterizzavano lo svolgimento dei processi soprattutto in età arcaica e che era necessario pronunciare correttamente perché fosse valido l'intero procedimento (➛ Scheda "Storia, cultura, civiltà", p. 448). Cicerone vuole sottolineare l'estrema precisione di Scevola nel citare le leggi.

etiam filio non nato heres institueretur? [...] [197] [...] At vero, ut contra Crassus ab adulescente delicato, qui in litore ambulans scalmum repperisset ob eamque rem aedificare navem concupivisset, exorsus est, similiter Scaevolam ex uno scalmo captionis centumvirale iudicium hereditatis effecisse: hoc ille initio, consecutis multis eiusdem generis sententiis, delectavit animosque omnium qui aderant in hilaritatem a severitate traduxit; quod est unum ex tribus quae dixi ab oratore effici debere. Deinde hoc voluisse eum qui testamentum fecisset, hoc sensisse, quoquo modo filius non esset qui in suam tutelam veniret, sive non natus sive ante mortuus, Curius heres ut esset; ita scribere plerosque et id valere et valuisse semper. Haec et multa eius modi dicens fidem faciebat; quod est ex tribus oratoris officiis alterum. [198] Deinde aequum bonum, testamentorum sententias voluntatesque tutatus est: quanta esset in verbis cap-

erede anche nella circostanza in cui il figlio non fosse nato? [...] [197] [...] Ma inaspettatamente Crasso, quando ha esordito con l'immagine del fanciullo un po' ingenuo, che passeggiando sulla spiaggia ha trovato uno scalmo e che per quel motivo ha deciso di costruire un'intera nave, e ha detto che Scevola allo stesso modo, anche lui con in mano il suo "piccolo scalmo"[4], ne aveva tirato fuori un argomento niente po' po' di meno che per una causa di diritto ereditario da trattare di fronte al collegio dei centumviri, con questo inizio e con altre facezie dello stesso tenore, lui ha fatto divertire e ha portato l'animo dei presenti, prima serio e severo, verso un clima di ilarità; e questa è la prima delle tre cose che deve essere fatta da un oratore. Poi ha detto che colui che aveva fatto testamento questo aveva voluto, questo aveva desiderato, cioè che Curio fosse l'erede, indipendentemente dal motivo per cui il figlio non fosse venuto in possesso del proprio patrimonio, vuoi perché non nato, vuoi perché prematuramente morto; con questa intenzione moltissime persone avevano fatto testamento e ciò era valido allora ed era sempre stato valido. Crasso, dicendo molte cose di questo genere, forniva prove sicure, la qual cosa è il secondo dei tre compiti dell'oratore. [198] Poi ha parlato a salvaguardia del buon diritto, del senso implicito nelle affermazioni dei testamenti:

[197] **ut contra**: lett. «quando al contrario»; introduce una proposizione temporale il cui soggetto è *Crassus*, avvocato di Manio Curio, il tutore, e il cui predicato è *exorsus est*. • **ab adulescente**: complemento di moto da luogo figurato, indica il punto di partenza dell'esempio proposto da Crasso. • **qui... repperisset... concupivisset**: proposizioni relative con il congiuntivo obliquo. • **similiter Scaevolam... effecisse**: proposizione infinitiva (retta da un verbo di dire sottinteso che ha come soggetto Crasso). • **centumviralem iudicium**: il tribunale dei centumviri (100 uomini), preposto alle cause per eredità. • **quod**: nesso relativo (= *et hoc*) che riprende epesegeticamente l'intero periodo precedente. • **ex tribus**: sott. *officiis*, «doveri». • **Deinde... heres ut esset**: il periodo è retto da un verbo di dire sottinteso, che regge la proposizione infinitiva *voluisse eum*, la quale a sua volta introduce la proposizione sostantiva retta da *ut* e anticipata dai due precedenti *hoc*; *suam* è riferito a *filius*.
[198] **Deinde... tutatus est**: si intende che Crasso passa a spiegare che bisogna saper leggere oltre la lettera delle volontà testamentarie. • **quanta esset... voluntates**: periodo ipotetico dell'irrealtà, come il successivo *quantam sibi... adsumeret, si nemo auderet...*. • **Haec cum**: anastrofe per *cum haec*; *haec* è complemento oggetto del successivo *explicans*. • **dixisse ut**: anastrofe per *ut dixisse*; *ut* introduce una proposizione consecutiva, anticipata dal precedente *eam admirationem adsensionemque*, che ha come predicato *videretur*. • **genere maxumum**: «il genere più grande»; apposizione di *officium*.

4. Crasso vuol dire che Scevola ha disturbato un importante tribunale per un'inezia. Infatti, ha costruito tutta la sua arringa su un particolare insignificante, ovvero che chi ha scritto il testamento ha specificato che il patrimonio sarebbe rimasto al tutore nel caso in cui il figlio fosse morto minorenne: secondo Crasso tale puntualizzazione sottintendeva che in qualsiasi caso, mancando il figlio, l'erede sarebbe stato il tutore.

tio cum in ceteris rebus tum in testamentis, si neglegerentur voluntates; quantam sibi potentiam Scaevola adsumeret, si nemo auderet testamentum facere postea nisi de illius sententia. Haec cum graviter tum ab exemplis copiose, tum varie, tum etiam ridicule et facete explicans eam admirationem adsensionemque commovit, dixisse ut contra nemo videreur; – hoc erat oratoris officium partitione tertium, genere maxumum.

quale cavillosità ci sarebbe in tutto, non solo nei testamenti, se non si prendessero in considerazione le intenzioni implicite! Quale posizione di predominio assumerebbe Scevola[5], se nessuno in seguito osasse far testamento, se non in conformità al suo parere! Spiegando questi concetti un po' con abbondanza di esempi, un po' con varietà di toni, a volte anche scherzosi e simpatici, Crasso ottenne una tale ammirazione e una tale approvazione che pareva che nessuno avesse da ribattere; – questo era il terzo compito dell'oratore in base all'elencazione, ma di gran lunga il primo per importanza.

5. Crasso spiega alla giuria che se non si applica la buona fede nella lettura dei testamenti c'è il rischio che molti, per paura di essere fraintesi, non mettano per scritto le proprie estreme volontà, col pericolo che un'istituzione fondamentale dell'economia romana, la trasmissione ereditaria della proprietà privata, sia messa in crisi.

**PER ANALIZZARE IL TESTO**

## Il testo e il contesto

**L'IMPORTANZA DELL'*ORNATUS*** Nell'esordio della quarta orazione dell'*Actio secunda in Verrem* (➤ **T15**) Cicerone esorta i giudici a trovare un nome per definire il comportamento di Verre, dopo aver ascoltato l'esposizione dei fatti. Egli sembra dunque recuperare un antico luogo comune dell'oratoria romana, generalmente fatto risalire a Catone il Censore: *rem tene, verba sequentur* («abbi ben chiari i fatti, le parole seguiranno»). In realtà, come è messo efficacemente in luce proprio in questo passo del *Brutus*, Cicerone sa bene che il contenuto e lo stile di un discorso non sono realmente separabili. Per introdurre il racconto del processo di Manio Curio, Cicerone ha affermato che «nulla ha più influenza sull'animo umano che l'ordine delle parole e la loro eleganza stilistica». Questa considerazione esprime il profondo legame che unisce l'*ornatus,* che proprio sulla scorta di questo passaggio potremmo definire come "l'ordine delle parole e l'eleganza stilistica", e il *movēre*, ossia l'influenza che l'oratore deve saper esercitare sull'animo dell'ascoltatore. Siccome l'obiettivo finale è appunto il *movēre*, Cicerone dimostra sempre un'ossessiva attenzione per lo stile, ribadendo spesso nei suoi trattati di oratoria la necessità di tale cura.

## Lo stile del testo

**LA SCRITTURA DEL TRATTATO** Nel complesso, lo stile dei dialoghi ciceroniani non è lontano da quello delle orazioni, sebbene si tratti di testi di genere diverso. Ciò deriva dal fatto che Cicerone ha sempre come riferimento l'oralità (➤ p. 437), per cui espone i contenuti (nel caso del *Brutus*, la storia dell'oratoria) in una forma che vuol comunque mantenere le movenze caratteristiche di una conversazione.
In questo passo del *Brutus* ritroviamo la *concinnitas* che caratterizza anche lo stile delle orazioni, e che qui come altrove viene ottenuta mediante l'articolazione dei periodi in membri simmetrici (per es. 198, *quanta... quantam...*) e il ricorso al procedimento bimembre (per es. 198 *cum graviter tum... copiose*).

**LA STRATEGIA DI SCEVOLA...** Scevola si preoccupa soprattutto di chiarire gli aspetti giuridici della questione; perciò esorta i giudici ad attenersi alla lettera del documento sotto esame (il testamento) e basa la sua accurata arringa su argomenti logici e tecnici: afferma, correttamente, che il testamento non prevedeva l'ipotesi che l'erede non sarebbe mai nato e che quindi si attivasse la successione ereditaria (*pupillo non nato heredem esse non posse*). Precisa la forma che avrebbe dovuto avere il testo se avesse contemplato questa ipotesi (*quem ad modum scribi oportuisset, si etiam filio non nato heres institueretur*). Conclude con l'esame delle leggi di Roma, anche le più antiche in materia di successione (*quid ille non dixit de testamentorum iure, de antiquis formulis?*). Scevola non ha parlato male, anzi, alla fine del suo discorso tutti lo danno per vincente (*Quis ex populo* [...] *quicquam politius aut elegantius aut omnino melius aut exspectaret aut posse fieri putaret?*).

→

**...E QUELLA DI CRASSO** Completamente differente è la strategia utilizzata da Crasso, il quale punta soprattutto sul fascino delle argomentazioni, riuscendo in tal modo a guidare l'uditorio verso una nuova opinione. Crasso, dunque, consegue l'obiettivo primario dell'eloquenza: avvince l'uditorio, facendo dimenticare le parole di Scevola.
Dall'accurata rievocazione di Cicerone emerge con chiarezza l'abilità con cui Crasso ha saputo svolgere i tre compiti fondamentali dell'oratore, ossia *delectare*, *probare* e *movēre*:

- *delectare*
  Crasso diverte l'uditorio mettendo in ridicolo Scevola: grazie all'esempio del ragazzino che avendo in mano un piccolo pezzo di una nave pensa sia facile ricostruirla tutta, sottolinea le eccessive pretese di Scevola, che a partire da un piccolo, insignificante particolare vuole enunciare criteri generali.
  Identifica nel testo e trascrivi qui di seguito la frase mediante la quale Cicerone sottolinea come Crasso abbia conseguito l'obiettivo del *delectare* (intrattenendo piacevolmente il suo uditorio e predisponendolo in tal modo a cambiare parere): ........................ ....................................................................;

- *probare*
  Crasso passa a sviluppare un'argomentazione a sostegno della propria tesi, affermando che al di là dell'interpretazione letterale del testamento, è evidente la volontà del morto di indicare Curio come erede dopo il figlio.
  Identifica nel testo e trascrivi qui di seguito la frase mediante la quale Cicerone sottolinea come Crasso abbia raggiunto l'obiettivo di persuadere per via razionale il suo uditorio riguardo alla validità della propria tesi: ............................................................... ............................................................................... ...............................................................;

- *movēre*
  Nella parte finale del suo discorso Crasso riporta il caso specifico che si sta dibattendo alla questione più generale, ovvero alla necessità di essere fedeli allo spirito e non alla lettera dei testamenti (➛ Scheda "Storia, cultura, civiltà", p. 453); nel fare questo dedica grande cura all'*ornatus*, variando abilmente i toni del discorso e ricorrendo a una grande ricchezza di immagini ed esempi.
  Identifica nel testo e trascrivi qui di seguito la frase mediante la quale Cicerone sottolinea come Crasso abbia conseguito pienamente l'obiettivo del *movēre*, convincendo anche sul piano emotivo il suo uditorio della bontà della sua tesi, al punto tale che nessuno avrebbe potuto più obiettare nulla: ........................... ............................................................................... ...............................................

**LEGGO E ANALIZZO**

**1.** Con quale artificio retorico, in un primo momento, Cicerone crea l'aspettativa che la strategia di Scevola sia vincente (194)?

**2.** Come viene reso nella traduzione italiana l'avverbio *contra* (197)?

**3.** Come viene tradotta l'espressione *consecutis... sententiis* (197)? Si tratta di una resa letterale o piuttosto libera?

## L'OPERA | IL *BRUTUS*

**UNA STORIA DELL'ORATORIA GRECA E ROMANA** Il *Brutus* è un trattato in forma di **dialogo** che Cicerone compose nel 46 a.C., nel periodo in cui viveva lontano dalla vita pubblica, allora dominata da Cesare. I protagonisti dell'opera sono **Bruto** (futuro assassino di Cesare), **Attico** (l'amico di Cicerone) e **Cicerone** stesso. La conversazione, ambientata nella villa di Tuscolo di Cicerone, verte sulla **storia dell'oratoria**: attraverso i propri ricordi, Cicerone rievoca i maggiori oratori che ha ascoltato, di cui ha sentito parlare o di cui ha letto i discorsi; allo stesso tempo, traccia un profilo dell'oratoria greca, indicando come modello da imitare Demostene.
Cicerone parla poi anche di se stesso e di come abbia maturato il proprio **stile personale**, allontanandosi progressivamente da quello che all'inizio era stato il suo modello, Ortensio Ortalo (➛ **T14**). Pur prendendo le distanze dallo stile assai enfatico di cui Ortensio Ortalo era appunto maestro – ossia dallo stile **"asiano"**, così definito perché vicino ai dettami delle scuole di retorica di città greche appartenenti alla provincia d'Asia (come Rodi e Pergamo) –, Cicerone punta le sue critiche soprattutto sullo stile particolarmente stringato che si stava sempre più imponendo proprio negli ultimi anni della sua vita, stile definito **"attico"** perché modellato sui discorsi degli oratori ateniesi dell'età classica, come Lisia.

## STORIA, CULTURA, CIVILTÀ | LA TECNICA DELL'ASTRAZIONE

**DAL CASO SINGOLO AL PRINCIPIO GENERALE** Dai capp. 197-198 del *Brutus* (➤ **T16**) emerge che l'argomentazione portata da Crasso per convincere i giudici della bontà della sua tesi è fondata sull'idea che non si debba emettere la sentenza limitandosi al caso singolo, e dunque alla lettera del testamento su cui si sta dibattendo; è necessario riferirsi a un concetto più generale, in base al quale ogni testamento esprime la volontà della persona che lo redige, e gli eredi hanno l'obbligo di eseguire quest'ultima, anche se per qualche motivo essa sembra in contrasto con la lettera del testamento. Nel trattato *De oratore* (2, 41-42) Cicerone raccomanda vivamente di usare il più possibile questo procedimento logico, in quanto particolarmente convincente: egli dice che la ***quaestio finita***, ossia il caso singolo, va riportato alla ***quaestio infinita***, ossia al problema generale.

Tornando al processo, rievocato nel *Brutus*, che ha come parti in causa Manio Curio e Marco Coponio, prima di decidere se è giusto o non è giusto dare corso al contenuto del testamento che nomina Curio erede in caso di morte del figlio (*quaestio finita*), occorre appunto stabilire se è accettabile e valido il principio di non dare mai corso a eventualità non comprese nei testamenti (*quaestio infinita*), rischiando così di portare il caos nella procedura delle successioni ereditarie. Questo metodo, definito **"tecnica dell'astrazione"**, è estremamente caro ai giuristi romani: infatti, essi sanno che la realtà può presentare casi con innumerevoli sfaccettature diverse; per questo motivo nel singolo caso concreto che viene dibattuto vanno individuati i tratti essenziali, i quali devono essere riportati poi a più generali princìpi giuridici.

## LESSICO | *ORNATUS*

**LA NECESSITÀ DI UN'ESPOSIZIONE ADEGUATA** Il compito dell'oratore non è solo quello di trovare e ordinare gli argomenti (*inventio* e *dispositio*), ma è anche e soprattutto quello di esporli in maniera adeguata: in questo appunto consiste l'***ornatus***.

Cicerone tiene ovviamente sempre in considerazione il fatto che il fondamento della retorica sta nel calibrare le parole sul destinatario. Esporre gli argomenti in maniera adeguata significa dunque ricercare di volta in volta lo stile che risulti più adatto al tipo di uditorio cui l'oratore si rivolge e all'effetto che egli vuole ottenere. Significativo in proposito è quanto Cicerone afferma in un passo del *De oratore*: «un unico stile non si adatta né a ogni argomento né a ogni uditore né a ogni oratore né a ogni momento» (3, 210).

**I *COLORES*** A seconda delle necessità – che possono essere quelle della più aspra invettiva, del compianto, dell'elogio, fino alla semplice descrizione – vengono identificati **tre stili**, che con una metafora Cicerone chiama **«colori»**: vi è uno **stile pieno**, ossia vigoroso, alto e tragico, che è adatto alle situazioni solenni, e che risulta spesso vicino alle movenze espressive degli eroi epici e tragici o dei carmi di ispirazione religiosa; vi è poi uno **stile tenue**, ossia dimesso, che si caratterizza per i toni poco pomposi, atti a suscitare compassione (come quando, per esempio, si vuole presentare il carattere di un imputato di cui si desidera mettere in risalto il pentimento); e, infine, vi è uno **stile medio**, che si pone a metà strada tra lo stile pieno e quello tenue, in quanto partecipa delle caratteristiche di entrambi, e che si può usare per le descrizioni o le narrazioni che vogliono apparire oggettive.

Alla determinazione del colore, chiaramente, contribuiscono un'infinità di piccoli particolari linguistici, che non sono regolati da nessuna precisa norma, se non dalla **sensibilità** dell'oratore, il quale fa in modo che la parola opportuna venga detta col tono giusto al momento giusto.

**PERSUASIONE E COLORI** Secondo Cicerone il vertice dell'eloquenza si raggiunge proprio quando l'oratore, per mezzo di un accorto impiego dei *colores*, e a seconda delle necessità richieste dalla causa in vista di conseguire l'obiettivo primario della persuasione, è in grado di conferire speciale risalto a un argomento o, al contrario, di relegarlo in secondo piano, sfumandone l'importanza.

## T17-T18 Due esempi di stile

| *Actio secunda in Verrem* 3, 226; 4, 106 |

*I due passi seguenti, tratti entrambi dall'*Actio secunda in Verrem*, rappresentano due esempi di* colores *differenti. Il primo passo costituisce la conclusione del discorso dedicato agli abusi perpetrati da Verre ai danni dei Siciliani riscuotendo le imposte sotto forma di derrate alimentari; si tratta di un esempio di stile alto e tragico, come ben si addice a una perorazione, che era appunto la parte finale del discorso, là dove l'oratore, facendo leva sui sentimenti, mirava a imprimere indelebilmente nel suo pubblico la propria interpretazione degli eventi. Il passo successivo appartiene invece all'orazione dedicata ai furti di opere d'arte compiuti da Verre in Sicilia e costituisce un esempio di stile medio: il racconto condotto con toni pacati e tranquilli del mito di Demetra e Kore costituisce una pausa narrativa volta a distendere gli animi esacerbati dalla rievocazione della ruberie messe a segno dal disonesto pretore.*

## T17 Un esempio di stile alto e tragico

LATINO

| *Actio secunda in Verrem* 3, 226 |

[226] Quapropter cognita tota re frumentaria, iudices, iam facillime perspicere potestis amissam esse populo Romano Siciliam, fructuosissimam atque opportunissimam provinciam, nisi eam vos istius damnatione recuperatis. Quid est enim Sicilia si agri cultionem sustuleris et si aratorum numerum ac nomen exstinxeris? Quid autem potest esse in calamitate residui quod non ad miseros aratores isto praetore per summam iniuriam ignominiamque pervenerit? Quibus, cum decumas dare deberent, vix ipsis decumae relictae sunt; cum pecunia deberetur, soluta non est; cum optima aestimatione senatus frumentum eos in cellam dare voluisset, etiam instrumenta agrorum vendere coacti sunt.

[226] **Quapropter**: «E perciò»; incomicia qui la parte conclusiva del discorso, dopo che Cicerone ha finito di elencare tutte le irregolarità commesse da Verre nell'imposizione del versamento delle decime (ossia della decima parte del raccolto) ai contadini. • **cognita... frumentaria**: ablativo assoluto; *res frumentaria* si può tradurre qui con «quanto riguarda il frumento». • **amissam**: Cicerone ha spiegato che le tasse, nei tre anni di governo di Verre, erano aumentate al punto tale che ai contadini non conveniva più coltivare i campi, con gravissimo danno non solo per la loro economia, ma in generale per quella dello Stato, che si approvvigionava col grano siciliano. • **istius**: Verre. • **sustuleris... exstinxeris**: hanno come soggetto un "tu" generico. • **Quid... residui**: *residui* è genitivo partitivo da unire a *quid*, con il quale forma un ampio iperbato, «Che cosa altro può esserci nella disgrazia...». • **Quibus**: nesso relativo, riferito al precedente *aratores.* • **decumas... relictae sunt**: «mentre dovevano versare le decime, a stento a loro è rimasto un decimo». • **optima aestimatione**: «con un calcolo assai corretto». • **senatus**: è soggetto. • **eos**: sono i contadini siciliani. • **in cellam dare**: «versare nelle casse dello Stato».

## T18 Un esempio di stile medio

LATINO

| *Actio secunda in Verrem* 4, 106 |

[106] Vetus est haec opinio, iudices, quae constat ex antiquissimis Graecorum litteris ac monumentis, insulam Siciliam totam esse Cereri et Liberae consecratam. Hoc cum ceterae gentes sic arbitrantur, tum ipsis Siculis ita persuasum est ut in animis eorum

[106] **Liberae**: si tratta di una antica divinità italica successivamente identificata con Proserpina (il nome significa semplicemente «Figlia»). • **Hoc cum**: anastrofe per *cum hoc.* • **ita... ut**: nota il costrutto passivo impersonale del verbo *persuadeo*; in questo caso il perfetto (*persuasum est*) indica il risultato del processo verbale, «i Siculi ne sono talmente convinti che...».

insitum atque innatum esse videatur. Nam et natas esse has in his locis deas et fruges in ea terra primum repertas esse arbitrantur, et raptam esse Liberam, quam eandem Proserpinam vocant, ex Hennensium nemore, qui locus, quod in media est insula situs, umbilicus Siciliae nominatur. Quam cum investigare et conquirere Ceres vellet, dicitur inflammasse taedas iis ignibus qui ex Aetnae vertice erumpunt; quas sibi cum ipsa praeferret, orbem omnem peragrasse terrarum.

• **has**: da unire al successivo *deas.* • **fruges**: lett. «i cereali»; qui indica per metonimia «la coltivazione dei cereali». • **qui locus**: nesso subordinante relativo frequente, *locus* è l'antecedente del pronome relativo che è stato inserito nella subordinata e attratto nel caso del relativo. • **in media... insula**: «nella parte centrale dell'isola»; *media* è aggettivo in funzione predicativa. • **Quam**: nesso relativo, *et eam*, riferito a *Liberam.* • **quas... cum**: nesso relativo e anastrofe, *et cum eas*, riferito a *taedas.*

PER ANALIZZARE IL TESTO

## Il testo e il contesto

**LE RUBERIE DI VERRE...** Nelle città greche di Sicilia, prima dell'arrivo dei Romani, era prevista una tassazione sul reddito con aliquota pari al 10%, imposta che i contadini versavano direttamente sotto forma di prodotti agricoli (principalmente grano).

Tale tassazione, non particolarmente alta, era comunque tale da assicurare un gettito consistente, dato che la regione era particolarmente fertile e ben coltivata. I Romani, subentrati nel governo della Sicilia dopo la seconda guerra punica, mantennero la medesima forma di tassazione, che permetteva allo Stato di avere notevoli quantità di grano a costo zero da distribuire alla plebe urbana. Certamente i governatori romani e gli appaltatori di imposte (i *publicani*) aggiungevano alla aliquota statale una serie di altri balzelli, per cui è ipotizzabile che la tassazione fosse in realtà ben maggiore; nel corso del terzo discorso dell'*Actio secunda in Verrem* (➛ **T17**), tuttavia, Cicerone sottolinea che con Verre si è praticamente arrivati a una tassazione che raggiunge il 90% del reddito, rendendo di fatto controproducente continuare a coltivare i campi. Più che l'iniquità di Verre doveva dunque preoccupare i giudici il fatto che una provincia tradizionalmente molto importante per il fisco romano non avrebbe più prodotto reddito per lo Stato.

**...E IL MITO DI PROSERPINA** Nel corso del quarto discorso dell'*Actio secunda in Verrem* Cicerone, per evitare di annoiare eccessivamente i giudici con il lunghissimo elenco dei furti di opere d'arte compiuti da Verre, introduce una descrizione delle città siciliane che hanno subito le malversazioni del disonesto propretore. Il mito di Proserpina (➛ **T18**) viene narrato in questo contesto, in quanto connesso con la città di Enna.

Proserpina, conosciuta anche come Persefone e qui identificata con Libera, era figlia di Demetra, la dea delle messi (che corrisponde alla romana Cerere). Si diceva che Proserpina, mentre raccoglieva fiori nei boschi attorno a Enna, fosse stata rapita dal dio degli Inferi, Plutone, il quale se ne era innamorato e ne aveva fatto la sua sposa. La madre, disperata, cercò Proserpina per molto tempo e solo con molta fatica riuscì a ottenere un ricongiungimento, seppure parziale: per sei mesi all'anno, quelli corrispondenti con la bella stagione, Proserpina avrebbe infatti soggiornato sulla terra con la madre; per gli altri sei mesi, quelli invernali, avrebbe invece soggiornato agli Inferi con Plutone.

■ **Il ratto di Proserpina**, seconda metà del II sec. d.C., Vienna, Kunsthistorishes Museum, Antikensammlung.

## Lo stile del testo

**L'ENFASI DELLA PERORAZIONE** La parte finale delle orazioni, la *peroratio*, si caratterizza spesso per lo stile alto e solenne, funzionale a coinvolgere emotivamente l'uditorio, così da portarlo a sposare definitivamente le tesi dell'oratore.

La *peroratio* del terzo discorso dell'*Actio secunda in Verrem* (➛ **T17**) non costituisce da questo punto di vista un'eccezione. La solennità dello stile è ottenuta mediante procedimenti atti a conferire intensa sonorità alle frasi, come per esempio il raddoppiamento degli aggettivi o dei nomi, sottolineato da allitterazione o omoteleuto. Consideriamo, per esempio, i due aggettivi *fructuosissimam atque opportunissimam* che qualificano *provinciam,* l'apposizione di *Siciliam*: già per natura enfatici, perché al grado superlativo, i due aggettivi sono entrambi molto lunghi e si chiudono con i medesimi suoni, dando così luogo a un .......................... .

Per quanto riguarda la sintassi, l'enfasi del tono alto è garantita innanzi tutto dall'evidente anafora che unisce le due interrogative retoriche (*Quid... Quid...*), oltre che dall'accurata disposizione delle parole. Consideriamo la seguente porzione di testo *nisi eam vos istius damnatione recuperatis*: per la sintassi latina l'oggetto *eam*, precedendo il soggetto, è in posizione marcata; il soggetto stesso, *vos*, in quanto a rigore non sarebbe necessario, risulta anch'esso sottolineato. Dopo *eam*, che si riferisce alla .........................................................., e *vos*, che si riferisce ai ........................................................, nella frase segue subito *istius*, che si riferisce a .................... ...................................... Possiamo immaginare la *actio* dell'oratore, impegnato a sottolineare con i propri gesti una frase che in italiano potrebbe suonare «a meno che quella, voi, con la condanna di costui, non la recuperiate!». L'ordine delle parole pare anche suggerire ai giudici lo scandalo del vedersi accostati a Verre, il criminale.

Infine, lo stile alto e tragico è garantito dalla presenza del paradosso (procedimento che richiama il contesto delle tragedie greche, nelle quali il finale spesso smentiva le attese manifestate all'inizio dell'azione dai personaggi): Cicerone, infatti prima sottolinea come i contadini avrebbero dovuto versare il 10%, mentre il 10% è quanto è rimasto loro ( ........................................................
.........................................................................
.........................................................................
....................................... ), quindi rimarca che il senato ha imposto una tassa più che corretta, ma ciò nonostante i contadini sono costretti a vendere gli attrezzi per sopravvivere ( ........................................................
.........................................................................
.........................................................................
.........................................................................
....................................... ).

**IL TONO MEDIO DELLA DIGRESSIONE** Nel quarto discorso dell'*Actio secunda in Verrem* il cenno al mito di Proserpina (➛ **T18**) è condotto in tono medio.

Cicerone si tiene lontano dal *pathos* proprio dello stile alto: mantenendo un ordine delle parole aderente alla sintassi ordinaria della frase latina e limitandosi a periodi piuttosto brevi, punta a un'informazione che risulti innanzi tutto chiara; non è comunque assente una certa ricercatezza dell'espressione, che eleva il dettato. La mano esperta dell'oratore si riconosce, ad esempio, in *litteris ac monumentis,* in cui è identificabile il procedimento bimembre che è presente anche in *insitum atque innatum* (termini uniti anche da ................................................ .......... ). L'eleganza, che non è mai assente dallo stile medio, è ben visibile poi nella disposizione a iperbato dei sintagmi che formano il predicato e il complemento di termine in *esse Cereri et Liberae consecratam.*

Il tono del passo risponde alla necessità di concedere una pausa alla martellante serie di accuse contro Verre che caratterizza l'orazione, introducendo un argomento collaterale rispetto a quello principale, secondo i princìpi della retorica che chiedono di interrompere ogni tanto la tensione delle parole: in tal modo, infatti, l'ascoltatore, grazie a una variazione di tono, può riprendere la concentrazione con maggior facilità.

**LEGGO E ANALIZZO**

**1.** In **T17** quali preoccupazioni vuole instillare Cicerone nei giudici, descrivendo la precaria situazione dei contadini siciliani?

**2.** Il periodo ipotetico che compare in **T17** è di tipo misto; chiarisci a quale tipo appartengono, rispettivamente, la protasi e l'apodosi.

**3.** In base al tono ironico del periodo finale di **T17** (*Quibus... sunt*), quale sfumatura di senso assumono le subordinate *cum... deberent... deberetur... voluisset*?

**4.** Il verbo *dicitur* di **T18** presenta la costruzione personale o impersonale?

**5.** Quale sembra essere la funzione della digressione sul mito di Proserpina nella struttura della quarta orazione dell'*Actio secunda in Verrem*?

## Il “paradosso dell’oratore”

**TECNICA ORATORIA E RECITAZIONE** Cicerone riflette spesso sul fatto che come gli attori sono in grado di imitare ogni passione (l’ira, la tristezza, la gioia, ecc.), così l’oratore, a seconda di quanto vuole ottenere, è in grado di indignarsi, provocare, deridere, compiangere, ecc. Il punto cruciale è: l’oratore finge cinicamente o è davvero coinvolto da quanto “mette in scena”? Relativamente a questo punto, il cosiddetto “paradosso dell’oratore”, leggiamo le riflessioni di Emanuele Narducci:

« La somiglianza dell’oratore con l’attore sta, forse prima di tutto, nell’analogo imbarazzo suscitato dalle due figure. Al pari degli oratori, gli attori di teatro destavano stupore per la continua capacità di adirarsi, di provare dolore, di essere squassati dai più diversi moti dell’animo. Come l’attore si calava nei panni di personaggi svariati, l’oratore assumeva cause che non sembravano riguardarlo personalmente [...]. Nel *De oratore* (II 191 sgg.) Antonio – senza mettere in dubbio la realtà della commozione dell’attore – fa osservare che su un punto è comunque assai grande la sua distanza dall’oratore: nei tribunali non ci si muove in un mondo di finzioni, non sono in giuoco le vicende e le sventure di antichi eroi e di personaggi mitologici; la difesa di una causa destinata a importanti ripercussioni politiche e sociali coinvolge profondamente la reputazione del *patronus* e i suoi doveri morali verso il cliente, della cui sorte è profondamente partecipe. Perciò egli, a differenza dell’attore, non agisce in un ruolo estraneo, ma come assertore della propria stessa personalità [...]. Toccherà a Crasso cercare di spiegare come un’alternativa “secca” tra realtà e finzione sia probabilmente mal posta; l’oratore è anch’egli “attore”, ma «attore della verità» (III 214, *actor veritatis*). L’oratore non imita le passioni, ma dà voce a quelle che effettivamente albergano nel suo animo; per questo compito non è tuttavia sufficiente la “spontaneità”. Allo stato “naturale”, le passioni si presentano del tutto confuse e offuscate; ci vuole un’arte consumata, per renderle manifeste agli altri; si tratta di isolare gli elementi di un caotico miscuglio di emozioni, di scegliere, di volta in volta, a quale passione dare briglia. »

(Emanuele Narducci, *Cicerone, la parola e la politica*, Roma-Bari, Laterza, 2009, p. 68)



TRADUZIONI A CONFRONTO

## LA *CONCINNITAS* DI CICERONE

**TRADURRE CICERONE** Cicerone esercitò per tutta la vita la traduzione in latino di opere della letteratura greca. Oltre ad alcuni passi da lui tradotti, possiamo leggere la prefazione a un’opera, il *De optimo genere oratorum*, in cui egli esprime le sue idee circa l’attività di traduttore. Secondo Cicerone chi traduce deve essere fedele non alla lettera ma allo spirito del testo originale: tradurre è dunque un’operazione complessa, che comporta la creazione di un nuovo testo. Anche tradurre in italiano la prosa di Cicerone comporta spesso scelte complesse. Innanzi tutto, l’ampio periodare ciceroniano non è facilmente conciliabile con le necessità sintattiche dell’italiano, lingua di tipo SVO (ovvero che tende a disporre i costituenti essenziali della frase secondo l’ordine Soggetto-Verbo-Oggetto). Per quanto riguarda poi il lessico, sempre accuratissimo nell’originale, non sempre esso trova esatta corrispondenza in italiano: questo comporta a volte la necessità di rendere un termine latino con una perifrasi italiana, il che fatalmente impedisce i parallelismi tanto cari a Cicerone. Osserviamo, a titolo di esempio, un paragrafo tratto da un’orazione verrina (*Actio secunda in Verrem* 1, 7). Cicerone, con molta enfasi, paventa la possibilità che Verre sia assolto; con toni da tragedia greca, immagina che quest’ultimo venga inseguito dalle divinità vendicatrici dei cittadini da lui ingiustamente torturati e uccisi per mascherare le proprie colpe:

[7] *Agunt eum praecipitem poenae civium Romanorum, quos partim securi percussit, partim in vinculis necavit, partim implorantis iura libertatis et civitatis in crucem sustulit. Rapiunt eum ad supplicium di patrii, quod iste inventus est qui e complexu parentum abreptos filios ad necem duceret, et parentis pretium pro sepultura liberum posceret. Religiones vero caerimoniaeque omnium sacrorum fanorumque violatae, simulacraque deorum, quae non modo ex suis templis ablata sunt sed etiam iacent in tenebris ab isto retrusa atque abdita, consistere eius animum sine furore atque amentia non sinunt.*

Il passo è caratterizzato dalla costruzione enfatica dei primi due periodi, che pongono il predicato in prima posizione, invertendo la struttura Soggetto-Oggetto-Verbo caratteristica del latino. I due predicati, *agunt* e *rapiunt*, sono anche in *climax*: il verbo *rapio*, infatti, ha un senso più intenso e meno generico del verbo *ago*. L'ultimo periodo, invece, ha una grande struttura ad anello: gli elementi costitutivi della proposizione principale – i soggetti (*religiones*, *caerimoniae*, *simulacra*) e il predicato (*sinunt*) – circondano infatti le proposizioni subordinate.

**LA TRADUZIONE DI ANGELA CERINOTTI** Un passo come questo impone al traduttore di ricreare l'espressività del testo latino in una lingua dalla struttura sintattica assai differente. **Angela Cerinotti**, nella sua traduzione, rinuncia al *climax agunt... rapiunt*, ma ricrea l'anafora di *partim* presente nel primo periodo (mediante la locuzione avverbiale italiana "in parte"); nel secondo periodo esplicita e sottolinea enfaticamente il senso di *iste inventus est qui...* (mediante la traduzione «in lui si è incarnato un mostro capace di...»). Infine, pur cambiando la costruzione dell'ultimo periodo, del resto impossibile da rendere in italiano, rimane aderente al testo mantenendo la forma negativa del predicato *non sinunt*. Nel complesso, la traduzione si caratterizza per la forma scorrevole e precisa:

> Lo trascinano a precipizio nell'abisso le Furie vendicatrici dei cittadini romani cui in parte ha fatto tagliare la testa, che in parte ha fatto ammazzare in carcere, che in parte ha messo in croce mentre imploravano il rispetto dei loro diritti di uomini liberi e cittadini. Lo spingono a subire il supplizio le divinità protettrici della famiglia, perché in lui si è incarnato un mostro capace di mandare a morte i figli strappati all'abbraccio dei genitori e di pretendere da questi il riscatto dei cadaveri perché potessero essere seppelliti. La profanazione di ogni culto, ogni rito e ogni luogo sacro, le effigi degli dèi, che egli non solo ha sottratto ai loro templi, ma lascia anche giacere nelle tenebre dei più reconditi nascondigli, non consentono un attimo di tregua al suo animo e ne fanno un uomo furioso e fuori di senno.

**LA TRADUZIONE DI LAURA FIOCCHI** La traduzione di **Laura Fiocchi** sembra voler ricreare l'enfasi dell'originale, avvalendosi anche di differenti modalità espressive. Il *climax agunt... rapiunt* viene mantenuto (mediante i due verbi "incalzare" e "trascinare"); il nesso *di patrii* è reso con l'espressione lessicalmente piuttosto latineggiante «dèi patrii» (che consegue un certo effetto enfatico); infine, la struttura dell'ultimo periodo è completamente cambiata, in quanto viene abbandonata la struttura negativa *consistere... non sinunt*, resa con «senza tregua tormentano»:

> Lo incalzano verso la rovina le Furie vendicatrici dei cittadini romani, di quelli che ha fatto decapitare, di quelli che ha fatto uccidere in carcere, di quelli che ha fatto mettere in croce mentre piangendo si appellavano ai diritti di libertà e cittadinanza. Lo trascinano verso la punizione gli dèi patrii, giacchè costui si è rivelato capace di strappare i figli dalle braccia dei genitori per mandarli a morte, e di pretendere dai genitori del denaro per la sepoltura dei figli. La violazione della santità e della solennità di tutti i riti e di tutti i luoghi sacri, e l'offesa arrecata alle immagini degli dèi, che non solo sono state portate via dai loro templi, ma ora giacciono nelle tenebre dove costui le ha cacciate per nasconderle, senza tregua tormentano la sua mente con accessi di pazzia furiosa e follia.

### LEGGO, CONFRONTO E... VALUTO

**1.** Prendi in esame le due traduzioni proposte e rispondi alle seguenti domande:
- In che modo Laura Fiocchi ha riprodotto l'anafora di *partim*? Ti sembra una scelta più o meno efficace rispetto a quella di Angela Cerinotti? Prova a spiegare perché.
- Quali scelte sono state compiute rispetto alla *variatio* lessicale *filios... liberum*?
- Come è stato reso in italiano il binomio *retrusa atque abdita*?

**2.** Rileggi attentamente il passo di Cicerone; prova quindi a individuare le figure di suono in esso presenti (allitterazioni, assonanze, paronomasie, omoteleuti...). Infine, immagina se e come avresti potuto rendere in italiano qualcuna di queste figure.

### ORA TRADUCO IO

Scegli un breve passo da uno dei brani di Cicerone proposti in latino nelle pagine precedenti e prova a tradurlo, o meglio a rielaborarlo concentrandoti sul sentimento che vorresti suscitare nel tuo lettore/ascoltatore: fastidio, indignazione e orrore, bonarietà e simpatia, ironia, serietà e gravità...

Esplicita le alternative che hai valutato e spiega quali criteri hai seguito per orientarti nella tua scelta: rifletti sui suoni delle parole italiane che hai utilizzato (e sull'effetto che essi potrebbero produrre), sulla lunghezza delle frasi, sull'uso di sinonimi (ovvero in base a quali criteri sono stati scelti e disposti) e su tutti gli altri aspetti del tuo testo mediante i quali hai cercato di conseguire l'obiettivo di coinvolgere emotivamente il tuo lettore/ascoltatore.

# LABORATORIO DI ANALISI

Leggi il testo seguente aiutandoti con le note; poi esegui quanto richiesto, realizzando un testo organico e armonizzando le risposte ai quesiti con opportuni connettivi testuali. Se lo desideri, puoi anche modificare l'ordine delle risposte nel modo che ti sembra più efficace.

## C'è una bella differenza tra me e te! | *Divinatio in Quintum Caecilium* 41-44 |

*In questo passo della* Divinatio in Quintum Caecilium *Cicerone vuole mettere bene in evidenza il contrasto tra la serietà e l'impegno con cui egli affronterebbe il processo contro Verre e la leggerezza che ci si può aspettare da Cecilio, il quale certamente non sarebbe in grado di tener testa al difensore di Verre, Quinto Ortensio Ortalo, che Cicerone stima ma non teme.*

[41] Ego qui, sicut omnes sciunt, in foro iudiciisque ita verser ut eiusdem aetatis aut nemo aut pauci plures causas defenderint, et qui omne tempus quod mihi ab amicorum negotiis datur in his studiis laboribusque consumam, quo paratior ad usum forensem promptiorque esse possim, tamen ita mihi deos velim propitios ut, cum illius mihi temporis venit in mentem quo die citato reo mihi dicendum sit, non solum commoveor animo, sed etiam toto corpore perhorresco. [42] Iam nunc mente et cogitatione prospicio quae tum studia hominum, qui concursus futuri sint, quantam exspectationem magnitudo iudici sit adlatura, quantam auditorum multitudinem infamia C. Verris concitatura, quantam denique audientiam orationi meae improbitas illius factura sit. Quae cum cogito, iam nunc timeo quidnam pro offensione hominum, qui illi inimici infensique sunt, et exspectatione omnium et magnitudine rerum dignum eloqui possim. [43] Tu horum nihil metuis, nihil cogitas, nihil laboras: si quid ex vetere aliqua oratione, «Iovem ego Optimum Maximum», aut «vellem, si fieri potuisset, iudices», aut aliquid eius modi ediscere potueris, praeclare te paratum in iudicium venturum arbitraris? [44] Ac si tibi nemo responsurus esset, tamen ipsam causam, ut ego arbitror, demonstrare non posses: nunc ne illud quidem cogitas, tibi cum homine disertissimo et ad dicendum paratissimo futurum esse certamen, qui cum modo disserendum, modo omni ratione pugnandum certandumque sit? Cuius ego ingenium ita laudo ut non pertimescam, ita probo ut me ab eo delectari facilius quam decipi putem posse.

---

[41] **Ego... perhorresco**: il periodo ha come principale la proposizione al congiuntivo *velim*, che ha il soggetto espresso in prima battuta, *ego*, da cui dipendono le relative al congiuntivo caratterizzante. • **quo**: congiunzione finale in presenza di aggettivi comparativi (*paratior*). • **ut... commoveor... perhorresco**: *ut* qui ha valore dichiarativo-causale, «dato che». • **quo die**: introduce un'interrogativa indiretta con il predicato coniugato alla perifrastica passiva. • **perhorresco**: il verbo presenta il prefisso *per-* che esprime l'azione al grado superlativo e il suffisso incoativo *-sco*; possiamo renderlo: «comincio a rabbrividire in tutto il corpo» o anche con un'espressione più colorita come «comincio a tremare fino alle midolla».
[42] **prospicio**: «guardo avanti, mi prefiguro»; è il verbo principale e regge la serie di interrogative indirette. • **Quae... possim**: la principale è la frase con il verbo *timeo*, da cui dipende la completiva introdotta dal pronome interrogativo *quidnam... dignum eloqui possim*. • **Quae cum cogito**: *Quae* è nesso relativo, «Quando penso a queste cose». • **inimici infensique**: dittologia sinonimica.
[43] **horum**: si riferisce alle vittime di Verre. • **«Iovem ego...»**: Cicerone riporta degli esempi di frasi fatte per scimmiottare l'eloquenza raffazzonata di Cecilio. • **paratum**: predicativo dell'oggetto *te*.
[44] **Ac... posses**: periodo ipotetico dell'irrealtà (protasi *si... responsurus esset*, apodosi *non posses*). • **illud**: anticipa l'infinitiva dichiarativa *tibi... futurum esse certamen*. • **Cuius**: nesso relativo, riferito al difensore di Verre.

CICERONE PER ANALIZZARE

## PRIMA PARTE **COMPRENSIONE DEL TESTO**

**1.** Il passo può essere diviso in tre sequenze:
- l'atteggiamento di Cicerone di fronte alla causa
- l'atteggiamento di Cecilio
- il confronto con l'avversario (Ortensio)

Individua i confini delle parti e spiega quale idea suggerisce nel lettore la loro diversa lunghezza.

**2.** Con quali sentimenti Cicerone affronterebbe la causa? Sono sentimenti in contrasto con ciò che tutti sanno delle sue qualità e abitudini?

**3.** Quali sono i motivi di timore di Cicerone?

**4.** Quale giudizio viene espresso nei confronti di Ortensio?

## SECONDA PARTE **ANALISI DEL TESTO**

**1.** Qui di seguito ti proponiamo l'albero sintattico del primo periodo del brano. Osservalo con attenzione, quindi completalo, inserendo negli spazi le parole seguenti:

*paratior – iudiciisque – pauci – datur – non solum – quo – corpore – laboribusque – sciunt*

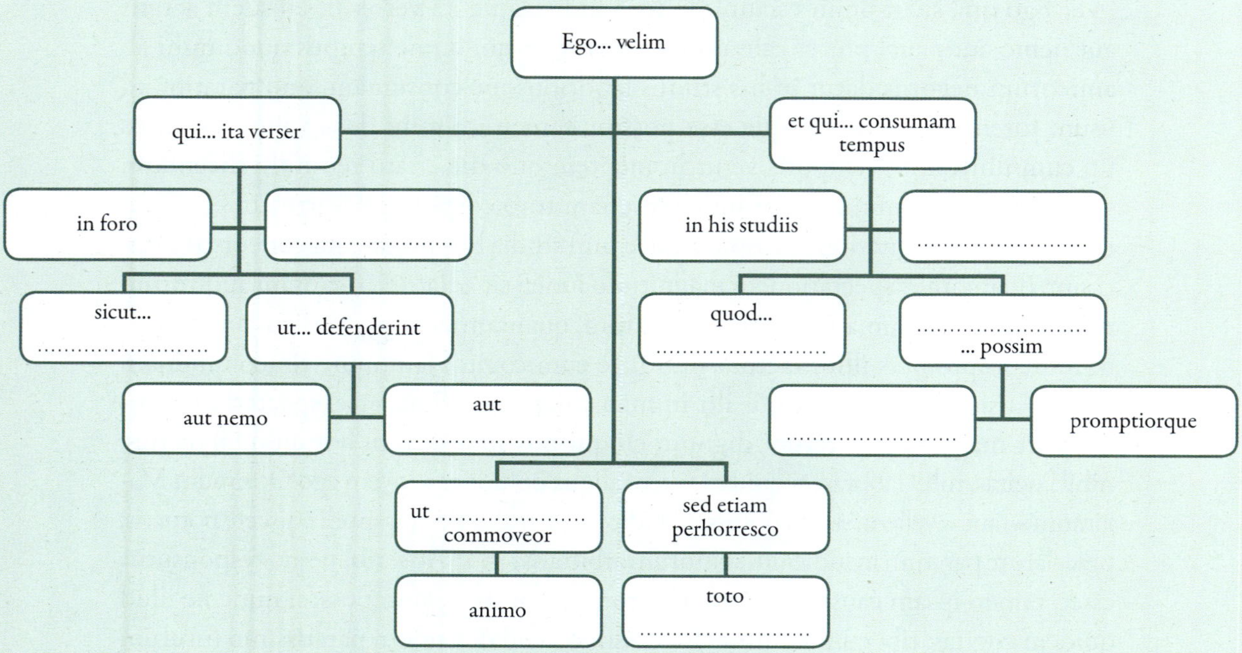


**2.** Che cosa noti relativamente alla disposizione delle proposizioni e dei sintagmi nel periodo? Quale nome daresti a questa caratteristica del periodare ciceroniano?

**3.** Quando Cicerone parla di sé, mette in prima posizione i propri motivi di merito; poi rovescia le aspettative del lettore chiedendo l'aiuto degli dèi: individua nel testo il connettivo che segna il passaggio tra queste due parti del cap. 41.

**4.** Che funzione hanno le anafore, rispettivamente, degli interrogativi nel cap. 42 e degli indefiniti nel cap. 43?

**5.** Che cosa osservi nell'uso dei pronomi personali?

**6.** Con quali immagini e figure retoriche Cicerone esprime la necessità per l'accusatore di Verre di competere con Ortensio?

## TERZA PARTE **INTERPRETAZIONE COMPLESSIVA E APPROFONDIMENTI**

**1.** Rispetto a quanto hai imparato a proposito della concezione ciceroniana dell'eloquenza, quali conferme trovi in questo brano?

**2.** Ti sembra che l'importanza dell'uditorio venga messa efficacemente in risalto dalle parole di Cicerone?

**3.** Che cosa sai di Ortensio, il difensore di Verre? In che modo Cicerone riesce a dimostrare di essere la persona giusta per affrontarlo, pur senza sminuirlo?

CICERO LECTIO Come accattivarsi il favore dei giudici *De oratore* 2, 182; 184

# La parola per agire

PER APPROFONDIRE

**IL PUNTO DI VISTA PRAGMATICO** L'obiettivo principale dell'oratore è coinvolgere emotivamente l'uditorio, per portarlo a osservare i fatti e, conseguentemente, a giudicare secondo il punto di vista che egli propone. Cicerone fu assai abile nel conseguire tale obiettivo: le sue parole hanno spesso orientato il parere di giudici e senatori, parere che si è poi concretizzato in sentenze e delibere legislative.

La chiave per capire l'efficacia delle parole di Cicerone è comprendere che le strategie comunicative da lui adottate erano tese a coinvolgere l'ascoltatore, chiedendo implicitamente la sua cooperazione. Per individuare tali strategie, assai presenti nelle orazioni, un approccio di studio proficuo – valido anche per altri generi, come il teatro – è quello offerto dalla pragmatica del linguaggio (➤ p. 135). Secondo questa branca della linguistica, che si è sviluppata a partire dagli anni '80 del XX secolo, il linguaggio, ossia il "dire", può a volte essere assimilato a un'azione, ossia il "fare". Certe proposizioni – presenti sia nella conversazione quotidiana sia nelle opere letterarie che riproducono situazioni assimilabili alla conversazione, come il dialogo o l'orazione – non descrivono una azione, ma, nel momento stesso in cui vengono pronunciate, la compiono; esse non hanno cioè un carattere constatativo, ma performativo (dall'inglese *to perform*, «eseguire»), appunto perché non si limitano a descrivere la realtà, ma creano un fatto nuovo.

**GLI ATTI LINGUISTICI** Ad esempio, Cicerone descrive uno stato di fatto quando afferma: «Catilina, noi abbiamo un grave e perentorio provvedimento del senato contro di te» (*Catilinarie* 1, 3). Viceversa, quando esclama: «Vi prometto, senatori, che io, il console, mi impegnerò al massimo» (*Catilinarie* 1, 32), non descrive un fatto, ma, nel momento stesso in cui parla, contrae un impegno e quindi compie un'azione. Partendo da quest'ultimo tipo di proposizioni – e da tutte quelle che esprimono intenzioni assimilabili a impegni, desideri, ordini, minacce, sfide, preghiere e interrogazioni – gli studiosi del linguaggio si sono accorti che le parole possono assumere il ruolo di vere e proprie azioni, definite "atti linguistici", che intervengono sulla realtà mutandola (il termine stesso "pragmatica" deriva dal greco *pràgma*, che significa «azione»).

Poiché la persuasione è una delle possibili azioni che si possono compiere per il tramite del linguaggio, i princìpi della pragmatica si possono applicare con profitto alle orazioni di Cicerone, che perseguono appunto lo scopo della persuasione.

**L'IMPORTANZA DEL CONTESTO** A determinare la natura performativa di un atto linguistico non è la sua forma grammaticale, ma un ampio insieme di elementi: non solo il luogo e il tempo in cui avviene la comunicazione, ma anche gli scopi e i desideri degli interlocutori, i motivi impliciti che li portano a interloquire e ciò che è condiviso e sottinteso da chi parla e da chi ascolta (e che, quasi senza che sia possibile accorgersene, entra a far parte della conversazione): tutti questi elementi formano il contesto.

Statua di Cicerone, I sec. a.C. Oxford, Ashmolean Museum.

**DUE LIVELLI DI SIGNIFICATO** L'interazione tra le parole e il contesto forma una sorta di secondo livello di significato, che si aggiunge a quello espresso letteralmente dal discorso. Prendiamo come esempio un passo tratto dall'esordio della prima *Catilinaria* (➤ **T1**), là dove Cicerone, in presenza di tutto il senato, dice: «Ci fu, ci fu codesta buona abitudine un tempo in questo Stato, ovvero che le persone coraggiose tenessero a freno un concittadino facinoroso con provvedimenti più severi rispetto a quelli destinati a un nemico pericolosissimo». Per i senatori presenti era chiaro che questa frase ne implicava un'altra, che resta sottintesa e che potremmo esplicitare così: «Siccome è bene imitare i costumi dei padri, chi di noi vuole fare parte dei migliori deve punire i rivoltosi più severamente dei nemici esterni».

Si forma quindi una sorta di secondo livello di significato per le parole del console, un significato che non è esplicito, ma che i senatori, chiamati in un certo modo a cooperare, saranno appunto chiamati a esplicitare con il loro atteggiamento nei confronti di Catilina. Per altro, da come i senatori sono chiamati in questo passo a cooperare con l'oratore – completando le sue parole nel loro pensiero ed esplicitando poi il loro pensiero con azioni conseguenti – noi possiamo ricavare anche elementi interessanti sulla mentalità diffusa (in questo caso specifico, ad esempio, emerge con evidenza il fatto che per i Romani il comportamento degli antenati costituiva sempre un modello positivo a cui guardare). Dato che la letteratura latina comprende opere distanti rispetto al tempo in cui viviamo, e che quindi rispecchiano un mondo di valori di non immediata intuizione, si capisce bene da questo esempio come la pragmatica del linguaggio possa aggiungere molti elementi utili per inserire correttamente tali opere nel contesto culturale in cui sono nate.

**MASSIME CONVERSAZIONALI E FIGURE RETORICHE** Un altro importante apporto che la pragmatica del linguaggio può dare allo studio delle opere di Cicerone, in particolare delle orazioni, riguarda le figure retoriche, che sono prese in considerazione non per la loro funzione ornamentale, ma in quanto concorrono in misura determinante all'efficacia performativa del discorso.

Secondo la pragmatica del linguaggio in qualsiasi situazione comunicativa i soggetti coinvolti tendono ad assumere un comportamento di cooperazione per la realizzazione del significato. Tuttavia, perché avvenga correttamente la comunicazione, spetta a chi parla di non eccedere nel lasciare sottintesi, altrimenti la comunicazione resta oscura e c'è il rischio di fraintendimento. Ci sono dunque – secondo gli studiosi – delle "regole del gioco", che vengono chiamate "massime conversazionali", che chi parla è portato inconsciamente ad applicare per farsi capire, e chi ascolta si attende che siano rispettate.
Attraverso l'uso di figure retoriche il parlante può violare palesemente queste "regole del gioco"; una tale violazione, anziché risultare dannosa (come intuitivamente si potrebbe pensare), va a vantaggio dell'efficacia performativa del discorso: chi ascolta risulta infatti spiazzato e, di conseguenza, è indotto a cercare l'effettivo senso del discorso, collaborando con chi sta parlando e finendo per assumerne il punto di vista. La pragmatica del linguaggio esamina dunque le figure retoriche dal punto di vista dell'ascoltatore, ponendo l'attenzione anche sul procedimento mentale per cui esse vengono riconosciute come tali.

T19

LATINO/ ITALIANO

CICERO LECTIO

# Una mostruosa iperbole

*Pro Cluentio* 18

*Cicerone, nel 66 a.C., assunse la difesa di Aulo Cluenzio Abito, un cittadino romano di Larino, municipio italico situato nell'attuale provincia di Campobasso. Cluenzio era accusato di parricidio: secondo l'accusa, infatti, avrebbe ucciso Oppianico, il terzo marito di sua madre, Sassia, ossia l'uomo che costei aveva sposato dopo essere rimasta due volte vedova (prima del padre naturale di Cluenzio e poi di un secondo marito). A presentare formalmente l'accusa era stato il figlio dell'ultimo marito, di nome Oppianico come il padre; Cicerone vuole dimostrare ai giudici che l'accusa è falsa e che quest'ultimo è stato istigato da Sassia, la quale, in quanto donna, non poteva agire in tribunale. Secondo la ricostruzione di Cicerone, Sassia nutriva un odio inveterato verso il primo figlio, Cluenzio, che desiderava eliminare forse anche fisicamente: mirava infatti a gestire i cospicui patrimoni dei defunti mariti, cosa che le sarebbe riuscita assai facilmente se a ereditare fosse stato il debole figliastro Oppianico, e non Cluenzio, uomo più maturo e in grado di porre un freno alle smisurate manie di lusso della madre. L'oratore propone a più riprese un ritratto a tinte estremamente fosche di Sassia: il suo scopo è quello di screditare il più possibile la donna, dal momento che la moralità delle persone coinvolte nel processo era elemento tenuto in considerazione dai giudici per la valutazione della causa. Nel passo che riportiamo qui di seguito Cicerone ricostruisce la personalità di Sassia ricorrendo a evidenti esagerazioni. Alla fine, i giudici diedero ragione a Cicerone e Cluenzio fu assolto.*

[18] Nihil in vita vidit calamitatis Aulus Cluentius, nullum periculum mortis adiit, nihil mali timuit, quod non totum a matre esset conflatum et profectum. Quae hoc tempore sileret omnia atque ea, si oblivione non posset, tamen taciturnitate sua tecta esse pateretur; sed vero sic agitur ut prorsus reticere nullo modo possit. Hoc enim ipsum iudicium, hoc periculum, illa accusatio, omnis testium copia quae futura est a matre initio est adornata, a matre hoc tempore instruitur atque omnibus eius opibus et copiis comparatur; ipsa denique nuper Larino huius opprimendi causa Romam advolavit. Praesto est mulier audax, pecuniosa, crudelis: instituit accusatores, instruit testes, squalore huius et sordibus laetatur, exitium exoptat, sanguinem suum profundere omnem cupit, dum modo profusum huius ante videat. Haec nisi omnia perspexeritis in causa, temere a nobis illam appellari putatote: sin erunt et aperta et nefaria, Cluentio ignoscere debebitis quod haec a me dici patiatur, mihi ignoscere non deberetis, si tacerem.

[18] **quod... profectum**: proposizione relativa impropria, con valore consecutivo; *totum*, riferito a *quod*, è in funzione predicativa; perciò si può tradurre con un avverbio, «interamente»; *conflatum* – da *conflo*, lett. «far divampare il fuoco soffiandoci sopra» – implica una metafora relativa al fuoco. • **Quae... omnia**: nesso relativo; è compl. ogg. di *sileret*, congiuntivo irreale che ha come sogg. sottinteso *Cluentius*. • **ea... pateretur**: *pateretur* è congiuntivo irreale, «lascerebbe»; regge la proposizione infinitiva *ea... tecta esse*. • **si... posset**: *si* introduce una proposizione ipotetica con valore limitativo. • **sic agitur ut**: «è tratto al punto che...»; il sogg. sottinteso di *agitur* è sempre Cluenzio; *ut* ha valore consecutivo. • **futura est**: perifrastica attiva, «pronta a intervenire»; il soggetto è *quae*, riferito a *copia*. • **initio**: avverbio, «fin dall'inizio». • **ipsa... advolavit**: *ipsa* è Sassia; *advolavit*, lett. «volò», sottolinea l'iperbolica malvagità di Sassia. • **squalore et sordibus**: il termine *squalor*, propriamente «aspetto trasandato», significa anche «abito da lutto»; è sinonimo di *sordes*, plurale dell'aggettivo *sordes, -is*. • **exitium exoptat**: assai evidente l'allitterazione. • **sanguinem suum**: l'aggettivo riflessivo *suum* è riferito al soggetto (Sassia). • **dum modo**: introduce una proposizione condizionale. • **huius**: si tratta di Cluenzio, che evidentemente l'oratore indica mentre parla. • **Haec nisi**: anastrofe per *nisi haec*; *nisi* introduce la protasi di un periodo ipotetico dell'oggettività; *haec* va unito al successivo *omnia* e si riferisce alle accuse di matrigna crudele e sobillatrice rivolte a Sassia. • **perspexeritis**: il soggetto sono i giudici. • **putatote**: imperativo futuro, caratteristico del lessico giudiziario. • **sin... debebitis**: periodo ipotetico della oggettività; *sin* introduce una proposizione condizionale in contrasto con la precedente; *Cluentio* è dativo retto da *ignoscere*. • **quod... patiatur**: il soggetto sottinteso è Cluenzio. • **mihi... tacerem**: periodo ipotetico dell'irrealtà, coordinato per asindeto avversativo al precedente.

[18] Durante la sua vita Aulo Cluenzio non ha visto nessuna calamità, non ha sfiorato nessun pericolo di morte, non ha temuto alcuna disgrazia che non fosse stata interamente innescata e fomentata dalla madre. E in questa occasione tacerebbe tutte queste malvagità e, se pure non fosse possibile farle cadere nella dimenticanza, lascerebbe tuttavia che rimanessero protette dal suo silenzio; ma in verità è condotto a un punto tale che in nessun modo può tacere ulteriormente[1]. Questo stesso processo, infatti, questo pericolo di condanna, quella accusa, tutta la massa di testimoni pronta a intervenire fin dall'inizio sono messi in piedi dalla madre, dalla madre in questo momento sono predisposti e sostenuti con tutte le sue risorse e ricchezze; lei stessa or ora si è precipitata a Roma da Larino per togliere di mezzo[2] quest'uomo. Qui di fronte c'è una donna sfrontata, straricca[3], crudele, ammaestra gli accusatori, istruisce i testimoni, si compiace del triste aspetto di costui[4], ne augura la rovina, desidera di versare tutto il proprio sangue, purché veda prima versato quello di lui[5]. Se nel dibattimento tutte queste circostanze non vi appariranno chiare, ritenete pure che quella sia stata chiamata in causa da parte nostra senza motivo; se invece le sue trame saranno palesi e terribili, dovrete perdonare Cluenzio, che ha permesso che io le rivelassi, non dovreste invece perdonare me, se tacessi.

1. Per capire la situazione, bisogna ricordare che nella cultura romana era del tutto sconveniente che un figlio parlasse male dei genitori: Cicerone vuole convincere i giudici che, se qui Cluenzio permette che si parli male della madre, è perché è assolutamente necessario, come riconosceranno i giudici stessi.
2. Cicerone suggerisce ai giudici che rischiano di essere raggirati dalle macchinazioni di una donna: in una società maschilista come quella romana era un fatto particolarmente negativo.
3. Anche il particolare delle ricchezze serve a mettere in cattiva luce Sassia: nella mentalità dei Romani la persona facoltosa che pensa di raggirare il diritto grazie al denaro è oggetto di forte antipatia.
4. L'abitudine romana voleva che il reo si presentasse in abiti molto dimessi, per suscitare compassione nei giudici e dimostrare comunque di non avere comportamento sprezzante nei confronti della giustizia; nel diritto romano per la valutazione della pena l'esame del carattere dell'imputato e dell'accusatore erano importanti.
5. È implicito un paradosso: il genitore, per natura, non si augura mai di assistere alla morte del figlio.

**PER APPROFONDIRE IL TESTO**

## Il testo e il contesto

**LA STRATEGIA RETORICA** Il testo è costruito con una strategia retorica ben individuabile: da un lato, Cicerone enfatizza l'inverosimile cattiveria di Sassia, che accusa il figlio non per senso di giustizia, ma per odio nei suoi confronti; dall'altro lato, focalizzando l'attenzione quasi esclusivamente su Sassia, mette in secondo piano proprio l'imputato, Cluenzio, che pare vittima e non persecutore.

Per quanto riguarda la definizione del carattere di Sassia, la figura dominante è senz'altro l'iperbole (ben evidente, per es., nel periodo di apertura del brano: *Nihil… calamitatis… nullum periculum mortis… nihil mali…*). Alla strategia testuale complessiva concorrono poi le ripetizioni in forma di anafora (per es. *Nihil… nihil*) e le enumerazioni, in cui si può a volte riconoscere anche il *climax* (per es. *audax*, *pecuniosa*, *crudelis*). Anche le figure di suono – come allitterazioni (es. *exitium exoptat*) e omoteleuti (es. *conflatum et profectum*) – contribuiscono a sottolineare gli aspetti di Sassia su cui Cicerone vuol richiamare l'attenzione dei giudici (ovvero contribuiscono all'amplificazione retorica ➤ Scheda "Storia, cultura, civiltà", p. 465).

## Oltre il testo

**LA PRAGMATICA DEL LINGUAGGIO E LE FIGURE RETORICHE** Secondo la pragmatica del linguaggio, perché si abbia una comunicazione corretta, ci sono delle "regole del gioco", chiamate "massime conversazionali", che chi parla è portato a seguire per farsi capire; e chi ascolta si aspetta che tali regole siano rispettate, per poter dar fiducia a chi parla. Esse riguardano: la quantità di informazione (è inutile aggiungere ovvietà al discorso, ma i dati fondamentali vanno spiegati); la qualità dell'informazione (bisogna dire cose credibili e attendibili); la relazione (bisogna parlare in relazione all'oggetto della conversazione); e, infine, il modo (bisogna cercare di essere chiari). Gli studiosi di pragmatica del linguaggio hanno notato che le figure retoriche violano in un certo modo le massime conversazionali: per esempio, anche la più chiara delle metafore, tipo «Gianni è una roccia» (per dire «Gianni è molto resistente»), viola la massima della qualità (presa alla lettera, la frase è certamente falsa).

**VIOLAZIONE DELLE MASSIME CONVERSAZIONALI**
È proprio la violazione palese delle massime conversazionali, operata dal parlante con le figure retoriche, che desta l'attenzione dell'ascoltatore. Nel nostro caso, Cicerone, relativamente a Sassia, esagera in maniera evidente; una violazione così evidente però, anziché generare fastidio, aumenta l'interesse dell'ascoltatore e incrementa la sua cooperazione alla formazione del significato complessivo della comunicazione. Infatti, è del tutto prevedibile che in un discorso giudiziario ci sia la tendenza a esagerare i punti deboli dell'avversario e qualsiasi giudice è portato a "fare la tara" alle parole che sente; tuttavia, quando l'esagerazione va ben oltre il previsto, si innesca un processo opposto, in base al quale l'ascoltatore tende a pensare: «Se pure pure Sassia non è così mostruosa come dice Cicerone, sarà comunque una donna malvagia». L'oratore esperto ha così ottenuto il suo scopo: ha fatto in modo che il pubblico si senta chiamato a cooperare con chi parla.

- Individua adesso nel testo latino tutte le figure retoriche funzionali a enfatizzare la malvagità di Sassia e rifletti sull'efficacia della strategia testuale adottata da Cicerone allo scopo di presentare la donna come un vero "mostro". Prova quindi a metterti nei panni dei giudici, abbozzando in un breve testo quella che potrebbe essere la personalità di Sassia al di fuori della deformazione di Cicerone: resta comunque negativa? Rifletti infine sull'invito ai giudici rivolto dall'oratore alla fine del passo e prova a spiegare perché esso contribuisce ad aumentare il coinvolgimento dell'ascoltatore.

STORIA, CULTURA, CIVILTÀ

## LE FIGURE RETORICHE

**I SEGRETI DELL'*ELOCUTIO*** Secondo la pratica antica la terza parte della retorica, dopo l'*inventio* e la *dispositio*, era tradizionalmente riservata all'*elocutio*, ossia alla scelta delle parole e dello stile (*ornatus* e *colores*). Oltre che da questioni puramente estetiche, le scelte relative all'*ornatus* erano determinate dalla necessità non solo di rimanere aderenti al soggetto ma anche di mettere in primo piano (*augēre*, «amplificare, enfatizzare») o, al contrario, di lasciare in secondo piano (*minuĕre*, «smorzare») quanto premeva all'oratore in vista del raggiungimento del suo scopo. In particolare, per tutte le soluzioni linguistiche volte a sottolineare gli aspetti della realtà che l'oratore intendeva evidenziare, nel bene o nel male, è invalso l'uso, a partire dalla teorizzazione di Aristotele, di parlare di **"amplificazione retorica"**.

Per ciascuna di queste esigenze, sia quelle puramente ornamentali sia quelle strutturali, erano consigliati determinati procedimenti, detti *figurae* (lett. «forma», dal gr. *schéma*). La **figura retorica** è un'operazione che tende a modificare una o più parole per rendere un concetto in modo più efficace ed espressivo. Ciascuno di questi procedimenti è già presente nel linguaggio quotidiano ed è usato istintivamente dai parlanti (pensiamo, per esempio, alla metafora o alla domanda retorica). La retorica antica, infatti, è partita proprio dall'osservazione del linguaggio naturale, isolandone alcune caratteristiche per via empirica (con un metodo non dissimile da quello delle altre scienze).

Luca della Robbia, **Platone e Aristotele**, formella del Campanile di Giotto, 1437-1439. Firenze.

La manualistica antica, a poco a poco, ridusse l'intera scienza retorica a una noiosissima e "arida" pratica scolastica. Nel corso del '900, però, il complesso della retorica antica è stato giustamente rivalutato e numerosi procedimenti che questa disciplina aveva messo a fuoco vengono adesso confermati dalle conclusioni a cui è giunta la moderna teoria del linguaggio.

**LA CLASSIFICAZIONE ANTICA...** La manualistica antica suddivideva le figure in **tropi** (dal gr. *tròpos*, «cambiamento»), **figure di parola** e **figure di pensiero**. Il **tropo** consiste nell'uso di una parola al posto di un'altra per traslazione, ossia per trasferimento di significato: il principale è la metafora (dal greco *metaphorà*, che significa appunto «trasferimento»: per esempio, dire "è un missile" al posto di "è veloce"), ma vi sono anche la sineddoche, la metonimia e l'antonomasia. Le **figure di parola** nascono dalla forma e dall'accostamento delle parole stesse (per esempio, l'allitterazione e l'iperbato). Le **figure di pensiero**, infine, sono immagini che non cambiano se vengono mutate le parole con cui sono espresse (come accade, per esempio, con la prosopopea).

**...E QUELLA MODERNA** Oggi sono in uso diversi tipi di classificazioni, segno del rinato interesse per la retorica. Una classificazione molto diffusa è quella che prevede la distinzione tra: **figure morfologiche**, ossia che dipendono dalla forma delle parole (per esempio, l'allitterazione); **figure sintattiche**, che dipendono dall'ordine delle parole (per esempio, il chiasmo); e, infine, **figure semantiche**, che hanno la funzione di arricchire il significato (per esempio, la similitudine).
Nel testo poetico vengono identificate anche le **figure di ritmo**, come l'*enjambement*.

**ENFATIZZATORI E SMORZATORI** Particolare attenzione va riservata a quelle figure che hanno la funzione specifica di enfatizzare o smorzare un concetto. Tali figure sono generalmente classificate tra le figure semantiche; tuttavia, secondo alcuni studiosi pare più utile raggrupparle a parte come **enfatizzatori** o **smorzatori**. **Enfatizzatori** possono essere l'esagerazione (ossia l'iperbole), la ripetizione (ossia l'anafora) oppure il *climax* ascendente. **Smorzatori** possono essere l'eufemismo, ossia la sostituzione di una parola sgradita con un termine meno duro (per esempio, «è venuto meno» per «è morto»), o la litote, che attenua un concetto negando l'opposto (per esempio, «non ricco» per «povero»).
Spesso, per enfatizzare o smorzare, si usano anche altri procedimenti, come per esempio l'ordine della narrazione: di fronte a due notizie, una buona e l'altra cattiva, si può scegliere quale raccontare prima a seconda dell'effetto che si vuole ottenere. Può capitare che raccontare per ultima la buona notizia serva ad attenuare quella cattiva o che lasciare in fondo la cosa peggiore serva ad amplificare un rimprovero.

**LA STRATEGIA TESTUALE** Spesso, in un testo, non è tanto importante individuare la singola figura, quanto piuttosto osservare se una determinata figura si ripete spesso, per esempio, se ci sono molte metafore oppure molti amplificatori. Ciò ci dà modo di capire la scelta di fondo operata dallo scrittore, quella che possiamo definire la sua **"strategia testuale"**. Questo elemento è molto importante nello studio della letteratura classica: infatti, tutti gli scrittori antichi, tranne rarissimi casi, si sono formati con gli studi di retorica; di conseguenza, essi non rinunciavano mai a conferire ai propri scritti i *colores* che ritenevano appropriati (mediante una accurata selezione delle parole).

■ **Cicerone insegna**, miniatura da un manoscritto del XV secolo. Parigi, Bibliothèque Nationale de France.

**GUIDA ALLO STUDIO**

**1.** Secondo la retorica antica qual è la funzione dell'*ornatus*?

**2.** Che cosa si intende per "amplificazione retorica"?

**3.** Secondo la classificazione della retorica antica che cosa sono i *tropi*? E le figure di parola?

**4.** Che cosa sono gli "enfatizzatori"? E gli "smorzatori"?

## T20-T21 Ironia e invettiva

*Filippiche* 2, 21; 25-26

*Nell'autunno del 44 a.C., dopo l'assassinio di Cesare, la situazione a Roma diveniva di giorno in giorno più tesa: da un lato Marco Antonio, allora console, postosi a capo dei cesariani, cercava di assumere su di sé le prerogative del defunto dittatore; dall'altro lato Cicerone era divenuto il punto di riferimento per tutti i moderati che speravano che il senato riacquistasse l'antico potere. Cicerone, anche se era consapevole che lo scontro tra Antonio e il senato sarebbe certamente stato di carattere militare, agì come sempre anche per via politica: pronunciò una serie di discorsi violentemente polemici contro l'avversario, le* Filippiche *(**➛ Scheda "L'opera", p. 469**), ritrovando il vigore di vent'anni prima, quando aveva attaccato Catilina.*

*I due passi riportati qui di seguito sono tratti dalla* II Filippica*, che non fu in realtà mai pronunciata, ma venne diffusa come* pamphlet*. Secondo la sua abitudine, Cicerone diede allo scritto caratteristiche tali da riprodurre quello che sarebbe stato il parlato (**➛ Scheda "Il mondo del lettore", p. 470**). Entrambi i passi rispondono ad accuse mosse da Antonio a Cicerone, ossia aver istigato nel 52 a.C. l'uccisione del tribuno della plebe Clodio da parte di Milone ed essere il vero ispiratore della congiura contro Cesare.*

## T20 Cicerone e l'uccisione di Clodio

LATINO

*Filippiche* 2, 21

[21] Publium Clodium meo consilio interfectum esse dixisti. Quidnam homines putarent, si tum occisus esset, cum tu illum in foro spectante populo Romano gladio insecutus es negotiumque transegisses, nisi se ille in scalas tabernae librariae coniecisset iisque oppilatis impetum tuum compressisset? Quod quidem ego favisse me tibi fateor, suasisse ne tu quidem dicis. At Miloni ne favere quidem potui; prius enim rem transegit quam quisquam eum facturum id suspicaretur. At ego suasi. Scilicet is animus erat Milonis, ut prodesse rei publicae sine suasore non posset. At laetatus sum. Quid ergo? In tanta laetitia cunctae civitatis me unum tristem esse oportebat?

[21] **dixisti**: il soggetto sottinteso è Antonio. • **Quidnam... putarent**: *putarent* è congiuntivo dubitativo riferito al passato: «Che cosa avrebbe dovuto pensare la gente». • **cum... compressisset**: viene ricordato un episodio avvenuto nel 52 a.C. e narrato anche nella *Pro Milone* (40): nel contesto tumultuoso delle lotte tra Clodio e Milone, una volta Antonio inseguì Clodio attraverso il foro per ucciderlo, ma questi trovò rifugio sulle scale di un negozio di libri. • **negotiumque transegisses**: «e avresti finito il lavoro»; *transegisses* è congiuntivo irreale. • **iis oppilatis**: «sbarratone l'accesso» (riferito alle scale del negozio). • **Quod**: avverbio «E perciò». • **favisse... tibi**: «di aver approvato il tuo gesto». • **suasisse... dicis**: «neppure tu sostieni che io ti ho spinto a farlo»; *suasisse* ha sottinteso il soggetto *me* e il complemento *tibi*. • **At... potui**: si riferisce all'assassinio di Clodio operato da Milone nel 52 a.C. • **At... suasi**: Cicerone riprende l'accusa di Antonio per confutarla con l'ironia. • **At... sum**: ultima paradossale accusa formulata da Antonio, smontata con una domanda retorica.

## T21 Cicerone e l'uccisione di Cesare

LATINO

*Filippiche* 2, 25-26

[25] Sed haec vetera, illud vero recens, Caesarem meo consilio interfectum. Iam vereor, patres conscripti, ne, quod turpissimum est, praevaricatorem mihi adposuisse videar, qui me non solum meis laudibus ornaret, sed etiam alienis. Quis enim meum in

[25] **haec... illud**: *haec* è riferito alla confutazione di accuse relative a fatti precedenti, fra cui l'uccisione di Clodio; *illud* è

ista societate gloriosissimi facti nomen audivit? Cuius autem, qui in eo numero fuisset, nomen est occultatum? Occultatum dico; cuius non statim divulgatum? Citius dixerim iactasse se aliquos, ut fuisse in ea societate viderentur, cum conscii non fuissent, quam ut quisquam celari vellet, qui fuisset. [26] Quam veri simile porro est in tot hominibus partim obscuris, partim adulescentibus neminem occultantibus meum nomen latere potuisse? Etenim, si auctores ad liberandam patriam desiderarentur illis actoribus, Brutos ego impellerem, quorum uterque L. Bruti imaginem cotidie videret, alter etiam Ahalae? Hi igitur his maioribus ab alienis potius consilium peterent quam a suis et foris potius quam domo? Quid? C. Cassius in ea familia natus quae non modo dominatum, sed ne potentiam quidem cuiusquam ferre potuit, me auctorem, credo, desideravit.

riferito a quanto si dice nella successiva proposizione infinitiva. • **interfectum**: sottinteso *esse*. • **Iam... alienis**: periodo carico di ironia: Cicerone dice di aver paura di dare l'impressione che Antonio sia segretamente d'accordo con lui e che, accusandolo di aver organizzato l'assassinio di Cesare, gli voglia in realtà attribuire meriti che non ha; *prevaricator* è colui che prende segretamente accordi con la parte avversa. • **in ista societate... facti**: «in questa congiura preparata per una azione carica di gloria»; il riferimento è all'assassinio di Cesare. • **Citius... fuisset**: la proposizione principale è *Citius dixerim*; il congiuntivo potenziale *dixerim* introduce la proposizione infinitiva *iactasse... aliquos*, che a sua volta introduce la proposizione finale *ut... viderentur*. *Citius*, «piuttosto», è da unire a *quam ut... vellet,* che è una proposizione comparativa (soggettiva, in quanto il parlante indica che preferisce un'azione piuttosto che un'altra): *ut*, aggiunto a *quam*, rende esplicito il valore volitivo del congiuntivo: «Direi che alcuni si sono dati da fare (*se iactasse,* sincopato per *iactavisse*) per sembrare di aver partecipato a quella congiura, mentre non ne erano stati al corrente, piuttosto che uno dei partecipanti abbia cercato di rimanere occulto».
[26] **Quam... est?**: proposizione interrogativa diretta. • **porro**: avverbio, «inoltre». • **in... potuisse**: proposizione infinitiva soggettiva. • **obscuris... adulescentibus**: Cicerone vuol dire che sarebbe stato impossibile che il suo nome, essendo assai noto, rimanesse nascosto, dato che tanti partecipanti alla congiura erano persone sconosciute o molto giovani. • **si... actoribus**: protasi di un periodo ipotetico dell'irrealtà; *ad liberandam patriam* dipende dal successivo *actoribus*: «se gli ideatori avessero sentito il bisogno di qualcuno che li spingesse a liberare la patria». • **Brutos... impellerem**: apodosi dell'irrealtà in forma di interrogativa retorica. I «Bruti» sono i congiurati Marco Giunio Bruto e Decimo Giunio Bruto, entrambi assai cari a Cesare; erano discendenti di Lucio Giunio Bruto, uno degli artefici della cacciata di Tarquinio il Suberbo. • **quorum... Ahalae?**: «l'uno e l'altro dei quali vede tutti i giorni il ritratto di Lucio Bruto, e uno di loro anche di Ahala?»; il riferimento è al fatto che i nobili romani tenevano nella propria casa i ritratti degli antenati; Marco Giunio Bruto era anche discendente di Gaio Servilio Aala, che aveva ucciso Spurio Melio in quanto aspirava alla tirannide, nel 439 a.C. • **ab alienis**: «agli stranieri»; Cicerone ironizza sul fatto che gli veniva spesso rinfacciato di essere *homo novus*. • **peterent**: congiuntivo irreale.

**PER APPROFONDIRE IL TESTO**

## Il testo e il contesto

**LA MORTE DI CLODIO...** Il cap. 21 della II *Filippica* (➛ **T20**) fa riferimento all'uccisione, avvenuta nel 52 a.C., del tribuno Publio Clodio, l'acerrimo avversario di Cicerone, colui che nel 58 a.C. ne aveva determinato l'esilio, accusandolo di aver mandato a morte i catilinari senza appello al popolo. L'assassinio di Clodio era avvenuto a opera di Tito Annio Milone, uomo di parte pompeiana, amico di Cicerone, che lo difese nel successivo processo, senza tuttavia evitarne la condanna.

Cicerone ricorda qui con ironia e non senza un tocco di comicità che, se avesse voluto dare una mano a chi voleva uccidere Clodio, avrebbe dovuto aiutare lo stesso Antonio, che in un accesso d'ira un giorno aveva inseguito il tribuno col pugnale sguainato per il foro di Roma, cercando di trucidarlo. Con tono ugualmente ironico Cicerone sottolinea anche che Milone non era certo un uomo tale da aver bisogno di suggeritori per le proprie azioni.

**...E QUELLA DI CESARE** I capp. 25-26 della II *Filippica* (➛ **T21**) ricordano la più recente uccisione di Gaio Giulio Cesare (avvenuta il 15 marzo del 44 a.C.). Cicerone, di fronte all'accusa di aver partecipato nascostamente alla congiura, finge con ironia di scambiare questo per un complimento. Egli, del resto, non aveva mai negato di considerare l'assassinio di Cesare un evento positivo per le sorti dello Stato. Sappiamo anzi dalle sue lettere che ne era ben felice: pochi giorni dopo l'accaduto scrisse per esempio ad Attico «Può accadere di tutto, ma le Idi di marzo sono una consolazione» (*Epistulae ad Atticum* 14, 4, 1-2); e immediatamente dopo la morte di Cesare si era congratulato con un congiurato in questi termini: «Mi congratulo con te; per quanto riguarda me, sono pieno di gioia» (*Epistulae ad familiares* 6, 15). La maggior parte dei senatori condivideva tali sentimenti, tanto che, pur essendo stati adottati provvedimenti tesi →

a non irritare il popolo, affezionato al dittatore, era stata immediatamente votata l'amnistia per gli assassini.
Cicerone ricorda innanzi tutto che quanti avevano partecipato alla congiura non si erano nascosti e i loro nomi erano da tempo noti a tutti. Prosegue poi dicendo che, se mai, c'era qualcuno che, pur non essendo allora presente, si vantava di esserci stato. Conclude il ragionamento la considerazione, efficacemente espressa mediante domande retoriche, che persone come Bruto e Cassio, i cui antenati già cinque secoli prima avevano affrancato Roma dalla tirannide di Tarquinio il Superbo, non avrebbero certamente avuto bisogno del suo aiuto e del suo incoraggiamento per adoperarsi a vantaggio della libertà della patria.

## Oltre il testo

**IRONIA E DOMANDE RETORICHE** In entrambi i passi è evidente una strategia testuale fondata sull'ironia e sulle domande retoriche.
Queste due figure, secondo un'analisi pragmatica, violano entrambe la massima conversazionale della qualità, ossia quella in base alla quale chi parla è tenuto a dire cose vere. In effetti, il contenuto di una frase ironica, preso alla lettera, è falso e il parlante vuole che sia inteso esattamente al contrario perché il senso sia corretto. Il parlante dà una serie di segnali per mettere l'ascoltatore sull'avviso, generalmente con il tono della voce e con la mimica del volto. Tuttavia, il segnale fondamentale è che il contenuto della frase ironica è in così palese contraddizione con le attese dell'ascoltatore, che è proprio l'ascoltatore che provvede a rovesciarlo. L'ironia, quindi, è un procedimento volto a far collaborare l'ascoltatore alla determinazione del senso: paradossalmente, se questi non è in grado di cogliere la sfumatura ironica, il senso del testo viene completamente frainteso.
Anche la domanda retorica viola la massima della qualità, perché il parlante non presenta il fatto come vero, ma finge di metterlo in dubbio, con una domanda la cui risposta è però evidente. Il parlante, perciò, "strappa" all'ascoltatore la risposta, obbligandolo in tal modo a dargli ragione.

- Avvalendoci degli strumenti offerti dalla pragmatica del linguaggio, abbiamo analizzato la strategia testuale che regge i capp. 21 e 25-26 della II *Filippica*, e che risulta basata sul ricorso al procedimento dell'ironia e alle domande retoriche.
  Per verificare l'efficacia di tale strategia, prova a riscrivere i due passi della II *Filippica* usando frasi solo in senso proprio, senza ironia e senza domande retoriche. Valuta quindi in un breve testo la differenza rispetto al testo originale di Cicerone, motivando perché a tuo parere l'originale ha una maggiore efficacia persuasiva.

## L'OPERA | LE *FILIPPICHE*

**CICERONE CONTRO MARCO ANTONIO** Con il nome di *Filippiche* si intendono le orazioni che Cicerone compose (tra l'autunno del 44 a.C. e i primi mesi del 43 a.C.) nell'intento di contrastare il tentativo di Marco Antonio di imporsi come erede ideale di Cesare nonché come continuatore della sua politica. Il nome di *Filippiche* con cui queste orazioni sono note fin dall'antichità si deve allo stesso Cicerone, che in una sua lettera le accosta ai discorsi pronunciati dall'oratore ateniese Demostene contro Filippo II di Macedonia, quando questi iniziò a manifestare le sue mire espansionistiche ai danni delle città greche. A noi sono pervenute quattordici di queste orazioni, ma certamente erano più numerose. Alcuni discorsi furono pronunciati in senato, altri di fronte al popolo, altri ancora, come il secondo, furono diffusi solo per iscritto. Per alcuni mesi, parve che Cicerone, grazie ai suoi vigorosi interventi, fosse la persona in grado di risollevare le sorti della repubblica, ergendosi a difensore delle prerogative del senato contro il "tiranno" Antonio. Tuttavia, quando Ottaviano si alleò con Antonio, gli sforzi di Cicerone si rivelarono inutili: l'anziano oratore, infatti, si ritrovò isolato e spiazzato dal comportamento del suo giovane alleato, il quale lasciò che Antonio si vendicasse del suo avversario facendolo uccidere per mano dei suoi sicari (dopo averlo inserito nelle liste di proscrizione).

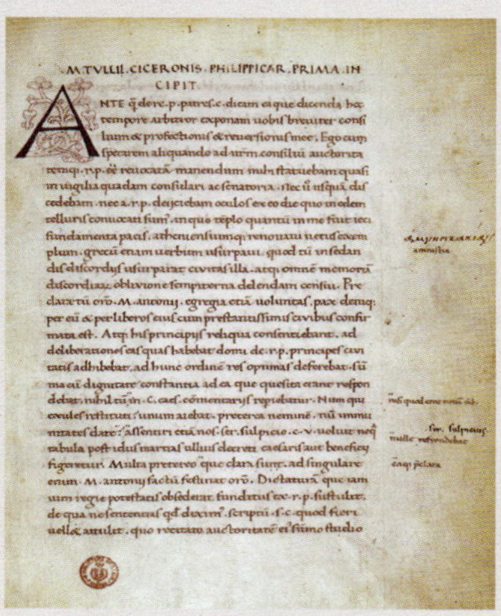

■ Manoscritto delle *Filippiche*, XV secolo. Firenze, Biblioteca Laurenziana.

CICERONE PER APPROFONDIRE

IL MONDO DEL LETTORE

# PLINIO LETTORE DI CICERONE

**ORALITÀ E SCRITTURA** A rendere particolarmente vivaci e coinvolgenti i discorsi pronunciati da Cicerone contribuiva anche la ***actio***, ossia la recitazione (lo storico greco Plutarco, nella sua biografia dedicata a Cicerone, ci informa che quest'ultimo si era dedicato con passione ad apprendere le tecniche di recitazione, sotto la guida esperta di un attore). Era del resto risaputo che l'*actio* concorreva in misura determinante all'efficacia di un'orazione e dunque anche al buon esito di una causa; anzi, secondo il parere dell'oratore greco Demostene, modello di Cicerone, essa teneva forse il primo posto tra le parti della retorica.

Fino all'epoca di Cicerone, molto probabilmente, mettere un discorso per iscritto significava fornire una trascrizione pura e semplice del parlato. Tuttavia Cicerone, nel momento in cui volle mettere per iscritto le sue orazioni, si pose il problema di come mantenerne inalterata l'efficacia in assenza delle sottolineature espressive date dal gesto e dalla voce. Egli si impegnò sempre a inserire nel testo dei suoi discorsi tutti quei particolari che potessero consentire anche a un lettore di raffigurarsi la scena con la massima precisione; ed è certo che nel fare questo Cicerone poteva aggiungere o rimuovere elementi del discorso effettivamente pronunciato.

Per quanto riguarda le orazioni, dunque, in Cicerone la pagina scritta dipendeva effettivamente dalla **dimensione dell'oralità**, nel senso che egli intendeva ricrearne l'effetto. Tuttavia, è vero anche il contrario: Cicerone, infatti, riteneva indispensabile passare sempre, prima di parlare, attraverso la fase della scrittura; per questo le sue orazioni risultavano caratterizzate da periodi sintatticamente armoniosi e ampi, i quali potevano appunto essere concepiti solo attraverso una redazione scritta.

L'importanza che Cicerone dava alla dimensione dell'oralità nella redazione scritta dei suoi discorsi deve essere messa in relazione anche con la **modalità di lettura**, che non era mai silenziosa ma sempre ad alta voce (per lo più ad opera di schiavi specializzati, che leggevano per il loro padrone). Questo spiega peraltro perché Cicerone non trascurò la dimensione dell'oralità neanche nella composizione dei suoi trattati: infatti, a imitazione dei dialoghi platonici, Cicerone sviluppa spesso la materia dei suoi trattati non in maniera sistematica e in forma impersonale, ma mettendo in scena una vera e propria conversazione che mantiene molti elementi del parlato e del contesto in cui avviene.

**PLINIO IL GIOVANE LEGGE CICERONE** Plinio il Giovane, oratore vissuto tra il I e il II secolo d.C., è consapevole del profondo legame esistente tra lo scritto e il parlato. Egli sostiene che nel testo di un discorso un oratore abile a scrivere quanto a parlare deve inserire una serie di elementi che rimandano all'estemporaneità del parlato: in tal modo al lettore viene data la possibilità di provare quegli stessi sentimenti che avrebbe provato un uditorio ascoltando le parole dell'oratore.

A sostegno di questa sua posizione, in una lettera sull'oratoria indirizzata a Tacito, il famoso storico suo contemporaneo, Plinio il Giovane prende come esempio proprio l'*Actio secunda in Verrem* di Cicerone, le cui orazioni non furono mai pronunciate: «Un conto è una buona recitazione, un altro un buon discorso scritto. So che ad alcuni pare così, ma io (forse sbaglio) sono persuaso del fatto che possa accadere che sia bella una recitazione che non corrisponda a un bel discorso scritto, ma che non possa non essere bella una recitazione che corrisponda a un buon discorso scritto. Il discorso scritto, infatti, è la prefigurazione e quasi il modello di quello pronunciato. Per questo motivo in tutti i migliori discorsi scritti troviamo mille espressioni apparentemente improvvisate, anche in quelli che sappiamo che furono divulgati solamente per iscritto, come nelle *Verrine*: "Quale artista? Quale mai? Fai bene a ricordarmelo. Dicevano che fosse Policleto". Ne segue che risulta perfetta la recitazione che ha riprodotto alla perfezione le indicazioni implicite nello scritto». Plinio cita qui un passo del *De signis*, il quarto discorso della *Actio secunda in Verrem*, dedicato ai furti di opere d'arte perpetrati da Verre quando era governatore della Sicilia; Cicerone, in particolare, sta parlando di alcune preziose statuette rubate da Verre: *Sed earum artificem — quem? quemnam? recte admones — Polyclitum esse dicebant*. L'impressione del parlato, di udire cioè le parole dell'oratore, si ricava grazie a un abile stratagemma da parte di Cicerone, il quale finge di avere una piccola amnesia, come appunto può accadere mentre si parla. Seguendo le indicazioni di Plinio, possiamo tradurre il passo liberamente, per riprodurre meglio le movenze parlato: «Ma l'autore di quelle – chi era? Chi mai? Ah grazie, hai fatto bene a ricordarmelo – dicevano che fosse Policleto».

**GUIDA ALLO STUDIO**

**1.** Secondo la teorizzazione retorica antica, in che cosa consiste la fase dell'*actio*?

**2.** Che rapporto c'è tra le dimensioni dell'oralità e della scrittura nei discorsi di Cicerone? E nei trattati?

## IL PARERE DEGLI ALTRI AUTORI

# L'ORATORIA DI CICERONE

**AMMIRATORI E DETRATTORI** L'oratoria di Cicerone riscosse grande successo; fin da subito annoverò molti ammiratori, ma non mancarono neanche i detrattori.
Tacito, vissuto tra I e II secolo d.C., nel *Dialogo sugli oratori*, opera dedicata all'oratoria, ricorda il parere critico di due contemporanei di Cicerone. **Bruto**, il cesaricida, al quale Cicerone era particolarmente affezionato, non ammirava lo stile del grande oratore e così pure **Licinio Calvo**, l'oratore noto anche per la sua appartenenza alla cerchia dei *poetae novi*: «Neppure a Cicerone mancarono detrattori, che lo giudicarono gonfio, tumido, non abbastanza conciso, oltremodo ridondante e ampolloso e quantomai lontano dagli antichi. Avete certamente letto le lettere di Calvo e di Bruto a Cicerone: è evidente che a Cicerone Calvo sembrava esangue e troppo scarno, Bruto invece prolisso e slegato, mentre Cicerone era giudicato rilassato e snervato da Calvo, "fiacco e slombato" da Bruto, per usare proprio le sue parole.» (*Dialogo* 18; trad. di A. Resta Barrile).
Assai interessante è il parere dello storico **Tito Livio** (59 a.C.-17 d.C.), che fu un grande ammiratore di Cicerone e che ne imitò lo stile. Nel commentare la sua morte, Livio sottolinea la sua inimitabile potenza espressiva, affermando semplicemente che l'unico in grado di tessere un degno elogio funebre di Cicerone sarebbe lo stesso Cicerone: «Se uno soppeserà i vizi e le virtù, fu un uomo grande e memorabile, e ci sarebbe bisogno di un altro Cicerone per esporre compiutamente i suoi meriti» (Livio, in Seneca retore, *Suasorie* 6, 22).

**IL PARERE DI TACITO** Un parere nel complesso critico è quello che esprime **Tacito**, sempre nel *Dialogo sugli oratori*; non si tratta però tanto di un giudizio sulle capacità oratorie di Cicerone, quanto piuttosto di una critica all'eloquenza in generale, in rapporto alle condizioni politiche all'interno delle quali essa si è sviluppata dando i suoi frutti migliori.
Il punto di vista di Tacito non si può comprendere se non si tiene conto del fatto che quando egli scrive l'ordinamento politico di Roma è mutato da oltre un secolo e alla libera repubblica si è sostituito il principato. Tacito osserva che lo spunto per l'eloquenza politica veniva in fondo dalla discordia civile, che a sua volta veniva alimentata dall'eloquenza; perciò sarebbe forse meglio rinunciare all'eloquenza politica e avere uno Stato in cui regni la pace. Il riferimento a Cicerone risulta funzionale a dare forza a questo tipo di ragionamento, in quanto le migliori prove oratorie dell'Arpinate risultano appunto essere quelle connesse ai "mali" più terribili da cui era afflitto lo Stato sul finire dell'età repubblicana: «C'è infatti gran differenza tra il dover discutere di furti, formule giuridiche o ordinanze del pretore e parlare invece di brogli elettorali, rapine in danno di alleati e delitti sulla persona di cittadini. È meglio certamente che non vi siano questi mali ed è di gran lunga preferibile quello Stato in cui nulla di simile accade; tuttavia, quando essi avvenivano, offrivano all'eloquenza grandi possibilità. Con l'ampiezza degli argomenti cresce infatti il vigore dell'ingegno, né può pronunciare un discorso splendido ed elevato chi non ha trovato una causa adeguata. Non le orazioni composte contro i suoi tutori diedero gloria a Demostene, né la difesa di P. Quinzio o di Licinio Archia fanno di Cicerone un grande oratore; ma Catilina, Milone, Verre e Antonio resero famoso il suo nome. Non intendo dire che valesse la pena per lo Stato avere cattivi cittadini, perché gli oratori avessero abbondanza di argomenti; ma, come vi ripeto, teniamo presente la questione e ricordiamoci che stiamo parlando di un'arte che vive più facilmente in tempi torbidi e inquieti» (*Dialogo* 37, 5-6; trad. di A. Resta Barrile).

■ **Il senato di Roma** in un dipinto del XIX secolo.

# PROVA DI TRADUZIONE E COMMENTO

Leggi con attenzione il seguente passo tratto dalla II *Filippica*, pci rispondi alle domande che ti guideranno nella comprensione. Infine, dopo che avrai analizzato e tradotto il passo, potrai rendere ragione della tua interpretazione con un testo organico di commento.

## La morte del tiranno

*Filippiche* 2, 28-30

*Antonio accusa Cicerone di essere stato l'istigatore del complotto contro Cesare. Cicerone, che si dichiara estraneo ai fatti, si difende qui dimostrando l'assurdità di una tale accusa: se costituisce una prova di colpevolezza l'avere accolto con favore la morte di Cesare perché era minacciata la libertà repubblicana, insieme a lui si devono considerare colpevoli tutti i cittadini perbene. Tutti i* boni, *infatti, hanno approvato la congiura. Inoltre, l'accusa di Antonio è insostenibile in quanto assolve da ogni colpa gli esecutori materiali dell'assassinio, mentre condanna chi ha salutato con gioia la morte del tiranno.*

**[28]** At quem ad modum me coarguerit homo acutus, recordamini. «Caesare interfecto», inquit, «statim cruentum alte extollens Brutus pugionem Ciceronem nominatim exclamavit atque ei recuperatam libertatem est gratulatus». Cur mihi potissimum? Quia sciebam? Vide, ne illa causa fuerit adpellandi mei, quod, cum rem gessisset consimilem rebus iis, quas ipse gesseram, me potissimum testatus est se aemulum mearum laudium extitisse. **[29]** Tu autem, omnium stultissime, non intellegis, si, id quod me arguis, voluisse interfici Caesarem crimen sit, etiam laetatum esse morte Caesaris crimen esse? [...] Ecquis est igitur exceptis eis, qui illum regnare gaudebant, qui illud aut fieri noluerit aut factum improbarit? Omnes ergo in culpa. Etenim omnes boni, quantum in ipsis fuit, Caesarem occiderunt; aliis consilium, aliis animus, aliis occasio defuit, voluntas nemini. **[30]** [...] Ergo ego sceleratus appellor a te, quem tu suspicatum aliquid suspicaris; ille, qui stillantem prae se pugionem tulit, is a te honoris causa nominatur? [...] Constitue hoc, consul, aliquando, Brutorum, C. Cassi, Cn. Domiti, C. Treboni, reliquorum quam velis esse causam; edormi crapulam, inquam, et exhala. [...] Numquamne intelleges statuendum tibi esse, utrum illi, qui istam rem gesserunt, homicidae sint an vindices libertatis?

### GUIDA ALLA COMPRENSIONE

Per giungere a una prima comprensione del brano, ricostruisci punto per punto l'argomentazione di Cicerone.

- Ti forniamo di seguito, in ordine errato, la descrizione delle sequenze in cui è articolato il ragionamento di Cicerone. Ristabilisci la corretta successione delle sequenze, numerandole da 1 a 6; indica inoltre la prima e l'ultima parola di ogni sequenza e il numero, o i numeri, di paragrafo che la individuano nel testo.

☐ Antonio loda i cesaricidi, che hanno compiuto il delitto, ma accusa Cicerone, che lo avrebbe istigato: ..............................

☐ Avere voluto la morte di Cesare non è più grave che averne gioito: ..............................

☐ Tutti i cittadini perbene hanno accolto con gioia la morte di Cesare, dunque tutti sono colpevoli: ..............................

☐ Bruto si appella a Cicerone perché si riconosce emulo delle sue gloriose imprese: ..............................

☐ Antonio si decida: i cesaricidi sono assassini comuni o salvatori dello Stato?: ..............................

☐ Esatta formulazione dell'accusa di Antonio contro Cicerone: ..............................

**GUIDA ALLA TRADUZIONE**

Le seguenti domande ti guideranno nella traduzione.

- L'ablativo assoluto *Caesare interfecto* (r. 1) ha valore causale o temporale?
- Quale significato assume il verbo *exclamo* (r. 2) costruito transitivamente con l'accusativo *Ciceronem*?
- Osserva la costruzione del verbo *gratulor* (r. 3): in quale caso è indicata la persona con la quale ci si congratula, e con quale costrutto la cosa per la quale ci si congratula?
- L'imperativo *Vide* (r. 3), rivolto direttamente ad Antonio, regge qui una proposizione interrogativa indiretta: quale particella la introduce?
- Qual è la costruzione del verbo *testor* (r. 5), nel senso di «chiamare a testimone»?
- *Si crimen sit* (r. 6) è la protasi di un periodo ipotetico dipendente della possibilità: quale ne è l'apodosi?
- Il pronome *Ecquis*, «Forse qualcuno» (r. 7), introduce un'interrogativa diretta propria o retorica?
- Quale costrutto è *exceptis eis*, «fatta eccezione per coloro (che)» (r. 7)?
- Che tempo è il congiuntivo *improbarit*, forma sincopata per *improbaverit* (r. 8)?
- Quale pronome personale è l'antecedente del pronome relativo *quem* (r. 10)?
- Il pronome neutro *hoc* (r. 11) è prolettico, poiché anticipa una proposizione interrogativa indiretta: quale?
- Che costrutto è *statuendum tibi esse* (r. 13)?
- Da quali particelle è introdotta la proposizione interrogativa disgiuntiva dipendente da *statuendum esse* (rr. 13-14)?

**GUIDA AL COMMENTO**

Le domande e gli esercizi che ti proponiamo ti guideranno nella composizione di un testo organico di commento.

**Contestualizzazione** Per prima cosa inserisci il brano nel contesto delle *Filippiche* e specificamente della II *Filippica* (puoi confrontare **T21**). In particolare precisa:

- L'occasione in cui furono composte queste orazioni.
- L'origine del titolo.
- La finalità politica perseguita da Cicerone con questi discorsi.

**Interpretazione e approfondimenti** Secondo l'accusa di Antonio, Bruto, appena compiuto il delitto, si sarebbe congratulato per primo con Cicerone: questa sarebbe una prova evidente della partecipazione di quest'ultimo alla congiura. Puoi ricostruire i vari passaggi della confutazione da parte di Cicerone dell'accusa formulata da Antonio. Al par. 28 Cicerone rigetta l'accusa e suggerisce che verosimilmente Bruto ha ricercato la sua approvazione per il fatto di essersi dimostrato *aemulus* della sua gloria.

- Cicerone fa qui riferimento a un'azione politica che aveva compiuto per la salvezza dello Stato nell'anno del suo consolato (azione di cui sappiamo nel dettaglio da opere dello stesso Cicerone oltre che da una monografia di Sallustio). Qual è l'evento in questione?

Al par. 29 Cicerone stabilisce l'identità tra *voluisse interfici Caesarem* e ..............................................
Infatti, se avere voluto la morte di Cesare è una colpa, lo è anche averne gioito. E poiché tutti i cittadini perbene hanno dato una valutazione positiva della morte di Cesare, ne deriva che essi sono tutti colpevoli.

- Al comune sentire dei *boni* si sottrae, secondo Cicerone, soltanto una categoria di persone, che è favorevole al governo di Cesare. Riporta qui di seguito l'espressione mediante la quale Cicerone individua tale categoria:

  ..............................................................................................................................

  Quale verbo è usato per assimilare il governo di Cesare alla tirannide?

Al par. 30 Antonio viene attaccato più a fondo sul piano della coerenza logica: Cicerone gli contesta un comportamento nei propri confronti che risulta in palese contraddizione con quello tenuto verso i cesaricidi.

- La contraddizione è sottolineata dalla contrapposizione dei pronomi personali: rintracciali nel testo e trascrivili:

  ..............................................................................................................................
- L'inconsistenza dei sospetti di Antonio è sottolineata dalla ripetizione verbale *suspicatum ... suspicaris*: di quale figura retorica si tratta?
- Quale trattamento Antonio, in qualità di console, aveva riservato ai cesaricidi?
- Illustra infine l'uso dell'ironia e delle interrogative retoriche come tratto stilistico tipico dell'invettiva ciceroniana, facendo esempi dal testo. Puoi confrontare anche altri brani antologizzati (➛ **T20-T21**).

CICERO LECTIO **L'uso del ridicolo nelle orazioni** *De oratore* 2, 236-237

# Cesare
## Tra storiografia e politica

ZTE ONLINE
Mettiti alla prova con 20 esercizi interattivi

### UN OSSERVATORE ATTENTO

PER COMPRENDERE

#### Cesare contro i barbari



#### Cesare contro i pompeiani



### UNO SCRITTORE RAFFINATO

PER ANALIZZARE



### UN ABILE COMUNICATORE

PER APPROFONDIRE

IL TEMPO DELL'AUTORE

# GAIO GIULIO CESARE

**LE DUE FASI DELLA CARRIERA** Gaio Giulio Cesare nasce a Roma nel **100** o forse nel **102 a.C.** da una delle più nobili famiglie del patriziato: apparteneva infatti alla *gens Iulia*, che la tradizione collegava a Iulo figlio di Enea e quindi a Venere, madre dell'eroe troiano. La sua vita può essere divisa essenzialmente in **due fasi**: la prima dura fino al 59 a.C., quando riveste per la prima volta il **consolato**; la seconda va dal 58 a.C., anno in cui ottiene il **proconsolato** sulle Gallie e sull'Illirico, alla **morte**, avvenuta il **15 marzo** del **44 a.C.** Nella prima fase Cesare, dopo aver svolto ottimi studi di retorica sia a Roma sia in Grecia, si dimostra un politico brillante, che porta a compimento il *cursus honorum* secondo la prassi prevista per i romani di rango senatorio, iniziando prima dei vent'anni con incarichi da ufficiale nell'esercito e proseguendo poi con gli incarichi politici, questura (69 a.C.), edilità (65 a.C.), pretura (62 a.C.). Il culmine dell'attività politica si colloca nel 60, quando Cesare stabilisce privatamente un'alleanza con Pompeo e Crasso (**triumvirato**): i tre politici, unendo le loro clientele, sarebbero stati in grado di controllare le elezioni dei magistrati per i dieci anni successivi. A Cesare tocca il consolato per il 59 a.C. La seconda fase è caratterizzata dai nove anni (58-50 a.C.) di campagne militari, in qualità di proconsole, che portano all'annessione dell'intera *Gallia Comata* (l'attuale Francia) come provincia, ossia territorio da cui lo Stato ricavava tributi. Queste imprese trasformano Cesare da uomo politico in potentissimo generale, agli ordini del quale, più che al senato, rispondevano circa dieci legioni, desiderose del bottino proveniente dai successi militari. Consapevole di questa forza, Cesare, allo scadere del suo mandato, alla fine del 50, non vuole sottomettersi al volere del senato e tornare a Roma da privato cittadino per presentarsi alle elezioni. Intraprende dunque una lunga guerra civile contro le forze del senato, comandate da Pompeo, con il quale aveva di fatto interrotto l'alleanza politica fin dal 52 a.C., l'anno successivo alla morte di Crasso. La guerra civile ha come teatro quasi tutte le provincie e l'Italia. Cesare, mantenendo il potere militare con la **dittatura perpetua**, carica straordinaria, dopo un'estenuante serie di battaglie riesce unico vincitore nel marzo del 45 a.C. Nella guerra civile muoiono tutti i suoi principali avversari, compreso Pompeo. A Roma quindi Cesare, circondato da onorificenze degne di un monarca e non di un magistrato romano, si appresta a riformare profondamente lo Stato; ma l'aristocrazia senatoria, compattamente, con l'appoggio di moltissimi cesariani che ormai vedevano nel loro capo solo la volontà di trasformarsi in un re e di esautorare il senato, progetta un attentato con cui Cesare viene eliminato il 15 marzo del 44 a.C. L'opera di riforma rimase perciò in buona parte incompiuta.

**LA PRODUZIONE LETTERARIA** Di Cesare conserviamo i due **commentari** ***De bello Gallico*** e ***De bello civili***, alcune **lettere** unite all'epistolario di Cicerone e dei frammenti di **un'opera grammaticale**, il ***De analogia***. Sappiamo che scrisse altre opere, anche di poesia (fatto normale per le persone di cultura dell'epoca), di cui in certi casi conosciamo il contenuto.

**IL SENSO DELL'AZIONE POLITICA** Le azioni di Cesare sembrano fin dall'inizio della carriera seguire una **duplice direzione**: da un lato, egli scopertamente desidera avere nella politica di Roma un posto di primo piano e per questo motivo difende strenuamente la propria *dignitas*, ossia il proprio prestigio; dall'altro lato, Cesare persegue un disegno riformista che intendeva, conformemente alla politica

■ **Frammento di sarcofago in marmo con scene di battaglia tra Romani e Galli**, 20 a.C. Mantova, Palazzo Ducale, Collezione Archeologica Gonzaga.

CESARE

■ **Veduta del Foro Romano**, Roma.

■ **Moneta battuta da Cesare** nel 49-48 a.C. Sulla faccia anteriore è rappresentato un elefante che calpesta un drago; l'elefante è simbolo del condottiero romano (forse per un gioco di parole con la lingua cartaginese, dove la parola "elefante" suona simile a "Cesare").

dei *populares*, limitare l'arbitrio delle poche famiglie che controllavano l'amministrazione statale e distribuire terre tolte ai latifondi e al demanio per riportare nelle campagne le migliaia di contadini che gradualmente si erano inurbati (formando la massa dei proletari, un instabile corpo sociale di diseredati, dotati però di diritto di voto e quindi politicamente manovrabili). Cesare, perciò, avvia coscientemente un duplice meccanismo di propaganda teso a costruire un'immagine di sé adatta al popolo e un'altra adatta invece all'aristocrazia senatoria.

In rapporto al popolo Cesare si propone come **capo carismatico**, benefattore e protetto dagli dèi: per questo largheggia in donativi di denaro e di cibo, promozione di feste e spettacoli gratuiti, costruzione di opere pubbliche che rimanessero legate al suo nome (utilizzando denaro sia dello Stato sia anche proprio, fino a coprirsi di debiti). Fondamentale a questo scopo fu anche il dare grande risonanza alla propria immagine di generale vittorioso e alla propria funzione di pontefice massimo, ossia esponente di punta di un collegio sacerdotale di grande tradizione, carica che conferiva alla sua persona un'aura di santità accresciuta dalla circostanza di vantare una discendenza divina (alla quale il popolo poteva facilmente credere).

All'aristocrazia senatoria, alla quale egli apparteneva, Cesare rivolge invece un messaggio assai più freddo e razionale. Espressione di questo sono appunto i due ***Commentarii***. Cesare intendeva spiegare ai suoi pari che era necessario per la sopravvivenza dello Stato attenuare il malcontento che si era generato nei decenni precedenti in larghe fasce di popolazione, compresi gli aristocratici rimasti senza patrimonio, a causa della concentrazione del potere in un ristrettissimo numero di nobili; per questo i senatori dovevano accettare di rinunciare ad alcuni privilegi. Nella fase di transizione essi avrebbero dovuto anche accettare che Cesare si ponesse al di sopra delle leggi; in definitiva, i senatori avrebbero dovuto affidarsi esclusivamente alla sua **clemenza**, confidando nel fatto che egli non avrebbe mai distrutto la classe sociale cui apparteneva.

**GUIDA ALLO STUDIO**

**1.** In quale momento della carriera politica di Cesare si collocano le campagne militari in Gallia?

**2.** Quali sono le due direzioni ben riconoscibili nella politica di Cesare?

**3.** In che modo Cesare concepisce il proprio rapporto con il popolo romano da una parte, con l'aristocrazia senatoria dall'altra?

# Tra storiografia e politica

**UN'OPERA VASTA E COMPLESSA** L'opera di Cesare conservatasi fino a noi è vasta e complessa: indubbiamente la parte principale è rappresentata dalle due opere che la tradizione ha tramandato con il titolo di *De bello Gallico* e di *De bello civili*. Esse coprono senza sostanziali interruzioni le imprese di Cesare compiute tra il 58 e il 48 a.C. La natura di tali opere è assai difficile da valutare, sebbene sia chiaro che appartengono al genere dei commentari, ossia dei resoconti che i generali inviavano al senato relativamente alle proprie azioni militari almeno una volta all'anno. Ai commentari *De bello Gallico* e *De bello civili*, nei manoscritti che tramandano le opere di Cesare, si aggiungono spesso il *Bellum Alexandrinum*, il *Bellum Africum* e il *Bellum Hispaniense*, che hanno per oggetto fasi della guerra civile comprese tra la fine del 48 e il 45 a.C. e sono stati redatti da ufficiali di Cesare. Questi cinque commentari formano il *corpus Caesarianum*.

**VALORE DOCUMENTARIO E POLITICO DEI *COMMENTARII*** Certamente il *De bello Gallico* e il *De bello civili* hanno un valore politico oltre che documentario, poiché erano stati pensati per essere diffusi mentre il condottiero era in vita e quindi completamente calato nella lotta per impossessarsi del potere a Roma. Tuttavia, in primo luogo è utile considerare l'aspetto documentario presente in essi, che si sviluppa su due linee: quella propriamente narrativa, ovvero i capitoli in cui con estrema lucidità il proconsole narra le difficili campagne sostenute contro i Galli e contro i pompeiani; e quella etnogeografica, ovvero le digressioni in cui Cesare fornisce al lettore una serie di informazioni (assai preziose anche per noi, dato che a volte rappresentano la prima attestazione storica di paesi o popoli dell'Europa) relative all'ambientazione dei fatti, alle regioni visitate e alle popolazioni incontrate, realtà allora in buona parte sconosciute ai Romani.

Il fascino della lettura del testo cesariano – che in ragione dello stile essenziale e limpido costituisce un efficacissimo esempio di prosa storica – consiste soprattutto nell'estremo razionalismo con cui l'autore affronta l'analisi della realtà che lo circonda e degli eventi che lo coinvolgono, senza mai indulgere a visioni fatalistiche della storia.

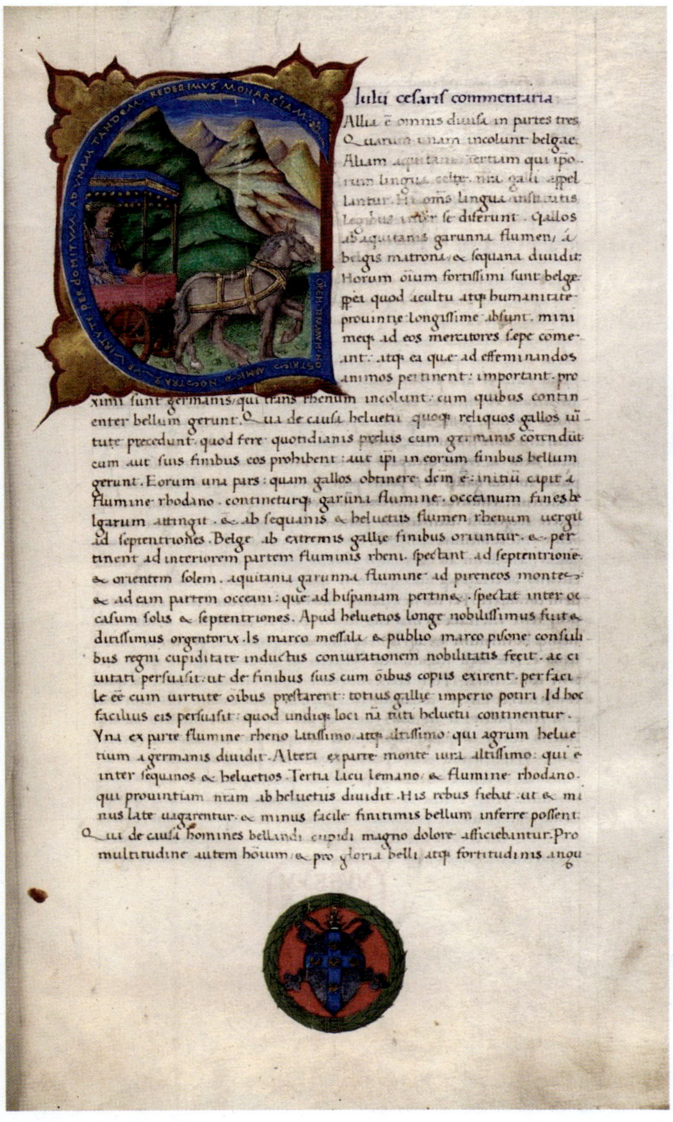

Frontespizio del *De bello Gallico*, da un manoscritto del XV secolo. Londra, British Library.

# Un osservatore attento

PER COMPRENDERE

**UN'ESPOSIZIONE ESSENZIALE...** Nella prosa di Cesare l'essenzialità dell'esposizione non va mai a discapito della chiarezza e della coerenza. Ricorrendo a una metafora, potremmo dire che lo stile di Cesare rende l'effetto che nella fotografia si ottiene con il bianco e nero: l'assenza del colore permette di cogliere con facilità i contorni e le proporzioni, senza impedire la presenza di suggestive sfumature in chiaroscuro. All'essenzialità contribuisce la mancanza di qualsiasi ridondanza, soprattutto per quanto riguarda l'aggettivazione, ridotta allo stretto necessario. Sono totalmente assenti alcuni espedienti retorici normalmente utilizzati per enfatizzare o sottolineare gli aspetti salienti del racconto, come la similitudine e la metafora. Al contrario, è evidente lo sforzo dell'autore di usare sempre le parole in senso proprio, senza lasciare spazio a doppi sensi o fraintendimenti. Questa esigenza giustifica il fatto che il lessico sia relativamente ristretto: Cesare, di solito, non si preoccupa di cambiare un termine con un sinonimo per creare varietà, anzi preferisce utilizzare sempre le medesime espressioni e parole nei medesimi contesti, al fine di conferire al testo immediata comprensibilità e diminuire appunto la possibilità di fraintendimenti.

**...E IMPERSONALE** L'esposizione si limita ai fatti e i commenti o il parere dello scrittore restano impliciti nella narrazione. Le parole dei personaggi sono riportate in forma indiretta, tranne in rarissimi casi, e l'autore riferisce di sé in terza persona, come esige la tradizione del genere commentario, che ha il suo modello nell'*Anabasi* di Senofonte (il resoconto sul difficoltoso ritorno in patria compiuto dall'autore stesso e dalle truppe greche da lui guidate attraverso le catene montuose dell'Asia Minore, dopo la sfortunata partecipazione alla battaglia di Cunassa nel 401 a.C.).

**IL *DE BELLO GALLICO* E IL *DE BELLO CIVILI*** Riportiamo di seguito alcune letture tratte dai *Commentarii*: dal *De bello Gallico* seguiremo il racconto di Cesare relativo alla campagna contro gli Elvezi, agli esordi del suo mandato in Gallia, e allo sbarco in Britannia del 54 a.C., impresa che gli diede grande fama. Dal *De bello civili* leggeremo il racconto della prima fase degli scontri, quando le coorti di Cesare penetrano in Italia, e quello del momento cruciale e più difficile, ossia il confronto diretto con Pompeo, a Farsàlo, nel 48 a.C.

Battaglia tra un legionario romano e un barbaro, II sec. d.C. Parigi, Museo del Louvre.

# Cesare contro i barbari

**T1**
LATINO

CICERO LECTIO

## *Gallia est omnis divisa in partes tres*

| *De bello Gallico* 1, 1 |

*Il primo capitolo del* De bello Gallico *illustra al lettore la situazione etnogeografica del territorio in cui si troverà a operare Cesare, ossia la Gallia Comata (lett. «Gallia con abitanti dalle lunghe chiome», così definita per l'abitudine dei Celti di mantenere, diversamente dai Romani, lunghe capigliature). Con tale nome i Romani indicavano i territori a settentrione della* Gallia Transalpina*, che era provincia romana dal 121 a.C. e che aveva l'importante funzione di permettere sicuri collegamenti tra l'Italia e i possedimenti di Roma nella penisola iberica. La* Gallia Transalpina *era detta anche* Gallia Narbonensis *(«Gallia Narbonese») dal nome della città di* Narbona*, colonia dotata di un importante porto, fondata dai Romani nei territori conquistati. La profonda romanizzazione della* Gallia Transalpina *determinò l'abitudine di riferirsi ad essa semplicemente col termine di* provincia*, da cui l'attuale* Provence *(«Provenza»).*

*Le informazioni contenute nel capitolo introduttivo assai probabilmente risalgono a osservazioni dirette, effettuate da Cesare stesso durante la permanenza in quei territori sconosciuti ai Romani, anche se notizie sulla Gallia erano presenti nelle opere del geografo greco Posidonio (135-50 a.C.) che certamente Cesare ebbe modo di conoscere.*

Le popolazioni della *Gallia Comata*: Belgi, Aquitani e Celti

[1, 1] Gallia est omnis divisa in partes tres, quarum unam incolunt Belgae, aliam Aquitani, tertiam qui ipsorum lingua Celtae, nostra Galli appellantur. [2] Hi omnes lingua, institutis, legibus inter se differunt. Gallos ab Aquitanis Garumna flumen, a Belgis Matrona et Sequana dividit.

I Belgi e gli Elvezi: le popolazioni più bellicose

[3] Horum omnium fortissimi sunt Belgae, propterea quod a cultu atque humanitate provinciae longissime absunt minimeque ad eos mercatores saepe commeant atque ea, quae ad effeminandos animos pertinent, important, proximique sunt Germanis, qui trans Rhenum incolunt, quibuscum continenter bellum gerunt. [4] Qua de causa Helvetii quoque reliquos Gallos virtute praecedunt, quod fere cotidianis proeliis cum Germanis contendunt, cum aut suis finibus eos prohibent aut ipsi in eorum finibus bellum gerunt.

Il territorio dei Galli, dei Belgi e degli Aquitani: ubicazione e confini

[5] Eorum una pars, quam Gallos obtinere dictum est, initium capit a flumine Rhodano, continetur Garumna flumine, Oceano, finibus Belgarum, attingit etiam ab Sequanis et Helvetiis flumen Rhenum, vergit ad septentriones. [6] Belgae ab extremis Galliae finibus oriuntur, pertinent ad inferiorem partem fluminis Rheni, spectant in septentrionem et orientem solem. [7] Aquitania a Garumna flumine ad Pyrenaeos montes et eam partem Oceani, quae est ad Hispaniam, pertinet; spectat inter occasum solis et septentriones.

[1, 1] **est... divisa**: il perfetto indica qui il risultato di un'azione, perciò «si trova attualmente divisa». [2] **Garumna... Matrona... Sequana**: sono gli attuali fiumi della Francia Garonna, Marna e Senna. [3] **propterea quod**: «poiché», introduce una proposizione causale. • **minime... saepe**: da unire, «assai raramente»; i due termini formano una litote, lett. «assai poco spesso». • **important**: il soggetto è *mercatores*. [4] **Qua de causa**: nesso relativo, *Et de ea causa*, «E per questo motivo». • **eos... ipsi**: *eos* è riferito ai Germani, *ipsi* agli Elvezi. [5] **Garumna... Oceano... finibus**: tre ablativi di causa efficiente coordinati per asindeto che completano *continetur* (il soggetto è sempre *una pars*). [6] **Belgae**: lett. «i Belgi», si può rendere in italiano con «il territorio dei Belgi» e concordare i successivi predicati (*oriuntur, pertinent... spectant*) al singolare.

## Il testo e il contesto

**GLI ABITANTI DELLA GALLIA** Cesare illustra con estrema chiarezza la situazione della *Gallia Comata*: essa è abitata da tre popolazioni che differiscono per abitudini, leggi e lingua. La parte più consistente della regione, che corrisponde alla parte centrale dell'attuale Francia, è occupata da coloro che si definivano "Celti" e che i Romani chiamavano "Galli"; a sud-ovest, nella regione che si affaccia sull'Oceano Atlantico a nord dei Pirenei, si trovano gli Aquitani. A nord, nella regione adiacente al fiume Reno, i Belgi. I confini naturali tra le varie regioni identificate da Cesare sono rappresentati da fiumi, fenomeno ben comprensibile, dato che per popolazioni tecnologicamente poco avanzate l'attraversamento di un corso d'acqua anche di medie proporzioni può essere assai difficile. Si noti che Cesare non nomina alcun centro abitato: questo significa che egli non riteneva degne di nota le città galliche, che agli occhi dei Romani dovevano apparire come modesti villaggi, insignificanti dal punto di vista politico ed economico.

**I NEMICI PIÙ AGGUERRITI: BELGI, GERMANI, ELVEZI** Cesare stabilisce una relazione di diretta proporzione tra la distanza di una popolazione dalla civiltà, intesa come civiltà latina, e il suo grado di valore in guerra: questa osservazione si fonda su un luogo comune ben presente già nel pensiero greco, in base al quale le comodità della vita civile e urbana tolgono a un popolo la capacità di combattere.
Cesare, applicando questo principio agli abitanti della Gallia, conclude che i più forti di tutti sono i Belgi: infatti, oltre a essere lontani dalla civiltà, combattono abitualmente contro i bellicosi Germani. Per l'abitudine a combattere contro costoro, fra i Galli si distinguono anche gli Elvezi. Non sembra casuale che le tre popolazioni citate come più pericolose siano proprio quelle contro le quali il proconsole ha combattuto e vinto nei primi due anni del suo mandato, anni durante i quali prima ha sterminato gli Elvezi, poi sconfitto i Germani guidati da Ariovisto (le campagne del 58 a.C. narrate nel libro I), quindi sottomesso i Belgi (come si racconta nei capitoli 1-33 del libro II, relativamente al 57 a.C.). Pare che Cesare, introducendo i propri commentari, abbia desiderato giustificare di fronte al lettore, senza fare cenni diretti, proprio le sue prime campagne, che dal punto di osservazione della capitale potevano apparire inutili e dispendiose guerre contro popolazioni lontane. Per questi aspetti si può considerare che il capitolo primo sia una premessa assai ben studiata soprattutto ai primi due libri.

## Il senso del testo

**L'ASSENZA DI UNA PREMESSA** L'apertura dell'opera non contiene una premessa sulle intenzioni dell'autore, come avviene normalmente nelle opere a carattere storiografico, per esempio in quelle di Sallustio. Tale apparente anomalia in passato ha indotto taluni commentatori a supporre che l'introduzione originale sia stata successivamente sostituita da un copista con questo capitolo; l'anomalia è però ampiamente giustificata dal fatto che, evidentemente, i commentari sono pensati non come un'opera storica, nella quale l'autore rielabora fonti di varia provenienza per dare al lettore un quadro completo di un fenomeno, ma come testi tecnici e documentari, tesi a rappresentare al senato la situazione in cui opera il generale e le ragioni delle sue scelte. Ovviamente i commentari di Cesare non sono dei semplici rapporti alle autorità politiche di Roma, tuttavia questa è, evidentemente, la loro funzione di partenza. Il capitolo iniziale, perciò, serve principalmente a definire il contesto in cui Cesare opera e a dare informazioni utili a eventuali suoi successori.

**Guerriero gallo**, I sec. a.C. Avignone, Musée Calvet.

**LEGGO E COMPRENDO**

**1.** Quali elementi geografici vengono nominati nella delimitazione dei confini tra i popoli della Gallia?

**2.** Su quali fonti letterarie si basa Cesare per la descrizione dei Galli, oltre che sulla propria esperienza diretta?

**3.** Per quale motivo Cesare non premette un proemio al *De bello Gallico*?

L'OPERA

# IL *DE BELLO GALLICO*

**STRUTTURA E CONTENUTI** I *Commentarii de bello Gallico* sono suddivisi in **otto libri** e rendono conto delle azioni compiute da **Cesare** come **proconsole** di **tre province** (Gallia Cisalpina, Gallia Narbonese e Illirico). Ciascuno dei primi sette libri narra i fatti di un anno (a partire dal 58 a.C., anno d'inizio del mandato proconsolare); l'VIII libro comprende i fatti di due anni, il 51 e il 50. Particolare rilievo nella narrazione del *De bello Gallico* ha l'assoggettamento dei territori situati a nord della Gallia Narbonese, impresa alla quale Cesare dedica ogni anno il periodo che va dall'inizio della primavera all'autunno, tranne in casi eccezionali in cui il suo intervento si rende necessario anche nella stagione invernale (normalmente in autunno Cesare passa al di qua delle Alpi e sistema gli affari dell'Illirico e della Cisalpina, per riattraversare le Alpi in primavera).
All'inizio del libro VIII si trova una lettera scritta da Irzio, ufficiale di Cesare, a Balbo; stando a tale lettera, l'ultimo libro non sarebbe opera di Cesare, ma di Irzio stesso. La lettera, tuttavia, è assai probabilmente un falso scritto *a posteriori*. Il racconto di Cesare si interrompe verosimilmente con la fine dell'anno 51 a.C.; da Irzio sarebbero dunque stati scritti esclusivamente i pochi fatti relativi al 50 a.C.

| | |
|---|---|
| **LIBRO I** (fatti del 58 a.C.) | Cesare interviene oltre le Alpi per respingere la tribù degli Elvezi che, mossasi dalla attuale Svizzera francese, cala nella valle del Rodano. Gli Elvezi vengono sconfitti presso la città di Bibratte. Durante lo stesso anno il proconsole respinge al di là del Reno anche le tribù dei Germani guidate da Ariovisto. |
| **LIBRO II** (fatti del 57 a.C.) | Cesare, a capo di un agguerrito esercito, si addentra nei territori dei Belgi, nel nord-est dell'attuale Francia, per prevenire invasioni simili a quelle che si erano verificate l'anno precedente. I Romani massacrano le popolazioni dei Nervi e degli Atuatuci. A Roma il senato accorda a Cesare grandi onorificenze pubbliche per le conquiste effettuate. |
| **LIBRO III** (fatti del 56 a.C.) | Nell'attuale Bretagna, la popolazione gallica dei Veneti sembra in procinto di minacciare i domini dei Romani. Cesare affronta e vince il nemico in battaglia navale nelle acque dell'Oceano; nel corso dello stesso anno assoggetta anche le tribù stanziate nella zona dell'attuale Normandia e dell'Aquitania, regione prospiciente l'Oceano a nord dei Pirenei. |
| **LIBRO IV** (fatti del 55 a.C.) | Compiendo immensi massacri, Cesare respinge le tribù germaniche degli Usipeti e dei Tencteri, le quali avevano oltrepassato il fiume Reno e intendevano stanziarsi nel territorio dei Galli. Per dimostrare la propria superiorità militare, il proconsole ordina di costruire un ponte sul Reno, nella zona della attuale città di Coblenza. Prepara quindi una spedizione navale per raggiungere le coste della Britannia, mai prima toccate dai Romani. Dopo aver attraversato la Manica, Cesare si addentra nel territorio dei Britanni. Per le operazioni oltre il Reno e in Britannia Cesare ottiene nuovamente grandi onorificenze a Roma. |
| **LIBRO V** (fatti del 54 a.C.) | Con la primavera Cesare decide di tornare in Gallia per invadere nuovamente la Britannia. Prima di lasciare il continente, ordina di assassinare il gallo Dumnorige, sospettato di voler organizzare una rivolta. La seconda spedizione sull'isola vede i Romani penetrare fino oltre il Tamigi e combattere con diverse tribù (ricevendo infine atto formale di sottomissione). Rientrato sul continente, e pronto a rientrare in Italia, Cesare deve fronteggiare una vasta ribellione di Galli nella zona del Belgio. I Galli, in particolare gli Eburoni condotti da Ambiorige, riescono a distruggere una legione e cinque coorti. |
| **LIBRO VI** (fatti del 53 a.C.) | L'anno è dedicato a combattere contro i Galli in rivolta: con aspri scontri i ribelli vengono sottomessi. Durante le operazioni Cesare oltrepassa il Reno ancora una volta (il ponte costruito, questa volta, verrà lasciato per successive operazioni). |
| **LIBRO VII** (fatti del 52 a.C.) | Durante l'inverno Cesare è costretto a riattraversare le Alpi per sedare la ribellione degli Arverni guidati dal principe gallico Vercingetorige. Dopo aver distrutto le città di Cenabo e di Avarico, sedi dei ribelli, e dopo essere stato sconfitto a Gergovia, Cesare riesce ad assediare Vercingetorige ad Alesia. L'assedio va a buon fine: Vercingetorige si consegna spontaneamente al nemico e a Cesare, a Roma, vengono tributate grandi onorificenze per la vittoria. |
| **LIBRO VIII** (fatti del 51-50 a.C.) | Cesare sopisce tutti i focolai di insurrezione rimasti in Gallia. Alla fine dell'inverno, nel 50 a.C., passa nella Gallia Cisalpina per prepararsi a fronteggiare le manovre dei senatori suoi avversari che, a Roma, desiderano privarlo del potere militare. |

**GUIDA ALLO STUDIO**

**1.** A che cosa corrisponde la divisione in otto libri dei *Commentarii de bello Gallico*?

**2.** Contro quali popoli Cesare combatte nel primo anno del suo proconsolato?

**3.** In quali anni Cesare si reca in Britannia?

CESARE PER COMPRENDERE

T2-T3

# Il piano degli Elvezi

| *De bello Gallico* 1, 2-6 |

*Dopo il breve capitolo iniziale, Cesare inizia immediatamente a raccontare le vicende in cui matura il tentativo da parte degli Elvezi, la tribù gallica stanziata nei pressi dell'attuale lago di Ginevra, di abbandonare le zone montuose per scendere nelle ampie pianure dell'attuale Francia centrale. Egli si sofferma sull'accurata preparazione logistica richiesta dallo spostamento di una popolazione che annoverava circa 368.000 persone (secondo il calcolo che effettua lo stesso Cesare in 1, 29), ma soprattutto esamina il clima politico in cui matura la decisione, negli anni immediatamente precedenti al suo proconsolato: la vicenda prende avvio nel 61 a.C. per iniziativa del nobile Orgetorige, che sperava così di ottenere la supremazia tra i nobili della sua tribù, divenire re degli Elvezi e, infine, dominare su tutta la Gallia.*

T2

ITALIANO

## Le trame di Orgetorige

| *De bello Gallico* 1, 2-4 |

[**2, 1**] Presso gli Elvezi il più nobile e il più ricco in assoluto fu Orgetorige. Egli, durante il consolato di Marco Messala e di Marco Pupio Pisone[1], indotto dal desiderio di regnare[2], si alleò con giuramenti alla nobiltà e convinse il popolo ad abbandonare i propri territori insieme a tutti gli uomini armati: [**2**] dato che essi superavano tutti nel valore militare, era assai facile prendere il potere sull'intera Gallia[3]. [**3**] Di ciò li persuase con una certa facilità per questo motivo, perché gli Elvezi da ogni parte sono chiusi dalla natura del territorio: da una parte dal larghissimo e profondissimo fiume Reno, che divide la terra degli Elvezi dai Germani; dall'altra dall'altissimo monte Giura, che si trova tra gli Elvezi e i Sequani; dalla terza parte dal lago Lemano e dal Rodano, che li separa dalla nostra provincia. [**4**] Da queste circostanze derivava che essi sia si spostavano attraverso uno spazio abbastanza ristretto, sia facevano incursioni contro i popoli vicini con relativa difficoltà; e sotto questo aspetto essi, in quanto uomini desiderosi di combattere, erano decisamente scontenti[4]. [**5**] Del resto, rispetto all'entità della popolazione e alla consolidata fama ottenuta in guerre poderose, essi ritenevano di occupare territori ristretti, i quali si estendevano per duecentoquaranta miglia in lunghezza e centottanta in larghezza.

[**3, 1**] Spinti da tali motivi e soggiogati dalla personalità di Orgetorige, gli Elvezi decisero di preparare i mezzi che servivano per partire, di fare incetta della quantità maggiore possibile di animali da soma e di carri, di seminare quanto più possibile, affinché la quantità di frumento bastasse durante il viaggio, di confermare i trattati di pace e di alleanza con i popoli vicini. [**2**] Ritennero che due anni fossero sufficienti per portare a termine quei progetti: con una legge fissarono la partenza al terzo anno[5].

1. È il 61 a.C.
2. Pochi anni prima dell'arrivo di Cesare la maggior parte delle tribù galliche era passata da regimi monarchici a governi aristocratici, quindi a strutture statali maggiormente basate su organismi di tipo assembleare, con una conseguente gestione condivisa del potere. Orgetorige è uno di quegli uomini di rango reale che tentano di reinstaurare il potere monarchico.
3. Cesare introduce fin dall'inizio dell'opera l'idea che l'estendere la propria supremazia sull'intera Gallia fosse un disegno concepito dagli Elvezi già prima del suo arrivo: Orgetorige provvederà a realizzarlo.
4. Nelle popolazioni galliche l'agricoltura, l'allevamento e il commercio erano praticate dalla fascia sociale più bassa. I guerrieri traevano spesso le loro ricchezze da spedizioni di rapina ai danni delle tribù vicine.
5. La primavera del 58 a.C., quando Cesare inizia il proprio mandato.

[3] Per eseguire tali operazioni viene scelto Orgetorige. [4] Egli, quando intraprese la missione diplomatica presso i popoli vicini, in quel viaggio persuase Castico, figlio di Catamantalede, sequano[6], il cui padre aveva mantenuto il potere per molti anni sui Sequani e dal senato del popolo romano era stato insignito col titolo di amico[7] del popolo romano, a impadronirsi nel suo popolo del potere che in precedenza aveva avuto il padre; [5] allo stesso modo Orgetorige convince l'eduo Dumnorige, fratello di Diviziaco[8], che in quel momento manteneva la supremazia nel popolo ed era assai ben accetto alla plebe, a tentare la medesima impresa e a lui dà in sposa sua figlia. [6] Orgetorige dimostra loro che è assai facile portare a compimento l'impresa, proprio per il fatto che egli stesso avrebbe preso il potere sul suo popolo: [7] non c'era dubbio che gli Elvezi fossero i più potenti dell'intera Gallia; egli conferma che avrebbe facilitato la loro presa del potere con le sue milizie e col suo esercito. [8] Convinti da questo discorso, essi si scambiano reciprocamente giuramenti di fedeltà e sperano, una volta ottenuto il potere, di potersi impadronire dell'intera Gallia per mezzo dei tre popoli più potenti e più forti.

[4, 1] Quell'accordo fu rivelato agli Elvezi per mezzo di una delazione[9]. In base alle loro usanze essi costrinsero Orgetorige a pronunziare il proprio discorso di difesa incatenato: era necessario che a lui, una volta condannato, toccasse come pena di essere arso vivo[10]. [2] Nel giorno stabilito per il processo, Orgetorige condusse nel medesimo luogo tutta la sua gente, circa diecimila persone[11], da ogni parte radunò anche tutti i suoi clienti e debitori, dei quali aveva gran quantità; grazie a quelli si sottrasse alla discussione della causa. [3] Mentre il popolo, irritato per quel fatto, cercava di ottenere con le armi il proprio diritto e i magistrati radunavano dalle campagne una grande moltitudine di uomini, Orgetorige morì: [4] non manca il sospetto, come ritengono gli Elvezi, che si sia dato da sé la morte.

**Scena di battaglia tra Romani e Galli**, particolare del bassorilievo di *Glanum*, I sec. a.C. Roma, Museo della Civiltà Romana.

6. Non si sa nulla di questi due personaggi.
7. Titolo che presupponeva un vincolo di alleanza meno rigoroso rispetto a quello di *socius*.
8. Diviziaco era uno degli aristocratici che intrattenevano ottime relazioni con i Romani, mentre suo fratello Dumnorige, probabilmente per impadronirsi del potere, fu sempre fieramente ostile nei loro confronti. Venne fatto assassinare da Cesare nel 54 a.C. La popolazione degli Edui, cui appartenevano Diviziaco e il fratello, era stanziata nell'attuale Francia centrale.
9. L'aristocrazia che manteneva il potere era evidentemente attenta a prevenire colpi di stato monarchici.
10. Si tratta di usanze decisamente barbariche agli occhi di un uomo romano.
11. Di fatto Orgetorige era il capo di un vasto clan.

T3

LATINO/ITALIANO

# I preparativi per la partenza

*De bello Gallico* 1, 5-6

[5, 1] Post eius mortem nihilominus Helvetii, id quod constituerant, facere conantur, ut e finibus suis exeant. [2] Ubi iam se ad eam rem paratos esse arbitrati sunt, oppida sua omnia numero ad duodecim, vicos ad quadringentos, reliqua privata aedificia incendunt, [3] frumentum omne, praeter quod secum portaturi erant, comburunt, ut domum reditionis spe sublata paratiores ad omnia pericula subeunda essent; trium mensum molita cibaria sibi quemque domo efferre iubent. [4] Persuadent Rauracis et Tulingis et Latovicis finitimis uti eodem usi consilio oppidis suis vicisque exustis una cum iis proficiscantur, Boiosque, qui trans Rhenum incoluerant et in agrum Noricum transierant Noreiamque oppugnabant, receptos ad se socios sibi adsciscunt.
[6, 1] Erant omnino itinera duo, quibus itineribus domo exire possent: unum per Sequanos, angustum et difficile, inter montem Iuram et flumen Rhodanum, vix qua singuli carri ducerentur, mons autem altissimus impendebat, ut facile perpauci prohibere possent; [2] alterum per provinciam nostram, multo facilius atque expeditius, propterea

[5, 1] Dopo la sua morte[1], nondimeno gli Elvezi cercano ugualmente di attuare il progetto che avevano stabilito, di abbandonare il loro territorio. [2] Quando ritennero di essere ormai pronti per quell'impresa, incendiano tutte le loro città, in numero di dodici, i loro villaggi, circa quattrocento, e gli altri edifici privati; [3] bruciano tutto il grano, a eccezione di quello che stavano per portare con sé, perché, una volta tolta la speranza di tornare in patria, fossero più pronti ad affrontare tutti i pericoli; ordinano che ciascuno porti per sé da casa farina per tre mesi. [4] Persuadono i confinanti Rauraci, Tulingi e Latovici[2] a partire insieme a loro, dopo aver preso la medesima decisione, una volta bruciati i loro paesi e i loro villaggi; associano a sé come alleati, dopo averli accolti, i Boi[3], che si erano stabiliti al di là del Reno, erano passati nel Norico e assediavano Noreia[4].
[6, 1] In totale erano due i percorsi lungo i quali gli Elvezi potevano uscire dal loro paese: il primo attraverso i Sequani, stretto e difficoltoso, tra il monte Giura e il fiume Rodano, lungo il quale a stento i carri procedevano uno alla volta; del resto incombeva una montagna elevatissima, cosicché facilmente pochissimi uomini avrebbero potuto impedire il passaggio; [2] il secondo attraverso la nostra provincia, molto più agevole

[5, 1] **eius**: si tratta di Orgetorige. • **ut... exeant**: proposizione sostantiva volitiva, epesegetica rispetto a *quod... conantur*. [3] **ad... subeunda**: costrutto del gerundivo attributivo con funzione finale, «ad affrontare tutti i pericoli». • **molita cibaria**: lett. «cibi macinati», e perciò «farina»; *molita* è participio perfetto da *molo*, «macinare» (vedi in italiano "mulino"). [4] **uti**: equivale a *ut*.
[6, 1] **quibus itineribus**: secondo un'abitudine stilistica caratteristica di Cesare, l'antecedente del relativo (*itinera*) può essere richiamato nella proposizione subordinata per conferire massima chiarezza all'enunciato; è una prassi riferibile al linguaggio ufficiale delle relazioni dei generali al senato. [3] **bono animo**: ablativo di qualità, sostituisce il complemento predicativo del soggetto. [4] **qua die**: anche in questa locuzione caratteristica del linguaggio amministrativo l'antecedente è richiamato nella subordinata. • **a. d. V**: leggi *ante diem quintum*, si tratta del 27 marzo del 58 a.C.

1. Ovvero la morte di Orgetorige.
2. Popolazioni galliche non bene individuate dagli studiosi.
3. I Boi sono noti anche per essersi stanziati nella pianura padana.
4. Il Norico corrisponde all'attuale Austria centrale, mentre la città di Noreia non è identificabile.

quod inter fines Helvetiorum et Allobrogum, qui nuper pacati erant, Rhodanus fluit isque nonnullis locis vado transitur. [3] Extremum oppidum Allobrogum est proximumque Helvetiorum finibus Genava. Ex eo oppido pons ad Helvetios pertinet. Allobrogibus sese vel persuasuros, quod nondum bono animo in populum Romanum viderentur, existimabant vel vi coacturos ut per suos fines eos ire paterentur. [4] Omnibus rebus ad profectionem comparatis diem dicunt qua die ad ripam Rhodani omnes conveniant. Is dies erat a. d. V. Kal. Apr. L. Pisone A. Gabinio consulibus.

e rapido, perché tra i territori degli Elvezi e degli Allobrogi[5], che erano stati da poco pacificati, scorre il Rodano ed esso in più punti si attraversa a guado. [3] L'ultima città degli Allobrogi e la più vicina al territorio degli Elvezi è Ginevra. Da quella un ponte si protende verso gli Elvezi. Questi ritenevano che avrebbero convinto gli Allobrogi, che non sembravano ancora di buon animo verso i Romani, o che li avrebbero costretti con la forza, a permettere che essi attraversassero il loro territorio. [4]Ultimati i preparativi per la partenza, stabiliscono la data in cui tutti si riuniscano sulla riva del Rodano: quel giorno era il 28 marzo, nell'anno del consolato di Lucio Pisone e Aulo Gabinio[6].

5. Gli Allobrogi sono i Galli sottomessi ai Romani e stanziati nella zona dell'attuale Francia meridionale.

6. Ovvero il 58 a.C.

## PER COMPRENDERE IL TESTO

### Il senso del testo

**UNA SITUAZIONE INSTABILE** Cesare svolge in questi capitoli una attenta analisi della situazione politica delle tribù galliche e delle relazioni che tra tali tribù intercorrono. Dal quadro delineato emerge che queste popolazioni sono potenzialmente pericolose per i territori sotto il dominio di Roma, data la loro estrema propensione a compiere rivolgimenti e sommosse. L'instabilità è dovuta soprattutto al fatto che le tribù galliche appaiono in una fase di passaggio tra il regime monarchico e l'ordinamento aristocratico. Cesare sa che nella generazione precedente a quella attuale, per esempio, i Sequani erano dominati da un re (3, 4), mentre ora il potere appartiene a un'assemblea di aristocratici. Così il tentativo di Orgetorige di diventare re e di spogliare del potere gli aristocratici, di fronte ai quali egli viene denunciato (cap. 4), ha lo scopo di riportare la sua tribù al passato ordinamento. Cesare intuì sicuramente la situazione e nel tempo perseguì l'eliminazione sistematica dei più potenti prìncipi delle tribù galliche – l'ultimo dei quali fu Vercingetorige, il protagonista della pericolosa rivolta del 52 a.C. – sostituendo ad essi, alla guida delle varie tribù, aristocratici fedeli a Roma.

**IL PROGETTO DI UNIFICAZIONE DELLA GALLIA** Assai insidioso avrebbe potuto rivelarsi il piano di Orgetorige di costituire una solida alleanza fra tre tribù galliche particolarmente bellicose e stanziate proprio ai confini della provincia romana, tribù che avrebbero potuto conquistare tutta la Gallia (3, 8). Ben diverso orientamento rispetto a quello di Orgetorige nei confronti di Roma sembrano avere il resto dell'aristocrazia e il popolo, i quali evidentemente trovavano nei Romani degli interessanti soggetti per incrementare i propri commerci; anche Diviziaco, il personaggio più influente degli Edui e alleato di Roma, ha del resto dalla sua parte il popolo. Nel complesso, il panorama tratteggiato offre una giustificazione dell'energico intervento del proconsole, mosso dalla necessità di intervenire militarmente per stabilizzare la situazione ai confini della sua provincia.

**LEGGO E COMPRENDO**

**1.** Quali rapporti esistevano tra i Romani da una parte, Castico dei Sequani e Diviziaco degli Edui dall'altra?

**2.** In che cosa Castico e Diviziaco si differenziano nei loro comportamenti dagli antichi alleati di Roma?

**3.** Come viene presentata la società dei Galli? Quale forma di organizzazione del potere la caratterizza?

# T4-T5 La reazione del proconsole

De bello Gallico 1, 7-12

*In questi capitoli compare per la prima volta nel* De bello Gallico *l'azione di Cesare. Informato dei movimenti degli Elvezi, il neoproconsole decide di impedire che questi ultimi attraversino la provincia romana e raggiunge immediatamente la zona degli avvenimenti, nei pressi dell'attuale Lago di Ginevra. Subito dispone che siano approntate delle fortificazioni per impedire la discesa verso il territorio romano degli Elvezi, i quali decidono quindi di passare dalla via settentrionale, attraverso il massiccio del Giura, dilagando nel territorio degli Edui al di là del Rodano e provocando il panico nelle popolazioni invase. Radunate le legioni presenti nell'Italia settentrionale e raggiunti gli Elvezi sul fiume Arar (l'attuale Saône, un affluente di destra del Rodano), Cesare attacca i nemici mentre attraversano il corso d'acqua, distruggendone la retroguardia.*

## T4 Le misure precauzionali

ITALIANO

De bello Gallico 1, 7-9

[7, 1] Cesare, dopo che gli era stato comunicato che gli Elvezi tentavano di attraversare la nostra provincia, si affretta a partire dall'Urbe[1] e si dirige il più rapidamente possibile a marce forzate verso la Gallia Transalpina e giunge a Ginevra. [2] Impone a tutta la provincia la fornitura del maggior numero possibile di soldati (in Gallia Transalpina c'era una sola legione in tutto); ordina che sia tagliato il ponte che sorgeva nei pressi di Ginevra. [3] Gli Elvezi, quando furono informati del suo arrivo, gli inviano come ambasciatori i cittadini più nobili della comunità, e Nammeio e Veruclezio tenevano la posizione di maggior prestigio di quella ambasceria, con il compito di dire che essi senza provocare alcun danno avevano in animo di attraversare la provincia, per il fatto che non avevano nessun'altra strada; chiedevano che fosse loro concesso di fare ciò con il suo assenso. [4] Cesare, poiché ricordava che da parte degli Elvezi era stato ucciso il console Lucio Cassio ed era stato sconfitto il suo esercito ed era stato fatto passare sotto il giogo[2], riteneva che il permesso non dovesse essere concesso; [5] e riteneva che non si sarebbero astenuti da soprusi e vandalismi uomini d'animo ostile, una volta concessa la facoltà di attraversare la provincia. [6] Tuttavia, per guadagnare tempo fino a quando fossero giunti i soldati che aveva comandato, risponde agli ambasciatori che egli avrebbe indicato il giorno per la delibera: se volevano una risposta, tornassero il 13 aprile.

[8, 1] Nel frattempo, con quella legione che aveva con sé e con i soldati che erano giunti dalla provincia, Cesare fa costruire un muro lungo diciannove miglia e alto sedici piedi, con relativo fossato, dal lago Lemano, che sbocca nel Rodano, fino al monte Giura, che divide i territori dei Sequani dagli Elvezi[3]. [2] Ultimata l'opera, fa disporre posti di guardia e costruire fortini per poter tenere lontani con maggior facilità gli Elvezi, se avessero

1. È il marzo del 58 a.C. e il proconsolato di Cesare era iniziato da pochi mesi; in quel momento Cesare si trovava a Roma e probabilmente non aveva scelto ancora quale delle tre province assegnategli (Gallia Cisalpina, Gallia Narbonese, Illirico) visitare per prima.
2. La battaglia era avvenuta nel 107 a.C.
3. È la prima delle imponenti opere predisposte da Cesare e che caratterizzeranno la sua attività bellica nelle Gallie.

tentato di passare suo malgrado. [3] Quando giunse la data che aveva concordato con gli ambasciatori ed essi ritornarono da lui, Cesare afferma che, in base alla tradizione e modo di operare del popolo romano, egli non poteva concedere ad alcuno il transito attraverso la provincia e chiarisce che lo avrebbe impedito, se avessero cercato di compiere un'azione di forza[4]. [4] Gli Elvezi, delusi in questa speranza, provarono a forzare il blocco, una volta legate insieme[5] delle imbarcazioni e approntate numerose zattere, sia di giorno, sia più spesso di notte; altri cercarono di passare attraverso i guadi del Rodano, dove era minima la profondità del fiume. Respinti dalle fortificazioni e dall'accorrere dei legionari e dai proiettili, desistettero da questo tentativo.

[9, 1] Rimaneva solo la strada attraverso le terre dei Sequani, lungo la quale non potevano andare a causa delle strettoie senza il loro permesso. [2] Poiché con le loro risorse non sarebbero riusciti a persuadere i Sequani, mandarono degli emissari all'eduo Dumnorige, per ottenere il permesso grazie alla sua intercessione. [3] Dumnorige aveva moltissimo potere presso i Sequani per le sue benevole largizioni ed era amico degli Elvezi perché aveva preso in moglie da quel popolo la figlia di Orgetorige e, spinto dalla brama di regnare, meditava una rivolta e voleva tenere legati a sé quanti più popoli possibile grazie ai suoi benefici[6]. [4] Così si assume l'incarico e ottiene dai Sequani che permettano che gli Elvezi attraversino i loro territori e fa in modo che si scambino ostaggi: i Sequani perché non ostacolino gli Elvezi nel cammino, gli Elvezi perché compiano la traversata senza violenze e atti vandalici.

4. Da questo rifiuto nascerà il pretesto per la lunghissima catena di interventi contro i Galli; sarebbe stato comunque decisamente inconsueto da parte di un governatore romano permettere che una popolazione straniera e bellicosa come gli Elvezi attraversasse i territori posti sotto la sua responsabilità.
5. Le imbarcazioni legate fra di loro potevano formare come delle chiatte, difficili da rovesciare anche se molto cariche.
6. Di Orgetorige e di come aspirasse a prendere il potere sugli Elvezi Cesare ha raccontato al cap. 3, 5 ➛ **T2**.

**T5**
ITALIANO

## Lo scontro sul fiume Arar

| *De bello Gallico* 1, 10-12 |

[10, 1] A Cesare viene riferito che gli Elvezi hanno in mente di fare il percorso attraverso la terra dei Sequani e degli Edui fino ai territori dei Santoni, i quali non son distanti dalle zone dei Tolosati, che è un popolo stanziato nella provincia. [2] Si rendeva conto che, se ciò fosse accaduto, sarebbe stato con grande pericolo della provincia avere come confinanti in luoghi aperti e assai forniti di frumento popolazioni bellicose ostili al popolo romano[1]. [3] Per questi motivi pose a capo delle fortificazioni che aveva fatto costruire il legato Tito Labieno[2]; lui invece si dirige a marce forzate in Italia e là arruola

1. Secondo gli storici questa motivazione dell'intervento armato fornita da Cesare è decisamente forzata, dato che il territorio della tribù dei Santoni si trovava sull'Oceano Atlantico, circa 200 km a nord rispetto alla città di Tolosa.
2. Tito Labieno, aristocratico romano, fu fedelissimo e prezioso collaboratore di Cesare fino all'inizio della guerra civile, quando passò dalla parte di Pompeo. Da allora combatté contro Cesare e morì nella battaglia di Munda nel 45 a.C.

due legioni e ne mobilita tre, che svernavano nei dintorni di Aquileia, e parte con queste cinque legioni per la strada più breve attraverso le Alpi verso la Gallia Transalpina[3]. [4] Là i Ceutroni e i Graioceli e i Caturigi[4], occupate le alture, tentano di impedire il passaggio all'esercito. [5] Una volta respinti questi popoli con numerosi scontri, Cesare da Ocelo[5], che è la più lontana città della Gallia Cisalpina, giunge dopo sei giorni nel territorio dei Voconzi della Gallia Transalpina; da lì conduce l'esercito nelle terre degli Allobrogi, dagli Allobrogi ai Segusiavi. Questi sono i primi fuori della provincia al di là del Rodano[6].

**[11, 1]** Gli Elvezi ormai avevano trasferito le loro milizie attraverso le strettoie e il territorio dei Sequani ed erano giunti nel territorio degli Edui e devastavano i loro campi[7]. [2] Gli Edui, dato che non erano in grado di difendere se stessi e i loro beni, mandano da Cesare degli ambasciatori per chiedere aiuto[8]: [3] essi in ogni occasione avevano acquisito meriti di fronte al popolo romano, tanto che non avrebbero dovuto vedere che i loro campi erano saccheggiati, i loro figli tratti in schiavitù, le loro città espugnate quasi al cospetto del nostro esercito. [4] Nello stesso tempo gli Ambarri, affini e consanguinei degli Edui, fanno sapere a Cesare che, essendo stati devastati i loro campi, essi non facilmente tenevano lontane dalle loro città le forze dei nemici. [5] Allo stesso modo gli Allobrogi, che al di là del Rodano avevano villaggi e possedimenti, si rifugiano presso Cesare e spiegano che a loro nulla rimaneva se non la terra dei campi. [6] E Cesare, indotto da tali avvenimenti, decide di non aspettare che gli Elvezi giungano nei territori dei Santoni, una volta saccheggiati tutti i beni degli alleati.

**[12, 1]** C'è un fiume, l'Arar[9], che attraverso i territori degli Edui e dei Sequani si getta nel Rodano con incredibile placidità, tanto che a occhio non si può stabilire in quale direzione fluisca. Gli Elvezi lo stavano attraversando su zattere e barche appaiate. [2] Cesare, non appena fu informato dagli esploratori che gli Elvezi avevano già traghettato tre quarti delle truppe al di là di quel fiume, ma che un quarto era rimasto al di qua dell'Arar, una volta uscito dall'accampamento dopo mezzanotte con tre legioni raggiunse quella parte che non aveva ancora varcato il fiume. [3] Avendoli aggrediti carichi di bagagli e di sorpresa uccise gran parte di loro; i supersiti si diedero alla fuga e si nascosero nelle vicine selve[10]. [4] Questa tribù si chiamava dei Tigurini; l'intero popolo degli Elvezi infatti è diviso in quattro parti o cantoni. [5] Questo cantone da solo, una volta abbandonata la sua patria, secondo il ricordo dei nostri padri, aveva ucciso il console Lucio Cassio e aveva fatto passare il suo esercito sotto il giogo. Così, o per caso o per volontà degli dèi immortali, per prima pagò le proprie colpe quella parte del popolo degli Elvezi che aveva causato al popolo romano una memorabile

3. Probabilmente Cesare attraversa le Alpi al colle del Monginevro, il valico più comodo.
4. Popolazioni alpine di origine celtica.
5. Città di difficile identificazione, forse all'inizio della Val di Susa.
6. I Voconzi, come gli Allobrogi, sono importanti tribù galliche della provincia romana al di qua del Rodano. Cesare apre le ostilità contro i Galli attraversando il Rodano a nord dell'attuale città di Lione e giungendo così in terra straniera (i Segusiavi, clienti degli Edui, erano stanziati fuori dalla provincia romana).
7. Evidentemente gli Elvezi non avevano rispettato gli accordi con Dumnorige, oppure questi sperava di prendere il potere sui suoi con l'aiuto degli Elvezi (e per questo aveva accordato loro il diritto di attraversare la terra del suo popolo).
8. Come accade per lo più nel *De bello Gallico*, Cesare riporta i discorsi (propri e di altri) in forma indiretta.
9. Si tratta dell'attuale Saône, affluente di destra del Rodano.
10. L'azione di Cesare si risolve in un massacro; è soltanto il primo dei numerosi che egli ordinerà ai danni dei Galli. Le proporzioni della strage e soprattutto i metodi, che non avevano nulla a che fare con le battaglie campali in cui si fronteggiavano eserciti regolarmente attrezzati, destarono scalpore anche a Roma (➛ Scheda "Lettura critica", p. 495).

disgrazia. [6] E in questa occasione Cesare vendicò non solo le offese pubbliche, ma anche quelle private, perché i Tigurini, nella stessa battaglia in cui avevano eliminato Cassio, avevano ucciso il legato Lucio Pisone, avo di suo suocero Lucio Pisone[11].

11. La sconfitta dei Romani qui citata era stata già menzionata in 7, 4. Cesare era molto probabilmente epicureo e perciò non credeva che gli dèi intervenissero nella storia umana: in rapporto alla strage dei Tigurini si può dire che egli, secondo il proprio credo filosofico, prospetta i fatti avvenuti come opera del caso; allo stesso tempo non manca, in funzione propagandistica, di accondiscendere all'opinione comune che crede invece nell'esistenza degli dèi e nel loro intervento nelle vicende umane. D'altra parte Cesare qui per la prima volta prospetta la propria azione non come una aggressione, quanto piuttosto come il ripristino di un ordine sconvolto dalle azioni dell'uomo. Significativamente, egli non utilizza mai l'espressione "Gallia conquistata", ma "Gallia riportata alla pace" (*pacata*).

## PER COMPRENDERE IL TESTO

### Il senso del testo

**CESARE PROTAGONISTA** In questi capitoli compaiono per la prima volta alcuni elementi che caratterizzeranno tutta la narrazione successiva delle imprese di Cesare in Gallia. Significativamente il cap. 7 si apre con il nome di Cesare (7, 1), a evidenziarne il ruolo di indiscusso protagonista, del quale viene enfatizzata in primo luogo la rapidità: questi si reca infatti con straordinaria celerità nella zona della crisi (7, 1), notizia riportata anche dallo storico greco Plutarco, che nella sua biografia di Cesare ricorda come il viaggio da Roma a Ginevra si fosse svolto in soli otto giorni. Inoltre, una volta osservato che sono necessari rinforzi, Cesare assai rapidamente raduna cinque legioni con le quali non esita a passare celermente le Alpi (10, 3).

**LOGISTICA E COLLABORATORI** A esaltare l'operato di Cesare, seppur in maniera non esplicita, contribuisce in larga misura la minuziosa menzione di tutti gli elementi che determinano il suo successo. Innanzi tutto, egli si avvale di una rete di informatori ampia e organizzata: così viene a sapere per tempo della minaccia che incombe sulla sua provincia (7, 1), ma anche delle manovre degli Elvezi che si procurano la complicità dell'eduo Dumnorige (9), della loro marcia verso Nord (10, 1) e dei saccheggi nei territori invasi (11, 4). Inoltre, Cesare può contare su preziosi e validi collaboratori, come Tito Labieno, a cui affida le difese sul Rodano (10, 3).

**DIPLOMAZIA NELL'INTERESSE DI SÉ E DI ROMA** Cesare dispone di una notevole abilità diplomatica: riesce infatti a prendere tempo quando si trova in una situazione di relativa debolezza, avendo con sé una sola legione di fronte al gran numero degli Elvezi (7, 6). Allo stesso tempo, però, è fermo nelle sue decisioni quando sente di essere sicuro sotto il profilo militare. Ciò accade, ad esempio, quando nega agli Elvezi il permesso di attraversare la provincia romana (8, 3), una volta approntate le difese sul Rodano. All'abilità diplomatica contribuisce anche una profonda conoscenza dei nemici (7, 4 e 10, 2), da cui deriva anche la consapevolezza di non potersi fidare di loro.
In particolare, nel testo viene sottolineato come le decisioni di Cesare siano sempre prese nell'interesse di Roma, sia per quanto riguarda la difesa dei suoi interessi economici (evitare saccheggi della provincia: 7, 5), sia per quanto riguarda la tutela di alleati (11), sia, infine, per quanto riguarda la salvaguardia del suo buon nome. La disfatta dei Tigurini, la tribù elvetica che Cesare sgomina mentre sta attraversando il fiume Arar (12), viene presentata anche come la vendetta riparatrice ai danni di coloro che alcuni anni prima avevano inflitto un'umiliante sconfitta ai Romani (12, 4-6). In ultimo, al proconsole non manca la competenza in campo militare, che in questo caso si concretizza appunto nel massacro della tribù dei Tigurini (12, 2-3).

**LEGGO E COMPRENDO**

**1.** Che cosa fa Cesare quando viene a sapere degli spostamenti degli Elvezi fuori dal loro territorio? In che modo risponde, inizialmente, alla loro richiesta di attraversare la provincia, e a quale scopo?

**2.** Quale ruolo esercita Dumnorige nelle trattative tra gli Elvezi e gli Edui?

**3.** Individua punti di contatto e punti di divergenza tra i timori espressi da Cesare in 1, 7, 5 e quelli espressi in 1, 10, 2.

**4.** Perché gli Edui si aspettano che i Romani li difendano dagli Elvezi?

**5.** Quale precedente contesa aveva opposto Romani e Tigurini?

T6
ITALIANO

# Il discorso dell'elvezio Divicone e la risposta di Cesare

| *De bello Gallico* 1, 13-14 |

*Dopo la disfatta dei Tigurini, gli Elvezi, che erano stati raggiunti da Cesare mentre attraversavano il fiume Arar (l'attuale Saône), una volta devastato il territorio degli Allobrogi e degli Edui, tentano una soluzione diplomatica: inviano a Cesare come ambasciatore l'anziano Divicone, antico nemico dei Romani. La trattativa, tuttavia, fallisce, poiché il principe gallo, le cui parole risultano certamente un po' troppo arroganti per le orecchie del proconsole di Roma, non accetta le condizioni di pace che gli vengono offerte.*

[13, 1] Una volta terminato questo scontro, dispone di edificare un ponte[1] sull'Arar e così porta l'esercito dall'altra parte. [2] Gli Elvezi, spaventati dal suo repentino arrivo, quando si resero conto che lui aveva fatto in un solo giorno quello che loro avevano compiuto con grandissima difficoltà in venti giorni, attraversare il fiume, gli mandarono degli ambasciatori. E il capo di questa delegazione fu il principe Divicone, che era stato il comandante degli Elvezi durante la guerra contro Cassio[2]. [3] Egli così trattò la questione con Cesare: se il popolo romano avesse fatto pace con gli Elvezi, gli Elvezi si sarebbero trasferiti e sarebbero rimasti dove Cesare li avesse stabiliti e dove avesse voluto; [4] se invece avesse continuato a perseguitarli con la guerra, si ricordasse sia della passata sconfitta del popolo romano, sia dell'antico valore degli Elvezi.
[5] Quanto al fatto che aveva aggredito di sorpresa una sola tribù, mentre quelli che avevano attraversato il fiume non potevano recare aiuto ai loro, non per quel motivo attribuisse troppo al suo valore o disprezzasse il loro. [6] Essi erano stati istruiti dai loro padri e dai loro antenati in modo tale che combattevano più col valore che con l'inganno e con il far affidamento sulle imboscate. [7] Perciò badasse a che quel luogo dove si erano fermati non prendesse il nome da una disgrazia del popolo romano e dal massacro di un esercito o che ne tramandasse il ricordo.
[14, 1] A questi così rispose Cesare: dato che ricordava i fatti che gli ambasciatori elvezi avevano citato, tanto meno esitava e tanto più li sopportava a fatica, quanto meno erano capitati a causa del popolo romano. [2] E questo, il popolo romano, se allora fosse stato consapevole di aver commesso qualche offesa, non avrebbe avuto difficoltà a stare in guardia; ma era stato ingannato proprio perché non capiva né che cosa avesse commesso, tanto da aver motivo di temere, né riteneva di dover temere qualcosa senza motivo. [3] E se anche avesse voluto dimenticare le antiche offese, delle recenti, il fatto che, contro il suo volere, avevano tentato di aprirsi a forza un varco attraverso la provincia, che avevano usato violenza contro gli Edui, gli Ambarri, gli Allobrogi[3], avrebbe forse potuto cancellare il ricordo? [4] Il fatto che si gloriassero in modo tanto

1. È il primo dei ponti che Cesare farà realizzare durante le sue campagne con eccezionale rapidità e perizia dai soldati del genio militare (falegnami e carpentieri) aggregati alle legioni. Ricordiamo che Cesare rivestiva anche la carica sacerdotale di capo dell'antichissimo collegio dei pontefici (*pontifex maximus*), ai quali, fra l'altro, spettava la supervisione del Ponte Sublicio, antica infrastruttura di primaria importanza per lo sviluppo di Roma nell'età arcaica. Pertanto, particolare che certo non sfuggiva alla mentalità superstiziosa del popolo romano, del quale fanno parte ovviamente i legionari, Cesare in questi casi adempie una sorta di missione ispirata dagli dèi, da loro benedetta, e tale da condurre alla vittoria.
2. La battaglia è stata ricordata sia in 1, 7, 4 sia anche in 1, 12, 4-7 (➤ **T4-T5**).
3. Cesare ha narrato le devastazioni compiute dagli Elvezi ai danni dei Galli alleati di Roma in 1, 11 (➤ **T5**).

■ **Cesare parla alle sue truppe**, miniatura da un manoscritto del *De bello Gallico*, XV secolo. Roma, Biblioteca Casanatense.

insolente e che si stupissero di aver recato ingiustizia tanto a lungo impunemente, conduceva al medesimo risultato. [5] Gli dèi immortali, affinché maggiormente gli uomini si dolgano a causa dei mutamenti della sorte, hanno l'abitudine di concedere talvolta fortune consistenti e prolungata impunità a coloro che vogliono punire per un loro delitto. [6] Sebbene così stesse la situazione, lui tuttavia avrebbe fatto pace con loro, se gli fossero stati consegnati ostaggi, così da essere certo che essi avrebbero eseguito quanto promettevano, e se avessero risarcito gli Edui dei danni che avevano arrecato a loro e ai loro alleati e allo stesso modo anche gli Allobrogi. [7] Divicone rispose: gli Elvezi erano stati istruiti dai loro antenati in modo tale da abituarsi a ricevere ostaggi, non a consegnarne; di ciò il popolo romano era testimone. Data questa risposta, se ne andò.

**PER COMPRENDERE IL TESTO**

## Il senso del testo

**LA TRATTATIVA** L'intervento di Cesare – culminato nella costruzione di un ponte (probabilmente di barche) sull'Arar, faticosamente guadato dagli Elvezi – è di una rapidità fulminante e provoca il tentativo diplomatico dei nemici, che tuttavia si apre sotto i peggiori auspici: infatti, essi delegano a trattare con il proconsole il gallo Divicone, ossia l'artefice della pesante sconfitta subita dai Romani 49 anni prima.

**LE ARGOMENTAZIONI DI DIVICONE** Le argomentazioni di Divicone (che al tempo degli eventi qui narrati doveva ormai avere più di settant'anni) risultano troppo fiere e minacciose per poter essere accettate da un proconsole romano; esse dimostrano che l'intervento militare è inevitabile: gli Elvezi, infatti, accettano di stabilirsi nei territori che deciderà Cesare, tuttavia questi non deve inorgoglirsi eccessivamente per il successo ottenuto con estrema facilità sugli avversari impegnati ad attraversare il fiume. Dal discorso di Divicone emerge che, tutto sommato, anche a Cesare conviene non insistere con la guerra, dato che gli Elvezi, a suo tempo, hanno saputo umiliare i Romani in campo aperto, come loro abitudine, senza ricorrere a imboscate: rischierebbe infatti di legare il proprio nome a un'infamante sconfitta.

**ABILITÀ ORATORIA DI CESARE** Cesare ribatte con fermezza e punto per punto alle argomentazioni dell'avversario: nell'occasione rievocata da Divicone i Romani non erano stati sconfitti onestamente, ma erano stati aggrediti senza aver recato alcuna offesa. Per gli Elvezi potrebbe dunque rivelarsi pericoloso continuare a vantarsi di una vittoria ottenuta sui Romani tanto tempo prima, dal momento che, a volte, la giustizia divina lascia a lungo i delitti impuniti solo perché la vendetta risulti ancora più dolorosa per chi pensava di averla scampata. Cesare, infine, accetta di astenersi dal proseguire la guerra per vendicare l'antico affronto, ma non può sottovalutare le offese recate ora agli alleati dei Romani (gli Edui e gli Allobrogi): questi vanno comunque risarciti. Si può evitare la guerra solo se gli Elvezi, a garanzia della condotta risarcitoria, accetteranno di consegnare ostaggi ai Romani.
La risposta di Divicone, evidentemente non disposto a piegarsi di fronte a un popolo che in gioventù aveva saputo umiliare, è di rifiuto.

**LEGGO E COMPRENDO**

**1.** In seguito a quale avvenimento gli Elvezi decidono di inviare un'ambasciata a Cesare?

**2.** Chi è Divicone e che cosa propone a Cesare? Con quale tono si rivolge al proconsole romano?

**3.** Che cosa obietta Cesare? Qual è la sua controproposta?

## RIASSUNTO *De bello Gallico* 1, 15-23

*Fallita la trattativa con gli Elvezi a causa dell'intransigenza dell'anziano principe Divicone, l'esercito romano riprende a seguire la tribù gallica che compie il suo tragitto verso ovest. I cavalieri romani, uniti a quelli degli Edui, loro alleati, attaccano la retroguardia degli Elvezi, ma sorprendentemente, pur essendo in numero di 4000, vengono respinti con facilità da soli 500 nemici. Questo fatto, dovuto alla scarsa collaborazione mostrata dagli Edui (i quali, sebbene avessero richiesto l'intervento romano contro gli Elvezi, sono assai lenti a fornire gli aiuti promessi), induce Cesare a insospettirsi e a condurre delle attente indagini che lo portano a scoprire come il principe eduo Dumnorige, fratello di Diviziaco, il capo degli Edui fedele a Roma, tramasse per spodestare il fratello. Dumnorige, fidando su ampie clientele nel popolo, desiderava far fallire l'intervento romano contro gli Elvezi. Cesare, con un'abile azione diplomatica, riesce a isolare l'infido Dumnorige e a legare ancor più a sé gli Edui e il loro capo Diviziaco nell'alleanza contro gli Elvezi. Una volta privati gli Elvezi dei possibili aiuti militari degli Edui (ormai completamente favorevoli ai Romani, dopo l'eliminazione del pericolo rappresentato dalle trame di Dumnorige), Cesare è pronto ad affrontare in battaglia il nemico. Un primo tentativo, però, fallisce a causa dell'errore di un ufficiale cesariano, impauritosi di fronte al nemico.*

T7

LATINO

# La sconfitta degli Elvezi a Bibratte | *De bello Gallico* 1, 24-26

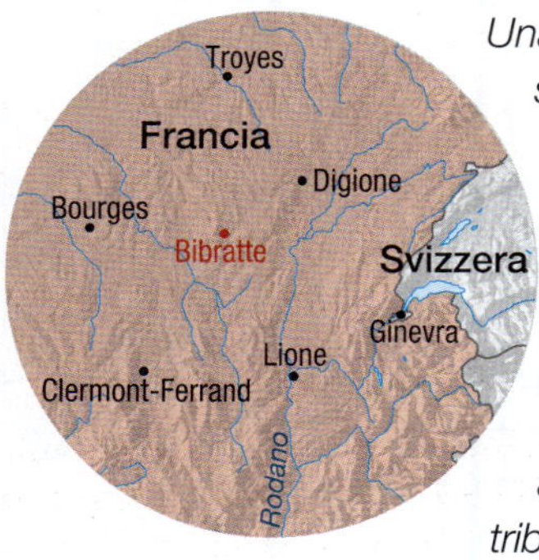


*Una nuova occasione per combattere contro gli Elvezi si presenta mentre l'esercito romano si sta dirigendo verso la città di Bibratte, dove intende fermarsi per fare approvvigionamenti. Gli Elvezi, nella speranza di impedire ai Romani di raccogliere vettovaglie, e convinti che il loro esercito sia indebolito, cercano di ingaggiare il combattimento. A questo punto Cesare ferma la marcia e dispone con accortezza le truppe in vista dello scontro. Nel corso della battaglia, con un'abile manovra, riesce a bloccare un tentativo di accerchiamento dal fianco destro, il più scoperto, a opera dei galli Boi e Tulingi che erano in marcia con gli Elvezi. Alla fine della giornata la vittoria dei Romani è certa; gli Elvezi sopravvissuti iniziano allora una fuga disperata che durerà tre giorni e si arresterà più a nord, nel territorio di un'altra tribù gallica, i Lingoni.*

[24, 1] Postquam id animadvertit, copias suas Caesar in proximum collem subduxit equitatumque, qui sustineret hostium impetum, misit. [2] Ipse interim in colle medio triplicem aciem instruxit legionum quattuor veteranarum; in summo iugo duas legiones, quas in Gallia citeriore proxime conscripserat, et omnia auxilia conlocavit, [3] ita uti supra se totum montem hominibus compleret; interea sarcinas in unum locum conferri et eum ab his, qui in superiore acie constiterant, muniri iussit. [4] Helvetii cum omnibus suis carris secuti impedimenta in unum locum contulerunt; [5] ipsi confertissima acie reiecto nostro equitatu phalange facta sub primam nostram aciem successerunt.

[24, 1] **Postquam... animadvertit**: Cesare, il soggetto sottinteso, si è accorto che gli Elvezi si sono messi all'inseguimento del suo esercito, abbandonando la direzione di marcia che avevano in precedenza. • **in proximum collem**: si tratta di una collina che gli storici hanno identificato con Montmort (a pochi chilometri dalla cittadina di Toulon-sur-Arroux). [2] **in colle medio**: «a metà del colle». • **triplicem... instruxit**: lett. «formò il triplice schieramento», quindi «dispose su tre linee lo schieramento». • **in summo iugo**: «sulla sommità del colle». [3] **uti**: equivale a *ut*. • **supra se**: è riferito al soggetto sottinteso, Cesare, che rimane vicino alle quattro legioni veterane a metà del colle. [5] **reiecto... equitatu**: la cavalleria di Cesare non era particolarmente numerosa e serviva solo per rallentare l'attacco nemico. • **phalange facta**: Cesare usa qui il termine greco *phalanx* per indicare lo schieramento degli Elvezi, compatto ma non differenziato su più linee come l'*acies* romana.

[25, 1] Caesar primum suo, deinde omnium ex conspectu remotis equis, ut aequato omnium periculo spem fugae tolleret, cohortatus suos proelium commisit. [2] Milites e loco superiore pilis missis facile hostium phalangem perfregerunt. Ea disiecta gladiis destrictis in eos impetum fecerunt. [3] Gallis magno ad pugnam erat impedimento, quod pluribus eorum scutis uno ictu pilorum transfixis et conligatis, cum ferrum se inflexisset, neque evellere neque sinistra impedita satis commode pugnare poterant, [4] multi ut diu iactato bracchio praeoptarent scuta e manu emittere et nudo corpore pugnare. [5] Tandem vulneribus defessi et pedem referre et, quod mons suberat circiter mille passuum, eo se recipere coeperunt. [6] Capto monte et succedentibus nostris Boii et Tulingi, qui hominum milibus circiter XV agmen hostium claudebant et novissimis praesidio erant, ex itinere nostros ab latere aperto adgressi circumvenire et id conspicati Helvetii, qui in montem sese receperant, rursus instare et proelium redintegrare coeperunt. [7] Romani conversa signa bipertito intulerunt: prima et secunda acies, ut victis ac summotis resisteret, tertia, ut venientes sustineret.

[26, 1] Ita ancipiti proelio diu atque acriter pugnatum est. Diutius cum sustinere nostrorum impetus non possent, alteri se, ut coeperant, in montem receperunt, alteri ad impedimenta et carros suos se contulerunt. [2] Nam hoc toto proelio, cum ab hora septima ad vesperum pugnatum sit, aversum hostem videre nemo potuit. [3] Ad multam noctem etiam ad impedimenta pugnatum est, propterea quod pro vallo carros obiecerant et e loco superiore in nostros venientes tela coniciebant et nonnulli inter carros rotasque mataras ac tragulas subiciebant nostrosque vulnerabant. [4] Diu cum esset pugnatum, impedimentis castrisque nostri potiti sunt. Ibi Orgetorigis filia atque unus e filiis captus est.

---

[25, 1] **primum suo, deinde omnium... equis**: allontanare prima il proprio cavallo e poi quelli di tutti gli ufficiali è un accorgimento psicologico assai importante: il comandante dà il buon esempio e condivide i rischi della truppa. [3] **magno... impedimento**: dativo, complemento di effetto. • **quod... poterant**: proposizione causale in cui sono inseriti gli ablativi assoluti *pluribus... transfixis et conligatis* e il costrutto *cum... inflexisset*. [4] **multi ut**: anastrofe per *ut multi*; *ut* ha valore consecutivo. [5] **mons**: è, ovviamente, un colle diverso da quello su cui si era appostato Cesare. • **eo**: «là», avverbio di moto a luogo. [6] **Boii... Tulingi**: due delle tribù galliche aggregatesi agli Elvezi nella migrazione. Rimasti in coda allo schieramento degli Elvezi, non avevano fatto in tempo a intervenire nella battaglia; mentre gli Elvezi ripiegano inseguiti dai Romani, Boi e Tulingi si spostano sulla destra delle legioni di Cesare per aggredirle di lato. • **novissimis**: «agli ultimissimi», cioè agli ultimi reparti degli Elvezi. • **ex itinere**: lett. «dalla marcia»; si intende che i Boi e i Tulingi erano ancora incolonnati come durante la marcia e non avevano realizzato la falange. • **ab latere aperto**: nel lessico militare significa «da destra»: lo scudo veniva infatti impugnato con la sinistra; perciò il lato destro dello schieramento era quello più «aperto», e dunque più difficile da difendere. [7] **conversa... intulerunt**: due espressioni tecniche del linguaggio militare: *conversa signa*, lett. «voltate le insegne», significa «operata una conversione»; *bipertito intulerunt*, sott. *impetum*, significa «attaccarono su due fronti»; *bipertito* è avverbio. • **prima... sustineret**: Cesare spiega come sia possibile il combattimento sui due fronti: mentre le prime due linee dell'*acies triplex* fronteggiano il grosso del nemico, ovvero gli Elvezi tornati alla carica, la terza fila, formata di solito dai combattenti più esperti, si sgancia e si volge contro i Boi e i Tulingi evitando l'accerchiamento.
[26, 1] **ancipiti proelio**: «con esito incerto del combattimento»; l'aggettivo *anceps* è formato da *am* (preposizione desueta nel latino classico, che significa «da ogni parte di») + **cep-*, collegabile alla radice di *capio*, «prendere»; perciò significa letteralmente «che si prende da diversi lati». • **Diutius cum**: anastrofe per *cum diutius*. • **ut coeperant**: proposizione comparativa, «come avevano fatto all'inizio»; significa che alcuni Elvezi, dopo questo secondo infausto scontro, tentano di raggiungere il colle verso il quale si erano avviati dopo il primo scontro. [2] **ab... vesperum**: la settima ora andava da mezzogiorno all'una e un quarto circa. La battaglia avvenne nel periodo di maggio-giugno, dunque durò molte ore. [3] **Ad... noctem**: «fino a tarda notte». • **pro vallo**: lett. «al posto di un vallo». • **e... superiore**: ora sono gli Elvezi a essere più in alto, perché tentano di rifugiarsi sull'altura dove avevano lasciato i bagagli (vedi 24, 4). • **mataras ac tragulas**: si tratta di due tipi di armi galliche (rispettivamente giavellotti e lance dotate di punta a entrambe le estremità). [4] **Orgetorigis filia**: Orgetorige era l'elvezio che aveva tentato di diventare re del suo popolo prima dell'arrivo di Cesare e che aveva dato una sua figlia, evidentemente non questa, in sposa all'eduo Dumnorige, ostile a Cesare (➤ **T2**).

[5] Ex eo proelio circiter milia hominum CXXX superfuerunt eaque tota nocte continenter ierunt. Nullam partem noctis itinere intermisso in fines Lingonum die quarto pervenerunt, cum et propter vulnera militum et propter sepulturam occisorum nostri triduum morati eos sequi non potuissent. [6] Caesar ad Lingonas litteras nuntiosque misit, ne eos frumento neve alia re iuvarent: qui si iuvissent, se eodem loco quo Helvetios habiturum. Ipse triduo intermisso cum omnibus copiis eos sequi coepit.

[5] **milia... CXXX**: leggi *centumtriginta milia*; sono compresi anche anziani, donne e bambini; secondo i calcoli che Cesare fa in un successivo capitolo (1, 29), gli Elvezi alla partenza erano 368.000. Al momento ne sono già morti 238.000 e altri 28.000 moriranno entro la fine delle operazioni. Sugli ingenti massacri operati da Cesare in Gallia ➛ Scheda "Lettura critica", p. 495. • **cum... potuissent**: Cesare sottolinea l'atteggiamento pietoso dei Romani che rinunciano all'immediata distruzione del nemico, che fugge verso nord, per seppellire i propri morti. [6] **habiturum**: sottinteso *esse* (il soggetto è *se*, ossia Cesare).

## PER COMPRENDERE IL TESTO

### Il testo e il contesto

**LA NARRAZIONE DELLA BATTAGLIA** La battaglia di Bibratte, il primo scontro importante fra i tanti che caratterizzeranno la permanenza di Cesare nelle Gallie, è raccontata nelle sue varie fasi. Cesare ordina che le due legioni appena arruolate (➛ **T5**) occupino la sommità di un colle lì nei pressi e si pongano a difesa dei bagagli, e dispone le quattro legioni veterane su tre file lungo il pendio del colle. Gli Elvezi baldanzosamente attaccano i Romani pur da posizione sfavorevole (24, 5), ma si trovano subito in notevole difficoltà e si ritirano per circa un miglio risalendo le pendici di un altro colle, mentre i Romani li incalzano; la retroguardia degli Elvezi, formata da Boi e Tulingi, si separa allora dal resto dello schieramento e, dopo averlo sorpassato a sinistra, attacca il lato destro dei Romani (25, 6). Cesare reagisce prontamente, ordinando ai soldati di terza linea, i più anziani ed esperti, di operare una conversione verso destra e di respingere il nemico: così le legioni romane combattono contemporaneamente su due fronti (25, 7). Tale manovra assicura il successo ai Romani dopo una lunga giornata di battaglia, in seguito alla quale agli Elvezi superstiti non resta che intraprendere un'affannosa ritirata verso nord (26).

### Il senso del testo

**L'IMPRUDENZA DEGLI ELVEZI** Cesare, con una narrazione estremamente ricca di termini tecnici del linguaggio militare, intende chiarire al lettore come la scelta di combattere sia stata da lui assai ben ponderata (così da non mettere inutilmente a repentaglio le vite dei soldati). Il proconsole approfitta della imperdonabile leggerezza degli Elvezi, i quali, quando l'esercito romano ha deviato verso la città di Bibratte per rifornirsi di cibo, hanno a loro volta deviato dal percorso e da inseguiti sono diventati inseguitori. Il generale romano sfrutta abilmente la nuova occasione e si ferma ad attendere il nemico in una zona favorevole, con delle alture che gli consentono di mettere prudentemente al riparo i bagagli, evitando di lasciare in prima linea i soldati meno esperti (24, 1-3).

**LA TATTICA DI CESARE: LE PRIME DUE FASI DELLA BATTAGLIA** Cesare, quindi, dispone le quattro legioni principali in *acies triplex*, ossia con le coorti raccolte su tre file (24, 2), scelta che ha il vantaggio di consentire alle truppe rapidità di manovra anche su terreni non pianeggianti. I Romani attaccano, sfruttando la superiorità data loro dalla posizione che consente di bersagliare i nemici con i *pila*. Queste armi, che consistono in un'asta di ferro dolce piuttosto sottile montata su un manico di legno, per la loro struttura si conficcano negli scudi dei nemici raccolti a testuggine e li rendono inutilizzabili (25, 2-5). Gli Elvezi, perciò, sono costretti a disunire il proprio schieramento, mentre sono impacciati dagli scudi ormai inutili. Per gli esperti legionari romani, una volta scagliati da lontano i due *pila* di cui ciascuno disponeva, è quindi facile passare, secondo la prassi abituale, alla seconda fase della battaglia: sempre in formazione compatta, incalzano da vicino il nemico disorientato con il corto ma micidiale gladio, una corta spada affilata su entrambi i lati della lama e appuntita (così da trapassare facilmente l'avversario).

**LA MOSSA VINCENTE E L'ESITO DELLA BATTAGLIA** A decretare la vittoria è proprio la scelta di disporre le legioni su tre linee. Mentre gli Elvezi, comunque forti del numero, si riorganizzano e tornano ad attaccare, la loro retroguardia mette in grave pericolo i Romani incalzandoli dal fianco destro dello schieramento, il più scoperto per il fatto che i legionari reggevano lo scudo col braccio sinistro, né potevano in quel momento operare una conversione in quanto avevano di fronte il grosso degli avversari. Allora Cesare ordina ai soldati di terza fila, gli esperti triari, di spostarsi a destra e fronteggiare l'emergenza. Il combattimento dura fino alla sera, ma la vittoria è completa e i Romani ricavano un ampio bottino dal saccheggio del campo avversario (25, 6-26). Ad accrescere il successo agli occhi del lettore è il fatto che Cesare, prima di combattere, aveva fatto allontanare il proprio cavallo e i cavalli degli ufficiali; una tale decisione, evidentemente, era stata presa affinché in quella battaglia nessuno fosse colto dal desiderio di scappare in caso di pericolo (25, 1).

**LEGGO E COMPRENDO**

**1.** Come viene schierato da Cesare l'esercito per la battaglia di Bibratte?

**2.** Quale effetto ottiene il lancio dei giavellotti sui nemici da una posizione sopraelevata?

**3.** Come accade che i Romani si trovino a dover combattere su due fronti?

LETTURA CRITICA

# Il "libro nero" delle campagne galliche

**I CRIMINI DI CESARE CONTRO L'UMANITÀ** A conclusione del racconto della campagna militare contro gli Elvezi, Cesare aggiunge tre capitoli che illustrano i provvedimenti presi per riportare l'ordine ai confini della provincia romana. I provvedimenti in questione prevedono che la maggior parte degli Elvezi, una volta disarmata, faccia ritorno nelle sedi di origine, affinché i territori rimasti disabitati non attirino i Germani stanziati al di là del Reno (i quali sarebbero stati assai scomodi vicini per la provincia romana, data la loro propensione alle scorrerie di rapina).

Cesare fornisce anche i dati sulla consistenza dei nemici: risulta che sono tornati nelle sedi di origine 110.000 Elvezi, mentre l'anno prima erano partiti in 368.000; la guerra, dunque, aveva provocato una **strage** di immani proporzioni, la quale fu, tuttavia, solo la prima di una lunga serie. Come accolsero tale barbarie i contemporanei di Cesare? E gli studiosi moderni? A questo proposito leggiamo una pagina del filologo e storico **Luciano Canfora**, che fa il punto della situazione. Va premesso che siamo informati circa il fatto che dopo il massacro degli Usipeti e dei Tencterii, nel 55 a.C., a Roma Catone Uticense propose di consegnare Cesare al nemico; tale provvedimento, però, era richiesto più per l'ostilità nutrita nei confronti del condottiero che per pietà verso i Galli e i Germani.

« Il "libro nero" della conquista romana della Gallia lo scrisse Plinio il Vecchio. Nel VII libro della *Storia Naturale* (91-99). È un "libro nero" – per usare una espressione ora in voga – di straordinaria durezza. Vengono lì messi a paragone i crimini di Cesare con il ben diverso bilancio della lunga carriera politico-militare di Pompeo. Senza contare i moltissimi morti causati dalla guerra civile, provocata da Cesare col passaggio del Rubicone, quattro anni di efferata guerra fratricida dovuta all'ambizione di un uomo, senza procedere dunque a questa contabilità relativa al conflitto civile, bisogna ricordare – scrive Plinio – il milione e 200.000 morti massacrati da Cesare al solo fine di conquistare la Gallia. «Io non posso porre – dice Plinio – tra i suoi titoli di gloria un così grave oltraggio da lui arrecato al genere umano». E accusa Cesare di avere per giunta occultato le cifre del grande massacro: «non rivelando l'entità del massacro causato dalle guerre civili, Cesare ha riconosciuto l'enormità del suo crimine» (7, 92). Storici più compiacenti, come Velleio Patercolo, parlano di 400.000 morti in Gallia e altrettanti e più prigionieri (2, 47, 1). Plutarco conosce la cifra "tonda" di un milione di vittime e di un milione di prigionieri (*Pompeo* 67, 10; *Cesare* 15, 5). E nella vita di *Catone Minore* parla di 300.000 Germani uccisi (51, 1). Appiano, nei frammenti del *Libro Celtico* (1, 12), racconta di 400.000 morti soltanto nella campagna contro gli Usipeti e i Tencterii (55 a.C.). In Plutarco non vi è peraltro alcun accento critico quando vengono fornite quelle cifre. Al contrario esse sono parte essenziale di un raffronto tra Cesare e tutti gli altri condottieri Romani, a tutto vantaggio di Cesare. E quei massacri e quelle masse sterminate di prigionieri sono – per il biografo greco – indizio di maggiore grandezza. È in Plinio che si manifesta con toni di forte indignazione la condanna *morale* nei confronti del *crimine* cesariano, dell'*offesa* – come egli dice – all'*umanità*. Cesare stesso peraltro non aveva avuto, su questo punto, un atteggiamento occultatore. Ecco, per fare un solo esempio, come narra la carneficina dei Belgi in fuga: «Fu massacrata tanta moltitudine di →

nemici quanta fu la durata del giorno. Al tramonto del sole i soldati smisero di inseguire e si ritirano, sì come era l'ordine, negli accampamenti». [...] Naturalmente la romanizzazione della Gallia è fenomeno di tali proporzioni storiche da imporre la domanda se la contabilità dei morti proposta da Plinio con estrema chiarezza (e con l'accusa bruciante a Cesare di aver nascosto le cifre) non debba tuttavia cedere il passo, in sede di bilancio storico, a quello che può considerarsi l'evento cruciale nella formazione dell'Europa medievale e poi moderna: la romanizzazione dei Celti, dovuta appunto alla conquista cesariana. Anche a proposito della feroce conquista del Nuovo Mondo, dovuta alla convergente azione di *conquistadores* e missionari, da parte della Vecchia Europa, sorse, e non è ancora spenta, la questione del costo umano. Né è mancato qualche tentativo di "libro nero", per lo più svilito con l'argomento della necessità storica di quella conquista. Peraltro, ancora oggi è considerata possibile la domanda «che storia avremmo avuto senza Pizarro», non però l'altra: «Che Europa avremmo avuto senza Giulio Cesare». È come se quell'atto d'accusa, nel tempo lunghissimo che ci separa da quegli eventi, si fosse consunto, sbiadito, a fronte del bilancio storico complessivo.»

(Luciano Canfora, *Giulio Cesare: il dittatore democratico*, Roma-Bari, Laterza, 1999, pp. 135-138)

**GUIDA ALLO STUDIO**

**1.** Come viene considerata da Plinio la grande quantità di morti in seguito alle campagne galliche?

**2.** Qual è l'atteggiamento di Plutarco di fronte ai massacri compiuti da Cesare in Gallia?

**3.** A quale altro grande avvenimento storico possiamo paragonare la conquista della Gallia da parte di Cesare?

T8

LATINO

# Lo sbarco in Britannia

*De bello Gallico* 5, 8-9

*Nell'estate del 54 a.C. Cesare è pronto per allontanarsi in forza dal continente, dando il via all'invasione della Britannia. Nella tarda estate dell'anno precedente aveva effettuato una breve spedizione navale finalizzata a esplorare le coste dell'isola e in quell'occasione aveva anche raccolto preziose informazioni sulla rotta da tenere durante l'attraversamento del braccio di mare tra le due terre e sui possibili punti di approdo. A seguito della spedizione esplorativa del 55, il generale aveva progettato un modello di imbarcazione adatto per il trasporto dei bagagli necessari alla spedizione; quindi aveva ordinato alle maestranze al seguito dell'esercito di realizzarne un gran numero, che si sommava a quello delle navi da guerra già a disposizione dei Romani. Quanto alla situazione della Gallia conquistata negli anni precedenti, Cesare, prima di partire, stronca brutalmente ogni possibile avversario che in sua assenza avrebbe potuto ordire rivolte. Dopo che questi provvedimenti sono stati illustrati nei primi capitoli del quinto libro, inizia la narrazione dell'avventurosa traversata.*

[8, 1] His rebus gestis, Labieno in continenti cum tribus legionibus et equitum milibus duobus relicto ut portus tueretur et rei frumentariae provideret quaeque in Gallia gererentur cognosceret consiliumque

[8, 1] **Labieno**: Tito Labieno era un ufficiale di Cesare particolarmente abile e capace (➛ T5). • **ut**: introduce quattro proposizioni finali. • **quaeque... gererentur**: proposizione relativa (l'antecedente è un pronome neutro sottinteso, comple-

pro tempore et pro re caperet, [2] ipse cum quinque legionibus et pari numero equitum, quem in continenti relinquebat, solis occasu naves solvit et leni Africo provectus media circiter nocte vento intermisso cursum non tenuit, et longius delatus aestu orta luce sub sinistra Britanniam relictam conspexit. [3] Tum rursus aestus commutationem secutus remis contendit ut eam partem insulae caperet, qua optimum esse egressum superiore aestate cognoverat. [4] Qua in re admodum fuit militum virtus laudanda, qui vectoriis gravibusque navigiis non intermisso remigandi labore longarum navium cursum adaequarunt. [5] Accessum est ad Britanniam omnibus navibus meridiano fere tempore, neque in eo loco hostis est visus; [6] sed, ut postea Caesar ex captivis cognovit, cum magnae manus eo convenissent, multitudine navium perterritae, quae cum annotinis privatisque quas sui quisque commodi fecerat amplius octingentae uno erant visae tempore, a litore discesserant ac se in superiora loca abdiderant.

[9, 1] Caesar exposito exercitu et loco castris idoneo capto, ubi ex captivis cognovit quo in loco hostium copiae consedissent, cohortibus decem ad mare relictis et equitibus trecentis, qui praesidio navibus essent, de tertia vigilia ad hostes contendit, eo minus veritus navibus, quod in litore molli atque aperto deligatas ad ancoram relinquebat, et praesidio navibus Q. Atrium praefecit. [2] Ipse noctu progressus milia passuum circiter XII hostium copias conspicatus est. [3] Illi equitatu atque essedis ad flumen progressi ex loco superiore nostros prohibere et proelium committere coeperunt. [4] Repulsi ab equitatu se in silvas abdiderunt, locum nacti egregie et natura et opere munitum, quem domestici belli, ut videbatur, causa iam ante praeparaverant: [5] nam crebris arboribus succisis omnes introitus erant praeclusi. [6] Ipsi ex silvis rari propugnabant nostrosque intra munitiones ingredi prohibebant.

---

mento oggetto del successivo *cognosceret*); *quaeque = et quae*. [2] **ipse**: è Cesare. • **leni Africo**: l'Africo è un vento che spira da sud-ovest. • **aestu**: il termine *aestus*, detto del mare, indica propriamente i rigonfiamenti provocati in superficie dal moto ondoso; qui significa «corrente». • **Britanniam relictam**: Cesare aveva radunato tutte le sue forze per la traversata in una località allora denominata *Portus Itius* (5, 2, 3), la medesima da cui era partito l'anno precedente. Gli storici, per lo più, identificano tale porto con l'odierna città di Boulogne (ma ci sono pareri discordanti). Secondo Cesare, lo attendeva una traversata di trenta miglia in direzione nord-est, ma la corrente ha portato fuori rotta le navi. [3] **rursus**: avverbio, «indietro». • **aestus... secutus**: «avendo seguito il cambiamento di direzione della corrente». • **eam partem**: secondo gli studiosi, Cesare sbarcò nei pressi della città inglese di Walmer, sulla costa del Kent. [4] **vectoriis... navigiis**: sono le navi da carico che Cesare ha utilizzato per il trasporto di truppe e salmerie, più lente rispetto alle navi da guerra. • **longarum navium**: le navi da guerra. [5] **Accessum est**: espressione impersonale. • **est visus**: passivo di *video*, perciò «fu avvistato». [6] **magnae manus**: è il soggetto; *manus* qui significa «truppe». • **annotinis privatisque**: *annotinus* significa «che ha un anno» e indica qui le navi usate anche nella spedizione dell'anno precedente; *privatis* è riferito alle imbarcazioni private usate dai Galli, ai quali Cesare ha imposto di partecipare alla spedizione per impedire che, rimanendo sul continente, ordissero trame in sua assenza.
[9, 1] **cohortibus decem**: dieci coorti corrispondono a circa quattromila cinquecento uomini. • **praesidio navibus**: costrutto del doppio dativo: il primo è di fine e il secondo di vantaggio. • **de tertia vigilia**: le *vigiliae* sono i turni di guardia in cui è suddivisa la notte, quindi «dopo mezzanotte». • **eo minus**: da unire al successivo *quod*, «tanto meno... perché...». • **in litore... aperto**: se Cesare si preoccupa di specificare che ha ormeggiato su una spiaggia sabbiosa e senza scogli, è probabilmente perché di lì a breve una tempesta recherà ingentissimi danni alla flotta (➛T9); l'indicazione serve cioè a declinare ogni responsabilità rispetto a quanto è accaduto. [2] **Ipse**: è Cesare: [3] **ad flumen**: il fiume cui si fa qui riferimento è stato identificato con il Little Stour, che scorre a circa 18 km dal punto dove gli storici ritengono che sia avvenuto lo sbarco. Cesare sta certamente avanzando all'interno dell'attuale Kent. [4] **domestici... causa**: «per un conflitto interno», che era evidentemente in corso tra le tribù britanniche della zona all'arrivo di Cesare. [6] **rari propugnabant**: *rari* è predicativo del soggetto, «a piccoli gruppi uscivano a combattere».

[7] At milites legionis septimae, testudine facta et aggere ad munitiones adiecto, locum ceperunt eosque ex silvis expulerunt paucis vulneribus acceptis. [8] Sed eos fugientes longius Caesar prosequi vetuit, et quod loci naturam ignorabat, et quod magna parte diei consumpta munitioni castrorum tempus relinqui volebat.

[7] **testudine... adiecto**: tecnica molto usata dai Romani in occasioni di questo tipo: alcuni soldati formano con i propri scudi una galleria che permette ad altri soldati, al riparo dai colpi dei nemici, di accumulare materiale per formare un terrapieno da addossare alle difese nemiche (e poterle così scavalcare agevolmente).

**T9**

ITALIANO

## Prime operazioni in Britannia

*De bello Gallico* 5, 10-11

*Successivamente al primo scontro (avvenuto il giorno dopo lo sbarco ➛* **T8***), Cesare deve prima di tutto affrontare l'emergenza rappresentata dai pesanti danni subiti dalla flotta in conseguenza di una tempesta improvvisa; quindi si prepara a riprendere la marcia verso l'interno.*

[**10, 1**] La mattina successiva (Cesare) inviò all'inseguimento del nemico i fanti e i cavalieri suddivisi in tre colonne. [2] Dopo che questi avevano già percorso un certo tratto, quando ormai gli ultimi dello schieramento avversario erano in vista, alcuni cavalieri inviati da Quinto Atrio raggiunsero Cesare per riferirgli che la notte precedente, poiché era scoppiata una violentissima tempesta, quasi tutte le navi avevano subito danni ed erano state sbattute sul lido, dato che non avevano retto né le ancore, né le gomene, né i marinai e i timonieri avevano potuto fronteggiare la violenza della bufera; [3] e così era stato riportato un danno enorme dallo sbattere delle navi l'una contro l'altra[1].

[**11, 1**] Una volta conosciuti questi fatti, Cesare ordina che le legioni e la cavalleria siano richiamate e che arrestino la marcia; lui personalmente ritorna alle navi. [2] Osserva direttamente all'incirca i medesimi disastri di cui era venuto a conoscenza dai messaggeri e dal rapporto scritto, così che, risultando perdute circa quaranta navi, le altre tuttavia sembravano poter essere riparate impiegando grande impegno. [3] Così, tra i legionari sceglie i carpentieri e ordina che altri ne giungano dal continente. [4] Scrive a Labieno di costruire, con le legioni che sono presso di lui, quante più navi possibile. [5] Lui invece, sebbene l'operazione risultasse molto complicata e faticosa, decide che la soluzione migliore era che fossero tirate in secco tutte le navi e che fossero congiunte all'accampamento con una fortificazione unica[2]. [6] In questi lavori trascorre circa dieci giorni, sebbene non fossero nemmeno intervenute interruzioni notturne al lavoro dei soldati. [7] Tirate in secco le imbarcazioni e fortificato alla perfezione il campo, lascia a presidio delle navi le stesse truppe di

1. Anche l'anno precedente Cesare aveva visto distrutta la propria flotta ormeggiata (vedi 4, 32). Allora era successo che l'alta marea aveva sommerso le navi da guerra tratte in secca, mentre il mare in tempesta distruggeva le navi da carico ormeggiate al largo.
2. Illustrando nel dettaglio i propri provvedimenti, Cesare vuol sottolineare come egli sia stato in grado, grazie alla propria razionalità e all'impegno dei soldati, di fronteggiare anche l'imprevisto.

prima e ritorna in quel luogo da dove era venuto. [8] Appena giunto là, vede che già si erano radunate in quel posto, ben più numerose di prima e provenienti da ogni dove, le truppe nemiche, dopo che il comando supremo delle operazioni di guerra era stato affidato, per volontà comune, a Cassivellauno[3], i cui territori sono separati dai popoli della costa da un fiume che è denominato Tamigi, a circa 80 miglia dal mare. [9] In passato questi aveva avuto continue guerre con le altre popolazioni. I Britanni tuttavia, preoccupati per il nostro arrivo, lo avevano posto al comando dell'intera campagna militare.

3. Cassivellauno era il re più importante delle tribù belgiche che abitavano le zone costiere dell'isola. Secondo gli storici, la zona qui indicata da Cesare, sul Tamigi, corrisponde all'incirca all'abitato di Londra

**PER COMPRENDERE IL TESTO**

## Il senso del testo

**LA CAMPAGNA IN BRITANNIA** Con la consueta freddezza e l'abituale distacco in questi capitoli Cesare narra l'inizio della campagna contro i Britanni. Egli sottolinea sia la propria accortezza nel predisporre tutto il necessario sia anche la perizia e lo spirito di abnegazione dei suoi soldati (8, 4). In questo modo risulta attenuata la pesante situazione creatasi in seguito alla distruzione (per la seconda volta) della flotta utilizzata per la traversata (10, 2-11, 5). Gli impegnativi lavori necessari a ricostruire le imbarcazioni perse e a tenere al sicuro quelle di nuova realizzazione certamente sottrassero energie preziose che il generale aveva progettato di finalizzare alla conquista. Nel complesso, la guerra contro i Britanni guidati da Cassivellauno non ebbe effettive conseguenze: alla fine dell'estate Cesare, ottenuto un ossequio formale e la promessa di pagare un tributo da parte dei Britanni, lasciò l'isola senza predisporre guarnigioni permanenti nelle terre in cui aveva pur vittoriosamente combattuto.

**LO SCOPO DELLA CAMPAGNA** Con la campagna contro la Britannia Cesare mirava ad aumentare la propria fama di grande condottiero e, eventualmente, a impossessarsi di un ricco bottino. Abbiamo al riguardo alcuni riscontri presenti negli autori antichi. Il carme 11 di Catullo (➤ **T9**, p. 345), contemporaneo di Cesare, indirettamente ci permette di comprendere come le vicende di Cesare giungessero a Roma amplificate, probabilmente proprio attraverso i dispacci poi raccolti nei *Commentarii*, e quali obiettivi avesse il condottiero. Il poeta veronese, infatti, con la consueta acuta ironia dice, riferendosi a due amici, che essi sono pronti a seguirlo per «visitare i luoghi che conservano le memorie di Cesare il Grande..., le ampie correnti del Reno gallico e i lontanissimi Britanni» (carme 11, vv. 11-13). Soprattutto spicca la formula *Caesaris magni*, che ricorda evidentemente il soprannome ottenuto da Pompeo grazie alle campagne militari in oriente, *Pompeus Magnus*. Chiaramente Cesare puntava a presentarsi come un generale in grado di stare alla pari con il ben più noto alleato. Per quanto riguarda la ricerca di bottino, è possibile che Cesare in Britannia pensasse di potersi impossessare di grandi quantità di perle, gemme particolarmente apprezzate dai Romani. Questo lascia intendere lo storico latino Svetonio, vissuto tra il I e il II secolo d.C., nella sua *Vita di Cesare* (47), opera in cui sono utilizzate informazioni risalenti a storici contemporanei di Cesare, dei quali non ci sono giunte le opere.

**LEGGO E COMPRENDO**

**1.** Come mai la traversata verso la Britannia richiede più tempo del previsto (➤ **T8**)?

**2.** Da quante navi era composta la flotta con cui Cesare sbarca in Britannia (➤ **T8**)?

**3.** Con quale tattica i Romani risolvono facilmente l'assedio alla fortificazione dei nemici (➤ **T8**)?

**4.** Che cosa accade alle navi romane lasciate alla fonda (➤ **T9**)?

**5.** Chi è Cassivellauno (➤ **T9**)?

## VERIFICA *IN ITINERE* CESARE CONTRO I BARBARI

### QUESITI A SCELTA MULTIPLA

**1.** ricordare Le tre province assegnate a Cesare per il suo proconsolato sono:
- ☐ Gallia Cisalpina, Gallia *Comata*, Gallia Transalpina
- ☐ Gallia Cisalpina, Gallia Transalpina, Norico
- ☐ Gallia Cisalpina, Gallia Transalpina, Illirico
- ☐ Spagna Ulteriore, Gallia Cisalpina, Illirico

**2.** ricordare Le tre popolazioni che abitano la Gallia *Comata* sono:
- ☐ Galli, Celti, Belgi
- ☐ Galli, Celti, Aquitani
- ☐ Galli, Belgi, Aquitani
- ☐ Celti, Belgi, Germani

**3.** comprendere Le ragioni per cui i Belgi sono i più forti tra i popoli della Gallia sono da ricercare (➛ **T1**):
- ☐ nella loro incessante attività militare contro le tribù dei Germani
- ☐ nei loro frequenti incontri con i commercianti, da cui acquistano armi e rifornimenti
- ☐ nella loro vicinanza ai Germani, insieme ai quali coltivano i territori oltre il Reno
- ☐ nei loro frequenti scambi con la popolazione gallo-romana residente nella provincia (Gallia Narbonese)

**4.** comprendere Orgetorige convince gli Elvezi a tentare di uscire dai propri confini (➛ **T2**):
- ☐ invogliandoli con la presunta facilità dell'impresa di impadronirsi di tutta la Gallia
- ☐ dopo essersi accordato con i consoli Messalla e Pisone
- ☐ per affrancarsi dallo strapotere dei nobili della sua tribù
- ☐ per mostrare la propria superiorità militare

**5.** ricordare Lo scontro sul fiume Arar si conclude (➛ **T5**):
- ☐ con il completo annientamento di tutte le truppe degli Elvezi
- ☐ con l'annientamento di circa un quarto delle truppe degli Elvezi
- ☐ con l'annientamento di circa tre quarti delle truppe degli Elvezi
- ☐ con ingenti perdite sia tra le truppe di Cesare sia tra gli Elvezi

**6.** comprendere La campagna in Britannia (➛ **T8-T9**), si colloca:
- ☐ pochi mesi dopo la conclusione della campagna contro gli Elvezi
- ☐ prima dell'avvio della campagna contro gli Elvezi
- ☐ tre anni dopo la campagna contro gli Elvezi
- ☐ mentre la campagna contro gli Elvezi è ancora in corso

**7.** comprendere La difficoltà che Cesare si trova a dover affrontare dopo la prima battaglia combattuta contro i Britanni (➛ **T9**) è data dal fatto che:
- ☐ una tempesta inaspettata danneggia le navi lasciate all'ancora
- ☐ i Britanni di Cassivellauno attaccano a sopresa l'accampamento dei Romani
- ☐ Cesare riceve da Labieno notizie di un'insurrezione dei Galli sul continente
- ☐ Cesare si trova improvvisamente e inaspettatamente privo di rifornimenti

**8.** comprendere Per quanto riguarda le stragi di nemici compiute nell'assoggettamento della Gallia, Cesare:
- ☐ riporta i dati in modo oggettivo, senza deformarli
- ☐ tende a occultare i numeri reali, per non incorrere nell'accusa di eccessiva crudeltà
- ☐ **tende a "gonfiare" i numeri reali, per aumentare i propri meriti presso l'opinione pubblica**
- ☐ non fornisce mai indicazioni relative al numero dei caduti tra i nemici

# Cesare contro i pompeiani

■ Soldato romano.
Statuetta in bronzo
proveniente da Orange,
II sec. a.C.

## T10-T11 Gli eserciti di Cesare dilagano in Italia

| *De bello civili* 1, 15-16; 18, 1-5 |

*Una volta presa la decisione di opporsi con le armi ai senatori pompeiani (che volevano spogliarlo del potere proconsolare e dichiararlo nemico dello Stato), Cesare, durante il gennaio del 49 a.C., invade la penisola italica con estrema rapidità, scendendo da Rimini lungo il versante adriatico. Suo scopo è raggiungere Pompeo, che nel frattempo era fuggito da Roma con la maggior parte del senato per passare in Grecia, dove poteva contare su numerosissime legioni. Molte città italiche aprono le porte all'esercito di Cesare mentre i pompeiani le abbandonano in tutta fretta; nel frattempo le legioni stanziate in Gallia raggiungono il loro generale.*

## T10 L'avanzata attraverso l'agro Piceno

LATINO

| *De bello civili* 1, 15-16 |

[15, 1] Auximo Caesar progressus omnem agrum Picenum percurrit. Cunctae earum regionum praefecturae libentissimis animis eum recipiunt exercitumque eius omnibus rebus iuvant. [2] Etiam Cingulo, quod oppidum Labienus constituerat suaque pecunia exaedificaverat, ad eum legati veniunt, quaeque imperaverit se cupidissime facturos pollicentur. [3] Milites imperat; mittunt. Interea legio XII Caesarem consequitur. Cum his duabus Asculum Picenum proficiscitur. Id oppidum Lentulus Spinther X cohortibus tenebat; qui, Caesaris adventu cognito, profugit ex oppido,

---

[15, 1] **Cunctae... praefecturae**: le *praefecturae* sono i municipi italici governati da un *praefectus* che dipende dal *praetor urbanus*; di solito, l'invio di un *praefectus* da Roma era un provvedimento dovuto al fatto che il senato riteneva la città in questione non così degna di fiducia da potersi governarsi autonomamente. • **libentissimis animis**: «con animo assai favorevole», complemento di modo. • **exercitum**: complemento oggetto di *iuvant*. • **omnibus rebus**: complemento di mezzo, «con tutto il necessario». [2] **Cingulo**: complemento di moto da luogo; la località è in provincia di Macerata. • **quod oppidum**: l'apposizione di *Cingulo* è inserita nella relativa e concorda con il caso del pronome. • **Labienus**: Tito Labieno, ufficiale fedelissimo a Cesare durante le campagne galliche, passò dalla parte di Pompeo all'inizio della guerra civile. Cesare non ne fu all'inizio risentito, al punto che gli fece recapitare i bagagli che aveva lasciato nel campo partendo con grande fretta. • **quaeque**: *et quae*; *quae* è complemento oggetto di *imperaverit*. L'antecedente di questa relativa è un pronome sottinteso, complemento oggetto di *facturos* (*esse*), che è il predicato dell'infinitiva retta da *pollicentur*, «promettono di fare... quanto comanderà». • **imperaverit**: futuro anteriore, il soggetto è Cesare. • **se**: accusativo singolare, soggetto di *facturos* (*esse*); si tratta degli ambasciatori di Cingoli, soggetto anche di *pollicentur*. [3] **Asculum Picenum**: complemento di moto a luogo. • **Lentulus Spinther**: Publio Cornelio Lentulo Spintere, console nel 57, fu sempre pompeiano. Morì dopo la battaglia di Tapso, nel 46. • **qui**: nesso relativo: *et hic*. • **conatus**: riferito al

CESARE PER COMPRENDERE

cohortesque secum abducere conatus a magna parte militum deseritur. [4] Relictus in itinere cum paucis incidit in Vibullium Rufum missum a Pompeio in agrum Picenum confirmandorum hominum causa. A quo factus Vibullius certior quae res in Piceno gererentur, milites ab eo accipit, ipsum dimittit. [5] Item ex finitimis regionibus quas potest contrahit cohortes ex dilectibus Pompeianis; in his Camerino fugientem Lucilium Hirrum cum sex cohortibus quas ibi in praesidio habuerat excipit; quibus coactis XIII efficit. [6] Cum his ad Domitium Ahenobarbum Corfinium magnis itineribus pervenit, Caesaremque adesse cum legionibus duabus nuntiat. Domitius per se circiter XX cohortes Alba, ex Marsis et Paelignis, finitimis ab regionibus, coegerat. [16, 1] Recepto Firmo expulsoque Lentulo, Caesar conquiri milites qui ab eo discesserant, dilectumque institui iubet; ipse, unum diem ibi rei frumentariae causa moratus, Corfinium contendit. [2] Eo cum venisset, cohortes V praemissae a Domitio ex oppido pontem fluminis interrumpebant qui erat ab oppido milia passuum circiter III. [3] Ibi cum antecursoribus Caesaris proelio commisso, celeriter Domitiani a ponte repulsi se in oppidum receperunt. Caesar, legionibus transductis, ad oppidum constitit iuxtaque murum castra posuit.

soggetto *qui*, regge l'infinito *abducere*, «dopo aver tentato di...». [4] **Relictus**: riferito al soggetto sottinteso *Lentulus Spinther*. • **Vibullium Rufum**: era un comandante del genio (*praefectus fabrum*) nell'esercito di Pompeo. • **hominum**: indica genericamente la gente del luogo. • **A quo**: nesso relativo: *et ab illo*; riferito a Lentulo Spintere. • **ipsum**: Lentulo. [5] **quas potest**: proposizione relativa riferita a *cohortes*, che è il complemento oggetto di *contrahit*. • **ex dilectibus Pompeianis**: complemento di origine. Pompeo aveva avuto mandato dal senato per formare nuove legioni. • **Camerino**: complemento di moto da luogo. • **fugientem**: participio congiunto del complemento oggetto *Lucilium Hirrum*, tribuno della plebe nel 53. Era nell'esercito di Pompeo con il grado di ufficiale superiore. • **quibus coactis**: ablativo assoluto e nesso relativo: *et his coactis*, è femminile in quanto riferito alle coorti. • **XIII**: compl. oggetto di *efficit*. [6] **Domitium Ahenobarbum**: uno dei senatori più ostili a Cesare. • **Corfinium**: complemento di moto a luogo. Città del Sannio, la terra dei Peligni. • **magnis itineribus**: espressione del linguaggio tecnico militare: «a marce forzate». • **cum legionibus duabus**: complemento di compagnia da unire a *Caesarem... adesse*. • **per se**: «da solo». • **Alba**: *Alba Fucens*, complemento di moto da luogo. Città nel territorio dei Marsi, vicino alla piana del Fucino.
[16, 1] **Recepto Firmo**: Fermo è una città del Piceno a pochi chilometri dal mare. • **ab eo**: ablativo di allontanamento, lett. «da lui (si erano allontanati)»; si intende da Lentulo. • **ipse**: riferito a Cesare. • **unum diem**: complemento di tempo continuato da unire a *moratus*. • **rei frumentariae causa**: complemento di fine; *res frumentaria* indica i viveri in generale. • **Corfinium**: complemento di moto a luogo. [2] **Eo cum**: anastrofe: *cum eo*. • **fluminis**: si tratta dell'Aterno, che nel suo basso corso prende il nome di Pescara. [3] **cum antecursoribus**: gli *antecursores* sono truppe di ricognizione. • **Domitiani**: i soldati di Domizio. • **se**: complemento oggetto di *receperunt*.

## T11 Sulmona apre le porte ai cesariani

| *De bello civili* 1, 18, 1-5 |

LATINO

[18, 1] Interim Caesari nuntiatur Sulmonenses, quod oppidum a Corfinio VII milium intervallo abest, cupere ea facere quae vellet, sed a Q. Lucretio senatore et Attio Paeligno prohiberi, qui id oppidum VII cohortium praesidio tenebant. [2] Mittit eo M. Antonium cum legionis XIII cohortibus V. Sulmonenses, simul atque

[18, 1] **Sulmonenses**: accusativo plurale, soggetto delle infinitive introdotte da *nuntiatur*. • **quod oppidum**: *oppidum*, apposizione a senso di *Sulmonenses* inserita nella relativa che la determina; il pronome relativo *quod* è concordato con *oppidum*, lett. «la qual città...». • **VII milium**: leggi: *septem milium*, genitivo che specifica *intervallo*, ablativo di distanza. • **quae vellet**: proposizione relativa col congiuntivo obliquo; il soggetto è Cesare. • **a Q. Lucretio senatore et Attio Paeligno**: Quinto Lucrezio Vespillone si riconcilierà con Cesare dopo Farsalo e sopravviverà alle guerre civili. Gaio Attio Peligno era un cavaliere. [2] **eo**: avverbio di moto a luogo. • **cum legionis XIII cohortibus V**: leggi *cum legionis tertiae decimae cohortibus*

signa nostra viderunt, portas aperuerunt universique, et oppidani et milites, obviam gratulantes Antonio exierunt. [3] Lucretius et Attius de muro se deiecerunt. Attius ad Antonium deductus petit ut ad Caesarem mitteretur. Antonius cum cohortibus et Attio eodem die quo profectus erat revertitur. [4] Caesar eas cohortes cum exercitu suo coniunxit Attiumque incolumem dimisit. Caesar primis diebus castra magnis operibus munire et ex finitimis municipiis frumentum comportare reliquasque copias exspectare instituit. [5] Eo triduo legio VIII ad eum venit cohortesque ex novis Galliae dilectibus XXII equitesque ab rege Norico circiter CCC. Quorum adventu altera castra ad alteram oppidi partem ponit; his castris Curionem praefecit.

*quinque*. • **simul atque**: introduce una proposizione temporale. • **obviam**: avverbio da unire a *exierunt*, «si gettarono incontro». • **Antonio**: dativo, è nello stesso tempo complemento di *obviam... exierunt* e di *gratulantes*, «ringraziandolo» (*gratulor* si costruisce con il dativo della persona che si ringrazia). [3] **ut**: introduce una proposizione dichiarativa volitiva. • **mitteretur**: il congiuntivo imperfetto, che esprime la contemporaneità con la reggente, è dovuto al fatto che *petit* è sentito come presente storico. • **eodem die**: complemento di tempo determinato, antecedente del relativo *quo*, che ha la medesima funzione. [4] **eas cohortes**: i soldati di Pompeo di stanza a Sulmona. • **incolumem**: un esempio della *clementia* di Cesare. [5] **Eo triduo**: complemento di tempo, lett. «in quei tre giorni». • **cohortes... XXII**: leggi *cohortes viginti duae*: soggetto, come pure *equites... circiter CCC* (leggi *trecenti*). Il predicato concorda al singolare per via del polisindeto che lega i tre soggetti: *legio cohortesque... equitesque*. • **ex novis... dilectibus**: complemento di origine; *Galliae* è la sua specificazione. • **ab rege Norico**: complemento di moto da luogo. Qui *Norico* è aggettivo, deriva dal sostantivo *Noricus, -i*, che è una regione alpina nella zona dell'attuale Austria: come molte regioni di confine, era governata da re alleati dei Romani. • **Quorum**: nesso relativo: *et eorum*. • **altera castra... ad alteram partem**: un secondo accampamento dall'altro lato della città. • **Curionem**: Curione era un tribuno della plebe del 49 a.C. che lasciò Roma all'inizio di gennaio per unirsi a Cesare e a lui rimase fedele fino alla morte, avvenuta pochi mesi più tardi combattendo.

**PER COMPRENDERE IL TESTO**

## Il testo e il contesto

**GLI ANTEFATTI POLITICI** Nei primi capitoli del *De bello civili* Cesare rende conto del dibattito violento avvenuto in senato nelle prime sedute del gennaio del 49 a.C., dominate dagli uomini di Pompeo, a partire dai consoli Lucio Cornelio Lentulo Crure e Caio Claudio Marcello. L'esito del confronto, nel quale i cesariani vengono sistematicamente zittiti e messi in minoranza, consiste nella messa al bando di Cesare, che al momento si trovava a Ravenna, città della Gallia Cisalpina, ancora con i poteri di proconsole. Come noto, Cesare non accetta il provvedimento del senato e con i soldati che ha lì a disposizione inizia la sua discesa in armi per la penisola; con un atteggiamento indubbiamente al di fuori di qualsiasi prassi legale, utilizza per fini personali l'esercito dello Stato, varcandone i confini. Il suo atteggiamento non può non ricordare quanto aveva fatto Silla, poco più di trenta anni prima, quando era rientrato in Italia con le legioni di cui era al comando per prendere il potere con la violenza a Roma.

**LA DISCESA LUNGO L'ITALIA** Dopo i capitoli dedicati agli antefatti politici, Cesare passa alla narrazione degli eventi riguardanti la rapida discesa lungo la penisola italica; qui, con la consueta sintesi e l'abituale distacco, elenca rapidamente i centri abitati che accolgono le sue truppe (e che vedono fuggire in tutta fretta i pompeiani). In breve tempo passano dalla parte di Cesare Cingoli, Ascoli Piceno, Camerino, Fermo e Sulmona. I pompeiani si raccolgono in massa a Corfinio, dove Domizio Enobarbo organizza la resistenza contro Cesare.

## Il senso del testo

**LA SUPERIORITÀ DI CESARE** È del tutto evidente che Cesare desidera che a parlare siano i fatti. In questo caso l'asciuttezza dell'esposizione ha il compito di mettere il lettore di fronte al fatto che le armate di Cesare sono ovunque bene accolte dal popolo romano, mentre i capi pompeiani devono fuggire a volte anche in maniera umiliante, come accade a Sulmona, dove i due uomini di Pompeo che controllavano la città, Quinto Lucrezio e Attio Peligno, sono costretti a saltare dalle mura e a darsela a gambe. Una figura decisamente meschina fa anche Tito Labieno, l'ex luogotenente di Cesare, valente ufficiale nelle campagne galliche, che con un improvviso voltafaccia è passato a Pompeo: pur avendo organizzato con cura le difese di Cingoli (15, 2), viene abbandona- →

to dagli abitanti di quella città, che decidono di passare dalla parte di Cesare. Penosa appare poi la situazione di Lentulo Spinther, abbandonato dai suoi soldati (15, 3). Anche militarmente Cesare è superiore: in poche parole egli ricorda come il primo scontro con le truppe di Pompeo si sia rapidamente risolto in suo favore (16, 3). Cesare gode evidentemente anche della simpatia dei soldati della parte avversa, tanto che alcune coorti pompeiane si uniscono al suo esercito (18, 4); d'altra parte egli mette in evidenza la propria clemenza, lasciando ad esempio che Attio Varo, catturato da Antonio, se ne vada via libero (18, 3). In realtà, si noti, rendendo pubblici episodi di questo genere Cesare si procurò più nemici che amici: aristocratici romani come quelli nominati in questi capitoli certamente subirono una forte umiliazione vedendo il proprio buon nome compromesso.

Dal racconto cesariano pare che tutto accada senza un piano preciso; tuttavia, il fatto che in così breve tempo (gli eventi raccontati accadono tutti tra il gennaio e il febbraio del 49 a.C.) Cesare venga raggiunto dalle truppe che erano stanziate in Gallia nei quartieri invernali (18, 5) induce a pensare che egli si fosse ampiamente preparato alla discesa in armi lungo l'Italia.

**LEGGO E COMPRENDO**

**1.** Dove si sta dirigendo Cesare e perché?

**2.** Quali città accolgono il passaggio di Cesare con favore?

**3.** Nel corso di questi capitoli Cesare fa il nome di numerosi personaggi implicati nelle vicende narrate: tra questi, chi sono gli alleati di Pompeo?

**4.** Perché, secondo te, Cesare indica dettagliatamente sia i nomi delle città sia il numero degli uomini che decidono di passare dalla sua parte?

## L'OPERA | IL *DE BELLO CIVILI*

**STRUTTURA E CONTENUTI** I *Commentarii De bello civili* sono suddivisi in **tre libri**; a differenza dei *Commentarii De bello Gallico* non seguono rigorosamente la disposizione della materia anno per anno: i primi due libri trattano i fatti del 49 a.C.; il terzo libro tratta invece dei fatti del 48 a.C., fino alla fine dell'estate.

| | |
|---|---|
| **LIBRO I** (fatti del 49 a.C.) | Nonostante Cesare abbia mandato segnali concilianti, il senato decide di intimargli di congedare l'esercito e di lasciare l'*imperium* proconsolare. Venuto a conoscenza di questi fatti dai tribuni della plebe, che lo raggiungono mentre si trova a Ravenna, Cesare decide di entrare con l'esercito nel territorio dello Stato, varcando il fiume Rubicone (12 gennaio 49): partito da Rimini, incomincia a scendere lungo il Piceno, mentre Pompeo, i consoli e buona parte dei senatori abbandonano Roma, per imbarcarsi alla volta della Grecia. Il piano di Pompeo è infatti quello di accerchiare Cesare sfruttando gli eserciti che ha in Spagna e le vaste clientele su cui può contare sia in Africa sia in oriente, dove pensa di poter formare rapidamente eserciti molto potenti. Per contrastare questo disegno, Cesare manda una spedizione militare in Sicilia e in Africa; parte invece personalmente alla volta della Spagna, dove riesce a sconfiggere presso la città di Ilerda le truppe pompeiane (2 agosto 49). |
| **LIBRO II** (fatti del 49 a.C.) | Marsiglia, che Cesare aveva messo sotto assedio perché si era schierata con Pompeo, è costretta a capitolare dopo una serie di scontri anche navali (ottobre 49). Cesare ottiene il completo dominio della Spagna; l'Africa, invece, resta saldamente nelle mani dei pompeiani. |
| **LIBRO III** (fatti del 48 a.C.) | Dopo essere stato nominato dittatore ed eletto console per il 48 a.C., Cesare parte per raggiungere Pompeo in Grecia; cerca invano di fermarlo nella zona di Durazzo, quindi lo incalza in Tessaglia. Lo scontro avviene a Farsalo (9 agosto 48): Pompeo, sconfitto, fugge verso l'Egitto, dove viene ucciso in una congiura ordita da Tolomeo XIII, fratello di Cleopatra. Cesare giunge in Egitto e viene informato della morte dell'avversario; rimasto bloccato ad Alessandria, viene coinvolto in una guerra dinastica scoppiata tra Cleopatra e il fratello Tolomeo (prendendo le parti di Cleopatra). L'ultimo episodio narrato è l'uccisione, per volontà di Cesare, di Pothino, uno degli assassini di Pompeo. |

## T12-T13 La battaglia di Farsàlo

| *De bello civili* 3, 91-94 |

*Il combattimento decisivo tra Cesare e Pompeo ha luogo nell'agosto del 48 a.C. a Farsàlo, in Tessaglia. Esso determina la disfatta di Pompeo, ma non della sua parte politica, contro la quale Cesare combatte a varie riprese fino al 45 a.C. Il giorno della battaglia sia Cesare sia Pompeo hanno le proprie truppe al completo: quelle di Pompeo sono più numerose, ma quelle di Cesare sono più esperte, addestrate e fedeli. Precede il racconto dello scontro l'episodio del veterano Crastino, che nel momento della carica giura a gran voce la propria fedeltà al suo generale; durante la narrazione, poi, vengono messi in evidenza, da un lato, gli errori di Pompeo e dall'altro lato la capacità di Cesare e dei suoi soldati di sfruttare abilmente le debolezze dell'avversario.*

## T12 ITALIANO Il discorso di Crastino e il primo errore di Pompeo

| *De bello civili* 3, 91-92 |

**[91, 1]** Nell'esercito di Cesare c'era Gaio Crastino, un veterano richiamato[1], uomo di straordinario valore, che l'anno precedente aveva avuto il grado di centurione primipilo[2] della decima legione. [2] Questi, una volta dato il segnale dell'attacco, disse: «Seguitemi, voi che foste del mio manipolo, e date al vostro comandante l'aiuto che avete promesso. Rimane questo solo combattimento, al termine del quale lui recupererà la sua dignità e noi la nostra libertà[3]». [3] Allo stesso tempo, volgendosi verso Cesare, disse: «Generale, oggi farò in modo che tu mi debba ringraziare, sia che io rimanga vivo sia che muoia». Pronunciate queste parole, per primo si slanciò all'attacco dall'ala destra e lo seguirono circa centoventi volontari scelti della medesima centuria.

**[92, 1]** Tra i due schieramenti era rimasto quel tanto di spazio che bastava all'assalto di entrambi gli eserciti[4]; [2] ma Pompeo aveva prima detto ai suoi di attendere



1. Crastino era un legionario che aveva compiuto tutta la carriera ed era stato quindi congedato; tuttavia, era stato richiamato in servizio da Cesare per le sue doti. Durante le guerre civili si rese spesso necessario richiamare soldati congedati. Frequentemente nei suoi *Commentari* Cesare sottolinea il valore dei centurioni: riportarne il nome è certamente espressione della volontà di perpetuarne il ricordo. Particolare significativo è l'appartenenza di Crastino alla X legione, ossia alla legione formata con il primo arruolamento in Gallia Transalpina nel 58 a.C. (nel corso della prima campagna gallica, quella contro gli Elvezi: ➛ **T2-T5**); probabilmente Crastino ha preso parte alla maggior parte delle battaglie di Cesare.
2. È il comandante della prima centuria del primo manipolo della prima coorte, ossia il sottufficiale a cui tutta la legione fa riferimento.
3. Riecheggia qui la propaganda, più volte ribadita nel *De bello civili*, in base alla quale Cesare sosteneva di combattere per riavere la posizione che gli competeva nello Stato e che gli sarebbe stata sottratta in modo illegittimo. Il riferimento da parte di Crastino alla libertà rimanda forse al fatto che, una volta eliminati gli aristocratici che manipolavano il senato, Roma sarebbe tornata alla democrazia; più probabilmente, però, Crastino intendeva suggerire che quella sarebbe stata l'ultima battaglia combattuta, dopodiché i soldati sarebbero stati congedati e resi liberi dal servizio militare.
4. I due schieramenti erano disposti in modo da essere a distanza di sicurezza, ossia fuori tiro rispetto all'avversario. Nel momento dell'attacco sarebbero avanzati di corsa scagliandosi i *pila*, per poi scontrarsi a metà circa dello spazio intermedio iniziale e combattere col gladio.

l'attacco di Cesare e di non muoversi dal proprio posto e di lasciare che la sua schiera si sgranasse; si diceva che avesse fatto ciò dietro consiglio di Gaio Triario[5], perché rimanesse smorzata la forza d'urto del primo assalto dei soldati e i ranghi si allargassero e perché loro, i pompeiani, ancora ordinati nelle proprie file, li assalissero ormai dispersi; [3] e sperava che, una volta mantenuti i soldati fermi, i giavellotti sarebbero caduti con meno violenza che se essi stessi si fossero slanciati contro i proiettili lanciati e insieme sperava che i soldati di Cesare sarebbero rimasti senza fiato e sarebbero stati sfiniti per la stanchezza, una volta raddoppiato lo spazio della corsa. [4] Ma a noi[6] sembra che questa decisione sia stata presa da Pompeo senza alcun senno, proprio perché tutti hanno un certo slancio e ardore naturalmente innato, che si accende con il desiderio della battaglia. [5] I generali non devono reprimere questo slancio, ma aumentarlo; non per nulla fin dall'antichità[7] si è stabilito che da ogni parte risuonassero gli squilli di tromba e che tutti insieme levassero grida; e grazie a questi accorgimenti ritennero che i nemici rimanessero terrorizzati e i propri soldati esaltati.

5. Uomo politico noto anche attraverso gli scritti di Cicerone.
6. Cesare, abbandonando la consueta narrazione in terza persona, interviene con un commento psicologico che rivela l'attenzione alla componente umana nel momento dell'azione.
7. I generali romani si formavano normalmente soprattutto attraverso la lettura di manuali di tattica e strategia.

T13
ITALIANO

## Le fasi dello scontro

*De bello civili* 3, 93-94

[93, 1] Ma, una volta dato il segnale di attacco, i nostri soldati[1], dopo che erano balzati in avanti con i giavellotti pronti al lancio e avevano capito che da parte dei pompeiani non si contrattaccava, istruiti dall'esperienza e ammaestrati dalle precedenti battaglie, di propria iniziativa bloccarono la corsa e si fermarono circa a metà strada, per non arrivare allo scontro senza forze, e, dopo aver lasciato passare un breve tempo e aver ripreso lo slancio, lanciarono i giavellotti e, come era stato ordinato da Cesare, sguainarono le spade. [2] E in verità i pompeiani non vennero meno di fronte a questa situazione[2]. Infatti sia sostennero il lancio dei giavellotti sia sopportarono l'attacco delle legioni e mantennero lo schieramento e, una volta scagliati i loro giavellotti, passarono alle spade. [3] Nel medesimo istante dall'ala sinistra di Pompeo i cavalieri, come era stato ordinato, si lanciarono all'attacco tutti insieme e si riversò in avanti tutta la folla degli arcieri. [4] E la nostra cavalleria non resse il loro urto, ma, respinta, arretrò un poco, e i cavalieri di Pompeo incominciarono per questo ad attaccare più furiosamente e ad aprirsi in torme e ad accerchiare il nostro esercito dal lato scoperto. [5] E quando Cesare si accorse di questo diede il segnale di attacco alla

1. Ovvero i soldati dell'esercito cesariano.
2. Il biasimo di Cesare è nei confronti di Pompeo, ma non dei suoi soldati.

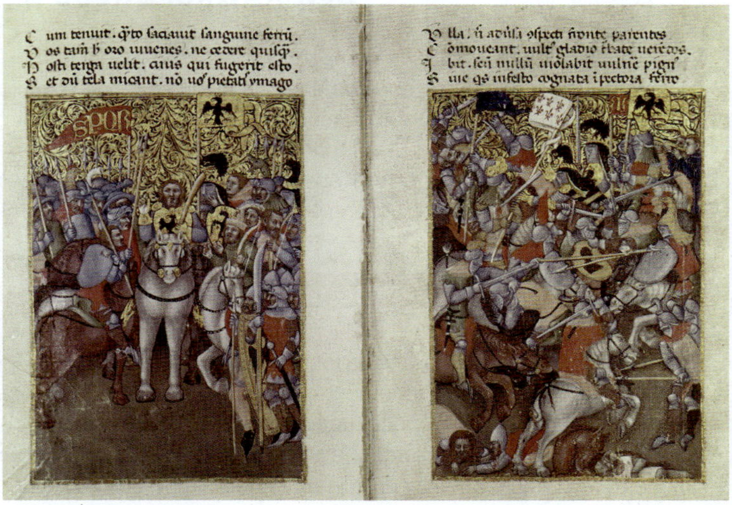

■ La battaglia di Farsalo, miniatura da un manoscritto del XV secolo. Milano, Biblioteca Trivulziana.

quarta fila, che aveva formato con sei coorti[3]. [6] Esse rapidamente balzarono in avanti e cozzarono a ranghi serrati contro i cavalieri di Pompeo con tanta forza che nessuno di loro resisteva, e tutti, voltatisi, non solo abbandonavano il campo, ma, slanciatisi subito in fuga, si dirigevano verso delle alture assai scoscese[4]. [7] E una volta respinti questi, tutti gli arcieri e i frombolieri, lasciati inermi senza difesa, furono uccisi. [8] Nel medesimo attacco le coorti circondarono l'ala sinistra, mentre i pompeiani combattevano ancora e resistevano nello schieramento.

[94, 1] Nel medesimo tempo Cesare ordinò alla terza linea, che era rimasta ferma e fino a quel momento si era mantenuta nella posizione iniziale, di andare all'attacco. [2] Così, dopo che soldati freschi e integri si erano sostituiti a quelli stanchi, proprio quando altri li assalivano anche alle spalle, i pompeiani non poterono resistere e tutti quanti volsero le spalle. [3] E in verità a Cesare non era sfuggito che il principio della vittoria sarebbe nato da quelle coorti che erano state collocate in quarta linea contro la cavalleria, come egli stesso aveva preannunziato nell'esortazione ai soldati. [4] Da queste infatti prima fu respinta la cavalleria, dalle medesime furono causate le stragi di arcieri e frombolieri, e sempre da parte loro l'esercito pompeiano fu circondato a sinistra e avvenne il principio della rotta. [5] Ma Pompeo, quando vide che la sua cavalleria era stata respinta, e quando comprese che quella parte, nella quale soprattutto confidava, era atterrita, non avendo fiducia in sé e negli altri, se ne andò dallo schieramento e si recò a cavallo direttamente nell'accampamento, disse ad alta voce, perché i soldati sentissero, ai centurioni che aveva disposto nel posto di guardia presso la porta pretoria: «Custodite l'accampamento e difendetelo con cura, se mai accadesse qualcosa di un po' grave. Io faccio il giro delle altre porte e rinforzo gli altri posti di guardia»[5]. [6] Dopo aver detto queste parole, si ritirò nel pretorio, senza più fiducia nel risultato della vicenda e tuttavia aspettando l'esito finale.

3. Cesare ha sempre abilmente usato la tattica coortale, facendo in modo che i vari reparti delle legioni agissero con compiti diversi. Una tattica simile aveva portato Cesare alla sua prima vittoria, quella riportata contro gli Elvezi a Bibratte nel 58 a.C. (➤ T7).
4. Secondo quanto narra lo storico Plutarco, Cesare aveva suggerito ai suoi esperti legionari di usare le lance per colpire al volto i cavalieri di Pompeo: questi, piuttosto giovani e inesperti, avrebbero avuto timore di ricevere ferite che li avrebbero sfigurati e si sarebbero presto ritirati; così probabilmente accadde.
5. Pompeo esce di scena in modo decisamente meschino, dimostrando pochissimo attaccamento alle sue truppe.

PER COMPRENDERE IL TESTO

## Il testo e il contesto

**IL LUOGO DELLA BATTAGLIA** Nei capitoli precedenti a quelli riportati Cesare fornisce le indicazioni fondamentali per comprendere lo svolgimento dello scontro. La battaglia decisiva avviene il 9 agosto del 48 a.C. nella zona di Farsàlo, in Tessaglia.

Il racconto di Cesare è piuttosto dettagliato; ciò nonostante, non è possibile identificare con certezza il luogo dello scontro. Secondo la ricostruzione più attendibile, entrambi gli eserciti sarebbero stati accampati sulla riva sinistra del fiume Enipeo. I due campi distavano circa 6 km l'uno dall'altro e quello di Cesare si trovava a ovest rispetto a quello di Pompeo.

**LA TATTICA DI POMPEO** Quando, dietro le insistenze del suo stato maggiore, certo della vittoria, Pompeo decide di combattere, sfrutta la posizione e dispone il fianco destro dello schieramento (che era sempre il più esposto all'aggiramento da parte dei nemici, in quanto i fanti reggevano gli scudi con la sinistra) in modo che sia riparato dal fiume. Concentra quindi la sua poderosa cavalleria sul lato sinistro, per aggirare rapidamente l'esercito cesariano. Tale manovra sembrava piuttosto facile da eseguire, dato che lo schieramento di Cesare, assai meno numeroso, aveva una prima linea meno estesa rispetto a quella dell'avversario.

**LA TATTICA DI CESARE** Cesare sa sfruttare bene l'esperienza dei propri soldati e grazie a un abile stratagemma riesce a sgominare l'avversario: dopo averne osservato lo schieramento, dispone la X legione, la più valorosa, sulla destra (per fronteggiare l'attacco della cavalleria avversaria). Egli stesso prende posizione a fianco di essa, di fronte a Pompeo (che era con la sua cavalleria); quindi sfila una coorte da ogni sua legione (ne aveva 8 a ranghi ridotti, contro le 11 di Pompeo) e con esse forma una quarta linea che dispone dietro ai pochi cavalieri (circa 1000) che, a fianco della legione X, avrebbero dovuto ricevere l'urto dei 7000 cavalieri di Pompeo (93, 5). Cesare, a questo punto, ordina che la terza linea del suo schieramento non intervenga fino a un suo comando, così da poter disporre di una riserva di truppe fresche anche dopo il primo scontro (94, 1). Alla fine, la vittoria di Cesare risulta schiacciante e Pompeo decide di abbandonare il campo di battaglia, ritirandosi nell'accampamento da solo.

## Il senso del testo

**LE COLPE DI POMPEO** In questo racconto Cesare abbandona ogni forma di diplomazia politica: tesse apertamente le lodi dei propri soldati ed esalta la propria capacità tattica, mentre critica Pompeo per aver sottovalutato l'avversario confidando nella propria supremazia numerica. La scelta di riferire che Pompeo non aveva fatto il piano di battaglia da solo, ma aveva seguito il parere di un consigliere (92, 1), rappresenta un'aggravante: un buon generale, infatti, deve saper valutare adeguatamente anche le proposte dei suoi collaboratori ma, alla fine, l'ultima parola spetta solo a lui. Consideriamo poi che nell'opinione pubblica romana Pompeo, e non Cesare, aveva fino ad allora rappresentato il modello di generale vittorioso (a lui era stato attribuito il soprannome di *Magnus*, che lo equiparava in gloria militare ad Alessandro il Macedone; e suoi erano i trionfi più prestigiosi, celebrati dopo le conquiste in Asia); comprendiamo come in questa pagina Cesare voglia ridimensionare l'alone di gloria che circondava l'avversario. In fondo, l'invitto Pompeo aveva avuto decisamente la peggio nel primo scontro campale contro le armate pur malridotte di Cesare (molte legioni provenivano infatti direttamente dalle pesanti campagne galliche); tutto sommato, per la mentalità antica, che considerava la prova delle armi come una sorta di "giudizio divino", ciò poteva rappresentare un forte indizio di malafede politica. Cesare distrugge poi definitivamente l'immagine dell'avversario quando ricorda come questi, con atto di viltà, abbia abbandonato il campo di battaglia cercando riparo nell'accampamento (per poi fuggirne, senza neanche aspettare l'arrivo dei nemici, per cercare riparo in Egitto, dove trovò invece la morte per ordine di Tolomeo XIII).

**LEGGO E COMPRENDO**

**1.** Chi è Crastino e che cosa grida prima della battaglia?

**2.** Quale giudizio esprime Cesare riguardo alla scelta strategica di Pompeo? Su che cosa fonda le sue argomentazioni?

**3.** Che cosa viene messo maggiormente in evidenza del rapporto tra Cesare e il suo esercito?

**4.** Attraverso la narrazione di quale atto compiuto da Pompeo Cesare scredita definitivamente l'immagine del suo avversario?

## VERIFICA *IN ITINERE* CESARE CONTRO I POMPEIANI

### QUESITI A SCELTA MULTIPLA

**1.** comprendere La narrazione del *De bello civili*:
- ☐ si conclude con la sconfitta di Pompeo a Farsàlo
- ☐ presenta uno stile immancabilmente oggettivo e impersonale
- ☐ non prevede che Cesare riferisca di sé in terza persona
- ☐ abbraccia un arco cronologico più ristretto rispetto al *De bello Gallico*

**2.** ricordare Dopo aver varcato il Rubicone Cesare (➛ **T10-T11**):
- ☐ scende lungo il versante adriatico, con l'intento di raggiungere Pompeo, che nel frattempo è fuggito da Roma
- ☐ scende lungo il versante adriatico, con l'intento di raggiungere Pompeo, che si trova a Roma
- ☐ evita tutti i centri abitati, con il solo intento di raggiungere Pompeo
- ☐ arriva fino alla città di Sulmona, che viene posta sotto assedio

**3.** comprendere Nel narrare gli eventi riguardanti la rapida discesa lungo la penisola italica (➛ **T10-T11**) Cesare:
- ☐ adotta uno stile asciutto, per sottolineare come le sue armate siano ovunque bene accolte dal popolo romano
- ☐ adotta uno stile asciutto, che gli consente di sorvolare sul fatto che le sue armate non sempre sono bene accolte dal popolo romano
- ☐ adotta uno stile enfatico, per sottolineare come le sue armate siano ovunque bene accolte dal popolo romano
- ☐ adotta uno stile enfatico, per sottolineare la fuga precipitosa cui i pompeiani sono costretti dalla sua avanzata

**4.** comprendere Nel narrare la battaglia di Farsàlo (➛ **T12-T13**) Cesare:
- ☐ mantiene uno stile oggettivo e impersonale
- ☐ celebra apertamente i suoi soldati senza però criticare l'operato di Pompeo
- ☐ celebra apertamente i suoi soldati e critica l'operato di Pompeo
- ☐ riconosce la validità della strategia di Pompeo

**5.** comprendere Che cosa c'è di paradossale nel fatto che gli abitanti della città di Cingoli passano dalla parte di Cesare (➛ **T10**)?
- ☐ Il fatto che Labieno, che controllava la città, avesse tradito Cesare
- ☐ Il fatto che Labieno avesse tradito Pompeo
- ☐ Il fatto che la città fosse debitrice nei confronti di Cesare
- ☐ Il fatto che la città fosse debitrice nei confronti di Labieno

**6.** comprendere Nel discorso che il veterano Crastino rivolge ai suoi soldati prima della battaglia di Farsàlo Cesare mette in luce (➛ **T12**):
- ☐ la fedeltà dei propri uomini (anche nel caso di una guerra ingiusta)
- ☐ la legittimità della propria azione di guerra, volta a riottenere la posizione che gli competeva nello Stato
- ☐ l'avidità dei soldati di Pompeo
- ☐ l'inesperienza dei soldati di Pompeo

# VERIFICA PER LA COMPRENSIONE

## QUESITI A SCELTA MULTIPLA

**1.** ricordare Il proconsolato di Cesare inizia nell'anno:
- ☐ 59 a.C.
- ☐ 58 a.C
- ☐ 121 a.C.
- ☐ 59 d.C.

**2.** comprendere Nei suoi commentari Cesare:
- ☐ fa largo uso di aggettivi esornativi, adopera un lessico vario e ricercato e una sintassi caratterizzata da periodi ampi e complessi
- ☐ arricchisce il testo con ricercate figure retoriche, specialmente metafore e similitudini
- ☐ ricerca un effetto di immedesimazione da parte del lettore, innanzi tutto grazie all'uso della prima persona nella narrazione
- ☐ cerca di trasmettere al lettore un'impressione di asciuttezza e oggettività, privilegiando uno stile scarno ed essenziale

**3.** ricordare La regione denominata "Gallia *Comata*":
- ☐ coincide con la Gallia Transalpina
- ☐ coincide con la Gallia Cisaplina
- ☐ coincide con la Gallia Narbonese
- ☐ comprende i territori a settentrione della Gallia Transalpina

**4.** comprendere Cesare non concede agli Elvezi di attraversare la provincia (➛ **T4**) perché:
- ☐ aspetta l'occasione di provocarli in battaglia
- ☐ ritiene che non ci si debba fidare di loro
- ☐ non vuole cedere alle loro minacce
- ☐ vuole prendere tempo

**5.** comprendere L'elvezio Divicone nel suo discorso (➛ **T6**) omette di:
- ☐ riconoscere la superiorità militare dei Romani
- ☐ attribuire la vittoria di Cesare a una strategia poco valorosa
- ☐ ricordare con orgoglio la precedente vittoria del suo popolo sui Romani
- ☐ minacciare i Romani di sconfiggerli come in passato

**6.** comprendere Cesare dà avvio alla campagna in Britannia (➛ **T8-T9**) allo scopo di:
- ☐ evitare il rischio che Britanni e Galli si alleino contro i Romani
- ☐ punire i Britanni che si erano alleati con i Galli contro i Romani
- ☐ garantire alle proprie truppe un ingente bottino di guerra
- ☐ aumentare la propria fama di grande condottiero

**7.** comprendere Qual è l'atteggiamento assunto da Cesare nei confronti dei pompeiani che si consegnano a lui (➛ **T10**)?
- ☐ Li fa uccidere
- ☐ Li rilascia incolumi
- ☐ Assegna loro delle responsabilità nel suo esercito
- ☐ Li fa imprigionare

**8.** ricordare Nel narrare la battaglia di Farsàlo (➛ **T13**), Cesare ricorda che Pompeo:
- ☐ muore sul campo di battaglia, dopo aver combattuto valorosamente
- ☐ muore sul campo di battaglia, mentre tenta di fuggire
- ☐ abbandona il campo di battaglia e si ritira all'interno dell'accampamento
- ☐ abbandona il campo di battaglia e fugge immediatamente alla volta dell'Egitto

## QUESITI A RISPOSTA BREVE

Rispondi ai quesiti entro lo spazio di 8-10 righe per ciascuno. Quando lo ritieni opportuno, puoi consultare i testi.

**1.** Prendi in esame il discorso di Divicone in *De bello Gallico* 1, 13-14 (➛ **T6**) per chiedere la pace (le sue motivazioni, le velate minacce e le insinuazioni provocatorie) e mettilo a confronto con la risposta di Cesare nello stesso passo: quindi valuta quali argomentazioni siano più convincenti.

**2.** Illustra le principali qualità di Cesare come condottiero durante la campagna contro gli Elvezi (➛ **T2-T7**), esemplificandole con azioni narrate nei suoi *Commentarii*.

**3.** Riassumi le principali fasi della battaglia di Farsàlo (➛ **T12-T13**).

CICERO LECTIO **Il ritratto di Ariovisto** *De bello Gallico* 1, 33, 10-16

# Uno scrittore raffinato

PER ANALIZZARE

**L'INFLUENZA DI CESARE NELLA POLITICA E NELLA CULTURA** In campo politico Cesare esercitò un'azione così notevole che il suo operato continua anche oggi a essere oggetto di riflessione per gli storici: attore principale delle vicende di Roma dal 60 a.C. fino alla morte, egli contribuisce ad accelerare il processo di disgregazione delle istituzioni repubblicane, processo che porta alla concentrazione in un solo soggetto di tutti i poteri e che appare definitivamente compiuto con Ottaviano (a partire dal 31 a.C.). Nell'ambito della cultura latina ed europea Cesare ha esercitato poi una profonda e duratura influenza anche come intellettuale e scrittore. I *Commentarii*, infatti, rivestono un ruolo primario nella letteratura latina non solo per i fatti narrati, ma anche per il modo in cui tali fatti sono narrati: con la sua opera, Cesare ha contribuito a dare un assetto preciso alla lingua della prosa latina.

**I PRINCÌPI ISPIRATORI DELLO STILE DI CESARE** La caratteristica saliente della prosa dei *Commentarii* è l'impostazione assolutamente razionale a tutti i livelli (morfologico, lessicale e sintattico). A questo precipuo carattere della scrittura cesariana si aggiunge la duplice volontà di rendere la lingua pura (eliminando tutti gli usi avvertiti come regionali o provinciali, e dunque giudicati non adatti a un livello comunicativo autorevole e dignitoso) e la comunicazione stabile (conservando gli elementi formali che appaiono connotare meglio la lingua di Roma, e preservandola così dal rischio di snaturarsi con le mutazioni che si manifestano nel tempo a livello morfologico e sintattico). Cesare ricava questi princìpi dalla scuola grammaticale analogista (➤ Il Contesto, p. 237): secondo tale scuola, la lingua doveva evitare di aprirsi alle numerose varianti che sorgono con l'uso vivo della comunicazione, stabilendo invece, in base alla tradizione consolidata, una regolarità di comportamento alla quale andavano uniformati tutti gli atti linguistici. L'interesse di Cesare per la grammatica, condiviso da tutta la classe colta romana di questo periodo, si espresse nel *De analogia*, del quale possediamo pochissimi frammenti, scritto in concomitanza con la redazione del *De bello Gallico*, durante l'inverno del 54 a.C.

Il programma stilistico di Cesare, del resto, si iscrive perfettamente in quello perseguito dai grandi intellettuali suoi contemporanei, Cicerone e Varrone, i quali sembrano voler dare alla cultura latina una dignità pari a quella greca, agendo in primo luogo sulla lingua, che deve presentare un grado di purezza tale da differenziarsi da tutte le altre parlate italiche con cui è imparentata (per esempio, l'Osco-Umbro) e guadagnarsi così un prestigio che le consenta di imporsi come lingua ufficiale nei territori (soprattutto a occidente, nella penisola iberica e nelle Gallie).

Cesare allo scrittoio mentre elabora i *Commentarii*, miniatura da un manoscritto del XV secolo. Oxford, The Bodleian Library.

Cesare, dunque, stilisticamente persegue un obiettivo preciso con estremo rigore. Il suo programma ha due facce: da un lato è riformatore, perché propone di dare ordine a una realtà che appare disordinata; dall'altro è conservatore, perché il nuovo ordine si determina individuando e mantenendo elementi della tradizione, messi in salvo da deviazioni sentite come pericolose.

**LA COERENZA DELLO STILE E DELL'OPERATO POLITICO DI CESARE** Lo stile dell'opera di Cesare è aderente ai princìpi che hanno determinato la sua azione politica e militare. Una volta raggiunto il potere, Cesare intese dare alla *res publica* un assetto razionale attraverso un piano di riforme: mise ordine nelle istituzioni su base scientifica (a questo proposito ricordiamo innanzi tutto la riforma del calendario, elemento primario per determinare le scadenze della vita politica e giudiziaria), progettò un allargamento del potere di Roma a oriente (dopo aver raggiunto i confini dell'occidente), riprese a livello sociale il programma dei Gracchi. Allo stesso tempo, però, il programma istituzionale di Cesare fu profondamente conservatore: esso prevedeva che le prerogative dell'aristocrazia, alla quale spettava il controllo dello Stato, fossero integralmente conservate, come pure quelle dei ceti abbienti e dei finanzieri, dei quali Cesare difese gli interessi, impedendo energicamente che in seguito alla guerra civile i demagoghi del suo partito potessero dar luogo all'annullamento dei debiti (temutissima riforma prospettata dai più pericolosi rivoluzionari, tra cui, per esempio, Catilina).

**LA PROSA DI CESARE** La scrittura di Cesare tende a essere assolutamente essenziale, comunicando così al lettore un alto grado di oggettività. Questo aspetto, dovuto alle esigenze del genere del dispaccio informativo, viene perseguito con tanta coerenza che due lettori in relazione assai diversa col condottiero, il suo collaboratore e continuatore Irzio e il suo avversario politico Cicerone, parlano dei *Commentarii*, come di raffinate opere d'arte (➤ Scheda "Il parere degli altri autori", p. 519). L'elemento che maggiormente contribuisce a conferire oggettività ai *Commentarii* è l'abitudine di Cesare di riferirsi a se stesso in terza persona, espediente che per la prima volta compare nell'*Anabasi* dello scrittore ateniese Senofonte (inizio del IV secolo a.C.). In questo modo, come osserva lo studioso Carlo Santini, lo scrittore «istituisce una sorta di ideale diaframma tra le azioni raccontate e il loro autore».

A rendere meno immediata l'identificazione del condottiero e protagonista con lo scrittore contribuisce anche il fatto che quest'ultimo, quando interviene per riferimenti intratestuali, oltre a utilizzare formule impersonali (es. *ut supra demonstratum*

■ Rilievo dal mausoleo di *Glanum* con cavalieri romani in combattimento, 30-20 a.C. Saint-Rémy-de-Provence.

*est, De bello civili* 1, 39), si avvale sia della I persona plurale (es. *ut supra demonstravimus, De bello civili* 1, 31) sia, addirittura, della I persona singolare (es. *demonstravi, De bello civili* 3, 15). L'oggettività è inoltre perseguita con l'uso massiccio del discorso indiretto, che limita l'enfasi oratoria dei vari parlanti.

**GLI *EXCURSUS* GEOETNOGRAFICI** Per un'analisi efficace del valore letterario di Cesare è utile concentrarsi sugli *excursus* geoetnografici, presenti soprattutto nel *De bello Gallico*: tali sezioni, infatti, sono meno connotate dalla presenza del lessico appartenente al linguaggio militare e politico (che si esprime a volte con moduli condizionati da forme stereotipate).

Gli *excursus* geoetnografici si segnalano anche perché con essi Cesare ha contribuito a definire lo spazio entro cui si doveva espandere l'influenza di Roma, indicando quelli che andavano considerati i confini naturali da non valicare, come per esempio il Reno. Indubbiamente ciò ha avuto rilevanti ripercussioni nel definire la fisionomia dell'Europa moderna, composta dai paesi di cultura latina e da quelli di cultura germanica.

LINGUA E STILE

## LA LINGUA DEI *COMMENTARII* DI CESARE

**IL LESSICO** La lingua dei *Commentarii* è coerente con il programma che troviamo condensato in un breve giudizio espresso in uno dei pochi frammenti del *De analogia* giunti fino a noi: *tamquam scopulum sic fugias inauditum atque insolens verbum*, «come uno scoglio così devi rifuggire dal termine mai sentito e inusitato» (in Gellio, *Noctes Atticae* 1, 10, 4, fr. 3 Hohler). Cesare tende a **limitare** ogni tipo di **oscillazione**, **riducendo** l'uso di **forme sinonime**: elimina le voci che sono sentite come arcaiche e poetiche o quelle insuete in quanto nuove. Per esempio, non usa mai né *amnis* né *fluvius* (entrambi i termini significano «fiume»), ma usa sempre *flumen* (in questo caso, la preferenza al termine viene accordata perché esso appartiene alla famiglia, ben rappresentata in latino, dei nomi in *-men*). Analogamente usa *diligere* e *timere* e non usa i loro sinonimi *amare* e *metuere*; privilegia *appellare* rispetto a *nominare* e *vocare*; evita *forem*, sempre sostituito da *essem*, e nella desinenza di III persona plurale del perfetto evita la terminazione *-ēre* in favore di *-ērunt*. Allo stesso modo evita *quamquam* e preferisce *etsi*; evita *non tantum* e usa *non solum*; evita *gratia* posposto al genitivo, ma con la stessa funzione ama *causa*. Come osserva Antonio Traglia, Cesare cerca «di imporre alla lingua di Roma una disciplina uniformatrice e di semplificare tutte le varietà lessicali o morfologiche».

**LA SINTASSI** Per quanto riguarda la sintassi, le scelte di Cesare, unitamente a quelle di Cicerone, sono probabilmente quelle che esercitano l'influsso più durevole sulla successiva prosa letteraria, anche delle lingue romanze. Sappiamo infatti che nel I secolo a.C. era già in atto la tendenza all'eliminazione dei caratteri flessionali nella pronuncia, con il conseguente proliferare dei sintagmi preposizionali nonché della tendenza a disporre i costituenti essenziali della frase secondo l'ordine Soggetto-Verbo-Oggetto (➤ Il Contesto, p. 234). Allo scopo di impedire la comparsa di questi elementi nello scritto, Cesare, con atteggiamento decisamente **conservatore**, privilegia la struttura che prevedeva il predicato in ultima posizione e mantiene la sintassi rigorosamente agganciata alla varietà morfologica, probabilmente in questo modo allontanandosi dalla lingua d'uso, ma meritandosi la lode di Cicerone che ammirava l'eleganza (*venustas*) della prosa dei *Commentarii*. Sempre sul piano sintattico la prosa di Cesare presenta un punto di contatto con quella di Cicerone per l'abitudine di strutturare il periodo per mezzo di **membri simmetrici** connessi da rapporti di subordinazione che assicurano la **rigorosa concatenazione logica**. Fra questi procedimenti risulta senz'altro privilegiato l'uso dell'ablativo assoluto, che forse deriva dal linguaggio tecnico delle comunicazioni tra senato e generali.

**GUIDA ALLO STUDIO**

**1.** Per quale motivo Cesare evita l'uso di forme sinonime?

**2.** Perché possiamo ritenere conservatore l'atteggiamento di Cesare rispetto all'evoluzione del latino parlato?

**3.** Quali sono le caratteristiche della sintassi di Cesare?

T14
LATINO

# Dimensioni, natura, clima e popolazione della Britannia

| *De bello Gallico* 5, 12-14 |

*Nel luglio del 54 a.C. Cesare dà il via a una massiccia spedizione per invadere la Britannia. Egli era già sbarcato nell'isola nella tarda estate dell'anno precedente, ma dopo poche settimane era stato costretto a tornare in Gallia senza essere riuscito a ottenere risultati apprezzabili sotto il profilo militare.*

*Il motivo strategico della nuova azione di guerra era quello di attaccare i villaggi dei Belgi che fornivano aiuti militari ai loro connazionali stanziati sul continente, contro i quali il proconsole romano aveva accanitamente combattuto negli anni precedenti. In realtà, in questo progetto è ben visibile anche il desiderio di Cesare di realizzare un'impresa grandiosa, utile per guadagnare prestigio di fronte all'opinione pubblica dell'Urbe, in un momento in cui la gloria militare di Pompeo era all'apice (successivamente alle campagne in oriente* *➛ Il Contesto, p. 226**).*

■ Cesare alla testa delle sue truppe, miniatura da un manoscritto del tardo XV secolo. Londra, The British Library.

[12, 1] Britanniae pars interior ab eis incolitur quos natos in insula ipsi memoria proditum dicunt, [2] maritima pars ab eis, qui praedae ac belli inferendi causa ex Belgio transierunt – qui omnes fere eis nominibus civitatum appellantur, quibus orti ex civitatibus eo pervenerunt – et bello illato ibi permanserunt atque agros colere coeperunt. [3] Hominum est infinita multitudo creberrimaque aedificia fere Gallicis consimilia, pecorum numerus ingens. [4] Utuntur aut aere aut nummo aureo aut taleis ferreis ad certum pondus examinatis pro nummo. [5] Nascitur ibi plumbum album in mediterraneis regionibus, in maritimis ferrum, sed eius exigua est copia; aere utuntur importato. Materia cuiusque generis ut in Gallia est, praeter fagum atque abietem. [6] Leporem et gallinam et anserem gustare fas non putant; haec tamen alunt animi voluptatisque causa. Loca sunt temperatiora quam in Gallia, remissioribus frigoribus.

[13, 1] Insula natura triquetra, cuius unum latus est contra Galliam. Huius lateris alter angulus, qui est ad Cantium, quo fere omnes ex Gallia naves adpelluntur, ad orientem solem, inferior ad meridiem spectat. Hoc pertinet circiter milia passuum quingenta. [2] Alterum vergit ad Hispaniam atque oc-

[12, 1] **eis**: *iis*. • **proditum**: è sottinteso *esse*; l'espressione impersonale introduce la proposizione infinitiva il cui predicato è *natos* (*esse*). [2] **praedae... causa**: costrutto del gerundivo con valore di proposizione finale implicita; *praedae ac belli* possono essere considerati endiadi: «per compiere scorrerie a scopo di rapina». • **quibus... ex civitatibus**: la ripresa dell'antecedente nella proposizione relativa è dovuta alla necessità di ottenere la massima chiarezza (in italiano non è necessario che sia mantenuto il costrutto). [3] **Hominum**: il plurale *homines* significa qui «abitanti». • **pecorum**: il plurale di *pecus* prende il significato di «capi di bestiame». [4] **taleis... examinatis**: «lingotti verificati rispetto a un peso determinato»; con *talea* si intende una piccola sbarra o lingotto (etimologicamente affine a *taliare*, «tagliare»). [5] **plumbum album**: «stagno». • **Materia**: «legname»; propriamente indica il tronco, etimologicamente affine a *mater*, in quanto dal tronco si dipartono i rami. [6] **gustare**: «assaggiare». • **animi voluptatisque causa**: endiadi, «per puro piacere».
[13, 1] **ad Cantium**: si tratta dell'attuale regione del Kent. [2] **Alterum**: sottinteso *latus*. • **dimidio**: avverbio, «della metà». • **pari... transmissus**: *pari spatio* è ablativo di limitazione; unito alla congiunzione *atque* introduce il secondo termine della comparazione di uguaglianza: «di pari lunghezza che...».

cidentem solem; qua ex parte est Hibernia insula, dimidio minor, ut existimatur, quam Britannia, sed pari spatio transmissus atque ex Gallia est in Britanniam. [3] In hoc medio cursu est insula, quae appellatur Mona: complures praeterea minores obiectae insulae existimantur, de quibus insulis nonnulli scripserunt dies continuos triginta sub brumam esse noctem. [4] Nos nihil de eo percontationibus reperiebamus, nisi certis ex aqua mensuris breviores esse quam in continenti noctes videbamus. [5] Huius est longitudo lateris, ut fert illorum opinio, septingentorum milium. [6] Tertium est contra septentriones; cui parti nulla est obiecta terra, sed eius angulus lateris maxime ad Germaniam spectat. Hoc milia passuum octingenta in longitudinem esse existimatur. [7] Ita omnis insula est in circuitu vicies centum milium passuum.

[14, 1] Ex his omnibus longe sunt humanissimi qui Cantium incolunt, quae regio est maritima omnis, neque multum a Gallica differunt consuetudine. [2] Interiores plerique frumenta non serunt, sed lacte et carne vivunt pellibusque sunt vestiti. Omnes vero se Britanni vitro inficiunt, quod caeruleum efficit colorem, atque hoc horridiores sunt in pugna aspectu; [3] capilloque sunt promisso atque omni parte corporis rasa praeter caput et labrum superius. [4] Uxores habent deni duodenique inter se communes et maxime fratres cum fratribus parentesque cum liberis. [5] Sed qui sunt ex iis nati, eorum habentur liberi, quo primum virgo quaeque deducta est.

■ Metopa con due legionari romani.
Alessandria d'Egitto, Museo Greco-Romano.



[3] **Mona**: Cesare intende riferirsi all'attuale Isola di Man, ma pare che la confonda con l'isola ora chiamata Anglesey. • **nonnulli**: certamente sono gli scrittori greci di cui Cesare conosceva i testi, come Posidonio. • **sub brumam**: *bruma* deriva dalla contrazione dei termini *brevissuma hora*, e indica la parte dell'anno attorno al solstizio d'inverno, quando le ore del giorno hanno durata più breve: i Romani, infatti, consideravano l'ora un dodicesimo del periodo di luce del giorno, perciò la lunghezza delle ore era minore in inverno che in estate. [4] **certis... mensuris**: ablativo, «sulla base di misurazioni sicure». • **ex aqua**: ablativo di origine «derivate da orologi ad acqua», cioè clessidre. • **breviores... noctes**: Cesare ha potuto osservare che in estate più si è a nord più le ore di luce aumentano. [5] **Huius... lateris**: si intende sempre il lato volto verso l'Irlanda. • **ut... opinio**: proposizione incidentale. [6] **Tertium**: sottinteso *latus*.
[14, 1] **longe... humanissimi**: l'avverbio *longe* è da unire al superlativo: «di gran lunga i più civili». • **quae regio**: *regio* è apposizione di *Cantium* ma, come avviene spesso, è stato inserito nella proposizione relativa da cui logicamente dipende. [2] **Interiores... serunt**: *interiores* sono gli abitanti dell'interno; Cesare riporta notizie imprecise perché non riconducibili all'osservazione diretta. • **vitro inficiunt**: «si tingono di guado»; *vitrum, -i* è il nome di una pianta erbacea (*isatis tinctoria*, in italiano «guado») da cui i Britanni ricavavano il colore azzurro. [3] **capillo... promisso... omni parte... rasa**: ablativi che esprimono complementi di qualità fisica. [4] **deni duodenique**: numerali distributivi, lett. «dieci o dodici alla volta», quindi «in dieci o dodici»; la notizia secondo cui i Britanni praticavano la poligamia all'interno del clan ci viene confermata anche da altri autori posteriori a Cesare. [5] **eorum... liberi**: *liberi* è predicativo del soggetto, rappresentato dalla precedente proposizione relativa *qui... nati*; *eorum* è il pronome antecedente concordato a senso con il successivo pronome relativo *quo*.

## Il testo e il contesto

**LE INFORMAZIONI** La chiarezza del testo è dovuta in primo luogo al fatto che le informazioni sono ordinate in maniera rigorosa: prima nozioni generali sulla popolazione, sull'economia e sul clima dell'isola (cap. 12); poi dati di geografia fisica della Britannia, come le dimensioni, l'orientamento, le isole e le terre circostanti (cap. 13); infine notizie sugli usi e costumi delle popolazioni (cap. 14). Gli elementi riferiti sono pensati per fornire informazioni essenziali a chi avesse voluto recarsi nell'isola, soprattutto a scopo militare: infatti, non vi è traccia di elementi fantastici o curiosità, che verosimilmente erano facili da raccogliere in situazioni simili.

**LA PRECISIONE DELLE INFORMAZIONI** Si può osservare come Cesare tenda ad attribuire anche ai territori dell'interno le caratteristiche delle regioni da lui effettivamente visitate, ossia (14, 1) la regione costiera dell'attuale Kent (*Cantium*). Solo così, ad esempio, si può giustificare la sorprendente affermazione (12, 5) che in Britannia non sono presenti due specie di alberi come il faggio e l'abete; inoltre, l'archeologia ha dimostrato che la densità della popolazione rilevata da Cesare in 12, 3 non è ammissibile per le zone interne, ma solo per quelle costiere. La scarsa conoscenza complessiva dell'isola emerge anche dai dati relativi alle risorse metallifere: le miniere di stagno sono infatti in Cornovaglia e non nell'interno, mentre non vengono citate le cospicue risorse di ferro presenti nelle zone settentrionali, particolare forse appositamente taciuto dagli informatori britanni. Le misure complessive dell'isola sono invece piuttosto precise; importantissima la menzione dell'Irlanda (la prima nella storia) e dell'isola di Man (anche se secondo le informazioni di autori successivi, tra cui Plinio il Vecchio, l'isola di *Mona* dovrebbe corrispondere all'attuale Anglesey). Riguardo all'orientamento dell'isola, va rilevato che rimase convinzione diffusa nell'antichità l'idea, errata, che il lato meridionale della Britannia si avvicinasse alla Spagna.

**IL METODO DI CESARE** Come sua abitudine, Cesare raccolse ogni possibile informazione sulla regione che stava esplorando, parte di persona, parte attraverso informatori locali. In questi tre capitoli possiamo distinguere i dati ottenuti in maniera diretta da quelli ottenuti in maniera indiretta, a seconda di come sono introdotti nel testo: quanto non è stato verificato di persona viene di solito inserito con espressioni quali *dicunt* (12, 1) o *existimantur* (13, 3). Quanto, invece, è frutto di osservazione personale viene riferito come fatto oggettivo (es. 12, 3 *Hominum est infinita moltitudo*). Addirittura in 13, 4 compare in riferimento a Cesare la prima persona plurale, procedimento notoriamente evitato nei *Commentarii*. Proprio questo passo, fra l'altro, è indicativo dell'atteggiamento razionalista e scientifico di Cesare e dei molteplici interessi che caratterizzano la sua personalità: infatti, è improbabile che la notizia sulla notte polare gli sia giunta da informatori locali, dato che anche le isole più settentrionali dell'Arcipelago Britannico, le Orcadi e le Shetland, non oltrepassano il 60° parallelo. Pertanto, egli doveva aver letto resoconti simili a quelli relativi alla mitica Thule – la leggendaria isola del nord Europa, di cui aveva parlato nei suoi resoconti di viaggio il navigatore greco Pitea – e doveva aver pensato di verificarne la veridicità sperimentalmente, una volta giunto al punto più settentrionale del viaggio, attraverso misurazioni oggettive effettuate con strumenti di precisione. Allo stesso modo, l'origine belga delle popolazioni costiere viene provata da Cesare mediante la somiglianza dei loro nomi con quelli delle tribù del continente (vedi 12, 2).

## Lo stile del testo

**IL LESSICO** A capitoli come questi si addice pienamente la valutazione espressa da Cicerone a proposito dei *Commentarii* (➤ Scheda "Il parere degli altri autori", p. 519). L'ideale di purezza della lingua è realizzato tramite un uso controllatissimo del lessico, riferibile alle teorie della scuola analogista, il quale comprende termini dal significato preciso (*plumbum album, ferrum, fagum, abietem*, ecc.) ed evita circonlocuzioni o espressioni vaghe. Va segnalato che l'apparente ripetitività (es. *belli* in 12, 1 e ............ in 12, 2; la ripetizione di *nummo* in ............) è funzionale alla precisione, in quanto vengono evitati sinonimi che non garantirebbero l'identità di significato. Allo stesso tempo, quando un concetto necessita di essere meglio precisato, Cesare adotta un procedimento bimembre dove il secondo termine precisa il primo: es. *praedae ac belli inferendi causa* in 12, 2; .................................................................... in 12, 6.

**LA SINTASSI** Le scelte sintattiche sono volte a conferire al testo la massima chiarezza. Innanzi tutto è da segnalare la ripresa dei sostantivi per mezzo di pronomi dimostrativi, grazie ai quali la coesione del testo risulta assai alta e minima risulta la possibilità di fraintendimento. A questo proposito si può considerare esemplare l'esordio del cap. 13: *Insula natura triquetra, cuius <u>unum latus</u> est contra Galliam. <u>Huius lateris</u> alter angulus*... Simile a questo procedimento va considerato l'uso estesissimo del nesso relativo: es. 13, 2 *Alterum vergit ad Hispaniam atque occidentem solem; <u>qua ex parte</u> est Hibernia*... e 13, 3 .................................................................................... In particolare, è da segnalare la ripresa dell'antecedente all'interno della proposizione relativa, procedimento vòlto a dare la massima coesione al testo: questo fenomeno compare sia in 12, 2 *eis nominibus <u>civitatum</u> appellantur, quibus orti <u>ex civitatibus</u>* sia in 14, 1 *<u>Cantium</u> incolunt, quae <u>regio</u>*. Dal punto di vista delle scelte sintattiche operate, va poi segnalata la tendenza alla correlazione, affidata agli avverbi di luogo ↗

(vedi 12, 2 ................................) o all'uso di coppie di opposti (*interior* o *mediterraneus* opposto a *maritimus*, vedi 12, 1 e 2; 14, 1 e 2).

**LE SCELTE RETORICHE** Indubbiamente Cesare persegue la *brevitas* che caratterizza gli scritti tecnici e le comunicazioni di servizio fra generali e senato. Essa si realizza prevalentemente mediante l'aggettivazione assai parca e la tendenza allo stile nominale: es. 13, 1 *Insula natura triquetra*. Tale stringatezza non esclude però un'accurata disposizione delle parole. Compaiono chiasmi (12, 1-2 *pars interior... maritima pars*; 12, 5 ................................................................................ ), parallelismi (13, 1 *alter angulus... ad orientem solem, inferior ad meridiem spectat*) e iperbati (13, 4 *certis ex aqua mensuris*; 14, 1 ........................................................................). In particolare Cesare, secondo l'uso dei più raffinati oratori, cura la scelta delle parole nelle clausole finali del periodo: i capitoli 12 e 13, ad esempio, terminano con l'omoteleuto (................................................................................), frequente è la clausola esametrica formata da dattilo e spondeo (es. 12, 3 *numerus ingens*; 12, 5 *fagum atque abietem*; 14, 5 *quaeque deducta est*) e in 12, 2 compare l'allitterazione (*colere coeperunt*).

**LEGGO E ANALIZZO**

**1.** Che valore sintattico ha il costrutto *praedae... causa* (12, 2)? In quali altre forme implicite ed esplicite si può esprimere?

**2.** Quale uso del relativo puoi riconoscere in *cui parti* (13, 6)?

**3.** A chi si riferisce concettualmente il pronome *quo* (14, 5)?

**4.** Perché Cesare usa a un certo punto del testo la prima persona plurale?

**5.** Che cos'è una "endiadi"? Cercane qualche esempio nel testo.

## T15-T16 Usi e costumi dei Germani

*De bello Gallico* 6, 21-24

*Dopo aver dislocato in punti strategici le numerose legioni di cui disponeva, sapendo che era possibile un'insurrezione (soprattutto nelle zone abitate dai Belgi), Cesare trascorre l'inverno tra il 54 e il 53 a.C. in Gallia. Nei primi mesi dell'anno nuovo ritiene opportuno passare il fiume Reno, come già aveva fatto nell'estate del 55: il proconsole, devastando a suo piacimento i territori immediatamente al di là del fiume, intendeva convincere le tribù galliche e germaniche dell'assoluta superiorità militare dei Romani, al fine di scoraggiare ogni forma di ribellione. A tale scopo contribuisce anche la costruzione in tempi rapidissimi di un ponte sul Reno: a differenza del primo ponte costruito sul Reno (di cui Cesare parla in 4, 17-18), questo sarà lasciato anche dopo la fine della spedizione, adeguatamente presidiato dalle truppe affinché non venga utilizzato per invadere le province romane.*

*Il resoconto di questi fatti si trova nel libro VI del* De bello Gallico. *All'inizio del libro Cesare, disponendo in forma organica notizie solo accennate in precedenza, inserisce un excursus di notevole interesse sui Galli e sui Germani. Da notare come le notizie riportate, frutto di osservazioni dirette, risultino mediate dall'occhio di una persona che appartiene a una civiltà differente e che tende a valutare i fenomeni osservati in base ai propri parametri culturali.*



## T15 Religione, educazione, economia

LATINO

*De bello Gallico* 6, 21-22

**[21, 1]** Germani multum ab hac consuetudine differunt. Nam neque druides habent, qui rebus divinis praesint, neque sacrificiis student. **[2]** Deorum numero eos solos ducunt, quos cernunt et quorum aperte opibus iuvantur, Solem et Vulcanum et Lunam, reliquos

**[21, 1] ab... differunt**: nei capitoli precedenti Cesare ha illustrato i costumi dei Galli; ora passa a quelli dei Germani. Relativamente ai motivi che inducono Cesare a differenziare i Germani dai Galli ➤ Per analizzare il testo, p. 521. • **druides**: i druidi sono i sacerdoti delle tribù celtiche. **[2] quos... iuvantur**: Cesare intende dire che i Germani adorano come divinità

ne fama quidem acceperunt. [3] Vita omnis in venationibus atque in studiis rei militaris consistit: a parvis labori ac duritiae student. [4] Qui diutissime impuberes permanserunt, maximam inter suos ferunt laudem; hoc ali staturam, ali vires nervosque confirmari putant. [5] Intra annum vero vicesimum feminae notitiam habuisse in turpissimis habent rebus. Cuius rei nulla est occultatio, quod et promiscue in fluminibus perluuntur et pellibus aut parvis renonum tegimentis utuntur magna corporis parte nuda.

[22, 1] Agri culturae non student, maiorque pars eorum victus in lacte caseo carne consistit. [2] Neque quisquam agri modum certum aut fines habet proprios, sed magistratus ac principes in annos singulos gentibus cognationibusque hominum, quique una coierunt, quantum et quo loco visum est agri attribuunt atque anno post alio transire cogunt. [3] Eius rei multas adferunt causas: ne adsidua consuetudine capti studium belli gerendi agri cultura commutent; ne latos fines parare studeant, potentioresque humiliores possessionibus expellant; ne accuratius ad frigora atque aestus vitandos aedificent; ne qua oriatur pecuniae cupiditas, qua ex re factiones dissensionesque nascuntur; [4] ut animi aequitate plebem contineant, cum suas quisque opes cum potentissimis aequari videat.

Jean Fouquet, **Giulio Cesare riceve l'ambasciatore germanico**, miniatura, 1450. Parigi, Musée Marmottan.

solo entità che vedono (il sole, il fuoco e la luna) e dalle quali traggono un vantaggio; il nome latino delle divinità è dato sulla base del procedimento della *interpretatio* che, dove possibile, riconosceva nelle divinità straniere quelle adorate dai Romani (così il dio germanico del fuoco è chiamato Vulcano, che era appunto la divinità romana corrispondente). [3] **a parvis**: «fin da bambini», complemento di tempo. [4] **impuberes**: lett. «non adulti» e perciò «vergini»; da *in*, «non» + *pubes*, termine che indica la prima peluria giovanile. [5] **Intra... vicesimum**: «prima dei vent'anni». • **feminae... habuisse**: lett. «aver conoscenza della donna» e quindi «avere rapporti sessuali». • **Cuius rei**: ovvero dei rapporti sessuali; *cuius* è nesso relativo. • **parvis... tegimentis**: «piccoli indumenti di pelliccia»; *reno, -onis*, in italiano tradotto al singolare, è termine celtico.
[22, 2] **agri... certum**: «quantità (*modum*) determinata di terreno», si intende che non esiste la proprietà privata. • **in... singulos**: «ogni anno», complemento di tempo continuato. • **gentibus cognationibusque**: *cognatio* indica un gruppo di parenti più ristretto rispetto alla *gens*, che è un insieme di famiglie. • **visum est**: «pare opportuno»; qui *videor* è impersonale. • **agri**: genitivo partitivo da unire al precedente *quantum*. [3] **ne**: introduce una proposizione finale negativa; così i successivi. • **humiliores**: accusativo. • **possessionibus**: ablativo di allontanamento, da unire al successivo *expellant*. • **ad... vitandos**: costrutto del gerundivo; il predicato concorda con il maschile (*aestus*) e non con il neutro (*frigora*). • **nequa**: *ne* + *quă*, aggettivo indefinito. [4] **ut**: con valore finale, coordinato ai precedenti *ne*. • **cum... videat**: costruisci *cum quisque videat suas opes aequari cum potentissimis*, «dal momento che ciascuno vede che la propria ricchezza eguaglia quella dei più potenti».

IL PARERE DEGLI ALTRI AUTORI

# I *COMMENTARII* DI CESARE

**I GIUDIZI POSITIVI: CICERONE...** Relativamente ai *Commentarii* abbiamo diversi pareri di contemporanei, attraverso testimonianze sia dirette sia indirette. La principale è certamente quella di **Cicerone**; nel dialogo *Brutus*, scritto nel 46 a.C., l'autore si esprime così a proposito dei *Commentarii*: «Certamente vanno ritenuti come ben fatti; sono infatti nudi, corretti e aggraziati, dato che è stato levato, come una veste, ogni abbellimento oratorio. Ma, mentre volle che altri, che volessero scrivere di storia, avessero pronto il materiale da cui attingere, fece forse cosa grata agli incauti, che vorranno aggiungervi inutili fronzoli: certamente distolse le persone sensate dallo scrivere; nella storiografia infatti niente è più dolce di una pura e tersa essenzialità» (*Brutus* 262).
Questo giudizio, completamente riferito allo stile, si inserisce in una pagina in cui Cicerone loda l'oratoria di Cesare soprattutto per la **purezza del linguaggio**, che risulta appunto "depurato" secondo criteri razionali (*ratio*); purezza anche in parte aiutata dal fatto che Cesare era nativo di Roma (*ingenuus civis Romanus*, *Brutus* 261). Il giudizio di Cicerone, però, entra anche nel merito del **contenuto**. Egli, infatti, osserva che Cesare non aveva voluto fare un'opera storica, ma scrivere dei **resoconti**, come era abitudine per i proconsoli, pensando e forse sperando che altri, storici o forse anche poeti, avrebbero utilizzato il materiale come base per altre opere propriamente letterarie. In realtà, proprio le scelte stilistiche di Cesare hanno determinato il fatto che i *Commentarii* risultassero una vera e propria opera storica (che, secondo Cicerone, è un genere più vicino alla letteratura che alla prosa tecnica), alla quale era inutile pensare di aggiungere altro. La comprensione effettiva del passo di Cicerone è tuttavia complicata dal lessico utilizzato: Cicerone, infatti, parla dei *Commentarii* ricorrendo a termini adatti a descrivere un grazioso corpo femminile (*nudi... venusti*); quindi, per dire che solo gli incauti crederanno di poterli abbellire, prosegue la metafora dicendo letteralmente «vorranno fare ricci con i ferri caldi», espressione che in italiano suona come se egli dicesse "vorranno far loro la messa in piega". In questa "femminilizzazione" dell'opera di Cesare, forse, c'è un'intenzione ironica.

**...E IRZIO** Al giudizio di Cicerone si associa quello di **Irzio**, collaboratore di Cesare, che, secondo quanto riferisce Svetonio, così si esprime sui *Commentarii* in una lettera a Cicerone: «Sono ritenuti ben fatti a giudizio di tutti, tanto che sembra sia stato sottratto e non fornito agli storici il loro utilizzo. La mia ammirazione per questo fatto è superiore rispetto a quella degli altri: gli altri infatti sanno quanto siano ben fatti e curati, io invece so con quanta facilità e velocità siano stati scritti» (Svetonio, *Vita di Cesare* 56). Tale valutazione positiva relativa allo stile sembra sia rimasta valida per gli scrittori successivi: *summus auctorum divus Iulius*, dice **Tacito** riferendosi all'autore che prima di lui aveva parlato dei Germani (*Germania* 28); e **Quintiliano** loda l'eleganza di Cesare oratore (*Institutio oratoria* 10, 1, 114).

**IL GIUDIZIO NEGATIVO: ASINIO POLLIONE** Un giudizio negativo sull'elaborazione approssimativa e frettolosa dei *Commentarii*, invece, risale ad **Asinio Pollione**, luogotenente di Cesare e testimone oculare dei fatti narrati, il quale, ritiratosi a vita privata all'instaurazione del secondo triumvirato, scrisse un'opera storica sulle guerre civili, per noi perduta. Nello stesso passo di Svetonio tratto dalla biografia di Cesare si dice: «Asinio Pollione giudica i *Commentarii* composti in modo poco veritiero, poiché Cesare incautamente prese per vere molte azioni compiute e riferite da altri e perché scrisse non correttamente quanto da sé compiuto, o di proposito o per errore di memoria; egli tuttavia crede che Cesare li avrebbe riscritti e corretti».
Ad accomunare i giudizi a noi giunti è, quindi, il fatto che nelle intenzioni di Cesare i *Commentarii*, così come li conosciamo, non dovevano rimanere lo scritto definitivo a riguardo delle sue imprese.

**GUIDA ALLO STUDIO**

**1.** Che cosa osserva Cicerone a proposito dello stile dei *Commentarii* cesariani?

**2.** Quali sono le qualità più sorprendenti della scrittura di Cesare secondo Irzio?

**3.** Per quali ragioni, a detta di Svetonio, Asinio Pollione giudicava negativamente i *Commentarii*?

T16

LATINO

# Organizzazione politica e sociale

*De bello Gallico* 6, 23-24

[23, 1] Civitatibus maxima laus est quam latissime circum se vastatis finibus solitudines habere. [2] Hoc proprium virtutis existimant, expulsos agris finitimos cedere, neque quemquam prope audere consistere. [3] Simul hoc se fore tutiores arbitrantur repentinae incursionis timore sublato. [4] Cum bellum civitas aut inlatum defendit aut infert, magistratus, qui ei bello praesint et vitae necisque habeant potestatem, deliguntur. [5] In pace nullus est communis magistratus, sed principes regionum atque pagorum inter suos ius dicunt controversiasque minuunt. [6] Latrocinia nullam habent infamiam, quae extra fines cuiusque civitatis fiunt, atque ea iuventutis exercendae ac desidiae minuendae causa fieri praedicant. [7] Atque ubi quis ex principibus in concilio dixit se ducem fore, qui sequi velint, profiteantur, consurgunt ei qui et causam et hominem probant suumque auxilium pollicentur atque ab multitudine collaudantur; [8] qui ex his secuti non sunt, in desertorum ac proditorum numero ducuntur, omniumque his rerum postea fides derogatur. [9] Hospitem violare fas non putant; qui quacumque de causa ad eos venerunt, ab iniuria prohibent, sanctosque habent, hisque omnium domus patent victusque communicatur.
[24, 1] Ac fuit antea tempus, cum Germanos Galli virtute superarent, ultro bella inferrent, propter hominum multitudinem agrique inopiam trans Rhenum colonias mitterent. [2] Itaque ea quae fertilissima Germaniae sunt loca circum Hercyniam silvam, quam Eratostheni et quibusdam Graecis fama notam esse video, quam illi Orcyniam appellant, Volcae Tectosages occupaverunt atque ibi consederunt; [3] quae gens ad hoc tempus his sedibus sese continet summamque habet iustitiae et bellicae laudis opinionem. [4] Nunc quoniam in eadem inopia, egestate, patientia qua ante Germani permanent, eodem victu et cultu corporis utuntur, [5] Gallis autem provinciarum propinquitas et transmarinarum rerum notitia multa ad copiam atque usus largitur, [6] paulatim adsuefacti superari multisque victi proeliis ne se quidem ipsi cum illis virtute comparant.

[23, 1] **solitudines habere**: *solitudo* significa qui «zona deserta», perciò «avere il deserto». [2] **proprium virtutis**: «indice di valore». • **expulsos... consistere**: le due infinitive hanno funzione epesegetica rispetto al precedente *proprium*; *agris* è ablativo di allontanamento che completa *expulsos*, attributo del soggetto *finitimos*. [3] **hoc**: ablativo di causa; anticipa con funzione prolettica il successivo ablativo assoluto *repentinae... sublato*. [4] **bellum... infert**: *bellum inlatum* è compl. ogg. di *defendit*, mentre di *infert* è compl. ogg. solo *bellum*, per questo è dislocato isolatamente all'inizio dell'enunciato, lett. «respinge un attacco ricevuto o porta guerra (ad altri)». • **qui... potestatem**: prop. relative improprie con valore finale. [6] **Latrocinia**: il *latrocinium* è la scorribanda finalizzata alla rapina e al saccheggio: è severamente condannato dalla morale romana, in base alla quale qualsiasi azione violenta deve essere comunque regolata dalla norma. Pertanto, *latrocinium* assume significato opposto rispetto a *iustum bellum*, «guerra condotta secondo la legge». • **ea**: riferito a *latrocinia*, è soggetto di *fieri*. [7] **se... fore... profiteantur**: prop. completive coordinate per asindeto, introdotte dal precedente *dixit*; la prima è una infinitiva ed esprime oggettività, la seconda è al congiuntivo in quanto esprime volontà; *qui... velint* è proposizione relativa anticipata, con l'antecedente *ii* sottinteso (prolessi della relativa ed elisione del dimostrativo); *velint* è congiuntivo caratterizzante. [9] **quacumque**: da unire al successivo *causa*.

[24, 1] **Germanos... superarent**: qui Cesare si riferisce probabilmente al fatto che doveva essere sopravvissuta fino alla sua epoca la memoria del periodo attorno al VI-V secolo a.C., durante il quale i Celti occuparono un'ampia zona dell'Europa centrale, prima di confluire nella Gallia storica e nella penisola iberica. [2] **Hercyniam silvam**: estesissima foresta che si estendeva all'incirca nella zona dell'attuale Foresta Nera. • **Eratostheni et quibusdam Graecis**: Eratostene di Cirene (275-195 a.C.), direttore della biblioteca di Alessandria e noto geografo, al quale risale la prima misurazione attendibile della Terra. Gli «altri Greci», probabilmente, furono Aristotele e Posidonio (135-50 a.C.), autori di opere sicuramente conosciute da Cesare. L'osservazione di Cesare è piuttosto polemica: intende precisare ciò che gli altri avevano riferito erroneamente, lasciando implicito il fatto che tali autori avevano scritto su cose che non avevano mai visto. • **video**: Cesare usa la prima persona quando si riferisce a se stesso come autore del testo. • **Volcae Tectosages**: popolazione gallica originaria della zona indicata da Cesare che successivamente si espanse fino a raggiungere la Francia meridionale. [4] **qua ante**: secondo termine da unire al precedente *in eadem inopia*. [5] **Gallis**: dativo; complemento di termine del successivo *largitur*, che concorda separatamente con *notitia* e *usus*. [6] **adsuefacti... comparant**: il soggetto sottinteso è *Galli*.

## Il testo e il contesto

**LE CARATTERISTICHE DEI GERMANI** Il nucleo informativo di questi capitoli comprende i seguenti punti: la religione (21, 1-2); il modo di vita e l'abbigliamento (21, 3-5); l'agricoltura (22); la politica estera (23, 1-3); le abitudini in guerra e in pace e l'amministrazione della giustizia (23, 4-8); i rapporti di ospitalità (23, 9). Il quadro complessivo è quello di una popolazione assai distante da quella romana. Ai Germani manca un culto religioso organizzato e affidato a specialisti, le divinità oggetto di adorazione sono assai poche. I costumi sessuali e il modo di vivere sono assai differenti: i Romani non avevano limitazioni di età per intraprendere una relazione amorosa, non praticavano particolarmente la caccia, consideravano necessari all'educazione non solo l'esercizio delle armi, ma anche la conoscenza delle abitudini e delle leggi del proprio popolo e non amavano i vestiti di pelle, ma preferivano i tessuti. Ovviamente, poi, per i Romani era fondamentale l'agricoltura e imprescindibile la proprietà privata della terra. In politica estera, inoltre, Roma tendeva a stabilire regolari rapporti con i popoli vicini mediante trattati, mentre i Germani, privi di un vero e proprio *ius gentium* (il sistema di diritto che per i Romani regolava il rapporto tra nazioni), appaiono assai più aggressivi e quasi ferini nell'eliminare qualsiasi insediamento umano si trovi nelle vicinanze delle loro sedi. La condotta in guerra e in pace e l'amministrazione della giustizia per i Germani pare determinata dalla presenza di istituzioni di tipo feudale, con i prìncipi delle tribù che dispongono di ogni potere decisionale, ed è quindi assente presso di loro il concetto di *res publica*. L'ospitalità, invece, è sacra presso entrambe le popolazioni. L'impressione è che Cesare voglia ritrarre i costumi di un popolo fiero e selvaggio, non privo di fascino per la totale dedizione all'uso delle armi, per il disprezzo verso l'accumulo di beni materiali e per la mancanza di differenze sociali fondate sulla ricchezza.

**LE ESAGERAZIONI DI CESARE** Che Cesare esageri nel ritrarre i Germani come più barbari rispetto ai Galli è, secondo il parere di alcuni storici, una scelta funzionale a giustificare la rinuncia da parte del proconsole alla conquista di popolazioni tanto lontane dalla civiltà. A questo proposito è determinante il cap. 24, in cui l'autore riferisce che nel passato anche i Galli si contraddistinguevano per la bellicosità, tanto da essere temuti dai Germani, ma che ora essi, per la vicinanza dei Romani, hanno acquisito un sistema di vita meno rude e aggressivo, che li ha portati ad essere militarmente inferiori alle popolazioni stanziate oltre il Reno. Meglio dunque, per i Romani, concentrarsi sul dominio dei Galli e arginare le invasioni dei Germani. La posizione di Cesare, tutto sommato, sarà fatta propria dai successivi imperatori, determinando una differenza di civiltà tra i territori al di qua e quelli al di là del Reno, tanto importante nell'Europa medioevale e moderna.

## Lo stile del testo

**LA STRUTTURA DEGLI ENUNCIATI** La regolarità della prosa di Cesare in questi capitoli è notevolissima: la struttura degli enunciati prevede il verbo praticamente sempre in ultima posizione, in modo tale che la disposizione sintattica dei costituenti fondamentali sia Soggetto-Oggetto-Verbo (vedi 21, 1). In questa scelta possiamo osservare la tendenza analogista dell'autore: egli intende uniformarsi alle strutture originarie del latino, riconoscendo una norma nell'espressione linguistica, e contrastare il fenomeno, presente nella lingua d'uso del suo tempo, di usare la disposizione Soggetto-Verbo-Oggetto (tendenza che poi prevarrà nelle lingue romanze). Si noti che, dove il predicato non è in ultima posizione, il fenomeno è dovuto alla presenza di un sintagma aggettivale che inverte la propria posizione col verbo formando un elegante iperbato (vedi 21, 5 *in turpissimis habent rebus*). Secondo lo stesso criterio sintattico utilizzato per i costituenti della frase nucleare, le proposizioni subordinate relative e infinitive anticipano il predicato della principale (vedi 21, 4).

**LA SINTASSI** La rigorosa sintassi porta Cesare a rafforzare il sistema dei casi, per esempio riducendo l'uso delle preposizioni allo stretto indispensabile, come si vede dall'uso dell'ablativo semplice per esprimere il complemento di stato in luogo (24, 3 .................................) o quello di allontanamento (23, 2 .......................................................). La sintassi, nella quale prevale l'abitudine di formare parallelismi (vedi, per esempio, 21, 4 *ali staturam... ali vires*), è poi articolata e ricca grazie all'ampio uso della subordinazione ed è resa chiara dal rigoroso uso del congiuntivo in opposizione all'indicativo e all'infinito (vedi, per esempio, 23, 7). Nell'insieme, appare soddisfatto quanto chiede Cicerone a chi desideri esprimersi correttamente, ovvero rispettare «i tempi e i casi, il genere e il numero» (*De oratore* 3, 40).

**IL LESSICO** Anche a livello lessicale è evidente l'intenzione di Cesare di normalizzare la lingua, per cui all'uso dei sinonimi viene di norma preferita la ripetizione. Per esempio, nei capitoli riportati ricorrono più volte le voci del verbo *studeo* (21, 1 e 3; 22, 1 e 3; sempre con il dativo) e il sostantivo *studium* (21, 3 e 22, 3; con il genitivo): è chiara la volontà di evitare sinonimi una volta trovata la voce più adatta. La gradevolezza del dettato è affidata al procedimento bimembre assai diffuso: vedi, per esempio, 21, 3 *labori ac duritiae*; 21, 4 *vires nervosque*; 22, 2 .......................................... .
La sobrietà dell'espressione, poi, è ravvisabile nella tendenza ad accostare coppie di termini in antitesi, senza indulgere a sfumature: vedi 22, 3 *potentiores humiliores*, *frigora atque aestus* e 23, 4 .......................................... .
Infine, si può notare come Cesare usi con precisione termini appartenenti ai linguaggi tecnici. Si incontrano espressioni del lessico politico: vedi 22, 3 *qua ex re* →

*factiones dissensionesque nascuntur* (il termine *factio* indica un gruppo politico omogeneo, come per esempio i pompeiani); 23, 7 ......................................., «garantiscono il proprio appoggio». È presente anche il lessico giuridico: vedi 23, 5 ....................................... e 23, 8 *fides derogatur* (numerosi verbi che significano «dire», «chiedere», «rispondere» appartengono alla lingua del diritto, a testimonianza della fase in cui l'amministrazione della legge era solo orale). Ovviamente, è ampiamente utilizzato il linguaggio militare: vedi ......................................., lett. «guerra importata» e quindi «guerra di difesa» in 23, 4 e ......................................., lett. «portare guerra» e quindi «aggredire» in 23, 4 e 24, 1. Quando, invece, manca effettivamente in latino un termine che renda con chiarezza il concetto da esprimere, allora Cesare utilizza anche termini di origine straniera: vedi il caso del termine ....................................... in 21, 5.

**LEGGO E ANALIZZO**

**1.** Come spieghi in **T15** l'uso del congiuntivo nella relativa *qui... praesint* (21, 1)?

**2.** Individua in **T15** l'uso dell'ablativo assoluto nominale e spiegane le caratteristiche e la funzione.

**3.** Cosa si intende per "congiuntivo caratterizzante" nella relativa di **T16** *qui... velint* (23, 7)?

**4.** Attraverso quali strategie linguistiche Cesare consegue nei suoi *Commentarii* un'espressione sobria e misurata?

**5.** Cosa si intende per "normalizzazione della lingua" nei *Commentarii* di Cesare e quali esempi di questo fenomeno puoi rintracciare nei capitoli presentati in **T15** e **T16**?

LETTURA CRITICA

## Le abitudini linguistiche di Cesare

**UNA LINGUA DISTANTE DAL PARLATO** In ragione delle scelte linguistiche operate da Cesare, il latino dei *Commentarii* risulta assai distante dal latino parlato e anche dal latino che compare nelle forme letterarie contemporanee oppure di poco precedenti. **Paolo Poccetti** analizza con estrema attenzione le abitudini linguistiche di Cesare: mostra innanzi tutto come questi abbia evitato con accuratezza l'uso di forme provenienti da altre lingue (per esempio, nei toponimi della Gallia e della Germania o nella descrizione delle macchine belliche, che spesso avevano nomi in lingua greca, in quanto inventate negli eserciti dei sovrani ellenistici); mostra inoltre come Cesare abbia espunto tutte le doppie forme o i sinonimi che spesso compaiono nelle lingue parlate per designare oggetti e situazioni (per esempio, nell'italiano parlato siamo abituati a usare in modo indifferente e come sinonimi i termini "telefonino" e "cellulare", senza preoccuparci di stabilire quale forma sia corretta e se una delle due sia da abbandonare). In questo atteggiamento Cesare dimostra la propria appartenenza alla **scuola grammaticale analogista**, che tendeva a preferire nella lingua i termini rispondenti a una norma e a escludere quelli nati in modo apparentemente spontaneo. L'**astrazione** della lingua di Cesare si è rivelata particolarmente efficace per fornire esempi da sottoporre agli studenti di latino; dobbiamo però osservare che in tal modo nella scuola è entrata una lingua latina che non ha mai avuto riscontro nella realtà dell'uso.

«La lingua di Cesare ci appare inappuntabile e chiara, ma contemporaneamente devitalizzata e asettica, completamente privata di quella duttilità e di quella elasticità che appena poco più di un trentennio prima animava la lingua letteraria (con la sua varietà di forme flessive, dei metaplasmi, la ricchezza dei composti, la molteplicità della sinonimia, le oscillazioni tra paradigmi flessionali e classi coniugazionali, i costrutti *ad sensum,* che sanciscono la prevalenza del principio psicologico su quello logico). Gli ideali linguistici di Cesare, con i quali la prassi dei *Commentarii* si trova in perfetta rispondenza, hanno contribuito in misura ancora più massiccia di quelli dei suoi contemporanei a rendere più forte la divaricazione tra la lingua letteraria e la realtà del parlato, segnando, così, inesorabilmente i destini del latino nei binari di un artificioso irrigidimento. La lingua di Cesare quanto più ha aspirato ad erigersi come paradigma di *elegantia* tanto più si è allontanata dal diasistema del latino della propria epoca. Proprio perché impostata su un rigido canone di selezione morfologica e lessicale, con conseguente esclusione di allotropie e di sinonimie, la prosa cesariana era fatalmente votata a diventare, prima o poi, palestra di apprendistato per principianti, ai quali, però, altro non poteva restituire che l'immagine parziale e distorta di una lingua cristallizzata e impoverita nella sua estrema purezza. [...] In realtà le scelte linguistiche di Cesare sono difficilmente collocabili nel processo di formazione storica del latino, in quanto, segnandone il momento di massima astrazione, ne consentono conseguentemente il minimo grado di percorribilità attraverso i diversi livelli di lingua funzionale. Se la storia della lingua è la storia dei "parlanti" che si realizza nella processualità e nella soggettività dell'istanza comunicativa, le opere di Cesare non offrono il punto di partenza per la sua agnizione che è costituito dalla varietà linguistica. [...] L'apparente mancanza di contenuto ideologico, l'asetticità della lingua e la singolarità del *genus* dei Commentarii dà, dunque, fondamentalmente ragione al giudizio espresso nel *Brutus* ciceroniano. Tuttavia proprio la nudità e la massima astrazione formale insieme all'apparente assenza di ideologia danno sostanza al contenuto ideologico più sottile e lungimirante dei *Commentarii*, che sotto tale angolazione non si riducono banalmente soltanto ad opere di pura propaganda, ma si fanno espressione di un disegno politico che si cala nella storia e strumento della costruzione di una personalità che aspira al mito. »

(Paolo Poccetti, *Teorie grammaticali e prassi della* Latinitas *in Cesare*, in *La cultura in Cesare*, Atti del Convegno di Studi (Macerata-Matelica 30 aprile-4 maggio 1990), a cura di D. Poli, Roma, Il Calamo, 1993, pp. 638-640)

**GUIDA ALLO STUDIO**

**1.** Quali fenomeni di trasformazione della lingua erano attivi nel latino del tempo di Cesare?

**2.** Per quale motivo i *Commentarii* di Cesare divennero testi adatti alla formazione scolastica?

**3.** In che modo la lingua e lo stile usati da Cesare contribuiscono al suo disegno politico?

## TRADUZIONI A CONFRONTO | LO STILE OGGETTIVO DI CESARE

**UN PASSO ESEMPLARE DELLO STILE DI CESARE** Proponiamo qui di seguito **tre traduzioni d'autore** di un breve passo, tratto dal libro I del *De bello civili* (31, 1-2), che può essere paradigmatico dello stile di Cesare. Nel testo si racconta quanto accadde alla fine di marzo del 49 a.C.: dopo che Pompeo si è imbarcato da Brindisi per l'oriente, Cesare, che non è in grado sul momento di inseguirlo, entra a Roma per parlare in senato (anche se i senatori rimasti sono veramente pochi).

> [32, 1] *His rebus confectis Caesar, ut reliquum tempus a labore intermitteretur, milites in proxima municipia deducit; ipse ad urbem proficiscitur.* [2] *Coacto senatu iniurias inimicorum commemorat. Docet se nullum extraordinarium honorem appetisse, sed exspectato legitimo tempore consulatus eo fuisse contentum, quod omnibus civibus pateret.*

Il testo latino presenta tre brevi periodi, in ciascuno dei quali è presente un ablativo assoluto. Nell'ultimo periodo si nota anche il discorso indiretto, espediente al quale Cesare fa spesso ricorso. Nel complesso, il testo è senza dubbio di **carattere espositivo / narrativo**. Lo **stile** è **sobrio** e **stringato**: presenta pochissimi ed essenziali aggettivi ed è caratterizzato da lessico preciso (ad esempio, i pompeiani sono *inimici*, «avversari politici», non *hostes*, «nemici da combattere»). L'unico dubbio sintattico può sorgere sul pronome *eo* al par. 2, ma si risolve facilmente: il pronome, al caso ablativo, completa il successivo *contentum* («contento di quello») e anticipa il pronome relativo *quod*.

**LA TRADUZIONE DI FERNANDO SOLINAS** Le scelte operate da traduttori professionisti sono tutte volte a mantenere l'**oggettività** dello stile cesariano, anche se si notano alcune sfumature interpretative, finalizzate a esplicitare ciò che nel testo resta implicito. **Fernando Solinas** è particolarmente aderente all'originale. Mantiene anche in italiano la forma implicita per la prima delle subordinate dipendenti da *docet* e si limita a chiarire il pronome *eo* esplicitandone il significato con «funzione»; aggiunge all'ultima frase l'avverbio «peraltro» per chiarire il tono di Cesare, che desidera presentare le proprie azioni come estremamente corrette:

> Assolti questi compiti, Cesare, per interporre una pausa di riposo, conduce i soldati nei più vicini municipi e parte alla volta di Roma. Convocato il Senato, ricorda le ingiustizie che egli ha subito da parte dei suoi avver-

PER ANALIZZARE | CESARE

sari. Dichiara di non aver mai mirato ad alcun incarico straordinario; al contrario, dopo aver atteso il tempo prescritto dalla legge per il consolato, si era accontentato di aspirare a una funzione che peraltro era accessibile ad ogni altro cittadino.

**LA TRADUZIONE DI ANTONIO LA PENNA** Pur assai rispettoso del testo, **Antonio La Penna** opera dei cambiamenti nella sintassi in vista di una maggiore scorrevolezza dell'italiano: il più evidente avviene nell'ultimo periodo, dove il pronome *eo* è reso con il sostantivo «diritto» e la subordinata relativa viene resa mediante l'attributo «aperto». La Penna, inoltre, esplicita il valore avversativo del pronome *ipse* al par. 1 e per tradurre il latino *inimicorum* al par. 2 usa il termine "nemici" anziché "avversari"; in proposito è da osservare che in italiano tra "avversario" e "nemico" non intercorre quella medesima, precisa differenza che intercorre in latino tra *inimicus* (che indica l'avversario, personale o politico) – e *hostis* (che indica lo straniero in quanto nemico da combattere): ciò significa che tradurre il latino *inimicus* con "avversario" anziché "nemico" è una scelta che acquista il suo pieno significato solo presso quanti hanno confidenza con la lingua latina.
Nota infine che La Penna, come Solinas, traduce con forma attiva il terzo ablativo assoluto (par. 2 *exspectato legitimo tempore*), secondo un procedimento che nella scuola è spesso ancora osteggiato. Ecco qui di seguito la traduzione:

> Disposte così le cose, Cesare, per dare, nel tempo che restava, riposo alle truppe, le smista nei municipi più vicini, mentre egli parte per Roma. Riunito il senato, ricorda le iniquità dei suoi nemici. Mostra che egli non ha chiesto nessuna carica straordinaria, ma che, dopo aver aspettato il tempo prescritto per il consolato, egli si è contentato, aspirandovi, di un diritto aperto a tutti i cittadini.

**LA TRADUZIONE DI MASSIMO BRUNO** Assai aderente al testo latino, forse ancora di più rispetto agli esempi precedenti, appare la traduzione di **Massimo Bruno**, il quale tuttavia interpreta la subordinata finale iniziale come riferita a Cesare e non ai soldati, per cui inserisce il pronome "gli", che non ha un corrispondente nel testo latino:

> Prese queste disposizioni, Cesare, per dedicare al riposo il tempo che ancora gli restava, conduce i soldati nei più vicini municipi; ed egli parte per Roma. Riunito il senato, ricorda i torti ricevuti dai suoi avversari. Dichiara di non aver aspirato ad alcuna carica straordinaria, ma che, atteso il tempo prescritto per il consolato, si era contentato di un diritto che era accessibile a tutti i cittadini.

Infine, possiamo osservare che il tempo verbale usato da Cesare è il **presente storico** (come si nota al par. 1 dalla coordinazione con l'imperfetto congiuntivo della proposizione finale *ut reliquum tempus ... intermitteretur*). Tutti e tre i traduttori hanno deciso di mantenere anche in italiano il presente, scelta che conferisce al testo oggettività e immediatezza. Un'altra scelta comune è quella di evitare latinismi, che darebbero alla traduzione un'inutile patina di arcaismo, assente dal testo originale, per cui *urbem* è tradotto con «Roma» (e non con «Urbe»).

### LEGGO, CONFRONTO E... VALUTO

Esprimi la tua preferenza personale per una delle traduzioni qui messe a confronto e cerca di motivare criticamente il tuo giudizio. Queste domande possono guidarti nell'osservazione:

- Quale versione introduce un elemento estraneo al testo?
- Quale traduzione è più lontana dall'originale nella sintassi?
- Quale traduzione fa maggiore uso di subordinate implicite?
- Quale traduttore si è discostato dagli altri nelle scelte lessicali?
- Chi è stato più fedele nella traduzione di *ipse*?

### ORA TRADUCO IO

Scegli, tra i testi di Cesare che hai analizzato in questa sezione, quello che ti è piaciuto di più e realizzane una traduzione nel tuo dialetto regionale o in una lingua straniera che conosci.
In alternativa, puoi proporne diverse versioni, cercando di collocarle su registri stilistici differenti:

- una sul registro aulico, solenne, operando scelte lessicali preziose e arcaiche e collocazioni anche inusuali dei sintagmi nella frase, oppure usando versi della tradizione metrica italiana;
- una su un livello medio;
- una su un registro familiare o gergale, aperto a neologismi e forestierismi alla moda.

# LABORATORIO DI ANALISI

Leggi il testo seguente aiutandoti con le note; poi esegui quanto richiesto, realizzando un testo organico e armonizzando le risposte ai quesiti con opportuni connettivi testuali. Se lo desideri, puoi anche modificare l'ordine delle risposte nel modo che ti sembra più efficace.

## Gli Svevi

*De bello Gallico* 4, 1-3

*Il passo si colloca all'inizio del libro IV del* De bello Gallico *e fa riferimento agli avvenimenti del 55 a.C., cioè l'anno del consolato di Pompeo e Crasso, successivo al rinnovo degli accordi di Lucca. Nell'inverno tra il 56 e il 55 a.C. le popolazioni degli Usipeti e dei Tencteri, tribù germaniche da anni in lotta e ormai asservite dagli Svevi, migrano dai loro territori e attraversano il Reno.*

[1, 3] Sueborum gens est longe maxima et bellicosissima Germanorum omnium. [4] Hi centum pagos habere dicuntur, ex quibus quotannis singula milia armatorum bellandi causa suis ex finibus educunt. [5] Reliqui, qui domi manserunt, se atque illos alunt. Hi rursus invicem anno post in armis sunt, illi domi remanent. [6] Sic neque agri cultura nec ratio atque usus belli intermittitur. [7] Sed privati ac separati agri apud eos nihil est, neque longius anno remanere uno in loco colendi causa licet. [8] Neque multum frumento, sed maximam partem lacte atque pecore vivunt multumque sunt in venationibus. [9] Quae res et cibi genere et cotidiana exercitatione et libertate vitae, quod a pueris nullo officio aut disciplina adsuefacti nihil omnino contra voluntatem faciunt, et vires alit et immani corporum magnitudine homines efficit. [10] Atque in eam se consuetudinem adduxerunt, ut locis frigidissimis neque vestitus praeter pelles habeant quicquam, quarum propter exiguitatem magna est corporis pars aperta, et laventur in fluminibus.

[2, 1] Mercatoribus est aditus magis eo, ut quae bello ceperint, quibus vendant habeant, quam quo ullam rem ad se importari desiderent. [2] Quin etiam iumentis, quibus maxime Galli delectantur quaeque impenso parant pretio, Germani importatis non utuntur, sed quae sunt apud eos nata, parva atque deformia, haec cotidiana exercitatione summi ut sint laboris efficiunt. [3] Equestribus proeliis saepe ex equis desiliunt ac pedibus proeliantur, equosque eodem remanere vestigio adsuefaciunt, ad quos se celeriter cum usus est recipiunt. [4] Neque eorum moribus turpius quicquam

[1, 5] **illos... illi**: si riferiscono a *singula milia armatorum*. • **Hi**: si riferisce a *qui domi manserunt*. [7] **privati ac separati agri**: genitivo partitivo in dipendenza da *nihil*. • **longius anno**: avverbio comparativo e ablativo di paragone. [8] **multum... maximam partem**: forme avverbiali.
[2, 1] **quibus**: da notare l'omissione dell'antecedente del pronome relativo, anche se i due termini sarebbero in due casi diversi (*aliquos quibus*). • **quo**: introduce una proposizione finale che contiene un'ipotesi irreale, messa a confronto con la spiegazione riportata precedentemente (*ut... habeant*). [2] **quaeque**: vale *et quae*. [3] **usus**: va qui tradotto con «necessità, bisogno».

aut inertius habetur quam ephippiis uti. [5] Itaque ad quemvis numerum ephippiatorum equitum quamvis pauci adire audent. [6] Vinum ad se omnino importari non patiuntur, quod ea re ad laborem ferendum remollescere homines atque effeminari arbitrantur.

[3, 1] Publice maximam putant esse laudem quam latissime a suis finibus vacare agros. Hac re significari magnum numerum civitatum suam vim sustinere non potuisse. [2] Itaque una ex parte ab Suebis circiter milia passuum sescenta agri vacare dicuntur.

[3, 1] **Hac re significari**: dipende ancora da *putant.* • **suam**: è riferito agli Svevi (soggetto di *putant*).

## PRIMA PARTE **COMPRENSIONE DEL TESTO**

**1.** Divìdi il testo in sequenze; quindi attribuisci a ciascuna sequenza un titolo che ne indichi il contenuto in modo essenziale.

**2.** Da quali abitudini derivano la forza fisica e la bellicosità degli Svevi?

**3.** Quali sono le tecniche di combattimento degli Svevi?

## SECONDA PARTE **ANALISI DEL TESTO**

**1.** A livello sintattico:

**a.** Riscontri in questi paragrafi la stessa regolarità nella disposizione dei costituenti sia nelle frasi nucleari sia nei periodi?

**b.** Per quale motivo si rende necessario l'uso del pronome epanalettico *haec* in 2, 2?

**c.** Riconosci la figura retorica in virtù della quale in 3, 1 *maximam putant esse laudem* il predicato principale risulta collocato all'interno della proposizione subordinata.

**2.** A livello lessicale:

**a.** Individua la presenza di ripetizioni in 1, 4-5 e indica quale verbo viene usato prima nella sua forma primitiva poi anche come composto (in 1, 7).

**b.** Individua la presenza di ripetizioni e figure etimologiche in 2, 3-5.

**3.** A livello retorico:

**a.** Individua nel brano almeno tre esempi di procedimento bimembre.

**b.** Individua i polisindeti presenti in 1, 9.

**c.** Che cosa osservi a proposito della disposizione degli elementi nei sintagmi *uno in loco* (1, 7) e *una ex parte* (3, 2)?

**d.** Individua gli iperbati presenti in 1, 10; 2, 2; 2, 3.

**e.** Individua l'omeoteleuto presente in 1, 7; nell'espressione *uno in loco colendi* (1, 7) quale figura di suono puoi riconoscere?

**f.** Considera l'espressione *ad quemvis... quamvis pauci adire audent* (2, 5): quali figure puoi riconoscere?

## TERZA PARTE **INTERPRETAZIONE COMPLESSIVA E APPROFONDIMENTI**

**1.** Con quale verbo, ripetuto sia all'inizio sia alla conclusione del brano, Cesare segnala le informazioni non da lui stesso accertate? A quali caratteristiche degli Svevi si riferiscono?

**2.** Quale effetto può voler produrre Cesare, con la sua descrizione di questo popolo, sul suo pubblico di lettori romani e gallo-romani?

CICERO LECTIO **La battaglia di Ilerda** *De bello civili* 1, 43-47

# Un abile comunicatore

PER APPROFONDIRE

**PRESENZA DELLA RETORICA NEI *COMMENTARII*** L'opera di Cesare non dovrebbe rientrare nella storiografia, se consideriamo i parametri normalmente usati dagli antichi per valutare tale genere. Lo storico antico, infatti, non si prefigge solo di documentare gli avvenimenti e di metterli in collegamento indagandone le cause remote, ma intende sempre la sua opera come una fonte di esempi e insegnamenti che il lettore può approvare e imitare o, viceversa, condannare ed evitare. Nell'intento di trasmettere un insegnamento morale, lo storico si sente in dovere di dare alle proprie pagine una coloritura emotiva che le renda interessanti e, per far questo, attinge agli insegnamenti della retorica, che insegna a comporre testi di natura persuasiva. I commentari, resoconti oggettivi che i generali inviavano regolarmente al senato, dovrebbero invece essere dei testi informativi, che, eventualmente, gli storici, ma anche i poeti, potrebbero usare come fonti documentarie per le loro opere. Nell'ambito della cultura latina non mancavano esempi di memorialistica di tale genere, modellata sulle *efemeridi*, i diari tenuti dagli storici al seguito di Alessandro Magno: sia Silla che Lucullo avevano lasciato commentari delle proprie campagne militari. È tuttavia innegabile che i due *Bella* scritti da Cesare non siano solo resoconti oggettivi, come fu chiaro a Cicerone, il quale intuì (pur avendo letto probabilmente il solo *De bello Gallico*) che essi, sebbene privi dell'*ornatus*, ossia della coloritura, hanno il potere di coinvolgere emotivamente il lettore, senza per questo presentarsi con le caratteristiche proprie delle opere storiche (➛ Scheda "Il parere degli altri autori", p. 519). Cesare, infatti, pur mantenendo l'artificio di parlare di sé in terza persona, artificio vòlto a conferire al testo impersonalità (secondo l'uso inaugurato dallo storiografo greco Senofonte nella *Anabasi*), usa, con parsimonia ma insieme con somma abilità, una serie di accorgimenti mutuati dalla retorica.

**NATURA POLITICA DEI *BELLA*** Tali procedimenti retorici rendono gli scritti di Cesare intensamente espressivi e tutto sommato vicini sia al genere dell'oratoria dimostrativa (soprattutto quando egli sente la necessità di convincere il lettore della bontà delle proprie scelte militari e politiche) sia al genere dell'oratoria giudiziaria (quando, nel *De bello civili*, Cesare vuole giustificarsi per aver dato consapevolmente l'avvio a un terribile conflitto fratricida). Queste caratteristiche rendono assai difficile stabilire con esattezza a quale genere appartengano i commentari: esteriormente paiono memoriali; tuttavia, da essi non è affatto assente una dimensione stilistica degna di una autentica opera letteraria, sebbene non appartengano specificamente ad alcun genere. Senza dubbio, la natura persuasiva dei due *Bella* dimostra che Cesare voleva conferire loro un valore fondamentalmente politico. In particolare, leggendo attentamente le due opere del condottiero, si può notare che la coloritura retorica è maggiormente presente nei momenti salienti della narrazione. Nel racconto degli episodi

■ Nicolas Coustou, **Giulio Cesare**, 1696.
Parigi, Museo del Louvre.

più significativi (come, per esempio, la battaglia di Alesia nella guerra gallica e la battaglia di Farsàlo nella guerra civile) vengono utilizzati espedienti ben noti alla retorica, e altrove assenti, quali ritratti di personaggi, digressioni, discorsi diretti o addirittura vere e proprie orazioni, con la chiara funzione di coinvolgere il lettore e portarlo a vivere il racconto sul piano emotivo. Resta assai difficile stabilire se questa situazione – che rende l'opera sostanzialmente disomogenea nelle sue varie parti, in quanto a volte si caratterizza per la narrazione asciutta di un memoriale mentre altre volte assume le movenze della storia drammatica – sia effettivamente voluta dallo scrittore o se egli, come pare più probabile, avesse in mente di rivedere i suoi commentari e conferire anche alle parti rimaste più asettiche una patina di espressività.

**LA DEFORMAZIONE DEI FATTI NEI *COMMENTARII*** Nelle pagine seguenti prenderemo in esame quattro passi nei quali è possibile osservare la presenza di una studiata strategia espositiva grazie alla quale il lettore viene coinvolto emotivamente nel racconto ed è portato a condividere il punto di vista del narratore, che pertanto risulta giudicante. Avremo modo di osservare come la sapiente disposizione dei fatti nel racconto operata dal narratore lasci nell'ombra le colpe dell'ardito condottiero ed evidenzi le scorrettezze dell'avversario. A questo proposito, negli ultimi decenni, soprattutto a opera dello studioso francese Marcel Rambaud, è stata identificata nei *Bella* una tendenza non tanto a falsificare i fatti, ma a raccontarli secondo una prospettiva deformante, a tutto vantaggio dell'autore; una caratteristica, questa, che dipende integralmente proprio dalla natura essenzialmente politica di entrambe le opere.

T17

LATINO

CICERO LECTIO

## I centurioni Pullone e Voreno

| *De bello Gallico* 5, 44 |

*Questa famosissima pagina interrompe a sorpresa la narrazione distaccata della durissima campagna condotta da Cesare nell'inverno tra il 54 e il 53 a.C., per sedare la ribellione degli Eburoni guidati da Ambiorige, e apre una finestra su una scena di carattere edificante, probabilmente fondata su fatti accaduti: di fronte all'estremo pericolo, i centurioni Pullone e Voreno, da sempre rivali per raggiungere i gradini più alti della carriera militare, si aiutano a vicenda e riescono a salvarsi dopo aver ucciso numerosi nemici. Il capitolo è ritenuto dagli studiosi una pagina inserita ad arte per emozionare il lettore e convincerlo della solida moralità che anima i soldati di Cesare. A conferma del fatto che questo racconto costituisce un vero e proprio* exemplum *va non solo la struttura narrativa dell'episodio, dove si incontrano procedimenti caratteristici dell'apologo, compresa la morale posta alla fine, ma anche la posizione che esso occupa nel complesso della campagna narrata in questa parte del libro V: segue infatti uno dei più duri rovesci subiti da Cesare in Gallia – il massacro di quindici coorti, cadute in un tranello a causa degli errori e dei litigi dei loro comandanti Cotta e Titurio Sabino – e precede l'intervento risolutivo dello stesso Cesare che sconfigge gli Eburoni.*

[44, 1] Erant in ea legione fortissimi viri, centuriones, qui primis ordinibus adpropinquarent, Titus Pullo et Lucius Vorenus. [2] Hi perpetuas inter se controversias

[44, 1] **qui... adpropinquarent**: relativa impropria con valore consecutivo; *primis ordinibus* significa «ai gradi più alti», ossia al grado di primipilo, il centurione più importante della legione. [2] **uter... anteferretur**: interrogativa indiretta, epesegetica

habebant, uter alteri anteferretur, omnibusque annis de loco summis simultatibus contendebant. [3] Ex his Pullo, cum acerrime ad munitiones pugnaretur, «Quid dubitas» inquit «Vorene? Aut quem locum probandae virtutis tuae exspectas? Hic dies de nostris controversiis iudicabit». [4] Haec cum dixisset, procedit extra munitiones, quaeque hostium pars confertissima est visa, eam inrumpit. [5] Ne Vorenus quidem sese tum vallo continet, sed omnium veritus existimationem subsequitur. [6] Mediocri spatio relicto Pullo pilum in hostes immittit atque unum ex multitudine procurrentem traicit. Quo percusso exanimatoque hunc scutis protegunt hostes, in illum universi tela coniciunt neque dant progrediendi facultatem. [7] Transfigitur scutum Pulloni et verutum in balteo defigitur. [8] Avertit hic casus vaginam et gladium educere conanti dextram moratur manum, impeditumque hostes circumsistunt. [9] Succurrit inimicus illi Vorenus et laboranti subvenit. [10] Ad hunc se confestim a Pullone omnis multitudo convertit; illum veruto arbitrantur occisum. [11] Gladio comminus rem gerit Vorenus atque uno interfecto reliquos paulum propellit; [12] dum cupidius instat, in locum deiectus inferiorem concidit. [13] Huic rursus circumvento subsidium fert Pullo, atque ambo incolumes compluribus interfectis summa cum laude sese intra munitiones recipiunt. [14] Sic fortuna in contentione et certamine utrumque versavit, ut alter alteri inimicus auxilio salutique esset, neque diiudicari posset, uter utri virtute anteferendus videretur.

Rilievo con un centurione e un soldato. Torino, Museo di Antichità.

rispetto al precedente *controversias*. • **de loco**: complemento di argomento, qui *locus* significa «grado militare». [3] **ad munitiones**: i Galli stavano assediando l'accampamento romano, al quale erano riusciti ad appiccare pericolosi incendi, mentre i legionari dal vallo respingevano i nemici, incuranti del fuoco. [4] **quaeque... visa**: proposizione relativa nella quale è inserito l'antecedente *pars*: il pronome *quae* è riferito grammaticalmente al successivo *eam*, che riprende *pars*. [6] **hunc... in illum**: il primo dimostrativo è riferito al Gallo trapassato da Pullone col *pilum*, mentre il secondo è riferito a Pullone. [7] **verutum**: lancia usata dai Galli. • **balteo**: è la robusta cinghia di cuoio a cui era fissato il fodero contenente il gladio; si portava a tracolla. [8] **casus**: letteralmente significa «caduta», da *cado*; riferito al *verutum*, significa «colpo». • **gladium... conanti**: *conanti*, participio presente (dativo singolare); sottintende *Pulloni* e va unito al predicato *moratur*; regge *gladium educere*. [10] **illum**: Pullone. [14] **contentione... certamine**: si intende nella contesa presente tra i due centurioni e nel combattimento contro i nemici; i due termini, secondo la pronuncia in uso all'epoca di Cesare, sono in allitterazione. • **ut**: introduce una proposizione consecutiva. • **neque**: introduce una proposizione consecutiva negativa coordinata alla precedente.

## Il testo e il contesto

**IL MASSACRO DELLE COORTI ROMANE** Nell'autunno del 54 a.C. Cesare, temendo una possibile ribellione, decise di svernare in Gallia. Per far fronte ai problemi di approvvigionamento dell'esercito, divise le legioni e le dispose in campi invernali dislocati ad alcune giornate di distanza l'uno dall'altro. La tribù degli Eburoni, capeggiata da Ambiorige, decise allora di ribellarsi e riuscì a massacrare con l'inganno le quindici coorti romane stanziate nell'accampamento più isolato, affidato agli ufficiali Lucio Aurunculeio Cotta e Titurio Sabino. Questi, contrariamente al collega Cotta, accordò la propria fiducia ad Ambiorige, il quale fingeva amicizia; per questo accettò di far uscire i soldati dal campo per occupare posizioni più favorevoli in vista di una presunta ribellione gallica. Durante la marcia, però, Ambiorige e i suoi massacrarono in un'imboscata tutti i soldati romani. Il colpo per Cesare fu durissimo; nel racconto di tali fatti (*De bello Gallico* 5, 26-37) egli non esitò a ricondurre le ragioni del disastro alla discordia esistente tra i comandanti, e in particolare alla colpevole ingenuità di Titurio Sabino.

**L'INTERRUZIONE DELLA NARRAZIONE** Ambiorige, contando sulla difficoltà per i Romani di mantenere i collegamenti, tentò di ripetere l'impresa ai danni delle legioni stanziate in un altro campo, comandato da Quinto Cicerone. Questi, tuttavia, non cadde nel tranello e si dispose a resistere a un durissimo assedio, in attesa che Cesare stesso giungesse con i rinforzi, come effettivamente accadde. Cesare, a un certo punto, interrompe la narrazione dell'assedio per aprire in forma di digressione l'avventura di due valorosi centurioni, da cui traspare il loro eroismo esemplare e la loro capacità di superare le rivalità personali.

## Oltre il testo

**LA SIMMETRIA DELL'INTRECCIO** L'episodio di Pullone e Voreno, dal punto di vista della struttura narrativa, presenta delle evidenti simmetrie che denotano la natura letteraria più che documentaria del passo:

- entrambi i personaggi (Pullone e Voreno) sono uniti dalla medesima connotazione: .................................................................................................... (44, 1);
- Pullone lancia la sfida: combatte secondo la prassi abituale e dimostra la sua forza scagliando il *pilum* (44, 6); poi tenta di estrarre il *gladius*, ma viene fermato da un evento sfortunato (44, 7-8);
- Voreno riprende il combattimento nel punto in cui il collega lo ha interrotto: usa subito il *gladius* (44, 11), ma anche lui viene fermato da un evento sfortunato (44, 12);
- Pullone interviene; Pullone e Voreno, insieme, tornano incolumi nell'accampamento, come insieme ne erano usciti.

La "circolarità" del testo, poi, è sottolineata dalla ricorrenza nel finale di un'espressione che richiama l'esordio: *Hi perpetuas inter se controversias habebant, uter alteri anteferretur* (44, 2), infatti, corrisponde a ........................ .................................................................................... .................................................................... (44, 14).

**LA SIMMETRIA DELLE FUNZIONI NARRATIVE** La simmetria tra Pullone e Voreno è ben visibile, se si considera che nel corso del racconto essi si scambiano la funzione:

- prima parte (44, 3-9): l'eroe è ..................................; l'aiutante è ........................................;
- seconda parte (44, 10-13): l'eroe è ...........................; l'aiutante è ........................................

**LA CONNOTAZIONE LESSICALE** La relazione tra i due centurioni nel testo è espressa dal termine ......... ............................ (44, 9 e 44, 14) ed è caratterizzata dalla presenza di uno stato di perenne competizione: *controversiis* (44, 3). Questo non impedisce che essi possano essere di aiuto l'un l'altro: *alter alteri auxilio salutique esse* (44, 14). Opposto a *inimicus* nel testo è il termine che indica i Galli, i quali sono ........................ (44, 4).

**IL SIGNIFICATO DELL'*EXEMPLUM*** Dal testo emerge con chiarezza il significato che Cesare intende attribuire alla vicenda di Pullone e Voreno: due cittadini che competano per dar prova del loro valore (*probandae virtutis* 44, 3) possono ottenere l'approvazione della cittadinanza (*cum laude* 44, 13) e conseguire l'obiettivo comune (*compluribus interfectis* 44, 13), senza necessariamente dover eliminare il contendente (*neque diiudicari posset...* 44, 14).

**TESTI SIMILI** L'episodio di Pullone e Voreno ha un chiaro valore edificante e punta a celebrare un modello etico in cui il conseguimento del bene comune risulta anteposto alla gloria personale. In proposito possiamo ricordare che anche Catone il Censore, nella sua opera storica, le *Origines* (➤ Il Contesto, p. 58), intendeva promuovere il medesimo modello etico: la scelta di non citare mai i nomi dei protagonisti degli eventi narrati doveva infatti stimolare i cittadini ad agire mossi dalla volontà di contribuire al bene comune e non per la propria gloria personale.

## IL MONDO DEL LETTORE

# PULLONE E VORENO: UNA *ARISTÌA* MANCATA TRA *FRAME* E *SCRIPT*

**NEURORETORICA E LETTERATURA** La **neuroretorica** è una scienza nata recentemente; grazie alle possibilità offerte dalle sofisticate tecniche di *neuro-imaging* (fotografie dell'attività cerebrale), studia, fra l'altro, l'attività del cervello umano in presenza degli stimoli offerti dalla letteratura. Gli studi di neuroretorica tendono a dare un **fondamento scientifico** a quanto è stato intuito dalla scienza retorica a partire dai Greci (e soprattutto da Aristotele) e offrono risultati sorprendenti se applicati alla letteratura.

**LA COMPRENSIONE DEL RACCONTO: I *FRAME*...** Dal punto di vista della neuroretorica la comprensione di un racconto, come avviene anche per altri tipi di esperienze, può avvenire se il lettore è in grado di associare il fatto narrato a uno schema preesistente nella sua memoria, schema che faccia da modello per esperienze similari. Tale schema di riferimento viene definito in inglese ***frame***, propriamente «cornice». I *frame* si formano nelle fasi dell'apprendimento e si sviluppano con l'esperienza; formano una sorta di serbatoio di significati e l'area che li controlla è posta nell'emisfero destro del cervello. Di solito, essi sono ampiamente condivisi entro la comunità sociale di appartenenza. Un *frame* si attiva in presenza di determinati segnali, che richiamano alla memoria del lettore situazioni simili, e permette la decodificazione corretta del racconto.
Nel caso del racconto di Pullone e Voreno il lettore latino vede attivarsi il frame di una ***aristìa***, ossia del racconto di un'impresa eroica che porterà a stabilire quale dei due centurioni risulterà il più glorioso (secondo un modulo che ha imparato a conoscere a scuola con la frequentazione della poesia epica): il primo segnale che attiva la sua attesa è l'espressione *erant... fortissimi viri* (44, 1) che apre il racconto, cui segue l'annuncio di una contesa: *Hi perpetuas inter se controversias habebant...* (44, 2). L'imminente sfida tra i due centurioni è confermata dalla formula *Quid dubitas?* (44, 3), formula che nella letteratura latina è usata frequentemente con senso di esortazione all'azione.

**...E GLI *SCRIPT*** Il *frame* è comunque una cornice esterna e vuota, entro la quale il lettore deve inserire i vari ***script***: il termine, che letteralmente significa «copione», indica le frasi che contengono la "sceneggiatura" dell'azione. Anche gli *script* sono riferibili a esempi già memorizzati dal soggetto (e immagazzinati in un'area dell'emisfero sinistro del cervello: la decodifica di un racconto prevede perciò l'interazione tra i due emisferi). Nel racconto cesariano gli *script* sono rappresentati dai gesti caratteristici dei guerrieri: per esempio, l'uso del *pilum* e successivamente il passaggio al corpo a corpo da parte di Pullone (44, 6). Le scienze neurocognitive dimostrano che quanto più i vari *script* confermano il *frame* di riferimento, tanto più il lettore comprenderà con facilità il racconto, ma l'attivazione di uno schema consolidato lascia poca traccia nella memoria del lettore. Nel nostro caso possiamo invece osservare che il racconto sorprende il lettore, perché la contesa non si risolve, non emerge un unico eroe, ma i due centurioni conseguono un successo comune (44, 14). Si forma quindi una frizione tra il *frame* originariamente attivato, quello della *aristìa,* e la successione degli *script*; frizione che porta a ristrutturare il *frame* con nuove conoscenze. Gli studi delle scienze cognitive hanno dimostrato che la nostra memoria ricorda assai meglio questo tipo di esperienze rispetto a quelle che si limitano a confermare i *frame* preesistenti. Senza dubbio il lettore romano aveva buone possibilità di ricordare questo racconto, assai ben congegnato da Cesare, ed esso poteva forse bilanciare la sorpresa negativa rappresentata dalla narrazione della terribile strage delle coorti di Titurio e Sabino (narrazione che nel testo si trova solo pochi capitoli prima).

**Scena di battaglia tra Romani e Galli**, bassorilievo dall'Arco d'Orange, I sec. d.C. Roma, Museo della Civiltà Romana.

**GUIDA ALLO STUDIO**

**1.** Che cosa studia la neuroretorica?

**2.** A quale genere letterario appartiene il *tòpos* della *aristìa*?

**3.** Che cosa sono i *frame* e gli *script*?

T18

LATINO

# Il ritratto di Vercingetorige

*De bello Gallico* 7, 4

*Il libro VII del* De bello Gallico *è quasi interamente occupato dalla narrazione della rivolta avvenuta in Gallia nel 52 a.C. e capeggiata dal principe Vercingetorige. La rivolta, proprio grazie alle doti di condottiero del capo dei Galli, mise a durissima prova le legioni di Cesare, il quale riuscì ad avere ragione del nemico solo dopo aver assediato ed espugnato la città di Alesia, dove Vercingetorige si era trincerato nella speranza di aiuti consistenti da parte delle altre tribù galliche. Nel libro VII, assai più che nei precedenti, la narrazione presenta toni più vicini alla storiografia drammatica che alla memorialistica; significativamente la lunga campagna si apre con la presentazione del principale nemico, secondo una modalità ricorrente negli storici latini a noi noti. Ne emerge con evidenza l'abilità retorica di Cesare, il quale dispone gli elementi del ritratto in modo che il lettore percepisca la gravità del successivo racconto.*

[4, 1] Simili ratione ibi Vercingetorix Celtilli filius, Arvernus, summae potentiae adulescens, cuius pater principatum totius Galliae obtinuerat et ob eam causam, quod regnum adpetebat, a civitate erat interfectus, convocatis suis clientibus facile incendit. [2] Cognito eius consilio ad arma concurritur. Prohibetur a Gobannitione patruo suo reliquisque principibus, qui hanc temptandam fortunam non existimabant, expellitur ex oppido Gergovia. [3] Non desistit tamen atque in agris habet dilectum egentium ac perditorum. Hac coacta manu, quoscumque adit ex civitate, ad suam sententiam perducit; [4] hortatur ut communis libertatis causa arma capiant, magnisque coactis copiis adversarios suos, a quibus paulo ante erat eiectus, expellit ex civitate. [5] Rex ab suis appellatur. Dimittit quoque versus legationes; obtestatur ut in fide maneant. [6] Celeriter sibi Senones, Parisios, Pictones, Cadurcos, Turonos, Aulercos, Lemovices, Andes reliquosque omnes, qui Oceanum attingunt, adiungit; omnium consensu ad eum defertur imperium. [7] Qua oblata potestate omnibus his civitatibus obsides imperat, certum numerum militum ad se celeriter adduci iubet, [8] armorum quantum quaeque civitas domi quodque ante tempus efficiat constituit; in primis equitatui studet. [9] Summae diligentiae summam imperii severitatem addit; magnitudine supplicii dubitantes cogit. [10] Nam maiore commisso delicto igni atque omnibus tormentis necat, leviore de causa auribus desectis aut singulis effossis oculis domum remittit, ut sint reliquis documento et magnitudine poenae perterreant alios.

[4, 1] **Simili ratione:** nel capitolo precedente Cesare ha narrato la strage di mercanti romani avvenuta a Cenabo. Vercingetorige, evidentemente, ha in mente un piano simile. [2] **Prohibetur**: il soggetto è *Vercingetorix*, qui il predicato vale «viene fermato». [3] **quoscumque**: pronome relativo indefinito; introduce una proposizione relativa anticipata (l'antecedente è il complemento oggetto sottinteso del successivo *perducit*). [4] **communis libertatis causa**: il tema della lotta per la libertà tornerà nelle parole del principe Calgaco, durante il terribile assedio di Alesia. [5] **quoque versus**: locuzione avverbiale con valore locativo e indefinito, «in ogni direzione». • **maneant**: il soggetto sottinteso è *omnes*, riferito ai Galli destinatari delle legazioni. [6] **Senones... Andes**: alcune di queste popolazioni galliche non avevano mai dato segni di insofferenza verso il dominio romano, come i Parisii, i Pictoni e i Cadurci. • **ad eum**: riferito a Vercingetorige. [7] **Qua... potestate**: ablativo assoluto, *oblata* è participio perfetto di *offero*, *qua* è nesso relativo. • **imperat... iubet**: il soggetto sottinteso è sempre Vercingetorige. [8] **armorum... efficiat**: in forma di brachilogia questa frase rappresenta una doppia interrogativa indiretta: *quantum* (accusativo neutro sing., definito dal genitivo partitivo *armorum*) e *quod* (aggettivo interrogativo neutro sing., che forma il complemento di tempo *ante quod tempus*) sono gli elementi che introducono le due interrogative, che hanno in comune il soggetto *quaeque civitas*, il predicato *efficiat* e il complemento *domi*: «quante armi ed entro quale tempo ciascuna popolazione debba preparare nella propria città». [10] **maiore... delicto**: ablativo assoluto. • **igni... tormentis**: ablativo; complemento di pena. • **necat... remittit**: il complemento oggetto può essere sottinteso e ricavato dal precedente *dubitantes*, ma può anche essere assente, così in italiano: «per un delitto piuttosto grave mette a morte con..., per una colpa più leggera rimanda a casa dopo...». • **reliquis documento**: costrutto del doppio dativo (il primo è di vantaggio, il secondo di fine).

## Il testo e il contesto

**LA RIVOLTA DI VERGINGETORIGE** La durissima repressione operata da Cesare delle rivolte in Gallia durante l'anno 53 a.C., culminata con la messa a morte di uno dei principali capi, Accone, mise in agitazione i principi di varie tribù, i quali nell'inverno del 52 a.C. decisero di sobillare il popolo e di approfittare dell'assenza del proconsole (che al momento si trovava in Italia) per liberarsi dei Romani. Con un'azione di estrema violenza furono aggrediti e uccisi i cittadini romani presenti per ragioni di commercio nella città di Cenabo. Quando Cesare ebbe queste notizie, si precipitò nella provincia, ma ormai la rivolta era dilagata e a capo di essa si era posto Vercingetorige, giovane principe degli Arverni. Alla rivolta decidono di non partecipare molti aristocratici, fra i quali Gobannizione, zio di Vercingetorige: essi, evidentemente, appartengono a quegli aristocratici che preferiscono l'alleanza con i Romani al ritorno di forme di governo monarchiche. Vercingetorige, cacciato dalla sua città, Gergovia, ebbe tuttavia modo di arruolare un vasto esercito e di trovare consensi in altre tribù galliche. Si ripeté, in un certo modo, quanto era accaduto anni prima, nel periodo attorno al 58 a.C., quando Cesare era giunto in Gallia. Anche allora alcuni prìncipi, come l'eduo Dumnorige, nel tentativo di instaurare un proprio potere personale, fecero leva sull'avversione per i dominatori romani, ma non incontrarono il favore di tutti i Galli.

## Oltre il testo

**LA PRESENTAZIONE DI VERCINGETORIGE** La gravità della rivolta è preannunciata al lettore dalla lunghezza del capitolo dedicato a far conoscere Vercingetorige e le sue imprese: finora Cesare, nel *De bello Gallico*, ha sempre condensato in poche parole la presentazione dei suoi avversari.

Pur fondato su sequenze narrative e non descrittive, si può dire che il capitolo costituisca un vero e proprio ritratto, vòlto a conferire al testo un aspetto più consono al genere storiografico vero e proprio che al genere memorialistico al quale appartengono i *Commentarii*. È infatti abitudine degli storici (come pure degli oratori) introdurre ritratti dei personaggi di maggior spicco, in modo da orientare il giudizio del lettore. A insegnare come realizzare ritratti efficaci è ovviamente preposta la retorica, secondo una serie di tipologie codificate di personaggi che risale ad Aristotele.

**LA COMPRESENZA DEGLI ESTREMI** Di Vercingetorige vengono sottolineati aspetti opposti.
Fra gli aspetti positivi si possono ricordare:

- la nobiltà di natali: .................................................... (4, 1);
- il potere e rispetto di cui godeva: .................................................... (4, 1);
- le doti oratorie: *clientibus facile incendit* (4, 1) e *hortatur ut...* (4, 4);
- il carisma che lo porta a legare a sé molti popoli: .................................................... (4, 4-6);
- le doti di buon comandante che gli consentono di provvedere seriamente a un esercito: .................................................... (4, 7-8).

Fra gli aspetti negativi di Vercingetorige, invece, si può inserire:

- l'avventatezza che lo porta a non calcolare il rischio dell'impresa: *hanc temptandam fortunam* (4, 2);
- la violenza con cui reagisce contro i suoi avversari: .................................................... (4, 4);
- la spietata crudeltà con cui tratta le sue truppe, imponendo un regime di terrore vòlto a eliminare ogni esitazione: .................................................... (4, 9-10).

**L'AMPLIFICAZIONE RETORICA** Gli aspetti opposti della personalità di Vercingetorige sono entrambi molto marcati, sia quelli positivi, che tendono a fare di lui un buon generale, sia quelli negativi, che lo rendono un capo cinico e crudele ai danni dei suoi compatrioti. Tali aspetti vengono espressi da Cesare nella frase a effetto *summae diligentiae summam imperi severitatem addit* (4, 9) il cui senso è amplificato dal ricorso al parallelismo e al poliptoto, uniti con un'efficace condensazione degna di una vera *sententia*, secondo uno stile di ritratto ben attestato nella storiografia successiva.

**LA DEFORMAZIONE IN SENSO NEGATIVO** La presentazione di Vercingetorige, pur mantenendosi su toni distaccati, risulta nel complesso negativa. Vediamo quali sono gli elementi che orientano in tal senso:

- gli aspetti più terribili del comando di Vercingetorige vengono ricordati nell'ultima parte del testo, quella che più facilmente viene ricordata dal lettore;
- gli aspetti "eccessivi" della personalità di Vercingetorige, sia positivi sia negativi, lo allontanano da quella *mediocritas* che il senso comune dei Romani trovava consona ai mortali (preservandoli dall'attirare su se stessi e sui loro vicini disgrazie);
- l'esercito raccolto da Vercingetorige non è formato da uomini liberi, ma da .................................... (4, 3): questo aspetto non può essere approvato dall'uomo romano, che pone il servizio militare tra i doveri dei liberi, chiamati a difendere la propria comunità e, con essa, il proprio patrimonio;

- il titolo di ................................... (4, 5) che Vercingetorige ottiene nel lessico politico romano è termine decisamente negativo e corrisponde al nostro «dittatore»: si trattava di un sistema di governo che il cittadino romano, memore del potere dei re Tarquini, non poteva accettare. Tale sistema di governo, tuttavia, è inviso anche a molti Galli: la *potentia* e il *principatum*, che indicano una supremazia riconosciuta dall'intera comunità, infatti, diventano insopportabili quando portano l'uomo a cercare il *regnum*. Quanto è successo al padre di Vercingetorige, Celtillo (4, 1), non è che il preannuncio del fallimento cui è destinato ad andare incontro Vercingetorige stesso.

## T19-T20 Il discorso di Critognato

*De bello Gallico* 7, 77, 2-16

*Durante l'estate del 52 a.C., mentre era in corso la rivolta capeggiata da Vercingetorige, l'esercito dei Galli ribelli si trincerò nella città di Alesia, che Cesare provvide a circondare con poderose opere di assedio. Vercingetorige contava di resistere dentro la città fino all'arrivo dei rinforzi che avrebbero attaccato i Romani alle spalle; tuttavia la penuria di viveri rese di giorno in giorno sempre più pesante la condizione degli assediati, fino a quando la situazione si fece drammatica anche per la mancanza di notizie sull'arrivo degli aiuti. Si dibatté quindi la possibilità di fare una sortita per rompere l'assedio. Cesare, a questo punto, inserisce nella narrazione, eccezionalmente in forma diretta, il discorso tenuto in assemblea da un nobile gallo, di nome Critognato, che esorta i suoi a resistere a qualsiasi costo nell'attesa dei rinforzi: piuttosto che rischiare di rovinare tutto con un'inefficace sortita ed essere costretti a cedere ai Romani, i guerrieri avrebbero potuto sopravvivere nutrendosi dei corpi dei cittadini di Alesia inabili alle armi. Un simile esempio di determinazione sarebbe stato di monito per i Romani e di esempio per tutti i Galli, che non avrebbero osato interrompere le ostilità contro Cesare, per rispetto nei confronti di tanto eroico sacrificio dei loro compatrioti.*

## T19 Arrendersi, mai!

LATINO

*De bello Gallico* 7, 77, 2-11

[77, 2] [...] Non praetereunda oratio Critognati videtur propter eius singularem ac nefariam crudelitatem. [3] Hic summo in Arvernis ortus loco et magnae habitus auctoritatis «Nihil» inquit «de eorum sententia dicturus sum, qui turpissimam servitutem deditionis nomine appellant, neque hos habendos civium loco neque ad concilium adhibendos censeo. [4] Cum his mihi res sit, qui eruptionem probant. Quorum in consilio omnium vestrum consensu pristinae residere virtutis memoria videtur, animi est ista mollitia, non virtus, paulisper inopiam ferre non posse. [5] Qui se ultro morti offerant facilius reperiuntur quam qui dolorem patienter ferant. [6] Atque ego hanc sententiam probarem – tantum apud me dignitas potest –, si nullam praeterquam vitae nostrae iacturam fieri viderem; [7] sed in consilio capiendo omnem Galliam respi-

[77, 3] **summo... loco**: costruisci *ortus in summo loco Arvernis*, dove *Arvernis* è ablativo di origine; gli Arverni erano la tribù a cui apparteneva anche Vercingetorige. • **magnae... auctoritatis**: genitivo di stima, *habitus* ha qui il senso di «reputato». [4] **Cum... sit**: espressione idiomatica, vale «io intendo parlare con coloro che...». • **Quorum in consilio**: *quorum* è nesso relativo; *consilio* ha il significato di «decisione». • **omnium... consensu**: le proposte erano state due: arrendersi o fare una sortita. Evidentemente, l'ipotesi della resa era stata già scartata. • **paulisper... posse**: l'infinitiva riprende in funzione epesegetica il precedente *ista*. [5] **quam... ferant**: proposizione comparativa, il predicato è al modo congiuntivo in quanto esprime soggettività. [6] **probarem... viderem**: predicati, rispettivamente, dell'apodosi e della protasi di un periodo ipotetico dell'irrealtà.

■ Melchior Felesen, **Giulio Cesare assedia Alesia**, 1533. Monaco, Alte Pinakothek.

ciamus, quam ad nostrum auxilium concitavimus: [8] quid hominum milibus LXXX uno loco interfectis propinquis consanguineisque nostris animi fore existimatis, si paene in ipsis cadaveribus proelio decertare cogentur? [9] Nolite hos vestro auxilio spoliare qui vestrae salutis causa suum periculum neglexerunt, nec stultitia ac temeritate vestra aut animi imbecillitate omnem Galliam prosternere et perpetuae servituti addicere. [10] An quod ad diem non venerunt, de eorum fide constantiaque dubitatis? Quid ergo? Romanos in illis ulterioribus munitionibus animine causa cotidie exerceri putatis? [11] Si illorum nuntiis confirmari non potestis omni aditu praesaepto, his utimini testibus adpropinquare eorum adventum, cuius rei timore exterriti diem noctemque in opere versantur.

[7] **respiciamus**: congiuntivo esortativo. [8] **quid... animi**: *animi* è genitivo partitivo, «quale coraggio»; nota l'iperbato. • **hominum... interfectis**: ablativo assoluto, riferito agli abitanti di Alesia e all'esercito di Vercingetorige lì trincerato. • **propinquis... nostris**: dativo di possesso, riferito ai rinforzi attesi dagli assediati. • **in... cadaveribus**: «sopra i cadaveri stessi»: Critognato prefigura l'arrivo degli aiuti quando ormai la strage degli assediati sarà stata compiuta. [9] **Nolite... spoliare**: forma perifrastica di imperativo negativo. [10] **An**: introduce una prop. interrogativa diretta retorica. • **ad diem**: la riunione in cui parla Critognato è stata indetta dopo che gli aiuti non sono sopraggiunti nel giorno stabilito. • **Romanos... exerceri**: si riferisce alla seconda cinta di fortificazioni che Cesare stava predisponendo per ripararsi le spalle; la particella *-ne* che indica la natura disgiuntiva dell'interrogativa si è saldata alla parola più espressiva: *animine causa* vale «per divertimento forse?». [11] **his... testibus**: riferito ai Romani; *testibus* è complemento predicativo, «come testimoni». • **eorum**: sono i rinforzi gallici. • **exterriti... versantur**: il soggetto sottinteso è *Romani*.

T20

LATINO

## Resistere, sempre!

| *De bello Gallico* 7, 77, 12-16 |

[77, 12] Quid ergo mei consilii est? Facere quod nostri maiores nequaquam pari bello Cimbrorum Teutonumque fecerunt: qui in oppida compulsi ac simili inopia subacti eorum corporibus, qui aetate ad bellum inutiles videbantur, vitam toleraverunt neque se hostibus tradiderunt. [13] Cuius rei si exemplum non haberemus, tamen libertatis causa institui et posteris prodi pulcherrimum iudicarem. [14] Nam quid illi simile bello fuit? Depopulata Gallia Cimbri magnaque inlata calamitate finibus quidem nostris aliquando excesserunt atque alias terras petierunt; iura, leges, agros, libertatem nobis reliquerunt. [15] Romani vero quid petunt aliud aut quid volunt nisi invidia adducti quos fama nobiles potentesque bello cognoverunt, horum in agris civitatibusque considere atque his aeternam iniungere servitutem? Neque enim umquam alia condicione bella gesserunt. [16] Quodsi ea quae in longinquis nationibus geruntur ignoratis, respicite finitimam Galliam, quae in provinciam redacta, iure et legibus commutatis, securibus subiecta perpetua premitur servitute».

[77, 12] **nequaquam... bello**: «nella guerra certamente non pari». • **Cimbrorum Teutonuque**: sono tribù germaniche che alcuni decenni prima avevano invaso la Gallia e si erano scontrate anche con i Romani. • **corporibus... toleraverunt**: «prolungarono la vita grazie ai corpi...»; con un'abile perifrasi l'oratore esprime i vantaggi derivati dalla terribile decisione: per i Romani cibarsi di carne umana era tabù. [13] **pulcherrimum**: da unire a *iudicarem*. [14] **Depopulata... calamitate**: coppia di ablativi assoluti in cui è inserito il soggetto della prop. principale (*Cimbri*). [15] **quos... cognoverunt**: prop. relativa anticipata. [16] **Quodsi**: nesso che significa «e se»; introduce una protasi dell'oggettività. • **finitimam Galliam**: si tratta della Gallia Transalpina, abitata dagli Allobrogi.

## Il testo e il contesto

**LA STRATEGIA DI VERCINGETORIGE** All'inizio della rivolta, la strategia di Vercingetorige prevedeva che i Galli distruggessero tutte le città e i raccolti, perché questi avrebbero potuto rappresentare rifornimenti di viveri per i Romani: il principe gallo mirava a portare allo stremo le legioni romane fino a che fossero state costrette ad abbandonare la Gallia. Un piano simile, dati i sacrifici che comportava per tutta la popolazione, non venne però accettato dagli alleati di Vercingetorige; quanto a Cesare, egli riuscì a indebolire i nemici prendendo la città di Avarico, ma subì una sconfitta tentando di impossessarsi di Gergovia.

**L'ASSEDIO DI ALESIA** Nell'estate del 52 a.C., il proconsole riuscì a stringere d'assedio la città di Alesia, dove si era trincerato l'esercito di Vercingetorige, in attesa di consistenti rinforzi. Cesare fece costruire una cinta di fortificazioni attorno ad Alesia per impedire a Vercingetorige di uscire dalla città e prenderlo per fame; allo stesso tempo fece costruire un'altra cinta di fortificazioni più esterna che permettesse ai Romani di difendersi le spalle. All'arrivo dei rinforzi attesi da Vercingetorige, Cesare fu costretto a combattere su due fronti, ma riuscì ad aver ragione del nemico e, alla fine, Vercingetorige si consegnò spontaneamente.

## Oltre il testo

**LA FUNZIONE RETORICA DEL DISCORSO** Il discorso di Critognato, di certo inventato da Cesare, ha il compito primario di far capire al lettore, coinvolgendolo emotivamente, contro quale terribile e feroce nemico si siano dovuti confrontare i Romani; esso assolve quindi alla funzione di conferire un colore particolare alla narrazione. In questo luogo, dunque, il testo si allontana significativamente dall'abituale stile distaccato proprio dei commentari. Va però detto che sono difficili da identificare con precisione i significati profondi del discorso, i quali implicano anche una riflessione sull'imperialismo romano (con gli stessi argomenti che ritroviamo in testi di storici successivi, come Sallustio e Tacito). È tuttavia indubbio che il narratore prenda le distanze dal discorso di Critognato, di cui si denuncia la *singularem ac nefariam crudelitatem* (77, 2).

■ Henri-Paul Motte (1846-1922), **Vercingetorige si arrende a Cesare.** Le Puy-en-Velay, Musée Crozatier.

**LA STRUTTURA DEL DISCORSO** Le parole del nobile gallo formano un'orazione secondo i canoni tradizionali della retorica classica. Nel suo complesso il discorso è diviso in due parti: la prima (77, 3-11) comprende la confutazione delle tesi della parte opposta, ossia di chi vuole una resa (circostanza che viene immediatamente respinta: 77, 3) e di chi propone di fare una sortita per rompere l'assedio. La seconda parte, invece, è dedicata alla proposta di Critognato: resistere fino all'arrivo dei rinforzi, anche a costo di giungere al cannibalismo (77, 12-16).

**LE PARTI DEL DISCORSO** Si possono agevolmente individuare le parti dell'orazione, secondo la teorizzazione tradizionale:

- l'esordio (77, 3-4) contiene l'appello, in forma di *captatio benevolentiae*, a quanti, proponendo una sortita, si dimostrano degni dell'antica virtù dei Galli ( ........................................................................................................................................................................................................................................................................................................................ ) con l'esclusione di altri interlocutori ( ..................................................................................................................................................................................................................................................................... );
- segue (77, 5) l'esposizione della tesi dell'oratore e la definizione della *quaestio*: vera dimostrazione di virtù è solo resistere all'assedio. La tesi viene poi rafforzata con una *sententia* volta a *movere* (........................................................................................................................... );
- l'argomentazione con la confutazione della tesi opposta (77, 6-11) si innalza di tono grazie all'uso di numerose interrogative retoriche ( ..................................................................................................................................................................................................................................................................................................................... );
- la successiva proposta dell'oratore (77, 12 *Facere quod nostri maiores nequaquam pari bello Cimbrorum Teutonumque fecerunt*) viene rinforzata mediante un *exemplum* tratto dalla storia (77, 13-14 ............................................................................................................................................................. );

- nella perorazione finale (77, 15-16) viene ricordata l'arroganza romana attraverso l'esempio dei Galli già ridotti in servitù: ............................................................ .

**LA STRUTTURA DELL'ARGOMENTAZIONE** Nel suo discorso Critognato fa ricorso sia al metodo induttivo sia a quello deduttivo: al primo vanno ascritti l'*exemplum* dell'estrema resistenza gallica al tempo dell'invasione dei Cimbri e dei Teutoni e l'ipotetica scena degli 80.000 morti che si presenterebbe ai rinforzi una volta giunti ad Alesia, se i Romani fossero riusciti ad avere la meglio grazie a uno sfortunato tentativo di sortita degli assediati (77, 8). La struttura deduttiva, invece, poggia su una serie di dissociazioni:

- nome / cosa: c'è chi chiama «coraggio» ciò che è «viltà» (77, 5 ............................................................);
- apparenza / realtà: il mancato arrivo dei rinforzi nel giorno stabilito sembra segnale di sconfitta, ma il comportamento dei Romani è indice del contrario (77, 10-11 ............................................................);
- fine momentaneo / fine supremo: il fine supremo è la salvezza dell'intera Gallia (77, 7 ............................................................); la sortita risponde a un altro fine (77, 6 ............................................................);
- servitù / libertà: alla servitù si associano *stultitia, temeritas, imbecillitas* (77, 9); alla libertà si associano il non consegnarsi ai nemici e il cibarsi di coloro che non sono abili alla guerra (77, 12 ............................................................).

**L'*ORNATUS*** L'uso delle parole è piuttosto sobrio, come si addice alla gravità del momento, che impone di evitare un inutile sfoggio di abilità. Si nota tuttavia una tendenza all'uso di figure retoriche che mettono in rilievo i concetti principali e che culminano nel chiasmo di 77, 15 ............................................................ e nell'iperbato conclusivo (77, 16) ............................................................ .

**I TEMI DELL'ORAZIONE** L'orazione, che fa presentire al lettore la drammatica conclusione dell'assedio, rimanda a due temi che il narratore Cesare vuol sottoporre all'attenzione del lettore:

- i barbari hanno diritto a combattere per la loro libertà;
- il dominio romano, per i barbari, si connota comunque come ingresso nella civiltà e come abbandono di costumi selvaggi.

**IL GIUDIZIO DEL LETTORE** Nel narrare della rivolta, considerato il successivo sviluppo dell'assedio di Alesia, il narratore implicitamente chiarisce al lettore che, alla prova delle armi, i fatti hanno dato torto sia a Critognato sia ai suoi avversari: i Romani riescono infatti a respingere sia la sortita degli assediati sia i rinforzi arrivati in loro aiuto.

## T21-T22 Il passaggio del Rubicone

*De bello civili* 1, 7, 1-2 e 7-8; 8-11, 3

*L'ingresso di Cesare nel territorio dello Stato con le legioni in armi avvenne nella notte tra l'11 e il 12 gennaio del 49 a.C. L'episodio – noto come "passaggio del Rubicone", il corso d'acqua nei pressi di Rimini che segnava il confine della Gallia Cisalpina – fu senza dubbio un atto illegale e segnò ufficialmente l'inizio della guerra civile contro Pompeo. Cesare nei* Commentarii *non ammette apertamente la violazione della legge e racconta l'episodio utilizzando una serie di artifici retorici cui fanno abitualmente ricorso gli oratori nelle loro orazioni: tace alcuni fatti e anticipa il racconto di altri, così che al lettore non risulta più chiara la sequenza e la concatenazione degli avvenimenti, con la conseguenza che resta difficile capire chi abbia veramente la responsabilità dell'accaduto.*

T21

ITALIANO

# Il discorso alle truppe e l'ambasceria di Lucio Cesare e Roscio

*De bello civili* 1, 7, 1-2 e 7-8; 8, 1-5

[7, 1] Ricevuta informazione di questi avvenimenti[1], Cesare tiene un discorso ai soldati[2]. [2] Ricorda momento per momento le offese operate nei suoi confronti dai suoi avversari; lamenta inoltre che Pompeo, del quale egli, Cesare, aveva sempre favorito la carriera e la posizione sociale e del quale era stato sostenitore, è stato sviato e corrotto da costoro per invidia e disprezzo della gloria sua. [...][3] [7] Esorta i soldati a difendere dagli avversari il buon nome e il prestigio di Cesare, sotto il comando del quale, da vero generale vittorioso, per nove anni avevano meravigliosamente servito lo stato, e avevano condotto moltissime battaglie favorevoli, e avevano pacificato l'intera Gallia e la Germania. [8] I soldati della tredicesima legione, che era presente (aveva chiamato infatti questa al sorgere del tumulto, le altre non erano ancora sopraggiunte)[4], gridano a gran voce che sono certamente pronti a vendicare le ingiustizie contro il loro generale e contro i tribuni della plebe.

[8, 1] Appreso il favore dei soldati, parte per Rimini con quella legione[5] e lì incontra i tribuni della plebe, che si erano rifugiati presso di lui[6]. Richiama le altre legioni dai quartieri invernali e ordina di seguirlo. [2] Là viene Lucio Cesare il giovane, il padre del quale era luogotenente di Cesare[7]. Egli, terminata una prima comunicazione, per la quale era venuto, mostra chiaramente di avere da parte di Pompeo incombenze di carattere privato a lui dirette. [3] Pompeo vuole essere giustificato di fronte a Cesare – dice – perché questi non trasformi in colpe personali quello che egli aveva fatto per il bene dello Stato. [4] Aggiunge poche altre parole del medesimo tenore unite alla giustificazione di Pompeo. [5] Il pretore Roscio[8] dice a Cesare quasi le stesse cose e con le medesime parole e dimostra che Pompeo gliele aveva suggerite.

Cesare attraversa il Rubicone, miniatura da un manoscritto del 1480. Chantilly, Musée Condé.

1. Cesare si riferisce ai provvedimenti votati dal senato nei primissimi giorni del gennaio del 49 a.C., in base ai quali egli era stato dichiarato "nemico dello Stato".
2. Nei capitoli precedenti (5, 5) Cesare aveva affermato di essere a Ravenna (città della Gallia Cisalpina): dal suo racconto pare che lì si tenga questo discorso.
3. Nella parte di testo qui omessa (parr. 3-6) Cesare rivolge ai pompeiani l'accusa di aver preso provvedimenti più tirannici di quelli di Silla.
4. Quindi Cesare aveva già fatto preparativi per la guerra chiamando le sue legioni dalle Gallie.
5. In questa breve frase è riassunto l'ingresso in armi nello Stato. La *brevitas* consente di tralasciare notizie importanti senza che quasi il lettore se ne accorga: dal racconto, quindi, pare che Cesare sia stato esortato all'azione dal suo esercito, che – si ricordi – era formato da cittadini liberi e perciò, in un certo modo, rappresentava la volontà popolare.
6. Tra i tribuni della plebe che avevano cercato di ostacolare in senato l'azione dei pompeiani c'era anche Antonio.
7. Lontano parente di Cesare, di parte pompeiana.
8. Il pretore Roscio si era offerto spontaneamente per comunicare a Cesare le decisioni del senato.

T22

ITALIANO

# Le richieste di Cesare e la reazione di Pompeo e del senato

| *De bello civili* 1, 9, 1-11, 3 |

**[9, 1]** E, anche se pareva che queste parole[1] non servissero per nulla a cancellare le ingiustizie, tuttavia Cesare, poiché si è imbattuto in uomini degni di riferire a quello la risposta che voleva mandargli, chiede ad entrambi, dal momento che gli avevano riferito gli ordini di Pompeo, che non rincresca loro di portargli anche le sue richieste, casomai essi potessero con un piccolo sforzo levare gravi discordie e liberare tutta l'Italia dal terrore[2]. [2] Per lui, Cesare, l'onore è sempre stato al primo posto e più importante della vita. Egli ha sofferto per il fatto che un beneficio accordatogli dal popolo romano gli fosse strappato dagli avversari con un'offesa, e per il fatto che, una volta sottratto un semestre della sua carica, fosse richiamato a Roma colui del quale, pur assente, il popolo aveva ordinato che si tenesse conto nelle prossime elezioni. [3] Tuttavia ha sopportato di buon grado questo danno alla sua dignità per il bene dello stato; ma quando ha mandato una lettera al senato[3] per chiedere che tutti i generali se ne andassero dagli eserciti, nemmeno quello ha ottenuto. [4] Nell'Italia intera si compiono arruolamenti, vengono trattenute le due legioni, che gli sono state sottratte con il pretesto della guerra contro i Parti, la città è in armi. Dove mai punta tutto questo, se non al suo danno? [5] Ma nonostante ciò egli era ancora pronto a scendere a ogni patto e a sopportare tutto per il bene dello stato. Pompeo parta per le sue provincie; entrambi congedino gli eserciti, tutti in Italia abbandonino le armi, dai cittadini sia levato il terrore, siano permessi al senato e al popolo romano libere elezioni e il pieno esercizio dell'attività politica. [6] Perché questo avvenga più facilmente e in condizioni sicure e sia sancito con un giuramento, o Pompeo si avvicini o permetta che si avvicini Cesare; tutti i motivi di disaccordo saranno risolti per mezzo dei colloqui.

**[10, 1]** Ricevuto l'incarico, Roscio giunge a Capua con Lucio Cesare e là incontra i consoli e Pompeo[4]; riferisce le richieste di Cesare. [2] Quelli, decisa la questione, rispondono e rimandano[5] a Cesare per mezzo loro ordini scritti, dei quali questo era il senso: [3] che Cesare ritornasse in Gallia, se ne andasse da Rimini, congedasse gli eserciti; e se avesse fatto questo, Pompeo sarebbe andato in Spagna. [4] Nel frattempo, fino a quando fosse stata data garanzia che Cesare avrebbe fatto quello che prometteva, i consoli e Pompeo non avrebbero interrotto gli arruolamenti.

**[11, 1]** Era una proposta iniqua chiedere che Cesare se ne andasse da Rimini e ritornasse nella sua provincia, mentre lui manteneva non solo le province, ma anche le legioni altrui; [2] promettere di trasferirsi nella propria provincia e non stabilire in quale gior-

1. Sono le parole di Pompeo, riferite a Cesare da Lucio Cesare e Roscio (➣ **T21**).
2. Cesare invia la sua risposta a Pompeo per mezzo di Lucio Cesare e Roscio: si tratta dei medesimi ambasciatori di cui Pompeo e il senato si erano a propria volta avvalsi per comunicare a Cesare le loro proposte.
3. Si tratta di una lettera spedita nel mese di dicembre dell'anno precedente nella quale Cesare proponeva che sia lui sia Pompeo abbandonassero contemporaneamente il proprio potere militare per riprendere l'attività politica: anche Pompeo era proconsole e con le sue legioni avrebbe dovuto trovarsi in Spagna, ma era ancora a Roma.
4. Nel frattempo Pompeo aveva abbandonato Roma. Da una lettera di Cicerone ad Attico sappiamo che Lucio Cesare e Roscio incontrano Pompeo nella zona di Capua, a Teano, il 23 gennaio (Cicerone, *Epistulae ad Atticum* 7, 14, 1).
5. Dalla medesima lettera di Cicerone apprendiamo che la risposta ripartì da Capua il 25 gennaio.

no sarebbe partito, cosicché, se non fosse partito alla scadenza del consolato di Cesare, non sembrasse vincolato da alcuno scrupolo di spergiuro; [3] in realtà non concedere spazio a un colloquio e non promettere di incontrarsi comportava una forte perdita di speranza nella pace[6].

6. Da questo punto in avanti Cesare narra la discesa del suo esercito lungo la penisola, che pare una conseguenza del fallimento della trattativa (a causa dell'intransigenza di Pompeo), ma che in realtà è iniziata subito dopo il passaggio del Rubicone, a partire dal 12 gennaio.

**PER APPROFONDIRE IL TESTO**

## Il testo e il contesto

**I FATTI DI GENNAIO DEL 49 A.C.** Sui fatti delle prime settimane del 49 a.C. noi siamo decisamente bene informati: oltre al resoconto del *De bello civili*, possediamo diverse lettere di Cicerone ad Attico e ad altri personaggi che alludono o raccontano con precisione le vicende di quei giorni. Inoltre, due storici successivi, il latino Svetonio e il greco Plutarco, vissuti tra I e II secolo d.C., hanno conservato una narrazione degli eventi assai particolareggiata, risalente ad Asinio Pollione, luogotenente di Cesare, che scrisse dopo aver assistito personalmente ai fatti (➛ Scheda "Il parere degli altri autori", p. 519). Le notizie di cui siamo in possesso ci sono peraltro confermate anche dagli storici greci Appiano (II secolo) e Cassio Dione (III secolo).

Questa è la sequenza dei fatti:

- 1-11 gennaio: Cesare è a Ravenna, città delle Cisalpina, provincia di cui è proconsole.
- 7 gennaio: a Roma il senato vota il provvedimento che bandisce Cesare; i tribuni della plebe a lui favorevoli, tra i quali Antonio, fuggono da Roma per unirsi a Cesare.
- 11-12 gennaio: nella notte Cesare passa il Rubicone (che segna il confine della provincia) dopo aver mandato a Rimini dei soldati che anticipino il suo arrivo.
- 12-15 gennaio: Cesare si trova a Rimini e riceve i tribuni che lo informano di quanto è accaduto a Roma. Riceve anche Lucio Cesare e Roscio con le proposte di Pompeo e del senato. Cesare tiene un discorso alle truppe. Le coorti di Cesare incominciano a invadere le città del Piceno.
- 17 gennaio: Pompeo abbandona Roma per organizzare la resistenza a Cesare e unirsi alle legioni presenti in Grecia.
- 18 gennaio: i consoli e la maggior parte dei senatori fuggono da Roma per unirsi a Pompeo che si è diretto a Capua.
- 23 gennaio: Lucio Cesare e Roscio incontrano Pompeo a Capua e riferiscono la risposta di Cesare.
- 25 gennaio: Lucio Cesare riparte con la risposta di Pompeo per Cesare. Presumibilmente lo incontrerà alla fine di gennaio; solo allora Cesare apprenderà che Pompeo ha rifiutato le sue proposte. L'esercito di Cesare, tuttavia, in quei giorni ha già invaso l'Italia centrale sul versante adriatico.

## Oltre il testo

**IL RESOCONTO DI CESARE** Se consideriamo il resoconto cesariano, esso si rivela non oggettivo. In particolare, possiamo osservare quanto segue.

- Alcuni fatti sono alterati:

1. secondo la narrazione del *De bello civili* il discorso di Cesare ai propri soldati avviene a .................................... , dunque in Gallia Cisalpina; secondo tutte le altre fonti, invece, il discorso avviene in Italia, a .................................... . Ciò implica che il racconto di Cesare, stando al quale l'invasione dell'Italia è avvenuta con l'approvazione dei soldati, non è corrispondente alla realtà dei fatti.
2. Cesare riporta di aver incontrato i tribuni a Rimini (come le altre fonti). In questo modo risulta poco chiara l'affermazione di 7, 1: chi ha informato Cesare prima dei tribuni?

- L'ordine dei fatti nel racconto cesariano non rispetta la loro effettiva successione: infatti, Cesare, prima, rende conto del carteggio tra sé e Pompeo, che termina .................................................................................... (➛ cap. 10 e note) e poi inizia a raccontare la discesa in Italia, che però era iniziata già prima, il 12 gennaio. Questo comporta che il lettore sia portato a credere che l'invasione dell'Italia sia stata causata dall'intransigenza di Pompeo (➛ cap. 11 e note).
- Nel complesso, la narrazione di Cesare risulta sottilmente tendenziosa; essa si richiama ai princìpi a cui si ispiravano gli oratori, secondo modalità che troviamo ad esempio esposte nel manuale di retorica di Quintiliano (I secolo d.C.): «Non nego che nel racconto, come alcune cose vanno negate, altre aggiunte, altre cambiate, così altre taciute» (*Institutio oratoria* 4, 2, 67); «Veramente io non do ragione a quelli che ritengono si debba narrare nel medesimo ordine in cui i fatti si sono svolti, ma preferisco raccontare nell'ordine che maggiormente mi conviene» (*Institutio oratoria* 4, 2, 83).

IL MONDO DEL LETTORE

# OTTAVIANO *LECTOR IN FABULA*

**LE OPERE DEL *CORPUS CAESARIANUM*** Secondo la tradizione, delle **cinque opere** che compongono il ***corpus Caesarianum***, a **Cesare** risalgono i libri I-VII del *De bello Gallico* e l'intero *De bello civili*, mentre a **Irzio** – luogotenente di Cesare, morto nel 43 a.C. – risalgono il libro VIII del *De bello Gallico*, anticipato da una lettera prefatoria all'amico Balbo (un altro collaboratore di Cesare), e il *Bellum Alexandrinum.* Quanto ai rimanenti due *Bella,* il *Bellum Africum* e il *Bellum Hispaniense*, essi sono certamente opera di **altri collaboratori** del dittatore, rimasti anonimi, che forse hanno usato appunti di Cesare, il quale era morto prima di dare un assetto definitivo ai suoi commentari.

**LE TESI DI LUCIANO CANFORA** Secondo le teorie dello storico e filologo **Luciano Canfora**, che ha incrociato i risultati della ricerca filologica con i dati storici, è di pugno di Cesare anche il libro VIII del *De Bello Gallico*, fino al cap. 48, 10, dove si trova una piccola prefazione di un autore anonimo: è da qui che il testo sarebbe opera di un ufficiale dello staff del proconsole, Irzio o forse Oppio (un altro collaboratore strettissimo di Cesare); quanto alla lettera prefatoria al libro VIII, si tratterebbe di un falso, inseritosi nel testo tra il II e il V secolo d.C. (fenomeno tutt'altro che raro nella tradizione dei manoscritti). A Cesare andrebbero inoltre attribuiti i primi trentatré capitoli del *Bellum Alexandrinum*, poi continuato da altri.

**IL RUOLO DI OTTAVIANO** Sempre secondo Canfora, l'assetto del *corpus,* così come è stato consegnato alla tradizione, risalirebbe a un preciso disegno di **Ottaviano**, intervenuto sul testo per dare alle opere del padre adottivo una disposizione che non gettasse alcuna ombra sulla sua figura di erede. Sappiamo del resto dallo storico Svetonio (I-II secolo d.C.) che Ottaviano, una volta giunto al potere nel 31 a.C., si occupò di separare tra gli scritti di Cesare quelli che a suo parere erano originali da quelli che erano spuri e di vietare la diffusione delle opere giovanili del futuro dittatore (*Vita di Cesare* 55-56). L'intenzione di Ottaviano era quella di strutturare la narrazione in modo tale che il lettore non avesse l'impressione che dopo il passaggio del Rubicone Cesare fosse stato ininterrottamente impegnato in guerre civili. Questa circostanza avrebbe infatti danneggiato l'immagine dello stesso Ottaviano, in quanto sarebbe apparso erede di un pericoloso guerrafondaio; senza dubbio gli era assai più utile presentare la guerra combattuta da Cesare contro Pompeo come un episodio circoscritto, al quale assegnare un'opera singola, e dedicare invece gli altri commentari, raccolti in opere separate, alle guerre contro nemici esterni, seguendo la scansione che aveva indicato Cesare stesso con la celebrazione dei suoi trionfi (quattro nel 46, per le vittorie in Gallia, in Egitto, in oriente contro Farnace e in Africa; uno nel 45, per la vittoria in Spagna contro i figli di Pompeo). Per questo motivo, secondo Canfora, Ottaviano avrebbe voluto che il *Bellum civile* terminasse con un episodio simbolico: l'esecuzione per volontà di Cesare ad Alessandria di Pothino, uno dei funzionari della corte egizia che aveva ordito l'assassinio di Pompeo. In questo modo, infatti, Cesare appariva il vendicatore di Pompeo. Ottaviano avrebbe poi provveduto a "far costruire" il *Bellum Alexandrinum* (saldando gli scritti di Cesare con quelli di un ufficiale del suo staff, impossibile da identificare) e a pubblicare gli altri due *Bella* (utilizzando materiali risalenti all'*entourage* del padre adottivo). Canfora dimostra la continuità della mano di Cesare fino al capitolo 33 del *Bellum Alexandrinum* (con l'esclusione dei capitoli finali del libro VIII del *Bellum Gallicum*) sulla base sia di motivi stilistici sia del fatto che era abitudine di Cesare inserire nei commentari non solo il racconto dei periodi di guerra, ma anche degli avvenimenti tra una campagna e la successiva (nelle opere che, secondo Canfora, sarebbero state redatte a cura di Ottaviano, con l'intenzione di focalizzare l'attenzione sulle guerre esterne del conquistatore Cesare, non c'è invece traccia dei rientri a Roma del dittatore tra le varie campagne).

**UN'OPERA POLITICAMENTE "SENSIBILE"** Le tesi di Canfora, assai fondate da un punto di vista scientifico, ci confermano, seppure in modo indiretto, quanto gli scritti di Cesare fossero **politicamente "sensibili"** per il pubblico contemporaneo: solo questo, infatti, spiega perché Ottaviano avrebbe deciso di conferire a tali scritti un assetto da cui non trasparisse con evidenza che a partire dal 49 a.C. Roma era precipitata in una serie di guerre civili praticamente ininterrotta.

**GUIDA ALLO STUDIO**

**1.** Quali commentari vengono tradizionalmente attribuiti a Cesare?

**2.** Qual è la posizione di Canfora sulla questione?

**3.** Quale fu, secondo Canfora, il ruolo di Ottaviano nella sistemazione del *corpus Caesarianum*?

# PROVA DI TRADUZIONE E COMMENTO

Leggi con attenzione il seguente passo tratto dal *De bello civili*, quindi rispondi alle domande che ti guideranno nella comprensione. Infine, dopo che avrai analizzato e tradotto il passo, potrai rendere ragione della tua interpretazione con un testo organico di commento.

## Cesare e i pompeiani sconfitti

*De bello civili* 3, 97, 2-98

*Il confronto diretto tra gli eserciti di Cesare e Pompeo a Farsàlo è ormai alle fasi conclusive. Pompeo, dopo l'iniziale baldanzosità, ha visto i cesariani di quarta linea disperdere la sua cavalleria, nella quale aveva riposto la massima fiducia. La delusione è tale da spingerlo ad abbandonare la battaglia, affidando ai centurioni il compito di difendere l'accampamento. Quando anche questo viene assalito, Pompeo fugge a precipizio, senza smettere di deplorare per la sconfitta gli uomini dai quali si è sentito tradito. Cesare nel frattempo blocca abilmente la fuga dell'esercito avversario e coglie l'occasione per mostrare la propria clemenza.*

[97, 2] [...] Pompeiani [...] Larisam versus recipere coeperunt. [3] [...] Caesar copias suas divisit partemque legionum in castris Pompei remanere iussit, partem in sua castra remisit, IIII secum legiones duxit commodioreque itinere Pompeianis occurrere coepit et progressus milia passuum VI aciem instruxit. [4] Qua re animadversa Pompeiani in quodam monte constiterunt. Hunc montem flumen subluebat. Caesar milites cohortatus [est], etsi totius diei continenti labore erant confecti noxque iam suberat, tamen munitione flumen a monte seclusit, ne noctu aquari Pompeiani possent. [5] Quo perfecto opere illi de deditione missis legatis agere coeperunt. Pauci ordinis senatorii, qui se cum iis coniunxerant, nocte fuga salutem petiverunt. [98, 1] Caesar prima luce omnes eos, qui in monte consederant, ex superioribus locis in planitiem descendere atque arma proicere iussit. [2] Quod ubi sine recusatione fecerunt passisque palmis proiecti ad terram flentes ab eo salutem petiverunt, consolatus consurgere iussit et pauca apud eos de lenitate sua locutus, quo minore essent timore, omnes conservavit militibusque suis commendavit, nequi eorum violaretur, neuquid sui desiderarent. Hac adhibita diligentia ex castris sibi legiones alias occurrere et eas quas secum duxerat, invicem requiescere atque in castra reverti iussit eodemque die Larisam pervenit.

### GUIDA ALLA COMPRENSIONE

Per giungere a una prima comprensione del testo, esegui quanto richiesto.

- Dividi il brano in sequenze e assegna a ciascuna sequenza un titolo che ne riassuma il contenuto.
- Rispondi alle seguenti domande:

Per indurre i pompeiani in fuga alla resa, Cesare:

- ☐ fa uso della forza e delle minacce
- ☐ ricorre all'astuzia
- ☐ si serve dei prigionieri come intermediari
- ☐ distrugge le loro provviste d'acqua

Tra i pompeiani:

- ☐ tutti decidono di continuare la fuga per raggiungere Pompeo
- ☐ solo pochi uomini, appartenenti alle classi meno abbienti, continuano la fuga
- ☐ solo alcuni uomini, appartenenti all'ordine senatorio, continuano la fuga
- ☐ solo i più assetati interrompono la fuga

Per quanto riguarda le proprie truppe, Cesare:

- ☐ riesce a ottenere il massimo grazie alla promessa di ricchi bottini
- ☐ pretende solo ciò che egli stesso è in grado di fare
- ☐ si dimostra lucidamente consapevole dell'esigenza di riposo e avidità dei propri uomini
- ☐ sa alternare equamente i turni di fatica e di riposo, in modo da non gravare sempre sugli stessi uomini

## GUIDA ALLA TRADUZIONE

Le seguenti domande ti guideranno nella traduzione.

- Individua gli ablativi assoluti presenti nel brano.
- Che complemento è *commodiore itinere* (r. 3)? Presta attenzione al significato del termine *iter*, *itineris* in questo contesto.
- Da quale verbo viene e che tipo di participio è *progressus* (r. 3)?
- Che tipo di subordinata è introdotta da *etsi* (r. 5)?
- Che complemento è *de deditione* in dipendenza da *agere* (r. 7)? Con quale significato ricorre in questo contesto il verbo *ago*?
- Che complemento esprime l'ablativo *nocte* (r. 8)? E l'ablativo *fuga* (r. 8)?
- Individua nel testo le diverse occorrenze e le diverse costruzioni del verbo *peto*. Presta attenzione, di volta in volta, a proporre la traduzione più opportuna in italiano.
- Da quale verbo viene e che tipo di participio è *consolatus* (r. 10)?
- Che tipo subordinata è quella introdotta da *quo* (r. 11)? (Presta attenzione al tipo di aggettivo presente nella proposizione)
- Che valore hanno *ne* (*nequi*) e *neu* (*neuquid*) in dipendenza da *commendavit* (r. 12)?

## GUIDA AL COMMENTO

Le domande e gli esercizi, che ti proponiamo di seguito, ti guideranno nella composizione di un testo organico di commento.

**Contestualizzazione** Per prima cosa, inserisci il passo nel contesto dell'opera dal quale è stato tratto, raccogliendo le tue conoscenze sul *De bello civili* di Cesare. Se lo ritieni opportuno, puoi consultare i testi antologizzati.

**Interpretazione e approfondimenti** Nella scrittura dei suoi commentari Cesare non si limita mai a una nuda esposizione dei fatti, bensì adotta precise strategie comunicative allo scopo di persuadere il lettore della propria buona fede e delle proprie qualità sia come stratega sia come uomo di Stato. A questo proposito ti forniamo in traduzione italiana il capitolo del *De bello civili* immediatamente precedente a quelli che hai appena tradotto:

> [96] Nell'accampamento di Pompeo si poterono vedere pergolati ben costruiti, una vasta esposizione d'argenteria, tende pavimentate di zolle fresche [...]. E inoltre si potevano vedere molte altre cose, che indicavano lusso eccessivo e fiducia nella vittoria; [...] questi contestavano il lusso al poverissimo e pazientissimo esercito di Cesare, al quale era sempre mancato anche lo stretto necessario. Pompeo, quando già i nostri si riversavano nel vallo, imbattutosi in un cavallo, strappatesi di dosso le insegne di generale, si lanciò fuori dall'accampamento attraverso la porta decumana e si diresse al galoppo dritto verso Larissa. E lì non si fermò, bensì [...], senza interrompere il viaggio nemmeno di notte, giunse al mare con una compagnia di trenta cavalieri e salì su una nave da carico.

- Come vengono caratterizzati Pompeo e i suoi seguaci, mediante la descrizione del loro accampamento? Che cosa viene detto, per contrapposizione, dell'esercito di Cesare?
- Quale reazione e quali sentimenti nei confronti di Pompeo si proponeva di suscitare Cesare narrando della fuga a precipizio del suo avversario e del gesto di togliersi le insegne di generale?

Anche dai capitoli del *De bello civili* che hai appena tradotto emergono alcune strategie che Cesare utilizza allo scopo di orientare l'opinione dei suoi lettori, fornendo un'immagine pienamente positiva di sé quale generale.

- Ai capp. 97-98 si fa più volte riferimento alle esortazioni di Cesare ai propri soldati e alla pronta obbedienza di questi ultimi al loro generale. Come si potrebbe descrivere il rapporto tra Cesare e il suo esercito?

La narrazione di questo episodio contribuisce alla rappresentazione di Cesare come un *leader* della mediazione e del consenso, un modello antitetico rispetto a quello del dittatore vendicativo e violento, che i Romani avevano conosciuto con Silla.

- Quali azioni compie Cesare nei confronti dei pompeiani, prima per indurli alla resa e poi per rassicurarli?
- Individua la parola che descrive l'atteggiamento di Cesare; nel presentarsi sotto questa luce ai suoi contemporanei, quali erano i timori che Cesare voleva fugare, soprattutto tra i membri della classe senatoria?

CICERO LECTIO **La politica del consenso** Cicerone, *Epistulae ad Atticum* 9, 7 C, 1-2

# Sallustio
## Interrogare il passato

ZTE ONLINE
Mettiti alla prova
con 20 esercizi interattivi

## I PERICOLI DEL RECENTE PASSATO

PER COMPRENDERE

### Nobili indegni e plebe rivoltosa



### Politici immorali e nemici implacabili



## LA FORZA DELLO STILE ANTICO

PER ANALIZZARE



## I RISCHI DEL FUTURO PROSSIMO

PER APPROFONDIRE

IL TEMPO DELL'AUTORE

# GAIO SALLUSTIO CRISPO

**UN PLEBEO DELLA SABINA** Sallustio vive intensamente i tormentati decenni in cui si consuma la crisi definitiva della repubblica romana. Pur senza assumere mai ruoli di primo piano, partecipa attivamente alla vita politica del suo tempo: *homo novus* (al pari di Cicerone), percorre il *cursus honorum* e si vede garantito l'accesso in senato.

La scarsità di notizie certe per un autore le cui opere riscossero fin da subito un notevole successo indusse i commentatori antichi ad arricchire le scarne informazioni biografiche di cui erano in possesso con molti particolari frutto di fantasia. Gli storici moderni, tuttavia, sono riusciti a ricostruire con un buon margine di sicurezza le tappe fondamentali della carriera politica di Sallustio, esaminando notizie provenienti da varie fonti.

■ **Rovine dell'anfiteatro dell'antica *Amiternum***, I sec. d.C.

■ **Ritratto di Sallustio**, incisione colorata, 1772. Collezione privata.

Sallustio nasce intorno all'**86 a.C.** a *Amiternum*, municipio italico della Sabina poco distante dall'attuale L'Aquila, da una **famiglia plebea** certamente facoltosa: riceve infatti, probabilmente a Roma, un'ottima e completa istruzione nel campo della retorica, presupposto indispensabile per poter intraprendere l'attività politica.

Non è valutabile quale peso abbia avuto l'origine familiare nelle successive scelte di Sallustio sia come uomo politico sia come uomo di lettere. È possibile che l'appartenenza alla plebe abbia concorso ad avvicinarlo ai *populares* e a Cesare; quanto alla provenienza dalla Sabina, territorio tradizionalmente considerato sede dei più autentici valori della romanità contadina, essa ha forse contribuito all'ammirazione per gli austeri costumi del passato (atteggiamento che però, più o meno accentuato, si ritrova in quasi tutti gli intellettuali del tempo).

**LA CARRIERA DI UN ITALICO** Non sappiamo con certezza quando Sallustio abbia iniziato la carriera politica. È probabilmente questore nel 55 o nel 54 a.C. ed è sicuramente **tribuno della plebe** nel 52: in questo anno si distingue nella lotta contro Milone, l'esponente degli *optimates* che fu accusato della morte di Clodio (il tribuno della plebe partigiano dei *populares*) e che nel processo per omicidio che gli fu intentato venne difeso, senza successo, da Cicerone. Secondo la tradizione, l'inimicizia con gli *optimates* risalirebbe anche a questioni personali:

Sallustio sarebbe stato sorpreso in flagrante adulterio con Fausta, moglie di Milone, dal quale sarebbe stato fatto frustare e quindi costretto a versare una somma di denaro per essere rilasciato.
Altro fatto certo della biografia di Sallustio è l'**espulsione** dal senato, nel 50 a.C., per indegnità morale (ma può darsi che l'accusa, piuttosto generica, coprisse altre motivazioni di natura prettamente politica). Durante la guerra civile Sallutio milita nelle fila di Cesare, senza mettersi in luce per particolari meriti (come pare di poter ragionevolmente desumere anche dal fatto che di lui non viene fatta alcuna menzione nel *De bello civili*). È comunque grazie all'intervento di Cesare che, nel 48, viene riammesso in senato; designato pretore nel 47, partecipa alla spedizione culminata l'anno successivo nella battaglia di Tapso (battaglia che vede la definitiva sconfitta dei pompeiani in Africa). Dopo la vittoria Cesare lo lascia nella neonata provincia di ***Africa Nova*** con l'importantissimo incarico di **propretore**. Durante il governo della provincia Sallustio accumula ingentissime ricchezze; al suo ritorno a Roma, però, viene accusato di **concussione**. Cesare lo protegge e fa in modo che mantenga il posto in senato, ma gli impone di lasciare la politica. A quel punto Sallustio si ritira a vita privata, in una splendida villa circondata da meravigliosi giardini che si era fatto costruire a Roma (i cosiddetti *Horti Sallustiani*). Non prende in alcun modo parte ai turbinosi eventi che seguirono la morte di Cesare; secondo la tradizione, nel 43 a.C., avrebbe sposato Terenzia, la donna che da poco aveva divorziato da Cicerone.

**L'*OTIUM* LETTERARIO** A partire da questo periodo Sallustio si dedica alla stesura delle sue opere. Compone due monografie (ossia opere dedicate a un solo argomento): il ***De coniuratione Catilinae*** e il ***Bellum Iugurthinum***, dedicate rispettivamente alla congiura di Catilina (avvenuta nel 63 a.C.) e alla guerra contro il re africano Giugurta (svoltasi tra il 113 e il 105 a.C.). Scrive inoltre le ***Historiae***, opera storiografica in forma annalistica, forse rimasta incompleta e comunque a noi giunta solo in frammenti, con cui intendeva riallacciarsi al suo predecessore Lucio Cornelio Sisenna (la cui opera si arrestava al 78 a.C. con la morte di Silla).
A Sallustio sono attribuite anche due lettere indirizzate a Cesare sulle riforme da adottare nello Stato, le *Epistulae ad Caesarem senem,* e l'*Invectiva in Ciceronem*. Sebbene non ci sia accordo tra gli studiosi, pare attendibile che tali opere siano esercitazioni scolastiche scritte nell'antichità, le quali conservano informazioni comunque preziose.
Sallustio muore probabilmente attorno al **35 a.C.**

■ Veduta degli *Horti Sallustiani*: i giardini si estendevano in una vasta area nella zona nordorientale di Roma (oggi Rione Sallustiano).

**GUIDA ALLO STUDIO**

**1.** Di quali reati venne accusato Sallustio nel corso della sua carriera politica?

**2.** Con quali ben noti avvenimenti storici si intrecciarono la sua vita e la sua attività politica?

**3.** Quali opere a noi giunte sotto il nome di Sallustio sono probabilmente spurie?

# Interrogare il passato

**IL VALORE POLITICO DELLA STORIA** Sallustio è il primo storico latino di cui conserviamo una parte significativa della produzione, elemento che ci consente di poter valutare la sua concezione della storia. In estrema sintesi possiamo affermare che nei fatti del passato di Roma Sallustio riconosce le radici dei problemi del presente ed è appunto a partire dall'individuazione dei problemi del presente che vengono poi individuate le sfide cui Roma sarà chiamata a confrontarsi nel suo futuro. Una tale concezione della storia costituisce una sintesi tra il pensiero storico greco e i valori specifici della morale tradizionale romana.

**IL MODELLO GRECO** Sallustio segue il percorso tracciato da Tucidide, lo storico ateniese che alla fine del V secolo a.C. aveva svolto un'indagine estremamente approfondita sulla guerra del Peloponneso (la guerra che aveva visto le due città di Sparta e Atene combattersi per l'egemonia sulla Grecia e che si era conclusa nel 404 a.C. con la vittoria della coalizione spartana). Dal suo modello Sallustio ricava l'atteggiamento razionalistico: scrivere di storia significa indagare gli avvenimenti umani, separando le cause immediate e superficiali da quelle profonde e osservando la società con il distacco con cui il medico indaga i sintomi presenti sul malato per poi ricondurli alle varie patologie. Grazie a questo metodo lo storico è in grado di cogliere anche l'importanza di fatti apparentemente secondari, ma in realtà tali da produrre importanti sviluppi. Per questo Sallustio, pur trattando di fatti della sua epoca o di poco precedenti, è molto attento ai fenomeni di lungo periodo e abbraccia con uno sguardo la storia di Roma fin dalle sue origini: egli è infatti portato a considerare ogni avvenimento come l'anello di una ben più lunga catena di cause ed effetti.

■ **Mosaico raffigurante Tucidide,** II sec. d.C. Berlino, Pergamon Museum.

**IL MORALISMO ROMANO** Sallustio coniuga il razionalismo di ascendenza greca con un atteggiamento mentale profondamente romano. Egli, infatti, è convinto che i fatti storici, pur inseparabili dal contesto in cui si verificano, siano riconducibili alle scelte dei singoli: questo significa che, in ultima istanza, i fatti storici sono determinati dall'indole e dalla propensione di ciascuno a cedere o meno ai vizi. Un tale atteggiamento ci consente di capire perché nella narrazione di Sallustio abbiano tanto spazio anche i ritratti psicologici dei personaggi: in questo modo, infatti, il lettore ha modo di comprendere come le azioni degli uomini siano appunto direttamente riconducibili alle loro personali inclinazioni. Il metro di giudizio di Sallustio si fonda sul modello fornito dal *mos maiorum*, ovvero quell'insieme di precetti in base ai quali agirono gli uomini che durante l'età regia e la prima età repubblicana posero le basi della futura grandezza romana.

**LO SPESSORE ARTISTICO: ARCAISMO E *BREVITAS*** L'originale sintesi realizzata da Sallustio tra elementi della cultura greca e della tradizione romana si risolve in pagine di intensa efficacia artistica: dal punto di vista dello stile Sallustio comunica implicitamente la propria adesione ai valori tradizionali della cultura latina utilizzando un linguaggio denso di arcaismi, che dà al lettore l'impressione di ascoltare le parole severe di un romano del passato, come poteva essere Catone il Censore (che, accanto a Tucidide, era il modello stilistico fondamentale per Sallustio ➛ Il Contesto, p. 58).

Il suo stile si caratterizza inoltre per la *brevitas*, ossia per la capacità di concentrare in frasi di poche parole anche i passaggi più complessi della narrazione; anche la scelta di questo tono lapidario, simile a quello in cui erano espresse le massime del *mos maiorum*, ha probabilmente lo scopo di rievocare l'austerità che caratterizzava i costumi degli uomini del passato, i quali erano più interessati al fare che al parlare.

Busto di Marco Antonio, I sec. a.C. Città del Vaticano, Museo Pio Clementino.

Ne risulta un implicito invito al lettore a valutare la storia attraverso gli occhi dei *maiores*, gli antenati, che con la loro prudenza avevano saputo far crescere la potenza di Roma. Impossibile poi non vedere in queste scelte espressive la volontà di allontanarsi dall'enfatico stile di Cicerone, dal quale di certo Sallustio fu ideologicamente distante.

***HOMO NOVUS* E *POPULARIS*** Grande merito di Sallustio è stato quello di aver messo a fuoco nelle sue opere il profondo disagio del proletariato urbano, dei cittadini italici (che avevano contribuito alla grandezza di Roma senza ottenere benefici pari a quelli dei cittadini di diritto romano) e, infine, dei membri delle numerose famiglie aristocratiche che erano cadute in rovina in seguito ai torbidi verificatisi nei decenni intercorsi tra l'età dei Gracchi e le lotte tra Mario e Silla. Sallustio non sembra prospettare soluzioni concrete ai problemi che individua; tuttavia, pur rifiutando nettamente tutto quanto potesse portare a un sovvertimento dell'ordine costituito, egli lascia intuire la necessità per Roma di estendere il potere decisionale anche a soggetti nuovi, al di fuori della ristretta cerchia delle famiglie aristocratiche che per secoli avevano occupato le cariche pubbliche e che avevano ormai finito per farne un uso come di beni privati. In un tale atteggiamento possiamo riconoscere la traccia della sua esperienza politica di *homo novus*, il quale aveva visto in Cesare e nei *populares* il punto di riferimento per un possibile rinnovamento delle strutture della *res publica*.

**LA PREOCCUPAZIONE PER IL FUTURO DI ROMA** Un elemento molto importante, messo in luce dai critici più attenti, di cui si deve tener conto nel valutare le opere di Sallustio è il particolare contesto storico in cui esse sono nate. Per consuetudine, infatti, si fa rientrare Sallustio tra gli scrittori dell'età di Cicerone e di Cesare, attivi cioè in quella fase della storia di Roma che si conclude con le Idi di marzo del 44 a.C.; in realtà, però, i suoi scritti sono stati redatti tutti nel periodo successivo alla morte di Cesare, tra il 43 e il 35 a.C. L'attività letteraria di Sallustio si colloca dunque in una fase nuova e diversa della storia di Roma, dominata dalle due personalità di Antonio e Ottaviano e caratterizzata in primo luogo dalla feroce ripresa delle proscrizioni, che ricordavano il periodo sillano.

Se calato nel contesto degli anni successivi alle Idi di marzo del 44 a.C., il senso complessivo del messaggio di Sallustio – ben compendiato nelle parole attribuite proprio a Cesare nella narrazione del processo ai catilinari catturati (*De coniuratione Catilinae* 51) – pare esprimere una forte preoccupazione per il futuro di Roma. Lo storico rivolge un monito a riflettere sulle conseguenze che scaturiranno dall'aver ancora una volta gettato nel caos una *res publica* le cui istituzioni risultavano ormai svuotate del loro significato originario; un monito, questo, indirizzato principalmente ai nuovi signori di Roma, i triumviri, e in particolare al giovane Ottaviano, che si stava rivelando ancora più spregiudicato dei politici dell'epoca di Cesare.

# I pericoli del recente passato

PER COMPRENDERE

**LA SCELTA DELL'*OTIUM*** Nelle introduzioni delle sue due monografie Sallustio affronta un tema particolarmente sentito nella sua epoca, come risulta anche dall'esperienza di Cicerone: egli sente il bisogno di giustificare al lettore il passaggio dal *negotium* all'*otium*, ossia la scelta di aver abbandonato la politica attiva, tradizionalmente considerata come il compito principale del cittadino romano, per dedicarsi all'attività letteraria. Pur ammettendo che compiere le imprese è meglio che narrarle, Sallustio spiega che raccontare la storia riveste un'altissima funzione civile e politica: infatti, la storia fornisce ai politici spunti di riflessione e modelli di comportamento da seguire o da rifiutare. Del resto, egli osserva che nella sua epoca non è più possibile fare politica attiva con serenità, dato il livello di corruzione e malcostume che ormai regna nella classe dirigente.

**GLI ARGOMENTI APPARENTEMENTE MARGINALI DELLE MONOGRAFIE** In entrambe le sue monografie Sallustio sceglie di dedicare la sua attenzione a fatti circoscritti nell'arco di poco tempo (la congiura ordita da Catilina nel 63 a.C. e la guerra combattuta da Roma tra il 113 e il 105 a.C. contro il re africano Giugurta). Questa decisione potrebbe dare l'impressione che le sue opere siano una sorta di ristretta finestra aperta su singoli e marginali aspetti della storia. Al contrario, l'analisi dell'ambiente in cui si svilupparono i due episodi presi in considerazione dà modo a Sallustio di mettere a fuoco con notevole precisione gli elementi che connotarono tutta l'ultima fase politica della *res publica*. Dal *De coniuratione Catilinae* emerge infatti con evidenza che la corruzione morale regna ormai incontrastata nella classe dominante e che lo scontento e il disagio serpeggiano tra cittadini di varia estrazione sociale, tutti accomunati dal fatto di essere esclusi dal potere, ai quali si aggiungono le volubili masse di proletari che affollano Roma.

Moneta con il volto di Giugurta, I sec. a.C.

Il *Bellum Iugurthinum*, poi, mette in primo piano la tensione che oppone la plebe, spesso manovrata da spregiudicati demagoghi, alla *nobilitas*, ormai unicamente avida di denaro (da quando la fine delle guerre puniche ha fatto cessare il *metus hostilis*, ossia quel «timore dei nemici» che per secoli aveva obbligato i politici ad anteporre la salvezza dello Stato agli interessi personali). La narrazione della guerra contro Giugurta evidenzia anche quanto possa essere problematico un vero rinnovamento della classe politica romana: l'arroganza degli esponenti della *nobilitas*, che hanno perso completamente quel senso di dedizione allo Stato caratteristico dei loro antenati, sembra mitigata dai nuovi soggetti che si affacciano sulla scena politica, primo fra tutti l'*homo novus* Gaio Mario; tuttavia, anche costui si dimostra in realtà motivato più dall'ambizione e dal desiderio di potere personale che dall'amore per lo Stato.

**L'IMPERIALISMO DI ROMA** Nel *Bellum Iugurthinum* Sallustio accenna anche a un altro tema: la mancanza di una giustificazione accettabile per l'insaziabile desiderio di conquista di Roma. La questione è sviluppata attraverso le parole che Giugurta rivolge al re di Mauretania Bocco, di cui cerca di ottenere l'alleanza, e tocca un problema che è al centro anche di una delle poche pagine a noi conservate delle *Historiae* (l'opera storiografica di Sallustio, a noi giunta solo in frammenti, che prendeva in esame il quarantennio intercorso tra l'età di Silla e gli anni del secondo triumvirato). La pagina in questione è una lettera, probabilmente ricostruita dallo storico, in cui il re del Ponto Mitridate lancia accuse precise e circostanziate contro l'imperialismo di Roma. La denuncia dell'imperialismo romano non pare ascrivibile solo all'esigenza di delineare con verosimiglianza il carattere del personaggio: va riconosciuto che Sallustio mette in evidenza uno dei maggiori problemi della storia di Roma.

**L'ASSENZA DEL SOPRANNATURALE E DEL CASO** Nelle pagine di Sallustio spicca l'assenza di qualsiasi intervento soprannaturale nello svolgimento degli avvenimenti umani. Inoltre, nell'esame del corso storico sono raramente prese in considerazione anche le occasioni offerte dal caso, inteso come associazione non prevedibile di eventi diversi (occasioni cui Cesare aveva invece concesso un certo spazio nei suoi commentari, considerandole come elementi che l'uomo intelligente deve saper cogliere e volgere a proprio vantaggio). Non è il caso, a giudizio di Sallustio, a determinare gli avvenimenti, ma la propensione dei singoli ad adottare comportamenti ispirati al vizio o alla virtù, operando scelte in nome del bene comune o del proprio personale tornaconto.

# Nobili indegni e plebe rivoltosa

T1-T2

## Il proemio del *De coniuratione Catilinae*

CICERO LECTIO

*De coniuratione Catilinae* 1-4, 4

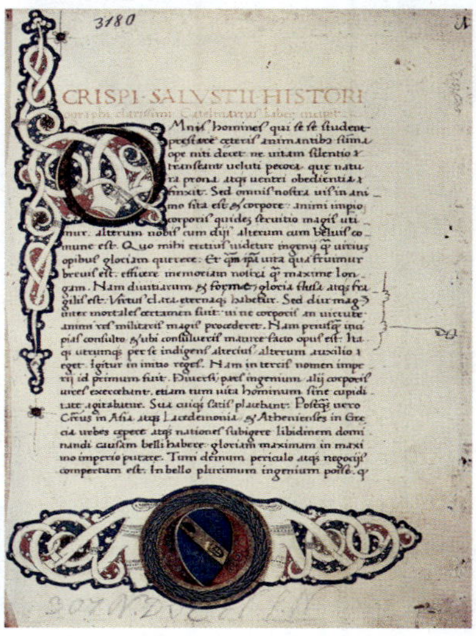

■ *De coniuratione Catilinae*, pagina miniata da un manoscritto dell'XI secolo. Vienna, Oesterreichische Nationalbibliothek.

*Il* De coniuratione Catilinae *si apre con quattro capitoli di introduzione. L'autore vuole chiarire al lettore perché ha deciso di abbandonare la vita politica attiva per dedicarsi alla storiografia, attività che egli ritiene particolarmente meritevole, e perché ha deciso di affrontare come argomento la congiura di Catilina. Nel fare questo Sallustio non manca di esplicitare il punto di vista moralistico con cui osserva la storia di Roma: è la perdita di ogni valore morale da parte della classe politica che lo ha infatti costretto ad abbandonare la vita attiva in favore dell'attività storiografica e, nel generale clima di corruzione della sua epoca, la congiura di Catilina pare il primo episodio, per rilevanza, degno di essere preso in considerazione.*

*Ai capitoli introduttivi è assegnata anche un'altra funzione: attraverso una serie di allusioni Sallustio lascia intendere di avere come modello i lavori degli storici greci dell'età classica, Erodoto e Tucidide. Egli invita dunque a un implicito confronto tra i propri scritti e i suoi modelli greci, rinnovando in tal modo una prassi assai diffusa nella letteratura latina fin dalle origini, ossia quella di porsi come emulazione di quella greca.*

*Il percorso concettuale, che si snoda attraverso i quattro capitoli dell'introduzione, è piuttosto complesso, ma assolutamente coerente: solo per praticità di lettura l'introduzione è suddivisa in due parti.*

T1
LATINO/ITALIANO

# *Omnis vis in animo et corpore sita est*

*De coniuratione Catilinae* 1-2

[1, 1] Omnis homines, qui sese student praestare ceteris animalibus, summa ope niti decet, ne vitam silentio transeant veluti pecora, quae natura prona atque ventri oboedientia finxit. [2] Sed nostra omnis vis in animo et corpore sita est: animi imperio, corporis servitio magis utimur; alterum nobis cum dis, alterum cum beluis commune est. [3] Quo mihi rectius videtur ingeni quam virium opibus gloriam quaerere et, quoniam vita ipsa, qua fruimur, brevis est, memoriam nostri quam maxume longam efficere. [4] Nam divitiarum et formae gloria fluxa atque fragilis est, virtus clara aeternaque habetur. [5] Sed diu magnum inter mortalis certamen fuit, vine corporis an virtute animi res militaris magis procederet. [6] Nam et prius quam incipias consulto, et ubi consulueris, mature facto opus est. [7] Ita utrumque per se indigens alterum alterius auxilio eget.

Il dualismo anima/corpo

[1, 1] Tutti gli uomini che si sforzano di eccellere sugli altri esseri viventi, con il massimo sforzo conviene che si adoperino per non trascorrere la vita nell'oscurità, come le bestie che la natura creò chine verso terra e ubbidienti al ventre. [2] Ebbene, ogni nostra forza vitale risiede nell'animo e nel corpo[1]; dell'animo usiamo di più il potere, del corpo l'ubbidienza; abbiamo l'uno in comune con gli dèi, l'altro con gli animali. [3] Perciò mi sembra più corretto cercare la gloria con le risorse dell'ingegno che con quelle della forza fisica, e poiché la vita di cui usufruiamo è breve, rendere quanto più possibile lungo il ricordo di noi. [4] Infatti la fama dovuta alla ricchezza e alla bellezza è instabile e fragile, invece la virtù si mantiene splendida ed eterna. [5] Ma per lungo tempo tra i mortali ci fu un'aspra disputa, se l'abilità in guerra traesse origine più dalla forza del corpo o dal valore dell'animo[2]. [6] Infatti prima che tu intraprenda un'azione, è necessaria la riflessione, e quando hai riflettuto è necessaria immediatamente l'azione. [7] E così ciascuna delle due facoltà, di per sé incompleta, necessita dell'aiuto dell'altra.

Il dualismo anima/corpo

[1, 1] **Omnis... finxit**: il predicato principale del periodo è *decet*, da cui dipende l'infinitiva *Omnis* (= *omnes*, acc. plur.)... *niti*; *sese* è la forma raddoppiata del pronome *se*; *veluti*, «come», equivale a *velut*. [2] **utimur**: il verbo si completa con gli ablativi *imperio* e *servitio*, entrambi dotati di genitivo di specificazione (*animi* e *corporis*). [3] **Quo... efficere**: *Quo* è nesso relativo; *rectius* è comparativo dell'avverbio *recte*; *maxume* è grafia arcaica per *maxime*; *longam* è predicativo dell'oggetto *memoriam*. [4] **habetur**: «si mantiene», rappresenta una variazione lessicale rispetto al precedente *est*; Sallustio fa spesso ricorso al procedimento della *variatio* (sia lessicale, come in questo caso, sia anche sintattica); ben evidente risulta la differenza rispetto alla *concinnitas* ciceroniana. [5] **Sed... procederet**: *mortalis* (vale *mortales*) è termine del linguaggio epico e innalza il tono; l'interrogativa indiretta disgiuntiva *vine... an... procederet* (*-ne* è particella interrogativa enclitica) è introdotta dall'espressione *magnum... certamen fuit*. [6] **Nam... opus est**: *incipias* e *consulueris* valgono come impersonali in quanto hanno come soggetto un "tu" generico; *consulto* e *facto* sono ablativi di participi neutri e completano *opus est*: l'espressione risulta piuttosto "aspra" e vicina alle movenze del latino arcaico. [7] **Ita... eget**: *utrumque* è il soggetto ed è riferito a forza fisica e virtù (*vi corporis* e *virtute animi*, par. 5).

1. Per il marcato dualismo anima/corpo su cui è impostato concettualmente il proemio ➛ Scheda "Storia, cultura, civiltà", p. 555.
2. Può darsi che Sallustio alluda alla contesa tra Odisseo e Achille, ricordata nell'*Odissea* (8, vv. 75-82); secondo l'interpretazione antica, tale contesa verteva proprio sulla questione della supremazia dell'ingegno, tesi sostenuta da Odisseo, o della forza, tesi di Achille.

[2, 1] Igitur initio reges – nam in terris nomen imperi id primum fuit – divorsi pars ingenium, alii corpus exercebant: etiam tum vita hominum sine cupiditate agitabatur; sua quoique satis placebant. [2] Postea vero quam in Asia Cyrus, in Graecia Lacedaemonii et Athenienses coepere urbis atque nationes subigere, lubidinem dominandi causam belli habere, maxumam gloriam in maxumo imperio putare, tum demum periculo atque negotiis conpertum est in bello plurumum ingenium posse. [3] Quod si regum atque imperatorum animi virtus in pace ita ut in bello valeret, aequabilius atque constantius sese res humanae haberent neque aliud alio ferri neque mutari ac misceri omnia cerneres. [4] Nam imperium facile iis artibus retinetur, quibus initio partum est. [5] Verum ubi pro labore desidia, pro continentia et aequitate lubido atque superbia invasere, fortuna simul cum moribus inmutatur. [6] Ita imperium semper ad

L'*ingenium* è più importante della forza fisica, anche in guerra

[2, 1] Dunque all'inizio i re – infatti sulla terra quello fu il primo nome di una forma di governo[3] – adoperavano gli uni l'ingegno, gli altri il corpo: allora la vita degli uomini trascorreva ancora senza smodati desideri; ciascuno si accontentava dei propri possedimenti. [2] Ma dopo che in Asia Ciro, in Grecia gli Spartani e gli Ateniesi incominciarono a sottomettere città e popolazioni[4], a ritenere come motivo di guerra il desiderio di dominare, a individuare la gloria più grande nel dominio più grande, allora si rese manifesto, con l'esperienza e con l'attività politica, che in guerra l'ingegno ha il massimo valore. [3] Che se la forza di carattere dei re e degli imperatori avesse il medesimo vigore in pace così come in guerra[5], le faccende degli uomini si manterrebbero un po' più allo stesso livello e costanti e non vedresti che ogni cosa viene spostata da una parte all'altra, né che viene cambiata e sconvolta. [4] Infatti il potere viene facilmente mantenuto con quei mezzi grazie ai quali all'inizio è stato originato. [5] Ma quando hanno fatto irruzione al posto dell'impegno l'ozio, al posto della moderazione e del senso di giustizia il desiderio di piacere e la superbia, il corso degli eventi cambia insieme con i costumi[6]. [6] Così il potere si trasferisce sempre dal meno virtuoso ai più

L'*ingenium* è più importante della forza fisica, anche in guerra

[2, 1] **divorsi**: grafia arcaica per *diversi*, aggettivo in funzione predicativa: la tendenza ad adottare forme arcaiche è, insieme alla *variatio*, un altro tratto distintivo del modo di scrivere di Sallustio, che anche per questo aspetto si differenzia da Cicerone. • **pars... alii**: variazione del costrutto (che prevederebbe *pars... pars...* o *alii... alii*). • **quoique**: forma arcaica per *cuique.* [2] **Postea... posse**: *Postea... quam* è tmesi per *postquam*; *coepēre* equivale a *coeperunt* e va unito ai tre successivi infiniti (*subigere, habere, putare*); *lubidinem* è grafia arcaica per *libidinem*; *maxumam* è arcaismo per *maximam*, come il successivo *plurumum* (per *plurimum*). [3] **Quod... cerneres**: periodo ipotetico dell'irrealtà nel presente; *quod* è un nesso relativo; *ferri, mutari* e *misceri* sono infiniti passivi. [5] **invasēre**: equivale a *invaserunt.* • **inmutatur**: forma passiva con valore intransitivo. [6] **optumum**: vale *optimum.*

3. A conferma di questo Sallustio aveva la leggenda di Roma.
4. Il riferimento è ai fatti narrati, rispettivamente, dagli storici greci Erodoto e Tucidide, entrambi vissuti nel V secolo a.C. (➛ Per comprendere il testo, p. 558).
5. Sallustio intende dire che la pace impigrisce i regnanti, mentre la guerra li stimola a usare le loro facoltà.
6. Proposizione molto enfatica, rappresenta un importante snodo concettuale del discorso: chiarisce la relazione tra costumi sociali ed eventi storici.

La *virtus* domina su tutto

optumum quemque a minus bono transfertur. [7] Quae homines arant, navigant, aedificant, virtuti omnia parent. [8] Sed multi mortales, dediti ventri atque somno, indocti incultique vitam sicuti peregrinantes transiere; quibus profecto contra naturam corpus voluptati, anima oneri fuit. Eorum ego vitam mortemque iuxta aestumo, quoniam de utraque siletur. [9] Verum enim vero is demum mihi vivere atque frui anima videtur, qui aliquo negotio intentus praeclari facinoris aut artis bonae famam quaerit.

La *virtus* domina su tutto

capaci[7]. [7] L'agricoltura, la navigazione, la capacità di costruire, tutto è soggetto alla virtù. [8] Ma molti mortali, dediti al ventre e al sonno, trascorrono la vita ignoranti e ineducati, come vagabondi senza meta. Per costoro, cosa innaturale, il corpo è fonte di piacere, l'anima è di peso. Di costoro io ritengo la vita sullo stesso piano della morte, poiché di entrambe si tace. [9] Di certo, però, mi sembra che viva veramente e che usufruisca delle facoltà spirituali colui che, occupato in qualche impegno, cerchi la gloria che proviene da un'azione nobile o da un'illustre attività.

**Scena di banchetto**, affresco dalla Casa dei Casti Amanti a Pompei, I sec. d.C. Napoli, Museo Archeologico Nazionale.

[7] **Quae... aedificant**: lett. «quello che gli uomini arano, navigano, costruiscono», in italiano queste proposizioni relative possono essere rese con sostantivi astratti («l'agricoltura», «la navigazione», ecc.). [8] **transiēre**: equivale a *transierunt*.

[9] **Verum... vero**: espressione della lingua d'uso, vale il nostro "alla fine dei conti"; crea una marcata variazione di tono rispetto al termine *mortales* con cui si apriva il paragrafo precedente (termine "alto", del linguaggio epico).

7. Per il cambiamento ciclico delle forme di governo ➛ Scheda "Storia, cultura, civiltà", p. 565.

## L'OPERA | IL *DE CONIURATIONE CATILINAE*

**UN RACCONTO NON LINEARE** Il *De coniuratione Catilinae* è una monografia molto breve – si compone infatti di soli 61 capitoli – che si focalizza sugli avvenimenti accaduti in meno di due anni, dall'estate del 64 a.C. al gennaio del 62. Nel corso della narrazione l'autore avverte a più riprese la necessità di richiamarsi a fatti precedenti, per cui il racconto non è lineare; in particolare, esso risulta interrotto da **tre *excursus*** che riprendono l'intera storia di Roma. Inoltre, la narrazione – che inizia appunto con fatti relativi al 64 a.C., l'anno in cui Catilina si presenta alle elezioni per il consolato del 63 a.C. – prevede quasi immediatamente un breve *flash-back* relativo a fatti del biennio 66-65 a.C., quando Catilina avrebbe partecipato a una prima congiura.

**L'ORDINE DELLA NARRAZIONE** Gli argomenti sono affrontati secondo la seguente successione:

| | |
|---|---|
| capp. 1-4 | Proemio. |
| cap. 5 | Ritratto di Catilina. |
| capp. 6-13 | Primo *excursus* sulla storia di Roma, che viene suddivisa in due parti (fino alla caduta di Cartagine Roma ha incrementato il proprio dominio grazie alla virtù dei suoi cittadini; successivamente si è assistito a una progressiva corruzione dei costumi, dovuta alle ricchezze derivate dalle conquiste). |
| capp. 14-17 | In collegamento con il cap. 5, viene ulteriormente sviluppato il ritratto di Catilina e viene delineato anche il ritratto dei suoi seguaci, che sono principalmente giovani depravati e nobili decaduti. Con costoro Catilina medita, a partire dall'estate del 64 a.C., di sovvertire completamente le istituzioni dello Stato, dando anche avvio ai preparativi per presentarsi alle elezioni per il consolato del 63 a.C. |
| capp. 18-19 | Breve *flash-back* relativo ai fatti accaduti tra il 66 e il 65 a.C., quando Catilina avrebbe partecipato a una prima congiura, fallita, volta a eliminare i consoli in carica. |
| capp. 20-36, 3 | Nell'estate del 64 a.C. Catilina inizia a riunire i suoi seguaci. Le voci sui piani sovversivi di Catilina si diffondono (a causa delle delazioni operate dalla nobile Fulvia, amante di un congiurato). Per questo motivo Catilina viene battuto alle elezioni per il consolato del 63 a.C. e vengono eletti l'*homo novus* Cicerone e Antonio Ibrida. Catilina si ripresenta nuovamente, nell'estate del 63, alle elezioni per il consolato del 62, ma ancora una volta viene sconfitto. Rinnova quindi i suoi rapporti con i congiurati (tra le cui fila spicca l'aristocratica Sempronia) e raduna delle truppe in Etruria (grazie all'aiuto di un suo complice, Manlio). Nella notte tra il 6 e il 7 novembre, in casa di un congiurato, si svolge una burrascosa riunione in cui si decide di uccidere il console Cicerone. Questi, tuttavia, riesce a sventare l'attentato e ottiene dal senato pieni poteri per fare fronte alla congiura (mediante il *senatus consultum ultimum*). Nella seduta del senato dell'8 novembre Cicerone accusa apertamente Catilina, che il giorno successivo decide di lasciare Roma per raggiungere il suo esercito in Etruria. |
| capp. 36, 4-39, 4 | Secondo *excursus* sulla storia di Roma (relativo al periodo post sillano, dominato da Pompeo). |
| capp. 39, 5-50 | Sviluppi della congiura a Roma: nella notte tra il 2 e il 3 dicembre vengono arrestati molti congiurati (grazie alla collaborazione di una delegazione di Galli Allobrogi, i quali avevano finto di aderire alla congiura). I congiurati arrestati confessano. |
| capp. 51-53, 1 | Dibattito in senato e interventi di Cesare e Catone relativi alle pene da comminare ai congiurati catturati (il primo si dichiara contro la pena di morte, il secondo a favore). |
| capp. 53, 2-54 | Terzo *excursus* sulla storia di Roma, che riprende sinteticamente i temi del primo *excursus*, e confronto tra Cesare e Catone (le uniche due grandi personalità del tempo). |
| cap. 55 | Viene eseguita la condanna dei catilinari arrestati. |
| capp. 56-61 | L'esercito dei catilinari viene braccato dall'esercito regolare: la battaglia finale, in cui Catilina trova la morte dopo aver valorosamente combattuto, si svolge in Etruria, nei pressi di Fiesole, il 5 gennaio del 62 a.C. La monografia si chiude con una sconsolata visione del campo di battaglia dopo il combattimento. |

**LE INESATTEZZE DEL RACCONTO** Gli storici moderni sono riusciti a ricostruire l'effettivo svolgimento dei fatti narrati da Sallustio avvalendosi di numerose fonti assai vicine agli avvenimenti (a partire, naturalmente, da Cicerone). Ciò ha permesso di mettere in luce anche le **diverse inesattezze** presenti nel racconto di Sallustio, tra cui l'aver dato pieno credito a una prima congiura del 66-65 (probabilmente mai avvenuta); l'aver datato l'inizio della congiura all'estate del 64 (anziché all'anno successivo); l'aver datato il *senatus consultum ultimum* contro Catilina al 7 novembre (anziché al 21 ottobre). Sebbene ci siano moltissime ipotesi, non è chiara la ragione di tali inesattezze: è certo che la scansione cronologica degli avvenimenti è presentata in modo tale da scagionare Cesare da qualsiasi sospetto di collusione con Catilina; tuttavia, l'opinione dei maggiori studiosi è che Sallustio abbia in realtà semplicemente fatto confusione (da numerosi altri indizi risulta che egli non abbia mai voluto deliberatamente falsare il racconto).

**STORIA, CULTURA, CIVILTÀ**

# IL CORPO E L'ANIMA

**IL DUALISMO ANIMA/CORPO** Nel proemio del *De coniuratione Catilinae* Sallustio esprime una **concezione dualistica dell'uomo**, fondata cioè sull'opposizione tra due princìpi antitetici e contrastanti: da un lato, infatti, Sallustio pone l'**anima**, che accomuna l'uomo agli dèi; dall'altro lato, invece, pone il **corpo**, che accomuna l'uomo agli animali.
La contrapposizione anima/corpo era ben presente nella riflessione del filosofo greco Platone (vissuto tra V e IV secolo a.C.); tuttavia, non è detto che Sallustio l'abbia derivata direttamente dagli scritti del filosofo ateniese (che pure senza dubbio conosceva), in quanto si trattava di un pensiero largamente diffuso.

**I CULTI ORFICI...** La concezione dualistica dell'uomo, basata sulla contrapposizione tra anima (principio immortale) e corpo (principio mortale), nella cultura occidentale comparve in Grecia nell'ambito dei **culti orfici**, ossia i culti misterici legati alla figura del mitico poeta Orfeo, che si narrava fosse stato protagonista, da vivo, di una discesa agli inferi e di una successiva risalita. In queste forme di pensiero – che ci sono testimoniate a partire dalla lirica greca arcaica, e in particolare nel poeta Pindaro, vissuto tra VI e V secolo a.C. – si esprime il concetto che il corpo sia il "carcere" dell'anima e che la morte rappresenti, paradossalmente, la vera nascita, in quanto consente all'anima, finalmente libera, di ricongiungersi con la divinità di cui è parte.

**...E IL PENSIERO PLATONICO** Queste concezioni influenzarono, nel VI secolo a.C., il filosofo **Pitagora** (per cui si parla anche di **dottrine orfico-pitagoriche**), e successivamente **Platone**, che diede loro un nuovo significato: secondo il pensiero platonico, l'anima appartiene alla sfera del puramente intelligibile, ossia di ciò che è percepibile solo con l'intelletto, ed è incorruttibile; per questo essa si oppone al corpo che, invece, è materia sensibile, ovvero appartiene alla sfera di ciò che è percepibile con i sensi, ed è corruttibile. Un passo del poeta tragico Euripide (V secolo a.C.) esprime compiutamente la visione orfico-pitagorica: «Chi sa se da un lato il vivere non sia morire / e dall'altro il morire precisamente non sia vivere?» (*Polyidos*, fr. 638 Nauck).
Da notare, comunque, che la concezione dualistica dell'uomo espressa da Sallustio nel proemio del *De coniuratione Catilinae* non comporta una convinta attestazione di fede nell'immortalità dell'anima: Sallustio, infatti, si limita a osservare che l'anima è ciò che accomuna l'uomo agli dèi (suggerendo poi che l'immortalità dell'uomo può essere legata anche al mantenere memoria delle sue gesta: 1, 3-4).

**LE "LAMINETTE ORFICHE"** Un'importante testimonianza della diffusione, per diversi secoli, dei culti orfici come credenza nella sopravvivenza dell'anima, una volta liberata dal corpo, è costituita dalle cosiddette **"laminette orfiche"**, rinvenute dagli archeologi in diverse sepolture sia in Grecia sia in Italia meridionale, e databili a partire dal V secolo a.C. fino al III secolo d.C.: si tratta di laminette d'oro (metallo incorruttibile e quindi, nell'immaginario comune, "immortale") recanti "istruzioni" per le anime che siano giunte nell'aldilà.
L'idea orfica di anima ebbe molta risonanza anche tra la gente comune, al di fuori delle scuole filosofiche (frequentate solo dalle *élites* colte); entrata nell'immaginario collettivo delle civiltà classiche, attraverso la filosofia greca penetrò poi anche nel Cristianesimo.

■ **Lamina d'oro "orfica"** rinvenuta in Tessaglia, in un'urna cineraria in bronzo. Databile al IV sec. a.C. Malibu (CA), Getty Museum.

T2 LATINO/ITALIANO

# *Carptim perscribere*

| *De coniuratione Catilinae* 3-4, 4 |

La lode si consegue anche con le parole, non solo con l'azione

[3, 1] Sed in magna copia rerum aliud alii natura iter ostendit. Pulchrum est bene facere rei publicae, etiam bene dicere haud absurdum est; vel pace vel bello clarum fieri licet; et qui fecere et qui facta aliorum scripsere, multi laudantur. [2] Ac mihi quidem, tametsi haudquaquam par gloria sequitur scriptorem et actorem rerum, tamen in primis arduom videtur res gestas scribere: primum, quod facta dictis exaequanda sunt; dehinc quia plerique quae delicta reprehenderis malevolentia et invidia dicta putant, ubi de magna

La lode si consegue anche con le parole, non solo con l'azione

[3, 1] Ma in una grande abbondanza di possibilità la natura indica a chi una strada a chi un'altra. È bello operare bene a vantaggio dello Stato, anche parlare bene non è inopportuno; sia in pace sia in guerra è possibile diventare famoso; molte persone ottengono la lode, sia coloro che hanno agito sia coloro che hanno scritto le imprese di altri[1]. [2] E a me certamente, sebbene non tocchi in alcun modo pari gloria allo scrittore e all'autore delle imprese, sembra tuttavia soprattutto difficile raccontare le gesta: in primo luogo perché i fatti devono essere resi uguali alle parole; poi perché i più riterranno dette per malignità e partigianeria le cose che avrai denunciato come delitti, quando invece tu faccia menzione della grande virtù e della gloria dei buoni, chiunque accetta di buon grado

[3, 1] **aliud... ostendit**: *aliud* è riferito a *iter*; unito al successivo dativo *alii* forma una brachilogia, procedimento retorico caratteristico della lingua latina, ma impossibile da mantenere in italiano. • **Pulchrum... est**: nota la disposizione chiastica dei termini *Pulchrum est bene facere... bene dicere haud absurdum*; *rei publicae*, in posizione centrale, è complemento sia di *bene facere* sia di *bene dicere*. • **et qui fecēre... scripsēre**: *facta* è complemento oggetto sia di *fecēre* sia di *scripsēre* (forme che equivalgono, rispettivamente, a *fecerunt* e *scripserunt*), mentre *aliorum* è da riferirsi solo al complemento oggetto di *scripsēre*. [2] **Ac... scribere**: *haudquaquam*: avverbio riferito a *par*; *scriptorem... rerum*: *scriptor rerum* è l'espressione latina che designa propriamente chi scrive di storia («storico», «storiografo»; il termine *historicus* è un prestito dal greco); *arduom*: arcaismo per *arduum*. • **dehinc... putant**: ordina *dehinc quia plerique putant (ea), quae reprehenderis delicta, dicta malevolentia et invidia*; *delicta* è in funzione predicativa; *reprehenderis*, come il successivo *memores*, ha come soggetto un "tu" generico. • **quae sibi... accipit**: *quae sibi... putat* è una proposizione relativa anticipata (in dipendenza da *accipit*, il cui soggetto è sempre *quisque*).

Luca Signorelli, **Sallustio**, 1499-1502. Orvieto, Duomo.

1. Il concetto espresso qui – ossia che la gloria si ottiene non solo compiendo in prima persona gesta gloriose, ma anche scrivendo delle gesta gloriose compiute da altri – resta decisamente innovativo per la cultura latina del tempo. Per un concetto simile, vedi anche le opinioni espresse da Cicerone, per esempio, nella *Pro Archia* (➛ **T8**, p. 416).

virtute atque gloria bonorum memores, quae sibi quisque facilia factu putat, aequo animo accipit, supra ea veluti ficta pro falsis ducit. [3] Sed ego adulescentulus initio, sicuti plerique, studio ad rem publicam latus sum, ibique mihi multa advorsa fuere. Nam pro pudore, pro abstinentia, pro virtute audacia, largitio, avaritia vigebant. [4] Quae tametsi animus aspernabatur insolens malarum artium, tamen inter tanta vitia inbecilla aetas ambitione corrupta tenebatur; [5] ac me, quom ab relicuorum malis moribus dissentirem, nihilo minus honoris cupido eadem quae ceteros fama atque invidia vexabat.

L'esperienza di Sallustio: dalla politica attiva...

[4, 1] Igitur ubi animus ex multis miseriis atque periculis requievit et mihi relicuam aetatem a re publica procul habendam decrevi, non fuit consilium socordia atque desidia bonum otium conterere neque vero agrum colundo aut venando, servilibus officiis,

le imprese che ritiene anche per lui facili a farsi, ritiene inventato come falso quanto vada oltre. [3] Ma io da giovane inesperto, come molte altre persone, mi sono dedicato allo Stato con passione e lì molte circostanze mi furono avverse[2]. Infatti al posto della vergogna, al posto della moderazione, al posto della virtù regnavano la sfrontatezza, la prodigalità, l'avidità. [4] E sebbene il mio spirito, non abituato alla cattiva condotta, le disprezzasse, tuttavia un'età non ancora matura in mezzo a vizi tanto grandi era ostaggio di uno spregiudicato desiderio di carriera; [5] e, sebbene dissentissi dalle cattive abitudini degli altri, pur tuttavia mi tormentava con il desiderio di gloria e con l'animosità di parte il medesimo desiderio di successo che tormentava gli altri[3].

L'esperienza di Sallustio: dalla politica attiva...

[4, 1] Perciò, quando l'animo trovò riposo dai molti dispiaceri e dalle pessime esperienze e stabilii che il tempo che rimaneva dovevo passarlo lontano dalla vita politica, non ci fu la decisione di sprecare il prezioso tempo libero nell'inerzia e nella pigrizia, neppure in verità di trascorrere la vita dedicandomi alla coltivazione dei campi o alla caccia, attività

[3] **advorsa**: forma arcaica per *adversa*. • **pro pudore... avaritia**: è assai evidente l'effetto di enfasi dovuto alla triplice antitesi (*pro pudore – audacia*; *pro abstinentia – largitio*; *pro virtute – avaritia*). [4] **Quae... tenebatur**: *quae* è nesso relativo e riprende i precedenti tre sostantivi femminili *audacia*, *largitio*, *avaritia*; *inter tanta vitia* è complemento di luogo in dipendenza dal predicato *tenebatur* (il cui soggetto è *aetas*): «(l'età) veniva trattenuta tra tanto grandi vizi»; *inbecilla* e *corrupta* sono nominativi femminili, attributi del soggetto *aetas* (l'aggettivo *inbecillus*, composto dalla negazione *in-* + *baculum*, «bastone, sostegno», significa propriamente «debole»). [5] **ac me... vexabat**: ordina *ac nihilo minus* (locuzione avverbiale, «non di meno») *eadem cupido honoris quae* (*vexabat*) *ceteros fama atque invidia vexabat me; fama* e *invidia* sono ablativi di mezzo. • **quom... dissentirem**: costrutto del *cum* con il congiuntivo (con valore concessivo); *quom* e *relicuorum* sono forme arcaiche, rispettivamente, per *cum* e *reliquorum*.
[4, 1] **mihi... decrevi**: *decrevi* (perfetto da *decerno*) introduce la proposizione infinitiva *mihi... habendam* (sott. *esse*). • **non... agere**: l'espressione *non fuit consilium* regge i due successivi infiniti *conterere* e *agere*; *socordia* e *desidia* – entrambi nomi composti (rispettivamente, da *sē*, «senza» + *cor*, «intelletto» e da *de* + *sedeo*, «resto seduto») – sono ablativi strumentali, come i due gerundi *colundo* (forma arcaica per *colendo*) e *venando*.

2. Per la derivazione di questo passo e del precedente (par. 2), rispettivamente, da Platone e da Tucidide ➛ Scheda "Intertestualità, fonti, modelli", p. 560.
3. Sallustio esprime qui un giudizio nettamente negativo riguardo al periodo in cui si è svolta la sua esperienza politica; tale giudizio verrà in parte mitigato nel proemio della successiva opera monografica, il *Bellum Iugurthinum* (4, 4): lì Sallustio riconoscerà che le personalità che avevano animato la vita politica al tempo in cui anch'egli era attivo in politica erano dotate di maggiore spessore rispetto a quelle attualmente sulla scena.

...all'*otium* letterario

intentum aetatem agere; [2] sed a quo incepto studioque me ambitio mala detinuerat, eodem regressus statui res gestas populi Romani carptim, ut quaeque memoria digna videbantur, perscribere, eo magis, quod mihi a spe, metu, partibus rei publicae animus liber erat. [3] Igitur de Catilinae coniuratione, quam verissume potero, paucis absolvam; [4] nam id facinus in primis ego memorabile existumo sceleris atque periculi novitate.

...all'*otium* letterario

da schiavi[4]; [2] ma ritornato al medesimo punto, al disegno originario e al progetto dal quale una turpe ambizione mi aveva distolto, decisi di raccontare compiutamente le imprese del popolo romano per episodi, secondo che ciascuna pareva degna di memoria; tanto più che avevo l'animo libero dalla speranza, dal timore, dalle fazioni in cui si divide lo Stato[5]. [3] Perciò scriverò in breve della congiura di Catilina, quanto più veracemente potrò; [4] infatti io ritengo quell'evento particolarmente degno di essere ricordato per l'eccezionalità del crimine e del pericolo.

[2] **a quo... detinuerat**: proposizione relativa anticipata (l'antecedente è il succesivo avverbio di moto a luogo *eodem*); nella relativa sono stati attratti gli ablativi di moto da luogo *incepto* e *studio*, concettualmente apposizioni di *eodem*. • **carptim**: avverbio etimologicamente legato al verbo *carpo*, che appartiene al lessico dell'agricoltura e significa «staccare un frutto dal ramo»; questa è la prima attestazione nella letteratura latina. • **ut... videbantur**: proposizione comparativa. [3] **verissume**: arcaismo per *verissime*. [4] **facinus**: termine etimologicamente derivato dalla radice di *facio*; è in origine *vox media* (significa «azione», sia buona sia cattiva).

4. Secondo alcuni critici, la condanna da parte di Sallustio della caccia e dell'agricoltura – attività che tradizionalmente non erano considerate disdicevoli per l'uomo romano – esprimerebbe la coscienza di vivere in un'età in cui non si può più immaginare di risolvere i problemi della società rifugiandosi in un ideale di ritorno alla natura.

5. Sallustio tratteggia qui un ritratto di se stesso in quanto giovane animato da buone intenzioni, che ingenuamente si è proposto di agire in politica pensando al bene della patria, salvo poi rimanere profondamente deluso dalla realtà con la quale si è scontrato e decidere per questo di ritirarsi a vita privata: si tratta indubbiamente di un ritratto idealizzato.

## PER COMPRENDERE IL TESTO

### Il testo e il contesto

**UN PROEMIO COMPLESSO** Sallustio prepone alla narrazione degli eventi relativi alla congiura di Catilina un'introduzione con funzione di proemio: in essa spiega al lettore i propri intendimenti, dopo aver presentato brevemente la propria persona. Nel fare questo egli si adegua innanzi tutto al modello offerto dagli storici greci Erodoto e Tucidide, che nei proemi delle loro opere storiografiche si erano premurati di illustrare al lettore l'argomento di cui avrebbero trattato; ma si rifà anche alle abitudini dell'oratoria dimostrativa (➤ Il Contesto, p. 239), che ha non pochi punti di contatto con il genere storiografico quale lo concepiva Sallustio e che prevedeva appunto che il parlante si presentasse al suo pubblico parlando di sé.
Il ragionamento, ricco di temi e non facilissimo da seguire, presenta i seguenti snodi concettuali: nel cap. 1 si afferma che l'uomo, dotato di anima e di corpo, non deve vivere come gli animali, ma deve coltivare i valori intellettuali e grazie ad essi conseguire gloria duratura. Alla fine del capitolo (par. 5) viene introdotto il tema della guerra: da lungo tempo si dibatte se in essa prevalga la forza fisica o l'intelligenza. La questione è sviluppata nel corso del cap. 2: all'inizio della storia umana alcuni re dominavano grazie alla forza, altri grazie all'intelligenza, senza che nessuno cercasse di conquistare i regni altrui; tuttavia, quando si formarono i primi imperi, novità dovute alla *lubido dominandi*, fu chiaro che in guerra ad avere il predominio era l'ingegno. Si affronta quindi il problema dei cambiamenti nei governi degli imperi: dal momento che il potere si mantiene con le medesime virtù con cui è stato conquistato (2, 4), fatalmente i regni passano di mano, in modo tale che i più capaci prevalgono sugli incapaci: i re, infatti, non usano in pace la stessa forza

d'animo (*animi virtus*) che usano in guerra (2, 6). È dunque la *virtus* che domina su tutto, ma la maggior parte della gente, obbedendo solo al ventre, attraversa la vita senza lasciare traccia di sé (2, 8).
Quest'ultima osservazione prelude alla narrazione di come Sallustio si sia dedicato alla storiografia, narrazione che avviene nel cap. 3, a partire dall'affermazione secondo cui si può realizzare il bene dello Stato anche con la parola, raccontando le imprese altrui. Chi scrive, però, deve trovare le parole adatte e sapere di esporsi alle critiche di chi non ritiene veritiere le sue opere. A questo punto Sallustio confessa di essersi immerso, ancor giovane, nella lotta politica, dove però regnava la corruzione dei costumi. Nel cap. 4, infine, egli dichiara la propria volontà di impiegare bene il suo tempo, in attività degne di un uomo libero. Perciò ha deciso di raccontare nei particolari gli episodi memorabili della storia di Roma, senza indulgere a partigianeria. Il primo argomento sarà la congiura di Catilina.

## Il senso del testo

**RIGORE E RAZIONALISMO** Già dal proemio il lettore capisce di essere di fronte a uno scrittore che procede con rigore razionale: la struttura espositiva è fondata su un evidente sistema binario, ossia procede per coppie di opposti. Al cap. 1 incontriamo le coppie *homines – animalibus*; *animi imperio – corporis servitio*; *cum dis – cum beluis*; *ingenii – virium*. In questo caso la struttura prevede una disposizione in parallelo: i termini che rimandano alla componente spirituale (*homines*, *animi imperio*, *dis*) precedono sempre i termini che rimandano all'ambito animale (*animalibus*, *corporis servitio*, *beluis*). In altri casi, come al cap. 3, i termini che costituiscono le varie coppie di opposti risultano disposti in chiasmo e non in parallelismo: alla coppia *bene facere* (attinente all'attività militare) – *bene dicere* (attinente all'attività intellettuale), seguono infatti le coppie *pace – bello*; *fecere – scripsere*; *scriptorem – auctorem*; *facta – dictis* (i termini che rimandano ai due campi semantici dell'attività militare e dell'attività intellettuale si scambiano ogni volta di posizione all'interno della coppia di opposti).
Lo schema binario, fondato su opposizioni nette, senza sfumature intermedie, permette poi una decisa concentrazione espressiva (*brevitas*), che si risolve anche nella quasi totale assenza di subordinazione: il ragionamento procede soprattutto per paratassi e risulta affidato a brevi proposizioni unite da congiunzioni coordinanti (vedi, per es., al cap. 1, 1-6 *Sed... Nam... Sed... Nam...*).
Sallustio è pienamente cosciente delle proprie scelte espressive: ha cura di affermare il principio in base al quale chi scrive ha il dovere di individuare il registro linguistico consono al soggetto (3, 2 *facta dictis exaequanda sunt*) e preannuncia al lettore che adotterà uno stile stringato (4, 3 *paucis absolvam*), che evidentemente egli ritiene come il più adatto alla narrazione di fatti tanto gravi.

**LA PRESENZA DI ERODOTO E DI TUCIDIDE** Dai capitoli proemiali il lettore prende inoltre subito coscienza della competenza che Sallustio possiede in fatto di storiografia. Significativa in proposito è innanzi tutto la scelta di far iniziare, al cap. 2, 2, la storia dei grandi imperi in oriente (Asia) con le imprese dell'imperatore persiano Ciro il Grande e in occidente (Grecia) con la supremazia di Sparta e Atene: con il primo episodio parte infatti la narrazione delle *Storie* di Erodoto (V secolo a.C.); il secondo episodio è invece l'argomento preso in esame dallo storico Tucidide (V secolo a.C.). Richiamandosi a Erodoto e Tucide è evidente che Sallustio intende stabilire un collegamento ideale con gli storici più antichi e autorevoli, consacrati ormai dalla tradizione.

**MORALISMO E ATTIVITÀ STORIOGRAFICA** Infine, dai capitoli proemiali del *De coniuratione Catilinae* emerge chiaramente il punto di vista moralistico da cui Sallustio osserva i fatti storici; il convincimento che c'è una diretta connessione tra il succedersi delle fasi storiche e il cambiamento, che è poi una degenerazione, nei valori che ispirano la condotta degli uomini è chiaramente espresso al cap. 2, 5 («Ma quando hanno fatto irruzione al posto dell'impegno l'ozio, al posto della moderazione e del senso di giustizia il desiderio di piacere e la superbia, il corso degli eventi cambia insieme con i costumi»). Coerentemente con questo convincimento, Sallustio ricercherà sempre l'origine dei cambiamenti storici nei cambiamenti morali e nel contesto da cui tali cambiamenti morali sono determinati.
Sul piano personale, la decisione di dedicarsi alla storiografia deriva dalla presa d'atto che la classe politica del suo tempo è eccessivamente corrotta per permettere una serena attività all'interno delle istituzioni dello Stato (4, 1).

**LEGGO E COMPRENDO**

**1.** Quali sono i modelli greci di riferimento per la concezione della storia di Sallustio?

**2.** Quali sono, secondo Sallustio, i mali che hanno corrotto la vita civile di Roma?

**3.** Quale informazione possiamo ricavare dall'uso dell'avverbio *carptim* (cap. 4, 2) in merito al genere letterario scelto da Sallustio?

**4.** Spiega in che senso possiamo affermare che Sallustio usa per la sua struttura espositiva un sistema binario.

## INTERTESTUALITÀ, FONTI, MODELLI | UN PROEMIO CON IL "COPIA E INCOLLA"?

**SALLUSTIO TRADUTTORE** Il lettore moderno può rimanere sorpreso, e perplesso, nel constatare che nel proemio del *De coniuratione Catilinae* Sallustio riprende una serie di passi piuttosto noti di autori greci, passi che sono inseriti nel testo senza che venga però espressamente citata la fonte.
Tra i numerosi casi individuati dagli studiosi ci limitiamo qui a ricordare uno dei più notevoli: l'osservazione sviluppata in 3, 2, relativamente alle difficoltà insite nello scrivere di storia, costituisce la traduzione sostanzialmente fedele di un commento che lo storico greco **Tucidide** attribuisce allo stratega ateniese Pericle (V secolo a.C.), nel momento in cui questi deve commemorare la gloria dei propri concittadini caduti durante il primo anno della guerra del Peloponneso: «Le parole proclamate in plauso d'altri paiono tollerabili fino al punto in cui ciascuno si sente in grado di operare lui stesso le azioni lodate: oltre s'avventa l'invidia e non si presta più fede» (*Storie* 2, 35, 2; trad. di E. Savino).

**IL VALORE DELL'IMITAZIONE** Per non restare sorpresi dal modo di procedere di Sallustio è opportuno ricordare che la prospettiva degli autori e dei lettori antichi era decisamente diversa da quella dei moderni: essi non consideravano un pregio particolare l'originalità, come invece accade nell'estetica moderna. Lo scrittore antico, per mezzo della propria opera, non doveva fondare qualcosa di completamente nuovo; piuttosto, egli doveva cercare di inserirsi in un solco già tracciato dalla tradizione, operando, di fatto, per **imitazione**. Per questo Sallustio non sente la necessità di citare il nome degli autori che riutilizza: sarà infatti il lettore (che deve essere sempre pensato come persona colta) a riconoscere i modelli presenti nel testo e a sentirsi rassicurato da una tale presenza, prova tangibile del fatto che l'autore di cui sta leggendo l'opera conosce le "regole del gioco".

**PRONTUARI...** Proprio per il fatto che l'imitazione di un modello era ritenuta, in ambito letterario e genericamente artistico, una prassi assolutamente accettabile, nell'antichità circolavano anonimi numerosi **prontuari**, recanti passi adattabili alle più diverse situazioni, come esordi o ritratti, realizzati unendo passi provenienti da autori noti, con un sistema di autentico "copia e incolla". È molto probabile che Sallustio abbia fatto uso di testi di questo genere, traendo da uno di essi i materiali per il suo proemio, secondo una pratica che sappiamo comune a molti scrittori. Cicerone in una lettera rivela ad Attico di avere un repertorio di proemi già pronti (*volumen prohemiorum*) e di essersi accorto di aver già usato in un altro libro il proemio che aveva preposto anche all'opera che gli aveva appena inviato. Lo invita quindi a tagliarlo (*desecabis*, «taglierai») e ad incollarne (*adglutinabis*, «incollerai») uno nuovo che gli avrebbe inviato (*Epistulae ad Atticum* 16, 6, 4).

**...E CONSULENTI** Inoltre, gli scrittori latini potevano servirsi anche di **consulenti** ed esperti greci che avevano la funzione di fornire loro materiali e consigli. Lo storico Svetonio (I-II sec. d.C.) ci informa che Sallustio, durante la stesura delle proprie opere, ebbe accanto a sé un liberto di origine greca, Lucio Ateio Filologo, che gli aveva fornito un breviario, da lui redatto, di storia romana (*De grammaticis,* 10). Tale liberto, alla morte di Sallustio, venne assunto come assistente da Asinio Pollione, politico che aveva militato nel campo cesariano al pari di Sallustio, e che, ritiratosi dalla vita pubblica, si era a sua volta dedicato alla scrittura di opere storiche, a noi non pervenute.

■ Sallustio al suo tavolo di lavoro,
miniatura da un manoscritto del *De coniuratione Catilinae*, inizi del XV secolo. Parigi, Bibliothèque Nationale de France.

T3

LATINO

# L'età regia e la prima età repubblicana

*De coniuratione Catilinae* 6

*Una volta terminato il proemio, Sallustio presenta il personaggio di Catilina, ricordandone le doti eccezionali, sebbene volte al male, in un celebre ritratto (➛* **T12***); prima di tornare sul personaggio di Catilina – completandone il ritratto e tratteggiando anche un ritratto dei suoi complici (capp. 14-15 ➛* **T5***) –, Sallustio traccia un brevissimo profilo della storia di Roma, di cui proponiamo qui il capitolo iniziale: lo scopo è che il lettore possa capire come è stato possibile che in una città cresciuta per secoli grazie alle virtù civili e militari dei suoi cittadini si siano venute a creare le premesse per un atto tanto sciagurato quale la congiura ordita da Catilina e dai suoi complici.*

[6, 1] Urbem Romam, sicuti ego accepi, condidere atque habuere initio Troiani, qui Aenea duce profugi sedibus incertis vagabantur, cumque iis Aborigines, genus hominum agreste, sine legibus, sine imperio, liberum atque solutum. [2] Hi postquam in una moenia convenere, dispari genere, dissimili lingua, alius alio more viventes, incredibile memoratu est, quam facile coaluerint: ita brevi multitudo divorsa atque vaga concordia civitas facta erat. [3] Sed postquam res eorum civibus, moribus, agris aucta satis prospera satisque pollens videbatur, sicuti pleraque mortalium habentur, invidia ex opulentia orta est. [4] Igitur reges populique finitumi bello temptare, pauci ex amicis auxilio esse; nam ceteri metu perculsi a periculis aberant. [5] At Romani domi militiaeque intenti festinare, parare, alius alium hortari, hostibus obviam ire, libertatem, patriam parentisque armis tegere. Post, ubi pericula virtute propulerant, sociis atque amicis auxilia portabant magisque dandis quam accipiundis beneficiis amicitias parabant. [6] Imperium legitumum, nomen imperi regium habebant. Delecti, quibus corpus annis infirmum, ingenium sapientia validum erat, rei publicae consultabant; ii vel aetate vel curae similitudine patres appellabantur. [7] Post, ubi regium imperium, quod initio conservandae libertatis atque augendae rei publicae fuerat, in superbiam dominationemque se convortit, inmutato more annua imperia binosque imperatores sibi fecere: eo modo minume posse putabant per licentiam insolescere animum humanum.

[6, 1] **sicuti**: avverbio, vale *sicut*. • **condidēre... habuēre**: forme arcaiche di perfetto (per *condiderunt* e *habuerunt*); i soggetti sono i successivi *Troiani* e *Aborigines*, «Aborigeni» (nome che, secondo la tradizione accettata da Sallustio, indica gli abitanti del Lazio prima dell'arrivo dei Troiani; il nome è parlante: deriva infatti dall'espressione *ab origine*, che significa «dall'inizio»). • **Aenea... profugi**: *Aenea duce* è ablativo assoluto; *profugi* è complemento predicativo del soggetto *qui*, riferito a *Troiani*: «profughi sotto la guida di Enea». • **sedibus incertis**: ablativo con valore prosecutivo, «attraverso regioni sconosciute». • **genus... solutum**: una serie di connotazioni per indicare un popolo che non conosce la civiltà urbana: «stirpe di uomini di campagna, senza leggi, senza potere costituito, libero e indipendente». [2] **Hi**: Troiani e Aborigeni. • **convenēre**: forma arcaica per *convenerunt*. • **dispari... lingua**: ablativi di qualità. • **alius... viventes**: il participio congiunto può avere una sfumatura concessiva, «pur vivendo gli uni in un modo gli altri in un altro». • **incredibile... est**: costrutto del supino passivo (*memoratu*), lett. «è incredibile a ricordarsi». • **concordia**: ablativo di causa. [3] **postquam... videbatur**: il soggetto è *res*; *aucta* è attributo del soggetto (da cui dipendono i complementi *civibus*, *moribus*, *agris*); *prospera* e *pollens* sono complementi predicativi del soggetto. • **sicuti... habentur**: *habentur* ha qui significato intransitivo; il soggetto è *pleraque*; possiamo tradurre liberamente: «come accade in moltissimi avvenimenti umani». • **invidia... est**: si intende che i popoli vicini hanno incominciato a detestare gli abitanti della nuova città. [4] **temptare... esse**: infiniti storici, tratto caratteristico delle narrazioni sallustiane, rapide e oggettive. [5] **At... tegere**: tutti gli infiniti presenti nella frase sono infiniti storici. • **magis... beneficiis**: *accipiundis* è forma arcaica per *accipiendis*, ablativo del gerundivo come *dandis*: costruisci *dandis beneficiis magis quam accipiundis*, «più con il concedere favori che con il riceverne». [6] **patres**: sono i senatori, in latino sempre indicati col termine *patres* (non tanto per il motivo idealizzato indicato da Sallustio, quanto perché era l'assemblea che radunava i *patres* più autorevoli delle *gentes* più in vista). [7] **conservandae... rei publicae**: costrutto del gerundivo, con valore finale. • **superbiam... convortit**: l'allusione è esplicitamente all'ultimo dei re Tarquini, ricordato col nome di Tarquinio il Superbo; il termine *dominatio*, etimologicamente affine a *dominus*, «padrone», è assai negativo in ambito politico e significa «tirannide»: per la degenerazione delle forme di governo ➛ Scheda "Storia, cultura, civiltà", p. 565; *convortit* è grafia arcaica per *convertit*. • **binos... imperatores**: *binos* è aggettivo numerale distributivo, «due alla volta», indica l'introduzione dei consoli elettivi.

## Il testo e il contesto

**L'"ARCHEOLOGIA" DI SALLUSTIO** I capitoli 6-13 del *De coniuratione Catilinae* vengono di solito indicati con il termine di "archeologia", dal greco *archaiologìa*, «racconto del passato»: imitano infatti i capitoli sulla storia greca a partire dalle età più remote, detti appunto "archeologia", che Tucidide inserisce nelle sue *Storie* subito dopo il proemio, prima dunque di dare avvio alla trattazione vera e propria della guerra del Peloponneso.
Nell'"archeologia" Sallustio si sofferma innanzi tutto sul fatto che Roma, nata dalla fusione di due popolazioni assai diverse, si è sviluppata in modo straordinario in quanto i suoi cittadini hanno coltivato le virtù civili e militari. Lo storico affronta quindi il tema della successiva decadenza di Roma; una decadenza non sul piano politico, ma su quello morale, dovuta alla penetrazione delle ricchezze dopo la distruzione di Cartagine.
La *brevitas* dello stile, annunciata già nel proemio (4, 3 *de Catilinae coniuratione, quam verissume potero, paucis absolvam* ➛ **T2**), viene rigorosamente mantenuta e resterà caratteristica di tutta l'opera: il tono è decisamente asciutto e stringato, le proposizioni sono brevi con disposizione paratattica; la coordinazione è spesso per asindeto (per es. *civibus*, *moribus*, *agris* 6, 3). Da notare, infine, l'uso dell'infinito storico (per es. *festinare, parare* 6, 5), che conferisce oggettività alla narrazione.

## Il senso del testo

**LA CITTÀ IDEALE** Il cap. 6 presenta i primi secoli di Roma in una luce decisamente idealizzata. Particolarmente enfatizzata è la composizione della cittadinanza, nata da due popolazioni rappresentate secondo lo schema della coppia di opposti: gli *Aborigines* e i Troiani di Enea. I primi rappresentano l'archetipo delle popolazioni che, secondo i canoni del mondo classico, non hanno alcuna forma di civiltà (6, 1): sono privi di centri urbani (*genus… agreste*, nel senso che vive nelle campagne), privi di leggi e istituzioni (*sine legibus*, *sine imperio*) e senza relazioni di alleanza con altri popoli (*liberum atque solutum*); i secondi provengono invece da una civiltà urbana antichissima (Troia), notoriamente in relazione con popoli di tutto il Mediterraneo. L'ingresso nella civiltà di Roma è segnato da due elementi: la comunità si dota di uno spazio urbano (*in una moenia* 6, 2) e di leggi (*imperium legitimum* 6, 6). Il motore dello sviluppo è la *concordia* (6, 2). Sallustio, quasi immaginando lo scetticismo del lettore, sottolinea il proprio stesso stupore di fronte a un'evoluzione tanto positiva (*incredibile memoratu* 6, 2). Il primo capitolo dell'"archeologia" di Sallustio si conclude con il passaggio alla repubblica, avvenuto in ragione della trasformazione della monarchia in tirannide (secondo la teoria dell'anaciclosi ➛ Scheda "Storia, cultura, civiltà", p. 565).

■ Ludovico Caracciolo (1761-1842), **Studio per il panorama di Roma**. Londra, collezione privata.

**LEGGO E COMPRENDO**

**1.** Quali caratteristiche rendono la Roma delle origini descritta da Sallustio una città ideale?

**2.** Che cosa è intervenuto a modificare la situazione ideale della Roma delle origini?

**3.** In che senso possiamo definire i capp. 6-13 del *De coniuratione Catilinae* una "archeologia"?

T4

ITALIANO

# Il trionfo militare e la disfatta morale di Roma

*De coniuratione Catilinae* 10

*Sallustio considera la distruzione di Cartagine, avvenuta nel 146 a.C., lo spartiacque della storia di Roma: fino a tale evento i Romani si sono preoccupati soprattutto della sopravvivenza e della prosperità dell'intera comunità; in seguito, invece, a causa della penetrazione della ricchezza dovuta al bottino proveniente dalla conquista, i cittadini hanno iniziato a preoccuparsi assai più del proprio benessere personale che della salute e dell'integrità dello Stato.*

**[10, 1]** Ma quando, grazie all'operosità e alla giustizia, lo Stato raggiunse notevoli dimensioni, grandi re furono sconfitti in guerra, genti bellicose e nazioni popolose furono sottomesse con la forza[1], Cartagine, rivale della potenza romana, crollò dalle fondamenta[2], tutti i mari e le terre erano sgombri, la sorte[3] iniziò a farsi avversa e a rimescolare tutto. **[2]** Per coloro che avevano sopportato facilmente fatiche, rischi, situazioni incerte e difficoltose, l'ozio e la ricchezza, altrimenti desiderabili, furono di danno e di rovina. **[3]** Dunque aumentò prima la brama di ricchezza, poi di dominio: quella fu in un certo modo la madre di tutti i mali. **[4]** Infatti l'avidità trasformò la lealtà, l'onestà e le altre qualità positive; al posto di queste essa insegnò la superbia, la crudeltà, a trascurare gli dèi, a ritenere tutto in vendita. **[5]** L'ambizione portò molte persone a diventare false, a tenere una cosa chiusa nell'animo, un'altra a disposizione sulla bocca, a valutare le amicizie non in base ai fatti, ma ai vantaggi, e ad avere più onesto il viso che l'animo. **[6]** Questi difetti in un primo tempo crescevano a poco a poco, talvolta venivano puniti; in seguito, quando il contagio si diffuse come una pestilenza, la città cambiò, il governo divenne, da giustissimo e ottimo, crudele e intollerabile.

■ **Scene di vita quotidiana in una tenuta di campagna**, mosaico proveniente da Cartagine, IV sec. d.C. Tunisi, Museo del Bardo.

1. Sallustio si riferisce alle numerose conquiste operate da Roma nel periodo che va dagli ultimi decenni del III secolo a.C. fino alla distruzione di Cartagine (conquiste che comprendono ampia parte della Spagna, la pianura padana, la Grecia e la Macedonia). I «grandi re» sconfitti sono Filippo V e Perseo V di Macedonia e Antioco III di Siria.
2. Cartagine fu definitivamente sconfitta e rasa al suolo dalle fondamenta nel 146 a.C.
3. Si è tradotto con «sorte» il termine latino *fortuna*; si tratta di un concetto che per Sallustio non ha niente a che fare con la sfera del divino (in italiano potrebbe essere reso anche mediante la perifrasi "il corso degli eventi").

PER COMPRENDERE IL TESTO

## Il testo e il contesto

**L'INIZIO DELLA FINE** Il cambiamento epocale per Roma ha una data e un nome: l'*avaritia*, «avidità», determinata dal desiderio di denaro e di potere (10, 3), prende piede dopo la conquista di Cartagine (10, 1), trascinando con sé altri mali, quali la superbia, la crudeltà, il trascurare gli dèi e l'assoluta venalità, ossia il ritenere tutto in vendita (*superbiam*, *crudelitatem*, *deos neglegere*, *omnia venalia habere*). Questi mali non intaccano la potenza militare romana (*res publica crevit* 10, 1); rappresentano però una malattia della società (10, 6), da cui nasceranno tutti i mali che affliggono Roma nel presente (e di cui la congiura di Catilina, argomento dell'opera, costituisce l'incarnazione).

**MORALISMO E RAZIONALISMO** Gli storici moderni hanno spesso rimproverato a Sallustio di individuare le cause della crisi della *res publica* solo in fattori di ordine morale. Dobbiamo però tener presente che il mondo classico non conosce il pensiero economico, secondo cui lo sviluppo delle società può essere analizzato alla luce di fattori di ordine, appunto, economico (ad esempio, le modalità di lavoro e di sfruttamento delle risorse nonché l'esistenza o meno di strutture che permettano la redistribuzione del reddito); per questo motivo tutti gli autori antichi riportano sempre i fenomeni storici a cause riferibili alle scelte del singolo, determinate dalla sua moralità.

Nell'atteggiamento di Sallustio va per altro riconosciuto un profondo razionalismo, che emerge innanzi tutto dalla scelta di non ricondurre mai a cause divine gli accadimenti umani.

## Il senso del testo

**LA CONCEZIONE ORGANICA DELLE CIVILTÀ...** Il pessimismo che contraddistingue Sallustio, e che in larga misura è presente in tutti i successivi storici latini, va ascritto a due concezioni caratteristiche del pensiero antico: la concezione organica della civiltà e la concezione ciclica della storia.

Per quanto riguarda la concezione organica della civiltà, essa muove dal presupposto che ogni realtà umana può essere metaforicamente rappresentata attraverso il ciclo biologico degli organismi viventi: come l'individuo nasce, cresce, raggiunge la maturità e poi decade, così tutto quanto riguarda l'uomo, comprese le società e le forme di governo, segue un ciclo analogo (per approfondire ➛ Scheda "Storia, cultura, civiltà", p. 565). Dunque, il momento in cui un organismo raggiunge l'apice del suo sviluppo coincide fatalmente con l'inizio del suo declino: nel caso di Roma, l'idea che il periodo delle guerre contro Cartagine abbia rappresentato la fase di massimo sviluppo delle potenzialità della città, e che quindi fosse preludio dell'inevitabile declino, era nel senso comune. Anche Cicerone, idealizzando il periodo scipionico (➛ p. 391), risente in fondo di questa concezione.

**...E LA CONCEZIONE CICLICA DELLA STORIA** Connessa con la concezione organica della civiltà è la concezione ciclica della storia, ossia l'idea che la storia si scandisca in lunghe fasi che, una volta compiute, dopo una sorta di palingenesi (dal greco *pàlin gènesis*, «nuova nascita»), si riverificano nel medesimo ordine, imitando nella loro ripetitività il susseguirsi delle stagioni nell'anno solare. Questo schema di pensiero, che forse i Romani hanno derivato da concezioni religiose etrusche, spesso si associa all'idea della successione delle civiltà: come Roma, erede della civiltà troiana, ha dominato un'epoca, così, fatalmente, essa scomparirà, lasciando il posto ad altre civiltà.

**IL PESSIMISMO** Entrambe queste concezioni della storia portano verso il pessimismo: infatti, o esprimono la coscienza di essere in un periodo di decadenza oppure tendono a individuare, anche nei momenti di espansione, i semi del prossimo e inevitabile declino. Sintomatico di questo modo di concepire il tempo è ad esempio il celebre episodio riferito dallo storico greco Polibio (II secolo a.C.) a proposito di Scipione Emiliano: alla vista delle rovine di Cartagine, appena vinta e distrutta definitivamente, il condottirero romano sarebbe scoppiato in lacrime, intuendo che prima o poi anche a Roma sarebbe capitata la medesima sorte (*Storie* 38, 21-22).

**LEGGO E COMPRENDO**

**1.** Quali conseguenze ha avuto per la storia di Roma, secondo Sallustio, la distruzione di Cartagine?

**2.** Quali mali, secondo Sallustio, hanno determinato la crisi di Roma?

**3.** Quale critica viene frequentemente mossa a Sallustio dagli storici moderni?

**4.** Che cosa si intende per "concezione ciclica della storia"?

STORIA, CULTURA, CIVILTÀ

# L'ANACICLOSI DELLE FORME DI GOVERNO

**L'AVVICENDAMENTO DELLE FORME DI GOVERNO** Al capitolo 6 (par. 7) del *De coniuratione Catilinae* (➛ **T3**) Sallustio riflette sull'avvicendamento delle forme di governo secondo lo schema monarchia-tirannide-democrazia; si tratta di uno schema riconducibile alla teoria, sviluppata nell'ambito della cultura greca, dell'**anacìclosi**, propriamente «evoluzione ciclica» (dal gr. *anà*, «indietro» e *kùklon*, «cerchio»).

La riflessione storico-politica greca aveva fin dalle sue origini individuato tre possibili forme di governo per le comunità umane: la monarchia, che prevede che il potere sia concentrato nelle mani di una persona sola; l'aristocrazia, che si regge sull'autorità di pochi individui selezionati; e, infine, la democrazia, che assegna il governo a tutta la popolazione. Ampio spazio alla riflessione sulle caratteristiche, positive e negative, di ciascuna di queste tre forme di governo è presente già nell'opera dello storico greco Erodoto, vissuto nel V secolo a.C.

A partire da Platone, vissuto tra V e IV secolo a.C., nell'ambito delle trattatistica politica greca si evidenzia poi una sovrapposizione tra la teoria delle forme di governo e la concezione organica e ciclica delle civiltà: secondo Platone – ma è possibile che egli si rifaccia a teorizzazioni precedenti – ciascuna delle tre forme di governo è destinata a svilupparsi e quindi a corrompersi nella corrispondente forma degenerata, per lasciare infine spazio alla successiva e più evoluta forma di governo. La **monarchia**, ossia il «governo di uno solo» (dal gr. *mònos*, «solo» e *archè*, «governo») decade e si trasforma in **tirannide**, ossia in dominio dispotico e illegittimo di un solo soggetto. Il tiranno viene poi eliminato dai migliori della società, i quali danno luogo a un governo aristocratico. L'**aristocrazia**, ossia il «governo dei migliori» (dal gr. *àristoi*, «i migliori» e *kràtos*, «potere»), degenera inevitabilmente in un governo tenuto ostaggio da pochi, l'**oligarchia** (dal gr. *olìgoi*, «pochi» e *kràtos*); viene perciò spazzata via dal popolo che instaura la **democrazia** (dal gr. *dèmos*, «popolo» e *kràtos*); questa, a sua volta, si corrompe in **oclocrazia** a causa del predominio nelle istituzioni della parte peggiore del popolo (*òchlon* è il termine greco che designa la folla ignorante). L'oclocrazia, infine, degenera nell'**anarchia** (lett. «assenza di governo», dal gr. *an-*, «non» e *archè*), fino a quando un cittadino prenderà il potere e restaurerà la monarchia, da cui prenderà avvio un nuovo ciclo delle forme di governo.

■ **Stele di Polibio**, II sec. a.C. Roma, Museo della Civiltà Romana.

Una compiuta esposizione di questa teoria si può leggere anche nell'opera dello storico greco **Polibio**, vissuto a lungo a Roma nel II secolo a.C. come consigliere degli Scipioni.

**LA PARTICOLARITÀ DELLA COSTITUZIONE DI ROMA** Si noterà che Sallustio, pur rifacendosi alla teoria dell'anaciclosi, sembra passare dalla monarchia alla democrazia (saltando cioè l'oligarchia). In effetti, proprio lo storico Polibio aveva notato la difficoltà di far rientrare le istituzioni di Roma in una delle tre forme di governo previste dalla trattatistica greca; perciò aveva proposto, sulla scorta di idee già presenti in Platone, una teoria secondo cui Roma avrebbe una **costituzione "mista"**, nella quale cioè le tre forme di governo sono contemporaneamente presenti, con il risultato di temperarsi a vicenda: il consolato, infatti, presenta le caratteristiche del potere regio; è però moderato dal senato, che rappresenta l'aristocrazia, il cui potere è a sua volta equilibrato dal popolo che elegge annualmente i tribuni della plebe e i consoli. La visione polibiana, secondo cui Roma avrebbe appunto una costituzione "mista", sarà adottata anche da Cicerone (➛ p. 429).

**GUIDA ALLO STUDIO**

**1.** Come si alternano, secondo la teoria dell'anaciclosi, le diverse forme di governo?

**2.** A quali esiti conduce la sovrapposizione tra la teoria delle forme di governo e la concezione organica delle civiltà?

**3.** In che senso, secondo Polibio, Roma ha una costituzione "mista"?

T5

ITALIANO

# Catilina e i suoi compagni

| *De coniuratione Catilinae* 14-15 |

*Dopo aver terminato la sua "archeologia" (→* **T3-T4**), *Sallustio riprende la narrazione. Il panorama di una città nella quale regna ormai sovrano ogni vizio fa da sfondo al personaggio principale, Catilina; egli si distingue per ogni tipo di comportamento immorale e, in particolare, con la sua personalità magnetica esercita una nefasta influenza sui giovani: prima li irretisce con regali di valore, poi, una volta che essi non possono più fare a meno di lui, li porta a compiere ogni sorta di delitti. La mano dello storico ritrae infine la malignità interiore di Catilina, quale traspare dall'espressione del suo volto e dai suoi atteggiamenti.*

■ **Statua di vestale**, II sec. a.C. Roma, Casa delle vestali, Foro Romano.

[**14, 1**] In una città tanto grande e tanto corrotta Catilina, ciò che era facilissimo a farsi, era circondato da ogni tipo di crimine e di delitto, come se fossero schiere di guardie del corpo. [2] Infatti qualunque scostumato, adultero, crapulone[1] avesse dissipato il proprio patrimonio con il gioco, con i banchetti, con il sesso, chiunque avesse accumulato debiti stratosferici, per difendersi dall'accusa di un delitto o di un reato, [3] e inoltre ogni sorta di parricida, di sacrilego, di persona pregiudicata o timorosa di un processo a fronte di gravi delitti, e ancora chi si manteneva con la mano o con la lingua a forza di spergiuri e violenze, e infine tutti quelli che tormentava il crimine, la miseria, la coscienza sporca, quelli erano amici e compagni di Catilina[2]. [4] E se ne capitava nella sua cerchia uno anche privo di colpe, veniva facilmente reso simile agli altri con la frequentazione quotidiana e con le lusinghe. [5] Ma soprattutto Catilina cercava l'amicizia dei giovani: i loro animi ancora malleabili e instabili senza difficoltà venivano soggiogati con l'inganno. [6] Infatti, a seconda del tipo di passione che, in base all'età, infiammava ciascuno, ad alcuni forniva donne, ad altri comprava cani e cavalli[3]; del resto egli non risparmiava né sulle spese né sul proprio buon nome pur di renderseli sottomessi e fedeli. [7] So che ci sono stati alcuni che hanno ritenuto che i giovani che frequentavano la casa di Catilina avessero tenuto poco conto della propria pudicizia[4]; ma questa diceria prendeva piede più a causa delle altre depravazioni che sulla base di qualcosa che fosse stato dimostrato a carico di qualcuno.

[**15, 1**] Già quando era giovane Catilina aveva compiuto molti sconci delitti, contrari al diritto e alle leggi divine, con una giovane nobile e con una vestale[5].

1. Si è tradotto con «crapulone» il termine latino *ganeo*, che indica appunto la persona dedita al gozzovigliare.
2. Per cogliere il senso del quadro tratteggiato da Sallustio ai parr. 2-3 del cap. 14 occorre tener conto dello stato di degrado in cui versava la società romana a seguito delle orribili lotte che avevano caratterizzato l'età di Mario e Silla (lotte che avevano visto le persone dare libero sfogo alle proprie peggiori pulsioni e usare strumentalmente la politica per vendicarsi dei propri nemici o per arricchirsi). Catilina e il suo *entourage* risultano un prodotto inevitabile di questa società.
3. Animali di lusso, secondo le abitudini dei Romani, da usare per le corse o per la caccia.
4. Si allude qui alle accuse di omosessualità che erano state rivolte ai catilinari (per esempio, da Cicerone). L'omosessualità era un orientamento sessuale non accettato dalla morale romana.
5. Le vestali erano le sacerdotesse addette all'antichissimo culto di Vesta: abitavano in una casa adiacente al tempio della dea (ubicato nel Foro) ed erano preposte a mantenere sempre acceso il fuoco che ardeva nel tempio e che rappresentava la città. Di solito, erano donne di nobilissima stirpe, tenute nella più alta considerazione. Durante tutto il tempo del sacerdozio dovevano osservare la castità. La vestale in questione era Fabia, sorellastra di Terenzia, la prima moglie di Cicerone che andò poi probabilmente in sposa a Sallustio.

[2] Infine, preso d'amore per Aurelia Orestilla, della quale nessuna persona onesta ha mai lodato nulla se non la bellezza, poiché aveva paura che lei non volesse divenire sua moglie a causa del figlio già adulto che lui aveva[6], si sa per certo che egli ha reso la casa libera per le nozze scellerate dopo aver ucciso il figlio. [3] E proprio questa impresa mi pare che soprattutto sia stata la causa che ha fatto anticipare il delitto più grave; [4] infatti quell'animo impuro, odioso agli dèi e agli uomini, non poteva trovare requie né nella veglia né nel sonno: a tal punto la consapevolezza devastava l'animo esagitato. [5] E dunque esangue il colorito, gli occhi maligni, l'incedere ora rapido ora lento: insomma la pazzia era sul volto e nello sguardo.

6. Si ricava da questo passo che Catilina aveva un figlio legittimo già adulto. È possibile che Orestilla vedesse in questo figlio un possibile rischio per la propria libertà (di cui probabilmente godeva, come donna dell'aristocrazia); se infatti ella avesse sposato Catilina e fosse quindi rimasta vedova, sarebbe passata sotto la tutela del figlio del marito defunto. Un'altra possibilità è che ella vedesse in lui un concorrente nell'eredità per i figli che avesse avuto da Catilina.

**PER COMPRENDERE IL TESTO**

## Il testo e il contesto

**LA FINE DELLA SEZIONE INTRODUTTIVA** Con i capp. 14-15 si chiude l'ampia parte dell'opera che prelude alla narrazione vera e propria dei fatti riguardanti la congiura. Dopo il proemio, terminato al cap. 4, Sallustio aveva avvertito la necessità di presentare brevemente il personaggio di Catilina (al cap. 5 ➛ **T12**); poiché le caratteristiche fortemente negative di costui erano in parte riconducibili al malcostume ormai imperante a Roma, si era reso necessario tracciare, con l'"archeologia", la parabola della storia della città, dalle origini gloriose e virtuose, fino alla degradazione del presente. Proprio il panorama del tutto negativo di Roma, ormai ben delineato e storicamente motivato, permette allo storico di presentare in modo adeguato anche il genere di persone cui Catilina si accompagna.

## Il senso del testo

**CATILINA: GRANDEZZA DI UN *LEADER* NEGATIVO** La caratteristica principale di Catilina che emerge da questi capitoli è quella di saper catalizzare su di sé l'attenzione di moltissime persone e di essere indiscutibilmente riconosciuto da costoro come *leader* (14, 1). In questo tratto carismatico Catilina assomiglia senza dubbio ai protagonisti della vita politica del proprio tempo, primo fra tutti Giulio Cesare. Catilina, però, cattura l'attenzione principalmente della feccia della società: ogni tipo di criminale trova in lui il riferimento non tanto in vista di un possibile riscatto, quanto piuttosto per poter continuare a vivere senza dover rendere conto delle proprie malefatte. Oltre ad avere indubbie doti di *leader*, Catilina non è meschino né attaccato al denaro; anzi, egli usa il denaro per legare sempre più strettamente a sé i suoi accoliti (14, 6). Egli è capace di progettare un disegno grandioso e ardito, anche se di segno negativo: per salvarsi dall'accusa di delitti orrendi medita di sovvertire lo Stato (15, 2-4).

**L'ASSENZA DELLA *PIETAS*** A Catilina, quindi, non mancano doti che potrebbero in altre situazioni rivelarsi positive, come la capacità di porsi come *leader* e la volontà di maturare grandi progetti. Il difetto principale è dunque un altro: in lui è completamente assente qualsiasi forma di *pietas*, ossia quel valore che porta l'individuo al rispetto delle leggi non scritte che regolano l'armonia tra la vita dell'uomo e il resto del mondo. Non solo intrattiene una relazione con una sacerdotessa vestale, atto che offende il senso religioso, ma soprattutto opera contro natura quando decide di uccidere il figlio per sposare Orestilla (15, 2). L'attitudine a corrompere la gioventù (14, 5), propagando in essa falsi valori, nel senso comune del mondo antico è del resto sempre connessa con l'assenza di *pietas* (per esempio, anche Socrate fu accusato di non rispettare i valori religiosi di Atene e di corrompere i giovani). È questa caratteristica, l'assenza di *pietas*, quella su cui punta maggiormente il dito lo storico. Egli, però, considera Catilina come un fenomeno di depravazione da leggere nel più ampio contesto del degrado morale di Roma, iniziato ormai un secolo prima. Catilina, infatti, trova terreno fertile nel desiderio di denaro che ormai caratterizza molti Romani.

**IL VOLTO DI CATILINA** Il ritratto fisico di Catilina che chiude la pagina, significativamente focalizzato sull'irregolarità dei movimenti e sullo stravolgimento del volto, si sviluppa secondo le modalità tipiche del ritratto fisiognomico, per cui Sallustio individua nell'aspetto del personaggio i tratti del suo carattere e della sua disposizione d'animo. L'osservazione ravvicinata del protagonista diventa qui, nel momento in cui sta per cominciare il racconto delle sue nefandezze, particolarmente espressiva: una delle ultime immagini della monografia sarà proprio la descrizione del volto di Catilina, ormai morto, sul campo di battaglia, immagine che si ricollega esplicitamente a questa (→ **T8**).

**LEGGO E COMPRENDO**

**1.** Quali accuse vengono rivolte da Sallustio ai catilinari? Da quali, invece, i catilinari vengono scagionati?

**2.** Qual è il "delitto più grave" commesso da Catilina a cui Sallustio allude in 15, 3?

**3.** Secondo quali modalità è condotto il ritratto fisico di Catilina che chiude il capitolo? Qual è lo scopo di tale ritratto?

**T6-T7**

# Roma dilaniata dall'ingiustizia sociale

*De coniuratione Catilinae* 32, 3-33; 37, 1-10

*Dopo aver adeguatamente spiegato la relazione tra la congiura e la storia di Roma e dopo aver tratteggiato il carattere di Catilina, Sallustio passa a raccontare lo svolgimento dei fatti fino all'inizio del novembre del 63 a.C., quando Roma è ormai sull'orlo del baratro. Da un lato, infatti, il console Cicerone e il senato sanno dell'esistenza di un piano eversivo per rovesciare il governo e della presenza di eserciti di rivoltosi pronti a marciare contro la città; dall'altro lato Catilina, conscio di non poter più contare sull'effetto sorpresa, intende mettersi alla testa delle sue truppe e proseguire nel suo piano criminale. A questo punto della narrazione Sallustio introduce una serie di capitoli in cui chiarisce l'effettiva situazione di crisi sociale in cui versa Roma. A tale scopo riporta anche alcune lettere, tra cui una scritta da Manlio, il generale delle truppe rivoltose in Etruria, il quale proclama apertamente le ragioni dei rivoluzionari. A questi documenti Sallustio fa seguire un proprio commento, motivando la sua contrarietà nei confronti della congiura. Questa parte dell'opera testimonia della capacità di Sallustio di denunciare lucidamente il clima di ingiustizia sociale in cui è maturata la congiura (dando voce, attraverso la lettera di Manlio, anche ai ceti subalterni); essa testimonia però anche del fatto che Sallustio, a dispetto della sua lucida e penetrante capacità di analisi, ha comunque sposato l'opinione dell'élite senatoria che, animata da un profondo disprezzo per il volgo, temeva più di ogni altra cosa il sovvertimento dell'ordine costituito.*

**T6**

ITALIANO

## La voce dei diseredati

*De coniuratione Catilinae* 32, 3-33

[32, 3] Mentre a Roma avvengono questi fatti, Gaio Manlio[1] manda a Marcio Re[2] dei delegati scelti tra i suoi uomini con un messaggio di questo tenore: [33, 1] «Invochiamo a testimoni gli dèi e gli uomini, generale, che noi non abbiamo preso le armi né contro la

1. Manlio era stato un valoroso ufficiale di Silla; arricchitosi rapidamente dopo la vittoria della sua parte, si era altrettanto rapidamente impoverito. Abitava in Etruria nei dintorni di Fiesole, per cui gli fu affidato da Catilina il comando del reclutamento di militari in quella zona.
2. Marcio Re era un nobile romano; come si può notare dal nome, poteva vantare la discendenza dal re Anco Marzio. Console nel 68 a.C., combatté contro Mitridate in Oriente. Approfittando del fatto che era accampato alle porte di Roma con le proprie legioni, in attesa di celebrare il trionfo (motivo per cui Manlio si rivolge a lui chiamandolo *imperator*), il senato, con il *senatus consultum ultimum* con cui dava pieni poteri ai consoli contro Catilina, lo inviò contro le truppe radunate da Manlio.

patria né per mettere altri in pericolo, ma per tutelare le nostre persone dall'ingiustizia, noi che, resi poveri dalla rapacità e dalla crudeltà degli usurai[3], siamo rimasti privi di una patria in molti e tutti quanti della rispettabilità e del patrimonio. Né ad alcuno di noi fu concesso di avvalersi della legge, come previsto dalla tradizione dei padri, né, una volta perso il patrimonio, di conservare la libertà personale: tanto grande fu la ferocia degli usurai e del giudice. [2] Spesso i vostri[4] antenati, presi da compassione[5] per la plebe romana, sono venuti in soccorso della sua povertà con i loro decreti, e proprio recentemente, secondo quanto ricordiamo, a causa della vastità del debito, con il consenso unanime di tutte le persone oneste, l'argento fu pagato al prezzo del bronzo[6]. [3] Spesso proprio la plebe, o stimolata dal desiderio di ottenere il potere o per la superbia dei governanti, ha compiuto una secessione in armi dal patriziato[7]. [4] Ma noi non chiediamo né potere né ricchezze, a causa dei quali tutte le guerre e le lotte avvengono tra gli uomini, ma la libertà, alla quale nessuna persona perbene rinuncia, se non insieme alla vita. [5] Scongiuriamo te e il senato: prendete provvedimenti in favore dei cittadini poveri, restituite loro le garanzie sancite dalla legge, che l'iniquità del giudice ha levato, non imponeteci una miseria tale che noi cerchiamo un modo qualsiasi per andare in rovina, ma dopo avere vendicato ad ogni costo il nostro sangue.»

3. Catilina aveva raccolto i propri seguaci soprattutto tra le fila delle persone rovinate per debiti (per approfondire ➛ Scheda "Storia, cultura, civiltà", p. 572).
4. Manlio appartiene alla plebe, mentre Marcio Re, il destinatario della lettera, al patriziato: per questo Manlio, nel rivolgersi a Marcio Re, dice «vostri antenati» (intendendo cioè gli antichi patrizi).
5. Il riferimento è alle numerose leggi che avevano attenuato l'asprezza delle norme previste dalle XII tavole, in base alle quali il debitore insolvente poteva andare incontro alla schiavitù (o addirittura alla morte).
6. Il riferimento è a una legge dell'86 a.C., la *lex Valeria de aere alieno* (sul debito), che aveva condonato tre quarti del valore di ciascun debito; in base a tale legge, dunque, la somma dovuta in argento poteva essere pagata con monete di bronzo (che valevano appunto un quarto rispetto alle monete d'argento).
7. Secessioni della plebe erano avvenute nel 494, nel 449 e nel 287 a.C. Nel primo e nel terzo caso, tra le ragioni della secessione vi era anche la volontà di protestare contro le leggi sul debito, che consentivano di ridurre in schiavitù i debitori insolventi.

**T7**
ITALIANO

## La voce dello storico

*De coniuratione Catilinae* 37, 1-10

[37, 1] Infatti non solo era sconvolta la mente di coloro che erano al corrente della congiura[1], ma praticamente tutta la plebe approvava il piano di Catilina per il desiderio di una rivoluzione[2]. [2] La plebe sembrava per l'appunto agire secondo il suo modo abituale[3]. [3] Infatti nello Stato coloro che non hanno nulla odiano le persone perbene, esaltano i facinorosi, detestano gli ordinamenti antichi, desiderano provvedimenti rivoluzionari,

1. Siamo nei giorni successivi all'8 novembre del 63 a.C., quando Cicerone aveva pronunciato la I *Catilinaria* in senato e Catilina aveva deciso di allontanarsi da Roma.
2. Come sarà successivamente ricordato da Sallustio (cap. 48), la plebe urbana cambiò completamente parere su Catilina in seguito alla martellante propaganda di Cicerone, quando fu presa dal terrore che i rivoltosi appiccassero incendi in città (come effettivamente minacciavano di fare), incendi che fatalmente avrebbero distrutto proprio i quartieri popolari (edificati per lo più in legno).
3. Sallustio sta propriamente parlando del proletariato urbano, ossia dei nullatenenti, e non di tutta la plebe (della quale, per altro, faceva parte anch'egli, pur essendo entrato nell'*ordo* senatorio).

per disgusto verso la propria condizione aspirano a che ogni cosa cambi, senza alcuna preoccupazione si nutrono di disordini e sedizioni, poiché la miseria rimane, senza subire danni. [4] Ma la plebe urbana, quella sì era pronta a buttarsi a precipizio per molti motivi. [5] In primo luogo quelli che ovunque si distinguevano per vergogna e sfrontatezza, e in più quanti se ne erano andati dall'Urbe per la vergogna di aver perso il patrimonio e infine tutti quelli che lo avevano fatto per aver commesso un delitto o un reato, tutti quelli erano ritornati in massa a Roma come in una fogna. [6] Poi molti che si ricordavano della vittoria di Silla, dato che vedevano gente divenuta senatore da soldato semplice che era[4], altri così ricchi che facevano vita da re, speravano, se si fosse passati alla rivolta armata, di ottenere per sé tali privilegi. [7] Inoltre i giovani che avevano dovuto far fronte alla miseria con una paga da braccianti nelle campagne[5], eccitati all'idea delle largizioni pubbliche e private[6], avevano preferito l'ozio in città a un lavoro malpagato. Qualsiasi disordine all'interno dello Stato dava nutrimento agli uni e agli altri. [8] Non c'è perciò da meravigliarsi che gente ridotta in miseria, dalle pessime abitudini, dalle smisurate aspettative, si desse pena del patrimonio dello Stato quanto se ne era data del proprio. [9] In più con animo certamente non diverso si aspettavano una soluzione armata quelli che si erano visti i genitori proscritti, i beni confiscati, i diritti azzerati dalla vittoria di Silla[7]. [10] In più tutti quelli che appartenevano a fazioni diverse rispetto a quella dei senatori preferivano che lo Stato fosse rovesciato piuttosto che vedersi diminuiti i diritti.

■ **Il lavoro nei campi**, rilievo in marmo, I sec. d.C. Benevento, Museo del Sannio.

4. Silla aveva portato il numero dei senatori da trecento a seicento, immettendo in senato membri presi dal ceto equestre e dai ceti elevati italici. Tra i militari, probabilmente, circolava spesso la speranza di essere elevati al rango senatorio dal proprio generale (anche i soldati che avevano passato il Rubicone al seguito di Cesare pare che avessero nutrito questa speranza).
5. Sul disprezzo per il lavoro manuale e salariato nel mondo antico ➤ Scheda "Storia, cultura, civiltà", p. 572.
6. A Roma la plebe urbana veniva di fatto mantenuta dai politici a caccia di consensi elettorali.
7. Silla aveva confiscato i beni dei cittadini che aveva eliminato con le proscrizioni; aveva inoltre privato i figli e i nipoti dei proscritti del diritto di essere eletti a qualunque carica pubblica, con una legge che sarebbe stata abolita solo da Cesare nel 49 a.C.

## Il testo e il contesto

**GLI SVILUPPI DELLA CONGIURA** Catilina non riuscì a essere eletto console né nelle elezioni del 64 a.C. né in quelle dell'anno successivo; per questo decise di attuare un colpo di stato impadronendosi del potere con la forza. Il suo piano eversivo prevedeva che eserciti composti da diseredati, reclutati in varie parti d'Italia da suoi complici, convergessero su Roma e conquistassero la capitale (che egli nel frattempo avrebbe gettato nel caos, uccidendo il console Cicerone e terrorizzando la popolazione con incendi appiccati in vari quartieri). Parte del piano era fallita: Cicerone era venuto a conoscenza del complotto e aveva denunciato pubblicamente Catilina nella seduta del senato dell'8 novembre del 63 a.C. Per questo Catilina, vistosi scoperto, cambiò i suoi piani: decise di allontanarsi da Roma, per unirsi all'esercito che si era formato in Etruria sotto la guida di Manlio, lasciando ai suoi fidi il compito di prepararsi a mettere a ferro e fuoco la città nel giorno in cui egli fosse ritornato a capo del suo esercito.

**LA LETTERA DI MANLIO** Nella lettera che Manlio invia a Marcio Re (➛ **T6**), il comandante delle truppe regolari inviato dal senato contro di lui, vengono ricapitolati i motivi che hanno spinto molte persone a unirsi all'esercito rivoluzionario. In questa lettera – probabilmente non un documento originale, ma una ricostruzione di Sallustio – Manlio si fa portavoce dello scontento di quanti, strangolati dai debiti, sono stati condannati per insolvenza (a volte anche all'esilio: «privi della patria») e hanno perso la libertà personale in quanto, privi di un patrimonio, sono stati costretti a vivere come braccianti, di fatto allo stesso rango degli schiavi. Quanto Manlio chiede è che il senato permetta a queste persone di saldare i debiti per poter tornare a una vita normale: chiede cioè un provvedimento che riduca drasticamente per legge l'ammontare dei debiti e che limiti le pene contro le persone che subiscono un processo per insolvenza. Le argomentazioni di Manlio sembrano ricalcare le promesse fatte da Catilina ai congiurati e riferite da Sallustio al cap. 21: remissione dei debiti e possibilità per tutti di accedere nuovamente alla vita politica (ora appannaggio di una ristrettissima cerchia di abbienti). Rispetto a quelle del *leader* sono tuttavia più moderate: Manlio sembra chiedere un piano di riforme, secondo una tradizione consolidata, più che un provvedimento straordinario. La particolarità della lettera di Manlio è che riporta esplicitamente il punto di vista dei molti che non appartengono al ceto senatorio, dei quali assai raramente si sente la voce negli autori.

**IL PARERE DI SALLUSTIO** Lo storico, da parte sua (➛ **T7**), condanna duramente l'entusiasmo della massa dei diseredati per Catilina. Per capire questa posizione, bisogna considerare che Sallustio condivideva l'opinione comune nel mondo antico secondo la quale chi è in miseria, condizione invariabilmente considerata come una colpa, non deve gestire il denaro pubblico (vedi in proposito anche il commento dello storico a 37, 8). Su questo presupposto, del resto, si reggevano le costituzioni timocratiche delle città antiche e appunto per questo motivo Sallustio biasima le persone che si sono unite a Catilina, persone che hanno dilapidato il proprio patrimonio (37, 5-7) e il cui unico scopo è esclusivamente quello di rientrarne in possesso.

## Il senso del testo

**IL PROBLEMA** Sallustio mette bene in evidenza la forte tensione interna alla società romana della tarda repubblica tra i numerosissimi cittadini che ricevevano poco o niente degli immensi proventi dello Stato e i pochissimi che gestivano tutto il potere e tutte le ricchezze (➛ Scheda "Lettura critica", p. 576). Dalla monografia sallustiana, a prima vista, sembra che non ci sia una soluzione a tale situazione: lo storico, infatti, rifiuta con decisione l'estensione di qualsiasi potere decisionale alla massa dei proletari e condanna assolutamente qualunque tentativo di sovvertire lo Stato con la violenza. Occorre però evitare di appiattire il punto di vista di Sallustio sulle posizioni conservatrici degli *optimates* e comprendere come egli mantenga un punto di vista da *popularis*, pur condannando il desiderio di riscatto delle masse di proletari che appoggiano Catilina.

**L'ADESIONE AL PROGRAMMA CESARIANO** È possibile pensare che Sallustio, allo scopo di conciliare esigenze apparentemente contrapposte, avesse in mente la stessa soluzione che Cesare aveva cercato di attuare quando fu al comando della repubblica, tra il 47 e il 44 a.C.: ossia estendere ai possidenti italici i privilegi di governo rigidamente detenuti da poche antiche famiglie, senza però permettere alcun sovvertimento dello Stato a opera dei ceti inferiori. Cesare aveva accuratamente evitato di promuovere una legge che annullasse i debiti e, anzi, aveva soffocato con decisione la frangia estremista del suo schieramento che avrebbe voluto tale provvedimento (come egli stesso ricorda in apertura del libro III del *De bello civili*); probabilmente sapeva che un provvedimento in tal senso, temutissimo da tutti i possidenti, avrebbe messo in ginocchio l'economia italica: l'usura era infatti una pratica capillare e un provvedimento che avesse annullato i debiti avrebbe finito per rovinare economicamente molti creditori (che avevano prestato il denaro, e che non lo avrebbero avuto indietro ➛ Scheda "Storia, cultura, civiltà", p. 572). Se dunque i creditori, appartenenti ai ceti possidenti, potevano stare tranquilli e non temere provvedimenti rivoluzionari, d'altra parte Cesare aveva ammesso in senato moltissimi nuovi personaggi, appartenenti a famiglie estranee alla *nobilitas*, →

avviando anche un programma di fondazione di colonie e di assegnazione di terre ai proletari e ai militari in congedo, perché si allontanassero da Roma e trovassero sostentamento in maniera autonoma. Inoltre, attraverso larghissimi donativi effettuati con il denaro proveniente dalle conquiste, si premurò di rifornire periodicamente anche i diseredati di Roma di qualche somma di denaro. In definitiva, la posizione che Sallustio assume nei confronti della rivolta di Catilina induce a ritenere che lo storico abbia mantenuto fede alla visione dei senatori *populares* che avevano individuato in Cesare e nel suo programma di riforme il loro riferimento.

**LEGGO E COMPRENDO**

**1.** Quali sono i motivi per cui Manlio dichiara di aver preso le armi?

**2.** Quale giudizio esprime Sallustio sulla plebe?

**3.** Perché Sallustio cita l'esempio di Silla come motivo che induceva il popolo a prendere le armi?

**4.** Secondo quanto possiamo sapere delle idee politiche di Sallustio, quale doveva essere la soluzione al problema dei debiti?

STORIA, CULTURA, CIVILTÀ

## *AES ALIENUM* E *TABULAE NOVAE*

**IL LAVORO** Nel periodo posteriore alla dominazione sillana, quando si svolgono i fatti narrati da Sallustio, il problema del debito, ***aes alienum***, lett. «denaro di un'altra persona» è particolarmente sentito nella società romana, come ben visibile nella lettera di Manlio (➛ **T6**). La diffusione di questo fenomeno, e quindi la formazione di quei ceti che formano la massa di sostenitori dei politici come Catilina, è connessa a svariate cause storiche (determinate dai riflessi sulla società italica delle guerre di conquista nel Mediterraneo), ma anche a strutture economiche, legate a concezioni assai differenti da quelle di oggi. L'indebitamento privato era favorito dall'assenza totale di ammortizzatori sociali (pensione, previdenza, ecc.), ma anche dal modo di concepire l'economia: la speculazione finalizzata all'acquisizione rapida di grandi ricchezze, che esponevano facilmente al rischio di fallimenti, era nettamente privilegiata rispetto al commercio al dettaglio e al lavoro. Nel mondo antico, in fondo, era la guerra il mezzo ritenuto più idoneo per far crescere il benessere economico di una popolazione; inoltre, qualsiasi tipo di attività manuale era considerata un'attività servile, degna solo degli schiavi, per cui l'essere costretti a praticarne una per necessità di vita era pari a una disgrazia.

**LE "OCCUPAZIONI LIBERALI"** Le uniche occupazioni degne di un uomo libero erano quelle connesse con l'intelletto (non necessariamente con la cultura): di solito, si trattava di affari, riconducibili alla messa a frutto del proprio patrimonio, ossia il dare in affitto, *locatio*, i propri beni in cambio di una somma di denaro. Una persona, per essere effettivamente ritenuta libera, doveva dunque possedere dei beni, ***bona***, da cui trarre una rendita (***usura***, termine in sé non negativo), così da non dover pensare alle necessità materiali e da avere il tempo per dedicarsi ad altri affari (innanzi tutto la politica e l'attività militare). I beni da mettere a frutto potevano essere i più svariati: terreni e fattorie, case in città, imbarcazioni e mezzi di trasporto, attrezzi e animali da soma. Particolarmente diffusa era anche la pratica di dare in affitto i propri schiavi. Ovviamente, tra i beni era compreso il denaro stesso, che si prestava a interesse. L'interesse sul denaro era detto ***fenus*** o *foenus*, e chi prestava denaro era detto ***fenerator***, che traduciamo a seconda delle situazioni con «banchiere» (se l'attività era svolta nei termini di legge) o «usuraio» nel caso opposto.
Chi aveva grandi patrimoni si avvaleva di amministratori. Il ***procurator*** («procuratore», lett. «chi cura per conto terzi») tratteneva per sé una parte pattuita delle rendite; si trattava di un lavoro considerato assai rispettabile, perché dirigenziale e non manuale.

**DEBITORI E CREDITORI** È opportuno pensare la società di Roma della tarda repubblica come percorsa da una intricatissima rete di relazioni di affari, a tutti i livelli, con numerosissimi intermediari. Di fatto, quasi tutti erano allo stesso tempo debitori e creditori. Era facilissimo non essere in grado di pagare la quota di affitto o di interesse, il che poteva comportare una denuncia, che poteva avere conseguenze molto gravi, fino alla confisca del patrimonio in favore dei creditori. L'attività politica era una delle più dispendiose, per le necessità di propaganda. Catilina aveva raccolto intorno a sé molti nobili che,

Il banco di un cambiavalute, sarcofago di età tardorepubblicana. Roma, Museo della Civiltà Romana.

come lui, si erano rovinati per finanziare le proprie campagne elettorali fallite.
Il credito era regolato da numerosissime leggi, fin dal tempo delle XII tavole. Il debitore insolvente era passibile di denuncia: se non riusciva a liberarsi dal debito (magari trovando un garante, ***vindex***, che versasse per lui il denaro) incorreva in pene gravissime, che potevano comportare la messa all'asta, ***proscriptio***, dei suoi beni in favore dei creditori. Anche se la schiavitù per debiti era vietata per legge (a partire dalla *lex Paetelia* del 326 a.C.), la perdita del patrimonio causava la rovina più terribile: costringeva al lavoro salariato, ossia di fatto alla perdita della libertà. Dato che i creditori tenevano rigorosamente conto delle somme dovute su appositi registri, ***tabulae***, chiedere un revisione dei tassi d'interesse, come fa Manlio, o l'annullamento totale dei debiti era detto chiedere ***tabulae novae***, lett. «nuovi registri»: era la richiesta ritenuta più radicale e sovversiva (spesso equivalente alle ***res novae***, la «rivoluzione», termine sempre negativo).

**GUIDA ALLO STUDIO**

**1.** Come era considerata l'attività manuale nel mondo antico?

**2.** Che cosa sai dire sulle leggi romane che regolavano il credito?

**3.** Per quale motivo la cancellazione dei debiti veniva chiamata *tabulae novae*?

**T8**

ITALIANO

# La prova delle armi

*De coniuratione Catilinae* 60-61

*Dopo che a Roma la congiura era stata definitivamente scoperta e i congiurati messi a morte, l'esercito regolare raggiunse quello rivoluzionario e fu attaccata battaglia nei pressi di Pistoia. Catilina morì nel combattimento e il suo esercito fu sterminato. La descrizione dello scontro chiude la monografia, ma in un certo senso riabilita l'odiato rivoluzionario che nell'azione militare si comporta da ottimo soldato e da valido comandante.*

Statuetta di legionario romano, II sec. d.C. Londra, British Museum.

[60, 1] Dopo che la zona era stata attentamente ispezionata, Petreio[1] fa dare con le trombe il segnale d'attacco, ordina alle coorti di avanzare lentamente; la medesima azione compie l'esercito dei nemici[2]. [2] Dopo che si era giunti alla distanza da cui i frombolieri

1. Valoroso militare di carriera, a cui il console Antonio Ibrida aveva affidato l'esercito.
2. Sallustio racconta la battaglia dal punto di vista dell'esercito ufficiale, quindi Catilina e i suoi sono «nemici» (*hostes*).

avrebbero potuto iniziare l'assalto[3], con grande clamore gli eserciti si corrono incontro, con le insegne che indicano l'attacco; lasciano perdere i giavellotti, si passa alle spade. [3] I veterani, memori dell'antica virtù, incalzano da vicino con ferocia; quelli[4] resistono non senza vigore: si combatte con la massima violenza. [4] Nel frattempo Catilina, con i soldati armati alla leggera, si aggira nella prima linea, dà rinforzo a quelli in difficoltà, sostituisce quelli feriti con truppe fresche, provvede a tutto, combatte parecchio di persona, spesso ferisce il nemico: svolgeva nello stesso tempo i compiti del soldato valoroso e del generale esperto. [5] Petreio, quando vede, contrariamente a quanto aveva pensato, Catilina incalzare con grande vigore, infila la coorte pretoria[5] nel mezzo dei nemici e dopo averli scompaginati li stermina mentre resistono chi qua chi là; quindi aggredisce gli altri da entrambi i lati. [6] Manlio e il soldato di Fiesole[6] muoiono combattendo nelle prime file. Catilina, dopo che vede le sue truppe sbaragliate e che è rimasto con pochi, memore della sua nobile famiglia e della sua antica nobiltà, si slancia nel punto in cui i nemici sono più fitti e lì viene ucciso mentre combatte.
[**61, 1**] Ma terminata la battaglia, allora avresti potuto vedere quanto coraggio e quanta forza d'animo c'era stata nell'esercito di Catilina. [2] Infatti ciascuno persa la vita ricopriva col cadavere il posto che aveva occupato da vivo combattendo. [3] Solo pochi erano un po' spostati, quelli che la coorte pretoria aveva scalzato dal centro, ma tutti ugualmente erano caduti con ferite nel petto. [4] Catilina invece fu rinvenuto piuttosto lontano dai suoi, tra i cadaveri dei nemici, che respirava ancora e che manteneva in volto la fierezza d'animo che aveva da vivo. [5] Infine né durante la battaglia né nella fuga di tutto l'esercito fu fatto prigioniero alcun uomo libero: [6] a tal punto nessuno aveva avuto per la propria vita più riguardo che per quella del nemico. [7] Neppure del resto l'esercito romano aveva conseguito una vittoria positiva o incruenta; infatti tutti i più valorosi o erano caduti in combattimento o ne erano usciti feriti gravemente. [8] Molti, che erano usciti dall'accampamento per curiosare o per far bottino, voltando i cadaveri dei nemici, ritrovavano chi un amico chi un ospite chi un congiunto; ci furono anche quelli che riconobbero dei loro avversari politici. [9] Così in tutto l'esercito si mescolavano in vario modo gioia, tristezza, lutto e felicità.

T. Vinçotte, **Lucio Sergio Catilina**, scultura in bronzo, 1889.
Berlino, Nationalgalerie, Staatliche Museen.

3. Le legioni di fanti erano precedute da soldati armati di fionda che avevano il compito di colpire il nemico con proiettili di pietra e di bronzo, per cominciare a scompaginarne le fila. In questa battaglia tale fase è saltata, al pari del tradizionale lancio di giavellotti (come si specifica sotto), operazione che seguiva l'azione dei frombolieri e aveva la medesima funzione: ciò significa che da entrambe le parti si desiderava sterminare l'avversario, e non spaventarlo per tentare di volgerlo in fuga.
4. I catilinari.
5. Era la coorte che stava attorno al comandante, formata dai soldati migliori.
6. Catilina aveva disposto Manlio a capo dell'ala destra e un soldato di Fiesole, non altrimenti noto, a capo dell'ala sinistra. Quanto a lui, si era posto al centro dello schieramento, accanto all'aquila, insegna della legione.

## Il testo e il contesto

**LA BATTAGLIA PERFETTA** All'inizio di dicembre del 63 a.C. i principali congiurati, tra cui alcuni esponenti di spicco della *nobilitas* senatoria, erano stati smascherati, arrestati e condannati a morte con un provvedimento d'urgenza. Il senato inviò un esercito regolare, al comando di Gaio Antonio Ibrida, console insieme a Cicerone, contro le truppe di Catilina raccolte in Etruria da Manlio, truppe che erano braccate anche dalle legioni di Metello, un altro generale che, come Marcio Re, era stato inviato già all'inizio di novembre (➛ **T6**). A raggiungere per primo Catilina fu Antonio Ibrida: tuttavia, egli non partecipò alla battaglia, che affidò al suo legato Petreio, accampando la scusa di un attacco di gotta. Nei capitoli precedenti a questi, Sallustio ricorda anche che prima della battaglia Catilina tenne un accorato discorso alle truppe e fece allontanare i cavalli perché gli ufficiali, lui compreso, fossero alla pari con i fanti e nessuno avesse la possibilità di scappare. L'impatto dei due eserciti, frontale, fu fortissimo e nessuno dei due schieramenti mise in atto tattiche volte a vincere con l'inganno. Addirittura, non si fece ricorso nemmeno al lancio di proiettili e di giavellotti, operazione che abitualmente apriva ogni scontro (con lo scopo di disorientare i nemici).

## Il senso del testo

**LA MORTE EROICA DI CATILINA** Lo svolgimento della battaglia indica chiaramente come Sallustio, pur avendo dato un giudizio del tutto negativo sulla congiura e sull'ambiente di degrado morale in cui si era generata, alla fine riconosca che Catilina era degno dell'antica nobiltà di cui si faceva vanto. Se consideriamo che, secondo la mentalità degli antichi, la battaglia rappresenta sempre la "prova delle armi", capace di svelare effettivamente chi ha torto e chi ha ragione, si può dire che Catilina esce sconfitto, ma completamente riabilitato sul piano personale.

Catilina dà prova di grande solerzia e coraggio sia come soldato sia come generale. Alcune delle azioni che compie, significativamente, richiamano alla memoria del lettore i comportamenti di Cesare e le narrazioni del *De bello Gallico*: si veda innanzi tutto la decisione di far allontanare i cavalli dal campo di battaglia (come Cesare a Bibratte ➛ **T7**, p. 492). Quando poi, vedendo la sconfitta imminente, Catilina si lancia contro il nemico (61, 6), egli assomiglia ai comandanti eroici della più antica tradizione romana (che, in casi estremi, per ridare slancio ai loro soldati, si votavano alle divinità infernali e si lanciavano contro il nemico, sicuri di morire). In questo caso, addirittura, egli si merita uno dei rarissimi elogi che Sallustio dedica a un personaggio. Assai espressivo, quasi a completamento del ritratto proposto al cap. 5 (➛ **T12**), è infine il particolare del volto di Catilina (61, 4), che anche da morto conserva l'espressione fiera e feroce avuta da vivo.

**IL GIUDIZIO SOSPESO DI SALLUSTIO** Coerenza e costanza sono caratteristiche positive dell'autentico uomo romano, doti per cui non brillano gli avversari di Catilina, primo fra tutti Antonio Ibrida, il comandante dell'esercito regolare, che cedette il comando dell'esercito a Petreio, accampando la scusa di un attacco di gotta (così dice Sallustio in uno dei capitoli precedenti a questi).

Il giudizio dello storico resta dunque alla fine sospeso: la congiura fu un atto riprovevole; tuttavia, Catilina aveva in sé la grandezza del vero uomo romano, caratteristica assente in tanti dei suoi avversari. Questi ultimi, probabilmente, non erano moralmente superiori a Catilina, la cui sconfitta non ha risolto veramente i problemi di Roma: la posizione di Sallustio emerge chiaramente dal desolato quadro finale del campo dopo la battaglia (61, 8-9), dove la vittoria pare aver lasciato aperte più questioni di quante ne abbia risolte.

■ *Incipit* del *De coniuratione Catilinae*, da un manoscritto della fine del XV secolo. Harvard University, Houghton Library.

**LEGGO E COMPRENDO**

**1.** Riassumi le fasi del combattimento con parole tue.

**2.** Rintraccia nel testo tutti i dettagli dai quali si può comprendere che i catilinari hanno combattuto con valore.

**3.** Che cosa vuole sottolineare Sallustio, narrando che nel campo nemico dopo la battaglia ciascuno poteva riconoscere dei congiunti o conoscenti?

LETTURA CRITICA

## Sallustio contro la plebe irrazionale

**SALLUSTIO E LA SOCIETÀ ROMANA** Il latinista **Antonio La Penna** nella seconda metà del secolo scorso ha pubblicato studi ancora oggi assai importanti per capire l'opera di Sallustio; nel passo che segue egli chiarisce come lo storico si sia posto nei confronti della società romana quale essa si era venuta configurando nei decenni posteriori alla dominazione di Silla. Con estrema lucidità Sallustio individua la contrapposizione in atto tra la *nobilitas*, ossia gli esponenti delle famiglie di più antica nobiltà che detenevano ancora nelle proprie mani il potere politico, e i possidenti italici, i quali aspiravano a condividere con la *nobilitas* la guida della *res publica*. Sallustio ha avuto anche il merito di dare voce alla plebe urbana e rurale, rappresentata da quei diseredati che si raccolgono nelle file dell'esercito di Catilina e che chiedono a gran voce che la politica tenga conto anche di loro. Di fronte alle esigenze di costoro, tuttavia, lo storico dimostra la chiusura più totale: un tale atteggiamento risulta ben comprensibile se si considera che Sallustio ha in mente di allargare la base del potere di Roma alla *élite* economica italica senza assolutamente mettere in discussione il diritto di proprietà privata e la difesa dell'ordine sociale.

« La paura di un caos provocato dagli strati subalterni fu forte nel I secolo a.C. prima del principato augusteo: un episodio di scarse proporzioni come quello di Catilina non fu gonfiato solo dalla vanagloria di Cicerone o dall'arte di Sallustio, ma soprattutto dalla paura dei ceti possidenti; la denuncia anche cruda dei mali di cui la società soffre, è sempre controbilanciata dall'odio e dal disprezzo del volgo, della sua sediziosità, della sua turbolenza: questo è uno dei luoghi comuni più tenaci tramandati dalla storiografia antica alla storiografia moderna. [...] Lo storico che meglio ci offre questi aspetti apparentemente contraddittori, è forse Sallustio, e questo soprattutto ha disorientato molti interpreti. Egli accusa l'ambizione, la superbia, l'avidità, la corruzione della *nobilitas*, che coi suoi vizi ha portato alla crisi morale, sociale, politica della *res publica;* denuncia la cricca dei *pauci* che detengono tutto il potere e traggono dalle conquiste tutti i vantaggi, saccheggiando le provincie; ma è lo stesso Sallustio che nel *Bellum Catilinae* ha espresso con più chiarezza la paura del sovvertimento sociale, del caos della repubblica, che condanna la sediziosità, la brama di *res novae* di coloro che, non possedendo nulla, nulla hanno da perdere nelle rivoluzioni. [...] Le contraddizioni, ripeto, sono solo apparenti. Non si spiegano interpretando Sallustio come un puro narratore o come un pensatore imparziale levatosi al di sopra delle passioni politiche: si spiegano tenendo conto che Sallustio, evidentemente, non si batte contro la *nobilitas* per liberare gli strati subalterni, ma per allargare il potere ad una élite economica non limitata alla capitale, ad un'élite, però, che riteneva la difesa della proprietà e dell'ordine sociale come un dovere sacrosanto. C'era non poco di comune fra le aspirazioni politiche di Sallustio e quelle di Cicerone: anche Cicerone pensava ad un potere che poggiasse su tutti i *boni*, cioè su tutti i possidenti amanti dell'ordine: solo che Cicerone pensava di arrivarci col consenso e la cooperazione della *nobilitas* ed era disposto a concedere molto meno al potere personale, fondato soprattutto sulla forza militare. [...] Sallustio vuole che all'uomo di famiglia ricca, romano, latino o italico, all'uomo colto e di talento sia aperta come al nobile la carriera degli onori, la gara per il potere politico: di un'uguaglianza politica delle classi libere che vada al di là della semplice partecipazione alla *civitas*, non c'è neppure da parlare; la democrazia come effettiva eguaglianza politica dei cittadini, cioè come uguale possibilità non puramente formale di discutere degl'interessi dello stato e di accedere agli onori, ebbe una qualche effimera consistenza in città greche; in Roma fu talora l'ombra di un pericolo deprecato da tutta l'élite politica, mai si avvicinò ad una qualche realtà. Eppure Sallustio è lo storico latino che ha dato voce più chiara e più energica a sofferenze e a disperazioni di strati inferiori. Catilina non è appoggiato solo da nobili corrotti e falliti, ma da popolazioni rurali dell'Etruria rovinate, da debitori che vengono oppressi senza nessun riguardo della legge. Le ragioni di queste categorie Sallustio fa esprimere crudamente dal noto messaggio di Gaio Manlio a Quinto Marcio (*De coniuratione Catilinae* 33 ➝ **T6**), messaggio che è una delle più belle pagine dello storico. Non c'è nessun argomento per dimostrare che Sallustio considerasse il messaggio un tessuto artificioso di menzogne. »

(Antonio La Penna, *Storiografia di senatori e letterati*, in *Aspetti del pensiero storico latino*, Torino, Einaudi, 1978, pp. 72-76)

## VERIFICA *IN ITINERE* NOBILI INDEGNI E PLEBE RIVOLTOSA

### QUESITI A SCELTA MULTIPLA

**1.** ricordare Durante la sua vita politica Sallustio:
- ☐ fu vicino ai *populares*
- ☐ fu sostenitore degli *optimates*
- ☐ propose una legge che facilitava l'accesso degli *homines novi* al senato
- ☐ fu nemico di Cesare

**2.** ricordare Quali aspetti della concezione sallustiana della storia possono essere considerati caratteristici della mentalità romana?
- ☐ L'atteggiamento razionalistico
- ☐ La similitudine tra il metodo d'indagine dello storico e quello del medico
- ☐ L'attenzione alle cause superficiali e profonde
- ☐ L'atteggiamento moralistico, secondo cui i fatti storici sono determinati dall'indole e dalla propensione degli uomini a cedere o meno ai vizi

**3.** comprendere Nella narrazione dei fatti relativi alla congiura di Catilina Sallustio adotta solitamente:
- ☐ un punto di vista neutrale, oggettivo
- ☐ uno sguardo indagatore e talvolta il ruolo di commentatore dei fatti
- ☐ un punto di vista complessivamente favorevole alla *nobilitas* romana
- ☐ una strategia che guida il lettore verso la giustificazione della congiura

**4.** comprendere Quale valore assegna Sallustio all'attività storiografica? (➛ **T1-T2**)
- ☐ La ritiene superiore all'attività militare
- ☐ La ritiene superiore all'attività politica
- ☐ La ritiene imprescindibile per l'attività militare e politica
- ☐ La ritiene una dignitosa occupazione volta a procurare diletto al pubblico

**5.** comprendere Perché, secondo Sallustio, scrivere di storia è un'impresa ardua? (➛ **T1-T2**)
- ☐ Perché occorre documentarsi sui fatti avvenuti
- ☐ Perché bisogna adottare uno stile accattivante
- ☐ Perché bisogna vincere la diffidenza dei lettori
- ☐ Perché bisogna mantenere una giusta imparzialità rispetto ai fatti narrati

**6.** comprendere Quale crimine avrebbe compiuto Catilina per facilitare le proprie nozze con Aurelia Orestilla (➛ **T5**)?
- ☐ Avrebbe corrotto i giovani della famiglia di lei
- ☐ Avrebbe corrotto una vergine vestale perché intercedesse per lui presso la donna
- ☐ Avrebbe assassinato il proprio figlio
- ☐ Avrebbe cospirato contro le massime cariche dello Stato

**7.** ricordare Qual era la principale richiesta dei catilinari? (➛ **T6**)
- ☐ L'equità dei processi
- ☐ La cancellazione dei debiti
- ☐ La riscossione dei crediti
- ☐ La secessione della plebe

**8.** comprendere Quale giudizio esprime Sallustio al capitolo 37 del *De coniuratione Catilinae* (➛ **T7**) sui comportamenti abituali della plebe?
- ☐ È disgustato dalla sua facilità a lasciarsi manipolare
- ☐ Contesta il suo schieramento a favore di Catilina
- ☐ Apprezza il suo distacco nei confronti di vicende politiche che non la toccano
- ☐ Disprezza il suo continuo e irriflessivo desiderio di cambiamento a ogni costo

**9.** comprendere Secondo Antonio La Penna, Sallustio avrebbe voluto coinvolgere maggiormente nell'esercizio del potere:
- ☐ i provinciali
- ☐ le famiglie italiche più agiate
- ☐ i *socii* italici militarmente più attivi
- ☐ la plebe urbana e rurale

**10.** comprendere A giudizio di Sallustio, il fatto che Catilina abbia combattuto fino allo stremo delle forze (➛ **T8**) dimostra:
- ☐ la sua *virtus*
- ☐ la sua follia
- ☐ la sua forza
- ☐ la necessità di procedere a rivalutare il suo programma rivoluzionario

# Politici immorali e nemici implacabili

T9

LATINO/ ITALIANO

## L'avidità della *nobilitas*

| *Bellum Iugurthinum* 13, 5-8 |

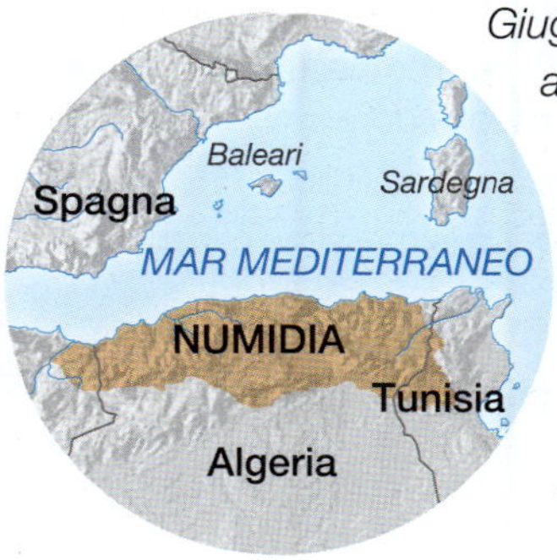


*Giugurta, dopo che aveva ricevuto in eredità dal padre adottivo Micipsa un terzo del regno africano di Numidia, aveva fatto assassinare uno dei suoi due fratelli, Iempsale, e di fatto aveva messo le mani anche sulla parte dell'altro fratello, Aderbale. La spartizione del regno voluta da Micipsa, alleato dei Romani, era avvenuta con il consenso del senato; perciò Aderbale aveva prontamente rivolto le sue lamentele a Roma: di conseguenza, a Giugurta non restava altro che cercare di procurarsi con la corruzione l'appoggio dei senatori. Con questo episodio entra dunque in scena nella narrazione del* Bellum Iugurthinum *l'avidità* (avaritia) *dei senatori, che caratterizzerà tutta la gestione delle fasi iniziali della guerra.*

[13, 5] Tum Iugurtha, patratis consiliis, postquam omnis Numidiae potiebatur, in otio facinus suom cum animo reputans, timere populum Romanum neque advorsus iram eius usquam nisi in avaritia nobilitatis et pecunia sua spem habere. [6] Itaque paucis diebus cum auro et argento multo Romam legatos mittit, quis praecipit, primum uti veteres amicos muneribus expleant, deinde novos adquirant, postremo quaecumque possint largiundo parare ne cunctentur. [7] Sed ubi Romam legati venere et ex praecepto regis hospitibus aliisque,

[13, 5] Allora Giugurta, portati a compimento i suoi piani, dopo che era padrone di tutta la Numidia[1], riflettendo in pace sulla sua azione, temeva il popolo romano e contro la sua irritazione non aveva nessuna speranza se non nell'avidità della nobiltà e nel suo denaro. [6] Così, nel giro di pochi giorni, manda a Roma ambasciatori con molto oro e argento, ai quali ordina in primo luogo di coprire di doni i suoi vecchi amici[2], quindi ne acquisiscano di nuovi, infine, qualunque cosa potessero ottenere per mezzo di regalie, non esitino. [7] Ma quando gli ambasciatori giunsero a Roma e secondo l'ordine del re

■ **Statuetta raffigurante un moro che cavalca un elefante**, II-I sec. a.C., da Pompei. Napoli, Museo Archeologico Nazionale.

[13, 5] **omnis Numidiae**: gen. retto dal successivo *potiebatur*. • **suom**: forma arcaica per *suum*. • **timere... habere**: infiniti storici. • **advorsus**: grafia arcaica per *adversus*. • **usquam**: avv., lett. «da nessuna parte». [6] **quis**: vale *quibus*. • **uti**: *ut*, introduce due proposizioni completive volitive, rette dal precedente *praecipit*, i cui predicati sono *expleant* e *adquirant*. • **largiundo**: forma arcaica per *largiendo*, gerundio di *largior*. • **ne**: sempre in dipendenza da *praecipit*, introduce una prop. volitiva negativa. [7] **venēre**: forma arcaica per *venerunt*, come il successivo *misēre* per *miserunt*. • **maxuma**: grafia arcaica per *maxima*.

1. Regione dell'Africa corrispondente all'incirca all'attuale Tunisia.
2. Da giovane Giugurta aveva partecipato, come alleato dei Romani, all'assedio della città ispanica di Numanzia (terminato nel 133 a.C.): così si era procurato delle ottime amicizie tra di loro.

quorum ea tempestate in senatu auctoritas pollebat, magna munera misere, tanta conmutatio incessit, ut ex maxuma invidia in gratiam et favorem nobilitatis Iugurtha veniret. [8] Quorum pars spe, alii praemio inducti singulos ex senatu ambiundo nitebantur, ne gravius in eum consuleretur.

mandarono grandi doni agli ospiti e agli altri, dei quali in quel momento contava parecchio l'autorità in senato, subentrò un tale cambiamento, che Giugurta passò dall'odio estremo alla grazia e al favore della *nobilitas*. [8] Una parte di questi per la speranza di un premio, altri spinti dall'averlo già ricevuto, si adoperavano, circuendo ad uno ad uno i membri del senato, perché non si prendessero provvedimenti con troppa severità[3].

[8] **pars... alii**: osserva la *variatio*, tratto tipico dello stile sallustiano. • **spe**: è sottinteso *praemii*, che si ricava dal successivo *praemio*. • **ambiundo**: gerundivo, forma arcaica per *ambiendo*. • **nitebantur**: ha come soggetto *pars* e *alii*.

3. Nel dibattito che seguì a questi fatti i senatori, in buona parte corrotti, scandalosamente non diedero peso alle legittime rimostranze presentate da Aderbale, che pure era alleato ufficiale di Roma.

## PER COMPRENDERE IL TESTO

### Il testo e il contesto

**A ROMA TUTTO È IN VENDITA** I fatti di cui si parla nel testo avvennero nel 116 a.C. Dopo il proemio, che riepiloga le motivazioni che hanno portato lo storico a scrivere, e la narrazione del rapporto storico esistente tra Roma e il regno di Numidia, una sorta di "archeologia", Sallustio presenta il giovane Giugurta, figlio adottivo del re Micipsa, in azione in Spagna, inviato dal padre come alleato dei Romani contro Numanzia, dove si copre di gloria. Giugurta è inizialmente un personaggio positivo. In lui non ci sono le ombre che caratterizzano il protagonista della precedente monografia, Catilina. In Spagna Giugurta conobbe bene i Romani, divenendo sinceramente amico di molti di loro, i quali, spregiudicatamente, gli spiegarono che sarebbe potuto diventare re di Numidia, nonostante suo padre Micipsa avesse due figli legittimi, Iempsale e Aderbale, se solo avesse coltivato adeguatamente i politici di Roma, dove *omnia venalia esse*, «tutto è in vendita» (8, 1). Nonostante Scipione Emiliano, il comandante dei Romani, lo avesse esortato a non usare mai raggiri, Giugurta, dopo la morte del padre (118 a.C.), uccide uno dei fratelli, sicuro di impossessarsi di tutto il regno e di tenere buoni i senatori di Roma corrompendoli con forti somme di denaro.

Busto di Gaio Mario, I sec. a.C. Città del Vaticano, Museo Chiaramonti.

### Il senso del testo

***L'AVARITIA* DELLA *NOBILITAS*** Il passo fa luce sul legame esistente tra le due monografie sallustiane. Il lettore è di fronte alla corruzione dei politici di Roma, che antepongono al bene dello Stato il proprio tornaconto personale. Si vede qui in azione quello che nell'archeologia del *De coniuratione Catilinae* era stato presentato come il primo male penetrato a Roma dopo la conquista di Cartagine: l'*avaritia*, «l'avidità» (10, 3 ➝ **T4**). Proprio da questo episodio prende effettivamente le mosse il racconto della guerra, che vuole sì recuperare alla memoria i fatti militari, ma soprattutto individuare nella corruzione della *nobilitas*, la ristretta classe a cui appartengono le poche famiglie i cui esponenti entrano abitualmente in senato, una delle principali cause della rovina dello Stato. Significativamente, Sallustio aveva spiegato al lettore che la scelta dell'argomento era stata dovuta al fatto che nello svolgimento della guerra contro Giugurta, per la prima volta, si era messo un freno alla superbia della *nobilitas*, la cui boria dovette retrocedere quando, smascherata la sua immoralità, la questione fu risolta dall'*homo novus* Gaio Mario.

**NEL CUORE DI GIUGURTA** Forse perché l'argomento è più lontano nel tempo rispetto a quello della precedente monografia, e i personaggi meno conosciuti dal suo pubblico, Sallustio si permette un modo di narrare che possiamo definire più poetico: lo storico, infatti, "entra nel cuore" del protagonista, personaggio non costituzionalmente vòlto al male, ma del quale il lettore assiste a poco a poco alla metamorfosi. Giugurta, dopo aver eliminato a tradimento il fratello, vive adesso nel timore di dover pagare il fio delle proprie azioni. Cruciale è il momento in cui egli vede un'ancora di salvezza nella possibilità di usare il denaro per corrompere i Romani (garantendosi così l'impunità per continuare a commettere i suoi soprusi). Si prepara in questo modo il racconto di una guerra drammatica, in cui da entrambe le parti chi agisce è volto al male.

**LEGGO E COMPRENDO**

**1.** Chi è Giugurta e perché Roma inizia una guerra contro di lui?

**2.** Che cosa dimostra il repentino cambiamento di opinione nei confronti di Giugurta successivo all'arrivo dei suoi ambasciatori a Roma?

**3.** Perché è possibile affermare che entrambe le monografie di Sallustio trattano le cause della decadenza di Roma?

## L'OPERA | IL *BELLUM IUGURTHINUM*

**L'ARGOMENTO** L'opera prende in considerazione la guerra che i Romani combatterono contro il re di Numidia **Giugurta**, reo di non rispettare i trattati di alleanza con Roma. I fatti militari si svolgono tra il 111 e il 105 a.C. Dato che le cause della guerra sono molto complesse e si intrecciano con le vicende della politica interna di Roma, Sallustio risale nella ricostruzione dei fatti fino ai primi rapporti di alleanza tra il regno di Numidia e Roma, avvenuti durante la seconda guerra punica.

**IL CONTENUTO** Secondo l'ipotesi formulata dallo studioso Francesco Giancotti, l'opera, che consta di 114 capitoli, può essere suddivisa in **tre sezioni**. Ciascuna sezione, di 38 capitoli, corrisponde a una fase della guerra:

| | |
|---|---|
| **capp. 1-38** (fatti del 111-110 a.C.) | Prime operazioni in Numidia, sfortunate e male organizzate, condotte da senatori corrotti da Giugurta o completamente inetti. |
| **capp. 39-76** (fatti del 109-108 a.C.) | Campagne, assai più incisive, condotte dal console Metello, esponente della *nobilitas* senatoria, inviato in Africa dietro le forti pressioni dei tribuni della plebe che denunciano la corruzione dei senatori. Metello infligge alcune pesanti sconfitte a Giugurta e non si lascia corrompere; a causa della tradizionale superbia della classe a cui appartiene entra però in conflitto con il suo luogotenente, l'*homo novus* Gaio Mario, il quale vuole recarsi a Roma per presentarsi alle elezioni per il consolato. |
| **capp. 77-114** (fatti del 107-105 a.C.) | La fase finale del conflitto. Gaio Mario è riuscito a farsi eleggere console nel 107 a.C. e a farsi aggiudicare il comando delle operazioni contro Giugurta, sull'onda del favore della plebe di Roma, stanca dei maneggi della *nobilitas*. Mario conduce brillantemente le operazioni contro Giugurta, che sempre più in difficoltà cerca l'alleanza di Bocco, re della Mauretania. La soluzione della guerra non avviene però sul campo di battaglia: Silla, giovane e spregiudicato luogotenente di Mario, prende segretamente accordi con Bocco e con l'inganno cattura Giugurta, che, tratto a Roma in catene, viene fatto sfilare nel trionfo di Mario e poi ucciso. |

**PROEMIO, *EXCURSUS* E DISCORSI** L'opera si apre con un **proemio** di 4 capitoli, in cui Sallustio ribadisce l'importanza del dedicarsi alla storia e la propria concezione della decadenza morale di Roma. Inserisce quindi alcuni capitoli che formano una sorta di **"archeologia"** dei rapporti tra Roma e la Numidia e un *excursus* etno-geografico sull'Africa (avendo forse a modello i capitoli di Cesare sulle Gallie e la Germania). Anche se la narrazione è piuttosto lineare, è ancora ben visibile la tecnica del *supra repetere*, «tornare indietro», adottata nel *De coniuratione Catilinae* (per es. nell'*excursus* sui Gracchi dei capp. 41-42). Notevole spazio nell'opera è dato ai **discorsi** dei personaggi, che sono inseriti in forma diretta e servono a chiarire al lettore il carattere e la mentalità dei protagonisti (da segnalare il discorso di **Gaio Mario** che, eletto console, si rivolge alla plebe di Roma per cercare uomini da arruolare).

**IL SIGNIFICATO DELL'OPERA** Più che i fatti militari, seguiti comunque con precisione e perizia, a Sallustio interessa la situazione interna di Roma, e in particolare la denuncia del degrado morale in cui è precipitata la *nobilitas*. L'inizio della decadenza è anche qui, come nella precedente monografia, individuato nel periodo posteriore alle guerre puniche, quando era cessato il ***metus hostilis***, «la paura del nemico» (41, 3), che aveva sempre compattato la società romana. Sallustio afferma esplicitamente di aver scelto l'argomento perché «per la prima volta si andò contro alla superbia della *nobilitas*» (5, 1).
Il giudizio dello storico resta però tutto sommato sospeso: l'*homo novus* Gaio Mario, sebbene di stampo assai diverso rispetto ai senatori corrotti, è infatti bruciato dall'ambizione più che dall'amore per la patria. Ancora una volta, dunque, Sallustio non individua tutto il male da una parte e tutto il bene dall'altra, preferendo evidenziare la complessità dei problemi.

**T10**
ITALIANO

# La superbia e l'ambizione: Metello e Mario

*Bellum Iugurthinum* 63, 1-2 e 6-7; 64, 1-5

*Durante la seconda fase del conflitto contro Giugurta, quella guidata dal console Metello, Gaio Mario, suo luogotenente, decide di recarsi a Roma per presentarsi alle elezioni per il consolato. Mario è molto ambizioso, ma di origini non nobili e Metello, disprezzando il suo desiderio di ottenere la massima carica che egli ritiene inadatta per un plebeo, non intende concedergli il permesso. Nel passo si trovano a confronto due personalità che riassumono i contrasti profondi della società romana: da un lato la superbia della* nobilitas, *chiusa nella difesa dei propri privilegi; dall'altro lato l'intraprendenza dei ceti inferiori, sostanzialmente positiva, se a guidarla non fosse solo l'ambizione.*

**[63, 1]** In quello stesso momento a Utica[1] per caso un aruspice[2] disse a Mario, che stava sacrificando delle vittime agli dèi, che per lui si annunciavano eventi importanti e straordinari: perciò mettesse pure in atto quanto aveva in animo di fare, confidando nell'aiuto divino, tentasse pure la sorte quanto più spesso possibile, tutto sarebbe andato bene. **[2]** Ma già da prima un ardente desiderio del consolato lo agitava[3], per ottenere il quale, tranne l'antico blasone della famiglia, tutto aveva in abbondanza: intraprendenza, onestà, grande competenza nell'arte militare, spirito ardito in guerra e moderato in pace, capace di contenere i desideri e l'avidità, solamente avido di gloria. [...] **[6]** Tuttavia, pur essendone degno – infatti fu trascinato a precipizio dall'ambizione soltanto in seguito – non osava aspirare al consolato: allora la plebe riservava a sé altre magistrature, mentre il consolato se lo passava di mano in mano la *nobilitas*[4]; **[7]** nessun *homo novus* era ritenuto tanto insigne e tanto noto per azioni egregie da non essere ritenuto indegno di quella carica e quasi un profanatore.

1. Città sulla costa africana, nei pressi dell'antica Cartagine.
2. Normalmente gli indovini erano al seguito degli eserciti ed era dovere dei comandanti consultarli.
3. Nella capacità di concepire disegni grandiosi, la personalità di Mario ricorda quella di Catilina.
4. Con il termine *nobilitas* bisogna intendere gli appartenenti al ristretto numero delle famiglie che avevano tradizionalmente accesso al senato; la *nobilitas* non coincideva con gli appartenenti alle famiglie patrizie: infatti, successivamente alle leggi Licinie Sestie del 367 a.C., il *cursus honorum* completo, e quindi l'accesso al senato, fu consentito anche ai plebei. Alcune famiglie della *nobilitas*, come per es. la *gens Sempronia* a cui appartenevano gli Scipioni, erano di origine plebea.

[64, 1] Perciò quando Mario vede che le parole dell'oracolo vanno proprio nella direzione dove lo invitava il desiderio dell'animo, chiede a Metello una licenza per presentarsi alle elezioni[5]. Ma in lui, sebbene eccellessero la sua virtù, la sua gloria e tutte le altre doti desiderabili dalle persone oneste, tuttavia c'era animo sprezzante e superbia, il male comune della *nobilitas*. [2] E così Metello, sorpreso al primo momento per l'insolita situazione, si stupiva della decisione e lo invitava, come per amicizia, a non intraprendere un'azione tanto scorretta e a non rivolgere la sua attenzione al di là di quanto concesso alla sua condizione: non tutto può essere desiderato da tutti, a lui la sua condizione doveva bastare; alla fine doveva guardarsi dal chiedere al popolo romano ciò che giustamente gli avrebbe negato. [3] Metello, dopo che ebbe detto queste cose e altre simili e che l'animo di Mario non si piegava, rispose che, non appena ne avesse avuto possibilità in base agli impegni di guerra, egli avrebbe fatto quanto chiedeva. [4] E si dice che a Mario che si recava troppo spesso da lui a fare la stessa richiesta rispose di non aver fretta di partire, sarebbe stato abbastanza presto se avesse chiesto il consolato insieme a suo figlio. Questi in quel momento prestava lì servizio militare al seguito del padre. Aveva circa vent'anni[6]. Ma questo fatto infiammò violentemente Mario non solo rispetto al consolato al quale aspirava, ma anche contro Metello. [5] Così egli agì in base alla brama e all'ira, pessime consigliere; non si asteneva da alcuna parola o azione che potesse procurargli il favore[7]; teneva i soldati, ai quali era preposto nell'accampamento invernale, con una disciplina un po' più rilassata rispetto a prima; con i commercianti, dei quali a Utica c'era una gran quantità, parlava dell'andamento della guerra allo stesso tempo con calunnie e vanterie: se gli fosse stata concessa anche solo la metà dell'esercito, in pochi giorni Giugurta sarebbe stato tratto in catene; da parte del generale la faccenda veniva tirata per le lunghe con un piano preciso, perché da uomo vanesio e di superbia degna di un re godeva fin troppo del potere.

5. La candidatura andava presentata a Roma.
6. Dato che di solito si arrivava al consolato dopo i 35 anni, la risposta di Metello è decisamente beffarda e offensiva.
7. Nel testo latino Mario è detto *ambitiosus*, termine che richiama il comportamento del politico che organizza la campagna elettorale (➛ Scheda "Storia, cultura, civiltà", p. 405).

## PER COMPRENDERE IL TESTO

### Il testo e il contesto

**IL NUOVO CORSO DELLA GUERRA** I fatti di cui si narra si svolgono nell'inverno tra il 109 e il 108 a.C., mentre Mario è luogotenente di Metello in Africa nella guerra contro Giugurta, per il quale le vicende militari avevano preso ormai una piega negativa. Metello, che aveva ricevuto il comando delle operazioni all'inizio del 109, assai più vigoroso, esperto e soprattutto onesto rispetto ai suoi predecessori, aveva in primo luogo riorganizzato le truppe romane stanziate in Africa, che nei tempi precedenti avevano abbandonato ogni disciplina e spesso intrattenevano affari e commerci con i soldati nemici. Inoltre, con una serie di operazioni aveva messo seriamente in scacco Giugurta, che era abituato a comandanti o inesperti o assai poco motivati (perché speranzosi di ottenere da lui doni).

### Il senso del testo

***NOBILITAS* E *HOMINES NOVI*** Si trovano a confronto due uomini di schieramenti opposti: Metello rappresenta la *nobilitas*, mentre Mario è l'*homo novus* dotato della tempra dell'autentico romano di un tempo. Il passo è particolarmente interessante proprio perché sono avvicinate due persone che incarnano i pregi e i difetti dei ceti sociali cui appartengono, che sono quelli che danno origine alla tensione politica presente a Roma nel periodo in questione. A suscitare l'interesse di Sallustio sono, come sempre, i difetti: in particolare, la *superbia* (di Metello) e l'*ambitio* (di Mario) sono i due difetti che penetrarono a Roma al seguito dell'*avaritia* (*De coniuratione Catilinae* 10 ➛ **T4**).

**LA *SUPERBIA* DI METELLO...** Metello non è un uomo disprezzabile, anzi per certi versi riscuote la stima dello storico (64, 1): gli vengono riconosciute molte doti, che sono state evidenziate dallo svolgimento finora positivo degli eventi militari da lui condotti. Egli, tuttavia, nutre un innato disprezzo per chi non appartiene alla sua classe sociale e non riesce a concepire come Mario possa aspirare a una carica che egli ritiene esclusivamente riservata agli esponenti della *nobilitas* (64, 2). L'atteggiamento di Metello si conforma anche al tradizionale paternalismo con cui l'*élite* senatoria trattava il resto del popolo: di fronte alla richiesta legittima di un concittadino lo consiglia e lo ammonisce come un padre con il figlio (64, 2). Il giudizio dello storico è nettissimo: la *superbia* è la caratteristica delle persone come Metello (64, 1).

**...E L'*AMBITIO* DI MARIO** Mario è un personaggio fondamentalmente positivo: lo connotano in primo luogo la *virtus* e l'*industria*. È evidente che merita di raggiungere il sommo grado della carriera. Tuttavia, anche nella sua personalità c'è qualcosa che non funziona: è troppa l'ambizione. Di fronte all'alterigia di Metello, Mario inizia a far ricorso a comportamenti scorretti: nei discorsi che tiene vediamo in azione il politico che cerca voti (64, 5), che non si cura di promettere ciò che forse non può mantenere e che non esita a screditare il suo avversario. Grazie alle sue manovre Mario riuscì a farsi eleggere console (col favore della plebe) e a farsi assegnare la guida della campagna di Numidia.

**LEGGO E COMPRENDO**

**1.** Quali comportamenti di Mario sono un segno della sua ambizione?

**2.** Qual è il giudizio di Sallustio sul console Cecilio Metello?

**3.** Attraverso quali comportamenti Mario cerca di ottenere consensi?

**T11**

LATINO

# La voce dei nemici

*Bellum Iugurthinum* 81, 1

*Quando Giugurta si accorge di non avere molte speranze di vittoria contro l'esercito romano, guidato con decisione dal console Metello, cerca l'alleanza di Bocco, il re del confinante regno della Mauretania: a questo scopo lo invita a un incontro, nel corso del quale gli espone i motivi per cui dovrebbe fare causa comune con lui e opporsi ai Romani.*

[81, 1] Igitur in locum ambobus placitum exercitus conveniunt. Ibi fide data et accepta Iugurtha Bocchi animum oratione accendit: Romanos iniustos, profunda avaritia, communis omnium hostis esse; eandem illos causam belli cum Boccho habere, quam secum et cum aliis gentibus, libidinem imperitandi, quis omnia regna adversa sint; tum sese, paulo ante Carthaginiensis, item regem Persen, post uti quisque opulentissimus videatur, ita Romanis hostem fore.

[81, 1] **in locum... placitum**: «in un posto gradito a entrambi»; *ambobus* si riferisce a Giugurta e a Bocco. • **exercitus conveniunt**: sia Giugurta sia Bocco si recano al luogo stabilito per l'incontro scortati dalle proprie truppe. L'incontro tra i due avviene verso la fine del mandato di Metello, che termina nel 108 a.C., dopo che Mario è già stato eletto console. • **fide... accepta**: ablativo assoluto, «dopo che fu giurata alleanza da entrambe le parti». • **oratione accendit**: l'espressione introduce il discorso di Giugurta, che viene riferito da Sallustio in forma indiretta. • **omnium**: «di tutti i popoli». • **illos**: i Romani. • **secum**: riferito al soggetto della proposizione reggente, ossia Giugurta, «contro di lui». • **libidinem**: apposizione di *causam*. • **quis... sint**: *quis* (dativo plurale equivalente a *quibus*) ha come antecedente *illos*, i Romani, e introduce una proposizione relativa al congiuntivo obliquo (in quanto esprime il pensiero di Giugurta), «per loro tutti i paesi sono dei nemici». • **tum... fore**: *sese* (Giugurta, il parlante), *Carthaginiensis* (acc. plur.), *Persen* e anche, concettualmente, la proposizione comparativa *uti* («come»)... *videatur*, «a mano a mano che qualcuno fosse sembrato il più ricco», sono soggetti del predicato nominale *hostem fore*, «sarebbe diventato un nemico»; Perseo è il re di Macedonia sconfitto a Pidna nel 168 a.C. dall'esercito romano capeggiato da Lucio Emilio Paolo. A seguito di questa sconfitta la Macedonia divenne provincia romana. Cartagine fu definitivamente sconfitta e rasa al suolo nel 146 a.C.

## Il testo e il contesto

**BOCCO: IL PERSONAGGIO CHIAVE** Sebbene Giugurta fosse stato pesantemente danneggiato dalle azioni di Metello, che aveva adottato la tattica di sottrargli le piazzeforti che per anni gli avevano permesso di avere il controllo del territorio e di avere sempre delle vie di fuga in caso i Romani cercassero la battaglia campale, in realtà la guerra era ben lontana dall'essere terminata, non tanto per l'impreparazione dei Romani, quanto per la vastità dei territori in cui i Numidi potevano trovare riparo e per la rapidità delle loro azioni fondate sulla cavalleria. Proprio il re Bocco risulterà il personaggio chiave della guerra: una volta unite le proprie forze a quelle di Giugurta, non riuscì ad ottenere dei successi contro i Romani, che nel frattempo avevano cambiato comandante, essendo giunto Gaio Mario, e allora chiese una pace separata. Nella trattativa Silla, giunto in Africa come luogotenente di Mario, abilmente riuscì a ottenere che Bocco tradisse il suo alleato Giugurta, che fu consegnato in catene ai Romani.

## Il senso del testo

**UNA CRITICA REALISTICA** Come nel *De coniuratione Catilinae* Sallustio dà voce ai diseredati, senza tuttavia prendere le loro difese in maniera radicale, così nel *Bellum Iugurthinum* egli fa sentire il punto di vista dei nemici di Roma. Le accuse che Giugurta muove ai Romani sono due: la prima consiste nel non rispettare il diritto (nel testo latino *iniustos*), la seconda nell'agire solo per desiderio di dominio (nel testo latino *lubidinem imperitandi*). Si può pensare che le parole di Giugurta, che per certi aspetti ricordano quelle che Cesare ha attribuito al gallo Critognato (➛ **T19-T20**, p. 534), siano modellate sulle esigenze dettate dalla retorica di costruire un nemico credibile. Tuttavia, emerge il fatto che le accuse di Giugurta richiamano esattamente i difetti che Sallustio ha riscontrato nella società romana successivamente alle guerre puniche fin dal cap. 10 del *De coniuratione Catilinae*, là dove viene biasimata la *lubido imperi* e si dice testualmente che l'*imperium* da *iustissimum* è divenuto *crudele* e *intolerandum*. Il fatto che le accuse di Giugurta siano le medesime che formula anche lo storico testimonia che quella di Sallustio in questo caso non è solo una soluzione letteraria volta a conferire credibilità al personaggio del nemico. Ovviamente non si può affermare che Sallustio pensasse di sposare il punto di vista dei nemici di Roma, ma anche in questo caso gli va dato atto di aver saputo dare spazio alla voce scomoda di chi normalmente non trovava spazio nella storiografia scritta dai senatori.

**LA LETTERA DI MITRIDATE NELLE *HISTORIAE*** Tra le poche parti conservateci delle *Historiae*, l'opera alla quale Sallustio attese dopo aver completato le sue due monografie, la pagina certamente più nota è la lettera che Mitridate VI re del Ponto (un regno ellenistico sul Mar Nero, nella penisola anatolica) indirizzò ad Arsace, re dei Parti, mentre era sotto l'attacco delle truppe romane, nelle guerre che si svolsero tra l'88 e il 63 a.C. Anche questa lettera, ovviamente, è una ricostruzione dello storico ed è improbabile che si fondi su documenti originali. Certamente è stata pensata per rispondere all'esigenza di ricostruire per il lettore la psicologia di uno dei nemici più accaniti dell'impero di Roma. Anche in essa, comunque, ricorrono le medesime accuse, principalmente quella di essere assetati di dominio e di bottino. Motivi certamente topici, facili forse da trovare nelle pagine degli scrittori greci che avversavano lo strapotere di Roma, ma tutto sommato non avvertiti come completamente falsi da Sallustio.

■ **Mitridate VI Eupatore**, re del Ponto, scultura in marmo, I sec. a.C. Parigi, Museo del Louvre.

**LEGGO E COMPRENDO**

**1.** Quali accuse vengono rivolte ai Romani da parte di Giugurta?

**2.** Qual è l'atteggiamento dimostrato da Sallustio nel riportare le accuse di Giugurta?

**3.** A quale altro nemico di Roma Sallustio dà voce? In quale sua opera?

## VERIFICA *IN ITINERE* POLITICI IMMORALI E NEMICI IMPLACABILI

### QUESITI A SCELTA MULTIPLA

**1.** ricordare Con il *Bellum Iugurthinum* Sallustio si propone in primo luogo di:

- ☐ fornire un resoconto esatto dei fatti militari relativi alla guerra combattuta da Roma contro Giugurta
- ☐ denunciare il degrado morale in cui è precipitata la *nobilitas* romana
- ☐ comporre un'opera storica che contenga anche discorsi in forma diretta, per differenziarsi dal *De bello Gallico* di Cesare
- ☐ comporre un'opera storica che contenga anche *excursus* etno-geografici, sul modello del *De bello Gallico* di Cesare

**2.** ricordare Giugurta entra in possesso di una parte del regno di Numidia:

- ☐ grazie all'intercessione del senato
- ☐ per volontà del suo padre adottivo
- ☐ per successione dai fratelli adottivi
- ☐ contro il parere del senato

**3.** ricordare Il giudizio di Sallustio sui protagonisti del *Bellum Iugurthinum* è:

- ☐ totalmente a favore di Metello, in quanto pone fine alla corruzione che rallenta l'esito della guerra
- ☐ totalmente a favore di Mario, in quanto rappresenta per Sallustio l'ideale di *homo novus* dai sani princìpi
- ☐ totalmente a favore di Silla, la cui abilità diplomatica risulta determinante per porre fine al conflitto
- ☐ sfaccettato e complesso (di ciascun personaggio sono infatti riconosciuti i difetti insieme alle qualità positive)

**4.** comprendere Giugurta invia ambasciatori a Roma (➛ **T9**):

- ☐ per chiedere la ratifica delle decisioni del padre adottivo
- ☐ per prevenire le rimostranze del fratello adottivo, Aderbale
- ☐ per invocare il perdono del senato
- ☐ per proporre trattati commerciali

**5.** comprendere Mario, in un primo momento, non aveva mirato al consolato perché (➛ **T10**):

- ☐ non se ne sentiva degno
- ☐ temeva ritorsioni da parte di membri della *nobilitas*
- ☐ al tempo gli *homines novi* erano molto rari
- ☐ non era cittadino romano

**6.** comprendere Quando apprende che Mario aspira al consolato, Metello (➛ **T10**):

- ☐ cerca di dissuaderlo, perché invidioso dei successi già conseguiti dal suo giovane luogotenente
- ☐ cerca di dissuaderlo, dimostrando un certo paternalismo, tipico atteggiamento dei membri della *nobilitas* verso i membri delle classi inferiori
- ☐ lo incoraggia, dimostrando un certo paternalismo, tipico atteggiamento dei membri della *nobilitas* verso i membri delle classi inferiori
- ☐ lo invita a consultare un oracolo

**7.** comprendere Sallustio considera l'ambizione di Mario (➛ **T10**):

- ☐ generata dalla tentazione indotta in lui dal responso di un aruspice
- ☐ una caratteristica innata
- ☐ una risposta alla provocazione di Metello
- ☐ una qualità foriera di conseguenze positive

**8.** comprendere Nel far esporre a Giugurta i motivi per cui Bocco dovrebbe allearsi con lui contro i Romani (➛ **T11**) Sallustio:

- ☐ sposa completamente il punto di vista di Giugurta
- ☐ mette in evidenza la malafede e la pochezza sul piano morale di Giugurta
- ☐ segue una consuetudine propria della storiografia senatoria, ossia quella di dare voce anche ai nemici di Roma
- ☐ si distacca dalla tradizione della storiografia senatoria, nella quale raramente veniva dato spazio al punto di vista degli avversari di Roma

# VERIFICA PER LA COMPRENSIONE

## QUESITI A SCELTA MULTIPLA

**1.** ricordare Sallustio scrive le sue opere storiografiche:
- ☐ negli anni dell'ascesa di Mario
- ☐ al tempo delle proscrizioni di Silla
- ☐ quando Cicerone era all'apice del suo successo politico
- ☐ nel periodo successivo alle Idi di marzo del 44 a.C.

**2.** ricordare Secondo Sallustio, aspirare alla fama è:
- ☐ un miraggio che distoglie l'uomo dall'esercizio della virtù
- ☐ inutile vanità
- ☐ un modo per essere ricordati in eterno
- ☐ indegno di un cittadino romano

**3.** comprendere Quali scelte stilistiche di Sallustio contribuiscono a ottenere un effetto di *brevitas*?
- ☐ L'uso frequente di proposizioni giustapposte per paratassi
- ☐ L'uso di arcaismi per imitare lo stile lapidario degli antichi Romani
- ☐ L'imitazione dello stile di autori come Cicerone
- ☐ Le frequenti variazioni dei costrutti

**4.** comprendere Quale giudizio dà Sallustio sui disoccupati che compongono il proletariato urbano (➛ **T7**)?
- ☐ Giudica la loro povertà una disgrazia
- ☐ Ritiene che lo Stato debba intervenire con ammortizzatori sociali per ridurre la povertà
- ☐ Ritiene che la povertà si accompagni al degrado morale
- ☐ Ritiene che lo Stato non debba occuparsene

**5.** comprendere Nel mondo antico era giudicato degno di un uomo libero:
- ☐ prestare il denaro a interesse
- ☐ praticare un'attività manuale non faticosa
- ☐ dedicarsi a tempo pieno alla cultura
- ☐ praticare l'agricoltura, la caccia o l'artigianato

**6.** comprendere Si può definire *nobilis*:
- ☐ chiunque, povero o ricco, unicamente a condizione che appartenga al patriziato
- ☐ un ricco plebeo che vive di rendite derivanti da attività commerciali
- ☐ il membro di una famiglia plebea che abbia avuto senatori tra i suoi antenati
- ☐ un *homo novus* che sia giunto al potere con i propri meriti intellettuali, amministrativi o militari

**7.** comprendere Sallustio ritiene che Mario:
- ☐ fosse degno del consolato solo finché non iniziò a desiderarlo troppo ardentemente
- ☐ abbia meritato il consolato in virtù dell'impegno profuso per conquistarlo
- ☐ sia l'esempio massimo di virtù romana
- ☐ abbia giustamente punito Metello per la sua superbia ed eccessiva vanità

**8.** comprendere La *lubido imperi* è:
- ☐ riconosciuta da Sallustio come un male di Roma
- ☐ vantata da Sallustio come la giusta vocazione al comando del popolo romano
- ☐ compianta da Sallustio come una perduta virtù dei Romani antichi
- ☐ ciò contro cui personaggi come Catilina e Giugurta combattono giustamente, seppur con mezzi sbagliati

## QUESITI A RISPOSTA BREVE

Rispondi ai quesiti entro lo spazio di 8-10 righe per ciascuno. Quando lo ritieni opportuno, puoi consultare i testi.

1. Che cosa si intende per "concezione organica della civiltà"?
2. Quale importanza rivestono i discorsi e i ritratti dei personaggi nelle opere di Sallustio?

## TRATTAZIONE SINTETICA

Svolgi le seguenti tracce entro lo spazio di 25 righe per ciascuna. Quando lo ritieni opportuno, puoi consultare i testi.

1. Spiega come viene reinterpretata da Sallustio la storia della città di Roma dalle origini al periodo successivo alle grandi conquiste, mettendo in luce quale sia la sua chiave di lettura.
2. Individua i punti di consonanza tra il punto di vista di Sallustio sulla crisi delle classi sociali subalterne e il programma della dittatura di Cesare.

CICERO LECTIO **Mario si presenta al popolo**
*Bellum Iugurthinum* 85, 10-15; 17-18

# La forza dello stile antico

PER ANALIZZARE

**L'ESIGENZA DI UN RINNOVAMENTO DELLA STORIOGRAFIA** Quando Sallustio si accinse a scrivere le proprie monografie, poco prima del 40 a.C., a Roma da alcuni anni era in corso negli ambienti intellettuali più avanzati un intenso dibattito su come andasse intesa l'attività storiografica. I termini del dibattito sono evidenti dagli scritti (lettere e trattati) di Cicerone, dal quale molti, tra cui Cornelio Nepote (→ Il Contesto, p. 243), si attendevano un rinnovamento della prosa storiografica, pari a quello operato nell'ambito della prosa filosofica e dell'oratoria. Cicerone, invece, non si dedicò mai alla storia; tuttavia, pose le premesse per il superamento dello stile pesante e faticoso degli annalisti latini fissando la norma secondo cui la storiografia, come genere, era inscindibile dall'oratoria. È celebre infatti la sua definizione di storiografia: *opus oratorium maxime* (*De legibus* 1, 5). Con questo Cicerone intendeva dire che la storiografia non doveva limitarsi a elencare i fatti, ma doveva avvincere il lettore con le stesse tecniche con cui l'oratoria, fondata sullo studio della retorica, affascinava l'ascoltatore: in fondo, la *narratio* di una qualsiasi orazione impone di necessità il racconto di una vicenda, proprio come avviene in un'opera storiografica. Oltre, ovviamente, alla cura dello stile, Cicerone raccomandava in particolare una disposizione interessante degli argomenti (non necessariamente in ordine cronologico), che prevedesse anche la possibilità di approfondimenti, in forma monografica, di singoli temi all'interno di trattazioni che coprissero periodi più lunghi (secondo un'abitudine caratteristica degli storici greci, soprattutto quelli dell'età ellenistica).

**SALLUSTIO TRA STORIOGRAFIA PRAGMATICA E MIMETICA** Sallustio operò un'originalissima sintesi tra differenti istanze, riconducibili a due diverse concezioni della storiografia, ovvero: una storiografia "mimetica", di matrice affine all'oratoria, che facesse cioè rivivere in maniera verisimile i personaggi davanti agli occhi dei lettori, quasi questi fossero a teatro, e una storiografia "pragmatica", di matrice tucididea, concentrata sull'accertamento dei fatti e delle loro cause.

Da Tucidide, infatti, Sallustio ricavò l'atteggiamento razionalistico e lo stile sintetico, al quale conferì particolare austerità e autorevolezza con il colore dell'arcaismo, realizzato con l'uso di movenze linguistiche presenti nelle opere di Catone il Censore (→ Scheda "Lingua e stile", p. 588). Allo stesso tempo, proprio come auspicato da Cicerone, egli superò la concezione annalistica della storiografia, nell'intento di offrire al lettore una narrazione avvincente: rispetto agli annalisti, che vengono da Cicerone definiti *narratores rerum* («semplici narratori dei fatti», *De oratore* 2, 53-54), Sallustio fu un vero *exornator rerum*, ovvero uno «scrittore che dà al racconto una dimensione artistica». In linea con una concezione della storiografia di matrice affine all'oratoria, egli decise di scrivere la storia di Roma per episodi (*carptim*, come afferma espressamente nel proemio del *De coniuratione Catilinae*); inoltre, all'interno delle sue opere, non si mantenne fedele all'ordine cronologico, interrompendo spesso la narrazione principale con *flash back* e digressioni. Sallustio non solo elaborò le sue opere con una sapiente *inventio* e un'accorta *dispositio*, ma seguì i canoni della retorica anche nella presentazione dei personaggi e nei discorsi.

**LA TOPICA DI SALLUSTIO** Come noto, la retorica, fin dai suoi albori, si era preoccupata di individuare tutti gli argomenti che si potessero considerare appartenenti al senso comune: la topica (ovvero lo "studio dei luoghi da cui ricavare le argomentazioni") era infatti un ramo fondamentale della disciplina (→ Scheda "Storia, cultura, civiltà", p. **239**). Inserendo tali argomenti come premessa implicita delle proprie argomentazioni, l'oratore è in grado di ottenere il consenso degli ascoltatori, che vedono rispettato il loro orizzonte di attesa. Nella topica uno studio molto attento era riservato ai caratteri dei personaggi: è verisimile, per esempio, che a compiere un delitto sia una persona di natura violenta.

Sallustio, con la perizia di un oratore consumato, fa sempre precedere alla narrazione dei fatti un ritratto dei protagonisti principali. Il ritratto ha la funzione di chiarire in via preliminare al lettore come, partendo da determinate premesse, un uomo possa realizzare certe azioni. Proprio i ritratti costituiscono alcune delle pagine più espressive di Sallustio: lo storico, che pare assumere il punto di vista di un romano dei tempi antichi (anche in ragione della consueta austerità di linguaggio), individua a partire dallo studio della psicologia dei personaggi le origini più remote di alcuni dei fatti che determinarono le svolte più significative della storia romana. Inoltre, studiando le personalità coinvolte nelle vicende narrate, Sallustio riesce a cogliere con fine sensibilità il cambiamento di valori in atto nella società romana del suo tempo. La tecnica con cui egli realizza alcuni dei suoi ritratti più noti, come quello di Catilina, è stata approfonditamente studiata da Antonio La Penna. Questi ha individuato delle costanti nel modo di indagare la psicologia umana da parte di Sallustio e ha coniato l'espressione di "ritratto paradossale" per definire i personaggi che hanno in sé caratteristiche tra di loro apparentemente inconciliabili, almeno secondo la morale tradizionale romana.

LINGUA E STILE

## LA LINGUA DI SALLUSTIO

**UNA LINGUA AUTOREVOLE** Sallustio è uno scrittore estremamente attento e controllato nell'uso delle parole. Il suo modo di esprimersi, nel complesso, risultava senza dubbio distante da quello abitualmente usato dalle persone colte del tempo, e in particolare dalla *concinnitas* ciceroniana; di conseguenza, il registro espressivo sallustiano conseguiva un **effetto straniante**, ossia sorprendeva il lettore (abituato a ritenere tale registro superato).

Con stile personalissimo Sallustio plasmò una lingua letteraria artificiale, recuperando movenze espressive ormai desuete in combinazione con l'uso di termini rari o provenienti dalla poesia; la prosa sallustiana – a buon diritto definita dall'erudito Gellio (II secolo a.C.) *seria et severa oratio* – per la letteratura latina risultò di fatto una novità, pur essendo estremamente ricca di movenze sintattiche e lessicali che, singolarmente prese, richiamavano espressioni presenti nei testi più arcaici.

L'effetto artistico complessivo risulta poi particolarmente efficace perché lo stile appare in sintonia con i significati profondi delle opere: al fine di richiamare i suoi contemporanei a quei valori che nei secoli precedenti avevano fatto la grandezza di Roma, Sallustio adotta una lingua che sembra provenire dal passato, come se alla voce dello storico si fosse sovrapposta quella degli antenati. Grazie a questo colore, frutto di una sapiente meditazione degli insegnamenti della retorica e della attenta valutazione dei modelli greci, le sue parole si caricarono di una speciale autorevolezza presso i lettori del tempo (e non solo).

**L'*INCONCINNITAS*** Sallustio ha come modello di stile lo storico greco **Tucidide**, con il quale condivide la tendenza ad adottare un **linguaggio poetico**, la predilezione per la **variazione** e l'**asimmetria** delle strutture sintattiche e, infine, la **concisione** (che tuttavia non sconfina mai nell'oscurità di linguaggio). Grazie all'insieme di questi elementi, per indicare lo stile sallustiano, si parla di ***inconcinnitas*** ovvero «mancanza di armonia ed equilibrio»: si tratta di una "pseudo-negligenza" che, in realtà, si rivela una "deliberata raffinatezza" (secondo la definizione data da uno dei massimi studiosi di Sallustio, Ronald Syme). La trascuratezza si rivela del resto solo apparente, non appena si considerino le numerose figure retoriche presenti nel testo: il cumulo di sostantivi o verbi è spesso ordinato in *climax* e conferisce drammaticità al testo, mentre l'iperbato aumenta la tensione della frase. Con notevole frequenza ricorrono anche le figure di suono, quelle predilette dalla letteratura latina arcaica: l'allitterazione e l'omoteleuto.

**IL LINGUAGGIO POETICO** Sallustio crea una sorta di lingua elevata e poetica unendo la ricerca di **vocaboli** che risultino **arcaizzanti** a uno spiccato gusto per le **espressioni rare** (che a volte implicano anche l'invenzione di nuovi termini o la variazione di modi di dire usuali). La patina arcaizzante si può trovare nella **grafia**: per es. possiamo trovare la *-u-* dove ormai si usava la *-i-* (*lubet* per *libet*) o la sillaba *-vo-* dove ormai si usava *-ve-* (*advorsus* per *adversus*); oppure anche nella **morfologia**: per es. la terminazione in *-os* (anziché *-us*) per il nominativo della II declinazione (*vivos* per *vivus*), il gerundio in *-und-* anziché *-end-* (*colundo* per *colendo*) o le forme pronominali arcaiche (*quoi* per *cui*).
Spesso, tuttavia, è il **lessico**, per il quale Sallustio attinge volentieri alla prosa di **Catone il Censore**, a risultare arcaico: si veda l'impiego di termini come *torpedo*, «torpore», al posto del più usuale *torpor*, o *prosapia*, «stirpe», invece di *genus*. Oltre a questo Sallustio usa **variare** espressioni del linguaggio ordinario ottenendo combinazioni dal colore poetico: per es. il comune *princeps senatus*, «presidente del senato», diventa per inversione *senatus princeps*; l'usuale *domi militiaeque* diventa *militiae et domi*; l'altrettanto usuale *terra marique* diventa *maria terraeque* (plurale); la struttura correlativa *alii*... *alii*... diventa *pars*... *alii*....
Infine, è da osservare che Sallustio ricorre volentieri a termini elevati (come *mortalis* per *homo*), predilige sostituire il concreto all'astratto (facendo ricorso a perifrasi che comprendono termini come *res* o *facinus*) e in alcuni casi conia nuovi vocaboli (pratica comunque presente in molti scrittori), come *discordiosus*, «litigioso».

***BREVITAS* E *VARIATIO*** La abituale disposizione dei concetti per antitesi (come per esempio accade nel proemio del *De coniuratione Catilinae* ➛ **T1-T2**) determina periodi che tendono a un andamento spezzato e contribuiscono in tal modo alla *inconcinnitas* (in opposizione alla *concinnitas* ciceroniana). All'andamento spezzato dei periodi si accompagna il frequente cambiamento di soggetto, che non di rado viene anche eliso; gli aggettivi qualificativi sono usati con parsimonia e spesso l'azione è espressa dall'infinito storico. La coordinazione, copulativa e avversativa, avviene frequentemente per asindeto; e la prevalenza della paratassi sull'ipotassi è netta (con la conseguenza che il modo congiuntivo è raramente usato). L'insieme di questi accorgimenti, riassumibili nel termine ***brevitas***, porta a un periodare caratterizzato da *velocitas*, ossia assenza di ogni tipo di ridondanza (che determina per altro una sensazione di lapidaria concretezza).
L'*inconcinnitas* risulta accentuata dalla ***variatio***, ovvero il procedimento che porta a evitare i parallelismi inserendo sempre degli scarti; consideriamo per esempio la frase [*Sempronia*] *fidem prodiderat, creditum abiuraverat, caedis conscia fuerat*: ci troviamo di fronte a tre brevissime proposizioni, tutte col predicato in posizione finale; tuttavia nell'ultima frase, al posto del verbo transitivo accompagnato da complemento oggetto, abbiamo il verbo *sum* in funzione di copula accompagnato dal predicato nominale.
Notevole, al fine della *brevitas*, è anche l'uso dello **zeugma**, ossia la tendenza ad abbreviare la proposizione facendo dipendere da un unico predicato elementi sintattici che richiederebbero invece ciascuno un proprio predicato: consideriamo, per es., la frase *pacem an bellum gerens*, dove lo zeugma determina per altro un effetto straniante in quanto nell'uso troviamo l'espressione *gerere bellum*, ma non *gerere pacem*.

**GUIDA ALLO STUDIO**

**1.** Quale corrispondenza possiamo osservare tra le scelte stilistiche operate da Sallustio e il messaggio che egli intende trasmettere ai propri lettori?

**2.** In che cosa consiste l'*inconcinnitas* e come viene ottenuta da Sallustio?

**3.** Quali caratteri dello stile di Catone vengono imitati da Sallustio?

**4.** Quali sono gli accorgimenti stilistici mediante i quali Sallustio consegue l'effetto della *brevitas*?

**5.** In che cosa consiste la *variatio* che caratterizza la prosa sallustiana?

T12-T13

# Catilina e Silla: due personaggi "paradossali"

| *De coniuratione Catilinae* 5; *Bellum Iugurthinum* 95, 3-4; 96 |

CICERO LECTIO

*Nei ritratti di Catilina e di Silla si possono individuare gli archetipi del cosiddetto "ritratto paradossale", secondo la felice formulazione di Antonio La Penna. Il ritratto di Catilina è collocato immediatamente dopo il proemio del* De coniuratione Catilinae. *Esso si completa poi con la narrazione delle imprese compiute da Catilina prima della congiura vera e propria e con i particolari relativi al volto del personaggio di cui si parla ai capp. 14-15 (➛* **T5***); di fatto, dunque, l'insieme degli elementi che vanno a comporre il ritratto del protagonista della monografia sallustiana risultano distribuiti ad anello attorno alla "archeologia".*

*Il personaggio di Silla, invece, è introdotto verso la fine del* Bellum Iugurthinum, *là dove Sallustio racconta che quest'ultimo fu inviato come aiutante di Mario in Africa (nel 106 a.C.). Dopo aver introdotto il personaggio (la cui azione sarà decisiva per il buon esito della guerra contro Giugurta) e prima di passare a tratteggiarne il ritratto vero e proprio, Sallustio, nel rispetto della sua abituale stringatezza, avverte in via preliminare il lettore che si limiterà a dire lo stretto essenziale su Silla, dal momento che di lui aveva già parlato lo storico Lucio Cornelio Sisenna (II-I secolo a.C.). Nel ritratto compaiono elementi utili per stabilire, all'interno della stessa opera, un confronto con Gaio Mario: quest'ultimo, infatti, accecato dall'ambizione, non aveva perso occasione per mettere in cattiva luce il suo comandante Metello (➛* **T10***); Silla, invece, assai accortamente, mentre è subordinato mantiene un comportamento correttissimo nei confronti dei superiori.*

T12

## Catilina, un uomo privo di *pietas*

| *De coniuratione Catilinae* 5 |

LATINO/ITALIANO

[5, 1] L. Catilina, nobili genere natus, fuit magna vi et animi et corporis, sed ingenio malo pravoque. [2] Huic ab adulescentia bella intestina, caedes, rapinae, discordia civilis grata fuere, ibique iuventutem suam exercuit. [3] Corpus patiens inediae, algoris, vigiliae supra quam quoiquam credibile est. [4] Animus audax, subdolus, varius, quoius rei lubet simulator ac dissimulator,

elissi verbo

■ Mosaico con satiri e baccanti. II sec. d.C. Tunisia, Sousse, Museo Archeologico.

[5, 1] Lucio Catilina, nato da una nobile famiglia[1], fu dotato di notevole forza sia nell'animo sia nel fisico, ma di indole malvagia e perversa. [2] A lui fin da ragazzo guerre civili, stragi, rapine, rivolte furono gradite e in attività di quel genere trascorse la giovinezza[2]. [3] Il fisico era in grado di sopportare la fame, il freddo, la mancanza di sonno al di là di quanto sia credibile a chiunque. [4] Lo spirito era audace, subdolo, mutevole, capace di simulare

[5, 1] **genere**: ablativo, complemento di origine. • **vi**: ablativo, complemento di qualità. [2] **fuēre**: forma arcaica di perfetto (per *fuerunt*). • **ibique**: *ibi* è avverbio di stato in luogo e allude alle attività criminali elencate nella frase precedente. [3] **quoiquam**: forma arcaica per *cuiquam*. [4] **quoius... lubet**: forma arcaica per *cuiuslibet*, aggettivo indefinito. • **eloquentiae... sapientiae**: genitivi partitivi in dipendenza, rispettivamente, da *satis* e *parum*.

1. Catilina apparteneva alla *gens Sergia*; il suo nome completo era quindi *Lucius Sergius Catilina*. La *gens Sergia* era una delle più antiche e nobili di Roma (nell'*Eneide* Virgilio la fa risalire al compagno di Enea Sergesto). Sallustio non cita il nome della famiglia perché il personaggio era noto a tutti.
2. Si allude qui alla partecipazione di Catilina alle guerre civili avvenute tra Mario e Silla, durante le quali, tra l'altro, uccise con particolare crudeltà Mario Gratidiano, un parente di Mario; a Catilina si imputavano poi l'uccisione di un fratello, di un cognato e del figlio, oltre ad altri reati.

alieni adpetens, sui profusus, ardens in cupiditatibus; satis eloquentiae, sapientiae parum. [5] Vastus animus inmoderata, incredibilia, nimis alta semper cupiebat. [6] Hunc post dominationem L. Sullae lubido maxuma invaserat rei publicae capiundae; neque id quibus modis adsequeretur, dum sibi regnum pararet, quicquam pensi habebat. [7] Agitabatur magis magisque in dies animus ferox inopia rei familiaris et conscientia scelerum, quae utraque iis artibus auxerat, quas supra memoravi. [8] Incitabant praeterea corrupti civitatis mores, quos pessuma ac divorsa inter se mala, luxuria atque avaritia, vexabant.

e dissimulare qualsiasi sentimento volesse, desideroso dell'altrui, prodigo del proprio, ardente nelle passioni; sufficiente la capacità di parlare in pubblico, poca la saggezza. [5] L'animo insaziabile desiderava sempre imprese smisurate, incredibili, troppo alte. [6] Un desiderio grandissimo di impossessarsi dello Stato, dopo la tirannide di Lucio Silla, catturò costui; e non aveva alcun peso in quale modo potesse conseguire ciò, purché si procurasse il potere assoluto. [7] Sempre più col passare dei giorni quello spirito feroce era scosso dalla esiguità del patrimonio e dalla consapevolezza dei delitti commessi, due situazioni che aveva aggravato con i vizi che ho sopra ricordato. [8] Erano inoltre di incitamento le abitudini corrotte della città, che mali pessimi ma diversi tra loro, la ricerca del lusso e l'avidità, eccitavano.

[5] **Vastus:** l'aggettivo *vastus*, lett. «ampio», è etimologicamente affine al verbo *vastare*, «devastare» e quindi «rendere deserto»; unito a *animus* forma un sintagma ricco ed espressivo, che allude alla grandezza d'animo e contemporaneamente alla negatività dei disegni che l'*animus* partorisce. [6] **lubido maxuma:** grafie arcaiche per *libido* e *maxima*. • **rei... capiundae:** costrutto del gerundivo attributivo; *capiundae* è forma arcaica per *capiendae*. • **quibus... habebat:** *quibus modis* introduce una interrogativa indiretta anticipata, che dipende dalla principale *quicquam... habebat*; *pensi*, da *pensum*, «peso», è genitivo partitivo che determina il pronome indefinito *quicquam*; *dum* introduce una proposizione concessiva. [7] **inopia... conscientia:** ablativi, complementi di causa efficiente. • **quae utraque:** pronome relativo + pronome indefinito duale di genere neutro, riferiti ai femminili *inopia* e *conscientia*. [8] **pessuma... divorsa:** grafie arcaiche per *pessima* e *diversa*. • **luxuria... avaritia:** apposizioni di *mala*.

STORIA, CULTURA, CIVILTÀ

## IL *TÒPOS* DELL'UOMO CATONIANO

**IL PARADIGMA DELL'UOMO ROMANO: CATONE IL CENSORE** I lettori contemporanei di Sallustio potevano facilmente cogliere gli aspetti "paradossali" di personaggi come Catilina e Silla, aspetti che si ponevano cioè in palese contraddizione rispetto al modello di uomo ideale consolidato dalla morale tradizionale romana.
Noi "moderni", per capire meglio come i Romani concepissero l'uomo ideale e il suo ruolo nella società, possiamo innanzi tutto leggere due frammenti di un'orazione di **Catone il Censore**, dove l'autore fornisce un proprio autoritratto (fr. 128 e fr. 132 Malcovati): *Ego iam a principio in parsimonia atque in duritia atque industria omnem adulescentiam meam abstinui, agro colendo, saxis sabinis, silicibus repastinandis atque conserendis* (fr. 128 Malcovati), «Io fin dall'inizio ho mantenuto la mia giovinezza nella parsimonia, nel rigore e nell'operosità, coltivando la campagna, vangando e seminando la sassosa e aspra terra della Sabina»; *Quom essem in provincia legatus, quam plures ad pretores et consules vinum honorarium dabant: numquam accepi, ne privatus quidem* (fr. 132 Malcovati), «Quando ero ufficiale incaricato nella provincia, moltissime persone davano ai pretori e ai consoli vino come compenso: io invece non ne presi mai, neppure da cittadino privato».

**LA TERNA DEI VALORI DEL *VIR BONUS*** L'immagine di Catone che emerge da questi due frammenti risponde a un modello idealizzato di uomo che potremmo appunto

definire di **"stampo catoniano"** e che spesso nei testi della letteratura latina costituisce l'implicito punto di riferimento sulla base del quale viene poi valutata la moralità di un individuo.
Catone si autorappresenta come dotato di una serie di valori che possiamo raccogliere in tre ambiti: per quanto riguarda il primo frammento, Catone sottolinea innanzi tutto la sua **frugalità**, presentata come una caratteristica propria del contadino che si accontenta di quanto ricava dalla terra; inoltre, suggerisce di essere dotato di una notevole dose di **intraprendenza personale**, che si concretizza in una vita attiva dedicata al duro lavoro agricolo (e dunque ben lontana dall'ozio). Dal secondo frammento emerge infine la **dedizione allo Stato**, che si manifesta nell'anteporre al proprio interesse personale il bene pubblico. I valori che Catone riferisce a se stesso sono interdipendenti: la vita frugale, infatti, è conseguenza sia del reddito fondato solo sull'attività agricola sia dell'onestà con cui viene svolto l'incarico di governo, che non deve procurare privilegi non dovuti. Da notare che tra le doti che vanno a comporre questo quadro idealizzato è assente la cultura (sebbene Catone non fosse affatto digiuno di studi, anche di retorica).

**LE VIRTÙ E I VIZI** I termini latini che solitamente esprimono le tre **qualità positive** dell'uomo onesto, il *vir bonus*, sono: ***parsimonia***, ossia l'attitudine a vivere nella *paupertas* (termine che indica una condizione non di povertà estrema, ma in cui manca ogni lusso); ***industria***, ossia l'energia che consente a ciascun individuo di agire e di modificare in positivo l'ambiente che lo circonda; e, infine, ***pietas***, termine che rimanda al rispetto che l'uomo onesto ha nei confronti della famiglia e della comunità (e, ovviamente, degli dèi che le proteggono).
I **vizi** corrispondenti alla *parsimonia* e all'*industria* sono, rispettivamente, la ***luxuria***, ossia il desiderio di una vita lussuosa, e la ***socordia***, l'inerzia. La mancanza di *pietas* comporta poi la ***crudelitas***, ossia la disumanità, anche nei confronti dei propri concittadini, e l'***avaritia***, l'avidità.

**IL VOLTO DEI ROMANI: LO SPECCHIO DELLE VIRTÙ** *Parsimonia*, *industria* e *pietas* conferivano all'uomo romano quella «serietà» (***gravitas*** o ***severitas***) che promana anche dai ritratti conservati fino a noi della statuaria romana. A differenza della ritrattistica greca, che tendeva a una rappresentazione secondo canoni estetici idealizzati, la ritrattistica romana tendeva a una rappresentazione realistica: gli artisti romani, che non di rado si fondavano sulla maschera in cera ricavata direttamente dal volto del morto, puntavano a riprodurre fedelmente i tratti del viso umano; l'idealizzazione non consisteva nel rendere "più bella" la persona ritratta, ma nel fare sì che dal ritratto, realistico, della persona trasparisse quel senso di *gravitas* che rimandava appunto all'insieme dei valori che contraddistinguevano il *vir bonus*.

■ **Rilievo funerario di età tardorepubblicana.**
Roma, Musei Capitolini, Palazzo Nuovo.

**GUIDA ALLO STUDIO**

**1.** Quali sono i valori distintivi e caratterizzanti dell'uomo di "stampo catoniano"? Mediante quali termini latini vengono solitamente espressi?

**2.** Quali sono i tre vizi che si oppongono alle tre virtù proprie del *vir bonus*?

**3.** Qual è la caratteristica del *vir bonus* che la ritrattistica romana mira a evidenziare?

T13

LATINO

## Silla, un uomo privo di *parsimonia*

| *Bellum Iugurthinum* 95, 3-4; 96 |

[95, 3] Igitur Sulla gentis patriciae nobilis fuit, familia prope iam extincta maiorum ignavia, litteris Graecis atque Latinis iuxta eruditus, animo ingenti, cupidus voluptatum, sed gloriae cupidior; otio luxurioso esse, tamen ab negotiis numquam voluptas remorata, ***nisi quod de uxore potuit honestius consuli; facundus, callidus et amicitia facilis, ad simulanda <ac dissimulanda> negotia altitudo ingeni incredibilis, multarum rerum ac maxume pecuniae largitor. [4] Atque illi felicissumo omnium ante civilem victoriam numquam super industriam fortuna fuit, multique dubitavere, fortior an felicior esset; nam postea quae fecerit, incertum habeo pudeat an pigeat magis disserere.

[96, 1] Igitur Sulla, uti supra dictum est, postquam in Africam atque in castra Mari cum equitatu venit, rudis antea et ignarus belli, sollertissumus omnium in paucis tempestatibus factus est. [2] Ad hoc milites benigne appellare, multis rogantibus, aliis per se ipse dare beneficia, invitus accipere, sed ea properantius quam aes mutuom reddere, ipse ab nullo repetere, magis id laborare, ut illi quam plurumi deberent; [3] ioca atque seria cum humillumis agere, in operibus, in agmine

■ Busto di Lucio Cornelio Silla, I sec. a.C. Parigi, Museo del Louvre.

[95, 3] **familia... ignavia**: ablativo assoluto con valore concessivo il cui soggetto è *familia* e il cui predicato è *extincta*; *ignavia* è ablativo di causa efficiente. • **litteris... Latinis**: ablativo di limitazione. • **iuxta**: avverbio di modo «allo stesso modo». • **animo ingenti**: ablativo di qualità. • **otio... esse**: *esse* è infinito storico; *otio* ablativo di qualità: lett. «era caratterizzato da un ozio dissoluto». • **tamen... remorata**: *remorata*, sott. *est* (da *remoror*), è transitivo deponente e sottintende *Sullam*: «mai tuttavia il piacere lo distolse dagli impegni». • *****nisi... consuli**: gli asterischi indicano che il testo è probabilmente corrotto; la frase si può tradurre con «se non per il fatto che avrebbe potuto comportarsi più onestamente riguardo alla moglie», ma non è chiaro a che cosa Sallustio si riferisca. • **amicitia facilis**: *amicitia* è ablativo di limitazione, lett. «disponibile per quanto riguarda l'amicizia». • **<ac dissimulanda>**: i termini tra parentesi uncinate sono inseriti per congettura da alcuni filologi. • **negotia**: il termine *negotium* ha qui il significato generico di «qualsiasi cosa». • **maxume**: grafia arcaica per *maxime*. [4] **illi... fuit**: «lui, il più fortunato di tutti, fino alla vittoria nelle guerre civili, non ebbe mai una fortuna superiore rispetto al suo impegno», nel senso che Silla aveva ottenuto quanto aveva meritato; nota il costrutto del dativo di possesso (*illi... fortuna fuit*); *felicissumo* è grafia arcaica per *felicissimo*. • **multique... esset**: dalla prop. principale *multique dubitavere* (forma arcaica di perfetto per *dubitaverunt*) dipende l'interrogativa disgiuntiva *fortior an felicior* («più fortunato») *esset*. • **nam... disserere**: la proposizione principale è *incertum habeo*, che introduce l'interrogativa indiretta disgiuntiva *pudeat an pigeat... disserere*; il complemento oggetto sottinteso di *disserere*, «discutere», è l'antecedente di *quae*, che introduce una proposizione relativa anticipata. Sallustio non parla nelle sue opere del periodo sillano, perché ritiene che ne abbia parlato a sufficienza un suo predecessore, l'annalista Sisenna, contemporaneo degli avvenimenti. [96, 1] **uti**: equivale a *ut*. • **in... Mari**: Silla è giunto in Africa nell'accampamento di Mario come legato nel 106 a.C. • **rudis... belli**: gli ufficiali erano di nomina politica, quindi non sempre erano esperti delle tattiche e delle strategie di guerra. • **sollertissumus**: forma arcaica per *sollertissimus*. [2] **appellare**: infinito storico, come i successivi *dare, accipere, reddere, repetere, laborare*. • **multis... dare**: *multis* e *aliis* sono complementi di termine in dipendenza da *dare*; *rogantibus* è participio congiunto di *multis*, «concedeva favori a molti quando li chiedevano, ad altri spontaneamente». • **aes mutuom**: lett. «denaro da dare in cambio», quindi «debito»; l'uscita *-om* equivale a *-um*. • **magis... deberent**: *magis* è avverbio al grado comparativo; *id* anticipa la successiva proposizione completiva: «mirava piuttosto a questo, che quelli nel massimo numero possibile gli fossero debitori»; *plurumi* è grafia arcaica per *plurimi*. [3] **humillumis**: grafia arcaica per *humillimis*. • **agere**: infinito storico,

atque ad vigilias multus adesse, neque interim, quod prava ambitio solet, consulis aut quoiusquam boni famam laedere, tantummodo neque consilio neque manu priorem alium pati, plerosque antevenire. [4] Quibus rebus et artibus brevi Mario militibusque carissumus factus.

come i successivi *adesse, laedere, pati, antevenire.* • **multus**: predicativo del soggetto *Sulla*, si può tradurre con un avverbio, «costantemente». • **neque... laedere**: *quod... solet* è una proposizione relativa anticipata e ha come antecedente la proposizione *consulis... laedere*, «neppure nel frattempo danneggiava la reputazione del console o di qualcun altro personaggio in vista, cosa che è solita compiere una maligna ambizione»; *quoiusquam* è forma arcaica per *cuiusquam.* [4] **Quibus**: nesso relativo. • **brevi**: avverbio, «in breve». • **carissumus**: grafia arcaica per *carissimus.*

**PER ANALIZZARE IL TESTO**

## Lo stile del testo

**BREVITAS E AUTOREVOLEZZA DEL LINGUAGGIO** Sia il ritratto di Catilina (➛ **T12**) sia il ritratto di Silla (➛ **T13**) presentano le movenze abituali dello stile sallustiano. La tendenza ad adottare lo stile nominale (per es. in *De coniur. Cat.* 5, 1 e *Bell. Iug.* 95, 3) e l'uso dell'infinito storico (per es. in *Bell. Iug.* 96, 2-3) accentuano la caratteristica *brevitas* e conferiscono al testo la nota *velocitas* di matrice tucididea. Il procedere per coppie di opposti (per es. *corpus... animus* in *De coniur. Cat.* 5, 3-4; *ioca... seria* in *Bell. Iug.* 96, 3) aumenta la concentrazione espressiva, ulteriormente sottolineata da figure come il parallelismo (per es. *corpus patiens... animus audax* in *De coniur. Cat.* 5, 3-4) e il chiasmo (per es. *animus audax... vastus animus* in *De coniur. Cat.* 5, 4-5; *cupidus voluptatum... gloriae cupidior* in *Bell. Iug.* 95, 3). L'apparente trascuratezza dell'*inconcinnitas* si concretizza in piccole variazioni di costrutto (per es. *animus audax, subdolus... satis eloquentiae* in *De coniur. Cat.* 5, 4). Infine, l'autorevolezza del dettato è assicurata dalla patina di arcaismo e dall'eleganza di certi sintagmi inusuali, che si realizzano attraverso leggeri scarti rispetto alla norma linguistica: per es., l'uso del singolare *vigilia* al posto del consueto plurale (*De coniur. Cat.* 5, 3) o l'espressione *aes mutuom* invece del più comune *aes alienum* (*Bell. Iug.* 96, 2).

**IL "RITRATTO PARADOSSALE"** L'elemento distintivo di questi passi è tuttavia rappresentato dall'insieme delle caratteristiche psicologiche dei due personaggi, che risultano fortemente "eccentrici" rispetto al tradizionale modello del *vir bonus* (➛ Scheda "Storia, cultura, civiltà", p. 591). Entrambi paiono rientrare nella immagine topica dell'aristocratico decaduto (*De coniur. Cat.* 5, 7 e *Bell. Iug.* 95, 3), ben individuata già da Aristotele («Le famiglie di buona stirpe degenerano in caratteri esaltati», *Retorica* 2, 15). In particolare, Catilina e Silla, secondo l'acuta analisi proposta da Antonio La Penna, sono personaggi "paradossali": non tanto perché presentano grandi pregi e altrettanto grandi difetti, quanto perché i pregi e i difetti che presentano non dovrebbero coesistere entro la stessa persona, almeno secondo il tradizionale sistema delle virtù e dei corrispondenti vizi dell'uomo romano. Catilina e Silla rimandano però a due "paradossi" assai diversi fra di loro. Riconsideriamo le tre virtù principali dell'uomo romano di "stampo catoniano" (➛ Scheda "Storia, cultura, civiltà", p. 591), ossia:

- A: frugalità (*parsimonia*);
- B: rispetto per le istituzioni umane e divine (*pietas*);
- C: intraprendenza personale (*industria*).

Catilina, nel ritratto tratteggiato da Sallustio al cap. 5 del *De coniuratione Catilinae* (➛ **T12**), risulta un personaggio "paradossale" in quanto:

- possiede A: *Corpus patiens inediae, algoris, vigiliae supra quam quoiquam credibile est.*
- non possiede B (che è sostituito dal suo opposto, la *crudelitas*): *Huic ab adulescentia bella intestina, caedes, rapinae, discordia civilis grata fuere ibique iuventutem suam exercuit.*
- possiede C: *Vastus animus inmoderata, incredibilia, nimis alta semper cupiebat.*

Passando adesso al ritratto di Silla tratteggiato da Sallustio ai capp. 95-96 del *Bellum Iugurthinum* (➛ **T13**), ci troviamo di fronte a un personaggio dal carattere altrettanto "paradossale", ma diverso rispetto a Catilina; infatti Silla:

- non possiede A (che è sostituito dal suo opposto, la *luxuria*): ..................................................................
- possiede B: ..................................................................
- possiede C: *tantummodo neque consilio neque manu priorem alium pati, plerosque antevenire.*

In entrambi i casi l'elemento "paradossale" consiste nel fatto che l'intraprendenza personale (C) esiste indipen- ↗

dentemente da A (in Silla) o da B (in Catilina), o meglio esiste a dispetto della presenza degli opposti di A o di B; invece, secondo l'immagine tradizionale dell'uomo romano, l'*industria* dovrebbe essere necessariamente connessa con la *parsimonia* e la *pietas*. In definitiva, Catilina e Silla rappresentano due "paradossi" differenti in quanto: nel caso di Catilina, l'assenza della *pietas* comporta che l'*industria* del personaggio sia volta al male; nel caso di Silla, invece, l'assenza della *parsimonia* non impedisce che il comportamento del personaggio sia volto al bene di Roma (la sua azione sarà infatti decisiva per la fine della guerra contro Giugurta).
Sia Catilina sia Silla non risultano in alcun modo riconducibili al tradizionale modello idealizzato del *vir bonus*, appunto in ragione della compresenza di vizi e virtù tradizionalmente ritenuti inconciliabili; di fronte a personaggi così "anomali" e, appunto, "paradossali" il giudizio dello storico resta in definitiva sospeso.

**LEGGO E ANALIZZO**

**1.** Quali scelte espressive compiute da Sallustio in **T12** puntano a conseguire un effetto di *variatio*?

**2.** Individua in **T13** i casi di grafia arcaica e gli altri tratti mediante i quali Sallustio conferisce al proprio dettato una patina arcaizzante.

**3.** Attraverso quali scelte espressive in **T12** e **T13** Sallustio ottiene un effetto di *brevitas*?

**T14**
LATINO

# Sempronia, una donna senza *pudicitia*

*De coniuratione Catilinae* 25

*Nel racconto delle fasi iniziali della congiura ordita da Catilina, Sallustio inserisce anche il ritratto di Sempronia, una donna di nobilissime origini che in realtà aveva avuto un ruolo decisamente marginale nell'esecuzione del piano. Evidentemente, allo storico interessa soprattutto sottolineare l'ambiente di corruzione e di degrado morale in cui era maturata l'azione criminale. Anche su Sempronia, della quale viene evidenziato il carattere "paradossale", Sallustio sembra tutto sommato sospendere il giudizio, proprio come aveva fatto per il suo corrispondente maschile, Catilina.*

[25, 1] Sed in iis erat Sempronia, quae multa saepe virilis audaciae facinora conmiserat. [2] Haec mulier genere atque forma, praeterea viro liberis satis fortunata fuit; litteris Graecis Latinis docta, psallere saltare elegantius quam necesse est probae, multa alia, quae instrumenta luxuriae sunt. [3] Sed ei cariora semper omnia quam decus atque pudicitia fuit; pecuniae an famae minus parceret, haud facile discerneres; lubido sic adcensa, ut saepius peteret viros quam peteretur. [4] Sed ea saepe antehac fidem prodiderat, creditum abiuraverat, caedis conscia fuerat; luxuria atque inopia praeceps abierat. [5] Verum ingenium eius haud absurdum: posse versus facere, iocum movere, sermone uti vel modesto vel molli vel procaci; prorsus multae facetiae multusque lepos inerat.

[25, 1] **virilis audaciae**: genitivo di qualità. [2] **genere... fuit**: il predicato nominale *fortunata fuit* regge i complementi di limitazione espressi al caso ablativo (*genere*, *forma*, *viro*, *liberis*); *viro* è unito a *liberis* per asindeto. • **litteris... sunt**: il predicato nominale *docta* (sott. *est*) regge prima l'ablativo di limitazione *litteris*, poi gli infiniti *psallere* e *saltare* in quanto accusativi di relazione e infine, con la stessa funzione di accusativo di relazione, *multa alia*; *psallere* è termine greco, «suonare la cetra». [3] **pecuniae... discerneres**: *pecuniae... parceret* è una proposizione interrogativa indiretta disgiuntiva anticipata rispetto alla sua reggente, *haud... discerneres*; *pecuniae* e *famae* sono dativi retti da *parceret*: «se si curasse meno dei soldi o del suo buon nome»; *discerneres* è congiuntivo potenziale, il soggetto (sottinteso) è un "tu" generico. • **lubido**: grafia arcaica per *libido*. [4] **luxuria... inopia**: ablativi, complementi di causa. • **praeceps**: è predicativo del soggetto, si può tradurre con una locuzione avverbiale, «a precipizio». [5] **posse**: infinito storico, come anche i successivi *movere* e *uti*.

PER ANALIZZARE IL TESTO

## Il testo e il contesto

**UNA DELLE DONNE DELLA CONGIURA** Sempronia era una matrona della più tradizionale nobiltà plebea di Roma (apparteneva alla *gens Sempronia*, la stessa dei Gracchi); nella congiura ebbe un ruolo decisamente secondario: infatti, si limitò a mettere la propria casa a disposizione dei congiurati per l'incontro con gli ambasciatori dei Galli Allobrogi, i quali poi rivelarono la congiura al console Cicerone.
Alcuni studiosi hanno avanzato l'ipotesi che Sallustio le abbia dedicato un intero capitolo del *De coniuratione Catilinae* per mettere in cattiva luce suo figlio, Decimo Giunio Bruto Albino, che fu un collaboratore strettissimo di Cesare, poi passato tra le fila dei congiurati delle Idi di marzo del 44 a.C. Si tratta però di un'ipotesi non convincente, in quanto Sallustio elogia espressamente marito e figli di Sempronia (25, 2 *viro liberis satis fortunata*). Sembra più probabile che lo storico, per fini prettamente artistici, abbia voluto creare un corrispondente femminile di Catilina.
Le donne coinvolte nella congiura, comunque, non erano poche: secondo Sallustio si trattava perlopiù di matrone il cui patrimonio era andato scemando a causa della vita dispendiosa che esse conducevano, donne che non avevano più l'età per procurarsi amanti facoltosi e che quindi cercavano il riscatto fidandosi di Catilina (che aveva assegnato loro lo specifico compito di arruolare nelle fila del proprio esercito gli schiavi domestici).

**LA TENSIONE ESPRESSIVA** Nel ritratto di Sempronia Sallustio tocca uno dei suoi vertici espressivi. L'*inconcinnitas* è assicurata dalla *brevitas*, sottolineata dagli asindeti (per es. *viro liberis* al par. 2) e dalla *variatio* sintattica: per es., al par. 2 il predicato *docta* (*est*) regge tre costrutti differenti (l'ablativo di limitazione, l'infinito e l'accusativo di relazione). Non mancano altri procedimenti che denotano estrema cura formale: per es., il *climax* in cui si dispongono le colpe di Sempronia al par. 4, che vanno dall'aver mancato alla parola data (*fidem prodiderat*) al non aver onorato i debiti (*creditum abiuraverat*) alla complicità nel delitto (*caedis conscia*), *climax* che risulta per altro sottolineato dall'omoteleuto delle forme verbali (*prodiderat, abiuraverat, fuerat*).

**UNA DONNA "PARADOSSALE"** Attraverso le steli funerarie possiamo avere un'idea piuttosto precisa delle doti che secondo il *mos maiorum* conferivano il *decus*, «decoro», alle matrone romane. Un esempio paradigmatico e assai noto è la seguente iscrizione (*ILS* 8402): *Hic sita est Amymone Marci* (sott. *coniunx*) *optima et pulcherrima, lanifica, pia, pudica, frugi, casta, domiseda*, «Qui giace la moglie di Marco Amymone, ottima e bellissima, produttrice di lana, pia, pudica, frugale, casta e dedita alla casa». Come emerge da questa iscrizione, anche le doti femminili, al pari di quelle maschili, sono sostanzialmente tre:

- A: la *parsimonia*, intesa come assenza di *luxuria* (vedi *frugi* nell'epigrafe);
- B: la *pietas*, che coincide qui con il rispetto per la famiglia, e dunque con la *pudicitia* (vedi *pudica... casta* nell'epigrafe);
- C: l'*industria*, che è rappresentata qui dall'energia profusa nella conduzione della casa, e in particolare nella produzione di tessuti (vedi *lanifica* nell'epigrafe).

Rispetto alle doti maschili si può notare che è elencata anche la bellezza (vedi *pulcherrima* nell'epigrafe).
È evidente che Sempronia ha doti assai diverse rispetto a quelle della tradizionale matrona romana, infatti:

- non possiede A: al posto della *parsimonia* c'è la ricerca del lusso, che conduce alla rovina economica: ........................................................................................ ........................................................................................
- non possiede B: al posto della *pietas* c'è una decisa disinvoltura a livello sentimentale: ........................... ........................................................................................ ........................................................................................

**Figura femminile seduta che sorregge il velo,** dalla Villa della Farnesina, Roma. Ultimo venticinquennio del I sec. a.C. Roma, Palazzo Massimo alle Terme.

- fa un uso distorto di C: l'*industria* non è assente, ma risulta volta ad attività ritenute indecorose: ...............
......................................................................................
......................................................................................

In ragione delle qualità che possiede, dal punto di vista della morale tradizionale romana, Sempronia è dunque una donna "snaturata", che significativamente compie azioni "da uomo" (par. 1): *virilis audaciae facinora conmiserat*. Tuttavia, il paragrafo conclusivo del ritratto di Sempronia si apre con un giudizio non negativo sull'*ingenium* della donna: ......................................................................................
......................................................................................

Si può notare che, come avviene in Catilina, l'assenza della *pietas* determina il fatto che l'*industria* risulta volta al male. Anche in questo caso comunque, come nel caso di Catilina e anche di Silla, sembra che la sfasatura rispetto alla tavola dei valori tradizionali generi una "mostruosità" che può avere in sé anche aspetti positivi.

**LEGGO E ANALIZZO**

**1.** Che tipo di proposizione è *quam necesse est probae* (25, 2)? Compaiono altre proposizioni analoghe nel testo in esame?

**2.** Come giustifichi l'uso del congiuntivo nella proposizione *haud facile discerneres* (25, 3)?

**3.** Come spieghi la frequenza di frasi nominali nel testo? A quale carattere dello stile sallustiano sono riconducibili?

## IL PARERE DEGLI ALTRI AUTORI

## SALLUSTIO, UN AUTORE "CULT"

**I DETRATTORI** Alcuni contemporanei fecero Sallustio oggetto di aspre critiche innanzi tutto in ragione dell'arcaismo, bollato come "furto" da Catone; probabilmente però, quanto meno in alcuni casi, la polemica sullo stile sottintendeva la volontà di prendere le distanze dai giudizi che Sallustio aveva espresso su eminenti personaggi politici. Ad esempio, sappiamo dallo storico Svetonio (I-II secolo d.C.) che il grammatico **Pompeo Leneo**, un liberto di Pompeo, formulò su Sallustio un giudizio molto critico, in buona parte dovuto al fatto che il suo patrono, nelle *Historiae*, era stato presentato in modo assai negativo: «Leneo, liberto di Pompeo Magno e suo accompagnatore in quasi tutte le spedizioni, [...] ebbe tanta fedeltà verso il padrone da criticare aspramente in una satira Sallustio lo storico, poiché lo aveva descritto come uomo dalle parole oneste ma dall'animo turpe, e lo definì debosciato, dedito al ventre, fannullone, ubriacone e orribile nella vita e nelle opere, e in più ignorantissimo ladro delle parole degli antichi e di Catone» (*De grammaticis* 15, 1-2). Anche lo storico **Asinio Pollione**, contemporaneo di Sallustio e cesariano come lui, criticò del resto l'arcaismo di Sallustio, accusando i suoi scritti di essere «macchiati dall'affettazione di parole degli antichi» (Svetonio, *De grammaticis* 10). La medesima critica è rivolta a Sallustio in un epigramma anonimo, riportato dal retore Quintiliano (I secolo d.C.): «e tu, che assai hai rubato parole all'antico Catone, Crispo, scrittore della storia di Giugurta» (*Institutio oratoria* 8, 3, 28).

**GLI AMMIRATORI** Il livore dei detrattori, probabilmente, venne acuito dal fatto che la storiografia di Sallustio si era subito imposta come un vero e proprio modello da imitare. A conferma di ciò abbiamo la testimonianza sia di **Seneca Retore** (I secolo a.C.-I secolo d.C.) – secondo cui la bellezza della narrazione storica sviluppata da Sallustio bilanciava ampiamente il fatto che i discorsi inseriti nelle sue opere non sempre erano efficaci –, sia di suo figlio, il filosofo **Seneca** (I secolo d.C.); in una delle sue *Lettere a Lucilio* (19, 114, 17) Seneca ricorda che fino a poco tempo prima Sallustio era un vero e proprio autore "cult": le sue frasi tronche (*amputatae sententiae*), le sue parole che capitavano inattese (*verba ante expectatum cadentia*) e l'oscura stringatezza del suo stile (*obscura brevitas*) erano infatti oggetto di autentica venerazione (*fuere pro cultu*).

La consacrazione di Sallustio come autore canonico avvenne quando le sue opere entrarono stabilmente nella scuola e nel repertorio delle opere letterarie che facevano parte della formazione dell'oratore anche se per la loro difficoltà linguistica venivano affrontate solo dagli alunni degli ultimi anni (ed erano alunni che avevano il latino lingua madre!). Ricaviamo queste informazioni da **Quintiliano**, che in diversi passi del suo manuale di retorica esamina accuratamente gli scritti di Sallustio, autore che non esita ad accostare a Tucidide e del quale loda la «immortale vivacità stilistica» (*illam immortalem velocitatem*).

Erede dello stile di Sallustio fu lo storico **Tacito** (I-II secolo d.C.), il quale accentuò ulteriormente la concentrazione espressiva del suo modello, cui riservò uno dei rarissimi giudizi assolutamente positivi presenti nelle sue opere: *Caius Sallustius, rerum Romanarum florentissimus auctor* (*Annales* 3, 30).

**TRADUZIONI A CONFRONTO**

# TRADURRE SALLUSTIO, TRA *BREVITAS* E ARCAISMI

**UN COMPITO NON FACILE** Il traduttore italiano di Sallustio va incontro a notevoli difficoltà, se vuole riprodurre, oltre al senso delle parole, anche il colore austero e arcaico del dettato sallustiano. La lingua italiana moderna, infatti, non consente facilmente bruschi scarti nella sintassi e l'uso di parole ed espressioni desuete può rivelarsi controproducente, in quanto rischia di rendere il testo inutilmente oscuro.
Chiunque si trovi a dover tradurre Sallustio in italiano, ha di fronte a sé un'alternativa: può scegliere una via più difficoltosa, ma che se praticata con perizia consegue un effetto veramente artistico, ossia può cercare di conferire alla versione italiana una patina effettivamente "sallustiana", riproducendo ove possibile anche le spigolosità del testo originale; altrimenti può scegliere di ricorrere a una prosa sobria e scorrevole, che ha il pregio di risultare ben comprensibile. Queste due diverse possibilità di approccio al testo sallustiano emergono piuttosto bene se consideriamo come due noti latinisti italiani, Luca Canali e Giancarlo Pontiggia, traducono il cap. 23 del *De coniuratione Catilinae*. Qui di seguito riportiamo il testo latino del capitolo in questione, dove Sallustio tratteggia il ritratto di un congiurato, Quinto Curio:

[23, 1] *Sed in ea coniuratione fuit Q. Curius, natus haud obscuro loco, flagitiis atque facinoribus coopertus, quem censores senatu probri gratia moverant.* [2] *Huic homini non minor vanitas inerat quam audacia: neque reticere, quae audierat, neque suamet ipse scelera occultare, prorsus neque dicere neque facere quicquam pensi habebat.* [3] *Erat ei cum Fulvia, muliere nobili, stupri vetus consuetudo. Quoi cum minus gratus esset, quia inopia minus largiri poterat, repente glorians maria montisque polliceri coepit et minari interdum ferro, ni sibi obnoxia foret, postremo ferocius agitare quam solitus erat.*

**LA TRADUZIONE DI LUCA CANALI** Luca Canali tende a riprodurre in italiano l'asciutta prosa sallustiana senza troppa mediazione: al par. 1 rinuncia alla litote *haud obscuro loco*, ma accentua la paratassi eliminando la subordinazione della relativa *quem... moverant.* Al par. 2 lascia praticamente intatta la spigolosa sintassi dell'intero periodo; quanto poi all'espressione *quicquam pensi habebat*, dove *pensi* è genitivo (in funzione partitiva) del sostantivo *pensum*, che significa letteralmente «peso», è da notare l'impiego del verbo "ponderare" (e dunque la scelta di mantenersi fedele al testo latino anche dal punto di vista etimologico). Al par. 3, infine, Canali conserva la durezza dell'espressione che sintetizza la natura del rapporto tra Curio e la sua amante Fulvia (*stupri vetus consuetudo*):

Tra i congiurati v'era Q. Curio, di nobile nascita, ma coperto di vergogne e di delitti; i censori lo avevano radiato dal Senato per infamia. La leggerezza di quest'uomo non era minore dell'audacia; non sapeva tacere ciò che aveva udito, né occultare egli stesso i suoi propri delitti; in breve non ponderava nulla di ciò che diceva o faceva. Aveva un antico legame carnale con una dama dell'aristocrazia, Fulvia; essendole divenuto meno gradito perché, trovandosi in ristrettezze, poteva essere con lei meno prodigo, fattosi improvvisamente vanaglorioso, cominciò a promettere mari e monti e talvolta a minacciarla di spada se non fosse stata arrendevole con lui; insomma la incalzava più brutalmente del solito.

**LA TRADUZIONE DI GIANCARLO PONTIGGIA** Giancarlo Pontiggia preferisce smussare le asperità sallustiane con una prosa assai scorrevole e chiara, pur rimanendo sapientemente aderente al testo. Modifica la struttura del periodo *huic... habebat*, rendendolo meno faticoso; inoltre rinuncia alla traduzione "etimologica" dell'espressione *quicquam pensi habebat* e attenua la durezza dell'espressione *stupri vetus consuetudo*, adottando una terminologia dalla connotazione più astratta e asettica.

C'era dunque tra i congiurati un certo Quinto Curio, di non oscuri natali, coperto di vergogne e di delitti, che i censori avevano radiato dal Senato per indegnità. Non meno leggero che audace, era incapace di tacere ciò che aveva udito, di occultare i suoi stessi crimini; né si dava mai pensiero di quel che diceva o faceva. Coltivava da tempo una relazione sessuale con Fulvia, una dama dell'aristocrazia. Vedendosi da lei meno gradito poiché, a causa delle ristrettezze, poteva meno largheggiare, d'un tratto si fece vanaglorioso, cominciò a promettere mari e monti, minacciandola talvolta con la spada se non fosse stata arrendevole con lui, infine a comportarsi anche più brutalmente del solito.

**UNA TRADUZIONE D'EPOCA** Il *De coniuratione Catilinae*, tra i tanti traduttori, annovera anche **Vittorio Alfieri**. Nella prefazione alla sua traduzione delle due monografie di Sallustio, pubblicata nel 1798, Alfieri afferma l'importanza di riprodurre in italiano le caratteristiche di stile proprie della prosa sallustiana: «Per chi sa il Latino, sarà senza alcun dubbio assai meglio di leggere questo divino autore nel testo. Per chi non lo sa, e desidera pur di conoscerne non solamente i fatti narrati, ma anche alcun poco l'indole, la brevità, l'eleganza, il meno peggio sarà di cercarsi quel traduttore che dal testo si verrà meno a scostare, senza pure aver faccia di servilità».
Ecco come, a partire da questa premessa, Alfieri traduce il cap. 23 del *De coniuratione Catilinae*:

> Era fra i congiurati un Quinto Curio, nobil uomo, di delitti e d'infamia coperto, e dai Censori pe' suoi tanti obbrobrj espulso già dal Senato. Costui non meno leggiero che audace, né le altrui cose tacea, né le proprie scelleraggini; nulla più al dire che al fare badando. Da molto tempo disonestamente usava egli con Fulvia, nobil donna; da cui men gradito vedendosi perchè meno donarle potea, cominciò ad un tratto a vantarsi di darle mezzo mondo; quindi a minacciarla coll'armi, se lo tradiva; e a vieppiù in somma inferocire ogni giorno.

Evidente è lo sforzo di riprodurre l'austerità di Sallustio. Da notare poi che Alfieri intende, probabilmente sbagliando, *ni sibi obnoxia foret* come se Curio temesse che Fulvia lo tradisse, mentre il senso corretto dell'espressione dovrebbe essere che Curio temeva che la donna non si piegasse alle sue voglie (*obnoxia*, «sottomessa»); del resto Alfieri, nella prefazione alla sua traduzione, avverte di non potersi onestamente definire un latinista.

### LEGGO, CONFRONTO E... VALUTO

**1.** Prendi in esame le tre traduzioni proposte e rispondi alle seguenti domande:
- Quale autore ha reso con un legame avversativo le due coordinate per asindeto *natus haud obscuro loco*, *flagitiis atque facinoribus coopertus*? Quale concezione della nobiltà viene messa in rilievo da questo semplice inserimento, secondo te?
- In quale delle traduzioni trovi reso con maggiore somiglianza il polisindeto con ripetizione di *neque* del paragrafo 2?
- Quale traduzione mantiene in italiano il nesso relativo *cui* nel paragrafo 3?
- Dove si può trovare una scelta lessicale etimologicamente affine al latino *largiri*?

**2.** Rileggi attentamente la traduzione di Vittorio Alfieri; quindi rifletti su quali siano le caratteristiche sintattiche, ortografiche e lessicali da cui possiamo immediatamente intuire che non si tratta di una traduzione del nostro secolo.

### ORA TRADUCO IO

Scegli un breve passo da uno dei brani di Sallustio proposti in latino nelle pagine precedenti; prendendo ispirazione dalla traduzione di Vittorio Alfieri del cap. 23 del *De coniuratione Catilinae*, prova a tradurre il passo da te scelto in un italiano che presenti delle caratteristiche marcatamente arcaizzanti. Prova quindi a realizzare una seconda traduzione del medesimo passo, questa volta mescolando ai tratti arcaizzanti delle forme linguistiche tipiche del gergo giovanile.

# LABORATORIO DI ANALISI

Leggi il testo seguente aiutandoti con le note; poi esegui quanto richiesto, realizzando un testo organico e armonizzando le risposte ai quesiti con opportuni connettivi testuali. Se lo desideri, puoi anche modificare l'ordine delle risposte nel modo che ti sembra più efficace.

## Ritratto di Mario

| *Bellum Iugurthinum* 63, 2-5 |

*Questo passo coincide in parte nonché completa un testo proposto in traduzione nelle pagine precedenti (➛ **T10**). La presentazione del personaggio di Mario avviene prima in modo diretto, attraverso le sequenze descrittive costituite dai parr. 2-3, e poi in modo indiretto, attraverso la narrazione, ai parr. 4-5, di fatti che lo riguardano.*

[63, 2] At illum iam antea consulatus ingens cupido exagitabat, ad quem capiundum praeter vetustatem familiae alia omnia abunde erant: industria, probitas, militiae magna scientia, animus belli ingens domi modicus, lubidinis et divitiarum victor, tantummodo gloriae avidus. [3] Sed is natus et omnem pueritiam Arpini altus, ubi primum aetas militiae patiens fuit, stipendiis faciundis, non Graeca facundia neque urbanis munditiis sese exercuit: ita inter artis bonas integrum ingenium brevi adolevit. [4] Ergo, ubi primum tribunatum militarem a populo petit, plerisque faciem eius ignorantibus, factis notus per omnis tribus declaratur. [5] Deinde ab eo magistratu alium, post alium sibi peperit, semperque in potestatibus eo modo agitabat, ut ampliore quam gerebat dignus haberetur.

[63, 2] **At illum... avidus**: il periodo è caratterizzato dal cambio di soggetto tra la principale, che ha come sogg. *cupido* e come compl. ogg. *illum* (cioè Mario), e la relativa, introdotta dal pronome *quem* che si riferisce al gen. *consulatus* della principale; la relativa ha come sogg. *alia omnia*, che indica le qualità di Mario (elencate dopo i due punti). • *ad quem capiundum*: costruzione del gerundivo attributivo finale. • *belli... domi*: locativi. [3] **Sed is... adolevit**: il periodo ha come sogg. *is* (pronome riferito a Mario) e come predicato principale *sese exercuit*, che regge gli ablativi *stipendiis*, *facundia*, *munditiis*. • *omnem pueritiam*: compl. di tempo continuato. • *Arpini*: locativo. • *altus*: participio di *alo*. • *stipendiis faciundis*: costrutto del gerundivo. • *artis*: acc. (per *artes*). [4] **Ergo... declaratur**: *petit*: presente storico, come *declaratur*. • *plerisque... ignorantibus*: abl. assoluto. • *factis*: abl. di causa. • *omnis*: acc., attributo di *tribus*. [5] **Deinde... haberetur**: *alium*: sott. *magistratum*. • *ut*: congiunzione consecutiva (anticipata da *eo modo*). • *ampliore*: attributo di *magistratu* (di nuovo sottinteso).

### PRIMA PARTE **COMPRENSIONE DEL TESTO**

**1.** Quali informazioni di carattere biografico è possibile ricavare dal ritratto di Mario tratteggiato da Sallustio?

**2.** In virtù di quali sue caratteristiche Mario si conquistò il favore del popolo, riuscendo così a percorrere le prime tappe del *cursus honorum*?

### SECONDA PARTE **ANALISI DEL TESTO**

**1.** Quali caratteristiche dello stile di Sallustio si riscontrano nel primo periodo (63, 2)? Quali figure retoriche riconosci?

**2.** Quali aggettivi riferiti a Mario richiamano le qualità del *vir bonus* di "stampo catoniano" (➛ Scheda "Storia, cultura, civiltà", p. 591)? Quali parole richiamano invece l'ambizione di Mario?

### TERZA PARTE **INTERPRETAZIONE COMPLESSIVA E APPROFONDIMENTI**

**1.** Ritieni che il ritratto di Mario possa essere definito "paradossale"? Motiva la tua risposta mettendolo a confronto con gli altri "ritratti paradossali" che hai letto.

**2.** Ti sembra che Sallustio esprima un giudizio positivo o negativo sull'educazione ricevuta da Mario? Giustifica la tua risposta con opportuni riferimenti al testo.

CICERO LECTIO **Ritratto di Giugurta** *Bellum Iugurthinum* 6-7

# I rischi del futuro prossimo

PER APPROFONDIRE

**I DISCORSI DI CESARE E DI CATONE** I capitoli 39-54 del *De coniuratione Catilinae* si aprono con il racconto dell'arresto dei congiurati che erano rimasti a Roma, dopo che Catilina aveva abbandonato la città in seguito alla seduta del senato dell'8 novembre del 63 a.C., quando Cicerone aveva pronunciato contro di lui la *Catilinaria* I; quindi Sallustio si sofferma sul dibattito che si svolse in senato il 5 dicembre per decidere della sorte dei congiurati arrestati. Il momento era drammatico: nella congiura erano infatti risultate coinvolte persone come Publio Cornelio Lentulo, che era stato console, e vari esponenti della *nobilitas*, come Gaio Cornelio Cethego.

Emettere la sentenza sui congiurati spettava in realtà ai consoli, che avevano ricevuto pieni poteri a seguito del *senatus consultum ultimum*, con cui era stato proclamato lo stato di emergenza. Tuttavia Cicerone, console insieme a Antonio Ibrida, nell'incertezza aveva deciso di rimettere la questione al senato (che comunque, già il giorno precedente all'arresto, aveva decretato i catilinari "nemici dello Stato"). Nel suo racconto Sallustio riporta i discorsi pronunciati in senato da Cesare e Catone, a suo parere i personaggi di maggior spicco tra i partecipanti al dibattito. Cesare propone di non infliggere la pena di morte ai congiurati arrestati e rei confessi – in quanto ciò avrebbe comportato una forzatura delle leggi vigenti, secondo cui un cittadino romano condannato a morte aveva sempre il diritto di appellarsi al popolo (*provocatio ad populum*) – e opta per la reclusione a vita e la confisca dei beni. Catone, al contrario, sostiene l'assoluta necessità di condannare a morte quanti avevano preparato un piano per sovvertire lo Stato.

**I DISCORSI NELLA STORIOGRAFIA** Secondo una prassi attestata fin dalle origini della storiografia greca, nei momenti di particolare *pathos* gli storici, sia greci sia latini, cedono la parola ai protagonisti degli eventi narrati, al fine di illustrare in modo più incisivo ed efficace il loro carattere e il senso delle loro azioni. Di solito i discorsi sono inventati, o meglio ricostruiti: allo storico, infatti, interessa soprattutto far emergere la psicologia del personaggio, al quale vengono perciò attribuite le parole che verosimilmente avrebbe potuto proferire in una determinata occasione.

Per quanto riguarda i due discorsi di Cesare e di Catone presenti nel *De coniuratione Catilinae*, Sallustio cerca di ricreare il contenuto, non lo stile dei due oratori: la sintassi e il lessico, infatti, rimangono quelli presenti nel resto della monografia.

**IL RAPPORTO CON L'ORATORIA** I discorsi rappresentano uno dei punti di contatto più stretti, insieme ai ritratti, tra il genere storiografico e l'oratoria: la loro funzione consiste nel coinvolgere emotivamente il lettore e sono strutturati come effettive orazioni (con tanto di esordio, narrazione, argomentazione, ecc.).

Nel caso dei due discorsi di Cesare e di Catone presenti nel *De coniuratione Catilinae* c'è poi un altro elemento da osservare: essi sono l'uno contro e l'altro a favore del medesimo provvedimento (ossia la condanna a morte dei catilinari). Troviamo dunque riprodotto lo schema delle *controversiae*, lett. «dispute», in greco *dissòi lògoi*: ossia abbiamo due discorsi sullo stesso argomento che sviluppano però tesi opposte. Questo tipo di discorsi rientrava tra le esercitazioni più tipiche delle scuole di retorica e traeva origine dal pensiero del sofista Protagora (V secolo a.C.), il quale aveva sostenuto che relativamente a qualsiasi questione si possono portare argomenti a favore e argomenti contrari.

**IL DISCORSO DI CESARE: UN MESSAGGIO PER I POSTERI** La posizione espressa da Cesare, che si era appunto dichiarato contrario alla condanna a morte dei catilinari arrestati, risultò perdente; anche Sallustio, sebbene Cesare avesse rappresentato per lui il principale riferimento durante l'attività politica, sembra in realtà propendere per la "linea dura" sostenuta da Catone, per il quale si doveva immediatamente procedere all'esecuzione dei congiurati.

Ciò non toglie, come è stato rilevato dall'insigne studioso di storia romana Ronald Syme (1903-1989), che nelle parole di Cesare, così come le leggiamo nel *De coniuratione Catilinae*, ci sia qualcosa che va ben al di là dell'apparente intellettualismo delle argomentazioni contro il provvedimento di condanna a morte dei catilinari: si tratta di un messaggio che Sallustio intende far pervenire ai suoi contemporanei, che vivono ormai nel clima – siamo nel 43-42 a.C. – delle feroci proscrizioni ordinate dagli esponenti del secondo triumvirato: Antonio, Lepido e Ottaviano. Il punto su cui Cesare insiste di più nel suo discorso appare quasi un ammonimento profetico, se considerato nel contesto del travagliato periodo successivo alle Idi di marzo del 44 a.C.: infatti, secondo Cesare, prendere provvedimenti eccezionali di fronte all'emergenza, e dunque contravvenire alle norme vigenti, può forse sembrare accettabile, ma rischia di creare un pericoloso precedente, che potrebbe aprire la strada a futuri abusi dagli esiti imprevedibili.

Facendo pronunciare a Cesare queste parole, Sallustio intende certamente alludere ai drammatici fatti che si stavano verificando al tempo del secondo triumvirato, periodo appunto funestato dalle proscrizioni promosse con leggi speciali, vero e proprio metodo di eliminazione di massa degli avversari politici (oltre che dei nemici personali). Allo stesso modo, sembra che Sallustio individui nella conclusione della congiura di Catilina, quando le leggi vigenti erano state alla fine ritenute inadeguate a risolvere la situazione, una drammatica anticipazione della perdita di autorevolezza dello Stato che sarebbe sfociata, di lì a pochi anni, nello sfaldamento definitivo delle sue tradizionali istituzioni repubblicane.

**Busto di Cesare**, I sec. a.C.-I sec. d.C. Napol , Museo Archeologico Nazionale.

T15

LATINO/ITALIANO

CICERO LECTIO

# Cesare contro le leggi speciali

*De coniuratione Catilinae* 51, 1-8

*Una volta arrestati i congiurati rimasti a Roma dopo la partenza di Catilina dalla città, in senato si aprì il dibattito per decidere della loro sorte: era il 5 dicembre del 63 a.C. Sallustio riferisce in forma diretta, tra i numerosi interventi che si susseguirono nel corso della seduta del senato, i discorsi di Cesare e di Catone, evidentemente ritenuti i più autorevoli rappresentanti delle due tesi opposte: Cesare è contrario alla pena di morte, mentre Catone è favorevole.*

*Riportiamo qui di seguito i paragrafi iniziali del discorso di Cesare, da cui è già possibile apprezzare l'abilità con cui Sallustio sa ricostruire la finezza intellettuale dell'oratore, che porta sagaci argomentazioni in favore della propria tesi.*

[51, 1] «Omnis homines, patres conscripti, qui de rebus dubiis consultant, ab odio, amicitia, ira atque misericordia vacuos esse decet. [2] Haud facile animus verum providet, ubi illa officiunt, neque quisquam omnium lubidini simul et usui paruit. [3] Ubi intenderis ingenium, valet; si lubido possidet, ea dominatur, animus nihil valet. [4] Magna mihi copia est memorandi, patres conscripti, quae reges atque populi ira aut misericordia inpulsi male consuluerint; sed ea malo dicere, quae maiores nostri contra lubidinem animi sui recte atque ordine fecere.

■ Rilievo raffigurante la cattura di un prigioniero destinato alla schiavitù, I-II sec. d.C.
Città del Vaticano, Museo Gregoriano Profano.

[51, 1] «Tutti gli uomini che deliberano riguardo a questioni incerte, senatori, è opportuno che siano liberi da odio, simpatia, ira e misericordia. [2] L'animo non distingue facilmente il vero quando quei sentimenti sono di ostacolo, e nessuno ha mai ubbidito nello stesso tempo alla passione e all'utile. [3] Quando hai dispiegato la potenza dell'intelletto, lui comanda; se la passione ha il sopravvento, lei ha il potere, l'intelletto non conta nulla. [4] Avrei una grande quantità di esempi da ricordare, senatori, di quali decisioni abbiano malamente preso re e popoli spinti dall'ira o dalla misericordia; ma preferisco dire le azioni che i nostri antenati hanno compiuto secondo giustizia e saggezza contro le pulsioni irrazionali dell'animo.

[51, 1] **Omnis... decet**: il verbo impersonale *decet*, «conviene», introduce la proposizione infinitiva soggettiva che ha come soggetto *omnis homines* e come predicato nominale *vacuos esse*. [2] **illa**: il pronome (nominativo neutro plurale) si riferisce ai quattro sentimenti menzionati al par. 1. [3] **Ubi... ingenium**: prop. temporale con il congiuntivo eventuale (*intenderis*); il soggetto è un "tu" generico. [4] **memorandi**: gerundio, genitivo, che specifica *copia*, «grande quantità (sott. "di esempi")»; introduce la successiva proposizione interrogativa indiretta *quae... consuluerint*. • **quae maiores... fecēre**: proposizione relativa; *sui*, genitivo, è riferito al soggetto *maiores*; *fecēre* equivale a *fecerunt*.

[5] Bello Macedonico, quod cum rege Perse gessimus, Rhodiorum civitas magna atque magnifica, quae populi Romani opibus creverat, infida atque advorsa nobis fuit; sed postquam bello confecto de Rhodiis consultum est, maiores nostri, ne quis divitiarum magis quam iniuriae causa bellum inceptum diceret, inpunitos eos dimisere. [6] Item bellis Punicis omnibus, quom saepe Carthaginienses et in pace et per indutias multa nefaria facinora fecissent, numquam ipsi per occasionem talia fecere: magis, quid se dignum foret, quam quid in illos iure fieri posset, quaerebant. [7] Hoc item vobis providendum est, patres conscripti, ne plus apud vos valeat P. Lentuli et ceterorum scelus quam vostra dignitas, neu magis irae vostrae quam famae consulatis. [8] Nam si digna poena pro factis eorum reperitur, novom consilium adprobo; sin magnitudo sceleris omnium ingenia exsuperat, iis utendum censeo quae legibus conparata sunt.

[5] Durante la guerra macedonica, che abbiamo condotto contro il re Perseo, la grande e splendida città di Rodi, che era cresciuta grazie all'appoggio del popolo romano, ci fu infedele e nemica; ma quando fu il momento di prendere provvedimenti riguardo agli abitanti di Rodi, una volta terminato il conflitto, i nostri antenati, perché nessuno sostenesse che la guerra era stata intrapresa più in vista di un guadagno che per sanare un torto, lasciarono che essi rimanessero senza punizione[1]. [6] Allo stesso modo in tutte le guerre puniche, sebbene spesso i Cartaginesi sia durante i periodi di pace sia durante i periodi di tregua avessero messo in atto molti terribili inganni, mai essi hanno compiuto tali azioni, nemmeno di fronte a un'occasione[2]: si chiedevano che cosa sarebbe stato degno di loro anziché che cosa, in base al diritto, avrebbe potuto essere fatto contro i nemici. [7] Allo stesso modo voi, senatori, dovete preoccuparvi di questo, che di fronte a voi non abbia più importanza l'azione scellerata di Publio Lentulo e degli altri che il vostro onore, e che non provvediate più alla vostra ira che al vostro buon nome. [8] Se infatti si trova una pena degna in proporzione ai loro delitti, approvo un provvedimento innovativo; se invece la grandezza del loro misfatto supera l'immaginazione di tutti, ritengo che si debbano usare quelle disposizioni che sono state previste dalle leggi.»

[5] **bello confecto**: ablativo assoluto. • **consultum est**: forma passiva impersonale. • **ne... diceret**: prop. finale negativa, il cui soggetto è *quis*; dipende dalla principale *maiores... dimisēre* (= *dimiserunt*). • **inpunitos**: complemento predicativo dell'oggetto *eos*. [6] **quom... fecissent**: costrutto del *cum* con il congiuntivo, qui con valore concessivo. • **ipsi**: pronome riferito a *maiores nostri*. • **magis**: da unire al successivo *quam*, che introduce una comparazione tra le due interrogative indirette *quid... foret* e *quid... posset* (dipendenti da *quaerebant*); *foret* è imperfetto congiuntivo di *sum*. [7] **Hoc**: pronome nominativo neutro singolare; anticipa in funzione prolettica le sostantive dichiarative negative *ne... dignitas* e *neu... consulatis*, le quali dipendono dall'espressione impersonale *providendum est* (perifrastica passiva). • **irae... famae**: dativi retti da *consulatis*. [8] **sin**: «se invece». • **utendum**: sott. *esse*; perifrastica passiva, in forma impersonale; regge l'ablativo *iis*, neutro plurale, antecedente del successivo pronome relativo *quae*.

1. Durante la terza guerra macedonica – che fu combattuta negli anni 171-168 a.C. contro il re Perseo e si concluse con la vittoria dei Romani a Pidna – Rodi, la città dell'omonima isola del Mediterraneo orientale, era rimasta neutrale; due decenni prima, invece, durante la guerra condotta dai Romani contro Antioco III di Siria (fra il 192 e il 190 a.C.) Rodi era intervenuta a fianco dei Romani ed era stata per questo ricompensata con dei protettorati commerciali in Asia Minore. L'anno dopo la battaglia di Pidna, nel 167 a.C., a Roma si decise, soprattutto su impulso di Catone il Censore, di non punire la città. Quanto affermato qui da Cesare è però solo parzialmente vero, in quanto Rodi si vide tolti i protettorati commerciali precedentemente ricevuti.
2. Il riferimento è probabilmente a un episodio della seconda guerra punica (narrato da Polibio, *Storie* 15, 2-5), quando i Cartaginesi cercarono di uccidere a tradimento gli ambasciatori romani e i Romani, pur potendo prendere in ostaggio dei Cartaginesi che allora erano a Roma, si astennero dal farlo.

## Il testo e il contesto

**IL CESARE "SALLUSTIANO"** Per Sallustio rappresentava un'indubbia sfida riportare il discorso di un oratore che, a detta di tutti i testimoni, molti dei quali ancora in vita all'epoca della pubblicazione del *De coniuratione Catilinae*, era stato dotato di un'eloquenza efficacissima. Sicuramente le parole usate dallo storico, pur non riproducendo lo stile di Cesare, contengono allusioni a temi frequenti nei discorsi dello scomparso dittatore, che in parte anche noi possiamo cogliere. Ad esempio, il riferimento, al par. 5, alla mitezza con cui i *maiores* si sono comportati verso la città di Rodi (*maiores nostri... inpunitos eos dimisere*), pur colpevole di una condotta ostile e sleale verso Roma, è in linea con la *clementia* che il generale notoriamente ostentava nel trattare con i nemici. Quanto al forte appello, al par. 7, alla *dignitas* della classe politica nel momento della decisione (*ne plus apud vos valeat P. Lentuli et ceterorum scelus quam vostra dignitas*), si tratta di un tema centrale nei discorsi politici di Cesare che leggiamo nei primi capitoli del *De bello civili*.

## Oltre il testo

**L'ESORDIO** Il discorso di Cesare si apre con un'affermazione che tende a collocare il problema contingente, ovvero la decisione che il senato deve prendere in quella specifica seduta del 5 dicembre del 63 a.C., entro una prospettiva universale, con l'affermazione che presupposto indispensabile per una giusta decisione è la serenità d'animo. Cesare fa dunque ricorso alla tecnica dell'astrazione, secondo l'abitudine degli oratori antichi di riportare il caso singolo, la *quaestio finita*, al problema generale, la *questio infinita* (➤ Scheda "Storia, cultura, civiltà", p. 453). Da notare che l'*incipit* del discorso (*Omnis homines...*) è uguale alle prime parole della monografia (➤ **T1**); del resto, si tratta di un esordio topico.

**LA PRIMA ARGOMENTAZIONE** Nel discorso di Cesare manca la *narratio*, dal momento che i fatti sono ben noti a tutti; per cui, dopo l'esordio, si passa direttamente all'*argumentatio*. In questi primi paragrafi vengono sviluppate due argomentazioni diverse. La prima è di struttura induttiva: dimostra la tesi partendo dal caso particolare per risalire a quello universale e consta di due *exempla* di clemenza e moderazione tratti dalla storia romana, che tutti i senatori si presume conoscano (il perdono accordato alla città di Rodi che non ha collaborato nella guerra contro Perseo, al par. 5, e la correttezza nei confronti dei Cartaginesi durante la seconda guerra punica, al par. 6). La tesi è esposta preventivamente al par. 3, là dove si afferma che, quando la passione ha il sopravvento, l'intelletto risulta annullato (*ubi intenderis ingenium, valet; si lubido possidet, ea dominatur, animus nihil valet*). Il primo *exemplum* è scelto con somma abilità: a perorare il gesto di clemenza verso la città di Rodi era stato Catone il Censore, antenato di Catone Uticense. Cesare usa dunque l'esempio dell'antenato contro il pronipote, favorevole alla pena di morte per i catilinari (evidentemente sottintendendo che è vergognoso non rispettare l'insegnamento degli avi).
Questa prima parte del discorso è poi funzionale a introdurre le successive argomentazioni, relative al pericolo di allontanarsi dal *mos maiorum*.

**LA SECONDA ARGOMENTAZIONE** La seconda argomentazione è svolta in via deduttiva: poste le premesse, la conclusione ne deriva come conseguenza logica; si tratta quindi di un entimema (o sillogismo retorico).
Il ragionamento conduce a un complesso paradosso, preparato dall'affermazione al par. 7 che, richiamando la *dignitas,* sottintende una serie di premesse difficilmente confutabili, del tipo: "i senatori devono pensare alla dignità dovuta alla propria autorevolezza, lasciarsi trasportare dall'ira non è segno di fermezza, ecc.". Il successivo par. 8 espone appunto il paradosso, che si può parafrasare così: "se si trova un nuovo tipo di pena adatto al crimine, lo approvo, ma siccome questo crimine supera le possibilità dell'immaginazione, mai verrà trovata una pena adatta". Facile, dunque, la conclusione: a questo punto, non resta che usare le leggi vigenti, che escludono la pena di morte.
L'efficacia del paradosso consiste nel fatto che l'avversario, nel ribattere, rischia facilmente di cadere in contraddizione. Nel caso di questo specifico paradosso, dato come presupposto che la punizione deve essere commensurabile col crimine, gli avversari di Cesare si troverebbero a non poter negare che «i crimini dei catilinari sono incommensurabili» e nello stesso tempo ad affermare che «la morte è pena commensurabile con i delitti dei catilinari», cadendo appunto così in evidente contraddizione.
Da notare, infine, che al par. 8, con sottile raffinatezza, Cesare chiama il provvedimento speciale proposto dagli avversari *novom consilium*: attraverso l'impiego dell'aggettivo *novus* l'oratore intende attirare l'attenzione del suo pubblico, i senatori, sul carattere potenzialmente pericoloso di questo provvedimento straordinario, in linea con la tradizionale mentalità romana, che era fortemente conservatrice e guardava dunque con sospetto a ogni novità.

- Stendi adesso un breve testo nel quale esponi la tua opinione riguardo alle argomentazioni impiegate da Cesare nella parte iniziale del suo discorso: considera quale delle due argomentazioni ti pare più efficace; pensa se, disponendo le due argomentazioni in ordine inverso, secondo te cambierebbe l'effetto del discorso. Il brano ti pare nel complesso in linea con l'immagine che ti sei formato di Cesare leggendo i passi dei *Commentarii*?

## RIASSUNTO *De coniuratione Catilinae* 51, 9-26

*Cesare prosegue il suo discorso con una serie di argomenti atti a provare che la pena di morte non è un provvedimento ragionevole da adottare contro i congiurati, ma solo un provvedimento estraneo alla legislazione romana. In primo luogo ironizza su quanti, parlando prima di lui, hanno dipinto la congiura a tinte fosche: come se ci fosse bisogno di dimostrare a qualcuno che Catilina ha meditato un delitto orrendo! Quindi sottolinea le responsabilità che ha l'uomo di governo, il quale non può permettersi, come un privato cittadino, una reazione irata: quella che nella gente comune si chiama ira, nell'uomo di governo si chiama superbia. A ciò si aggiunge un'argomentazione ispirata ai valori della filosofia epicurea, di cui Cesare era assertore: dal momento che la morte è l'affrancamento da tutti i mali e che dopo la morte non c'è nulla, condannare i congiurati alla pena capitale significa liberarli da ogni tormento e non sottoporli a un supplizio. Infine, Cesare coglie una contraddizione in chi vuole a tutti i costi la pena di morte per i catilinari. La legge, infatti, per i cittadini romani vietava non solo la pena di morte, ma anche la flagellazione: perché dunque nessuno aveva proposto anche la flagellazione per gli imputati? Il motivo non poteva certamente essere che era stata considerata una pena troppo grave, dato che nessuno avrebbe osato dire che il crimine non era di per sé il peggiore immaginabile; né poteva essere stato il timore di infrangere la legge a consigliare di evitare tale proposta, dato che la norma veniva infranta già comminando la pena di morte a dei cittadini romani.*

*Le riflessioni sviluppate a proposito del fatto che nessuno ha proposto la pena della flagellazione per gli imputati consentono a Cesare di passare all'argomentazione decisiva, svolta a partire dal par. 27* (→ **T16**).

**T16**
LATINO

# La profezia di Cesare

*De coniuratione Catilinae* 51, 27-31; 35-37

*Nei paragrafi che riportiamo qui di seguito Cesare sviluppa quello che è probabilmente il punto cruciale della sua argomentazione, nonché il tema che Sallustio ha maggiormente a cuore. Se il senato consentirà che, con un provvedimento straordinario, vengano messi a morte dei cittadini romani, si creerà un precedente che in futuro altri potranno usare con spregiudicatezza. Questa considerazione, se calata nel contesto degli anni immediatamente successivi alla morte di Cesare, suona come una profezia che prefigura i tragici avvenimenti che si stavano effettivamente verificando al tempo del secondo triumvirato.*

[51, 27] Omnia mala exempla ex rebus bonis orta sunt. Sed ubi imperium ad ignaros eius aut minus bonos pervenit, novom illud exemplum ab dignis et idoneis ad indignos et non idoneos transfertur. [28] Lacedaemonii devictis Atheniensibus triginta viros inposuere, qui rem publicam eorum tractarent. [29] Ii primo coepere pessumum quemque et omnibus invisum indemnatum necare: ea populus laetari et merito dicere fieri. [30] Post, ubi paulatim licentia crevit, iuxta bonos et malos lubidinose inter-

---

[51, 27] **ex rebus bonis**: «da buone intenzioni». • **eius**: riferito a *imperium*. • **minus bonos**: comparativo di minoranza, retto da *ad*, «a gente meno onesta». • **novom... exemplum**: nominativo, soggetto di *transfertur*; *novom* vale *novum*. [28] **devictis Atheniensibus**: ablativo assoluto; il riferimento è alla battaglia di Egospotami, del 405 a.C., che segnò la vittoria degli Spartani sugli Ateniesi nella guerra del Peloponneso. • **triginta viros**: «i trenta tiranni». • **qui... tractarent**: proposizione relativa impropria con valore finale. [29] **Ii... necare**: *ii* sono i trenta tiranni, il predicato è *coepēre* (= *coeperunt*) *necare*; *indemnatum* è complemento predicativo dell'oggetto *pessumum quemque et... invisum*. • **ea... fieri**: *laetari* e *dicere* sono infiniti narrativi; *ea*, accusativo neutro, è complemento oggetto di *laetari* e soggetto dell'infinitiva *merito... fieri* (introdotta da *dicere*). [30] **Post**: avverbio, «in seguito». • **iuxta**: avverbio, «allo stesso modo». • **interficere... terrere**: infiniti storici, il soggetto sottinteso sono i trenta tiranni.

ficere, ceteros metu terrere: [31] ita civitas servitute oppressa stultae laetitiae gravis poenas dedit. [...]

[35] Atque ego haec non in M. Tullio neque his temporibus vereor; sed in magna civitate multa et varia ingenia sunt. [36] Potest alio tempore, alio consule, quoi item exercitus in manu sit, falsum aliquid pro vero credi. Ubi hoc exemplo per senatus decretum consul gladium eduxerit, quis illi finem statuet aut quis moderabitur? [37] Maiores nostri, patres conscripti, neque consili neque audaciae umquam eguere; neque illis superbia obstabat, quominus aliena instituta, si modo proba erant, imitarentur.»

---

[31] **civitas... oppressa**: *civitas*, «città», è Atene; *oppressa* è participio congiunto con *civitas*; *servitute* è ablativo di causa efficiente. • **gravis**: accusativo plurale per *graves*, concorda con *poenas*. [35] **haec**: «queste violenze»; dopo aver ricordato gli eccessi dei trenta tiranni ad Atene, nei paragrafi qui omessi, Cesare menziona anche le terribili proscrizioni sillane. • **M. Tullio**: Marco Tullio Cicerone, console e artefice dell'arresto dei catilinari. [36] **Potest... credi**: l'infinito passivo *credi* è da unire a *potest*, il soggetto è *falsum aliquid*, «un'accusa falsa». • **quoi... sit**: proposizione relativa ipotetica col congiuntivo eventuale; *quoi* (= *cui*) è dativo di possesso. • **Ubi... eduxerit**: proposizione temporale (*eduxerit* è futuro anteriore); *hoc exemplo* è ablativo di causa, «sulla scorta di questo precedente», riferito al provvedimento che i senatori potrebbero prendere contro i catilinari; *per... decretum* è complemento di mezzo. • **illi**: riferito al termine *consul* (nella frase precedente del paragrafo). [37] **consili... audaciae**: genitivi di privazione, complementi di *eguēre* (= *eguerunt*), perfetto da *egeo*. • **illis**: riferito a *maiores nostri*. • **quominus... imitarentur**: proposizione sostantiva che determina l'espressione di impedimento precedente (*superbia obstabat*); il soggetto sottinteso è *maiores nostri*.

## PER APPROFONDIRE IL TESTO

### Il testo e il contesto

**CHE COSA HA VERAMENTE DETTO CESARE?** In questo passo, posto verso la fine del suo discorso, Cesare sostiene la tesi più importante: una volta creato il precedente di mandare a morte dei cittadini con un provvedimento apposito, senza avvalersi delle procedure previste dalle leggi vigenti, in qualsiasi altro momento qualche altro console potrebbe avvalersi di questo precedente, facendo varare leggi speciali e procurandosi così poteri straordinari, tali da stravolgere lo Stato.

La domanda che, a questo punto, dobbiamo porci è la seguente: ma questa tesi fu effettivamente sostenuta da Cesare nel suo discorso pronunciato in senato? O si tratta di un'aggiunta di Sallustio? Dare una risposta certa a questa domanda non è possibile; tuttavia, ciò che possiamo affermare con certezza è che Sallustio è l'unica fonte ad attribuire a Cesare una tale argomentazione.

Su quanto disse Cesare in senato il 5 dicembre del 63 a.C. siamo piuttosto bene informati: ne parlano diversi storici e soprattutto ne parla Cicerone nella IV *Catilinaria*. Per esempio, possiamo considerare sicuro che Cesare avesse fatto un cenno alla teoria epicurea sulla morte come cessazione del dolore: su questo punto la testimonianza fornita da Sallustio (➛ Riassunto, p. 606) è in accordo con quella fornita da Cicerone (*Catilinarie* 4, 7). Lo storico Svetonio (I-II secolo d.C.), che ebbe modo di consultare gli archivi del senato, aggiunge poi che Cesare insistette particolarmente sull'odio popolare che il senato avrebbe attirato su di sé condannando a morte i catilinari (*Vita di Cesare* 14, 1). Questo punto pare richiamato dalle esortazioni, riferite da Sallustio nell'esordio del discorso di Cesare, ad agire con moderazione e soprattutto ad astenersi da decisioni prese sotto l'impulso dell'ira (➛ **T15**).

Infine, non sembrano esserci dubbi sulla proposta di pena formulata da Cesare, e riferita da Sallustio successivamente alla parte qui antologizzata, proposta sulla quale, in sostanza, concordano tutte le fonti meglio informate, come Cicerone e Svetonio: i congiurati, dopo aver subito la confisca dei beni, devono rimanere reclusi per il resto della loro vita, ciascuno in una città diversa; il provvedimento deve comprendere anche il divieto di riesaminare la questione (in vista di eventuali concessioni di grazia) e pene gravissime per chi tenti di liberare i colpevoli.

**UNA QUESTIONE DI DIRITTO** Dal punto di vista del diritto romano, aveva ragione chi era favorevole o chi era contrario alla pena di morte per i catilinari arrestati e rei confessi? La questione è assolutamente incerta. Da un lato, le leggi che vietavano la pena di morte →

senza *provocatio ad populum*, ossia senza concedere il diritto a un processo di appello, erano chiarissime e incontrovertibili: riguardavano infatti un diritto fondamentale del cittadino romano, e si erano via via precisate lungo tutto l'arco della storia della *res publica*.

D'altra parte, con il *senatus consultum ultimum* era stato dato pieno mandato ai consoli e Catilina e i suoi erano stati dichiarati *hostes*, ossia "nemici dello Stato" (significativamente, contro Catilina fu poi inviato un esercito regolare, come contro un qualsiasi nemico esterno); di conseguenza, i catilinari non avevano più i diritti dei cittadini romani, ed erano dunque passibili di pena di morte.

L'effettiva incertezza della questione è dimostrata dal fatto che il primo a proporre la pena di morte per i catilinari fu il console designato per l'anno successivo, Silano, al quale il console Cicerone, come presidente dell'assemblea, diede la parola per primo. Egli tuttavia, dopo il discorso di Cesare, cambiò parere, come molti presenti. Quasi tutti, però, alla fine, dopo aver ascoltato anche le parole di Catone, decisero di votare per la pena di morte.

## Oltre il testo

**IL MESSAGGIO DI SALLUSTIO AL LETTORE** Il *De coniuratione Catilinae* fu composto tra il 43 e il 42 a.C., quando il giovanissimo Gaio Ottavio – che da poco aveva preso il nome di Gaio Giulio Cesare Ottaviano, in quanto era stato adottato da Gaio Giulio Cesare e nominato nel suo testamento come suo principale erede – si era ormai imposto come personaggio di spicco nella tumultuosa vita politica del tempo.

In particolare, nell'agosto del 43, Ottaviano aveva imposto con le armi al senato di essere eletto console e nell'ottobre successivo aveva stretto un patto di alleanza con Antonio e con Lepido. Il senato fu costretto con la forza a ratificare questo patto con una legge speciale e i tre, divenuti *triumviri rei publicae constituendae*, ossia triumviri con il compito di rifondare lo Stato, iniziarono subito a eliminare senza processo i propri avversari personali grazie alle liste di proscrizione, attività nella quale Ottaviano si distinse particolarmente (➛ Scheda "Storia, cultura, civiltà", p. 609).

Nelle parole che Sallustio fa pronunciare a Cesare si può appunto cogliere una chiara allusione al giovanissimo Ottaviano che, inesperto di politica e nondimeno divenuto console, si fece attribuire poteri speciali con leggi *ad hoc* (che gli permettessero di uccidere gli avversari); trascrivi qui di seguito la porzione di testo in questione:

...........................................................................................................................

...........................................................................................................................

...........................................................................................................................

...........................................................................................................................

...........................................................................................................................

...........................................................................................................................

............................................................................................................................

Le parole di Cesare risultano poi particolarmente profetiche quando si paventa la possibilità che un altro console (che non sia cioè Cicerone), in un altro momento, dando credito ad accuse senza fondamento, dia inizio a ogni sorta di violenze senza che nessuno lo possa fermare; trascrivi qui di seguito la porzione di testo in questione: ..............................................................

...........................................................................................................................

...........................................................................................................................

...........................................................................................................................

...........................................................................................................................

...........................................................................................................................

...........................................................................................................................

............................................................................................................................

Sallustio prende decisamente le distanze dagli eredi di Cesare e sembra suggerire al lettore che l'unico rimedio per il ripristino di una normale vita repubblicana consiste nell'evitare in ogni modo il varo di leggi speciali. Affidare a Cesare questo messaggio, in cui risiede buona parte del senso dell'opera, rivela che Sallustio non aveva assolutamente abbandonato l'ammirazione per il personaggio entro le cui fila aveva svolto la sua carriera politica.

- Alla luce di questo passo del discorso di Cesare, e dopo aver letto l'art. 138 della Costituzione Italiana, riguardante le norme che permettono eventuali revisioni della carta costituzionale della Repubblica Italiana, discuti con i tuoi compagni in quali occasioni potrebbe rendersi necessario varare modifiche consistenti alle leggi di uno Stato; quindi stendi una relazione in merito.

■ **Rilievo con *notarii*.** IV sec. d.C. Ostia, Museo Ostiense.

STORIA, CULTURA, CIVILTÀ

## VIVERE A ROMA NELL'AUTUNNO DEL 43 A.C.

**UNA REALTÀ ALLUCINANTE** Mentre Sallustio, ritiratosi dalla vita politica attiva, attendeva alla stesura del *De coniuratione Catilinae*, tra il 43 e il 42 a.C., la città di Roma era sconvolta da quella che forse fu la più sanguinosa delle **proscrizioni** viste fino ad allora. Ottaviano, passato dalla parte di Antonio, che prima aveva combattuto, con questo voltafaccia aveva spiazzato i suoi alleati, molti dei quali, come Cicerone, simpatizzavano per i cesaricidi Bruto e Cassio, che nel frattempo si erano rifugiati in Grecia. La compilazione delle **liste di proscrizione**, ossia gli elenchi con i nominativi delle persone condannate a morte e alla confisca dei beni avvenne con estrema rapidità nell'autunno del 43 a.C.: i triumviri inserirono nelle liste, oltre ai propri nemici (tra cui molti parenti stretti), una serie di persone abbienti con l'obiettivo di incamerare i loro patrimoni. A chi portava la testa di un proscritto veniva data una lauta ricompensa (e, nel caso in cui si trattasse di uno schiavo, anche la libertà); invece, chiunque aiutava un proscritto, diventava egli stesso un proscritto. La pubblicazione delle liste, perciò, determinò una perversa conseguenza: chiunque conosceva un proscritto, infatti, o diventava delatore o proscritto a sua volta. Per la città si aggiravano squadre di militari appartenenti alle coorti pretorie dei triumviri, ai quali si rivolgevano quanti avessero individuato un proscritto. Cadaveri decapitati giacevano sparsi per tutta la città, insieme a quelli di coloro che erano stati uccisi mentre cercavano di difendere qualcun altro o semplicemente per errore. In poche settimane la proscrizione causò diverse migliaia di morti, per lo più esponenti dei ceti benestanti, cavalieri e senatori.

**IL RESOCONTO DI APPIANO** Lo storico greco **Appiano** (I-II sec. d.C.) ci ha lasciato una descrizione particolareggiata di quei momenti terribili, di cui proponiamo una parte: «Subito dunque, in campagna e in città, secondo il luogo in cui ognuno era sorpreso, si verificarono all'improvviso molti arresti e vi furono esecuzioni di diverso tipo; furono troncate delle teste per dimostrare il diritto alle ricompense; ci furono fughe vergognose, e molti si comportarono in modo difforme da un precedente dignitoso stile di vita. Alcuni si calavano nei pozzi, altri in cunicoli sotterranei nelle fogne, altri in profondissimo silenzio si rannicchiavano sotto il tetto, nelle stanze per l'affumicazione o sotto le tegole compatte. Infatti, non meno degli assassini certuni temevano le mogli o i figli con i quali non andavano d'accordo, altri i servi o i liberti, altri i debitori o i vicini bramosi delle loro proprietà. [...] C'era ogni tipo di male, diversamente da come avviene nei rivolgimenti civili o nelle occupazioni militari; i proscritti, infatti, non avevano paura, come in quelle, dell'avversario o del nemico e si raccomandavano ai familiari, ma temevano, più dei carnefici, proprio i congiunti, i quali non avevano paura per sé, come in guerra o in una rivoluzione, ma diventavano all'improvviso, da familiari, loro nemici o per una sotterranea inimicizia, o per i premi che erano loro promessi, o per le ricchezze e il denaro che si trovava nelle case. Per questo ognuno diventava assolutamente diffidente verso il familiare, e anteponeva il proprio utile alla pietà verso di lui. E chi era fedele o ben disposto aveva paura a venire in aiuto, a nascondere il proscritto, a farsi connivente perché uguali erano le pene minacciate» (*Le guerre civili* 4, 13, 49-14, 54; trad. di D. Magnino).

T17

LATINO

# La scelta di Sallustio

*De coniuratione Catilinae* 54

*Dopo aver riferito anche il discorso di Catone, che in opposizione a Cesare sottolinea l'assoluta necessità della pena di morte per i catilinari arrestati, Sallustio propone un confronto tra i due oratori, che egli ritiene i massimi esponenti della politica di quegli anni. Dal tono e dalle parole usate dallo storico si può ricavare che egli concorda con la posizione espressa da Catone.*

[54, 1] Igitur iis genus, aetas, eloquentia prope aequalia fuere, magnitudo animi par, item gloria, sed alia alii. [2] Caesar beneficiis ac munificentia magnus habebatur, integritate vitae Cato. Ille mansuetudine et misericordia clarus factus, huic severitas dig-

[54, 1] **iis**: dativo di possesso, riferito a Cesare e Catone. • **aequalia**: neutro plurale, riferito ai tre termini *genus*, *aetas* e *eloquentia*. • **alia alii**: *alia*, femmimile, è riferito a *gloria*, mentre *alii* è dativo di possesso, «ciascuno la ebbe diversa», cioè «in forma diversa». [2] **habebatur**: «veniva ritenuto»; vale come predicato anche per la successiva proposizione, che è appunto ellittica del verbo, *integritate... Cato*. • **Ille... huic**: *ille* si riferisce a Cesare, *huic* a Catone. • **factus**: sottinteso *est*.

nitatem addiderat. [3] Caesar dando, sublevando, ignoscundo, Cato nihil largiundo gloriam adeptus est. In altero miseris perfugium erat, in altero malis pernicies. Illius facilitas, huius constantia laudabatur. [4] Postremo Caesar in animum induxerat laborare, vigilare; negotiis amicorum intentus sua neglegere, nihil denegare, quod dono dignum esset; sibi magnum imperium, exercitum, bellum novom exoptabat, ubi virtus enitescere posset. [5] At Catoni studium modestiae, decoris, sed maxume severitatis erat; [6] non divitiis cum divite neque factione cum factioso, sed cum strenuo virtute, cum modesto pudore, cum innocente abstinentia certabat; esse quam videri bonus malebat: ita, quo minus petebat gloriam, eo magis illum sequebatur.

---

[3] **nihil largiundo**: *nihil* è compl. oggetto del gerundio *largiundo* (= *largiendo*), ablativo strumentale, come i precedenti gerundi *dando*, *sublevando*, *ignoscundo* (= *ignoscendo*). • **In altero... in altero**: il primo è Cesare, il secondo Catone. • **miseris... malis**: dativi di vantaggio. [4] **in animum induxerat**: «si era messo in mente»; l'espressione regge i successivi infiniti. • **negotiis... intentus**: *intentus* è riferito al soggetto Cesare e regge il dativo *negotiis*. • **sua**: sott. *negotia*, riferito a Cesare. • **quod... esset**: relativa impropria con valore consecutivo-ipotetico. • **bellum novom**: «una guerra mai vista prima»; *novus* ha valore più intenso rispetto all'italiano "nuovo"; qui probabilmente non presenta la consueta accezione negativa. • **ubi... posset**: relativa impropria con valore consecutivo-ipotetico, «in cui potesse risplendere il suo valore». [5] **Catoni**: dativo di possesso. [6] **divitiis**: ablativo di limitazione, come i successivi ablativi semplici. • **factione... factioso**: «in faziosità con il fazioso». Il significato originario del termine *factio*, da *facio*, è «capacità di fare»; il termine assunse poi anche il significato di «gruppo di persone che agiscono allo stesso modo», soprattutto in ambito politico, da cui l'italiano "fazione". Nella letteratura del I sec. a.C. risulta impiegato in un'accezione negativa, a indicare un gruppo ristretto che aspira al controllo monopolistico delle istituzioni dello Stato, ed è opposto a *amicitia*, «alleanza». • **esse... videri**: «essere piuttosto che sembrare». • **ita... sequebatur**: nota la correlazione *quo minus... eo magis*, «quanto meno... tanto più»; soggetto (sottinteso) di *sequebatur* è *gloria*; *quo minus petebat gloriam* è una proposizione comparativa il cui soggetto (sottinteso) è *Cato*.

**PER APPROFONDIRE IL TESTO**

## Il testo e il contesto

**L'ARGOMENTAZIONE DI CATONE** Catone, nel suo discorso riferito da Sallustio in un capitolo precedente a questo (cap. 52), non prese in considerazione le argomentazioni di Cesare; anzi, le liquidò brevemente, sostenendo che in quella seduta non c'era da disquisire sulla pena da comminare a chi avesse commesso un crimine, perché il crimine non era ancora stato commesso. I catilinari avevano preparato un piano per distruggere l'intero Stato dalle fondamenta: non c'era alcun crimine da punire, ma una minaccia mortale da prevenire. Quindi Catone ricorda come fossero state la fermezza e la virtù a rendere grande Roma nei secoli, non la sua ricchezza o le sue armi. Perciò caldeggia un provvedimento in linea con gli esempi di integrità e di durezza forniti dai grandi uomini del glorioso passato di Roma (come ad esempio Manlio Torquato, che non aveva esitato a mettere a morte il proprio figlio, reo di aver disubbidito in battaglia ai suoi ordini, anche se per compiere azioni eroiche).
Il senato approvò con entusiasmo il parere di Catone.

**IL CONFRONTO TRA CESARE E CATONE** A questo punto Sallustio introduce un confronto tra i due politici, secondo una modalità propria della storiografia greca (*sýnkrisis*). Lo storico intende dimostrare che entrambi erano pari per gloria, ma che l'avevano conseguita in maniera assai differente l'uno dall'altro (54, 1 *alia alii*). Per fare questo, tuttavia, opera alcune semplificazioni; per esempio, non è corretto affermare, come fa invece Sallustio ad apertura del cap. 54, che Cesare e Catone avessero pari nobiltà: Cesare discendeva infatti dalla nobilissima *gens Iulia*, mentre la *gens Porcia* era plebea e aveva avuto un solo esponente di spicco, Catone il Censore. Inoltre, le caratteristiche dei due personaggi che Sallustio mette in luce sembrano quelle che risultano dall'intero arco della loro vita, e non quelle che attendibilmente essi potevano avere nel 63 a.C., quando erano entrambi all'inizio della carriera politica: per esempio, Cesare al tempo non aveva ancora avuto occasione di mostrare la propria *clementia*, che iniziò a far parte integrante della sua politica durante la guerra civile contro Pompeo.

## Oltre il testo

**SALLUSTIO SCEGLIE CATONE** Pur non dichiarando in maniera esplicita il proprio parere, Sallustio dimostra di preferire Catone a Cesare, e quindi di approvare la proposta di pena di morte per i catilinari.

Se consideriamo la struttura del passo, la posizione personale di Sallustio è suggerita dal fatto che nel confronto tra i due personaggi Catone ha sempre la seconda posizione, quindi l'ultima immagine che resta al lettore è sempre la sua. Ma soprattutto a Catone sono attribuite le doti che lo storico ha dimostrato di apprezzare sia nel proemio all'intera opera sia nell'"archeologia" (➛ **T1-T2**, **T3-T4**). Catone, oltre a essere impegnato soprattutto nel raggiungimento di *modestia*, *decus*, *severitas* (par. 5), riceve la massima lode al par. 6, dove si ricordano il suo disinteresse verso la ricchezza, l'assenza di ambizione, l'integrità di costumi, l'interesse per la virtù. L'elemento cruciale dell'elogio è poi rappresentato dalla lapidaria espressione *esse quam videri bonus malebat*: la preferenza che Catone accorda alla sostanza rispetto all'apparenza, infatti, rovescia precisamente uno dei maggiori difetti riscontrati da Sallustio nella società romana successivamente alle guerre puniche (cap. 10, 5 *magis voltum quam ingenium bonum habere*; ➛ **T4**).

Cesare, invece, pur nella grandezza, ha tratti che potremmo definire vagamente catilinari, come ad esempio la tendenza a elargire benefici (par. 2 *beneficiis ac munificentia magnus*) e a meditare disegni di proporzioni immense (par. 4 *bellum novom exoptabat*). Il più chiaro segnale della superiorità di Catone rispetto a Cesare è costituito dalla presenza della congiunzione avversativa *at* che apre il par. 5 e che indica una contrapposizione netta tra i due personaggi.

- Prova adesso a tradurre in italiano il testo, invertendo la posizione di Cesare e quella Catone e sopprimendo al par. 5 la congiunzione *at*: pensi che cambi il senso del doppio ritratto? Quindi prova a intervenire ancora sul testo, aggiungendo qualche elemento che lo renda senza dubbio favorevole a Cesare.

LETTURA CRITICA

## Gli intenti di Sallustio

**L'INTUIZIONE DI RONALD SYME** Tra XIX e XX secolo la critica ha analizzato il *De coniuratione Catilinae* alla ricerca di tutte le deformazioni della vicenda che Sallustio avrebbe messo in atto per scagionare Cesare, ormai defunto, dall'accusa di un coinvolgimento nella congiura di Catilina. Lo storico **Ronald Syme**, in uno studio fondamentale su Sallustio, pubblicato nel 1964, considerando il contesto in cui è avvenuta la stesura dell'opera, ammette che Sallustio intende dare un resoconto della congiura che allontani ogni sospetto da Cesare; tuttavia, dopo aver dimostrato attraverso attenti studi che la tendenziosità di Sallustio è in realtà minima, individua l'interesse principale del *De coniuratione Catilinae* nell'intenzione da parte del suo autore di «usare Cesare contro gli eredi di Cesare».

« Ci si può chiedere, adesso, quali fossero i motivi da cui si è lasciato guidare lo storico. Su un punto (così almeno si è pensato) Sallustio si tradisce da solo: egli è preoccupato di difendere la memoria di Cesare. Anzi, oltremodo preoccupato, dal momento che le accuse erano triviali, disoneste, persino grottesche. Ma la reputazione di Cesare non è lo scopo principale; tanto più che, nel duplice differenziato apprezzamento, è Catone che riceve l'aperto elogio dell'autore. [...] Se si pensa che la monografia [ovvero il *De coniuratione Catilinae*] veniva scritta nell'anno in cui gli eserciti si scontravano a Filippi, quando cioè la Repubblica crollava, [...], c'era di che allarmarsi e persino scandalizzarsi. [...] I triumviri, impadronitisi del potere, inaugurarono un sistematico massacro, con l'abominevole parodia di una forma e sanzione legali. E tuttavia non è attraverso Catone [...] che Sallustio gioca il tiro più insidioso ai triumviri: egli sfrutta Cesare contro gli stessi eredi di Cesare. Il suo discorso depreca l'ira, il rancore, lo spargimento di sangue, e spezza una lancia in favore del buon senso e della calma moderazione. [...] Ma tutto può accadere. In altri tempi, con un altro console (soprattutto se ha un esercito ai suoi ordini) potrà esser facile passare all'azione su falsi presupposti. Se un tal console, basandosi su un precedente e su un decreto del Senato, sguainasse la spada, dove si andrà a finire? *Potest alio tempore, alio consule, quoi item exercitus in manu sit, falsum aliquid pro vero credi* (51, 36). L'oratore si riferisce, per la verità, a un console che potrebbe agire dietro autorizzazione del Senato. Ma Sallustio aggiunge tra parentesi: un console che abbia in mano un esercito. Non è una circostanza abituale per un console di questo periodo. Non c'è, per caso, qui un'allusione a Ottaviano, insidiosa e sinistra? Una possibile allusione, non certo un preciso riferimento. L'erede di Cesare marciava su Roma col suo esercito nell'agosto del 43, e riusciva a strappare il consolato. Dopo di che, avendo conchiuso il patto presso Bologna con Antonio e Lepido, il giovane console tornò in loro compagnia per fondare ufficialmente il triumvirato e dar luogo alle proscrizioni, con la *Lex Titia* del 27 novembre. »

(Ronald Syme, *Sallustio*, trad. di G. Galli, Brescia, Paideia, 1968, pp. 140-141)

## PROVA DI TRADUZIONE E COMMENTO

Leggi con attenzione il seguente passo tratto dal *De coniuratione Catilinae*, poi rispondi alle domande che ti guideranno nella comprensione del testo. Infine, dopo aver analizzato e tradotto il passo, potrai rendere ragione della tua interpretazione con un testo organico di commento.

# Senatori, in gioco c'è la vostra libertà!

*De coniuratione Catilinae* 52, 2-3; 5; 25-29

*Il brano seguente raccoglie l'esordio e uno stralcio del discorso di Catone, una replica sferzante alla proposta moderata di Cesare circa il trattamento da riservare ai catilinari arrestati in città. L'oratore dispiega le armi dell'ironia e del sarcasmo per stigmatizzare l'ignavia dei colleghi senatori (in primo luogo di Cesare): la minaccia portata al cuore dello Stato dai congiurati merita di essere punita con la più intransigente severità.*

**[52, 2]** Longe alia mihi mens est, patres conscripti, cum res atque pericula nostra considero et cum sententias nonnullorum ipse mecum reputo. **[3]** Illi mihi disseruisse videntur de poena eorum, qui patriae, parentibus, aris atque focis suis bellum paravere. [...] **[5]** Sed, per deos inmortalis, vos ego appello, qui semper domos, villas, signa, tabulas vostras pluris quam rem publicam fecistis: si ista, cuiuscumque modi sunt, quae amplexamini, retinere, si voluptatibus vostris otium praebere voltis, expergiscimini aliquando et capessite rem publicam! [...] **[25]** Vos cunctamini etiam nunc et dubitatis, quid intra moenia deprensis hostibus faciatis? **[26]** Misereamini censeo: deliquere homines adulescentuli per ambitionem atque etiam armatos dimittatis. **[27]** Ne ista vobis mansuetudo et misericordia, si illi arma ceperint, in miseriam convortat! **[28]** Scilicet res ipsa aspera est, sed vos non timetis eam. Immo vero maxume. Sed inertia et mollitia animi alius alium exspectantes cunctamini, videlicet dis inmortalibus confisi, qui hanc rem publicam saepe in maxumis periculis servavere. **[29]** Non votis neque suppliciis muliebribus auxilia deorum parantur: vigilando, agundo, bene consulundo prospere omnia cedunt. Ubi socordiae te atque ignaviae tradideris, nequiquam deos implores: irati infestique sunt.

### GUIDA ALLA COMPRENSIONE

Per giungere a una prima comprensione del testo, ricostruisci l'argomentazione di Catone.

- Ti forniamo di seguito, in ordine errato, la descrizione delle sequenze in cui può essere suddiviso il brano. Ristabilisci la corretta successione delle sequenze, numerandole da 1 a 4; indica inoltre la prima e l'ultima parola di ogni sequenza e il numero, o i numeri, di paragrafo che la individuano nel testo.

☐ Appello ai senatori perché si facciano carico dello Stato se vogliono continuare a godere delle ricchezze, del lusso e delle raffinatezze cui sono abituati: ....................

☐ I senatori non temono il pericolo, per quanto grave, o piuttosto confidano nell'aiuto degli dèi immortali, che però sono avversi agli ignavi: ....................

☐ I congiurati sono nemici da cui occorre difendersi, non delinquenti comuni da punire: su questo punto l'opinione di Catone si differenzia da tutte le altre finora espresse in senato: ....................

☐ Ironica esortazione ad avere pietà dei congiurati in considerazione della loro giovane età: ....................
....................

### GUIDA ALLA TRADUZIONE

Le seguenti domande ti guideranno nella traduzione.

- Il verbo *videor* (r. 2) presenta la costruzione personale (con il nominativo e l'infinito) o la costruzione impersonale (con l'accusativo e l'infinito)?
- A quale forma del latino classico corrisponde la forma arcaica *paravere* (r. 3), così come più sotto *deliquere* (r. 7)?
- Che complemento esprime il genitivo *pluris* in dipendenza dal verbo *facio* (r. 4)?
- Gli imperativi *expergescimini* e *capessite* (r. 6) costituiscono l'apodosi di un lungo periodo ipotetico: quali ne sono le due protasi?

- Che tipo di proposizione completiva è *quid … faciatis* (r. 7), dipendente da *dubitatis*?
- *Deprensis hostibus* (r. 7) può essere interpretato in due modi diversi: come dativo dipendente da (*quid*) *faciatis*, «che cosa fare dei nemici catturati», oppure, con una minima variazione di senso, in quale altro modo?
- Quale significato assume il verbo *censeo* costruito con il congiuntivo *misereamini* (r. 7)?
- Che tipi di congiuntivo sono *dimittatis* (r. 8) e *ne convortat* (r. 9), che esprimono il primo un'esortazione ironica, il secondo l'augurio di Catone?
- Da quale verbo viene il participio *confisi* (r. 11) e quale valore ha?
- Quale funzione sintattica hanno gli ablativi *votis* e *suppliciis muliebribus* (r. 12) e quale è la forma verbale di *vigilando*, *agundo* (= *agendo*), *consulundo* (= *consulendo*) (rr. 12-13)?

**GUIDA AL COMMENTO**

Dopo aver tradotto il brano, realizza un testo di commento a partire dalle risposte che avrai dato alle domande seguenti.

**Contestualizzazione** Per prima cosa inserisci il discorso di Catone nel contesto del *De coniuratione Catilinae*; se lo ritieni opportuno, puoi consultare i testi antologizzati. In particolare, chiarisci i seguenti punti:

- L'occasione e il luogo in cui fu pronunciato il discorso di Catone.
- I motivi per i quali Sallustio sceglie di riportare proprio i due discorsi di Cesare e di Catone.
- La posizione di Sallustio rispetto alle scelte in campo.
- Il significato ideologico del dibattito in relazione alla situazione politica in cui Sallustio si trova a comporre la sua monografia dedicata alla congiura di Catilina.

**Interpretazione e approfondimenti** Al par. 2 Catone si dichiara in assoluto disaccordo con la discussione tenutasi in senato fino ad allora, liquidandola come assurda e ininfluente: i complici di Catilina arrestati a Roma, infatti, non sono delinquenti comuni ma nemici dello Stato.

- Rintraccia nel testo la definizione dei congiurati data da Catone al par. 3: quale valore fondante del sistema etico romano è colpito al cuore dai congiurati? Con quali mezzi retorici è data enfasi al concetto?
- Al par. 5 Catone fa appello ai senatori in nome dei privilegi di cui hanno goduto finora: tali privilegi appartengono al sistema di valori catoniano? Per rispondere alla domanda puoi anche confrontare il testo del par. 5 con ciò che segue ai parr. 7-8, che riportiamo nella traduzione di L. Storoni Mazzolani:

> [52, 7] Più volte, Padri Coscritti, m'è accaduto di parlare a lungo in vostra presenza. Spesso ho deplorato il lusso, l'avidità dei miei concittadini e per questa ragione mi sono fatto molti nemici. [8] Io, che non mi sono mai perdonato una mancanza, nemmeno nel pensiero, non sapevo perdonare gli eccessi di edonismo. Voi non avete dato peso alle mie parole, ma la repubblica era salda.

Il punto centrale dell'argomentazione sviluppata da Catone per sostenere la necessità di condannare a morte i catilinari arrestati è il pericolo corso dallo Stato.

- Individua nel testo tutti i passaggi in cui viene espressa questa idea e illustra gli strumenti retorici e stilistici mediante i quali essa risulta sottolineata ed enfatizzata. Quindi confronta il rilievo dato allo stesso motivo da Cesare nel suo discorso (puoi consultare i testi antologizzati ➛ **T15-T16**).

Considera l'impiego coerente in tutto il brano degli strumenti dell'ironia e del sarcasmo, con cui Catone vuole indirizzare l'opinione dei senatori, finora a favore del più mite parere espresso da Cesare, verso la propria più radicale proposta.

- Quali sentimenti si propone di suscitare nell'uditorio l'oratore ricorrendo a una tale strategia espressiva? Soffermati in particolare a riflettere sulla funzione che svolgono la proposizione interrogativa del par. 25 e le provocatorie esortazioni del par. 26. Chiarisci inoltre quale effetto ironico è ottenuto mediante l'uso in riferimento ai «nemici dello Stato» del verbo *deliquesco*, che significa propriamente «fare uno sbaglio», e del diminutivo *adulescentulus*, «ragazzino».

Il riferimento sarcastico alla *mansuetudo* e alla *misericordia* dei senatori (par. 27) evoca anacronisticamente un tratto tipico di Cesare, la *clementia* («mitezza, benevolenza»), da lui programmaticamente adottata verso gli avversari politici anche come motivo di propaganda, al fine di distinguere la propria azione di governo dalla sanguinosa dittatura di Silla.

- Quale importanza assume l'allusione alla *clementia* nel discorso di Catone, in rapporto alla situazione politica successiva alla morte di Cesare, quando Sallustio è impegnato nella stesura del *De coniuratione Catilinae*?

CICERO LECTIO **Il segreto del potere** *De coniuratione Catilinae* 12

## LUCREZIO

Il **testo latino** proposto è, salvo piccole variazioni limitate alla punteggiatura, quello stabilito da C. Bailey, *Titi Lucreti Cari De rerum natura libri sex*, Oxford 1963 (negli Oxford Classical Texts).

Per la **traduzione italiana** dei testi antologizzati si veda: *Lucrezio. La natura delle cose*. Introduzione di G.B. Conte, traduzione di L. Canali, testo e commento a cura di I. Dionigi, Milano, Rizzoli, 2002. Là dove manca l'indicazione del traduttore, si intende che le traduzioni sono a cura dell'autrice, Marianna Molica Franco.
Per le traduzioni italiane della scheda "Traduzioni a confronto" si vedano anche: *La natura di Tito Lucrezio Caro*, a cura di A. Fellin, Torino, Utet, 1976; *Tito Lucrezio Caro, De rerum natura – La natura delle cose*, a cura di G. Milanese, introduzione di E. Narducci, Milano, Mondadori, 2007.

Per le **tematiche** affrontate nel corso della trattazione (schede di approfondimento e analisi ai testi antologizzati) si vedano: I. Dionigi, *Lucrezio. Le parole e le cose*, Bologna, Pàtron, 1988; G. Milanese, *Lucida carmina. Comunicazione e scrittura da Epicuro a Lucrezio*, Milano, Vita e Pensiero, 1989; L. Canfora, *Vita di Lucrezio*, Palermo, Sellerio, 1993; Ch. Segal, *Lucrezio. Angoscia e morte nel «De rerum natura»*, trad. di F. Citti, Bologna, Il Mulino, 1998; G.B. Conte, *Insegnamenti per un lettore sublime*, introduzione a *Lucrezio. La natura delle cose*, cit.; S. Gillespie, P. Hardie, *The Cambridge companion to Lucretius*, Cambridge 2007; D. Konstan, *Lucrezio e la psicologia epicurea*, Milano, Vita e Pensiero, 2007.

## CATULLO

Il **testo latino** proposto è, salvo piccole variazioni, quello stabilito da F. Della Corte, *Catullo. Poesie*, Milano, Mondadori, 1977 (nella Fondazione Lorenzo Valla).

Per le **traduzioni italiane** dei testi antologizzati si vedano (oltre alla traduzione di F. Della Corte nella già citata edizione di Catullo per la Fondazione Lorenzo Valla): *Catullo. I canti*, a cura di A. Traina, traduzione di E. Mandruzzato, Milano, Rizzoli, 1982; *Gaio Valerio Catullo. Le poesie*, introduzione, traduzione e note di M. Ramous, Milano, Garzanti, 2011. Là dove manca l'indicazione del traduttore, si intende che le traduzioni sono a cura dell'autrice, Monica Scotti.
Per le traduzioni italiane della scheda "Traduzioni a confronto" si vedano anche: S. Quasimodo, *Catulli Veronensis carmina*, Milano, Edizioni dell'Uomo, 1945; G.B. Pighi, *Catullo Veronese.* Prolegomeni, testo critico e traduzione, Verona, Edizione promossa e patrocinata dalla Cassa di Risparmio di Verona, Vicenza e Belluno, 1961; *Catullo. Poesie*, traduzione a cura di F. Caviglia, introduzione di A. Giuliani, Roma-Bari, Laterza, 1983; *Catullo. Le poesie*, a cura di G. Ceronetti, Torino, Einaudi, 1983; *Carmi. Catullo*, a cura di V. Guarracino, Milano, Bompiani, 1986.

Per le **tematiche** affrontate nel corso della trattazione (schede di approfondimento e analisi ai testi antologizzati) si vedano: F. Caviglia, voce *Catullo*, in *Dizionario degli scrittori greci e latini*, Milano, Marzorati, 1987, pp. 411-441; P. Fedeli, *Introduzione a Catullo*, Roma-Bari, Laterza, 1990; M. Citroni, *Poesia e lettori in Roma antica. Forme della comunicazione letteraria*, Roma-Bari, Laterza, 1995, pp. 57-205; M. Von Albrecht, *Catullo*, in *Storia della letteratura latina*, Torino, Einaudi, 1995, pp. 333-357; F. Montanari (a cura di), *La poesia latina. Forme, autori, problemi*, Roma, Carocci, 2004, pp. 95-104; A. Ghiselli, *Il passer di Lesbia e altri scritti catulliani*, Bologna, Pàtron, 2005; F. Bellandi, *Lepos e Pathos. Studi su Catullo*, Bologna, Pàtron, 2008.

## CICERONE

Il **testo latino** proposto è, salvo piccole variazioni, quello stabilito da: (per le *Catilinarie*) H. Bornecque, Paris 1971 (nella collezione Les Belles Lettres); (per la *Pro murena* e la *Pro Archia*) A. Clark, Oxford 1908 e ibid. 1909 (negli Oxford Classical Texts); (per la *Pro Cluentio*) S. Rizzo, Milano, BUR, 1991; (per le *Filippiche*) B. Mosca, Milano, Mondadori, 1963; (per le *Epistulae ad Atticum*) C.F.W. Mueller, Lipsia 1898 (nella Bibliotheca Teubneriana); (per le *Epistulae ad familiares*) L.C. Purser, Oxford 1901 (negli Oxford Classical Texts); (per il *Brutus*) A.S. Wilkins, Oxford 1987[11] (negli Oxford Classical Texts).

Per le **traduzioni italiane** dei testi antologizzati si vedano: Marco Tullio Cicerone, *Dello Stato*, testo latino, traduzione e note di A. Resta Barrile, Bologna, Zanichelli, 1972; Marco Tullio Cicerone, *De divinatione*, introduzione, traduzione e note di S. Timpanaro, Milano, Garzanti, 1999. Là dove manca l'indicazione del traduttore, si intende che le traduzioni sono a cura dell'autore, Augusto Balestra.
Per le traduzioni italiane della scheda "Traduzioni a confronto" si vedano: *Cicerone. Il processo di Verre*, introduzione di N. Marinone, traduzione e note di L. Fiocchi, Milano, BUR, 1992; *Verrine di Marco Tullio Cicerone*, traduzione e presentazione di A. Cerinotti, Bussolengo, Demetra, 1993.

Per le **tematiche affrontate** nel corso della trattazione (schede di approfondimento e analisi ai testi antologizzati) si vedano: L. Storoni Mazzolani, *Cicerone. Le Catilinarie*, con testo a fronte, introduzione, note e commento, Milano, BUR, 1979; E. Narducci (a cura di), *Atti del Symposium Ciceronianum Arpinas*, voll. 1-6, Firenze, Le Monnier, 2001-2006; J. Booth (a cura di), *Cicero on the attack*, Swansea 2007 (e in particolare J. Urìa, *The semantics and pragmatics of Ciceronian invective*, →

pp. 47-70); E. Narducci, *Cicerone, la parola e la politica*, Roma-Bari, Laterza, 2009; L. Ricottilli, *Appunti sulla pragmatica della comunicazione e della letteratura latina*, in «Studi italiani di filologia classica», supplemento al VII volume, 2009, pp. 143-144; A. Cavarzere, *Gli arcani dell'oratore*, Roma-Padova, Antenore, 2011; A. Bellodi Ansaloni, *Scienza giuridica e retorica forense*, Santarcangelo di Romagna, Maggioli, 2012, pp. 68-70.

## CESARE

Il **testo latino** proposto è, salvo piccole variazioni, quello stabilito da A. Klotz, *Caii Iulii Caesaris Commentarii*, Lipsia 1957 (nella Bibliotheca Teubneriana).

Le **traduzioni italiane** dei testi antologizzati sono a cura di Augusto Balestra.
Per le traduzioni italiane della scheda "Traduzioni a confronto" si vedano: *Cesare. De bello civili*, a cura di F. Solinas, Milano, Mondadori, 1989; *Gaio Giulio Cesare. Opera omnia*, a cura di A. Pennacini, traduzioni di A. La Penna e A. Pennacini, Torino, Einaudi-Gallimard, 1993; *Gaio Giulio Cesare. La guerra civile*, a cura di M. Bruno, Milano, Rizzoli, 2004.

Per le **tematiche** affrontate nel corso della trattazione (schede di approfondimento e analisi ai testi antologizzati) si vedano: L. Canfora, *Studi di storia della storiografia romana*, Bari, Edipuglia, 1993, pp. 35-54; Id., *Giulio Cesare il dittatore democratico*, Roma-Bari, Laterza, 1999; P. Poccetti, *Teorie grammaticali e prassi della Latinitas in Cesare*, in *La cultura in Cesare*, Atti del Convegno di Studi (Macerata-Matelica, 30 aprile-4 maggio 1990), a cura di D. Poli, Roma, Il Calamo, 1993, pp. 599-641; G. Cipriani, *Dai centurioni alla retorica: analisi logico-formale di una digressione*, in *La cultura in Cesare*, cit., pp. 535-552; S. Calabrese, *Retorica e scienze neurocognitive*, Roma, Carocci, 2013, pp. 29-38.

## SALLUSTIO

Il **testo latino** proposto è, salvo piccole variazioni, quello stabilito da L.D. Reynolds, *C. Sallusti Crispi Catilina. Iugurtha. Historiarum fragmenta selecta. Appendix Sallustiana*, Oxford 1991 (negli Oxford Classical Texts).

Le **traduzioni italiane** dei testi antologizzati sono a cura di Augusto Balestra.
Per le traduzioni italiane della scheda "Traduzioni a confronto" si vedano: *Sallustio. La congiura di Catilina*, introduzione e note di R. Scarcia, prefazione e traduzione di L. Canali, Milano, Garzanti, 1982; *Sallustio. La congiura di Catilina*, a cura di G. Pontiggia, Milano, Mondadori, 1992.

Per le **tematiche** affrontate nel corso della trattazione (schede di approfondimento e analisi ai testi antologizzati) si vedano: A. La Penna, *Le Historiae di Sallustio e l'interpretazione della crisi repubblicana*, in «Athenaeum», 51, 1963, pp. 201-274; R. Syme, *Sallustio*, trad. di G. Galli, Paideia, Brescia, 1968; L. Storoni Mazzolani (a cura di), *Sallustio. La Guerra contro Giugurta*, Milano, Rizzoli, 1976; A. La Penna, *Storiografia di senatori e storiografia di letterati*, in *Aspetti del pensiero storico latino*, Torino, Einaudi, 1978, pp. 43-104; Id., *Il ritratto «paradossale» da Silla a Petronio*, in *Aspetti del pensiero storico*, cit., pp. 193-221; G. Pontiggia (a cura di), *Sallustio. La congiura di Catilina*, Milano, Mondadori, 1992; L. Canfora, *Studi di storia della storiografia romana*, Bari, Edipuglia, 1993, pp. 65-155; P. Veyne, *La vita privata nell'impero romano*, Roma-Bari, Laterza, 2000, pp. 109-129; G. Massa, *Sallustio contro Cicerone? I falsi d'autore e la polemica anticiceroniana di Asinio Pollione*, «Athenaeum», 2, 2006, pp. 415-464; L. Canfora, *La prima marcia su Roma*, Roma-Bari, Laterza, 2007; M.L. Celentano, *La tecnica retorica e il racconto storico: il caso di Sallustio*, in *Clio sous le regard d'Hermès. L'utilisation de l'histoire dans la rhétorique ancienne de l'époque hellénistique à l'Antiquité tardive*. Actes du colloque international de Montpellier (18-20 octobre 2007), Alessandria, Edizioni dell'Orso, 2010, pp. 211-219; A. Cesaro, *Lo storico acheo e il filosofo ateniese. La teoria dell'anaciclosi di Polibio tra idealismo platonico e realismo aristotelico*, in «Heliopolis. Culture, civiltà, politica», anno X, numero 1, 2012, pp. 23-36.

## SITOGRAFIA

I testi degli autori presentati in questa sezione antologica (**Lucrezio**, **Catullo**, **Cicerone**, **Cesare** e **Sallustio**) sono consultabili agli indirizzi:
**http://www.thelatinlibrary.com**
**http://www.intratext.com/Latina/Romana/default.htm#A** (con indice delle parole e concordanze; dove non è presente l'epistolario di Cicerone)
**http://latin.packhum.org/browse** (con indicazione dell'edizione critica e concordanze)
**http://www.perseus.tufts.edu/hopper/collection?collection=Perseus:collection:Greco-Roman** (dove è offerta anche una traduzione inglese).

All'indirizzo **http://www.progettovidio.it/opereintraduzioneintegrale.asp** si può leggere la traduzione italiana del *De rerum natura* di Lucrezio, di tutti i carmi di Catullo, di alcune delle opere di Cicerone, del *De bello Gallico* e del *De bello civili* di Cesare e, infine, del *De coniuratione Catilinae* e del *Bellum Iugurthinum* di Sallustio.

## GLOSSARIO DELLE FIGURE RETORICHE E DEI TERMINI METRICI

**ACCUMULAZIONE** (o **ENUMERAZIONE**) procedimento retorico consistente nell'elencazione di parole o sintagmi per asindeto oppure mediante congiunzioni coordinanti.

Es. *Hoc enim ipsum iudicium, hoc periculum, illa accusatio, omnis testium copia* (Cicerone, *Pro Cluentio* 18).

***ADÝNATON*** dal greco, lett. «cosa impossibile»; procedimento retorico mediante il quale si indica l'impossibilità che un evento si verifichi, subordinandone la realizzazione all'avverarsi di un altro evento (naturale o storico) ritenuto impossibile.

Es. *scilicet haud nobis quicquam, qui non erimus tum, / accidere omnino poterit sensumque movere, / non si terra mari miscebitur et mare caelo* (Lucrezio, *De rerum natura* 3, vv. 840-842).

**ALLITTERAZIONE** figura retorica di suono, consistente nella ripetizione degli stessi suoni all'inizio di due o più parole. Di solito conferisce enfasi ai termini coinvolti.

Es. *pecudes persultant pabula* (Lucrezio, *De rerum natura* 1, v. 14).

**ANAFORA** figura retorica di sintassi che consiste nella ripetizione di una stessa parola all'inizio di frasi successive.

Es. *Ille mi par esse deo videtur, / ille, si fas est, superare divos* (Catullo, carme 51, vv. 1-2).

**ANASTROFE** figura retorica di sintassi che consiste nell'inversione dell'ordine abituale dei termini all'interno della frase.

Es. *caeli subter labentia signa* (invece di *subter labentia signa caeli*) (Lucrezio, *De rerum natura* 1, v. 2).

**ANTITESI** figura retorica di significato che si realizza mediante l'accostamento di due termini o espressioni di significato opposto.

Es. *potentioresque humiliores possessionibus expellant* (Cesare, *De bello Gallico* 6, 22, 3).

**BRACHILOGIA** espressione abbreviata e concisa. Ottiene l'effetto di enfatizzare il valore semantico dei termini dell'enunciato.

Es. *in magna copia rerum aliud alii natura iter ostendit* (Sallustio, *De coniuratione Catilinae* 3, 1).

**CHIASMO** figura retorica di sintassi che consiste nel disporre in modo incrociato i membri corrispondenti di due sintagmi.

Es. *nobis cum semel occidit brevis lux, / nox est perpetua una dormienda* (Catullo, carme 5, vv. 5-6).

***CLIMAX*** dal greco, lett. «scala»; disposizione di una serie omogenea di termini (sostantivi, aggettivi, verbi, ecc.) in ordine crescente o decrescente di intensità semantica.

Es. *est mulier audax, pecuniosa, crudelis* (Cicerone, *Pro Cluentio* 18).

**DATTILO** piede (vedi) formato dalla successione di una sillaba lunga seguita da due sillabe brevi. L'arsi, ossia l'elemento forte del piede su cui batte l'accento ritmico (o *ictus*), è costituita dalla sillaba lunga (–́∪∪).

**DISTICO ELEGIACO** strofa di due versi formata da un esametro (vedi) e da un pentametro o, più correttamente, "verso elegiaco". Il "verso elegiaco" è formato da due tripodie (ossia gruppi di tre piedi: vedi «piede») dattiliche e il piede finale di ciascuna tripodia presenta solo la prima sillaba. Una cesura (= pausa) fissa dopo la prima tripodia divide il verso in due emistichi («mezzi versi»). Il primo emistichio prevede la sostituzione di uno o di entrambi i dattili (vedi «dattilo») con spondei (vedi «spondeo»). Il secondo emistichio presenta invece uno schema fisso; l'ultima sillaba del verso elegiaco è *indifferens* (⏓), ossia può essere lunga o breve.

–́∪∪, –́∪∪, –́∪∪, –́∪∪, –́∪∪, –́⏓
–́ $\overline{\cup\cup}$, –́ $\overline{\cup\cup}$, –́ || –́ $\overline{\cup\cup}$, –́ $\overline{\cup\cup}$, ⏓́

Es. *Ód(i) et amó. Quar(e) íd faciám fortásse requíris.*
*Néscio, séd fierí || sénti(o) et éxcruciór.*
(Catullo, carme 85)

**ENDIADI** figura retorica che consiste nel sostituire un sintagma costituito da due membri (per es. sost. + agg.) con due espressioni separate coordinate fra loro.

Es. *Non enim verbi neque criminis augendi causa complector omnia*, «Infatti non elenco tutti gli oggetti per amplificare il discorso accusatorio (lett. il discorso e l'accusa)» (Cicerone, *Actio secunda in Verrem* 4, 2).

***ENJAMBEMENT*** dal francese, lett. «inarcatura»; procedimento che avviene quando la struttura sintattica della frase supera l'unità ritmica del verso. Ottiene l'effetto di dilatare il ritmo del discorso poetico.

Es. *Si qua recordanti benefacta priora voluptas / est homini* (Catullo, carme 76, vv. 1-2).

■ **ESAMETRO** verso formato da sei piedi (vedi «piede»), dattili (vedi «dattilo») o spondei (vedi «spondeo»). L'ultimo piede è sempre bisillabo: o uno spondeo o un dattilo senza l'ultima sillaba breve (ovvero un trocheo: vedi); l'ultima sillaba dell'esametro è dunque *indifferens* (⏓), ossia può essere lunga o breve. Se il quinto piede è un dattilo, come avviene nella maggior parte dei casi, l'esametro è definito dattilico. Se invece il quinto piede è uno spondeo, l'esametro è definito "spondaico".

–́ ⏑̄⏑̄, –́ ⏑̄⏑̄, –́ ⏑̄⏑̄, –́ ⏑̄⏑̄, –́ ⏑̄⏑̄, –́ ⏓

Le cesure (ovvero le pause) possibili all'interno dell'esametro si distinguono in "maschili", se cadono dopo la prima sillaba lunga del piede, ossia dopo il tempo forte, e "femminili", se cadono dopo la prima sillaba breve del piede, ossia dopo un tempo debole. Le cesure dette "principali", ossia le più frequenti, sono:

- dopo la prima sillaba lunga del terzo piede (cesura semiquinaria, «dopo il quinto mezzo piede»);
- dopo la prima sillaba lunga del quarto piede (cesura semisettenaria, «dopo il settimo mezzo piede»);
- dopo la prima sillaba breve del terzo dattilo (cesura detta "del terzo trocheo", perché la prima parte del dattilo così diviso equivale a un trocheo);

Le cesure "minori", perché meno frequenti rispetto alle "principali", sono:

- dopo la prima sillaba lunga del secondo piede (cesura semiternaria, «dopo il terzo mezzo piede»);
- dopo la prima sillaba breve del secondo dattilo (cesura detta "del secondo trocheo").
- dopo il quarto piede (cesura detta "dieresi bucolica": "dieresi", dal greco *diairesis*, «separazione», perché non taglia il piede, come le altre cesure, ma lo separa dal successivo; "bucolica", perché è usata soprattutto nella poesia di argomento pastorale).

  Es. (tratti dal libro I del *De rerum natura* di Lucrezio)
  *Áeneadúm genetríx,* | *hominúm divúmque volúptas*
  (v. 1; cesura semiquinaria)

  *Múta metú* | *terrám genibús* | *summíssa petébat*
  (v. 92; cesure semiternaria e semisettenaria)

  *réddund(a) ín ratióne* | *vocár(e) et sémina rérum*
  (v. 59; cesura del terzo trocheo)

  *quíd nequeát* | *finíta potéstas* | *dénique cúique*
  (v. 76; cesura semiternaria e dieresi bucolica)

■ **FALECIO** (o **ENDECASILLABO FALECIO**) verso composto da undici sillabe (da cui appunto il nome "endecasillabo"); è costituito da una pentapodia, ossia da un gruppo di cinque piedi (vedi «piede»). Il primo piede è formato da due sillabe ancipiti (ossia che possono essere lunghe o brevi); seguono poi un dattilo (vedi) e tre trochei (vedi «trocheo»); l'ultimo trocheo può essere sostituito da uno spondeo (vedi):

⏓́⏓, –́⏑⏑, –́⏑, –́⏑, –́⏑̄

Es. *Pásser déliciaé meaé puéllae*
(Catullo, carme 2, v. 1)

■ **FIGURA ETIMOLOGICA** figura retorica basata sull'accostamento di due parole che hanno in comune la medesima radice.

Es. *ne* <u>*dentes*</u> <u>*dentiant*</u> (Plauto, *Miles gloriosus*, v. 34).

■ **GIAMBO** piede (vedi) formato dalla successione di una sillaba breve seguita da una sillaba lunga. L'arsi, ossia l'elemento forte su cui batte l'accento ritmico (o *ictus*), è costituito dalla sillaba lunga (⏑–́).

■ **IPALLAGE** (o **ENALLAGE DELL'AGGETTIVO**) figura retorica che consiste nel concordare grammaticalmente un aggettivo con un termine diverso da quello cui è semanticamente collegato.
Es. <u>*impia*</u> *te rationis inire* <u>*elementa*</u>, «di accostarti ai princìpi di una dottrina empia (lett. "ai princìpi empi di una dottrina")» (Lucrezio, *De rerum natura* 1, v. 81); *impia* concorda grammaticalmente con *elementa*, ma si riferisce per il senso a *rationis*.

■ **IPERBATO** figura retorica di sintassi per cui due termini normalmente uniti in un sintagma vengono separati.
Es. *tibi* <u>*suavis*</u> *daedala tellus / summittit* <u>*flores*</u> (Lucrezio, *De rerum natura* 1, vv. 7-8).

■ **METAFORA** dal greco *metaphorà*, lett. «trasferimento», «traslazione»; implica la sostituzione di un termine usato in senso proprio con uno di significato corrispondente, ma usato in senso traslato.

Es. *nihil mali timuit, quod non totum a matre* <u>*esset conflatum*</u>, «non ha temuto alcuna disgrazia che non <u>fosse stata</u> interamente <u>causata</u> dalla madre» (Cicerone, *Pro Cluentio* 18); il verbo *conflo*, lett. «divampare, bruciare» (del fuoco), è utilizzato qui nel significato traslato di «causare, determinare».

■ **METONIMIA** figura retorica di significato che consiste nella sostituzione di una parola con un'altra che appartiene a un campo semantico contiguo a quello della parola sostituita.

Es. *pascit amore avidos inhians in te, dea,* <u>*visus*</u>, «pasce d'amore gli occhi avidi, bramandoti, o dea» (Lucrezio, *De rerum natura* 1, v. 36); il termine *visus*, propriamente «vista», è utilizzato (all'accusativo plurale) in sostituzione di *oculos*.

**OCCUPATIO** procedimento retorico che consiste nel prevenire l'obiezione dell'avversario già nella propria argomentazione, ovvero prima ancora che l'avversario abbia l'opportunità di porla.

Es. *Verba ne facias, soror. / Scio quid dictura es: hanc esse pauperem. Haec pauper placet* (Plauto, *Aulularia*, vv. 173-174).

**OMOTELEUTO** figura retorica di suono che nasce dall'accostamento di due o più parole che presentano identità fonica della terminazione.

Es. *Sed ea saepe antehac fidem prodiderat, creditum abiuraverat, caedis conscia fuerat* (Sallustio, *De coniuratione Catilinae* 25, 4).

**OSSIMORO** dal greco *oxýmoron* (composto di *oxýs*, «acuto», e *moròs*, «ottuso»); figura retorica che si realizza mediante l'accostamento di due termini di significato antitetico, che dovrebbero escludersi reciprocamente.

Es. *casta inceste* (Lucrezio, *De rerum natura* 1, v. 98).

**PARALLELISMO** figura retorica di sintassi che prevede l'accostamento di sintagmi i cui membri corrispondenti si trovano nella medesima posizione.

Es. *et qui fecere et qui facta aliorum scripsere, multi laudantur* (Sallustio, *De coniuratione Catilinae* 3, 1).

**PARONOMASIA** accostamento di termini fonicamente simili ma con significato diverso.

Es. *loqui non quit* (Lucrezio, *De rerum natura* 4, v. 1164).

**PERIFRASI** uso di una proposizione oppure di un sintagma per sostituire un singolo termine.

Es. *primum Graius homo mortalis tollere contra / est oculos ausus* (Lucrezio, *De rerum natura* 1, vv. 66-67), dove *Graius homo*, «uomo greco», sostituisce «Epicuro».

**PIEDE** unità di misura in cui è suddiviso un verso. Il piede deve essere composto di almeno due sillabe, una delle quali reca l'accento (*ictus*) ed è detta "arsi", dal greco *àrsis*, lett. «elevazione (della voce)». Le sillabe non accentate sono dette "tesi", dal greco *thèsis*, lett. «depressione (della voce)».

**POLIPTÒTO** dal greco, lett. «molte terminazioni»; figura retorica di sintassi basata sulla ripetizione a breve distanza del medesimo termine modificandone il caso, il genere, il numero, il modo o il tempo.

Es. *Faciuntne intellegendo ut nihil intellegant?* (Terenzio, *Andria*, v. 17).

**PRETERIZIONE** dal latino *praetereo*, «passo oltre»; procedimento che consiste nell'affermare di voler evitare un argomento, nel momento stesso in cui lo si menziona.

Es. *Nam illa nimis antiqua praetereo, quod C. Servilius Ahala Sp. Maelium, novis rebus studentem, manu sua occidit*, «Infatti tralascio quei famosi episodi troppo antichi, ossia che Gaio Servilio Ahala abbia ucciso con le sue mani Spurio Melio, che aspirava a una rivolta» (Cicerone, *Catilinarie* 1, 3).

***PRIAMEL*** (termine tedesco derivante dal latino *preambulum*); procedimento letterario che consiste nell'enumerare una serie di oggetti, situazioni, concetti accomunati dal possedere una determinata caratteristica, ai quali viene contrapposto un oggetto, situazione o concetto che possiede quella medesima caratteristica in misura ancora superiore

Es. *Suave, mari magno turbantibus aequora ventis, / e terra magnum alterius spectare laborem; /* [...] / *Suave etiam belli certamina magna tueri / per campos instructa tua sine parte pericli. / Sed nihil dulcius est, bene quam munita tenere / edita doctrina sapientum templa serena*, «È dolce, quando i venti sconvolgono le distese del vasto mare, / guardare da terra il grande travaglio di altri; / [...] / È dolce anche guardare le grandi contese di guerra / ingaggiate in campo, senza alcuna tua parte di pericolo. / Ma nulla è più dolce che abitare là in alto i templi sereni / del cielo saldamente fondati sulla dottrina dei sapienti» (Lucrezio, *De rerum natura* 2, vv. 1 ss.; trad. di L. Canali).

**PROSOPOPEA** (o **PERSONIFICAZIONE**) dal greco *pròsopon*, «volto», «maschera» e quindi anche «personaggio»; procedimento che consiste nell'attribuire caratteristiche umane, per esempio la capacità di parlare, a entità inanimate.

Es. *Etenim, si mecum patria, quae mihi vita mea multo est carior, si cuncta Italia, si omnis res publica loquatur: «M. Tulli, quid agis?»* (Cicerone, *Catilinarie* 1, 27).

**SENARIO GIAMBICO** verso formato dalla successione di sei giambi (vedi «giambo»). Particolarmente usato dai poeti comici, di regola solo l'ultimo piede (vedi) è sempre un giambo puro; nei piedi precedenti la sillaba breve può essere sostituita da una lunga (in questo caso è definita "sillaba irrazionale") oppure da due brevi (definite "brevi irrazionali"), mentre la sillaba lunga può essere sciolta in due brevi. Ne consegue che la scansione dei senari giambici risulta assai complessa per le numerose combinazioni possibili. L'accento ritmico (o *ictus*) cade sulla sillaba lunga di ciascun piede; se questa è sciolta in due brevi, cade sulla prima delle due.

**SETTENARIO TROCAICO CATALETTICO** verso formato dalla successione di otto trochei (vedi «trocheo»), raccolti in quattro dipodie (ossia gruppi di due piedi). L'ultima dipodia è tronca (catalettica), in quanto l'ultimo piede è formato solo dal primo elemento (con caduta del secondo). L'accento ritmico (o *ictus*) cade sulla prima sillaba di ciascuna dipodia. La scansione di questo metro, particolarmente usato dai poeti comici, è resa difficoltosa dalle numerose sostituzioni (le sillabe lunghe possono essere sostituite con due brevi, mentre le sillabe brevi possono essere allungate, formando "sillabe irrazionali").

**SIMILITUDINE** procedimento attraverso il quale le caratteristiche di un personaggio, di un oggetto o di una situazione sono precisate mediante un paragone esplicito. Es. *quoius tu legiones difflavisti spiritu, / quasi ventus folia aut peniculum tectorium*, «le sue legioni tu le hai spazzate via come fa il vento con le foglie o le pannocchie sul tetto» (Plauto, *Miles gloriosus*, vv. 17-18).

**SINEDDOCHE** figura retorica di significato che consiste nella sostituzione di una parola con un'altra che appartiene a un campo semantico che è sottoinsieme o sovrainsieme rispetto a quello della parola sostituita. Genericamente si tratta del tutto per la parte o della parte per il tutto.

Es. *Sed tamen esto iam quantovis oris honore* (Lucrezio, *De rerum natura* 4, v. 1171), dove la parte (*os*, *oris*, «bocca») è detta per il tutto («viso»).

**SPONDEO** piede (vedi) formato dalla successione di due sillabe lunghe. L'arsi, ossia l'elemento forte su cui batte l'accento ritmico (o *ictus*), è costituito dalla prima sillaba lunga (⁄́– –).

**STROFE SAFFICA MINORE** strofe composta da tre endecasillabi saffici minori seguiti da un adonio. L'endecasillabo saffico minore è costituito da una pentapodia, ovvero da un gruppo di cinque piedi (vedi «piede») bisillabi (tranne il terzo piede che è trisillabo in quanto è costituito da un dattilo: vedi); l'adonio è formato da due dattili, di cui l'ultimo tronco dopo la prima breve. L'ultima sillaba di tutti i versi di cui è costituita la strofe saffica minore è *indifferens* (⌒), ossia può essere lunga o breve:

–́ ∪ –́ ∪̲ –́ ∪∪ –́ ∪ –́ ⌒
–́ ∪ –́ ∪̲ –́ ∪∪ –́ ∪ –́ ⌒
–́ ∪ –́ ∪̲ –́ ∪∪ –́ ∪ –́ ⌒
–́ ∪∪ –́ ⌒

Es. *Ílle mí par ésse deó vidétur,*
*Ile, sí fas ést, superáre dívos,*
*quí sedéns advérsus idéntidém te*
*spéctat et áudit*
(Catullo, carme 51, vv. 1-4)

**TRIMETRO GIAMBICO** verso formato dalla successione di sei giambi (vedi «giambo») raccolti in tre dipodie, ossia in tre gruppi di due piedi. L'arsi, ossia l'elemento forte su cui batte l'accento ritmico (o *ictus*), è costituito dalla prima sillaba lunga di ciascuna dipodia.

**TRIMETRO GIAMBICO SCAZONTE** (o **COLIAMBO**) verso formato da un trimetro giambico (vedi) il cui ultimo piede è un trocheo (vedi) o uno spondeo (vedi). Nella recitazione l'accento del trocheo o dello spondeo, in controtempo rispetto all'accento dei giambi, conferisce al verso un andamento zoppicante, da cui il nome ("scazonte", dal greco *skàzon*, «claudicante»; "coliambo", dal greco *colòs*, «zoppo»).

∪̄ –́ ∪ –́, ∪ –́ ∪ –́ , ∪ –́ –́ ∪̲

Es. *Misér Catúlle, désinás inéptíre*
(Catullo, carme 8, v. 1)

**TROCHEO** piede (vedi) formato dalla successione di una sillaba lunga e di una sillaba breve. L'arsi, ossia l'elemento forte su cui batte l'accento ritmico (o *ictus*), è costituito dalla sillaba lunga ( –́ ∪).

***VARIATIO***, lett. «variazione»; principio retorico che evita la ripetizione dei medesimi termini o costrutti in un contesto limitato.

Es. *Litteris Graecis Latinis docta, psallere saltare* [...], *multa alia* (Sallustio, *De coniuratione Catilinae* 25, 2), dove il predicato *docta* (*est*) regge tre differenti costrutti (ablativo di limitazione, infinito, accusativo di relazione).

**ZEUGMA** dal greco, lett. «giogo»; consiste nell'abbreviare la proposizione facendo dipendere da un unico elemento, per es. il predicato, più elementi che richiederebbero invece ciascuno un proprio reggente.

Es. *pacem an bellum gerens* (Sallustio, *Bellum Iugurthinum* 46, 8, 2), anziché *pacem pangens* (o simili) *an bellum gerens*.

# INDICE DELLE SCHEDE

## IL MONDO DEL LETTORE



## IL PARERE DEGLI ALTRI AUTORI



## IL PASSATO NEL PRESENTE



## IL TEMPO DELL’AUTORE



## INTERTESTUALITÀ, FONTI, MODELLI



## LESSICO



## LETTURA CRITICA

## LINGUA E STILE



## L'OPERA



## STORIA, CULTURA, CIVILTÀ



## TESTI E TEMI



## TRADUZIONI A CONFRONTO

## FONTI ICONOGRAFICHE

Alamy: p. 124 (Prisma Archivio); p. 200; p. 421 (P. Forsberg/EU); p. 545 (Prisma Archivio).
Alinari, Firenze: p. 21 (DeAgostini); p. 39 (DeAgostini); p. 50 (Photo Tarker/Bridgeman); p. 73 (H. Lewandowski/RMN); p. 173 (Bridgeman); p. 219 (DeAgostini/G. Dagli Orti/Bridgeman); p. 238 (DeAgostini); pag. 278 (Ulstein Bild); pag. 318 (Bridgeman); pag. 326 (DeAgostini); p. 328 (Christie's/Bridgeman); p. 392 (DeAgostini); p. 416 (RMN); p. 432 (R.G. Ojéda/RMN); p. 466 (RMN/Image BNF); p. 507 (DeAgostini); p. 518 (Bridgeman); p. 535 (Artothek); p. 538 (RMN); p. 584 (H. Lewandowski/RMN).
Contrasto: p. XXIV (Leemage/Corbis); p. 42 (G. Hellier/R. Harding World Imagery/Corbis).
De Luca, A.: p. 8.
Dreamstime: p. 389 (Alessandro0770).
IPA: p. 184 (Lamas/Alamy); p. 545 (Universal Images Group/DeAgostini).
Marka: p. 5 (M. Scataglini).
MIBAC: p. 36.
Mondadori Portfolio: p. 97 (AKG); p. 218 (AKG); p. 325 (AKG); p. 511 (Art Archive/Bodleian Library University of Oxford).
Sauber, W.: p. 33.
Scala, Firenze: p. 3 (DeAgostini); p. 12 (DeAgostini); p. 15 (White Images); p. 17 (DeAgostini); p. 21 (DeAgostini); p. 31 (DeAgostini); p. 35; p. 37 (BPK); p. 41; p. 152 (DeAgostini); p. 174 (Princeton University Museum/Art Resource); p. 217 (White Images); p. 219 (DeAgostini); p. 229; p. 234 (DeAgostini); p. 267 (DeAgostini); pp. 268-269; p. 275; p. 286 (Fotografica Foglia courtesy of Ministero dei Beni Culturali); p. 311 (British Museum); p. 319 (DeAgostini); p. 321; p. 372 (Mary Evans); p. 400 (White Images); p. 426 (DeAgostini); p. 471; p. 475 (White Images); p. 514 (BPK); p. 515; p. 556 (concessione dell'Opera del Duomo di Orvieto); p. 562 (Victoria and Albert Museum); p. 565 (DeAgostini); p. 570 (DeAgostini); p. 596; p. 602 (concessione del Ministero dei Beni Culturali).
Shutterstock: p. 8 (I. Mos); p. 30 (E. Mogilnikov; A. Ragazzoni; Mirtya; byggarn.se; kulikov); p. 70 (K.R. Zerloch; Foto Livioandronico2013).
123RF: p. 566 (J. Sedmak).